Mythische Sphärenwechsel

Mythological Studies (MythoS)

Herausgegeben von
Annette Zgoll und Christian Zgoll

Wissenschaftlicher Beirat
Heinrich Detering, Angela Ganter, Katja Goebs, Wilhelm Heizmann,
Katharina Lorenz, Martin Worthington

Band 2

Mythische Sphärenwechsel

—

Methodisch neue Zugänge zu antiken Mythen in Orient und Okzident

Herausgegeben von
Annette Zgoll und Christian Zgoll

DE GRUYTER

Die unverzögerte Open-Access-Bereitstellung dieses Werks wurde durch Fördermittel der Deutschen Forschungsgemeinschaft ermöglicht.

ISBN 978-3-11-112506-0
e-ISBN (PDF) 978-3-11-065254-3
e-ISBN (EPUB) 978-3-11-065284-0
ISSN 2626-9163

Dieses Werk ist lizenziert unter der Creative Commons Attribution-4.0 Lizenz.
Weitere Informationen finden Sie unter http://creativecommons.org/licenses/by/4.0/.

Library of Congress Control Number: 2019951662

Bibliografische Information der Deutschen Nationalbibliothek
Die Deutsche Nationalbibliothek verzeichnet diese Publikation in der Deutschen Nationalbibliografie; detaillierte bibliografische Daten sind im Internet über http://dnb.dnb.de abrufbar.

© 2022 Annette Zgoll und Christian Zgoll, publiziert von Walter de Gruyter GmbH, Berlin/Boston
Dieser Band ist text- und seitenidentisch mit der 2020 erschienenen gebundenen Ausgabe.
Dieses Buch ist als Open-Access-Publikation verfügbar über www.degruyter.com.

Einbandabbildung: M-LAB © C. Zgoll 2003
Druck und Bindung: CPI books GmbH, Leck

www.degruyter.com

Vorwort

Fahrt ins Totenreich, Versetzung auf die Insel der Seligen, Aufstieg in den Himmel – Sphärenwechsel in antiken Mythen thematisieren wichtige Welterklärungs- und Weltbewältigungsversuche. Da gerade diese Erzählstoffe für die Forschung viele Herausforderungen bereithalten, ist ein theoretisch-methodischer Neuansatz Desiderat. Das Buch zeigt die Ergebnisse gemeinsamer Anstrengungen, antike Mythen systematisch aufzuarbeiten anhand einer repräsentativen Materialbasis, einer umfassenden Rahmentheorie sowie einer kulturspezifisch und kulturvergleichend applizierbaren Methodik der Mythosforschung. Die DFG-Forschungsgruppe 2064 STRATA begreift Mythen als Stoffe, die in medial unterschiedlicher Gestalt konkretisiert werden können. Eine Rekonstruktion dieser Stoffe gelingt durch die Methode der Hylemanalyse, der Extraktion und Sequenzierung kleinster handlungstragender Bausteine (Hyleme). Um die Komplexität von Mythenvarianten zu erfassen, wird außerdem das Instrument der Stratifkationsanalyse eingesetzt, welches historisch gewachsene Schichten erkennen lässt. Die hier eingeschlagene neue Forschungsrichtung gibt Einblick in die dynamischen Überlieferungsprozesse zentraler Mythen aus antiken Kulturen und liefert den – manchmal überraschenden – Nachweis verschiedener Strata in den untersuchten Stoffen, die ein Nebeneinander mehrerer Bedeutungsebenen generieren.

Die Deutsche Forschungsgemeinschaft hat durch die Förderung der Forschungsgruppe 2064 STRATA die Entwicklung der hier vorgestellten Ansätze für die Erforschung antiker Mythen möglich gemacht. Den beteiligten Referentinnen und Referenten, den Gutachterinnen und Gutachtern gilt unser großer Dank für den Einsatz von Wissen, Zeit und Engagement, um die Forschungsgruppe zu prüfen, zu fördern und ihr zum Erfolg zu verhelfen. Auch die unverzögerte Open-Access-Bereitstellung dieses Werks verdankt sich den Fördermitteln der Deutschen Forschungsgemeinschaft.

In intensivem Austausch in *Methoden-Workshops*, *Round Tables on Mythology* und *Klausurtagungen* sind die theoretisch-methodischen und konkret materialbezogenen Forschungsvorhaben innerhalb der Forschungsgruppe und im Austausch mit Gastwissenschaftler/innen über Fachgrenzen hinweg gemeinsam erarbeitet worden. Der vorliegende, durch diesen Verbund ermöglichte, in seiner Gänze gemeinsam diskutierte und verantwortete Ergebnisband der Forschungsgruppe legt ein Netzwerk von miteinander verbundenen Beiträgen zu Sphärenwechsel-Mythen in verschiedenen antiken Kulturen vor.

Außer den Projektleiter/innen und Assoziierten der Forschungsgruppe, die substanzielle Beiträge zu diesem Band verfasst haben, danken wir für die anregende, konstruktive Zusammenarbeit der wissenschaftlichen Koordinatorin und Mitarbeiterin Annika Cöster-Gilbert, den wissenschaftlichen Mitarbeiter/innen Esther Bischoff, Mirjam Bokhorst, Claudio Boning, Bénédicte Cuperly, Jennifer Hartmann, Stefanie Ingwersen, Maria Sokolskaya und den Kooperationspartner/innen und Gastwissenschaftler/innen Noga Ayali-Darshan (Ramat-Gan), Balbina Bäbler (Göttingen), Guy Darshan (Tel Aviv), Josephine Fechner (Leipzig), Uri Gabbay (Jerusalem), Andrew George (London), Mauro Giorgieri (Pavia), Katja Goebs (Toronto), Susanne Gödde (Berlin), Zohar Hadromi-Allouche (Aberdeen), Anke Holler (Göttingen), Ruth Kara (Haifa), Marcel Krusche (Hamburg), Antje Kuhle (Göttingen), Winrich Löhr (Heidelberg), Katharina Lorenz (Gießen), Herbert Niehr (Tübingen), Jens Nieschulze (Göttingen), Nadezda Rudik (Leipzig), Wolfgang Schoberth (Erlangen), Daniel Schwemer (Würzburg), Caroline Sporleder (Göttingen), Charlotte Steeb (Göttingen), Piotr Steinkeller (Harvard), Óscar Vega Prieto (Madrid), Frans Wiggermann (Amsterdam), Martin Worthington (Cambridge). Ein besonderer Dank gilt auch den hellen Köpfen des Göttinger *Collegium Mythologicum*, von dessen langjähriger Grundlagenforschung die Forschungsgruppe 2064 STRATA profitieren durfte.

An der Lektorierung des Bandes haben Jennifer Brand, Stella Grammling, Julia Schlembach und Charlotte Steeb gearbeitet. Für wesentliche Hilfen bei der finalen Überarbeitung zum Druck gilt Josephine Fechner ein besonderes Dankeschön. Die Zusammenarbeit mit dem De Gruyter-Verlag – insbesondere mit Serena Pirrotta, Marco Acquafredda und Anne Rudolph – war wieder ausgesprochen konstruktiv.

All den Genannten sind wir dankbar.

Göttingen, 16. August 2019   Annette Zgoll und Christian Zgoll

Inhaltsverzeichnis

Vorwort —— V

Inhaltsverzeichnis —— VII

Annette Zgoll und Christian Zgoll
Mythische Sphärenwechsel. Eine Einleitung —— 1

Christian Zgoll
Myths as Polymorphous and Polystratic *Erzählstoffe*
A Theoretical and Methodological Foundation —— 9

1	A Glance at the History of Mythological Research —— 10	
2	**Myths as *Stoffe*** —— 14	
2.1	Myths are not Texts, Myth is not a Literary Genre —— 14	
2.2	The *Stoff* Concept —— 17	
2.3	Conventional Paths to "the" (one) *Stoff* —— 19	
2.4	Polymorphous Mythical *Stoffe*: A *Stoff* in Different Variants —— 21	
3	**Reconstruction and Comparison of *Stoffe*** —— 23	
3.1	*Stoffe* as Hyleme Sequences —— 23	
3.2	Definition and Further Specification of the *Stoff* Concept —— 34	
3.3	Relevance of Hyleme Analysis for the Study of *Stoffe* —— 38	
3.4	Relevance of Hyleme Analysis for Intermedial Research —— 42	
3.5	Relevance of Hyleme Analysis for a New Comparative Discipline: Hylistics —— 43	
3.6	*Stoff* and *Stoff* Pattern – Hyleme and Hyleme Pattern —— 47	
4	**Myths As Polystratic Instruments of Power** —— 52	
4.1	Polystratic Mythical *Stoff* Variants: a *Stoff* Variant with Multiple Layers (Strata) —— 52	
4.2	Formal Evidence for Stratification: Inconsistencies —— 55	

4.3	Myths and Power: Myths as Battle Grounds for Competing World Views —— 60
4.3.1	Mythical *Stoffe* Refer to Concrete Objects of Human Experience —— 61
4.3.2	Transcending Interpretations of Human Experience —— 62
4.3.3	Indicators for the Significance of Mythical *Stoffe* —— 65
4.3.4	Myths as Battle Grounds for Competing World Views —— 67
4.4	Semantic Evidence for Stratification: Generating Value Judgements and Hierarchical Relationships —— 70

5 The Need for a Stratification-Based Interpretation of Myths and a Definition of Myth —— 73

Bibliography —— 76

Annette Zgoll
Durch Tod zur Macht, selbst über den Tod
Mythische Strata von Unterweltsgang und Auferstehung der Innana/Ištar in sumerischen und akkadischen Quellen —— 83

1	Sphärenwechsel-Mythen —— 84
1.1	Unfreiwillige Abstiege ins Totenreich: En-me-šara, Ḫarab, Nergal, Dumuzi und andere —— 84
1.2	Willentlich geplante Abstiege ins Totenreich: Innana, Enki, Ninlil, Enlil —— 86

2 Einführung in Quellenlage, Vorgehen, Ziele —— 93

3 Forschungsstand —— 96

4	Rekonstruktion: Der Mythos vom Gang der Göttin in die Unterwelt —— 98
4.1	Mythischer Stoff auf Basis des Epos *angalta* —— 100
4.1.1	Erster Rekonstruktionsversuch der Hylemsequenz —— 102
4.1.2	Zweiter Rekonstruktionsversuch der Hylemsequenz —— 103
4.1.3	Dritter Rekonstruktionsversuch der Hylemsequenz —— 104
4.1.4	Vierter Rekonstruktionsversuch der Hylemsequenz —— 105
4.1.5	Finale Rekonstruktion der Hylemsequenz —— 106

4.2		Mythischer Stoff auf Basis des Epos *innin me galgala / Innana und Šu-kale-duda* —— 107
	4.2.1	Das Umkreisen in Elam und Subir: ein Hyperhylem —— 111
	4.2.2	Übersicht des Mythos *Innana geht in die Unterwelt* auf Basis des Epos *innin me galgala* —— 114

5 Mythenvergleich: Innanas Abstieg ins Totenreich auf Basis von *angalta* und *innin me galgala* —— 114

5.1		Vergleich der Sphärenwechsel-Sequenzen —— 115
	5.1.1	Anfang der Sphärenwechsel-Sequenzen: Innana steigt hinab in die Unterwelt —— 115
	5.1.2	Ende der Sphärenwechsel-Sequenzen: Innana kommt herauf aus der Unterwelt —— 117
	5.1.3	Mitte der Sphärenwechsel-Sequenzen: Innana stirbt in der Unterwelt —— 118
	5.1.4	Exkurs: Das „Prüfen von Sumer" als Teil eines anderen Mythos —— 119
	5.1.5	Mitte der Sphärenwechsel-Sequenzen: Die Machtmittel werden vollendet —— 119
	5.1.6	Exkurs: Wildstier und Bergziegenbock als Gottheiten —— 120
	5.1.7	Ende der Sphärenwechsel-Sequenzen: Machtmittel auf die Erde bringen —— 121
5.2		Auswertung der Vergleiche: Ein Mythos in zwei Versionen —— 122
5.3		Ausblick: Die Machtmittel der Unterwelt —— 125

6 Fazit: Rekonstruktion der originär antiken Bewertung des Mythos *Innana bringt Unterweltsmachtmittel auf die Erde* —— 128

6.1	Hinweise in der textlichen Konkretion im Preislied *angalta*: Innana als „meine Herrin" —— 128
6.2	Hinweise im Stoff: Die Verknüpfung mit dem Mythos *Innana bringt das Himmelshaus zur Erde* —— 129
6.3	Hinweise durch Stoff-Vergleich verschiedener Versionen des Mythos *Innana bringt Unterweltsmachtmittel auf die Erde* —— 130
6.4	Erträge durch die Methodik der Hylemanalyse und der Stratifikationsanalyse —— 131
6.5	Innanas Gewinn der Unterweltsmachtmittel als wesentliches Element zum Verständnis des Innana/Ištar-Kultes —— 132
6.6	Innanas Sphärenwechsel und die Sphärenwechsel anderer Gottheiten —— 133

7		**Weitere mythische Strata in *angalta*** —— 134
	7.1	Ein Mythos über den Weg der Göttin des Morgensterns und des Sonnengottes durch die Unterwelt —— 134
	7.2	Ein Mythos über den Tod des „Großen Stiers des Himmels(-Gottes)" —— 136

8		**Ausblick auf den Innana-Dumuzi-Gesamtmythos in *angalta*** —— 137
	8.1	Worauf der Gesamtmythos hinausläuft —— 138
	8.1.1	Innana gewinnt Macht über den Tod. Mit einem Einblick in Bedeutungsebenen des Gesamtmythos jenseits von Moral und Psychologie —— 139
	8.1.2	Innana gewinnt Macht über das Leben. Mit einem Einblick in die historische Dimension der Mythen-Versionen, inklusive Auferstehung von Dumuzi bzw. des Königs —— 140
	8.2	Vom Gesamtmythos her vorgenommene Adaptionen in Stratum 1 *Innana bringt Unterweltsmachtmittel auf die Erde* —— 143
	8.2.1	Der doppelte Tod der Innana —— 143
	8.2.2	Innana erhält den neuen Titel „Strahlende Herrscherin über die Große Erde" (Ereš-ki-gal) —— 145
	8.2.3	Innana hat schon Machtmittel, bevor sie in die Unterwelt geht —— 149

9	**Geschichtete Gottheit: Wie die Stratifikationsanalyse der Mythen historische Dimensionen der Gottesvorstellungen sichtbar macht** —— 150

10	**Vom Gewinn der Machtmittel zur Macht über Tod und Leben. Historische Entwicklungen** —— 154

Bibliographie —— 155

Heinz-Günther Nesselrath
Zum Hades und darüber hinaus
Mythische griechische Vorstellungen zum Weg des Menschen über den Tod ins Jenseits von Homer bis Platon —— 161

1	Der Weg der gefallenen Helden in die Unterwelt in *Ilias* und *Odyssee* —— 161

1.1	Tod und Unterwelteintritt der Helden in der *Ilias* —— 162	
1.2	Der Fall des Patroklos – der Hades erhält einen Eingang und eine erste Topographie —— 163	
1.3	Modifikationen zur Lokalisierung und Topographie des Hades in der *Odyssee* —— 167	
1.4	Spiel mit differierenden Unterweltsvorstellungen in der *Odyssee*? —— 168	
1.5	Modifikationen zum Weg der Toten in die Unterwelt in der „Zweiten Nekyia" —— 169	
2	**Alternativen zum Hades? Jenseits-„Schichten" zwischen Homer und Pindar —— 172**	
2.1	Ausgangspunkt: Ein Hades für Alle in Homers *Ilias* —— 172	
2.2	Eine erste (noch sehr exklusive) Alternative zur allgemeinen Unterwelt: Menelaos' Schicksal in Homers *Odyssee* —— 173	
2.3	Reaktion bei Hesiod (?): Selige Inseln für große Helden —— 174	
2.4	Bessere Alternativen zum Hades im *Epischen Kyklos* —— 177	
2.4.1	Die *Aithiopis* und Achill —— 177	
2.4.2	Die *Telegonie* und die Familie des Odysseus —— 180	
2.4.3	Weitere Heldinnen und Helden, die möglicherweise im *Kyklos* an postmortale Alternativorte geschickt wurden —— 181	
2.5	Die Inseln der Seligen bei Pindar —— 184	
3	**Das Erscheinen weiteren göttlichen Personals, das die Toten zu passieren haben: Kerberos, Charon und Thanatos —— 186**	
3.1	Kerberos —— 187	
3.2	Charon —— 189	
3.3	Thanatos —— 190	
4	**Die „orphische" (?) Alternative – ein besseres Jenseits auch für Nichthelden und die Weiterentwicklung dieser Vorstellung bis Platon —— 192**	
4.1	Neue Texte für einen neuen Weg zu einer besseren Unterwelt: Eine Übersicht über die „orphischen Goldblättchen" und ihre Inhalte —— 192	
4.2	Zum „narrativen Inhalt" der Goldblättchen —— 195	
4.3	Eine komische Spiegelung der Handlung in den Goldblättchen in den *Fröschen* des Aristophanes —— 201	

4.4	Die „orphischen" Vorstellungen und ihre Transformation bei Platon —— **202**
4.5	Ausblick: Die Summe und Sequenz der Vorstellungen zum (dauerhaften) Jenseitsgang des Menschen in späterer griechischer Literatur —— **206**

Bibliographie —— **209**

Annette Zgoll
Sphärenwechsel innerhalb des Totenreichs
Schutzgott, Totengericht und die Hoffnung auf ein gutes Leben nach dem Tod im akkadischen *Gebet SB19319*, dem hebräischen *Psalm 23* und anderen antiken Quellen —— **213**

1	Sphärenwechsel der gewöhnlichen Toten und Aufbau des Beitrages —— **214**
2	Ein Täfelchen aus dem 2. Jahrtausend v. Chr. (Sb 19319) und sein Fundkontext —— **215**
3	Annäherung an den Text des Gebets: Transliteration und wörtliche Übersetzung von Z. 1-13 —— **216**
4	Ein Erzählstoff hinter dem Gebet —— **218**
5	Erste Annäherung an den Erzählstoff —— **219**
6	Der Abschluss des Gebetes: „Wasser und Gras" —— **221**
6.1	Wasser und Gras knapp machen (*waqāru* D) —— **221**
6.2	Einladung zu einem Überfluss von „Wasser und Gras" (*qerû* D) —— **222**
6.2.1	Gott lädt ein, der Mensch stirbt —— **223**
6.2.2	Eine großzügige Einladung —— **223**
6.2.3	Eine gnomische Aussage ohne Spezifizierung auf den Beter —— **224**
6.2.4	Eine Ringstruktur um „Wasser und Gras" —— **225**
6.2.5	Das Gebet mündet in den Anfang —— **229**

7	Das akkadische Gebet in Transkription und freier Übersetzung —— 229	
8	Rekonstruktion des mythischen Erzählstoffs hinter dem akkadischen Gebet durch Hylemanalyse —— 230	
8.1	Der Verstorbene NN ist in der Unterwelt, ohne Schutzgottheit —— 231	
8.2	Die Schutzgottheit sucht nach dem Verstorbenen und geleitet ihn zum Totengericht vor die Großen Götter —— 232	
8.3	Die Schutzgottheit setzt sich dafür ein, dass das Gremium der Großen Götter ein Urteil zugunsten des Verstorbenen fällt —— 232	
8.4	Nach dem Urteilsspruch geleitet die Schutzgottheit den Verstorbenen zu seinen Vorfahren —— 233	
9	Antike Texte, deren Erzählstoffe zu dem des akkadischen Gebetes affin sind —— 233	
10	Ein sumerischer Text zum Betreten des Totenreichs —— 234	
11	Griechische Handlungsanweisungen für das Totenreich: Goldblättchen aus dem 5. Jh. v. Chr. —— 237	
12	Phönikisch-hebräische Texte zum Schutz im Totenreich —— 239	
13	Ein hebräisches Gebet, Psalm 23, im Vergleich zum akkadischen Gebet an den Schutzgott —— 240	
14	Vergleich der mythischen Erzählstoffe im akkadischen Gebet aus Susa und im hebräischen Psalm 23 —— 242	
15	Neue Perspektiven auf Vorstellungen vom Leben nach dem Leben in Mesopotamien und Susa —— 245	

Bibliographie —— 246

Ulrike Egelhaaf-Gaiser
An der Schwelle zur Unterwelt
Liminalität und mythische Stratigraphie in Vergils Polydorus-Erzählung (*Aen*. 3,13-68) —— **251**

1	**Ein Wort vorab: Thema, Fragestellung und Methode** —— **252**	
1.1	Epische Sphärenwechsel mit rituellen Grenzbarrieren —— 252	
1.2	Gefangen im Grenzraum: Polydorus und die irrfahrenden Aeneaden —— 254	
1.3	Grenzen, Schwellen und ihre Bevölkerung in der Forschung —— 257	
1.4	Liminalität und mythische Stratigraphie: methodische Überlegungen —— 259	
2	**Stimmen aus der Vergangenheit oder: Traumatische Grenzerfahrungen in Thrakien** —— **263**	
2.1	Alte und neue Stadtmauern: Von Troja nach Aeneadae —— 264	
2.2	„Nam ego Polydorus!" Kommunikative Missverständnisse und liminale Identitätskrisen —— 268	
2.3	Umdeuten, Erzählen und Begraben: Machtvolle Türöffner ins Jenseits —— 277	
3	**Viele Geschenke oder viele Speere? Geschichtete Polydorusmythen** —— **285**	
3.1	Von der Intertextualität zur Stoffüberlagerung —— 285	
3.2	Speertod und nutzloses Gold für den liebsten Sohn: Wirkmächtige Hyleme in der Ilias —— 290	
3.3	Die aufgehende Saat der Speere: Thrakien und der römische Bürgerkrieg —— 300	
4	**Fazit** —— **303**	

Bibliographie —— **305**

Daniel A. Werning
Der mythische Stoff des Sonnenaufgangs in ägyptischen Texten und Bildern des 15.-10. Jahrhunderts v. Chr. — 309

1	Einführung — 309
1.1	Vorbemerkungen — 309
1.2	Methodik — 311
1.3	Thema — 312

2	Mytheme in Text- und Bild/Text-Kompositionen zum Sonnenaufgang — 314

3	Fremdmytheme im mythischen Stoff des Sonnenaufgangs — 319
3.1	Chnum erschafft die Lebewesen auf einer Töpferscheibe — 319
3.2	Der erste Sonnenaufgang über dem Urhügel bei der Weltschöpfung — 322
3.3	Isis, Nephthys und Horus kümmern sich um Osiris — 323

4	Sonnenaufgangsmytheme in anderen Texten — 326
4.1	Öffnung der Türen des Gottesschreines im täglichen Tempelritual — 326
4.2	Reise von Verstorbenen ins Jenseits — 327

5	Konzeptuelle Metonymien und Metaphern in der Analyse von Mythemen — 329

6	Schlussbemerkung im Kontext der Forschungsgruppe „STRATA" — 336

Abbildungsverzeichnis — 337

Bibliographie — 337

Anhang — 342

Tanja S. Scheer
Helden am Himmel – Helden im Himmel
Sphärenwechsel zu den Sternen im griechischen Mythos —— 365

1 Einführung: Himmelsbilder —— 365

2 Zu den Sternen: Mythographische Diskurse der Kaiserzeit —— 369
2.1 Das hellenistische Vorbild: Die Phainomena des Arat —— 369
2.2 Helden am Himmel im Diskurs der Kaiserzeit: Ps.Eratosthenes' Katasterismen —— 374
2.2.1 Macht über die Sterne: Urheber von Sphärenwechseln —— 376
2.2.2 Funktionen von Sphärenwechseln zu den Sternen —— 379
2.2.3 Sphärenwechsel als persönliche Entrückung *an* den Himmel? —— 386
2.2.4 Verstirnung als Weg zum „ewigen Leben" *im* Himmel? —— 390
2.2.5 Zwischenrésumé: Der Himmel des Ps.Eratosthenes —— 393
2.3 Die Vielfalt des mythischen Himmels bei Hygin —— 394
2.3.1 Urheber von Sphärenwechseln bei Hygin —— 396
2.3.2 Funktionen von Sphärenwechseln zu den Sternen —— 398
2.3.3 Verstirnung als Weg zum „ewigen Leben" *im* Himmel bei Hygin? —— 405
2.3.4 Zwischenrésumé: Der Himmel Hygins —— 411

3 Kallistos langer Weg zu den Sternen —— 412
3.1 Der mythische Stoff „Kallisto" —— 412
3.1.1 Die Basis-Sequenz —— 413
3.1.2 Die erweiterte Basis-Sequenz —— 413
3.2 Kallisto am Himmel der Archaischen Zeit? —— 414
3.2.1 Kallisto am Himmel Homers? —— 414
3.2.2 Kallisto am Himmel Hesiods —— 417
3.2.3 Archaische Dichtung und vorsokratische Philosophie: Auf der Suche nach Kallisto —— 421
3.3 Wegbereiter für Kallisto am Himmel der klassischen Zeit? —— 422
3.3.1 Pherekydes von Athen und die Ammen des Dionysos —— 422
3.3.2 Polygnot von Thasos: Kallisto im Hades —— 423
3.3.3 Die arkadische Bärin in Athen: Der mythische Stoff von Kallisto in Tragödie und Komödie —— 424
3.4 Kallisto am Himmel: Sphärenwechsel im Hellenismus —— 426

3.4.1	Kallistos Weg zu den Sternen: Kallimachos —— 426	
3.4.2	Konkurrenz für Kallisto? Kretische Bärinnen und der Arktophylax —— 429	
3.5	Zwischenrésumé: Kallistos langer Weg zu den Sternen —— 435	
4	Zu den Sternen: Sphärenwechsel als zentraler Stoff im griechischen Mythos? —— 437	

Abbildungsnachweis —— 443

Bibliographie —— 443

Abkürzungsverzeichnis —— 445

Hermann Spieckermann
Jhwh, die David-Dyastie und ihre Erben
Die Entdeckung des Sphärenwechsels im Psalter —— 447

1	Die Fragestellung —— 447	
2	Der Himmelsthroner und sein Sohn auf dem Zion in Psalm 2 —— 450	
3	Sessio ad dexteram auf dem Zion in Psalm 110 —— 459	
4	Erflehter und gewährter Sphärenwechsel in nachexilischen Psalmen —— 468	
5	Fazit —— 477	

Bibliographie —— 478

Reinhard Feldmeier
Carmen Christo quasi Deo
Die Sphärenwechsel Christi und der Christen in der palulinischen Tradition —— 483

1 Der erinnerte Jesus und der geglaubte Christus. Zur mythischen Überprägung der Überlieferung —— 483

2 Paulus —— 491
2.1 Der vierfache Sphärenwechsel im Philipperbrief —— 491
2.2 Die Sendung des Sohnes: Gal 4,3-7 —— 498
2.3 Der erhöhte Christus als Fürsprecher der Glaubenden: Röm 8,34 f —— 501
2.4 Das Kommen Christi und die Vollendung der Schöpfung: 1 Kor 15 —— 504

3 Die Paulusschule —— 509
3.1 Der Wechsel in den Heilsbereich der Kirche: Der Kolosser- und Epheserbrief —— 509
3.2 Der 1. Petrusbrief —— 517
3.3 Die Himmelfahrt des Kyrios und das Kommen des Geistes: Das lukanische Doppelwerk —— 522

4 „Psalmen, Lieder, geistliche Gesänge": Mythos und Historie —— 529

Bibliographie —— 534

Peter Gemeinhardt
Sphärenwechsel im Christusmythos
Höllen- und Himmelfahrt Christi als mythische Strukturmomente in spätantiken christlichen Glaubensbekenntnissen und ihren Kontexten —— 539

1 Antike Mythologie im spätantiken Christentum: Kritik – Rezeption – Transformation —— 539
1.1 Mythen haben nur die anderen! Annäherungen an spätantike Mythosdiskurse —— 539

| 1.2 | Forschungsgeschichtliche Streiflichter —— 542 |
| 1.3 | Der Christusmythos in patristischer Sicht – ein Neuansatz —— 544 |

2 Das Credo als Textzeuge für den Stoff des Christusmythos: Annäherungen —— 554

3 *Descensus ad inferos* und *sessio ad dexteram* in spätantiken Glaubensbekenntnissen —— 566
- 3.1 Traditionslinien im frühen Christentum —— 566
  - 3.1.1 Der Unterweltsaufenthalt Christi —— 566
  - 3.1.2 Christi Aufstieg und Verweilen zur Rechten des Vaters —— 573
- 3.2 Sphärenwechsel als Grundmotiv in Bekenntnistexten aus dem 4. und 5. Jahrhundert —— 579
  - 3.2.1 Homöische und nicaenische Unterwelten —— 581
  - 3.2.2 Zwei Götter im Himmel? Interpretative Herausforderungen —— 591
- 3.3 „Nicht wie Mythen und Dichtungen": Zwei Erklärungsversuche —— 592
  - 3.3.1 Rufin von Aquileia, *Expositio Symboli* —— 592
  - 3.3.2 Kyrill von Jerusalem, *Catecheses baptismales* —— 601

4 Die Himmelfahrt der menschlichen Seele als Nutzanwendung —— 607

5 Fazit: Der Christusmythos zwischen Dogmatik, Katechetik und Poimenik —— 613

Abkürzungen der Quelleneditionen und -sammlungen —— 617

Bibliographie —— 618

Autorenverzeichnis —— 623

Namens-, Sach- und Stellenregister —— 625

Annette Zgoll und Christian Zgoll
Mythische Sphärenwechsel

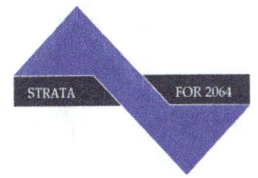

Eine Einleitung

Der vorliegende Band will methodisch neue Zugänge zu antiken Mythen in Orient und Okzident eröffnen. Der Titel „Mythische Sphärenwechsel" kennzeichnet dabei (auch) einen theoretisch-methodischen Sphärenwechsel im Umgang mit Mythen, indem der Fokus von konkreten Texten (und Bildquellen) zu Mythen führt, d. h. zu den mythischen Erzählstoffen, die solchen Texten und Bildern inhärent sind. Dabei zeigt sich, dass Mythen Gebilde sind, die sich nicht auf eine einzelne und homogene Gestalt reduzieren lassen: Die mythischen Erzählstoffe liegen in verschiedenen Varianten vor und sind daher polymorph, und jede einzelne Mythenvariante selbst ist in der Regel noch einmal zusammengesetzt aus Elementen verschiedenster Provenienz und daher geschichtet bzw. polystrat.

Die Forschungen dieses Bandes stammen aus neun verschiedenen Disziplinen, welche die theoretisch und methodisch neuen Zugänge erstmals für ihre je eigenen Materialien fruchtbar machen. Grundlagen kommen ausführlich in dem im Kontext der Forschungsgruppe 2064 STRATA erarbeiteten *Tractatus mythologicus* (C. Zgoll 2019) zur Darstellung, der die „Theorie und Methodik zur Erforschung von Mythen als Grundlegung einer allgemeinen, transmedialen und komparatistischen Stoffwissenschaft" bietet. Ergebnisse dieses Grundlagenwerkes sind im vorliegenden Buch kondensiert in einem einleitenden Beitrag, der um einer breiteren Rezipierbarkeit willen ins Englische übersetzt wurde (C. Zgoll). Hier wird in kritischer Auseinandersetzung mit literaturwissenschaftlichen, funktionalen, strukturalen und strukturalistischen Ansätzen und Methoden eingeführt in Mythosforschung als Erzählstoff-Forschung (Hylistik). Entscheidende Weichen für die hier vorgestellte Mythosforschung tun sich in Form von zweierlei neuen methodischen Zugängen auf, der Hylemanalyse und der Stratifikationsanalyse: (1) Mythen werden durch einen dezidiert transmedial ausgerichteten Ansatz erstmals als Erzählstoffe greifbar. Dies gelingt durch die Rekonstruktion ihrer kleinsten handlungstragenden Stoffbestandteile mittels Hylemanalyse. (2) Mythen werden außerdem als immer wieder neu überarbeitete und damit geschichtete Erzählstoffe in ihrer historischen Tiefendimension Ernst genommen. Dem trägt die Analyse ihrer Strata mittels Stratifikationsanalyse Rechnung. Auf dieser Basis werden Fundamente für eine komparative Mythenanalyse gelegt, die auf einen differenzierten Vergleich von Erzählstoffen bzw. ihren Varianten, nicht auf einen Vergleich von medialen Konkretionen wie bspw. Texten oder Bildern abzielt. Inhaltlich zeigen sich Mythen als Kampfplätze verschiedener Weltsichten, auf denen immer wieder Deutungsmachtkonflikte ausgetragen werden. Die solchermaßen geführten Kämpfe finden ihren Niederschlag in Anpassungen und Schichtungen von Mythen. All die genannten verschiedenen Annäherungen und Erkenntnisse fließen ein in eine neue definitorische Annäherung an das Phänomen Mythos: Mythos kann verstanden werden als ein durch die Fülle seiner möglichen Varianten polymorpher und je nach einzelner Variante geschichteter (polystrater) Erzählstoff, in dem sich transzendierende Auseinandersetzungen mit konkreten Erfahrungsgegenständen zu einer Sequenz von kleinsten handlungstragenden Stoffbausteinen (Hylemen) zusammenfügen, in der aktive Eingriffe numinoser Mächte eine für die Gesamthandlung wesentliche Rolle spielen.

Inhaltlich sind die Beiträge des Bandes vernetzt durch die Thematik mythischer Sphärenwechsel. Dabei geht es um Mythen, in denen die kulturimmanente Betrachtungsweise der Welt als eines Raumes, der in unterschiedliche Sphären bzw. Machtbereiche unterteilt ist, eine besondere Rolle spielt und in denen der Wechsel zwischen verschiedenen solchen Sphären thematisiert wird (vgl. hierfür den terminologisch und methodisch wegweisenden Beitrag von U. Egelhaaf-Gaiser mit Hinweisen zur älteren und jüngeren Liminalitätsforschung). Diese Sphärenwechsel zeichnen sich dadurch aus, dass sie prinzipiell nicht bzw. nur unter beträchtlichen Opfern und Gefahren und oft nur mit Hilfe von anderer Seite vollzogen werden können. Dabei kann es durchaus sein, dass es in einer „Großsphäre" wie bspw. dem „Himmel" oder dem Bereich „Totenreich/Unterwelt" wiederum „Teilsphären" gibt, für deren Überschreitung dieselben genannten Bedingungen gelten, so dass Sphärenwechsel im oben definierten Sinn auch zwischen Teilsphären stattfinden oder eben nicht stattfinden können. Mythen über solche Sphärenwechsel waren in der Antike offenbar besonders wichtig. Denn es gibt vielfältige mythische Erzählstoffe zu diesem Themenfeld. Prominentes Ziel der Sphärenwechsel ist das Totenreich mit meist ambivalent vorgestellten Gottheiten bzw. göttlich-dämonischen Unterweltsmächten oder Ahnen und Totengeistern, meist in einem kaum präzise bestimmbaren „Unten" lokalisiert, und die himmlische Sphäre mit astralen Mächten bzw. Engeln und Göttern wie etwa den Igigi, den Olympiern, JHWH oder Christus. In vielen Mythen geht es um vertikale Sphärenwechsel, um Anabasis oder Katabasis. Um die zu vereinfachte Fokussierung auf einen Wechsel zwischen Unten und Oben zu vermeiden, werden auch strukturell vergleichbare Phänomene in die Untersuchung einbezogen, d. h. auch Wechsel zwischen Sphären, die sich auf einer horizontalen Ebene befinden (Ektobasis). Insofern geht es auch um Randbereiche wie das teils randseits, teils unten vorgestellte sumerische kur

(„Bergland", auch „Totenreich") oder den griechischen Ringstrom Okeanos mit den Inseln der Seligen bzw. dem Elysium, deren Verhältnis zu vertikal positionierten Sphären näher zu bestimmen ist.

Diese Untersuchung von Sphärenwechseln hat sich als idealer Ansatzpunkt zur gemeinsamen Analyse mythischer Erzählstoffe in verschiedenen antiken Kulturen von den ältesten Mythen aus Mesopotamien bis ins frühe Christentum erwiesen. Varianten von Sphärenwechsel-Mythen werden in ihrer Vielgestaltigkeit und Vielschichtigkeit greifbar und nach historischen und funktionalen Kategorien differenziert. Deutlich wurde, dass Sphärenwechsel in kosmische Randbereiche sich in der Regel auf zwei Kategorien verteilen, nämlich auf selbst verursachte und von anderer Seite verursachte Sphärenwechsel. Die von anderer Seite verursachten Sphärenwechsel sind häufig im Kontext von Todeserfahrungen verankert, wo Götter oder Menschen einerseits ins Totenreich verschleppt oder aber an den Himmel versetzt werden. Auf eigene Planung zurückgehende Sphärenwechsel dienen dem Gewinn eines Gutes, vor allem von Wissen oder Macht.

Die Anordnung der Beiträge innerhalb des Bandes folgt der Ausrichtung der Sphärenwechsel: nach der theoretisch-methodischen Grundlegung (C. Zgoll) folgen zunächst Beiträge zu Sphärenwechseln nach unten oder an den Rand (und zurück), d.h. in ein unterweltliches oder am Rand der bewohnten Welt befindliches Totenreich (A. Zgoll, H.-G. Nesselrath, U. Egelhaaf-Gaiser) und Beiträge zum Sphärenwechsel innerhalb verschiedener Bereiche des Totenreiches (H.-G. Nesselrath im selben, A. Zgoll in einem zweiten Beitrag), danach folgen Sphärenwechsel nach oben, in den Himmel (D. A. Werning, T. S. Scheer), und schließlich Kombinationen von beidem (H. Spieckermann, R. Feldmeier, P. Gemeinhardt).

Durch Hylem- und Stratifikationsanalysen zeigt sich in dem Beitrag von A. Zgoll *Durch Tod zur Macht, selbst über den Tod* hinter dem berühmten sumerischen Preislied vom Gang der Göttin Innana ins Totenreich eine komplexe Komposition, in welcher mehrere Mythen zu einem großen Kompositmythos verwoben sind. Hylem- und Stratifikationsanalysen lassen erstmals eine ältere Variante vom Gang der Göttin Innana ins Totenreich erkennen, welche selbst den zeitweiligen Tod auf sich nimmt, um numinose Machtmittel der Unterwelt auf die Erde zu holen. Die Rekonstruktion des aus einzelnen Hylemen wiedergewonnenen Teil-Mythos kann durch den Fund eines 800 Jahre älteren Preisliedes verifiziert werden. Die ältere, kürzere Mythenvariante und der große Kompositmythos zeigen, dass der Gang der Göttin ins Totenreich nicht scheitert, sondern dass sie gewichtige Machtmittel auf die Erde bringt und – in der Version des groß angelegten Kompositmythos – die Macht über Tod und Leben gewinnt. Stratifikationsanalysen des Kompositmythos machen hier historische Dimensionen des Wandels in Bezug auf (Erzählungen über) eine Hochgottheit des altorientalischen Pantheons sichtbar.

H.-G. Nesselrath gelingt es, durch Analyse der mythischen Erzählstoffe über das Schicksal des Menschen nach dem Tod von den ersten greifbaren Texten bis in die klassische griechische Zeit hinein (und mit einem Ausblick bis Menipp und Lukian) eine Reihe von verschiedenen Antworten aufzuzeigen und nachzuzeichnen, wie solche Vorstellungen im Lauf der Zeit immer elaborierter werden. Außerdem weist er nach, dass immer differenzierter bessere wie schlechtere Jenseitsbereiche konzipiert werden (Elysisches Gefilde, Insel Leuke, Aiaia u. a.) und wie unterschiedlich die Kriterien für den Eintritt in eine gute Sphäre gefasst sein können (Nahbeziehung zu Gottheiten, eigenes Heldentum, guter Lebenswandel etc.). Besonders aufschlussreich ist etwa sein Vergleich des Sphärenwechsels von Patroklos im Unterschied zu demjenigen der Freier der Penelope in die Unterwelt auf Basis einer Gegenüberstellung der jeweiligen Erzählstoffe in Form von Hylemsequenzen, die unter anderem zeigt, dass Bestattung nicht immer als Voraussetzung zum Eintritt ins Totenreich gedacht war. Historisch differenzierend weist Nesselrath nach, wann welche mythischen Hyleme in der Überlieferung der griechischen Texte erstmalig belegbar sind. Die Ergebnisse umfassen auch eine erste Erzählstoffanalyse der sog. Orphischen Goldblättchen, die Spiegelung des Erzählstoffes bei Aristophanes und dessen Transformation bei Platon.

Im zweiten, mit dem von Nesselrath eng verknüpften Beitrag von A. Zgoll wird ein mythischer Erzählstoff analysiert, der sich auf Basis einer neuen philologischen Analyse eines akkadischen Gebetes zum Gang durch das Totenreich erarbeiten lässt. Hier findet sich die Vorstellung von einem guten Bereich innerhalb des Totenreiches. Eine solche konzeptionelle Ausnahme innerhalb der mesopotamischen Überlieferung lässt sich im Blick auf die situative Verortung der Quelle verstehen: wie z. B. die griechischen „Orphischen Goldblättchen", die ein „besseres Jenseits auch für Nichthelden" propagieren (H.-G. Nesselrath), entstammt es funerären Kontexten, in denen andere mythisch-religiöse Vorstellungen angesprochen werden als im Kontext narrativ-epischer Überlieferungen. Durch differenzierte Erzählstoff-Vergleiche ergeben sich neue Perspektiven auch auf den hebräischen Psalm 23, der verstärkt Bezüge auf ein Leben nach dem Tod erkennen lässt. Solche transkulturellen Vergleiche zwischen dem akkadischen Gebet und den sog. Orphischen Goldblättchen sollen in einer von A. Zgoll und C. Zgoll für 2020 in Vorbereitung befindlichen Monographie ausgebaut und weitergeführt werden.

U. Egelhaaf-Gaiser wertet Inkonsistenzen als „Hebelpunkte" aus, um der „grundsätzlichen Vielgestaltigkeit und vielfachen Überlagerung von Stoffen auf die Spur zu kommen", und zeigt, wie neue Herangehensweisen auch für bereits intensiv analysierte Forschungsfelder neue Erkenntnisse erschließen können. In der bisherigen Forschung ist die Darstellung des Polydorus-Mythos in Vergils *Aeneis* aufgrund von intertextuellen Vergleichen vor allem mit Euripides in Zusammenhang gebracht worden. Durch Hylemanalysen rekonstruiert Egelhaaf-Gaiser die Vergils Version zugrundeliegenden mythischen Erzählstoffe und stellt diesen die Hylemanalyse der Stoffversion in Homers *Ilias* gegenüber; der dadurch ermöglichte Mythenvergleich zeigt, dass die Version des Polydorus-Mythos bei Vergil deutlich stärkere Ähnlichkeiten mit der Version bei Homer hat, als bislang vermutet. Selbst der Name des Protagonisten wird als Speichermedium mehrerer mythischer Hyleme erschlossen und dadurch als Ultrakurzversion mythischer Erzählstoffe lesbar. Durch Stratifikationsanalysen des Polydorus-Mythos bei Vergil kann Egelhaaf-Gaiser außerdem eine politische Aktualisierung und Kommentierung des Mythos innerhalb der zeitgenössischen Bürgerkriege nachweisen.

D. A. Werning untersucht Mythen über den Aufstieg des ägyptischen Sonnengottes aus der Unterwelt an den Himmel, rekonstruiert anhand von Text- und kombinierten Text-/Bildquellen verschiedene diesbezügliche mythische Erzählstoffe und erkennt dabei auch Strata aus anderen mythischen Erzählstoffen, die mit Sonnenaufgangs-Mythen verwoben sein können: den Mythos von Chnum und der Töpferscheibe, den Mythos von der Erschaffung der Welt, den Osiris-Mythos. Er diskutiert, inwiefern diese teils auch metaphorisch zu verstehen sein können.

T. S. Scheer gelingt durch den methodischen Zugriff eine systematisch-stoffanalytische und vergleichende Aufbereitung des vielfältigen Materials über griechische Verstirnungsmythen. Auf diese Weise gewährt der Beitrag Einblicke in die antike Perspektive auf Sternbilder, die als Repräsentationen von Mythenversionen aufgefasst wurden, und in die Bandbreite von Motivationen, mit denen Versetzungen an den Himmel begründet werden können; sie reichen von göttlichem Mitleid und Kompensation von ungerechtem Leid, Dankbarkeit und ewigem Gedächtnis bis zur Errichtung eines warnenden Exempels für die Menschen. Die Stratigraphie der mythischen Sphärenwechsel-Stoffe steht in einem engen Zusammenhang mit den jeweiligen gesellschaftlichen Verortungen einzelner Strata; im untersuchten Fall zeigen sich als Kontexte insbesondere Kult und Jenseitshoffnung. Eine detaillierte Untersuchung des Kallisto-Mythos durch die Jahrhunderte anhand von Hylemanalysen macht die Vielfalt mythischer Varianten und deren historische Einsatzmöglichkeiten deutlich und lässt u. a.

erkennen, dass das Gestirn „Bär" vermutlich erst nach Homer mit dem Mythos von Kallisto verbunden wurde. Deutlich wird auch, dass gerade in der Kaiserzeit ein besonderes Interesse an solchen Zusammenfügungen bestand.

H. Spieckermann lenkt den Blick auf Vorstellungen von einander überlagernden Sphären von Gott und König in Überlieferungen des alttestamentlichen Israel, die in ihrer hergebrachten Form durch den Verlust der David-Dynastie nicht länger haltbar bleiben. Während des Exils werden die Sphären von Gott und Welt immer stärker separiert gedacht. Nachexilisch hingegen werden Sphärenwechsel von Gott selbst erzählt, der seine Sphäre zugunsten der Armen, der Angehörigen seines Volkes, verlässt, um gerade sie in seine Sphäre aufzunehmen.

Wie die bereits genannten, so zeigen auch die beiden folgenden Beiträge die fundamentale Bedeutung der Differenzierung zwischen mythischen Stoffen einerseits und Texten oder Bildquellen andererseits für die Etablierung einer stoffanalytisch ausgerichteten Mythosforschung. Durch die Rekonstruktion mythischer Erzählstoffe können erstmals auch neutestamentlich überlieferte, hymnische Glaubenszeugnisse und Glaubensbekenntnisse der frühchristlichen Überlieferung als mythische Erzählstoffe analysiert werden (R. Feldmeier, P. Gemeinhardt). Dieser Ansatz hat sich als ausgesprochen fruchtbar erwiesen; er lässt Strategien im Ringen der Zeitgenossen und insbesondere in der paulinischen Tradition um das Verständnis des historischen Jesus ebenso erkennen wie die Tatsache beschreiben, dass dieser Jesus von Nazareth selbst in seiner Verkündigung mythische Erwartungen aufgreift und in einer dezidiert eigenen Weise akzentuiert und adaptiert. Auf diese Weise wird detailliert beschreibbar, „wie das frühe Christentum seine Erinnerungen an Jesus von Nazareth durch unterschiedliche Sequenzen mythischer Hyleme überprägt hat, um gerade so das Christusereignis als das Handeln Gottes an und durch Christus angemessen zur Sprache zu bringen" (R. Feldmeier).

Der Beitrag von P. Gemeinhardt zeigt, dass frühchristliche Autoren, während in theoretischen Schriften pagane Mythen abgelehnt werden, in der eigenen Praxis mythische Schemata aufgreifen und diese für die Verkündigung fruchtbar machen. Durch zwei Sphärenwechsel wird das Christusgeschehen in Glaubensbekenntnissen konturiert: durch den Abstieg in die Hölle bzw. Unterwelt und durch die Auffahrt in den Himmel. Dies dürfte auf die Akzeptanz der christlichen Verkündigung wesentliche Auswirkungen gehabt haben; bei aller Kritik an überlieferten paganen Mythen nutzten Christen deren narrative Leistung zur Plausibilisierung der eigenen Heilserzählung: „Die Hylemanalyse ermöglicht Einsichten in *strukturelle Analogien*, vermittels deren – kurz gesagt –

nicht von der gleichen Unterwelt, aber in gleicher Weise von der Unterwelt erzählt wird (und ebenso von der jenseitigen, ‚oberen' Welt)".

Die verschiedenen Beiträge zeigen Notwendigkeit und Nutzen der von der Forschungsgruppe 2064 STRATA vorgelegten systematischen Theorie der Mythosforschung als Erzählstoff-Forschung. Erst auf dieser theoretischen Basis kann die Analyse der mythischen Erzählstoffe jenseits der Hindernisse funktionieren, die gattungs- und medienspezifische Differenzen aufwerfen. Besonders deutlich wird dies z. B. bei der mythologischen Auswertung von frühchristlichen Glaubensbekenntnissen (P. Gemeinhardt) oder bestimmten kultischen Handlungsvollzügen (A. Zgoll), die ansonsten von der Mythosforschung ausgeschlossen wären und deren vielfältige kulturinterne und -externe Mythenbezüge eindrucksvoll deutlich werden.

Die im Rahmen der Forschungsgruppe erarbeitete und in der disziplinären wie interdisziplinären Arbeit bereits angewandte und weiter entwickelte Methodik zeigt ein breites Spektrum vielfältiger Ergebnisse, je nach den verschiedenen Disziplinen, den Quellenarten und Medien und den damit verbundenen Herausforderungen. Diese demonstrieren das Potential der noch weiter zu verfeinernden Methodik. Durch die neu eingesetzten methodischen Zugriffe ist es möglich, mythische Erzählstoffe unabhängig von Gattung und Medium zu rekonstruieren, sich der Vielgestaltigkeit der Varianten zu nähern und deren Schichten auszuloten, d. h. die Polymorphie und Polystratie von Mythen und ihren Varianten nachzuweisen, Machtdiskurse zu erkennen und zu einer historischen und funktionalen Differenzierung der mythischen Erzählstoffe, der diese Erzählstoffe transportierenden Quellen und der in diesen Quellen und Erzählstoffen beschriebenen Protagonisten beizutragen.

Eine neue Theorie und Methodik an konkreten, sehr disparaten Materialien zu testen, zu implementieren, zu adaptieren und weiter zu entwickeln war und ist eine Herausforderung. Im vorliegenden Band zeigt sich auch, dass der Stand und die Art der Methodenanwendung und -adaptierung je nach verschiedenen Autor/innen variieren. So hat bspw. der Beitrag von H. Spieckermann eher aufgrund der thematischen Ergänzung vor allem zu den Aufsätzen von R. Feldmeier und P. Gemeinhardt als aufgrund neuer Methoden-Anwendung seinen Platz in diesem Band gefunden, und der Beitrag von D. A. Werning zeigt eine Anhänglichkeit an eine strukturalistisch geprägte Terminologie, die ansonsten bewusst gemieden wird. Doch lassen die Ergebnisse, die erzielt wurden, keinen Zweifel an der prinzipiell notwendigen und fruchtbaren Grundlagenarbeit, die als Basis sowohl für eine disziplinär-kulturspezifische als auch für eine kulturübergreifend-komparative, interdisziplinäre Mythosforschung dienen kann. In einer geplanten zweiten Phase der Forschungsgruppe sollen mythische Bildquellen stärker einbezogen und mit Textquellen verglichen werden. Aufbauend auf den Ergebnissen, die im vorliegenden Band erzielt werden konnten, soll es außerdem vor allem auch um die transdiszplinären, transkulturellen Bezüge zwischen Mythen gehen. Der vorliegende Band ist ein Anfang: Er zeigt das Potential; ausgeschöpft ist es noch nicht.

Christian Zgoll
Myths as Polymorphous and Polystratic *Erzählstoffe*

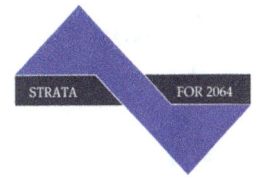

A Theoretical and Methodological Foundation

Abstract: In a critical reckoning with methods and results from the field of literary studies, with functional as well as structural analyses, and with structuralist methods, the present paper aims to bring an innovative theoretical approach to working with myths and their variants as self-contained sequences of minimal action-bearing units ("hylemes"). The method of hyleme analysis will be developed as a tool for extracting *Stoff* variants from their concrete manifestations in a specific medium, such as texts or images, and for reconstructing an individual variant's underlying *Stoff* sequence. Hyleme analysis, moreover, constitutes an important preliminary part of the process which enables us to conduct objectively verifiable transmedial comparisons of different *Stoffe* and their variants.

Mythical *Stoffe*, because they have a strong claim to relevance in the interpretation of, and in coping with, the human condition, are being fought over and are continually being reworked. Individual variants of a mythical *Stoff* are therefore, as a rule, rarely all of one piece. Rather, as products of these processes, they display the traces of continual reworkings, and indeed, they are comprised of multiple layers. A serious interpretation of myths can only do justice to the many variants of a *Stoff* and to the complexity of its variants if the chosen approach is specifically tailored to accommodate both its variants and their *strata* (method of stratification analysis).

Note: I would like to extend my thanks to the members, cooperation partners, and guests of the DFG-Forschungsgruppe 2064 "STRATA – Stratifikationsanalysen mythischer Stoffe und Texte in der Antike" for the stimulating discussions out of which this contribution took shape (sub-project Ancient Greece); for a (very) "extended version" (in German) see C. Zgoll 2019. My work on this contribution would have been impossible without the support of the German Research Foundation (Deutsche Forschungsgemeinschaft DFG). Of lasting importance were the conversations inspired by the interdisciplinary *Collegium Mythologicum* (Göttingen) and the intensive exchange with the spokesperson of the Forschungsgruppe and Director of the *Collegium Mythologicum*, Annette Zgoll. For the elaboration of the English version I owe thousand thanks to Tina Jerke, and I am also grateful to Martin Worthington for helpful advice in this respect.

∂ Open Access. © 2020 C. Zgoll, publiziert von De Gruyter. [CC BY] Dieses Werk ist lizenziert unter der Creative Commons Attribution-NonCommercial-NoDerivatives 4.0 Lizenz.
https://doi.org/10.1515/9783110652543-002

1 A Glance at the History of Mythological Research

What are myths? And how can they be interpreted? For a long time, and in some instances up into the present, the second question has attracted more interest and more answers than the first. This was already the case in Greek-Roman antiquity. No explicit definition has survived of what constitutes a myth for Euhemeros from Messene (4th/3rd century BC), but we have a very good record of his idea how myths are to be explained: as stories about human rulers who have been retroactively raised above their station and styled into gods. The text *On Incredible Tales*, which has ascribed to one "Palaiphatos" (c. 4th century BC), in a rationalizing manner reduced many peculiarities of myths to unrecognized empirical circumstances and occurrences, or he explained them as misunderstood metaphorical expressions, thereby attempting to discover the actual "truth" of these myths, without ever trying to offer a general definition of the object under scrutiny. The Imperial Roman author Cornutus (1st century AD), in his compendium of the Greek gods, attempts to explain the names associated with the gods as allegorizing encryptions of the natural elements, or of natural processes, while assuming that what is meant by "mythical" needs no further clarification.

Even today, the author of one work titled *On the Gods and the Cosmos*, is sometimes treated as an exception: the following sentence from the treatise by Salustios (c. 2nd half of the 4th century AD) is often quoted as a definition of myth[1]: "(All) these things never happened, but always are. And mind sees all things at once, but narration (or: reason) expresses some first and others after." But Salustios' actual purpose is not to define myth. Like the authors mentioned above, he was largely concerned with the various options of interpreting myths as allegorical expressions of divine or natural truths, and it is questionable whether he intended the quoted sentence as a general statement. Several reasons make this highly unlikely: for one thing, Salustios does not derive or justify his "definition," nor has he placed it at the beginning of his tract to indicate it is meant to apply to all that follows. Instead, he inserted the observation almost in passing at a later location. And finally, Salustios himself does not present it as

---

[1] Salustios, *De diis et mundo* 4: Ταῦτα δὲ ἐγένετο μὲν οὐδέποτε, ἔστι δὲ ἀεί· καὶ ὁ μὲν νοῦς ἅμα πάντα ὁρᾷ, ὁ δὲ λόγος τὰ μὲν πρῶτα τὰ δὲ δεύτερα λέγει.

universally valid; he coins the phrase with reference to a *particular* myth and its explanation².

The selected examples illustrate, how the history of mythological scholarship since antiquity can be understood not as a history of the *theory* of myth but much more emphatically as a history of *interpretations* of myths. More recent approaches have considerably extended the spectrum of available models for explaining myths. In the psychoanalytical mode, for instance, myths are seen as expressions of deeper mental phenomena or mechanisms of universal human significance; in the eyes of structuralist interpreters they become encoded semantic units with specific cultural attributes. Alternatively, myths are understood as expressions of societal "ideologies," or as reflecting ritual practices, in the case of the Myth and Ritual School (Cambridge Ritualists)³.

With the growing importance of the sociological and historical fields of research, the central question, "How can myths be interpreted?", is joined by a second which enquires about the *function* of myths[4]: "who uses myths, and to

---

2 The myth in question is that of Attis and Cybele.
3 It cannot be the aim of this contribution to reproduce a complete history of mythological research, or a more detailed appreciation of older approaches. Aside from the fact that it would have filled an entire publication by itself, there have been several important forays in this direction; cf. the helpful surveys e.g. in Kirk 1974, 13-91; Graf 1985, 15-57 (with emphasis on the older mythological scholarship and its key representatives and positions); Csapo 2005 (with emphasis on the more recent scholarship; different theories of myth are embedded in their respective environments: sociological, historical, and the history of the discipline itself); Segal 2007; Powell 2009, 14-47 (suitable as a first introduction, though necessarily selective and extremely brief it is eminently readable and to-the-point). For highlights on the (more recent) history of scholarship on the subject of "myth" within the discipline of patrology see the contribution by Peter Gemeinhardt in this volume. A useful collection of texts on modern theories of myth can be found in Barner/Detken/Wesche 2003; a compilation of important texts on earlier attempts to decode myths in Kerényi 1967.
4 Thus for instance numerous studies in the fields of ancient history and classical literature are primarily concerned with the societal appropriation of specific myths in the context of the memorial cultures of cities and urban élites (cf. Scheer 1993; Gehrke 1994; Kühr 2006); the focus is on the (inter) medial, action-related, ritual, representative or institutional functionalization of myths, adapted to and motivated by specific contemporary conditions and political-societal interests (Hölkeskamp 1999; Calame 2000; Waldner 2000; Walter 2004; Hartmann 2010; Hölkeskamp/Stein-Hölkeskamp 2010). Because myths are largely associated with the memorial culture of the ancient gentes and their correspondingly frequent functionalization as charter myths the works of Assmann/Burkert/Stolz (1982), Jan and Aleida Assmann (1998 and 1999; see also Wodianka 2005) and Malinowski (1926, partially intersecting with the Myth and Ritual School further developed by Geertz 1973) continue to be of use. In the field of Assyriology, a number of individual works have begun to contextualize myths and their layers (strata): Ayali-Darshan 2010; Fleming/Milstein 2010; A. Zgoll 2011 and 2013.

what end?" Whether from the perspective of historical, sociological, or religious and literary studies, the interest in the function of myths has in many cases almost completely superseded the age-old quest for the interpretation of myths, after the impasse created by the plurality of interpretive strategies has left scholars resigned to the impossibility of finding a universally applicable interpretation of myths. A better solution than resignation might be the *realization* that "monolithic" theories are evidently ill-suited to explain complex subjects – and this, after all, is what myths are[5].

Just as one and the same myth can be functionalized in different ways, there appears to be more than one way of arriving at a fruitful interpretation. How can this be? Are diverging interpretations a matter of course, or do they depend on the approaches chosen in each case, and can contradictory interpretations be explained by an arbitrariness in the choice of approach? To answer these questions and others like it, we need to take a step back to the level of myth theory and ask, "What are myths?" – in the hope that such an inquiry into the nature of myths will yield an answer to help us resolve the other questions regarding their possible interpretations and functions.

This inquiry into the nature of myths has a positivistic ring to it. It seems to be almost a dogma of postmodern scholarship to view the possibility of a "positive" finding on any subject as illusory, and the associated efforts as too narrow-minded. The criticism raised against some all-too optimistic-dogmatic attitudes on the positivists' side may be justified in isolated cases, but the deliberate indecision, the refusal to commit to a more precise definition of the essential features shared by the central objects under scrutiny inevitably harbours a danger that is at least as great, if not greater: the danger of falsely assuming that we all mean the same thing when in reality we do not. By steering clear of any definitive statements we may be able to circumnavigate the cliffs of an overly one-sided or incomplete assertion, but we must then confront the sandbanks of half-precise terminologies all around us, and the shallows of talking-past-one-another.

Evidently, this danger and the attendant ambiguities will become more urgent with a growing number of scholars, and disciplines, mingling in the field of mythological research. This is not to deny that eminent advances have been made in the area of comparative mythology, above all by (largely) overcoming

---

[5] A position that already finds expression e.g. in Cassirer 1953, 26, and is championed emphatically in particular by Kirk 1974 (summarizing e.g. ibid., 18 f and 40); cf. also Csapo 2005, 290 f; Morford/Lenardon/Sham 2011, 3; with reference to Malinowski's idea of charter myths see Graf 1985, 46, or to the explanation of myths as derived from rituals ibid., 54.

the distinction between myths of "primitive" and "higher" cultures, by the uncovering of intra- as well as intercultural parallels, references, and dependencies, and through gaining a more sharply contoured sense of specific cultural peculiarities. However, in the field of comparative mythology, we also observe that much is being said about the dangers and benefits of *comparing* myths, but very little about what myths *are*. Thus we see individual studies being undertaken that are of benefit to specific cultural contexts, but as a rule they are not held together by an overarching theoretical approach, with the result that the implicit ideas of what is to be understood by "myth," and the chosen approaches, turn out to be far more pluralistic than their joint publication within the same collected volume would suggest[6].

It is a fact that the scholars contributing to collected volumes with an emphasis on mythology are by their stated profession active in the fields of cultural studies, sociology, philosophy, history, or philology; as a rule they are not mythologists because the subject of mythological studies has (to this day) not been able to establish itself as a discipline in its own right, even though the interest in myths is considerable both in academia and in society at large. From a historical perspective, this may have been due to the long-standing rejection of "heathen" mythologies by the crown discipline of theology, with its protracted dominance over the religious and scholarly landscape. From the academic point of view another factor, and by no means the smallest, may have been the relative neglect that the theory of myth has seen compared to the established structures in the comparative studies, the historical-sociological approach to functional myth analysis, and the available options in the interpretation of myths. The foundation of the discipline – a theory of myth – and, associated with it, the development of a foundational methodology for the analysis of myths, which must come before any further functional determination, interpretation, and comparison, have not yet received ample attention.

Chapter 2 will begin by focusing on the distinction between the "narrative materials," or *Stoffe*, and their manifestations in different media. We will then consider the *Stoff* concept and contrast it with the ways in which it has been discussed in the literary disciplines, followed by a critical-comparative presentation of various attempts to grasp "the" *Stoff* behind its screen of different medial manifestations. It will become clear that the polymorphy in particular of mythical *Stoffe* is fraught with special challenges. Chapter 3 will set the scene for a new approach, against the backdrop of *Stoff*- and motif-historical, narrato-

---

[6] Cf. e.g. Assmann/Burkert/Stolz, 1982; Whiting, 2001; Brandt/Schmidt, 2004; Schmitz-Emans/Lindemann, 2004; Dill/Walde, 2009; and still A. Zgoll/Kratz 2013.

logical, functional and structure-analytical, as well as structuralist methods. Not only variants of mythical *Stoffe*, but all kinds of narrative materials will be defined as sequences of hylemes: minimal action-bearing units. Building on this first introductory step we will turn to hyleme analysis as a new method for the reconstruction of the *Stoff*, which underlies every single variant, and its relevance for a general, transmedial, and comparative new discipline: *Stoffwissenschaft*, for which we propose the English term "hylistics" (derived from the Greek word *hyle* ὕλη, "raw material"). Chapter 4 will deal especially with mythical *Stoffe*, and their particular features: firstly, with their continually self-renewing, intertwining network with and inclusion of other *Stoffe* and semantic cultural elements (4.1), and secondly, with their "explosive potential" (4.3). As a rule, these two attributes are essential as the key reasons for the presence of multiple layers, or strata, in the medial manifestations of mythical *Stoff* variants. Here, we will also attempt to formulate a more precise definition of the primary indicators for identifying these layers, such as inconsistencies on the one hand (4.2), and generating value judgements and hierarchical relationships on the other (4.4). The final chapter (5) will see the conclusions from all the above enquiries made fruitful for the interpretation of myths – which can only do justice to both the polymorphy of the *Stoffe* and the multiple strata of their variants if and when it accounts for the presence of and the distinction among different variants and strata[7].

2 Myths as *Stoffe*

2.1 Myths are not Texts, Myth is not a Literary Genre

Myths are not texts; they are *Stoffe*[8]. Neither are they stories that are being told orally. For each story that is being told is in itself a concrete realization of a particular *Stoff*.

---

[7] For a detailed exposition of these and other aspects see C. Zgoll 2019.
[8] On the various applications of an expanded and secular concept of myth, which is of no consequence in the present context, and includes notions such as the "political myth", the "myth of Napoleon", the "myth of rags to riches", the idea of myth as a "tall tale", etc., see for instance the survey in Tepe 2001, 15-68; for literature dedicated to the expanded concept of myth in the modern age see also Scheer 1993, 13, with nn. 1-5; Reinhardt 2011, 19, with n. 20; and Reinhardt 2016, 8. On dealing with the "durchaus schwierigen 'konstruktiven' Abgrenzungsversuchen zum Begriffsgebrauch von Mythos in der feuilletonistischen Alltagssprache

If we think of myths as *raw materials* for a multitude of artistic expressions, as narrative materials, or *Stoffe*, that can take all kinds of different medial forms[9] it becomes clear that a vast array of possible manifestations in different media must exist for the storage of such *Stoffe*. They are preserved not only through the medium of sophisticated literary texts in prose or poetry, which are important for instance when it comes to the myths of classical antiquity, but a broad spectrum of other sources are equally significant; myths can be depicted in paintings, on reliefs, as statues, on coins, sarcophaguses, vases, or cylinder seals, in descriptions of pantomime performances or dances, inscriptions, scholia and commentaries, lists, ritual texts, and others[10].

If "myth" is not to be equated with "text," indeed not even with an orally performed narrative, then certainly myth cannot be understood as a specific literary genre. Myths are *Stoffe* that can be expressed in many different literary genres. This means that it is impossible to provide a detailed description of what constitutes a "myth" in analogy to an elaborate definition and typology of the kind that can for instance be drawn up for the epic genre in the field of literary studies[11]. Using precise and culturally specific terms, literary scholars can de-

---

oder zu sach- und sinnverwandten Begriffen der Kulturwissenschaften und der Philosophie" see Mohn 1998, 58-68 (quotation ibid. 68). Pertinent on the history of the concept of myth: Burkert/Horstmann 1984. The concept of myth at play in the present contribution is not that which refers to a mode of thought, or an ideology, in the sense of "mythical thinking" (on the discussion whether or not "mythical thinking" does exist see, among others, Bouvrie 2002, 53-58) or to other uses (for the distinction between "myth" as "technical term of a scientific meta language" and "myths" as concrete phenomena see also Mohn 1998, 55 and 62), but to the concept of *myths* as mythical *Erzählstoffe*. Fundamental on the history of the Greek word μῦθος and its meaning Nesselrath 1999; cf. also Scheer 1993, 22-24; Powell 2009, 1-14; Reinhardt 2011, 13-15 (ibid. 13, n. 6 additional literature).

9 The term "medial" (or "medium") is used in the present paper not primarily to refer to a "technisch-materiell definierten Übertragungskanal von Informationen" – an individual medium such as a concrete, extant book, or a specific film version, etc. (Wolf 2002, 39 n. 38) – but instead the concept is expanded according to the definition offered by Wolf (ibid.) as "ein konventionell als distinkt angesehenes Kommunikationsdispositiv" – a form of mediality that is represented e.g. by film or literature – so that the term can be equally applied to individual media and media-specific genres and subgenres ("types of media/mediality"). For the concept of transmediality (as distinct from intermediality) see chapter 3.4.

10 Cf. also Morford/Lenardon/Sham 2011, 3: "A myth also may be told by means of no words at all, for example, through painting, sculpture, music, dance, and mime, or by a combination of various media [...]."

11 This must be emphasized for instance with regard to the conventions in the disciplines of Assyriology and Biblical studies, where "myths" frequently refers to a *group of texts* that is associated with epic texts. Cf. e.g. the title of the recently published eighth volume of the series

scribe the epic genre by its characteristic use of language, style, preferred subjects [*Stoffe*], characters, narrative techniques, narrative elements, among other things. Myth as *Stoff*, however, does not have a particular style, nor does it prescribe the mode of presentation in poetry or prose, and narrative techniques will also be determined by the genre in which the myth will be "adapted." All of the above characteristics define the respective genres; they do not define the – mythical – *Stoff*[12].

Texte aus der Umwelt des Alten Testaments: Weisheitstexte, Mythen und Epen, which appropriately offers the following introductory assessment (Janowski/Schwemer 2015, IX): "Ähnlich komplex wie der Mythos-Begriff ist der Begriff des Epos, der gattungstheoretisch kaum von jenem unterschieden werden kann." Regarding "das babylonische Weltschöpfungsepos *Enūma elîš*," Kämmerer/Metzler 2012, 2-4 do place "den Inhalt ('Mythos') gegenüber der Form ('Epos')" (ibid. 3), but go on to define myth as "eine besondere Form des narrativen Textes," once again blurring the distinction. On the discussion in the field of Assyriology, as to whether and to what extent we can describe "myth as a literary genre", cf. Heimpel 1997, 541. In Biblical scholarship, "myth" has still been defined as a "textual category" as recently as 2013: cf. Irsigler 2013, 2.2.1: "Ein in der Bibelwissenschaft operationabler, nach Kriterien anwendbarer und literaturwissenschaftlich begründeter Begriff von 'Mythos' versteht Mythos als Textsorte, als im weiteren Sinn 'Gattung' literarisch gestalteter Mythentexte, wie sie im vorderaltorientalischen Überlieferungsraum und kulturellen Bereich vertreten sind [...]." Cf. also Lux 2014, 196: "Mythos [...] lässt sich als literarische Gattung von anderen Gattungen, der Legende, der Sage, dem Märchen und Hymnus unterscheiden. Und doch bereitet es immer wieder Schwierigkeiten, diese Gattung zu definieren." Similarly Lüthi 2004, 6-15, who understands "Mythus" (with recourse to André Jolles' *Einfache Formen*, 1930 [*Simple Forms*, transl. by P. J. Schwartz 2017], among other precursors; see ibid. 14 f) as a literary genre, which he attempts to separate from other genres such as saga, legend, fable, and *Schwank* (a kind of humorous folk tale). On the "genre of myth" as described by narratological studies in the field of cultural anthropology, and the related attempts to distinguish it from other "simple" genres while focusing especially on the external criteria for the culture-specific performativity of such forms (genres) cf. also Bendix 2013, 61 and 68-77. On the distinction, important in this context, between external form (genre) and content (Stoff), see in detail C. Zgoll 2019, Chapter 2.1.

12 Cf. Lévi-Strauss 1955, 430: "Its substance [i. e. the substance of a myth] does not lie in its style, its original music, or its syntax, but in the story which it tells." Cf. also Neuhaus 2005, 4: "Mythus taugt nicht zum Gattungsbegriff und ist verzichtbar, denn Mythen finden sich in vielen Texten." Cf. by contrast Irsigler 2013, 2.2.1: "Nun können aber 'Mythen' als mündliche oder schriftliche Texte jedenfalls prinzipiell gattungskritisch erfasst werden." The difficulties arising from such a "generic" view of myths become apparent, e. g., in the discussion cited by Baines 1991, 87, as to whether or not texts with statements by deities in the first person can be classified as "myths" – a problem which only presents itself when myths are seen as a textual category, which requires, among other things, that deities are referred to in the third person. Cf. also the inclusion of literary, genre-specific criteria in a definition of "myth" in Rüpke 2013, 47, where it is claimed that myths are narrated "in der Regel nicht aus der Ich-Perspektive", but that the "allwissende Erzähler weiß, was die unterschiedlichen Handelnden zusammenführt".

2.2 The *Stoff* Concept

Defining myths as *Stoffe*, materials – a view that only now, and only gradually, appears to be gaining more traction – does not resolve the problem; it merely delays the discovery of a viable solution. For even if we take it as a given, and without further explanation, that myths are not identical with certain texts, and that instead they are *Stoffe*, the real work still has not been done. On the contrary, this is where the problems begin, because one of the things still missing is a definition of "Stoff," what elements it is made up of, how we can extract these elements from the various medial manifestations (e.g. textual or visual), how we can reconstruct and depict the underlying sequence of events, whether there are different kinds of *Stoffe* and if yes what distinguishes them, and what the conclusions are that we can draw from the answers to these questions, so that we can form an idea of the make-up, the interpretation and finally for the comparison of mythical *Stoff* variants. At least some of these questions will be answered in the following.

One thing that will become apparent very quickly is the fact that the familiar terms from literary scholarship, story and plot, will not get us very far: as a rule, these concepts are aimed at the narrative framework of *one particular text*, or in some cases, multiple texts; they are defined through *textual* criteria[13]. Sometimes the plot, or story, of a concrete text are roughly congruent with *one*

---

[13] In the field of narratology, the term "plot" usually denotes the action in the sequence of events not in their natural order but as they occur in a given text (cf. French *discours*, Russian *sjužet*). In German-speaking scholarship a variety of terms are used side by side; cf. Martínez 2003, 92, who proposes the use of *Fabel* instead; however this is problematic not least because *fabula* is the term established in Russian formalism for the *Stoff* in its chronological sequence; Schmid 2010, 190, prefers narrative (*Erzählung*). On the history of research and the various terminologies see the concise summary in Schmid 2007, 104-107. For the underlying action of a text *in the sequence of the natural chronology*, literary scholarship has again developed a variety of expressions; the most widely-used term in English-language publications is story (cf. French *histoire*, German *Geschichte*, and *fabula* in Russian formalism), but sometimes plot is used as well, so that there is no clear distinction between plot (1) as *Stoff* in *ordo artificialis* and plot (2) as *Stoff* in *ordo naturalis*. A different approach to defining plot and story forms the basis of E. M. Forster's work, which in its conceptual distinction does not prioritize the chronological arrangement of the material (*ordo naturalis* vs. *ordo artificialis*), but relies instead on the presence or absence of causality: cf. Forster 1927. In literary narratology an even more intricate model has been developed which distinguishes further between story (*Geschichte*) and happenings (*Geschehen*; Schmid 1982; he is on the whole followed by Martínez 2003, 92; see also the summarizing overview in Schmid 2007, 104-107, and Schmid 2010, 192 f, with diagram). "Happenings" are understood as the totality of actions, situations, and characters, without spatial or temporal limitations, from which the story in turn presents a selection.

mythical *Stoff*, as for instance in Claudian's epyllion *De raptu Proserpinae*[14]. In many cases, however, *one* concrete text contains *multiple* mythical *Stoffe*. An extreme example are Ovid's *Metamorphoses*. From the perspective of literary scholarship, the *Stoff* in the sense of the story that is being told in the *Metamorphoses* is a depiction of world history from the days of the creation to the author's own Augustan age, but the one "story" makes use of vastly more than 250 mythical *Stoffe*[15]. A distinction must be drawn, therefore, between the plot structure of a concrete text and that of a mythical *Stoff*, as the two are not always congruent, or interchangeable.

Another problem arises from the realization that the concept of *Stoff*, as it is understood in literary scholarship (usually referred to either as story or plot), when applied to a particular text will refer to the one particular concrete *variant* of the *Stoff* – exactly not what is meant when scholars of mythology refer to "*the* Myth 'Innana Brings the Netherworld's Instruments of Power to the Earth'": the focus should not be on one *individual* depiction but on the *totality of possible variants*[16] of the same *Stoff*, which can manifest themselves in all manner of texts, or in completely different medial representations[17]. The totality of all narrative steps in a concrete text, in their natural sequence (*ordo naturalis*), as a literary scholar would describe the story of a text, does not correspond to the

---

[14] A list of examples from Greek poetry where the entire poem narrates a specific myth can be found in Syndikus 2001, vol. 1, 169, n. 1.

[15] The number of mythical *Stoffe* on metamorphosis in the *Metamorphoses* alone amount to some 250 (see Irving 1990, 19). The actual number can only be approximated because Ovid himself in his work dilutes the concept of what constitutes a metamorphosis and also includes genuinely un-related material (see on this, e.g. C. Zgoll 2004, 233-235). Beyond *Stoffe* dealing with metamorphosis (in a broad sense), the work of the *Metamorphoses* also touches upon a host of other mythical *Stoffe*.

[16] Cf. Burkert 1982, 63, with one-sided focus on texts: "Ein einzelner Mythos ist [...] nicht identisch mit einem einzigen, bestimmten Text, er ist durch einen solchen nicht vollständig repräsentiert; es gibt Varianten."

[17] For this reason terms borrowed from literary studies, such as "subplot" or "episode" (Martinez/Scheffel 2012, 113 f), are not particularly helpful as they describe a self-contained plot element – once again as a content-related sub-structure of an individual text, by definition a constituent part of the overall plot, not as any one of a set of different *Stoff* variants. Studies which attempt to define *Stoff* as something separable from the text tend to be the exception; cf. from the older scholarship Kayser 1960, 56: "Was außerhalb eines literarischen Werkes in eigener Überlieferung lebt und nun auf seinen Inhalt gewirkt hat, heißt Stoff. [...] Der Stoff kann in der verschiedensten Art existieren, das heißt: es gibt die verschiedenartigsten Stoffquellen". The *Stoff* can exist in all kinds of shapes, meaning: there is a vast variety of *Stoff* sources. Because he is primarily interested in the literary work of art, *Stoffe* and their investigation are for Kayser of an "untergeordneten Bedeutung" (ibid. 58).

Stoff of the mythological scholar; even where the text deals exclusively with *one Stoff*, it will still deal only with *one particular, concrete variant* of the mythical *Stoff*. As one can see, no comparable, corresponding term for the mythological concept of *Stoff* exists in the field of narratology. For the moment we can – only inadequately, as a first approximation – describe a (mythical) *Stoff* as the totality of both existing and potential variants of a *Stoff*, which in turn is a self-contained sequence of events with particular protagonists, localities, themes, and actions[18].

2.3 Conventional Paths to "the" (one) *Stoff*

The question as to what we may understand by *Stoff*, given the above considerations, what it is made up of, whether and how "the" *Stoff* can be made concrete and thus an object of research, is of course no longer a simple one when texts have to be given up as the sole points of reference. This is unfortunate, as the interpretation of a mythical *Stoff* already seems complex and difficult enough, and the effort to recover, or define, the actual subject matter then tends to be viewed as a necessary but tedious preliminary chore. In this situation, the – understandable – impatience to finally dig into the material can tempt the eager scholar to move these annoying preliminaries out of the way as quickly as possible, or to settle too hastily on a chosen method, which under closer scrutiny turns out to be problematic.

Indeed it can be observed that the problem of finding a definition for "the" *Stoff* is not addressed directly in many mythological studies, or it is not being addressed at all. Often the *function* of a myth is discussed, which *themes* it presents, or what it *means*, before an adequate explanation is provided of what is meant when mention is made of "the" myth, what it is made up of, in short, what it *is* – and in connection with that, how we can get hold of it in the first place. And this despite the fact that different options of defining "the" *Stoff* do exist and have been used. The method applied in each individual case must often be derived from implicit clues in the study rather than an explicit and substantiated outline of the chosen methodology. The list below can only give a brief overview of some of the options, or paths, scholars have taken in the past to arrive at "the" *Stoff*:

---

[18] On the question of approximate criteria that would allow to view a *Stoff* variant as "self-contained" see C. Zgoll 2019, Chapter 8.1.

- The glamour version: "the" *Stoff* is the most famous variant, which has also had the most profound impact on the transmission of the (mythical) *Stoff* in question[19]; for instance an outstanding work of poetry[20].
- The *Urversion*: "the" *Stoff* is the most ancient and therefore the "original" version; all later variants can be traced back to this version[21].
- The minimal version: "the" *Stoff* is the smallest common denominator of *Stoff* elements present in all variants[22].
- The standard version: "the" *Stoff* represents the normal course of the proceedings which can be derived from multiple variants and joined together in a kind of composite Vulgate[23].
- The maximum version: "the" *Stoff* is the sum of all attested variants[24].

---

19 Cf. Frenzel 1978, 27.
20 On previous ideas of "myth as poetry" see Graf 1985, 11. Ludwig Preller and Karl Simrock, among others, represent such a position, cf. Beth 1935, 721 f.
21 See the summary of these endeavours in the field of fairy-tale scholarship, with consideration of the suggested criteria for the determination of an *Urversion*, and the critical responses, in Lüthi 2004, 70-79. Scholars in the field of literary *Stoff* and motif studies also operate with the concept of "archetypes" (see Frenzel 1993, 101 f, with examples). On more recent attempts to reconstruct the *Urform* of an individual or the "one" Indo-European or Indo-Iranian creation myth, see Janda 2010, and Kreyenbroek 2013. We will return to the problem inherent in the attempt to reconstruct an *Urversion* in more detail below (see Chapter 3.6).
22 Thus in the definition of Keim (1998, 101, n. 1), "Mythologem" serves as "Bezeichnung der kleinsten, semantisch und historisch invariablen, konstitutiven Einheit des Mythos"; this he claims was e.g. "beim Medea-Mythos der Kindermord".
23 The idea of the "mythical core" as a prerequisite for poetic or other *Stoff* adaptations which then leave it largely unchanged, already occurs in Müller 1825, 103. Cf. also Albert Henrichs' programme of "applied mythography, which is instrumental in establishing the essential elements of a given myth" (Henrichs 1987, 267), which he demonstrates by conducting an analysis of "the" Kallisto myth (ibid. 254-267). Cf. also Blumenberg 1985, 34: "Myths are stories that are distinguished by a high degree of constancy in their narrative core and by an equally pronounced capacity for marginal variation". Cf. also ibid. 149, where he refers to the "iconic constancy" of the "core contents" of mythical *Stoffe*. Such an idea of what would in essence be an invariable "narrative core" also seems to be at the heart of Jan Assmann's reflections on mythology. With reference to Egyptian myths, Assmann distinguishes between "the" mythical *Stoff*, which he calls the "geno-text", and the individual manifestations of the mythical *Stoff*, which he describes as "mythical statements" or "pheno-texts" (Assmann 1977, 37-39). Assmann apparently assumes that the mythical *Stoff*, the "geno-text", is something homogenous and uniform that can be reduced to a specific "narrative core": "Jedenfalls handelt es sich bei mythischen Aussagen um konkrete Realisierungen (Vergegenwärtigungen) eines Mythos. 'Mythos' dagegen ist etwas Abstraktes: der Kern von Handlungen und Ereignissen, Helden und Schicksalen, der einer gegebenen Menge mythischer Aussagen als thematisch Gemeinsames zugrunde liegt." Burkert 1982, 63, also supports this view.

It is impossible within the remit of this contribution to discuss the inherent problems of each method in detail[25], but when myths are imagined as *Stoffe* rather than as texts there is no valid reason why one polished presentation in textual form should be given preference over another variant when the object under discussion is the variant itself, not the *presentation*. As seductive as the idea of an *Urversion* appears to be, efforts to reconstruct such a version from the transmitted myths will always be troubled by the fact that the reconstruction criteria are controversial, which means the results will remain hypothetical and thus forever questionable. The search for an original *Urversion* becomes even more futile if a complex *Stoff* concept is used which introduces an additional distinction between a concrete *Stoff* and an abstract *Stoff pattern* underlying the concrete *Stoff* (see below, Chapter 3.6). The reconstruction of a "smallest common denominator" is often hampered by "exceptional cases" where it becomes necessary to justify the fallibility, or a certain alteration, of the denominator, and also by the question exactly what the criteria are for defining one particular *Stoff* feature as such a common denominator, while ignoring others. Similar problems emerge with the solution preferred in several other cases, where a *Stoff* "Vulgate" is compiled, but the questions by what standards individual *Stoff* sequences are declared "normal", and within the parameters for a particular *Stoff*, or why they fail to meet those standards, cannot be answered objectively and according to general principles.

2.4 Polymorphous Mythical *Stoffe*: A *Stoff* in Different Variants

Even the concept of a "maximum version" to define "the" *Stoff* is still lacking in scope. To claim that a maximum version has been compiled is to suggest that the totality of all extant versions constitutes the maximum of possible variants, and that the *Stoff* has thus been defined because its "limits" have been reached. This is not really the case: "the" *Stoff* is not limited by the totally of all known variants displayed in such a synopsis, because numerous other variants have

---

24 Cf. Lévi-Strauss 1955, 435: "Thus, our method eliminates a problem which has been so far one of the main obstacles to the progress of mythological studies, namely, the quest for the *true* version or the *earlier* one. On the contrary, we define the myth as consisting of all its versions; [...] If a myth is made up of all its variants, structural analysis should take all of them into account". Cf. e.g. also Powell 2009, 16: "the Oedipus myth is the collection of all the extant variations, however many there may be."
25 See in detail C. Zgoll 2019, chapter 4.

existed that were never written down, and because many variants that were recorded in writing have not survived and because contained in every *Stoff* are endless possibilities for further manifestations in the future.

One possible strategy, in view of the less than optimal efforts outlined above, could be a more open understanding of "Stoff" as a generally open field of possibilities; in analogy to the terms discussed above, an appropriate suggestion for this potentially infinite set of variants could be a newly-coined "approximal" version. The shape of a *Stoff* is open, both with a view to the past as well as into the future. To put it another way: the potential in a particular *Stoff* is inexhaustible[26]. The actual maximum of the complete spectrum of possible *Stoff* variants is infinite; a *Stoff* imagined in this way *cannot be defined*; any description of it can only be an approximation[27].

For the study of (mythical) *Stoffe* we must take leave of the notion that "the" *Stoff* can be reduced to a *single shape*, an entity which by and large still retains a relatively rigid, singular shape – a shape which can be extracted from the corpus of all possible variants with pinpoint precision and then be used to determine deviations and exceptions. "The" *Stoff* is not a singular entity, something uniquely distinguishable; it must instead be understood as a "polymorphous" phenomenon, as uncomfortable as this may seem for now. Every change in individual or societal interests, ideas, interpretations, conditions, preferences, etc. can lead to modifications in a mythical *Stoff*. These modifications can range from the tiniest interventions to substitution, new insertion, or deletion of individual elements, also fundamental revisions of certain narrative units, or in the structure of a narrative sequence overall. Each *Stoff* variant adds a new variation to those already in existence and in doing so contributes to the fundamental *polymorphy* of a *Stoff*.

Aside from bidding farewell to the idea of "the" myth as a "uniform" entity, we also must distance ourselves from the traditional text-driven approaches of literary scholarship and literary history. If we intend to be serious about the concept of myths as *Stoffe*, and make the study of these *Stoffe* the focal point of our efforts, we must give up the exclusive dependence on textual material and a

---

[26] Inexhaustible in fact with regard to the future, inexhaustible only in principle with regard to the past: among the factors limiting *Stoff* variation in the past are the respective cultural horizon, the artistic freedom that a society does or does not grant to individual authors, generally the degree to which a society is tied to its traditions, and many more; on these "centripetal" factors that keep a *Stoff* intact see C. Zgoll 2019, Chapter 12.1.

[27] Cf. also Kühr 2006, 17: "Deshalb gibt es keine ursprüngliche oder einzig 'wahre' Variante eines Mythos, vielmehr konstituiert er sich aus allen Varianten, die je existierten und noch existieren werden [...]."

text-based terminology, because (mythical) *Stoffe* do not solely manifest themselves in texts but in countless other medial forms as well.

3 Reconstruction and Comparison of *Stoffe*

3.1 *Stoffe* as Hyleme Sequences

If we define "Stoff", for the time being, as the totality of different actually existing or potential *Stoff* variants, and if we moreover make a distinction between each individual manifestation of a particular *Stoff* variant in a specific medium (e.g. in textual or visual form) and the *Stoff* substratum of this variant, we are again faced with the question, and perhaps even more urgently, how or in what form this *Stoff* variant can be made concrete for further analysis.

An essential feature not only of mythical but of all kinds of narrative materials (*Stoffe*, or *Erzählstoffe*) is the representation of status changes[28]. This is to say that in narrative materials, on principle, "things are happening". At least one narrative unit will cause a state A to be subjected to change toward a state B. As a rule, narrative materials – *Erzählstoffe* – consist of a coherent sequence of several individual action-bearing units, that is units which describe particular deeds, events, occurrences (and states in-between), with a beginning and an end: first one thing happens, then another, then something else, etc., and this at the end happens. *Erzählstoffe* must therefore be separable into a sequence of individual narrative units[29]. These minimal *Stoff* units exist independently of

---

[28] See Schmid 2007, 98: "Repräsentation von Zustandsveränderungen". See on this in more detail C. Zgoll 2019, Chapter 5.

[29] Cf. Wolf 2002, 45: "An prototypisch Narrativem ist [...] vor allem die Konzentration auf von den Figuren intendierte, äußere Handlungen hervorzuheben"; on the rejection of concepts that disregard such a dimension of intentional agency, see ibid. 46 (when Wolf ibid. 51 declares, among other things, the focus of "mindestens zwei verschiedene[n] Handlungen oder Zustände[n] auf dieselben anthropomorphen Gestalten" to be the "Kern des Narrativen", he is – completely unnecessarily – excluding stories that have other, non-anthropomorphic protagonists. Cf. also Schmid 2007, 98: "Die Repräsentation von Zustandsveränderungen gilt in der neueren Narratologie [...] als das grundlegende Merkmal der Narrativität". Tomashevsky 1985, 215, does not refer to state changes, he prefers "situation": "Die Fabel setzt sich zusammen aus Übergängen von einer Situation in die andere". From a radical point of view, a single status change can be sufficient, cf. Schmid 2010, 2 (with the well-known example from E. M. Forster "The king died and then the queen died", undercut by Gérard Genette with "The king died"): The minimal condition of narrativity is that at least one change of state must be represented.

their respective concrete (e.g. textual) form, and consequently we should be able to extract them from their respective manifestation in a specific medium.

In the present attempt to divide *Stoffe* into their minimal narrative units the intention is not to dissect the *Stoff* or, specifically, a variant of it, into minimal constituting elements such as figures ("Zeus", "Erechtheus"), actions or occurrences ("slay"), and appositions or characterizations further describing these elements ("mighty", "king"), or temporal, locational or instrumental information ("in the morning", "in Athens", "with a thunderbolt"), but the plane on which individual minimal *Stoff* constituting elements and their descriptions are combined into minimal action-bearing units ("in the morning mighty Zeus in Athens slays the King Erechtheus with a thunderbolt").

Often in a concrete case, the *Stoff* is not simply made up of individual narrative units describing *status changes*; sometimes the continual change is interrupted by stopping points or "islands" that *describe a state*. While the minimal definition of an *Erzählstoff* may necessarily focus on the description of at least one status change, in the concrete case we will often have to expect descriptions of states as well[30]. To conclude: as a rule, an *Erzählstoff* consists of statements about things that change, and statements about things that do not. The one group of statements moves the action forward, the other supports it; for this reason both the former and the latter will be counted among the action-bearing units under scrutiny in this contribution.

If instead of the medial manifestations of the *Stoff* variants, such as texts or images, we aim to analyse the *Stoff* variants underlying these manifestations, it must be established which individual narrative units have "manifestly" been worked into the respective medial manifestations. Gaining clarity in this respect may be more difficult with an image than with a text, but even in written form information about the narrative units of the *Stoff* variant at stake can be so widely scattered, out of sequence, or hidden that the task of reconstructing the narrative sequence as a sequence of the minimal action-bearing units can at close range present a formidable challenge. Nevertheless, the reconstitution of the sequence of events (in the *ordo naturalis*) from the medial manifestation is an indispensable precondition for any *Stoff*-centred or "hylistic" approach that

---

30 Cf. Schmid 2010, 5, who from a narratological perspective reaches the same conclusion: "The difference between change of state and story is not a quantitative one, the difference between them lies in their extensions – the changes of state form a subset of the story. As well as represented changes of state, which are *dynamic* elements, a story includes *static* elements, which are the states or situations themselves, the settings and the agents or patiens within them. Thus, by necessity, the presentation of a story combines *narrative* and *descriptive* modes."

aims to examine the *Stoff* variant itself, and not any arbitrary *representation* of it in a specific medium. Such an impetus to divide a *Stoff*, or more precisely: a concrete *Stoff* variant, into its minimal action-bearing units has points of contact on the one hand with literary motif studies (cf. Jurij Lotman, Boris Tomashevsky) and with functional, structural, and structuralist analyses of fairy tales and myths on the other. Here in particular it touches on the theories of Vladimir Propp, Roland Barthes, and Claude Lévi-Strauss, because their methods are aiming at a relatively detailed dissection of certain elements in fairy tales and myths, and narratives in general. There are however numerous and, in some cases, substantial differences between these methods and the *Stoff*-centred approach presented here. It is impossible to fully debate the above schools and their representatives within the framework of this contribution; brief references will have to suffice[31].

The narratological terms "event" (*Ereignis*) and "motif" used by literary scholars and in motif and fairy tale studies are, on closer inspection, unsuitable for a description of minimal action-bearing units in the above mentioned sense because the broad terminological spectrum of motif is too diffuse and includes, for instance, something like constellations ("relationship triangle") or character types ("evil stepmother")[32]; the "event" term is too narrowly confined to *signifi-*

---

[31] See on this in more detail C. Zgoll 2019, 5.1 and 5.2.
[32] Cf. e.g. the definition of motif offered by the Göttingen Commission on Literary Motif and Theme Studies as "die schematisierte Vorstellung (ein- oder mehrgliedriger Art) von Ereignissen, Situationen, Figuren, Gegenständen oder Räumen" (Wolpers 1982, 8). Actually quite a helpful description, rather than a definition, of all that is understood by the term "motif" in literary scholarship can be found in Kayser 1960, 59-64, which is basically the inspiration for Gero von Wilpert's definition (2001, 533 f.): "strukturelle Einheit als typische, bedeutungsvolle Situation, die allgemeine thematische Vorstellungen umfaßt [...] und Ansatzpunkt menschlicher Erlebnis- und Erfahrungsgehalte in symbolischer Form werden kann: unabhängig von einer Idee bewußt geformtes Stoffelement." The textual affiliation of the motif concept is particularly evident in Drux 1997, 638: "Kleinste selbständige Inhalts-Einheit oder tradierbares intertextuelles Element eines literarischen Werks." An extremely condensed overview of motif studies is suggested by Graf 2000, 421 f, for whom a motif is, very succinctly, the "kleinste stoffliche Einheit einer traditionellen Erzählung", which can be an action or a characteristic person. Cf. most recently Lubkoll 2013, 542, who defines a motif as "im weitesten Sinne kleinste strukturbildende und bedeutungsvolle Einheit innerhalb eines Textganzen"; for the editors of the *Wörterbuch alttestamentlicher Motive* a motif is "ein kleiner, selbständiger und charakteristischer Baustein in einem alttestamentlichen Text, dessen Gehalt durch seine Verwendung in verschiedenen Zusammenhängen jeweils transformiert wird"; see Krispenz 2013, 10 f. It is impossible and quite unnecessary at this juncture to look in more detail at the musicological concept of the motif, which offers certain parallels, or points of contact.

cant events[33]. Aside from these restrictions it would cause an even greater terminological confusion if we took an already diffuse concept and added *another* meaning on top of everything else[34]. The functional and structural analyses of Propp and Barthes are problematic inasmuch as their definitions of "functions" are in some instances selective, and in others they group several narrative units into one, thus blending a *Stoff* analysis with a functional analysis. Even more prone to criticism is Claude Lévi-Strauss' mytheme analysis, where the isolation of "significant" elements presupposes the not entirely unproblematic interpretation of individual elements as "significant", and it only follows from the interplay of different signifiers; the criteria for such assignments moreover remain vague. The tracing of dialectic, mutually cancelling references between different "bundles" of significant elements (Lévi-Strauss defined only such combined bundles as "mythemes") is equally fraught with preconditions and thus not the formal division of an ensemble of *Stoff* variants into interdependent structures but a process of interpretation that has already been framed by certain assumptions and can hardly be generalized in this form.

The *Stoff* analysis envisioned here is first and foremost intended as an aid to approaching the *Stoff* variants behind various medial manifestations and to extracting these from their manifestations, so that we can arrive at a reconstruction of the sequence of *Stoff* units in their natural order – no more than that, but nothing less either. It becomes an indispensable tool when the objective is to penetrate to the *Stoff* substratum and to analyse and interpret the actual *Stoff* (in its respective variants) instead of texts or images. The search is not for selected or for all *functional* units of a *Stoff* as in Propp or Barthes, not for selected and bundled *significant* units or elements of a *Stoff* as in Lévi-Strauss, and not for selected *exceptional* motifs or events, as in literary motif studies. We are looking for the minimal action-bearing units of a *Stoff* variant, and not only for selected units or elements but the totality all of narrative units, irrespective of their function or significance. In the following, we hope to offer a more specific definition of what we mean by minimal action-bearing *Stoff* units.

---

[33] See, e.g. Kayser 1960, 60: "Das Motiv ist eine sich wiederholende, typische und das heißt also menschlich bedeutungsvolle Situation". In the influential conception of J. M. Lotman, for instance, "an event in a text is the shifting of a persona across the borders of a semantic field" (Lotman 1977, 233; original in italics) – which denotes an extraordinary crossing, or transgression, of boundaries or norms.

[34] See Anz 2007, 130; Martínez/Scheffel 2012, 111, with n. 1; summarizing Drux 1997, 639: "Eine konsensfähige Definition des Motiv-Begriffs konnte sich bis heute nicht durchsetzen". On the many applications of the motif concept even outside of the literary context see Krispenz 2013, 9.

The minimal action-bearing units of a *Stoff* variant are for instance realized in texts through a particular language. However, we are not interested in any one particular realization; the focus of our attention is on the *content* of the minimal action-bearing units which lie behind the textual plane, and even behind the plane of an individual language[35]. This content must be made concrete in some format or be kept in storage, e.g. written on a suitable medium, expressed in the phonetic format of an oral statement, in images, in the shape of neuronal networks in the brain or in some other way, but they are not defined by or limited to any one specific medial manifestation or form of storage[36]. In locating the content of a minimal action-bearing unit as "lying behind the plane of an individual language", the idea is not to suggest that it is completely detached from language in a pre-conceptual sense. Human thought is impossible without conceptual notions, but these do not *solely* depend on language, and moreover they do not depend on *any particular language*. Thus for instance the content which comprises a narrative unit, "Zeus kills Erechtheus with a thunderbolt", can be realized linguistically (and in textual form) in precisely this way or in another way; alternatively, it could be said that "the father of the gods slays Erechtheus with a thunderbolt", or the same content could be expressed in a phrase from a different language, as for example in "Erechtheus ab Iove fulmine est ictus", or in the form of a painting, a pantomimic dance, a silent film, etc. The content expressed through different medial and individual linguistic manifestations does not coincide with those manifestations, nor is it tied exclusively to any one of them[37].

---

35 Cf. Wolf 2002, 38, who in the same context describes the nature of this content as "mental-abstract". This is somewhat problematic because abstraction is not an absolute necessity; the content can be very concrete indeed. Presumably Wolf is here using the term in the sense of "detached from visible or tangible manifestations."
36 Cf. already cautiously pointing in this direction Burkert 1982, 64, with reference to mythological *Stoffe*: "Es handelt sich offenbar um Bedeutungsstrukturen noch jenseits der einzelsprachlichen Zeichen und ihrer Syntax." Cf. also the guarded phrasing of the insight in Martínez/Scheffel 2012, 167: "Die Handlungsebene narrativer Texte wäre insofern gegenüber der Art und Weise ihrer Erzählung in einer wichtigen Hinsicht autonom." Cf. ibid. 166 f the excursus on the concept in cognitive psychology of the mental storage of action sequences in the form of diffuse "scripts".
37 Cf. Graf 1985, 9, according to whom "der Mythos ohne Verlust von einer Sprache in die andere übersetzt werden kann", but not a work of poetry. Cf. with more general reference to narrative *Stoffe* similarly Barthes 1988, 132: "In other words, the narrative is *translatable*, without fundamental damage [...]." Barthes is correct in being more cautious than Graf, and he raises a minor objection here: it is true that, in individual cases, translations between languages can come up against insurmountable obstacles; in principle, however, any content can

On the basis of these reflections, and considering that various other terms such as motif, event, function, mytheme, or mythologeme[38] – even though they have been recruited to help define smaller *Stoff* units in general or regarding myths in particular – do not express and do not contain what is being sought and meant here, it seems logical and necessary at this point to introduce a new terminology – if we want to eliminate the danger of constant confusion and the need for long-winded explanations and demarcations:

> For the minimal action-bearing unit of an *Erzählstoff*, which is not exclusively associated with a particular manifestation in a specific medium or in an individual language, we propose the term hyleme, derived from the Greek word hyle (ὕλη, "stuff", "raw material"; German: *Stoff*, plural: *Stoffe*).

In analogy to coinages such as phoneme and morpheme, which describe a minimal phonetic unit with the potential for semantic discrimination and the minimal semantic unit of speech utterances, respectively, the term "hyleme" denotes a minimal action-bearing unit not only of mythical but of any kind of narrative *Stoff*.

Adoption of the hyleme concept brings several advantages, including the unambiguousness of usage, precision of the term, comprehensive applicability, and freedom from anticipatory interpretive processes. For instance, we no longer need to determine the exact extent of a hyleme as we would with a literary "motif", which is defined with a certain degree of quantitative vagueness as "textual unit of smaller size". Even in qualitative terms, "hyleme" offers a greater precision because only action-bearing units will be considered, not locations, constellations, or individual figures, as for instance in motif studies, or other

---

be translated into different languages, even if sometimes we must accept limitations or opt for paraphrasing the content.

38 The term "mythologeme" is also used very inconsistently, e.g. in the sense of a minimal semantically constitutive unit that is present in all *Stoff* variants (see Keim 1998, 101, n. 1), then as the summary version of multiple semantically constitutive units that are present in all *Stoff* variants to form a basic frame work that remains basically unchanged (thus in Blumenberg or Assmann, see on this Chapter 2.3), while "mythologeme" in a different application, according to Zimmerman 1993, 24 (who rightly rejects the term as of little help), very generally "mit einem einzelnen 'mythischen Stoffmotiv' gleichzusetzen ist" (in this somewhat diffuse and broadly defined sense also used, e.g. by Heldmann 2016, 199 f with notes 73-77). Reinhardt 2011, 364, by contrast, wants mythologemes (or myth novellas) to be understood as "in sich abgeschlossene Einzelerzählungen begrenzten Umfangs" that are "kaum oder überhaupt nicht mit anderen Mythen vernetzt" – which would additionally confound the *Stoff* substratum (to which the other "mythologeme" concepts refer) with the literary fashioning of the text, because Reinhardt's "limited scope" describes the length of the text.

aspects such as names and their significance, as in the structuralist analysis of Lévi-Strauss. Hylemes moreover need not possess the "aesthetic rank" of a motif prescribed by literary history or the culturally determined status of a "significant" event in Lotman's sense; the hyleme concept can be applied comprehensively to *all* minimal action-bearing units. Also excluded are two interpretive procedures that play a crucial role in Propp, Barthes, and Lévi-Strauss: the functional interpretation of selected *Stoff* units (Propp, Barthes) and the semantic interpretation of bundled *Stoff* units (Lévi-Strauss). In this regard, the proposed new hyleme analysis also differs fundamentally from a mytheme analysis according to Lévi-Strauss. Other advantages are derived from the fact that no predefined terms, such as "motif" or "mytheme," are being further obscured by yet another new re-definition, and that we will never be obliged to explain the specific "mythical" quality of a particular "mytheme" or "mythologeme".[39] Hylemes are the basic building blocks of any type of narrative *Stoff*. Whether or not a particular hyleme in a concrete *Stoff* variant is for instance to be seen as a "mythical hyleme" is a separate question which leads to even more detailed analytical possibilities (e.g. with mixed or borderline cases in the presentation of the *Stoff*). Hylemes represent key pieces of content that are moreover not defined by or limited to any specific medial manifestation such as a text or an image.

In keeping with the colourful variety of narrative *Stoffe*, different hylemes can aim at entirely different types of content. Nevertheless all hylemes are characterized by a *basic logical structure* which must be separated from the specific content in each case. If we want to define *minimal* action-bearing units, such a unit must describe a narrative building block in the most common sense, and precisely *one* such building block. Since each action-bearing unit, by definition, requires the designation of an actor or an agency (*Handlungsträger*)[40], we can

---

39 On the advantages of the hyleme concept compared to the mytheme concept, and on the question as to when a hyleme can be described as "mythical" or better, with more caution, "myth-oriented" (*mythosaffin*) see in more detail C. Zgoll 2019, Chapter 11.3. On the advantages of a hyleme concept that distinguishes even further between *hyleme* and *hyleme pattern*, see ibid. Chapter 7.2 and Chapter 7.3.
40 Or multiple protagonists: the plural alternative (non-singular numbers such as dual or plural) is included here but for reasons of readability it is not stated explicitly. In textual manifestations of mythical *Stoffe* the protagonist can also be obscured, e.g. in a passive construction ("Prometheus was punished"), or in other phrases (e.g. "there is thunder"). Because hylemes are concerned not with grammatical, but with the logical subjects of the action, the (acting) protagonists can in many such cases very well be identified (e.g. from the context or through knowledge of cultural specifics): "Zeus punishes Prometheus", or "Zeus sends thunder".

describe the basic logical structure of a hyleme as the connection between the portrayal of an action, a process, a quality, or a state and an agent or an agency[41]; where an action is being described, the hyleme may include the object of the action[42].

Defined in this way, the basic logical structure of a hyleme has a propositional structure and in simplified terms corresponds to the grammatical relation between a (logical) subject and the associated (logical) predicate[43], which can take one or more (logical) objects (or additional arguments as required by the predicate); in the above example: "Zeus slays Erechtheus". It can be realized in phonetic, textual (or other) manifestations, and there again in various forms, such as for instance in a grammatical variation of the original English phrase, "Erechtheus is slain by Zeus", or as a visual representation, etc. Because it can occur in many variations, it must first be extracted from the various medial manifestations, and from individual languages, before it can be translated into the basic logical structure, which then allows it to be depicted as a grammatical relation: (logical) subject – (logical) predicate (– object, where applicable).

If hylemes represent content that is *not tethered* to any specific medial manifestation, it must nevertheless be stressed that this content does not exist, in a quasi-Platonic manner as a form or an idea, *independent* of medial manifestations or, as it were, antecedent to these. Hylemes cannot be deduced and postulated; they can only be extracted from individual medial manifestations in a

---

Where in exceptional cases the identity of a protagonist cannot be clearly ascertained (e.g. "there is thunder" in non-mythical material, cf. also "it is growing dark", "it rains"), the basic logical structure remains unaffected (protagonist + predicate). Linguistically speaking, in these examples the unfilled argument position of the verb is replaced with an expletive, seemingly obscuring the protagonist. From a logical perspective, nevertheless, and to put it simply, the expression in such cases can be interpreted as implying the presence of the subject in the process that is being described by the verb, even where the subject is not explicitly mentioned. This becomes evident when the above examples are rephrased: "thunder is happening", or "darkness falls", "rain is falling".

41 For the distinction between the description of a "state" (status, condition) and a "property" cf. the linguistic distinction between stage-level predicates ("X is cold") and individual-level predicates ("X is tall").

42 Or, more general and linguistically speaking: apart from the subject, the predicate can take additional arguments. Cf. as a simple case the combination of direct and indirect object, e.g. as in "Thetis gives to Achilleus the shield of Hephaistos". Again, the non-singular numbers (such as the dual or plural) are included and do not make an explicit appearance for reasons of readability.

43 Also, the function of the predicate in the textual manifestation of a hyleme need not be performed by a verb.

process of induction. In much the same way phonemes and morphemes only become tangible in the shape of specific, individual phones and morphs, abstract hylemes are realized in their various medial manifestations.

Hylemes not only refer to actions in the *stricter* sense (i.e. the deeds of individual characters), but comprehensively to *all* minimal "action-bearing" units of a *Stoff* variant, thus for instance they apply to processes as well as explicit or implicit *statements about conditions or qualities* (but not to the quality or the condition itself). We can therefore establish a general distinction between *dynamic* and *static* hylemes. "Zeus kills Erechtheus" aims at a dynamic, and "Zeus is the king of the Gods" at a static hyleme[44].

A hyleme consists of one (and *only* one) *hyleme predicate* and one or more *hyleme elements* associated with the hyleme predicate. Both the hyleme predicate and the hyleme elements can have dependent *determinations*. The depiction or description of an action, a status, or a property through a (logical) predicate constitutes, in effect, the core of a hyleme. In a different category and on a separate plane, the hyleme elements are characters, objects, locations, natural phenomena, and other things that are associated with the predicate in a (logical) subject or object function: from a linguistic perspective, the hyleme elements correspond to the various potential arguments of the predicate. Both the hyleme elements and the hyleme predicate can take qualifiers (determinations[45]), for example in the shape of local, temporal, or other modifiers, in the shape of epithets, the attribution of qualities, etc. (expressed verbally e.g. through appositions, adjectives, adverbs, prepositions, morphological casus; determinations can of course also be expressed iconographically by other means).

While hylemes generally replicate the propositional structure of a statement, they are not identical to propositions in the formal-logical sense, or to the propositions studied by philosophers of language. It cannot be our goal to extract *Stoff* building blocks from textual or other medial manifestations in the form of pure propositions, without any regard for negations and modalities. Sentences such as "Dionysus did not cheer", or "Dionysus should have cheered", produce the proposition "Dionysus" (reference) + "to cheer" (predication), but of course keep their negating sense in a hyleme analysis, which at-

---

[44] Cf. the analogous distinction in literary studies between "dynamic" and "static" motifs, e.g. in Martínez/Scheffel 2012, 112, which can already be found in Tomashevsky 1985, 220.

[45] The term "determination" is not used in any particular philosophical or linguistic sense; it represents, in a more general sense, the different types of descriptions which can be attached to a hyleme element or hyleme predicate.

tempts to reconstruct the sequence of events. In both cases, the former directly, the later indirectly, we can for the sequence of events reconstruct the hyleme, "Dionysus did/does not cheer".

Even though hylemes can be rendered in the form of sentences on account of their overall propositional structure, hylemes are ultimately not *identical* to sentences in texts. We are not concerned with syntactic-textual building blocks, but with their contents[46]. A hyleme cannot be rendered in a sentence with *multiple* statements, or it would no longer be a *minimal* action-bearing unit. That said, an iconographic unit, such as a painting, or a sentence from a textual source, can certainly contain more than one hyleme. Below is a (textual) example[47]:

> When Chryse, the daughter of Pallas, was married to Dardanos, she brought along gifts from Athena as her dowry, namely sacred items of the Great Gods.

Initially, we can identify four hylemes (one static and three dynamic), and arranged as far as possible in chronological order they can be rendered as follows:
− Chryse is the daughter of Pallas
− Athena gives sacred items of the Great Gods to Chryse
− Dardanos marries Chryse
− Chryse brings sacred items of the Great Gods into the marriage as her dowry

Upon closer inspection, even more hylemes can be discovered. They are heavily compressed and thus only implicitly contained in this sentence but they can be extracted from the information given and are thus available for our reconstruction of the *Stoff* substratum, and we arrive at a total of at least seven hylemes (three static and four dynamic):
− There is a group of "Great Gods"
− The "Great Gods" possess sacred items
− Pallas sired a daughter named Chryse[48]

---

46 Cf. similarly, Barthes 1988, 105, in the section detailing the "functions" of narratives; according to him the "narrative units will be substantially independent of the linguistic units: they may of course coincide, but occasionally, not systematically [...]." The same hyleme *may* therefore be "hidden" behind a finding that appears inconsistent in text-critical terms, because even when the sentences differ between transmissions, as long as these differences are not content-related (where e.g. one manuscript reads "to climb down", another has preserved "to descend").
47 Paraphrasing and abbreviated translation of Dion. Hal. *ant.* 1,68,3.
48 Or, possibly, but less likely: "Pallas adopts a daughter named Chryse."

- Chryse is the daughter of Pallas
- Athena gives sacred items of the "Great Gods" to Chryse
- Dardanos marries Chryse
- Chryse brings sacred items of the Great Gods into the marriage as her dowry

As the example shows, a hyleme analysis goes far beyond a mere textual paraphrase. At what point it becomes important or useful for the reconstruction of a *Stoff* variant to extract *all* the implicit information contained in individual determinations, and to make them explicit in the form of static or dynamic hylemes, must be decided on a case-by-case basis and according to their relevance, either for the reconstruction of a *Stoff* variant or a comparison of individual variants. Thus, for instance, whether or not to extract from the descriptive phrase "sacred items of the 'Great Gods'" the hyleme "the 'Great Gods' possess sacred items," or from the information in the sentence cited above the hyleme "Athena takes hold of sacred items of the 'Great Gods'" must be decided with regard to the anticipated benefit for the reconstruction and analysis, or the comparison, of *Stoff* variants; it would be counterproductive to stipulate a general rule. The definition of hylemes, i.e. *what* they are (minimal action-bearing units of a *Stoff* variant) and their logical structure remains unaffected by the degree of detail to which they are being analysed; *how many* such hylemes could or should, for instance, be extracted from the textual manifestation of a *Stoff* variant depends on the ingenuity of the analyst and where the amount of detail becomes a nuisance rather than a source of information: it cannot be in anyone's interest to drive the analysis to an exaggerated level of detail where perhaps the statements are no longer meaningful or have been degraded to self-evident "facts" that are of no value for a reconstruction of the *Stoff* variant (e.g. if we were to generate the hyleme "Chryse is a woman")[49].

With regard to the hyleme analysis of *visual* depictions, we could generate – even more easily than with texts – a potentially almost uncountable number of static hylemes if, for instance, we were to describe iconographically every detail in the image as a static hyleme. However it must be understood that in a hyleme analysis of images the primary concern cannot not be a description of the "how" but above all a reconstruction of the "what". For this reconstruction of the narrative sequence, which is the focus of our attention, we often find that only a few (especially dynamic, but also static) hylemes are of central importance, but

---

49 Comparable already Dundes 2007 (1962), 91: "A minimal unit may thus be defined as the smallest unit useful for a given analysis with the implicit understanding that although a minimal unit could be subdivided, it would serve no useful purpose to do so."

not the numerous (especially static) hylemes which contain detail of *how* events are depicted and embellished[50].

Especially when *comparing* individual *Stoff* variants it can be very helpful to focus on static hylemes and to combine them in a list (a kind of "wanted poster") characterizing the hyleme elements they describe (by definition, in their capacity as determinations). For comparative *Stoff* studies it is also necessary to render hylemes in a standardized linguistic form; we will return to this aspect in greater detail at a later stage[51].

3.2 Definition and Further Specification of the *Stoff* Concept

Building upon the hyleme concept defined above and specified more closely below, and the fundamental polymorphy of *Stoffe*[52], the newly developed terms underlying this contribution, "hyleme" ("*Stoff* building block"), "*Stoff* variant", and "*Stoff*" (more narrowly: *Erzählstoff*, "narrative *Stoff*"[53]), can be summarized and defined as follows:

> A *hyleme* is a minimal action-bearing unit of a *Stoff* variant; it is logically and linguistically standardized and can be reconstructed from a manifestation in a specific medium or a specific wording in a particular language, but is not exclusive to any one such manifestation.
>
> A *Stoff variant* is a self-contained sequence of multiple interdependent hylemes of a specific *Stoff*; a *Stoff* variant is determined in its details.
>
> A *Stoff* comprises a non-finite quantity of variants of a polymorphic hyleme sequence, which can be circumscribed only approximately with regard to specific protagonists, places, objects, and events.

To put it in another way: a *Stoff* variant is a hyleme sequence; this hyleme sequence is a segment from among the vast volume of hyleme sequences, the number of which can only be approximated. These hyleme sequences can be realized in a variety of medial manifestations, and as a field of potential options they constitute a particular *Stoff*.

---

50 Less frequent, but also relevant, are for example resultative static hylemes, which can depict the completed final stage of a *Stoff* sequence.
51 See Chapter 3.5.
52 See Chapter 2.4.
53 To distinguish the (German) *terminus technicus* from the (same) German term for textile fabrics.

The description of the hylemes of a *Stoff* variant as "interdependent" deliberately avoids the criterion of a causal-logical link, as used by E. M. Forster in his definition of plot as opposed to story[54], since the connection can already be given through chronological references alone, and causal-logical connections at any rate do not need to be explicit[55].

A *Stoff*, concrete only in the form of medial manifestations of a particular *Stoff* variant, can be said to be "self-contained"[56] when the *Stoff* variant in question displays a uniformity with reference to
– the action/sequence of occurrences, events, and activities (*Handlung*)
– the themes/problems inherent in this sequence[57]
– the participating protagonists
– the location(s) and
– the time frame of the narrated occurrences, events, and activities

Any observation of one or more of these factors diverging simultaneously may help us decide where one *Stoff* ends and another begins.

All mythical cycles or collections of narratives thus can be viewed as *Stoff* conglomerates. Any discussion of "the" Oedipus myth, or "the" myth of the Twelve Labours of Hercules, "the" Innana myth, or "the" Gilgamesh myth, from an analytical point of view, is neither expedient nor helpful; each episode of the Twelve Labours, or every self-contained narrative of the deeds of the goddess Innana, of an Oedipus or a Gilgamesh must each be treated as a *single* mythical *Stoff*. The example of the Gilgamesh transmission makes the difference apparent even on the textual level: while the Akkadian *Epic of Gilgamesh* artfully combines multiple mythical *Stoffe* in a great epic cycle, older epics about Gilgamesh

---

54 See n. 13; cf. also Tomashevsky 1985, 215: "Es ist zu unterstreichen, daß die Fabel nicht nur ein temporäres, sondern auch ein kausales Merkmal verlangt. [...] Je schwächer diese kausale Verknüpfung ist, desto stärker rückt eine rein temporale Verknüpfung in den Vordergrund."
55 A similar definition is offered by Echterhoff 2002, 268, from the perspective of cognitive psychology: "Als Hauptfunktion und zugleich psychologisch zentrales Merkmal des Narrativen ist also bislang die Stiftung eines Zusammenhangs zwischen einzelnen, aufeinander folgenden Ereignissen festzuhalten."
56 Such self-containment is of course predicated on the *Stoff* variant not being abbreviated or incomplete.
57 The thematic unity as "wichtiges syntaktisches Narrem" in Wolf 2002, 30. Cf. with reference to literary works already Tomashevsky 1985, 211: "Damit eine verbale Konstruktion ein einheitliches Werk darstellen kann, muß es ein Thema enthalten, das die Einheit herstellt und sich im Verlauf des Werkes entfaltet." On the linguistic "topic (theme) and comment (rheme, or focus)" analysis cf. in summary Brinker 2019, esp. 40 f, 44 (definition and distinction of the terms "theme" and "rheme") and 50 f.

that have been transmitted in Sumerian have worked with short, self-contained *Stoffe* that were transmitted separately[58].

By understanding *Stoff* variants as sequences of hylemes with the basic logical structure described in the preceding chapter, we will be able in principle to reduce the *most diverse manifestations* of a *Stoff* variant, such as for instance a pantomime, film scenes, comic book panels, texts in different languages, groups of statues and others, to *one and the same* hyleme sequence. This means that an essential fundament has been laid for a transmedial and comparative *Stoffwissenschaft*[59].

In conclusion, it only remains for us to ask whether or in what way the newly-established definitions of "*Stoff*" and "*Stoff* variant" can be shown to be compatible with the literary terms such as plot, story, or *Geschehen* ("happenings")[60]. Wolf Schmid (2008) has developed an "ideal genetic model of narrative tiers", which distinguishes four tiers, or levels: "happenings" (*Geschehen*), "story" (*Geschichte*), "narrative" (*Erzählung*), and "presentation of the narrative" (*Präsentation der Erzählung*)[61]. It has already been remarked that as a rule this narratological terminology is defined and used with *reference to textual material* and therefore of limited use for a *Stoffwissenschaft* that is not confined to one particular medial manifestation (such as e.g. texts). Nevertheless we can either adopt these narratological terms or employ them as analogies when distinguishing among multiple planes from the perspective of *Stoffwissenschaft* – with one proviso: we need to add another term.

According to Schmid's ideal genetic model, a certain, still unformed "story" is extracted from a number of "happenings". It is then moulded into the artificial, or artistic, form of a "narrative" (cf. plot) before it is "presented" (in textual form). Against the background of our reflections on the fundamental poly-

---

[58] Cf. e.g. on the independent *Stoff* of the slaying of Huwawa by Gilgamesh exemplarily the study by Fleming/Milstein 2010, who also postulate older Akkadian stages in the transmission; more general on the joining of multiple "stand-alone" *Stoffe* in the epic of *Gilgamesh* see George 2003, 3-70. Gilgamesh *Stoffe* which have been transmitted individually can for instance be found in the Sumerian epics *Gilgamesh and Akka* (not worked into the Akkadian epic), *Gilgamesh and Huwawa*, *Gilgamesh and the Bull of Heaven*, *Gilgamesh, Enkidu and Netherworld*, *The Death of Gilgamesh* (with stark modifications the latter has left its mark on the Akkadian epic, where it deals with the death of Enkidu). Generally on the combination of multiple mythical *Stoffe* in a conglomerate as a phenomenon occurring in Sumerian myths see Rodin 2014, 34, with bibliographical notes on relevant analyses.
[59] For a detailed discussion of the concept of transmediality and the relevance of the hyleme concept for a comparative approach see in particular Chapter 3.4 and Chapter 3.5.
[60] Cf. the observations in Chapter 2.2.
[61] See Schmid 2010, 193; cf. also the diagram ibid. 210.

morphy of *Stoffe*, and from the perspective of *Stoffwissenschaft*, it is not four but five narrative tiers we need to consider, and "*Stoff*" constitutes an important fifth category (a further distinction of some significance, between "*Stoff*" and "*Stoff* pattern", will be discussed in Chapter 3.6 below). A concrete, straightforward example: from the totality of all that can be narrated (*Geschehen*/"happenings") or, to limit the range somewhat, from the totality of all Greek myths, an author such as Ovid, for instance, extracts the *Stoff* of the rivalry between the Theban queen Niobe and the goddess Leto, which exists in a wide variety of variants and carries within it the potential for countless more. From these variants he then generates a specific, still unformed, *Stoff* variant (e.g. one where all of Niobe's children are killed by Artemis and Apollo, and none are spared). Through artistic intervention, e.g. the introduction of proleptic allusions to the dreadful ending, this unformed *Stoff* variant becomes a "well" formed variant, which is eventually presented in a particular medial manifestation. In our case it takes textual form, namely in lines 146-312 in Book 6 of Ovid's *Metamorphoses*[62]. And finally, in the diagram below we have prepared an overview of the ideas developed thus far.

Happenings	
Totality of all actual or potential events or actions that can be depicted in narrative form, without fixed temporal, spatial, or event-related demarcations: all that can be narrated.	cf. narratological: "happenings" (*Geschehen*)

↓

Stoff	
Non-finite quantity of variants of a polymorphic sequence of events (action, or "Handlung")[63], which can be circumscribed only approximately with regard to specific protagonists, places, objects, and events.	———

---

[62] Proleptic allusions to the outcome in Ov. *Met.* 6,150-156. As the phrase "ideal genetic" suggests, this theoretical model does not necessarily reflect the *actual* process of production. An inductive analysis will moreover reverse the direction and, departing from the medial presentation, will reconstruct first the formed and in the next step the unformed *Stoff* variant contained within it, and it will then determine its affiliation with a concrete *Stoff*.

[63] On the concept of "action" in this context see the beginning of Chapter 3.1.

↓
Unformed *Stoff* Variant

A particular variant, with specific details, of a specific, self-contained sequence of events in its natural chronological order (in *ordo naturalis*)[64]	cf. narratological: *story*, French: *histoire*, Russian Formalism: *fabula*, German: *Geschichte*[65]

↓
(Well-) Formed *Stoff* Variant

A particular variant, with specific details, of a specific, self-contained sequence of events in an artificial, or artistic order (in *ordo artificialis*)	cf. narratological: plot, French: *discours*, Russian: *sjužet*, German e.g. *Erzählung*

↓
Medial Manifestation of the (Well-) Formed *Stoff* Variant

Depiction of the (well-) formed *Stoff* variant through a text, an image, or other media	cf. narratological: "presentation of the narrative"

3.3 Relevance of Hyleme Analysis for the Study of *Stoffe*

The fact that the extraction of hylemes from the medial manifestation of a *Stoff* variant, and the reconstruction of a more precise sequence for the hyleme structure, are a precondition for approaching the *Stoff* substrate of a medial manifestation must not distract from the other fact that such a preliminary task is an absolutely fundamental, but beyond that also a highly complex and in isolated cases a difficult, undertaking. In practice, trying to retrace individual *Stoff* units has often proved more difficult than it may have seemed initially.

First of all, it must be noted that several concrete variants of different *Stoffe* can intermingle and be interconnected with others in a textual manifestation without it being an obvious feature of such a textual entity, so that the question of separating one *Stoff* variant from another already poses a challenge. The next difficulty comes with the realization that a *Stoff* variant consists of a sequence of hylemes, which can be rearranged almost *ad libidinem* and thus can at times differ very little, but also quite substantially, from the textual manifestation of

---

64 For the difference between *ordo naturalis* and *ordo artificialis* see Chapter 2.2 and 3.3.
65 On the terms borrowed from literary scholarship, such as story and plot, etc. see n. 13. The narratological terminologies are only referenced here as approximate analogies for clarification purposes; as has been noted above, they are usually defined and employed exclusively *in relation to texts* and therefore of little value to the study of *Stoffe*, which encompasses all kinds of medial manifestations and is not limited to one particular type (such as texts).

the *Stoff* variant under scrutiny. A crucial step in analysing hylemes, therefore, is the reconstruction of the natural chronological sequence of the hylemes (the *ordo naturalis*), which must be distinguished from the order in which the individual hylemes are narrated, for example, in a concrete text (the *ordo artificialis*). Such a reconstruction of the chronological order for individual hylemes belonging to the same *Stoff* can be complicated because a) they can be woven into the text at various locations[66], b) some hylemes are not narrated explicitly, others are concealed in attributes from which they have to be reconstructed[67], c) narrative techniques such as prolepses and analepses trigger rearrangements in the natural order of events, or d) because details that are relevant for the reconstruction of the sequence of events are being narrated from different perspectives[68]. These and other challenges in the analysis of hylemes can be summarized as follows:

– Reduce expansion, compression, and other narrative distortions (e.g. metaphorical language), also found in non-verbal medial manifestations of minimal action-bearing units, to the basic structure of hylemes
– Reveal hidden hylemes, e.g. in attributes or nominal phrases
– Make apparent hylemes that are essential but invisible, i.e. that are merely implied without explicit medial manifestation
– Deal with allusions and/or largely indeterminate, abstract, and incomplete hylemes
– Deal with conflicting hylemes
– Restore the *ordo naturalis* of a hyleme sequence
– Identify *Stoff* variants (this includes the separation of *Stoff* variants, recognizing insertions, asides, and "*Stoff* within *Stoff*" constructions [*Rahmenstoffe*])
– Determine whether a *Stoff* variant has to be considered a variant of *Stoff* A or a variant of *another Stoff* B

---

66 Cf. examples in A. Zgoll / C. Zgoll 2019.
67 See e.g. the epithet "python slayer" in Orph. h. 34,4 for a central hyleme of a mythical *Stoff* associated with Apollo(n).
68 In principle, the *Stoff* substrate can be reconstructed independently, "outside of" the perspective dictated by the (in Genette's terminology homodiegetic, heterodiegetic, autodiegetic, etc.) narrator (cf. Tomashevsky 1985, 218: "Für die Fabel ist es unwichtig, in welchem Teil des Werkes der Leser von einem Ereignis erfährt, auch ob es ihm unmittelbar durch den Autor mitgeteilt wird, in der Erzählung einer Person oder durch ein System von Andeutungen, die nebenbei fallen"), but only in principle; in individual cases (esp. in modern literature), different perspectives can also obstruct the view of "what really happened" ("unreliable narration", cf. Booth 1961).

A hyleme analysis is a complex process involving a number of steps. Individual building blocks of a *Stoff* variant first have to be identified as such in a medial manifestation, that is, they must be identified as belonging to a particular *Stoff*; these building blocks must be extracted from the medial manifestation and depicted in the form of hylemes; moreover these hylemes must be arranged in the correct chronological order that reflects the natural sequence of events, possible gaps must be indicated, obviously incomplete hylemes must be completed, hylemes that are implied unequivocally but not stated explicitly must be made explicit, and the beginning and end of a *Stoff* sequence must be determined. In short: hylemes must be identified, extracted, sorted, made precise, and completed. Associated units must be firmly grouped together. All of these procedures of a hyleme analysis can be summarized under the heading "Reconstruction of the narrative sequence of a *Stoff* variant", which serves to recover the *Stoff* substrate embedded in the manifestation of that *Stoff* variant in a specific medium.

The reconstruction of a hyleme sequence in its natural order may be difficult in individual cases, but it is worth the effort because it is much more than a mere textual paraphrase, as noted above. A hyleme analysis often alerts us to problems, gaps, or contradictions in the structure of a given *Stoff* variant that might otherwise be easily overlooked. Not only does it help us recognize what is being said in a given text, but also what is *not*. It helps us add missing pieces, with all due diligence, or where appropriate, to identify gaps in the *Stoff* that we cannot fill, and those that must be regarded as inconsistencies in the depicted sequence of events. The latter will be of some significance for the stratification analysis of mythical *Stoffe* (see Chapter 4.2 below).

A special case must be mentioned here as well: hylemes which represent longer episodes or even an entire *Stoff* ("hyper-hylemes"), either by summarizing these episodes or the *Stoff* in the style of a chapter heading, or by evoking them through their succinctness and specific detail. Thus for instance a hyleme such as "Innana descends into the Netherworld" summarizes an entire *Stoff*, in which the goddess abandons her place in heaven and on the earth to face the dangers of descending into the Netherworld – a *Stoff* that is unfolded over numerous hylemes in the Sumerian epic of *angalta*, but which is proleptically summarized, headline-style, several times at the beginning of the epic poem. The same cannot be said for the hyleme "Innana Brings the House of Heaven to Earth", which is also contained in *angalta*: while the hyleme does not conform to the all-encompassing headline type – its focus on a single *Stoff* unit is too specific for that – it is nevertheless succinct enough to evoke an entire *Stoff* that is not itself part of the epic *angalta* but is only alluded to by means of this hyleme: the *Stoff* of Innana, who after her act of will and appropriate planning, brings down the first temple from the heavens to the people on earth[69].

Hyper-hylemes differ from hylemes not in their nature or in their structure, but only with regard to their *function* – which is never absolute, but always *relative*. In theory, almost any hyleme can be extended or enriched with additional details to function as a hyper-hyleme, or it can be considered as characteristic enough of the *Stoff* it represents so as to take on the function of a hyper-hyleme in an otherwise unrelated environment, where it alludes to its own external *Stoff*. Whether a certain hyleme in a certain *Stoff* context functions as a hyper-hyleme or not can only be ascertained or made plausible on the basis of additional information from within the same *Stoff* context, or in comparison with other *Stoff* contexts.

In analysing hylemes, the distinction between a (regular) hyleme and a hyper-hyleme is already of fundamental importance because textual manifestations of *Stoff* variants can sometimes contain statements that look exactly like hylemes but are merely summarizing, either proleptically, what is about to happen or, retrospectively, what has just been narrated. But the distinction is relevant also for the interpretation of individual *Stoff* manifestations as it can for instance be used to show what is the focus at any one point in the manifestation compared to other units of the narrative: with individual texts, it is often the case that the amount of narrative elaboration varies within the text itself, and "regular" hylemes can alternate with hylemes that function as hyper-hylemes.

The concurrence of hylemes and hyper-hylemes within the same variant is of vital importance for the *comparison* of multiple variants as well, for example when contrasting the structure (*Handlungssequenz*) of a *Stoff* variant with other variants of the same *Stoff* or with variants of other *Stoffe*, both within the same culture and across cultures. A comparison can present us with different *Stoff* variants that appear to run parallel in terms of their broader structure while they differ greatly on the level of the finer details and their degree of elaboration. For example, variant A can feature a series of three hylemes, variant B can have 27 – a considerable difference in strictly quantitative terms. Upon closer inspection of the content, however, we might find not only two hylemes from A and B in agreement, but also an equivalent for hyleme number three if and *only* if we realize that the other 25 hylemes of specimen B merely expand the compressed information from the *single* hyper-hyleme of variant A. In this case, the hyleme sequences would in the overall structure of their *Stoff* treatment present

---

[69] On both examples see the first contribution by A. Zgoll in the present volume.

a much more uniform picture than a casual glance at the purely quantitative differences would reveal.

3.4 Relevance of Hyleme Analysis for Intermedial Research

A ever-present problem of mythological research, both in the comparative and single-focus fields, is the disparity of the source materials: ritual texts, hymns, prayers, epics, tragedies, satires, and many other textual genres, in addition to iconographic and other medial manifestations such as film versions or a dance, can be sources of mythical *Stoffe*. The task is then further complicated by the disparity of both intra- and intercultural environments. A common basis for meaningful comparisons appears to the naked eye difficult to come by. For the study of mythical *Stoffe* within a single culture, and equally for the comparative analysis of myths across cultures, a common standard is however indispensable if the work is to bear fruit, and the disparate sources are at all to be subjected to any meaningful examination. The question in what way *Stoffe* or, more precisely: concrete *Stoff* variants, can be extracted from the various medial manifestations, and how the extracted and subsequently reconstructed material can then be treated so that it forms a common and consistent basis for an analysis proves to be a fundamental prerequisite for the endeavour of a transmedial[70] and comparative study of myths.

Both visual and literary studies, in their specific ways of approaching a (narrative) *Stoff*, will benefit from the more precise definition of the relationship between the *Stoff* itself and its respective medial manifestations – the *Stoff* substratum of a "manifested" *Stoff* variant and its medial manifestation that the hyleme analysis makes accessible. By representing the *Stoff* plane in the form of hylemes we are moreover making a new set of universal and standardized descriptive tools available to the study of myths and their variants. The definition of *Stoff* variants as linked hylemes with the basic logical structure outlined above enables us, in principle, to render *even the most disparate manifestations* of one particular *Stoff* variant – be they in the shape of a pantomime, film scenes, comic book panels, texts in different languages, reliefs, groups of stat-

---

[70] The study of intermediality is as a discipline and therefore in terms of its own terminology still in the formation phase; see on this fundamentally Rajewsky 2002. The term "transmediality" is most often used to describe the non-compulsory affiliation of any type of content (*Erzählstoffe*, political programmes, religious messages, etc.) with any particular medium (such as a book, a picture, or a pamphlet, etc.) or media type (such as literature, film, painting, etc.). See on this Rajewsky 2002, 12 f; Fraas/Barczok 2006, 136 f.

ues, etc. – in *exactly the same, single sequence of hylemes*. A crucial foundation has thus been laid for the transmedial and comparative study of (mythical) *Stoffe*[71].

3.5 Relevance of Hyleme Analysis for a New Comparative Discipline: Hylistics

Transmedial *Stoff* analyses already have a comparative component in that they facilitate the juxtaposition of different *media* in the analytical process. Comparative *Stoff* analyses take us one step further: no longer are we dealing with the hyleme sequence of a *single Stoff* variant, but the objective is now to extract the hyleme sequences of different variants of the same *Stoff*, or of different *Stoffe*, either within a single culture or across multiple cultures, from their respective (and possibly diverse) medial manifestations, reconstruct the *Stoff* chronology and finally to compare them.

A comparative approach is one of the most productive methods for any scholar of the humanities to adopt. Whether or not we are conscious of the fact, comparisons are being used all the time. No linguistic phenomenon, no literary work, and certainly no mythical *Stoff* exists in isolation so that it can be examined, described, and understood in its singularity and peculiarity without reference to other linguistic phenomena, other literary creations, or other myths. Every instance of something being-in-one-way can only adequately be carved out in profile against the backdrop of something being-in-another-way[72]. Even if we consider the comparative approach too problematic, largely ineffective, or even nonsensical, we can only make that claim *in comparison to* other approaches we have deemed more effective and more meaningful and promising. Contrary to postmodern verdicts[73], therefore, we must preserve the general availability, the meaningfulness, and the productivity of comparative ap-

---

71 On transmediality (without explicit use of the term) of *Erzählstoffe* see also Wolf 2002, 38 f, but there no in-depth description is provided of the nature of the minimal action-bearing units which make up an *Erzählstoff*.
72 Cf. Heubeck 1974, 680: "Vergleichen heißt nicht Gleichsetzen, Vergleichen intendiert ein Verdeutlichen und Veranschaulichen, ein Vertiefen des Verstehens und ein Verlebendigen des Anschauens."
73 Cf. in summary Segal 2010.

proaches, which highlight both commonalities and differences in equal measure[74].

At the same time, however, we must make the process more precise and give the criteria a sharper edge. It is a legitimate concern of New Comparativism that comparisons must be specific to each case while being based on systematic and standardized formal procedures, to prevent apparent similarities from being oversimplified as identical and differences being played down, and conversely to ensure that differences are not exaggerated and divergence declared prematurely[75].

If this is to be more than a lip service, if our goal is to heed the call for better differentiation and more precision, and if we want to meet the inherent challenges of the task, we must accept that everything will become considerably more complicated, and that in comparing we must exercise much more caution than ever before. This is true in particular for a comparison of such polymorphous entities as mythical *Stoffe*.

Intercultural comparisons are traditionally located within the field of comparative studies, but the discipline sees itself primarily as a comparative study of *literature*, which establishes and compares *textual* relationships; it is not a discipline that is specifically concerned with *Stoff* comparisons as such. Accordingly, the instruments developed in the comparative field are aimed at *textual* comparisons. The methodology for comparing *Stoffe* or, more precisely: *Stoff* variants, therefore, poses a question that although not entirely different is different enough in some key aspects. The methods of a comparative *Stoffwissenschaft*, and its results, are not congruent with the methods and results of comparative literary studies; conversely, this means that comparative *Stoff* studies have an intrinsic additional value which cannot be easily matched by a text-centric philology or the textual comparisons of comparative literary studies. Building on these advantages, the goal must be to pursue, and in large parts

---

74 See Corbineau-Hoffmann 2004, 89. The difficulty with comparisons is not so much the act of comparing itself but primarily the premises and intentions that motivate the comparison. This is aptly expressed by Mohn 1998, 204 f when he states that the problems reside "nicht im methodischen Vorgang des expliziten Vergleichsaktes, der zur Identifizierung bzw. Differenzierung der Untersuchungsgegenstände führt, sondern besonders in seinen vorgängigen Prämissen und kulturellen Interessen und das hieße: in den kulturellen Vorgaben, die sich hinter der Absicht und dem Vorgang des Vergleichens verbergen [...]." For additional literature on the meaning and problematic nature of comparisons in cultural studies see Mohn 1998, 204, n. 1.
75 Cf. fundamentally Colpe 1988.

first to develop, a methodology for a comparative *Stoffwissenschaft* – the study of *Stoffe* ("hylistics"). A brief outline is offered below[76].

A first and crucial step, indeed a fundamental one for everything that follows, on the way to a comparative study of myths, is the recognition that an *Erzählstoff*, and therefore a mythical *Stoff* as it is manifested in a concrete *Stoff* variant, must be understood as a sequence of different, minimal, interrelated, action-bearing units (hylemes; see above Chapter 3.1). Such a hyleme sequence only takes concrete, tangible shape when expressed through a medium; however it is not confined to this one particular medial manifestation, and not to particular phrases in individual languages.

Hyleme analysis is a fundamental working tool for the reconstruction of *Stoff* variants. When it comes to the comparison of *Stoffe*, however, a further important step must be added. In order to achieve a consistency on which to build our comparisons of different hyleme sequences, it is necessary to *standardize* both the logical basic structure of hylemes and the formal language in which it is to be clothed: only standardized structures and forms will provide an adequately consistent, uniform fundament for comparisons.

Following from the above observations on the basic logical structure of hylemes, any minimal action-bearing unit of a concrete, palpable *Stoff* variant of a myth, in any kind of medial manifestation, and from any language or culture, can be depicted in the standardized form as follows[77]:

(respective logical) subject + predicate (+ object, where applicable)

Another new aspect now that must be taken into account when conducting our comparisons is that both hyleme elements and hyleme predicates are usually further defined by additional determinations. The basic structure of hylemes must therefore be expanded as follows:

```
      logical subject    (+ determinations, where applicable)
  +   logical predicate  (+ determinations, where applicable)
 (+   logical object     [+ determinations, where applicable])
```

---

[76] See on this in detail C. Zgoll 2019, Chapter 9.
[77] Non-singular numbers (such as dual or plural) are meant to be included here and in the following.

Individual hyleme elements and hyleme predicates in an *Erzählstoff* normally take one or more of such additional determinations.[78] The extent to which hyleme elements or hyleme predicates are "charged" with determinations will henceforth be their degree of determination.

While the methodical steps thus far allow for an adequate comparability of hylemes, or hyleme sequences and their associated determinations in formal-structural terms, the semantic component is still missing. *Stoffe* in general, and mythical *Stoffe* in particular, are so full of colour and detail, so different and concrete in their locations and protagonists, in most cases the only way for us to conduct meaningful *Stoff* comparisons will involve certain semantic modifications. Only those modifications will enable us to discover commonalities or parallel structures between *Stoff* variants underneath their differences and specifics. Such semantic interventions will have to refer to an abstraction of existing concretions and specifications. Therefore, in addition to the degree of determination assigned to individual hyleme elements, we must also consider their degree of concreteness (and that of their determinations). Thus for instance the characterization of a subject as "king" is more concrete than him being just "human", and the further distinction that he is "wearing a purple gown" is more concrete than a description of him "wearing princely attire".

It goes without saying that the inclusion of different degrees of concreteness and determination in hyleme elements, hyleme predicates, and in their determinations will make comparisons more complex but also more precise and therefore more relevant. This is particularly the case when comparisons are used to resolve questions of genetic kinship among *Stoffe*, or *Stoff* variants: the more numerous and specific the parallel "details", the more determinations for specific hyleme elements or hyleme predicates we can find, that display a similar or even the same degree of concreteness, and the higher this degree of concreteness, the higher will be the probability of a genetic dependence[79].

A fundamental conclusion to draw from the above remarks might be to postulate the existence of a reciprocity between the number and the relevance of discovered parallels, and that this reciprocity depends on the degree of indeterminateness and abstraction: the higher the degree of indetermination and abstraction, the higher the number of hylemes or hyleme sequences will be that are likely to have parallels, but the lower will then be the relevance, or signifi-

---

78 That is, additional information which is not an integral part of the semantic range expressed by the elements or predicates themselves.
79 Cf. also Kirk 1974, 257: "specific influence can only be demonstrated by complex and specific similarity."

cance, of these parallels. To put it another way: the degree of meaningfulness and fruitfulness of any comparison depends whether we can achieve an appropriate balance between difference, derived from the degree of determination and concreteness, and commonality, based on indetermination and abstraction, between the hylemes or hyleme sequences that are being compared. Comparisons are fruitful above all if the material is prepared in such a way as to register in the vicinity of a *medium degree of determination and concreteness*, between the extremes of total abstraction and indetermination on the one hand and an exaggerated concreteness and over-determination on the other – even though such an approach can never aim for any kind of arithmetic mean that would be the result of statistical calculations. The exact location of the fruitful mean value in each case depends not only on the individual point of departure and the nature of the material but also for instance on the central question(s) that are guiding the comparison.

When comparing entire hyleme sequences, even more additional points must be considered which have repercussions for the assessment, or "diagnosis", of a similarity or dependency among the hyleme sequences; and these points concern the number as well as the arrangement of the hylemes in question. Naturally, in a comparison the similarity gradually decreases to the extent in which additional hylemes are present or absent in a hyleme sequence, or identical or at least similar hylemes are arranged in a different logical or chronological order. The total number of hylemes also plays a role; the higher the total number of parallel hylemes, the higher we must rate their typological similarity, and the higher will be the probability of a genetic dependency. Finally, for a meaningful *Stoff* comparison the degree of "compression" in individual hylemes or hyleme sequences must also be considered; this has already been discussed above in the context of a distinction between (regular) hylemes and hylemes in hyper-hyleme function (see Chapter 3.3).

3.6 *Stoff* and *Stoff* Pattern – Hyleme and Hyleme Pattern

The need for different levels of abstraction notwithstanding, a simple and uniformly applicable procedure can lift concrete hylemes to a relatively high level of abstraction in an instant, and this procedure involves the removal of proper names (of characters and locations), for example by replacing "Kadmos" with "protagonist". The level of abstraction we choose ("king", "man", or "protagonist", etc.) depends on the target of the comparison, and it can and must be recalibrated for each new comparison. All other determinations, which perhaps serve to enhance the concreteness of a specific character, such as "mighty", "devout", "strong", etc., remain paradoxically unspecific, while "Kadmos" and "Boeothia" create a very close, and thus concrete, connection linking a hyleme (sequence) to a *particular* person and a *particular* landscape.

To simplify the terminology, we will in the following refer to a hyleme sequence without proper names for characters or locations, as hyleme sequence pattern, or even shorter, as a *Stoff* pattern; this in contrast to a concrete *Stoff*, which derives its specificity from the very presence of such determinations[80].

For example, the hyleme "Kadmos kills the dragon of Ares in Boeothia" is a concrete hyleme on account of the proper names; it can be generalized to "protagonist X kills a dragon Z in a landscape Y", and the concrete hyleme sequence (heavily compressed for demonstration purposes):
– Kadmos consults the Delphic Oracle regarding the founding of a city
– Kadmos follows a cow as instructed by the Oracle
– Kadmos kills the dragon of Ares in Boeothia
– Kadmos founds the city of Thebes

can be reformatted as a *Stoff* pattern:
– Protagonist consults oracle regarding the founding of a city
– Protagonists follows instructions of the oracle
– Protagonist kills a dragon
– Protagonist founds a city

If we try to trace a concrete mythical *Stoff* down to its origins, any footprints will be lost in the sands of time, and this occurs in a dual sense: it is not only the possibility, and in many cases the likelihood, of an oral tradition which severely hampers the search for an *Urversion*. In distinguishing between a concrete and a schematic, or abstract, *Stoff* sequence it becomes clear that each concrete *Stoff* sequence can be abstracted to an anonymous *Stoff* pattern even if the assumption is that we are dealing with a – hypothetical – *Urversion*. The origin of the anonymous *Stoff* pattern will then be even more difficult to ascertain. The

---

80 When Graf 1985, 111, sees in "erzählerischen Schemata" elements that combine to make up myths and can travel from myth to myth ("von Mythos zu Mythos wandern"), he is not concerned with the *Stoff* as a whole, and this is demonstrated subsequently by the examples he cites; what Graf has in mind are individual "Motive" (ibid. 112) as they are understood in *literary* scholarship. A similar distinction between a concrete *Stoff* and a *Stoff* pattern also in Frog 2013, 37, who points to the difference "between the 'myth' of an abstract paradigm, like the monster-slayer's victory over the monster, and 'myths' that are distinct instantiations of that paradigm." However, Frog also fails to provide a clear distinction between a *Stoff* in its entirety and an individual motif.

search for the *Urversion* of a concrete *Stoff* therefore appears to be utterly hopeless in a much more radical sense than we could have thought, and it basically renders meaningless questions concerning, for instance, the possibility of reconstructing oral precursors, or the primacy of oral over written sources. Even an intact or at least reliably re-constructed *Urversion* of a concrete *Stoff*, be it oral, written, or iconographic, while it may be the *Urversion* of the *concrete Stoff*, is still not the *Urversion* of an anonymous *Stoff pattern* that shares the same or at least in large parts similar sequence of events.

At this point in the proceedings we make an interesting discovery: in the literary branch of *Stoff* and motif studies – the first port of call for any kind of *Stoff* research – there is no *Stoff* concept that would allow for a decoupling of proper names. In literary studies, *Stoff* is defined as a "konkrete, in bestimmten Figurenkonstellationen und Handlungszügen geprägte Materialgrundlage für die Handlung erzählender und dramatischer Literatur" ("concrete material basis for the plot of narrative and dramatic literature that is pre-determined in the shape of particular character constellations and plot units"); they are expressly not to be understood as "bloß strukturell-abstrakte, in ihrer inhaltlichen und situativen Ausgestaltung nicht festgelegte bzw. 'offene' Vorgaben" ("mere structural-abstract patterns that have no pre-defined content or situational detail and remain 'open'").[81] In literary scholarship, a *Stoff* (the term *story* would be more appropriate) is generally associated with named characters or locations (or a combination of both)[82]. If the objective is to further describe a particular hyleme sequence *without* attaching concrete names and locations, we lack the appropriate vocabulary – and in connection with that, an entire field of research: the study of *Stoff* patterns is not a branch of literary studies.

This "missing" field of research – the study of *Stoff* patterns – could be reminiscent of literary *motif* studies; in contrast to the literary *Stoff* (or: story) concept, a literary motif is an "inhaltsbezogenes Schema, das nicht an einen konkreten historischen Kontext gebunden und damit für die Gestaltung von Ort,

---

81 Schulz 1997, 521.
82 Anz 2007, 130: "Stoffe sind Ereigniszusammenhänge, die zum größten Teil mit namentlich genannten Figuren wie Faust, Don Juan oder Romeo und Julia, selten nur mit Schauplätzen wie Falun und zuweilen mit Figuren *und* Schauplätzen wie Iphigenie auf Tauris assoziiert sind". Anz' limitation ("zum größten Teil") could be a reference to fairy tales, where the characters and locations can definitely remain nameless. With his last example Anz presumably refers to the title of Johann Wolfgang von Goethe's play *Iphigenie auf Tauris*, which reflects a misunderstanding of the title of Euripides' tragedy Ἰφιγένεια ἡ ἐν Ταύροις ("among the Taurians", not "in Taurica", as suggested by Goethe). Iphigenia was not removed to Taurica (an Island off the Dalmatian coast) but to the Taurians (a Crimean people).

Zeit und Figuren frei verfügbar ist" (a "content-related pattern that is independent of any concrete historical context and thus freely available for the individual configuration of place, time, and characters")[83]. However, the study of motifs that are decoupled from such specifications is *not* an equivalent for the study of *Stoff* patterns, where multiple *Stoff* building blocks are forged together to form a complex entity. What we encounter is a dual gap: on the macro level there is no concept for a *Stoff* pattern opposite the concrete *Stoff* that is made specific through proper names. On the micro level of the motif we need a term for a concrete motif that is in fact determined, made specific through the proper names it carries, as opposed to the abstract motif which does not take proper names[84].

	determined	undetermined
micro level	?	motif (*Motiv*)
macro level	*Stoff*	?

The terminology used in *Stoff* and motif studies within the field of literary history is problematic anyway for a general (and comparative) field of *Stoff* studies, as "motif" applies too narrowly to motifs that are significant in a literary-aesthetic sense and can refer to vastly disparate categories, as it is not strictly limited to activities and occurrences, but can also include typical characters, character constellations, and other things[85], and because "Stoff" is too narrowly focused on a story that is inherent in a literary text, whose development is traced primarily from a perspective of literary history[86]. The approach proposed

---

83 Drux 1997, 638. Cf. also Frenzel 2008, VIII ("das Motiv mit seinen anonymen Personen und Gegebenheiten"). Cf. also the newly-coined phrase of the "typisierte Ereignissequenz" in Nünlist/Jong 2002, 170, as an attempt to render adequately, in German, the somewhat diffuse concept of the "theme," which is often used interchangeably with "motif" in the Anglophone literature.
84 The concept of the "event" in literary scholarship, as a rule, seems to refer to a concrete event in a concrete *Stoff* or text; it is therefore associated with proper names and could serve as a "concrete" counter concept for the motif, which expressly avoids such specificities. However, no mutual exclusivity of the two terms appears to emerge or be intended anywhere (on the contrary: Martínez/Scheffel 2012, 111, for instance, treat both terms as having the same meaning), and it is complicated by the constriction of "eventfulness" to the crossing of boundaries, as described by Lotman (see on this above, Chapter 3.1).
85 See on this above, Chapter 3.1.
86 See on this above, Chapter 2.2.

here is not aimed at specific textual motifs or stories but at hylemes and *Stoff* variants that are understood as hyleme sequences[87]. The challenge now is to avoid, from the get-go, the conceptual gaps outlined above. On the micro level as well as on the macro level we need a terminology for *both*, that is for the specific form of a hyleme or hyleme sequence featuring proper names, *and* for the name-less counterpart:

	determined	undetermined
micro level	(concrete) hyleme	hyleme pattern
macro level	(concrete) *Stoff*	*Stoff* pattern

The importance of a sophisticated tool bag for the analysis and then for the comparison of hylemes and hyleme sequences is self-evident. A comparison presupposes a certain degree of abstraction, but alongside the abstraction enough concrete information must be retained, or the results of the comparison will be meaningless. Meaningfulness and fruitfulness of comparisons, as we have seen, are measured by the balance of the conflict between difference based on concreteness and commonality based on abstraction in the items that are being compared.

The challenges (and hazards) arising from these observations can be demonstrated on the hyleme level. For instance, the hylemes "mighty king sacrifices enemy hostage" and "man sacrifices youngest daughter" contain hyleme elements with different degrees of determination and abstraction. If a comparison of the two hylemes neglects the differences in determination and concreteness, or elevates them too swiftly to a level of commonality that goes too far in evening out the disparities and relies too heavily on an exaggerated degree of abstraction, the result will be that the hylemes are very similar indeed ("human sacrifices human"); while they differ considerably in their "details". The disparity of the possible results of the comparison ("very similar" – "very dissimilar"), however, does not prove that comparisons are generally subject to a certain arbitrariness and therefore non-binding; rather it is a consequence of the complexity and disparity of the items under scrutiny. A significant, meaningful

---

87 See on this above, Chapter 3.2.

result does not flow from a subjective perspective[88], but from the well-considered selection of an appropriate, medium level of concreteness and determination in the hylemes (or hyleme sequences) and their building blocks. This procedure may in individual cases require difficult decisions and may lead to controversies; but on the one hand such controversies can now be conducted with the help of advanced methodical tools, and on the other we should not allow ourselves to be discouraged in the face of the seemingly impenetrable complexity of the task and the attendant possibility of controversial views. We should not allow ourselves to dismiss out of hand the progress that has been made, which consists in the fundamental realization that the value of a comparison depends for the most part on the degree of determination and concreteness at which the *Stoff* elements are being compared.

4 Myths As Polystratic Instruments of Power

4.1 Polystratic Mythical *Stoff* Variants: a *Stoff* Variant with Multiple Layers (Strata)

The creation and constant reworking of a mythical *Stoff* depends on many factors, all of which contribute to each specific *Stoff* manifestation. These factors include social customs, religious rites, theological concepts, literary traditions, political conditions, the topographical "lie of the land", historical records, and many others. Their influence is noticeable in particular when they change, which will be further explored below (Chapter 4.3). In this way, a *Stoff* incorporates many elements from a wide variety of origins, not only from other *Stoffe* or *Stoff* patterns but also from different significant elements of its own culture or neighbouring cultures. It is quite simply impossible for a concrete *Stoff* to have been created, and transmitted, and not to have come into contact with other cultural influences, *Erzählstoffe*, and ideas, etc.

   One result is that a mythical *Stoff*, as a rule, does not exist in a "singular form", but only as a "multiform" entity in the shape of numerous more or less distinct variants. Above and beyond that, the prolonged transmission of mythical *Stoffe* also affects every single one of the medial manifestations of a *Stoff*

---

88 Thus Kirk 1974, 255: "The chief danger lies in one's necessarily subjective assessment of the degree of specific resemblance needed to demonstrate a dependent relationship between the myths of separate peoples."

variant in that these *Stoff* variants are usually not made all of one piece but rather resemble a patchwork of elements which still carry the traces of their various revisions and reworkings. In other words: a single, individual medial manifestation of a *Stoff* variant, such as for instance a text, will typically display multiple layers – or strata – of the processes of transmission and revision to which it has been subjected.

In addition to its *essential overall polymorphy*, a mythical *Stoff* is therefore also characterized by the *polystratic nature of each individual Stoff variant*. A *Stoff* exists as a multiform entity; it is polymorphous, but each individual *Stoff* variant is normally interspersed with one or more hylemes, hyleme elements, hyleme predicates, or determinations of hyleme elements or predicates from other variants of the same *Stoff*, or from variants of other *Stoffe*, and finally from many other kinds of cultural signifiers or significant elements[89]. A fundamental distinction must therefore be made between the *polymorphy* of a mythical *Stoff*, with regard to the totality of all its realized and potential variants, and the *polystratic* nature of an individual, concrete manifestation of a *Stoff* variant[90].

From the polymorphy of a mythical *Stoff* and from the polystratic nature of its individual *Stoff* variants we can draw an important conclusion which applies to all types of medial manifestations of mythical *Stoff* variants. With each concrete illustration of a mythical *Stoff*, the illustrator – be she or he a painter, sculptor, author, or a travelling bard, etc. – not only faces the challenge, in view of a polymorphous, multi-variant formation, of having to settle for *one particular variant* of the *Stoff* in question, but also the problem that no matter which variant she or he chooses it will never be purely her or his own creation and her or his sole responsibility; she or he will instead be working with material that has been *pre-shaped* by others. By itself, this situation would not raise any concerns; it becomes a challenge largely because the *polystratic* nature of mythical *Stoff* variants will see to it that even the *one* variant selected by the artist from the vast pool of possible alternatives will as a rule be a mixture of *disparate* elements.

With mythical *Stoff* variants, the basic situation is similar to the problem often encountered in architecture: What to do with an uneven *patchwork* of old "stock"? The two available options are the same for both: either leave the build-

---

[89] On the terms used here see above, Chapter 3.1.
[90] The Greek-Latin *mixtum compositum* "polystratic" (cf. a similar linguistic amalgamation e.g. in "polyvalent") has been chosen for its consonance with "polymorphic" or "polymorphous" and because the Greek terms for layer/*stratum* (ἐπιβολή, also πτύξ) are virtually unknown.

ing – or the chosen mythical *Stoff* variant – essentially as it is, or take action. If the chosen option is to act, more possibilities become available, at least with regard to buildings: from complete demolition and new construction via less drastic measures, such as remodelling and expansion, to smallish, rather cosmetic modifications. In working with mythical *Stoff* variants, the range of possible interventions is somewhat limited. The objective is precisely not to invent an entirely new *Stoff* variant[91], but to adopt and adapt a tradition, and this tradition must be recounted in such a way as to allow the mass of recipients to recognize it as referring to something that is older and already known.

The result is that in numerous cases an already *uneven* formation becomes *even more uneven*; to the multitude of layers (strata) already present another one is added, and the traces of the older layers are not always completely erased in the process.

From these observations we can come to an important conclusion about the nature of all medial manifestations of mythical *Stoff* variants. Because of the recipients' expectation that the old stock of a mythical *Stoff* must be retained to the extent that a certain recognisability is guaranteed, it is not only likely but almost inevitable that the incongruity and unevenness of the older material will leave traces even in a newly updated version[92]. To put it another way: since every "realization" of a mythical *Stoff* in the form of a specific variant already involves precursors that are complex, multi-layered entities, the concrete result as a rule reflects the unevenness of the precursor material, indeed, the incongruity and inconsistency is often reinforced.

The degree to which the "new" manifestation will be affected by the inconsistencies of the pre-existing material is different for each concrete case. It can surface in minor idiosyncrasies or peculiarities, or it can take the form of obvious tensions and inconsistencies. Of course the homogeneity or inhomogeneity of a *Stoff* presentation also depends on the extent of the presentation: if an entire *Stoff* is boiled down to a single sentence, such as "Kadmos establishes Thebes" (iconographic "narration" can be equally terse), no trace remains of contradictions or diverging versions. This absence, however, is not due to any lack of inconsistency in the *Stoff* that has been "reworked" but to the abbreviation in the concrete manifestation, which has allowed the inconsistencies to

---

91 Deliberate "myth correction" is concerned only with particular aspects or *Stoff* elements. Cf. on this subject the volume edited by Vöhler/Seidensticker 2005.
92 Cf. with reference to the Homeric epics Seeck 2004, 51: "Es ist sehr unwahrscheinlich, daß die bei der Motivarbeit gesammelten Motive und Untermotive und sonstigen Materialien […] ohne weiteres nahtlos zusammenpassen."

disappear. However much a text, an image, or any other manifestation of a mythical *Stoff* may be made "of one piece" *artistically or in terms of its presentation* – the *Stoff* substratum can hardly be described as "uniform". Because of the polymorphous nature of mythical *Stoffe* and the polystratic nature of their variants no *Stoff* is ever "of one piece". All that an interpreter, artist, or narrator can do is to cover the "cracks" in their new manifestation of a mythical *Stoff* with a smooth coat of paint.

4.2 Formal Evidence for Stratification: Inconsistencies

Where peculiarities in medial manifestations of mythical *Stoff* variants are not obviously the result of misunderstandings or an author's insufficient information or education, or clearly a problem in the transmission, such as a corruption of the text or errors on the part of the scribe, and where they cannot be explained as a play with tradition perhaps intended by the author, or as a deliberate distortion, such peculiarities and instances of inhomogeneity can primarily be put down to two distinct causes: the polymorphy of the mythical *Stoff* overall, and the polystratic (multi-layered) nature of individual *Stoff* variants. In the first case, the inhomogeneity merely derives for instance from an insufficient harmonization of disparate, partially conflicting *Stoff* variants; in the other case it is caused by the incorporation of "foreign material" – various significant elements plucked out of the same or neighbouring cultures, primarily from other *Stoffe* (most often these are structurally or thematically similar to the core material)[93].

Often the fault lines among the different *Stoff* components merely consist in minor inhomogeneities, such as formal or logical tensions, peculiarities, or abnormalities that can be overlooked or marked down to causes other than

---

[93] Cf. on this Kirk 1974, 254 f, who already expressed the findings stated here in the form of conjectures. Some of the findings in the study by Suter 2002, on the *Homeric Hymn to Demeter* and the *Stoffe* it incorporates, are based on the observation of "interesting inconsistencies" (ibid. 43); cf. on this n. 52: "Thanks to the poet's incomplete transformation of his materials, the older story shows through." Cf. also ibid. 73: "A myth can absorb new cultural influences while retaining the old, becoming a new version of itself with inconsistencies and contradictions." Of an entirely different nature are the "inconsistencies" observed by Reinhardt 2011, 249, which arise when individual mythical *Stoffe* or *Stoff* conglomerates can only be matched incompletely with others to form a complete mythological system (*Gesamtsystem*), even though Reinhardt in the same context then also discusses *Stoff*-specific inconsistencies, among other things (249-253).

interferences among different variants of the same *Stoff* or among elements from different *Stoffe* or *Stoff* patterns. Sometimes, however, such interferences do result in inconsistencies that are difficult to ignore or difficult to resolve in a way that does not appear forced. In the following, to avoid any awkward references to "inhomogeneities and inconsistencies", both the minor and the blatantly obvious anomalies caused by such interferences will be subsumed under the term *inconsistencies*.

At this juncture we need to insert a critical remark on the distinction between *coherence* and *consistency*. In concrete, physically existing variants of narrative *Stoffe*, individual hylemes must demonstrably refer to each other[94]. Narratologists have compiled a set of criteria by which recipients can recognize and evaluate this kind of coherence, for instance through chronological, causal, or teleological connections[95]. Such a coherence is therefore an indispensable precondition for our ability to recognize a *Stoff* variant as a unit. Coherence, however, does not automatically equal consistency. Multiple hylemes can still be shown to refer to each other despite the presence of inconsistencies; the fact that they are *connected* does not always and not automatically entail that they also form a *harmonious* whole.

Using the term "inconsistencies" in the context of narrative *Stoffe* does raise the question: how could ancient audiences tolerate such inconsistencies? Is it not more likely that recipients in the past were equally as dissatisfied with inconsistencies in a narrative *Stoff* as we are today?

Naturally, the concrete manifestation of a narrative *Stoff* variant had to have a certain degree of consistency beyond its fundamental coherence. But not only do we have an *individual* difference here, there is also a *cultural* difference regarding the extent to which we are willing to tolerate or even to appreciate such inconsistencies. Where readers today would react with criticism or irritation, recipients in the past obviously did not react in the same way. If a modern novelist were to include, *by accident*, an inconsistency such as for instance the

---

[94] See on this the definition of "*Stoff* variant" as a sequence of several *interrelated* hylemes that are not tied to any particular medial manifestation, or any particular language, in Chapter 3.2.

[95] See Wolf 2002, 46-51. An "inner connection" of the happenings, and a coherence of the narrated content as general but authoritative criteria also in Meuter 2004, 140, who develops a concept of narrativity which, he suggests, will be useful for all disciplines within cultural studies, on the basis of reflections in and concepts borrowed from systems theory (ibid. 152): "Mit den Differenzen Aktualität/Potentialität, Reversibilität/Irreversibilität, Prozess/Struktur und Anfang/Ende lässt sich aufzeigen, was Geschichten sind: *sich selbstorganisierende systemische Zusammenhänge von Sinn und Zeit.*"

appearance of a – living – character at a point in the novel at which that character should have been long dead, according to an earlier passage, it would be spotted by an eagle-eyed editorial team. And even if it did pass editorial inspection, the mistake would attract critical responses from the reading audience and be expunged by the time of the second print run went to press, at the very latest. But can we assume the same impulse also existed at other times and in other cultures?

For instance, Homer's *Iliad* contains a number of similar contradictions, such as the case of the obviously inadvertent "resurrection" of a deceased character: Pylaimenes, the leader of the Paphlagonians, dies at the hands of Menelaos in Book 5 of the *Iliad*, but later we hear how Pylaimenes is forced to watch his son Harpalion being killed in combat by Meriones[96]. Centuries went by before ancient philologists and literary critics began to point out errors and other less grievous inconsistencies committed by an author of Homer's stature in the treatment of his material. Over these centuries, the "irritants" were apparently tolerated or not noticed at all[97], and even critical voices like that of Horace assume a comparatively mild-mannered stance toward the otherwise brilliant Homer: clearly, the great master must have been "asleep at the wheel" sometimes, but considering the length of his works this cannot be held against him[98]. Much later, Cervantes still ridiculed the over-zealous critics of his *Don Quixote*

---

[96] See Hom. *Il.* 5,576-579 and 13,643-659. Cf. also the clearly conflicting versions of Hephaistos' fall from the heavens in Hom. *Il.* 1,590-593 and 18,394-397. The version narrated in Book 1 apparently associates the limp of the god of blacksmiths with Zeus' grasp on Hephaistos' foot before flinging him down from the heavens onto the island of Lemnos – an account that does not agree with the version told in Book 18, which describes how Hera threw him down from the heavens above and into the ocean immediately after giving birth because she was ashamed of her son's congenital (!) deformity. The nymphs Euronyme and Thetis then took care of him. In both cases the events are narrated in the first person by Hephaistos himself.

[97] See on this also, to the point, Seeck 2004, 51 f: "[...] da zeigt sich ein auffallender Unterschied zwischen Homer und unseren Romanschriftstellern. Ein moderner Autor wird dafür sorgen, daß sich eine möglichst glatte Oberfläche ergibt und der Leser sich nicht an Diskrepanzen und Widersprüchen stößt. [...] Bei Homer ist aus moderner Sicht diese Glättung sehr unvollkommen durchgeführt, und es macht daher wenig Mühe, allerlei Brüche und Widersprüche bei ihm zu entdecken."

[98] Hor. *ars* 359f.: *indignor quandoque bonus dormitat Homerus; / verum operi longo fas est obrepere somnum.* Cf. also on this Longin. Περὶ ὕψους 33,2-4: he who aims high (like Homer) will also make mistakes; only small minds remain flawless.

who had complained about discrepancies involving Sancho Panza's donkey in Book 1[99].

What were the positive aspects that motivated the acceptance of inconsistencies? Upon closer inspection, several such motivational features come to the fore, which can only be briefly highlighted here[100]. Inconsistencies were left undisturbed because in return they offered, among other things
- agreement with a beloved custom or practice
- loyalty to a tradition viewed as sacrosanct
- simultaneous recognition of multiple traditions

We can also take one step further and view inconsistencies not only as a trade-off for something else that is more desirable, but as something that bears certain advantages of its own. Thus, being able to approach a *Stoff* and its themes not just from a single perspective but from multiple angles can be seen as a benefit. The polyphony of different voices is not a deficiency in this case, it is a bonus. As an example, the inclusion of two different versions of the creation of man in the early chapters of the Book of Genesis not only serves two different traditions and two different audiences, it also allows us to take our cue from the theme of the creation of man and a) focus on the variety of its themes, or we can b) examine a chosen subject from multiple perspectives. To name just a few central aspects, the concept that human beings are created in the image of God and have been granted dominion over "every living thing that creepeth upon the earth" can be our focal point as much as the call to preserve the Creation, or human fallibility. It would be an oversimplification to assume that ancient audiences had a less refined feeling for logic and consistency than their modern counterparts that would have caused a lack of awareness for certain inconsistencies and contradictions. Instead, something else was more important than

---

99 Cervantes, *Don Quixote*, Part II, Chapters 3 and 4. Chapter 3 then contains (from the mouth of Carrasco), not quite by accident, the above-mentioned reference to Horace (trans. J. Ormsby 1885): "All that is true, Senor Don Quixote," said Carrasco; "but I wish such fault-finders were more lenient and less exacting, and did not pay so much attention to the spots on the bright sun of the work they grumble at; for if *aliquando bonus dormitat Homerus*, they should remember how long he remained awake to shed the light of his work with as little shade as possible ...". In the first edition of the novel, Sancho is missing his donkey in 1,25 without any explanation as to how the animal came to be absent, just as Sancho is riding atop the donkey again in 1,46 without any explanation for its sudden reappearance; an addendum in the second edition creates more confusion than it eliminates, having been inserted at the wrong location in the book. On the complicated "donkey problem" see in detail Lange 2008, 651 f.
100 Cf. on this in detail C. Zgoll 2019, Chapter 16.2.

consistency: the wealth of additional meaning, which can be gained from engaging with a particular topic through a multi-perspective and therefore multi-functional approach.

If our intention is not simply to equate other modes of aesthetic reception with our own modern ones, we will have to acknowledge that consistency in the treatment of a *Stoff* was not a top priority for ancient cultures, otherwise the author, the recipients, and those preserving the tradition would not have tolerated inconsistencies or even created them actively (e.g. through editorial reworkings). The real, central question therefore is not: how could ancient people tolerate such inconsistencies, it must be: how do *we* deal with such unfamiliar inconsistencies, how can they be explained, and to what extent is their appreciation vital for the interpretation of texts or other medial manifestations of mythical *Stoffe*?

The decision to refer to both the lesser inhomogeneities and the more disruptive inconsistencies found in manifestations of mythical *Stoffe* as "inconsistencies" was a deliberate choice; the more serious term will help raise awareness of the issue among modern interpreters and remind them not to approach a mythical *Stoff* or the medial manifestations of individual *Stoff* variants with the conscious or subconscious assumption that they must be consistent. Expecting inconsistencies when examining mythical *Stoff* variants in their medial manifestations should not be the *exception*, it should be the *rule*. With regard to textual manifestations this demand not only addresses the conventional expectation that any "normal" text must be internally consistent, but also the related attitude which, for the sake of a consistent reception, will accept questionable or superficial explanations for inconsistencies if only they lead to a passable understanding of the text, or will make corrections to "improve" it.

Our recognition of the essential polymorphy of mythical *Stoffe*, and the expected likelihood of a polystratic nature of individual existing or potential variants, requires that we assume a certain attitude toward the reception and interpretation of mythical *Stoff* variants in their medial (e.g. textual) manifestations: from the get-go we must expect a predominance of inconsistencies rather than a general consistency, and we must therefore not attempt to smooth over inconsistencies, or to play down their significance, to explain them away, to declare them incomprehensible or inexplicable on principle, as errors in the transmission or as artefacts created by interpolation[101]. We must instead learn to take them seriously and to read them as evidence of the stratification which defines the particular *Stoff* variant before us. If in interpreting manifestations of mythi-

---

101 Cf. on these and further suppositions in more detail C. Zgoll 2019, Chapter 16.3.

cal *Stoff* variants we can free ourselves from the automatic desire for harmonization which seeks to establish consistency, and if instead we can be guided by the knowledge that we must, on principle, expect inconsistencies, we will moreover be able to recognize weaker evidence such as inhomogeneities or formal deviations as further and therefore helpful indicators of stratification.

A stratification analysis of mythical *Stoffe* is not concerned with criticizing narrative peculiarities or obvious "mistakes"; rather it is a kind of forensic endeavour which seeks to point out inconsistencies beneath the sometimes deceptively "smooth" *Stoff* surface, and in the process to uncover traces which allow insights into the multilayered, polystratic composition and, with that, the historical dimension of a *Stoff* in its various stages of growth and maturation. The insight that such inconsistencies can in fact have as their basis a positive motivation should prompt a heightened awareness in our own perception for the distinctly ancient ways of selecting and reworking a mythical *Stoff* in textual (or pictorial) form, as they differ from our modern production attitudes and audience expectations.

In numerous cases, inconsistencies caused by older fragments within a mythical *Stoff* were never completely erased because they testified to a struggle of opposing ideas, and served to propagate a victory of the new over the old. In these cases, inconsistencies were not tolerated *willy-nilly*; they were left in place, deliberately, as it were, on display like the spoils of war in a triumphal procession. We will return to this aspect in more detail below, when we will be looking specifically at *semantic* indicators for stratification processes.

4.3 Myths and Power: Myths as Battle Grounds for Competing World Views

The preceding sections have been concerned with, among other things, the way in which inconsistencies can serve as formal and logical indicators for the different variants and strata behind the polystratic, multilayered entity that is the manifestation of a mythical *Stoff* variant in textual form. Aside from inconsistencies as indicators, there are certain narrative mechanisms in mythical *Stoffe* that can point to instances of stratification from a *semantic point of view*[102]. In

---

[102] On additional indicators for the stratification of a *Stoff* or *Stoff* variant(s) than those mentioned here, i.e. typical patterns of *Stoff-Stoff* interferences such as e.g. mutual influencing or attraction through structural similarities, identical (or similar) names, or the pull exerted by prominent mythical characters, see C. Zgoll 2019, Chapter 14.

order to be able to get a better grip on the specificities of these narrative mechanisms and to correctly assess their significance for a stratification analysis, we first need to take a closer look at a particular quality of mythical *Stoffe* which is at risk of being underestimated: their explosive potential.

This explosive quality derives from the fact that mythical *Stoffe* refer to *concrete objects of human experience* that are thought to be *significant* because the process of dealing with these objects of human experience involves a *transcending* component. The transcending treatment of objects of human experience that are thought to be significant implies that their *significance for the interpretation and the mastering of human existence* is generally recognized, and that myths are therefore valuable tools for dealing with reality – which is why they are themselves fiercely contested and capable of being weaponized in *conflicts of interpretative authority*[103].

4.3.1 Mythical *Stoffe* Refer to Concrete Objects of Human Experience

Mythical *Stoffe* provide a space for dealing with real-life experiences[104]. Mythical *Stoffe* are never concerned with purely fantastic inventions; being anchored in our experiences of the real world they differ substantially from the kind of *Stoffe* often used in science fiction literature or in fantasy novels, or from the imaginary worlds of many board, card- or computer games[105].

---

103 See on this in detail C. Zgoll 2019, Chapter 18.
104 On the phenomenological and anthropological understanding of "world" and "reality," as it applies here, see Coreth 1986, 46 f.
105 Analogous findings and observations are old; cf. already Müller 1825, 226-234, or Eliade 1988, 16 and elsewhere; Blumenberg 1985, 97: "Myth by its nature is not capable of an abstract system of dogma that would leave local and temporal peculiarities behind it. On the contrary, it is oriented specifically toward these." On concrete topographical "groundings" see also Reinhardt 2011, 88-101. Cf. also Burkert 1982, 65: Mythical *Stoffe* are narrated "um ihrer Beziehung auf die Realität willen, Realität im diesseitigen, handfesten Sinn." Somewhat unfortunate is Burkert's decision to describe the real-world connections of mythical *Stoffe* as their "denotative" dimension, while he labels the "structure of meaning" inherent in the *Stoff* itself as "connotative" (a more appropriate terminology, or at least one that is equally plausible, would be one with the adjectives reversed); as far as I am aware, however, this terminological distinction has not found any following.

The term "objects of human experience" is used here to describe the totality of all that can be experienced by human beings[106]. Among other things, mythical *Stoffe* are characterized by the fact that they do not, on principle, exclude any area of human experience. The association of subjectivity emanating from "objects of human experience" is intentional because it serves as a reminder that the experiences individual human beings have or can have will never be exactly identical. Even though they may refer to similar "objects," and regardless of whether we compare them intra- or interculturally, synchronically or diachronically, no two experiences are one and the same.

If we do assert that a fundamental connection exists between mythical *Stoffe* and the real world in which we live, it follows that the mythical protagonists of the past are not fantasy figures[107], but that they are equally "real", and that their associated *Stoffe* represent something that these protagonists have or could have experienced. Potential objects of such experiences are therefore not only objects in the here and now but also everything that happened in the past. The audience are not personally sharing the experience, but it is being brought to their attention as something experienced by others, and the process in turn ensures that it becomes – for the audience – a shared human experience, with repercussions for their own present[108].

---

106 On the concept of "experience" in an expanded sense that is not limited to sensory impressions but also relates to the experiences of the mind and the way they are being processed, as it informs the above deliberations, cf. Coreth 1986, 48.

107 Cf. the reference by Burkert 1982, 65, to "realitätsbezogene, hic et nunc gültige Eigennamen" in mythical *Stoffe*, which include the names of gods and heroes, "insofern Götter und Heroen auch ausserhalb der Erzählung durch das Faktum des Kultes, der Opferstätten, Altäre, Grabmäler, Tempel gegeben sind." The "personale Fixierung" and the "mehr oder weniger genau bestimmte Identität und Individualität der Akteure" are also highlighted by Reinhardt 2011, 114.

108 Cf. Blumenberg 1985, 68: "Status of reality does not mean empirical demonstrability; the place of the latter can be filled by taken-for-grantedness, familiarity, having been part of the world from the beginning." Cf. also Kühr 2006, 23 f; Reinhardt 2011, 115. Cf. also in this context the concept developed by the philosopher Wilhelm Schapp (1884-1965), of our being "entangled" (*verstrickt*) in multiple (hi)stories: according to Schapp, the subject's own histories are inextricably interconnected with external histories as well as the "we" history of a collective, and the repetition of the "we" histories results in those histories becoming part of the horizon of our own (personal, individual, private) histories, see Schapp 1953, repr. 2012, passim, e.g. 85-87, 124, and 142 f, on myth ibid. 205: "Diese Wirverstrickung in der Richtung einer Weltgeschichte scheint uns in jedem Mythos aufzutauchen." See also on this the succinct account in Mohn 1998, 141-143. On the presence of past histories concisely Schapp repr. 2012, 142: "Im strengen Sinne vergangene Geschichten gibt es nicht. Jede Geschichte kann noch wieder aus ihrem Platz im Horizont hervorbrechen."

4.3.2 Transcending Interpretations of Human Experience

The efforts to deal with reality through mythical *Stoffe* are characterized by one quality in particular: they are all *transcending* interpretations of what can be experienced. The term "transcending" is not used here in the philosophical or ontological sense as referring to properties of being (transcendentals); neither is it used in the theological sense of exceeding that which by definition is beyond human experience (transcendence), but rather in a hermeneutical sense to refer to interpretive acts by which humans explain what they see or what happens to them. The key feature of any transcending interpretation of reality is the assumption that certain occurrences are possible only because of the involvement of beings who exceed human capabilities, as well as natural phenomena and their normal and observable processes. Translated into certain action and communication strategies, such an interpretation of reality is a fundamental aspect of religion, in the definition of Jörg Rüpke, who views religion "als das situative Einbeziehen von Akteuren (ob sie nun als Göttliches oder Götter, Dämonen oder Engel, Tote oder Unsterbliche bezeichnet werden), die in bestimmter Hinsicht überlegen sind" ("as the situational involvement of actors [whether they are described as divine or as deities, demons or angels, dead or immortal], who are in a certain capacity superior").[109]

From this point we can draw a direct line to myths, because such a transcending interpretation of reality also has concrete consequences for the treatment of mythical *Stoffe*: here too the respective objects of our experience are presented as being crucially linked to the active involvement of divine beings in a way that determines the overall *Stoff*[110]. The participle used in this context –

---

[109] Rüpke 2016, 19; ibid cont.: "Kurzum, religiöses Handeln ist dann und dort gegeben, wo in einer Situation mindestens ein einzelner Mensch solche Akteure in seine Kommunikation mit anderen Menschen einbezieht, ob er nun bloß auf sie verweist oder sie direkt anruft." A discussion of this concept of religion and its separation from other attempts ibid. 17-22. What can also be seen emerging here is a closeness to the way in which religious communication is characterized via the concept of transcendence in Luhmann 2013, 53, who asserts that "a communication is always religious whenever it observes immanence from the standpoint of transcendence. [...] Events in this world do not receive a religious meaning until they are seen from the perspective of transcendence. But producing meaning is also the specific function of transcendence, and it does not exist in and of itself." Cf. ibid. 55: "Transcendence is for now the provision of a direction, and it refers to a crossing of boundaries. But from the outset, territorial boundaries are not what are meant [...]."

[110] Or just *one* divine being; on the pros and cons of applying the concept of myth to certain narrative *Stoffe* from the Old Testament see Spieckermann 2013, 163 f; cf. also Lux 2014, 193-218. On the central role of the "numinous" or "numinous beings" as they appear in mythical

"transcending" –does not describe the *divine characters* who appear in mythical *Stoffe* (in the sense of "transcendent deities"); instead, it refers to the *way of interpreting reality* with the help of mythical *Stoffe*[111]; the active involvement of divine beings in the *Stoff* is a feature arising from this specific transcending way of interpreting reality.

In his definition of religion, Rüpke also provides a list of various "superior" actors. And indeed for mythical *Stoffe* as well, the defining feature of divine intervention is valid not only where the actor in question is imagined as a clearly defined deity, whether that implies an anthropomorphic appearance, a theriomorphic one, a mixture of man and animal, or any other shape; they can also be powers or forces viewed as numinous in a wider and, as it were, more diffuse conception[112] – "supernatural actors"[113] who are, either permanently or temporarily, at work in or "inhabit" certain phenomena or living creatures, such as humans or animals[114].

It is well-nigh impossible to make a universal statement, covering all cultures and all periods, about which properties constitute "divineness", and which do not, which beings can be classified as "divine", "numinous", or be described in similar terms, which of them are only partially eligible, and which of them do not match the criteria at all. These questions must ultimately be examined and decided with respect to each specific culture, which is why a

---

Stoffe, in relation to the various aspects of human experience, see already emphatically Beth 1935, 720: "immer läßt sich als der Grundzug erkennen, daß Mythus *die Bezogenheit des Menschlichen auf ein Unsinnlich-Göttliches in Form einer Erzählung auszudrücken bemüht ist*" (*unsinnlich*, however, is problematic). Cf. also Hübner 1985, 129-134; Lüthi 2004, 11. Günther 2013, 273: myths "erzählen von einer übernatürlichen Kraft oder Macht, die auf die Natur und die Menschen einwirkt." Cf. also Diakonoff 1995, 125, "[...] myths are plot units, each of which is connected with a certain moving force – i.e. a deity [...]"; Reinhard 2001, 20 (bold type and italics in the original): myths are about events "aus einer mythischen Vorzeit [...], zu deren Voraussetzungen durchweg eine Handlungsbeteiligung von göttlichen Wesen gehört"; cf. also ibid. 161.

111 Cf. exactly in this sense Kühr 2006, 18: myths "transzendieren [...] die alltäglichen Wahrnehmungen von Zeit und Raum [...]".

112 Cf. Beth 1935, 720: "Nicht um persönliche Gottwesen muß es sich dabei handeln, sondern um die Gegründetheit menschlichen Seins in Außersinnlichem, wie immer das Letztere näher bestimmt werden möge." The one problematic term chosen by Beth is *außersinnlich*, if we consider that divine entities may very well have been imagined as being capable of creating sensory impressions.

113 See on this term from the perspective of a Cognitive Science of Religion Pyysiäinen 2009.

114 On the ancient belief that humans can be inhabited by positive as well as negative powers of divine origin, see in detail A. Zgoll 2012a and 2012b, where the concept of the "homo oikomorphus" is developed.

certain diffusion is unavoidable in discussing, here and below, the concepts of "divineness" and "divine beings". In view of these difficulties, referring to "divine" or "numinous" beings is of course not without its pitfalls[115]; but the solution cannot be to declare it a scholarly duty to exclude everything from scrutiny that in its handling proves to be multifaceted, complex, or polymorphous: we would be buying the benefit of unassailability at the cost of excluding a central phenomenon in the human endeavour to interpret our world. Dirk Johannsen has moreover taken a remarkable step from the perspective of religious studies to justify the category of "the numinous," in the definition of Rudolf Otto (as *mysterium tremendum et fascinans*), and to demonstrate its valency for an analysis of traditional *Erzählstoffe* from the perspective of cultural studies, "ohne damit – wie von Ottos Kritikern befürchtet – quasi in einem Automatismus theologische Implikationen einfließen zu lassen oder die Überlieferung zu entkontextualisieren" ("without, as had been feared by Otto's critics, allowing his argument in a quasi-automatism to be coloured by theological implications, and without decontextualizing the [mythological] tradition")[116].

4.3.3 Indicators for the Significance of Mythical *Stoffe*

The general assumption is that myths deal with important matters, that the real life experiences, to which mythical *Stoffe* refer, do exceed a certain significance threshold[117], that they therefore do not serve to process experiences made, for instance, as a part of everyday routine activities such as oral hygiene or shopping for necessities. The idea of a "social" or "collective importance" of myths has been discussed in this context[118].

---

115 Mohn 1998, 109 f is without a doubt correct in pointing out the problem posed by the category of the "numinous" (or "the sacred") *per se*; however, a different question is that of the assumed existence of concrete *beings* with this property, and separate from this again is the issue of the related conceptions of such beings and their role in narrative *Stoffe*/materials.
116 Johannsen 2008 (quotation ibid. 254).
117 Cf. Blumenberg 1985, 149, on myth as a "story that is ... 'significant' [bedeutsam] in itself."
118 An approach championed especially by Burkert cf. Burkert, 1979a, 23: "*myth is a traditional tale with secondary, partial reference to something of collective importance*" (italics in the original); cf. id. 1979b, 29: myths describe a "bedeutsame, überindividuelle, kollektiv wichtige Wirklichkeit". Cf. also Bremmer 1987, 4-6, who at least stresses the frequent changes in the importance of myths, the implication being that the importance of a *Stoff* does not remain constant (ibid. 5 f: "Myth, then, meant rather different things to the Greeks at different stages of their history"); the collective importance of myths means they are "relevant to society" (ibid. 7); cf. also Csapo 2005, 9, who defines myth as "a narrative which is considered socially im-

Clearly, what is considered "important" differs from culture to culture, and this poses the question: how can we retain importance as an essential feature of myths without becoming dependent on an external and moreover imprecise criterion unrelated to the *Stoff* itself, such as the association with various collectives and their behaviour, or a concentration on theme and content?

To solve the problem, a definition of "myth" must be found that requires no affiliation with a particular collective, and does not lay claim to any diffuse idea of "importance". We must look for universal features which can *demonstrate*, without reference to the treatment of myths or to themes explored in mythical *Stoffe*, that these themes were *considered important*[119]. We must then be careful not to re-attach this sense of importance to yet another collective and its shifting behavioural norms. More critical than the claim of importance, its further definition and association with various collectives and their behaviour patterns, therefore, is the identification of importance *indicators*. These are features which indicate that the mythical *Stoff* addresses a subject whose assumed importance has caused it to leave traces on the respective variants. These traces can be described objectively, regardless of whether or not, or in what way and for which collective, the further transmission of this *Stoff* was considered important.

In my estimation, three such importance indicators can be identified, one content-based, and two relating to formal criteria. An important content-based indicator has already been discussed above: it can simultaneously help us determine whether or not certain experiences and their re-working in a particular culture were at one point considered to be of importance by a particular collective, independent of their further treatment. The indicator, or criterion, in question is the presence, or absence, of factors in the initial encounter with the respective objects of experience and subsequently in the processing of these

---

portant" (cf. also ibid. 278, expanded even further: "broader concept of myth [...] as anything which is told, received, and transmitted in the conviction of its social importance"). Cf. Rüpke 2013, 39; also still C. Zgoll 2014, 184 (herewith superseded).

119 Cf. also Csapo 2005, 278 f, on the important question whether the content transmitted through myths is true or whether it is *thought* to be true, even though to define "myth" solely by reference to this one criterion is problematic (cf. ibid.: "If it spreads because it is *thought* true, [...] then it is a myth"), as it can also be applied to the transmission of historical events, views, values, dogmatic teachings, etc. (Csapo himself correctly predicts the consequence: "Admittedly, just about anything can become myth"). If we widen the concept of myth to this extent, not only do we move away from narrative *Stoffe*, but this concept of myth can no longer be distinguished from a concept of ideology that is defined in fairly general terms, and Csapo himself concedes as much (see on this in more detail C. Zgoll 2019, Chapter 18.4.4).

encounters in the form of mythical *Stoffe* that *transcend* these objects of experience. The labelling as "important" of objects of experience, and therefore of the mythical *Stoffe* in which these experiences are processed, cannot be exemplified in absolute terms or in relation to the behaviour of the groups dealing with these *Stoffe*. It can only be based on the criterion that the experience, or that which has been transmitted as experience is processed in such a way, i.e. the *Stoff* variant is designed in such a way as to associate the experience with the actions of divine or numinous beings in a context that is essential for the development of the *Stoff* sequence as a whole[120].

In formal terms, the polymorphy of a mythical *Stoff* and the polystratic nature of the *Stoff* variants can be cited as indicators for the importance of the *Stoff*. Irrespective of individual themes and types of content, both the polymorphy of a mythical *Stoff* and the polystratic nature of its variants point to an elevated degree of importance: as a rule, only something that is considered worthy of variation and reworking will have multiple variants and layers of reworkings. Even though the humans involved shaping and reshaping a *Stoff*, and also the collectives they represent, can not always be identified, the very existence of different variants and of different strata (layers) within a particular variant of a mythical *Stoff* proves that people at some point felt it was important to work with and to work on this one particular *Stoff*.

4.3.4 Myths as Battle Grounds for Competing World Views

The important role played by transcending interpretations of what can be experienced in mythical *Stoffe* has been briefly outlined above. In the following the focus will be on a closely related aspect, but one that has received less attention. The fact that transcending interpretations of what can be experienced find expression in mythical *Stoffe* is fairly obvious; but the investigation of the question what the circumstances are that favour the emergence of such transcending interpretations harbours a certain explosive potential that up to now has been

---

[120] Blumenberg 1985, 70-112, tries to describe other indicators for the "significance" of "the myth" (understood as a mind-set), such as, e.g., "simultaneity, latent identity, the closed-circle pattern, the recurrence of the same, the reciprocity between resistance and heightened existence, and the isolation of a thing or action, in the degree of reality ascribed to it, to the point of excluding every competing reality" (ibid. 70). To my mind, however, these indicators appear to be observable only in individual cases while the fundamental factor, unrecognized by Blumenberg, of transcending interpretations of actual or potential human experiences can be generalized.

largely underestimated. A closer inspection of this aspect will have momentous consequences for our understanding and interpretation of myths.

Mythical *Stoffe* arise from and exist in a dense network of innumerable signifiers within a culture (or several cultures), and situated among these cultural elements, they are above all else continually exposed to the influences of other *Erzählstoffe*. Mythical *Stoffe* are not created *ex nihilo*; they build on pre-existing material, and it is impossible for them to be or remain untouched by any other *Stoff* patterns, by concrete *Stoffe*, or by other elements of cultural significance.

This means that mythical *Stoffe*, by definition, bear traces of their encounters with elements to whose influence they have been exposed. Myths must be understood as a giant undertaking to analyse, interpret and process phenomena, events, and objects that are deemed important, on a *backdrop made up of diverse traditions and disparate models of interpretation*. Already within a single culture, for instance in the confrontation between different collectives, but inevitably with every inter-cultural exchange, when viewed from synchronic, diachronic, and diatopic perspectives, a mythical *Stoff* will always collide with other mythical *Stoffe*. Every mythical *Stoff* is locked in a reciprocal relationship with other *Stoffe* or, generally speaking, with other ways of trying to interpret human experiences. In myths we witness the processing not only of original experiences but also and even primarily a *re-processing of earlier such processes and their diversity*.

Attempting to resolve the inevitable emerging tensions does not – and this is just as vital – provide those engaging in the activity with any kind of intellectual entertainment; it is not a task performed for the gratification of what would in effect be a purely educational or academic interest. The opposite is true: the questions and problems confronted in mythical *Stoffe* are of the highest *relevance when it comes to interpreting and managing the human condition*, and this is especially the case where it concerns power relations and responsibilities in the realm of the gods. On the concrete, life-practical level, in order to lead a successful life it is important for humans to know which deities to worship and to invoke, how many sacrifices to make to whom and in what manner, whether and to what extent an "old", by now disempowered, god must still be considered in religious rituals, who are the newly empowered deities currently in charge of their respective portfolios[121]. And it is mythical *Stoffe* which provide a fundamental knowledge base in this regard. The variety and intricacy of the

---

[121] Cf. Blumenberg 1985, 169: "To know on whom one has to depend is always a source of security in one's conduct, a source that is not without advantage for life, and the systems of which can hardly be less old than man himself [...]."

Myths as Polymorphous and Polystratic Erzählstoffe — 69

ways in which mythical *Stoffe* can be functionalized, as well as their closely related relevance for mastering and interpreting virtually all aspects of human life, point to the role of mythical *Stoffe* as immensely valuable "weapons", so to speak, in dealing with reality.

It is not only the possession of such weapons but also their potency that is of importance: in an environment populated by different groups and cultures, with diverging views and perpetual rivalries, the side with the *more powerful* weapons, that is to say: the group whose myths are more compelling will have the upper hand. Myths are anything but "harmless fairy tales." Behind mythical *Stoffe* are groups who pass down these *Stoffe* because, for one thing, their basic and their meta functions, as well as the numerous possibilities for further functionalization, make mythical *Stoffe* an extraordinarily powerful instrument in coping with reality[122], and also because they promote interpretations which, on account of the issues encountered within them, are themselves judged to be of considerable importance. If the interpretation of certain objects of experience changes or is confronted with diverging interpretations of other groups or if for instance the self-identification of a collective changes, what is taking place is in effect a struggle for the authority of interpretation: one interpretation of a particular issue, or a group's changed attitude towards its own identity, is aiming to replace or at least to modify another.

Conflicts over the power of interpretation have recently begun to attract the attention of scholars. We will proceed with our discussion on the basis of the definition offered by Philipp Stoellger[123]: "Um *Deutungsmacht* handelt es sich, wenn das Vermögen oder die Ermöglichung oder Verwirklichung (bzw. deren Negationen) in Form von Deutung und nicht (ausschließlich) mit Zwangs-, Herrschafts- oder Gewaltmitteln realisiert wird" ("Power of *interpretation* is the realization, or the facilitation of power, or the ability to exercise it – or to deny it – in the form of interpretation and not (exclusively) by means of force, rulership, or violence"). The struggle for interpretational authority is both an intra-

---

122 On the important thematic complex addressing the "functions of myth" and the conceptual distinctions undertaken here in basic functions, meta functions and (primary and secondary) functionalizations, see in detail C. Zgoll 2019, Chapter 18.4.2.
123 Stoellger 2014, 28. On the difference between an "analysis of interpretational authority" ("Deutungsmachtanalyse", Stoellger) and an analysis of discourse or power in the Focaultian sense see ibid. 28 and 30 f, where he subsequently also deals briefly with the power conceptions of Niklas Luhmann, Pierre Bourdieu, Hans Vorländer, and Daniel Schulz (ibid. 31-35). Stoellger himself defines "authority" (ibid. 27) as "eine Kraft oder ein Vermögen, bestimmtes Unmögliche möglich werden zu lassen und anderes nicht; oder bestimmtes Mögliche wirklich werden zu lassen und anderes nicht".

and an inter-cultural phenomenon[124]: "*Zwischen* Kulturen und zwischen Diskursen *in* einer Kultur bestehen Konflikte um Deutungsmacht" ("Struggles for interpretational authority occur *between* cultures, and between discourses *within* the same culture").

By its very nature, the field of human cognition is limitless, and so is our freedom to interpret the world and our experiences within it: there is never only *one* attribution, or *one* explanation for anything that can be experienced; usually there is a broad spectrum of options, which are determined across and within cultures by different collectives. The transcending explanations and interpretations, which emerge from the engagement with any kind of experience, and which are chosen from this spectrum in each specific case, exist in perpetual competition with other explanations and interpretations. Because of this constant rivalry it is important for those in charge to have powerful instruments which allow them to spread their favoured version of events as effectively and as efficiently as possible. One such valuable tool for the propagation of one's own ideas and interpretations of the world are myths[125].

4.4 Semantic Evidence for Stratification: Generating Value Judgements and Hierarchical Relationships

As has been shown above, power, understood as the exercise of the sole authority of interpretation in a specific (contested) context, is a crucial factor in the processes of stratification, to which all myths are subject. Claims to power and interpretational authority usually generate conflicts, which leave their mark on various areas of a culture, for instance in the form of palaces, temples, royal inscriptions, or coins, but also very much through mythical *Stoffe* and their variants in medially diverse manifestations.

---

124 Stoellger 2014, 3.
125 Cf. Rüpke 2013, 54: "In gewissem Sinne ist jede neue mythische Erzählung Kritik an vorangehenden Versionen, scheidet Wesentliches vom nun als unwesentlich Erachteten, korrigiert, unterdrückt und erfindet." This, it must be added, is not only true with regard to diverging versions of the *same Stoff* but also in relation to *other Stoffe* and their versions. On the meaning of "stories" in discourses of authority see also Stoellger 2014, 28: authority, according to Stoellger, is "prinzipiell *relativ*, nicht absolut, und damit abhängig von sie konstituierenden, er- oder entmächtigenden Bedingungen (wie Ordnungen, Dispositiven) und ggf. auch Personen, Milieus oder Gruppen und Gemeinschaften (Anerkennung, Einverständnis), Institutionen (Einsetzung, Beamtung, Beauftragung), Geschichten, Traditionen und in summa: Medienprozessen und -praktiken."

If we go looking for remnants and traces of power struggles in myths, for victors or vanquished opponents, we may even come across other indicators for the presence of layers (strata) in mythical *Stoff* variants than those we have already been able to identify on a more *formal* and *logical* level by the discovery of inconsistencies[126]. In myths, not only are different traditions welded together with their joints still visible in the shape of inconsistencies that keen observers at least will be able to spot, but they also intertwine in ways that connect or cover up these joints *with the aid of Stoff sequences*. Identifying such *Stoff* sequences will allow us on a new *semantic* level to analyze patterns of thinking, and *narrative mechanisms* that employ these patterns in myths, as evidence for stratification – the results of power struggles over the authority of interpretation (*Deutungsmacht*)[127].

Generally when dealing with conflicts – and of course this also applies to dealing with conflicts of interpretational authority in myths – there are different procedures to resolve the issues arising from such conflicts. Even if at first glance the choice of available solutions appears overwhelming, through abstraction we can reduce the number of strategies at play in conflicts of interpretational power to basically two modes of thinking, and this can be done regardless of the extent to which individual strategies may differ. The two modes are moreover closely related[128]: the creation of *value judgements* and *hierarchical relationships*. One's own interpretations are enhanced and elevated, deviant or contradictory material is devalued and subordinated. Traces of value judgements and hierarchical relationships are the criteria which allow us to detect processes of stratification on a semantic level. Wherever such thought patterns are found, they can be read as traces of and pointers to conflicts of interpreta-

---

[126] On this see above Chapter 4.2.

[127] The recognition that conflicts between different *Stoffe*, or between the collectives that generate, transmit, and modify them, do not merely influence the shape of a mythical *Stoff* but, in the process, contribute to the stratification of its variants, has to this date not received any systematic attention, nor have its implications been fully explored or made more accessible within the discipline of mythological research for further interpretation. While some sporadic new approaches in recent scholarship have shown promise in their orientation toward a stratification-specific analysis of ancient myths, with an eye to the resulting tensions in *Stoff*-on-*Stoff* encounters, they largely lacked a specific methodology and the fixation within a larger, overarching theoretical framework. As a rule, moreover, the studies are focused on texts, not on *Stoffe*. Cf., e.g., Danek 1998; Suter 2002; Ayali-Darshan 2010; Fleming/Milstein 2010; Yasumura 2011 (with predominant focus on texts, not on mythical *Stoffe*, see ibid. 6: "my first concern is the texts themselves, not mythology"); more *Stoff*-focused A. Zgoll 2011 and 2013.

[128] See on this in detail C. Zgoll 2019, Chapter 19.2.

tional power; they function as semantic indicators for the presence of multiple layers (strata).

The study, discussed in previous sections, of inconsistencies, which owe their existence to the polymorphy of the *Stoff* and to interferences between *Stoffe*, should not be seen as an approach superseding other methods. It does not claim a monopoly on the interpretation of medial manifestations, texts for instance, which make use of mythical *Stoffe*; but what it has to offer is a set of instruments to explore new perspectives. It can be applied – and in some cases it must be applied – where traditional approaches reach their limits, and inconsistencies in medial manifestations of mythical *Stoffe* end up being misinterpreted, interpreted away, or declared to be fundamentally inexplicable. Taking note of mechanisms which imply the generation of value judgements and hierarchical relationships is absolutely indispensable for an in-depth understanding of myths, because such mechanisms are always at work in myths even though their traces may have been obliterated beyond recognition.

Of course, in mythical *Stoffe* (or their variants), thought patterns, such as generating value judgements and hierarchical relationships, are not expressed directly or in plain language as they would be, for instance, in a scientific or scholarly treatise; instead they will appear *transformed*. As mythical *Stoff* variants constitute interconnected sequences of minimal action-bearing units (hylemes), such thought patterns do not occur in the form of definitional statements but at their most elaborate form especially in the depiction of concrete actions, which present themselves in single or several interconnected hylemes[129]. The selection of particular hylemes or hyleme sequences, sometimes as small an act as the insertion of a particular determination, can therefore be understood as mechanisms by which value judgements and hierarchical relationships have been encoded ("transformed") into the narrative form of an *Erzählstoff*.

Examining medial manifestations of mythical *Stoff* variants for the presence of such narrative mechanisms turns out to be a thoroughly fascinating undertaking because once again, as with the exploration of inconsistencies, the smooth surface of the narrative flow is made transparent for diverse traditions to shine through, as well as the layered (stratified) nature of the *Stoff* "substrate," which is precisely what our stratification analysis aims to lay bare. Most of the time passages that employ such narrative mechanisms are of vital importance for a proper understanding of the *Stoff* in question and its inherent

---

[129] On shorter and more hidden forms of generating value judgements and hierarchical relationships see C. Zgoll 2019, Chapter 20.9.

deeper issues, as this is often where crucial points are being disputed and where we are most likely to find traces of conflicts over interpretational authority.

The creation of value judgements and hierarchical relationships we encounter in the context of such conflicts foster the recurrence of particular narrative patterns: fights or the building of relationships between protagonists, changes in the ownership of properties, the "retiring", expulsion, degradation, or capture of protagonists, among many other. It is impossible within the scope of this contribution to discuss each of these in detail; examples have been discussed *in extenso* elsewhere[130], and are also featured in the present volume.

5 The Need for a Stratification-Based Interpretation of Myths and a Definition of Myth

These far-reaching suggestions regarding the *theory* of myth, the essential polymorphy of a mythical *Stoff* in general and the polystratic nature of its variants in particular, which are primarily the result of past conflicts over interpretational authority and must be considered in the analysis of any concrete manifestation of a *Stoff* variant, have fundamental consequences for the *interpretation* of myths. They call into question the basic assumption on which hermeneutic, structure-analytical, and even structuralist approaches have still relied: that a mythical *Stoff*, manifested in a concrete variant, or even the *Stoff* in its polymorphous totality constitutes a structural entity whose individual elements are arranged on the same plane and can therefore be made to refer to each other, be it in functional or semantic terms, or both; indeed that they *must* be placed within the same frame of reference in order for us to be able to make sense of a mythical *Stoff*[131].

The fact that this applies even to structure-analytical and structural approaches is not immediately obvious, and we will return to the matter in more detail below. A structure-analytical examination that is oriented in a horizontal

---

130 See C. Zgoll 2019, Chapter 20.1-8.
131 Cf. Henrichs 1987, 255: "In recent decades the foremost analysts of Greek myths have approached each mythical narrative as a cohesive and organised whole composed of constitutive elements which contribute to its overall structure and which are designed to bring out its inherent meaning." Such an approach is also pursued by Bouvrie 2002, 62, who sees myths as "symbolic tales", and she explains that "'symbolic tales' are disguised as tales with a linear movement, and causal reasoning, behind which there may be hidden an essential structure of (affective cultural) meaning."

direction, as is the case with Vladimir Propp and partially with Roland Barthes as well, is aimed at syntagmatic *Stoff* units in a functional relationship. Similarly, a structural analysis à la Claude Lévi-Strauss will assume a vertical perspective on a paradigmatic level and attempt to identify combinations of different significant units that are either mutually complementary or mutually exclusive ("mythemes" or "bundles of relations")[132]. Functional or semantic structures of a mythical *Stoff* are made apparent, or the structures defined in this way are compared across different myths, all under the assumption that the different elements and units of a *Stoff* can be located on the same interpretational plane, indeed that they *must* be placed in a common frame of reference: especially from a structuralist perspective, all elements of a *Stoff* exist in a "system of meanings", where each element receives its specific significance in relation to other elements with a different meaning[133]. Lévi-Strauss, for one, does break up the narrative structure of a mythical *Stoff* and rearranges it according to semantic criteria, but in his method the individual significant elements, e.g. of "*the* Oedipus myth", are still located on a common plane of understanding and interpretation on which the individual "mythemes" can and must be related to each other in order to unfold their respective meanings within the framework of the *Stoff* as a whole[134]. Lévi-Strauss thus aims for a "deeper" semantic dimension that he claims can be located underneath the narrative surface formed by the totality of all variants of the same *Stoff*. But this premise of a uniform whole – in the shape of a single *Stoff* variant – is problematic, to say the least, and even more questionable is the assumption that a conglomerate of multiple *Stoff* variants can be viewed as a single unit ("the" Oedipus myth)[135], which conceals beneath it a semantic substructure with a common plane of reference.

Hermeneutic, structure-analytical, and structuralist methodologies approach the interpretation of a mythical *Stoff* under the premise that the *Stoff* is an entity that allows individual elements to take on different functions or meanings, depending on their connections, but where in principle each significant, functionally important, or action-bearing element can be assigned a meaningful

---

[132] Cf. on the opposition of "syntagmatic" and "paradigmatic" structuralism Csapo 2005, 189-226, and on the problematic nature of these terminologies ibid. 234-237.

[133] The works of Ferdinand de Saussure and Roman Jakobson in theoretical linguistics form the background and the prerequisite for these approaches; see on this the remarks in Csapo 2005, 181-189 and 212-217.

[134] On Lévi-Strauss see in detail C. Zgoll 2019, Chapter 5.2.

[135] On the problematic nature of such an approach, and of such an understanding of *Stoff*, see above, Chapter 3.2.

position in relation to other elements, and that it is possible, in this way, to arrive at an all-encompassing explanation.

The implicit assumption relied upon by conventional approaches, of a meaningful relationship which connects, in principle, all elements of a *Stoff* variant – or even those of a mythical *Stoff* in its entirety – is in this form untenable. It would be as if we tried to explain the modern appearance of the Cathedral of Syracuse as a uniform design by a single architect whose aim it was to fulfil a certain artistic intention or make a specific statement by combining a variety of different architectural styles (Greek Doric columns, Byzantine masonry with oculus windows, Renaissance side portals, baroque frontal facade, and other details). Such an attempt would certainly lead to results but these results would hardly be adequate to the object in question.

The variant of a mythical *Stoff* has a particular structure that can be analytically dissected to reveal its constituent elements. This however does not mean that all elements taken together must form a consistent whole. Quite the reverse is true, and we must instead assume that a mythical *Stoff* variant is not a uniform design made of one piece, quasi *ex nihilo*, but a motley collection of elements whose provenance may exhibit a high degree of diversity. Only when the analysis of the superficial *structure* of a *Stoff* variant is complemented by an additional effort to identify the different *layers (strata)* associated with individual elements, can we expect to do justice to the complexity of the object under investigation.

Recognition of the polystratic nature of mythical *Stoff* variants necessarily leads to the conclusion that we must reckon with multiple layers, or planes of reference, when interpreting the manifestation of a *Stoff* variant, and certainly for the interpretation of a *Stoff* in its entirety. While this conclusion is directed against the hermeneutic type of approach, it does not imply, in a deconstructivist sense, the dissolution of meaningful content in favour of an arbitrary plurality of interpretations that offer infinite possibilities to the recipient who is solely in charge of the process. A mythical Stoff, or its variants, comprises multiple layers of meaning but not an infinite number, and these layers exist: they are not continually being *read into* the *Stoff* or its variants by the recipient. An entirely different question and one that can only be answered in individual cases is whether, or to which extent, these multiple layers of meaning can still be identified and decoded.

A myth can be defined as an *Erzählstoff* which is polymorphic through its variants and – depending on the variant – polystratic; an *Erzählstoff* in which transcending interpretations of what can be experienced are combined into a hyleme sequence with an implicit claim to relevance for the interpretation and mastering of the human condition[136].

A *Stoff* deconstruction in the form of a stratification analysis that relies on the analysis of individual *Stoff* variants for their hyleme composition, is not an end in itself. It is a fundamental prerequisite for semantic, functional, or historical interpretations and classification efforts. In undertaking these efforts we must consider and examine individual layers as well as the multi-layered (polystratic) final product of the *Stoff* variant. Only a stratification analysis can do justice to the polystratic nature of mythical *Stoff* variants and create the conditions in the first place that allow us to assign to the different individual strata and to the final, composite *Stoff* variant their appropriate historical contexts, meanings, and functions – as far as possible[137].

Bibliography

Anz, T., 2007, "Textwelten", in: Anz, T. (ed.), Handbuch Literaturwissenschaft, vol. 1, 111-130.
Anz, T. (ed.), 2007, Handbuch Literaturwissenschaft. Gegenstände – Konzepte – Institutionen, 3 vols., vol. 1: Gegenstände und Grundbegriffe, vol. 2: Methoden und Theorien, vol. 3: Institutionen und Praxisfelder, Stuttgart.
Assmann, A. / Assmann, J., 1998, "Mythos", in: Handbuch religionswissenschaftlicher Grundbegriffe, ed. by Cancik, H. et al., vol. IV, 179-200.
Assmann, J., 1977, "Die Verborgenheit des Mythos in Ägypten", in: Göttinger Miscellen 25, 7-43.
Assmann, J., 1999, Das kulturelle Gedächtnis. Schrift, Erinnerung und politische Identität in frühen Hochkulturen, Munich.
Assmann, J. / Burkert, W. / Stolz, F. (eds.), 1982, Funktionen und Leistungen des Mythos. Drei altorientalische Beispiele, Orbis Biblicus et Orientalis 48, Freiburg/Göttingen.
Ayali-Darshan, N., 2010, "'The Bride of the Sea': The Traditions about Astarte and Yamm in the Ancient Near East", in: Horowitz, W. (ed.), A Woman of Valor. Jerusalem Ancient Near Eastern Studies in Honor of J. G. Westenholz. Biblioteca del Proximo Oriente Antiguo 8, Madrid, 19-34.
Baines, J., 1991, "Egyptian Myth and Discourse: Myth, Gods, and the Early Written and Iconographic Record", in: Journal of Near Eastern Studies 50, 1991, 81-105.
Barner, W. / Detken, A. / Wesche, J. (eds.), 2003, Texte zur modernen Mythentheorie, Stuttgart.
Barthes, R., 1988, The Semiotic Challenge, New York (French orig. L'aventure sémiologique, Paris 1985). [English paperback edition 1994]

---

136 On the problem of defining "myth" see in detail C. Zgoll 2019, Chapter 23.6.
137 For an example that the results of a concrete stratification analysis could be verified retrospectively with an older text, see the paper of A. Zgoll 2019, Chapter 4.

Bendix, R., 2013, "Woran erkennt man einen Mythos? Kulturanthropologische Narratologie und das Genre-Problem", in: Zgoll, A. / Kratz, R.G. (eds.), Arbeit am Mythos. Leistung und Grenze des Mythos in Antike und Gegenwart, with participation of K. Maiwald, Tübingen, 59-78.

Beth, K., 1935, "Mythologie und Mythus", in: Handwörterbuch des deutschen Aberglaubens, ed. by Bächtold-Stäubli, H., vol. 6, 720-752.

Blumenberg, H., 1985, Work on Myth, transl. R. M. Wallace, Cambridge/MA (German orig. Arbeit am Mythos, Frankfurt am Main, third newly revised edition 1984, ^{1}1979, repr. 2006).

Booth, W.C., 1961, Rhetoric of Fiction, Chicago.

Bouvrie, S. des, 2002, "The Definition of Myth. Symbolical Phenomena in Ancient Culture", in: Bouvrie, S. des (ed.), Myth and Symbol I, Symbolic Phenomena in Ancient Greek Culture. Papers from the first international symposium on symbolism at the University of Tromsø, June 4-7, 1998, Papers from the Norwegian Institute at Athens 5, Bergen, 11-70.

Brandt, R. / Schmidt, S. (eds.), 2004, Mythos und Mythologie, Berlin.

Bremmer, J. N., 1987, "What is a Greek Myth?", in: Bremmer, J. N. (ed.), Interpretations of Greek Mythology, London, 1-9.

Brinker, K., 2010, Linguistische Textanalyse. Eine Einführung in Grundbegriffe und Methoden, seventh revised edition, Grundlagen der Germanistik 29, Berlin.

Burkert, W., 1979a, Structure and History in Greek Mythology and Ritual, Sather Classical Lectures 47, Berkeley / Los Angeles / London.

Burkert, W., 1979b, "Mythisches Denken. Versuch einer Definition an Hand des griechischen Befundes", in: Poser, H. (ed.), Philosophie und Mythos. Ein Kolloquium, Berlin / New York, 16-39.

Burkert, W., 1982, "Literarische Texte und funktionaler Mythos. Ištar und Atraḫasis", in: Assmann, J. / Burkert, W. / Stolz, F., 1982, Funktionen und Leistungen des Mythos. Drei altorientalische Beispiele, Orbis Biblicus et Orientalis 48, Freiburg/Göttingen, 63-82.

Burkert, W. / Horstmann, A., 1984, "Mythos, Mythologie", in: Historisches Wörterbuch der Philosophie, ed. by Ritter, J. et al., vol. 6, 281-318.

Calame, C., 2000, Poétique des mythes dans la Grèce antique, Paris.

Cassirer, E., 1955, The Philosophy of Symbolic Forms. Volume Two: Mythical Thought, New Haven (German orig. Philosophie der symbolischen Formen. Zweiter Teil: Das mythische Denken, Darmstadt ^{2}1953 [^{1}1925]).

Cervantes Saavedra, M. de, 1605/ 1615, Der geistvolle Hidalgo Don Quijote von der Mancha, Parts I-II, Complete Edition in One Volume, ed. and newly translated by S. Lange, Munich 2008 (repr. 2016).

Colpe, C., 1988, "Zur Neubegründung einer Phänomenologie der Religionen und der Religion", in: Zinser, H. (ed.), Religionswissenschaft. Eine Einführung, Berlin, 131-154.

Corbineau-Hoffmann, A., 2004, Einführung in die Komparatistik, second revised and expanded edition, Berlin.

Coreth, E., 1986, Was ist der Mensch? Grundzüge einer philosophischen Anthropologie, fourth newly edited edition, Innsbruck/Vienna.

Csapo, E., 2005, Theories of Mythology, "Ancient Cultures" Series, Malden/Oxford.

Danek, G., 1998, Epos und Zitat. Studien zu den Quellen der Odyssee, Wiener Studien, Beiheft 22, Vienna.

Diakonoff, I. M., 1995, Archaic Myths of the Orient and the Occident, Orientalia Gothoburgensia 10, Gothenburg.

Dill, U. / Walde, C. (eds.), 2009, Antike Mythen: Medien, Transformationen und Konstruktionen, Berlin / New York.

Drux, R., 1997, "Motiv", in: Reallexikon der deutschen Literaturwissenschaft, ed. by Weimar, K. et al., vol. II, 638-641.
Dundes, A., 2007, "From Etic to Emic Units in the Structural Study of Folktales (1962). Postscript (1997): The Motif-Index and the Tale Type Index: A Critique", in: Bronner, S. J. (ed.), The Meaning of Folklore. The Analytical Essays of Alan Dundes, edited and introduced by S. J. Bronner, Logan/Utah, 90-106.
Echterhoff, G., 2002, "Geschichten in der Psychologie. Die Erforschung narrativ geleiteter Informationsverarbeitung", in: Nünning, V. / Nünning, A. (eds.), Erzähltheorie transgenerisch, intermedial, interdisziplinär, Trier, 265-290.
Eliade, M., 1963, Myth and Reality, translated by W. R. Trask, New York (French orig.: Aspects du mythe, Paris 1963).
Fleming, D. E. / Milstein, S. J., 2010, The Buried Foundation of the Gilgamesh Epic: The Akkadian Huwawa Narrative, Cuneiform Monographs 39, Leiden et al.
Forster, E. M., 1927, Aspects of the Novel, New York (republ. London 1974).
Fraas, C. / Barczok, A. (with participation of N. Di Gaetano), 2006, "Intermedialität – Transmedialität. Weblogs im öffentlichen Diskurs", in: Androutsopoulos, J. K. / Runkehl, J. / Schlobinski, P. / Siever, T. (eds.), 2006, Neuere Entwicklungen in der linguistischen Internetforschung. Zweites Internationales Symposium zur gegenwärtigen linguistischen Forschung über computervermittelte Kommunikation, Universität Hannover, 4.-6. Oktober 2004, Germanistische Linguistik 186-187, Hildesheim / Zurich / New York, 132-160.
Frenzel, E., 1978, Stoff-, Motiv- und Symbolforschung, fourth revised and supplemented edition, Stuttgart (^{1}1963).
Frenzel, E., 1993, "Neuansätze in einem alten Forschungszweig: zwei Jahrzehnte Stoff-, Motiv- und Themenforschung", in: Anglia 111, 97-117.
Frenzel, E., 2008, Motive der Weltliteratur. Ein Lexikon dichtungsgeschichtlicher Längsschnitte, sixth revised and supplemented edition., Stuttgart (repr. Stuttgart 2015; ^{1}1976).
Frog, 2015, "Mythology in Cultural Practice: A Methodological Framework for Historical Analysis", in: Frog / Lukin, K. (eds.), Between Text and Practice: Mythology, Religion and Research, A Special Issue of The Retrospective Methods Network, No. 10, Helsinki, 33-57.
Geertz, C., 1973, The Interpretation of Cultures. Selected Essays, New York.
Gehrke, H.-J., 1994, "Mythos, Geschichte, Politik – antik und modern", in: Saeculum 45, 239-264.
George, A. R., 2003, The Babylonian Gilgamesh Epic. Introduction, Critical Edition and Cuneiform Texts, 2 vols., Oxford.
Graf, F., 1985, Griechische Mythologie. Eine Einführung, Düsseldorf (repr. Düsseldorf 2004).
Graf, F., 2000, "Motivforschung", in: Der Neue Pauly. Enzyklopädie der Antike, hg. von Cancik, H. u. a., Bd. 8, 421 f.
Günther, S., 2013, "Kain und Abel, 'die Feindlichen Brüder'. Archetyp und literarisches Motiv in der arabisch-islamischen Kultur", in: Zgoll, A. / Kratz, R. G. (eds.), Arbeit am Mythos. Leistung und Grenze des Mythos in Antike und Gegenwart, with participation of K. Maiwald, Tübingen, 273-295.
Hartmann, A., 2010, Zwischen Relikt und Reliquie. Objektbezogene Erinnerungspraktiken in antiken Gesellschaften, Studien zur Alten Geschichte 11, Berlin.
Heimpel, W., 1997, "Mythologie A. I", in: Reallexikon der Assyriologie und Vorderasiatischen Archäologie, ed. by von Ebeling, E. et al., vol. 8, 537-564.
Heldmann, K., 2016, Europa und der Stier oder der Brautraub des Zeus. Die Entführung Europas in den Darstellungen der griechischen und römischen Antike, Hypomnemata 204, Göttingen.

Henrichs, A., 1987, "Three Approaches to Greek Mythography", in: Bremmer, J. N. (ed.), Interpretations of Greek Mythology, London, 242-277.
Heubeck, A., 1974, "Zu Homers Odyssee", in: Homer, Odyssee. Griechisch und deutsch, Übertragung von A. Weiher, mit erläuterndem Anhang und Namenverzeichnis, Einführung von A. Heubeck, Sammlung Tusculum, fourth newly revised edition Darmstadt, 669-711.
Hölkeskamp, K.-J., 1999, "Römische gentes und griechische Genealogien", in: Vogt-Spira, G. / Rommel, B. (eds.), Rezeption und Identität. Die kulturelle Auseinandersetzung Roms mit Griechenland als europäisches Paradigma, Stuttgart, 3-21.
Hölkeskamp, K.-J./ Stein-Hölkeskamp, E., 2010, Die Griechische Welt. Erinnerungsorte der Antike, Munich.
Hübner, K., 1985, Die Wahrheit des Mythos, Munich.
Irsigler, H., 2013, "Mythos", in: Das wissenschaftliche Bibellexikon im Internet, hg. von Alkier, S. u. a., Zugriffsdatum: 8.10.2015, Perma-Link: http://www.bibelwissenschaft.de/stichwort/28261/.
Irving, P. M. C. F., 1990, Metamorphosis in Greek Myths, Oxford.
Janda, M., 2010, Die Musik nach dem Chaos. Der Schöpfungsmythos der europäischen Vorzeit, Innsbrucker Beiträge zur Kulturwissenschaft N. F. 1, Innsbruck.
Janowski, B. / Schwemer, D. (eds.), 2015, Weisheitstexte, Mythen und Epen, Texte aus der Umwelt des Alten Testaments New Series 8, Gütersloh.
Johannsen, D., 2008, Das Numinose als kulturwissenschaftliche Kategorie. Norwegische Sagenwelt in religionswissenschaftlicher Deutung, Religionswissenschaft heute 6, Stuttgart.
Jolles, A., 1930, Einfache Formen: Legende – Sage – Mythe – Rätsel – Spruch – Kasus – Memorabile – Märchen – Witz, Tübingen (Engl. Simple Forms, trans. P. J. Schwartz, 2017).
Kämmerer, T. R. / Metzler, K. A., 2012, Das babylonische Weltschöpfungsepos Enūma elîš, Alter Orient und Altes Testament 375, Münster.
Kayser, W., 1960, Das sprachliche Kunstwerk. Eine Einführung in die Literaturwissenschaft, sixth edition (^{1}1948), Tübingen/Basel (repr. 1992).
Keim, K., 1998, Theatralität in den späten Dramen Heiner Müllers, Tübingen.
Kerényi, K. (ed.), 1967, Die Eröffnung des Zugangs zum Mythos. Ein Lesebuch, Wege der Forschung 20, Darmstadt.
Kirk, G. S., 1974, The Nature of Greek Myths, London.
Kreyenbroek, P., 2013, "Weltherr und Teufel in Schöpfungsmythen indo-iranischer Herkunft", in: Zgoll, A. / Kratz, R. G. (eds.), Arbeit am Mythos. Leistung und Grenze des Mythos in Antike und Gegenwart, with participation of K. Maiwald, Tübingen, 133-144.
Krispenz, J., 2013, "Einleitung", in: Wörterbuch alttestamentlicher Motive (WAM), ed. by Fieger, M. et al., 9-16.
Kühr, A., 2006, Als Kadmos nach Boiotien kam. Polis und Ethnos im Spiegel thebanischer Gründungsmythen, Hermes Einzelschriften 98, Stuttgart.
Lange, S., 2008, see under Cervantes.
Lévi-Strauss, C., 1955, "The Structural Study of Myth", in: Myth. A Symposium. Journal of American Folklore 78, 428-444.
Lotman, J. M., 1977, Structure of the Artistic Text, translated from the Russian by G. Lenhoff / R. Vroom, Ann Arbor 1977 (Russ. orig. 1970).
Lubkoll, C., 2013, "Motiv, literarisches", in: Metzler Lexikon Literatur- und Kulturtheorie, ed. by Nünning, A., 542 f.
Lüthi, M., 2004, Märchen, tenth revised and supplemented edition ed. by H. Rölleke, Sammlung Metzler vol. 16 (^{1}1962), Stuttgart.

Luhmann, N., 2013, A Systems Theory of Religion, ed. by André Kieserling, translated by D. A. Brenner with A. Hermann, Stanford (German orig. Die Religion der Gesellschaft, ed. A. Kieserling, Frankfurt am Main 2000).

Lux, R., 2014, "Die Rache des Mythos. Überlegungen zur Rezeption des Mythischen im Alten Testament", in: Lux, R., Ein Baum des Lebens, ed. by Berlejung, A. / Heckl, R., Orientalische Religionen in der Antike 23, Tübingen, 193-218.

Malinowski, B., 1926, Myth in Primitive Psychology, London.

Martínez, M., 2003, "Plot", in: Reallexikon der deutschen Literaturwissenschaft, ed. by Weimar, K. et al., vol. III, 92-94.

Martínez, M. / Scheffel, M., 2012, Einführung in die Erzähltheorie, ninth expanded and updated edition, Munich (^{1}1999).

Meuter, N., 2004, "Geschichten erzählen, Geschichten analysieren. Das narrativistische Paradigma in den Kulturwissenschaften", in: Jaeger, F. / Straub, J. (eds.), Handbuch der Kulturwissenschaften, vol. 2: Paradigmen und Disziplinen, Stuttgart/Weimar, 140-155.

Mohn, J., 1998, Mythostheorien. Eine religionswissenschaftliche Untersuchung zu Mythos und Interkulturalität, Munich.

Morford, M. P. O. / Lenardon, R. J. / Sham, M., 2011, Classical Mythology, International Ninth Edition, Oxford / New York.

Müller, K. O., 1825, Prolegomena zu einer wissenschaftlichen Mythologie, mit einer antikritischen Zugabe, Göttingen.

Nesselrath, H.-G., 1999, "Mythos – Logos – Mytho-logos: Zum Mythos-Begriff der Griechen und ihrem Umgang mit ihm", in: Rusterholz, P. / Moser, R. (eds.), Form und Funktion des Mythos in archaischen und modernen Gesellschaften, Berner Universitätsschriften 41, Bern/Stuttgart/Vienna, 1-26.

Neuhaus, S., 2005, Märchen, Tübingen/Basel.

Nünlist, R. / Jong, I. de, 2002, "Homerische Poetik in Stichwörtern", in: Graf, F. et al., Homers Ilias, Gesamtkommentar (Basler Kommentar / BK, on the basis of the Ameis-Hentze-Cauer Edition, ed. by Latacz, J.): Prolegomena, second revised edition, Munich, 159-171.

Powell, B. B., 2002, A Short Introduction to Classical Myth, Upper Saddle River / New Jersey.

Pyysiäinen, I., 2009, Supernatural Agents: Why We Believe in Souls, Gods, and Buddhas, Oxford / New York.

Rajewsky, I. O., 2002, Intermedialität, Tübingen/Basel.

Reinhardt, U., 2011, Der antike Mythos. Ein systematisches Handbuch, Paradeigmata 14, Freiburg/ Berlin/Vienna.

Reinhardt, U., 2016, Nachträge zur Erstauflage von Der antike Mythos (2011), mit ergänzenden Beiträgen zu weiteren mythischen Einzelaspekten:
https://mythoshandbuch.files.wordpress.com/2010/12/mhsinc_ergc3a4nzungen.pdf.

Rodin, T., 2014, The World of the Sumerian Mother Goddess. An Interpretation of her Myths, Acta Universitatis Upsaliensis, Historia Religionum 35, Uppsala.

Rüpke, J., 2013, "Leistung und Grenze von Mythen in religionswissenschaftlicher Perspektive", in: Zgoll, A. / Kratz, R. G. (eds.), Arbeit am Mythos. Leistung und Grenze des Mythos in Antike und Gegenwart, with participation of K. Maiwald, Tübingen, 35-58.

Rüpke, J., 2016, PANTHEON. Geschichte der antiken Religionen, Historische Bibliothek der Gerda Henkel Stiftung, Munich.

Schapp, W., 1953, In Geschichten verstrickt. Zum Sein von Mensch und Ding, Hamburg (repr. Frankfurt am Main 2012 of Frankfurt am Main ^{3}1985).

Scheer, T. S., 1993, Mythische Vorväter. Zur Bedeutung griechischer Heroenmythen im Selbstverständnis kleinasiatischer Städte, Münchner Arbeiten zur Alten Geschichte vol. 7, Munich.
Schmid, W., 1982, "Die narrativen Ebenen 'Geschehen', 'Geschichte', 'Erzählung' und 'Präsentation der Erzählung'", in: Wiener Slawistischer Almanach 9, 83-110.
Schmid, W., 2007, "Erzähltextanalyse", in: Anz, T. (ed.), Handbuch Literaturwissenschaft, vol. 2, 98-120.
Schmid, W., 2010, Narratology: An Introduction, translated by A. Starritt, Berlin / New York (German orig. Elemente der Narratologie, third expanded and revised edition, Berlin/Boston 2014).
Schmitz-Emans, M. / Lindemann, U. (eds.), 2004, Komparatistik als Arbeit am Mythos, Hermeia – Grenzüberschreitende Studien zur Literatur- und Kulturwissenschaft 6, Heidelberg.
Schulz, A., 1997, "Stoff", in: Reallexikon der deutschen Literaturwissenschaft, ed. by Weimar, K. et al., vol. III, 521 f.
Seeck, G. A., 2004, Homer: Eine Einführung, Stuttgart.
Segal, R. A., 2007, Myth. A Very Short Introduction, Oxford / New York 2004.
Segal, R. A., 2010, "Postmodernism and the Comparative Method", in: Binsbergen, W. M. J. van / Venbrux, E. (eds.), New Perspectives on Myth: Proceedings of the Second Annual Conference of the International Association for Comparative Mythology, Ravenstein (The Netherlands), 19-21 August, 2008, Papers in Intercultural Philosophy and Transcontinental Comparative Studies 5, Haarlem, 315-333.
Spieckermann, H., 2013, "Der Mythos Heilsgeschichte. Veränderte Perspektiven in der alttestamentlichen Theologie", in: Zgoll, A. / Kratz, R. G. (eds.), Arbeit am Mythos. Leistung und Grenze des Mythos in Antike und Gegenwart, with participation of K. Maiwald, Tübingen, 145-166.
Stoellger, P., 2014, "Deutungsmachtanalyse. Zur Einleitung in ein Konzept zwischen Hermeneutik und Diskursanalyse", in: Stoellger, P. (ed.), Deutungsmacht. Religion und belief systems in Deutungsmachtkonflikten, Hermeneutische Untersuchungen zur Theologie 63, Tübingen, 1-85.
Suter, A., 2002, The Narcissus and the Pomegranate: An Archaeology of the Homeric Hymn to Demeter, Ann Arbor.
Syndikus, H. P., 2001, Die Lyrik des Horaz. Eine Interpretation der Oden, 2 vols., third completely revised edition, Darmstadt.
Tepe, P., 2001, Mythos & Literatur. Aufbau einer literaturwissenschaftlichen Mythosforschung, Würzburg.
Tomaševskij, B., 1985, Theorie der Literatur. Poetik, based on the text of the sixth edition (Moscow/Leningrad 1931) ed. and introduced by K.-D. Seemann, translated from the Russian by U. Werner, Slavistische Studienbücher New Series 1, Wiesbaden.
Vöhler, M. / Seidensticker, B. (eds.), 2005, Mythenkorrekturen. Zu einer paradoxen Form der Mythenrezeption, Komparatistische Studien 3, Berlin / New York.
Waldner, K., 2000, Geburt und Hochzeit des Kriegers. Geschlechtsdifferenz und Initiation in Mythos und Ritual der griechischen Poleis, Religionsgeschichtliche Versuche und Vorarbeiten 436, Berlin / New York.
Walter, U., 2004, Memoria und res publica. Zur Geschichtskultur im republikanischen Rom, Studien zur Alten Geschichte 1, Frankfurt am Main.
Whiting, R. M. (ed.), 2001, Mythology and Mythologies: Proceedings of the Second Annual Symposium of the Assyrian and Babylonian Intellectual Heritage Project, held in Paris, France, October 4-7, 1999, Melammu Symposia 2, Helsinki.

Wilpert, G. v., 2001, Sachwörterbuch der Literatur, eighth improved and expanded edition, Stuttgart (repr. Stuttgart 2013; ¹1955).
Wodianka, S., 2005, "Mythos und Erinnerung. Mythentheoretische Modelle und ihre gedächtnistheoretischen Implikationen", in: Oesterle, G. (ed.), Erinnerung, Gedächtnis, Wissen. Studien zur kulturwissenschaftlichen Gedächtnisforschung, Göttingen, 211-230.
Wolf, W., 2002, "Das Problem der Narrativität in Literatur, bildender Kunst und Musik: Ein Beitrag zu einer intermedialen Erzähltheorie", in: Nünning, V. / Nünning, A. (eds.), Erzähltheorie transgenerisch, intermedial, interdisziplinär, WVT-Handbücher zum literaturwissenschaftlichen Studium 5, Trier, 23-104.
Wolpers, T., 1982, "Vorwort", in: Wolpers, T. (ed.), Motive und Themen in Erzählungen des späten 19. Jahrhunderts. Bericht über Kolloquien der Kommission für literaturwissenschaftliche Motiv- und Themenforschung 1978-1979, Teil I, Abhandlungen der Akademie der Wissenschaften in Göttingen, Philologisch-Historische Klasse, Dritte Folge, 127, Göttingen, 7-10.
Yasumura, N., 2011, Challenges to the Power of Zeus in Early Greek Poetry, London.
Zgoll, A., 2011, "Enlil und Ninlil. Vom Schrecken des Kanalbaus durch Stadt und Unterwelt", in: Vácin, L. (ed.), U₄ du₁₁-ga-ni sá mu-ni-ib-du₁₁. Ancient Near Eastern Studies in Memory of Blahoslav Hruška, Dresden, 287-299.
Zgoll, A., 2012a, "Der oikomorphe Mensch. Wesen im Menschen und das Wesen des Menschen in sumerisch-akkadischer Perspektive", in: B. Janowski (ed.), Der ganze Mensch. Zur Anthropologie der Antike und ihrer europäischen Nachgeschichte, Berlin, 83-106 and 320.
Zgoll, A., 2012b, "Der Mensch als Haus. Ergänzungen zur oikomorphen Anthropologie der sumerisch-akkadischen Antike", NABU 2012 / No. 40.
Zgoll, A., 2013, "Fundamente des Lebens. Vom Potential altorientalischer Mythen", in: Zgoll, A. / Kratz, R. G. (eds.), "Arbeit am Mythos". Leistung und Grenze des Mythos in Antike und Gegenwart, Tübingen, 79-107.
Zgoll, A., 2019, "Condensation of Myths. A hermeneutic key to a myth about Innana and the Instruments of Power (me), incorporated in the epic *angalta*", in: Sommerfeld, W. (Hg.), Dealing with Antiquity – Past, Present, and Future, Proceedings der 63. Rencontre Assyriologique Internationale in Marburg 2017, Alter Orient und Altes Testament 460, Münster [zum Druck eingereicht 10/2018].
Zgoll, A. / Kratz, R. G. (eds.), 2013, Arbeit am Mythos. Leistung und Grenze des Mythos in Antike und Gegenwart, unter Mitarbeit von K. Maiwald, Tübingen.
Zgoll, A. / Zgoll, C., 2019, "Innana-Ištars Durchgang durch das Totenreich. Spuren mythischer Versionen hinter kultischer Praxis und epischer Verdichtung, methodisch neu erschlossen", in: Koslova, N. et al. (eds.), Babel und Bibel (forthcoming from Eisenbrauns).
Zgoll, C., 2004, Phänomenologie der Metamorphose. Verwandlungen und Verwandtes in der augusteischen Dichtung, Classica Monacensia 28, Tübingen.
Zgoll, C., 2019, Tractatus mythologicus. Theorie und Methodik zur Erforschung von Mythen als Grundlegung einer allgemeinen, transmedialen und komparatistischen Stoffwissenschaft, Mythological Studies 1, Berlin/Boston.
Zimmermann, C., 1993, Der Antigone-Mythos in der antiken Literatur und Kunst, Classica Monacensia 5, Tübingen.

Annette Zgoll
Durch Tod zur Macht, selbst über den Tod

Mythische Strata von Unterweltsgang und Auferstehung der Innana/Ištar in sumerischen und akkadischen Quellen

Abstract: Myths about Innana's changing of cosmic spheres were highly valued in antiquity. Today, several problems still challenge the fundamental understanding of these myths: is the descent to the netherworld a failure? Why then was it an integral part of the cult of Innana? Why does Innana die twice?

The new methods of mythological research presented in this volume enable a reconstruction of different versions of a myth *Innana Brings the Netherworld's Instruments of Power to the Earth* which were incorporated into the epic praise songs *angalta / Innana's Descent* and *innin me galgala / Innana and Šukaleduda*. In *angalta* this myth has been integrated as a mythical stratum into a complex conglomerate myth with a comprehensive claim, namely into the myth *Innana Becomes Ruler over Life and Death*. Here Innana, incorporating the power of Ereš-ki-gal, becomes the new Ereš-ki-gal, the "Mistress of the Great Earth". This myth was incorporated into the Akkadian epic song *ana kurnugî / Ištar's Descent*

Hinweis: Die hier vorgelegten Ergebnisse verdanken sich der von der DFG geförderten Forschungsgruppe 2064 „STRATA – Stratifikationsanalysen mythischer Stoffe und Texte in der Antike"; sie bilden eine stark gekürzte Zusammenfassung aus mehreren Beiträgen, die im Rahmen der Forschungsgruppe vorgestellt und diskutiert wurden, unter anderem beim *Round Table on Mythology* am 19.1.2017, beim *Workshop Stratifikationsanalysen* am 26.4.2017 und bei der Redaktionstagung am 25.1.2018, außerdem innerhalb der öffentlichen Vortragsreihe des *Forums für interdisziplinäre Religionsforschung* der Universität Göttingen „Wie Religiöses vergeht und entsteht" am 20.4.2017. Für die anregenden Diskussionen geht mein Dank an die Mitglieder, Kooperationspartner und Gäste der Forschungsgruppe STRATA und an die Diskussionpartner bei der Vortragsreihe, insbesondere Heinz-Günther Nesselrath und Wilhelm Heizmann. Eigens hervorzuheben ist der fruchtbare Austausch mit Annika Cöster-Gilbert und Bénédicte Cuperly innerhalb der Projektgruppe zum antiken Mesopotamien; eine wichtige Grundlage bildeten B. Cuperlys Studien zur Edition des mythischen Preisliedes *angalta* (*Innanas Gang zur Unterwelt*), die sie als Monographie vorlegen wird. Längerfristig wichtig waren das interdisziplinäre *Collegium Mythologicum* und das Forschungskolloquium der Altorientalistik Göttingen, wo Vorformen der hier dargestellten Ergebnisse wichtiges Feedback erhielten, besonders durch Gösta Gabriel und Brit Kärger. Recherchen zum Beitrag führten Jennifer Brand und Charlotte Steeb durch, für die Finessen des englischen Abstracts sorgte Louise Pryke, Sydney. Ihnen allen gilt mein herzlicher Dank.

 Open Access. © 2020 A. Zgoll, publiziert von De Gruyter. Dieses Werk ist lizenziert unter der Creative Commons Attribution-NonCommercial-NoDerivatives 4.0 Lizenz.
https://doi.org/10.1515/9783110652543-003

where the powerful status of the goddess was extended even into the beginning of the *Erzählstoff*.

The analyses of the myths lead furthermore to an understanding of central elements of the Innana-cult, and offer new insights into a historically differentiated perception of the goddess Innana.

1 Sphärenwechsel-Mythen

Aus dem antiken Mesopotamien haben sich die ältesten in fortlaufender Narration geschilderten Mythen erhalten. Schon ab etwa 2600 v. Chr. liegen verschriftete Beispiele vor; in ausführlicher schriftlicher Form haben sie sich insbesondere aus den Jahrhunderten um 1800 bis 1600 (altbabylonische Zeit) und um 800 bis 700 v. Chr. (neuassyrische Zeit) erhalten. Von diesen Mythen sind etwa zwei Drittel in sumerischer Sprache verschriftet, ein Drittel auf Akkadisch, d. h. insbesondere in der Ausprägung der babylonischen Literatursprache. Unter diesen Mythen gibt es eine inhaltliche Gruppe, die vom 3. bis ins 1. Jahrtausend die Menschen besonders bewegt hat: gemeint sind Sphärenwechsel-Mythen, die vom Abstieg verschiedener Gottheiten ins Totenreich berichten. Sie haben sich vornehmlich, aber nicht ausschließlich in sumerischer Sprache erhalten.

1.1 Unfreiwillige Abstiege ins Totenreich: En-me-šara, Ḫarab, Nergal, Dumuzi und andere

Darunter sind Mythen, die von einem unfreiwilligen Abstieg von Gottheiten berichten, welche gezwungenermaßen ins Totenreich transferiert werden. Einerseits erzählt man solche Mythen über die ältesten, uranfänglichen Gottheiten wie En-me-šara und seine Söhne[1], über eine Gruppe von Göttern, die als „tote" bzw. „gebundene Götter" namenlos bleiben[2], oder über Gottheiten wie Ḫarab, „Pflug", Šakkan, Gott der Steppentiere, oder Numina wie Meer, Fluss und andere, die weit verbreiteten Sukzessionsmythen zufolge von der Oberwelt

---

[1] Vgl. Lambert 2013, 281-298.
[2] Erwähnt z. B. im *Mythos über die Erhöhung Marduks*, schriftlich konkretisiert im epischen Preislied *Enūma elîš*. Edition: Kämmerer/Metzler 2012, Lambert 2013; vgl. die inhaltliche Analyse durch Gabriel 2014.

in die Unterwelt verbannt werden[3]. Diese als uralt oder uranfänglich angesehenen Gottheiten werden in die Unterwelt verbannt und verbleiben dort. In etlichen Fällen handelt es sich dabei um Gottheiten, die den religiösen Vorstellungen und der kultischen Praxis zufolge diesem Raum immer schon zugehörig sind bzw. diesen Raum der unteren Welt verkörpern[4]. Ein Sonderfall liegt mit Nergal vor, der nach dem aus der Mitte des 2. Jahrtausends in babylonischer Sprache überlieferten mythischen Epos *Nergal und Ereš-ki-gal* unfreiwillig ins Totenreich muss, dort aber zum Herrscher wird[5].

Eine andere Untergruppe der unfreiwilligen Sphärenwechsel ist dadurch charakterisiert, dass eine Gottheit zwar sterben und d. h. sich im Totenreich aufhalten muss, dass aber, z. B. auch durch andere Mythen, bekannt ist, dass sie aus dem Totenreich wieder zurückkehren kann. Bekanntester Vertreter solcher Gottheiten ist Dumuzi/Tammūz[6]. Weitere solche Gottheiten, die zum Teil als Erscheinungsformen des Dumuzi aufgefasst wurden, sind unter den Namen Damu, Ama-ušumgal-Ana, Nin-azu, Nin-ĝeš-zida, Alla etc. bekannt[7]. Eine frühe Bezeugung eines solchen Sphärenwechsels stammt aus frühdynastischer Zeit (Mitte 3. Jahrtausend), und hat sich unter anderem in Ebla erhalten. Hier geht es nach der Deutung durch M. Krebernik vermutlich darum, dass Ama-ušumgal-Ana aus der Unterwelt hervorgekommen ist. Innana wird dabei als „Buchführerin" genannt[8]. Im Umfeld dieser Mythen finden sich außerdem auch solche von

---

3 *Ḫarab-Epos*, vgl. die Edition von Jacobsen 1984 und die Übersetzungen und Interpretationen von Wiggermann 2000, Lambert 2013 und Stol (ohne Jahr).
4 Im *Ḫarab-Mythos* gehört Ḫarab, der „Pflug", dem unterirdischen Bereich an, weil er als Pflug im Inneren der Erde arbeitet. Der Gott der Steppentiere Šakkan wird auch in anderem Kontext als unterweltliche Gottheit angeführt: so überbringt Gilgameš ihm Gaben ins Totenreich (*Gilgameš Tod*); Meer und Fluss haben einen unterirdischen Teil und gehören somit zu großen Teilen zum unterweltlichen Raum.
5 Für [*enūma ilū iškunu qerēta*]/*Nergal und Ereš-ki-gal* vgl. Ponchia / Luukko 2013. Den Hinweis auf die Sonderstellung von Nergal verdanke ich A. Cöster-Gilbert.
6 Die mythische Version seines Todes, wie sie im epischen Preislied *angalta* berichtet wird, wird durch B. Cuperly im Rahmen des Teilprojektes zum Antiken Mesopotamien innerhalb der Forschungsgruppe 2064 STRATA analysiert. Dabei geht es um die Rekonstruktion der Mythen-Varianten, deren Stratifikation, insbesondere im Preislied *angalta*, und um die situative Verortung und historische Einordnung.
7 Vgl. z. B. die Aufzählung von Gottheiten, um die man klagt, am Beginn des sumerischen Klageliedes *edena u saĝake* „In der Steppe, im ersten Gras", ediert von Cohen 1988, 668-703, mit der relevanten Passage 682 f (Umschrift des Sumerischen) und 691 (englische Übersetzung). – Innerhalb der Forschungsgruppe 2064 STRATA arbeitet A. Cöster-Gilbert in ihrem Dissertationsprojekt an einer Rekonstruktion der Mythen zum Sphärenwechsel ins Totenreich aus der mesopotamischen Antike.
8 Krebernik 1984, 204 f.

weiblichen Angehörigen dieser Götter, die sich der Unterwelt als Substitut anbieten und stellvertretend für die männlichen Gottheiten den Tod auf sich nehmen[9].

Gottheiten, die unfreiwillig ins Totenreich gehen müssen, gehören vornehmlich also einer von zwei Gruppen an, den Urgottheiten oder den sterbenden und wiederkehrenden Gottheiten. Beide stehen in der Hierarchie der Götterwelt nicht besonders hoch, doch die zweite Gruppe hat in der familiär-persönlichen Religiosität sicherlich eine große Rolle gespielt und war auch für das religiöse Verständnis des königlichen Amtes während der sumerischen Zeit von großer Bedeutung[10].

1.2 Willentlich geplante Abstiege ins Totenreich: Innana, Enki, Ninlil, Enlil

Eine andere Gruppe von Sphärenwechseln handelt von willentlich geplanten Abstiegen ins Totenreich. Immer deutlicher lässt sich erkennen, dass ein Mythos vom Sphärenwechsel der Stadtgöttin von Uruk, Innana, auch in ihren späteren Erscheinungsformen als Ištar, durch alle Jahrtausende der mesopotamischen Geschichte hindurch eine wichtige Rolle innerhalb des Kultes spielte. Sichtbar wird dies aus heute noch erhaltenen Quellen vom 4. Jahrtausend an, wo der Mythos Grundlage für Feste in Uruk war, über das 26. Jahrhundert, aus dem sich Abschriften eines Preisliedes der Götter auf Innana erhalten haben,

---

9 Auf diese Gruppe und Stellen hierzu verweist Wilcke 1993, 52. Ein Überblick über diese Mythen wird auch im genannten Dissertationsprojekt von A. Cöster-Gilbert erarbeitet. – Gab es Verbindungslinien zur griechischen Überlieferung von Alkestis, von welcher man mythisch erzählte, sie sei stellvertretend für ihren Gemahl in den Tod gegangen (Hinweis Heinz-Günther Nesselrath)?

10 Der Herrscher verstand sich als Gemahl der Innana und wurde in der Ausübung seines königlichen Amtes als Manifestation des Gottes Dumuzi verstanden; dies ist insbesondere, aber nicht ausschließlich für das 21. und 20. Jahrhundert v. Chr. deutlich. Eindrückliche Belege sind nicht nur Quellen über die „Heilige Hochzeit" des Herrschers mit der Göttin, sondern auch Texte, die zeigen, dass man davon ausging, dass der Herrscher durch die Göttin Innana in den Himmel aufsteigen konnte. Dies belegen unter anderem zwei Wirtschaftsurkunden, die eine Auferstehung von zwei Herrschern belegen, Šulgi (21. Jh.) und Išbi-Erra (21./20. Jh.), vgl. Steinkeller 2013 und Wilcke 1988; dies zeigt auch der mythische Text *iri uleda/Dumuzis Himmelfahrt* (vgl. dazu Kramer 1984; eine neue Edition ist in Bearbeitung durch Katharina Ibenthal, Göttingen). Außerdem resultiert dies aus der Analyse von rituellen Aktivitäten nach dem Tod des Königs, deren Klärung Steinkeller 2013 gelang. Vgl. dazu unten sub 8.1.2.

und über viele weitere Belege bis ins 1. Jahrtausend, wo der Mythos Grundlage für die Aufstellung von Gottheiten in einem Ištar-Heiligtum in Assur war[11].

Auch von Enki, dem Stadtgott von Eridu und Gott der unterirdischen Wasser, sind Fahrten ins Totenreich bezeugt. Ausführlich berichtet wird davon z. B. innerhalb von Ritualen gegen bösartige Totengeister (udug ḫul / *utukkū lemnūtu*), die sich in sumerischer Sprache aus dem Anfang des 2. Jahrtausends und in bilinguer Form, sumerisch-akkadisch, vom Anfang des 1. Jahrtausends erhalten haben[12]. Enki geht hier ins Totenreich[13], um von den Unterweltsherrscherinnen ein Ritual zu gewinnen, welches Totengeister abwehrt; dadurch kann ein dem Tod geweihter Mensch wieder ins Leben zurückkehren. Das Ganze gelingt, weil Enki den Unterweltsgöttinnen ein Heiligtum schenkt, wobei er zugleich zur Inauguration ein Festmahl stiftet, wozu nach mesopotamischer Sitte nicht nur Speisen, sondern auch Waschung und Salbung gehören[14]. Da die entscheidende Passage bislang anders übersetzt wird (als würden die Unterweltsgöttinnen sich nicht waschen[15]), sei sie hier kurz zitiert, zusammen mit dem Textanfang, da dieser einen klaren Stoffbezug zu den Mythen von *Innanas Unterweltsgang*, die

---

11 Vgl. A. Zgoll / C. Zgoll 2019.
12 *Ritual gegen böse Geister* (udug ḫul), altbabylonische Version 298-357, Geller 1985, 36-41, Standardversion des 1. Jahrtausends (*utukkū lemnūtu*) Tafel 4: Z. 118´-199´, Geller 2007, 114-118 // 206-208, Z. 118´-199´.
13 Der Text enthält etliche eindeutige Bezüge auf das episch gestaltete Preislied *angalta*. So lauten nicht nur die ersten Zeilen ganz ähnlich (siehe unten), sondern es heißt auch explizit (bislang nur etwas fragmentarisch erhalten), dass Enki dorthin geht, wohin auch die „nugeg-Himmelsherrscherin" Innana gegangen ist, d. h. ins Totenreich.
14 Aus dem 23. Jahrhundert v. Chr. stammt die Weihinschrift eines Lu-Utu für Ereš-ki-gal (vgl. Katz 2003, 352). Lu-Utu stiftet der Göttin einen Tempel und hebt hervor, dass er hier einen Wasserzugang geschaffen habe:

ᵈEreš-ki-gal / nin ki ⁽ᵈ⁾Utu šu₄-ra / Lu₂-ᵈUtu / ensi₂ Ummaᵏⁱ-ke₄ / dumu ᵈNin-in-sin₂-ka-ke₄ / nam-ti-la-ni-še₃ / ki-ᵈUtu-e₃ / ki nam-tar-re-da / e₂ mu-na-du₃ / gaba-ba / a bi₂-in-gi-in / mu-be₂ pa bi₂-in-e₃	Für Ereš-ki-gal, die Herrin des Ortes, wo <der Gott> Utu dunkel wird (= untergeht), hat Lu-Utu, der Stadtfürst vom Umma, der Sohn der (Göttin) Ninisina, für sein Leben / am Ort, wo (der Gott) Utu aufgeht, dem Ort, wo die Schicksale bestimmt werden, / einen Tempel gebaut. An dessen (Brust =) Vorderseite hat er einen Wasser(-Zugang) dauerhaft installiert. Dessen (= des Tempels) Namen hat er strahlend hervorkommen lassen.

15 „For Nin-ug, Nin-maš, Nin-ḫursaĝ, and for Ereškigal, the wife of Ninazu, (who) did not bathe nor rinse (their) mouths, in the Netherworld dwelling, (their) 'playground', is the temple where he made an offering." (Geller 1985, 36-41).

im vorliegenden Beitrag vorgestellt werden, und einen Textbezug zum epischen Preislied *angalta* enthält:

299 [an gal-ta ki gal-še₃¹⁶]⁽ᵍᵉš⁻ᵗᵘ⁾ĝeštu(g)-ga-ni na[m]-g[ub]

[Vom großen Himmel auf die große Erde] wurde durch ihn ein Plan entworfen[17] (und das hatte Konsequenzen[18]),

300 [en gal an gal-ta ki gal-še₃] ⌈ĝeštu(g)-ga-ni⌉ [nam-gub]

[Der bekannte große Herr! Vom großen Himmel auf die große Erde] wurde durch ihn ein Plan [entworfen] (und das hatte Konsequenzen)],

301 ᵈ[En-ki-ke₄ an-gal-ta ki gal]-⌈še₃⌉ ĝešt[u₂(g)-g]a-⌈ni nam-gub⌉

[Der bekannte große Gott, der Gott Enki! Vom großen Himmel auf die große Erde] wurde durch ihn ein Plan [entworfen] (und das hatte Konsequenzen)].

Es folgen weitere Aussagen dieser Art, denen unter anderem zu entnehmen ist, dass Enki dorthin geht, wohin auch Innana, die hier als nugeg-Himmelsherr-

---

16 Die Ergänzungen lehnen sich an die Version des 1. Jahrtausends an, deren Formulierungen durch die Zusammenschau der Zeilen 118′-120′ komplett erhalten sind. Hier heißt es: e n ₂ e n - e an gal-ta ki daĝal-še₃ ĝeštu₂(g)-ga-a-ni na[m-gub], „Der (uns allen wohl-)bekannte große Herr! Vom großen Himmel auf die große Erde wurde sein Ohr/Sinn [(gesetzt =) gerichtet (und das hatte Folgen)]." Die Formulierung bildet einen deutlichen intertextuellen Bezug zu den Formulierungen am Anfang des epischen Preisliedes *angalta*, das zeitgleich zur Version vom Anfang des 2. Jahrtausends überliefert ist: an gal-ta ki gal-še₃ ĝeštu₂(g)-ga-ni na-an-gub, „Vom großen Himmel auf die große Erde richtete jemand seine Planungskraft, (und das hatte Folgen)". Dieser intertextuelle Bezug lässt sich auch durch eine inhaltliche Verknüpfung zwischen dem Inhalt des einen und des anderen Mythos erhärten (mythisches Epos von *Enkis Gang in die Unterwelt*, Version 2. Jahrtausend, Z. 305). Ich gehe daher davon aus, dass in der etwa 1000 Jahre späteren Überlieferung des 1. Jahrtausends zwei kleinere Änderungen vorgenommen wurden: Die Formulierung e n - e , „Der (uns allen wohl-)bekannte große Herr" stört die in der sumerischen Literatur beliebte und am Anfang des Innana-Preisliedes *angalta* zu findende Klimax vom Unbekannten zum Bekannten. Außerdem ist es wahrscheinlich, dass analog zum Anfang von *angalta*, auf den klar Bezug genommen wird, von k i gal, „großer Erde", die Rede war, was in der Version des 1. Jahrtausends durch k i daĝal, „weite Erde", ersetzt wurde. Beide Veränderungen könnten getätigt worden sein, um eine fälschliche Bezugnahme des Textes auf Innana von Anfang an abzuwehren.

17 Wörtlich: „wurde sein Ohr/Sinn gesetzt/gerichtet".

18 Das Verbalpräfix {na-} bezeichnet einen „Effektiv", der anzeigt, dass sich aus der entsprechend markierten Verbalform weitere „Effekte" bzw. Konsequenzen ergeben werden; dies ist Ergebnis einer Untersuchung von A. Zgoll, vorgetragen im Rahmen der *Sumerian Grammar Discussion Group* in Oxford 1993 (vgl. die Verweise bei Edzard 2003, 120 und Wilcke 2010, 59).

scherin[19] bezeichnet wird, schon gegangen war. Dann heißt es in der Version des 2. Jahrtausends[20]:

306 šu uš₂-a-kam ĝiri₃uš₂-a-kam ⌜umbin⌝ ḫu-ri₂-⌜in^(mušen)⌝-ka	306 Die Hand zum Töten ist (dort). Der Fuß zum Töten ist (dort), in den Krallen des Adlers[21].
307 ^(rd)Nin-ug ^dNin-maš ^dNin-ḫur-saĝ⌝-ĝa₂-ke₄ 308 ^(rd)⌝Ereš-ki-gal [d]am ^(rd)Nin⌝-[a-z]u-ke₄ 309 ⌜a⌝ nam-⌜mu-un-tu₅⌝ ka(g) nam-mu-un-s[u₃]	307 Er (= Enki) hat die (Gottheiten) Nin-ug („Herrin Löwe"), Nin-maš („Herrin Ziegenbock"), Nin-ḫursaĝa („Herrin über das Gebirge") 308 (und) Ereš-ki-gal („Herrin Große Erde"), die Gemahlin des Nin-azu („Herr(in), der das Wasser kennt")[22]

---

19 Vgl. A. Zgoll 1997a.
20 Die sumerische Version des 1. Jahrtausends Z. 126´-129´ lässt sich analog zur sumerischen Version des 2. Jahrtausends Z. 307-310 verstehen:

126´ ^dnin-ug ^dnin-maš ^dnin-ḫur-saĝ-ĝa₂-ke₄ 127´ ^dereš-ki-gal dam ^dnin-[a-z]u-ke₄ 128´ a nu-mu-un-tu₅ ka nu-mu-un-ne-su₃-su₃	Hat er (= Enki) die Nin-ug, Nin-maš und Nin-ḫursaĝa (und) die Ereš-ki-gal, die Gemahlin des Nin-azu nicht gebadet? Hat er ihnen nicht reichlich den Mund gefüllt?
129´ dag ki gal-la e-ne dag ku₃(g) [mu-un]-ĝar-re	In der Ruhestätte, (nämlich) der großen Erde, hat er für (sie, distributiver Sg. =) jede von ihnen eine strahlende Ruhestätte errichtet.

Die akkadische Version derselben Bilingue schreibt:

126 ^dNin-ug ^dNin-maš ^dNin-ḫur-saĝ-ĝa₂ 127 ^dEreš-ki-gal *alti* ^dNin-a-zu 128 *mê ul irmukū ul usalli*[*ḫū pî*]	Nin-ug, Nin-maš und Nin-ḫursaĝa (und) Ereš-ki-gal, die Gemahlin des Nin-azu: Haben sie sich nicht mit Wasser gewaschen? Haben sie nicht [die Münder] besprengt?
129 *ina šubātu rabbâtu šubtu elletu* MIN (= *iškun-šināši*)	An den großen Wohnplätzen hat er einen strahlenden Wohnplatz ... (= für sie errichtet).

Alternativ kann man die verneinten Fragen als Aussagen verstehen. Gemeint ist dann, dass die unterweltlichen Göttinnen noch keine rituellen Bäder kennen und dass Enki einen Kultort für sie einrichtet, wo für sie Opfer und Reinigungsrituale durchgeführt werden. Vgl. in diesem Sinne Pettinato 2000.
21 Durch einen Vergleich mit dem *Unterweltstraum eines assyrischen Kronprinzen* (Edition: von Soden 1936, 1-31, Bearbeitung: Livingstone 1989, 68-76) wird deutlich, dass die dämonischen Mächte des Todes gerade durch ihre Hände und Füße charakterisiert werden. Die Hände stehen für den Griff des Todes, wo der Mensch, wie man in sumerischen Quellen sagt, „gepackt" wird (d a b ₅), die Füße evozieren das Zertrampeln dessen, der sterben muss. Die brutale Gewalt des Todes wird verdeutlicht, wenn die numinosen Mächte des Todes als Raubtiere oder als Mischwesen mit Anteilen von Raubtieren geschildert werden.
22 Selbst wenn diese Übersetzung eine sog. „Volksetymologie" sein sollte, so liefern doch gerade die Volksetymologien die notwendigen Informationen, um die originär-emische Perspek-

	³⁰⁹ zum Bad eingeladen (und das hatte Konsequenzen), hat sie zum Mahl eingeladen (und das hatte Konsequenzen)²³:
³¹⁰ dag ⸢ki-gal-la ki-e-ne⸣-di(d)-ka e₂ ki-a mu-ĝ[ar²²⁴]	³¹⁰ In der Ruhestätte, (nämlich) der großen Erde, an der (Stätte) des Ortes der Beruhigung²⁵, hat er einen Tempel gegründet.

Auf die hier genannte Göttin Nin-maš wird später noch zurückzukommen sein (sub 5.1.6).

Noch dramatischer klingt ein Mythos, dem zufolge Enki mit einem Boot ins Totenreich fährt²⁶. Dabei prasseln „kleine und große" Dinge auf das Boot und bedecken dessen Boden, zugleich bäumen sich die Wellen gefährlich gegen das Boot auf und wollen Enki verschlingen wie Wölfe und Löwen. Leider berichtet die einzige uns bislang erhaltene Textquelle nichts weiter von diesem Abenteu-

---

tive, d. h. das antike Verständnis von Wörtern, zu eruieren. Eine präzisere Bezeichnung solcher Etymologien sei hier vorgeschlagen: Es handelt sich um „emische Etymologien". Der Begriff ist im Kontext der Göttinger Mythosforschungen durch A. Zgoll und G. Gabriel entwickelt worden, vgl. Gabriel 2014, 25 und C. Zgoll 2019, 381 mit Anm. 37. Genau diese emischen Etymologien sind im Kontext *kultur*wissenschaftlicher (nicht *sprach*wissenschaftlicher) Mythos-Analysen aufschlussreich, insofern es darum geht, antike Sichtweisen auf Mythen zu rekonstruieren. Zur Wichtigkeit solcher emischer Etymologien vgl. Selz 2019, 31 Anm. 61 im Kontext von "ancient etymological speculations": "Such are often easily dismissed, but in my opinion they are highly important because they do attest to a typical and very basic procedure of Mesopotamian hermeneutics". Zu einer weiteren emischen Etymologie vgl. den Beitrag von A. Zgoll zu "Sphärenwechsel innerhalb des Totenreichs" im vorliegenden Band unter Abschnitt 13.

23 Die Grammatikanalyse der Stelle sieht folgendermaßen aus:
{Nin.ug Nin.maš Nin.ḫur.saĝ.ak==e^{DIREKTIV} Ereš.ki.gal dam Nin.a.zu=ak==e^{DIREKTIV} a==Ø^{ABSOLUTIV} na^{EFFEKTIV}-mu-n-tu₅-Ø ka(g)==Ø^{ABSOLUTIV} na^{EFFEKTIV}-mu-n-su₃-Ø}. Ergativ ist Enki, die Unterweltsgottheiten stehen im Direktiv als Ergänzung zu a--tu₅ „mit Wasser baden", wodurch der Absolutiv schon besetzt ist. Die na-Präfixe können keinen Prohibitiv bezeichnen, da dieser mit imperfektiver verbaler Basis gebildet werden müsste (*marû*); eine schlichte Negation müsste ein nu-Präfix haben. Die na-Präfixe mit perfektivischer verbaler Basis bilden vielmehr Formen des „Effektivs", vgl. oben Anm. 18.

24 Ich ergänze hier analog zur Version des 1. Jahrtausends. Für ki-a ĝar als "fonder" vgl. Attinger 2017.

25 Zu dieser Bedeutung von ki-e-ne-di(d), was auch als „Ort des Spiels" verstanden werden kann, vgl. Attinger 2017, 114.

26 Ein Bruchteil dieses Mythos hat seine Verschriftung als Teil des epischen Preisliedes *u re´a/Gilgameš, Enkidu und die Unterwelt* gefunden (Edition: Gadotti 2014, Bearbeitung: Attinger 2009, deutsche Übersetzung: Attinger 2015, 297-316). Wichtige Hinweise zu dieser Stelle verdanke ich Anja Merk, die in einem Göttinger Dissertationsprojekt eine neue Edition von *Enkis Fahrt nach Nippur* vorbereitet.

er, sondern verknüpft damit gleich einen weiteren Mythos, so dass diese Unterweltsfahrt des Enki bislang nur in bruchstückhafter Weise bekannt ist[27].

Einem anderen Mythos zufolge macht eine Stadtgöttin sich in die Unterwelt auf, um gemeinsam mit den Mächten des Totenreiches Gottheiten hervorzubringen, die für das Land Bewässerung und Fruchtbarkeit hervorbringen[28]. In der Überlieferung von Nippur, wo man diese Göttin mit Ninlil, der Stadtgöttin von Nippur identifizierte und sie als Gemahlin des Stadt- und Staatsgottes Enlil verehrte, wurde ein weiteres Stratum des Mythos geschaffen, welches Enlil in den Mythos inkorporierte[29]: Nun war es nicht mehr nur die Göttin, die mit den Unterweltsmächten kooperierte, vielmehr agierten jetzt Ninlil und Enlil gemeinsam, wobei nun Enlil – allerdings in Gestalt dreier Unterweltsmächte – mit Ninlil die Gottheiten für Bewässerung und Fruchtbarkeit zeugte. An dieser Stelle blieb das ältere Mythen-Stratum noch deutlich durchscheinend. Spätestens als die Stadt Ur zur Hauptstadt eines Reiches wurde, und man diese Hauptstadt und ihren Stadtgott Nanna als erstgeborenen Sohn des Reichsgottes Enlil verkündete, wurde die Zeugung des Mondgottes allen anderen Zeugungen vorangestellt, um seinen Rang als Erstgeborener sicherzustellen[30]. Dieses Stratum lässt sich im 21. Jahrhundert v. Chr. verorten[31].

Ein thematisch vergleichbarer Mythos handelt davon, dass die Götter Ninazu und Nin-mada das Getreide nach Sumer holen wollen[32]. Der Himmelsgott An hatte das Getreide vom Himmel auf die Erde gelangen lassen. Enlil aber hatte es im kur, d. h. im „Bergland" bzw. der „Unterwelt" eingesperrt. Für die Untersuchung von Schichten in Mythen ist dieser Teil des Mythos höchst interessant, da unterschiedliche „Herkunftsangaben" für das Getreide benannt werden: (1) Das Getreide kommt aus der Unterwelt; d. h. es gehört ursprünglich

---

27 Deutlich wird immerhin, dass der Text gerade solche Mythen kombiniert, denen es um die Sphärenwechsel in die und aus der Unterwelt geht.
28 Es geht um den im epischen Preislied *iri nanam/Enlil und Ninlil* verarbeiteten Mythos *Enlil und Ninlil bringt mit Unterweltsmächten Fruchtbarkeits- und Wassergötter hervor*; zur Interpretation des Mythos auf Basis von Stratifikationsanalysen vgl. A. Zgoll 2011 und 2013a, und C. Zgoll 2019, 505-508.
29 A. Zgoll 2013a, 92-94.
30 Zur Klärung von Hierarchien als wesentlichem Anliegen von Mythen vgl. Abschnitt 4.3 „Myths and Power" im Beitrag von C. Zgoll im vorliegenden Band und ausführlicher C. Zgoll 2019, Kapitel 18 „Die Brisanz der Mythen: Stratifikationstheorie III".
31 Hinter dieser Gottheit könnte eine Stadtgöttin wie etwa Sud von Šuruppag stehen, was durch einen Mythenvergleich zwischen dem Mythos *Enlil und Ninlil erzeugen mit der Unterwelt Fruchtbarkeits- und Wassergötter* und dem Mythos *Enlil und Sud* (Incipit noch nicht erhalten) nahegelegt wird. Vgl. dazu A. Zgoll, 2011 und 2013a.
32 Edition von *Als das Getreide nach Sumer kam* bei Bruschweiler 1987, 54-56.

unterweltlichen Mächten. Vor dem Hintergrund anderer Mythen[33] zeigt sich dies als eine alte Überlieferung. (2) Das Getreide kommt aus dem Himmel und gehört ursprünglich dem Himmelsgott An. Beide Schichten werden miteinander verbunden durch eine Erzählung über Enlil: (3) Enlil hat das Getreide, nachdem es vom Himmel gekommen war, in der Unterwelt eingeschlossen; d. h. es gehörte zwar ursprünglich An, doch dann hat Enlil die Verfügungsgewalt übernommen (und die unterweltlichen Mächte, wo es eingesperrt wird, sind ebenfalls noch relevant)[34]. Vom weiteren Fortgang des Mythos ist auf der bislang einzigen erhaltenen Tontafel, auf der eine Konkretion dieser Mythenversion erhalten ist, nicht mehr viel erhalten, aber doch genug, dass sich ein anschließender Sphärenwechsel in die Unterwelt erkennen lässt: Hier sind es die Götter Nin-azu und Nin-mada, die planen, ins k u r zu gehen, um von dort das Getreide nach Sumer zu holen. Dabei soll der Sonnengott ihnen Beistand leisten.

Weitere Mythen vom Durchgang eines Gottes durch das Totenreich hat man sich sicherlich auch von anderen Stadtgöttern erzählt, insbesondere vom Sonnengott und vom Mondgott, die ja als Gestirngottheiten die Unterwelt queren mussten; bislang fehlen uns hier aber, bis auf isolierte mythische Hyleme[35], noch einschlägige, ausführlicher erzählte Textquellen, doch durch ikonographische Quellen ist das Thema hinlänglich bekannt[36].

Überblickt man die Protagonisten dieser Mythen, die von willentlich geplanten Abstiegen ins Totenreich berichten, so fällt auf, dass ihre Akteure fast immer zu den höchsten Gottheiten des sumerischen Pantheons gehören. Es handelt sich hier um staatstragende Götter, die modern als Stadtgottheiten bezeichnet werden; genauer handelt es sich um Gottheiten über kleinere und

---

33 Vgl. *Enlil und Ninlil erzeugen mit der Unterwelt Fruchtbarkeits- und Wassergötter*, wo verschiedene Gottheiten der Vegetation mit unterweltlichen Mächten hervorgebracht werden. Vgl. auch den Gesamtmythos von *Innanas Unterweltsgang* (in der Konkretion des epischen Preisliedes *angalta*, vgl. unten): Hier hat Ereš-ki-gal ebenfalls Macht über pflanzliche Fruchtbarkeit; sie bietet den Ritualexperten an, ihnen „ein Feld mit seinem Getreide" (sowie „einen Fluss oder Kanal mit seinem Wasser") zu schenken (vgl. sub 5.3).
34 Die Schichten sind hier harmonisch in Gestalt einer Abfolge miteinander verbunden.
35 Zu diesem Begriff und der damit implizierten Theorie und Methodik vgl. C. Zgoll, Abschnitt 3.1 „*Stoffe* as Hyleme Sequences" im vorliegenden Band.
36 Zu textlichen Befunden vgl. neben Anspielungen im *Gilgameš-Epos* 9, 37-170, das mythische Epos *Innana bringt das Himmelshaus zur Erde*, Edition van Dijk 1998, neue Übersetzung und Interpretation A. Zgoll 2015a und 2019a (eine neue Edition ist in Vorbereitung); zu ikonographischen Quellen vgl. exemplarisch Wiggermann 2013, 121 mit Abbildung 8b und 127. – Es gab weitere Mythen, von denen sich teils noch Spuren finden lassen. So scheint es z. B. einen Mythos gegeben zu haben, dem zufolge der Gott Enlil mit Innana zum Totenreich ging, vgl. Wilcke 1993, 52 mit Anm. 106.

größere staatliche Gebilde. Auch innerhalb des Kosmos schreibt man ihnen eine wichtige Rolle zu. Innana z. B. ist nach Ausweis ihres Namens und ihrer Titel „Himmelsherrin"[37], „Herrin über die Länder" (nin kur-kur-ra) und Herrin über die Menschheit[38]. Das Thema des Sphärenwechsels ins Totenreich muss mithin, insbesondere für die sumerisch geprägte Antike, von großer Bedeutung gewesen sein, wenn man derart hochrangige Gottheiten damit befasst glaubte. Dies wird besonders deutlich an Mythen vom Unterweltsgang der Innana, denen der vorliegende Beitrag im Folgenden gilt.

2 Einführung in Quellenlage, Vorgehen, Ziele

Im sumerischen Preislied[39] namens „Vom Großen Himmel" (sumerisch *angalta*, traditionell *Innanas Gang in die Unterwelt*) wird ein Gang der höchsten Himmelsgöttin ins Totenreich geschildert[40]. Die Anfangsworte sind programmatisch zu verstehen. „Vom Großen Himmel auf die Große Erde hat jemand seinen Sinn gerichtet" – mit dieser Information setzt das Epos ein und offenbart dann sukzessive, dass es sich um eine Gottheit und zwar um die Göttin namens „Himmelsherrin", sumerisch Innana, handelt. Das Epos war in der mesopotamischen Antike höchst geschätzt[41], was sein Eintrag in Listen literarischer Werke[42] einer-

---

[37] Dies ist unter anderem die wesentliche Bedeutung des Titels nu-ge$_{17}$(g), traditionell nu-gig, vgl. A. Zgoll 1997a, 304 f.
[38] Vgl. z. B. das mythische Epos *Innana bringt das Himmelshaus zur Erde* Z. 149, 157 in der neuen Übersetzung von A. Zgoll 2015a.
[39] Es handelt sich funktional um ein Preislied, formal um ein Epos, das mit einer preisenden Ausrichtung überliefert ist. Aus Gründen der Variation wird es im vorliegenden Beitrag nicht immer „episches Preislied", sondern auch „Epos" und „Preislied" etc. genannt.
[40] Eine erste Edition dieses Epos hat Sladek 1974 auf Basis von 29 Tontafeln erarbeitet; die jüngste Edition mit Bibliographie, Partitur, Übersetzung und Zeilenkommentaren im Anmerkungsteil findet sich bei Attinger 2016. Ausgegraben sind inzwischen über 50 verschiedene Abschriften des Epos, die ab 1800 v. Chr. datieren; ein Textzeuge scheint von der Mitte des 2. Jahrtausends zu stammen (mittelbabylonische Zeit). Eine Kombination aus Edition und mythologischer Auswertung, insbesondere des Dumuzi-Mythos, ist innerhalb der Göttinger Mythos-Forschungsgruppe STRATA durch B. Cuperly in Bearbeitung.
[41] Mit Wilcke 1993, 49 ist *angalta* der „wohl am besten bekannte Inanna-Mythos".
[42] Dabei handelt es sich um Übersichten über das *curriculum* für fortgeschrittene „Studierende", die eine spezielle Ausbildung auch in religiös-literarischen Texten erhielten, oder um Bibliotheksinventare oder um beides. Vgl. dazu Krecher 1976-1980, 478-485. Erwähnt wird das Epos *angalta* auf literarischen Katalogen aus den Städten Nippur und Ur; für einen weiteren

seits und seine hervorragende Bezeugung in den verschiedenen Städten des antiken Irak andererseits zeigt[43]. Jacobsen, Wilcke und Katz ist der Nachweis gelungen, dass in diesem Epos mehrere Mythen kombiniert sind[44], unter anderem ein Mythos von der Göttin Innana, die in die Unterwelt geht, und ein Mythos von Innanas Gemahl Dumuzi, der in die Unterwelt gehen muss. Auf Basis von Stratifikationsanalysen[45] wird der vorliegende Beitrag zeigen, in welcher Weise die Verknüpfung der ursprünglich unabhängigen Mythen zur Veränderung dieser Mythen geführt hat und wie sie im einzelnen ineinander verschränkt und zu einem neuen mythischen Ganzen wurden. Durch diese Analysen werden viele bislang unverständlich erscheinende Eigenarten dieser mythischen Überlieferung verständlich werden. Aus Platzgründen können die notwendigen Stratifikationsanalysen nur in exemplarischer Kurzform angedeutet werden (sub 7). Im vorliegenden Beitrag wird es vorrangig um die Rekonstruktion zweier Versionen des Mythos von *Innanas Unterweltsgang* gehen, wie sie durch Hylemanalysen und den Vergleich von Hylemsequenzen möglich werden[46].

Nach einem Überblick über den Forschungsstand (sub 3) geht es um den ersten Teil des Epos, in dem ein Mythos vom *Gang der Göttin Innana in die Unterwelt* berichtet wird. Es wird sich zeigen, dass dieser Mythos nicht vollständig erzählt wird und daher bislang noch unverständlich ist (sub 4). Eine umfassendere Materialbasis lässt sich durch einen Mythenvergleich gewinnen (sub 5). Auf dieser Grundlage wird es dann möglich, die originär-antike Bewertung des erhaltenen Mythos zu rekonstruieren (sub 6). Ausblickhaft kommt schließlich der in *angalta* verdichtete Gesamtmythos, der durch die Kombination zweier Mythen, nämlich *Innanas Unterweltsgang* und *Dumuzis Unterweltsgang*, entstanden ist, in den Blick (sub 8). Dabei wird sich zeigen, dass bislang unverständliche Inhomogenitäten und Spannungen im Gesamtmythos aus gezielten Eingriffen resultieren, die in ihrer Zeit eine veränderte Ausrichtung des Mythos bewirken und zugleich einer veränderten Wahrnehmung der Göttin Innana dienen sollten (sub 9). Die Vorstellungen von dieser Göttin zeigen sich so auch

---

Katalogtext, der sich heute im Louvre befindet (TCL 15, 28), lässt sich die Herkunft nicht zweifelsfrei bestimmen; er könnte aus Larsa stammen.
43 Das Preislied ist derzeit in Abschriften aus drei verschiedenen Städten (Nippur, Ur und Sippar) aus der Zeit um 1700 v. Chr. bekannt.
44 Jacobsen 1987, Wilcke 1993, Katz 1996 und 2003.
45 Zur Stratifikation von Mythen und dem methodischen Zugriff der Stratifikationsanalyse vgl. C. Zgoll im vorliegenden Band sub 4. „Myths As Polystratic Instruments of Power".
46 Zu Hylemanalysen und dem Vergleich von Hylemsequenzen vgl. C. Zgoll im vorliegenden Band sub 3. „Reconstruction and Comparison of *Stoffe*".

für die heutige wissenschaftliche Rekonstruktion in neuem Licht. Und sie erweisen sich als historisch geschichtet. Die „Ausgrabung" der mythischen Stoffe durch Hylem- und Stratifikationsanalysen führen zu Einblicken ins antike Erzählen und in dessen Funktionen, zur Sichtung theologischer Botschaften in diesen Mythen und zu einer historisch differenzierten Freilegung der hier aufscheinenden Gottes- und Weltbilder (sub 10). Der Beitrag zielt darauf:

- durch Anwendung der neuen Methodik zur Mythosforschung, der Hylemanalyse, einen frühen Mythos über den Unterweltsgang der Göttin Innana zu rekonstruieren; um das Vorgehen der Hylemanalyse nachvollziehbar darzulegen, werden in der hier gewählten Darstellung auch iterative Adaptionen als heuristische Zwischenschritte angegeben;
- durch Hylemsequenzvergleich zwei verschiedene mythische Stoffe zu vergleichen und abzuwägen, ob es sich dabei um verschiedene Mythen oder um Versionen desselben Mythos handelt;
- Ergebnisse für die Bewertung dieses Innana-Mythos aus antiker Perspektive, die sich auf Basis der neuen Methodik zeigen, zu sichern;
- zu skizzieren, wie sich dieser ältere Innana-Mythos in den größeren Gesamtmythos mit seiner Kombination von Unterweltsgängen der Innana und des Dumuzi einfügt und was verändert wurde, um eine neue Innana mit neuer Macht zu propagieren;
- aufzuzeigen, wie die Anwendung stratifikationsanalytischer Verfahrensweisen bislang unverständliche Inhomogenitäten und Inkonsistenzen innerhalb des epischen Preisliedes *angalta* und seines mythischen Stoffes lösen kann;
- Schlussfolgerungen für die Religiosität im antiken Mesopotamien zu ziehen, die sich im Blick auf die Verehrung der wichtigsten Göttin des antiken Mesopotamien ergeben, sowie im Blick auf die religiöse Praxis, den Tempelkult.

3 Forschungsstand

Eine vereinfachte Übersicht der Geschehnisse im mythischen Epos *Innanas Gang in die Unterwelt* sieht etwa folgendermaßen aus:

1. Innana verlässt Himmel und Erde und geht in die „Große Erde" (Unterwelt).
2. Innana beauftragt ihre Wesirin zu einer Hilfsaktion, sollte sie selbst nicht zurückkehren.
3. Innana kehrt nicht zurück, weil sie in der Unterwelt getötet wird.
4. Die Wesirin bittet drei mächtige Götter um Hilfe.
5. Einer, der Gott von Weisheit und Ritualmacht, bringt Hilfe: Er erschafft zwei Ritualexperten und stattet sie mit Lebenskraut und -wasser aus.
6. Die Ritualexperten gelangen in die Unterwelt und führen dort eine Art Beruhigungsritual für die Unterweltsherrscherin durch, aufgrund dessen ihnen ein Wunsch freigestellt wird.
7. Die Ritualexperten wünschen sich den Leichnam der Göttin Innana und erwecken sie wieder zum Leben.
8. Innana steigt wieder auf aus der Unterwelt.

Damit endet die Passage zum *Unterweltsgang der Innana* in diesem Epos. Es folgt, wie die Forschungen von Jacobsen, Wilcke und Katz gezeigt haben[47], eine weitere Schicht, der ein anderer Mythos zugrunde liegt. Hier geht es darum, dass Innanas Gemahl Dumuzi ins Totenreich gehen muss.

Wenn man sich den grob skizzierten Verlauf des Mythos ansieht, stellt sich bei näherem Zusehen die zentrale Frage: Wozu geht diese Gottheit Innana überhaupt ins Totenreich? Das ganze Unternehmen scheint sich ja zum reinsten Desaster zu entwickeln. Die frühere und die aktuelle Forschung hat dafür hauptsächlich *eine* Erklärung gefunden: Machthunger. Innana sei so machtbesessen, dass sie sogar noch die Unterwelt verlange. Das scheitere gründlich. Dies ist einhellige Einschätzung, bis in die neueste Bearbeitung von Waetzold 2015, 375 und 377: „Dieser Mythos berichtet vom vergeblichen Versuch der Göttin Inanna, die Macht über die Unterwelt zu gewinnen. [...] Von ihrer Überheblichkeit und den hochfahrenden Plänen bleibt nichts übrig." Also ein Eroberungsfeldzug, der komplett scheitert. Was wäre das *Fazit* eines solchen Mythos? Es ist ja nichts gewonnen, nur etwas verloren. Verändert hat sich nur die Positi-

---

[47] Vgl. oben sub 2; Hinweise auf Anpassungen und Überschreibungen innerhalb des älteren Stratums von *Innanas Unterweltsgang* finden sich sub 8.2.

on der Göttin Innana, und zwar deutlich zum Schlechteren. Der episch gestaltete Mythos wäre dann eine Art literarische Invektive, eine Schmähschrift gegen eine machthungrige Gottheit, die als abschreckendes Beispiel dienen mag. Implizit thematisiert hat dies Claus Wilcke 1993. Doch ist er bei diesem Fazit nicht stehen geblieben, sondern hat nach einer Erklärung gesucht. Er sieht in diesem Mythos eine ältere Ebene, nimmt also – und das ist im Kontext von Forschungen zur Stratigraphie von Mythen wichtig – eine Schichtung des Mythos an. Diese ältere Ebene ist nach Wilcke 1993 darauf zu beziehen, dass die astrale Erscheinungsform der Göttin Innana das Venusgestirn ist. Längere Phasen der Unsichtbarkeit, welche der Planet Venus durchläuft, konnte man antik als Verschwinden der Göttin in der Unterwelt erklären[48]. Hier finden sich auch wichtige Schlussfolgerungen, die in Richtung einer Stratifikation von Mythen deuten:

> Es ist vorstellbar, dass die in diesem ersten Teil von 'Inannas Gang zur Unterwelt' erzählte Geschichte auf einem Mythos beruht, der das periodische Verschwinden des Venussternes erklären soll. Die Verknüpfung mit dem Schicksal Dumuzis wäre dann sekundär, denn außerhalb von 'Inannas Gang zur Unterwelt' ist nichts davon zu finden, dass die Göttin Dumuzi der Unterwelt ausgeliefert habe. Im Gegenteil, die Kultlieder zeigen die um Dumuzi klagende Göttin und sie ist es, die durch ihre Intervention bei Enlil Dumuzis Freilassung aus der Unterwelt erwirkt.[49]

Das Epos *angalta* schildert auf den ersten Blick einen Mythos, der wie ein Schmähgedicht eine überhebliche Gottheit in die Schranken weist. Mythische Stoffe, die Gottheiten „demontieren", sind im antiken Mesopotamien nicht selten (Sukzessions- bzw. Aufstiegsmythen bis zum Aufstieg Marduks in *Enūma eliš*). Doch wenn andernorts von einer solchen Absetzung berichtet wird, gibt es *immer* eine Kehrseite, nämlich andere Götter, die von einem solchen Abstieg profitieren und als neue Herrscher eingesetzt werden (wie z. B. Mythen mit Erhöhung eines Gottes wie Marduk oder Innana oder ein am Ende triumphierender Götterherrscher in Sukzessionsmythen). Anders liegt der Fall im Mythos *Innanas Gang in die Unterwelt*[50]. Hier wird *keine* Gottheit auf Kosten Innanas profiliert, niemand wird über Innana erhöht. Eigenartig wäre außerdem, wieso

---

[48] Vgl. dazu Heimpel 1982, 9-12, Heimpel 1993-1997, 538 § 2.2, Wilcke 1976-1980, 83, Wilcke 1993, 52, Cooper 2001, Meinhold 2013, 329 f, Katz 2015.
[49] So Wilcke 1993, 52.
[50] Nutznießer *kann* nicht Ereš-ki-gal sein, vgl. dazu unten sub 8.2.2. An sie richtet sich zwar – zumindest oberflächlich betrachtet – der abschließende Preis. Die Erhöhung würde hier aber nicht innerhalb des Mythos selbst stattfinden, wo nichts darauf hindeutet, dass Ereš-ki-gal eine neue, größere Machtposition erlangt. Sie fände sich nur in dem der Narration erst nachgeschalteten Preisruf.

gerade Enki eine solche überhebliche Gottheit unterstützen sollte (in *Ninurta und die Schildkröte* z. B. verhindert er gerade die Machtüberschreitung eines Gottes). Sollte Innana geschmäht und in Schranken gewiesen werden, würde diese Schmähung auch ihren Helfer Enki treffen.

Auf der basalen Deut-Ebene, dass das Venusgestirn durch die Unterwelt geht, ist nicht unbedingt ein Scheitern anzunehmen; die Gestirn-Gottheit *muss* ja, genau wie Sonnengott und Mondgott, die Unterwelt durchqueren. A. Zgoll 2013 und Katz 2015 haben dies unabhängig voneinander deutlich gemacht[51]. Beide stellen heraus, dass es Innana gelingt, einen Weg durch die Unterwelt zu bahnen, was bedeutet, dass sie das „Land ohne Wiederkehr" zu einem Land der Wiederkehr macht. Katz 2015 kann überzeugend darlegen, dass die Bezeichnung „Land ohne Wiederkehr" der Spannungssteigerung dient: Innana schafft es, aus diesem Land, aus dem sonst keiner zurückkehrt, wieder zurückzukehren. Laut Katz ist dies notwendig für die Ordnung der Welt, gerade für den Gang der Gestirngötter. A. Zgoll 2013 nimmt den Gesamtmythos auf Basis der akkadischen Textversion in den Blick und skizziert knapp, dass hier eine Neuordnung der Welt vorgenommen wird, in der das Totenreich durch Innana-Ištars Taten gerade nicht mehr undurchlässig ist. Dies wird im vorliegenden Beitrag genauer auszuführen sein.

4 Rekonstruktion: Der Mythos vom Gang der Göttin in die Unterwelt

Wie die theoretisch-methodische Grundlegung des vorliegenden Bandes zeigt[52], gehört der *Mythos*, anders als man dies traditionell in der Altorientalistik aufge-

---

[51] Beide hatten 2011 Vorträge zu diesen Themen gehalten, D. Katz im Juli 2011 auf der Rencontre Assyriologique Internationale in Rom, A. Zgoll im Januar 2011 vor dem Lichtenbergkolleg der Universität Göttingen mit einem Vortrag, der initialer Auftakt für die Bildung der Forschungsgruppe STRATA zur Mythosforschung werden sollte, wo insbesondere auch die Schichten innerhalb von Mythen analysiert werden. Die theoretische und methodische Basis für eine solche Schichtenanalyse hat C. Zgoll 2019 mit dem *Tractatus mythologicus*, einer umfassenden, systematischen Rahmentheorie und Methodik für die Mythosforschung gelegt; deren Vorläufer bildeten die Grundlage für die Ausrichtung und den Antrag der Forschungsgruppe STRATA.

[52] Zur Abgrenzung von Mythos und Text vgl. grundlegend C. Zgoll 2019 und seinen Beitrag in diesem Band sub 2. „Myths as *Stoffe*", knapp A. Zgoll / C. Zgoll 2019.

fasst hat[53], nicht zur Kategorie *literarischer Gattungen* (wie z. B. Epos), sondern ist ein besonderer *Erzählstoff*[54], der in *jeder* beliebigen Gattung ausgedrückt werden kann. Wie man einen Mythos erfassen kann, wenn es sich um etwas Stoffliches und nicht um etwas Textliches[55] handelt, ist eine bis heute bleibende Herausforderung. Bislang fehlte hierfür die Methodik, weswegen Mythosforschung dann doch – trotz aller Definitionen, die Mythos als Stoff begriffen – in den meisten Fällen bei der Erforschung der medialen Konkretionen von Mythen, insbesondere in Wort oder Bild stehenblieb[56].

Der neue Zugriff der Forschungsgruppe STRATA, die Analyse der kleinsten handlungstragenden Stoff-Einheiten (Hyleme), macht es jetzt möglich, Mythen, d. h. mythische Stoffe *als Stoffe* zu rekonstruieren. Auf dieser methodischen Grundlage wird es nun darum gehen, den Mythos von *Innanas Gang in die Unterwelt* in seiner stofflichen Gestalt, d. h. als *Mythos* und nicht als *Text* zu erfassen.

---

53 Vgl. C. Zgoll 2019, Kapitel 2.1 „Die Freier der Penelope: Mythos als Rohstoff" mit Hinweisen zum Gebrauch vom Mythos als „Textgruppe" in altorientalistischen und bibelwissenschaftlichen Fachtraditionen. Vgl. z. B. Irsigler 2013, 2.2.1: „Ein in der Bibelwissenschaft operationabler, nach Kriterien anwendbarer und literaturwissenschaftlich begründeter Begriff von 'Mythos' versteht Mythos als Textsorte, als im weiteren Sinn 'Gattung' literarisch gestalteter Mythentexte, wie sie im vorderaltorientalischen Überlieferungsraum und kulturellen Bereich vertreten sind ...". Entsprechend versteht auch der Titel eines 2015 erschienenen Bandes „Weisheitstexte, Mythen und Epen" Mythen als Textsorte und expliziert dies folgendermaßen: „Ähnlich komplex wie der Mythos-Begriff ist der Begriff des Epos, der gattungstheoretisch kaum von jenem unterschieden werden kann." (Janowski / Schwemer 2015, IX). Anders definiert hingegen der Altorientalist Diakonoff 1995, 114 und 125, Anm. 1 Mythos als Stoff: „... in the same way as a plot may be extended into narratives of different kinds (a poem, an epic, a novel etc.), also the myth may".
54 Seine Besonderheit ergibt sich aus der Eigenart, dass in ihm Mächte, die den Menschen überragen, eine wesentliche Rolle spielen. Für weitere Eigenarten vgl. die Definition von C. Zgoll im vorliegenden Band sub Kapitel 5.
55 Oder in anderer Form medial Fassbares.
56 Andere Zugriffe verfolgten z. B. die Funktionalisten und die Strukturalisten. Deren Rekonstruktionen von Mythen basieren allerdings auf wertenden Vorannahmen und Selektionen wie z. B., ob bestimmte Elemente und Aussagen innerhalb eines Mythos „bedeutungstragend" sind, wobei ihre Bedeutung vom Bearbeiter definiert werden musste. Vgl. dazu ausführlicher C. Zgoll 2019 und im vorliegenden Band sub 3.1 „*Stoffe* as Hyleme Sequences".

4.1 Mythischer Stoff auf Basis des Epos *angalta*

Das Epos *angalta* beginnt mit den folgenden 13 epischen Zeilen (EZ)[57]:

[EZ1] an gal-ta ki gal-še₃ ĝeštu₂(g)-ga-ni na-an-gub	Vom großen Himmel auf die große Erde richtete jemand seine Planungskraft, (und das hatte Folgen[58]:)
[EZ2] diĝir an gal-ta ki gal-še₃ ĝeštu₂(g)-ga-ni na-an-[gub]	Eine Gottheit – vom großen Himmel auf die große Erde richtete sie ihre Planungskraft, (und das hatte Folgen:)
[EZ3] ᵈInnana(k) an gal-[ta ki gal-še₃] ĝeštu₂(g)-ga-ni na-an-[gub]	Innana – vom großen Himmel auf die große Erde richtete sie ihre Planungskraft und das hatte Folgen:
[EZ4] nin-ĝu₁₀ an mu-un-šub ki mu-un-šub kur-ra ba-e-a-e₁₁(d)	Meine Herrin! Den Himmel hat sie verlassen, die Erde hat sie verlassen, in die Unterwelt (k u r[59]) ist sie hinabgestiegen[60].
[EZ5] ᵈInnana(k) an mu-un-šub ki mu-un-šub kur-ra ba-e-a-e₁₁(d)	Innana! Den Himmel hat sie verlassen, die Erde hat sie verlassen, in die Unterwelt ist sie hinabgestiegen.
[EZ6] nam-en mu-un-šub nam-lagal mu-un-šub kur-ra ba-e-a-e₁₁(d)	Das Hohepriestertum hat sie verlassen, das Lagal-Priestertum hat sie verlassen, in die Un-

---

57 Dargestellt wird hier – aus Platzgründen – eine Zusammenschau der Zeilen, wie sie in unterschiedlichen Textzeugen erhalten sind. Die aktuelle nach Textzeugen differenzierte Darstellung findet sich bei Attinger 2016; B. Cuperly wird nach einer Autopsie der Textzeugen eine solche „Partiturumschrift" in ihrer Edition des epischen Preisliedes vorstellen.
58 Zur Analyse des sumerischen Verbalpräfixes {na-} als „Effektiv" vgl. Anm. 18.
59 Das sumerische k u r umfasst ein großes Bedeutungsspektrum, das von „Gebirge", „Bergland" über „Fremdland", „Feindland" bis hin zur Bezeichnung des Raumes, in welchem man nach dem Tod lebt, also landläufig „Unterwelt" (die aber auch am Rand liegen kann) oder „Totenreich" (in dem die Toten aber auf ihre Weise lebendig sind), reicht. Vgl. dazu auch unten Anm. 79.
60 Attinger 2005, 285 zeigt, dass das Verbum e₁₁(d) „hinauf-/hinabsteigen" zur Richtungsangabe häufig einen Lokativ verwendet („ne marque pas rarement la direction"). B. Cuperly kann in ihrer innerhalb der Forschungsgruppe STRATA bearbeiteten Edition von *angalta / Innanas Gang in die Unterwelt* herausarbeiten, dass e₁₁(d) mit Lokativ oder (seltener) Direktiv das Ziel des Herauf- oder Herabsteigens bezeichnet und das Gegenstück zu e₁₁(d) mit Ablativ ist, der den Ausgangspunkt dieser Handlungen angibt. Der Ausdruck e₁₁(d) mit Lokativ bezeichnet mithin nicht, wo sich die Bewegung abspielt, sondern gibt den Zielpunkt der Bewegung an. Auch andere Zeilen des Textes machen deutlich, dass das Hinabsteigen in der Unterwelt als ein Hinabsteigen in die Unterwelt zu verstehen ist, vgl. Z. 26 mit k u r - š e₃ i - i m - ĝ e n („während sie zur Unterwelt ging") mit ähnlicher Formulierung in Z. 68 (dort mit konjugiertem Partizip = sog. pronominale Konjugation).

	terwelt ist sie hinabgestiegen.
EZ7 Unug^{ki}-ga E$_2$-an-na(k) mu-un-šub kur-ra ba-e-a-e$_{11}$(d)	In Uruk das Eana („Himmelshaus") hat sie verlassen, in die Unterwelt ist sie hinabgestiegen.
EZ8 Bad$_3$-ʿtibiraʾ^{ki}-a E$_2$-muš$_3$-kalam-ma(k) mu-un-šub kur-ra ba-[e-a]-e$_{11}$(d)	In Badtibira das E-muš-kalama („Haus, Heiligtum des Landes Sumer") hat sie verlassen, in die Unterwelt ist sie hinabgestiegen.
EZ9 Zabala$_{(2)}$m^{ki}-a Ge-gun$_4$(-na)ki mu-un-šub kur-ra ba-e-a-e$_{11}$(d)	In Zabalam das Giguna („Tempelturm") hat sie verlassen, in die Unterwelt ist sie hinabgestiegen.
EZ9aE Umma^{ki}-a Ib-gal [m]u-un-šub <kur-ra ba-e-a-e$_{11}$(d)>	In Umma das Ibgal („Großer Tempelbereich") hat sie verlassen, in die Unterwelt ist sie hinabgestiegen.
EZ9bE Uri$_2$(m)^{ki}-ma ʿE$_2$-delmun-naʾ mu-un-šub <kur-ra ba-e-a-e$_{11}$(d)>	In Ur das Edilmuna („Haus von Dilmun") hat sie verlassen, in die Unterwelt ist sie hinabgestiegen.
EZ9b'S Ararma^{ki}-a^{61} e$_2$-me-ur$_4$-ur$_4$ mu-un-šub <kur-ra ba-e-a-e$_{11}$(d)>	In Ararma (= Larsa) das E-me-urur („Haus, das die Machtmittel einsammelt") hat sie verlassen, <in die Unterwelt ist sie hinabgestiegen>.
EZ9cE Kisiga^{ki}-a Amaš-e$_2$-ku$_3$(g) mu-un-šub <kur-ra ba-e-a-e$_{11}$(d)>	In Kisiga das Amaš-E-ku („Viehkoppel (namens) Strahlendes Haus") hat sie verlassen, <in die Unterwelt ist sie hinabgestiegen>.
EZ9dE Ĝir$_2$-su^{ki}-a E$_2$-eš$_2$-dam-ku$_3$(g) mu-un-šub <kur-ra ba-e-a-e$_{11}$(d)>	In Ĝirsu das E-ešdam-ku („Haus strahlende Herberge") hat sie verlassen, <in die Unterwelt ist sie hinabgestiegen>.
EZ10 Adab^{ki}-a E$_2$-sar-ra mu-un-šub kur-ra ba-e-a-e$_{11}$(d)	In Adab das Esara („Haus der Vegetation") hat sie verlassen, in die Unterwelt ist sie hinabgestiegen.
EZ11 Nibru^{ki}-a Para$_{10}$(g)-dur$_2$-ĝar-ra mu-un-šub [kur-ra ba-e-a-e$_{11}$(d)]	In Nippur das Para-durĝara („Thron des Platznehmens") hat sie verlassen, in die Unterwelt ist sie hinabgestiegen.
EZ11a E11' I$_3$-si-i(n)-na^{ki}E$_2$-šeg$_{12}$-me-še$_3$-du$_7$ mu-un-šub <kur-ra ba-e-a-e$_{11}$(d)>	In Isin das E-šeg$_{12}$-me-še-du („Haus, Ziegelwerk, vollkommen für die Machtmittel") hat sie verlassen, <in die Unterwelt ist sie hinabgestiegen>.
EZ12 Kiš^{ki}-a Ḫur-saĝ-kalam-ma mu-un-šub kur-	In Kiš das Ḫur-saĝ-kalam-ma („Gebirge des

---

61 Ararma ist die neue Lesung für konventionell Larsa(m). Vgl. Mittermayer Nr. 332: UD.UNUG = ararma, [larsa(m)]; vgl. die unpublizierte Dissertation von Fitzgerald 2002: „From pre-Sargonic times, the name of the city was written logographically UD.UNU^{ki}, often simplified to ud.ab^{ki}, and read in Sumerian as Ararma (MSL 11 p. 12, l. 6: UD.UNU$^{ar2.ar2-ma\ ki}$ and p. 54, l. 10: [a.ra].ʿarʾ.ma^{ki} = la-ar-sa); by the Old Babylonian period it was read in Akkadian as Larsa(m) and frequently written syllabically (Arnaud 1980-1983: 496). The logographic writing indicates that the city was the seat of the sun god, Utu, while the Sumerian reading of the name may suggest that the city in earliest times was known as a place where grain was milled (AR$_3$.AR$_3$ = ṭênum)."

ra ba-e-[a-e₁₁(d)]	Landes Sumer") hat sie verlassen, in die Unterwelt ist [sie hinabgestiegen].
^{EZ12a} Akšak^{ki}-a Anⁱ-za-gara₃ mu-un-šub ‹kur-ra ba-e-a-e₁₁(d)›	In Akšak das Anzagara („Turm") hat sie verlassen, ‹in die Unterwelt ist sie hinabgestiegen›.
^{EZ12bE} Šuruppag^{ki}-e Niĝarĝar-ku₃(g) mu-un-šub ‹kur-ra ba-e-a-e₁₁(d)›	In Šuruppag die „Strahlende Kammer" hat sie verlassen, ‹in die Unterwelt ist sie hinabgestiegen›.
^{EZ12cE} Ka-zal-lu^{ki}E₂-ša₃(g)-ḫul₂-la mu-un-šub ‹kur-ra ba-e-a-e₁₁(d)›	In Kazallu das Ešaḫula („Haus, das das Herz froh gemacht hat") hat sie verlassen, ‹in die Unterwelt ist sie hinabgestiegen›.
^{EZ13} A-ga-de₃^{ki}-a E₂-ul-maš^{ki} mu-un-šub kur-a ba-e-a-e₁₁(d)	In Akkade das E-ul-maš („Haus Ulmaš") hat sie verlassen, in die Unterwelt ist sie hinabgestiegen.

4.1.1 Erster Rekonstruktionsversuch der Hylemsequenz

Hier lassen sich durch Hylemanalyse folgende kleinste handlungstragende Stoff-Einheiten bzw. mythische Hyleme (MH) erkennen, die als erste Annäherung an den Anfang des Mythos, eine Art vorläufige „Arbeitsversion", zu gelten haben, die anschließend präzisiert wird[62]:

> MH1) Innana plant vom Himmel aus etwas, was die Unterwelt betrifft. (// EZ 1-3)
> MH2) Innana verlässt den Himmel. (// EZ 4 f)
> MH3) Innana verlässt die Erde und ihre Städte inklusive der Priesterämter und Tempel. (// EZ 4-13)[63]
> MH4) Innana geht in die Unterwelt. (// EZ 4-13)

Hier zeigt sich schon, dass die Hylemanalyse uns jenseits der kunstvoll formenden epischen Stilisierung zu einer Profilierung des Gemeinten führt und dass dabei auch deutlich wird – viel deutlicher als bei der Lektüre eines solchermaßen kunstvoll geformten Textes – wo Dinge ausgespart und im Unklaren belassen werden. Deutlich wird, dass die große Göttin Innana etwas plant, aber was *genau* das sein könnte, das wird nicht offengelegt. Logisch lässt sich jedenfalls

---

[62] Eine einzige epische Zeile kann mehrere Hyleme enthalten; so sind z. B. in EZ 4-13 immer zwei handlungstragende Einheiten verbunden, einerseits, dass Innana einen Ort verlässt, andererseits, dass sie unterwegs ist in die Unterwelt. Umgekehrt kann in mehreren Zeilen ein und dasselbe Hylem enthalten sein, wie z. B. in EZ 4-13, die neben verschiedenen anderen Hylemen immer auch dasselbe Hylem zum Ausdruck bringen, nämlich dass Innana in die Unterwelt geht.
[63] Wenn man die Hylemanalyse detaillierter durchführen möchte, kann man jede Stadt mit ihrem Tempel als eigenes Hylem anführen; für unsere Zwecke reicht die abkürzende Variante.

erschließen, dass man nur dann einen Plan macht, wenn man damit ein Ziel verfolgt. Am Anfang der Hylem-Sequenz muss daher mindestens ein weiteres Hylem stehen, dessen genauer Inhalt unklar bleibt:

> MH1[64]) [Innana will etwas, was im Zusammenhang mit der Unterwelt steht.] (*Was genau ihr Ziel ist, bleibt offen.*)
> MH2) Innana plant daher vom Himmel aus etwas, was die Unterwelt betrifft. (// EZ 1-3)

4.1.2 Zweiter Rekonstruktionsversuch der Hylemsequenz

Die genauere Durchsicht der folgenden Hyleme (ursprünglich MH2-4) zeigt, dass diese nicht alle auf derselben Ebene stehen. Hinter dem Verlassen des Himmels und der Erde und dem Gang in die Unterwelt zeigt sich ein übergeordnetes Hylem, das durch mehrere weitere ausdifferenziert wird: Innana geht vom Himmel in die Unterwelt. Dabei verlässt sie nicht nur den Himmel, sondern auch wichtige Städte, Tempel und Ämter auf der Erde. Die neuerliche iterative Adaption der Hylem-Sequenz sieht mithin so aus:

> MH1) [Innana will etwas, was im Zusammenhang mit der Unterwelt steht.] (*Was genau ihr Ziel ist, bleibt offen.*)
> MH2) Innana plant vom Himmel aus etwas, was die Unterwelt betrifft. (// EZ 1-3)
> MH3) Innana steigt vom Himmel in die Unterwelt hinab. (// EZ 4-13; 16; 26)
> MH3-1) Innana verlässt den Himmel. (EZ 4 f)
> MH3-2) Innana verlässt die Erde. (EZ 4-13)
> MH3-2-1) Innana verlässt [auf der Erde] Priesterämter. (EZ 6)
> MH3-2-2) Innana verlässt in den Städten ihre Tempel. (EZ 7-13)
> MH3-3) Innana steigt in die Unterwelt hinab. (EZ 4-13; 16; 26)

Ein übergeordnetes Hylem wie MH3, dem andere untergeordnet sind, lässt sich als Hyperhylem benennen[65]. Dies wird auch in anderem Zusammenhang noch wichtig werden (vgl. sub 4.2.1).

---

64 Da dieses Hylem auf Basis des Textes erschlossen werden kann, aber nicht ausformuliert vorliegt, wird es in eckige Klammern gesetzt; dies geschieht in Analogie zur Bearbeitung von Texten, wo man nicht erhaltene, aber rekonstruierbare Passagen in eckigen Klammern präsentiert.
65 Zu Hyperhylemen vgl. den Beitrag von C. Zgoll im vorliegenden Band sub 3.3 „Relevance of Hyleme Analysis for the Study of *Stoffe*". Die Funktion als Hyperhylem ist relativ und ergibt sich aus der Zusammenfassung anderer, untergeordneter Hyleme. Im vorliegenden Beispiel finden sich Hyperhyleme auf verschiedenen Ebenen. MH3-1 und MH3-2 sind einerseits dem

4.1.3 Dritter Rekonstruktionsversuch der Hylemsequenz

Was aber ist nun das Ziel Innanas? Die Hylemanalyse des weiteren Epos hilft, die fehlenden Bestandteile vom Anfang des Mythos zu rekonstruieren. Als nämlich die Göttin Innana tot in der Unterwelt festgehalten wird, bittet ihre Wesirin getreu dem Auftrag Innanas die großen Götter (Enlil, Nanna und Enki) um Hilfe. Zwei von ihnen lehnen ab und zwar mit folgender Begründung (angalta Z. 191-193 vgl. die Parallele in Z. 205-207):

^{EZ191} dumu-ĝu$_{10}$ an gal(-la) al bi$_2$-in-du$_{11}$(g) ki gal al bi$_2$-in-du$_{11}$(g)	Mein Kind! Es hat den Großen Himmel verlangt, es hat die Große Erde verlangt!
^{EZ192} ^{d}Innana(k) an gal(-la) al bi$_2$-in-du$_{11}$(g) ki gal(-la) al bi$_2$-in-du$_{11}$(g)	Innana! Sie hat den Großen Himmel verlangt, sie hat die Große Erde verlangt!
^{EZ193a} me kur-ra me al nu-di-da al bi$_2$-in-du$_{11}$(g)	Die Machtmittel der Unterwelt, die Machtmittel, die niemand wünscht, die hat sie gewünscht!
^{EZ193b} ki-be$_2$ sa$_2$ ḫe$_2$-eb-be$_2$-e^{66}	An deren Ort wird sie (die Machtmittel) ganz sicher gelangen lassen!

Auch wenn die drei in EZ 193 erhaltenen Textzeugen unterschiedlich formulieren[67], so zeigt sich dahinter doch dieselbe Handlung; d. h. die Unterschiede sind

---

Hyperhylem MH3 untergeordnet; andererseits ist MH3-2 selbst ein Hyperhylem, welches die ihm untergeordneten Hyleme MH3-2-1 und MH3-2-2 zusammenfasst.

66 Umschrift von EZ 193b // 207b nach Textzeuge UN$_1$, d. h. MS 3281, aus der Schøyen-Sammlung. Dieser Text wird von K. Volk zum Druck vorbereitet; freundlicherweise darf er hier schon zitiert werden. Die anderen an dieser Stelle erhaltenen Textzeugen schreiben:
^{193} NiE [ki]-⌈ba⌉ ḫe$_2$-eb-us$_2$<-e> – „sie wird sie auf jeden Fall an ihren Ort (annähern =) gelangen lassen".
^{193} NiO ⌈ki?-bi?-še$_3$?⌉ sa$_2$ b[i$_2$-i]n-du$_{11}$(g) [x (x)?] – „sie wird sie für deren Ort erlangt haben".
Text UN$_1$ verwendet das Affirmativ der Zukunft; vgl. dazu Falkenstein ^{2}1978, 212, Attinger 1993, 293 f und A. Zgoll 2015, 48. In NiE lässt sich die ḫe$_2$-eb-us$_2$ geschriebene Verbalform als {he-b-us$_2$}, d. h. ebenfalls als Affirmativ der Zukunft mit Passivkonjugation verstehen („sie werden in jedem Fall angenähert worden sein") oder als {he-b-us$_2$-Ø}, d. h. als Affirmativ der Zukunft mit intransitiver Absolutivkonjugation („sie werden sich in jedem Fall annähern"). Möglich ist auch, dass der Schreiber eigentlich {he-b-us$_2$-e} meinte, also einen Affirmativ der Zukunft mit Verwendung der imperfektiven ergativischen Konjugation; das wäre dann grammatikalisch parallel zur entsprechenden Form in der Variante sa$_2$ ḫe$_2$-eb-be$_2$-e von UN$_1$. Semantisch laufen die Analysen auf dasselbe hinaus, so dass die Frage keine Auswirkungen auf die Hylemanalyse hat.

formaler, nicht inhaltlicher Natur; auf Hylem-Ebene ist die Aussage identisch[68]. Aus dieser Passage lassen sich vier mythische Hyleme extrahieren, deren genaue Position innerhalb der Hylem-Sequenz noch zu klären steht[69]:

Innana will den Großen Himmel.
Innana will die Große Erde, d. h. die Unterwelt.
Innana will Machtmittel der Unterwelt.
Innana bringt Machtmittel der Unterwelt an deren Ort.

Das erste Hylem, dass Innana den Großen Himmel verlangt, lässt sich der Hylem-Sequenz des Mythos von *Innanas Unterweltsgang* überhaupt nicht zuordnen. Vielmehr gehört es zum Stoff eines völlig anderen Mythos, des Mythos *Innana bringt das Himmelshaus zur Erde*[70]. Das eine Hylem evoziert diesen Mythos insgesamt. Es handelt sich also auch hier um ein Hyperhylem (vgl. 4.2.1), und zwar um ein Hyperhylem, welches einen ganzen Mythos in extrem komprimierter Form zusammenfasst. Die Mythenkomprimierung durch das Hyperhylem *Innana will den Großen Himmel* birgt großes Potential für die Wiedergewinnung der originären *Bewertung* unseres Mythos[71], worauf noch zurückzukommen sein wird. Die nachfolgenden Hyleme fügen sich genau zur Hylem-Sequenz des Mythos, die wir bislang erarbeitet hatten.

4.1.4 Vierter Rekonstruktionsversuch der Hylemsequenz

Indem wir die neu gewonnenen Hyleme in chronologischer Reihenfolge in diese Hylem-Sequenz einbringen, lässt sich die bislang nur in Umrissen zu erschließende Leerstelle von MH1 füllen und damit der Anfang des Mythos nun folgendermaßen rekonstruieren:

MH1) Innana will die Unterwelt und Machtmittel der Unterwelt. (EZ 191-193 + 205-207)[72]
MH2) Innana plant [daher] vom Himmel aus etwas, was die Unterwelt betrifft. (EZ 1-3)
MH3) Innana steigt vom Himmel in die Unterwelt hinab. (// EZ 4-13; 16; 26)

---

67 Eine eingehende Auswertung findet sich in A. Zgoll / C. Zgoll 2019.
68 Vgl. dazu ausführlicher A. Zgoll / C. Zgoll 2019 unter 4.3.
69 Daher bleiben sie noch ohne Nummerierung.
70 Vgl. die Edition durch van Dijk 1998 und eine neue Übersetzung und Interpretation bei A. Zgoll 2015a.
71 Vgl. dazu A. Zgoll 2019.
72 Dass es hierbei nicht um puren Machthunger geht, wird im Folgenden deutlich werden. Vgl. zusammenfassend 8.1.

> MH3-1) Innana verlässt den Himmel. (EZ 4 f)
> MH3-2) Innana verlässt die Erde. (EZ 4-13)
>> MH3-2-1) Innana verlässt auf der Erde Priesterämter. (EZ 6)
>> MH3-2-2) Innana verlässt in den Städten ihre Tempel. (EZ 7-13)
> MH3-3) Innana steigt in die Unterwelt hinab. (EZ 4-13; 16; 26)

Das Hylem „Innana bringt Machtmittel der Unterwelt an deren Ort"[73] folgt nicht direkt auf MH3; seine Bedeutung und genaue Position im Verlauf des Mythos wird später noch zu klären sein (sub 5.1.7).

4.1.5 Finale Rekonstruktion der Hylemsequenz

An einer anderen Stelle im Epos erfährt man noch ein weiteres Detail: Innana rüstet sich mit sieben göttlichen Machtmitteln aus (Z. 14 f; 17-25); erst dann verlässt sie Himmel und Erde und ihre Tempel[74] und geht in die Unterwelt (Z. 16; 26). Auch dies ist für die Mythen-Rekonstruktion wichtig. Der Einbau dieses Hylems führt zu einer Präzisierung der Hylemsequenz in der folgenden Adaption:

> MH1) Innana will die Unterwelt und Machtmittel der Unterwelt. (EZ 191-193 + 205-207)
> MH2) Innana plant [daher] vom Himmel aus etwas, was die Unterwelt betrifft. (EZ 1-3)
> MH3) [Innana steigt vom Himmel zur Erde hinab.]
>> MH3-1) Innana verlässt den Himmel. (EZ 4 f)
>> MH3-2) [Innana geht in verschiedene Städte und deren Tempel.] (EZ 7-13)
> MH4) Innana legt sich [in den Tempeln] sieben Machtmittel an. (EZ 14 f; 17-25)
> MH5) Innana nimmt die sieben Machtmittel mit sich. (EZ 14 f; 17-25 + 16)
> MH6) Innana verlässt die Erde. (EZ 4-13)

---

[73] Aufgrund der Formulierung von zwei Textzeugen mit Affirmativ der Zukunft (vgl. die Übersetzung von EZ 193b) und nach den weiteren Informationen im Epos ist dieses Hylem gesichert.

[74] Die Aussagen der Zeilen 14-25 sind als Analepse, d. h. vorzeitig zu den Aussagen der Zeilen 4-13 zu verstehen. Damit ergibt sich folgende Hylemsequenz: Innana legt die göttlichen Machtmittel an – wie z. B. Herrschaftsgewand, Augenschminke etc. –, dann erst geht sie von der Erdoberfläche aus in die Unterwelt. Eine Deutung ohne Analepse würde implizieren, dass Innana sich auf dem Weg zum Totenreich, im Gehen, umkleidet und schminkt. Da dies auszuschließen ist, *muss* in den Zeilen 14-25 ein Rückblick vorliegen. Dieses Stilmittel hat eine wichtige Funktion für die literarische Gestaltung des epischen Textes: Indem das Anlegen der Machtmittel als Rückblick während der Reise ins Totenreich geschildert wird, lässt sich die ansonsten nur kurze Aussage über die Reise als länger andauerndes Geschehen begreifen; die Erzählzeit wird verlängert, wodurch auch die erzählte Zeit als länger wahrgenommen wird. Die Reise zwischen den verschiedenen Weltregionen Himmel, Erde und Unterwelt wird somit für die Rezipienten nachvollziehbar und erlebbar als langwieriges Unterfangen.

MH6-1) Innana verlässt [auf der Erde] Priesterämter. (EZ 6)
MH6-2) Innana verlässt in den Städten ihre Tempel. (EZ 7-13)
MH 7) Innana steigt in die Unterwelt hinab. (EZ 4-13; 16; 26)

Auf Basis der iterativen Durchgänge der Hylemanalyse liegt damit die finale Hylem-Sequenz für den Beginn des Mythos vor. Dieser neu gewonnene Anfang des Mythos bringt die Analyse des Zieles von *Innanas Unterweltsgang* deutlich weiter. Die Rekonstruktion macht deutlich, dass es im Mythos nicht um bloße Gewalt über eine finster-staubige Unterwelt geht, sondern um den Besitz numinoser Machtmittel[75]. Solche Machtmittel (sumerisch m e) spielen in vielen mesopotamischen Texten eine immense Rolle: Sie werden als grundlegend für das Leben in dieser Hochkultur angesehen und man ist überzeugt, dass mächtige Gottheiten eine große Zahl solcher Machtmittel besitzen oder für ihren Stadtstaat oder Staat gewinnen und einsetzen[76].

Solche Machtmittel will Innana also aus der Unterwelt gewinnen, so das erste Mythen-Stratum von *Innanas Unterweltsgang*, das hinter dem Preislied erkennbar wird. Doch was wird daraus? Weil dieser Mythos nicht eigenständig überliefert ist, sondern in einen größeren Gesamtmythos eingebaut und dafür auch umgebaut worden ist[77], lässt sich nicht mehr auf den ersten Blick erkennen, was in dem ursprünglich selbständigen Mythos aus Innanas großen Plänen eigentlich wurde. Das bislang noch nicht in die logische Abfolge des Mythos eingearbeitete Hylem, dass Innana die göttlichen Machtmittel an deren Ort bringen werde (siehe oben), weist hier allerdings schon eine deutliche Richtung (vgl. 5.1.7).

4.2 Mythischer Stoff auf Basis des Epos *innin me galgala* / *Innana und Šu-kale-duda*

An dieser Stelle wird nun ein vergleichender Blick auf einen anderen mythischen Text relevant. In einem Epos namens „Herrin der großen Machtmittel",

---

75 Zum Charakter dieser Machtmittel vgl. 5.3.
76 Vgl. in diesem Sinne den Mythos *Innana bringt Enkis Machtmittel nach Uruk*/traditionell *Innana und Enki*; zur Interpretation, dass die Machtmittel nach Uruk gelangen und dort bleiben, vgl. auch Wilcke 1993, 44, Volk 1995, 20 mit Anm. 115 (lies dort „Eridu" statt „Uruk"). Entsprechendes findet sich z. B. auch im Preislied auf Innana als „Herrin über die unzähligen göttlichen Machtmittel" (*nin me šara*), das im Ritual eingesetzt werden soll mit dem Ziel, dass Innana ihre kriegerischen Machtmittel gegen Separatisten einsetzen möge, vgl. dazu A. Zgoll 1997 und A. Zgoll 2015.
77 Vgl. dazu unten sub 8.2.

innin me galgala (traditionell *Innana und Šu-kale-duda*) finden sich nämlich ganz ähnliche Hyleme, die im epischen Text teilweise sogar *wörtlich* gleich formuliert sind. Die Edition des epischen Preisliedes *innin me galgala / Innana und Šu-kale-duda* verdanken wir K. Volk 1995; sie bildet die Grundlage, auf der die folgenden Ausführungen aufbauen. Auch in diesem Epos sind mehrere mythische Erzählstoffe kombiniert: ein Mythos über den Gott Enki, der mit Hilfe eines Raben die Dattelpalme und ihre Kultivierung erschafft; ein Mythos über die Göttin Innana, die ins k u r (Bergland/Unterwelt) geht; und ein Mythos über Innana und den „Gärtner" Šu-kale-duda, der sich mit der Göttin in seinem Garten vereinigt. Im vorliegenden Beitrag geht es um den Mythos von Innana, die ins k u r (Bergland/Unterwelt) geht. Schon Wilcke 1993[78] und Volk 1995 haben die Beziehungen zwischen den Texten *innin me galgala* und *angalta* untersucht und wesentliche intertextuelle Verbindungen zwischen diesen beiden epischen Preisliedern beschrieben. Diese Parallelen lassen sich mit Hilfe der im vorliegenden Band vorgestellten methodischen Instrumente der Mythosforschung nach Beziehungen zwischen Mythen, d. h. zwischen mythischen Stoffen, neu untersuchen. Hierbei tun sich Indizien auf, die darauf hinweisen, dass auch der Innana-Mythos in *innin me galgala* entsprechend zu dem in *angalta* zu verstehen ist[79]. Der Fährte wird der Beitrag im Folgenden nachgehen[80].

Zwei Zeilen am Anfang des Preisliedes *innin me galgala* formulieren genau wie *angalta*, dass die Göttin Innana Himmel und Erde verlassen hat (Z. 15 // 16):

---

[78] Vgl. auch Wilcke 1974.
[79] C. Wilcke, K. Volk u. a. haben sich dafür entschieden, k u r hier als „Bergland" zu verstehen und von einem Aufstieg der Innana ins Bergland auszugehen, entsprechend Attinger 2009 und Krebernik 2012, der schreibt, dass Innana auf einer „Inspektionsreise" im Bergland ist, „was in Anspielung auf ihren Abstieg in die Unterwelt formuliert ist" (Krebernik 2012, 93). Der vorliegende Beitrag geht von einem Bedeutungskontinuum „Bergland, Feindland, Unterwelt", eben im Sinn des genannten „Gebirge-und-Totenreich" aus; beim Aufstieg der Innana im k u r handelt es sich um einen Aufstieg im Bergland, wobei dieses k u r („Bergland") einen Teil der Unterwelt bildet. Es handelt sich um den Bereich, den die Gestirngottheiten durchqueren, wenn sie ins Totenreich (k u r) eintreten oder von dort wieder in den Himmel zurückkehren. Das k u r umfasst einen unterirdischen (das „Totenreich") und einen oberirdischen Bereich (das „Gebirge"), die beide ineinander übergehen. Vgl. dafür z. B. auch Steinkeller 2007, 231 f: Der Zugang zur Unterwelt liegt in den westlichen (Eingang) und östlichen (Ausgang) Bergen. Auch der unterweltliche Teil des k u r kann als Gebirge oder umgekehrtes Gebirge vorgestellt worden sein, vgl. Diakonoff 1995, 116 Anm. 63: „the Sumerians ... had their ‚mountain', kur, but it was a mountain turned upside down, because it denoted the Underworld".
[80] Vgl. auch Alster 1974, 30, der den Innana-Mythos in *innin me galgala / Innana und Šu-kale-duda* analog zu dem in *angalta* verarbeiteten aufgefasst hat.

15 u₄(d)-ba ⸢x x(= *nin-ĝu₁₀*?)⸣-e an mu-un-šub   Damals hatte [... (= *meine Herrin*?)] den Himmel
ki mu-un-šub ...   verlassen, hatte sie die Erde verlassen ...

Das Verlassen von Himmel und Erde fordert, dass danach ein anderer kosmischer Raum betreten wird. Als dritten kosmischen Raum kennen die Mesopotamier das k u r, das man präzise als „Gebirge-und-Totenreich" wiedergeben müsste. Das Erreichen der Unterwelt ist mithin zu erschließen. Und genau davon ist, wie sich zeigen wird, tatsächlich die Rede. Wertet man die beiden kurzen Sätze als Hyleme aus, so ergibt sich daraus die folgende kleine Hylemsequenz:

> Innana verlässt den Himmel.
> Innana verlässt die Erde.
> [Innana ist in der Unterwelt (k u r).]

Der Fortgang wird in den beiden an dieser Stelle erhaltenen Textzeugen verschieden formuliert. In Dn₁ folgt danach sofort der Aufstieg aus der Unterwelt (formuliert mit i l₂ „hochheben", hier offensichtlich „hochsteigen"). In Cn₁ wird explizit formuliert, dass Innana in die Unterwelt hinabsteigt (e₁₁(d))[81] und erst im Anschluss, dass sie im k u r aufsteigt. Beide Texte formulieren stark verknappend, was bedeutet, dass sie auf Bekanntes anspielen[82].

---

[81] Prinzipiell kann e₁₁(d) nicht nur „hinabsteigen", sondern auch „hinaufsteigen" bedeuten. Der Wechsel zwischen beiden Verben e₁₁(d) und i l₂ in Textzeuge Cn₁ scheint mir darauf hinzudeuten, dass gerade nicht parallele Aussagen, sondern komplementäre gemeint sind. Wäre ein Parallelismus intendiert, würde man zweimal i l₂ erwarten, so wie sich das in Textzeuge Dn₁ findet. Schreiben die verschiedenen Texte hier also unterschiedliche Mythenversionen, einmal dass Innana absteigt in die Unterwelt, einmal dass sie von dort aufsteigt? Die Hylemanalyse zeigt, dass dem nicht der Fall ist. Der Unterschied zwischen den beiden Textzeugen besteht nur auf der formalen Ebene, nicht auf der inhaltlichen. Indem beide Textzeugen davon berichten, dass Innana Himmel und Erde verlässt, umschreiben sie den Abstieg Innanas in die Unterwelt. Das anschließende Aufsteigen (i l₂) ist dann als Aufstieg aus der Unterwelt zu verstehen. Im Unterschied zu Textzeuge Dn₁ expliziert Cn₁ den Abstieg Innanas in Z. 15 noch *zusätzlich* durch die Erwähnung des Hinabsteigens (e₁₁(d)).
[82] Vgl. A. Zgoll / C. Zgoll 2019.

¹⁵ u₄(d)-ba ⌜x x (= nin-ĝu₁₀?)⌝-e   Damals hatte [*meine Herrin?*]
an mu-un-šub ki mu-un-šub   den Himmel verlassen, hatte die Erde verlassen,

kur-ra ba-e-a-e₁₁(d)^Textzeuge Cn1   stieg zum k u r (Gebirge-und-Totenreich) hinab-^Textzeuge Cn1
// ba-e-a-íl₂^Textzeuge Dn1
                                         // stieg im k u r (nun) hinauf ^Textzeuge Dn1.

¹⁶ ᵈInnana[(-ke₄?)]   Innana –
an m]u-un-šub ki mu-un-šub   sie hatte den Himmel verlassen, hatte die Erde verlassen,

kur-ra ba-e-a-íl₂   stieg (nun) im k u r (Gebirge-und-Totenreich) hinauf.

Die hinter diesen beiden Zeilen stehenden Hyleme beinhalten die räumlichen Eckpunkte des Mythos von *Innanas Unterweltsgang*: den Abstieg ins Totenreich und den Aufstieg aus dem Totenreich:

> Innana verlässt den Himmel.
> Innana verlässt die Erde.
> Innana steigt in die Unterwelt hinab.[83]
> [Innana ist in der Unterwelt (k u r).]
> Innana steigt in der Unterwelt herauf.

Wenn jemand Himmel und Erde verlassen hat und damit in das k u r, die Unterwelt, abgestiegen ist, dann meint ein nachfolgendes Aufsteigen den Aufstieg aus der Unterwelt heraus. Dieser Aufstieg erfolgt im k u r, das Unterwelt und Gebirge umfasst. Das Gebirge ist der erschaubare Teil der Unterwelt, es bildet dessen Außenbezirke. Hier im Gebirge steigt Innana als Gestirngottheit aus der Unterwelt auf. Die beiden Zeilen 15-16 geben mithin etwas wie ein Rundweg der Göttin an, der vom Himmel hinabführt ins Totenreich, aber von dort auch wieder aufsteigt – das wird hier in *innin me galgala* auf Textebene durch die direkte Kombination von Aufstieg und Abstieg gleich zu Anfang betont. Der Rundweg der Gestirngottheit beginnt im Himmel, führt unter die Erde und von dort wieder zurück.

---

83 So im Textzeugen Cn₁; für Dn₁ vgl. 4.2.

4.2.1 Das Umkreisen in Elam und Subir: ein Hyperhylem

Dieser Rundweg der Göttin vom Himmel unter die Erde und wieder zurück zum Himmel wird in *innin me galgala* auch in den Zeilen 112 f thematisiert:

112 u₄-ba nin-ĝu₁₀ an mu-un-niĝen₂-na-ta ki mu-un-niĝen₂-na-ta	Damals: Meine Herrin! Nachdem sie den Himmel umrundet hatte, die Erde/Unterwelt umrundet hatte,
113 ᵈInnana(k) an mu-un-niĝen₂-na-ta ki mu-un-niĝen₂-na-ta	– Innana! – nachdem sie den Himmel umrundet hatte, die Erde/Unterwelt umrundet hatte

Der Rundweg wird hier explizit gemacht und in einem einzigen Hylem zusammengefasst:

> Innana umrundet Himmel und Erde.

Bei der Gestirngottheit ist ein solches „Umrunden" astral zu verstehen, d. h. als Zusammenfassung des Abstiegs des Gestirns aus dem Himmel in die Unterwelt und des anschließenden Aufstiegs aus der Unterwelt in den Himmel. Von diesem „Rundweg" werden zwei Stationen herausgegriffen, nämlich Elam, was hier den (Süd-)Osten bezeichnet, und Subir, was für den (Nord-)Westen steht[84]:

114 elamᵏⁱ su-bir₄ᵏⁱ-a mu-un-niĝen₂-na-ta	nachdem sie in Elam (= (Süd-)Osten) und Subir (= (Nord-)Westen) (Himmel und Erde) umrundet hatte,
115 dubur an gi₁₆-gi₁₆-il-la mu-un-niĝen₂-na-ta	nachdem sie im (Grenzraum, nämlich dem) verschwommenen (Ost- und West-) Horizont[85] (Himmel und Erde) umrundet hatte,

---

84 „Elam" und „Subir" (114) korrespondieren in *innin me galgala* mit s i g „unten" und n i m „oben" (Z. 101 f), die für (Süd-)Osten (s i g) und (Nord-)Westen (n i m) stehen, wie auch das parallel zu s i g genannte k u r u₄(d) e₃-k e₄-n e = {kur u₄(d) e₃=ak=ene}, „Bergland/Unterwelt, wo die Lichter (= Astralgötter) hervorkommen" und das parallel zu n i m genannte k u r u₄(d) š u₂-k e₄-n e = {kur u₄(d) šu₂=ak=ene}, „Bergland/Unterwelt, wo die Lichter (= Astralgötter) sich verdunkeln (= untergehen/verschwinden)" deutlich machen. D. h. Elam bezeichnet den (Süd-)Osten, Subir den (Nord-)Westen; der Betrachter – Šu-kale-duda – befindet sich dabei in Sumer.

85 Mit Attinger 2017 ist es nicht ganz klar, ob als „Himmelsfundament, Horizont" im Sumerischen ein Ausdruck {dubur an} oder eine genitivische Verbindung {dubur an=ak} anzusetzen ist. Das könnte in verschiedenen Texten auch verschieden sein. An der vorliegenden Stelle muss d u b u r a n eine feste Wendung sein, sonst könnte das Adjektiv nicht nachgestellt wer-

Bei Elam und Subir handelt es sich um die beiden entscheidenden Stationen des Austrittes aus der Unterwelt und des Eintrittes in die Unterwelt am „verschwommenen Himmelshorizont"[86]. Diese entscheidenden Stationen beobachtet der Protagonist des dritten, im Epos verarbeiteten Mythos, namens Šu-kale-duda. Von Sumer aus erblickt Šu-kale-duda dabei die Göttin Innana, als sie – der Mythos meint sicherlich: zum ersten Mal – aus dem Totenreich zurückkehrt[87]. Innana ist zunächst noch im Bereich des Todes, denn sie erscheint zunächst als Totengeist (kitim, Z. 103 // 151), erst darauf als Gottheit (diĝir, Z.104 // 152)[88]. Die Aussage, dass sie Himmel und Erde umrundet hat, erweist sich als ein stoffzusammenfassendes Hylem (Hyperhylem), das *Descensus* und *Ascensus* der Göttin und damit den gesamten Mythos in einer einzigen Aussage kondensiert[89]. Es legt sich nahe, dass in *innin me galgala* auf einen ähnlichen oder denselben Mythos Bezug genommen wird, der auch in *angalta* verarbeitet ist, d. h. dass hier eine interstoffliche Interferenz, eine Verbindung zwischen zwei Stoffen bzw. Stoff-Varianten anzunehmen ist.

---

den. (Außer es bezöge sich auf den Himmel, was semantisch nicht einleuchtet, da ja nicht der Himmel verschwommen ist, sondern der Horizont als die Region, wo Himmel und Unterwelt ineinander übergehen und wo gerade morgens, wenn Innana aus der Unterwelt zurückkehrt, Dunst liegen kann.) Demnach ist hier ein Lokativ und kein Genitiv anzusetzen. Dies passt als syntaktische Parallele auch genau zur Gestaltung der vorangehenden Zeile.

86 Wäre kur hier nur als oberirdisches Bergland, also als gebirgige Länder wie Elam oder Subir aufzufassen, dann wäre merkwürdig, wieso Innana, um z. B. nach Elam und Subir zu gelangen, die Erde verlassen müsste. Versteht man aber Elam und Subir als besondere Stationen auf ihrem Weg vom Himmel auf die Erde und von dort, von einem Ort im (Nord-)Westen (Subir) aus unter die Erde und dann, von einem Ort im (Süd-)Osten (Elam) aus wieder auf die Erde und in den Himmel, dann bezeichnet kur hier Bergland und Unterwelt, nämlich das Bergland als Außenbezirk der Unterwelt, von dem aus der unsichtbare, unterirdische Teil desselben Berglandes betreten werden kann. Diese Deutung, dass Innana einmal vom Himmel aus in die Unterwelt geht und von dort wieder zurück in den Himmel, hat seine Parallele in der Aussage vom Umkreisen von Himmel und Erde (beide im Absolutiv, also direktes Objekt des Umkreisens, Z. 112-115), das bei der Gottheit des Venusgestirns genau diesen astralen „Rundgang" bezeichnet.

87 Diese Aussagen gehören zur Scharnierstelle, durch welche die beiden Mythen innerhalb des epischen Preisliedes verknüpft werden.

88 Wilcke 1993, 56 identifiziert den „alleingehenden Totengeist" (und „alleingehende Gottheit") mit der „aus der Unterwelt zurückkehrenden Inanna". Entsprechend auch Volk 1995, 23: „Dieser göttliche Totengeist [Z. 103 mit Parallelen] ist niemand anders, als die aus der Unterwelt zurückkehrende Inanna, der wiederkehrende Venusstern." Aus dem Blickwinkel der Mythosforschung heißt dies, dass hier der Mythos von *Innanas Unterweltsgang* in den Text inkorporiert wird.

89 Ein entsprechendes Hyperhylem innerhalb des Epos *angalta* fasst den Mythos *Innana bringt das Himmelshaus zur Erde* zusammen; vgl. dazu 4.1.2 und 4.1.3.

Entsprechend lässt sich auch der Anfang des Mythos, wie er im Epos *innin me galgala* / *Innana und Šu-kale-duda* gestaltet ist, analog zu dem fast identisch formulierten im Epos *angalta* / *Innanas Gang in die Unterwelt* verstehen:

Epos *innin me galgala*	Epos *angalta*
⁴ ⌈u₄(d)⌉-ba lu₂ ki-sikil kur-ra ba-e-a-e₁₁(d)	⁴ nin-ĝu₁₀... kur-ra ba-e-a-e₁₁(d)
Damals ist jemand, (und zwar) eine junge Frau, in die Unterwelt hinabgestiegen.	Meine Herrin! ... In die Unterwelt ist sie hinabgestiegen.
⁵ [k]u₃(g) ᵈInnana(k)-ke₄ kur-ra ba-e-a-e₁₁(d)	⁵ ᵈInnana(k)... kur-ra ba-e-a-e₁₁(d)
Die bekannte, strahlende Innana! In die Unterwelt ist sie hinabgestiegen.	Innana! ... In die Unterwelt ist sie hinabgestiegen.

Weitere Formulierungen sind wörtlich gleich. Hier liegt also ein *inhaltlicher* Bezug, d. h. ein Bezug zwischen den beiden *Stoffen*, eine inter*stoffliche* Verbindung vor, der intensiviert ist, indem auch auf *formaler* Ebene durch identische Wortwahl eine Verbindung zwischen zwei *Texten*, also eine inter*textuelle* Verbindung vorliegt. Eine solche intertextuelle Verbindung gibt es auch an anderer Stelle:

Epos *innin me galgala*, Textzeuge Cn₁	Epos *angalta*
¹⁵... an mu-un-šub kimu-un-šub kur-ra ba-e-a-e₁₁(d)	⁴ᶠ... an mu-un-šub kimu-un-šub kur-ra ba-e-a-e₁₁(d)
... den Himmel hat sie verlassen, die Erde hat sie verlassen, ist zum k u r (Bergland/Unterwelt) hinabgestiegen.	

Ein Mythos vom *Unterweltsgang der Innana* liegt also beiden Texten zugrunde. Und mehr als das: Auch die beiden Texte sind sicherlich nicht unabhängig voneinander zu sehen. Selbst für die Frage, welcher Text sich auf welchen bezieht – bei intertextuellen Bezügen häufig nicht einfach zu entscheiden – legt sich die Antwort nahe: Da *innin me galgala* stark verknappend schreibt, so dass er ohne Kenntnis des mythischen Stoffes kaum verständlich wäre, bezieht sich dieser Text auf den anderen, ausführlicheren zurück, nämlich auf *angalta*, einen Text, der auch weitaus besser bezeugt ist.

4.2.2 Übersicht des Mythos *Innana geht in die Unterwelt* auf Basis des Epos *innin me galgala*

Wie die doppelte Verwendung von Hyperhylemen schon angedeutet hatte, liegt im Epos *innin me galgala* die Kurzversion eines Mythos vom Unterweltsgang der Göttin vor. Auf der Textebene stellt sich das so dar: Während die mythische Version im Epos *angalta* auf 284 Zeilen ausgeführt wird, benötigt das Epos *innin me galgala* dafür gerade 28 epische Zeilen (EZ). Hinter dieser Kurzschilderung lassen sich die folgenden mythischen Hyleme (MH) erkennen:

> MH 1) Innana verlässt den Himmel. (EZ 15 f)
> MH 2) Innana verlässt die Erde. (EZ 15 f)
> MH 2-1) Innana verlässt in den Städten die Tempel. (EZ 17 f)
> MH 3) Innana geht in die Unterwelt. (EZ 4 f, 15-18)
> MH 4) Innana steht in den Tiefen und Höhen der Unterwelt mit zwei „Tieren". (EZ 11 f)
> MH 5) Innana vollendet mit diesen „Tieren" die numinosen Machtmittel. (EZ 11 f, 104)
> MH 6) Gottheiten entscheiden ein Schicksal.[90] (EZ 105 f)
> MH 7) Innana steigt hinauf in die Oberwelt als (Toten-)Geist bzw. Gottheit. (EZ 101-104)
> MH 8) Innana bringt sieben numinose Machtmittel mit sich auf die Oberwelt (präziser: sie hat sieben Machtmittel umgebunden über ihrer Scham). (EZ 118)

Nicht in diesen Verlauf einzuordnen ist das Hylem, dass Innana das Land Sumer prüft (6-8). Es folgt erst nach der Rückkehr der Innana aus der Unterwelt (8) und gehört dem nachfolgenden Mythos an (vgl. 5.1.4).

5 Mythenvergleich: Innanas Abstieg ins Totenreich auf Basis von *angalta* und *innin me galgala*

Schon der kurze Überblick fordert dazu auf, einen genaueren Vergleich vorzunehmen, um herauszufinden, wie das Verhältnis zwischen den beiden Mythenversionen zu bestimmen ist, d. h. ob es sich um zwei ähnliche Mythen oder um Varianten ein und desselben Mythos handelt. Um sich an diese Fragen annähern zu können, bedarf es einer Methode zum Vergleich von Mythen. Dieser Vergleich muss unabhängig von der Textebene und ihren formalen Propria, d. h. unabhängig von einzelnen literarischen Gestaltungsmitteln auf der Stoff-

---

[90] Die Implikationen dieses Hylems sind noch zu klären.

Ebene operieren. In welcher Reihenfolge ein Mythos z. B. präsentiert wird, d. h. ob mit Prolepsen oder Analepsen gearbeitet wird oder ob abkürzend oder ausschmückend geschildert wird, das kann für den Vergleich von Mythen als Mythen keine Rolle spielen[91]. Grundlegend für einen Mythen-Vergleich ist mithin der Vergleich der Erzählstoffe in ihrer chronologischen Reihenfolge, also eine Hylemsequenz-Analyse.

Um zwei mythische Stoffe oder Stoff-Versionen zu vergleichen, erweist sich darüber hinaus eine Bestimmung der Position eines Hylems innerhalb der Hylem-Sequenz als sinnvoll und wichtig. Eine solche Positionsbestimmung kann sehr präzise relativ zu anderen Hylemen angegeben werden. Für den Vergleich basal ist aber schon eine einfachere Ortung, nämlich ob ein Hylem sich am Anfang, am Ende oder in der Mitte eines mythischen Stoffes (alias einer Hylem-Sequenz) befindet.

Nach diesen Vorüberlegungen lässt sich das geschilderte Vorgehen nun auf die beiden Mythen oder Mythenversionen vom *Gang Innanas in die Unterwelt* anwenden.

5.1 Vergleich der Sphärenwechsel-Sequenzen

5.1.1 Anfang der Sphärenwechsel-Sequenzen: Innana steigt hinab in die Unterwelt

angalta / Innanas Gang	*innin me galgala* / Innana und Šu-kale-duda
Innana will die Unterwelt, d. h. Machtmittel der Unterwelt. (// Z. 1-3 + 193 mit Parallelen) Innana plant vom großen Himmel aus etwas, was die Unterwelt betrifft. (// Z. 1-3)	–

---

[91] Auch wenn eine Handlungsabfolge in *einem* Text auf 300 Zeilen geschildert wird, im anderen durch 30 Zeilen – wie in unserem Fall –, so kann diese Handlungsabfolge doch in groben Zügen dieselben Hyleme umfassen; dies wird aber nur dann deutlich, wenn man die literarischen Ausschmückungen abziehen und den Stoff vergleichen kann, also durch Hylemanalyse. Analog lassen sich Texte, die kunstvolle Umstellungen der zeitlichen Abfolge eines Geschehens durch Rückblicke und Vorausgriffe vornehmen – wie das Epos *angalta* –, durch Hylemanalyse in ihre chronologische Reihenfolge, den *ordo naturalis* bringen und damit vergleichbar machen; vgl. dazu C. Zgoll im vorliegenden Band sub 2.2 „The *Stoff* Concept" und 3.3 „Relevance of Hyleme Analysis for the Study of *Stoffe*".

| *angalta* / | *innin me galgala* / |
Innanas Gang	Innana und Šu-kale-duda
Innana legt sieben Machtmittel an. (// Z. 14f; 17-25)	Innana ist in ein „Machtmittel-Prachtgewand", $^{tu9(g)}$tuba(ME), gekleidet. (// Z. 20)
Innana verlässt den Himmel. (// Z. 4-5)	Innana verlässt den Himmel. (// Z. 15-16)
Innana verlässt die Erde. (// Z. 4-5)	Innana verlässt die Erde. (// Z. 15-16)
Innana verlässt Priesterämter. (// Z. 6)	
Innana verlässt in verschiedenen Städten (Ni?D: Uruk und Zabalam) die Tempel. (// Z. 7-13)	Innana verlässt in zwei Städten (Uruk und Zabalam) die Tempel. (// Z. 15-18)
Innana geht in die Unterwelt hinab. (// Z. 4 ff)	Innana geht in die Unterwelt hinab. (// Z. 4-5, 15[92])
Innana gibt ihrer Wesirin einen Rettungsauftrag. (// Z. 26-72)	–
Innana fordert Einlass ins Totenreich. (// Z. 83-89)	–
Die Unterweltsherrscherin befiehlt, Innana Machtmittel abzunehmen. (// Z. 114-122)	

Der Anfang beider Mythen vom *Gang Innanas in die Unterwelt* zeigt deutliche Ähnlichkeiten. Der Kern des Ganzen ist der Sphärenwechsel der Göttin von Himmel und Erde in die Unterwelt. In beiden Mythen wird ausgeführt, dass Innana Himmel und Erde, Städte und deren Tempel verlässt und dass sie ins kur, d. h. in die Unterwelt hinabsteigt[93]. Auch die Ausrüstung mit göttlichen Machtmitteln ist in beiden Erzählstoffen vorhanden, wenngleich in verschieden aufwändiger Ausführung: Einmal legt die Göttin sieben Machtmittel an, das andere Mal ein „Machtmittel-Prachtgewand"[94].

---

92 So in Textzeuge Cn₁.

93 Das ist ein klares Pendant zu bildlichen Darstellungen, die Gestirngötter beim Aufstieg aus dem Gebirge zeigen: Ein solches Gebirge ist einerseits sichtbares Gebirge, andererseits hat es teil an der Unterwelt und ist selbst ein Stück von ihr. Entsprechend ist auch die Vorstellung, dass die Unterwelt bis direkt unter den Erdboden und Fußboden der Häuser reicht, die sich in vielen Ritualen zeigt, vgl. A. Zgoll 2013a.

94 Vor dem Hintergrund, dass der Stoff vom Unterweltsgang der Göttin in *innin me galgala* extrem verknappt dargeboten wird, ist gut vorstellbar, dass die Bekleidung mit dem Prachtgewand eine Zusammenfassung der Ausrüstung auch mit weiteren Utensilien impliziert und in diesem Sinne als Hyperhylem aufzufassen ist. So kann man schon davon ausgehen, dass jemand, der ein Prachtgewand anlegt, sich auch passend zu diesem schmückt, dass man sich also auch hier vorstellte, dass Innana die zugehörigen Schmuckstücke und Herrschaftsin-

Der Mythos im Epos *angalta* führt einiges genauer aus, was in der kurzen Version im Epos *innin me galgala* gar nicht in den Blick genommen wird: dass Innana nach den Machtmitteln der Unterwelt verlangt, einen entsprechenden Plan entwirft sowie Details zu den Geschehnissen in der Unterwelt.

5.1.2 Ende der Sphärenwechsel-Sequenzen: Innana kommt herauf aus der Unterwelt

Die vergleichende Übersicht der für das Ende des Mythos zentralen Hyleme stellt sich folgendermaßen dar:

angalta / Innanas Gang	*innin me galgala* / Innana und Šu-kale-duda
Nin-subur führt eine Hilfsaktion für Innana durch.	–
Enki verausgabt sich, um Innana zu helfen: Enki erschafft Ritualexperten; sie holen Innana aus dem k u r heraus. (Z. 217 ff)	–
	Innana umrundet Himmel und Erde. (Z. 112 f)
Innana kommt mit Unterstützung Enkis wieder herauf aus dem k u r. (Z. 284)	Innana kommt wieder herauf aus dem k u r. (Z. 6-8, 15-18, 20)
	Šu-kale-duda späht nach Osten und Westen: Er sieht Innana dort, wo Himmelsgötter aufgehen und untergehen. (Z. 101-104)
Innana spricht: „Ich bin Innana (die unterwegs ist) zum Sonnenaufgang." (Z. 81) = Vorausblick: Innana kommt im Osten aus der Unterwelt heraus.	= Innana kommt im Osten aus der Unterwelt (und war im Westen in die Unterwelt gegangen[95]).

Auch das Ende der Mythen zeigt sich in wesentlichen Punkten gleich: Innana kommt wieder herauf aus der Unterwelt. Das ist essentiell. Wie oben ausgeführt

---

signien ergriff und Augenschminke auftrug, parallel zur Darstellung der Mythosversion in *angalta*.

95 Führt man auch für *innin me galgala* / *Innana und Šu-kale-duda* eine genauere Hylemanalyse durch, wie das im vorliegenden Beitrag für *angalta* durchgeführt wurde (vgl. 4.1), so ist dieses Hylem „Innana geht im Westen in die Unterwelt" in die Hylem-Sequenz vom Anfang des Mythos zu stellen.

umfasst das Hylem, dass Innana Himmel und Erde umrundet, die Gesamthandlung des Mythos: Innana startet im Himmel, geht unter der Erde hindurch und steigt auf der anderen Seite des Himmels wieder auf. Außerdem wird deutlich, dass Innana im Osten aus der Unterwelt heraufkommt, also dort, wo die Gestirne aufgehen. Auch hier schildert das Epos *innin me galgala* nur diese essentiellen Eckpunkte des Geschehens und schildert nicht, *auf welche Weise* Innana aus der Unterwelt hervorkommt, was in *angalta* ausgeführt wird.

5.1.3 Mitte der Sphärenwechsel-Sequenzen: Innana stirbt in der Unterwelt

Etwa in der Mitte des Sphärenwechsels der Göttin liegt der *Tiefpunkt* des Geschehens: Innana wird zum Tod verurteilt und ist dann tot. Beide Mythen lassen daran keinen Zweifel. Im einen wird sie geschlagen und an einem Pflock aufgehängt; das andere Epos spricht von ihrem Totengeist. Die entsprechenden Hyleme sind die folgenden:

angalta / Innanas Gang	*innin me galgala* / Innana und Šu-kale-duda
Die Unterweltsherrscherin Ereš-ki-gal und die Unterweltsgötter Anuna verurteilen Innana zum Tod. (Z. 165-170).	–
Jemand schlägt Innana. Jemand macht Innana zu einem Stück Fleisch, zu einer Sache.[96] Jemand hängt dies an einem Pflock auf. (Z. 169 f) = Innana ist tot.	Innana ist ein Totengeist. (= Schau des *Šu-kale-duda*) (Z. 103) = Innana ist tot.

Im Epos *innin me galgala* wird der Tod der Innana nur vorsichtig angedeutet, wenn fast wie im Vorbeigehen erst bei der Rückkehr aus dem Totenreich von ihr als „Totengeist" (kitim) gesprochen wird. Das Epos *angalta* hingegen spricht von Innana als Fleisch und als Sache, die man an einem Pflock aufhängt. Selbst wenn hier offenbar Lexeme, die direkt das Tot-Sein bezeichnen würden, vermieden werden, ist doch die Formulierung, dass Innana als „Sache" (niĝ$_2$)

---

[96] Die Schreibungen und ihre Bedeutung lassen sich noch nicht abschließend verstehen. Es handelt sich um usu$_3$ niĝ$_2$ PA bzw. usu$_3$ niĝ$_2$ LUḪ. Die Studien von B. Cuperly (vgl. Anm. 7 und 40) deuten darauf hin, dass damit eine ganz bestimmte Entität gemeint ist, deren präzise Bestimmung uns aber noch entgeht. Konnotativ scheint hier eine Bedeutung wie „geschlagene Sache" mitzuschwingen.

bezeichnet wird, eine heftige Aussage für eine Kultur, deren Sprecher zwischen Personenklasse und Sachklasse[97] unterscheiden. Es zeigt, dass die Göttin in diesem Zustand nicht mehr als Person betrachtet wird.

5.1.4 Exkurs: Das „Prüfen von Sumer" als Teil eines anderen Mythos

angalta / Innanas Gang	*innin me galgala* / Innana und Šu-kale-duda
–	Innana erhebt sich (in =) aus der Unterwelt, um Sumer auf Schlechtigkeit und Rechtschaffenheit zu prüfen und um den Trügerischen und den Rechtschaffenen zu suchen. (Z. 6-8)

In *innin me galgala* ist nun davon die Rede, dass Innana sich aus der Unterwelt erhebt, um Sumer auf Schlechtigkeit und Rechtschaffenheit zu prüfen und den Trügerischen und den Rechtschaffenen zu suchen. Doch gehört dies *nicht* zum Mythos vom *Abstieg* der Innana und seinen Zielen. Es ist vielmehr Zweck ihres *Aufstiegs* aus der Unterwelt, es ist das, was den nachfolgenden Mythos ausmacht. Prüfen und Suchen erweisen sich als Kernbegriffe im anschließenden Mythos, wo Innana prüft (Z. 127 f) und sucht (Z. 136 f), vornehmlich nach Šu-kale-duda. Prüfen und Suchen ist also kein Zweck von Innanas Abstieg, es ist nicht Teil der Hylemsequenz von *Innanas Gang in die Unterwelt*. Dieses Prüfen und Suchen gehört vielmehr zu einer neuen Hylem-Sequenz, nämlich zum Mythos von *Innana und Šu-kale-duda*. Durch den Vorausblick sind beide Mythen an dieser Stelle auf der Textebene miteinander verknüpft worden.

5.1.5 Mitte der Sphärenwechsel-Sequenzen: Die Machtmittel werden vollendet

Der Vergleich von *angalta* und *innin me galgala* zeigt, dass während Innanas Aufenthalt in der Unterwelt etwas anderes eine wichtige Rolle spielt: Machtmittel der Unterwelt. In beiden Mythen geht es darum, dass die Unterweltsmachtmittel „vollendet werden":

---

[97] Genauer: Nicht-Personenklasse.

angalta / Innanas Gang	*innin me galgala* / Innana und Šu-kale-duda
Der Torwächter nimmt Innana an sieben Toren die sieben Machtmittel ab,	In den Tiefen und Höhen der Unterwelt steht Innana mit dem Wildstier und dem Bergziegenbock,
damit die Machtmittel der Unterwelt vollendet werden. (Z. 129 ff)	[damit] die Machtmittel vollendet werden. (Z. 11-12).
Der Torwächter erklärt: „Die Machtmittel der Unterwelt werden vollendet." (vgl. Z. 129-161)	Šu-kale-duda sieht, wie die Machtmittel der Unterwelt vollendet werden. (Z. 105 + 11-12)
NN beugt Innana nieder, NN reißt Innana die Haut bzw. das Gewand[98] ab. (Z. 162 f)	–
Innana lässt die Unterweltsherrscherin Ereš-ki-gal vom Thron aufstehen. (Z. 163 f)	–

Es lohnt sich, diese Aussagen genauer zu hinterfragen, um ihren Bedeutungsumfang zu eruieren. Im vorliegenden Kontext müssen dafür einige Hinweise genügen. Numinose Machtmittel zu „vollenden" muss bedeuten, dass diese Machtmittel einsatzbereit und funktionsfähig werden. Im Mythos von *angalta* beginnt das Vollenden der Machtmittel, wenn der Torwächter der Göttin an den Toren der Unterwelt ihre sieben Machtmittel abnimmt. Im Mythos von *innin me galgala* steht Innana in den Tiefen und Höhen der Unterwelt gemeinsam mit Wildstier und Bergziegenbock, damit die Machtmittel vollendet werden[99].

5.1.6 Exkurs: Wildstier und Bergziegenbock als Gottheiten

Innana vollendet die Machtmittel zusammen mit „Ziegenbock" (taraḫ-m[aš]) und Auerochse/Wildstier (am). Hinter diesen eigenartigen Wesen verbergen sich numinose Mächte bzw. Gottheiten. Eine solche Gottheit in Gestalt eines Ziegenbockes findet sich auch in einem Mythos über den Abstieg des Gottes Enki ins Totenreich (*udug ḫul*, 2. Jahrtausend, vgl. 1.2). Dort heißt es:
    Er (= Enki) hat die Nin-ug (Herrin / Herr Löwe), Nin-maš (Herrin / Herr Ziegenbock) und Nin-ḫursaĝa (Herrin Gebirge) (und) Ereš-ki-gal (Herrscherin

---

[98] Hier sind verschiedene Versionen überliefert, vgl. 8.2.1.
[99] Zu den Eigenschaften dieser Machtmittel vgl. unten sub 5.3.

„Große Erde"), die Gemahlin des Nin-azu zum Bad eingeladen (und das hatte Konsequenzen).[100]

Der „Ziegenbock" ist hier klar als Titel einer Unterweltsgottheit zu verstehen: „Herrin/Herr Ziegenbock" und „Herrin/Herr Löwe" sind Gottheiten neben Nin-ḫursaĝa („Herrin Gebirge") und Ereš-ki-gal („Herrscherin ‚Große Erde'"). Wer sich genau hinter diesen Bezeichnungen verbergen mag, sei dahingestellt[101]. Im Mythos von *Enkis Unterweltsgang* geht es an dieser Stelle um eine Kooperation zwischen Enki und Gottheiten des Totenreiches, um ein Ritual zur Abwehr von mörderischen Totengeistern und Dämonen zu erhalten. Kooperationen zwischen oberweltlichen[102] und unterweltlichen Gottheiten sind auch sonst bezeugt[103], z. B. im Mythos *Enlil und Ninlil* erzeugen mit der Unterwelt Fruchtbarkeits- und Wassergötter, vertextet im epischen Preislied *irinanam / Enlil und Ninlil*[104].

5.1.7 Ende der Sphärenwechsel-Sequenzen: Machtmittel auf die Erde bringen

Das Ende der Sphärenwechsel-Sequenzen handelt von diesen Machtmitteln[105]:

---

100 Unter 1.2 ist die Passage mitsamt dem sumerischen Originaltext und den Versionen des 1. Jahrtausends zitiert.
101 Auch im *Unterweltstraum eines assyrischen Kronprinzen* sind fast alle Gottheiten der Unterwelt mit theriomorphen Teilen vorgestellt. – Verbindungslinien zu den Gestirn(-Gottheiten) des Zodiakus sind weiter zu verfolgen.
102 Enki selbst gehört durch seinen kosmischen Raum, den Abzu, dem oberweltlichen und dem unterweltlichen Bereich an.
103 Alternativ könnte es sich um eine Zusammenarbeit zwischen verschiedenen Gottheiten handeln, die nur *zeitweilig* im Totenreich sind. So kann der „Auerochs/Wildstier" auch etwas mit dem Sonnengott zu tun haben, der anderswo ebenfalls als „Hilfskraft" der Innana tätig wird (in *an gal karede/Innana bringt das Himmelshaus zur Erde*, vgl. A. Zgoll 2015a und 2019a. In der späten Götterliste *Anu ša amēli* 42 (Litke 1998) ist ᵈa m („Gottheit Wildstier/Auerochs") geglichen mit „Sonnengott Šamaš in Bezug auf den Aufgang" (*ša ṣīti*), also mit dem auferstehenden Sonnengott. Der „Ziegenbock des Abzu" (ᵈtaraḫ-abzu) ist als Beiname des Enki belegt (vgl. An – Anum und Vorläufer seit altbabylonischer Zeit).
104 Edition: Behrens 1978. Stratifikationsanalyse und Gesamtinterpretation: A. Zgoll 2011 und A. Zgoll 2013.
105 Das Vorgehen, wie aus der kunstvollen Darstellung eines Mythos in einem epischen Preislied die chronologische Stoffreihenfolge bestimmt wird, ist in diesem Beitrag exemplarisch für *angalta* dargestellt worden, vgl. oben sub 4.1. Für *innin me galgala* können hier daher abkürzend die Ergebnisse präsentiert werden, da diese auf entsprechende Weise erarbeitet worden sind.

angalta / Innanas Gang	*innin me galgala* / Innana und Šu-kale-duda
Innana will Machtmittel der Unterwelt. (Z. 194; 207) (= Rede von Enlil + Nanna)	–
Innana kehrt aus der Unterwelt auf die Oberwelt zurück. (Z. 284 f)	Innana kehrt aus der Unterwelt auf die Oberwelt zurück. (Z. 112-117)
	Innana trägt sieben Machtmittel an einem Tuch über ihrer Scham. (Z. 118 f) (= Schau des Šu-kale-duda)
Innana bringt Machtmittel der Unterwelt an deren Ort. (Z. 194; 207) (= Rede von Enlil + Nanna)	[Innana bringt sieben Machtmittel aus der Unterwelt auf die Oberwelt.] (Z. 118 ff)

Mit den Machtmitteln der Unterwelt geschieht etwas, was für mesopotamische Menschen offensichtlich besonders wichtig ist: In *innin me galgala* bringt Innana sieben Machtmittel mit sich auf die Oberwelt und zwar hat sie diese umgebunden an einem Tuch über ihrer Scham (vgl. 5.3). Nach *angalta* will Innana Machtmittel haben und sie bringt sie „an deren Ort", also an den Ort, der für sie bestimmt ist. Wie eine Untersuchung der kultischen Kontexte des Mythos von *Innanas Unterweltsgang* zeigt[106], ist auch dieser besondere Ort auf der Oberwelt. Das mythische Hylem, dass Innana Machtmittel der Unterwelt „an deren Ort" bringt, erweist sich als wesentlicher Bestandteil des Innana-Kultes. Im kultischen Kontext wird deutlich, welcher spezifische Ort sich hinter dieser allgemeinen Formulierung verbirgt: es ist der Tempel der Göttin, der diese Machtmittel in sich versammelt[107].

5.2 Auswertung der Vergleiche: Ein Mythos in zwei Versionen

Der kurze Vergleich hat Unterschiede und Gemeinsamkeiten zwischen beiden mythischen Stoffen aufgedeckt. Unterschiedlich ist v. a., dass in *angalta* die Vorbereitungen für den Gang in die Unterwelt geschildert werden, der Eintritt in die Unterwelt, wie die Götter Innana in der Unterwelt töten und wie der Ritualgott sie

---

106 Vgl. A. Zgoll / C. Zgoll 2019, insbesondere sub 5.2, 6.3 und 6.4.
107 Dass am Tempel die jeweiligen Machtmittel von Gottheiten aufbewahrt werden, wird auch von anderen Gottheiten verkündet, z. B. vom Hauptgott des Kleinstaates Lagas, dem Gott Nin-ĝirsu, vgl. *Gudea Tempelbauhymne* B 6:11-12:25 (Averbeck 1987, Edzard 1997, 68-106, Römer 2010), wo die Götter aus dem Hofstaat des Nin-ĝirsu alle „mit ihren Machtmitteln" (m e - n i - d a) in den Tempel Einzug halten.

durch Ritualexperten wieder zum Leben erwecken hilft. Demgegenüber erwähnt *innin me galgala* fast nur Eck- und Zielpunkte. Die Auswertung dieser Unterschiede zeigt etwas, was schon bei der Hylemanalyse auf Basis von *innin me galgala* deutlich geworden war: Es handelt sich hier um Unterschiede durch eine Schilderung als Langversion (in *angalta*) vs. als Kurzversion (in *innin me galgala*).

Beide Mythen beschreiben, dass die Machtmittel in der Unterwelt durch Innana vollendet werden. In *angalta* beginnt das dramatische Geschehen an den Toren der Unterwelt. Beteiligt sind dabei einerseits Innana, andererseits der Torwächter der Unterwelt, der aber als ausführendes Organ der Unterweltsherrscherin Ereš-ki-gal vorgeführt wird[108]. Das bedeutet, dass es letztendlich Innana und Ereš-ki-gal sind, die als Protagonist und Antagonist gemeinsam die numinosen Machtmittel vollenden. In *innin me galgala* hingegen werden die Machtmittel in Höhen und Tiefen der Unterwelt durch Innana und numinose Wesen vollendet, die als „Wildstier" bzw. „Bergziegenbock" bezeichnet sind[109]. Die hier greifbaren Unterschiede können auf *inhaltliche Varianten* deuten.

Schließlich das Ende der Geschichte: In der Version des Mythos, die im Epos *angalta* erzählt wird, wird der Aufstieg Innanas mit den Unterweltsmachtmitteln nicht mehr geschildert. Er lässt sich aber festmachen durch die Hyleme, dass Innana diese Machtmittel an deren Ort bringen wird (vgl. 5.1.7). Aufgrund von Studien zur Stratifikation der Mythen in diesem Epos[110] lässt sich erkennen, dass dieser Abschluss des Mythos in *angalta* nicht genauer ausge-

---

108 Die mesopotamische Sichtweise auf das Verhältnis zwischen Auftraggeber und Auftragnehmer bzw. durchführendem Organ sind eindeutig. Verantwortlich für den Auftrag und was daraus entsteht, ist der Auftraggeber. Vgl. z. B. Innana, die in *Innana bringt das Himmelshaus zur Erde* das Himmelshaus vom Himmel auf die Erde holt. Sie selbst ist vor allem verantwortlich für die Planung des Ganzen (außerdem kämpft sie gegen den Skorpion, der den Durchgang zwischen Himmel und Erde inklusive Unterwelt bewacht). Die Durchführung obliegt ansonsten zum allergrößten Teil dem Sonnengott, der das Haus unter den Horizont in die Unterwelt hinabbringt und dafür selbst untergeht. Außerdem ist vor allem der „Fischergott" Adag-(ki-)bir beteiligt, der das Himmelshaus aus dem Himmelsozean fischt, wo es durch schreckliche, vom Himmelsgott gesandte Stürme untergegangen ist. Gegen Ende des Mythos referiert der Himmelsgott das Geschehen: Hier wird die gesamte Tat alleine Innana zugeschrieben. – Analoges gilt immer dort, wo hochrangige Personen etwas ins Rollen bringen. Wenn z. B. ein Tempel gebaut wird, dann hat selbstverständlich der König den Tempel gebaut; Handwerker werden nicht genannt (bis heute hat sich daran vielfach nichts geändert).
109 Vgl. oben sub 5.1.6.
110 Die Ergebnisse wurden beim 2. Methoden-Workshop der Forschungsgruppe STRATA im April 2017 vorgestellt. Da sie den Rahmen dieses Bandes sprengen würden, werden sie in einer monographischen Arbeit von A. Zgoll über die Mythenversionen von *Innanas Gang in die Unterwelt* publiziert werden. Ausblicke darauf finden sich im vorliegenden Beitrag sub 8.2.

führt wird, weil der Mythos hier mit einem anderen Mythos kombiniert wird, dem Mythos *Dumuzi geht in die Unterwelt*. Zur Verbindung beider Mythen wurde eine Scharnierstelle geschaffen[111], wodurch das ursprüngliche Ende des ersten Mythos überschrieben wurde[112]. Im Epos *innin me galgala* verband man die Mythosversion vom Unterweltsgang ebenfalls mit einem weiteren Mythos, doch gestaltete man die Scharnierstelle dort so, dass das Ende des Unterweltsgang-Mythos weiterhin sichtbar bleibt: Man ließ den Protagonisten des anderen Mythos, Šu-kale-duda, beobachten, wie Innana mitsamt der Machtmittel aus der Unterwelt zurückkehrte. Die hier greifbaren Unterschiede zwischen beiden Mythen von *Innanas Unterweltsgang* sind verursacht durch die Schichtung mehrerer verschiedener Mythen zu einem je anderen Gesamtmythos.

Gemeinsam ist beiden mythischen Stoffen eine ganz spezifisch charakterisierte Protagonistin: Innana als Göttin zentraler sumerischer Städte. Gemeinsam ist beiden Stoffen, dass diese Innana in die Unterwelt hinabsteigt. *Und* dass sie aus der Unterwelt wieder heraufkommt. Das ist alles andere als trivial, ist die Unterwelt doch im Sumerischen bekannt als das „Land ohne Wiederkehr". Unsere Untersuchung hat auch deutlich gemacht, *wozu* die Göttin Innana überhaupt diesen schrecklichen Abstieg unternimmt und warum sie dabei wissentlich[113] den zeitweiligen eigenen Tod auf sich nimmt: Innana bringt *Machtmittel* aus der Unterwelt, sie bringt sie dorthin, wohin sie gehören[114]. Und nicht nur das: Innana ist beteiligt an der *Vollendung* der Machtmittel in der Unterwelt, zusammen mit anderen numinosen Wesen.

Die Zusammenschau zeigt, dass die großen inhaltlichen Linien beider mythischer Stoffe identisch sind: Innana steigt in die Unterwelt hinab, um die Unterweltsmachtmittel zu vollenden und aus der Unterwelt heraufzuholen an den für sie bestimmten Platz. Details sind verschieden, was, wie sich zeigen ließ, teils auf inhaltliche Varianten deutet, teils aber auch schlicht auf die literarische Darstellung auf Textebene zurückzuführen ist, wo eine Langversion oder Kurzversion vorliegen kann und wo die Verknüpfung mit anderen Mythen zu unterschiedlichen Eingriffen in den Verlauf des Mythos führte. Festzuhalten ist aber, dass zentrale Elemente der Hylem-Sequenzen und der Ablauf als solcher gleich oder ähnlich sind. Dies spricht dafür, dass *angalta* einerseits und *innin*

---

111 Wilcke 1993, 49 mit Anm. 95 hebt schon die „Überleitung" zwischen solchen „Teilen" (dort: eines Textes) heraus. Vgl. jetzt auch Katz 2015.
112 Vgl. im vorliegenden Beitrag Kapitel 8.
113 Innana plant voraus, was geschehen soll, wenn sie nicht aus der Unterwelt heraufkommt; d. h. sie kalkuliert ihren Tod von vornherein ein.
114 Zum Tempel als Zielpunkt der Machtmittel, die Innana aus der Unterwelt bringt, vgl. 5.1.2 und ausführlich A. Zgoll / C. Zgoll, 2019.

me galgala andererseits grundsätzlich derselbe Mythos vom *Gang Innanas in die Unterwelt* zugrundeliegt, und zwar in zwei verschiedenen *Versionen*[115].

5.3 Ausblick: Die Machtmittel der Unterwelt

Die Entdeckungen, dass Innana gemeinsam mit Ereš-ki-gal oder mit anderen numinosen Wesen in der Unterwelt Machtmittel (sumerisch m e) vollendet und dann auf die Erde bringt, führen zu den nächsten Fragen: Um welche Machtmittel handelt es sich? Und wohin lässt Innana diese Machtmittel gelangen? Die zweite Frage ist Thema eines anderen Beitrages, weswegen hier nur das Ergebnis genannt werden soll: Innana bringt die Machtmittel in ihre Tempel[116]. Doch welche Macht wohnt den numinosen Instrumenten inne, für welche die Göttin es wagt, ins Totenreich zu gehen?

Dass Gottheiten Machtmittel in ihrem Besitz haben oder in ihren Besitz bringen, ist aus verschiedenen Preisliedern, auch auf andere Götter, bestens bekannt. Gerade von Innana heißt es, dass sie solche Machtmittel in großer Zahl zusammengebracht und fest in ihren Besitz gebracht hat (*nin me šara* Z. 5, 7 f), so dass sie als die „Herrin über die unzähligen Machtmittel" und das heißt über alle Machtmittel gepriesen wird (*nin me šara* Z. 1)[117]. In diesem Lied werden insbesondere ihre kriegerischen Machtmittel besungen, also die Macht zur Vernichtung von Feinden. Ein anderes Preislied berichtet eine andere derartige Episode; da wird in narrativ-epischer Form geschildert, wie Innana es schafft, dem Gott der rituellen Weisheit Enki eine ganze Menge von Machtmitteln aus dem Abzu abzuluchsen und in ihre Stadt Uruk zu bringen. Darunter sind viele,

---

115 Vgl. C. Zgoll 2019, 261 f: „So ist bspw. die Reise der Göttin Innana ins KUR (= „Totenreich") in zwei Varianten überliefert, die im Detail sehr verschieden sind, einmal in *Innanas Gang in die Unterwelt*, einmal in *Innana und Šu-kale-duda*, so daß Zweifel aufkommen könnten, ob es sich hierbei tatsächlich um denselben Stoff handelt. Bei aller Verschiedenheit im Detail aber sind immerhin die Eckpunkte gleich, denn in beiden Varianten ist ein wichtiger Ausgangspunkt der Handlungsschritt 'Innana steigt im KUR hinab' und der entscheidende Zielpunkt 'Innana kommt aus dem KUR herauf' bzw. 'Innana steigt im KUR (wieder) auf', d. h. 'Innana kehrt vom KUR zurück', und zudem findet sich in beiden Varianten ein offenbar für die Handlung zentraler Zwischenschritt, nämlich die 'Vollendung der ME'. Diese Gemeinsamkeiten erscheinen mehr als hinreichend, um trotz zahlreicher weiterer Verschiedenheiten von Varianten *eines* Stoffs zu sprechen."
116 A. Zgoll / C. Zgoll 2019, sub 6.4 „Der Tempel der Innana/Ištar als Zielpunkt der numinosen Machtmittel bzw. Rituale" und 8.1 „Das Preislied und seine kultische und ontologische Funktion".
117 Edition durch A. Zgoll 1997; für die neueste Übersetzung vgl. A. Zgoll 2015.

die als notwendig für das Gedeihen einer Stadt angesehen wurden wie Königtum und Hohepriestertum, aber auch Rituale für den Abstieg ins Totenreich[118] und viele mehr[119].

Um welche Machtmittel mag es nun in den Mythen-Versionen von *Innanas Unterweltsgang* gehen? Eingrenzend ist zu bemerken, dass diese Machtmittel in der Auseinandersetzung zwischen Innana und den Unterweltsgottheiten vollendet werden. Was zuerst als Konfrontation erschien, erweist sich nachträglich als funktionale Kooperation, die im Sinne der Funktionsfähigkeit der Machtmittel notwendig ist (vgl. 5.1.5). Von einer Kooperation zwischen Mächten des unterweltlichen Raums einerseits und Göttern der städtischen Kultur andererseits erzählt auch der Mythos von Ninlils Unterweltsgang in *Enlil und Ninlil erzeugen mit der Unterwelt Fruchtbarkeits- und Wassergötter*, wo die Zusammenkunft von Ninlil und drei verschiedenen Unterweltsmächten (bzw. in einer späteren Schicht: von Ninlil mit Enlil in Gestalt dieser Unterweltsmächte) zur Zeugung von drei Gottheiten führt, welche für Bewässerung und pflanzliche Fruchtbarkeit stehen[120]. Im Unterweltsgang nach *angalta* lassen sich offenbar kaum Indizien finden, die den besonderen Charakter der dort vollendeten Machtmittel erkennen ließen. Und so fragen viele, was die staubig-finstere Unterwelt denn überhaupt zu bieten haben könnte, wofür eine so hohe Göttin den Tod auf sich nehmen würde. Hier ist zunächst festzuhalten, dass die Unterwelt in der Schilderung des sumerischen Mythos, der hinter *angalta* steht, überhaupt nicht finster und staubig geschildert wird; das Thema wird gar nicht berührt. Diese Annahme speist sich vielmehr aus anderen Quellen, z. B. aus den beiden akkadischen Konkretionen des Mythos in späterer Zeit[121]. Im Gegenteil hat die Unterwelt sogar einiges zu bieten, was sich Menschen wünschen können: Ereški-gal kann den beiden Ritualexperten, die Innana aus der Unterwelt befreien sollen, zum Dank für ihre empathisch-beruhigenden Rituale einen Wunsch

---

118 So im Kapitel „Ein Ritual als m e : Absteigen ins Totenreich" in der durch A. Zgoll in Vorbereitung befindlichen Monographie zu Religion im antiken Mesopotamien.
119 In manchen Fällen hat sich deren Bedeutung noch nicht gänzlich erschließen lassen.
120 Vgl. A. Zgoll 2011 und A. Zgoll 2013a.
121 Aus der mittelassyrischen Version, Mitte des 2. Jahrtausends, und aus der neuassyrischen Version vom Anfang des 1. Jahrtausends; der Vergleich zwischen der sumerischen Version und diesen beiden zeigt eine fortschreitende „Verteufelung" des Totenreiches, welches als zunehmend düsterer und staubiger beschrieben wird. – Eine andere Perspektive auf das Totenreich eröffnet ein Gebet um Schutz in der Unterwelt aus dem 2. Jahrtausend, welches zeigt, dass es dort auch angenehme Bereiche gibt, wo der Einzelne im Kreis seiner Ahnen durch seinen Schutzgott gut versorgt wird, vgl. den Beitrag von A. Zgoll zu diesem Thema im vorliegenden Band.

freistellen, der dann auch sogleich präzisiert wird: Einen Fluss oder Kanal mit seinem Wasser und ein Feld mit seinem Getreide (oder beides gleich in Vielzahl) könnten sie sich wünschen. Bewässerung und pflanzliche Fruchtbarkeit – dies von den Gottheiten der Unterwelt zu erhoffen und zu erbitten, scheint ganz typisch und passend zu sein, wenn man die Zielrichtung des Mythos *Enlil und Ninlil erzeugen mit der Unterwelt Fruchtbarkeits- und Wassergötter* mit seinem Stratum von Ninlils Unterweltsgang danebenhält.

Doch zielt *Innanas Unterweltsgang* auf etwas anderes, zumindest in der Version von *innin me galgala*[122]. Hier findet sich eine Information, die indirekte Rückschlüsse nahelegt. Und zwar handelt es sich um die Information, *wie* Innana die numinosen Machtmittel aus der Unterwelt mitbringt. Das geschieht auf eine sehr spezielle Weise. Innana trägt die sieben Machtmittel nämlich an einem Stück Stoff[123], den sie über ihrer Scham trägt[124]. Diese spezifische Stelle deutet darauf hin, dass die Machtmittel auch im Fall von *Innanas Unterweltsgang* gemäß der Konkretion in *innin me galgala* mit Fruchtbarkeit zu tun haben – allerdings nicht mit pflanzlicher, sondern mit sexueller Fruchtbarkeit. Die These liegt also nahe[125], dass Innana hier die Machtmittel für sexuelle Fortpflanzung und Fruchtbarkeit mit Mächten der Unterwelt vollendet und diese aus der Unterwelt mitbringt. Dazu passt auch das im epischen Preislied *innin me galgala* mit dem mythischen Stratum vom Unterweltsgang der Innana verknüpfte Stratum des Mythos von *Innana und Šu-kale-duda*, dem zufolge sich Šu-kale-duda mit Innana sexuell vereinigt (*innin me galgala* 122-124)[126].

Man fragt sich natürlich, wieso das Herauskommen mit den Machtmitteln nicht geschildert wird, wo es doch einen wichtigen Zielpunkt des Mythos darstellt und so auch ein großartiges Finale des Textes bilden könnte. Dies wird Thema von Kapitel 8 sein.

---

122 Gerade so etwas kann je nach Version und Konkretion unterschiedlich ausgestaltet worden sein.
123 Handelt es sich um eine Art Gürtel, eine Binde oder Ähnliches? Zu den möglichen Interpretationen vgl. Volk, Inanna 1995, 185 f. Was auch immer genau gemeint sein mag: Der Ort, wo dieses „Etwas" getragen wird, verweist auf den Bereich der Sexualität.
124 Vgl. Z. 118 (ähnlich Z. 119): I n n a n a (k) - k e$_4$ $^{tu9(g)}$d a r a$_4$ m e u m u n$_7$ g a l l a$_4$^{la}-n[a …] – „[Da hatte / machte] Innana den / an dem Stoff auf ihrer Scham, der sieben Machtmittel (m e) hat, [...]." Volk 1995, 128 übersetzt „Inanna hatte das Band für die sieben ME über ihre Scham [gebunden].?"
125 Dieser wird andernorts weiter nachzugehen sein.
126 Direkt zuvor schon spricht Innana von etwas, was „mit dem Hirten Ama-ušumgal-Ana", s u$_8$-b a ^{d}A m a - u š u m g a l - A n - n a - d a, zu tun hat. Ama-ušumgal-Ana ist einer der Namen für den Geliebten und Gemahl der Innana im Ritual der Heiligen Hochzeit zwischen Herrscher und Göttin.

6 Fazit: Rekonstruktion der originär antiken Bewertung des Mythos *Innana bringt Unterweltsmachtmittel auf die Erde*

Um herauszufinden, wie der Mythos von antiken Tradenten bewertet wurde, lassen sich Hinweise finden in der textlichen Konkretion, im Stoff und schließlich durch den Stoff-Vergleich.

6.1 Hinweise in der textlichen Konkretion im Preislied *angalta*: Innana als „meine Herrin"

Zunächst zur textlichen Konkretion in *angalta*: Das epische Preislied stilisiert Innana in Beziehung zum „Erzähler" oder Sänger, denn es bezeichnet Innana mitten im narrativen Kontext als „meine Herrin" (*angalta* 4):

^{4} nin-ĝu$_{10}$ an mu-un-šub ki mu-un-šub kur-ra ba-e-a-e$_{11}$(d)	Meine Herrin hat Himmel und Erde verlassen, ist ins Totenreich hinabgestiegen.

Da der Erzähler spricht, liegt hier keine Einzelmeinung vor; vielmehr spricht der Erzähler stellvertretend für ein Kollektiv. Die Protagonistin wird also von Anfang an in direkte Nähe zu Autor, Tradenten, Sänger und Rezipienten gerückt. Wenn Innana deren Herrin ist, dann verstehen *sie* sich als ihre Diener. Eine solche Anrede erzeugt Nähe zwischen denen, die dieses Preislied vortragen, und der mächtigen Gottheit, von der sie berichten. D. h. aber auch, dass das Ergebnis des Mythos für diese ganze gesellschaftliche Gruppe, die mit dem Epos zu tun hat, wichtig ist. Auf diesem Hintergrund wäre es mehr als erstaunlich, wenn in einem solchen Preislied das Scheitern der gepriesenen Gottheit das Zentrale und Wichtige gewesen sein sollte[127].

Dazu passt, dass Innana eingeführt wird als Göttin über wichtige Stadtstaaten (Z. 7-13). Bis zu 16 Städte und Tempel werden hier genannt (Uruk, Badtibira, Zabalam, Umma, Ur, Larsa, Kisiga, Ĝirsu, Adab, Nippur, Isin, Kiš, Akšak, Šuruppag, Kazallu, Akkade). Die textkritische Untersuchung zeigt gerade hier eine große Varianz. Die Passage ähnelt dabei Aufzählungen in kultischen Lie-

---

[127] So weitgehend die bisherige Forschung, vgl. oben sub 3.

dern auf Innana[128]. Dies lässt sich vor dem Hintergrund ähnlicher Phänomene (in Klageliedern des 1. Jahrtausends) so verstehen, dass dieses Preislied antiken Menschen besonders wichtig war. Viele Städte wollen „ihre" Innana im Text haben[129]! Auch dies wiederum ist nur dann sinnvoll und erklärlich, wenn man nicht das Scheitern, sondern den Sieg der Göttin besungen hat (vgl. 6.2).

6.2 Hinweise im Stoff: Die Verknüpfung mit dem Mythos *Innana bringt das Himmelshaus zur Erde*

Außerdem gibt es Hinweise zur originären Bewertung auf Stoff-Ebene: Innerhalb des Mythos findet sich ein Kommentar zu Innanas Taten. Zwei hohe Gottheiten sagen, Innana habe den Großen Himmel verlangt und verlange nun auch noch die Große Erde samt den Machtmitteln der Unterwelt, die niemand verlange (Z. 191 f // 205 f). Gerade dies hatte man modern als Beleg von Innanas Größenwahn und Machtbesessenheit verstanden. Doch der Vergleich mit einem anderen Mythos zeigt, dass diese Aussagen nicht negativ bewertet sind. Dass Innana Machtmittel verlangt, was sonst niemand verlangt, findet sich auch in einem anderen Mythos, der sich in textlicher Konkretion im epischen Preislied mit dem modernen Titel *Innanas/Ištars Erhöhung*[130] erhalten hat. Machtmittel, die niemand sonst verlangt oder verlangen darf[131], erhält Innana/Ištar dort als Geschenk der Götter An, Enlil und Enki[132], die ihre eigene Macht damit auf Innana übertragen; der hier verarbeitete Mythos lässt sich also als *An, Enlil und Enki übertragen Innana ihre Macht* betiteln. Dass kein anderer diese Machtmittel verlangen kann, dient der Unterstreichung dessen, dass solche Machtmittel niemand anderem zukommen als Innana und dass kein anderer als Innana sie erringen kann.

Das Verlangen nach dem Großen Himmel und der Großen Erde rekurriert auf zwei ganze Mythen: Dass Innana die Große Erde verlangt, wird hier als Hy-

---

128 Zu den Aufzählungen der Innana-Heiligtümer vgl. Wilcke 1980-76, 78 f, Wilcke 1993, 49 f, Volk 1995, 21.
129 Vgl. Gabbay 2013, 103-122.
130 Die Edition findet sich bei Hruška 1969, die jüngste Übersetzung ist Foxvog 2013. Eine neue Edition ist durch G. Matini in Vorbereitung im Rahmen des in Kooperation der Universität Göttingen und der Hebrew University Jerusalem durchgeführten Niedersachsen-Israel-Projektes TEMEN, vgl. http://www.uni-goettingen.de/de/temen/547431.html.
131 *Innanas/Ištars Erhöhung* 3:89, 4B:53 f: me al nu-di-di.
132 Gemäß der Logik des Mythos ist dies auch für Enki zu erschließen, auch wenn die entsprechenden Passagen bislang textlich noch nicht wieder aufgefunden werden konnten.

perhylem eingesetzt, welches den Mythos von *Innanas Unterweltsgang* zusammenfasst; dass Innana den Großen Himmel verlangt, ist ebenfalls ein Hyperhylem, welches den Mythos *Innana bringt das Himmelshaus zur Erde* zusammenfasst. Die explizite Verknüpfung beider Mythen durch Hyperhyleme bzw. Mythen-Kondensation[133] erweist sich als hermeneutischer Schlüssel für die antike Bewertung von *Innanas Unterweltsgang*. In *Innana bringt das Himmelshaus zur Erde* gelingt es nämlich Innana, den ersten Tempel vom Himmel auf die Erde gelangen zu lassen. Dies wird gepriesen als Heilstat für die Erde, die Menschheit und Sumer. In *Innanas Gang* vollendet Innana Machtmittel der Unterwelt und bringt sie aus der Unterwelt auf die Erde, an den Ort, der für sie bestimmt ist. Der Mythos lässt sich bezeichnen als *Innana bringt Unterweltsmachtmittel auf die Erde*. Diese Tat muss analog zum „Raub" des ersten Tempels aufzufassen sein als Heilstat für die sumerischen Städte (Z. 7-13)[134].

6.3 Hinweise durch Stoff-Vergleich verschiedener Versionen des Mythos *Innana bringt Unterweltsmachtmittel auf die Erde*

Die Stoff-Vergleiche zwischen dem Mythos vom Unterweltsgang der Innana in *angalta* und in *innin me galgala* zeigen als Inhalt und Bewertung des Mythos von Innanas Unterweltsgang in originär mesopotamischer Perspektive folgende Eckpunkte:

– Die Protagonistin Innana ist Göttin der wichtigen mesopotamischen Stadtstaaten.
– Ihr Ziel ist es, Machtmittel der Unterwelt zu vollenden und an deren Ort auf die Oberwelt zu bringen.
– Der Preis, den sie dafür zahlen muss, ist ihr eigener zeitweiliger Tod, den die Göttin wissentlich auf sich nimmt und durch ihren Plan überwindet[135].
– Die Machtmittel des Innana-Mythos in der Version, die *innin me galgala* zugrunde liegt, haben mit sexueller Fruchtbarkeit zu tun.

---

133 Vgl. A. Zgoll 2019.
134 Vgl. dazu ausführlich A. Zgoll 2019 und im vorliegenden Beitrag 6.1.
135 Für das Gelingen der großen Tat plant Innana den Gott der rituellen Weisheit Enki als ihren Helfer ein; ebenso plant sie auch den Sonnengott Utu als ihren Helfer ein, wenn es darum geht, das Himmelshaus auf die Erde zu holen (vgl. *Innana bringt das Himmelshaus zur Erde*, A. Zgoll 2015a). Die entscheidende Initiative und das Verdienst der Tat liegen in mesopotamischer Sicht ganz bei Innana: Der Himmelsgott An macht nur sie verantwortlich für den Transfer des Himmelshauses (vgl. dazu 6.2 und Anm. 108).

- Als Nutznießer verstehen sich die sumerischen Städte bzw. ihre Tempel.
- Der Gang der Göttin in die Unterwelt ist im antiken Mesopotamien als höchst bedeutsam eingeschätzt und als Heldentat bewertet worden.
- Das mythische Epos erweist sich als Preislied auf Taten der Göttin Innana.

6.4 Erträge durch die Methodik der Hylemanalyse und der Stratifikationsanalyse

Altorientalisten haben die Aufgabe, methodisch tragfähige Wege zu suchen, um originär-emische Perspektiven auf die frühesten mythischen Textquellen der Menschheit zu rekonstruieren. Doch dem stellen sich aus einem Abstand von 3000 bis 6000 Jahren und aufgrund der modernen Distanz zu typischen Eigenarten von Mythen diverse Hindernisse entgegen, unter anderem:
- dass mythische Quellen viel aussparen, was den Zeitgenossen selbstverständlich vertraut oder geheimzuhalten war,
- dass in mythischen Quellen durch Schichtung von Stoffen vielfache Überschreibungen zu finden sind durch die Stratifikation der Quellen,
- dass heutige Rezeptionshaltungen stark durch Erzählstoffe und literarische Gattungen geprägt werden, die sich unter anderem durch Homogenität oder durch psychologische oder naturalistische Konsistenz auszeichnen, von denen mythische Stoffe charakteristisch abweichen können, was zu anachronistischen Schlussfolgerungen führen kann[136].

In diesem Beitrag lässt sich nur andeuten, was in den letzten Jahren im Umfeld der Göttinger Forschergruppe 2064 STRATA an theoretisch-methodischen Grundlagen zur Mythosforschung erarbeitet worden ist. Kurz zusammengefasst: Ausgangspunkt des Beitrags war ein Teil des Textbestandes eines epischen Preisliedes, nämlich der Abschnitt über den Unterweltsgang der Innana in *angalta*. Aus diesem Abschnitt ließen sich kleinste, handlungstragende Bausteine eines Mythos, d. h. mythische Hyleme, extrahieren. Durch Analyse der chronologischen Abfolge und durch logische Schlussfolgerungen implizit erkennbarer Hyleme ließ sich rekonstruieren, was bislang hinter der poetisch gestalteten

---

[136] Vgl. C. Zgoll 2019 mit den verschiedenen „Fallen" der Mythosforschung und der Mytheninterpretation, z. B. sub 22.2 „Die unersättlich machtgierige Inana, oder: Die ‚psychologische Falle' der Mytheninterpretation" oder 22.3 „Sex mit einer Schlafenden: Die ‚naturalistische Falle' der Mytheninterpretation".

Oberfläche des epischen Preisliedes verborgen war: ein Mythos vom Unterweltsgang der Innana in einer bestimmten Version.

Analog war es möglich, einen ähnlichen Mythos, der in einem anderen epischen Preislied überliefert ist, zu rekonstruieren. Dessen Hylemsequenz haben wir mit derjenigen unseres Mythos verglichen. Als Ergebnis zeigen sich zwei Versionen desselben Mythos, dass Innana ins Totenreich hinabsteigt, um dort göttliche Machtmittel zu vollenden und auf die Erde mitzubringen. Gerade die Zusammenschau beider Mythen-Versionen war hilfreich, um die Frage, wie man den Mythos vom Abstieg der Göttin Innana in sumerischer Zeit bewertet hat, zu beantworten: In originär sumerischer Perspektive von etwa 2000 v. Chr. ist der Mythos als Preislied, als Doxologie auf diese Göttin aufgefasst worden[137].

6.5 Innanas Gewinn der Unterweltsmachtmittel als wesentliches Element zum Verständnis des Innana/Ištar-Kultes

Während sich die Umrisse des Mythos *Innana bringt Unterweltsmachtmittel auf die Erde* in wesentlichen Varianten rekonstruieren lassen, ergeben sich neue Möglichkeiten, problematisch scheinende Elemente des Kultes und der rituellen Praxis zu verstehen. Ich greife einen Beleg aus der Stadt Assur etwa um 800 v. Chr. heraus, also rund 1000 Jahre nach den Textzeugen für *angalta* und *innin me galgala*. Eine Tontafel aus Assur, das sog. Götteradressbuch[138], listet auf, welche Statuen in einem Heiligtum der Innana/Ištar in dieser Stadt aufgestellt waren. Und hier zeigt sich eine bemerkenswerte Koinzidenz: Im Ištar-Tempel von Assur sind just dieselben Gottheiten belegt, die im Mythos von *Innanas Unterweltsgang* eine tragende Rolle spielen. In diesem Heiligtum der Göttin waren außer ihr selbst nicht nur ihr Wesir[139], sondern auch wichtige Unterweltsgottheiten und der Torwächter der Unterwelt in Form von Statuen oder anderen Bildnissen vertreten. Und nicht nur das: Innana/Ištar heißt dort „Königin des Gestirnaufgangs" (*Šarrat-nipḫa*), wird also genau unter dem Aspekt der Rückkehr aus der Unterwelt gefeiert. W. Meinhold 2009 hat daraus erschlossen, dass der Mythos von *Innanas Unterweltsgang* in diesem Kult eine wichtige Funktion

---

137 Zum Preisvermerk auf Ereš-ki-gal vgl. 8.2.2.
138 Vgl. George 1992, 169 ff.
139 In dieser Überlieferung des 1. Jahrtausends gilt als Wesir Innanas der männliche Gott Papsukkal anstelle der früher bezeugten weiblichen Nin-subur.

gehabt haben muss[140]. Wäre der Mythos vom *Unterweltsgang der Innana* als Erniedrigung und Schmähung der Göttin aufgefasst worden, so ließe sich dieser Befund nicht verstehen. Doch das Gegenteil ist der Fall. Der Mythos wird in der dort lebendigen Variante[141] durch die Statuen im Ištar-Kult von Assur verewigt und lebendig gehalten, *weil* der Mythos schildert, dass die Göttin den Tod auf sich nimmt, um die göttlichen Machtmittel der Unterwelt auf die Erde zu holen – an den Ort, der für die göttlichen Machtmittel bestimmt ist. Betrachten wir vor dem Hintergrund der neuen Rekonstruktion des Mythos einen weiteren Namen, der im Tempel von Assur für die dortige Erscheinungsform unserer Göttin überliefert ist, so fügt sich alles perfekt zusammen: Innana heißt dort auch „Herrin über die Rituale" (*Bēlat-parṣē*); das ist die akkadische Wiedergabe von sumerisch „Herrin über die Machtmittel". Ištars Tempel trägt dort den Namen „Haus der Rituale und Riten", was einem sumerischen „Haus der Machtmittel" entspricht. Die Protagonistin unseres Mythos wird im Tempel von Assur also verehrt als diejenige mächtige Gottheit („Königin", „Herrin"), die aus der Unterwelt zurückgekehrt ist und die die Macht über die Rituale, d. h. die Machtmittel, erlangt hat, und ihr Tempel wird als derjenige Ort bezeichnet, der für diese Machtmittel bestimmt ist, was genau das Ergebnis ist, das wir für unseren Mythos rekonstruieren konnten. Weitere Belege dieser Art finden sich in anderen Jahrhunderten der mesopotamischen Geschichte, angefangen von einer Bildquelle aus der Uruk-Zeit, d. h. vom Ende des 4. Jahrtausends v. Chr., weitergehend mit einem Preislied der Götter auf Innana, erhalten aus dem 26. Jh. v. Chr. und weiteren[142].

6.6 Innanas Sphärenwechsel und die Sphärenwechsel anderer Gottheiten

Dass Mythen von einem Sphärenwechsel der Innana ins Totenreich einen positiven Ausgang nehmen, findet Unterstützung durch den Vergleich mit anderen Mythen, in denen eine Gottheit willentlich in die Unterwelt geht. Immer kehrt diese Gottheit mit irgendeinem Gewinn oder Nutzen zurück: In *Enlil und Ninlil erzeugen mit der Unterwelt Fruchtbarkeits- und Wassergötter* besteht der Gewinn

---

140 Meinhold 2009 vermutet, dass der Mythos als eine Art „Kultdrama" aufgeführt worden sei; zurückhaltender Meinhold 2013.
141 Wie diese Variante im Einzelnen beschaffen war, lässt sich aus den bislang bekannten Hinweisen noch nicht genauer klären.
142 Vgl. A. Zgoll / C. Zgoll 2019.

in einer Kooperation mit der Unterwelt, durch welche die Wasserversorgung und die Fruchtbarkeit des Landes sichergestellt werden[143]. Im Mythos vom *Getreide, das nach Sumer kommt*, machen sich Nin-azu und Nin-mada auf, um das in der Unterwelt eingesperrte Getreide nach Sumer zu holen. Nur der Anfang der Tafel ist erhalten, aber die Logik solcher Mythen lässt keinen Zweifel am Gelingen des Unternehmens. Und wenn Enki in die Unterwelt geht, dann gelingt es ihm, Menschen aus der Hand von Totengeistern zu befreien (vgl. 1.2).

7 Weitere mythische Strata in *angalta*

In *angalta* wird auf weitere Mythen angespielt, z. B. auf den Mythos *Innana bringt das Himmelshaus zur Erde*[144], der durch einen einzigen Satz – ein Hyperhylem – evoziert wird[145] (vgl. 6.2). Zwei weitere Mythen sind als Strata in die Mythenkomposition von *angalta* inkorporiert: ein Mythos über den Weg der Göttin des Morgensterns und des Sonnengottes durch die Unterwelt sowie ein Mythos über den Tod des „Großen Stiers des Himmels(-Gottes)".

7.1 Ein Mythos über den Weg der Göttin des Morgensterns und des Sonnengottes durch die Unterwelt

Knapp fällt der Bezug auf einen Mythos aus, dem zufolge Innana dem Sonnengott einen Weg heraus aus der Unterwelt eröffnet. Dieser Mythos hat sich bislang nicht in narrativer Ausgestaltung erhalten[146]. Innana sagt über sich selbst, als sie das Tor zur Unterwelt passieren will:

| 81 me-e ᵈGa-ša-an-na ki ᵈUtu e₃-a-aš[147] | „Ich bin Gašana[148]! Zum Ort, wo Utu (herausgekommen =) aufgegangen ist, (bin ich unterwegs)!" |

---

143 A. Zgoll 2011 und A. Zgoll 2013.
144 Vgl. unten sub 8.1.2.
145 Vgl. A. Zgoll 2019.
146 Bislang fehlen narrativ ausführlich ausgeführte textliche Konkretionen von Mythen über einen Unterweltsgang des Sonnengottes, auch wenn die Existenz solcher Mythen aufgrund verschiedener Indizien als gesichert anzusehen ist; desto wertvoller ist die Anspielung auf einen solchen Mythos hier.
147 Vgl. auch den Textzeugen UNy: ĝe₂₆-e ki-še₃ ᵈInnana(k)-me-en ki ᵈUtu-e₃-a-⸢aš⸣ – „Ich selbst – zur Erde/Unterwelt (*bin ich gekommen*)! Ich bin Innana! Zum Ort, wo Utu (herausgekommen =) aufgegangen sein wird, (bin ich unterwegs)!"

Dies impliziert eine astrale Aussageebene[149], insofern Innana als Venus denselben Weg nimmt, den der Sonnengott Utu genommen hat. Aber eine solche Aussage passt nicht zu dem, was astral zu beobachten ist. Es ist nicht die Sonne, die zuerst hinter dem Horizont bzw. den Bergen hervorkommt, sondern der Morgenstern. Wenn die hier vorliegende Mythenversion auf diese Situation Bezug nimmt – vermutlich vorgestellt als uranfängliche Begebenheit – dann muss es Innana sein, die zuerst kommt und sich einen Weg bahnt. Auf diesem Weg wird der Sonnengott ihr dann folgen. Daher ist die zitierte Aussage Innanas anders zu übersetzen[150]. Innana sagt dann über sich selbst:

81 me-e ᵈGa-ša-an-na ki ᵈUtu e₃-a-aš	„Ich bin Gašana! Zum Ort, wo Utu (herausgekommen =) aufgegangen sein wird, (bin ich unterwegs)!"

Der Mythos impliziert damit, dass Innana einen Weg öffnet, der auch für den Sonnengott nützlich und wichtig sein wird, und damit auch für alle Götter und für die Menschheit. Auch dies erweist sich als Ziel von *Innanas Gang in die Unterwelt*, wenngleich es in der vorliegenden Stoffvariante und ihrer Textkonkretion nicht im Zentrum steht, sondern nur randseits erwähnt wird. Dieser Mythos lässt sich bezeichnen als *Innana öffnet dem Sonnengott einen Weg aus der Unterwelt*.

Ein solcher Mythos, dass Innana einen Weg durch das Totenreich sucht, den später auch der Sonnengott zum Ausgang aus der Unterwelt nutzen kann, dass sie also einen Ausgang auch für den Sonnengott öffnet, (siehe oben) bildet innerhalb des Epos *angalta* eine eigene mythische Schicht, die nur knapp angedeutet wird. Als Zielpunkt des Mythos *Innana öffnet dem Sonnengott einen Weg aus der Unterwelt* wird man sich erzählt haben, dass es Innana gelang, einen solchen Ausgang zu eröffnen.

Eine Spur dieser Vorstellung, dass es Innana ist, die einen Weg aus der Unterwelt bahnt, lässt sich in einer deutlich später, vom Anfang des 1. Jahrtausend, schriftlich erhaltenen Quelle über die Unterwelt, dem sogenannten *Un-*

---

148 Gašana ist die Kurzform von Gašan-Ana; dies ist die Entsprechung des Namens Innana innerhalb des Soziolektes Emesal, der von Frauen und Klagesängern verwendet wurde.
149 Für Forschungen zur astralen Aussageebene des Mythos von *Innanas Unterweltsgang* vgl. oben sub 3.
150 Bei Übersetzungen aus dem Sumerischen ist zu beachten, dass diese Sprache, anders als etwa indoeuropäische Sprachen, kein Tempus-System, sondern ein Aspekt-System verwendet.

terweltstraum eines assyrischen Kronprinzen[151] entdecken. Dieser Prinz wird aus der Unterwelt entlassen durch das „Tor der (Göttin des Morgensterns) Ištar und der (Göttin der Morgenröte) Aja" (bāb ^{d}Ištar ^{d}Aja)[152].

7.2 Ein Mythos über den Tod des „Großen Stiers des Himmels(-Gottes)"

In angalta führt Innana des Weiteren aus, sie sei gekommen, weil Ereš-ki-gals Gemahl, der „Große Stier des Himmels(-Gottes)" (Gu-gal-Ana) gestorben sei (Z. 87). Der Mythos, auf den diese Aussage rekurriert, wird hier nur knapp angedeutet. Er gehört, wie Gabbay (2018, 34 f) zeigen kann, zu einer Gruppe von Mythen, die dem Mythenschema „Gott kämpft gegen Urgott" folgen. Wie die hier angedeutete Version eines solchen Mythos genau ausgesehen haben mag und welche Funktion sie innerhalb der Mythenzusammenstellung von Innanas und Dumuzis Unterweltsgang zu einem Gesamtmythos gehabt haben mag[153], muss weiterer Forschung anheimgestellt sein.

Hier soll nur ein kurzer Ausblick folgen, welche Rückschlüsse auf einen solchen Mythos aus den Formulierungen in angalta Z. 87 möglich sind. Durch eine Analyse der dort angedeuteten isolierten Hyleme in Kombination mit Wissen über die mesopotamische Kultur und über die Funktionsweise von Mythen lässt sich ein gewisser Teil der Hylemsequenz dieser Mythosversion über den Tod des Himmelsstiers wiedergewinnen, was hier nur kurz angedeutet werden kann und andernorts genauer auszuführen ist:

NN tötet den „Großen Stier des Himmels(-Gottes)" (Gu-gal-Ana).
Dies ist erschließbar aus angalta Z. 87, vor dem Hintergrund der Forschungen von Gabbay 2018: Die Stiergottheit stirbt nicht „einfach so"; analog zu anderen Vertretern des Mythen-

---

151 Vgl. die Edition von von Soden 1936, die Bearbeitung von Livingstone 1989, 68-76 und die Übersetzung von Foster ³2005, 832-839.
152 Unterweltstraum eines assyrischen Kronprinzen Rs. Z. 19.
153 Im Fall von Innanas Gang stehen die Angaben über den Gu-gal-Ana in direktem Kontext mit der astral beziehbaren Aussage, dass Innana unterwegs ist zum Ort, wo der Sonnengott aufgehen wird. Die astrale Ebene war, wie der vorliegende Beitrag zeigt, nicht die einzige Bedeutungsebene der vorliegenden Mythenversion. Doch kann sie eine Ebene neben anderen sein. Ein Mythos vom Tod und Untergang des Himmelsstiers kann in diesem Sinn auch astral zu verstehen sein mit Bezug auf das Sternbild Taurus (vgl. Gabbay 2018, 5, 32). Während die Öffnung eines Weges aus der Unterwelt für den Sonnengott ein Ziel, eine causa finalis, darstellt, kann der Tod des Himmelsstiers, falls er zu dieser selben Mythenversion gehörte, den vorausgehenden Anlass für den Gang Innanas in die Unterwelt bilden, also die causa movens.

schemas „Gott tötet Urgottheit" lässt sich erschließen, dass Gu-gal-Ana durch eine andere Gottheit getötet wird.

[Gu-gal-Ana kommt in die Unterwelt.]
   (implizit erschließbar)

[Ereš-ki-gal heiratet Gu-gal-Ana.]
   (implizit erschließbar aufgrund der Aussage, dass Gu-gal-Ana „Ereš-ki-gals Gemahl" ist, *angalta* Z. 87).

NN (= am ehesten Ereš-ki-gal) veranstaltet (Toten-)Opfer in der Unterwelt.
   (vgl. *angalta* Z. 88 f; das bedeutet, dass Ereš-ki-gal sich um die Versorgung des Himmelsstiers in der Unterwelt kümmert.)

Diese Hylemsequenz lässt einen Mythos erahnen, den man mit dem Titel *Ereš-ki-gal heiratet den Himmelsstier* bezeichnen könnte[154]. Dass Innana zu diesen Bestattungsritualen in die Unterwelt geht, gehört vermutlich nicht zum Stratum einer Mythenversion über den Tod des Gu-gal-Ana, sondern stellt die Verbindung zu dem in *angalta* übergeordneten Mythos von *Innanas Unterweltsgang* dar.

8 Ausblick auf den Innana-Dumuzi-Gesamtmythos in *angalta*

Im Folgenden soll ein Ausblick auf den Gesamtmythos gegeben werden, der durch die Mythenkombination des im vorliegenden Beitrag rekonstruierten *Innana-Mythos* mit einem ursprünglich ebenfalls eigenständigen *Dumuzi-Mythos* in *angalta* erreicht wird. Der ursprünglich eigenständige Mythos vom *Unterweltsgang der Innana* zielte, wie sich gezeigt hat, darauf, dass Innana Machtmittel auf die Oberwelt bringt. Der ursprünglich eigenständige Mythos über Dumuzi berichtet davon, dass Dumuzi von Dämonen ins Totenreich verschleppt wird, dass Innana um ihren geliebten Gemahl trauert und ihn sucht, und dass sich seine Schwester für Dumuzi opfert. Die Kombination beider Mythen führt dazu, dass Innana für Dumuzis Tod verantwortlich gemacht wird, insofern er als Substitut für sie dem Totenreich überantwortet wird. Doch dies

---

154 Präziser ist der Titel *NN tötet den Himmelsstier, Ereš-ki-gal heiratet den Himmelsstier*, doch bietet sich aus Gründen der Praktikabilität kein zweiteiliger Titel an. Titelformulierungen in Hylemform sind hingegen ausgesprochen sinnvoll.

beschreibt nur die Scharnierstelle, wo beide Mythen zusammengefügt werden, und erhellt nicht, um welchen Zieles willen die Zusammenfügung selbst vorgenommen wird. Zu fragen steht also, worauf der Gesamtmythos hinausläuft.

8.1 Worauf der Gesamtmythos hinausläuft

Erkennt man, dass die Passage, wo Innana aus der Unterwelt heraufkommt und nach einem Substitut sucht, als Scharnier-Sequenz zur Verknüpfung zweier zuvor unabhängiger Mythen dient[155], sind die dieser Scharnier-Sequenz zugehörigen Hyleme für die Interpretation des Gesamtmythos nur bedingt auszuwerten[156]. Worauf der Gesamtmythos hinausläuft, erweist sich – wie so oft bei Mythen und Mythen-Schichten – insbesondere durch die abschließenden Zielpunkte des Stoffes.

Zusammengefasst wird im Blick auf den Gesamtmythos von *Innanas Unterweltsgang* deutlich, dass hier eine weitaus größere Macht in den Blick kommt, als im ursprünglichen Mythos *Innana bringt Unterweltsmachtmittel auf die Erde*. Der Skizze hier und einer genaueren Darlegung an anderem Ort vorausgreifend kann man festhalten, dass der Gesamtmythos am Ende eine Innana verkündet, die Macht über Tod und Leben hat. Dies wird im Folgenden skizziert werden.

8.1.1 Innana gewinnt Macht über den Tod. Mit einem Einblick in Bedeutungsebenen des Gesamtmythos jenseits von Moral und Psychologie

Als Dumuzi sterben muss, da wird er nicht einfach den Dämonen ausgeliefert. Vielmehr heißt es, dass Innana Dumuzi anblickt mit dem „Blick des Todes" (vgl. Z. 354). Dieses Hylem und seine Formulierung in der textlichen Konkretion des epischen Preisliedes ist merkwürdig. Denn Innana klagt danach über Dumuzis Tod und sucht nach ihm. Diese Hyleme gehören dem ursprünglich unabhängi-

---

155 Vgl. Katz 2015.
156 Von der Gesamtdeutung her lassen sich auch diese Stellen in einem neuen Licht sehen. Hier wird dem ansonsten – in anderen Mythenversionen – sinnlos scheinenden Tod des Dumuzi ein gewichtiger Sinn verliehen. Entscheidender aber ist, dass die Forderung der Unterwelt nach einem Substitut die Tötung des Dumuzi durch Innana abmildert und damit eine Vermittlung zwischen dem ursprünglich unabhängigen *Dumuzi-Mythos* und dem neuen Dumuzi-Stratum innerhalb des Gesamtmythos erreicht. Zur Bedeutung der Tötung Dumuzis durch Innana vgl. das Folgende.

gen Stoff-Stratum an, dem zufolge Dämonen Dumuzi töten[157], worauf seine Gemahlin Innana um ihn klagt und ihn überall sucht. Die Aussage, dass Innana den Dumuzi mit dem „Blick des Todes" anblickt, ist also eine gezielte Überschreibung der bisherigen mythischen Überlieferung und schafft eine neue Mythenversion von Dumuzis Tod. Aber wozu? Bei der Suche nach möglichen Hintergründen fällt die Verbindung zu einem anderen Hylem auf, welches demselben Hylem-Schema angehört[158]: Gottheit A richtet den „Blick des Todes" auf Gottheit B, d. h. mit anderen Worten Gottheit A überliefert Gottheit B dem Tod. Dieses Hylem-Schema findet sich auch da, wo Innana dem Tod preisgegeben wird. Dort ist es Ereš-ki-gal, die den „Blick des Todes" auf Innana richtet (vgl. Z. 168). Im konkreten Text sind die beiden Hyleme klar aufeinander bezogen, da identische Formulierungen verwendet werden. Das ist sicherlich kein Zufall. Innana erleidet den Tod. Als sie dann aber vom Tod aufersteht, hat sie selbst die Macht über den Tod errungen; denn sie setzt nun selbst die Todesmacht ein, die zuvor der Unterweltsherrscherin zugekommen war, auf eben dieselbe Weise, die ursprünglich dieser zukam. D. h. Innana besitzt nun, nachdem sie aus dem Tod auferstanden ist, die todbringende Macht der Unterweltsherrscherin. Der Gesamtmythos nimmt hier die Umdeutung dessen vor, was nach dem älterem *Dumuzi-Mythos* sowieso geschehen musste: Denn Dumuzi musste ja immer schon sterben, auch nach den früheren Überlieferungen. Das war als wesentlicher Bestandteil der Mythen über Dumuzi bekannt. Die neue Zuspitzung dieses *Dumuzi-Mythos* durch den *Innana-Dumuzi-Gesamtmythos* liegt in der Aussage, dass *Innana* diejenige ist, welcher Entscheidungsgewalt über den Tod zukommt, weil inzwischen *sie* die Macht über den Tod bzw. die Macht des Tötens errungen hat. An dieser Stelle gilt es, einer naheliegenden Schlussfolgerung vorzubeugen: Diese Tötung des Dumuzi hat nichts mit Moral oder Unmoral oder mit Psychologie zu tun[159]. Hier geht es vielmehr um den Gewinn eines Machtbereiches[160] (vgl. 8.2.2).

---

157 Wörtlich heißt es, dass sie ihn „packen"; es handelt sich dabei um einen typischen Ausdruck, der das Verschleppen in die Unterwelt, d. h. das Töten bzw. Sterben bezeichnet.
158 Zur Unterscheidung von „Hylem" und „Hylemschema" vgl. den Beitrag von C. Zgoll im vorliegenden Band sub 3.6 „*Stoff* and *Stoff* Pattern — Hyleme and Hyleme Pattern".
159 Zur sogenannten „psychologischen Falle der Mythosdeutung" vgl. oben Anm. 136. – Eine mediale Konkretion kann solche Kategorien in den Mythos einbringen (die Kritik an Innana-Mythen im *Gilgameš-Epos* Tafel 6 mag ein Beispiel dafür sein); doch die Mythen-Version, die sich hinter *angalta* greifen lässt, lässt keinerlei moralisierende oder psychologisierende Tendenzen erkennen, wie sich im Folgenden zeigen wird.
160 Von diesem Gewinn profitiert dann auch Dumuzi, vgl. 8.1.2.

8.1.2 Innana gewinnt Macht über das Leben. Mit einem Einblick in die historische Dimension der Mythen-Versionen, inklusive Auferstehung von Dumuzi bzw. des Königs

Dass Innana ihren Dumuzi dem Tod ausliefert, ist aber nicht das Ende vom Lied. Dabei bleibt der Mythos nämlich nicht stehen. Das letzte Wort hat Innana mit einer Festsprechung[161], die für alle Zukunft bestimmt, dass Dumuzi nicht in der Gewalt des Todes bleiben muss. Vielmehr wird er wieder aus dem Totenreich zurückkehren. Er wird sich dabei mit seiner Schwester abwechseln (vgl. *angalta* Z. 407-410). Auch dieses Hylem ist schon aus ursprünglich unabhängigen Versionen des *Dumuzi-Mythos* bekannt[162]. Doch wird es hier völlig neu eingesetzt. Nun ist es Innana, welche diese Bestimmung neuen Lebenskraft ihrer Macht ins Sein ruft. Dies aber ist eine revolutionäre Neuerung. Denn es bedeutet, dass Innana die Macht hat, das Totenreich, das bislang das „Land ohne Wiederkehr" war, zu einem „Land mit Wiederkehr" zu machen[163]. Dass es mit dieser Neuerung etwas Besonderes auf sich hat, wird im epischen Preislied auch formal unterstrichen. Die Rückkehr Innanas aus dem Totenreich wird nämlich in Form einer im epischen Preislied aufgrund ihrer Kürze völlig untypischen Zeile zum Ausdruck gebracht: ᵈInnana ba-gub, „Innana ist für sich aufgestanden!" (Z. 281). Diese Kürzung der üblichen Zeilenlänge um mehr als die Hälfte muss eine Bedeutung haben. Diese Sonderzeile enthält ein Zitat aus den Ritualen des Innana-Kultes, nämlich den wichtigen Kultruf: „Innana ist auferstanden"[164]. Diese Auferstehung ist nicht nur für Innana selbst bedeutsam, sondern auch für Dumuzi. Dieser Dumuzi verkörpert sich während mehrerer Jahrhunderte im König. Daher ist davon auszugehen, dass man von dieser machtvollen Bestimmung vor allem den König betroffen glaubte. Eine Auferstehung des Königs aus der Unterwelt in den Himmel lässt sich auch tatsächlich anhand eines rituell-beschwörenden Innana-Liedes (ser₃ nam-šub Innana(k)) über *Dumuzis*

---

[161] Vgl. zu diesem Terminus und der dahinterstehenden kulturspezifischen Vorstellung Gabriel 2014, 249-268.
[162] Vgl. das Klagelied zur Pauke (*eršema*) *šeše dabana* mit Wilcke 1993, 55.
[163] Diese Macht gewinnt Innana durch ihren Durchgang durch das Totenreich, der sie über die unterweltlichen Mächte stellt. Auch diese Mächte der Unterwelt selbst haben – so die Vorstellung – nicht nur Macht über den Tod, sondern auch über das Leben; vgl. in diesem Sinne den Mythos von *Enkis Gang in die Unterwelt* in *udug ḫul*, wonach Enki von der Unterweltsherrscherin Rituale empfängt, die Macht haben, einen dem Tod verfallenen Menschen ins Leben zurückzuholen, indem nämlich todbringenden Mächten der Zugriff auf den Menschen verwehrt wird.
[164] Vgl. ausführlicher A. Zgoll / C. Zgoll 2019 unter 8.6 „Spuren eines Kultrufes auf Innana".

Himmelfahrt[165] belegen und historisch verankern durch zwei Wirtschaftstexte, die Abbuchungen anlässlich der Himmelfahrt zweier Herrscher im 21.-20. Jh., Šulgi und Išbi-Erra, dokumentieren[166]. Aus verschiedenen Indizien hat Steinkeller 2013 weitere Einblicke in das zugehörige Ritual innerhalb des Innana-Kultes gegeben. Dumuzi erweist sich als Prototyp, als der Erste derer, die nach Innana aus dem Totenreich auferstehen dürfen. Dass dahinter eine kultische Realität stand, welche den Menschen eine wichtige Hoffnung auch für das Leben nach dem Tod verkündete, wird an anderer Stelle auszuführen sein. Festzuhalten bleibt, dass die verstreuten Informationen, die sich bislang finden lassen, den Eindruck erwecken, dass diese Hoffnung auf Leben nach dem Tod zunächst dem König und einer Elite von Priestern vorbehalten war. So besingt ein hymnisches Lied Innana als Göttin, zu der nicht nur Dumuzi, sondern auch hochrangige Priester am Neujahrsfest durch „Speise und Trank der Freilassung", d. h. auf dieselbe Weise wie Innana selbst, aus der Unterwelt zurückkehren[167]. Diese Hoffnung scheint dann aber auf alle Verstorbenen übertragen worden zu sein, einerseits in der geschilderten generellen Rettung aus dem Tod (vgl. auch 9.2), andererseits in der Form, dass die Toten zu einem bestimmten Fest zurückkehren durften auf die Oberwelt. Denn in der Version des Gesamtmythos, die in akkadischer Sprache vom Beginn des 1. Jahrtausends vorliegt (*ana kurnugî / Ištars Höllenfahrt*), ist davon die Rede, dass dann, wenn Dumuzi aus dem Totenreich aufersteht, alle Toten mit ihm auf die Oberwelt kommen. Dies bezieht sich auf ein jährliches Ritual, bei welchem die Verstorbenen von den Lebenden zu einem Festmahl auf die Oberwelt geladen werden. Dadurch wird das Totenreich tatsächlich, wenn auch in zeitlich begrenztem Umfang, durchlässig und auf diese Weise erhofft man immerhin regelmäßig eine zeitweise Befreiung vom Tod für alle[168]. Aus der Perspektive der Menschen, die diesen Mythos überliefert haben, ist Innana, indem sie Macht über Tod und Leben gewonnen hat, zu einer Retterin vor dem ewigen Todeslos geworden.

Es ist allerdings nicht eine machtbesessene Innana, die Macht um der Macht willen aufhäufen will und dabei scheitert. Das Anliegen des unabhängigen *Innanas-Unterweltsgang*-Mythos war es gewesen (vgl. 5.2), durch Innanas Unterweltsgang die göttlichen Machtmittel (m e) der Unterwelt zu vollenden, sie

---

165 Das Incipit lautet *iri uleda*: „um die Stadt fröhlich zu machen" (vgl. Anm. 10).
166 Zur Himmelfahrt des Šulgi vgl. Wilcke 1988; zur Himmelfahrt des Išbi-Erra vgl. Steinkeller 2013.
167 Dies beruht auf einer neuen Analyse des hymnischen Preisliedes auf Innana als Nin-egala Z. 66-76, das in der monographischen Studie zum Thema ausgewertet wird.
168 Vgl. A. Zgoll 2013.

dadurch einsatzbereit zu machen und auf die Oberwelt mitzubringen, wo sie in den Tempeln zum Nutzen der Oberwelt, insbesondere der oberweltlichen Götter und Menschen[169], für die Grundlage des Lebens, die Fruchtbarkeit, sorgen sollen. Dies hat eine Parallele in einem anderen Innana-Mythos, nämlich *Innana bringt das Himmelshaus zur Erde*. Auch hier hatte man ursprünglich angenommen, Innana werde als eine Art Übeltäterin dargestellt, die dem Himmelsgott sein Haus raube[170]. Aus der Perspektive der Menschen, die diesen Mythos verkündeten, stellte sich dieser Raub allerdings als Heilstat dar: Denn erst durch Innanas Raub konnte der erste Tempel auf die Erde kommen, was als notwendige Grundlage für das Leben auf Erden angesehen wurde. Dieser Mythos wurde daher ebenfalls in einem Preislied auf Innana überliefert[171]. Der Gesamtmythos in *angalta* vertritt also keine grundsätzlich neue, sondern eine bestens bekannte Haltung gegenüber Innana. Auch hier ist sie die Gottheit, welcher es gelingt, eine Machtposition zu erlangen, die für die Welt der Menschen wesentlich ist. Im Gesamtmythos geht es um etwas noch Bedeutsameres als Fruchtbarkeit: Es geht um die Macht Innanas über den Tod – und über Tod und Leben. Hier wird nicht primär Machthunger befriedigt, vielmehr ergibt sich eine neue Machtposition Innanas als Nebeneffekt aus ihrer Großtat. Weil Innana Macht über Tod und Leben gewonnen hat, hat sie eine Machtposition errungen und ausgebaut, die zuvor in begrenzterem Umfang der Unterwelt zugekommen war. Sie ist damit zu einer Herrscherin über das Totenreich geworden[172]. Dies wird im nächsten Punkt noch deutlicher werden.

---

169 Auch die unterweltlichen Götter und Menschen profitieren von dieser Tat, da die Menschen einen Teil der von ihnen erarbeiteten Gabe der Unterwelt zurückgeben in Form von Speisungen der unteren Götter und der Verstorbenen.
170 Die Edition auf Basis der extrem schwierigen Textgrundlage gelang van Dijk 1998. Die wenigen weiteren Übersetzungen übernehmen seine Interpretation, dass Innana hier eine Untat verübe. Eine neue Übersetzung und Interpretation findet sich bei A. Zgoll 2015a.
171 Vgl. A. Zgoll 2015a und 2019a; eine Monographie mit Edition ist in Vorbereitung.
172 Innana *ist* also, wie die hier vorgelegten Ausführungen zeigen, keine Unterweltsgottheit. Vielmehr kommt ihr die Gewalt über diesen Bereich zu, weil sie durch Tod und Auferstehung die dazu nötige Macht gewonnen hat.

8.2 Vom Gesamtmythos her vorgenommene Adaptionen in Stratum 1 *Innana bringt Unterweltsmachtmittel auf die Erde*

Die Anlage des Gesamtmythos aus den zuvor unabhängigen Mythen *Innana bringt Unterweltsmachtmittel auf die Erde* einerseits und vom *Tod des Dumuzi* andererseits hat zur Entstehung einer neuen Hylemsequenz geführt (vgl. 5.2); diese Hylemsequenz von der Forderung nach einem Substitut für Innana und der Auslieferung des Dumuzi an die Dämonen wurde als Scharnierstelle zwischen die beiden Mythen gefügt, um die beiden Mythen zu verbinden, die damit zu Strata in einem größeren Gesamtmythos wurden. Doch nicht nur das. Weitere Adaptionen wurden vorgenommen, auch innerhalb der Strata. Einige davon, die sich im ersten Stratum *Innana bringt Unterweltsmachtmittel auf die Erde* zeigen, sollen hier kurz angedeutet werden.

8.2.1 Der doppelte Tod der Innana

Wenn man die Hylemanalyse des ersten Stratums durchführt, stößt man auf eine überraschende Entdeckung: Innana stirbt zweimal! Der erste Tod erfolgt, als Innana alle sieben Tore der Unterwelt durchschritten hat, wobei ihr sämtliche machtvollen Ausrüstungsgegenstände abgenommen worden sind (vgl. Z. 157-161). Da geschieht das Schreckliche: Jemand – sein Name bleibt ungenannt – „beugt Innana nieder" (vgl. Z. 162 mit 122). Dieses „Niederbeugen", sumerisch gigurum, ist ein Ausdruck für „töten"[173]. Dann zieht man ihr die Haut ab (kuš zilzilim[174]) und schafft sie fort (de$_6$, Z. 162 mit 122).

Unvermittelt erscheint nun das Hylem, dass es Innana gelingt, ihre Schwester von deren Thron zu vertreiben und sich selbst auf diesen Thron zu setzen (vgl. Z. 163 f). Dies wiederum führt zum zweiten Tod der Innana, der nun anders erfolgt: Gemeinsam mit Ereš-ki-gal fällen die versammelten sieben unterweltlichen Anuna-Götter das Todesurteil über Innana. Das Urteil wird vollzogen,

---

[173] Dies wird anhand der Variantenschreibung des Textzeugen UN-x deutlich. Anstelle von kur-ra nam-ba-da-an-gurum-e schreibt dieser Textzeuge nam-ba-an-ug$_5$-ug$_5$ (freundlicher Hinweis von B. Cuperly). Es zeigt sich auch anhand *Ur-Nammas Tod* Z. 201, wo Enlil gegenüber Innana die Unabänderlichkeit des Todes von Ur-Namma konstatiert mit den Worten: nin gal E$_2$-an-na gurum-ma-ni nam-ma-da-ra-ta-[e$_3$/e$_{11}$(d)], „Große Herrin des E-ana! Da er niedergebeugt wurde, wird er ganz gewiss nicht zu seinen Gunsten für dich (aus dem Totenreich) [heraus-/heraufkommen]!"
[174] So in den Textzeugen NiO 1,18´ und UNRs. 2,47; zu den anderen Textzeugen vgl. unten.

indem Ereš-ki-gal den „Blick des Todes" auf Innana richtet, während die Anuna ein vernichtendes Wort sprechen (vgl. Z. 165-168). Daraufhin wird Innana als Stück Fleisch an einem Pflock aufgehängt (vgl. Z. 169 f).

Warum enthält der Gesamtmythos zwei Tode der Innana, was bei einem ersten Eindruck widersprüchlich wirkt[175]? Der Grund liegt in der Schichtung, die sich daraus ergibt, dass eine Version des Mythos *Innana bringt Unterweltsmachtmittel auf die Erde* als Stratum in den Gesamtmythos *Innana wird Herrscherin über Tod und Leben* eingepasst worden ist. In dem Innana-Mythos, der noch nicht als Stratum in einen größeren Mythos eingearbeitet war, sondern unabhängig überliefert wurde, war das Durchschreiten der sieben Tore als fortschreitendes Sterben zu verstehen. Das letzte Fünkchen Leben wurde Innana dann mit dem Abziehen der Haut genommen. Dies alles war „Niederbeugen", also der Tod. Und so konnte man sie daraufhin einfach fortbringen.

Als man daranging, diesen Mythos einzupassen in einen Mythos *Innana wird Herrscherin über Tod und Leben*, wollte oder konnte man der Hörergewohnheit wegen die überkommene Version nicht einfach weglassen. Damit aber hier schon deutlich würde, dass Innana sich von Anfang an, ab ihrem Betreten der Unterwelt, als Herrin über die Mächte der Unterwelt erwiesen hatte, fügte man ein weiteres Hylem hinzu, welches diesen Anspruch zum Ausdruck bringen sollte: Man erzählte nun, dass Innana sich nach Betreten der Unterwelt auf den Thron der Ereš-ki-gal gesetzt hatte. Dies war als erste Machtübernahme über die Unterwelt zu verstehen (vgl. 8.2.2), deren endgültiges Inkrafttreten bis zur Auferstehung der Innana warten musste. Dieser Eingriff aber machte einen zweiten Tod der Innana notwendig, den man nun dem Richterspruch der Anuna-Götter mit Ereš-ki-gal zuschrieb. Offenbar versuchte man, die Unebenheiten zu glätten und die Bedeutung des „Beugens" der Innana abzumildern. Manche Textzeugen scheinen jedenfalls anstelle des Keilschriftzeichens kuš „Haut" das Zeichen tu₉(g) „Gewand" zu wählen; Hier ist dann das Abziehen von Innanas Haut durch das Abziehen von Innanas Gewand ersetzt worden[176]. Das bringt zwar eine neue Inkonsistenz, denn beim Durchschreiten der sieben Tore war Innana nicht nur ihres Schmuckes, sondern auch ihres Gewandes und jeglicher Ausrüstung beraubt worden. Doch überwiegen die Vorteile bei der

---

175 Wenngleich der Widerspruch wieder geglättet wurde, vgl. unten.
176 Die Zeichenformen sind nicht besonders klar an dieser Stelle. Zwei Textzeugen, NiO 1,18′ und UNxRs. 2,47 schreiben SU = kuš „Haut"; entsprechend wohl auch UrM 2,1 (die Stelle ist relevant, da mit vorliegender Zeile kontaminiert). Im Fall von NiE 3,30' liest Attinger 2016 tu₉(g) „Gewand"; Cuperly (mdl.) nach Kollation erwägt eher auch hier ein SU. In Ur_{III}P-i-016f könnte (am Ende von Z. 16) tu₉(g)⁺„Gewand" gemeint sein (Zeichen ŠE₃). Hier bleibt die Edition von B. Cuperly abzuwarten.

Schilderung eines zweiten, anders gestalteten Todes der Innana bei weitem, wird damit doch klargestellt, dass Innana von Anfang an ihren Anspruch auf den Unterweltsthron hatte geltend machen können. Außerdem lässt sich anhand dieser Todesschilderung aufzeigen, dass in diesem Moment die judikative und exekutive Gewalt über den Tod noch bei Ereš-ki-gal und den Anuna liegt, um sie später dann, nach Rückkehr der Innana aus der Unterwelt, auf Innana zu übertragen und damit zu zeigen, dass Innana diese Macht über die Unterwelt und ihre Götter übernommen hat[177].

8.2.2 Innana erhält den neuen Titel „Strahlende Herrscherin über die Große Erde" (Ereš-ki-gal)

Die Übernahme der Macht über Tod und Leben und damit auch über die Unterwelt wird deutlich in einem neuen Titel, den Innana am Ende des Gesamtmythos erhält: Die Doxologie preist Innana als „Herrscherin über die große Erde". Genauer: Aus der „strahlenden Innana" ist die „strahlende Herrscherin über die große Erde" (Ereš-ki-gal) geworden, mit anderen Worten: Innana ist die neue Ereš-ki-gal. Die Übertragung eines Gottesnamens auf einen anderen Gott zum Zweck der Übertragung der Macht des alten Namensträgers auf den neuen Namensträger ist bestens bekannt aus mythischen Texten des 1. Jahrtausends, wie sie in *Enūma elîš*[178] oder in *Innanas/Ištars Erhöhung*[179] berichtet werden. Doch ist dies keine Erfindung des 1. Jahrtausends. Eine solche Namensübertragung findet sich schon im rituellen Lied der En-ḫedu-ana auf Innana als Herrin über die unzähligen göttlichen Machtmittel (*nin me šara*), das aus dem 23. Jahrhundert v. Chr. stammt. Dort wird Innana der Name ihrer eigenen Mutter Ningal zugeschrieben, d. h. sie wird explizit zu Ningal bzw. nin gal, zur „großen Herrin", die sogar die eigene Mutter überragt[180]. Entsprechendes findet sich hier in dem Gesamtmythos, der dem epischen Preislied *angalta* zugrundeliegt. Der neue Titel der Innana als „strahlende Ereš-ki-gal" verbindet auf eindrucksvolle Weise

---

177 Wie beim Urteil der Ereš-ki-gal so stimmen die Anuna auch dem Urteil der Innana zu (vgl. den Plural in Z. 355, der sich auf die Anuna bezieht). Damit soll deutlich werden, dass diese sieben Richter der Unterwelt als die höchsten Unterweltsgötter nun Innana unterstellt sind.
178 Hier übernimmt der Gott Marduk die Namen und damit die Machtbefugnisse aller hohen Götter. Edition: Kämmerer / Metzler 2012, Lambert 2013, Auswertung und Interpretation: Gabriel 2014.
179 Vgl. Anm. 130.
180 *nin me šara* 60 f mit Z. 112-116, vgl. A. Zgoll 1997, Z. 143-147 und die neue Übersetzung A. Zgoll 2015.

die beiden Bereiche von Tod und Leben, die der erstandenen und erstarkten Göttin Innana zukommen. Denn das Epitheton „strahlend", ku₃(g), bezeichnet Innana als Auferstandene, die strahlend aus der Unterwelt erstanden ist und am Osthimmel erglänzt[181]. Der Titel „Herrin über die Große Erde" (Ereš-ki-gal) hingegen verleiht primär die Macht über den Tod und das Reich der Toten[182]. Die Kombination aus Titel und Epitheton zu „Strahlende Herrin über die Große Erde" (ku₃(g) Ereš-ki-gal) proklamiert Innana als Herrscherin über Tod und Leben, über die Unterwelt und das Entkommen aus der Unterwelt.

Innana übernimmt diesem Mythos zufolge den Namen Ereš-ki-gal, der zugleich als Titel die Herrschaft über die Unterwelt zum Ausdruck bringt. Der Machtbereich der „alten" Gottheit Ereš-ki-gal[183] fällt an Innana[184]. Anders nuanciert bedeutet dies, dass als Ergebnis der mythischen Geschehnisse Innana diese Ereš-ki-gal inkorporiert bzw. dass sich in Innana Ereš-ki-gal manifestiert[185]. Der Mythos erweist sich als zugehörig zum mythischen Stoffschema

---

181 Es entspricht damit ähnlichen Epitheta, die zu anderen Zeiten für Innana bezeugt sind, wie Innana-ḫud₂ oder Šarrat-nipḫa, vgl. dazu A. Zgoll / C. Zgoll 2019. Die Ausgestaltung des epischen Preisliedes *angalta* reserviert das Beiwort ku₃(g) nicht für die Schilderungen Innanas *nach* der Auferstehung (wie dies in einem viel früheren Preislied der Fall ist, vgl. A. Zgoll / C. Zgoll, a. a. O.), sondern verwendet es schon beim Gang ins Totenreich. Dennoch ist es auch hier nicht nur ein stehendes Beiwort, welches automatisch eingesetzt und bar jeder Bedeutung wäre. Der Einsatz von ku₃(g) macht vielmehr im Vorausgriff deutlich, dass der Unterweltsgang der Innana gelingen wird, wie es ja aus dem Kult der Göttin auch bestens bekannt ist, dass diese Göttin auferstehen wird. Gerade weil man, wie der Gesamtmythos darlegt, Innana als Inhaberin gewaltiger Macht ansah, war es wichtig, proleptisch schon Andeutungen ihres Ranges und des Erfolges ihres Unternehmens deutlich zu machen. Dies zeigt sich auch an der Hylemsequenz, dass Innana vor ihrem Eintritt ins Totenreich schon Machtmittel anlegt (vgl. 8.2.3).

182 Dass Innana/Ištar als Herrin über die Unterwelt verehrt wurde, zeigt sich auch im Ištar-Kult von Assur im 1. Jahrtausend, wo Ištar verehrt wurde unter dem Namen ᵈGanzir₃-nin-iri(-ak), d. h. als „(Gottheit namens) Ganzir, Herrin über die Stadt", d. h. als Gottheit über das Totenreich, das als (Palast) Ganzir und als „Große Stadt" (iri gal) bezeichnet werden kann. Vgl. Meinhold 2009, Z. 115 f und im vorliegenden Beitrag 6.5.

183 Beispiel für eine solche Einordnung von Ereš-ki-gal ist z. B. der Kultkommentar TCL 6, 47, wo Ereš-ki-gal als uranfängliche Gottheit aufgeführt wird (Gabbay 2018, 15).

184 Die spezifische Ausgestaltung des Mythos macht deutlich, dass diese Macht nicht nur als Todesmacht, sondern auch als Macht über die Befreiung der Toten zu verstehen ist (vgl. 8.1.2.).

185 Wie Gabbay 2018 hervorragend herausgearbeitet hat, wird die neue Generation mit der alten Göttergeneration identifiziert; d. h. Innana *ist* Ereš-ki-gal bzw. in Innana manifestiert sich hier Ereš-ki-gal. „Hence, they [die aktuellen Götter] act not only as the contemporary divine rulers, but also as the primordial ones." (Gabbay 2018, 41). Am Beispiel von Enlil und dem uranfänglichen Gott En-me-šara zeigt Gabbay 2018, 43: „[T]he two figures are not only to be understood as two independent fighting gods, but actually represent one and the same god".

einer Überwindung von Gottheiten, die in originär-antiker Perspektive als „uralt" oder „uranfänglich" angesehen wurden, durch jüngere Gottheiten, d. h. durch solche Götter, die in der aktuell-zeitgenössischen religiösen Theorie und Praxis eine wichtige Rolle spielen. Viele derartige Mythen berichten von einem Götterkampf mit Vernichtung einer „uranfänglichen" Gottheit[186] wie z. B. Enlil tötet En-me-šara, Ninurta tötet En-u-tila[187] etc.; die Rolle des „uranfänglichen" Gottes kann im Verlauf der Zeit auch An, Enlil oder Enki-Ea zugewiesen werden. Andere Mythen – darunter mehrere über Innana – zeigen die Überwindung einer „uralten" Gottheit nicht mit kriegerischen Mitteln[188], sondern durch kluge Pläne oder List, durch eigene Opferbereitschaft und in Kooperation mit anderen Gottheiten[189].

Durch den Gewinn des neuen Machtbereichs verkündet die vorliegende Version des Gesamtmythos Innana als Herrscherin über alle Bereiche der Welt. Dies wird in der textlichen Konkretion des epischen Preisliedes deutlich gemacht. Als Innana tot in der Unterwelt ist, bezeichnet Enki sie schon als „nugeg-Herrscherin[190] über den Himmel" (nu-u$_8$-ge$_{17}$(g) an-na(k)) und „Herrin über alle Länder" (nin kur-kur-ra(k), vgl. Z. 220 f), d. h. als Herrin über den Himmel und die oberweltliche Erde. Der Durchgang durch das Totenreich fügt dem noch die Herrschaft über die Unterwelt hinzu, womit alle kosmi-

---

Mythisch gesprochen ist die Verschmelzung von Innana und Ereš-ki-gal das Resultat aus der Überwindung der einen durch die andere.

186 Vgl. Gabbay 2018 mit vielfältigen mythischen Beispielen in verschiedenen medialen Konkretionen (epische Narration, rituelle Narration, rituelle Handlungsabfolge, deutende Kultkommentare, astrale Ebene). Zentrales Beispiel sind Versionen des Mythos *Enlil tötet En-me-šara (und schickt ihn in die Unterwelt)*.

187 Ninurta übernimmt dabei die Rituale von En-u-tila, vgl. Gabbay 2018, 46. Ebenso übernimmt Innana im Mythos *Innana bringt Unterweltsmachtmittel auf die Erde* die Rituale bzw. Machtmittel der Unterwelt bzw. der Ereš-ki-gal (vgl. 5.1.7).

188 In solchen Mythen zeigt sich Innana nicht als typische Kriegsgottheit, die anderen Göttern gegenüber kriegerisch agieren würde wie etwa Enlil, Ninurta oder Marduk. Ihre Bezeichnung als „Gottheit des Krieges" ist mithin zu spezifizieren. Ihre kriegerische Macht zeigt sich nach mesopotamischen Quellen vornehmlich gegenüber Menschen, und zwar dort, wo ihr Liebling, der König, der durch die Heilige Hochzeit ihr Dumuzi geworden ist, bedroht ist. Dieser Aspekt Innanas offenbart sich damit als Teil ihrer schützenden Haltung gegenüber ihrem geliebten Gemahl bzw. als Teil ihrer Eigenschaft als Liebesgottheit (vgl. A. Zgoll 2012, 75 f ad „Kriegertum und Lebensschutz"). Wie *Innana und Ebiḫ* vor diesem Hintergrund einzuordnen ist, muss weiteren Forschungen vorbehalten bleiben.

189 Vgl. z. B. *Innana bringt das Himmelshaus zur Erde* oder *Innana bringt Enkis Machtmittel nach Uruk*/traditionell *Innana und Enki*; für den größeren, kulturvergleichenden Kontext vgl. A. Zgoll 2019a.

190 Vgl. A. Zgoll 1997a.

schen Bereiche Innana unterstellt sind. Vorweggreifend findet sich diese Machtfülle schon im Titel „Herrin über alle Länder" angelegt, insofern hier wieder das sumerische Lexem k u r schillernd eingesetzt ist; aus dem Wissen über das Ende der vorliegenden Version des Gesamtmythos bedeutet dieser Titel „Herrin über die Länder (k u r[191]) und über die Unterwelt (k u r)".

Auf Textebene zeigt sich diese die Welt umspannende Macht schon in den ersten drei Zeilen des Preisliedes, wo es heißt: „Vom großen Himmel hat jemand/eine Gottheit/Innana einen Plan gemacht bezüglich der Großen Erde" (k i g a l). Der hier aufgespannte Bogen findet sein Ziel in den letzten beiden Zeilen des Preisliedes (Z. 411 f), die Innana mit dem neuen Titel „Herrin über die Große Erde" (Ereš-ki-gal) preisen:

^{411} ku$_3$(g) ^{d}Ereš-ki-gal-la-ke$_4$	O (du), bekannte strahlende (göttliche) Herrin
^{412} za$_3$-mim-zu du$_{10}$(g)-ga-am$_3$	über die Große Erde („Ereš-ki-gal") – dein Preis ist gut!

Diese Innana, diese Herrin über Tod und Leben ist es, welche der Sänger des Preisliedes von Beginn des Liedes an als „meine Herrin" (Z. 4) grüßt, ihr unterstellt er sich damit als ihr Diener (vgl. 6.1), genau sie will er mit seinem Lied verherrlichen.

Eine weitere Hylemfolge zeigt die Stratifikation des Gesamtmythos im Detail. Gemäß Innanas Instruktionen bittet ihre Wesirin Nin-subur die Götter Enlil, Nanna und Enki um Unterstützung für Innana. Enlil und Nanna lehnen ab mit der Begründung, Innana habe die Machtmittel der Unterwelt verlangt, die niemand verlange[192] (vgl. 6.2). Diese Aussage benennt ein wichtiges Hylem des ursprünglich selbständigen Mythos *Innana bringt Unterweltsmachtmittel auf die Erde*. Außerdem führen Enlil und Ninlil an, dass Innana die Unterwelt selbst verlangt hat. Das geht deutlich über den Kontext der Machtmittel der Unterwelt hinaus. Durch dieses Hylem wird schon innerhalb des ersten Stratums von *Innanas Unterweltsgang* der größere Horizont des Gesamtmythos deutlich: Beide Schichten, des Mythos, dass Innana Machtmittel der Unterwelt gewinnt, und

---

191 Das Sumerische muss den Plural nicht explizit zum Ausdruck bringen.
192 Dass dies kein Verbot darstellt, sondern zum Ausdruck bringt, dass *kein anderer* sie verlangen konnte oder dürfte, zeigt der Mythos von *Innanas/Ištars Erhöhung* (vgl. Anm. 130), dem zufolge die Götter An, Enlil und Enki die in ihrem Besitz befindlichen Machtmittel der Innana schenken. Diese Machtmittel werden mit derselben Eigenschaft beschrieben: Niemand darf sie verlangen. Vgl. *Innanas/Ištars Erhöhung* Z. 45, 46 und 47.

der Mythos, dass Innana die Macht über die Unterwelt selbst gewinnt, sind hier zusammengeführt[193].

8.2.3 Innana hat schon Machtmittel, bevor sie in die Unterwelt geht

In Stratum 1 erringt Innana Machtmittel der Unterwelt durch ihren Durchgang durch die Unterwelt und durch ihr Vollenden der Machtmittel mit den Mächten der Unterwelt (vgl. 5.2 und 6.5). In der neuen Gesamtversion, dem Kompositmythos, erscheint Innana schon ausgestattet mit Machtmitteln, bevor sie in die Unterwelt geht (vgl. *angalta* Z. 14-25). Erst im Gesamtmythos ist diese Version sinnvoll. Dass Innana schon mit Machtmitteln ausgestattet ist, bevor sie ins Totenreich geht, entspricht ihrer neuen, noch höheren Machtstellung. Und es entspricht der kultischen Realität: Die Göttin im Tempel ist ausgestattet mit allen Machtmitteln. Vor allem aber kann man eine Mythenversion dann so ausgestalten, wenn der Gewinn der Machtmittel nicht mehr als eigentliches Ziel des Unterweltsganges zu gelten hat, sondern nur noch mit tradiert wird.

Wie so oft ließ sich auch der stratifizierten und dadurch etwas inhomogenen Version neuer Sinn abgewinnen. So konnte man sich z. B. vorstellen, dass die Machtmittel erst in der Unterwelt vollendet wurden; dass Innana also mit einer noch nicht vollständig aktivierten Variante ihrer Machtmittel ins Totenreich gegangen war und erst durch die Kooperation mit der Unterwelt (vgl. 5.1.6 und 5.3) die umfassende Macht der Instrumente gewonnen worden war. Es ist möglich, dass man erwartete, dass diese Machtmittel immer wieder in der Unterwelt vollendet wurden; immerhin geht die Göttin (als Gestirn) ja regelmäßig wieder durch das Totenreich[194].

---

193 Und beide Mythen-Schichten sind überdies mit dem Mythos *Innana bringt das Himmelshaus zur Erde* verbunden, auf welchen an dieser Stelle ebenfalls verwiesen wird. Der Verweis auf diesen Mythos dient als Rückblick, der schon nahelegt, dass Innana auch die neuen Ziele erreichen wird, wie sie auch das frühere Ziel erreicht hat. Vgl. dazu A. Zgoll 2019.

194 Allerdings war nicht davon auszugehen, dass sie nochmals dem Tod ausgesetzt wäre; den hatte sie sicherlich, zumindest nach vorherrschender Meinung, ein für alle Mal überwunden, als sie auferstanden und zur Herrscherin über das Totenreich geworden war – was natürlich nicht dagegen spricht, dass man dieses grundlegende Ereignis im Kult und unter wiederholender Rezitation des Mythos jährlich reaktiviert und gefeiert hat.

9 Geschichtete Gottheit: Wie die Stratifikationsanalyse der Mythen historische Dimensionen der Gottesvorstellungen sichtbar macht

Der vorliegende Beitrag hat zunächst durch Hylemanalysen den Stoff zweier Versionen des Mythos von *Innana bringt Unterweltsmachtmittel auf die Erde* wiederherstellen können. Einblicke in die Stratifikationsanalysen haben deutlich gemacht, dass dieser Mythos von *Innanas Unterweltsgang* als Stratum in einen komplex geschichteten Gesamtmythos eingepasst wurde, der ein größeres Ziel verfolgt hat. Die Entwicklung lässt sich noch weiter verfolgen, wenn man auch die Version, die hinter dem akkadisch überlieferten Epos *ana kurnugî / Ištars Höllenfahrt* steht, in die Überlieferung einbeziehen. Die vergleichenden Analysen der verschiedenen Versionen zeigen, dass nicht nur die mythischen Stoffe geschichtet sind und immer wieder verändert wurden, sondern dass auch die Gottesvorstellungen im Lauf der Jahrhunderte und Jahrtausende nicht statisch, sondern dynamisch und das heißt historisch geschichtet sind[195]. Einige Ausblicke auf die historischen Dimensionen der Gottesvorstellungen, die sich auf Basis der vorangehenden Analysen ergeben haben, sollen daher diesen Beitrag beschließen.

Während sich von der Innana der Uruk-Zeit, also am Ende des 4. Jahrtausends, festhalten lässt, dass sie für ihren Durchgang durch das Totenreich berühmt ist und als strahlend auferstandene Heldin gefeiert wird[196], lässt sich aus einem Preislied der frühdynastischen Zeit, aus dem 26. Jahrhundert erkennen, dass es dort die Götter selbst sind, die Innana verherrlichen, weil sie Machtmittel aus dem Totenreich gebracht hat[197]. Eine vergleichbare Gottesvorstellung zeigen Versionen dieses Mythos, die als Stratum in *angalta / Innanas Gang* und als Stratum in *innin me galgala / Innana und Šu-kale-duda* eingearbeitet sind. In *innin me galgala* lässt sich erkennen, dass es Machtmittel über sexuelle Fruchtbarkeit sind, die Innana für die Oberwelt gewinnen kann.

Die Innana, welche der *Innana-Dumuzi-Gesamtmythos* verkündet, dessen textliche Konkretionen vom Anfang des 2. Jahrtausends stammen, ist demgegenüber eine Herrin über Tod und Leben, d. h. eine machtvolle Gottheit, die

---

195 Vgl. C. Zgoll 2019, Kapitel 22.1 „Polymorphe und polystrate Protagonisten".
196 A. Zgoll / C. Zgoll 2019. Das Ziel der mythischen Überlieferungen zu dieser Zeit lässt sich aus den knappen Quellen, die zur Verfügung stehen – vornehmlich Namen der Göttin und Feste für sie – nur annähernd rekonstruieren.
197 Vgl. A. Zgoll / C. Zgoll 2019.

Leben nimmt und Leben gibt. Ihre Macht zeigt sich darin, dass sie schon mit Machtmitteln angetan ins Totenreich kommt. Außerdem tritt sie machtvoll auf, wenn sie Einlass ins Totenreich verlangt[198]. Durch ihren Durchgang durch das Totenreich erlangt sie den Namen der bisherigen Unterweltsherrscherin als Titel und wird damit zur „Strahlenden Herrin über die Große Erde" (ku$_3$(g) Ereš-ki-gal). Die Auswirkungen ihres Gangs durch das Totenreich betreffen vor allem ihren Geliebten Dumuzi, der durch ihre machtvolle Bestimmung nicht im Totenreich bleiben muss, sondern ebenfalls aus dem „Land ohne Wiederkehr" zurückkehren darf[199]. Diese Zusage gilt zugleich den Königen, die im Ritual Dumuzi verkörpern. Der Gesamtmythos macht ihnen Hoffnung, dass sie nicht auf ewig im Totenreich bleiben, sondern mit und durch die machtvolle Innana auferstehen dürfen.

Ein Lied, durch welches der Herrscher Išme-Dagan Innana preist, führt das noch weiter aus und überträgt diese Hoffnung auf Auferstehung auch auf die Bevölkerung[200]:

[13a] uĝ$_3$ ki-ta an-na-še$_3$ e$_{11}$(d)-de$_3$	um die Bevölkerung (des eigenen Landes) von der Unterwelt zum Himmel[201] aufsteigen zu lassen,
[13b] uĝ$_3$ kur$_2$ ki šu bal-e	um die feindliche Bevölkerung[202] (den Ort wechseln zu lassen =) ins Totenreich zu verbannen[203]

---

198 Vgl. Wilcke 1993, 50 f. Innana verlangt „gebieterisch" Einlass.
199 Dieses Thema wurde in anderen Versionen des Stoffes anders geschildert. Bestimmten Kultliedern zufolge musste Innana dazu beim Gott Enlil vorstellig werden und ihn um diese Gunst bitten (vgl. Wilcke 1988, 246 f und 1993, 52). Das dort gezeichnete Innana-Bild ist deutlich bescheidener als das, welches die in *angalta* konkretisierte Version des Gesamtmythos zeichnet.
200 Išme-Dagan K 13: Edition Römer 1988, neue Bearbeitung Attinger 2015a.
201 Mit Attinger 2015 lässt sich an-na-še$_3$ auf zwei Weisen verstehen: entweder als fehlerhaft für an-še$_3$ oder als Genitiv ohne Bezugswort. Im zweiten Fall wäre zu übersetzen „um die Bevölkerung vom (Ort) der Erde zum (Ort) des Himmels aufsteigen zu lassen". Die Formulierung bleibt, wie Attinger schreibt, unverständlich. Sie lässt sich durch den größeren Vorstellungshorizont klären, der sich durch die Stratifikationsanalyse der Innana-Mythen eröffnet.
202 Variante uĝ$_3$ šar$_2$, d. h. „die unzähligen Menschen"; beide Varianten bezeichnen die Menschen außerhalb der eigenen Bevölkerung. – Zur Wahl des Absolutiv vgl. Attinger 2015: „L'absolutif uĝ$_3$kur$_2$/šar$_2$ pourrait s'expliquer par un akkadisme (comp. ll. 31 sq.)".
203 Es handelt sich hier um eine euphemistische Redeweise: „ins Exil schicken" für „in die Unterwelt schicken". Attinger 2015 übersetzt „de faire monter les gens d'en bas jusqu'en haut, d'expatrier les peuples ennemis".

Die Feinde hingegen, von welchen danach die Rede ist, lässt Innana nur „den Ort wechseln", womit hier lapidar die Transferierung ins Totenreich gemeint ist, wie der Kontext zeigt, wo die Erde das Blut der Feinde trinkt und wo die Leichen der Gegner aufgehäuft werden. In diesem Kontext der kriegerischen Auseinandersetzungen ist es naheliegend, dass die „Bevölkerung"[204] diejenigen Toten bezeichnet, die im Krieg fallen.

Vor dem Hintergrund der mythischen Stoffe bzw. Stoffversionen, die im vorliegenden Beitrag erarbeitet werden konnten, ist es kein Zufall, dass auch dieses Lied des Išme-Dagan die Göttin Innana schildert als eine, die die Machtmittel im Himmel und in der Unterwelt an sich gebracht hat[205]:

[3a] an-na me dab$_5$-dab$_5$-be$_2$	(Innana), die im Himmel alle Machtmittel ergreift,
[3b] ki-a me ur$_4$-ur$_4$-e	die auf Erden (inkl. Unterwelt) alle Machtmittel einsammelt

Der im epischen Preislied *angalta* narrativ ausgeführten Version des Mythos zufolge erweist sich diese Innana als Herrin über alle Bereiche des Universums, über Himmel, oberweltliche Erde und Unterwelt.

Noch mächtiger zeichnet die Version hinter dem akkadischen Epos *ana kurnugî* / *Ištars Höllenfahrt* die Göttin. Diese Stoffvariante, deren textlichen Konkretionen aus der zweiten Hälfte des 2. Jahrtausends[206], insbesondere aber vom Anfang des 1. Jahrtausends stammt, zeigt Innana hier in souveräner Machtposition, noch bevor sie überhaupt die Unterwelt betritt und überwindet. Würde der Türhüter Ištar nicht einlassen, dann zerschlüge sie die Tore, so droht sie. Damit würde sie die Toten aus der Unterwelt heraufkommen lassen und diese würden dann die Lebenden fressen (Z. 19). Ištar tritt hier mit Vollmacht auf[207] wie ein großer König, der als Feldherr kommt, um eine Stadt einzuneh-

---

204 Sie ist hier als Pendant zur „feindlichen Bevölkerung" genannt.
205 Anders als in der Überlieferung von *angalta* handelt Innana gemäß der Mythenüberlieferung, die in diesem Text konkretisiert ist, nicht völlig souverän. Ihre Macht wird ihr hier von Enlil und Ninlil übertragen, die als Staatsgötter über Sumer angesehen werden (*Išme-Dagan K* Z. 15). Im Vergleich zur Mythenversion von *angalta* zeigt sich hier eine andere Version mit einem neuen Stratum. In die Überlieferung von der machtvoll handelnden Innana sind hier die Staatsgötter der Isin-Zeit eingearbeitet worden.
206 Diese textliche Konkretion der Mythenvariante aus mittelassyrischer Zeit ist bislang nur durch eine einzige Tafel überliefert (LKA 62 Rs. Z. 10-20), welche nur die ersten 11 Zeilen des mythischen Textes enthält.
207 Entsprechend heißt es von ihr auch, dass sie den Apsû vor Ea aufwirbelt (Z. 27).

men; bevor ein solcher Machthaber Hand an die Waffen legt, stellt er den Gegnern frei, seine Bedingungen zu erfüllen, nicht ohne in düsteren Farben klarzumachen, welche Folgen ihre Weigerung nach sich ziehen würde. Diese Ištar geht nicht mehr ins Totenreich, um von dort Machtmittel der Unterwelt über die Fruchtbarkeit zu gewinnen; vielmehr wird hier deutlich gemacht, dass diese Ištar schon längst die Macht über die Fruchtbarkeit besitzt. Und wenn sie im Totenreich, das nun als Ort von Dunkel und Finsternis gezeichnet wird[208], verschwunden ist, dann versiegt jede Fruchtbarkeit, die auf sexueller Fortpflanzung beruht, sowohl bei den Tieren wie bei den Menschen (Z. 76-80 und 85-90). Vor einer solchen, machtvollen Gottheit erzittert die bisherige Unterweltsherrscherin Ereš-ki-gal (vgl. Z. 64). Eine dermaßen mächtige Gottheit bedenkt sich nicht – sie muss sich gar nicht erst bedenken. Machtvoll wie sie ist, hat sie das nicht nötig, sondern kann sofort zur Tat schreiten (vgl. Z. 65). Dennoch – bei allen neuen Schichten, um welche die Gottesvorstellung bereichert erscheint – auch diese Version des Mythos, den man bezeichnen kann als *Ištar erweist sich als Herrscherin über Tod und Leben* (abgekürzt: *Ištar wird Herrscherin über Tod und Leben*), wirft zentrale Hyleme der älteren Mythen-Überlieferung nicht über Bord: Die Göttin, mag sie noch so machtvoll sein, liefert sich dem Tod aus, um die Macht über Tod und Leben zu gewinnen. Dieser Gewinn soll nun nicht nur ihrem Dumuzi bzw. dem Herrscher oder einer sonstigen Elite zugute kommen, sondern allen Menschen! Dies zeigt der Abschluss des Textes, wo Ištar festsetzt (Z. 136-138):

[136a] *ina ūmē Dumūzi ellânni*	„Während der Tage, an welchen Dumuzi *um meinetwillen* hierher hinaufsteigt,
[136b] *malīl uqnî šemer sāmti ittišu ellânni*	an welchen der mit der Lapislazuli-Flöte und der/die mit dem Karneol-Ring *um meinetwillen* mit ihm hierher aufsteigen,
[137] *ittišu ellânni bakkā'u u bakkītu*	an welchen mit ihm *um meinetwillen* hierher hinaufsteigt Klager und Klagerin[209],

---

[208] Immerhin wird aber auch in dieser Version des Mythos das Stratum nicht völlig überschrieben, demzufolge es in der Unterwelt Fruchtbarkeit gibt: Die Unterwelt besitzt Wasser des Lebens (Z. 114 und 118) und hier, in der Unterwelt, gibt es sogar einen Palast, dessen Schwellen mit *ajjartu*, d. h. mit Kaurimuschel gepflastert sind (vgl. Z. 116); diese Kaurimuschel ist vulvaförmig und wird in den lexikalischen Listen des antiken Mesopotamien als „Stein der Schwangerschaft" bezeichnet; das bedeutet, dass in der Version des 1. Jahrtausends auch die Fruchtbarkeit durch Zeugung und Geburt eindeutig in der Unterwelt verankert vorgestellt wird.
[209] Der Pluralmarker bei LU$_2$.ER$_2$.MEŠ *u* MUNUS.ER$_2$.MEŠ dient hier als Sumerogramm-Marker, vgl. Worthington 2012, 284-287.

¹³⁸ *mītūtu līlûnimma qutrinna liṣṣinū*   mögen die Toten hierher aufsteigen und mögen sie riechen den Weihrauch!"

Hier sind alle Toten gemeint. Doch deutet der Text nicht darauf hin, dass sie in den Himmel aufsteigen, wie es im königlichen Lied auf Innana rund 1000 Jahre früher vorgestellt war. Ihnen wird vielmehr möglich gemacht, dass sie einmal im Jahr im Kontext der Rituale für die Ahnen auf die Oberwelt zurückkehren dürfen. Doch auch dies ist eine entscheidende Aussicht. Während der Textanfang deutlich macht, dass der Weg in die Unterwelt eine Einbahnstraße ist, weil die Unterwelt keinen je wieder entlässt, zeichnet das Textende ein ganz anderes Bild: Die Toten dürfen an bestimmten Tagen das Totenreich verlassen und können in die Welt der Lebenden gelangen. Dass diese völlige Neuordnung der Welt gelingen kann, beruht dem Mythos zufolge auf Plan und Tat der Ištar: Sie schreckt ganz offensichtlich nicht vor dem eigenen Tod zurück, um den Weg zum Land ohne Rückkehr zu einem Weg mit Rückkehr zu machen. Zuerst gelangt sie selbst zurück. Dann darf auch ihr Gemahl, zumindest zeitweise, zurück in die Welt der Lebenden. Und damit öffnen sich schließlich die Pforten des Todes sogar für die verstorbenen Menschen. Auch sie dürfen in die Welt der Lebenden zurückkehren. Eine ungeheuerliche Perspektive, die hier in den Blick genommen wird: Das Gefängnis des Todes wird durch die Heilstat dieser mächtigen Göttin aufgebrochen, die uralten Zustände werden erschüttert. Und so kommt es zu einer wesentlichen, zutiefst bedeutsamen Neuerung, die den Menschen – zumindest einmal im Jahr – eine Rückkehr ins oberweltliche Leben schenkt, während sie vorher auf eine für ewig im Totenreich gefangene Existenz hin lebten[210].

10 Vom Gewinn der Machtmittel zur Macht über Tod und Leben. Historische Entwicklungen

Solange Mythen lebendig eingesetzt werden, werden sie immer wieder angepasst an das, was Menschen besonders wichtig ist. Im Epos *angalta* hat man den Mythos *Innana bringt Unterweltsmachtmittel auf die Erde* zu einem größeren Ganzen ausgebaut. Man hat ihn mit einem neuen Ziel versehen, das noch wichtiger war als das Herausholen der Machtmittel. Dennoch blieb auch das Herausholen der Machtmittel wichtig und man wollte nicht darauf verzichten. So

---

210 Vgl. A. Zgoll 2013, 118 f.

hat man den Mythos *Innana bringt Unterweltsmachtmittel auf die Erde* eingepasst in den neuen Gesamtmythos *Innana wird Herrscherin über Tod und Leben*. Der Wissende, dem die Tradition mit den Machtmitteln der Unterwelt wichtig war, erkannte sie unschwer auch hier. Der Gewinn durch Kombination verschiedener Mythen und Mythenversionen liegt darin, dass sie verschiedene Perspektiven zusammenbringen. Man kann hierfür z. B. auf die Schöpfungsmythen am Anfang von Genesis verweisen. Hätte man nur eine Menschenschöpfung berichtet, so gäbe es keine modernen Kritiker, die behaupten, diese Mythen würden sich widersprechen. Für den Wissenden hingegen sind gerade die beiden Mythen wichtig, da sie verschiedene Aspekte des Menschseins thematisieren: seine Größe und Würde und seine Hinfälligkeit, den Auftrag zu herrschen und den Auftrag zu behüten und zu bewahren etc. So ist es auch bei dem Gesamtmythos, der sich in *einer* textlichen Konkretion im Epos *angalta* erhalten hat. Auch hier werden verschiedene Anliegen, verschiedene Perspektiven zusammengebracht. Eine solche Perspektive bzw. eine Schicht ist der Mythos *Innana bringt Unterweltsmachtmittel auf die Erde*. Daran haben sich weitere Schichten angelagert, die insgesamt gesehen eine weitere Botschaft zum Anliegen haben. Die historischen Auswertungen der Stratifikationsanalysen zeigen einen fulminanten Machtzuwachs in der Raffung der Jahrhunderte: Aus der Göttin, die Machtmittel aus der Unterwelt holt, damit auf Erden durch Fruchtbarkeit von Mensch und Tier Leben gedeihen kann, ist spätestens um 2000 v. Chr. eine Göttin geworden, von der man im Mythos berichtet und im Kult feiert, dass ihr Sphärenwechsel den Menschen eine Perspektive schenkt, welche Leben nach dem Tod verheißt. Innanas/Ištars Sphärenwechsel wird damit zur Grundlage einer neuen Weltordnung, der zufolge menschliches Leben nicht mehr auf den Tod zuläuft, sondern auf Leben.

Bibliographie

Alster, B., 1974, „Inanna and Enki", Zeitschrift für Assyriologie und vorderasiatische Archäologie 64, 20-34.
Attinger, P., 2009, aktualisiert 2015, *Bilgameš, Enkidu et le monde infernal* (1.3.1), Link: http://www.iaw.unibe.ch/unibe/portal/fak_historisch/dga/iaw/content/e39448/e99428/e122665/e122821/pane122850/e122899/1_3_1_ger.pdf (Zuletzt abgerufen: 23.12.2017).
Attinger, P., 2011, aktualisiert 2017, *Innana et Šukaleduda* (1.3.3), Link: http://www.iaw.unibe.ch/unibe/portal/fak_historisch/dga/iaw/content/e39448/e99428/e122665/e122821/pane122850/e122901/InnanaetShukaleduda1_3_3_ger.pdf (Zuletzt abgerufen: 18.12.2017).
Attinger, P., 2015, Gilgamesch, Enkidu und die Unterwelt, in: Volk, C. (Hg.), Erzählungen aus dem Lande Sumer, Wiesbaden.

Attinger, P., 2015a, Išme-Dagan K (2.5.4.11), Link:
http://www.iaw.unibe.ch/unibe/portal/fak_historisch/dga/iaw/content/e39448/e99428/e12 2665/e122821/pane122850/e390252/Ishme-DaganK2_4_5_11_ger.pdf (Zuletzt abgerufen: 23.12.2017).

Attinger, P., 2016, La descente d'Innana dans le monde infernal (1.4.1), Link :
http://www.iaw.unibe.ch/unibe/portal/fak_historisch/dga/iaw/content/e39448/e9942 8/e122665/e122821/pane122850/e441297/1_4_1_ger.pdf (Zuletzt abgerufen: 24.9.2018).

Attinger, P., 2017, Lexique sumérien-français (textes traduits dans Attinger http://www.arch.unibe.ch/attinger) (Zuletzt abgerufen: 18.12.2017).

Averbeck, R. E., 1987, A Preliminary Study of Ritual and Structure in the Cylinders of Gudea, Ann Harbour.

Behrens, H., 1978, Enlil und Ninlil: Ein sumerischer Mythos aus Nippur, Studia Pohl Series Major 8, Rom.

Black, J. et al., 2004, The Literature of Ancient Sumer, Oxford.

Bottéro, J. / Kramer, S. N., 1993, Lorsque les dieux faisaint l'homme. Mythologie mésopotamienne, Gallimard (Ndr. Gallimard 1993; 1. Aufl. Gallimard 1989).

Bruschweiler, F., 1987, Inanna: la déesse triomphante et vaincue dans la cosmologie sumérienne. Recherche lexicographique, Les Cahiers du Centre d'Étude du Proche-Orient Ancient 4, Leuven.

Cohen, M. E., 1988, The Canonical Lamentations of Ancient Mesopotamia, Potomac/Maryland.

Cooper, J., 2001, Literature and History. The Historical and Political Referents in Sumerian Literary Texts, in: Abusch, T., Beaulieu, P.-A. et al. (Hg.), Historiography of the Cuneiform World, Proceedings of the XLVe Rencontre Assyriologique Internationale Pt.1, Bethesda/Maryland, 131-148.

Diakonoff, I. M., 1995, Archaic myths of the Orient and the Occident, Orientalia Gothoburgensia 10, Göteborg.

van Dijk, J. J. A., 1998, Inanna raubt den "großen Himmel". Ein Mythos, in: Maul, S. (Hg.), Festschrift für Rykle Borger zu seinem 65. Geburtstag am 24. Mai 1994: tikip santakki mala bašmu ..., Cuneiform Monographs 10, Groningen, 9-38.

Edzard, D. O., 1997, The Royal Inscriptions of Mesopotamia. Early Periods, 3/1: Gudea and his Dynasty, Toronto.

Edzard, D. O., 2003, Sumerian Grammar, Handbuch der Orientalisitik 71, Leiden u. a.

Fitzgerald, M. A., 2002, The Rulers of Larsa. Unpublizierte Dissertation, http://static.cdli.ucla.edu/staff/fitz/dissertation.pdf.

Foster, B. R.,[3]2005, Before the Muses. An Anthology of Akkadian Literature 832-839 (1. Auflage 1996).

Foxvog, D. A., 2014, The Late Bilingual Exaltation of Ištar (Inannas Erhöhung), Self-published on Academia.edu, Link:
http://www.academia.edu/4297790/The_Late_Bilingual_Exaltation_of_I%C5%A1tar_Ina nnas_Erh%C3%B6hung (Zuletzt abgerufen: 22.11.2018).

Gabbay, U., 2013, The Performance of Emesal Prayers within the Regular Temple Cult. Content and Ritual Setting, in: Kanuith, K. et al. (Hg.), Tempel im Alten Orient. 7. Internationales Colloquium der Deutschen Orient-Gesellschaft, 11.-13. Oktober 2009, München / Wiesbaden, 103-122.

Gabbay, U., 2018, Drums, Hearts, Bulls, and Dead Gods: The Theology of the Ancient Mesopotamian Kettledrum, Journal of Ancient Near Eastern Religions 18, 1-47.

Gabriel, G., 2014, *enūma eliš* – Weg zu einer globalen Weltordnung. Orientalische Religionen in der Antike 12, Tübingen.

Gadotti, E., 2014, 'Gilgamesh, Enkidu, and the Netherworld' and the Sumerian Gilgamesh Cycle. Untersuchungen zur Assyriologie und Vorderasiatischen Archäologie 10, Boston/Berlin.
Geller, M., 1985, Forerunners to Udug-hul. Sumerian exorcistic incantations, Freiburger altorientalische Studien 12, Stuttgart.
Geller, M., 2007, Evil Demons: Canonical Utukku-Lemnutu Incantations, State Archives of Assyria Cuneiform Texts 5, Helsinki.
George, A. R., 1992, Babylonian Topographical Texts, Leuven.
Heimpel, W., 1982, A Catalogue of Near Eastern Venus Deities, Syro-Mesopotamian Studies 4/3, 9-22.
Heimpel, W., 1993-1997, Mythologie. A. I, Reallexikon der Assyriologie 8, 537-564.
Hruška, B., 1969, Das spätbabylonische Lehrgedicht „Inannas Erhöhung", Archív Orientální. Quarterly Journal of African and Asian Studies 37, 473-522.
Jacobsen, T., 1984, The Harab Myth, Sources from the Ancient Near East 2/3, Malibu.
Jacobsen, T., 1987, The Harps that once …: Sumerian Poetry in Translation, New Haven.
Kämmerer, T. R. / Metzler, K. A., 2012, Das babylonische Weltschöpfungsepos Enūma eliš. Alter Orient und Altes Testament 375, Münster.
Katz, D., 1996, How Dumuzi became Inanna's Victim. On the Formation of "Inanna's Descent", in: Acta Sumerologica 18, 93-103.
Katz, D., 2003, The Image of the Netherworld in the Sumerian Sources, Bethesda.
Katz, D., 2015, Myth and Ritual through Tradition and Innovation, in: Archi, A. (Hg.), Tradition and Innovation in the Ancient Near East. Proceedings of the 57th Rencontre Assyriologique Internationale at Rome, 4-8 July 2011, Winona Lake, 75-80.
Kramer, S. N., 1984, BM 88318: The Ascension of Dumuzi to Heaven, in: Chadwick, R. (Hg.), Recueil de Travaux et Communications de l'Association des Études du Proche-orient ancien Vol. 2 April 1984. Collected Papers of the Society for Near Eastern Studies, Québec, 5-9.
Krebernik, M., 1998, Die Texte aus Fāra und Abū Ṣalabīḫ, in: Attinger, P. / Wäfler, M. (Hg.), Mesopotamien. Spät-Urukzeit und Frühdynastische Zeit. Annäherungen 1 = Orbis Biblicus et Orientalis 160/1, Freiburg/Schweiz, 237-414.
Krebernik, M., 2012, Götter und Mythen des Alten Orients, München.
Krecher, J., 1976-1980, Kataloge, literarische, Reallexikon der Assyriologie 5, 478-485.
Lambert, W. G., 1957-1971, Götterlisten, Reallexikon der Assyriologie 3, 473-479.
Lambert, W. G., 2013, Babylonian Creation Myths. Mesopotamian Civilizations 16, 392-395.
Litke, R. L., 1998, A Reconstruction of the Assyro-Babylonian God-Lists, An: ^{d}A-nu-um and An: Anu ša amēli, Texts from the Babylonian Collection 3, New Haven.
Livingstone, A., 1989, Court Poetry and Literary Miscellanea. State Archives of Assyria 3, Helsinki.
Meinhold, W., 2013, Tempel, Kult und Mythos: Zum Verhältnis von Haupt- und Nebengottheiten in Heiligtümern der Stadt Aššur, in: Kaniuth K. / Löhnert, A. et al. (Hg.), Tempel im Alten Orient. 7. Internationales Colloquium der Deutschen Orient-Gesellschaft. 11.-13. Oktober 2009, München. Im Auftrag des Vorstands der Deutschen Orient-Gesellschaft, Colloquien der Deutschen Orient-Gesellschaft Band 7, Wiesbaden, 325-334.
Parzinger, H., ^{4}2015, Die Kinder des Prometheus: eine Geschichte der Menschheit vor der Erfindung der Schrift, München (= ^{1}2014).
Pettinato, G. 2000, Discesa di Enki agli Inferi?, in: S. Graziani (Hg.), Studi sul vicino oriente antico dedicati alla memoria di Luigi Cagni, Napoli, 863-879.
Ponchia, S. / Luukko, M., 2013, The Standard Babylonian myth of Nergal and Ereškigal: Introduction, Cuneiform Text and Transliteration with a Translation, Glossary and Commentary, State Archives of Assyria Cuneiform Texts 8, Helsinki.

Römer, W. H. Ph., 1988, Sumerische Hymnen II, Bibliotheca Orientalis 45, 24-60.
Römer, W. H. Ph., 1993, 11. Inannas Gang zur Unterwelt, Texte aus der Umwelt des Alten Testaments Band III Weisheitstexte, Mythen und Epen, Mythen und Epen I, Mythen und Epen in sumerischer Sprache, 458-495.
Römer, W. H. Ph., 2010, Die Zylinderinschriften von Gudea, Alter Orient und Altes Testament 376, Münster.
Selz, G.J., 2019, Female Sages in the Sumerian Tradition of Mesopotamia, in: Anthonioz, S. / Fink, S., Representing the Wise. A Gendered Approach. Proceedings of the 1st Melammu Workshop. Lille 2016, Melammu Workshops and Monographs 1, 17-42.
Sladek, W. R., 1974, Inanna's descent to the Netherworld, Baltimore.
Steinkeller, P., 2007, On Sand Dunes, Mountain Ranges, and Mountain, in: Roth, M. T. et al. (Hg.), Studies presented to Robert D. Biggs. June 4, 2004, From the Workshop of the Chicago Assyrian Dictionary, Volume 2, The Oriental Institute of the University of Chicago, 219-232.
Steinkeller, P., 2013, How Did Šulgi and Išbi-Erra Ascend to Heaven?, in: Vanderhooft, D. S. et al. (Hg.), Literature as Politics, Politics as Literature. Essays on the Ancient Near East in Honor of Peter Machinist, Winona Lake, 459-478.
Stol, M., ohne Jahr, http://www.aakkl.helsinki.fi/melammu/database/gen_html/a0001475.php (Zuletzt abgerufen: 13.12.2017).
von Soden, W., 1936, Die Unterweltsvision eines assyrischen Kronprinzen, in: Zeitschrift für Assyriologie und Vorderasiatische Archäologie 43, 1-31.
Volk, K., 1995, Inanna und Šukaletuda. Zur historisch-politischen Deutung eines sumerischen Literaturwerkes, SANTAG. Arbeiten und Untersuchungen zur Keilschriftkunde, Wiesbaden.
Waetzold, H., 2015, Inannas Gang in die Unterwelt, in: Volk, K. (Hg.), Erzählungen aus dem Land Sumer, Wiesbaden, 375-398.
Wiggermann, F. A. M., 2000, Agriculture in the Northern Balikh Valley. The Case of Middle Assyrian Tell Sabi Abyad, in: Jas, R. M. (Hg.), Rainfall and Agriculture in Northern Mesopotamia, Middle Eastern Studies Programm 3, 171-231.
Wilcke, C., 1973, Der Anfang von ‚Inanna und Šukalletuda', Archiv für Orientforschung 24, 86.
Wilcke, C., 1974, Politische Opposition nach sumerischen Quellen. Der Konflikt zwischen Königtum und Ratsversammlung. Literaturwerke als politische Tendenzschriften, in: Finet, A. (Hg.), La Voix de l'Opposition en Mésopotamie, Brüssel, 37-65.
Wilcke, C., 1976-80: Innana/Ištar, Reallexikon der Assyriologie 5, 74-87.
Wilcke, C., 1988, König Šulgis Himmelfahrt, in: Müller, C. (Hg.), Festschrift für Lázlo Vajda, Münchner Beiträge zur Völkerkunde 1, München, 245-255.
Wilcke, C., 1993, Politik im Spiegel der Literatur, Literatur als Mittel der Politik im älteren Babylonien, in: Raaflaub, K. (Hg.), Anfänge politischen Denkens in der Antike = Schriften des Historischen Kollegs, Kolloquien 24, München, 29-75.
Wilcke, C., 2010, Sumerian: What We Know and What We Want to Know, in: Kogan L. / Koslova, N. et al. (Hg.), Language in the Ancient Near East. Proceedings of the 53rd Rencontre Assyriologique Internationale. Vol. 1 Part 1. Babel und Bibel 4/1 = Orientalia et Classica XXX/1, Winona Lake, 5-76.
Worthington, M., 2012, Principles of Akkadian Textual Criticism, Studies in Ancient Near Eastern Records 1, Berlin u. a.
Zgoll, A., 1997, Der Rechtsfall der En-ḫedu-Ana im Lied nin-me-šara, Alter Orient und Altes Testament 246, Münster.
Zgoll, A., 1997a, Innana als nugig, Zeitschrift für Assyriologie 87, 181-195.

Zgoll, A., 2011, Enlil und Ninlil. Vom Schrecken des Kanalbaus durch Stadt und Unterwelt, in: Vácin, L. (Hg.), U₄ du₁₁-ga-ni sá mu-ni-ib-du₁₁. Ancient Near Eastern Studies in Memory of Blahoslav Hruška, Dresden, 287-299.

Zgoll, A., 2012, Inanna – Stadtgöttin von Uruk, in: van Ess, M. et al. (Hg.), Uruk. 5000 Jahre Megacity. Begleitband zur Ausstellung „Uruk. 5000 Jahre Megacity" im Pergamonmuseum – Staatliche Museen zu Berlin, in den Reiss-Engelhorn-Museen Mannheim, 2012, 71-79.

Zgoll, A., 2013, Einladung an die Toten zum Festmahl: Ischtars Abstieg in die Welt der Toten und Dumuzis Rückkehr in die Welt der Lebenden, in: Franke, S. (Hg.), Als die Götter Mensch waren. Eine Anthologie altorientalischer Literatur, Mainz, 63-72, 118-119.

Zgoll, A., 2013a, Fundamente des Lebens. Vom Potential altorientalischer Mythen, in: Zgoll, A. / Kratz, R. G. (Hg.), „Arbeit am Mythos". Leistung und Grenze des Mythos in Antike und Gegenwart, Tübingen, 79-107.

Zgoll, A., 2015, Nin-me-šara – Mythen als argumentative Waffen in einem rituellen Lied der Hohepriesterin En-ḫedu-Ana, in: Janowski, B. / Schwemer, D. (Hg.), Mythen. Texte aus der Umwelt des Alten Testaments 8, Gütersloh, 55-67.

Zgoll, A., 2015a, Innana holt das erste Himmelshaus auf die Erde. Ein sumerischer Mythos aus der Blütezeit der Stadt Uruk, in: Janowski, B. / Schwemer D. (Hg.), Mythen. Texte aus der Umwelt des Alten Testaments 8, Gütersloh, 45-55.

Zgoll, A., 2019, Condensation of Myths. A Hermeneutic Key to a Myth about Innana and the Instruments of Power (me), Incorporated in the Epic Angalta, in: W. Sommerfeld (Hg.), Dealing with Antiquity – Past, Present, and Future, Proceedings der 63. Rencontre Assyriologique Internationale Marburg 2017, AOAT 460, Münster, 431-449.

Zgoll, A., 2019a, Wie Himmel auf die Erde kommt ... Der prototypische Charakter des E-ana-Tempels im mythischen Epos *Innana bringt das Himmelshaus zur Erde*, in: Zgoll, A. / Zgoll, C. (Hg.), Was vom Himmel kommt. Stoffanalytische Zugänge zu antiken Mythen aus Mesopotamien, Ägypten, Griechenland und Rom, MythoS 3, Berlin u. a. (in Vorbereitung zum Druck).

Zgoll, A. / Zgoll, C. 2019: Innana-Ištars Abstieg ins Totenreich und Aufstieg mit Machtmitteln (me). Durch Hylemanalysen zur Erschließung von Spuren mythischer Stoffe hinter kultischer Praxis und epischer Verdichtung, in: Arkhipov, I. / Kogan, L. (Hg.), The Third Millennium: Studies in Early Mesopotamia and Syria in Honor of NN, Leiden, 749-801.

Zgoll, C., 2019, Tractatus mythologicus. Theorie und Methodik zur Erforschung von Mythen als Grundlegung einer allgemeinen, transmedialen und komparatistischen Stoffwissenschaft, MythoS 1, Berlin / Boston.

Zgoll, C. siehe Zgoll, A. / Zgoll, C.

Heinz-Günther Nesselrath
Zum Hades und darüber hinaus

Mythische griechische Vorstellungen zum Weg des Menschen über den Tod ins Jenseits von Homer bis Platon

Abstract: Where does a human end up when he dies and how does he do it? Is he at the mercy of his postmortal fate, or is he able to do something to influence this fate, if possible, in a positive way for himself? To these questions, Greek religion and mythology have developed a series of various answers from the first extant texts up to classical times (i.e. the 5th and 4th centuries BCE). These answers are partly based on ideas from different, older cultures; they become, on the one hand, more elaborate through time and, on the other, they develop the concept of differentiated – meaning: more agreeable and less agreeable – areas of the Netherworld. Especially the criteria for the attainment of the more agreeable ones change remarkably throughout this development. This contribution begins with the ideas that are recognisable in the epics of Homer and ends with the imaginative myths about the underworld created by Plato.

1 Der Weg der gefallenen Helden in die Unterwelt in *Ilias* und *Odyssee*

In einem Epos wie der *Ilias*, das einen ereignisreichen Ausschnitt aus dem Troianischen Krieg behandelt, spielt der Tod, den die Helden in der Schlacht erleiden, natürlich eine wichtige Rolle; aber auch in der *Odyssee*, in der es weniger um Kämpfe als um eine (freilich sehr gefahrvolle und nicht selten auch mit Kämpfen verbundene) Heimkehr geht, ist der Tod oft präsent.

Und nicht nur der Tod spielt hier eine Rolle, sondern auch, was danach kommt – wobei sich zwischen beiden Epen (wie sich zeigen wird) durchaus beachtliche Unterschiede ausmachen lassen.

Hinweis: Der vorliegende Beitrag ist im Kontext der von der DFG geförderten Forschergruppe 2064 „STRATA – Stratifikationsanalysen mythischer Stoffe und Texte in der Antike" (Teilprojekt „Antikes Griechenland") entstanden.

Open Access. © 2020 H.-G. Nesselrath, publiziert von De Gruyter. Dieses Werk ist lizenziert unter der Creative Commons Attribution-NonCommercial-NoDerivatives 4.0 Lizenz.
https://doi.org/10.1515/9783110652543-004

1.1 Tod und Unterwelteintritt der Helden in der *Ilias*

Schon in den ersten vier Versen der *Ilias* wird uns – wenn auch sehr summarisch – mitgeteilt, was mit gefallenen Helden geschieht: Vom Zorn des Achill heißt es hier, dass er „viele kraftvolle Seelen dem Hades vorwarf / Von Helden, sie selbst aber zur Beute schuf den Hunden [...]"[1]. Auf den bemerkenswerten Umstand, dass diese Verse mit „sie selbst" eigentlich nur die sterblichen Überreste der gefallenen Helden meinen, nicht aber ihre Seelen, kann hier nicht weiter eingegangen werden[2]; uns soll interessieren, was mit den Seelen weiter passiert. Dem Hades werden sie vorgeworfen, heißt es; in der Tat ist „Hades" zunächst einmal eine personale Instanz, nämlich der göttliche Herrscher über die Unterwelt, der auch noch an einigen wenigen Stellen im Epos als Person vorkommt[3]; viel häufiger jedoch steht sein Name für die Lokalität, über die er gebietet, d. h. für die Unterwelt. Und so bedeutet der gerade aus dem Anfang der *Ilias* zitierte Satz, dass die Seelen der gefallenen Helden eben in die Unterwelt wandern.

Bei dieser recht einfachen Sachverhaltsbeschreibung bleibt es dann auch bei den meisten Helden, die in der *Ilias* auf dem Schlachtfeld sterben. So heißt es z. B. bei den Söhnen des Antenor, die von Agamemnon getötet werden, in Buch 11,262 f: „Da erfüllten des Antenor Söhne durch den Atreus-Sohn, den König, / Ihr Schicksal und tauchten in das Haus des Hades"[4]. Nun sind die Söhne Antenors keine besonders prominenten Charaktere (sie tauchen nur in diesem Abschnitt der *Ilias* kurz auf); aber ebenso heißt es – und zwar jeweils mit den gleichen Worten – beim Tod des Patroklos (also dem besten Freund Achills, der die Hauptfigur in Buch 16 ist) und beim Tod des Hektor (der als bester Kämpfer der Troianer für das gesamte Epos überragende Bedeutung hat): „Als er so gesprochen hatte, umhüllte ihn das Ende des Todes, / Und die Seele flog

---

1 *Ilias* 1,3 f: πολλὰς δ' ἰφθίμους ψυχὰς Ἄϊδι προΐαψεν / ἡρώων, αὐτοὺς δὲ ἑλώρια τεῦχε κύνεσσιν [...] Vgl. ähnliche Aussagen in *Ilias* 5,654 (= 11,445.16,625).6,487.11,55; vgl. auch 5,190 (Ἀϊδωνῆϊ προϊάψειν). Die hier und im Folgenden zitierten Übersetzungen der *Ilias*-Verse stammen – wo nicht anders vermerkt – von Wolfgang Schadewaldt.
2 Vgl. hierzu Latacz 2000, 18 („Als Gegensatzbegriff zu ‚Leben' (3) bezeichnet ‚selbst' die leblosen Körper, die [...] als leere Behältnisse (= Leichname) auf dem Schlachtfeld zurückbleiben"). Zur Frage, was ψυχή bei Homer bedeutet oder bedeuten kann, vgl. zuletzt Seaford 2017, 13-16.
3 Vgl. z. B. *Ilias* 5,395-402, wo er von Herakles verwundet wird, und 20,61-64, wo er in Furcht gerät.
4 *Ilias* 11,262 f: ἔνθ' Ἀντήνορος υἷες ὑπ' Ἀτρεΐδῃ βασιλῆϊ / πότμον ἀναπλήσαντες ἔδυν δόμον Ἄϊδος εἴσω.

aus den Gliedern und ging zum Haus des Hades, / Ihr Schicksal beklagend, verlassend Manneskraft und Jugend"⁵. Auch in der *Odyssee* kommen solche summarischen Beschreibungen vor⁶; selbst im Fall von Odysseus' Gefährten Elpenor, der uns später noch etwas genauer interessieren wird, heißt es zunächst nur, er „stürzte gerade vor sich vom Dach herab, und es ward ihm der Hals herausgebrochen aus den Wirbeln, und seine Seele ging hinab zum Hades"⁷. Aus solchen Beschreibungen lassen sich gerade einmal zwei Hylem-Schemata⁸ gewinnen: *X stirbt* und *die Seele von X geht (hinunter) zum Hades*.

1.2 Der Fall des Patroklos – der Hades erhält einen Eingang und eine erste Topographie

Dies ist jedoch auch für die *Ilias* (geschweige denn für die *Odyssee*) nicht der letzte Stand der Dinge. Es gibt nämlich zumindest einen Fall, wo wir etwas mehr über das postmortale Schicksal eines gefallenen Helden erfahren, und das ist Patroklos. Obwohl es – wie zitiert – in Buch 16 zunächst hieß, er sei gestorben und seine Seele zum Hades gegangen, taucht diese Seele dann in Buch 23 der *Ilias* noch einmal auf, und zwar erscheint sie hier dem schlafenden Achill im Traum (23,62-76):

> Als ihn der Schlaf ergriff [...], [65] Da kam heran die Seele des unglücklichen Patroklos, / Diesem ganz an Größe und schönen Augen gleichend [...], [68] Und sie trat ihm zu Häupten und sagte zu ihm die Rede: / „Du schläfst, aber mich hast du vergessen, Achilleus! [...] [71] Begrabe mich aufs schnellste, dass ich die Tore des Hades durchschreite! / Ausgeschlossen halten mich fern die Seelen, die Bilder der Ermatteten, / Und lassen mich noch nicht jenseits des Flusses zu ihnen kommen, / Sondern ich irre nur so umher an dem breit-

---

5 *Ilias* 16,855-857 = 22,361-363: Ὣς ἄρα μιν εἰπόντα τέλος θανάτοιο κάλυψε· / ψυχὴ δ' ἐκ ῥεθέων πταμένη Ἄϊδος δὲ βεβήκει / ὃν πότμον γοόωσα λιποῦσ' ἀνδροτῆτα καὶ ἥβην.
6 Vgl. in der *Odyssee* den Tod des Neleus (3,410: „Doch der war schon, von der Todesgöttin bezwungen, zum Hades gegangen" / ἀλλ' ὁ μὲν ἤδη κηρὶ δαμεὶς Ἀϊδόσδε βεβήκε; mit den gleichen Worten wird auch der des Nausithoos in 5,11 beschrieben). Die hier und im Folgenden zitierten Übersetzungen der *Odyssee*-Verse stammen – wo nicht anders vermerkt – ebenfalls von Wolfgang Schadewaldt.
7 *Odyssee* 10,559 f (und in seinem eigenen Bericht 11,64 f): ἀλλὰ καταντικρὺ τέγεος πέσεν· ἐκ δέ οἱ αὐχὴν / ἀστραγάλων ἐάγη, ψυχὴ δ' Ἀϊδόσδε κατῆλθεν.
8 Zum Begriff „Hylem-Schema" (engl. „hyleme pattern") vgl. in diesem Band den Beitrag von C. Zgoll, § 3.6.

torigen Haus des Hades. – / Und gib mir die Hand, ich jammere! Denn nicht mehr wieder / Kehre ich aus dem Haus des Hades, wenn ihr mich dem Feuer übergeben[9].

Hier wird also gleichsam die erste summarische Aussage (Patroklos starb und seine Seele ging zum Hades) in wichtiger Weise korrigiert bzw. differenziert: Patroklos' Seele ging zwar zum Hades, konnte aber nicht in ihn hineingelangen, solange sein Leichnam noch nicht bestattet war. Dies ermöglichte ihm auch, seinem Freund Achill noch einmal im Traum zu erscheinen; nach seiner Feuerbestattung wird dies – wie er selber ankündigt – nicht mehr möglich sein.

Diese Partie ermöglicht uns also eine wichtige Differenzierung bzw. Erweiterung unserer bisherigen Hylem-Schemata:
1. X stirbt.
2. Die Seele von X gelangt bis zum (d. h. bis an den Eingang des) Hades.
3. Die sterblichen Überreste von X werden verbrannt und bestattet.
4. Nun gelangt die Seele von X in die eigentliche Unterwelt hinein, und zwar für immer.

Über diese Handlungssequenz hinaus gibt uns diese Partie auch erste differenziertere Einblicke in die Topographie der Unterwelt: In 23,71 bittet Patroklos um seine Bestattung, „daß ich die Tore des Hades durchschreite". Von solchen Toren ist – meist sehr beiläufig – auch an anderen Stellen der *Ilias* die Rede[10]. Dann heißt es in 23,73 f, die anderen Toten „lassen mich noch nicht jenseits des Flusses zu ihnen kommen, / Sondern ich irre nur so umher an dem breittorigen Haus des Hades". Von dem hier erwähnten Fluss ist bemerkenswerterweise nirgendwo sonst mehr in beiden Epen die Rede; die Erwähnung dürfte aber zeigen, dass die in späteren Texten sehr prominente Vorstellung von einem Fluss, der als Grenze einen Vorraum der Unterwelt von der eigentlichen Unterwelt scheidet und den man mit Hilfe bestimmter Mächte (z. B. einem von einem Fährmann gesteuerten Boot oder Schiff) überwinden muss, zumindest in nuce auch hier schon vorhanden ist[11]. Zu beachten ist hier ferner die Erwähnung

---

9 *Ilias* 23,62-76, vor allem 71-76: θάπτέ με ὅττι τάχιστα πύλας Ἀΐδαο περήσω. / τῆλέ με εἴργουσι ψυχαί, εἴδωλα καμόντων, / οὐδέ μέ πω μίσγεσθαι ὑπὲρ ποταμοῖο ἐῶσιν, / ἀλλ' αὔτως ἀλάλημαι ἀν' εὐρυπυλὲς Ἄϊδος δῶ. / καί μοι δὸς τὴν χεῖρ'· ὀλοφύρομαι, οὐ γὰρ ἔτ' αὖτις / νίσομαι ἐξ Ἀΐδαο, ἐπήν με πυρὸς λελάχητε.
10 Vgl. *Ilias* 5,646: πύλας Ἀΐδαο περήσειν. Kurze Erwähnung finden die πύλαι Ἀΐδαο ferner in *Ilias* 9,312 = *Odyssee* 14,156.
11 Eine solche „Wassergrenze" findet sich in anderer Form auch zweimal in der *Odyssee*: Odysseus muss mit seinem Schiff den Okeanos-Strom überqueren, um auf der anderen Seite beim Land der Kimmerier zum Eingang der Unterwelt zu gelangen (*Odyssee* 10,508; 11,11-13),

eines „breittorigen Hauses des Hades", das vielleicht eine Art Palast des Unterweltsherrschers evozieren soll. Vom „Haus des Hades" ist in der Tat noch an nicht wenigen weiteren Stellen der *Ilias* (wie auch der *Odyssee*) die Rede[12].

Vergleichbares zur Situation des Patroklos vor seiner Bestattung wird uns in der *Odyssee* über das postmortale Schicksal des Elpenor mitgeteilt (d. h. auch hier wird die vorangehende Aussage, er habe sich den Hals gebrochen und seine Seele sei dann zum Hades hinabgegangen, korrigiert): Als Odysseus sich nämlich am Eingang der Unterwelt platziert hat, um dort (vor allem) die Seele des Sehers Teiresias zu treffen, erscheint als erstes die Seele des Elpenor und bittet ihn, ihm nach der Rückkehr auf Kirkes Insel ein regelkonformes Begräbnis zukommen zu lassen, damit er ebenfalls in die eigentliche Unterwelt eingehen könne (*Odyssee* 11,51-83).

Ist also ein solches Begräbnis unverzichtbare Bedingung, dass Tote ihre Ruhe finden und ihre Seelen in die eigentliche Unterwelt eingehen können? In der *Ilias* wird dies, wie gezeigt, nur im Fall des Patroklos explizit ausgeführt. Im Fall von Hektor[13] steht es aber vielleicht implizit im Hintergrund bei den Bemühungen seines Vaters Priamos im 24. Buch, den Leichnam seines Sohnes Hektor

---

und auch die Seelen der toten Freier werden von Hermes über den Okeanos geführt, bis sie auf der Asphodeloswiese und damit in der Unterwelt ankommen (*Odyssee* 24,11-13). In der archaischen Lyrik des 7. und 6. Jahrhunderts v. Chr. hat der Fluss, über den man in die eigentliche Unterwelt gelangt, nun auch einen Namen: Acheron (Sappho Fragment 95,11-13; Alkaios Fragment 38a,2f.8); und in der attischen Tragödie (wohl ältester Beleg: Aischylos, *Septem adversus Thebas* 856) ist „den Acheron überqueren" gleichbedeutend mit „in die Unterwelt kommen". Zwar wird der Acheron auch schon in der *Odyssee* einmal erwähnt (10,513), fungiert hier aber noch nicht als Wassergrenze, die man überschreiten muss, um in die Totenwelt zu gelangen. Auch in altorientalischer Literatur ist die Vorstellung einer solchen Wassergrenze zu finden: ein Fluss namens Ḫubur (Belege bei M. L. West 1997, 155; Matijević 2015, 199). Der Ḫubur musste von den Toten überquert werden, um in die Unterwelt zu gelangen. Vgl. Wiggermann 1996, 211 f.

12 Kurze Erwähnung des δῶμ' Ἀΐδαο in *Ilias* 15,252 (ferner in *Odyssee* 12,22; vgl. auch εἰν Ἀΐδαο δόμοισιν in *Ilias* 22,52.23,19.103.179; *Odyssee* 4,834.10,175.491.564.14,208.15,350.20,208.24,264), ferner δόμον Ἄϊδος in *Ilias* 3,322.7,131.11,263.20,336.24,246, *Odyssee* 9,524.11,150.627.23,252. In *Ilias* 22,482 f beklagt Andromache, dass Hektor in die „Häuser des Hades, in den verborgenen Tiefen der Erde" unterwegs ist: νῦν δὲ σὺ μὲν Ἀΐδαο δόμους ὑπὸ κεύθεσι γαίης / ἔρχεαι. Vgl. *Odyssee* 24,203 f: ὣς οἱ μὲν τοιαῦτα πρὸς ἀλλήλους ἀγόρευον, / ἑσταότ' εἰν Ἀΐδαο δόμοισ', ὑπὸ κεύθεσι γαίης.

13 In diese Richtung geht auch, was Andromache in *Ilias* 22,482 f über den bereits toten, aber noch nicht bestatteten Hektor sagt: νῦν δὲ σὺ μὲν Ἀΐδαο δόμους ὑπὸ κεύθεσι γαίης / ἔρχεαι („Doch jetzt gehst du hinab zu des Hades Häusern unter den Schlüften / Der Erde", d.h. Hektor ist noch auf dem Weg dorthin und nicht etwa schon angekommen); vgl. hierzu Gazis 2018, 43 mit Anm. 60.

von Achill zurückzubekommen. Und vielleicht muss man einen ähnlichen Zusammenhang (der aber wiederum nicht explizit gemacht wird) bei der Rede im 7. Buch der *Ilias* annehmen, in der der alte Nestor dazu rät, eine Kampfpause zu vereinbaren, damit die Griechen ihre Toten bestatten können (7,328-337):

> Viele sind da gestorben am Haupte langgehaarte Achaier, / Denen jetzt das schwarze Blut um den gutströmenden Skamandros / Vergoß der scharfe Ares, und die Seelen gingen hinab zum Haus des Hades. / Darum mußt du [angesprochen ist Agamemnon als Oberfeldherr der Griechen] gleich mit dem Frühlicht den Kampf der Achaier beenden, / Und selber wollen wir, versammelt, hierherfahren die Leichen / Mit Rindern und Maultieren, und dann verbrennen wir sie, / Etwas entfernt von den Schiffen, daß die Gebeine für die Kinder ein jeder / Nach Hause führt, wenn wir wieder heimkehren zur väterlichen Erde. / Und einen Hügel schütten wir auf um die Brandstätte, einen einzigen, / Ihn aufwerfend allen gemeinsam aus der Ebene [...][14].

Noch ein Detail zum Hades dürfte, was die *Ilias* betrifft, erwähnenswert sein, bevor wir uns der *Odyssee* zuwenden: Durchgehend findet sich hier impliziert und zum Teil auch direkt ausgesprochen, dass der Hades sich unter der Erde befindet. So beklagt Andromache in *Ilias* 22,482 f, dass ihr Mann nun tot und unter die Erde gegangen ist: „Doch jetzt gehst du hinab zu des Hades Häusern in den verborgenen Tiefen / Der Erde ..."[15]. Besonders deutlich wird die unterirdische Lokalisierung des Hades an Stellen, die nicht direkt mit dem Tod von Helden zu tun haben: Zu Beginn von Buch 8 (8,10-16) droht Zeus allen Göttern, die es wagen sollten, in den Kampf auf der Erde einzugreifen, an, er werde sie in den Tartaros – weit unter der Erde, noch unter dem Hades – hinabschleudern; und in Buch 20 wird der Unterweltsherrscher Hades selber durch die gerade auf der Erde tobende Götterschlacht in seinem unterirdischen Reich in große Ängste gestürzt (20,61-64): „Und es fürchtete sich drunten der Herr der Unteren Aïdoneus, / Und in Furcht sprang er auf vom Sitz und schrie, dass ihm von oben / Nicht die Erde aufreiße Poseidon, der Erderschütterer, / Und die Häuser den

---

14 *Ilias* 7,328-337: πολλοὶ γὰρ τεθνᾶσι κάρη κομόωντες Ἀχαιοί, / τῶν νῦν αἷμα κελαινὸν ἐύρροον ἀμφὶ Σκάμανδρον / [330] ἐσκέδασ' ὀξὺς Ἄρης, ψυχαὶ δ' Ἄϊδος δὲ κατῆλθον· / τώ σε χρὴ πόλεμον μὲν ἅμ' ἠοῖ παῦσαι Ἀχαιῶν, / αὐτοὶ δ' ἀγρόμενοι κυκλήσομεν ἐνθάδε νεκροὺς / βουσὶ καὶ ἡμιόνοισιν· ἀτὰρ κατακήομεν αὐτοὺς / τυτθὸν ἀπὸ πρὸ νεῶν, ὥς κ' ὀστέα παισὶν ἕκαστος / [335] οἴκαδ' ἄγῃ ὅτ' ἂν αὖτε νεώμεθα πατρίδα γαῖαν. / τύμβον δ' ἀμφὶ πυρὴν ἕνα χεύομεν ἐξαγαγόντες / ἄκριτον ἐκ πεδίου[...].
15 *Ilias* 22,482 f: νῦν δὲ σὺ μὲν Ἀΐδαο δόμους ὑπὸ κεύθεσι γαίης / ἔρχεαι [...]. In seiner *Ilias*-Übersetzung gibt Schadewaldt mit ὑπὸ κεύθεσι γαίης „unter den Schlüften der Erde" wieder, in seiner (Prosa-)Übersetzung der *Odyssee* dagegen mit „in den verborgenen Tiefen der Erde", was hier übernommen ist.

Sterblichen und Unsterblichen erschienen [...]"[16]. Anders als in der *Odyssee* – wie wir gleich sehen werden – gibt es in der *Ilias* keine Stelle, die eine andere Lokalisierung der Unterwelt als unter der Erde auch nur insinuiert.

1.3 Modifikationen zur Lokalisierung und Topographie des Hades in der *Odyssee*

Gegenüber diesem nun in sich durchaus stimmigen (und noch vergleichsweise einfachen) Bild von der Unterwelt in der *Ilias* und wie man als toter Held dorthin gelangt, gibt es in der *Odyssee* einige bemerkenswerte Unterschiede.

Zunächst muss man sagen, dass auch hier die Vorstellungen von einer Unterwelt unter der Erde, in deren eigentlichen Bereich man nur nach gleichsam ordnungsgemäßer Bestattung gelangt (siehe etwa den schon erwähnten Elpenor), auf weite Strecken gültig sind und Anwendung finden[17]; und einen anderen Weg als den nach unten scheinen die Worte des Odysseus an Kirke in *Odyssee* 10,501 f – nachdem ihm Kirke eröffnet hat, er müsse zur Unterwelt, um sich Rat vom Seher Teiresias zu holen – sogar geradezu auszuschließen: „Kirke! Wer wird mir Führer sein auf diesem Wege? Ist doch noch keiner in den Hades gekommen mit dem schwarzen Schiffe!"[18]. Und genau damit hat er unrecht, denn Kirke belehrt ihn sogleich des genauen Gegenteils (10,508-512):

> Doch wenn du nun mit deinem Schiff den Okeanos durchmessen hast, dorthin, wo das flache Gestade und die Haine der Persephoneia und die großen Pappeln und die Weiden sind, denen die Frucht verdirbt, so lass dein Schiff daselbst auffahren an dem Okeanos mit den tiefen Wirbeln und gehe selbst in das Haus des Hades, das modrige[19].

---

16 *Ilias* 20,61-64: ἔδεισεν δ' ὑπένερθεν ἄναξ ἐνέρων Ἀϊδωνεύς, / δείσας δ' ἐκ θρόνου ἆλτο καὶ ἴαχε, μή οἱ ὕπερθε / γαῖαν ἀναρρήξειε Ποσειδάων ἐνοσίχθων, / οἰκία δὲ θνητοῖσι καὶ ἀθανάτοισι φανείη.
17 Zur unterirdischen Situierung des Hades in der *Odyssee* vgl. dort 10,174 f: ὦ φίλοι, οὐ γάρ πω καταδυσόμεθ', ἀχνύμενοι περ, / εἰς Ἀΐδαο δόμους, πρὶν μόρσιμον ἦμαρ ἐπέλθῃ ... sowie Helios' Drohung in *Odyssee* 12,382 f: εἰ δέ μοι οὐ τείσουσι βοῶν ἐπιεικέ' ἀμοιβήν, / δύσομαι εἰς Ἀΐδαο καὶ ἐν νεκύεσσι φαείνω. Vgl. ferner Agamemnons Frage an einen der gerade angekommenen toten Freier in *Odyssee* 24,106: Ἀμφίμεδον, τί παθόντες ἐρεμνὴν γαῖαν ἔδυτε;
18 *Odyssee* 10,501 f: 'ὦ Κίρκη, τίς γὰρ ταύτην ὁδὸν ἡγεμονεύσει; / εἰς Ἄϊδος δ' οὔ πώ τις ἀφίκετο νηῒ μελαίνῃ.'
19 *Odyssee* 10,508-512: ἀλλ' ὁπότ' ἂν δὴ νηῒ δι' Ὠκεανοῖο περήσῃς, / ἔνθ' ἀκτή τε λάχεια καὶ ἄλσεα Περσεφονείης / μακραί τ' αἴγειροι καὶ ἰτέαι ὠλεσίκαρποι, / νῆα μὲν αὐτοῦ κέλσαι ἐπ' Ὠκεανῷ βαθυδίνῃ, / αὐτὸς δ' εἰς Ἀΐδεω ἰέναι δόμον εὐρώεντα.

Wenn man also mit einem Schiff zur Unterwelt fahren kann, dann muss diese Unterwelt – zumindest teilweise – auch oberirdisch sein, und Kirkes Hinweis, dass man, um zu ihr zu gelangen, den Okeanos (also den Strom, der nach homerischer Vorstellung außen rings um die Erde fließt) durchmessen muss, zeigt zugleich, dass diese Oberwelt in einer geographischen Randposition liegt. Dies wird dann zu Beginn des 11. Buches bestätigt, wo Odysseus die eigentliche Schiffsfahrt hin zur Unterwelt beschreibt (11,11-19):

> Und den ganzen Tag waren seine [scil.: des Schiffes] Segel gespannt, während es das Meer durchquerte. Und die Sonne ging unter, und überschattet wurden alle Straßen, und das Schiff kam zu den Grenzen des tiefströmenden Okeanos, wo Gau und Stadt der kimmerischen Männer ist. In Dunst und Wolken sind sie eingehüllt, und niemals blickt der leuchtende Helios auf sie herab mit seinen Strahlen, weder wenn er zum bestirnten Himmel aufsteigt, noch wenn er sich vom Himmel her wieder zurück zur Erde wendet, sondern böse Nacht ist über die armen Sterblichen gebreitet[20].

Das ist fürwahr die Schilderung einer Gegend, die man als das Ende der Welt bezeichnen könnte.

1.4 Spiel mit differierenden Unterweltsvorstellungen in der *Odyssee*?

Umso größer ist Odysseus' Erstaunen, als sich ihm an diesem Ende der Welt – für dessen Erreichen er eine ganztägige, schnelle Schiffsfahrt benötigt hat – als erste Totenseele die des Elpenor zeigt, den er doch an seinem Ausgangspunkt, auf der Insel der Kirke, zurückgelassen wähnte (11,57 f): „Elpenor! wie bist du hinab in das dunstige Dunkel gekommen? Bist du eher zu Fuß da als ich mit dem schwarzen Schiffe?"[21] Ähnlich wie Odysseus' schon zitierte Frage an Kirke im letzten Teil von Buch 10 markiert auch diese in fast humoristischer Weise das Aufeinanderprallen von zwei in der Tat gegenläufig-widersprüchlichen Unter-

---

20 *Odyssee* 11,11-19: τῆς δὲ πανημερίης τέταθ' ἱστία ποντοπορούσης. / δύσετό τ' ἠέλιος σκιόωντό τε πᾶσαι ἀγυιαί· / ἡ δ' ἐς πείραθ' ἵκανε βαθυρρόου Ὠκεανοῖο. / ἔνθα δὲ Κιμμερίων ἀνδρῶν δῆμός τε πόλις τε, / [15] ἠέρι καὶ νεφέλῃ κεκαλυμμένοι· οὐδέ ποτ' αὐτοὺς / Ἠέλιος φαέθων καταδέρκεται ἀκτίνεσσιν, / οὔθ' ὁπότ' ἂν στείχῃσι πρὸς οὐρανὸν ἀστερόεντα, / οὔθ' ὅτ' ἂν ἂψ ἐπὶ γαῖαν ἀπ' οὐρανόθεν προτράπηται, / ἀλλ' ἐπὶ νὺξ ὀλοὴ τέταται δειλοῖσι βροτοῖσι.

21 *Odyssee* 11,57 f: Ἐλπῆνορ, πῶς ἦλθες ὑπὸ ζόφον ἠερόεντα; / ἔφθης πεζὸς ἰὼν ἢ ἐγὼ σὺν νηΐ μελαίνῃ; Gegen eine (zumindest latent) komische Dimension dieser Worte sprechen sich das Scholion zu Vers 58 (οὐκ ἔστι κερτομίας ὁ λόγος) und Gazis 2018, 104 Anm. 21 aus. Dagegen betont auch Santamaría Álvarez 2017, 650 die humoristischen Komponenten.

weltsvorstellungen: derjenigen, die die Unterwelt überall direkt unter der Erde lokalisiert, und derjenigen, die sie am Rand der Welt ansiedelt. In dem Zusammentreffen von Elpenor und Odysseus treffen auch diese beiden Vorstellungen direkt aufeinander: Elpenor ist quasi direkt in die Unterwelt unter der Erde gefahren und hatte es auf diese Weise wirklich nicht weit; Odysseus dagegen musste sozusagen um die halbe Welt, um seinerseits zur Unterwelt zu gelangen.[22]

1.5 Modifikationen zum Weg der Toten in die Unterwelt in der „Zweiten Nekyia"

Und dieses Aufeinandertreffen von zwei widersprüchlichen Unterweltsvorstellungen wird auch noch einmal im ersten Teil des 24. Buches der *Odyssee*, in der so genannten „Zweiten Nekyia"[23], thematisiert. Hier erhalten wir – durchaus überraschend – auch noch eine weitere Weise vorgeführt, wie im Kampf Gefallene (in diesem Fall sind es die Freier der Penelope, die der heimgekehrte Odysseus fast alle erbarmungslos zur Strecke gebracht hat) in die Unterwelt gelangen können, nämlich – zum ersten Mal in der uns erhaltenen Literatur – durch das Geleit des Gottes Hermes (24,1-14):

> Hermes aber, der Kyllenier, rief die Seelen der Freier heraus, und er hielt den Stab in den Händen, den schönen, goldenen, mit dem er die Augen der Männer bezaubert, von welchen er es will, und auch die Schlafenden wieder aufweckt. Mit dem scheuchte er sie auf und ging voran, die aber folgten schwirrend. Und wie Fledermäuse im Inneren einer ungeheuren Höhle schwirrend umherfliegen, wenn eine herabgefallen ist aus der Kette vom Felsen – sie hängen in der Höhe aneinander –: so gingen sie schwirrend mit ihm, und vor ihnen her schritt Hermes, der Kluge, auf den modrigen Pfaden. Und sie gingen entlang an den Strömungen des Okeanos und dem Leukadischen Felsen. Und an den Toren des He-

---

22 Dies wird übrigens bald darauf durch Worte von Odysseus' Mutter Antikleia (mit der er nach dem Seher Teiresias spricht) bestätigt (*Odyssee* 11,156-159): Lebende müssen den Okeanos und mächtige Ströme überqueren, um zur Unterwelt zu gelangen.
23 Es ist seit langem umstritten, ob die „Zweite Nekyia" ein Bestandteil der ursprünglichen homerischen *Odyssee* oder eine spätere Ergänzung war; vgl. die Diskussion dieser Frage in Sourvinou-Inwood 1995, 94-103, die selber diese Partie als spätere Ergänzung auffasst. Zuletzt hat jedoch West 2014, 297-300 sie als Schöpfung des Odysseedichters (wenn auch vielleicht als „secondary expansion", 297) angesehen.

lios und an dem Land der Träume gingen sie vorüber und gelangten alsbald auf die Asphodeloswiese, wo die Seelen wohnen, die Schattenbilder der Verblichenen[24].

Der in diesen Versen beschriebene Vorgang lässt sich in folgender Weise als Hylem-Sequenz[25] darstellen:
1. Hermes ruft die Seelen der toten Freier zu sich.
(2. Sie kommen zu ihm.)
3. Hermes setzt sich in Bewegung.
4. Die Seelen der Freier folgen ihm.
5. Hermes und die Seelen der Freier gehen am Okeanos entlang.
6. Hermes und die Seelen der Freier passieren den Leukadischen Felsen.
7. Hermes und die Seelen der Freier passieren die Tore des Helios.
8. Hermes und die Seelen der Freier passieren das Land der Träume.
9. Hermes und die Seelen der Freier gelangen zur Asphodeloswiese und damit in die Unterwelt.

Hier erhalten die auf dem Weg zur Unterwelt befindlichen Seelen also nicht nur einen göttlichen Geleiter, sondern auch ein regelrechtes Itinerar, das mit seiner ersten, noch halbwegs real-geographischen Station in Richtung Nordwesten (von Ithaka aus) weist. Auf der anderen Seite ist am Zielpunkt weder von „Toren" noch von einem „Fluss" (wie im Fall des Patroklos) die Rede, den es zu überqueren gälte: Nach dem (bereits nicht mehr in realer lebensweltlicher Geographie lokalisierbaren) „Land der Träume" gelangt die von Hermes geführte Seelengruppe auf die Asphodeloswiese, die – als hier offenbar allgemeiner Aufenthaltsort der Seelen – noch nicht in der *Ilias* erwähnt wird, aber dann in der (Version der) Unterwelt anzutreffen ist, die Odysseus im 11. Buch der *Odyssee* besucht[26]. An diesem Ort treffen die Seelen der Freier auf die Seelen der großen griechischen Helden des Troianischen Krieges, die miteinander im Gespräch vertieft sind (24,15-98), und im Anschluss daran bringt Hermes die Neu-

---

24 *Odyssee* 24,1-14: Ἑρμῆς δὲ ψυχὰς Κυλλήνιος ἐξεκαλεῖτο / ἀνδρῶν μνηστήρων· ἔχε δὲ ῥάβδον μετὰ χερσὶ / καλὴν χρυσείην, τῇ τ' ἀνδρῶν ὄμματα θέλγει, / ὧν ἐθέλει, τοὺς δ' αὖτε καὶ ὑπνώοντας ἐγείρει· / [5] τῇ ῥ' ἄγε κινήσας, ταὶ δὲ τρίζουσαι ἕποντο. / ὡς δ' ὅτε νυκτερίδες μυχῷ ἄντρου θεσπεσίοιο / τρίζουσαι ποτέονται, ἐπεί κέ τις ἀποπέσῃσιν / ὁρμαθοῦ ἐκ πέτρης, ἀνά τ' ἀλλήλῃσιν ἔχονται, / ὣς αἱ τετριγυῖαι ἅμ' ἤϊσαν· ἦρχε δ' ἄρα σφιν / [10] Ἑρμείας ἀκάκητα κατ' εὐρώεντα κέλευθα. / πὰρ δ' ἴσαν Ὠκεανοῦ τε ῥοὰς καὶ Λευκάδα πέτρην, / ἠδὲ παρ' Ἠελίοιο πύλας καὶ δῆμον Ὀνείρων / ἤϊσαν· αἶψα δ' ἵκοντο κατ' ἀσφοδελὸν λειμῶνα, / ἔνθα τε ναίουσι ψυχαί, εἴδωλα καμόντων.
25 Zum Begriff „Hylem-Sequenz" (engl. „hyleme sequence") vgl. in diesem Band den Beitrag von C. Zgoll, § 3.1.
26 Vgl. dort 11,539 und 573.

ankömmlinge zu den bereits „Eingesessenen" (24,99 f). Nun erkennt Agamemnon einen von den „Neuen" (24,102-104), und auf seine Frage, wie es zu seinem Tod gekommen sei, erzählt dieser vom kollektiven Untergang der Freier. Dabei erfahren wir in 24,186 f noch ein sehr bemerkenswertes Detail: „So, Agamemnon, gingen wir zugrunde, von denen auch jetzt noch die Leiber unbesorgt in den Hallen des Odysseus liegen"[27]. Die Freier sind also mitten in die eigentliche Unterwelt (d. h. zu den anderen Toten) gelangt, ohne dass sie ein richtiges Begräbnis bekommen haben! Vor dem Hintergrund dessen, was wir in der *Ilias* über Patroklos, aber auch in der *Odyssee* über Elpenor gehört haben, ist das höchst erstaunlich. Liegt der Ausgleich für die Nichtbestattung vielleicht im Geleit der toten Freier durch den Gott Hermes?[28]

Wir erhalten jedenfalls zwei sehr verschiedene Hylem-Sequenzen, wenn wir den Weg des Patroklos und den der Freier in die Unterwelt vergleichen:

Patroklos in der *Ilias*	Die Freier in der *Odyssee*
1. Patroklos stirbt.	1. Die Freier sterben.
(2. Patroklos wird zunächst nicht bestattet.)	2. Odysseus und seine Helfer schaffen sie vom Ort des Geschehens weg, bestatten sie aber nicht.
3. Patroklos' Seele gelangt (direkt unterirdisch) bis an die Grenzen der eigentlichen Unterwelt.	3. Hermes „ruft" die Seelen der Freier „heraus".
4. Hier wird sie von anderen Seelen am Weitergehen gehindert.	4. Hermes führt sie (zunächst über die Erdoberfläche) über einige Stationen (Leukadischer Felsen, Tore des Helios, Land/Volk der Träume; siehe oben) hin zur Unterwelt.

---

27 *Odyssee* 24,186 f: ὣς ἡμεῖς, Ἀγάμεμνον, ἀπωλόμεθ', ὧν ἔτι καὶ νῦν / σώματ' ἀκηδέα κεῖται ἐνὶ μεγάροισ' Ὀδυσῆος.

28 Sourvinou-Inwood 1995, 103-106 und 309-314 hat die Darstellung, wie die toten Freier zu Beginn von *Odyssee* Buch 24 in die Unterwelt gelangen – ohne Bestattung, aber unter Geleit durch den Psychopompos Hermes – als eine „intermediate stage" aufgefasst zwischen den eigentlich homerischen Vorstellungen (denen zufolge die Toten bestattet sein müssen, um in den Hades gelangen zu können, dafür aber keines „Geleiters" bedürfen) und den „klassischen" Vorstellungen des 5. Jahrhunderts v. Chr., in denen die Bestattung nicht mehr notwendig ist (Sourvinou-Inwood verweist dazu auf das Schicksal mehrerer prominenter Toter in attischen Tragödien: z.B. Polyneikes in Sophokles' *Antigone* und Polydoros in Euripides' *Hekabe*), demgegenüber nun aber sogar mehrere Geleiter (Hermes und Charon) nötig sind. Bei Polyneikes nimmt Antigone freilich zumindest eine „rituelle" Bestattung vor (vgl. Sophokles *Antigone* 245-247).

Patroklos in der *Ilias*	Die Freier in der *Odyssee*
5. Sie kehrt zurück zu Achill, um diesen aufzufordern, ihn zu bestatten.	5. Die Seelen der Freier gelangen auf die Asphodeloswiese.
6. Patroklos' Leichnam wird bestattet.	6. Die Seelen der Freier kommen damit in der eigentlichen Unterwelt an.
7. Patroklos' Seele passiert daraufhin das Tor zum „Haus des Hades".	
8. Patroklos' Seele kommt in der eigentlichen Unterwelt an.	

Insgesamt zwei sehr verschiedene Sequenzen, die zeigen, dass zumindest dem *Odyssee*-Dichter offenbar mehrere Optionen (darunter auch noch die der *Ilias*) offenstanden und ihm ein sehr kreatives, zum Teil sogar „spielerisches" Umgehen mit dem vorhandenen Material erlaubten, wie es die Elpenor-Szene am Beginn des 11. Buches zeigt (vgl. oben).

2 Alternativen zum Hades? Jenseits-„Schichten" zwischen Homer und Pindar

2.1 Ausgangspunkt: Ein Hades für Alle in Homers *Ilias*

Bisher wurde zu zeigen versucht, wie in Homers *Ilias* – und eigentlich auch in der *Odyssee*, mit einer bemerkenswerten Ausnahme, dazu unten – allen Helden, die im Kampf um Troia den Tod erleiden, ein und dasselbe postmortale Schicksal bestimmt ist: Ihre Seelen wandern samt und sonders in Richtung Hades. Dabei mögen sie vor den Toren des Hades zu warten haben (wie z. B. Patroklos in der *Ilias* und Elpenor in der *Odyssee*), solange sie noch nicht bestattet sind; aber hinein in den Hades kommen schließlich alle. Die Lokalisierung dieses Hades, der alle Toten aufnimmt, ist ebenfalls zumindest in der *Ilias* völlig klar: Er befindet sich unter der Erde. In der *Odyssee* freilich ist dies nur teilweise der Fall; um im 11. Buch den toten Seher Teiresias nach seinem weiteren Schicksal befragen zu können, muss Odysseus mit einem Schiff buchstäblich zu den Grenzen der Erde fahren, um dort einen geeigneten Eingang zur Unterwelt zu finden, in dessen Bereich er dann Teiresias treffen kann. Und zu Beginn des 24. Buches führt der „Seelengeleiter" Hermes die Seelen der von Odysseus getöteten Freier ebenfalls in einen geographischen Randbereich, um sie in die Unterwelt zu bringen. Von diesen Lokalitäten aber abgesehen, ist in dieser Unterwelt

– in die wir in der *Odyssee* zweimal detaillierten Einblick erhalten – alles versammelt, was auf Erden einmal als Mensch gelebt hat, namentlich die großen Helden des Troianischen Krieges, die hier ihren letzten dauerhaften Aufenthaltsort gefunden haben.

2.2 Eine erste (noch sehr exklusive) Alternative zur allgemeinen Unterwelt: Menelaos' Schicksal in Homers *Odyssee*

Wie jedoch gerade schon angedeutet, wird erstmals in der *Odyssee* für *einen* Menschen eine Ausnahme gemacht, was die sonst allen gemeinsame Endstation Hades betrifft: Im vierten Buch erzählt Menelaos, wie er, als er auf seiner Heimfahrt von Troia an die Küste von Ägypten verschlagen wurde, dort eine sehr tröstliche Prophezeiung in Hinsicht auf seine eigene postmortale Zukunft erhielt (4,561-569): Ihm werde es nicht beschieden sein, wie die anderen Menschen zu sterben, sondern die Götter würden ihn „in das Elysische Gefilde (Ἠλύσιον πεδίον) und zu den Grenzen der Erde" senden, wo der blonde Rhadamanthys sich aufhalte, und wo das Leben für Menschen ungemein angenehm sei: Keinen Schnee, keinen Wintersturm oder heftigen Regen gebe es dort, sondern der Okeanos sende stets einen frischen Westwind, um den Menschen angenehme Kühlung zu spenden. Dies ist im Übrigen die erste Erwähnung des Ἠλύσιον πεδίον in der uns bekannten Literatur. Aus der Erwähnung des Rhadamanthys (der ein Bruder des kretischen Königs Minos und, wie er, ein Sohn des Zeus und der Europa ist und später als einer der drei berühmten Totenrichter neben seinem Bruder Minos und seinem Halbbruder Aiakos waltet) hat Stephanie West[29] geschlossen, dass die hier skizzierte Jenseitsvorstellung des Ἠλύσιον πεδίον kretische (minoische?) Ursprünge haben könnte[30].

Warum aber soll ausgerechnet Menelaos – als einzigem – dieses wunderschöne Nachleben zuteilwerden und keinem andern der großen Helden vor Troia, etwa einem Achill und Aias (oder auch einem Odysseus)? Auch darüber gibt der erwähnte *Odyssee*-Passus Auskunft: weil Menelaos der Ehemann der

---

[29] S. R. West 1988, 227.
[30] In Euripides *Helena* 1676 f wird Menelaos vom *deus ex machina* Kastor dagegen als postmortaler Aufenthaltsort die „Insel [Singular] der Seligen" in Aussicht gestellt.

Helena und damit der Schwiegersohn des Zeus ist (denn Helena ist Zeus' Tochter) – das ist jedenfalls ein sehr exklusives Kriterium[31].

2.3 Reaktion bei Hesiod (?): Selige Inseln für große Helden

War nun vielleicht diese – nicht ganz leicht nachvollziehbare – Exklusivität, mit der es Menelaos so viel besser nach seinem irdischen Leben ergehen sollte als allen anderen Helden (noch dazu solchen, die ja gerade für ihn vor Troia ihr Leben gelassen hatten, wie z. B. Achill) der Grund oder der Auslöser dafür, dass in einem anderen frühen griechischen Gedicht – möglicherweise nicht lange nach der *Odyssee* – ein bemerkenswert anderes postmortales Schicksal für diese Helden skizziert wurde? In Hesiods Lehrgedicht *Werke und Tage*, das wahrscheinlich um 700 v. Chr. entstand, ist jedenfalls in der berühmten Partie, die den sogenannten Weltalter- oder Metallmythos (in den Versen 109-201) erzählt, für diese Helden ein deutlich anderes Schicksal dargestellt: Innerhalb der insgesamt fünf Weltalter, die dieser Mythos Revue passieren lässt, entspricht das vierte – das als das der „Heroen" und „Halbgötter" bezeichnet (und in den Ver-

---

31 Ein durchaus anderer Fall – der deswegen auch nicht in diese Darstellung gehört – ist der des Herakles, der, als Mensch geboren, schließlich unter die Götter aufgenommen wird (dass gleichzeitig ein „Schattenbild" von ihm im Hades existieren soll, ist eine völlig singuläre Vorstellung in Homers *Odyssee* 11,601-627). Noch in der *Ilias* ist – wie sich aus einer Bemerkung Achills in 18,117-119 erschließen lässt – Herakles' Schicksal (wie auch das aller anderen Helden) der Tod; erst in der *Odyssee* (11,602-604) wird ihm ein (Nach-)Leben als Gott auf dem Olymp zugewiesen. Solche Vergöttlichungen gibt es auch sonst im griechischen Mythos (vgl. etwa Dionysos oder den Fall des kaum bekannten Kleitos in Homers *Odyssee* 15,250, aber auch den des Ganymed und des Tithonos; vgl. ferner die Geschichte, wie Dionysos in die Unterwelt hinabstieg, um seine Mutter Semele heraufzuholen und ihr eine Apotheose als Göttin Thyone zu verschaffen – Santamaría Álvarez 2014 hat plausibel gemacht, dass diese Geschichte bis ins spätere 6. Jahrhundert v. Chr. zurückgeht); diese Fälle sind eine besondere Variante des Fortlebens von Menschen, auf die hier nicht weiter eingegangen werden kann. – Aus dem *Gilgameš-Epos* ist mit dem Schicksal des Menelaos vergleichbar das des Uta-napišti, den die Götter zusammen mit seiner Frau in eine schöne Lokation versetzen, die ebenfalls am Rand der Welt gedacht ist; vgl. in der akkadischen Fassung des *Gilgameš-Epos* Tafel XI die Zeilen 203-206 (in der Übersetzung von Stefan M. Maul, 2012; zunächst spricht der Götterkönig Enlil, dann Uta-napišti in eigener Person): „ ‚Bisher (zählte) Uta-napišti zum Menschengeschlecht. / Nun aber sei Uta-napišti samt seinem Weibe geworden wie wir, die Götter! [205] In der Ferne, an der Mündung der Flüsse, soll Uta-napišti wohnen!' / Sie holten mich her und ließen mich in der Ferne, an der Mündung der Flüsse, wohnen." Zum Vergleich des postmortalen Schicksals des Menelaos mit Uta-napišti (auch Atraḫasis in der akkadischen Version) bzw. Ziusudra (in der sumerischen) vgl. auch M. L. West 1997, 166 f.

sen 156-173 beschrieben) wird – derjenigen Zeit, in der sich die größten griechischen Mythen abgespielt haben sollen, nämlich die Kriege um Theben und der Troianische Krieg; und hier (in den Versen 166-173) heißt es nun ausdrücklich, dass auf die Helden, die in diesen Kriegen kämpften und starben, nicht in jedem Fall das gleiche freudlose Todesschicksal im Hades wartete, wie es vor allem in der *Odyssee* so eindrucksvoll beschrieben ist, sondern zumindest auf recht viele von ihnen eine erheblich bessere Alternative, nämlich ein sorgenfreies Nachleben auf den paradiesartigen „Inseln der Seligen", die hier zum ersten Mal in der griechischen Literatur genannt und beschrieben werden[32]:

> Aber der schlimme Krieg und das arge Gewimmel der Feldschlacht / Im kadmeiischen Land beim siebentorigen Theben / Tilgte die einen im Kampf um Oidipus' weidende Herden / Oder lenkte die andern in Schiffen über die schwarzen / Schlünde des Meeres nach Troia der lockigen Helena wegen. / Wahrlich, dort umhüllte die einen das Ende des Todes. / Andern, fern von den Menschen, gewährte Leben und Wohnsitz / Zeus, der Kronide, und ließ sie hausen am Rande der Erde; / Und dort wohnen sie nun mit kummerentlasteten Herzen / Auf der Seligen[33] Inseln und bei des Okeanos Strudeln, / Hochbeglückte Heroen; denn süße Früchte wie Honig / Reift ihnen dreimal im Jahr die nahrungspendende Erde.

Der Beschreibung nach handelt es sich also um sehr entlegene Inseln an den „Enden der Erde", beim Okeanos, der im Weltbild der homerischen Zeit (das auch noch weitgehend das Hesiods ist) die bewohnten Länder und Meere der Erde ringförmig umfließt[34]. Mit wenigen, aber kräftigen Strichen wird bereits hier die paradieshafte Fruchtbarkeit dieser Orte angedeutet; und mit dem Hinweis, dass jedenfalls ein Teil der Heroen dieses Geschlechts hier ein sorgenfreies Weiterleben nach dem Tod (oder anstelle des Todes) erhält, wird eine klar jenseitige Dimension eröffnet.

---

32 Hesiod *Werke und Tage* 161-173: καὶ τοὺς μὲν πόλεμός τε κακὸς καὶ φύλοπις αἰνὴ / τοὺς μὲν ὑφ' ἑπταπύλῳ Θήβῃ, Καδμηίδι γαίῃ, / ὤλεσε μαρναμένους μήλων ἕνεκ' Οἰδιπόδαο, / τοὺς δὲ καὶ ἐν νήεσσιν ὑπὲρ μέγα λαῖτμα θαλάσσης / [165] ἐς Τροίην ἀγαγὼν Ἑλένης ἕνεκ' ἠυκόμοιο. / ἔνθ' ἤ τοι τοὺς μὲν θανάτου τέλος ἀμφεκάλυψε, / τοῖς δὲ δίχ' ἀνθρώπων βίοτον καὶ ἤθε' ὀπάσσας / Ζεὺς Κρονίδης κατένασσε πατὴρ ἐς πείρατα γαίης, / [170] καὶ τοὶ μὲν ναίουσιν ἀκηδέα θυμὸν ἔχοντες / ἐν μακάρων νήσοισι παρ' Ὠκεανὸν βαθυδίνην, ὄλβιοι ἥρωες, τοῖσιν μελιηδέα καρπὸν / τρὶς ἔτεος θάλλοντα φέρει ζείδωρος ἄρουρα. Die Übersetzung stammt (mit einer Modifikation, vgl. die nächste Anm.) von Thassilo von Scheffer.
33 Hier übersetzt von Scheffer „auf den seligen Inseln" und beachtet damit nicht den Genitiv μακάρων (es sind die Inseln „der Seligen"); deshalb wurde oben (unter Beachtung des Versmaßes) in „auf der Seligen Inseln" geändert.
34 Zur Angabe παρ' Ὠκεανὸν βαθυδίνην vgl. M. L. West 1978, 194: „The preposition suits a shore better than islands." West 1978, 193 nennt das Ἠλύσιον πεδίον „otherwise [d.h. außer dem Namen] indistinguishable from these islands".

Der Text dieser Hesiod-Partie ist nicht ganz ohne Probleme: Der Vers 166 („Wahrlich, dort umhüllte die einen das Ende des Todes") wird von manchen Editoren als unechter Zusatz gestrichen[35]; würde er fehlen, dann wäre nicht nur ein Teil dieser Helden, sondern es wären alle in den Genuss der postmortalen „Inseln der Seligen" gekommen. Einer der besten Hesiod-Kenner unserer Zeit, der 2015 verstorbene Martin West, hat den fraglichen Vers gehalten und mit dem Hinweis „would Hesiod really say that the whole race was transported to the Isles of the Blest?" verteidigt[36]. In der Tat fällt es schwer zu glauben, dass wirkliche Übeltäter unter den Helden – wie auf griechischer Seite Aias der Lokrer, der die Priesterin Kassandra direkt am Götterbild der Athena vergewaltigt, oder auf troianischer Seite der Königssohn Paris, der durch seine Entführung Helenas für alles Leid des Troianischen Krieges verantwortlich ist – ebenfalls einfach so auf die „Inseln der Seligen" gekommen wären; ich habe daher keine Bedenken, mich Martin Wests Verteidigung des Verses anzuschließen.

In jedem Fall (ob man nun den Vers für echt hält oder nicht) bietet diese Partie ein bemerkenswertes Kontrastprogramm zu dem exklusiv erlösten Menelaos der *Odyssee*: Nicht nur einer, sondern eine ganze Reihe von Helden – wobei der Text auch keinerlei Unterschied macht zwischen den Parteien, die in den besagten mythischen Kriegen gegeneinander kämpften – haben es nun offenbar verdient, ein angenehmes Nachleben zu haben. Und Hesiod bietet auch ein Kontrastprogramm, was die Lokalität betrifft: Bei ihm ist es nicht das „Elysische Gefilde", wo der glückliche Menelaos – offenbar in „splendid isolation" (aber wohl zusammen mit seiner Gemahlin Helena) – wohnt, sondern die „Inseln der Seligen" bieten seinen Helden ein durchaus akzeptables postmortales Dasein. Zwar sind beide Lokalitäten am Rand der Erde angesiedelt und ähneln sich auch in manchen Zügen (so dass sie in späteren Zeiten nicht selten miteinander verquickt wurden)[37]; aber es könnte doch sein, dass Hesiod sich bewusst nicht (auch) für das „Elysische Gefilde", sondern für etwas anderes entschieden hat – vielleicht sogar in bewusster Kontrast-Imitation zur *Odyssee*: In der *Odyssee* wird zweimal ein Weg zur Unterwelt beschrieben, der mit Meer und Inseln zu tun hat, aber dann doch nur in den Hades führt; vielleicht sind dem bei Hesiod gerade die „Inseln" der Seligen entgegengestellt, auf denen wir uns die Helden denken sollen, die in der *Odyssee* zweimal sehr plastisch im düsteren Hades dargestellt sind.

---

35 Zum Beispiel von Solmsen 1983, 56.
36 M. L. West 1978, 192. Weitere Literatur zu dieser Frage bei Matijević 2015, 28 Anm. 18.
37 Vgl. M. L. West 1978, 193; Matijević 2015, 28 mit weiterer Literatur in Anm. 17.

2.4 Bessere Alternativen zum Hades im *Epischen Kyklos*

Hesiods Beispiel machte Schule, was Alternativen zum Hades betrifft; dabei machen sich nicht nur „Elysisches Gefilde" und „Inseln der Seligen" Konkurrenz, sondern es werden gelegentlich sogar noch weitere Alternativen zum düsteren Hades erdacht[38].

Im 7. und 6. Jahrhundert v. Chr. entstand der sogenannte *Epische Kyklos*, ein „Kranz" von Epen, die gerade die mythischen Kriege besangen, in denen sich laut dem Weltaltermythos in Hesiods *Werken und Tagen* die Menschen des heroischen vierten Zeitalters auszeichneten, also die Kämpfer um Theben und Troia. Es ist möglich – aber bis jetzt nicht sicher belegt[39] –, dass in einem oder auch in mehreren dieser Epen das „Elysische Gefilde" oder die „Inseln der Seligen" – oder sogar beide – als Aufenthaltsorte tapferer Helden nach ihrem irdischen Leben erwähnt waren.

2.4.1 Die *Aithiopis* und Achill

Interessanter ist aber vielleicht, dass in den Epen dieses *Kyklos* – die bis auf wenige Fragmente und kurze Inhaltsangaben verloren sind – von wenigstens einigen Helden (und Heldinnen) explizit berichtet wurde, dass sie nach ihrem irdischen Leben nicht in den Hades mussten, sondern an bessere Alternativorte gelangten:

Ein besonders interessanter Fall ist der des Achill, den wir in der *Odyssee* gleich in zwei Szenen im Hades antreffen. Im Epos *Aithiopis* dagegen – das inhaltlich an die *Ilias* anschloss und vor allem die letzten großen Kämpfe Achills (gegen die Amazonenkönigin Penthesileia und den Äthiopenkönig Memnon)

---

38 Vgl. Matijević 2015, 61.
39 Ein Papyrusfragment (POxy 2510, geschrieben im 4. Jahrhundert n. Chr.) enthält eine Szene in epischen Hexametern, in der es um die Bergung des getöteten Achill aus dem Kampf vor Troia geht. Der erhaltene Text beginnt mit einer wörtlichen Rede, in der die Inseln der Seligen und der über sie gebietende „blonde Rhadamanthys" erwähnt sind; bei dem Sprecher scheint es sich um einen Gott zu handeln, der gleich darauf (Vers 4) zum „großen Olymp" verschwindet und der wahrscheinlich dem gefallenen Helden die Versetzung auf die Inseln der Seligen in Aussicht stellte. Bernabé 1996, 85 hat dieses Fragment der *Kleinen Ilias* (mit Zweifeln) zugewiesen (als Fragment ǁ32), doch hat M. L. West 2013, 176 Anm. 11 dagegen wohl zu Recht mit zwei Argumenten Einspruch erhoben: Der Handlungsablauf (Odysseus trägt den Leichnam Achills, während Aias die Feinde abwehrt) widerspricht dem, was sonst aus der *Aithiopis* und der *Kleinen Ilias* bekannt ist, und es ist ferner „highly unlikely that a fourth-century papyrus should preserve Cyclic epic".

und seinen Tod darstellte – endete Achill nicht im Hades, sondern an einem erheblich angenehmeren Ort. Wir haben zwar nicht mehr den originalen Text der *Aithiopis*, aber die in der *Chrestomathie* des Proklos zu diesem Epos zu findende Inhaltsangabe ist in diesem Punkt genügend explizit: „Die Leiche Achills bahrten sie auf. Und Thetis kam zusammen mit den Musen und ihren Schwestern und klagte um ihren Sohn; und danach entriss Thetis ihren Sohn dem Scheiterhaufen und brachte ihn zur Insel Leuke"[40].

Die Insel Leuke (die „Weiße Insel") tritt damit als eine weitere Alternative zum Hades neben das „Elysische Gefilde" und die „Inseln der Seligen". Ursprünglich könnte diese Insel ein ähnlicher mythischer Ort gewesen sein wie die „Inseln der Seligen"[41]; sie wurde aber offenbar schon bald – und diese Entwicklung muss chronologisch in Beziehung stehen zur griechischen Kolonisation der Küsten des Schwarzen Meeres im 7. und 6. Jahrhundert v. Chr. – geographisch ziemlich genau lokalisiert und mit der Insel Phidonisi/Zmeinyj etwa 45 km östlich der Donaumündung identifiziert[42].

Bemerkenswerter ist aber vielleicht, dass die Episode von Achills Entrückung auf die „Weiße Insel" durch seine göttliche Mutter Thetis offenbar als bewusste Gegenversion zu der Erzählung von Achills Bestattung konzipiert wurde, wie sie im 24. Buch der *Odyssee* (in der sogenannten „Zweiten Nekyia") in der Unterwelt kein Geringerer als Agamemnon dem Achill selbst erzählt: Agamemnon berichtet hier, wie die Griechen Achills Leiche aus der Schlacht trugen, ihn aufbahrten und wie dann Achills Mutter Thetis zusammen mit ihren Nereidenschwestern und den neun Musen dazukam, wie die Musen bei der Bestattungsfeier wunderschön sangen und wie der Leichnam dann verbrannt wurde. Mehr oder weniger alle diese Details (die Aufbahrung, die Ankunft von Thetis mit den Nereiden und Musen und der Scheiterhaufen für die Verbrennung) sind auch in Proklos' Inhaltsangabe genannt, waren also Bestandteil der entsprechenden Szene in der *Aithiopis*; aber dann kommt hier noch ein bemerkenswertes Detail hinzu: „Danach entriss Thetis ihren Sohn dem Scheiterhaufen [der vielleicht sogar schon brannte?] und brachte ihn zur Insel Leuke."

---

40 Proklos *Chrestomathie* p. 69,19-22 Bernabé: τὸν νεκρὸν τοῦ Ἀχιλλέως προτίθενται. καὶ Θέτις ἀφικομένη σὺν Μούσαις καὶ ταῖς ἀδελφαῖς θρηνεῖ τὸν παῖδα· καὶ μετὰ ταῦτα ἐκ τῆς πυρᾶς ἡ Θέτις ἀναρπάσασα τὸν παῖδα εἰς τὴν Λευκὴν νῆσον διακομίζει.
41 Vgl. M. L. West 2013, 156: „the Indian epics also know of a White Island in the north where certain men go who die in battle"; er verweist dazu auf M. L. West 2007, 349.
42 Vgl. Grossardt 2006, 737; M. L. West 2013, 156 mit Anm. 43. In Alkaios Fragment 354 Voigt wird Achill bereits an der nördlichen Schwarzmerküste verehrt (Grossardt 2006, 736); zu diesem Kult vgl. Pindar *Nemeen* 4,49 f, Euripides *Andromache* 1259-1262 und *Iphigenia Taurica* 435-438.

Durch dieses neue Element, das als bewusste Änderung gegenüber der *Odyssee*-Darstellung auf das Konto des *Aithiopis*-Dichters gehen könnte[43], erhält die ganze Achill-Geschichte eine völlig neue Wendung: Achill muss sich jetzt nicht mehr im Hades das Leben eines elenden Tagelöhners wünschen, sondern kann nunmehr eine durchaus akzeptable postmortale Existenz auf einer schönen Insel führen – und dies auch noch in der Gesellschaft einer schönen und interessanten Frau! Dieses zuletzt genannte Detail ist zwar nicht mehr für die *Aithiopis* bezeugt, aber für die lyrischen Dichter Ibykos und Simonides im späteren 6. Jahrhundert v. Chr.[44]: „Dass Achill ins „Elysische Gefilde" gelangte und (dort) Medea heiratete, hat zuerst Ibykos gesagt, nach dem (es auch) Simonides (getan hat)"[45].

Es ist recht wahrscheinlich, dass die beiden Dichter dieses Detail ebenfalls aus einem Epos des *Epischen Kyklos* bezogen haben, doch dürfte dies wohl nicht die *Aithiopis* gewesen sein, denn dort gelangt Achill ja nicht ins „Elysische Gefilde", sondern auf die „Weiße Insel". Nebenbei erfahren wir durch diesen Hinweis, dass auch die berühmte (und formidable) Kolcherprinzessin Medea – die dem schönen Jason zum Goldenen Vlies verhalf, später aber von ihm schnöde verlassen wurde – ihr Leben offenbar nicht im Hades geendet hat, sondern an einem besseren Alternativort an der Seite Achills.

In noch einer etwas anderen Variante – die uns aber erst in einem Scholion zu dem hellenistischen Dichter Lykophron bezeugt ist und damit auch erst für die hellenistische Zeit – sind Achill und Medea ebenfalls nach ihrem diesseitigen Leben zusammen, aber nun nicht im „Elysischen Gefilde", sondern auf den „Inseln der Seligen": „Man erzählt nämlich die Geschichte, dass Achill nach seinem Tod Medea, die Tochter des Aietes, auf den Inseln der Seligen heiratete"[46]. Auch schon bei Pindar lebt Achill nach seinem Tod auf der „Insel [Singular!] der Seligen" (hier ist freilich nichts von einem Zusammensein mit Medea

---

43 Vgl. dazu M. L. West 2013, 156: „Achilles' translation to the White Island was an innovation of the *Aethiopis*;" so auch bereits Dihle 1970, 18. Das von Grossardt 2006, 736 angeführte Fragment aus der *Kleinen Ilias* (Fragment 32,2 f Bernabé), das einen ähnlichen Inhalt haben soll, stammt wahrscheinlich nicht aus diesem Epos; vgl. oben Anm. 39.
44 Scholion zu Apollonios *Rhodios* 4,811-815 p. 293,15 Wendel: ὅτι δὲ Ἀχιλλεὺς εἰς τὸ Ἠλύσιον πεδίον παραγενόμενος ἔγημε Μήδειαν, πρῶτος Ἴβυκος (PMGF 291) εἴρηκε, μεθ' ὃν Σιμωνίδης (PMG 558).
45 Im Ἠλύσιον πεδίον halten sich die beiden dann auch in Apollonios Rhodios' *Argonautika* auf (4,811-815): εὖτ' ἂν ἐς Ἠλύσιον πεδίον τεὸς υἱὸς ἵκηται, / ... / ... / χρειώ μιν κούρης πόσιν ἔμμεναι Αἰήταο / Μηδείης.
46 Scholion zu Lykophron 174: μυθεύονται γὰρ ὅτι μετὰ θάνατον Ἀχιλλεὺς ἠγάγετο Μήδειαν τὴν Αἰήτου ἐν μακάρων νήσοις.

gesagt)⁴⁷. Damit sind für Achills postmortale Existenz also insgesamt drei Alternativorte zum Hades in der nachhomerischen Dichtung bezeugt – dies zeigt, wie viele Varianten es hier einmal gegeben hat, alle gewissermaßen als Alternative und vielleicht als bewusste Korrektur zu Achills Unterweltsexistenz in der *Odyssee* entstanden.

2.4.2 Die *Telegonie* und die Familie des Odysseus

Noch für ein weiteres Werk des *Epischen Kyklos* ist uns sicher bezeugt, dass in ihm berühmte Gestalten der Zeit des Troianischen Krieges am Ende ihres Lebens nicht in den Hades mussten, sondern eine neue Existenz an einem besseren Alternativort erhielten: in der *Telegonie*, dem letzten (und literarisch vielleicht nicht besonders hochstehenden⁴⁸) Werk des *Kyklos*.

Die *Telegonie* hat ihren Namen von Telegonos, einem Sohn des Odysseus, der eine Frucht von dessen etwa einjähriger (vgl. Homer *Odyssee* 10,467 f) Liaison mit der zauberkundigen Göttin Kirke auf deren Insel gewesen sein soll. Als Telegonos von seiner Mutter erfuhr, dass er der Sohn des Odysseus sei, fuhr er aus, um ihn aufzusuchen, gelangte auf die Insel Ithaka – offenbar ohne zu wissen, dass es sich um die Insel seines Vaters handelte – und begann dort – aus welchen Gründen auch immer⁴⁹ – zu plündern; als Odysseus dagegen – verständlicherweise – vorging, wurde er im Kampf von seinem eigenen Sohn – der aber nicht wusste, dass er sein Sohn war – getötet. Das Weitere liest sich in der Inhaltsangabe des Proklos folgendermaßen: „Telegonos aber erkannte seinen Fehler und brachte den Leichnam seines Vaters sowie Telemach und Penelope

---

47 Pindar *Olympien* 2,70-80, vor allem 79 f: Ἀχιλλέα τ' ἔνεικ', ἐπεὶ Ζηνὸς ἦτορ / (80) λιταῖς ἔπεισε, μάτηρ. Eine Verbindung auf Leuke nicht mit Medea, sondern mit der schönen Helena findet sich zuerst bei Lykophron *Alexandra* 143 + 171-174; aber bereits im pseudo-hesiodeischen *Frauenkatalog* ist eine mögliche Verbindung zwischen Achill und Helena ins Auge gefasst, doch befand sich der junge Achill zu der Zeit, als die große Freierwerbung um Helena stattfand, noch bei Chiron, und so kam Menelaos (zuerst) zum Zuge (Pseudo-Hesiod *Frauenkatalog* Fragment 204,87-92 M.-W. = Fragment 155,87–92 Most; vgl. dazu Schmidt 1996).
48 Vgl. die dazu bei M. L. West 2013, 291 zitierten Urteile.
49 In der Inhaltsangabe zur *Telegonie* in Proklos' *Chrestomathie* (p. 102,14 f Bernabé) werden jedenfalls keine angegeben. Bei Hyginus (*Fabulae* 127) hingegen heißt es, Telegonos habe *fame coactus* mit den Plünderungen begonnen; M. L. West 2013, 303 führt Hyginus' Version auf das verlorene Stück Ὀδυσσεὺς ἀκανθοπλήξ des Sophokles zurück.

zu seiner Mutter; diese machte sie unsterblich, und (nun) lebte mit Penelope Telegonos und mit Kirke Telemach zusammen"[50].

Martin West hat dieses etwas eigenartige Happy End sehr hübsch unter die Überschrift „Two weddings and a funeral"[51] gestellt – „funeral" deswegen, weil der in dieser Geschichte am meisten Geschädigte, der getötete Odysseus, offenbar tot bleibt, denn sonst hätte er wohl kaum zugelassen, dass sein Sohn Telegonos seine treue Ehefrau Penelope heiratete[52]. Die selige Insel, auf der die beiden neuen Paare nunmehr ihr weiteres unsterbliches Leben verbringen, ist sehr wahrscheinlich Kirkes eigene Insel Aiaia, die damit zu einem weiteren Alternativort zum düsteren Hades avanciert. Zwar gibt es auch Versionen der Geschichte, in denen Kirke ihren Sohn Telegonos und seine neue Frau Penelope nunmehr auf die Inseln der Seligen schickt[53]; dies ist aber in der Inhaltsangabe der *Telegonie* nicht explizit vermerkt und wäre auch nicht nötig gewesen, da Kirke eben ihre eigene Insel hatte.

2.4.3 Weitere Heldinnen und Helden, die möglicherweise im *Kyklos* an postmortale Alternativorte geschickt wurden

Nach den gerade behandelten Beispielen aus der *Aithiopis* und der *Telegonie* soll nun kurz auf einige mythische Gestalten eingegangen werden, die manchen Quellen zufolge ebenfalls auf die Inseln der Seligen (oder an vergleichbare Orte) versetzt wurden und bei denen es zumindest möglich ist, dass dies schon in Werken des *Epischen Kyklos* geschah (auch wenn dies nicht mehr sicher nachweisbar ist). Es handelt sich um folgende:

---

50 Proklos *Chrestomathie* p. 102 f,17-20 Bernabé: Τηλέγονος δ' ἐπιγνοὺς τὴν ἁμαρτίαν τό τε τοῦ πατρὸς σῶμα καὶ τὸν Τηλέμαχον καὶ τὴν Πηνελόπην πρὸς τὴν μητέρα μεθίστησιν· ἡ δὲ αὐτοὺς ἀθανάτους ποιεῖ, καὶ συνοικεῖ τῇ μὲν Πηνελόπῃ Τηλέγονος, Κίρκῃ δὲ Τηλέμαχος.
51 M. L. West 2013, 304.
52 Vgl. M. L. West 2013, 306. In einem Scholion zu Vers 805 von Lykophrons *Alexandra* wird Odysseus tatsächlich wieder von den Toten auferweckt (μῦθος φέρεται ὅτι μετὰ τὸ ἀνελεῖν αὐτὸν [sc. Ὀδυσσέα] τὸν Τηλέγονον Κίρκη φαρμάκοις ἀνέστησε, καὶ ἐγήματο Τηλεμάχῳ, καὶ Πηνελόπῃ Τηλεγόνῳ, ἐν Μακάρων νήσοις), aber das – mitsamt der Lokalisierung (ohne weiblichen Lebenspartner?) auf den Inseln der Seligen – dürfte eine spätere Korrektur-Version sein (vgl. M. L. West 2013, 306).
53 Vgl. Apollodor *Bibliotheke* Epitome 7,37 (... τὴν Πηνελόπην γαμεῖ. Κίρκη δὲ ἑκατέρους αὐτοὺς εἰς Μακάρων νήσους ἀποστέλλει) und das in der vorangehenden Anmerkung zitierte Lykophron-Scholion.

- Einem Bericht des kaiserzeitlichen Mythographen Antoninus Liberalis zufolge (der wahrscheinlich auf den im früheren 5. Jahrhundert v. Chr. schreibenden Mythographen Pherekydes zurückgeht) wurde Alkmene, die Mutter des Herakles, nach ihrem Tod auf Befehl ihres früheren Liebhabers Zeus von Hermes regelrecht aus ihrem Grab gestohlen, auf die Inseln der Seligen gebracht und dort mit Rhadamanthys verheiratet[54].
- Auch Peleus, dem Vater des großen Helden Achill, wird eine angenehme postmortale Existenz zuteil, jedenfalls wenn man Euripides' Stück *Andromache* Glauben schenken darf: Hier tritt am Ende die Göttin Thetis als dea ex machina auf und sagt ihrem menschlichen Ehemann Peleus – sowie auch ihrem Sohn Achill – die Unsterblichkeit voraus:

  „Dich aber – damit du die Gunst der Heirat mit mir kennst – / werde ich von allen sterblichen Übeln befreien / und zu einem unsterblichen und unvergänglichen Gott machen. / Und dann wirst du in den Häusern des Nereus mit mir / dein weiteres Leben, Gott mit Göttin, zusammensein; / und wenn du von dort den Fuß trocken aus dem Meer bewegst, / wirst du den dir und mir liebsten Sohn, Achill, / Häuser auf einer Insel bewohnen sehen / am Weißen Vorgebirge innerhalb des ungastlichen Meeres".[55]

  Wie dem Menelaos der *Odyssee* kommt auch dem Peleus seine Nahbeziehung zu einer Gottheit zugute, um ein unsterbliches Leben nach seinem Tod zu erhalten.

- Der mythische Stadtgründer von Theben, Kadmos, wird am Ende seines Lebens zusammen mit seiner Ehefrau Harmonia (einer Tochter der Götter Ares und Aphrodite) von Zeus ins „Elysische Gefilde" geschickt[56].

---

54 Antonius Liberalis 33,3 = Pherekydes Fragment 84 Fowler: ἐν δὲ τούτῳ καὶ Ἀλκμήνην κατὰ γῆρας ἀποθνήσκει καὶ αὐτὴν ἐξεκόμισαν Ἡρακλεῖδαι. ... Ζεὺς δὲ Ἑρμῆν πέμπει κελεύων Ἀλκμήνην ἐκκλέψαι καὶ ἀπενεγκεῖν εἰς Μακάρων νήσους καὶ δοῦναι Ῥαδαμάνθυι γυναῖκα· Ἑρμῆς δὲ πεισθεὶς Ἀλκμήνην ἐκκλέπτει, λίθον δ' ἀντ' αὐτῆς ἐντίθησιν εἰς τὴν σορόν.

55 Euripides *Andromache* 1253-1262: σὲ δ', ὡς ἂν εἰδῇς τῆς ἐμῆς εὐνῆς χάριν, / 1255 κακῶν ἀπαλλάξασα τῶν βροτησίων / ἀθάνατον ἄφθιτόν τε ποιήσω θεόν. / κἄπειτα Νηρέως ἐν δόμοις ἐμοῦ μέτα / τὸ λοιπὸν ἤδη θεὸς συνοικήσεις θεᾷ· / ἔνθεν κομίζων ξηρὸν ἐκ πόντου πόδα / 1260 τὸν φίλτατόν σοι παῖδ' ἐμοί τ' Ἀχιλλέα / ὄψῃ δόμους ναίοντα νησιωτικοὺς / 1262 Λευκὴν κατ' ἀκτὴν ἐντὸς ἀξένου πόρου. In der aus der Antike stammenden Inhaltsangabe des Stücks *Andromache* heißt es am Ende, Thetis habe ihrem (ehemaligen) Ehemann Peleus verkündet, er werde Unsterblichkeit erlangen und dann auf den Inseln der Seligen wohnen (τυχόντα δὲ αὐτῆς [scil. τῆς ἀθανασίας] {εἰς} μακάρων νήσους οἰκήσειν). Doch ist dieser Teilsatz von manchen Kritikern gestrichen worden (so auch von dem Euripides-Editor Diggle), weil er offenbar nicht in einem Papyrus des 2. Jahrhunderts n. Chr., der die Inhaltsangabe enthält, vorhanden ist.

56 So bei Apollodor *Bibliotheke* 3,39. Vgl. auch Scholion zu Pindar *Pythien* 3,153b. — Ein weniger bekannter Held, der auf die Inseln der Seligen gelangte, ist Lykos, Sohn des Poseidon und der Kelaino (Apollodor *Bibliotheke* 3,111; diese Nachricht geht wahrscheinlich zurück auf den

Nachstehend eine zusammenfassende Übersicht über diejenigen Helden und Heldinnen, denen in der *Odyssee*, in Hesiods *Werken und Tagen* und (sicher oder wahrscheinlich) in Texten des 7. und 6. Jahrhunderts v. Chr. ein alternativer Ort zum Hades für ihr Nachleben zugewiesen wurde:

Name	alternativer Ort	Bezeugung
Menelaos	Elysisches Gefilde	*Odyssee* 4,561-569
Helden der Kriege um Theben und Troia	Inseln der Seligen	Hesiod *Werke und Tage* 166-173
Achill	Insel Leuke	*Aithiopis* (Inhaltsangabe)
	Elysisches Gefilde	Ibykos PMGF 291, Simonides PMG 558
	Inseln der Seligen	Scholion zu Lykophron *Alexandra* 174 (unbestimmte Quelle)
Telemachos, Penelope	Aiaia (Insel der Kirke)	*Telegonie* (Inhaltsangabe)
	Inseln der Seligen	Scholion zu Lykophron-*Alexandra* 805 und Apollodor *Bibliotheke* Epitome 7,37 (unbestimmte Quellen)
Alkmene	Inseln der Seligen	Antonius Liberalis 33,3 = Pherekydes Fragment 84 Fowler
Peleus	„Häuser des Nereus"	Euripides *Andromache* 1253-1262 (wahrscheinlich auf ein kyklisches Epos zurückgehend)
Kadmos und Harmonia	Elysisches Gefilde	Apollodor *Bibliotheke* 3,39 (mythograph. Quelle)

Spätestens seit dem frühen 5. Jahrhundert v. Chr. sind auf den Inseln der Seligen dann nicht mehr nur mythische Helden (und Heldinnen) zu finden, sondern auch historische Persönlichkeiten: In einem wahrscheinlich zu dieser Zeit entstandenen athenischen Symposion-Lied auf Harmodios, einen der sogenannten Tyrannenmörder, denen eine wichtige Rolle bei der Befreiung Athens von der Herrschaft der Peisistratos-Söhne zugeschrieben wurde, heißt es, auch Harmodios sei nicht tot, sondern lebe wie Achill und Diomedes auf den Inseln der Seligen[57].

Mythographen Hellanikos im späteren 5. Jahrhundert v. Chr., Fragmente der Griechischen Historiker 4 F 19a).

57 Überliefert ist dieses Lied bei Athenaios 15,695b = *Carmina convivalia* 11 Diehl = Poetae Melici Graeci 894: φίλταθ' Ἀρμόδι', οὔ τί πω τέθνηκας, / νήσοις δ' ἐν μακάρων σέ φασιν εἶναι, / ἵνα περ ποδώκης Ἀχιλεὺς / Τυδεΐδην τέ †φασι τὸν ἐσθλὸν† Διομήδεα.

2.5 Die Inseln der Seligen bei Pindar

Der letzte größere Text, der in diesem Abschnitt erörtert werden soll, weil er noch eine bemerkenswerte Weiterentwicklung der Vorstellung von positiven Alternativorten zum Hades zeigt, stammt aus dem Jahr 476 v. Chr. und geht auf den bedeutenden Dichter Pindar zurück, der ungefähr ein halbes Jahrhundert lang anspruchsvolle lyrische Gesänge für Chöre schrieb und als Auftragsdichter in der gesamten damaligen griechischen Welt begehrt war. Erhalten sind von ihm noch vier Bücher sogenannte *Epinikien*, d. h. Gedichte auf siegreiche Athleten bei den großen panhellenischen Wettkämpfen (darunter in Olympia). Seine *Zweite Olympische Ode* ist dem Alleinherrscher („Tyrannen") Theron von Akragas (heute Agrigent an der Südküste Siziliens) gewidmet, der in dem genannten Jahr 476 den bedeutendsten Wettkampf der damaligen Olympischen Spiele, das Wagenrennen, gewann. In den pindarischen *Epinikien* stellt fast stets eine mythische Erzählung – die auf irgendeine Weise zu dem besungenen Sieger in Beziehung gesetzt wird – einen wichtigen Teil der Komposition dar; in der *Zweiten Olympischen Ode* ist dies eine Schilderung der verschiedenen Schicksale, die den Menschen nach seinem Tod erwarten (Vers 56-80): Die Übeltäter – so heißt es hier – erfahren sogleich nach ihrem Tod die Strafe, denn es gibt für die von ihnen auf Erden verübten Verbrechen einen Richter unter der Erde[58]. Die Guten dagegen erhalten nach ihrem Tod ein Leben frei von Mühen: Sie haben stets Sonne in gleichen Nächten und Tagen und müssen sich nicht mehr mühselig durch Ackerbau oder auf dem Meer ihren armseligen Lebensunterhalt verdienen (Vers 61-67[59]); sie müssen jedoch nach einer bestimmten Zeit wieder in ein irdisches Dasein zurück[60]. Diejenigen schließlich, die dreimal im Diesseits und im Jenseits ihre Seelen frei von allem Übeltun gehalten haben, erwartet ein besonders glückliches Los (Vers 70-80):

---

58 Dies ist der vielleicht früheste Beleg für eine Totengerichtsvorstellung in einem griechischen Text; Ritter 2010, 157 Anm. 24 weist noch auf folgende (etwas spätere) Tragödien-Zeugnisse hin: Aischylos *Supplices* 228-231 (der Gott Hades selbst als Richter), *Eumenides* 269-275.

59 Pindar *Olympien* 2,61-67: ἴσαις δὲ νύκτεσσιν αἰεί, / ἴσαις δ' ἁμέραις ἅλιον ἔχοντες, ἀπονέστερον / ἐσλοὶ δέκονται βίοτον, οὐ χθόνα ταράσσοντες ἐν χερὸς ἀκμᾷ / οὐδὲ πόντιον ὕδωρ / (65) κεινὰν παρὰ δίαιταν, ἀλλὰ παρὰ μὲν τιμίοις / θεῶν οἵτινες ἔχαιρον εὐορκίαις / ἀδακρυν νέμονται // αἰῶνα ...

60 Dies wird hier nicht ausdrücklich gesagt, ergibt sich aber aus dem, was folgt: Ohne eine solche Rückkehr ins irdische Dasein (d. h. eine Reinkarnation) könnte ja niemand sich dreimal in einem solchen Dasein bewähren und sich damit einen Ausstieg aus dem Zyklus von Geburt – Tod – Wiedergeburt sowie ein fortan dauerhaftes Dasein auf der „Insel der Seligen" verdienen.

> Sie gehen den Weg des Zeus hin zum Turm des Kronos, wo linde Lüfte des Okeanos die Insel [Singular] der Seligen umwehen, und wo goldene Blüten glänzen, die einen vom Land her von herrlichen Bäumen, während andere das Wasser nährt. Mit Girlanden aus diesen umwinden sie ihre Hände und flechten Kränze nach den aufrechten Ratschlüssen des Rhadamanthys, den der große Vater [Kronos] zum Beisitzer hat, der Gemahl der Rhea, deren Thron der höchste von allen ist. Zu ihnen werden Peleus und Kadmos gerechnet, und Achill, der hierher von seiner Mutter gebracht wurde, nachdem sie das Herz des Zeus mit ihren Bitten überredet hatte ...[61].

Neben den uns schon bekannten Heroen (wie Peleus, Kadmos und Achill, die bereits in Texten des 7. und 6. Jahrhunderts v. Chr. nach ihrem irdischen Dasein auf die Inseln der Seligen oder an ähnliche Orte gelangen, gibt es hier bei Pindar nun eine ganz neue Kategorie von Einwohnern der Insel der Seligen: Zu ihr gelangen diejenigen, die dreimal auf Erden ein untadeliges Leben geführt haben.

Wie aber passt diese neue Kategorie von Einwohnern der Insel der Seligen zu der bisherigen, also den großen Helden aus der Zeit der Kriege um Theben und Troia? Eigentlich gar nicht, denn die „Aufnahmekriterien" sind deutlich andere. Man hat daher angenommen[62], dass diese neue Kategorie dem Adressaten dieses Gedichts geschuldet sein könnte, Theron, dem Herrscher von Akragas. Es ist wahrscheinlich in der Tat kein Zufall, dass Theron in einer Stadt herrscht, in der wahrscheinlich wenige Jahre vor Therons Machtübernahme der vorsokratische Philosoph Empedokles (etwa 495-435 v. Chr.) geboren wurde, von dem wir ebenfalls Seelenwanderungsvorstellungen überliefert haben. Wichtig ist jedenfalls, dass wir in diesem Gedicht Pindars zum ersten Mal die Vorstellung greifen, dass eine Existenz auf der Insel der Seligen die Belohnung für ein moralisch gut gelebtes Menschenleben – bzw. in diesem Fall für drei solcher Leben hintereinander – ist.

Diese Moralisierung der Alternative zum Hades hat nun Auswirkungen auf alle folgende Zeit; dies sei hier beispielhaft kurz an Platon verdeutlicht: In Platons *Symposion* ist an einer Stelle wieder einmal von Achills Weiterleben nicht im Hades, sondern auf den Inseln der Seligen die Rede, und hier wird dies nun erstmals explizit mit einer moralischen Leistung Achills begründet:

---

61 Im Original: [70] ἔτειλαν Διὸς ὁδὸν παρὰ Κρόνου τύρσιν· ἔνθα μακάρων / νᾶσον ὠκεανίδες / αὖραι περιπνέοισιν· ἄνθεμα δὲ χρυσοῦ φλέγει, / τὰ μὲν χερσόθεν ἀπ' ἀγλαῶν δενδρέων, ὕδωρ δ' ἄλλα φέρβει, / ὅρμοισι τῶν χέρας ἀναπλέκοντι καὶ στεφάνους / [75] βουλαῖς ἐν ὀρθαῖσι Ῥαδαμάνθυος, / ὃν πατὴρ ἔχει μέγας ἑτοῖμον αὐτῷ πάρεδρον, / πόσις ὁ πάντων Ῥέας ὑπέρτατον ἐχοίσας θρόνον. / Πηλεύς τε καὶ Κάδμος ἐν τοῖσιν ἀλέγονται· / Ἀχιλλέα τ' ἔνεικ', ἐπεὶ Ζηνὸς ἦτορ / [80] λιταῖς ἔπεισε, μάτηρ. Eigene Übersetzung.
62 Vgl. Lloyd-Jones 1990, 81.102 f.

> [...] sie ehrten den Achilleus, den Sohn der Thetis, und sandten ihn auf die Inseln der Seligen. Denn als dieser von seiner Mutter erfahren hatte, dass er sterben müsse, wenn er den Hektor tötete, andernfalls aber nach Hause zurückkehren und in hohem Alter sterben werde, da wagte er es dennoch, lieber seinem Liebhaber Patroklos zu Hilfe zu kommen und ihn zu rächen und dabei nicht nur für ihn zu sterben, sondern sogar dem toten Freunde nachzusterben. Darum bewunderten ihn auch die Götter aufs höchste und verliehen ihm besondere Ehren [...]63.

Wie sehr gerade Platon die postmortale Weiterexistenz unter moralische Vorzeichen gestellt hat, zeigt sich auch daran, dass – nach gewissen Andeutungen bei Pindar – bei ihm zum ersten Mal (am Ende des *Gorgias*) ein Totengericht voll etabliert ist, das über die Belohnung und Bestrafung des Menschen im Jenseits entscheidet. Dazu mehr im folgenden Teil.

3 Das Erscheinen weiterer göttlichen Personals, das die Toten zu passieren haben: Kerberos, Charon und Thanatos

Während zwischen dem 8. und dem frühen 5. Jahrhundert v. Chr. die Zahl derjenigen Menschen, die nach ihrem Tod nicht mehr in den düsteren Hades müssen, in der griechischen Literatur allmählich zunimmt, wird für die übrigen der Weg in diesen Hades – verglichen etwa mit dem, auf dem Odysseus' unglücklicher Gefährte Elpenor an dessen Pforten gelangte – umständlicher und damit auch länger. Das liegt vor allem daran, dass die Toten es auf ihrem Weg nunmehr mit weiteren göttlichen Mächten zu tun bekommen, von denen bei Homer (fast) noch keine Rede war: mit dem „Höllenhund" Kerberos, dem Totenfährmann Charon und (jedenfalls in einigen Fällen) dem Todesgott Thanatos.

---

63 Platon *Symposion* 179e1-180a3: [...] Ἀχιλλέα τὸν τῆς Θέτιδος υἱὸν ἐτίμησαν καὶ εἰς μακάρων νήσους ἀπέπεμψαν, ὅτι πεπυσμένος παρὰ τῆς μητρὸς ὡς ἀποθανοῖτο ἀποκτείνας Ἕκτορα, μὴ ποιήσας δὲ τοῦτο οἴκαδε ἐλθὼν γηραιὸς τελευτήσοι, ἐτόλμησεν ἑλέσθαι βοηθήσας τῷ ἐραστῇ Πατρόκλῳ καὶ (180.a) τιμωρήσας οὐ μόνον ὑπεραποθανεῖν ἀλλὰ καὶ ἐπαποθανεῖν τετελευτηκότι· ὅθεν δὴ καὶ ὑπεραγασθέντες οἱ θεοὶ διαφερόντως αὐτὸν ἐτίμησαν [...]. Die Übersetzung im Text ist – abgesehen von einer kleinen Modifikation am Anfang – die von R. Rufener.

3.1 Kerberos

Bei Homer ist an zwei Stellen kurz von einem (hier noch namenlosen) „Hund des verhassten Hades" die Rede[64], den Herakles aus der Unterwelt heraufholen sollte: Im 8. Buch der *Ilias* erinnert die Göttin Athena an diese Geschichte, bei der sie Herakles Beistand leistete[65]; im 11. Buch der *Odyssee* berichtet der Schatten des Herakles selbst dem Odysseus in der Unterwelt davon und fügt hinzu, er habe dabei die Unterstützung von Athena und Hermes gehabt[66]. Als Wächter der Unterwelt (wie dann bei Hesiod, vgl. unten) spielt dieser „Höllenhund" bei Homer aber noch keine Rolle; weder die gefallenen Helden in der *Ilias* noch die getöteten Freier in der *Odyssee* müssen auf ihrem Weg in den Hades an ihm vorbei.

Eine genauere Vorstellung – mit Namen und Genealogie – bekommt Kerberos erst bei Hesiod[67]: In *Theogonie* 311 f ist er der zweite Sohn des (aus Schlangen- und Frauenkörper bestehenden) göttlichen Mischwesens Echidna und des Typhaon; er hat eine „bronzene Stimme" und „fünfzig Köpfe"[68]. In einer späte-

---

64 Vgl. zum vorliegenden Unterkapitel 3.1 das informative Kapitel „Heracles, Cerberus, and Eleusis" in Clark 1975, 79-94.
65 *Ilias* 8,364-369 (Athena spricht): ἤτοι ὃ μὲν [scil. Herakles] κλαίεσκε πρὸς οὐρανόν, αὐτὰρ ἐμὲ [scil. Athena] Ζεὺς / [365] τῷ ἐπαλεξήσουσαν ἀπ' οὐρανόθεν προΐαλλεν. / εἰ γὰρ ἐγὼ τάδε ᾔδε' ἐνὶ φρεσὶ πευκαλίμῃσιν / εὖτέ μιν εἰς Ἀΐδαο πυλάρταο προὔπεμψεν / ἐξ Ἐρέβευς ἄξοντα κύνα στυγεροῦ Ἀΐδαο, / οὐκ ἂν ὑπεξέφυγε Στυγὸς ὕδατος αἰπὰ ῥέεθρα („Ja, da klagte er empor zum Himmel, und mich schickte Zeus, / Um ihm beizustehen, herab vom Himmel. / Hätte ich dieses vorausgesehen mit klugen Sinnen, / Wie er ihn zum Haus des Hades schickte, des Torschließers, / Aus der Unterwelt den Hund des verhaßten Hades zu holen: / Er wäre nicht entkommen des stygischen Wassers jähen Fluten!").
66 *Odyssee* 11,622-626 (Herakles spricht): ὁ δέ [scil. Eurystheus] μοι χαλεποὺς ἐπετέλλετ' ἀέθλους. / καί ποτέ μ' ἐνθάδ' ἔπεμψε κύν' ἄξοντ'· οὐ γὰρ ἔτ' ἄλλον / φράζετο τοῦδέ γέ μοι κρατερώτερον εἶναι ἄεθλον. / [625] τὸν μὲν ἐγὼν ἀνένεικα καὶ ἤγαγον ἐξ Ἀΐδαο· Ἑρμείας δέ μ' ἔπεμπεν ἰδὲ γλαυκῶπις Ἀθήνη („der trug mir schwere Kämpfe auf und schickte mich voreinst hierher, daß ich den Höllenhund [wörtlich: „den Hund"] holen sollte: er meinte, daß kein anderer Kampf schwerer für mich als dieser wäre. Den habe ich hinaufgeschafft und aus dem Hades geführt, und Hermes geleitete mich und die helläugige Athene"). Die *Odyssee*-Partie, zu der diese Verse gehören, ist möglicherweise kein ursprünglicher Bestandteil des Epos; zuletzt hat M. L. West 2014, 218 (vgl. 126 f und 222 f) sie als spätere „insertion" – freilich des gleichen Dichters, der die ganze uns erhaltene *Odyssee* verfasst habe – bezeichnet.
67 Auf eine mögliche, aber nicht sichere Parallele zum Kerberos im ugaritischen „*Aqhat*-Epos" weist M. L. West 1997, 158 hin. Zu möglichen Parallelen zwischen Kerberos und dem Wesen Ammit/Ammut (einem Ungeheuer, das vorne Krokodil, in der Mitte Löwe und hinten Nilpferd ist) im ägyptischen Totenbuch vgl. M. L. West 1997, 471.
68 Hesiod *Theogonie* 310-312: δεύτερον αὖτις ἔτικτεν [scil. Echidna] ἀμήχανον, οὔ τι φατειόν, / Κέρβερον ὠμηστήν, Ἀΐδεω κύνα χαλκεόφωνον, / πεντηκοντακέφαλον, ἀναιδέα τε κρατερόν τε

ren Partie der *Theogonie* erfahren wir zum ersten Mal auch etwas über Kerberos' Hauptfunktion in der Unterwelt: Er (hier wieder nur als „schrecklicher Hund" bezeichnet) wacht vor den „Häusern des unterirdischen Gottes"[69] und lässt zwar alle Eintretenden (Toten) freundlich schwanzwedelnd durch; alle aber, die wieder hinauswollen, fällt er an und verschlingt sie[70]. Dass es sich bei den freundlich begrüßten Eintretenden nur um Tote handelt und Kerberos sich bei anderen Eindringlingen weit weniger freundlich verhält, geht aus dem hervor, was wir etwa über die Katabasis des Orpheus noch wissen: Dieser muss den Höllenhund mit seiner Leier besänftigen, um vor die Unterweltherrscher gelangen und ihnen sein Anliegen vortragen zu können, seine Frau Eurydike wieder zurück ins Leben zu holen[71].

Abgesehen von seiner seit Hesiods *Theogonie* belegten „statarischen" Rolle als Eingangswächter spielt Kerberos noch eine wichtige Rolle in der zwölften und letzten Arbeit, die Herakles für Eurystheus zu verrichten hat: Hier soll eben ihn Herakles aus der Unterwelt herauf- und zu Eurystheus bringen. Aus der dies darstellenden Herakles-Epik des 7. bis 5. Jahrhunderts v. Chr. ist nur noch wenig erhalten[72]; die Episode hat aber beachtlichen Niederschlag in der darstellenden

---

(„Dann zum zweiten gebar sie den unaussprechlichen, schlimmen / Kerberos, Hades' Hund, den ehernstimmigen Fresser; Fünfzig Köpfe besitzt er und schamlos ist er und grausam"). Die Zahl der Köpfe des Kerberos schwankt beträchtlich in den Texten (vgl. M. L. West 1966, 253 ad loc.), doch sind es später in der Regel drei (vgl. Pausanias 3,25,6; Apollodor *Bibliotheke* 2,122).

69 Also nicht notwendigerweise im „Eingangsbereich" der Unterwelt; seine Wächterfunktion dort scheint eine spätere Entwicklung zu sein (vgl. Matijević 2015, 157 f), deren ältester expliziter Beleg Sophokles *Oedipus Coloneus* 1568-1574 ist (vgl. dazu Macías Otero 2015, 144); in Apollodors *Bibliotheke* findet Herakles den Kerberos „an den Toren des Acheron" (2,126).

70 Hesiod *Theogonie* 767-773: ἔνθα θεοῦ χθονίου πρόσθεν δόμοι ἠχήεντες / [...] / ἑστᾶσιν, δεινὸς δὲ κύων προπάροιθε φυλάσσει, [770] νηλειής, τέχνην δὲ κακὴν ἔχει· ἐς μὲν ἰόντας / σαίνει ὁμῶς οὐρῇ τε καὶ οὔασιν ἀμφοτέροισιν, / ἐξελθεῖν δ' οὐκ αὖτις ἐᾷ πάλιν, ἀλλὰ δοκεύων / ἐσθίει, ὅν κε λάβῃσι πυλέων ἔκτοσθεν ἰόντα („Dort auch stehen voran die hallenden Häuser des Erdgotts / [...]; es wacht ein furchtbarer Hund an der Pforte, / Grausam und voller Tücken, und jeden, der da hineingeht, / Wedelt er an mit dem Schweif und spitzt ihm freundlich die Ohren, / Aber hinausgehn darf dann niemand wieder; er lauert / Und verschlingt den Ertappten, der aus der Pforte hinauswill").

71 Der früheste noch erhaltene (Kurz-)Bericht über die Katabasis des Orpheus und die Hindernisse, die der Sänger zu überwinden hatte, findet sich in Euripides' *Alkestis*, wo Admet sich vorstellt, wie er Alkestis wieder aus der Unterwelt herausholen könnte, wenn er nur Orpheus wäre (357-362): εἰ δ' Ὀρφέως μοι γλῶσσα καὶ μέλος παρῆν, / ὥστ' ἢ κόρην Δήμητρος ἢ κείνης πόσιν / ὕμνοισι κηλήσαντά σ' ἐξ Ἅιδου λαβεῖν, / [360]) κατῆλθον ἄν, καί μ' οὔθ' ὁ Πλούτωνος κύων / οὔθ' οὑπὶ κώπηι ψυχοπομπὸς ἂν Χάρων / ἔσχ' ἄν, πρὶν ἐς φῶς σὸν καταστῆσαι βίον.

72 Noch ins 7. Jahrhundert v. Chr. soll die *Oichalias Halosis* des Kreophylos (Bernabé 1996, 161-164) gehören, in der es um die Eroberung der Stadt Oichalia durch Herakles als Rache

Kunst gefunden: Nicht wenige Vasendarstellungen des 6. Jahrhunderts v. Chr. zeigen noch sehr plastisch, welche Anstrengungen Herakles unternimmt, um Kerberos in seine Gewalt zu bringen[73].

3.2 Charon

Der später berühmt gewordene Totenfährmann Charon ist weder bei Homer noch bei Hesiod zu finden[74], sondern scheint literarisch zum ersten Mal in dem Epos *Minyas* (6. oder 5. Jahrhundert v. Chr.) belegt[75], dessen noch erkennbaren Fragmente mit der verhängnisvollen Unterweltsfahrt des Theseus und Peirithoos zusammenhängen. Nach dem Zeugnis des kaiserzeitlichen Griechenland-Beschreibers Pausanias war dieses Epos eine wichtige Inspirationsquelle für das um 460 v. Chr. entstandene berühmte Bild („Nekyia") des Malers Poly-

---

dafür, dass seine Werbung um die Königstochter Iole abgewiesen worden war, ging. Ebenfalls noch ins 7. Jahrhundert v. Chr. (vgl. aber M. L. West 2003, 23, der eine Datierung nach 600 befürwortet) wird die *Herakleia* des Peisandros von Kameiros (Rhodos) datiert (Bernabé 1996, 167-171), in dem wohl bereits die später kanonisch gewordenen zwölf Arbeiten (und noch weitere Taten) des Herakles behandelt waren. Eine (umfangreichere) *Herakleia* schrieb dann auch der Landsmann und Verwandte Herodots, Panyassis von Halikarnass, im früheren 5. Jahrhundert v. Chr. (Bernabé 1996, 174-184); die Fragmente 14 und 15 Bernabé (= 17 und 18 M. L. West) scheinen aus Herakles' zum Heraufholen des Kerberos unternommener Katabasis zu stammen.

73 Vgl. Smallwood 1990 und die Abbildungen 2553-2675 im Lexicon Iconographicum Mythologiae Classicae, Band V 2.
74 Gegen die Vorstellung, dass man auch die Phäaken als Jenseits-Fährleute verstehen könnte (so Cook 1992), zu Recht zuletzt Matijević 2015, 29-34. – Zu Charon vgl. Sourvinou-Inwood 1995, 303-361; gegen Vorstellungen, dass Charon in Wahrheit ein älterer (und von den homerischen Epen lediglich „ignorierter") Gott sein könnte, dort 356-361.
75 *Minyas* Fragment 1 Bernabé; neueste Edition mit Kommentar bei Tsagalis 2017, 297.317-320. Inzwischen scheint es materielle Belege vom Ende des 7. Jahrhunderts v. Chr. zu geben, auf denen sich bereits der Name Charon findet (vgl. dazu Jouanna 2015, 85), doch weiter zurück kommt man offenbar nicht. – Im *Unterweltstraum eines assyrischen Kronprinzen* (7. Jahrhundert v. Chr.) taucht als Pendant (und vielleicht Vorbild?) zu Charon der „Fährmann der Unterwelt" Ḫumuṭ-ṭabal auf; vgl. M. L. West 1997, 156, Matijević 2015, 199. Matijević 2015, 52 und 199 möchte keine Einflüsse dieser mesopotamischen Vorstellung auf die griechische Fährmanns-Figur annehmen, weil „der Fährmann der Toten zu den am weitesten verbreiteten Gestalten in den verschiedensten Jenseitsmythologien zählt" (52). Dann ist es jedoch bemerkenswert, dass sich die Fährmanns-Figur im Griechischen nicht vor dem Ende des 7. Jahrhunderts v. Chr. belegen lässt, und in seiner Zusammenfassung rechnet Matijević 2015, 214 immerhin doch mit einer „Beeinflussung durch die östlichen Anschauungen" in „späterer", d. h. nachhomerischer, Zeit.

gnot, das in der Lesche („Halle") der Knidier im Apollon-Heiligtum von Delphi die Unterwelt und ihre mannigfachen mythischen Bewohner darstellte[76].

Spätestens seit dem früheren 5. Jahrhundert v. Chr. ist Charon damit eine feste Instanz auf dem Weg in die Unterwelt, den die Toten zu bewältigen haben, und mit ihm auch das Gewässer (Fluss oder See), das sie nur mit seiner Hilfe – als Mitfahrende in seinem Boot – überwinden können. So sieht Alkestis, als sie sich im gleichnamigen Stück des Euripides (von 438 v. Chr.) darauf vorbereitet, für ihren Mann zu sterben, vor ihrem geistigen Auge bereits den Totenfährmann auftauchen[77]; während gut dreißig Jahre später Aristophanes in seinen *Fröschen* die Vorstellung, dass man Charons bedarf, um ins Totenreich zu gelangen, bewusst ad absurdum führt: Hier lässt Charon den Dionysos zwar in sein Boot einsteigen, verbietet dies aber seinem Sklaven Xanthias und lässt ihn um den Acherusischen See herumlaufen – mit dem Resultat, dass Xanthias zu Fuß sogar eher ankommt als Dionysos und Charon per Boot[78]. Auch in dieser Parodie zeigt sich jedenfalls, dass Charon und sein Fährdienst inzwischen zu einer gängigen Vorstellung geworden sind.

3.3 Thanatos

Anders als Kerberos und Charon, die spätestens seit dem 5. Jahrhundert v. Chr. zum festen Personal geworden sind, mit dem jeder zu tun bekommt, der in die Unterwelt will oder muss, scheint der Todesgott Thanatos nur für eine begrenzte Zeit eine gewisse Prominenz in Narrativen erlangt zu haben, in denen Tote aus unserer Welt ins Jenseits gelangen.

In der *Ilias* (14,231) wird Thanatos als Bruder des Hypnos („Schlaf") eingeführt und wird zusammen mit diesem im 16. Buch (16,453-457.671-673.681-683)

---

[76] Pausanias hat diesem (nicht erhaltenen) Bild eine ausführliche Beschreibung gewidmet (10,28,1-31,12); von der Darstellung des Charon durch Polygnot und seiner Inspiration durch die *Minyas* ist in 10,28,1 f die Rede. Die Datierung dieses Gemäldes ist zugleich der Terminus ante quem für die *Minyas*.

[77] Euripides *Alkestis* 252-256 (vgl. dazu Macías Otero 2015, 144 f): ὁρῶ δίκωπον ὁρῶ σκάφος ἐν / λίμναι· νεκύων δὲ πορθμεὺς / ἔχων χέρ' ἐπὶ κοντῶι Χάρων / [255] μ' ἤδη καλεῖ· Τί μέλλεις; / ἐπείγου· σὺ κατείργεις. τάδε τοί με / σπερχόμενος ταχύνει. Vgl. auch Vers 361 und Euripides *Hercules* 431-434.

[78] Aristophanes *Ranae* 180-196. Laut Santamaría Álvarez 2015, 127 (der seinerseits auf Clark 1979, 75 hinweist) könnte diese Doppelung (zu Fuß / per Schiff) vielleicht von der oben unter 1.4 behandelten *Odyssee*-Szene inspiriert sein, in der Odysseus den toten Elpenor verblüfft fragt, wie er so viel schneller als er, Odysseus, mit seinem Schiff zum Eingang der Unterwelt habe gelangen können.

von Apollon eingesetzt, um den Leichnam des von Patroklos getöteten Sarpedon zur Bestattung in sein heimatliches Lykien bringen zu lassen. In Hesiods *Theogonie* (Vers 211 f) hat er neben Hypnos noch andere (düstere) Geschwister, nämlich Moros und Ker[79] und das „Geschlecht der Träume"; aber erst an einer späteren Stelle der *Theogonie* (Vers 758-766) gewinnt er etwas mehr Profil: Zusammen mit seinem Bruder Hypnos wohnt er hier in der Unterwelt, beide werden als „schreckliche Götter" (δεινοὶ θεοί) bezeichnet und insbesondere Thanatos als „erbarmungslos" in seinem Zugriff auf die Menschen, weshalb er auch den Göttern verhasst sei[80].

Im *Sisyphos-Mythos* wird Thanatos dann so sehr zu einer Person, dass er sogar überlistet werden kann: Der Mythograph Pherekydes (früheres 5. Jahrhundert v. Chr.; Fragmente der Griechischen Historiker 3 F 119) berichtete, dass es Sisyphos gelang, den gegen ihn von Zeus ausgeschickten Thanatos zu fesseln, sodass fortan kein Mensch mehr starb, bis Ares Thanatos befreite und ihm dann den Sisyphos übergab[81].

---

79 Beide sind ebenfalls Todes-Personifikationen (in der Regel eines gewaltsamen Todes), die es aber nicht zu größerer „mythischer Konkretheit" gebracht haben.
80 Hesiod *Theogonie* 764-766: τοῦ δὲ σιδηρέη μὲν κραδίη, χάλκεον δέ οἱ ἦτορ / [765] νηλεὲς ἐν στήθεσσιν· ἔχει δ' ὃν πρῶτα λάβῃσιν / ἀνθρώπων· ἐχθρὸς δὲ καὶ ἀθανάτοισι θεοῖσιν („Aber der andere [scil. Thanatos] hat eine eiserne Seele, ein ehern / Mitleidloses Herz im Busen, und wen er gepackt hat, / Hält er jeden; er ist verhaßt den unsterblichen Göttern").
81 Pherekydes Fragmente der Griechischen Historiker 3, F 119: Διὸς τὴν Ἀσωποῦ θυγατέρα Αἴγιναν ἀπὸ Φλιοῦντος εἰς Οἰνώνην διὰ τῆς Κορίνθου μεταβιβάσαντος, Σίσυφος ζητοῦντι τῷ Ἀσωπῷ τὴν ἁρπαγὴν ἐπιδεικνύει τέχνῃ, καὶ διὰ τοῦτο ἐπεσπάσατο εἰς ὀργὴν καθ' ἑαυτοῦ τὸν Δία. Ἐπιπέμπει οὖν αὐτῷ τὸν Θάνατον· ὁ δὲ Σίσυφος αἰσθόμενος τὴν ἔφοδον δεσμοῖς κρατεροῖς ἀποδεσμοῖ τὸν Θάνατον. Τότε οὖν συνέβαινεν οὐδένα τῶν ἀνθρώπων ἀποθνήσκειν, ἕως αὐτὸν Ἄρης τῷ Θανάτῳ παρέδωκε καὶ τὸν Θάνατον τῶν δεσμῶν ἀπέλυσεν· πρὶν δὲ ἢ ἀποθανεῖν τὸν Σίσυφον, ἐντέλλεται τῇ γυναικὶ Μερόπῃ τὰ νενομισμένα αὐτῷ ⟨μὴ⟩ πέμπειν εἰς Ἅδου, καὶ μετὰ χρόνον οὐκ ἀποδιδούσης τῷ Σισύφῳ τῆς γυναικός, ὁ Ἅδης πυθόμενος, μεθίησιν αὐτὸν ὡς τῇ γυναικὶ μεμψόμενον. Ὁ δὲ εἰς Κόρινθον ἀφικόμενος, οὐκέτι ὀπίσω †ἄγει† ⟨πρὶν⟩ ἢ γηραιὸν αὐτὸν ἀποθανόντα ⟨**⟩ κυλινδεῖν ἠνάγκασεν ὁ Ἅδης λίθον, πρὸς τὸ μὴ πάλιν ἀποδρᾶναι. Ἡ ἱστορία παρὰ Φερεκύδει („Als Zeus die Tochter des Asopos, Aigina, von Phlius nach Oinone durch Korinth verschleppte, zeigte Sisyphos dem Asopos, als er (seine Tochter) suchte, den Raub mit List an und zog dadurch den Zorn des Zeus auf sich. Der sandte ihm nun den Thanatos auf den Hals; Sisyphos aber bekam von dessen Anmarsch Wind und fesselte Thanatos mit starken Banden. So kam es damals dazu, dass kein Mensch (mehr) starb, bis Ares ihn [= Sisyphos] dem Thanatos übergab und Thanatos von seinen Fesseln löste. Bevor Sisyphos jedoch starb, trug er seiner Frau Merope auf, ihm nicht die üblichen (Totenspenden) in den Hades zu senden; und als die Frau nach geraumer Zeit dem Sisyphos (die Totenspenden) nicht abstattete, erfuhr Hades davon und ließ ihn gehen, um seiner Frau Vorwürfe zu machen. Der aber kam nach Korinth und (ging) nicht mehr zurück (in die Unterwelt), bis er als alter Mann starb ⟨**⟩ (da) zwang ihn Hades einen Stein (dauerhaft) zu rollen, damit er nicht wieder entlaufe"). Der

Im erhaltenen attischen Drama hat Thanatos einen eindrucksvollen Auftritt in der Eingangspartie von Euripides' *Alkestis*; hier kommt er, um diese Frau zu holen, die sich bereit erklärt hat, für ihren Gatten Admetos zu sterben, und lässt sich durch keinerlei Zureden des Gottes Apollon von seinem Ziel abbringen (Vers 24-76) – später wird ihn freilich Herakles am Grab der Alkestis niederringen und ihm die schon sicher geglaubte Beute wieder abnehmen (Vers 843-849.1139-1142)[82]. Thanatos' Auftritt in der *Alkestis* ist dann aber auch der Höhepunkt seiner „Karriere"; danach ist er als eigenständige Figur in den griechischen mythischen Vorstellungen vom Wechsel aus dem Diesseits in das Jenseits nicht mehr wahrzunehmen[83].

4 Die „orphische" (?) Alternative – ein besseres Jenseits auch für Nichthelden und die Weiterentwicklung dieser Vorstellung bis Platon

4.1 Neue Texte für einen neuen Weg zu einer besseren Unterwelt: Eine Übersicht über die „orphischen Goldblättchen" und ihre Inhalte

In Pindars *Zweiter Olympischer Ode* haben wir zum ersten Mal von „normalen" Menschen (im Gegensatz zu epischen Helden und Halbgöttern, d. h. von Göttern abstammenden besonderen Menschen) gehört, die nicht – wie bei Homer – nach ihrem Tod zu einem ereignislos-endlosen Schattendasein in einer düster-freudlosen Unterwelt verdammt sind, sondern aufgrund eines guten Lebenswandels (Vers 66: οἵτινες ἔχαιρον εὐορκίαις – „alle die, welche an Eidestreue ihre Freude hatten") sich eines recht angenehmen jenseitigen Lebens erfreuen dürfen (Vers 61-67; wobei Pindar im Folgenden von diesen noch einmal eine

---

zweite Teil der Geschichte (Sisyphos' „Entlaufen" aus dem Hades) war offenbar in einem Satyrspiel des Aischylos (*Sisyphos Drapetes* – „Der entlaufene Sisyphos", Fragment 225-234 Radt) dargestellt. Sisyphos' Überlistung des Thanatos wurde auch von archaischen Dichtern gewürdigt (vgl. Alkaios Fragment 38a Voigt; Theognis 702-712).
82 Zu Thanatos in Euripides' *Alkestis* vgl. Macías Otero 2015, 150.
83 Laut Macías Otero 2015, 151 hätten Charon und Thanatos Hermes als Psychopompos abgelöst. Ein Blick voraus in die Kaiserzeit zeigt jedoch, dass dem keineswegs so ist: Bei Lukian (vgl. unten 4.5) spielen Charon und Hermes beim Übergang der Toten in den Hades immer noch eine wichtige Rolle, nicht aber Thanatos.

besonders herausragende Gruppe unterscheidet, denen aufgrund ihrer absoluten Untadeligkeit eine ganz besonders schöne postmortale Existenz auf der „Insel der Seligen" zuteilwird, vgl. oben 2.5).

Etwa ein halbes Jahrhundert nach Pindars Tod, d. h. um 400 v. Chr. wurde einer Verstorbenen in Hipponion (heute Vibo Valentia in Kalabrien) ein Goldblättchen[84] ins Grab mitgegeben (vielleicht an einer nicht mehr vorhandenen Kette oder Schnur um ihren Hals), auf dem noch insgesamt sechzehn Hexameter zu lesen sind, die den Weg eines Verstorbenen durch die Unterwelt beschreiben.[85] Aus den folgenden Jahrhunderten stammen noch viele weitere solcher Grabbeigaben, die sich zudem recht weit in der griechischen Welt verteilen, was zeigt, wie weit die auf diesen Blättchen zu findenden Vorstellungen vom Weg des Menschen ins Jenseits verbreitet waren. Nachstehend eine knappe Übersicht:

– Ähnliche Texte wie auf dem Goldblättchen von Hipponion (zum Teil gleich formulierte Hinweise, welchen Weg man in der Unterwelt nehmen und wie man sich an bestimmten Lokalitäten verhalten soll, Gruppe B[86]) haben sich in Petelia (heute Strongoli im Südosten Kalabriens am Golf von Tarent)[87], in Pharsalos/Thessalien[88], in Eleutherna und Sfakaki auf Kreta[89] und ganz ähnlich auch ein weiteres Stück in Thessalien[90] sowie in Entella[91] (heute Contessa Entellina in West-Sizilien) gefunden.

---

84 B 10 Tzifopoulos/Edmonds = 474 Bernabé = 1 Graf/Johnston. Hier und im Folgenden sind folgende Editionen (mit ihren Nummerierungen) für die aufgeführten Goldblättchen angegeben: Tzifopoulos 2010, 255-280; Edmonds 2011, 16-39; Bernabé 2005, 9-79; Graf/Johnston 2013, 1-47.
85 Was genau an den sog. „orphischen Goldblättchen" orphisch ist, ist durchaus umstritten; vgl. dazu Bernabé / Jiménez San Cristóbal 2008, 179-205 und Bernabé / Jiménez San Cristóbal 2011. Zu einer möglichen Unterscheidung zwischen orphischen und dionysischen Mysterienkulten vgl. Naddaf 2016, 115 f: Nicht die dionysischen, aber die orphischen Mysten mussten ein „reines" Leben führen (u.a. durch Verzicht auf Fleischverzehr), um Unsterblichkeit zu erlangen; verbunden damit war der orphische Glaube an einen Kreislauf von Reinkarnationen, der erst zu Ende kam, wenn man eine ursprüngliche „Schuld" abbezahlt hatte (vgl. dazu Vers 5 f im Abschnitt IIIb der folgenden „Summa" aus den „orphischen" Goldblättchen).
86 Die Buchstaben A – F bezeichnen die Gruppeneinteilungen bei Tzifopoulos 2010 und Edmonds 2011.
87 B 1 Tzifopoulos/Edmonds = 476 Bernabé = 2 Graf/Johnston, 14 Hexameter.
88 B 2 Tzifopoulos/Edmonds = 477 Bernabé = 25 Graf/Johnston; acht Hexameter, dann Fortsetzung teils in Prosa, teils in Hexameterstücken.
89 B 3-8 + 12 Tzifopoulos/Edmonds = 478-483 + 484a Bernabé = 10-12.16.13 f +18 Graf/Johnston; jeweils nur zwei Hexameter mit weiterem Text teils in Prosa, teils in Hexameter(stücken).
90 B 9 Tzifopoulos/Edmonds = 484 Bernabé = 29 Graf/Johnston.

- Etwas anderen, aber durchaus verwandten Inhalts (nämlich ein direktes Gespräch des oder der Verstorbenen mit Persephone wiedergebend, Gruppe A) sind vier Texte aus Thurioi (ebenfalls im südöstlichen Kalabrien am Golf von Tarent)[92]; zu diesen Texten (die alle aus dem 4. Jahrhundert v. Chr. stammen) gesellt sich noch ein erheblich späterer Nachzügler direkt aus Rom (2. Jahrhundert n. Chr.)[93].
- Eine dritte Gruppe (C) mit einem ziemlich änigmatischen Text (in dem erkennbare Wörter sich mit Buchstabensalat abzulösen scheinen) hat lediglich einen Vertreter[94], der ebenfalls in Thurioi gefunden wurde, und braucht hier nicht weiter berücksichtigt zu werden[95].
- Eine vierte Gruppe (D: meist spätes 4. oder 3. Jahrhundert v. Chr.[96]) thematisiert die „Wiedergeburt" des oder der Verstorbenen im Jenseits und die Rolle, die dabei Dionysos Bakchios gehabt haben soll; ihre Vertreter wurden in Poseidonia/Paestum (im südlichen Kampanien)[97], in Pelinna im nordwestlichen Thessalien[98], in Pherai im südöstlichen Thessalien[99] und in Amphipolis in Makedonien[100] gefunden.
- Eine fünfte Gruppe (E) enthält nur ganz kurze Texte in Prosa, in denen einzelne namentlich genannte Mysten/Eingeweihte einen Gruß an (meistens) Persephone oder (einmal) einen „Herrn" (despotes) aussprechen. Die Texte stammen aus Kreta[101] und Makedonien[102] und werden zwischen 300 v. Chr. und dem frühen 1. Jahrhundert n. Chr. datiert.

---

91 B 11 Tzifopoulos/Edmonds = 475 Bernabé = 8 Graf/Johnston, 21 (zum Teil nur bruchstückhaft erhaltene) Hexameter.
92 A 1-4 Tzifopoulos/Edmonds = 488.490.489.487 Bernabé = 5-7.3 Graf/Johnston; in der umfangreichsten Version acht Hexameter und eine Fortsetzung in Prosa.
93 A 5 Tzifopoulos/Edmonds = 491 Bernabé = 9 Graf/Johnston, 4 Hexameter (davon der letzte wegen der Namensangabe fehlerhaft).
94 C 1 Tzifopoulos/Edmonds = 492 Bernabé = 4 Graf/Johnston, ebenfalls 4. Jahrhundert v. Chr.
95 Vgl. zur Deutung Bernabé / Jiménez San Cristóbal 2008, 137-150.
96 D 1 wird von Tzifopoulos jedoch schon ins 6. Jahrhundert v. Chr. gesetzt (mit Fragezeichen).
97 D 1 Tzifopoulos = 496m Bernabé (nur eine Zeile).
98 D 2A/B Tzifopoulos = D 1-2 Edmonds = 485-486 Bernabé = 26a/b Graf/Johnston: sieben bzw. fünf Zeilen (zwei Hexameter, dann drei bzw. zwei Zeilen Prosa-Text, dann zwei bzw. eine Zeile mit daktylischem Rhythmus).
99 D 3 Tzifopoulos = 493 Bernabé = 27 Graf/Johnston: kurzer Prosa-Text; D 5 Tzifopoulos/Edmonds = 493A Bernabé= 28 Graf/Johnston: 2 Hexameter.
100 D 4 Tzifopoulos/Edmonds = 496n Bernabé = 30 Graf/Johnston: ein Hexameter, dann Personenangabe.
101 E 1 Tzifopoulos = E 2 Edmonds = 495 Bernabé = 15 Graf/Johnston: Eleutherna; E 4 Tzifopoulos = E 5 Edmonds = 494 Bernabé = 17 Graf/Johnston: Sfakaki.

– Eine sechste Gruppe (F) schließlich ist die zahlenmäßig umfangreichste, mit insgesamt zwölf Vertretern aus dem späteren 4. bis zum 1. Jahrhundert v. Chr., die sich im griechischen Mutterland über die Peloponnes[103] und Makedonien[104] verteilen; aber es handelt sich jedesmal nur um die Notation von Personennamen, weshalb diese Gruppe hier nicht weiter berücksichtigt werden soll.

4.2 Zum „narrativen Inhalt" der Goldblättchen

Die Forscher, die sich in den letzten Jahrzehnten mit diesen Goldblättchen beschäftigt haben, sind überwiegend[105] der Meinung, dass ihre Texte, soweit sie so etwas wie „Handlung" erkennen lassen – in dieser Hinsicht kommen eigentlich nur die oben genannten Gruppen A, B und D in Betracht –, wahrscheinlich auf einen dichterischen Grundtext zurückgehen, aus dem sie gleichsam Exzerpte darstellen. Im Folgenden biete ich eine aus diesen Exzerpten zusammengefügte „Summa", die im Wesentlichen auf Christoph Riedweg zurückgeht[106] und hier lediglich an einigen wenigen Stellen noch etwas ergänzt worden ist.

I.	I.
1a (B1.12) Μνημοσύνης τόδε ἔργον, ἐπεὶ ἂν μέλληισι θανεῖσθαι	Der Mnemosyne gehört dieses Werk, sobald zu sterben bestimmt ist
1b (B1.12)[ ] τόδε γραψ[	[ ] dies schreibe (?)

---

102 E 2 Tzifopoulos = E 3 Edmonds = 496k Bernabé = 37 Graf/Johnston: Vergina/Aigai; E 3 Tzifopoulos = E 4 Edmonds = 496b Bernabé = 31 Graf/Johnston: Pella; E 5 Tzifopoulos = E 6 Edmonds = 496l Bernabé = 38 Graf/Johnston: Agios Athanassios.
103 F 1 + 7 Tzifopoulos/Edmonds = 496i+j Bernabé = 23 f Graf/Johnston: Elis; F 2 + 4 + 5 Tzifopoulos/Edmonds = 496e + cd Bernabé = 20-22 Graf/Johnston: Aigeion.
104 F 3 Tzifopoulos/Edmonds = 496h Bernabé = 35 Graf/Johnston: Methone in Pierien; F 6 + 11 Tzifopoulos/Edmonds = 496a + f Bernabé = 32 + 34 Graf/Johnston: Pella; F 8 + 9 Tzifopoulos/Edmonds = 496e Bernabé (bei Graf/Johnston nicht vorhanden): Pydna in Pierien; F 10 Tzifopoulos/Edmonds = 496g Bernabé = 36 Graf/Johnston: Europos/Kilkis; F 12 Tzifopoulos/Edmonds = 33 Graf/Johnston (bei Bernabé nicht vorhanden): Dion in Pierien.
105 Vgl. Riedweg 2002, 468-479; Bernabé / Jiménez San Cristóbal 2008, 231-233; Graf/Johnston 2013, 183-185.
106 Riedweg 2011, 248-252; vgl. auch Bremmer 2016. Die hier in Klammern gegebenen Nummern sind die von Tzifopoulos 2010 und Edmonds 2011. Einen gelegentlich etwas anderen Text für die ersten 18 Verse bietet jetzt Santamaría Álvarez 2017a (zum Teil gestützt auf Janko 2016); die Abweichungen sind im folgenden ad loc. notiert.

1 (A4.1) ἀλλ' ὁπόταν ψυχὴ προλίπηι φάος Ἠελίοιο	Aber wenn die Seele das Licht der Sonne verlässt ...

II.	II.
1a (B11.1) ἐπεὶ ἂν μέλ]ηισι θανεῖσθαι	sobald] zu sterben bestimmt ist
1b (B11.2) μ]εμνημένος ἥρως[107]	] sich erinnernd der Held
1c (B11.3)] σκότος ἀμφικαλύψας	] das Dunkel herumhüllend
1 (B2.1) εὑρήσεις Ἀίδαο δόμοις ἐπὶ δέξια κρήνην,	Du wirst in den Häusern des Hades zur Rechten eine Quelle finden
2 (B2.2) πὰρ δ' αὐτῆι λευκὴν ἑστηκυῖαν κυπάρισσον,	und neben ihr stehend eine strahlende Zypresse,
3 (B10.4) ἔνθα κατερχόμεναι ψυχαὶ νεκύων ψύχονται.	wo die Seelen der Toten hinabkommen und sich erfrischen.
4 (B2.3+11.7) ταύτης τῆς κρήνης μηδὲ σχεδὸν ἐμπελάσηισθα·	Dieser Quelle sollst du nicht einmal nahekommen!
5 (B10.6) πρόσθεν δ' εὑρήσεις τῆς Μνημοσύνης ἀπὸ λίμνης	Weiter auf dem Weg finden wirst du aus dem See der Mnemosyne
6 (B10.7) ψυχρὸν ὕδωρ προρέον· φύλακες δ' ἐπύπερθεν ἔασι.	hervorströmend kühles Wasser; darüber befinden sich Wachen.
7 (B10.8) τοί δέ σε εἰρήσονται[108] ἐνὶ φρεσὶ πευκαλίμηισι	Diese werden dich mit ihren klugen Sinnen fragen,
8 (B10.9) ὅτ(τ)ι δὴ ἐξερέεις Ἄϊδος σκότος ὀρφνήεντος[109] ...	was du denn im Dunkel des düsteren Hades suchst ...
9 (B3-9.3) „τίς δ' ἐσσί; πῶ δ' ἐσσί;"	„Wer bist du? Von woher bist du?"
10 (B2.7) τοῖς δὲ σὺ εὖ μάλα πᾶσαν ἀληθείην καταλέξαι·	Ihnen lege (nun) die ganze Wahrheit gut dar (und)
11 (B2.8) εἰπεῖν· „Γῆς παῖς εἰμι καὶ Οὐρανοῦ ἀστερόεντος·	sage: „Ein Kind der Ge bin ich und des sternübersäten Uranos;
12 (B1.7) αὐτὰρ ἐμοὶ γένος οὐράνιον· τόδε δ''[110] ἴστε καὶ αὐτοί.	mir ist himmlische Herkunft zu eigen; dies wisst ihr auch selbst.
13 (B10.11) δίψηι δ' εἰμ' αὖος καὶ ἀπόλλυμαι· ἀλλὰ δότ' ὦκα	Von Durst bin ich ausgedörrt und komme um; so gebt mir schnell
14 (B10.12) ψυχρὸν ὕδωρ πιέναι τῆς Μνημοσύνης ἀπὸ λίμνης."	kühles Wasser zu trinken aus dem See der Mnemosyne."

---

[107] Die zwei Varianten 1b zieht Santamaría Álvarez 2017a folgendermaßen zusammen: [ἐν χρυσίωι] τόδε γραψ[άσθω μ]εμνημέ<ν>ος ἥρως.
[108] Hier hat Santamaría Álvarez 2017a οἵ δή σ' εἰρήσονται.
[109] Santamaría Álvarez 2017a: ὀρφνήεντα.
[110] Santamaría Álvarez 2017a: τὸ δὲ {δ}.

15 (B10.13) καὶ δή τοι ἐρέουσιν ὑποχθονίωι βασιλείηι,	Und nun werden sie (das) der unterirdischen Königin mitteilen
16 (B1.10) καὐτοί[111] σοι δώσουσι πιεῖν θείης ἀπ[ὸ κρή]νης·	und werden dir selbst zu trinken geben aus der göttlichen Quelle;
17 (B10.15) καὶ δὴ καὶ σὺ πιὼν ὁδὸν ἔρχεαι ἥν τε καὶ ἄλλαι	und so wirst du trinken und den Weg gehen, den auch die anderen
18 (B10.16) μύσται καὶ βάχχοι ἱερὴν στείχουσι κλεεινοί.	berühmten Mysten und Bakchen gehen, den heiligen.

III.a.	III.a.
1a (D1-2.1) νῦν ἔθανες καὶ νῦν ἐγένου, τρισόλβιε, ἤματι τῶιδε.	Jetzt starbst du und wardest (neu), dreimal Glückseliger, an diesem Tag.
1 (D1-2.2) εἰπεῖν Περσεφόνηι σ' ὅτι Βάκχιος αὐτὸς ἔλυσε.	Sage der Persephone, dass Bakchios selbst dich erlöst hat.
2a (D5.1) „πέμπε με πρὸς μυστῶν θιάσους· ἔχω ὄργια Βάκχου	„Sende mich zu den Zügen der Mysten; ich habe Bakchos' Weihen
2b (D5.2) Δήμητρος Χθονίας (τε), τέλη καὶ Μητρὸς Ὀρείας."	und die der Demeter Chthonia und die der Bergmutter."
2 (E2 + E5) Πλούτωνι καὶ Περσεφόνη (χαίρειν)	Pluton und Persephone (zum Gruß) !

III.b.	III.b.
1 (A1.1) „ἔρχομαι ἐκ καθαρῶν καθαρά(-ός[112]), χθονίων βασίλεια,	„Ich komme von Reinen als Reine(r), Königin der Unterirdischen,
2 (A1.2) Εὔκλεες Εὐβουλεῦ τε καὶ ἀθάνατοι θεοὶ ἄλλοι·	Eukles, Eubuleus und die anderen unsterblichen Götter;
3 (A1.3) καὶ γὰρ ἐγὼν ὑμῶν γένος ὄλβιον εὔχομαι εἶναι·	denn euren seligen Geschlechtes rühme ich mich zu sein;
4 (A1.4) ἀλλά με Μοῖρ' ἐδάμασσε καὶ ἀστεροβλῆτα κεραυνῶι.	aber die Moira bezwang mich und der Sternwerfer mit dem Blitz.
5 (A.2-3.4) ποινὴν δ' ἀνταπέτεισ' ἔργων ἕνεκ' οὔτι δικαίων,	Die Strafe für ungerechte Taten habe ich erstattet,
6 (A1.5) κύκλου δ' ἐξέπτην βαρυπενθέος ἀργαλέοιο,	aus dem Kreislauf flog ich heraus, dem schweren, mühsamen;
7 (A1.6) ἱμερτοῦ δ' ἐπέβην στεφάνου ποσὶ καρπαλίμοισι,	zu der erstrebten Krone kam ich mit hurtigen Füßen;
8 (A1.7) δεσποίνης δ(ὲ) ὑπὸ κόλπον ἔδυν χθονίης βασιλείης·	unter den Bausch der Herrin tauchte ich, der chthonischen Königin;
9 (A2-3.7) νῦν δ' ἱκέτης ἥκω παρὰ ἁγνὴν Περσεφόνειαν,	und jetzt komme ich als Schutzflehender zur reinen Persephone,

---

111 Santamaría Álvarez 2017a: καὶ τότε.
112 Überliefert ist hier in vier Fällen die weibliche Form καθαρά, doch darf man annehmen, dass hier bei einem männlichen Toten καθαρός stand.

10 (A2-3.7)	ὥς με πρόφρων πέμψηι ἐς εὐαγέων ⟨λειμῶνα⟩."	dass sie mich wohlwollend sende zur ⟨Wiese⟩ der Frommen."
	IV.	**IV.**
1 (D3)	σύμβολα. :: Ἀν(δ)ρικε-	Losungswörter: Mann-und-
2	παιδόθυρσον. :: Ἀνδρικεπα-	Kind-Thyrsos. – Mann-und-Kind-
3	ιδόθυρσον. :: Βριμώ. :: Βριμώ. εἴσιθ(ι)	Thyrsos. – Brimo. – Brimo. Betritt
4	ἱερὸν λειμῶνα· ἄποινος	die heilige Wiese; ohne (weitere) Buße
5	γὰρ ὁ μύστης. †.απεδον†	nämlich ist der Myste. †unklares Wort†
	V.	**V.**
1 (A4.6)	„(...) λειμῶνάς τ(ε) ἱεροὺς καὶ ἄλσεα Περσεφονείης.	und zu den heiligen Wiesen und Hainen der Persephone.
2 (D1-2.7)	κἄπιμενεῖ σ' ὑπὸ γῆν τέλε(α) ἅσσαπερ ὄλβιοι ἄλλοι	Und erwarten werden dich alle Weihen auch der anderen Seligen
3 (B1.11)	(...) καὶ τότ' ἔπειτ' ἄλλοισι μεθ' ἡρώεσσιν ἀνάξεις."	(...) und dann wirst du anschließend mit den anderen Helden herrschen.
	VI.	**VI.**
1 (A4.2)	(...) πεφυλαγμένον εὖ μάλα πάντα.	(...) wirklich alles gut bewahrend

Bei dieser Zusammenschau lassen sich folgende Stadien eines Wegs vom Diesseits in ein erstrebtes glückliches Jenseits erkennen:

(1) Am Anfang steht der Tod des- oder derjenigen[113], dem oder der das Goldblättchen ins Grab mitgegeben wird; er oder sie sollte sich vorher (nach Möglichkeit) die Inhalte und Hinweise des Blättchens eingeprägt haben (I + II Anfang).

(2) Sobald der/die Tote in den „Häusern des Hades" angekommen ist, ist die erste (?) Landmarke, auf die er/sie treffen wird, zur Rechten eine Quelle, neben der eine weißleuchtende Zypresse steht (II 1-2).

(3) Hier sieht er/sie, wie sich andere Tote an dieser Quelle erfrischen (II 3), und er/sie selbst hat (von seiner/ihrer Wanderung ins Totenreich?) starken Durst (vgl. II 13) – doch soll er/sie gerade aus dieser Quelle nicht trinken! Warum, wird nicht explizit gesagt; implizit aber darf man annehmen, dass diese Quelle Vergessen herbeiführt und dies für seinen/ihren weiteren Weg hin zur Seligkeit im Jenseits schädlich wäre.

---

113 Die doppelte Geschlechtsform ist hier und im Folgenden ausgeschrieben, weil der Text der Goldblättchen teils auf männliche, teils auf weibliche Tote bezogen ist.

(4) Vielmehr soll der/die Tote auf dem Weg weitergehen und wird dann eine weitere Quelle finden, die aus dem „See der Mnemosyne" herauskommt (II 5 f).

(5) Hier werden ihn/sie Wachen aufhalten (vielleicht bevor er/sie eigenmächtig in seinem Durst aus dieser Quellen trinken kann) und ihn/sie fragen, was er/sie eigentlich in der Unterwelt sucht (II 7-8) ferner, wer er/sie ist und woher er/sie kommt (II 9).

(6) Hierauf soll er/sie wahrheitsgemäß (II 10) mitteilen, dass er/sie göttlicher (II 11) und himmlischer (II 12) Herkunft ist und

(7) im Anschluss daran um Wasser aus dem „See der Mnemosyne" bitten (II 13-14).

(8) Dann werden die Wächter (über deren Identität leider in keinem der Goldblättchen genauere Auskunft gegeben wird) der Königin des unterirdischen Reichs Mitteilung machen (II 15) und (9) ihm/ihr aus der göttlichen Quelle zu trinken geben (II 16).

(10) Damit hat er/sie die erste wichtige Probe bestanden und kann nunmehr den weiteren „heiligen" Weg – hin zur Unterweltsherrscherin Persephone – gehen (II 17-18).

(11) Nachdem der/die Tote bei Persephone angekommen ist, muss er/sie auch mit ihr sprechen und sie darum bitten, ihn weiter – nämlich πρὸς μυστῶν θιάσους („zu den Vereinen der Mysten", IIIa 2a) – zu senden; er/sie begründet dies damit, dass ihn/sie Dionysos Bakchios erlöst hat (IIIa 1) und er/sie über die Weihen des Bakchos, der Demeter Chthonia und der Meter Oreia verfügt (IIIa 2a-b); (alle diese Weihen müssen natürlich noch zu Lebzeiten erfolgt sein).

(12) In seiner/ihrer Rechtfertigungsrede vor Persephone muss der/die Tote offenbar recht weit ausholen, um seinen/ihren Anspruch auf ein seliges Jenseits zu begründen (IIIb 1-10). Offenbar steht er auch nicht nur vor ihr allein, sondern vor einem ganzen Göttergremium: Genannt werden Eukles (wahrscheinlich ein Beiname des Unterweltsherrschers Hades selbst[114]), Eubuleus (ein Gott oder Heros, der auch in den Mysterien von Eleusis eine Rolle spielt[115]) und nicht namentlich genannte weitere Götter (IIIb 2).

(13) Das Folgende weist auf Stationen hin, die vor der Unterweltsfahrt des/der Toten zu denken sind: Die Erstattung der „Strafe für ungerechte Taten", die es ihm/ihr ermöglichte, einen „Kreislauf schweren Leidens" zu verlassen, muss noch in seinem/ihren irdischen Leben durch eine Initiation erfolgt

---

114 Vgl. Bernabé / Jiménez San Cristóbal 2008, 102-104; Bremmer 2013, 35-37.
115 Vgl. Bernabé / Jiménez San Cristóbal 2008, 102-104; Bremmer 2013, 37-40.

sein (IIIb 5-6). Am Ende wiederholt der/die Tote gegenüber Persephone seine Bitte, ihn/sie weiterzusenden zur „Wiese der Frommen" (IIIb 10).

(14) Dass nun aber auf einem Goldblättchen[116] noch „Symbola" (Losungs- oder Passwörter) verzeichnet sind, deutet darauf hin, dass der/die Tote auch vor Persephone (oder vor einer weiteren Instanz?) noch eine Prüfung zu überstehen hat; das betreffende Goldblättchen liefert dazu gleichsam den „Spickzettel".

(15) Nach erfolgreichem Bestehen auch dieser Prüfung darf er/sie dann „die heilige Wiese" betreten (IV 3-4); er/sie wird dann zusammen mit anderen Helden, die dorthin gelangt sind, auf „den heiligen Wiesen und Hainen der Persephone" (V 1) ein herrscherartiges Leben führen (V 3). (Am Ende des ursprünglichen Texts mag eine nochmalige Einschärfung gestanden haben, sich alle entscheidenden Punkte dieser Reise im Vorhinein gut einzuprägen: VI 1.)

Man hat in der neueren Forschung nach außergriechischen Quellen für diese bemerkenswerten Texte gesucht und dabei gern auf Parallelen aus Ägypten (etwa aus dem Totenbuch) verwiesen[117]. Walter Burkert hat daneben auch iranische und hethitische Parallelen ins Spiel gebracht[118]. Im vorliegenden Band[119] nun stellt Annette Zgoll einen akkadischen Text vor, der – wenn auch einer anderen Textgattung zugehörig – in seinen Motiven beachtliche Analogien zeigt: Hier möchte ein Toter in der Unterwelt inmitten von Staub und Durst zu einem Ort mit Gras und Wasser gelangen und erfleht dazu die Hilfe seines Schutzgottes, der ihm unter anderem vor einem Göttergericht beistehen soll. Manches weist hier auch schon auf die eschatologischen Mythen Platons (vgl. unten 4.4) voraus: die Gerichtsvorstellung, der „daimonische" Beistand, das Durchquerenmüssen von unerträglichen Gegenden. Bevor wir uns aber Platon zuwenden, wird noch ein anderer, etwas älterer Athener bemerkenswerte Parallelen zum Inhalt der Goldblättchen liefern.

---

116 D3 Tzifopoulos/Edmonds = 493 Bernabé = 27 Graf/Johnston.
117 Vgl. hierzu bereits Zuntz 1971, 375 f, Bernabé / Jiménez San Cristóbal 2008, 207 f und zuletzt Bremmer 2016, 39-41 mit Belegen und Literaturhinweisen. Kurz davor hat López-Ruiz 2015 (vor allem 78-86) versucht nachzuweisen, dass ägyptische Unterweltsvorstellungen durch phönizisch-punische Vermittlung in den westgriechischen Bereich gelangten; vgl. auch bereits Dousa 2011, 125 f.139.
118 Burkert 2004, 88; vgl. Bernabé / Jiménez San Cristóbal 2008, 209-217.
119 Siehe Beitrag A. Zgoll, Sphärenwechsel innerhalb des Totenreiches. Schutzgott, Totengericht und die Hoffnung auf ein gutes Leben nach dem Leben im akkadischen Gebet Sb19319 und anderen antiken Quellen.

4.3 Eine komische Spiegelung der Handlung in den Goldblättchen in den *Fröschen* des Aristophanes

Mehr oder weniger zur gleichen Zeit, in der das Goldblättchen von Hipponion einer Toten ins Grab gelegt wurde, um sie sicher in ein besseres Jenseits zu geleiten, finden wir in der attischen Komödie eine aufschlussreiche Parallele zu dem Geschehen, das die Goldblättchen erkennen lassen: In den *Fröschen* des Aristophanes tritt nämlich just ein solcher Thiasos von „erlösten" Mysten auf, wie er in den Goldblättchen das Ziel der Toten ist, die sicher durch die Unterwelt gelangen sollen[120].

Bekanntlich möchte in diesem Stück kein Geringerer als der Theatergott Dionysos selbst in die Unterwelt hinabsteigen, um von dort seinen geliebten Dichter Euripides wieder in die irdische Welt zurückzuholen. Um nun diese Reise durchführen zu können, erbittet sich Dionysos zunächst von Herakles – der ja schon einmal in der Unterwelt war – Instruktionen. Dabei erzählt ihm Herakles auch (Vers 145-163), dass er im Hades zu einem großen Gebiet voller Schlamm und Dung gelangen wird, in dem die ausharren müssen, die Vergehen auf sich geladen haben. Nicht zuletzt dank Platon (*Phaidon* 69c-d) wissen wir, dass im Glauben der betreffenden Kulte eine solche Strafe denen vorbehalten war, die sich nicht in Mysterien einweihen ließen, während die Eingeweihten auf ein seliges Leben im Verbund mit den Göttern hoffen durften[121]. Danach aber – so fährt Herakles in Aristophanes' *Fröschen* fort – werde der Unterweltwanderer Dionysos unter dem Klang von Auloi ein wunderschönes Licht und in ihm die glückseligen Chöre von Männern und Frauen (denen es eben als Eingeweihten vergönnt war, hierher zu gelangen) erblicken (Vers 154-158), die ganz nahe beim Palast des Unterweltsherrschers wohnten (Vers 162 f.).

---

120 Zu den Parallelen zwischen den *Fröschen* und den Goldblättchen vgl. Edmonds 2004, 29-158 und Santamaría Álvarez 2015, 123-126.

121 Bereits im Schlussteil des homerischen *Demeterhymnos* (Vers 480-482) wird den in die betreffenden Riten Eingeweihten ein wesentlich besseres Los im Jenseits als den Uneingeweihten in Aussicht gestellt, wobei „besser" und „schlechter" aber nicht weiter ausgeführt werden. Genaueres lässt sich dann Hinweisen Platons entnehmen: Neben der oben genannten *Phaidon*-Stelle referiert er im *Gorgias* (493a-b), dass die Uneingeweihten in der Unterwelt dazu verdammt sind, Wasser mit Hilfe von Sieben in undichte Gefäße zu schöpfen. Auf beide Strafen zusammen (Schlammbad und unnützes Wasserschöpfen) wird in der *Politeia* (Buch 2, 363c-d) hingewiesen, während die Eingeweihten ein Leben in beständiger seliger Trunkenheit führen dürfen (vgl. auch unten Anm. 124). Vgl. zu diesen Strafen und ihrem kulturellen Kontext Fabiano 2010.

Und Herakles' Ankündigung bewahrheitet sich, nachdem es Dionysos (zusammen mit seinem Sklaven Xanthias) nach diversen nicht immer ganz angenehmen Erlebnissen (mit dem Fährmann Charon und mit manchen Unterweltsungeheuern) in den Hades hineingeschafft hat: Der Chor, dem er ab Vers 316 begegnet, ist tatsächlich einer aus eingeweihten Mysten, die ihren Gott Iakchos (das ist ein Gott, der im Athen dieser Zeit mit Dionysos identifiziert wird[122]) besingen. Xanthias weist seinen Herrn darauf hin, dass es οἱ μεμυημένοι sind, die hier ihre frohen Spiele treiben (318 f). Weitere Elemente im Auftrittslied des Chores entsprechen den Vorstellungen eines glückseligen Lebens in einem angenehmen Teil der Unterwelt – mit viel Licht und eigener Sonne (454 f), wie sie auch auf den Goldblättchen wenigstens ansatzweise zu erkennen waren: Die Mysten (335) fordern Iakchos auf, zu ihnen, ὁσίους εἰς θιασώτας (327), auf die Wiese zum Tanz zu kommen (326); ebenso deutlich fordern sie aber auch alle auf, die nicht eingeweiht und rein sind, sich von ihren nächtlichen Feiern (παννυχίδας, 371, vgl. 444) fern zu halten (354-371). Als Dionysos sie 403-405 fragt, wo er den Unterweltsherrscher Pluton finden kann, bestätigen sie Herakles' frühere Auskunft, dass sie ihren Aufenthaltsort direkt neben seinem Palast haben (436).

Die Parallelen zeigen, dass Aristophanes offensichtlich Vorstellungen von einem heiteren jenseitigen Leben für Eingeweihte aufgegriffen hat, wie sie auch auf den Goldblättchen erkennbar sind.

4.4 Die „orphischen" Vorstellungen und ihre Transformation bei Platon

An mehreren Stellen in seinen Dialogen lässt Platon erkennen, dass er die Versprechungen, die Initiationskulte oder -gemeinschaften wie die Orphiker[123] ihren prospektiven Anhängern in Hinsicht auf ein besseres Jenseits machen, kennt[124]. Seine dabei (zumindest implizit, manchmal auch explizit) zutage tre-

---

122 Vgl. Sommerstein 1996, 184 zu Aristophanes *Ranae* 323-353.
123 Zur Problematik der Bezeichnung „orphisch" vgl. oben Anm. 85.
124 Vgl. *Phaidon* 69c3-7: κινδυνεύουσι καὶ οἱ τὰς τελετὰς ἡμῖν οὗτοι καταστήσαντες οὐ φαῦλοί τινες εἶναι, ἀλλὰ τῷ ὄντι πάλαι αἰνίττεσθαι ὅτι ὃς ἂν ἀμύητος καὶ ἀτέλεστος εἰς Ἅιδου ἀφίκηται ἐν βορβόρῳ κείσεται, ὁ δὲ κεκαθαρμένος τε καὶ τετελεσμένος ἐκεῖσε ἀφικόμενος μετὰ θεῶν οἰκήσει („So mögen auch die bekannten Stifter der Geheimlehren keine geringen Leute gewesen sein, haben sie doch in Wirklichkeit schon lange angedeutet, daß, wer ohne die Weihen und ungeheiligt in die Unterwelt kommt, im Schlammstrom liegen muß, während der, der gereinigt und geweiht dorthin kommt, bei den Göttern wohnen wird"; Übersetzung Rufener).

tende Kritik zeigt jedoch, dass er in diesen Versprechungen nicht der Weisheit letzten Schluss erblicken konnte. Es ist daher kein Zufall, dass er mehrere seiner berühmten Schlussmythen einer neuen Ausformung von Jenseitsvorstellungen gewidmet hat, von denen zumindest einige Elemente dann fester Teil der uns überlieferten griechischen Mythen vom dauerhaften Übergang der Menschen aus dieser Welt in die nächste wurden, so dass wir hier einmal den seltenen Fall greifen können, dass sich die Kreation neuer Hyleme[125] mit einem bestimmten Autor verbinden lässt.

Der Schlussmythos des Dialogs *Gorgias* von der Einrichtung des Totengerichts im Jenseits (523a1-524a7) ist (wahrscheinlich) der erste (und zugleich der kürzeste) von Platons eschatologischen Mythen[126]. Dieser Mythos, dessen epistemologischen Status der ihn vortragende Sokrates bewusst offenlässt[127], hat folgenden Inhalt: Als die Göttertrias Zeus – Poseidon – Pluton von Kronos die Herrschaft übernahm, führte sie an dem bereits bestehenden Gericht, dem sich die Menschen an ihrem Lebensende unterziehen mussten[128], wichtige Änderun-

---

Gleich im nächsten Satz bietet der hier vortragende Sokrates eine wichtige Umdeutung dieses Sachverhalts an (c8-d2): εἰσὶν γὰρ δή, {ὥς} φασιν οἱ περὶ τὰς τελετάς, „ναρθηκοφόροι (69d) μὲν πολλοί, βάκχοι δέ τε παῦροι"· οὗτοι δ' εἰσὶν κατὰ τὴν ἐμὴν δόξαν οὐκ ἄλλοι ἢ οἱ πεφιλοσοφηκότες ὀρθῶς („‚Viele sind Thyrsosträger' – so sagen die in die Mysterien Eingeweihten – ‚wenige aber sind echte Begeisterte'. Dies sind aber nach meiner Meinung keine anderen als die echten Philosophen"). Deutlicher wird Platon im zweiten Buch der *Politeia* (2,363c-e): Musaios und sein „Sohn" (d. h. Orpheus) würden den „Gerechten" ein immerwährendes Symposion im Jenseits versprechen (363d1 f), wohingegen die Gottlosen im Hades im Schlamm begraben würden.
125 Zum Begriff „Hylem" (engl. „Hyleme") vgl. in diesem Band den Beitrag von C. Zgoll, § 3.1 und 3.6.
126 Vgl. Dodds 1959, 72; es gibt gewisse Anklänge an frühere griechische Literatur (z. B. Homer), aber „much of it is probably Plato's own invention" (Dodds 1959, 376).
127 Platon *Gorgias* 523a1-3: Ἄκουε δή [...] μάλα καλοῦ λόγου, ὃν σὺ μὲν ἡγήσῃ μῦθον, [...] ἐγὼ δὲ λόγον· ὡς ἀληθῆ γὰρ ὄντα σοι λέξω ἃ μέλλω λέγειν („So höre denn [...] eine gar schöne Rede, die du zwar für ein Märchen halten wirst [...], ich aber für Wahrheit. Denn als volle Wahrheit sage ich dir, was ich sagen werde"; Übersetzung Schleiermacher).
128 Schon zu Kronos' Zeiten, so Sokrates, seien gute Menschen von diesem Gericht auf die Inseln der Seligen geschickt worden, böse Menschen dagegen in den Tartaros (*Gorgias* 523a5-b4). Dies dürfte die früheste Stelle sein, an der dieses Prinzip jenseitiger Belohnung und Bestrafung in einem griechischen Text so umfassend formuliert worden ist. Laut Burkert 2011, 302 ist das Totengericht selber keine Erfindung Platons („Spätestens seit dem 5. Jahrhundert finden wir Jenseitsstrafen und Jenseitsgericht weiter ausgemalt"); es ist aber schwer, eine distinkte Vorstellung in Texten *vor* Platon auszumachen. Zwar sprechen Pindar und Aischylos (vgl. oben Anm. 58) von einem Richter im Jenseits, verstehen darunter aber den Unterweltsherrscher Hades selbst (bei Aischylos ist dies explizit der Fall). Vergleichbar ist vielleicht, dass auch schon im homerischen *Demeterhymnos* (Vers 366-369) Persephone gewisse Vergeltungsfunk-

gen durch: Es fand fortan nicht mehr noch auf Erden und vor dem Tod (523b4-6), sondern – um die dadurch entstehenden Ungerechtigkeiten (523b6-d5) zu vermeiden – nach dem Tod statt, wobei die nunmehr nackte (d. h. aller ihrer früheren körperlichen und materiellen Accessoires entkleidete) Menschenseele sich vor den Totenrichtern Aiakos (zuständig für Tote aus Europa) bzw. Rhadamanthys (zuständig für Tote aus Asien[129]) sowie Minos (als übergeordneter Instanz in schwierigen Fällen) zu verantworten hatte. Der Ort des Gerichts sollte nunmehr eine Wiese (λειμών) in der Unterwelt selber sein, auf die alle Toten zunächst gelangten und von der dann ein Weg zu den „Inseln der Seligen" und ein anderer in den Tartaros führte (523d5-524a7)[130].

An diese noch vergleichbar einfache Totengerichtsvorstellung des *Gorgias* knüpft der Schlussmythos des Dialogs *Phaidon* (107c1-115a8) an und baut sie erheblich aus: In einem ersten Abschnitt beschreibt Sokrates, wie die verschiedenen Seelen (sowohl die guten als auch die weniger guten) in die Unterwelt gelangen (107d5-108c5, wobei die Station des Totengerichts hier nur mit dem Partizip διαδικασαμένους in 107d8 kurz angedeutet wird) und dann erst einmal den ihnen zukommenden Platz finden müssen – die guten Seelen mithilfe eines „daimonischen" Führers, die schlechten allein und oft erst nach langem mühseligen Umherirren (108b3-c5). Es folgen längere Erläuterungen, wie wir uns das Äußere und das Innere der Erde eigentlich vorzustellen haben (108c5-113c8), und danach wendet sich Sokrates noch einmal genauer dem weiteren Schicksal

---

tionen gegenüber denen zugesprochen werden, die sie nicht in rechter Weise ehren. Von dieser Vorstellung, dass göttliche Unterweltsherrscher richterliche Befugnisse gegenüber ihren Untertanen haben, hin zu der Konzeption eines regelrechten Gerichts mit autonomen Richterpersönlichkeiten, wie sie dann bei Platon entwickelt wird, ist es wohl doch noch ein größerer Schritt: Schon in Platons *Apologie* finden wir als Richter in der Unterwelt die drei im *Gorgias* genannten Zeus-Söhne Minos, Rhadamanthys und Aiakos erwähnt (41a1-5), aber zusätzlich auch noch den attischen mythischen Heros Triptolemos, dessen Name später in dieser Funktion nicht mehr auftaucht; es bleibt hier aber noch unklar, ob diese vier als Richter im Totenreich oder als Richter über neu in die Unterwelt kommende Toten gedacht sind. Das fest etablierte Totengericht mit Minos, Rhadamanthys und Aiakos findet sich erst im *Gorgias*.

129 In diesem Arrangement spiegelt sich noch die ursprüngliche Teilung der bewohnten Welt in nur zwei Kontinente im griechischen Denken wider; vgl. dazu Dodds 1959, 378 f und Nesselrath 2006, 240.

130 An einer etwas späteren Stelle (525b1-c8; vgl. auch 526b4-c5) wird noch bei denen, die zum Bestrafungsort geschickt werden, differenziert zwischen denen, deren Verfehlungen ἰάσιμα („heilbar") sind, und den „unheilbaren" (ἀνίατοι) Verbrechern, deren Bestrafung nur noch als abschreckendes Beispiel für andere dienen kann. Diese Ausführungen implizieren zwei Dinge (vgl. Dodds 1959, 375.380 f): Für die „Heilbaren" fungiert der Strafort Tartaros als eine Art Fegefeuer, und als Abschreckung können die „Unheilbaren" nur dann dienen, wenn es (für die übrigen, die die schreckliche Bestrafung der „Unheilbaren" erleben) eine Reinkarnation gibt.

der Seelen verstorbener Menschen zu (113d1-114c9): Noch einmal wird gesagt (113d3f), dass sie sich einem Gericht unterziehen müssen, wie es ähnlich schon im *Gorgias* beschrieben worden ist. Die „Heilbaren"[131] kommen daraufhin zum Acheron, besteigen „Gefährte" (wie das des Charon?) und gelangen dann zum „Acherusischen See"[132], wo sie je nach ihrem irdischen Leben unterschiedliche Läuterungen und Belohnungen erfahren (113d6-e1); die gänzlich „Unheilbaren" kommen für immer in den Tartaros (113e1-6)[133]; diejenigen schließlich, die „heiligmäßig" gelebt haben, gelangen sogar auf die schöne Oberfläche der weiter oben im *Phaidon* beschriebenen „wahren" Erde (114b2-c2) und die durch die Philosophie Gereinigten sogar noch an bessere Orte, deren genauere Beschreibung sich Sokrates hier aber erspart (114c2-6).

Eine nochmalige Elaborierung dieses eschatologischen Tableaus gibt es dann im ausführlichen Schlussmythos des Dialogs *Politeia* (10,614b2-621b4), in dem von der „Nahtod-Erfahrung" des Pamphyliers Er „berichtet" wird, der zwölf Tage, nachdem er auf einem Schlachtfeld in todesähnliche Starre gefallen war, schon auf dem Scheiterhaufen liegend noch gerade rechtzeitig aufwachte, bevor die Einäscherung vollzogen werden sollte. Seine Seele – so Er – sei zusammen mit anderen zunächst an den Ort des Totengerichts gelangt, wo die Richter zwischen zwei Spalten in der Erde, die nach unten führten, und zwei im Himmel, die nach oben führten, gesessen hätten; den Seelen der als gerecht Befundenen sei dann befohlen worden, den Weg nach oben in die rechte Himmelsspalte zu nehmen, den Seelen der Ungerechten, den nach unten in die linke Erdspalte; ihm selber habe man gesagt, dass er als Bote und Berichterstatter für die Menschen von allem, was hier geschehe, vorgesehen sei (10,614b7-d3). So habe er dann auch gesehen, wie Seelen aus der jeweils anderen Spalte wieder herauskamen (die nach unten Verschwundenen aus der rechten Erdspalte, die nach oben aus der linken Himmelsspalte, 10,614d5-e1). Die auf diese Weise Zurückgekommenen hätten sich zusammen auf der Wiese gelagert und einander von ihren Erfahrungen erzählt: die einen von ihrer mühevollen tausendjährigen Wanderung unter der Erde, die anderen von den im Himmel erlebten Wundern (10,614e1-615a4). Im Folgenden werden die Bestrafungen und

---

131 Hier als die „deren Lebenswandel als mittelmäßig befunden wird" (113d4: οἳ μὲν ἂν δόξωσι μέσως βεβιωκέναι, Übersetzung Rufener) bezeichnet.
132 Er wurde bereits in 113a1-5 als Aufenthaltsort der „Mittleren" beschrieben, die nach gewissen Läuterungen wieder zurück ins diesseitige Leben geschickt werden.
133 Es gibt aber Übeltäter, bei denen gewisse „mildernde Umstände" dafür sorgen, dass sie nach einem Jahr wieder aus dem Tartaros herauskommen und dann eine Chance erhalten, von denen, denen sie Unrecht getan haben, Vergebung zu erfahren, woraufhin auch sie am Acherusischen See wohnen können (113e5-114b6).

Belohnungen, die die einen unter der Erde und die anderen im Himmel erlebten, noch genauer ausgeführt und auch mit konkreten Beispielen illustriert (10,615a6-616b1). Nach sieben Tagen Aufenthalt auf der Wiese hätten dann alle weiterziehen müssen und seien nach fünf Tagen an der „Spindel der Ananke" angelangt (10,616b1-c4; es folgt deren ausführliche Beschreibung mit den auf bzw. bei ihr befindlichen Sirenen und Moiren, 10,616c5-617d1). Dann hätten alle Seelen vor die Moira Lachesis hintreten müssen, und ein Prophet habe (als ihr Sprachrohr) verkündet, sie müssten sich nun ein neues irdisches Lebenslos wählen (10,617d1-e5). Dieser Vorgang wird dann von Er (dem als einzigem eine solche Wahl nicht gestattet wurde, da er ja nur Berichterstatter – vgl. oben – war) detailliert und mit Beispielen geschildert (10,617e6-620d5); dabei macht – in einer gleichsam auktorialen Einschaltung – der dies alles im Rahmen des *Politeia*-Gesprächs erzählende Sokrates sehr deutlich, dass es bei dieser Wahl vor allem darauf ankommt, ein Leben zu wählen, das die betreffende Seele gerechter macht (10,618b6-619b1). Nach dem Wahlvorgang hätten alle von Lachesis den gewählten Daimon als Begleiter zugeteilt bekommen, und das jeweilige Lebenslos sei nun unabänderlich an der Spindel der Ananke befestigt worden; danach seien alle zum „Feld des Vergessens" (Λήθης πεδίον) gezogen und hätten aus dem Fluss „Sorgenlos"[134] (Ἀμέλης) trinken müssen, wobei jedoch ein maßloses Trinken zu völligem Vergessen führe; um Mitternacht schließlich seien alle unter Blitzen und Donnern zu einem neuen irdischen Leben – natürlich dem von ihnen zuvor gewählten – aufgefahren (10,620d6-621b4). Stärker als in den beiden vorangehend skizzierten Mythen ist im *Politeia*-Mythos das Leben der menschlichen Seele in einen anscheinend unendlichen Kreislauf irdischer und unterirdischer Existenz-Abschnitte eingespannt, während – im Gegensatz zum Mythos im *Gorgias* und auch zu dem im *Phaidon* – von einer endgültigen „Erlösung" aus diesem Kreislauf nichts mehr verlautet.

4.5 Ausblick: Die Summe und Sequenz der Vorstellungen zum (dauerhaften) Jenseitsgang des Menschen in späterer griechischer Literatur

Mit Platon erhalten die im griechischen Mythos der archaischen und klassischen Zeit entwickelten Vorstellungen zum Wechsel der Menschen vom Leben zum Tod und vom Diesseits zum Jenseits ihre letzten bedeutenden Ergänzungen

---

[134] Ein komplementäres Element zum „See der Mnemosyne" in den Goldblättchen (vgl. oben 4.2)? Vgl. López-Ruiz 2015, 60 f.

(wobei für den „mainstream" dieser Vorstellungen vor allem das Totengericht die wichtigste Zutat darstellt). Wie stabil der mit Platon erreichte Stand in den folgenden Jahrhunderten ist, kann ein abschließender Blick auf einige Unterweltsschriften des Satirikers Lukian von Samosata (2. Jahrhundert n. Chr.) zeigen[135].

Abgesehen von den *Totengesprächen* – einem der bekanntesten und besten Werke Lukians – erfahren wir vor allem in drei Schriften etwas über das Aussehen und Funktionieren dieser Unterwelt. Einen gerafften Überblick über ihre Strukturen gibt der erste Teil des Essays *Über die Trauer* (Lokalisierung unter der Erde, Herrschaft des Pluton, der Acherusische See und sein Fährmann, das aus Aiakos[136] und Kerberos bestehende „Empfangskomitee" für die Toten, die Asphodeloswiese als deren Hauptaufenthaltsort, das aus Minos und Rhadamanthys bestehende Totengericht). Wie und mit welchen Stationen man als Lebender in diese Unterwelt gelangen kann, ist Thema des ersten Teils der *Necyomantia*: Hier macht sich der Ich-Erzähler Menipp (wie früher Odysseus) zum Hades auf, um dort wichtige Dinge von dem toten Seher Teiresias zu erfahren. Nachdem ihm ein babylonischer Magier durch Zauberriten die Erde geöffnet hat, steigen beide hinunter und treffen dann nacheinander auf Rhadamanthys (der hier den Platz des Torhüters Aiakos aus *Über die Trauer* eingenommen hat), auf Kerberos, auf Charon am Acherusischen See, betreten nach der Überfahrt über diesen die Asphodeloswiese, sehen das Totengericht des Minos und gelangen dann auf die „Acherusische Ebene", wo sich die weitaus meisten Toten aufhalten. Menipps weitere Beobachtungen und Begegnungen in dieser Unterwelt (darunter sein Treffen mit Teiresias und seine Rückkehr) sind in unserem Zusammenhang nicht weiter von Belang.

Am aufschlussreichsten für das Thema „Weg der gestorbenen Menschen ins Jenseits" ist der Dialog *Die Niederfahrt* (*Kataplus*), denn hier wird tatsächlich geschildert, wie frisch Verstorbene zu ihrer Hades-Destination gelangen. Am Anfang sehen wir Charon an seiner Fähre zusammen mit der Moira Klotho darauf warten, dass Hermes als Seelengeleiter einen neuen Trupp Toter von der Oberwelt herabbringt; sein Kommen hat sich verzögert, weil ihm gerade am

---

135 Namentlich mit seiner *Necyomantia* wandelt Lukian dabei stark in den Spuren des kynischen satirischen Schriftstellers Menipp von Gadara (1. Hälfte 3. Jahrhundert v. Chr.), doch bleibt im Einzelnen offen, wie hoch Lukians eigener Anteil zu veranschlagen ist. Dass seine Darstellung der Unterwelt jedenfalls auch Züge seiner zeitgenössischen Umwelt zeigt, versucht Nesselrath 2017 zu zeigen (vgl. dort vor allem die Seiten 51-53).
136 Dass Aiakos vom Totenrichter zum „Empfangschef" geworden ist, könnte eine Nachwirkung von Aristophanes' *Fröschen* sein, wo der Dionysos und Xanthias Empfangende in den Handschriften ebenfalls als „Aiakos" ausgewiesen ist.

Eingang der Unterwelt, wo der Torhüter Aiakos den ersten Kontroll-Posten bemannte, ein immer noch lebenshungriger Tyrann weglief, der erst wieder eingefangen werden musste (Kapitel 1-4). Dann werden die Toten auf Charons Fähre eingeschifft (wobei es gewisse Komplikationen gibt, die hier nicht weiter erörtert zu werden brauchen; Kapitel 5-17). Die Überfahrt geht vonstatten (mit weiteren kleinen Zwischenfällen; Kapitel 18-21), und auf der anderen Seite marschieren die Toten dann zum Totengericht (Kapitel 22), wo Hermes die Truppe der Erinnye Tisiphone übergibt, die hier als Adlata des Richters Rhadamanthys fungiert (Kapitel 23). Im verbleibenden Teil des Dialogs werden noch drei Verfahren vor diesem Totengericht geschildert, darunter zu guter Letzt das gegen den fast entlaufenen Tyrannen, der vieler Verbrechen für schuldig befunden und zur Strafe dazu verurteilt wird, das Wasser des Lethe-Flusses gerade *nicht* zu trinken, um für immer unter der Erinnerung an sein früheres irdisches Glück zu leiden (Kapitel 29).

Wie weiland die *Frösche* des Aristophanes, so zeigt auch Lukians *Niederfahrt* (aber auch seine übrigen Unterweltsschriften), welche Hyleme aus der langen Entwicklung der Vorstellungen vom dauerhaften Sphärenwechsel vom Diesseits zum Jenseits seit Homer aktuell und produktiv geblieben sind und noch von einem Autor des 2. Jahrhunderts n. Chr. für seine satirisch-parodistischen Zwecke verwendet werden können. Abschließend ein tabellarischer Überblick über die in diesen langen Zeiträumen entstandene Hylem-Schema-Sequenz (die freilich gegenüber der auf den vorangehenden Seiten nachgezeichneten Entwicklungen eine Vereinfachung darstellt):

Hylem-Schema	**erstmaliger Beleg in griechischen Texten**
1. Mit dem Tod beginnt der Weg des Menschen ins Jenseits.	seit Homer, *Ilias*
2. Die Bestattung ermöglicht dem Toten den Eintritt in die Unterwelt.	seit Homer, *Ilias*
2alt. Eine Nichtbestattung kann durch einen „Seelengeleiter" kompensiert werden.	Homer, *Odyssee*, „Zweite Nekyia" (Buch 24)
3. Der Fährmann Charon bringt den Toten über den Acheron/Acherusischen See.	das Epos *Minyas* (wahrscheinlich 6. Jahrhundert v. Chr.)
4. Am anderen Ufer muss der Tote am Kerberos und eventuell an einem Torhüter vorbei.	seit Hesiod, *Theogonie* (Kerberos) Torhüter/Wächter sind seit dem späteren 5. Jahrhundert v. Chr. (Aristophanes, „orphische" Goldblättchen) belegt.
5. Der Tote muss sich dann vor dem Totengericht verantworten.	Eine Art Prüfung gibt es in den „orphischen" Goldblättchen, ein regelrechtes Totengericht in den eschatologischen Mythen Platons.

Hylem-Schema	erstmaliger Beleg in griechischen Texten
6. Das Totengericht entscheidet über das weitere Schicksal des Toten im Jenseits.	„Bessere" und „schlechtere" Schicksale im Jenseits gibt es erstmals in der *Odyssee* (Einzelfall); „bessere" Schicksale nehmen in Texten des 7. und 6. Jahrhunderts v.Chr. zu; moralische Kriterien werden erstmals im frühen 5. Jahrhundert v. Chr. greifbar (Pindar) und werden von Platon systematisiert.

Bibliographie

Bernabé, A., 1996, Poetarum epicorum Graecorum testimonia et fragmenta, Pars I, editio correctior, Stuttgart/Leipzig.

Bernabé, A., 2005, Poetae epici Graeci,Testimonia et fragmenta, Pars II: Orphicorum et Orphicis similium testimonia et fragmenta, Fasciculus 2, München/Leipzig.

Bernabé, A. (Hg.), 2013, Redefining Dionysos, Berlin/Boston.

Bernabé, A., 2013, Orphics and Pythagoreans: the Greek perspective, in: Cornelli, G. et al. (Hg.), On Pythagoreanism, Berlin/Boston, 117-152.

Bernabé, A. / Jiménez San Cristóbal, A. I., 2008, Instructions for the Netherworld, Leiden.

Bernabé, A. / Jiménez San Cristóbal, A. I., 2011, Are the Orphic Gold Leaves Orphic?, in: Edmonds III, R. G. (Hg.), The „Orphic" Gold Tablets and greek Religion. Further along the Path, Cambridge MA et al., 68-101.

Bonnechère, P. / Cursaru, G. (Hg.), 2015, Katábasis dans la tradition littéraire et religieuse de la Grèce ancienne, Vol. I., Les Études classiques 83, Namur.

Bremmer, J. N., 2011, Tours of Hell: Greek, Roman, Jewish and Early Christian, in: Ameling, W. (Hg.), Topographie des Jenseits, Stuttgart, 13-34.

Bremmer, J. N., 2013, Divinities in the Orphic Gold Leaves: Euklês, Eubouleus, Brimo, Kore, Kybele and Persephone, in: Zeitschrift für Papyrologie und Epigraphik 187, 35-48.

Bremmer, J. N., 2014, Descents to Hell and Ascents to Heaven, in: Collins, J. J. (Hg.), Oxford Handbook of Apocalyptic Literature, Oxford, 340-357.

Bremmer, J. N., 2016, The Construction of an Individual Eschatology: The Case of the Orphic Gold Leaves, in: Waldner, K. et al. (Hg.), Burial Rituals, Ideas of Afterlife, and the Individual in the Hellenistic World and the Roman Empire, Stuttgart, 31-51.

Burkert, W., 2004, Babylon, Memphis, Persepolis. Eastern Contexts of Greek Culture, Cambridge MA et al..

Burkert, W., 2011, Griechische Religion der archaischen und klassischen Epoche, 2. überarbeitete und erweiterte Auflage, Stuttgart.

Clark, R. J., 1979, Catabasis. Vergil and the Wisdom Tradition, Amsterdam.

Cook, E., 1992, The Ferrymen of Elysium: Nostratic Eschatology and the Homeric Phaeacians, in: Journal of Indo-European Studies 20, 239-267.

Dihle, A., 1970, Homer-Probleme, Opladen.

Dodds, E. R., 1959, Plato, Gorgias. A revised text with introduction and commentary, Oxford.

Dousa, T. M., 2011, Common motifs in the "orphic" B tablets and Egyptian funerary texts: Continuity or convergence?, in: Edmonds III, R. G. (Hg.), The "Orphic" Gold Tablets and Greek Religion: Further Along the Path, Cambridge et al., 120-164.

Edmonds III, R. G., 2004, Myths of the Underworld Journey: Plato, Aristophanes, and the 'Orphic' Gold Tablets, New York.

Edmonds III, R. G. (Hg.), 2011, The "Orphic" Gold Tablets and Greek Religion: Further Along the Path, Cambridge et al..

Fabiano, D., 2010, "Ho fuggito il male, ho trovato il meglio": le punizioni dei non iniziati nell'aldilà greco, in: Archiv für Religionsgeschichte 12, 149-165.

Fowler, R. L., 2000 / 2013, Early Greek Mythography, Vol. 1 / Vol. 2, Oxford.

Gazis, G. A., 2018, Homer and the Poetics of Hades, Oxford.

Graf, F. / Johnston, S. I., 2013, Ritual texts for the afterlife: Orpheus and the Bacchic Gold Tablets, 2. Aufl., London et al. (1. Aufl. London et al. 2007).

Grossardt, P., 2006, Einführung, Übersetzung und Kommentar zum "Heroikos" von Flavius Philostrat, in: Schweizerische Beiträge zur Altertumswissenschaft 33, Basel.

Janko, R., 2016, Going beyond Multitexts: the Archetype of the Orphic Gold Leaves, Classical Quarterly 66, 100-127.

Jouanna, D., 2015, Les Grecs aux Enfers. D'Homère à Epicure, Paris.

Jourdan, F., 2014, Orpheus/Orphik, Reallexikon für Antike und Christentum 26, 576-613.

Käppel, L., 1999, Makaron Nesoi [1], Der Neue Pauly 7, Sp. 725.

Latacz, J. (Hg.), 2000, Homers Ilias, Gesamtkommentar; auf der Grundlage der Ausgabe von Ameis-Hentze-Cauer, Band I: Erster Gesang (A), Fasz. 2: Kommentar, München et al.

Lloyd-Jones, H., 1990, Pindar and the Afterlife, in: ders., Greek Epic, Lyric, and Tragedy. The Academic Papers of Sir Hugh Lloyd-Jones, Oxford, 80-109.

López-Ruiz, C., 2015, Near Eastern Precedents of the "Orphic" Gold Tablets: The Phoenician Missing Link, in: Journal of Ancient Near Eastern Religions 15, 52-91.

Macías Otero, S., 2015, On the Threshold of Hades: Necromancy and Nékyia in some Passages of Greek Tragedy, in: Bonnechère, P. et al. (Hg.), Katábasis dans la tradition littéraire et religieuse de la Grèce ancienne, Vol. I, Les Études classiques 83, 137-153.

Matijević, K., 2015, Ursprung und Charakter der homerischen Jenseitsvorstellungen, Paderborn.

Matijević, K., 2016, The Evolution of the Afterlife in Archaic Greece, in: Waldner, K. et al. (Hg.), Burial Rituals, Ideas of Afterlife, and the Individual in the Hellenistic World and the Roman Empire, Stuttgart, 15-29.

Maul, S. M., 2012, Das Gilgamesch-Epos, neu übersetzt und kommentiert, 5. Auflage, München (1. Aufl. München 2005).

Naddaf, G., 2016, Poetic Myths of the Afterlife: Plato's Last Song, in: R. Benitez et al. (Hg.), Reflections on Plato's Poetics. Essays from Beijing, Berrima Glen Berrima NSW, 2016, 111-136

Nesselrath, H.-G., 2006, Platon, Kritias. Übersetzung und Kommentar, Göttingen.

Nesselrath, H.-G., 2017, Skeletons, shades and feasting heroes. The manifold underworlds of Lucian of Samosata, in: Tanaseanu-Döbler, I. et al. (Hg.), Reading the Way to the Netherworld. Education and the Representations of the Beyond in Later Antiquity, Göttingen, 45-60.

Riedweg, C., 2002, Poésie orphique et rituel initiatique, in: Revue de l'histoire des religions 219, 459-481.

Riedweg, Chr., 2011, Initiation – death – underworld: Narrative and ritual in the gold leaves, in: Edmonds III, R. G. (Hg.), The "Orphic" Gold Tablets and Greek Religion: Further Along the Path, Cambridge, 219-256.
Ritter, A. M. (mit Feldmeier, R. und Görgemanns, H.), 2010, Jenseits, Jenseitsgericht und Jenseitsstrafen im Denken des antiken Griechentums, in: Luchner, K. et al., Synesios von Kyrene: Polis – Freundschaft – Jenseitsstrafen, Scripta antiquitatis posterioris ad ethicam religionemque pertinentia: Schriften der späten Antike zu ethischen und religiösen Fragen Band 17, Tübingen, 151-166.
Santamaría Álvarez, M. A., 2014, El descenso de Dioniso al Hades en busca de su madre, in: Redondo, J. et al. (Hg.), Apocalipsi, catàbasi i mil·lenarisme a les literatures antigues i la seua recepció, Amsterdam, 217-240.
Santamaría Álvarez, M. A., 2015, The Parody of the *Katábasis*-Motif in Aristophanes' *Frogs*, in: Bonnechère, P. et al. (Hg.), Katábasis dans la tradition littéraire et religieuse de la Grèce ancienne, Vol. I, Les Études classiques 83, 117-136.
Santamaría Álvarez, M. A., 2017, Cómo ir al Hades y no morir en el intento: ambigüedad y humor en relatos de catábasis, in: de la Villa Polo, J. et al. (Hg.), Conventus Classicorum. Temas y formas del Mundo Clásico, Vol. 1, Madrid, 647-650.
Santamaría Álvarez, M. A., 2017a, Sobre el arquetipo de las laminillas áureas mnemosinias, in: J. A. Álvarez-Pedrosa, J. A. et al. (Hg.), Ratna. Homenaje a la Profesora Julia Mendoza, Madrid, 325-332.
Scheer, E., 1908, Lycophronis Alexandra, Vol. 2: Scholia, Berlin.
Schmidt, E. G., 1996, Achilleus und Helena – ein verhindertes antikes Traumpaar, in: Faber, R. / Seidensticker, B. (Hg.), Worte, Bilder, Töne. Studien zur Antike und Antikenrezeption Bernhard Kytzler zu Ehren, Würzburg, 23-38.
Seaford, R., 2017, The *Psychē* from Homer to Plato: A Historical Sketch, in: Seaford, R. et al. (Hg.), Selfhood and the Soul: Essays on Ancient Thought and Literature in Honour of Christopher Gill, Oxford / New York, 11-31.
Smallwood, V., 1990, Herakles and Kerberos (Labour XI), in: Lexicon Iconographicum Mythologiae Classicae (LIMC), Band V.1, 85-100 mit den Abbildungen 2553, 2554, 2599ad, 2604, 2605, 2616, 2621 in LIMC Band V.2.
Solmsen, F., 1983, Hesiodi Theogonia, Opera et Dies, Scutum, Ed. altera cum app. nova fragmentorum, Oxford.
Sourvinou-Inwood, C., 1995, Reading Greek Death: To the End of the Classical Period, Oxford.
Tsagalis, C., 2017, Early Greek Epic Fragments I: Antiquarian and Genealogical Epic, Berlin/ Boston.
Tzifopoulos, Y., 2010, Paradise Earned: The Bacchic-Orphic Gold Lamellae of Crete, Washington DC / Cambridge MA.
Vogelzang, M. E. / Vanstiphout, H. L. J., 1996, Mesopotamian Poetic Language: Sumerian and Akkadian, Leiden et al.
Waldner, K. / Gordon, R. / Spickermann, W. (Hg.), 2016, Burial Rituals, Ideas of Afterlife, and the Individual in the Hellenistic World and the Roman Empire, Stuttgart.
West, M. L., 1966, Hesiod. Theogony, Ed. with prolegomena and commentary, Oxford.
West, M. L., 1978, Hesiod. Works and Days, Ed. with prolegomena and commentary, Oxford.
West, M. L., 1997, The East Face of Helicon. West Asiatic Elements in Greek Poetry and Myth, Oxford.
West, M. L., 2003, Greek Epic Fragments from the Seventh to the Fifth Centuries BC, Cambridge /London.

West, M. L., 2007, Indoeuropean Poetry and Myth, Oxford.
West, M. L., 2013, The Epic cycle. A commentary on the Lost Troy Epics, Oxford.
West, M. L., 2014, The Making of the Odyssey, Oxford.
West, St. et al., 1988, A commentary on Homer's Odyssey, Vol. 1: Introduction and Books 1-8, Oxford.
Wiggermann, F. A. M., 1996, Scenes from the shadow side, in: Vogelzang, M. E. / Vanstiphout, H. L. J. (Hg,), Mesopotamian Poetic Language: Sumerian and Akkadian, Cuneiform Monographs 6, Leiden et al., 207-230.
Zgoll, C., 2019, Myths as Polymorphous and Polystratic *Erzählstoffe*: A Theoretical and Methodological Foundation (Beitrag in diesem Band).
Zuntz, G., 1971, Persephone: Three essays on religion and thought in Magna Graecia, Oxford.

Annette Zgoll
Sphärenwechsel innerhalb des Totenreichs

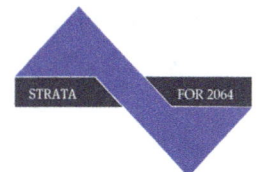

Schutzgott, Totengericht und die Hoffnung auf ein gutes Leben nach dem Tod im akkadischen *Gebet Sb 19319*, dem hebräischen *Psalm 23* und anderen antiken Quellen

Abstract: Death brings a changing of spheres, from the world of the living to the world of the dead. The Akkadian prayer Sb 19319, found in a grave at Susa, shows that the dead person expects another changing of spheres, namely one within the netherworld. His protective deity will, he firmly hopes, conduct him to the judgement of the dead, succour him there, and then lead him to a pleasant region of the netherworld. This place is the ultimate goal after death: it is a place with enough food supply, visualised by the image of a leafy meadow, the place where the ancestors live. In the prayer one finds an *Erzählstoff* about a god helping his protégé to change the dangerous spheres of the netherworld, which reveals itself as mythical in the sense given in this volume. Similar notions concerning the hope to live a good life even after death can be detected in other ancient sources from Sumer, Greece, Israel, and Phoenicia.

Hinweis: Der vorliegende Beitrag ist im Kontext der von der DFG geförderten Forschergruppe 2064 „STRATA – Stratifikationsanalysen mythischer Stoffe und Texte in der Antike" (Teilprojekt: Antikes Mesopotamien) entstanden. Innerhalb der Forschungsgruppe STRATA war für diesen Beitrag insbesondere der Austausch mit Heinz-Günther Nesselrath und seinen Forschungen zu den sog. orphischen Goldblättchen wesentlich, der auch zu einem weiterführenden Vergleich zwischen den Text(-gruppen) geführt hat (vgl. A. Zgoll / C. Zgoll 2020). Jennifer Brand, Katharina Ibenthal und Charlotte Steeb haben wichtige Recherchen zu diesem Beitrag durchgeführt, Marcel Krusche, Stella Grammling und Julia Schlembach haben ihn lektoriert. Claus Wilcke und Martin Worthington danke ich für die Möglichkeit, Lesungen und Deutungen des akkadischen Textes zu diskutieren. Wesentliche Hinweise zum Elamischen verdanke ich Gian-Pietro Basello, Jan Tavernier und Manfred Krebernik. Positive Rückmeldungen stammen außerdem von Kolleg(inn)en, die beim Kolloquium für Hermann Spieckermann im November 2015 in Hamburg erste Ergebnisse dieses Beitrages hörten, und Teilnehmern der 64. Rencontre Assyriologique Internationale 2018 in Innsbruck, insbesondere Eckart Frahm, Sabina Franke, Manfred Krebernik und Daniel Schwemer. Der Abschnitt zu Psalm 23 ruft schließlich die Psalmenvorlesung von Erich Zenger (1939-2010) in Erinnerung, die ich in meinem ersten Studiensemester hören durfte.

∂ Open Access. © 2020 A. Zgoll, publiziert von De Gruyter. Dieses Werk ist lizenziert unter der Creative Commons Attribution-NonCommercial-NoDerivatives 4.0 Lizenz.
https://doi.org/10.1515/9783110652543-005

Based on the findings in the Akkadian prayer, a fresh consideration of the Hebrew prayer *psalm 23* leads to the discovery of a comparable *Erzählstoff* in distinct form.

1 Sphärenwechsel der gewöhnlichen Toten und Aufbau des Beitrages

Mythische Sphärenwechsel finden nicht nur von der Oberwelt in die Unterwelt statt[1], sondern auch innerhalb der Unterwelt selbst. Ein Täfelchen aus Ton, über 3000 Jahre alt, mit Keilschrift beschrieben, spricht davon, dass es auch innerhalb des Totenreiches wichtige Sphärenwechsel zu bestehen gilt. Die philologische Aufarbeitung des akkadischen Textes zeigt, dass der Beter, in diesem Fall ein Verstorbener, seinen Schutzgott anfleht, ihm Beistand zu leisten, damit er den Weg zu den verstorbenen Vorfahren, also zu demjenigen Teil seiner Familie, der schon in der Unterwelt weilt, überstehen und ein gutes Leben nach dem Tod führen kann. Es handelt sich bei diesem Text um eine Quelle für religiöse Vorstellungen, die für jedermann gelten konnten. Wie sich zeigen wird, sind auch solche religiösen Vorstellungen von Handlungssequenzen geprägt, welche in hohem Maße mythosaffin sind[2]. Für die Forschungen zu Sphärenwechseln sind solche Quellen besonders interessant, weil sich hier der größere Kontext zeigt, in welchem die mythische Rede von Sphärenwechseln verankert war und mit dem sie in Wechselbeziehung stand. Kulturvergleichend steht der Beitrag in Bezug zu den Ausführungen von H.-G. Nesselrath über die in griechischer Sprache überlieferten sog. „orphischen Goldblättchen" im vorliegenden Band. Inhaltlich gewährt das kurze Gebet Einblicke in ein überraschend positives Leben nach dem Tod gemäß Vorstellungen im antiken Mesopotamien und Susa; sie können auch für andere antike Kulturen interessant sein, in welchen sich ebenfalls nur selten solch positive Befunde erheben lassen.

Der Beitrag ist folgendermaßen aufgebaut:

---

[1] Beim Sphärenwechsel, der nach dem Tod erwartet wird und von der Oberwelt in die Unterwelt führt, stellt man sich in Mesopotamien den Sonnengott als Transporteur und Geleiter vor, vgl. A. Zgoll 2014.
[2] Beiträge zur theoretischen Aufarbeitung solcher Zusammenhänge sind innerhalb der Forschungsgruppe 2064 STRATA angelaufen und sollen in einem weiteren Band publiziert werden.

1. Nach einer Vorstellung der Tontafel (Abschnitt 2) wird das Gebet philologisch aufgearbeitet, um möglichst präzise die Bedeutung der Aussagen zu erfassen (Abschnitt 3); darauf baut eine erste Rekonstruktion der Handlungsabfolge und Überlegungen zum mythischen Charakter dieser Handlungssequenz auf (Abschnitte 4-5). Sie mündet in eine Auswertung von Funktion und besonderer Gestaltung des Grabtextes (Abschnitt 6). Die Ergebnisse führen zu einer Umschrift und Übersetzung des Gesamttextes (Abschnitt 7) und zur Gesamtanalyse seines Erzählstoffes (Abschnitt 8).
2. Der Blick weitet sich dann auf vergleichbare Texte aus anderen antiken Kulturen: aus Sumer, Griechenland, Phönikien und Israel; dabei eröffnet der Vergleich mit dem akkadischen Gebet aus Susa unter anderem eine neue Möglichkeit des Zugangs zum hebräischen Psalm 23 (Abschnitte 9-14).
3. Vor diesem Hintergrund zeigen sich die überraschend positiven Perspektiven auf die Unterwelt im akkadischen Gebet aus Susa und in anderen Quellen aus dem antiken Mesopotamien als Teil einer in den antiken Kulturen weiter verbreiteten Hoffnung auf ein gutes Leben nach dem Leben (Abschnitt 15).

2 Ein Täfelchen aus dem 2. Jahrtausend v. Chr. (Sb 19319) und sein Fundkontext

Die Tontafel mit der Fundnummer Sb 19319 ist in akkadischer Schrift und Sprache beschrieben. Sie ist klein, aber ungewöhnlich dick: 3-4 cm hoch, fast 8 cm breit und fast 3 cm tief[3]. Die Tafel wurde zusammen mit sechs weiteren Tafeln im elamischen Susa gefunden[4] und erstmals 1927 von Dossin als MDP 18, 250 publiziert. Ihre Datierung ist nicht ganz eindeutig, vermutlich Anfang oder Mitte des 2. Jahrtausends v. Chr.[5]. Die sieben Tafeln befanden sich in einer Art gemauertem Kästchen über einem Familiengrab[6]. All diese Tafeln waren gebrannt; man hatte sich also Mühe gegeben, sie möglichst dauerhaft haltbar zu machen[7].

---

3 Vgl. André-Salvini 1992.
4 Die Tafeln fanden sich in Gräbern, die in Höhlen östlich vom späteren Palast des Darius zu lokalisieren sind (Steve/Gasche 1996); vgl. de Mecquenem 1922, 121.
5 Steve/Gasche 1996 datieren in die altbabylonische Zeit, d. h. die erste Hälfte des 2. Jahrtausends; André-Salvini 1992 datiert in die Mitte des 2. Jahrtausends (für ältere Datierungsversuche vgl. Aynard 1967, der auf das 8./7. Jh. datierte, und Scheil 1916 mit 7./6. Jh.).
6 Wer in dem zugehörigen Grab bestattet war, lässt sich nicht zweifelsfrei herausfinden. In der archäologischen Dokumentation der 1920er Jahre wurden die Gräber nie eindeutig beschrie-

Die Tafel wurde ediert durch Steve/Gasche 1996 und von etlichen weiteren Bearbeitern übersetzt. Die derzeit neueste Übersetzung stammt von N. Wasserman und findet sich innerhalb des Projekts *Sources of Early Akkadian Literature* (SEAL no. 1832).

Auf Basis einer intensiven Auseinandersetzung mit den philologischen Herausforderungen des Textes, die hier kurz zusammengefasst und ausführlicher an anderem Ort vorgenommen wird[8], ist die Tafel für die Thematik des vorliegenden Bandes von besonderem Interesse, da sich auf ihr Sphärenwechsel einer besonderen Ausprägung finden, die als *Erzählstoff* aus dem Text rekonstruiert werden können[9]. Hierbei handelt es sich um Sphärenwechsel, die Menschen nach ihrem Tod zwischen verschiedenen Bereichen des Totenreiches erwarten. Die Evidenz, die hier zutage tritt, hat größere religionsgeschichtliche Implikationen, insbesondere im Blick auf die altorientalischen Vorstellungen von dem, was nach dem Tod auf den Menschen zukommt.

3 Annäherung an den Text des Gebets: Transliteration und wörtliche Übersetzung von Z. 1-13

Die Tafel aus dem Grabkontext im elamischen Susa enthält ein akkadisch verfasstes Gebet, das folgendermaßen beginnt:

^{1} al-ka lu-li-ka i₃-li₂ be-li	^{1} Komm zu mir! Ich will gelangen, mein Gott, mein Herr,
^{2} a-na ma-aḫ-ri-te(-)e-nu-na-ki^{10}	^{2} zu den Enunnakū,
^{3} ⸢lu⸣-ti-iq ḫar²-ra²-na	^{3} will (dorthin) den Weg entlanggehen!
^{4} lu-ḫu-uz qa-⸢at⸣-ka₄	^{4} Ich will ergreifen deine Hand –
i-na ma-ḫa-ar i₃-li₂ ^{5} ra-bu-ti	vor den Göttern, ^{5} den großen –
^{6} lu-uš-me-ma di-na	^{6} will ich wahrlich hören das Urteil!
lu-uṣ-ba-ta ^{7} še-pi-ka₄	Ich will festhalten für mich ^{7} deine Füße!

---

ben. Nach Carter 2011, 45-49 handelt es sich bei diesem Grab um ein Familiengrab mit mehreren Skeletten oder Skelett-Teilen; die Bestattungen erfolgten in einem mehrstufigen Prozess.
7 Vgl. Steve/Gasche 1996.
8 Vgl. A. Zgoll / C. Zgoll 2020.
9 Zu Erzählstoffen und ihrer Rekonstruktion vgl. den Beitrag von C. Zgoll im vorliegenden Band und C. Zgoll 2019, 87-134.
10 Für die Lesung des Zeichens TI als te₉ vgl. Z. 13 mit te₉-še-a-ni.

Das erste Zeichen in Zeile 8 stellt den Bearbeiter vor Herausforderungen: die Keilschriftzeichen sind schwierig zu entziffern. Der Forschungsstand sieht folgendermaßen aus:

> Scheil 1916, 169: tu(?)-ki-ma bît ekliti i-li „Tu as tardé! (Enfin) la maison de ténèbres, ô mon dieu, ...";
> Ebeling 1931, 20: tu²-ki-ma E₂ Gl₆ „du verbrennst (erhellst?) das Haus der Finsternis";
> Bottéro 1982, 395: ⌈e¹⌉-qe₂-ma šu₂¹-pi₂ i₃-li₂ „R⌈e⌉çois (alors) ma prière, mon dieu!";
> Tsukimoto 1985, 17: ⌈e²⌉-qi₂ ṣu₂²¹-um-mi i₃-li₂ „Nimm meinen Durst weg, mein Gott";
> André-Salvini 1992: (without transcription) „Illuminating the house of shadows, O my god" (cf. Ebeling 1931);
> Steve/Gasche 1996, 334: til₃(?)-qe₂-ma E₂ Gl₆ (?) i₃-li₂ „Tu m'emportes à la maison de l'obscurité, mon dieu";
> Van der Stede 2005, 155 n. 26: tu²-ki-ma E₂(?).KU₁₀ i₃-li₂ (?) „(?) la maison(?), mon dieu...";
> Van der Stede 2007, 96: (?)-qe₂-ma E₂².KU₁₀ i₃-li₂ (?) „la maison de l'obscurité(?), mon dieu";
> Wassermann 2017: ad²-di-ma E₂ Gl₆ i₃-li₂ „Since I have abandoned the house of darkness, oh my god."

Ein intensives Studium der Tafel mit einem Vergleich sämtlicher Schreibungen hat zum Vorschlag einer neuen Lesung geführt, wie andernorts ausführlich diskutiert wird[11]. Die neue Lesung ist DAM. Mit der Lesung ta₄ ergibt sich eine Form ta₄(DAM)-de-ma für tīdema. Damit lassen sich die anschließenden Zeilen so verstehen:

⁸ ta₄-de-ma E₂ Gl₆ i₃-li₂   ⁸ Du kennst ja das Haus der Finsternis, mein Gott!
⁹ tu-ša₃-aḫ-ba-ta-an-ni ¹⁰ ap-pa-   ⁹ Du lässt mich hindurchkommen ¹⁰ durch den Sumpf
ra ša₃ ma-ki ¹¹ u₃ du-ul-li   von Entbehrung ¹¹ und Mühsal!
¹² i-na qa-aq-qa-ar da-na-ti ¹³   ¹² Im Erdboden des Hungers ¹³ suchst du mich (...)
te₉-še-a-ni (...)

Vor einer Bearbeitung des Textendes lohnt es sich, den Inhalt bis zu diesem Punkt zu summieren. In diesem Gebet spricht ein Mensch seinen persönlichen Schutzgott an mit den Worten: „Komm zu mir ... mein Gott, mein Herr!". Die Tafel ist kaum zufällig bei einem Grab deponiert worden. Das Gebet verfolgt das Ziel, dass der Schutzgott den Verstorbenen innerhalb des Totenreichs geleiten möge, insbesondere beim hier stattfindenden Totengericht (vgl. 8.2 und 8.3). Vieles bleibt ausgespart. Am wichtigsten ist dabei die Frage, welche Konsequenzen sich aus dem Gerichtsurteil für den Menschen ergeben.

---

11 Vgl. A. Zgoll / C. Zgoll 2020 mit photographischer Dokumentation der vorgeschlagenen Lesung. Für DAM als da₄ statt DA in Texten aus Susa, vgl. Salonen 1962, 49.

Mit Hilfe einer Handlungsanalyse oder Hylemanalyse[12] lassen sich die hinter dem Text bestehenden Vorstellungen rekonstruieren. Dazu müssen die für die Rhetorik des Gebets kunstvoll angeordneten Aussagen[13] in kleinste handlungstragende Bausteine (Hyleme) zerlegt, in ihre chronologische Reihenfolge gebracht[14] und auf implizit vorhandene Hyleme untersucht werden[15]. Im Ergebnis zeigt sich eine Abfolge von Ereignissen, die eine Art kurzes Narrativ eigener Art darstellt.

4 Ein Erzählstoff hinter dem Gebet

Da sich gezeigt hat, dass eine Analyse kleinster handlungstragender Einheiten zu wichtigen Einblicken in die den Texten zugrundeliegenden Erzählstoffe führt[16], legt es sich nahe, eine analoge Analyse auch für andere Handlungsabfolgen anzuwenden. Dabei wird sich zeigen, dass man auch innerhalb des akkadischen Gebetes von einem Erzählstoff und von Erzählstoff-Bausteinen, also Hylemen sprechen kann. Deutlich ist, dass die im Gebet notierten *religiösen Vorstellungen* in Interdependenz mit *mythischen Geschichten* über das Handeln von Göttern im Totenreich stehen. Die Übergänge zwischen beiden Bereichen sind fließend. Die Rekonstruktion der Handlungsabfolge verläuft folgendermaßen: Das Gebet, welches den Anspruch erhebt, die Hoffnungen des Verstorbenen zum Ausdruck zu bringen, wird in seine kleinsten handlungstragenden Bausteine zerlegt, in Hyleme[17]. Der Erzählstoff, der sich dabei auftut, spielt für den Menschen, der ins Grab gelegt wird, in der direkten Zukunft, die zur Ge-

---

12 Eine Hylemanalyse ist hier durchführbar, insofern die Handlungen in ihrer Abfolge eine Geschichte bilden. Diese Geschichte ist mythisch, ihr Ende ist aber noch nicht gesichert, vielmehr erhofft. Vgl. dazu Abschnitt 4.
13 Eine rhetorisch kunstvoll gestaltete Anlage ist für Gebete in Mesopotamien typisch, vgl. A. Zgoll 2003.
14 Die rekonstruierte Geschichte erzähle ich so, wie sie der Verstorbene erhofft; der Wechsel von Wunschformen zu Aussageformen in der 2. Hälfte des Gebetes zeigt, dass er fest darauf vertraut, dass seine Hoffnungen sich erfüllen werden.
15 Zu diesem Vorgehen und der zugrundeliegenden Theorie vgl. den Beitrag von C. Zgoll im vorliegenden Band sowie die grundlegende Monographie C. Zgoll 2019.
16 Vgl. C. Zgoll 2019 (v. a. altorientalische und griechisch-römische Quellen) und die Beiträge aus den unterschiedlichsten Disziplinen und zu verschiedenen mythischen Quellen im vorliegenden Band.
17 Vgl. dazu den Beitrag von C. Zgoll im vorliegenden Band und ausführlicher C. Zgoll 2019, 109-118; für den mesopotamischen Bereich vgl. außerdem A. Zgoll / C. Zgoll 2019.

genwart werden soll. Dieser Erzählstoff wird der Einfachheit halber in den folgenden Hylemanalysen präsentisch wiedergegeben[18]. Das passt sehr gut, zumal der Wechsel von der Wunschform zum Indikativ in der zweiten Hälfte des Gebets zeigt, dass der Verstorbene davon ausgeht, dass seine Hoffnungen sich erfüllen werden[19]. Hier zeigt sich ein Narrativ, welches sich entwickeln soll und von dem man fest glaubt, dass es sich entwickeln wird. Führt man eine Rekonstruktion dieses Narrativs durch, dann erweist sich das Ergebnis, also die Handlungsabfolge eines solchen Gebetes als mythischer Erzählstoff besonderer Art[20]. Denn ihr Ausgang ist noch offen. Anstelle eines im Vorhinein fixierten Ausgangs findet sich die Hoffnung des Protagonisten auf ein glückliches Ende.

5 Erste Annäherung an den Erzählstoff

Zwischen dem *Text* des Gebetes und dem in diesem Text verarbeiteten Erzählstoff fällt sofort ein entscheidender Unterschied auf: Das Gebet beginnt nicht mit dem ersten Bestandteil des Erzählstoffes, sondern stellt mit seinem Appell an die Gottheit (Z. 1 „komm zu mir") einen semantisch wichtigen, chronologisch aber nachgeordneten Teil an den Anfang. Der chronologisch geordnete Erzählstoff beginnt hingegen mit dem Tod des Menschen und seinem Eintritt ins Totenreich. Die Abfolge der Geschehnisse bzw. der „kleinsten handlungstragenden Einheiten" oder Hyleme, die zu dem Erzählstoff gehören, werden hier in einer ersten Annäherung aufgeführt (die finale Rekonstruktion findet sich in Abschnitt 8); die Belegstellen, auf denen die Rekonstruktion basiert, werden in runden Klammern angegeben. Wo ein Hylem oder ein Teil davon implizit erschließbar ist, wird es in eckigen Klammern ergänzt (und anstelle von Zeilenangaben findet sich der Vermerk „implizit"):

---

18 Für das hierbei verwendete standardisierte Vorgehen bei der Hylemanalyse vgl. C. Zgoll 2019, 119-121, 170-173.
19 Als interessant erweist sich hier der Vergleich mit den griechischen Goldblättchen. Calame 2011, 208 f. zeigt, dass diese Quellen, die ebenfalls in Grabkontexten gefunden wurden (vgl. Abschnitt 11) eine „story" enthalten, nämlich eine „story with a consistent actor, space, unfurling in time, and also with the transformation of state, in which the narrative level overlaps with the level of discourse". Riedweg 2011, 230 beobachtet, dass die Darstellung des Handlungsverlaufs in den Goldblättchen keinem chronologisch-linearen Handlungsverlauf folgt (die Texte „do not tell us the *histoire*, the events, in a straight linear sequence").
20 Im Kontext weiterer Forschungen innerhalb der Forschungsgruppe 2064 STRATA werden solche besonderen mythischen Erzählstoffe in größerem Kontext analysiert werden.

1) [Der Mensch NN stirbt.] (implizit)
2) [NN kommt in die Unterwelt.] (implizit)
3) NN bittet seinen Schutzgott, ihm zu Hilfe zu kommen[21].
4) Der Schutzgott sucht nach NN in den schrecklichen Bereichen der Unterwelt (Z. 12 f) (wo Dunkelheit, Hunger und Durst herrschen, vgl. Z. 8, 10-11, 12, 15).
5) Der Schutzgott geleitet NN auf seinem Weg zum Gericht der Großen Götter[22]. (Z. 1-7)
6) NN hält sich an der Hand seines Schutzgottes fest, d. h. er unterstellt sich dessen Schutz. (Z. 4-7)
7) [NN gelangt zum Gericht der Großen Götter.] (Z. 4 f)
8) NN umschlingt die Füße seines Schutzgottes vor dem Gericht der Großen Götter, d. h. er bittet seinen Schutzgott um Hilfe. (Z. 4-7)
8) [Der Schutzgott unterstützt den Fall seines Schützlings vor Gericht; d. h. er handelt als Rechtsbeistand, um ein positives Urteil von den Göttern für seinen Schützling zu erzielen.] (erschlossen aus Z. 4-7)
9) Die Großen Götter sprechen den Urteilsspruch für NN. (// Z. 4-7)

(*Für die Fertigstellung der Hylemanalyse vgl. Abschnitt 8*)

Das Gebet bringt den dringenden Wunsch des Verstorbenen nach einem *positiven Urteil* zum Ausdruck. Aber worin soll dieses positive Urteil bestehen, was wünscht er sich von seinem Schutzgott? Die Antwort findet sich im Abschluss des Gebets[23].

---

[21] Aus dem Gebet lassen sich weitere Informationen über die Fähigkeiten des Schutzgottes gewinnen: Diese Schutzgottheit ist vertraut mit der Unterwelt. Sie weiß, wie man durch die schrecklichen Bereiche hindurchkommen kann (Z. 8-11).

[22] Bei den Großen Göttern könnte es sich prinzipiell um die Anunnakū handeln, die manchmal als „Große Götter" bezeichnet werden. Hier allerdings erscheinen die Anunnakū ohne Gottesdeterminativ. Und noch etwas fällt auf: Der Anfang des Gebetes zeigt, dass der Beter sich wünscht, zu den Anunnakū zu gelangen. Wären diese identisch mit den „Großen Göttern", dann würde das bedeuten, dass der Beter sich wünschen würde, vor Gericht zu gelangen. Das wäre merkwürdig. Würde man sich nicht eher einen anderen Wunsch vorstellen? Würde man nicht erwarten, dass ein Bittsteller seinen persönlichen Schutzgott um einen guten Ausgang des Prozesses bitten würde, also für ein gutes Leben im Anschluss an den Prozess? Wir werden darauf zurückkommen.

[23] Für eine vergleichbare Situation in Psalm 23 vgl. unten Abschnitt 13 und ausführlicher A. Zgoll / C. Zgoll 2020.

6 Der Abschluss des Gebetes: „Wasser und Gras"

6.1 Wasser und Gras knapp machen (*waqāru* D)

Die im vorangehenden Abschnitt durchgeführte Hylemanalyse bietet den Erzählstoff des Gebetes und damit zugleich dessen semantische Grundzüge. Vor diesem Hintergrund klingt der Abschluss des Gebetes zunächst überraschend. Die bisherigen Übersetzungen gehen davon aus[24], dass der Schutzgott Wasser und Gras knapp und das heißt: kostbar und teuer macht[25].

[12] *ina qaqqar dannati* [13] *teše''ânni*	[12] Im Land der (Hungers)not
	[13] suchst du mich,
[14] *tuqqera mê u šamma* [15] *ina eqel ṣumāmīti*	[14-15] **machst kostbar (d.h. knapp)** Wasser und Gras / im Gefilde des Durstes.

Akk. Gebet aus Susa Sb 19319 (so sinngemäß in vielen Übersetzungen)

Das würde bedeuten, dass der Schutzgott seinen Schützling darben ließe[26]. Die Frage ist, ob ein Gebet an den Schutzgott so enden kann. Trotz vielfältiger Vertrauensaussagen gegenüber der Gottheit, würde sich der Beter einer schrecklichen Situation gegenübersehen: Hunger und Durst.

---

24 Anders André-Salvini 1992: „Thou shalt slake my thirst with water and oil in this parched field."; unklar bleibt, welches Verbum sie zugrunde legt; die Übersetzung „oil" geht offenbar von *šamnu* statt *šammu* aus.
25 Das alles sind verschiedene Wiedergabemöglichkeiten der Verbform *tuqerra*. Das akkadische Verbum bedeutet, dass etwas selten ist oder gemacht wird (in Übersetzungen „make scarce", „raréfier") und das heißt, dass es kostbar und teuer wird (in Übersetzungen „make precious"). Objekte von (*w*)*aqāru* G sind nach CAD A/2, 205 f Güter wie Wasser und Gras, nämlich Öl, Lampen, Getreide oder Regen. Wenn diese rar oder knapp sind, dann werden sie kostbar und teuer. Dasselbe gilt für das Leben von Menschen oder für die Stellung einer Person: Wenn man sie für rar und unersetzlich hält, dann sind sie per Definition kostbar und wertvoller als andere. Aus Seltenheit resultiert Wert.
26 Dieser merkwürdige Abschluss des Textes ist sicherlich verantwortlich dafür, dass manchmal ein Bezug zwischen dem Text und seinem archäologischen Fundkontext in Abrede gestellt wird. Man versteht den Text dann entweder als Reflex eines irdischen Rechtsfalles (Van der Stede 2007; dagegen Tavernier 2013, 477) oder als Teil einer mythischen Erzählung (von Soden 1934, 415 mit Verweis auf Landsberger) und sieht keinen Zusammenhang mit Grab und Unterweltsgang des oder der Verstorbenen (Tsukimoto 1985, 16 f.).

6.2 Einladung zu einem Überfluss von „Wasser und Gras" (*qerû* D)

Die Textgattung, in welcher sich die Aussage findet, ist ein Gebet an den persönlichen bzw. familiären Schutzgott um Beistand im Totenreich. Die Gattung verlangt, dass das Gebet mit einem Wunsch nach etwas Positivem endet. Eine solche positive Wendung ist möglich, wenn man die Schreibung *tu-qé-ra* als *tuqerra*, also als D-Stamm von *qerûm* „einladen", versteht[27], also als „du lädst ein auf intensive Weise"[28].

Die Formulierung ist eigenartig, ohne direktes Objekt („mich") und mit einem adverbialen Akkusativ. Diese Merkwürdigkeit mag sich im Kontext des Gebetes aus Susa als Abweichung von der in Mesopotamien üblichen Schreibpraxis verstehen lassen; hier könnten elamitische Sprach- und Schreibgewohnheiten eine Rolle spielen[29]. Darüber hinaus könnte der Schreiber versucht haben, den Text zu kürzen, da nicht mehr viel Platz auf der winzigen Tafel übrig ist. Worthington (2018) zeigt, dass in der altorientalistischen Tradition eine gewisse ablehnende Haltung gegenüber der Annahme von fehlerhaften antiken Schreibungen besteht, dass es solche aber (wie zu allen Zeiten) nichtsdestotrotz gegeben hat. Die schlechte Qualität der Tafel und ihrer Zeichenschreibungen (Bottéro 1982, Tavernier 2013) sind jedenfalls ein Anzeichen dafür, dass die Tafel für den direkten Gebrauch bestimmt war und daher, wie wir das auch von anderen derartigen Gebrauchstexten kennen, ohne großen Zeitaufwand hergestellt wurde, was Flüchtigkeitsfehler begünstigte[30].

Andererseits gibt es, wie sich im Folgenden zeigen wird, durchaus Gründe, welche die Wahl der vorliegenden Formulierung rechtfertigen mögen, so dass wir uns einer endgültigen Entscheidung – Fehler oder bewusste Besonderheit – enthalten.

---

[27] Für dieses Verbum ist der D-Stamm kaum bezeugt; seine Wahl lässt sich als bewusste Abgrenzung einer gebräuchlichen Wendung verstehen (vgl. 6.2.1). Ähnliches gilt für *tušaḫbat* (Z. 9), was eindeutig ein Š-Stamm ist; dieser ist ansonsten laut Akkadisches Handwörterbuch Nachträge nur noch einmal bezeugt (vgl. 6.2.4).

[28] Vgl. dazu das Folgende.

[29] Ich bin Jan Tavernier und besonders Gian-Pietro Basello sehr dankbar für die Überprüfung der elamitischen Wörterbücher, Glossare und Grammatiken auf der Suche nach der Konstruktion von „einladen" im Elamitischen, die zeigen würde, ob ein „Elamismus" vorliegen könnte. Bislang hat sich kein Beleg finden lassen.

[30] Vgl. z. B. Mirelman/Sallaberger 2010. Eine Analogie zum Befund bei dem akkadischen Gebet aus Susa findet sich in den eigentümlichen und fehlerhaften Schreibungen auf den sogenannten „orphisch-bakchischen" griechischen Goldblättchen, die ebenfalls aus funerärem Kontext stammen; vgl. zu diesen Goldblättchen und zum Vergleich mit dem akkadischen Gebet an den Schutzgott aus dem Grab in Susa ausführlich A. Zgoll / C. Zgoll 2020.

6.2.1 Gott lädt ein, der Mensch stirbt

Im vorliegenden Kontext eines Menschen, der einen wichtigen Weg im Totenreich gehen muss und will (Z. 1), passt *tuqerra* „du lädst (intensiv = reichlich, dauernd) ein" hervorragend. Es enthält einen klaren Anklang an die Wendung „Gott lädt den Menschen ein" (G-Stamm), was in altbabylonischer Zeit im Kontext vom Sterben eines Menschen verwendet wird und als „euphemism for dying" verstanden wurde[31]. Die Wendung ist dort absolut verwendet, ohne Angabe des Zieles, wozu der Gott einlädt. Die weiteren Ausführungen werden zeigen, dass solche Wendungen nicht als Euphemismen für „sterben" aufzufassen sind, sondern dass man tatsächlich von einer Einladung des Menschen seitens der Götter nach dem Tod ausging. Hier im Grabkontext von Susa ist diese Einladung auf besondere Weise formuliert. Während andere Texte die Wendung, dass eine Gottheit einen Menschen (nach dem Tod) einlädt, immer im schlichten Grundstamm formulieren, ist im Gebet an den Schutzgott der Doppelungsstamm gewählt, der die Aussage intensiviert:

> *tuqerra bedeutet also „Du lädst reichlich/andauernd ein".*

6.2.2 Eine großzügige Einladung

Üblicherweise formuliert man den Eingeladenen als direktes Objekt, das Ziel der Einladung durch indirektes Objekt (*ana X* „zu X"). Hier hingegen soll offensichtlich eine andere Nuance in den Blick kommen. Die Aussage, dass der Schutzgott den Beter „zu Wasser und Gras" einlädt, würde implizieren, dass der Mensch in eine Mahlgemeinschaft mit dem Schutzgott eingeladen wäre. Das aber ist nicht gemeint. Es geht vielmehr darum, dass der Schutzgott den Menschen einlädt, indem er ihm etwas bereitstellt, indem er für ihn sorgt.

> *tuqerra mê u šamma bringt also zum Ausdruck: „Du lädst reichlich/andauernd ein hinsichtlich Wasser und Gras."*

Diese Verbalform im Doppelungsstamm umfasst mithin zweierlei Aussagen:
(1) Der Schutzgott stellt Speise und Trank in reichlicher Menge zur Verfügung.
(2) Der Schutzgott lädt zu diesen großen Mengen von Speise und Trank ein.
Will man dies in der Übersetzung verdeutlichen, so klingt das so:

---

[31] Vgl. Chicago Assyrian Dictionary Q 242 f. vor *qerû* 2.b.

tuqerra mê u šamma, „Du machst Wasser und Gras reichlich und lädst andauernd dazu ein".

6.2.3 Eine gnomische Aussage ohne Spezifizierung auf den Beter

Das „Ich" des Beters ist direkt vor dieser Verbform genannt und schwingt unterschwellig noch weiter mit:

teše~ânni tuqerra, „Du suchst **mich** – lädst ein", was auch umfasst „Du suchst mich – lädst (mich) ein".

Dass nicht nochmals ein Suffix der 1. Person angehängt ist, kann zweierlei Gründe haben: Es kann sich um eine Art „Elamismus" handeln, da im Elamischen ein Verbalsuffix auch auf eine nachfolgende Verbalform beziehbar ist[32]. Andererseits kann die Formulierung ohne direktes Objekt gewählt sein, um eine gnomische Aussage zu treffen: Der Schutzgott lädt nicht nur den Beter ein, sondern er sorgt für weitaus mehr Menschen. Vom Anfang des Gebetes her legt sich nahe, dass hier v. a. die eigenen Vorfahren (Anunnakū), also die Familie des Verstorbenen gemeint ist[33]. Der Schutzgott soll den Verstorbenen wieder in den Kreis seiner Familie bringen, er erweist sich hier als Gott der Sippe oder „Familiengott"[34]. Hier, im Kreis der eigenen Vorfahren, wird für den Menschen gesorgt sein, hier gibt es Totenversorgung (ki-si$_3$-ga, *kispu*). Dass die Totenversorgung im Kreis der Vorfahren (Anuna, Anunnakū) stattfindet, wird auch in anderen Quellen deutlich: Im sumerischen mythischen Epos *Gilgameš Tod* soll Gilgameš z. B. Trost finden durch die Aussicht, bei den Anuna zu leben und bei ihnen, nämlich der Gruppe der Verstorbenen, die aus hochrangigen Priestern, Vätern und Vorvätern, Mutter und Geschwistern und –hier neu – seinem Freund Enkidu besteht[35], diese Versorgung zu erhalten (*Gilgameš Tod* M [103] // 193):

---

[32] Gian Pietro Basello (E-Mail 09/2018) schreibt dazu: „Surely it is possible to connect one verbal suffix to two verbal forms. This is a well-known feature of Elamite." Er verweist auf Khacikjan 58-59 §5 und Quintana 129 ff. cap. XX.

[33] Zur Bedeutung der Anuna/Anunnakū vgl. ausführlich A. Zgoll / C. Zgoll 2020.

[34] Hinweis Gösta Gabriel.

[35] Artemov 2014, 38-41 zeigt, dass der Einbezug des Freundes eine neue Hinzufügung zur älteren Vorstellung der „family reunion" darstellt und dass „an anticipation of a meeting in the netherworld is implied" (loc. cit. 40).

igi du-un ki-si₃-ga ᵈA-nu-na diĝir gal-gal-ne dur₂-ru-na-ʳbaˀ	Du gehst voraus zu diesem (besonderen) Ort der Opfergaben (für die Totenspeisung), wo die Anuna, die Großen Götter, wohnen.

Im akkadischen Gebet aus Susa ist es der Schutzgott, der dafür Sorge trägt, dass an diesem ersehnten Ort der Totenversorgung Speise und Trank für seine Schützlinge reichlich sind[36]. Will man auch diese Nuance in der Übersetzung verdeutlichen, so ergibt sich folgende freie Paraphrase:

> *tuqerra mê u šamma* „Du machst reichlich Wasser und Gras und lädst (die dir Anvertrauten) dazu ein".

6.2.4 Eine Ringstruktur um „Wasser und Gras"

Mit dieser Deutung erweist sich der Abschluss des kleinen Gebetes als fein gestaltete Ringstruktur. Hunger und Durst rahmen die Aussage über die Suche und Einladung des Schutzgottes. Sie scheinen im Totenreich vorherrschend zu sein. Doch gibt es mitten in diesen unwirtlichen Gefilden, wo der Erdboden keine Nahrung hervorbringt, sondern Hunger herrscht, und wo die Felder keinen Ertrag geben (wie z. B. Getreide, das für das übliche Getränk Bier die Basis böte), sondern alles vertrocknet und staubig ist, einen Ort, wo alles anders ist, wo es nämlich Wasser und Gras gibt:

ina qaqqar dannati	NEGATIV: „Erdboden voller Hunger"
*tešeˀˀânni tuqerra **mê u šamma***	POSITIV: Fülle an „Wasser und Gras"
ina eqel ṣumāmīti	NEGATIV: „Feld voller Durst"

Die literarische Formung bringt zum Ausdruck, dass sich mitten im Grauen des Totenreiches, das durch den ausgetrockneten Erdboden evoziert wird, eine Oase des Lebens auftut. In diesem Szenario versteht man die Köstlichkeit von reichlichem Wasser und Fülle an Gras. Es ist eine direkt einleuchtende Metapher für Leben in Sicherheit und Fülle, die in den heiß-trockenen, ariden Gegenden des Nahen Ostens naheliegt. Im Land der unbarmherzig brennenden Sommerglut

---

36 Dahinter kann auch der Gedanke stehen, dass der Schutzgott die noch auf der Oberwelt lebenden Mitglieder der Familie dazu bewegt, reichlich Gaben für die Verstorbenen zu spenden (Hinweis Katharina Ibenthal).

und der Staubstürme genügen zwei Worte, um eine paradiesische Situation zu evozieren[37]. Der zu unserem Text etwa zeitgleiche Herrscher Ḫammurapi (1792-1750) verwendet sogar nur ein *einziges* Wort – *aburrum* („bewässertes Land") – um zu schildern, dass er gemäß göttlichem Auftrag für die ihm anvertrauten Menschen ideale Verhältnisse geschaffen hat. Er hat sie nämlich auf solchen wasserreichen Weiden lagern lassen[38]. Die Bildrede von der Herde, die unter einem guten Hirten auf köstlich frischem Land gedeihen kann, meint hier Menschen, die in Frieden, nicht in Krieg, und mit guter Nahrung versorgt leben dürfen und gerade nicht Hunger und Durst leiden[39]. Auch im akkadischen Gebet an den Schutzgott klingt durch „Wasser und Gras" die Hirtenmetapher an, die schon durch *tušaḫbat* „du (= Schutzgott) lässt wandern" evoziert worden war. Der Schutzgott tritt funktional wie ein Hirte auf, der den Verstorbenen durch seine Leitung auch durch gefährliche Regionen unbeschadet hindurchkommen lässt und der ihn geleitet zu einem Ort, wo es ihm gut geht, so wie es den Tieren gut geht, die ein guter Hirte auch in trockener Steppenlandschaft zu Lagerplätzen führt, damit sie sich bei Wasser und Gras gütlich tun können. Das zum Le-

---

[37] Wobei dieses „Paradies" (in relativ bescheidenem „Format") nicht als Utopie aufgefasst wird, sondern in Gestalt einer realen Hoffnung.

[38] Vgl. *Codex Ḫammurapi* Rs.24, 33-35: ^{33} šīr mātim ^{34} uṭīb ^{35} nišī dadmī aburrī ušarbiṣ, „(Ich machte das Fleisch des Landes gut =) Ich ließ es den Bewohnern des Landes gut gehen, die Einwohner der Ortschaften ließ ich auf bewässerten Weideflächen lagern". Ḫammurapi beschreibt sich im *Codex Ḫammurapi* überdies mehrfach konkret als der „gute Hirte" seines Volkes (vgl. Fechner 2018, 63 Fußnote 82 mit weiterer Literatur). Die Hirten-Metapher war in der altbabylonischen Zeit, insbesondere auch im Bereich der persönlichen Frömmigkeit in Bezug auf den persönlichen Schutzgott eines Menschen offenbar gut etabliert, wovon altbabylonische sumerische Gebete und Sprichwörter beredtes Zeugnis ablegen (vgl. dazu Fechner 2018, 64 und 67 f). Zum Einsatz der Metapher im hebräischen Psalm 23 vgl. unten sub 13.

[39] Der Kontext zeigt dort, im *Codex Ḫammurapi*, auch, dass eine solche Situation zugleich Frieden impliziert. Eine ausreichende Versorgung ist nur dann gewährleistet, wenn die komplizierten Bewässerungssysteme gepflegt werden können, was einen hohen Einsatz erfordert, der so nur in Friedenszeiten gesichert werden kann. In den für die Region typischen kriegerischen Unruhen werden die lebenswichtigen Anlagen vielfach zerstört. Die Beendigung der Kriege steht daher auch im *Codex Ḫammurapi* Rs. 24:22-40 direkt vor der Aussage, dass Ḫammurapi die Menschen auf „bewässerten Weideflächen" lagern ließ.

ben (nach dem Tod) Notwendige wird durch den Schutzgott bereitgestellt[40] und die ihm Anvertrauten sind nicht nur einmal eingeladen, sondern permanent[41].

Diese Interpretation passt textintern ausgezeichnet. Sie wird bestätigt durch die literarische Gestaltung des gesamten Textes, in dem nämlich Ringstrukturen geschätzt und durchgängig verwendet werden[42]. Die Interpretation passt auch zum Korpus der in diesem Grab gefundenen Texte. Eine andere der hier gefundenen Tafeln, Sb 19320 (MDP 18, 253), nimmt ebenfalls in den Blick, was nach dem Tod des Menschen geschehen wird[43]. Formal finden sich hier mehrere Sprecherwechsel und ein Satz aus Erzählerperspektive. Der Inhalt ist kurz zusammengefasst folgender: Der Mensch ist tot („Sein Schicksal ist (gewaltsam entrissen =) besiegelt", Z. 1) und weilt jetzt mithin in der Unterwelt. Hier erteilt eine Gruppe von Personen – es muss sich dem Gebet an den Schutzgott zufolge um die Versammlung der Recht sprechenden Gottheiten beim Totengericht handeln – einen guten Urteilsspruch über den Verstorbenen („Den Bescheid (das Wort) für dich sprechen sie aus, / einen günstigen!", Z. 2-3). Dieser wird im Wortlaut zitiert: „Er ist gerettet!" (Z. 4). An diesen über das weitere Schicksal entscheidenden Rechtsspruch fügen sich die Wünsche an, dass der persönliche Schutzgott des Sprechers, der hier offenbar als Vorfahre des Verstorbenen gedacht ist, den „neuen" Ankömmling im Totenreich mit köstlichem Essen – Schafe, Fische und Öle sind klar zu identifizieren – versorgen soll („Möge er (= der Schutzgott) deinen Mund füllen mit / Schafen, Fischen, ...!")[44]. Den Abschluss bildet die umfassende Bitte, dieser Schutzgott möge sich gegenüber dem Toten insgesamt als gnädig erweisen („Möge mein Gott sich dir als gnädig erweisen!"), d. h. die Wünsche des zu einem neuen Leben „Geretteten" erfüllen.

Die Interpretation bestätigt sich durch Parallelen in der sonstigen Überlieferung des antiken Mesopotamien, welche die Vorstellung zeigen, dass die

---

40 Das kann durchaus indirekt verursachend vorgestellt sein, indem der Schutzgott dafür Sorge trägt, dass die in der Oberwelt lebenden Mitglieder der eigenen Familie für eine reichliche Versorgung ihrer Verstorbenen sorgen. Der höher Gestellte, der etwas in Auftrag gibt, gilt in Mesopotamien als verantwortlich (vgl. dazu den Beitrag von A. Zgoll „Durch Tod zur Macht" im vorliegenden Band Abschnitt 5.2 mit Anm. 108).
41 Die zeitlich wie quantitativ reichliche Gabe ergibt sich aus der Wahl des D-Stamms von *qerû* „einladen": „Du lädst reichlich / dauernd ein", vgl. dazu oben.
42 Vgl. A. Zgoll / C. Zgoll 2020 mit einem Kapitel zur literarischen Gestaltung des Textes.
43 Vgl. in analoger, indikativischer Stilisierung die orphischen Goldblättchen, die ebenfalls in Gräbern gefunden wurden, vgl. Abschnitt 11 und A. Zgoll / C. Zgoll 2020.
44 Die Zeilen 4-6 verstehe ich als einen Satz; Zeile 4-5 enthalten die Objekte, die der Schutzgott (Z. 7) dem Verstorbenen in den Mund füllen soll.

Schutzgottheit auch im Totenreich Beistand leistet[45]. Eine weitere knappe Formulierung dieser Vorstellung findet sich auf einer Votivgabe für die „Herrin, die den Toten belebt", die Göttin Nin-tin-uga, wo die Hoffnung auf ein gutes Leben nach dem Tod im Begriff des Wasser-Trinkens zusammengefasst wird[46]:

u$_4$(d) til$_3$-la-ĝa$_2$ igi ḫu-mu-un-du$_8$	(An meinen Tagen des Lebens =) Während ich lebe, möge sie das Auge auf mich richten!
u$_4$(d) ba-uš$_2$-en kur-ra a si-ga ḫu-mu-un-na$_8$-⸢na$_8$⸣	(An den Tagen, wenn ich gestorben sein werde =) Wenn ich gestorben bin, möge sie mich in der Unterwelt reines Wasser trinken lassen!

Auch die negative Verkehrung im *Codex Ḫammurapi* Rs.27:34-40[47] und anderen Fluchformeln[48] zeigt, dass es den Göttern obliegt, ob der Mensch im Totenreich dürsten muss – und damit auch umgekehrt, ob er zu trinken bekommen kann. Solche Formulierungen können die Sicherstellung der weiteren Versorgung nach dem Tod bezeichnen. Sie können auch noch mehr meinen als dies. Es gibt Indizien, die darauf hindeuten, dass „Wasser" (teils auch „Gras" oder beides) dazu dienen sollte, dem Toten ein neues Leben im Totenreich zu ermöglichen; dass also die besondere Macht der Göttin Nin-tin-uga als „Herrin, die den Toten belebt" darin besteht, den Verstorbenen zu einem neuen Leben *im* Totenreich zu befähigen[49]. Eine einmalige Gabe von besonderem Wasser ist notwendig, um den Toten wieder lebendig zu machen, was insbesondere auch die Fähigkeit, Speise und Trank zu genießen, einschließt. Im griechischen Raum gibt es Parallelen dazu: Wasser, das Erinnerung schenkt und damit zu neuem Leben befä-

---

[45] Außer der hier genannten Stelle vgl. auch Abschnitt 10 und A. Zgoll / C. Zgoll 2020.
[46] Edition der *Weihgabe eines Hundes an Nin-tin-uga* (dort Z. 18): Ali 1966; vgl. Behrens 1988, 27, Black 2005 und ETCSL c.5.7.2. Fast identisch ist die Inschrift auf der Weihgabe einer Axt für Nergal (dort Z. 15 f), Behrens 1988, 27-32, Black 2004, 157 f, Black 2005 text c.5.7.3.
[47] Inhalt des Fluches ist, dass der Sonnengott Übeltäter aus dem Leben herausreißen und in der anderen Welt mit Durst quälen soll.
[48] Vgl. z. B. die *Grabinschrift der Jabâ* aus dem 9. Jh. (Edition Al-Rawi 2008, Übersetzung Lundström 2011, 70) mit einem Fluch, der dazu führen soll, dass ein Totengeist in Sonnenhitze durch Außenbezirke irren und dort Durst leiden muss.
[49] Daneben berichten Mythen von Fällen, wo jemand durch „Gras" und „Wasser" in einer Weise lebendig wird, dass er oder sie das Totenreich (k u r) wieder verlassen kann. Vgl. z. B. den Mythos von *Innanas Gang zur Unterwelt* (A. Zgoll im vorliegenden Band) oder den zweiten Teil des *Lugalbanda-Epos* (so Wilcke 2015, 254, traditionell *Lugalbanda und der Anzu-Vogel*) 239-243 (vgl. Wilcke 2015, 264 f), wo Lugalbanda aus dem Gebirge/Totenreich (k u r) wieder herauskommt, nachdem er Gras und Wasser zu sich genommen hat. Dies wird an anderer Stelle weiter auszuführen sein.

higt⁵⁰. Im vorliegenden Gebet aus Susa gibt es im Familienverbund, bei den Ahnen Speise und Trank, die ein neues Leben ermöglichen, das seinen Ausdruck in der Fähigkeit zu weiterem Essen und Trinken und damit zu einem guten Leben findet.

6.2.5 Das Gebet mündet in den Anfang

Die Aussage, mit der das Gebet schließt, lässt das Ganze wieder in den Anfang münden[51], in den Wunsch des Beters, an der Seite seines Schutzgottes zu seinen göttlichen Vorfahren, also in den Kreis seiner Familie zu gelangen, wo ihm ein neues Leben ermöglicht wird[52]. Das Gebet zielt auf eine Absicherung für das Leben nach dem Tod ab, das im schlechten Fall von Hunger und Durst gezeichnet ist, im guten Fall aber ein durchaus gutes Leben bei „Wasser und Gras", also mit Trinken und Essen verheißt.

7 Das akkadische Gebet in Transkription und freier Übersetzung

[1-3] *alka*	[1-3] Komm doch zu mir!
lullika ilī bēlī	Mein Gott und Herr! Gelangen will ich
ana maḫrīt(-)Enunnakī	zu den göttlichen Ahnen,
lūtiq ḫarrāna?	will zu ihnen den Weg? überstehen!
[4-7] *lūḫuz qātka*	[4-7] An deiner Hand will ich mich festhalten,
ina maḫar ilī rabbûti lušmema dīna	vor den Göttern, den großen, wahrlich hören das Urteil,
lušbata šēpīka	will zu meinen Gunsten deine Füße umschlingen.
[8-11] *tādema bīt ekleti ilī*	[8-11] Denn du, mein Gott, kennst dich aus im Haus der Finsternis.

---

[50] Vgl. Abschnitt 11 und den Beitrag von H.-G. Nesselrath im vorliegenden Band. Ausführlich zum Vergleich des akkadischen Gebets Sb 19319 und den griechischen Goldtafeln in Kürze A. Zgoll / C. Zgoll 2020.

[51] Das passt insofern ausgezeichnet, als auch sonst in Ritualen ein Gebet üblicherweise mehrfach rezitiert wird, wobei es häufiger der Fall ist, dass das Ende gezielt wieder in den Anfang mündet, vgl. A. Zgoll 2003, 269 f.

[52] Entsprechendes wird auch in einem sumerisch überlieferten Ritualtext an Utu deutlich, vgl. Alster 1991, mit neuer Übersetzung der relevanten Passage in A. Zgoll / C. Zgoll 2020.

tušaḫbatanni appāra ša makî u dulli	Du hilfst mir, hindurchzukommen durch den Sumpf von Entbehrung und Mühsal!
[12-15] *ina qaqqar dannati tešeʾʾânni tuqerra mê u šamma ina eqel ṣumāmīti*	[12-13] In der Unterwelt, wo man hungert, suchst du mich, du machst reichlich Speise und Trank und lädst die dir Anvertrauten dazu ein, in den Gefilden, wo man sonst dürstet.

8 Rekonstruktion des mythischen Erzählstoffs hinter dem akkadischen Gebet durch Hylemanalyse

Auf Basis der philologischen Analysen des akkadischen Textes (Abschnitte 3, 6-7), die mit der Rekonstruktion des Erzählstoffes und mit semantischen Überlegungen aufs Engste verzahnt waren (Abschnitte 5-6), lässt sich nun die gesamte Hylemsequenz der Quelle und damit ihr Erzählstoff in chronologischer Folge gewinnen. Eine Erzählstoff besteht aus dynamischen und statischen Hylemen[53]. Dynamische Hyleme bringen die Handlung voran und bilden damit die Handlungsabfolge im engeren Sinn; die dynamischen Hyleme des akkadischen Gebetes werden im Folgenden mit einer Sigle aus Ak (für Akkadisch) plus Zahl bezeichnet, also als „Ak1", „Ak2" etc. Gegenstück der dynamischen sind die statischen Hyleme, welche länger dauernde Gegebenheiten beschreiben. Auch solche Bestandteile, wie etwas oder jemand „ist", gehören zu jedem Erzählstoff. Im vorliegenden Fall, dem Grabtext aus Susa, umfassen die statischen Hyleme Informationen über die Bedingungen (a) in der Welt der Lebenden und (b) in der Unterwelt. Diese statischen Hyleme werden bezeichnet durch Siglen, bestehend aus „Ak" plus zusätzlichen Buchstaben (a, b, c) als „Ak-a", „Ak-b" etc.:

Ak1, Ak2, ... = Akkadisches Gebet (dynamische Hyleme)
Ak-a, Ak-b, ... = Akkadisches Gebet (statische Hyleme)

Statische Hyleme im akkadischen Gebet Sb 19319 sind:

Ak-a Der Mensch NN hat eine Schutzgottheit. = Er ist der Diener seiner Schutzgottheit. (Z. 1-3, 8)

Ak-b Der Mensch NN ist voll Vertrauen auf seine Schutzgottheit. (Z. 8-15)

---

[53] Für Details vgl. C. Zgoll 2019, 88 f und 115.

Ak-c	In der Unterwelt gibt es schreckliche, unwirtliche Bereiche, geprägt von Dunkelheit, Hunger und Durst, und lebenspendende Bereiche mit [Licht[54]], Essen und Trinken. (Z. 8-11 + 12-15)
Ak-d	Die Vorfahren von NN (= Anunnakū) leben in der lebenspendenden Region der Unterwelt. (Z. 1-3, 12-14, vgl. Abschnitt 6.2.3)
Ak-e	Die Großen Götter der Unterwelt sind Richter über den gerade Verstorbenen. (Z. 4-7).
Ak-f	Die Großen Götter haben die Macht, durch ihr Urteil jedem Verstorbenen seinen Platz in der Unterwelt zuzuweisen. (Z. 4-7)
Ak-g	Die Schutzgottheit ist vertraut mit den guten und den schlechten Regionen der Unterwelt (dem „Haus der Dunkelheit" etc.) (Z. 8-15).

Die dynamischen Hyleme des *Erzählstoffes* lassen sich in ihrer chronologischen Reihenfolge darstellen wie folgt:

8.1 Der Verstorbene NN ist in der Unterwelt, ohne Schutzgottheit

Ak1	[Der Mensch NN stirbt.] (implizit[55])
Ak2	Der Verstorbene NN betritt die unwirtlichen Bereiche der Unterwelt (wo Dunkelheit, Hunger und Durst herrschen, vgl. Ak-c). (// Z. 12-15)
Ak3	Der Verstorbene NN möchte sich seinen Vorfahren in einem lebensspendenden Bereich der Unterwelt anschließen (d. h. wieder in die Gemeinschaft seiner Familie gelangen, an einen guten Ort). (// ge-

---

54 Dass es in den angenehmen Bereichen der Unterwelt Licht gibt, lässt sich aus der antithetischen Struktur des akkadischen Gebetes erschließen: Es gibt Hunger in der Unterwelt, aber auch Nahrung. Es gibt Durst, aber auch Trinken. Und es gibt Dunkelheit …: die Struktur lässt die Schlussfolgerung zu, dass Lichtlosigkeit in den lebensfeindlichen Bereichen der Unterwelt impliziert, dass es in den lebensfreundlichen Bereichen Licht gibt. Das wird unterstützt durch die sogenannten sumerischen Elegien, die *Elegie für Nanaja* und die *Elegie für Nawirtum* (vgl. dazu A. Zgoll / C. Zgoll 2020) und andere Quellen wie das sumerische epische Preislied *Gilgameš Tod* Z. 90 f (Cavigneaux/Al-Rawi 2000).

55 Der Vermerk „implizit" bedeutet, dass sich das entsprechende Hylem aus dem Kontext erschließen lässt (vgl. Abschnitt 5). Die Verdeutlichung solch impliziter Hyleme ist ein wesentlicher Bestandteil der Erzählstoffanalyse. Ihr kommt deswegen so große Bedeutung zu, weil Erzählen fast immer (und in der mesopotamischen Antike: immer) von Abkürzungen und Andeutungen geprägt ist.

samtes Gebet)

Ak4 [Zu diesem Zweck muss der Verstorbene NN zuerst den Großen Göttern gegenübertreten (die über jeden gerade verstorbenen Menschen nach dessen Ankunft in der Unterwelt Gericht halten, vgl. Ak-e).] (// Z. 4-7)

Ak5 [Der Verstorbene NN (der auf seine Schutzgottheit vertraut, vgl. Ak-b) ruft seine Schutzgottheit um Hilfe an.] (//gesamtes Gebet)

8.2 Die Schutzgottheit sucht nach dem Verstorbenen und geleitet ihn zum Totengericht vor die Großen Götter

Ak6 [Die Schutzgottheit nimmt das Gebet des Verstorbenen NN an.] (// Z. 1-3)

Ak7 Die Schutzgottheit sucht nach dem Verstorbenen NN in den schrecklichen Bereichen der Unterwelt (wo Dunkelheit, Hunger und Durst herrschen, vgl. Ak-c). (Z. 12-15)[56]

Ak8 [Die Schutzgottheit entdeckt den Verstorbenen NN.] (// Z. 1-3, die Schutzgottheit kommt zum Verstorbenen).

Ak9 [Die Schutzgottheit geleitet den Verstorbenen NN zu den Großen Göttern.] (// Z.1-7)

8.3 Die Schutzgottheit setzt sich dafür ein, dass das Gremium der Großen Götter ein Urteil zugunsten des Verstorbenen fällt

Ak10 Die Großen Götter richten über den Verstorbenen NN. (// Z. 4-7)

Ak11 Der Verstorbene NN hält sich beim Gericht an der Hand seiner Schutzgottheit fest, d. h. er unterstellt sich dem Schutz seiner Schutzgottheit. (Z. 4-7)

Ak12 Der Verstorbene NN umschlingt beim Gericht die Füße seiner Schutzgottheit, d. h. er ruft ihn um Hilfe an. (Z. 4-7)

---

56 Vgl. Ak-g: Die Schutzgottheit kennt sich in der Unterwelt aus, sowohl in den angenehmen wie in den schrecklichen Bereichen.

Ak13 [Die Schutzgottheit plädiert für ihren verstorbenen Schützling vor dem Gericht nach Art eines Rechtsbeistands, um für ihren Klienten einen positiven Ausgang zu erzielen, d. h. einen guten Urteilsspruch der Götter für ihren verstorbenen Schützling.] (implizit, erschlossen aus Z. 4-7).

Ak14 [Die Großen Götter verkünden einen positiven Urteilsspruch für den Verstorbenen NN (// Z. 4-7): der Verstorbene NN wird zu den guten Bereichen der Unterwelt zugelassen, wo er sich seinen Vorfahren anschließen darf.] (// insgesamt)

8.4 Nach dem Urteilsspruch geleitet die Schutzgottheit den Verstorbenen zu seinen Vorfahren

Ak15 Die Schutzgottheit geleitet den Verstorbenen durch die schrecklichen Regionen der Unterwelt (wo Dunkelheit, Hunger und Durst herrschen, vgl. Ak-c). (// Z. 8-11)

Ak16 [Die Schutzgottheit geleitet den Verstorbenen NN zu einer „Wiese", d.h. zu einem lebenserhaltenden Bereich in der Unterwelt, zu seinen Vorfahren (= der Familiengemeinschaft).] (// Z. 1-3 + 8-15).

Ak17 Die Schutzgottheit lässt Wasser und Gras, d. h. Trinken und Essen, reichlich vorhanden sein. (Z. 12-15)

Ak18 Die Schutzgottheit lädt ihre Schützlinge, d. h. die Familiengemeinschaft inklusive NN zu Essen und Trinken ein. (Z. 12-15)

Ak19 [Der Verstorbene NN feiert (bereitgestellt durch die Schutzgottheit) ein Mahl mit seinen Vorfahren (= der Familiengemeinschaft).] (// Z. 1-3 + 12-15)

9 Antike Texte, deren Erzählstoffe zu dem des akkadischen Gebetes affin sind

Die Vorstellung von lebensförderlichen Regionen im Totenreich, wo Verstorbene auf eine gute Versorgung hoffen können, stellt eine Besonderheit dar, zumindest nach dem bisherigen Kenntnisstand für das antike Mesopotamien. Doch sowohl in Mesopotamien selbst als auch in anderen antiken Kulturen, deren Vorstellungen vom Leben nach dem Tod – und das ist es ja fast immer:

ein weiteres Leben, kein völliges Abbrechen, kein Nichts – eher düster und erschreckend klingen, finden sich noch weitere vergleichbare Erzählstoffe, gerade auch (aber nicht zwingend) in Texten, die einen Bezug zum Grab aufweisen. Ein paar Beispiele aus den antiken Kulturen des Nahen Ostens und des Mittelmeerraums sollen dies verdeutlichen: Texte in sumerischer, griechischer, hebräischer und phönikischer Überlieferung. Ein Ausblick auf einen hebräischen Text, der nicht in einem Grabkontext belegt ist, wird diesen vergleichenden Teil beschließen: Hier wird exemplarisch eine vergleichende Analyse der Erzählstoffe auf Basis der Hylemanalysen des akkadischen Gebets Sb 19319 und des hebräischen Psalms 23 durchgeführt[57].

10 Ein sumerischer Text zum Betreten des Totenreichs

Geht man von dem akkadischen Gebet an den Schutzgott 300 bis 500 Jahre tiefer in die Vergangenheit, so stößt man auf eine Tafel in sumerischer Sprache (RBC 2000)[58], die möglicherweise das Gebet eines Toten darstellt, der in die Unterwelt eintreten möchte[59]. Der Vergleich mit dem akkadischen Gebet an den Schutzgott Sb 19319 unterstützt die Plausibilität dieses Vorschlags. Die Unterschrift weist das sumerische Gebet als Ritual aus, welches dem Gott der rituellen Weisheit[60] Enki untersteht, und sucht, die Gefahr zu bannen, dieses Ritual könnte aufgelöst werden[61]. Wie die erste Hälfte des akkadischen Gebetes ist es in der Ich-Form gehalten; anders als dies ist es durchgängig in Wunschaussagen gestaltet.

---

57 Für einen genaueren Vergleich mit den Erzählstoffen der anderen Quellen vgl. A. Zgoll / C. Zgoll 2020.
58 Die Tafel wird ins 21. Jh. datiert (Veldhuis 2003: „latter part of the third millennium", evtl. „around the time of Gudea") oder ins 23. Jh., s. Cuneiform Digital Library Initiative (CDLI) sub http://cdli.ucla.edu/search/search_results.php?SearchMode=Text&ObjectID=P221782.
59 Veldhuis 2003: „it may be a prayer for a dead person pleading to be admitted to the netherworld".
60 Vgl. A. Zgoll 2017.
61 Könnte die Klausel darauf deuten, dass das Ritual für einen Toten durchgeführt werden soll, der sich selbst nicht schützen kann?

¹ e₂-gal ter ² gu₂-ur₅ᵐᵘšᵉⁿ si₁₂-a
a sig ḫa-mu-ši-ib₂-ĝar

³ ša₃(g)-bi kir₁₃ maḫ izi ba-ra-a ⁴ a sig ḫa-ma-ab-su₃

⁵ ig-be₂ ra-gaba ᵇᵃḫarran(KASKAL) sa₂-a-ĝa₂ ḫa-gub

⁶ ze₂-ḫi-bi lu₂ kiĝ₂-ge₄-a-kam ⁷ šu ḫa-mu-ši-niĝen

⁸ ĝeš-bala-bi lammaₓ(LAM) a₂ sa₆-ga-ĝu₁₀ ḫa-am₃

⁹ za₃(g) zi-da-ĝa₂ ḫa-kara₂-kara₂-ka

¹⁰ ĝᵉškan₄-ba gu₂-bi ḫa-mu-da-zi(g)

¹¹ ᵈInnana(k) igi-du-ĝu₁₀ ḫe₂-am₃

¹² diĝir-ĝu₁₀ a₂-taḫ-ĝu₁₀ ḫa-am₃

¹³ egir-ĝa₂ ḫa-ĝen

¹⁴ lu₂ i₃!-du ĝe₂₆ gu₂-e ki ḫa-la₂

¹⁵ ĝe₂₆ gu₂-ĝu₁₀ an-še₃ ḫa-zi(g)

Palast⁶², Wald, wo die gu-ur-Vögel⁶³ wohnen!
(Da) möge für mich klares Wasser aufgestellt sein!

In seinem Inneren, dem riesigen Ofen, wo Feuer entzündet ist, möge klares Wasser für mich versprengt sein!

An dessen (= des Palastes) Tor möge ein Läufer⁶⁴ dastehen, (bei meiner erreichten Reise =) wenn ich die Reise (ins Totenreich) vollendet habe!

Zu dessen (= des Tores) Riegel möge einer – es ist einer von den Boten – (die Hand herumgehen lassen =) öffnen!

An dessen (= des Tores) Schloss möge meine Lamma-Schutzgottheit, die an der guten Seite (steht), sein!

Möge sie an meiner (Seite der Rechten =) rechten Seite erstrahlen!

Möge in dessen (= des Palastes) (Holz-)Tor deren (= der Schutzgottheit(-en)) Nacken meinetwegen (hoch/stolz) erhoben sein!

Möge Innana meine (Vorhut =) vorausgehende Schutztruppe sein!

Möge meine Schutzgottheit⁶⁵ mein Helfer sein!

Möge sie hinter mir gehen!

(Zum Torhüter hin – ich! – (mein) Nacken möge sich niederwerfen =) Was mich betrifft: Ich will mich vor dem Torhüter zu Boden werfen,

ich, ich will (dann) meinen Nacken (zum Himmel =) hoch erheben!

---

62 Die Unterwelt hat Paläste, vgl. z. B. den Palast mit Namen Ganzer, durch den die Göttin Innana nach dem sumerischen Epos *angalta* das Totenreich betritt (vgl. dazu den Beitrag von A. Zgoll im vorliegenden Band).
63 Hierbei könnte es sich um eine Bezeichnung von Totengeistern bzw. Seelenbestandteilen handeln. Für vogelgestaltige Totengeister vgl. z. B. das akkadische mythische Epos *Ištars Höllenfahrt*, Z. 10 (A. Zgoll 2013) oder *Gilgameš-Epos* Tafel 7, 182 f. (George 2003, Maul ⁴2008).
64 „Läufer" (Z. 5) und „Boten" (Z. 6) bezeichnen hier offenbar Bedienstete des Totenreiches.
65 Die Unterschrift des Textes deutet darauf hin, dass hier vermutlich die Göttin Našše (traditionell Nanše) gemeint ist.

Dem eigentlichen Gebetstext folgt dann noch eine Unterschrift, die deutlich macht, auf wessen Schutz der Beter sich besonders beruft: Es ist die Göttin Našše[66], Tochter von Enki, deren Schutz er sich unterstellt weiß:

^{16}eš$_3$ ^{d}En-ki(k) ^{d}Asar-re Abzu-na ^{17} nam-mu-da-bur$_2$-e ^{18} da-ĝu$_{10}$ ^{d}Našše al-me-a	Im Heiligtum von (!) Enki, in Asares Abzu, darf niemand gegen mich dies (= dieses Ritual) auflösen, weil an meiner Seite Našše ist.

Das Format der formvollendet beschriebenen Tafel ist eine Linse, d. h. in sumerischer Bezeichnung im-šu, eine „Handtafel". Nach Veldhuis (2003 § 17) könnte diese für ein Gebet ganz ungewöhnliche Form gewählt sein, damit ein Verstorbener die Tafel in der Hand halten konnte. Leider fehlt uns hier der Fundkontext. Immerhin kann man auf das ungewöhnliche Format der akkadischen Tafel aus dem Grab von Susa verweisen: Auch diese merkwürdig geformte, taschentuchkleine Tafel hätte man gut in der Hand halten können. *De facto* ist die Fundlage in diesem Fall anders: die Tafel war in einem Ziegel-Kästchen über dem Grab eingemauert. Das könnte im Kontext der hier praktizierten Mehrfachbestattungen zu verstehen sein[67]; in diesem Fall wäre es sehr wohl denkbar, dass man die Tafel zunächst einem Verstorbenen in die Hand gelegt hätte.

In diesem sumerischen Gebet wünscht sich der Beter zunächst klares Wasser; dann, dass ihm geöffnet werden soll, wenn er die Reise vollendet hat. Vor allem aber wünscht er sich, dass ihm Schutzgottheiten zur Seite stehen[68]. Der Text kulminiert darin, dass der Beter sich vor dem Torhüter niederwirft und sich dann wieder aufrichtet, wobei er seinen Nacken zum Himmel heben will. Die beiden Sätze bilden den Zielpunkt des Gebetes; beide betonen die 1. Person:

lu$_2$ i$_3$$^!$-du ĝe$_{26}$ gu$_2$-e ki ha-la$_2$ / ĝe$_{26}$ gu$_2$-ĝu$_{10}$ an-še$_3$ ha-zi
„Zum Torhüter hin – ich! – (mein) Nacken möge sich niederwerfen!
Ich, ich will meinen Nacken zum Himmel heben!"

Offensichtlich benötigt der Verstorbene[69] in diesem Gebet die Schutzgottheiten, um die Situation am Tor der Unterwelt bestehen zu können. Es geht hier also

---

66 Traditionell liest man den Namen Nanše. Zur neuen Lesung vgl. Attinger in Mittermayer 2006, 51.
67 Vgl. Carter 2011, 45-49.
68 Am Riegel des Tores soll es die Lamma-Schutzgöttin sein, die an seiner Rechten stehen soll. Außerdem soll Innana vor ihm gehen und seine Schutzgottheit (Našše?) hinter ihm.
69 Stammt der Verstorbene, für den die Tafel angefertigt wurde, aus einer gehobenen Schicht, wenn als seine Schutzgottheiten die hochrangigen Göttinnen Innana und Našše fungieren?

um Einlass und zwar offensichtlich um den Einlass zu einem guten Bereich des Totenreiches. Die Fügung aus Niederwerfen und Aufrichten „zum Himmel" in Kombination mit den schützenden Göttern lässt erahnen, dass die eigentlich heikle Situation hier ausgespart wird. Während der Beter, der Verstorbene, demütig am Boden liegt, wird über ihn entschieden. Der Torhüter wird – vermutlich auf Weisung der Boten, von denen zuvor die Rede ist und die sicherlich von den Großen Göttern geschickt werden – verkünden, ob der Tote eingelassen wird. Diese Situation schrecklicher Ungewissheit wird übersprungen. Der Tote hofft selbstverständlich auf einen guten Bescheid. Als Reaktion auf diesen erhofften, guten Ausgang des Verfahrens, das man in Analogie zum Totengericht in den akkadischen Tafeln aus Susa sehen kann, wird er jubelnd in die Höhe springen.

11 Griechische Handlungsanweisungen für das Totenreich: Goldblättchen aus dem 5. Jh. v. Chr.

Vielfach, aber nicht immer in Gräbern gefunden wurden griechische Anweisungen, wie man sich nach dem Tod verhalten soll, um in die guten Regionen des Totenreiches, d. h. um vom Tod ins Leben zu gelangen[70]. Es handelt sich um die sog. orphischen oder bakchischen Goldtafeln („Orphic/Bacchic Gold Tablets"), die vom 5. vorchristlichen bis ins 2. nachchristliche Jahrhundert belegt sind[71]. Als Beispiel greife ich einen Text heraus, der aus einem Grab in Kalabrien stammt und auf ca. 400 v. Chr. datiert wird; niedergeschrieben ist er auf einem Goldtäfelchen, das auf dem Brustkorb eines Skelettes lag.
Eine Rekonstruktion des Szenarios findet sich bei Nesselrath im vorliegenden Band; die hier zitierte Übersetzung stammt von Graf/Johnston ²2013, 5, Text Nr. 1:

> [1] This is the work of Memory, when you are about to die
> [2] down to the well-built house of Hades. There is a spring at the right side,
> [3] and standing by it a white cypress.

---

70 Vgl. dazu den Beitrag von H.-G. Nesselrath im vorliegenden Band.
71 Für einen Vergleich der Erzählstoffe der griechischen Goldtafeln und des akkadischen Gebets an den Schutzgott vgl. A. Zgoll / C. Zgoll 2020.

⁴ Descending to it, the souls of the dead refresh themselves.
⁵ Do not even go near this spring!
⁶ Ahead you will find from the Lake of Memory,
⁷ cold water pouring forth; there are guards before it.
⁸ They will ask you, with astute wisdom,
⁹ what you are seeking in the darkness of murky Hades.
¹⁰ Say, „I am a son of Earth and starry Sky,
¹¹ I (masculine) am parched with thirst and am dying; but quickly grant me
¹² cold water from the Lake of Memory to drink."
¹³ And they will announce you to the Chthonian King,
¹⁴ and they will grant you to drink from the Lake of Memory.
¹⁵ And you, too, having drunk, will go along the sacred road on which other
¹⁶ glorious initiates and bacchoi travel.

Vom Fundkontext her ist dieses Goldblättchen (wie die meisten Goldblättchen) dem akkadischen Gebet Sb 19319 vergleichbar: Beide hat man Toten ins Grab mitgegeben. Auch formal und inhaltlich zeigen sich Ähnlichkeiten. Wie das akkadische Gebet in seinem zweiten Teil so formuliert auch die griechische Anweisung ihre Vorstellungen über das zweite Leben indikativisch. Der Text schildert ebenfalls einen Sphärenwechsel innerhalb des Totenreichs[72], der auch hier in die guten Regionen des Totenreiches führen soll. Das Totenreich wird auch hier als „Haus" bezeichnet und liegt in düsterer Finsternis. Man hat schrecklichen Durst. Auch hier trifft man auf Wächter, die einen ins Verhör nehmen, und auf eine große, beherrschende Gottheit. Auch hier wird eine Art von Urteil erwartet und nur der, für den dieses „Urteil" gut ausfällt, hat die Chance, zu einem guten Leben nach dem Tod zu gelangen.

Anders als beim akkadischen Gebet ist die Textgattung; es handelt sich bei den griechischen Goldtafeln nicht um ein Gebet, sondern um eine Anweisung für besondere Menschen, diejenigen, die in Mysterienkulte initiiert worden sind. In diesem griechischen *Vademecum* geht es nicht um Wasser, welches den Durst löschen soll, zumindest nicht primär. Antithetisch stehen sich gegenüber „Sterben" und „Durst" auf der einen Seite, auf der anderen Seite „Wasser", „Erinnerung" und, so lässt sich ergänzen, „Leben". Wasser, das Erinnerung ermöglicht[73], schenkt die Grundlage für neues Leben nach dem Tod, während

---

72 Zu Z. 15 mit „go along the sacred road" vgl. im akkadischen Gebet Z. 3 „den Weg will ich entlanggehen".
73 Vgl. die Wirkung, die in der homerischen Nekyia dem Trinken von Blut zukommt (Hinweis C. Zgoll). Erst wenn die Toten Blut getrunken haben, erlangen sie wieder ihre Verstandeskraft und ihr Erinnerungsvermögen.

nicht erinnern zu können, d. h. zu vergessen, einer Art ewigem Tod vergleichbar ist, in welcher Form dieser auch immer vorgestellt sein mag[74]. All dies verweist auf Vorstellungen, die sich im akkadischen Gebet aus Susa finden ließen, wo „Hunger", „Durst", „Entbehrung und Mühsal" und „Dunkelheit" den Begriffen „Wasser und Gras", d. h. „Speise und Trank" und, so lässt sich erschließen, „Fülle" und „Licht" antithetisch gegenübergestellt sind. Der Beter dort will den Gefilden von Hunger und Durst entkommen und im Bereich der Ahnen zu neuem Leben erweckt werden (vgl. Abschnitt 6).

12 Phönikisch-hebräische Texte zum Schutz im Totenreich

Der Blick auf den Leichnam, den man dem Grab anvertraute, und die Erwartung, dass unvorhersehbare und vielfach, v. a. in literarischen Quellen schrecklich ausgemalte Eigenarten des Totenreichs mit Dämonen und lebensfeindlich-tödlichen Bereichen auf einen zukommen mochten, legen nahe, dass man in antiken Kulturen für sein eigenes Begräbnis und für das Begräbnis derjenigen, die einem am Herzen lagen, ein hohes Bedürfnis nach Schutz verspürte. Die griechischen Goldtäfelchen lassen dieses Bedürfnis ebenso wie das akkadische Gebet aus Susa und die anderen zitierten akkadischen und sumerischen Texte erkennen. Bei den griechischen Goldtäfelchen zeigt sich darüber hinaus, dass es nicht nur umfängliche Texte, sondern auch ganz begrenzte Kurzversionen und sogar textlose Varianten gab, durch die man sich konkret zu schützen suchte[75]. Von großer Kürze geprägt sind auch die Funde, die teils aus hebräischen und phönikischen Gräbern stammen, in denen sich ebenfalls die Hinwendung zu einer schützenden Gottheit findet, deren Schutz sich der Verstorbene anvertrauen soll. Es handelt sich hier um Amulette, häufig aus Gold, Silber oder Bronze, teils auch Papyrus[76], die ebenfalls innerhalb von Gräbern deponiert

---

[74] Eine Möglichkeit wäre, das Vergessen auf das Nicht-mehr-Wissen des (richtigen) Weges zu einem für die Initiierten besonders reservierten Bereich im Totenreich zu beziehen. H.-G. Nesselrath (mündliche Mitteilung) versteht das Vergessen als Vergessen der früheren Leben und damit als Voraussetzung für immer neue Reinkarnationen, also für eine Rückkehr in die irdischen Mühsale.
[75] Die Analyse der verschiedenen Versionen findet sich in A. Zgoll / C. Zgoll 2020, dort als „guardian version", „ruler version" und „ruler&guardian version" mit jeweiligen Varianten und Abkürzungen.
[76] Vgl. López-Ruiz 2015, 65 f.

waren[77]. Auf diesen kleinen Bild- und Textträgern stehen meist nur wenige Wörter. Sie bringen den Wunsch nach Schutz (*šmr*, *nṣr*) und Segen (*brk*) zum Ausdruck. Dieselben Begriffe sind in Silberplatten mit hebräischer Beschriftung zu finden, die auf ca. 600 v. Chr. datiert werden und den Text des sog. priesterlichen oder aaronitischen Segens enthalten, der auch in der biblischen Überlieferung in Num 6,24-26 überliefert ist[78]. Der funeräre Kontext stellt diese und weitere derartige Funde in semantische Nähe zum Gebet an den Schutzgott aus Susa (Sb 19319), in dem die Aufgabe des Schutzgottes ihren Ausdruck in hirtenartiger Führung des menschlichen Schützlings gefunden hat[79].

Besonders nahe steht diesem Konnex von Schutz und Führung durch einen Hirten ein anderer Text aus der antiken hebräischen Überlieferung, nämlich ein Gebet, das teils, aber nicht unbedingt im Kontext von Unterweltsbezügen gelesen wird. Dieses wird im nächsten Kapitel vorgestellt; ein Vergleich der Erzählstoffe des akkadischen Gebets aus Susa und des hebräischen Gebets ist hier besonders interessant.

13 Ein hebräisches Gebet, Psalm 23, im Vergleich zum akkadischen Gebet an den Schutzgott

Ein solcher Text, der vor dem Hintergrund der hier vorgestellten Textinterpretationen und allgemeinen Überlegungen ins Interesse rückt, ist aus dem antiken Israel überliefert. Das Haus der Finsternis, das es zu durchwandern gilt, und die Einladung zu Wasser und frischem Gras verweist auf ein hebräisches Gebet, wo vom „finstern Tal" (גיא צלמות) einerseits und von saftigem Grün und frischem Wasser andererseits die Rede ist: auf Psalm 23.

¹ (Ein Psalm. Von David)
Der HERR ist mein Hirte,

---

[77] Die Auswertung dieser Befunde gelang López-Ruiz 2015.
[78] Vgl. López-Ruiz 2015, 70 f. Die Tradition setzt sich bis in die spätantike und byzantinische Zeit fort, wo weiterhin Metallblättchen mit Beschwörungen und Bibelstellen in hebräischer und aramäischer Sprache beschriftet werden.
[79] Weitere Analysen können noch interessante Parallelen zutage bringen. So kann die Erwähnung einer Waage auf einem solchen Amulett auf das Totengericht verweisen, vgl. López-Ruiz 2015, 67 mit Verweis auf Garbini 1994; dies stellt ebenfalls eine Parallele zu den akkadischen Grabtexten aus Susa dar, vgl. die Tafel Sb 21854 (MDP 18, 251), Steve/Gasche 1996, 334-336, SEAL Nr. 1833.

mir wird nichts mangeln.
² Er lagert mich auf grünen Auen,
  er führt mich zu stillen Wassern.
³ Er erquickt meine Seele.
  Er leitet mich in Pfaden der Gerechtigkeit
  um seines Namens willen.
⁴ Auch wenn ich wandere im Tal des Todesschattens,
  fürchte ich kein Unheil,
  denn du bist bei mir;
  dein Stecken und dein Stab, sie trösten mich.
⁵ Du bereitest vor mir einen Tisch
  angesichts meiner Feinde;
  du hast mein Haupt mit Öl gesalbt,
  mein Becher fließt über.
⁶ Nur Güte und Gnade werden mir folgen alle Tage meines Lebens;
  und ich kehre zurück ins Haus des HERRN lebenslang[80].

Die Ähnlichkeit zwischen dem akkadischen und dem hebräischen Gebet wird noch weiter vertieft, wenn man versucht, die hebräischen Begriffe für „finsteres Tal" (גיא צלמות) mit den Ohren eines antiken Menschen zu hören. In diesem Ausdruck klingt klar מָוֶת / מוֹת (mot) an, also das hebräische Pendant zum akkadischen *mūtu* „Tod", und צֵל / צַל (ṣel), was dem akkadisch *ṣillu* „Schatten" entspricht. Nun mag man einwenden, dass diese Anklänge keine aus heutiger sprachwissenschaftlicher Sicht „korrekte" Etymologie bezeichnen, sondern das, was man meist abwertend als „Volksetymologie" bezeichnet. Doch sollte man hier mit negativen Wertungen zurückhaltend sein. Im Unterschied zu sprachwissenschaftlichen Studien ist das Ziel von historischen und kulturwissenschaftlichen Studien ja die möglichst präzise Rekonstruktion der emischen Perspektive auf die umgebende Welt inkl. der Sprache. Insofern lohnt es sich, statt des oft abwertenden Begriffes „Volksetymologie" einen Begriff zu verwenden, der diese emische Perspektive, also die originären Assoziationen der ursprünglichen Sprechergemeinschaft erkennen lässt. Ich schlage dafür die Bezeichnung „emische Etymologie" vor[81]. Erhebt man aus den Anklängen der hebräischen Wortfügung „finsteres Tal" eine solche emische Etymologie, dann

---

80 Übersetzung der revidierten Elberfelder Bibel (Rev. 26) © 1985/1991/2008 SCM R.Brockhaus im SCM-Verlag GmbH & Co. KG, Witten. https://www.bibleserver.com/text/ELB/Psalm23
81 Der Begriff ist im Kontext der Göttinger Mythosforschungen durch A. Zgoll und G. Gabriel entwickelt worden, vgl. Gabriel 2014, 25 und C. Zgoll 2019, 381 mit Anm. 37. Für emische Etymologien in sumerischem Kontext vgl. den Beitrag von A. Zgoll im vorliegenden Band unter 1.2 „Willentlich geplante Abstiege ins Totenreich", dort in Bezug auf die Bedeutung des Namens Nin-azu in einer Textpassage mit Enkis Abstieg ins Totenreich.

umfasst diese mithin die Begriffe „Tal", „Schatten" und „Tod". Man kann also – wie dies auch häufiger getan wird – in dieser Hinsicht vom „Tal des Todesschattens" sprechen. Ein Gebet, in welchem sich jemand an seinen „Schutzgott" wendet, der ihn wie ein Hirte behütet, gerade auch dann, wenn er im „Tal des Todesschattens" gehen muss, lädt zum Vergleich mit dem akkadischen Gebet an den Schutzgott Sb 19319 ein.

14 Vergleich der mythischen Erzählstoffe im akkadischen Gebet aus Susa und im hebräischen Psalm 23

Um beide Erzählstoffe[82] methodisch fundiert vergleichen zu können, müssen die Hyleme soweit abstrahiert werden, dass besondere, kulturelle Spezifika wie Eigennamen das Erfassen von Entsprechungen nicht verstellen. Dazu ist eine Abstraktion der Erzählstoffe durchzuführen, die von konkreten Hylemen in Hylemschemata[83] überführt werden. Diese Hylemschemata werden im Folgenden vergleichend gegenübergestellt.

Akkadisches Gebet Sb 19319: Hylemschemata in chronologischer Reihenfolge	Hebräisches Gebet Ps 23: Hylemschemata in chronologischer Reihenfolge
Schutzgott beschützt NN (passim).	Gott beschützt NN. (passim, zusammengefasst im Bild des Hirten in 1a) Auf dem Hintergrund altorientalischer Vorstellungen hat Gott damit eine Schutzgottfunktion.
NN muss durch lebensfeindliche Bereiche des Totenreiches gehen (8-15).	NN muss durch lebensfeindliche Bereiche (des Totenreiches?) gehen (4a).
NN vertraut seinem Schutzgott (passim).	NN fürchtet sich in den lebensfeindlichen Gefilden (des Totenreiches?) nicht.
NN bittet den Schutzgott um Beistand (passim).	Denn sein (Schutz-)Gott ist sein Beistand (4a-b).

---

82 Eine genauere Diskussion und Begründung, inwiefern diese Erzählstoffe sich als mythisch charakterisieren lassen, werden in einem weiteren Band vorgelegt werden; für einen ausführlichen Vergleich zwischen den Erzählstoffen, der Bildwelt und allgemeinen Vorstellungen in beiden Quellen vgl. A. Zgoll / C. Zgoll 2020.
83 Vgl. C. Zgoll 2019, Kapitel 7.3 „Stoff und Stoffschema, Hylem und Hylemschema: eine (neue) Systematik", und Kapitel 3.6 im Beitrag in diesem Band.

Akkadisches Gebet Sb 19319: Hylemschemata in chronologischer Reihenfolge	Hebräisches Gebet Ps 23: Hylemschemata in chronologischer Reihenfolge
	D. h. NN vertraut seinem Schutzgott.
[Schutzgott erhört das Gebet.] (erhofft; das Gebet vertraut darauf, vgl. die Formulierungen im Indikativ 8-15)	
Im Totenreich gibt es die „Großen Götter" (da NN ihnen beim Gerichtsprozess ausgeliefert ist, hat er Angst vor ihnen) (4-7).	NN hat „Feinde", sie sind ihm nahe (evtl. Umschreibung für Dämonen o. ä.?) (5a).
Aber durch den Schutzgott können sie ihm nichts anhaben (erhofft, vgl. 4-7 + 9-15).	Aber durch den Schutzgott können sie ihm nichts anhaben (passim).
Die Großen Götter halten Gericht (4-7).	Schutzgott handelt so, wie es für seinen Namen gut ist (3b).
Schutzgott tritt für NN ein (4-7, erhofft).	Schutzgott leitet auf Wegen des Rechts (3b).
Schutzgott führt NN weg vom lebensfeindlichen Ort im Totenreich (1-3, 8-11).	Schutzgott lässt NNs Seele zurückkehren oder umkehren, d. h. er führt sie weg vom lebensfeindlichen Ort (im Totenreich?). (3b mit 4a-5a).
Schutzgott lädt NN zum Festmahl ein im lebensfreundlichen Bereich des Totenreiches, wo die Ahnen sind (1-3, 12-15).	Schutzgott lädt NN zum Festmahl und in sein Haus ein (5a-6b).
Erhofftes Resultat: NN ist zu Gast bei seinem Schutzgott, gemeinsam mit seinen Ahnen. (1-3, 12-15)	Erhofftes Resultat: NN ist für alle Zeit zu Gast im Haus des ihn beschützenden Gottes, der ihn zum Festmahl einlädt. (5a-6b)

Der Vergleich lässt sich zusammenfassen durch ein verkürztes Stoffschema, das (1) nur zentrale Hylemsequenzen zusammenfassend als Hyperhyleme[84] benennt, (2) um des Vergleiches willen in abstrahierter Form als Hylemschemata, d. h. insgesamt mit Hyperhylem-Schemata arbeitet:

---

[84] Vgl. C. Zgoll 2019, Kapitel 9.8 „Berücksichtigung stoffzusammenfassender und stoffrepräsentierender Hyleme (Hyperhylemfunktion)" und den Beitrag von C. Zgoll im vorliegenden Band unter Abschnitt 3.3 „Relevance of Hyleme Analysis for the Study of Stoffe".

[1. Ein Mensch NN stirbt.]
   Akkadisch: Hier eindeutig vorauszusetzen.
   Hebräisch: Hier ist ein solches Hylemschema nicht zwingend nötig, aber gut möglich (vgl. Abschnitt 13).

2. NN ist in einem lebensfeindlichen Bereich (des Totenreiches?).
   Akkadisch: Es gibt im Totenreich Finsternis, Hunger, Durst (bedrohlich empfunden werden auch die Großen Götter).
   Hebräisch: Es gibt um den Beter herum Regionen mit Finsternis und Feinden (erschließbar als potentielle Bedrohung sind auch Hunger und Durst).

3. NN vertraut auf Beistand des Schutzgottes.
   Akkadisch: Verstorbener NN vertraut auf Beistand des Schutzgottes und bittet ihn darum.
   Hebräisch: NN vertraut auf Beistand des Schutzgottes.

4. NN befindet sich in einem Rechtsfall bzw. auf „Wegen des Rechts".
   Akkadisch: Gottheiten bewerten NN in einem Rechtsfall; Schutzgott setzt sich für ihn ein.
   Hebräisch: Schutzgott handelt gemäß seinem Namen, indem er NN auf Wegen des Rechts führt.

5. Schutzgott führt NN aus lebensfeindlichen in lebensfreundliche Regionen (des Totenreiches?).
   Akkadisch: Schutzgott führt zu „Wasser und Gras" bei den Ahnen.
   Hebräisch: Schutzgott führt zu „Wasser und Gras" bei Gott.

6. Schutzgott lädt den Verstorbenen NN zum Mahl ein.
   Akkadisch: Das Mahl findet bei den göttlichen Ahnen statt.
   Hebräisch: Das Mahl findet im Haus der Gottheit statt.

Sowohl Ähnlichkeiten wie Unterschiede in den großen Linien werden auf diese Weise gut erkennbar. In beiden Gebeten ist wichtig, dass eine Gottheit den Menschen beschützt, weil es Gefahren gibt, vor denen man beschützt werden muss: Dunkelheit, dem Menschen feindliche oder potentiell feindliche Mächte, Hunger und Durst[85]. Beide Gebete erhoffen die Ankunft in einem guten Bereich. Dieser Bereich ist verschieden: Einmal besteht das Ziel im Erreichen des Hauses Gottes (hebräisch), einmal in der Ankunft im Bereich der familiären Gemeinschaft der Ahnen, wo es gute Versorgung mit Essen und Trinken gibt (akkadisch). Um dorthin zu gelangen, muss der akkadische Beter einen Gerichtsprozess bestehen, während der hebräische Beter sich darauf verlässt, dass sein Gott ihn auf „Wegen des Rechts" führt. Die Erfüllung der Hoffnungen wird in beiden Gebeten ins Bild des Festmahls gefasst, zu dem der Beter eingeladen ist. Für die Bildebene beider Quellen ist die Hirtenmetaphorik wichtig: Die Gottheit handelt als oder wie ein Hirte, von welchem der Mensch wie ein Tier zur Weide geführt und beschützt wird. Als Inbegriff für das gute Leben wird auf Bildebene die grüne, d. h. wasserreiche Wiese gezeigt bzw. schlicht „Wasser und Gras".

15 Neue Perspektiven auf Vorstellungen vom Leben nach dem Leben in Mesopotamien und Susa

Für Mesopotamien hat man eine solch positive Perspektive auf das Leben nach dem Leben bislang kaum gesehen, da die wenigen Quellen schwer identifizierbar sind – wie bei dem hier vorgestellten akkadischen und bei dem sumerischen Gebet. Mithin war es nicht möglich, die Quellen in einer Zusammenschau auszuwerten, und so haben sie auch noch keinen Eingang in moderne Darstellungen der Unterwelt gefunden, die traditionell als dunkel und staubig sowie als Ort von Hunger und Durst (und Land ohne Wiederkehr[86]) beschrieben wird[87]. Als Ausnahmen hat man bisher nur hochrangige Angehörige der Gesellschaft wie Könige und Priester registriert; deren Platz in der postmortalen Welt schien

---

85 Gerade wo die Gefahr von Hunger und Durst besteht – wie im „finsteren Tal" bzw. „Tal des Todesschattens" und dort, wo es „Feinde" gibt –, ist die Einladung des Menschen zum Festmahl bei Gott eine herausragende Tat und ersehnt.
86 Dass das „Land ohne Wiederkehr" nach mesopotamischen Vorstellungen durchaus ein Land *mit* Wiederkehr sein kann, zeigt der Beitrag zu verschiedenen Versionen des Mythos von *Innanas Unterweltsgang* von A. Zgoll im vorliegenden Band.
87 Schon die archäologischen Befunde sprechen dagegen, dass dies die einzige Sicht auf das Jenseits war, wie bspw. Barrett 2007 explizit vermerkt. Wäre das Totenreich zur Gänze schlecht und könnte man nichts dagegen tun, wäre es sinnlos gewesen, Grabbeigaben zu spenden und das eigene Essen und Trinken, das man ja nicht im Überfluss hatte, innerhalb der Rituale der Totenversorgung mit den Toten zu teilen.

nicht gleichermaßen negativ vorgestellt gewesen zu sein[88]. Die hier vorgestellte Lektüre des kleinen akkadischen Täfelchens kann daher, gemeinsam mit den anderen vorgestellten textlichen und archäologischen Befunden[89], neue Perspektiven eröffnen. Es ist nicht verwunderlich, daß die Überlieferungslage für mittlere und untere Bevölkerungsschichten deutlich schlechter aussieht als für königliche Dynastien. Um so mehr fallen dafür einzelne Funde ins Gewicht, die nicht aus Königsgräbern stammen, sondern aus Grabkontexten von Personen, die offenbar nicht zur höchsten Elite gehörten. Die Analyse solcher Funde liefert einen nicht zu unterschätzenden Beitrag für die Rekonstruktion antiker Vorstellungen und mythischer Erzählstoffe von einem positiven Leben nach dem Leben – auch für eine breitere Bevölkerung.

Bibliographie

Ali, F. A., 1966, Dedication of a Dog to Nintinugga, Archív Orientální 34, 289-293.
Al-Rawi, F.N.H., 2008, Inscriptions from the tombs of the Queens of Assyria, in: Curtis, J. u. a. (Hg.), New light on Nimrud, London, 119-138.
Al-Rawi, F. N. H. siehe Cavigneaux/Al-Rawi.
Alster, B., 1991, Incantation to Utu, Acta Sumerologica 13, 27-96.
André-Salvini, B., 1992, Funerary Tablet, in: Harper, P. O. / Aruz, J. / Tallon, F. (Hg.), The Royal City of Susa. Ancient Near Eastern Treasures in the Louvre, New York, 275.
Artemov, N., 2014, Belief in Family Reunion in the Afterlife in the Ancient Near East and Mediterranean, in: Marti, L. (Hg.), La famille dans le Proche-Orient ancien: réalités, symbolismes, et images. Proceedings of the 55th Rencontre Assyriologique Internationale, Paris 6-9 July 2009, Indiana, 27-41.
Aynard, J.-M., 1961, Le jugement des morts chez les Asyro-Bayloniens, in: Yoyotte, J. (Hg.), Le jugement des morts: Egypte ancienne–Assour–Babylone–Israel–Iran–Islam–Inde–Chine–Japon, Source Orientales 4, Paris, 81-102.
Barrett, C. E., 2007, Was Dust Their Food and Clay Their Bread? Grave Goods, the Mesopotamian Afterlife, and the Liminal Role of Inanna/Ištar, Journal of Ancient Near Eastern Religions 7, 7-64.

---

[88] Horowitz (1998, 351) und Katz (2014-16, 343 f und ead. 2003, 113-126) erkennen Hinweise auf verschiedene Bereiche innerhalb der mesopotamischen Unterwelt, die auf der soziopolitischen Stellung des Verstorbenen basieren: Könige und Priester hatten einen besonderen Status (anzumerken ist, dass ein solcher besonderer Status nach *Gilgameš-Epos* Tafel 8 auch Enkidu zuteil wird); außerdem stellt man sich unterschiedliche Bereiche für verschiedene Arten von Gottheiten, Dämonen und (menschlichen) Geistern vor (vgl. z.B. die klare Gliederung im sog. *Unterweltstraum eines assyrischen Kronprinzen*, Edition von Soden 1936, Foster ³2005).
[89] Für weitere Quellen und Hinweise vgl. A. Zgoll / C. Zgoll 2020.

Behrens, H., 1988, Eine Axt für Nergal, in: Leichty, E. u. a. (Hg.), A Scientific Humanist. Studies in Memory of Abraham Sachs, Occasional Publications of the Samuel Noah Kramer Fund 9, Philadelphia, 27-32.

Black, J. u. a., 2004, The Literature of Ancient Sumer, Oxford u. a.

Black, J. (Hg.), 2005, Electronic Text Corpus of Sumerian Literature: ttp://etcsl.orinst.ox.ac.uk.

Bottéro, J., 1982, Les inscriptions cunéiformes funéraires, in: Gnoli, G. / Vernant, J. P. (Hg.), La mort, les morts dans les sociétés anciennes, Cambridge, 373-406.

Calame, C., 2011, Mythe et histoire dans l'Antiquité grecque. La narration symbolique d'une colonie, Paris.

Carter, E., 2011, Landscapes of Death in Susiana During the Last Half of the 2nd Millennium B.C., in: Álvarez-Mon, J. / Garrison, M. B. (Hg.), Elam and Persia, Winona Lake, 45-58.

Cavigneaux, A. / Al-Rawi, F. N. H., 2000, Gilgameš et la Mort. Textes de Tell Haddad VI avec un appendice sur les textes funéraires sumériens, Cuneiform Monographs 19, Groningen.

Dossin, G., 1927, Textes religieux, in: Mémoires de la Mission Archéologique de Perse 18, 88-91,94, n° 250-253, 255-256, 259.

Ebeling, E., 1931, Tod und Leben nach den Vorstellungen der Babylonier, Berlin u. a.

Elberfelder Bibel 1985/1991/2008, Witten. https://www.bibleserver.com/text/ELB

ETCSL: Electronic Text Corpus of Sumerian Literature: http://etcsl.orinst.ox.ac.uk/

Fechner, J., 2018, The Imagery of the Sumero-Akkadian Proverbial Literature in Its Inner and Extra-Mesopotamian Context, in: Ortola, M.-S. u. a. (Hg.), La Sagesse en base de données. Sources, circulation, appropration, Aliento: Échanges sapentiels en Méditerrannée 10, Nancy, 39-146, 519-521 (frz., engl. u. span. Abstracts).

Foster, B.R. ^{3}2005, Before the Muses: An Anthology of Akkadian Literature, Bethesda (1. Auflage 1996).

Gasche, H. siehe Steve/Gasche.

George, A. R., 2003, The Babylonian Gilgamesh Epic. Introduction, Critical Edition and Cuneiform Texts, Oxford.

Graf, F. / Johnston, S. I., 2013, Ritual Texts for the Afterlife. Orpheus and the Bacchic Gold Tablets, London u. a.

Horowitz, W., 1998, Mesopotamian cosmic geography, Mesopotamian civilizations 8, Winona Lake.

Hossfeld, F.-L. / Zenger, E., 1993, Die Psalmen I. Psalm 1-50, Die Neue Echter-Bibel 29, Würzburg.

Johnston, S. I. siehe Graf/Johnston.

Katz, D., 2003, The image of the netherworld in the Sumerian sources, Bethesda.

Katz, D., 2014-16, Unterwelt A.I, in: Reallexikon der Assyriologie und Vorderasiatischen Archäologie 14, 342-344.

López-Ruiz, C., 2015, Near Eastern Precedents of the „Orphic" Gold Tablets. The Phoenician Missing Link, Journal of Ancient Near Eastern Religions 15, 52-91.

Lundström, S., 2011, Grabinschriften, in: Janowski, B. / Schwemer, D. (Hg.), Grab-, Sarg-, Bau- und Votivinschriften, Texte aus der Umwelt des Alten Testaments, Neue Folge 6, Gütersloh, 66-70.

Maul, S. M., 2008, Das Gilgamesch-Epos. Neu übersetzt und kommentiert von Stefan M. Maul, 4., durchges. Aufl., München.

Mecquenem, R. de, 1922, Fouilles de Suse, campagnes des années 1914, 1921, 1922, Revue d'Assyriologie et d'Archéologie Orientale 19, 109-140.

Mirelman, S. / Sallaberger, W., 2010, The Performance of a Sumerian Wedding Song (CT 58,12), Zeitschrift für Assyriologie und Vorderasiatische Archäologie 100, 177-196.

Riedweg, Ch., 2011, Initiation – Death – Underworld. Narrative and Ritual in the Gold Leaves, in: Edmonds, R.G. (Hg.) The „Orphic" gold tablets and Greek religion: Further along the path, Cambridge, 219-256.

Sallaberger, W. siehe Mirelman/Sallaberger.

Salonen, E., 1962, Untersuchungen zur Schrift und Sprache des Altbabylonischen von Susa mit Berücksichtigung der Mâlamir-Texte, Studia Orientalia 27/1, Helsinki.

Scheil, V., 1916, Textes funéraires, Revue d'Assyriologie et d'Archéologie Orientale 13, 165-174.

SEAL: Streck, M. P. / Wasserman, N., 2005 ff, Sources of Early Akkadian Literatur (SEAL), http://hudd.huji.ac.il/ArtlidHomepage.aspx.

Soden, W. von, 1934, Rezension von Ebeling, E., 1931, Tod und Leben nach den Vorstellungen der Babylonier, Orientalistische Literaturzeitung 37, 411-420.

Soden, W. von, 1936, Die Unterweltsvision eines assyrischen Kronprinzen, ZA 43, 1-31.

Steve, M.-J. / Gasche, H., 1996, L'accès à l'au-delà, à Susa, in: Gasche, H. / Hrouda, B. (Hg.), Collectanea orientalia, histoire, arts de l'espace et industrie de la terre. Etudes offertes en hommage à Agnès Spycket, Civilisations du Proche-Orient: Série 1, archéologie et environnement 3, 329-348 (dort 334-335).

Tavernier, J., 2013, Elamite and Old Iranian Afterlife Concepts, in: de Graef, K. / Tavernier, J. (Hg.), Susa and Elam. Archaeological, Philological, Historical and Geographical Perspectives. Proceedings of the International Congress held at Ghent University, December 14-17, 2009, Leiden u. a., 471-489.

Tsukimoto, A., 1985, Untersuchungen zur Totenpflege (*kispum*) im alten Mesopotamien, Alter Orient und Altes Testament 216, Neukirchen-Vluyn.

Van der Stede, V., 2005, Le jugement des morts en Mésopotamie: mythe ou réalité, in: Talon, Ph. / van der Stede, V. (Hg.), Si un homme ... Textes offerts en hommage à André Finet (Subartu XVI), Turnhout, 153-164.

Van der Stede, V., 2007, Mourir au pays des deux fleuves. L'Au-delà Mésopoamien d'après les sources Sumériennes et Akkadiennes, Lettres Orientales 12, Leuven.

Veldhuis, N., 2003, Entering the Netherworld, Cuneiform Digital Library Bulletin 2003:6.

Wasserman, N., 2017, SEAL no. 1832, MDP 18, 250, in: Streck, M. P. / Wasserman, N., Sources of Early Akkadian Literature (SEAL), https://seal.huji.ac.il/node/1832?tid=77 (updates ab 2010).

Wilcke, C., 2015, Das neusumerisch-altbabylonische Lugalbanda-Epos, in: Volk, K. (Hg.), Erzählungen aus dem Land Sumer, Wiesbaden, 227-272.

Worthington, M., 2018, Complete Babylonian. A Comprehensive Guide to Reading and Understanding Babylonian with Original Texts, London.

Zenger, E. siehe Hossfeld/Zenger.

Zgoll, A., 2003, Die Kunst des Betens. Form und Funktion, Theologie und Psychagogik in babylonisch-assyrischen Handerhebungsgebeten an Ištar, Alter Orient und Altes Testament 308, Münster.

Zgoll, A., 2013, Einladung an die Toten zum Festmahl: Ischtars Abstieg in die Welt der Toten und Dumuzis Rückkehr in die Welt der Lebenden, in: Franke, S. (Hg.), Als die Götter Mensch waren. Eine Anthologie altorientalischer Literatur, Darmstadt u. a., 63-72, 118 f.

Zgoll, A., 2014, Der Sonnengott als Transporteur von Seelen (Psychopompos) und Dingen zwischen den Welten im antiken Mesopotamien. Mit einem Einblick in den konzeptuellen Hintergrund des taklimtu-Rituals, in: Koslova, N. (Hg.), Festschrift Joachim Krecher. Studies in Sumerian Language and Literature, Babel und Bibel 8, Winona Lake, 617-633.

Zgoll, A., 2017, The Creation of the First (divinatory) Dream and Enki(g) as the god of ritual wisdom, الـشرق ا Ash-sharq, Bulletin of the Ancient Near East Archaeological, Historical and Societal Studies 1, 155-161.

Zgoll, A. / Zgoll, C. 2020, Good Life in the Netherworld. Mesopotamian and Greek Protective Tablets for the Dead, MythoS 4. (i.V.)

Zgoll, C., 2019, Tractatus mythologicus. Theorie und Methodik zur Interpretation von Mythen und ihren Konkretionsformen als Grundlegung einer allgemeinen, transmedialen und komparatistischen Stoffwissenschaft, MythoS 1, Berlin/ Boston.

Zgoll, C. siehe Zgoll, A. / Zgoll, C.

Ulrike Egelhaaf-Gaiser
An der Schwelle zur Unterwelt

Liminalität und mythische Stratigraphie in
Vergils Polydorus-Erzählung (*Aen.* 3,13-68)

Abstract: This contribution points out the difficulties that heroic figures may find themselves faced with when striving to shift spheres into the underworld, with the myths of Polydorus serving as examples: for these heroes do not merely change their locations but rather cross a boundary, for which an orderly burial is ritually required. This is why those that are dead and remain unburied constitute liminal figures par excellence; like prisoners, they are doomed to an existence "in between". This article's central thesis is that the inconsistencies, which Zgoll identifies as an indication of multiple mythical layers overlapping, symbolically conjoin in Polydorus' liminality: the contradictory status of this (un)dead figure on the threshold between two adjoining spheres, both of which still have an influence on him, reveals the rivalling nature of different mythical layers. Liminality and inconsistency are, therefore, closely related. So Polydorus proves to be an ambiguous and complex figure, characterised by different traditions of the same material. Besides the Euripidean version, especially older variations of the myth, which have already made their mark on the *Ilias*, play a much more central role than has been assumed so far: as a close analysis of the mythical material shows, this begins with this hero's name already. For his ambivalent name, which actually denotes a "many-gifted man" but can be easily mistaken for a "man = victim of many spears", presents us with a plethora of possible components in the plot. It is clear that the name's polysemy, which continues to be read in varying ways yet always finds its conclusion with the hero on a fatal note, is not a literary invention but already contained in the mythical narrative. For this reason, it may even be seen as this hero's trait. In addition to that, Vergil also updates Polydorus' ill-fated death by a spear in Thrace

---

Hinweis: Der hier vorliegende Beitrag ist im Rahmen meiner Assoziation zu der von der DFG geförderten Forschungsgruppe 2064 STRATA entstanden. Den Mitgliedern der Forschungsgruppe – und insbesondere Christian Zgoll – sei für ihre konstruktive Diskussion des Manuskripts und hilfreichen Hinweise gedankt. Ebenso gilt mein herzlicher Dank Nils Jäger (Osnabrück) für die Freigabe seiner Manuskripte (= Jäger 2018 und 2019), namentlich seiner aktuell in Druckvorbereitung befindlichen Dissertation, für Literaturhinweise und v. a. für seine stetige Gesprächsbereitschaft während der Verschriftlichung des Beitrags. Meiner Hilfskraft, Nicolas Goldmann, danke ich für die Übersetzung des Abstracts ins Englische.

Open Access. © 2020 U. Egelhaaf-Gaiser, publiziert von De Gruyter. Dieses Werk ist lizenziert unter der Creative Commons Attribution-NonCommercial-NoDerivatives 4.0 Lizenz.
https://doi.org/10.1515/9783110652543-006

in order to remind the readers of the disastrous impact the Roman civil wars (in particular the bloody Battle of Philippi nearby) had and to commemorate the most recent victims of war.

1 Ein Wort vorab: Thema, Fragestellung und Methode

1.1 Epische Sphärenwechsel mit rituellen Grenzbarrieren

Als Aeneas im sechsten Buch von Vergils *Aeneis* die Sibylle von Cumae aufsucht und sie um die Erlaubnis bittet, seinen verstorbenen Vater im Jenseits besuchen zu dürfen, warnt die Seherin den Helden nachdrücklich vor den Gefahren eines solchen Unternehmens (*Aen.* 6,126-131):

> ... facilis descensus Averno:
> noctes atque dies patet atri ianua Ditis;
> sed revocare gradum superasque evadere ad auras,
> hoc opus, hic labor est. pauci, quos aequus amavit
> Iuppiter aut ardens evexit ad aethera virtus,
> dis geniti potuere.
>
> Leicht ist der Abstieg zum Avernus: Tag und Nacht steht die Pforte des finsteren Dis offen; aber den Schritt zurückzulenken und wieder zur Oberwelt zu gelangen, das ist wahrhaft ein großes und mühsames Werk! Wenige nur, denen Iuppiter gnädig zugetan war oder die ihre feurige Tatkraft zu den Sternen erhob, Göttersöhne, haben dies vermocht.[1]

Mit diesen Worten verweist die Sibylle auf die besondere Qualität eines solchen Grenzgangs: Einen bloßen Ortswechsel kann prinzipiell jede mythische Figur vollziehen, ob aus eigener Initiative oder unter äußerem Zwang. Ein Sphärenwechsel unterliegt dagegen ganz speziellen Bedingungen. Denn hier geht es nicht nur um eine Bewegung in einem einheitlichen, geschlossenen Raum, sondern um die Überschreitung einer – jedenfalls für gewöhnliche Sterbliche – undurchlässigen und unüberwindlichen Grenze[2]. Ein wesentlicher Unterschied

---

[1] Alle Übersetzungen aus der *Aeneis* lehnen sich an die Prosaübersetzung von Binder 2008 an.
[2] Angelehnt an Lotmans Konzept der klassifikatorischen Grenze (Lotman 1993, 327): „Sie *(scil.* die Grenze) teilt den Raum in zwei disjunktive Teilräume. Ihre wichtigste Eigenschaft ist ihre Unüberschreitbarkeit. ... Die Grenze, die den Raum teilt, muss unüberwindlich sein und die innere Struktur der beiden Teile verschieden." Obwohl in den letzten Jahren die Liminalitätsforschung eine beachtliche Dynamik entwickelt hat (einen konzisen Überblick bietet Jäger 2019

liegt demzufolge in den Konsequenzen des jeweiligen Vorgangs: Eine Bewegung innerhalb einer Sphäre lässt sich zumeist – und oft vergleichsweise einfach – rückgängig machen. Wenn dagegen ein Sterblicher erst einmal in den Hades hinabgestiegen ist, dann ist dieser Übertritt endgültig. Die wenigen Grenzgänger, denen ein erneuter Aufstieg in die Oberwelt erlaubt ist, sprengen diese Norm und müssen sich daher schon auf eine göttliche Vollmacht und Herkunft berufen können. Sie erfüllen damit Lotmans Kriterium eines Helden, der als einziger hermetische Grenzen zu anderen Welten durchdringen kann und damit ein Ereignis auslöst[3]: Kaum zufällig betont im obigen Zitat die Sibylle, dass es sich bei den wenigen Rückkehrern durchweg um ganz besondere Götterlieblinge oder -söhne handelt, die gerade *nicht* das unvermeidliche Schicksal aller Sterblichen teilen, sondern dank ihrer Leistungen auf Erden mit ihrem Tod in olympische Regionen aufsteigen.

Die Worte der Sibylle beleuchten nun aber nur eine Seite des Grenzgangs. Denn nicht nur ist in mythischen Erzählungen für normale Menschen ein lediglich temporärer Aufenthalt in der Unterwelt, d. h. eine Umkehrbarkeit des Sphärenwechsels, nicht vorgesehen[4] und bildet daher – falls er dennoch eintritt –

---

in seiner Einleitung), stützt sich der hier vorliegende Beitrag v. a. auf die – zugegebenermaßen deutlich älteren – Konzepte von Lotman. Denn diese haben sich nicht zuletzt dank ihrer abstrakten Struktur und schematischen Reduktion als besonders gut übertragbar für die Literaturwissenschaft erwiesen (was gerade bei einer Anwendung auf zeitlich ferne Texte relevant ist). Auf vorgenommene Modifikationen und Neuerungen zum Phänomen der Liminalität wird im Folgenden immer dort verwiesen, wo es der begrifflichen Schärfung dient. Eine hilfreiche Kurzdarstellung zu Lotman bietet Frank 2009, 64-71 samt einer ausbalancierten Stellungnahme zum Potential und zu Desideraten dieses Ansatzes und einem Einblick in die Forschungsdiskussion.
3 Lotman 1993, 329-340; Lotman 2010, 203: „Ein Held ... kann *handeln*, das heißt Verbote übertreten, die für andere zwingend sind. Er kann wie Orpheus oder Soslan aus dem Narten-Epos die Grenze zwischen den Lebenden und den Toten überschreiten ... Entscheidend ist, dass er ... in der Lage ist, die strukturellen Grenzen des kulturellen Raums zu überwinden. Jede solche Grenzüberschreitung ist eine Handlung, und aus der Kette der Handlungen entsteht das Sujet."
4 Diese Irreversibilität ist insofern hervorzuheben, als es bei den vielfältigen Möglichkeiten einer Grenzüberschreitung natürlich auch die Option gibt, aus einem bestimmten Raum vorübergehend auszutreten und nach einer bestimmten Zeitspanne auf die andere Seite erneut zurückzukehren; ein solches Modell liegt insbesondere den von van Gennep (1909) und Turner (1969) geprägten Konzepten zu „Übergangsriten" zugrunde. Allerdings gehen beide Forscher von der Annahme aus, dass der Grenzgänger nach seinem Aufenthalt jenseits der Schwelle gewandelt ist: hierzu zusammenfassend Aguirre 2004, 13. Auch der Unterweltsgänger Aeneas kehrt offenkundig als ein Anderer in die Oberwelt zurück, was sich in seinem Austritt aus dem Totenreich durch das Traumtor (d. h. auf einem anderen Weg) ausdrückt (*Aen.* 6,893-899).

unweigerlich ein außergewöhnliches, da höchst unwahrscheinliches Ereignis[5]. Vielmehr kann sich für manche Personen bereits der *Eintritt* in die Unterwelt als ausgesprochen schwierig, ja als unmöglich erweisen: Wer nicht korrekt bestattet ist, steigt zwar als Totenschatten zur Unterwelt hinab, darf sie aber nicht betreten. Der Übergang über die Styx bleibt ihm durch religiöse Barrieren verwehrt. Er kann daher nicht in die neue Sphäre wechseln.

Bisherige Forschungen zu Unterweltsgängen in der *Aeneis* haben sich zumeist auf das sechste Buch konzentriert und gehen dabei wie selbstverständlich von einer zwar außergewöhnlichen, aber gelingenden Grenzüberschreitung aus, wie sie nun einmal Helden auszeichnet. Mein Beitrag möchte dagegen den Blick auf eine mythische Nebenfigur lenken, die weit vor dem sechsten Buch auftritt, aber auf dieses bereits implizit vorausweist: Gemeint ist der Priamossohn Polydorus, mit dessen tragischem Schicksal sich Aeneas unvermutet im Zuge seines ersten Neuansiedlungsversuchs an Thrakiens Küste konfrontiert sieht.

Während nun Aeneas drei Bücher später die Unterwelt ganz legal betreten und dann sogar wieder verlassen kann, fehlt dem hinterrücks ermordeten Polydorus die „Eintrittskarte" zur Unterwelt in Gestalt einer korrekt durchgeführten Bestattung. Im Gegensatz zum erfolgreichen Grenzgänger Aeneas ist damit Polydorus der Prototyp einer im Grenzbereich gefangenen Schwellenfigur. In der Begegnung zwischen Aeneas und Polydorus wird unmissverständlich deutlich gemacht, dass es sich beim Eintritt in die Unterwelt eben nicht nur um eine selbstverständliche Folge aus dem Tod, sondern um einen Wechsel in eine fundamental anders beschaffene Sphäre handelt[6], der an bestimmte rituelle Prämissen gebunden ist und an diesen durchaus auch scheitern kann.

1.2 Gefangen im Grenzraum: Polydorus und die irrfahrenden Aeneaden

Die Episode um Polydorus weist nun aber nicht nur auf das Unterweltsbuch voraus. Vielmehr scheint sie – so meine These – auch eng mit dem Schicksal der irrfahrenden Aeneaden verknüpft. Denn wie Polydorus so befinden sich auch

---

[5] Siehe Lotman 1993, 336: „Je geringer die Wahrscheinlichkeit ist, dass ein bestimmtes Ereignis eintritt ..., desto höher rangiert es auf der Skala der Sujethaftigkeit."

[6] Vgl. Fludernik 1999, 101, wonach in solchen Fällen der Raum hinter der Schwelle einen qualitativ völlig anderen Bereich repräsentiert. Dabei „kann dieses Jenseits einerseits als Fluchtpunkt, als unerreichbarer *Horizont* ... konzipiert sein, oder als *Schwelle*, jenseits derer ein neuer Sinnbezirk zu erschließen ist."

die Aeneaden in einer Art von Zwischenzone. Sie sehen sich zwar nicht an der Schwelle zur Unterwelt fixiert, sondern auf dem weiten Mittelmeer umhergeworfen; aber sie verfolgen durchaus eine ähnliche Zielsetzung wie Polydorus. Denn auch sie ringen volle sieben Jahre oder besser: eine gefühlte Endlosigkeit, um einen Zugang zu einer anderen Region und eine stabile Existenz *jenseits* der Grenze[7]. Bei ihrer Suche nach einer neuen Heimat scheinen die Aeneaden ungewollt in eine Raum- und Zeitschleife geraten zu sein; aus diesem liminalen Zustand können sie sich – eben darauf weist die zumal im dritten *Aeneis*-Buch besonders auffällige und in der Vergilforschung längst registrierte Zirkularität der Erzählstruktur und ihrer Handlungsmuster hin[8] – nur nach langen Jahren der ungewissen Heimatsuche befreien.

Falls sich diese Annahme einer strukturellen Analogie zwischen Polydorus und den Aeneaden am Text untermauern lässt, dann hätte das auch Konsequenzen für die Qualität der Heldenfigur „Aeneas": Anders als die Worte der Sibylle zunächst vermuten ließen, wäre dann der Protagonist der *Aeneis* nicht *a priori* ein erfolgreicher Grenzgänger, der alle für andere Personen verbotenen Räume betreten kann, sondern eben *auch* eine liminale Figur, die auf dem hohen Meer ein ähnliches Schicksal wie den an der Schwelle „gefangenen" Polydorus ereilt.

Die fatale Kreisbewegung, in welche die Aeneaden mit ihrer Abfahrt von Trojas Küste eingetreten sind, kommt erst mit dem Ende des dritten Buchs zum vorläufigen Stillstand[9]. Allerdings findet sich schon im Buchverlauf dank ver-

---

7 Fludernik 1999, 102 spricht von der Schwelle „als Übertrittsraum zu Tod und Transzendenz", der „die Möglichkeit einer Metamorphose des Individuums (das Ich wird ein anderes) mit sich bringt".
8 Zur zirkulären Struktur des dritten Buchs und zum repetitiven Charakter der Episoden grundlegend Lloyd 1957, 138-140; Quint 1989, 10-31 sieht die Trojaner „to a futile repetition" verdammt und beobachtet als Markenzeichen des dritten Buchs „an obsessive return to – and of – the past" (Zitate ebenda 12 und 19). Hübner 1995, 104 sieht das dritte Buch durch eine „Monotonie der Wiederholung", eine auffällige Passivität des Helden (ebenda 106) und eine „Stimmung von andauernder Unsicherheit, Erfolglosigkeit und wiederholter Niedergeschlagenheit" (ebenda 118) gekennzeichnet. Diese atmosphärischen Beschreibungen treffen zweifellos Wichtiges und Richtiges. Ich würde sie allerdings – und mehr als in der älteren Forschung geschehen – als Erfahrung eines typischen Schwellenraums deuten.
9 Den Übergang von der linearen Handlung zum Zyklus und die erneute Rückkehr zur linearen Handlung heben zwei „Strukturwörter" hervor, auf deren Programmatik bereits Hübner 1995, 102 f verweist: Das dritte Buch wird mit dem Schlüsselwort *postquam* eingeleitet, das die Katastrophenerfahrung des zweiten Buchs in Erinnerung ruft und eine atmosphärisch dichte Beschreibung des „Tags danach" einleitet (*Aen.* 3,1). Der letzte Vers charakterisiert dagegen mit einem *tandem* das Ende einer „lang empfundenen Zeitdauer". Man wird zu Hübners Beobach-

schiedener Formen der Divination (Orakel, Prodigien, Traumerscheinungen) ein aufhellendes Leitmotiv, das der dunklen Stimmung der Vertriebenen entgegenwirkt und die zyklische Ereignisfolge mit einer linearen Komponente versieht. Diese wird räumlich wie zeitlich im ersehnten Zielpunkt greifbar: Je länger die Aeneaden umherirren, desto mehr konkretisiert sich ihr Bild von der neuen Heimat[10]. Endgültig durchbrochen wird die Periode im ungewissen Dazwischen allerdings erst mit der glücklichen Landung in Italien und Aeneas' Unterweltsgang, in dessen Verlauf der Held durch die seherische Gabe seines verstorbenen Vaters Einblick in Roms – und damit auch seine – Zukunft erhält.

Angesichts dieser zumal für die Irrfahrtenbücher 3-5 makrostrukturell wie erzählerisch konstitutiven Kombination von Zyklus und Linearität ist es sicher kein Zufall, wenn zwei liminale Figuren eben diese Werkeinheit umrahmen. Der Priamossohn Polydorus erhält somit ein Gegenstück im Steuermann des trojanischen Leitschiffs, Palinurus, der durch eine Truglist des Gottes Somnus ins Meer stürzt und sein Leben verliert[11]. Polydorus und Palinurus markieren und reflektieren gemeinsam den Ein- und Austritt der Aeneaden in ein instabiles Dasein im Schwellenraum. Beide Figuren sind einander über ihre schicksalhafte Vereinzelung und Aussonderung aus dem Kollektiv[12], einen im Feindesland heimtückisch erlittenen Tod[13] und einen rituell verwehrten Eintritt in die Unterwelt[14] verbunden; sie bilden damit zwei Seiten einer Medaille[15]. Umgekehrt scheint es

---

tung ergänzen dürfen, dass das Schlusswort *quievit* den über zwei Bücher hinweg erzählenden Helden Aeneas nicht nur zur Bettruhe entlässt, sondern ihm auch einen inneren Frieden verheißt: Das Perfekt schließt die schmerzhafte Vergegenwärtigung der Vergangenheit im Zuge ihrer (Wieder-)Erzählung ab.

10 Zur allmählichen Aufhellung des Reiseziels als einheitsstiftenden Moments der zahlreichen Einzelepisoden bereits Heinze 1928, 83; Quint 1957, *passim*.

11 Die entscheidenden Erzählpartien sind *Aen.* 5,827-871 und *Aen.* 6,337-383. Beide Palinurus-Episoden haben beachtliche Aufmerksamkeit in der Forschung auf sich gezogen, nicht zuletzt aufgrund der mehrfachen Widersprüche und Inkonsistenzen zwischen beiden Textstellen: siehe hierzu die Arbeiten von Brenk 1984; McKay 1984; Nicoll 1988; Köves-Zulauf 1998-99; Fratantuono 2012.

12 Bezeichnend ist dabei allerdings die gegensätzliche Intention dieser Aussonderung: Polydorus wird von Priamos nach Thrakien geschickt, damit wenigstens *einer von 50* Söhnen überlebe (Eur. *Hec.* 10-12); Palinurus wird dagegen Opfer von Neptuns Forderung, dass *einer für alle* (Trojaner) sein Leben verlieren müsse (*Aen.* 5,814 f: *unus erit tantum amissum quem gurgite quaeres; unum pro multis dabitur caput*).

13 Eur. *Hec.* 25-27; *Aen.* 6,358-362.

14 Eur. *Hec.* 28-30; *Aen.* 6,363-377.

15 Zur motivischen Verbindung des Polydorus und Palinurus siehe auch bereits Fernandelli 1996, 267 f (mit Verweis auf den liminalen Zustand beider Helden) und Dinter 2005 (mit Fokus

aufgrund der erzählerischen Verknüpfung der Aeneaden mit Polydorus wie Palinurus durchaus plausibel, dass beide im Grenzraum gefangenen Helden letztlich doch die ersehnte Bestattung erhalten[16]: Wie die Aeneaden endlich ihre neue Heimat erreichen, so können Polydorus und Palinurus ihrerseits den lang ersehnten Sphärenwechsel ins Jenseits vollziehen.

Wenn wir nun aber einerseits zunächst, basierend auf dem Wort der Sibylle, von einer linearen Grenzbarriere[17] ausgegangen sind und nun umgekehrt für Polydorus und die Aeneaden einen *Schwellenzustand* bzw. *Grenzraum* angenommen haben – (wie) lassen sich dann diese beiden Konzepte vereinbaren? Es scheint hier geraten, die neuere Liminalitätsforschung zu konsultieren, die sich – zumeist in Auseinandersetzung und Fortführung von Lotman – verstärkt für die Differenzen von „Grenze" und „Schwelle" interessiert hat[18]. Damit geht auch ein gesteigertes Interesse an Figuren einher, die sich in Grenzzonen aufhalten: Was hat es mit solchen „Schwellenfiguren" überhaupt auf sich – und inwiefern werden sie von der spezifischen Beschaffenheit des *limen* geprägt?

1.3 Grenzen, Schwellen und ihre Bevölkerung in der Forschung

Forschungen aus verschiedenster Richtung (seien sie kultursemiotisch, ethnologisch/ritualtheoretisch[19] oder literaturwissenschaftlich geprägt) sind sich mittlerweile darüber einig, dass eine Schwellenregion *per se* ambivalent und widersprüchlich[20], diffus und instabil, unbestimmt[21] und unhierarchisch, ja chaotisch

---

auf der Gattungsmischung von Epos und Grabepigramm, das „kleineren" Heldenfiguren im epischen Kontext eine eigene Stimme verleihe).
16 *Aen.* 3,62-68; 6,378-381.
17 So nach Lotmans frühem Raumkonzept, siehe Lotman 1993, 337 f: „Die klassifikatorische Grenze zwischen den kontrastierten Welten bekommt die Merkmale einer Linie im Raum – der Lethe-Strom, der die Lebenden von den Toten trennt, das Höllentor mit seiner Aufschrift ... ."
18 Zu den unterschiedlichen Konzepten von „Grenze" und „Schwelle" siehe exemplarisch Hohnsträter 1999, 239-242 und Fludernik 1999, 99-102. Zur allgemeinen Tendenz der räumlichen Weitung einer Grenzlinie zur zweidimensionalen Zone Aguirre 2004, 11 f.
19 So insbesondere der wirkmächtige Ansatz von Turner 1969 (im Folgenden in der neuesten deutschen Auflage als Turner 2005 zitiert), der seinerseits der Literaturwissenschaft Impulse gegeben hat.
20 Hohnsträter 1999, 240: „Grenzdenken ist ein Denken der Ambivalenz, des Mangels, des blinden Flecks."
21 Turner 2005, 95 formuliert: „Die Eigenschaften des Schwellenzustands (der „Liminalität") oder von Schwellenpersonen („Grenzgängern") sind notwendigerweise unbestimmt, da dieser Zustand und diese Personen durch das Netz der Klassifikationen, die normalerweise Zustände und Positionen im kulturellen Raum fixieren, hindurchschlüpfen. Schwellenwesen sind weder

ist. Denn sie wird von den einwirkenden Kräften beider angrenzenden Räume beeinflusst, unterliegt dadurch einer stetigen Dynamik und Umformung von außen und ist daher schwer fixier- und definierbar[22]. Zugleich schließt er die ihm zugehörigen (um nicht zu sagen: verfallenen bzw. in ihm „festsitzenden") Personen vom Zugang zu den Nachbarräumen kategorisch aus. Unbestattete Tote sind also liminale Figuren *par excellence*[23]; wie Gefangene sind sie zu einer dauerhaften Existenz „im Dazwischen", im Niemandsland zwischen „hier" und „dort", verurteilt[24].

Im Gegensatz zu Aguirre entwirft Hohnsträter das positive Bild eines Grenzgängers, der auf einem schmalen Grenzstreifen souverän die Balance halten kann. Dieser Typ des *bewussten Grenzgängers* zeichnet sich dadurch aus, dass er der Verlockung zur unkomplizierten, einseitigen und stabilen Festlegung auf eine der beiden Seiten widersteht. Indem er sich gezielt den prekären, vertrackten Verhältnissen der Zwischenräume aussetzt, entwickelt er eine Vielgestaltigkeit, die anderen Figuren abgeht[25]. Hohnsträter versteht damit den Begriff des Grenzgängers (ebenso wie Turner[26] und Fludernik[27]) in zweifacher Weise: Zum einen als eine Person, die eine Grenze überschreitet; zum anderen als jemanden, der sich auf einer Grenzlinie bzw. im Grenzbereich bewegt. Im Sinne der Eindeutigkeit möchte ich hier dagegen differenzieren. Ich bezeichne daher Personen, die *unfreiwillig im Grenzraum gebannt* sind (entsprechend dem Konzept von Aguirre) stets als liminale Figuren. Den Begriff des Grenzgängers verwende

---

hier noch da; sie sind weder das eine noch das andere, sondern befinden sich zwischen den vom Gesetz, der Tradition, der Konvention und dem Zeremonial fixierten Positionen. Viele Gesellschaften, die soziale und kulturelle Übergänge ritualisieren, verfügen deshalb über eine Vielzahl von Symbolen, die diese Ambiguität und Unbestimmtheit des Schwellenzustands zum Ausdruck bringen."

22 Aguirre 2004, 14 macht diese Eigenheit anschaulich anhand einer Wasserlinie am Strand, die aus Vogelperspektive wie eine ganz klare Trennlinie erscheint, deren Konturen aber mit stetiger Annäherung immer unschärfer werden und sich zudem unter dem Wind und Wellenschlag stetig wandeln. Ähnlich argumentiert Hohnsträter 1999, 244: „Grenzzustände bleiben immer labil, können ‚umkippen'. Nur in der Bewegung lassen sie sich aufrechterhalten."

23 Aguirre 2004, 16: „they (scil. Gegenstände und Personen im Schwellenbereich) exist in relations of exchange, reciprocity, contrast, (dis)equilibrium, fusion, interaction – ... they are essentially dynamic, and hence non-discrete, unstable, fluid, unfinished."

24 Zur räumlichen Fixiertheit liminaler Figuren Aguirre 2004, 20: „she (scil. die liminale Heldin) is a victim trapped in a threshold-situation which blocks every move. ...they (scil. liminale Figuren) are lost in the threshold-territory, and become liminal entities caught between contending forces ..., unable to retreat, advance or escape."

25 Hohnsträter 1999, 242 f.

26 Siehe oben Anm. 22.

27 Fludernik 1999, 99.

ich nur für solche Personen, die die Grenze auch wirklich *überschreiten*. Hohnsträters Option eines *angestrebten Aufenthalts* im Grenzbereich (als Ausdruck der eigenen Souveränität, einer besonderen Fähigkeit oder zum Zweck der Horizonterweiterung) spielt im Fall des Polydorus keine Rolle.

Können uns nun aber die skizzierten Modelle für ein besseres Verständnis der vergilischen Polydorus-Erzählung hilfreich sein? Brauchen wir sie überhaupt? Oder werden dabei vielleicht nur Erkenntnisse, die sich ebenso auch aus einer ganz konventionellen Textanalyse erschließen würden, unnötig theoretisiert und verkompliziert? Und vor allem: (Was) kann die Liminalitätsforschung zu einer Analyse mythischer Erzählschichten, wie sie im Sammelband und daher auch in diesem Beitrag angestrebt ist, beitragen? Mit dieser Frage wollen wir uns im nächsten Kapitel auseinandersetzen, bevor wir uns dann unserem Textbeispiel zuwenden.

1.4 Liminalität und mythische Stratigraphie: methodische Überlegungen

Fruchtbar machen lassen sich Lotmans Überlegungen zu Raum und Liminalität für die angestrebte Identifikation mythischer Strata möglicherweise im kontrastiven Vergleich der jeweiligen Funktion von Störmomenten und Inkonsistenzen. Denn diese spielen in beiden Ansätzen eine wichtige Rolle, wenn auch in unterschiedlichen Zusammenhängen und Zielsetzungen: Laut Zgoll dienen stoffliche Verwerfungen und Inhomogenitäten, Interferenzen und formale oder logische Auffälligkeiten als mögliche Indizien dafür, dass hier Elemente mehrerer mythischer Stoffe kombiniert sind, und zwar *obwohl* sie einander widersprechen, wenn nicht gar ausschließen[28]. Zgoll stellt solche Inkonsistenzen also in den Dienst der mythischen Stratigraphie.

Lotman hebt seinerseits die Bedeutung von Unschärfen und Mehrdeutigkeiten hervor, jedoch in einem kommunikationstheoretischen Rahmen und dementsprechend in einer anderen Funktion[29]. Er beschreibt solche Irritationen metaphorisch als „die Übertönung der Stimme durch akustische Störungen". Das „Rauschen" im Kommunikationskanal, das durch eine solche Überlagerung der Botschaft mit Fremdgeräuschen entsteht, definiert Lotman als einen „Einbruch von Unordnung, Entropie, Desorganisation in den Bereich der Informa-

---

[28] Zgoll 2020, Kapitel 4.2.
[29] Lotman 1993, 118-121.

tionsstruktur"[30]. Anders als bei Zgoll handelt es sich hierbei um eine *unvermeidliche* Nebenwirkung der Kommunikation, durch die sich die Unschärfe der übermittelten Botschaft erhöht; das Feld von Deutungsangeboten wird damit – wenn auch unbeabsichtigt – massiv erweitert.

Laut Lotman kommt daher in diesem Zusammenhang der Kunst eine besondere Rolle zu. Denn sie verfügt über die Fähigkeit, ein solches Rauschen als Vieldeutigkeit zu begreifen, in sinnstiftende Informationen zu verwandeln und daraus komplexere und größere Sinnsysteme zu erzeugen. Lotman fokussiert demnach ganz auf das neue Kunstprodukt, zu dem ein *ästhetisches* – akustisches oder visuelles – Störmoment einen inspirierenden Impuls gegeben hat und in dem es nun einen neuen Sinnzusammenhang erhält[31]; Zgoll setzt dagegen bei *stofflichen* Inkonsistenzen an, um ältere Mythenschichten unter der Textstruktur aufzudecken. Lotman arbeitet weiterhin die besondere Qualität der ästhetischen Gestaltung heraus; Zgoll geht es umgekehrt darum, die mythischen Stoffe ihrer literarischen Form zu entkleiden – ihn interessiert zunächst die Rekonstruktion der Geschichte(n), von der sich in einem zweiten Schritt dann auch deren kunstvolle Auserzählung genauer nachvollziehen lässt.

Während daher Lotman das kreative produktionsästhetische Potential solch irritierender Nebengeräusche hervorhebt, deutet Zgoll die beobachteten Inkonsistenzen als Anzeichen eines ursprünglichen Machtkampfs, in dem um Deutungshoheiten über mythische Stoffe gerungen wurde[32]. Ich hoffe, anhand der vergilischen Polydorus-Geschichte zeigen zu können, dass sich eine konfliktreiche Auseinandersetzung und eine schöpferische Transformation verschiedener Stoffvarianten nicht ausschließen, sondern durchaus auch in einer Erzähleinheit nebeneinander auftreten können.

Bei Lotmans „kommunikativem Rauschen" und Zgolls Inkonsistenzen handelt es sich also um zwei kategorial deutlich zu scheidende Dinge. Dennoch scheint es mir bedenkenswert, dass *beide* die beobachteten Irritationen nicht wegzuargumentieren versuchen (wie es sonst häufig in der Forschung geschieht), sondern sie vielmehr als Hebelpunkt nutzen, um ihrem jeweiligen Ziel – dem Phänomen der kreativen (Um-/Neu-)Deutung bzw. der grundsätzlichen Vielgestaltigkeit und vielfachen Überlagerung von Stoffen – auf die Spur zu kommen.

---

30 Lotman 1993, 118.
31 Lotman 1993, 120 führt ein Beispiel aus „Anna Karenina" an: Dort gewinnt ein Maler aus einem zufälligen Stearinfleck auf seinem Papier unversehens eine zündende Idee für die Haltung einer zu zeichnenden Figur, die ihm lange Zeit Kopfzerbrechen bereitet hat.
32 Zgoll 2020, Kapitel 4.3.

Ein weiterer Mehrwert aus Lotmans Überlegungen könnte sich speziell für die angestrebte Stoffanalyse eines *Sphärenwechsels* ergeben. Denn dessen Kern und Ziel ist ja eine *Bewegung im Raum*, speziell eine Grenzüberschreitung; diesem räumlichen Faktor kommt aber in Zgolls Ansatz keine verstärkte Aufmerksamkeit zu, da er *alle* mythischen Stoffe abdecken soll und nicht nur solche, in denen der Raum im Vordergrund steht. Dagegen lässt sich mit Hilfe von Lotman durchaus konkretisieren, *wo* das kommunikative „Rauschen" am stärksten und daher mit der höchsten Dichte von Unstimmigkeiten zu rechnen ist. Hierzu bieten v. a. Lotmans eigene Modifikationen seines ursprünglichen Konzepts wichtige Anhaltspunkte: Anders als in seinen früheren Arbeiten zu Raum, Grenze und Sujet beschreibt Lotman nun den semiotischen Raum als „Semiosphäre"[33], die als eine organische, aber hochkomplexe Einheit zu verstehen sei; ihre typischen Kennzeichen seien Heterogenität und Asymmetrie, da sie von vielen internen Binnengrenzen durchzogen sei. An die Stelle der hermetischen Grenze tritt nun das Bild einer durchlässigen Membran, durch die das Eindringen äußerer Einflüsse einerseits erschwert und gefiltert werde, andererseits aber auch solche Fremdmomente dynamisch zu Eigenem umgeformt würden. Lotman beschreibt diesen Vorgang mit der Metapher der „Übersetzung"[34], die grundsätzlich in Peripheriebereichen stattfinde und dort eine besondere Dynamik, Intensität und Sprengkraft erreiche[35]. D. h. an jeder Grenze ist mit einer besonders hohen Zahl und Auffälligkeit von Widersprüchen zu rechnen, da dort zwei verschiedene Einflussräume aufeinandertreffen.

Wenn nun aber gerade an der Grenze Botschaften zwischen innen und außen ausgetauscht werden, dann impliziert das auch, dass diese Kommunikation dort besonders stark von Störgeräuschen überlagert und verunklärt wird. Anders gesagt: Liminalität und Unstimmigkeit gehören laut Lotman eng zusam-

---

33 Lotman 2010, 163-190.
34 Lotman 2010, 182: „Der Begriff der Grenze ist ambivalent: Einerseits trennt sie, andererseits verbindet sie. ... Die Grenze ist immer zwei- oder mehrsprachig. Sie ist ein Übersetzungsmechanismus, der Texte aus einer fremden Semiotik in die Sprache ‚unserer eigenen' Semiotoik überträgt; sie ist der Ort, wo das ‚Äußere' zum ‚Inneren' wird, eine filternde Membran, die die fremden Texte so stark transformiert, dass sie sich in die innere Semiotik der Semiosphäre einfügen, ohne doch ihre Fremdartigkeit zu verlieren." Mit anderer Akzentuierung Hohnsträter 1999, 240: „Grenzen sind nicht nur Linien der Konfrontation, sondern ebenso Orte wider die Verabsolutierung der einen wie der anderen Seite. An ihnen (und nirgends sonst!) können Dialoge entstehen. Grenzen erinnern an das Verschwiegene oder Wegerklärte, halten das Komplement wach, machen Ergänzungen, Korrekturen und wechselseitige Erhellung möglich."
35 Lotman 2010, 178 und 189.

men. Schwellenbereiche laden geradezu dazu ein, solche Verwerfungen, Irritationen und Widersprüche zu beobachten und auf ihre Ursachen hin zu untersuchen.

Auch wenn Lotmans Störgeräusche und Zgolls Inkonsistenzen zugegebenermaßen zwei verschiedene Dinge sind, möchte ich mir im Folgenden die Frage stellen, ob liminale Räume und Situationen nicht als ein Brennpunkt gestaltet sein könnten, um neben den kommunikativen Verunklärungen auch *mythische* Widersprüche und Konkurrenzen hervortreten zu lassen. In einem solchen Fall hätte sich ein Dichter dazu entschlossen, die grundsätzliche Unschärfe und Ambiguität des Schwellenraums gezielt zu nutzen, um andere, widersprüchliche, ja unvereinbare Stoffvarianten in Erinnerung zu bringen und dann in diesem „Stimmengewirr" seine *Eigenleistung* bei der Neugestaltung des Stoffs herauszuarbeiten.

Vergils Erzählepisode um Polydorus scheint mir in hohem Maße geeignet zu sein, meine Annahme eines Zusammenspiels von Liminalität und mythenstofflichen Inkonsistenzen zu überprüfen. Denn wie die *Aeneis*-Forschung bereits erkannt hat, überlagern sich dort unterschiedliche Textstrata[36]. Diese enthalten Stoffvarianten, die bald ein lockeres Konglomerat zu bilden, bald komplett ineinander verschmolzen scheinen; auch konfliktreiche Auseinandersetzungen und Versuche einer weitreichenden Überschreibung sind nachweisbar. Innerhalb der Erzählung scheint bald die eine, bald die andere Stoffvariante die Oberhand zu erlangen; somit erweist sich der bei Vergil fassbare Polydorus als eine ambigue und komplexe Figur, die von verschiedenen Stofftraditionen geprägt ist.

Meine These ist, dass sich die Inkonsistenzen, Widersprüche und Brüche in der liminalen Qualität dieser Heldenfigur abbilden, verdichten und zuspitzen: Der kritische Moment, in dem der Schwellenzustand des (Un-)Toten zum virulenten Problem wird, legt bezeichnenderweise auch mythische Tiefenschichten offen, die bislang nur unterschwellig präsent waren. M. E. haben ältere Forschungsarbeiten zu Vergils Polydorus-Episode die Komplexität und das Spannungspotential dieser Überlagerungen unterschätzt[37]. Ich möchte daher zeigen, dass insbesondere ältere Mythenvarianten, die bereits in der homerischen *Ilias* ihren Niederschlag gefunden haben, für die mythische Formung des Polydorus eine weit größere Rolle spielen als bisher angenommen.

Die folgende Analyse der Polydorusgeschichte soll in zwei Etappen erfolgen: Im nächsten Großkapitel wird sukzessive die ganze Episode vorgestellt,

---

36 De la Corte 1962; Fernandelli 1996; Cristóbal 1999; Gibson 1999.
37 Zur grundsätzlichen Vielschichtigkeit mythischer Stoffe siehe Zgoll 2020, Kapitel 4.1.

und zwar in ihrer *literarischen Konkretion*, samt ihrer erzählerischen Formung und Anordnung[38]. Besondere Aufmerksamkeit sollen dabei die liminalen Aspekte und Inkonsistenzen erhalten. Auf dieser Basis gilt es dann im Kapitel 3 den *stofflichen* Verwerfungen nachzugehen, um dahinter die komplexe Verknüpfung und Überlagerung verschiedener Mythenvarianten aufzudecken. Dabei werden auch Vergils Aktualisierung der älteren Polydorusstoffe vor dem Hintergrund der frühaugusteischen Zeit und die politische Stoßrichtung, die sich aus der Begegnung zwischen Aeneas und Polydorus erschließen lässt, thematisiert.

2 Stimmen aus der Vergangenheit oder: Traumatische Grenzerfahrungen in Thrakien

Machen wir uns also zunächst mit der vergilischen Polyduruserzählung näher vertraut. Wie oben schon kurz skizziert, weist diese Episode auf mehreren Ebenen diverse Komponenten von Liminalität auf:
– räumlich, da Thrakien jenseits des Hellesponts, aber immer noch am Rande des ehemals troischen Einflussbereichs liegt und sich der Tumulus des Polydorus an der Küste erhebt.
– zeitlich, da Aeneas' Begegnung mit Polydorus sowohl den Fall Trojas in schmerzliche Erinnerung ruft als auch auf die bevorstehenden Irrfahrten vorausweist.
– personell, weil der ermordete Polydorus weder zur menschlichen Welt noch zum Jenseits gehört und umgekehrt der Held Aeneas mit seinem Aufbruch von Troja seinerseits in einen Schwellenraum eingetreten ist (er ist kein Troianer mehr, aber noch kein „Römer").
– sakral aufgrund der Grabverletzung und des dadurch ausgelösten *prodigium*, das einen Abbruch der Stadtgründung und ihren Ersatz durch eine Bestattung (d. h. ein typisches Übergangsritual) erzwingt.
– kompositorisch dadurch, dass die Episode nahe der Buchgrenze platziert ist und zudem den Eintritt in eine längere Phase der Irrfahrten und vergeblichen Siedlungsversuche wie eine Schwelle markiert.

---

38 Zur methodischen Scheidung mythischer Stoffe und ihrer literarischen Konkretionen Zgoll 2020, Kapitel 2.1 und 3.2.

- motivisch, da der Aufenthalt der Aeneaden in Thrakien eine ganze Sequenz von Episoden einleitet, die durch analoge Abläufe – Ankunft, versuchte Ansiedlung, *prodigium/omina*, Opfer, Trauer/Abschied – gekennzeichnet sind.

Um zu klären, wie Vergil die Begegnung des Aeneas mit Polydorus aus dem Geschehensverlauf heraus motiviert, soll auch die Partie unmittelbar vor der Episode einbezogen werden.

2.1 Alte und neue Stadtmauern: Von Troja nach Aeneadae

Beginnen möchte ich mit dem Aufbruch der Aeneaden vom brandzerstörten Troja, da dort wichtige Weichen sowohl für die unmittelbar folgende Episode in Thrakien als auch für das gesamte dritte Buch gestellt werden (*Aen.* 3,1-12):

> Postquam res Asiae Priamique evertere gentem
> immeritam visum superis, ceciditque superbum
> Ilium et omnis humo fumat Neptunia Troia,
> diversa exsilia et desertas quaerere terras
> auguriis agimur divum, classemque sub ipsa
> Antandro et Phrygiae molimur montibus Idae,
> incerti quo fata ferant, ubi sistere detur,
> contrahimusque viros. vix prima inceperat aestas
> et pater Anchises dare fatis vela iubebat,
> litora cum patriae lacrimans portusque relinquo
> et campos ubi Troia fuit. feror exsul in altum
> cum sociis natoque penatibus et magnis dis.

> Nachdem es den himmlischen Mächten gefallen hat, Asiens Reich und, obgleich schuldlos, das Volk des Priamus zu vernichten, nachdem das stolze Ilium gestürzt und ganz Troja, die Stadt des Neptunus, nur noch ein rauchendes Trümmerfeld ist, treiben uns Zeichen der Götter, einen Zufluchtsort in der entlegenen Ferne und in verlassenen Ländern zu suchen; und so bauen wir eine Flotte unterhalb von Antandrus, am Fuß des phrygischen Idagebirges, ohne zu wissen, wohin das Schicksal uns trägt, wo uns Fuß zu fassen vergönnt ist, und sammeln unsere Mannschaft. Kaum war der Beginn des Sommers zu spüren und Vater Anchises gebot uns, dem Lauf des Schicksals die Segel zu setzen, da verlasse ich unter Tränen die Küsten der Heimat, die Häfen und die Fluren, wo einmal Troja gestanden ist. Heimatlos werde ich hinaus aufs hohe Meer getragen mit den Gefährten, meinem Sohn und den Penaten, unseren Großen Göttern.

Der Erzähler Aeneas zeichnet hier, um mit Assmann zu sprechen, das Schicksal eines Generationenorts, dessen ruhmreiche Geschichte nunmehr in Rauch und in Trümmern liegt: Die einst so stolze Metropole ist mit der Brandkatastrophe buchstäblich ausgelöscht[39], die familiale Ortsbindung dadurch unwiederbringlich zerstört. Eine Weiterführung der Familie und ihres Generationengedächtnisses, das sich im Vater Anchises, im Helden Aeneas und seinem Sohn Ascanius abbildet, lässt sich nur durch die zutiefst schmerzliche Aufgabe der alten Heimat realisieren.

Der liminale Charakter der Abschiedsszene wird nicht nur im Rückverweis auf den in Buch 2 geschilderten Städtefall (V. 1), sondern vor allem durch den tränenreichen Rückblick auf Trojas Häfen und Küstenstriche (V. 9) angezeigt: Aus einstmaligen Trojanern werden heimatlose Aeneaden, die mit ihren Söhnen und den Penaten aufs hohe Meer – Sinnbild für eine ebenso ungewisse wie fernliegende Zukunft – hinausgetragen werden (V. 10). Der Einbezug der Gefährten charakterisiert die gewaltsame Ortsentwurzelung als ein gemeinschaftliches Erinnerungstrauma, das alle Ausfahrenden schicksalhaft vereint.

Wie schwer den Aeneaden die Lösung von der Vergangenheit und die Überwindung ihres aktuellen Schwellenzustands fallen, dokumentiert ihr erster Siedlungsversuch in Thrakien. Indem der werkinterne Erzähler Aeneas im wissenden Rückblick diese Episode *sofort* – d. h. ohne eine Zwischenphase auf hoher See, wie sie den folgenden Wegstationen regelmäßig vorgeschaltet ist – an den Aufbruch von Troja anschließt, verknüpft er sie *direkt* mit dem Städtefall: *Damals* schien ihm das ferne Thrakien (V. 13: *procul*) immer noch im Strahlkreis von Trojas einstiger Herrschaft zu liegen und ihm in alter Gastfreundschaft verbunden zu sein. Im *Nachhinein* – d. h. in schmerzlicher Kenntnis des Geschichtsverlaufs – entlarvt Aeneas freilich mittels eines bedeutsam nachklappenden „solange unser Glück gewährt hat" (V. 16: *dum fortuna fuit*) eben diese Hoffnung als reine Illusion (*Aen.* 3,13-21):

> Terra procul vastis colitur Mavortia campis
> (Thraces arant) acri quondam regnata Lycurgo,
> hospitium antiquum Troiae sociique penates,
> dum fortuna fuit. feror huc et litore curvo
> moenia prima loco fatis ingressus iniquis
> Aeneadasque meo nomen de nomine fingo.
> sacra Dionaeae matri divisque ferebam
> auspicibus coeptorum operum, superoque nitentem
> caelicolum regi mactabam in litore taurum.

---

39 Die Formulierung *ubi Troia fuit* (V. 11) im resultativen Perfekt unterstreicht die harte Zäsur und verweist auf den Ausruf des Trojaners Panthus zurück (*Aen.* 2,325 f): *fuimus Troes, fuit Ilium et ingens / gloria Teucrorum*. Eine allgemeine Analyse des Buchprooms bietet Worstbrock 1963, 45-48; vgl. zudem Fletcher 2014, 84-89 (unter dem Fokus der Kolonisation).

Ein Land unter dem Schutz des Mars liegt in der Ferne mit weiten Fluren: Thraker bestellen es; einst war es unter der Herrschaft des grimmigen Lycurgus: Ein Ort der Freundschaft für Troja seit alter Zeit, seine Penaten den unseren verbunden, solang unser Glück währte. Dorthin gelangte ich: An einer Bucht begann ich mit dem Bau einer Siedlung – doch ohne die Billigung des Schicksals – und Aeneaden nannte ich nach meinem Namen die Bewohner. Opfern wollte ich Diones Tochter, meiner Mutter, und den Göttern, die freundlich wachen über allem neu begonnenen Werk, wollte auch droben dem König der Himmelsbewohner an der Küste einen stattlichen Stier schlachten.

Dass Aeneas in Thrakien[40] nicht nur eine trojanische Pflanzstadt errichten, sondern auch einen neuen Generationenort stiften möchte, legen mehrere Indizien nahe: So soll eben diese Stadt den Namen des Stadtgründers tragen[41]. Indem Aeneas den Siedlungsbeginn mit einem Opfer an seine Mutter Venus verknüpft und eigens im Beiwort (das einzige Mal in der ganzen *Aeneis*!) auf deren Abstammung verweist, will er offenkundig seine Stadt religiös und genealogisch fundieren[42].

Allerdings lassen sich in denselben Versen gleich mehrere Hinweise finden, dass dieser Neuanfang scheitern wird: Nicht nur untersteht die thrakische Küste traditionell dem Schutz des Mars und setzt damit kriegerische Vorzeichen; sie wird zudem auch mit dem „grimmigen" (V. 14: *acri*) König Lycurgus verknüpft,

---

40 Ob in der *Aeneis* eine konkrete Assoziation mit einem der Küstenorte beabsichtigt ist, die sich auf trojanische Gründerheroen zurückführten, ist fraglich – wahrscheinlicher scheint, dass der Siedlungsversuch des vergilischen Aeneas zwar solche myth-historische Lokaltraditionen aufrufen, aber nicht zwischen diesen konkurrierenden Örtlichkeiten eine bestimmte favorisieren will. Bereits Homer kennt einen Ort namens Ainos an der Mündung des Hebros (*Il.* 5,520), und Plinius d. Ä. lokalisiert ebendort das Grabmal des Polydorus (*nat.* 4,43). Dionysios von Halikarnass (*Ant. Rom.* 1,49,4) berichtet seinerseits von einer Koloniegründung namens Aineia auf der Westseite der Chalkidike: Dort habe Aeneas einen Venustempel gestiftet und reisemüde Irrfahrer sowie alle Siedlungswilligen zurückgelassen. Eine kultische Verehrung des Aeneas wird gestützt durch Münzbilder des 6.-4. Jh., die einen Mann mit Kind und mit einem Mann zeigen, der auf seinen Schultern sitzt; auch Livius berichtet von einem Fest zu Ehren des Aeneas (Liv. 40,4,9). Zur komplexen Quellenlage und umstrittenen Lage der Stadt Lacroix 1993, 133-136; Erskine 2003, 93-98; Horsfall 2006, 50-53; zur vergilischen Besonderheit, dass der Siedlungsversuch in Aeneadae abgebrochen wird, s. u. Kapitel 2.3 und 3.3.
41 Mit dieser Praxis stellt sich der vergilische Aeneas in eine lange Tradition griechischer Kolonisten aus myth-historischer Zeit: siehe hierzu eingehend Malkin 1985. Die Vergilforschung hat dem „Kolonisten" Aeneas in den letzten Jahren verstärkt Beachtung geschenkt und die Bezüge einerseits zu materiell-archäologischen Befunden (v. a. Münzen), andererseits zu altgriechischen und hellenistischen Kolonistengeschichten ausgeleuchtet: Wegweisend sind die Arbeiten von McKay 1984, Horsfall 1989, Lacroix 1993 sowie Fletcher 2014.
42 Zur Funktion fundierender Mythen Assmann 1992, 75-79.

der einst in diesem Gebiet geherrscht habe. Einem mythenkundigen Leser dient dieser Name bereits als ein erster Fingerzeig auf das Leitmotiv des verletzten Gastrechts, das die gesamte Polydoruserzählung durchzieht. Denn schon Lycurgus hatte sich dieses Frevels schuldig gemacht: Er verweigerte dem neuen Gott Dionysos die gastliche Aufnahme und leistete seiner Verehrung gewaltsam Widerstand, ja vertrieb ihn aus seinem Land – ein Verstoß, für den er mit der göttlichen Blendung seines Augenlichts bestraft wurde. Lycurgus bietet somit eine mythische Vorlage für den Nachfolger Polymestor, der mit seiner Ermordung des Polydorus das Gastrecht in ähnlich schlimmer Weise missachtet (und daher prompt ebenso bestraft wird[43]).

Wenn Aeneas hinzufügt, dass Troja mit den ortsansässigen Thrakern eine langjährige Gastfreundschaft gepflegt habe, die allerdings mit dem Fall der Stadt ein Ende gefunden habe, dann setzt er die Technik des *foreshadowing* konsequent fort. Da er sich zugleich geradezu ostentativ über den Namen des für diesen *aktuellen* Gastbruch verantwortlichen Regenten Polymestor ausschweigt, ist für eine Entschlüsselung der dunklen Andeutungen die Kompetenz des Lesers gefordert. Dieser kann schon hier erschließen, dass im folgenden Erzählabschnitt neben dem thrakischen Täter auch dessen trojanisches Opfer, Polydorus, eine wichtige Rolle spielen wird. Als *die* literarische Autorität für diesen Konnex fungiert Euripides' Tragödie *Hecuba*[44]: Ihr zufolge hatte Priamos seinen jüngsten Sohn mit einem großen Schatz zu seinem Gastfreund Polymestor geschickt, auf dass zumindest *ein* Kind den Krieg überlebe. Umso schwerer wiegt angesichts dieses Vertrauensbeweises Polymestors Verrat und seine aus Habgier motivierte Ermordung des jungen Polydorus. Die beim Leser bisher eher unterschwellig geschürten Zweifel an der Eignung just dieses Ortes für eine Neuansiedlung der Aeneaden finden im nächsten Vers endgültige Gewissheit. Denn rückblickend sieht nun Aeneas selbst seine Stadtgründung ausdrücklich unter ein „widriges Geschick" (V. 17: *fatis iniquis*) gestellt.

Ähnlich doppeldeutig scheint der Bericht von der Errichtung der „ersten Mauern" (V. 17: *moenia prima*). Denn damit kann nicht nur das Anfangsstadium

---

43 Eur. *Hec.* 1116 f; eingehend zu den Motivparallelen zwischen Polymestor und Lycurgus Gibson 1999, insbesondere 359-362; zur Funktionalisierung der Lycurgusstoffe (inklusive ihrer dionysischen Komponenten) bei Vergil Fernandelli 1996, 255-258.
44 Besonders deutlich sind die Intertextualitätsbezüge in Vergils gezieltem und nahezu wörtlichem Rückgriff auf den vom Totengeist Polydoros gesprochenen Prolog; doch lassen sich auch weitere Anklänge an Euripides' *Hecuba* finden: Fenik 1960, 8-15; König 1970, 44-51; Fernandelli 1996, 252-260 und 265; Horsfall 2006, 52; Heyworth/Morwood 2017, 89. Zu einer Verhältnisbestimmung der mythischen Stoffvarianten, wie sie sich aus der *Aeneis* und der *Hecuba* erschließen lassen, siehe unten die Kapitel 3.1 und 3.2.

einer monumentalen Stadtwerdung gemeint, sondern auch angedeutet sein, dass sich der Siedlungsversuch in Thrakien letztlich nur als das *erste Glied* einer langen Kette gescheiterter Neuanfänge entpuppte[45].

Wenn wir nun erneut nach den liminalen Aspekten der Szene fragen, dann fällt zunächst rein räumlich die Lage der künftigen Siedlung „an der Küste" (V. 16: *in litore*) auf. Doch auch zeitlich wird der Schwellencharakter ersichtlich anhand der oben skizzierten Mischung von zurückverweisenden Aussagen (V. 14: „einst", *quondam*; V. 15: „alt", *antiquum*; V. 16: „solange gewesen ist", *dum ... fuit*) mit Neuanfängen (V. 17: „erste Mauern im Anfang", *moenia prima ingressus*; V. 20: „begonnenes Werk", *coeptorum operum*). Damit geht eine – zumal für ein Epos – untypisch starke Präsenz des werkinternen Erzählers Aeneas einher, der in einer großformatigen Rückblende der karthagischen Königin Dido und ihrer Hofgesellschaft von seinen bisherigen Abenteuern erzählt[46]. Durch seine retrospektiv eingestreuten Kommentare und Nachkorrekturen durchbricht Aeneas die Zeitlinie der geschilderten Handlung mehrfach; der Leser sieht sich demzufolge ständig mit divergierenden Deutungsangeboten („damals dachte ich – heute aber weiß ich") konfrontiert. Eine solche Fluktuation der Wertungen vermittelt den Eindruck einer zunehmenden Instabilität. In der Tat wird es zu dem im Zuge der Stadtgründung eingeleiteten Opfer für Venus nicht mehr kommen: Die Imperfektformen *ferebam* (V. 18) und *mactabam* (V. 20) erklären sich somit nicht als Zeichen der Dauer, sondern der unvollendeten Handlung.

2.2 „Nam ego Polydorus!" Kommunikative Missverständnisse und liminale Identitätskrisen

Im nächsten Erzählabschnitt steigen Zahl und Intensität der Irritationen rapide, je mehr die Geschichte ihrem dramatischen Höhepunkt zusteuert (*Aen.* 3,22-30):

> forte fuit iuxta tumulus, quo cornea summo
> virgulta et densis hastilibus horrida myrtus.
> accessi viridemque ab humo convellere silvam
> conatus, ramis tegerem ut frondentibus aras,
> horrendum et dictu video mirabile monstrum.
> nam quae prima solo ruptis radicibus arbos
> vellitur, huic atro liquuntur sanguine guttae

---

45 So bereits Fletcher 2014, 90.
46 Siehe Heyworth/Morwood 2017, 89 zu den tieferen Erzählabsichten des Aeneas und seiner gezielten Adressierung der zuhörenden Dido. Vgl. auch unten Kapitel 2.3.

et terram tabo maculant. mihi frigidus horror
membra quatit gelidusque coit formidine sanguis.

Zufällig lag in der Nähe eine Anhöhe, auf der ganz oben Hornstrauchgebüsch wuchs und Myrtengestrüpp mit dichtstehenden Schäften. Dahin ging ich, und als ich versuchte, vom Boden frisches Buschwerk loszureißen, um die Altäre mit grünen Zweigen zu bedecken, da sah ich ein haarsträubendes Zeichen, man kann es nur ein Wunder nennen: Denn von dem Strauch, den ich zuerst mit gebrochenen Wurzeln aus dem Boden reiße, fließen Tropfen schwarzen Blutes und besudeln eklig den Boden. Mir schüttelt kalter Schauer die Glieder, und mein Blut gefriert vor Entsetzen.

Bereits die Bezeichnung des küsten- und siedlungsnahen Hügels als *tumulus* (V. 22) ist doppeldeutig: Zwar kann damit auch eine natürliche Erhebung gemeint sein – doch könnte es sich dabei eben auch um ein Grab handeln, dessen Oberfläche mit verschiedenen Pflanzen begrünt ist. Als ambivalent muss auch das Myrtengebüsch bewertet werden: Einerseits gilt die Myrte als Pflanze der Venus und muss ihrem Sohn Aeneas als glückverheißendes Zeichen erscheinen. Die „spontane" Verfügbarkeit (V. 22: *forte*) just von Myrte zum Schmuck des Altars (V. 25) kommt umso gelegener, als Aeneas' Opfer ja Venus persönlich gelten soll. Das Adjektiv *horridus* (V. 23), das sowohl „starrend" als auch „schaurig" bedeutet, lässt allerdings einen aufmerksamen Leser erahnen, dass eben diese so positiv besetzte Pflanze auch eine unheilvolle Wirkung entfalten könnte. So hat Vergil selbst in seiner Lehrschrift *Georgica* dargelegt, dass die Schäfte von Myrtenstauden aufgrund ihres harten Holzes gerne zur Fertigung von Kriegsspeeren genutzt werden[47] – sprich: für eben die Waffenart, die sich mit einem zweiten schillernden Ausdruck, nämlich den im selben *Aeneis*-Vers erwähnten „dichten Schäften" *(densis hastilibus)*, assoziieren lässt.

Das Unheil nimmt seinen Lauf, sobald Aeneas einige Myrtenzweige abreißen will. Denn auf seinen Versuch, ein ganzes Bündel von Zweigen aus dem Erdgrund zu lösen, reagiert die Pflanze mit einem grausigen[48] Zeichen, das der Erzähler Aeneas seinerseits in einer bemerkenswert drastischen Sprache artikuliert: Von dem entwurzelten Strauchbüschel tropft Blut zu Boden – eine ebenso unerwartete wie widernatürliche Wirkung, die bei Aeneas Ekel und blankes Entsetzen auslöst (V. 29 f). Denn nicht nur verhalten sich die Pflanzen wie verletzte

---

[47] *Georg.* 2,447-448: *at myrtus validis hastilibus et bona bello / cornus*; vgl. Vergils aus dem Saft abgeleitete Farbbezeichnung der Myrtenbeeren als *cruenta* (georg. 1,306). Zur Assoziation der Myrte mit Krieg, Blut und Tod Paschalis 1997, 116; Horsfall 2006, 62; Coo 2007, 193 f; Gowers 2011, 97.

[48] Das *horrendum monstrum* schreibt die Eigenschaft der *horrida myrtus* fort und verortet sie zugleich in einem neuen, oft sakral konnotierten Bezugsfeld.

Lebewesen; die unnormale Farbe der schwarzen Blutstropfen zeigt zudem eine „Verseuchung" an, die nun auch den Boden mit eitrig ausfließendem „Gift befleckt" (V. 29: *terram tabo maculant*)⁴⁹.

Umso irritierender wirkt die Reaktion des Aeneas auf dieses verstörende Zeichen. Denn anstatt sein Vorhaben sofort abzubrechen, wiederholt er seine Handlung, wenn auch mit einem neuen Ziel (V. 31-40):

> rursus et alterius lentum convellere vimen
> insequor et causas penitus temptare latentis;
> ater et alterius sequitur de cortice sanguis.
> multa movens animo Nymphas venerabar agrestis
> Gradivumque patrem, Geticis qui praesidet arvis,
> rite secundarent visus omenque levarent.
> tertia sed postquam maiore hastilia nisu
> adgredior genibusque adversae obluctor harenae,
> (eloquar an sileam?) gemitus lacrimabilis imo
> auditur tumulo ...

> Erneut versuche ich's und gehe daran, den biegsamen Zweig eines anderen Strauchs auszureißen und so den tief verborgenen Ursachen nachzuspüren: Schwarzes Blut quillt auch aus der Rinde des anderen Strauchs. Vieles erwog ich in meinen Gedanken, flehte gleich die ländlichen Nymphen an und Vater Gradivus, den Beschützer der getischen Fluren, sie möchten die Erscheinung recht zum Segen wenden und den Schrecken des Zeichens mildern. Als ich mich aber mit noch größerem Kraftaufwand an einen dritten Busch mache und dabei mit den Knien gegen den Sand stemme, da ist – soll ich's sagen oder verschweigen? – ein klägliches Stöhnen aus der Tiefe des Hügels zu vernehmen ...

Aeneas hat demnach zwar eine ebenso unheilvolle wie unerwartete Botschaft erhalten; jedoch bleibt ihm diese gänzlich unverständlich. Mit Lotman ließe sich sagen: Das „Rauschen" im Kommunikationskanal ist so stark, dass sich das Signal jeder Deutung durch den Empfänger versagt. Aeneas' zweiter Versuch legt nahe, dass er zumindest die Dringlichkeit der Information erkannt hat und sie daher *unbedingt* verstehen will. Erst die wiederholte Aktion und Reaktion geben Aeneas die unzweifelhafte Gewissheit, dass er tatsächlich soeben ein fatales *omen* erhalten hat. Sein tiefes Nachdenken und inständiges Gebet *scheinen* zunächst ganz folgerichtig auf das unvorhergesehene Krisenmoment und dessen Behebung abgestimmt. Statt nun aber – wie es für einen gelingenden Dialog unabdingbar ist – eine Antwort seitens der adressierten Götter abzu-

---

49 Das Verb *maculare* wird verwendet, um eine Befleckung reiner, insbesonders sakraler Orte zu bezeichnen (*ThLL s.v.* A.1.b) – ein erstes Signal, dass Aeneas unwissentlich ein Grab geschändet hat.

warten, wendet sich Aeneas unmittelbar nach seinem Gebet einem *dritten* Myrtenbusch zu, und zwar mit einem nochmals gesteigertem Krafteinsatz: Offenbar will er nun eine endgültige Klärung des unglaublichen Geschehens erzwingen.

Bereits mehrere Interpreten haben mit unterschiedlich überzeugenden Erklärungsversuchen die frappierende Gewalt problematisiert, die Aeneas hier anwendet[50]: Weder zu einem korrekten Opfer, geschweige denn zu einem Helden wie Aeneas, der doch als *das* Vorbild schlechthin für einen respektvollen Umgang mit den Göttern gilt, will das Herausreißen der gesamten Pflanze samt der im Boden verankerten Wurzeln passen (zumal ja als Altarschmuck eigentlich nur die Blätter und Blüten geeignet sind)[51]. Die Kommunikation mit den Göttern verläuft dann auch prompt nicht in üblichen Bahnen, sondern führt zu einem *prodigium*: Solche Unheilszeichen unterscheiden sich von regulären Orakeln dadurch, dass sie nicht nach vorher fixierten Normen und Regeln seitens der Menschen erbeten werden. Vielmehr ergreifen die Götter *ungefragt* die Initiative, um sich mitzuteilen[52] – wobei sie vorzugsweise besonders widerna-

---

50 Putnam 1980, 3: „what strikes the reader is the persistence of his violence, even after the appearance of blood. Greed, already associated with Polydorus, now centers not on money but on knowledge. To make trail of causes ... drives Aeneas three times to rend the foilage at its roots, as if the preliminary sight of blood aroused in the perpetrator a desperate need for understanding, even at the cost of further hurt." Zu weit geht Putnam m. E., wenn er aus dieser Einzelszene eine Grunddisposition des Aeneas zum maßlosen Wissensdurst ableitet, der auch vor Gewalt nicht Halt macht. Vorsichtiger äußert sich Thomas 1988, 262 im Verweis auf die Gewalt, die mit der Realisierung höherer Ziele, wie sie Aeneas aufgetragen seien, unvermeidbar einhergehe. Zu radikal ist m. E. der Ansatz von Gowers 2011 (gefolgt von Fletcher 2014, 91 f), die die gesamte Szene metaphorisch bzw. symbolisch als rivalisierenden Machtkampf zwischen Polydorus und Aeneas um die Führung der Trojaner deutet: „If we focus on these two metaphors, blood and trees, in the Polydorus episode, we can start to read it as a living nightmare for Aeneas about the familiy blood of Priam, a hydra-headed monster which rears more dripping heads the more he hacks away at it ... Polydorus is Priamos' youngest child, the last offshoot of the royal stock of fifty sons, symbol of the ever-regenerating family that needs to be eradicated." Eine solche Deutung, die in Aeneas den symbolischen Mörder von Polydorus sieht, ignoriert, dass sich Polydorus zwar vehement gegen Aeneas' erneutes Aufreißen (V. 41: *quid miserum ... laceras*) seines vielfach verwundeten Körpers zur Wehr setzt, aber keinen Zweifel daran lässt, dass er von einer Gruppe hiesiger Ortseinwohner ermordet wurde.
51 Laut Thomas 1988, 265 gilt die Verletzung von (als belebt gedachten) Pflanzen in antiken Zeugnissen als ein gewaltsamer Übergriff, der daher erwartungsgemäß religiös oder/und sozial geahndet wird. Selbst ohne das Problem der Grabschändung scheint demnach die Handlung des Aeneas von Anfang an grenzwertig.
52 Wissowa 1912, 386; 530 f; Linderski 1986, 2203; Beard/North/Price 1998, 22 mit Fn. 58. Grassmann-Fischer 1966 behandelt dagegen unterschiedslos positive wie negative Vorzeichen als Prodigien; zur Stelle ebendort 92-95.

türliche und bedrohliche Zeichen einsetzen. Die Ursachen für eine solch außergewöhnliche Intervention sind entsprechend gravierend und weisen auf eine existenzielle Krise in der *pax deorum*. Der Auftritt eines solch machtvollen Zeichens führt daher regelmäßig zum Abbruch des Vorhabens. Mit seinem Gebet, in dem er um eine Wendung zum Guten bittet, verkennt Aeneas demnach die hohe Brisanz seiner Lage eklatant[53]; dies gilt umso mehr angesichts seiner anschließend sogar nochmals gesteigerten Gewaltanwendung.

Dem heftigen Nachdruck, mit dem Aeneas geradezu unbelehrbar auf seinem Anliegen besteht, entspricht die überwältigende Intensität, mit der nun endlich der tote Polydorus seine Klage aus der Tiefe des Bodens geradezu herausschreit. Dieses ominöse Erlebnis ist laut Aeneas so unerhört, dass es buchstäblich an die Grenzen des Mitteilbaren stößt (V. 39: *eloquar an sileam?*). Dennoch fährt Aeneas in seiner Erzählung fort (*Aen.* 3,40-48):

> ... et vox reddita fertur ad auris:
> ‚quid miserum, Aenea, laceras? iam parce sepulto,
> parce pias scelerare manus. non me tibi Troia
> externum tulit aut cruor hic de stipite manat.
> heu fuge crudelis terras, fuge litus avarum:
> nam Polydorus ego. hic confixum ferrea texit
> telorum seges et iaculis increvit acutis.'
> tum vero ancipiti mentem formidine pressus
> obstipui steteruntque comae et vox faucibus haesit.

> ... und ein antwortender Ruf dringt an mein Ohr: „Was zerreißt du, Aeneas, einen unglücklichen Menschen? Verschone endlich den Toten im Grab, hüte dich, deine fromme Hand mit Frevel zu beflecken! Aus Troja stamme ich, bin dir also kein Fremder, auch fließt dieses Blut nicht von einem Stück Holz. Ach, fliehe aus diesem grausamen Land, fliehe von dieser habgierigen Küste: Denn ich bin Polydorus. Hier wurde ich durchbohrt; die eiserne Saat der Speere hat mich zugedeckt und ist in spitzen Spießen ausgetrieben." Da nun überfiel meinen Sinn fassungsloses Entsetzen: Ich war wie gelähmt, die Haare standen mir zu Berge und die Stimme blieb mir im Hals stecken.

Man sollte ja nun zunächst meinen, dass mit diesem klärenden Wort die am Ende geradezu schon penetranten Störsignale beseitigt sind. Doch dem ist interessanterweise mitnichten so. Denn die unerwartete „Ich-bin-Aussage" des Polydorus enthüllt zwar die wahre Beschaffenheit des Orts und seiner Komponenten: Der Hügel ist tatsächlich ein Grab, der vermeintliche Erdboden birgt den vielfach verwundeten Körper eines Menschen, der mit seinem stetig flie-

---

[53] Das unerklärliche Unverständnis des Aeneas und seine auffällige Blindheit gegenüber der Problematik seines eigenen Handelns hebt bereits Thomas 1988, 268 hervor.

ßenden Blut die aus ihm sprießenden Pflanzenschäfte nährt⁵⁴. Diese entpuppen sich als wundersam belebte Speertriebe (wundersam zumal, weil diese Speere einstmals mit Eisenspitzen versehen waren und daher unmöglich Wurzeln entwickeln konnten). Die Warnung „Schone den Begrabenen!" (V. 41: *parce sepulto!*) stellt zudem – jedenfalls scheinbar! – klar, dass Aeneas mit seiner Verletzung eines heiligen Orts das zunächst nur visuelle *monstrum* in Gang gesetzt hat. Da alle optischen Signale nicht wirkten, sah sich der Tote zu einer nun nicht mehr überhörbaren Abwehr gezwungen⁵⁵.

Andererseits schafft Polydorus' gequälter Ausruf aber mehr Widersprüche, als er auflöst⁵⁶: Mit seinem stichwortartig verkürzten Geschehensbericht beschreibt sich der offenbar schon seit geraumer Zeit ermordete, aber immer noch frisch blutende Polydorus implizit als liminale Figur, die zwischen einem Toten und Untoten „mäandert". Denn die Natur hat ihn zwar im Verlauf der Zeit unter die Erde gebracht – bestattet ist er jedoch gerade *nicht*⁵⁷. Das heißt nun aber folgerichtig: Polydorus besitzt bisher gar kein rituell korrektes Grab, dessen Sakralität Aeneas hätte verletzen können – auch wenn er einen solchen Status mit aller Vehemenz für sich in Anspruch nimmt! Damit stellt sich unweigerlich die Frage: Ist das Blut an den Pflanzenwurzeln überhaupt als *prodigium* einzustufen? Oder handelt es sich in Wahrheit um eine Metamorphose des Toten, die im Wandlungsprozess „steckengeblieben" ist – oder gar um beides⁵⁸?

---

54 Etwas zu ingeniös scheint mir die Deutung von Coo 2007, 197, die dieses befremdliche Bild aus einem *Georgica*-Passus zum Vorgang des Pfropfens inspiriert sieht: „The cut plant, inserted into cleft foreign body, is miraculously able to grow from it. This is exactly what we find in *Aeneid* 3, where the cornel and myrtle shafts have been fixed into Polydorus' body from which they have gained sufficient nourishment to grow into ‚plants' that retain their warlike nature". In der *Aeneis* handelt es sich jedoch nicht um einen Akt des künstlichen Pflanzens und Kreuzens, sondern um eine gewaltsame Tötung; das wundersame Austreiben der Speerschäfte ist nicht bezweckt, sondern eine unerklärte Nebenwirkung des Mords.
55 So bereits Tueller 2010, 358.
56 Eine grundsätzlich unzuverlässige Übermittlung von Botschaften aus der Unterwelt durch sprechende Tote, deren Stimme durch Epigrammreferenzen gezielt verunklart werde, postuliert Tueller 2010.
57 Tueller 2010, 356; Heyworth/Morwood 2017, 97 zu V. 41, *sepulto*: „there is a bitter irony here; Polydorus has not been granted burial on the contrary he has suffered a hideous perversion of it."
58 Die diffuse Vermischung von Metamorphose, Prodigium, sprechender Pflanze und Stimme des Toten merkt bereits Fernandelli 1996, 270 an. Zum wundersamen Zustand des mit Speerschäften durchbohrten und diese gleichzeitig nährenden Polydorus im Verweis auf analoge Motive in Ovids *Metamorphosen* insbesondere Coo 2007, 194-196.

Meiner Meinung nach ist Vergils Beschreibung gezielt auf eine Unklarheit angelegt, die die scharfen Konturen verwischt und Polydorus' aktuelle Existenz einer eindeutigen Definition entzieht. Umso auffälliger ist dessen vehementer *Anspruch* auf die Achtung seines (angeblichen) Grabs, der sich auch in der Gestaltung seiner Rede niederschlägt. In der Forschung ist längst erkannt, dass diese Szene die Tradition von Grabepigrammen evoziert[59]: Neben der Stimme aus dem Grab, die Passanten zum Respekt vor dem Grab mahnt und sie in typischer Ichaussage und aller Kürze über das tragische Schicksal des hier liegenden Toten informiert, zitiert insbesondere das hinweisende „hier hat bedeckt" (V. 45: *hic texit*) gängige Inschriftenformulare. Sogar für den dichten Pflanzenbewuchs und seine abwehrende Funktion lassen sich Parallelen aus hellenistischen Epigrammbüchern anführen.

Je eindeutiger nun aber die vergilische Polydorus-Rede auf die Konventionen literarischer Grabepigramme anspielt, desto problematischer wird die Tatsache, dass Polydorus ja gar nicht die rituellen Prämissen für eine solche gedenkende Ehrung erfüllt. Dieses Fluktuieren des untoten Toten schlägt sich auch in weiteren Merkwürdigkeiten nieder, die sowohl seine divinatorische Kompetenz als auch seine Namens(be)deutung (nach dem *nomen-omen*-Prinzip) betreffen. Denn beide Aspekte bleiben unklar.

Zum einen beschränkt sich Polydorus nicht auf die warnende Abwehr einer Grabverletzung. Denn mit der Mahnung „fliehe aus dem grausamen Land, fliehe von der habgierigen Küste!" (V. 44) belegt er nicht nur „seinen" Tumulus, sondern auch das thrakische Umland mit einem zwingenden Siedlungstabu: Die nach wie vor frisch blutenden Speerwunden, die Polydorus einst tödlich verletzt und fest im Erdboden fixiert haben (V. 45: *confixum*), sind offenkundig zu tief, als dass sie rituell vollständig geheilt werden könnten. Um mit Assmann zu sprechen, weist Polydorus den ganzen Küstenstrich als „traumatischen Ort" aus: Ein solcher Ort versperrt sich einer affirmativen Sinnbildung im Gedenken ebenso wie einer endgültigen Überwindung der Vergangenheit zu einem zukunftsfähigen Neuanfang[60]. Ein traumatischer Ort hält daher eine Vergangenheit fest, die nicht verjährt noch eine Distanzierung erlaubt; bildlich gesagt, beruht seine fatale Erinnerung auf einer Wunde, die nicht vernarben kann. Die Geschichte eines solch traumatischen Orts ist daher auch buchstäblich nicht erzählbar: Polydorus' doppelte Warnung „fliehe, fliehe!" ist demnach nicht nur als ein illokutionärer Sprechakt gedacht, sondern soll zugleich jede Nachfrage nach einer weiterführenden Auskunft an Aeneas unterbinden.

---

[59] Fernandelli 1996, 265-267; Dinter 2005, 160 f; Tueller 2010, 356-358.
[60] Assmann 1999, 328-334.

Damit geht die Wirkmacht des Polydorus aber weit über die Praxis von Grabinschriften hinaus. Denn deren Kernanliegen sind ja stets der aktuelle (Selbst-)Schutz des Toten und die Anmahnung eines respektvollen Innehaltens und Gedenkens. Der Befehl zur schnellstmöglichen Flucht richtet sich dagegen nicht nur auf den aktuellen Moment, sondern auch auf das künftige Schicksal des Aeneas und seiner Gefährten[61]; sie ruft damit Assoziationen zu einem Orakel auf.

In der Tat greift Polydorus mit seinem *fuge, fuge!* eine analoge Formulierung seines toten Bruders Hektor auf, der Aeneas in dessen letzter Nacht in Troja im Traum erschienen war, um ihn zur sofortigen Flucht aus Troja zu mahnen[62]. Zum einen stellt also das wörtliche Zitat eine Brücke zu dieser Szene her und bestätigt damit indirekt Polydorus' Selbstidentifikation und seine Weisungsautorität als Abkömmling des Königshauses. Zum anderen fällt aber Polydorus' divinatorische Kompetenz in auffälliger Weise hinter die seines großen Bruders zurück: Hektor hatte seine Warnung mit der Prophezeiung über eine neue Stadtgründung in weiter Ferne und mit der sinnbildlichen Autorisierung des Aeneas verknüpft, indem er ihm die Hausgötter überreichte[63]. Polydorus' divinatorische Fähigkeiten beschränken sich dagegen auf die retrospektive Bezeugung seines eigenen Todes und eine damit begründete Vertreibung der Aeneaden aus dem grausamen Thrakien; über das „wohin?" bleibt er Aeneas jede Auskunft schuldig. Von einer vollwertigen Zukunftsweisung, wie sie Göttern[64], Sehern[65] und „echten" Toten[66] zusteht, ist das Siedlungsveto des Polydorus weit entfernt – eine Beobachtung, die m. E. nicht nur mit dem düsteren Gesamttenor der Episode[67], sondern durchaus auch mit dem ambiguen Status des Sprechers zu tun hat.

---

61 Laut Heyworth/Morwood 2017, 98 setzt der Totengeist des Polydorus mit dieser Fluchtweisung zugleich ein programmatisches Leitmotiv für das ganze Irrfahrtenbuch in Kraft, in dem sich die Aeneaden immer wieder neu auf den Weg machen müssen.
62 Aen. 2,289: *heu fuge, nate dea, teque his ait eripe flammis.*
63 Aen. 2,293-295: *sacra suosque tibi commendat Troia penatis; / hos cape fatorum comites, his moenia quaere / magna pererrato statues quae denique ponto.*
64 Etwa Apoll (*Aen.* 3,84-101); Penaten (*Aen.* 3,147-179).
65 Siehe die ausführliche und detaillierte Prophezeiung des Helenus (*Aen.* 3,356-462).
66 Neben Hektor ist dabei insbesondere an die Traumerscheinung des Anchises im fünften Buch (*Aen.* 5,721-745) und natürlich seine große Prophezeiung in der Unterwelt (*Aen.* 6,756-892) zu denken.
67 Zur konsequenten Gestaltung des Aufenthalts in Delos als einem positiven Gegenpol zu der dunklen Episode in Thrakien Jens 1948.

Ein ähnliches Changieren ist schließlich auch für die ambivalenten Namensassoziationen festzustellen: Hier sind wegweisende Vorarbeiten durch Paschalis geleistet worden, der eine stetige Fluktuation zwischen dem eigentlichen Namen, Πολύδωρος (= „ein Mann mit vielen Gaben"), und dessen Deformation zu *Πολύδορος (= „ein Mann mit vielen Speeren") nachgewiesen hat[68]: Πολύδωρος verweist bereits mit seinem Namen auf den ihm anvertrauten Königsschatz – und damit auf die Ursache seines grausamen Todes. Angesichts der Umstände seiner Ermordung stellt sich aber unweigerlich die Frage, ob ihm nicht auch die Namensverlesung zu *Πολύδορος von Anfang an anhaftet und womöglich gar treffender ist – ohne dass damit die Erstbedeutung komplett aufgehoben wäre. Vielmehr fallen *beide* semantischen Assoziationen in Polydorus' Todesstunde und liminaler Existenz zu einer komplexen Einheit zusammen[69].

Im Vorgriff auf das dritte Kapitel sei bereits hier hervorgehoben: Diese semantische Ambiguität ist *keine* Neuerfindung Vergils, sondern bereits in der homerischen *Ilias* und Euripides' *Hecuba* präsent, wenn auch mit unterschiedlicher Gewichtung. Sie wird jedoch bei Vergil nochmals verstärkt dadurch, dass die lateinische Namensschreibung *Polydorus* die Grenze zwischen δῶρον und δόρυ bis zur Ununterscheidbarkeit verwischt. Daraus ergibt sich nun die paradoxe Situation, dass just die zunächst so erhellend scheinende Selbstbezeichnung *nam Polydorus ego!* (V. 45) den Helden Aeneas bzw. den Leser statt der erwarteten Klärung nur noch vor größere Rätsel stellt. Was sich zunächst als typische Namensangabe eines sprechenden Toten im Formularstil des Epitaphs ausgibt, mutiert damit unversehens zum dunklen, uneindeutigen Orakel: Welcher der beiden Namen ist nun gemeint? Enthalten *beide* einen gleichen Anteil der Wahrheit – oder erlangt eine der beiden Seiten die Oberhand? Bemerkenswerte Antworten finden sich im weiteren Erzählverlauf.

2.3 Umdeuten, Erzählen und Begraben: Machtvolle Türöffner ins Jenseits

Aeneas zeigt sich zunächst von der Stimme aus dem Untergrund und ihrer düsteren Botschaft zutiefst schockiert. Sein Entsetzen findet körperlich Ausdruck

---

[68] Paschalis 1997, 111-116; gefolgt von Gowers 2011, 98.
[69] Paschalis 1997, 112: „The hollow ‚tumulus' combines δόρυ and δῶρον; δόρυ has pierced δῶρον. The ghost's voice implores Aeneas to stop ‚rending' what he thinks is a mere stock (‚stipite'; δόρυ) and hints at ‚greed' as the cause of his death. The cluster ‚avarum ... Polydoros' combines greed and δῶρον."

in den Haaren, die ihm zu Berge stehen; zudem hat es ihm buchstäblich die Sprache verschlagen. Narratologisch ist dieser Moment der Schockstarre bemerkenswert, da er die Handlung vorübergehend aussetzt und die Aufmerksamkeit des Lesers auf die Erzähltechnik lenkt: Angesichts der Sprachlosigkeit des *Akteurs* Aeneas springt nun der *Erzähler* Aeneas ein, der aus geraumem Abstand auf das Geschehen zurückblickt. Er verfügt über die Worte, die seinem *alter ego* damals fehlten. Daher nutzt er die fast schon übermarkierte Pause im Geschehensverlauf, um seine karthagischen Zuhörer in einer Rückblende mit der familiären Vorgeschichte des Polydorus näher vertraut zu machen (*Aen.* 3,49-57):

> Hunc Polydorum auri quondam cum pondere magno
> infelix Priamus furtim mandarat alendum
> Threicio regi, cum iam diffideret armis
> Dardaniae cingique urbem obsidione videret.
> ille, ut opes fractae Teucrum et Fortuna recessit,
> res Agamemnonias victriciaque arma secutus
> fas omne abrumpit: Polydorum obtruncat, et auro
> vi potitur. quid non mortalia pectora cogis,
> auri sacra fames!

Diesen Polydorus hatte einst der unglückselige Priamus mit einer großen Ladung Gold insgeheim dem Thrakerkönig zur Erziehung anvertraut, da er den Waffen Dardaniens schon misstraute und sah, dass der Belagerungsring sich um die Stadt legte. Sobald freilich die Macht der Teucrer gebrochen und Fortuna gegangen war, wechselt der König in Agamemnons Lager und zum Heer des Siegers; er bricht alle heiligen Gebote: Polydorus lässt er töten und eignet sich das Gold mit Gewalt an. Wozu treibt nicht verfluchte Geldgier das Herz des Menschen!

Aeneas stimmt seine Erläuterungen sorgfältig auf seine Hörerschaft – namentlich die Königin Dido – ab[70]: Er schreibt Priamos das Adjektiv „unglückselig" (V. 49: *infelix*) zu, das sonst in der *Aeneis* eigentlich Didos stehendes Beiwort ist[71], und appelliert damit an ihr Mitleid mit Priamos und dessen Königshaus. Auch mit seiner Forcierung des Goldmotivs und des aus Habgier entsprungenen Mords trägt Aeneas Didos eigenem Schicksal Rechnung, das sie zum Opfer eines habgierigen Herrschers gemacht hat[72]. Dabei lässt er keinen Zweifel, dass aus seiner Sicht der thrakische König als der eigentliche Täter verantwortlich zu machen ist: Ihm *allein* schreibt Aeneas daher den Tötungsakt zu – die aus-

---

[70] So schon Fernandelli 1996, 52; Heyworth/Morwood 2017, 89.
[71] Heyworth/Morwood 2017, 99; zur erzählerischen Funktion dieses Epithetons Suerbaum 1999, 363 f.
[72] Vgl. *Aen.* 1,343-368.

führenden Personen, die Polydorus mit ihren Speeren durchbohren, sind lediglich Handlanger ihres übermächtigen Auftraggebers.

Erneut bricht sich rohe Gewalt in einprägsamen Verben (V. 55: „brach ab", *abrumpit*, und „enthauptet", *obtruncat*) rücksichtslos Bahn. Die drastische Wortwahl hebt den frevlerischen Charakter, die Grausamkeit und insbesondere die weitreichenden Folgen dieser Mordtat ins Bewusstsein: Bildlich gesprochen ist mit der Tötung des jüngsten Priamossohns der einst so mächtig austreibende Familienbaum des trojanischen Königshauses nicht nur an einer seiner vielen Spitzen gekappt, sondern buchstäblich am Stumpf abgehackt[73]. Auf die historische Dimension macht der Erzähler Aeneas aufmerksam. Indem er nämlich hier gleich zwei Baumgleichnisse wieder aufgreift, mit denen er in seiner Trojaerzählung sowohl Priamos' blutigen Tod[74] als auch den Städtefall[75] verbildlicht hatte, nimmt er eine bemerkenswerte Neudeutung vor: *Nicht* (wie damals gedacht!) mit Priamos' Tod im brennenden Troja, sondern erst jetzt, mit der Ermordung auch seines jüngsten Sohnes im fernen Thrakien, ist die Familie der Priamiden unwiederbringlich ausgelöscht[76].

Daneben ist aber auch festzuhalten, dass sich Aeneas mit seiner suggestiven Erzählung indirekt in seiner Führungsverantwortung gegenüber den überlebenden Trojanern selbst bestätigt: Nachdem ihn bereits in Trojas letzter Nacht der Totengeist Hektor zur Aufgabe von Troja und zum Neuaufbau einer fernen

---

73 Das Motiv des abgehackten „Familienbaums" und die hier besprochenen Verse sind bereits durch Coo 2007 und Gowers 2011 eingehend diskutiert – mit unterschiedlich überzeugenden, aber durchweg anregenden Deutungsimpulsen, die ich hier teilweise aufgreife. Zur Kritik insbesondere an Gowers vgl. oben Anm. 51.

74 Aen. 2,554-558: *haec finis Priami fatorum, hic exitus illum / sorte tulit Troiam incensam et prolapsa videntem / Pergama, tot quondam populis terrisque superbum / regnatorem Asiae.* **iacet incens litore truncus**, / *avulsumque umeris caput et sine nomine corpus.* Den Fernbezug beider Partien notiert bereits Fernandelli 1996, 271.

75 Aen. 2,624-631: *Tum vero omne mihi visum considere in ignis / Ilium et ex imo verti Neptunia Troia: / ac veluti summis antiquam in montibus ornum / cum* **ferro accisam crebrisque bipennibus instant** / *eruere agricolae certatim, illa usque minatur / et tremefacta comam concusso vertice nutat, /* **vulneribus** *donec paulatim evicta supremum / congemuit traxitque iugis* **avulsa ruinam**.

76 Der Konstruktcharakter dieser Aeneas in den Mund gelegten Geschichtsdeutung vom „Ende der Priamiden" wird daran ersichtlich, dass mit dem Seher Helenus (dem Aeneas selbst in Buthrotum noch begegnen wird!) ja immer noch ein Priamide existiert, der mit seiner Ehefrau Andromache die Linie des trojanischen Herrscherhauses fortführen kann. Es bedarf daher auch im Zuge der Buthrotum-Episode nochmals einer genealogischen Nachjustierung und Klärung, dass Helenus auch künftig keinen Führungsanspruch erheben wird, sondern ein Bündnis zwischen seinen Nachfahren und den Aeneaden vorhersagt; zu den trojanisch-aeneadischen Genealogien der Buthrotum-Episode ausführlich Jäger 2018, Kapitel 4.3.3 und 4.3.4.

Stadt ermächtigt hat, erhält er nun in der Begegnung mit Polydorus die späte Gewissheit, dass tatsächlich *allein er* zur Nachfolge autorisiert ist. Damit ist er aber auch von den schrittweise aus dem Trojamythos abtretenden Priamiden in die Pflicht genommen, die Überlebenden des Kriegs als Aeneaden in eine neue Zukunft zu führen.

Es überrascht daher nicht, dass der Erzähler Aeneas in seiner erläuternden Ausführung eine dauerhafte Deutungshoheit über die Polydorus-Geschichte erringen will. Und dieser Anspruch bezieht sich nicht nur auf das Ende der Priamiden, sondern auch auf das Bild des vermeintlichen Gastlands Thrakien. Denn Aeneas trägt in seinem Exkurs nicht nur Polydorus' familiäre Vorgeschichte und die Gründe für seine Entsendung nach Thrakien nach. Vielmehr „übersetzt" er auch die kryptisch verkürzte Warnung „fliehe die habgierige Küste!" (V. 44: *fuge litus avarum!*) in eine besser verständliche Erzählung, die er aus *seiner* Sicht präsentiert.

Die Forschung hat hier mehrfach auf eine Inkonsistenz verwiesen: Aeneas verfügt über ein größeres, quasi auktoriales Wissen, das sich im Wesentlichen aus Euripides' *Hecuba* speist und das er als Handlungsträger streng genommen nicht haben kann[77]. Wichtiger als dieser narratologische Kunstgriff ist für unsere Fragestellung aber die Umwertung des Erzählstoffs: Aeneas setzt offenbar alles daran, das blutige *prodigium* samt dem bildgewaltigen *monstrum* eines Leichnams, der zum Saatboden eiserner Speere geworden ist, erzählerisch zu „entmachten", indem er es mit einer nicht minder gewaltsamen, aber bereits bekannten Metapher – dem bis zum Rumpf verkürzten Körper (respektive Baumstamm) – überlagert.

Wie Paschalis anmerkt[78], lässt sich der „abgehauene" Polydorus immer noch als variierende Fortführung des Namensspiels um *Πολύδορος/Πολύδωρος* verstehen: Während sich der verstümmelte Baum (V. 55: *obtruncat*, zu *truncus*) mit dem Speer assoziieren lässt, schreibt das im selben Vers erwähnte Gold (*auro*) die Geschenk-Semantik fort. Dennoch ist nicht zu übersehen, dass Polydorus in dieser etablierten Gleichsetzung mit einem unter Schlägen wankenden und stürzenden Baum seine einst trennscharfen Konturen und damit gewissermaßen auch seine individuelle Besonderheit einbüßt. Der *eine* „Viel-

---

[77] Williams 1983, 247-250. Horsfall 2006, 77 fasst zusammen: „[I]t is completely irrelevant ... that Aen. could not have been present at the events described; the narrator ... steps discreetly back from his narrative, and the poet, with Eur. in hand, fills the gap. The episode had begun with Aen.'s reflections with hindsight upon the instability of Thrace's regard to Troy (15-6); now Aen. gives Dido the orthodox Euripidean background, with moralising ring-composition."
[78] Paschalis 1997, 113.

speermann", der sich durch eben diese Eigenheit aus der Schaar von 50 Brüdern heraushob, verblasst zu *einem von vielen* Herrschersöhnen: Mit der Wiederholung des Baumgleichnisses wird er zum „letzten Abkömmling des Priamos" *typisiert*.

Es wird daher in Kapitel 3 nochmals näher zu prüfen sein, ob in diesem überaus spannenden und spannungsvollen Erzählpassus neben einem epostypischen Fernbezug und einer gleichnishaften Verknüpfung von Priamos, Troja und Polydorus nicht auch ein *stofflicher* Bruch vorliegt[79]. So vehement nämlich Polydorus mit der „Speersaat aus Eisen" (V. 45 f.: *ferrea telorum seges*) ein Zeichen gesetzt hat, so schnell wird eben dieses einprägsame Bild wieder zurückgedrängt. Der Ausruf, mit dem Aeneas die Habgier als allgemein-zeitlosen Fluch der Menschheit anprangert (V. 56 f: *quid non mortalia pectora cogis, / auri sacra fames!*), lässt sich demnach als Antwort auf den Aufschrei des Polydorus (V. 45: *nam Polydorus ego!*) und als konkurrierende Deutung verstehen: Polydorus hatte die vermeintliche *Fehllesung* seines Namens als (in doppeltem Sinne) zutreffendere Selbstbeschreibung lanciert – nicht zuletzt, um damit seinen prekären Zustand als unbestatteter Toter möglichst drastisch zu veranschaulichen[80]. Aeneas sucht demgegenüber, *seine* Version der Polydorusgeschichte durchzusetzen. Auch er greift dabei bezeichnenderweise auf die ambivalente Semantik des Namens zurück: Indem er die Goldgier als Ursache von Polydorus' Speertod herausarbeitet, rehabilitiert er Πολύδωρος als die tiefer begründete und daher *letztgültige* Namensform.

Mit diesem Akt der Kanonisierung kehrt die Erzählung ringkompositorisch zu derselben intertextuellen Spur zurück, die bereits in der Eröffnung der gesamten Episode gelegt worden war: Ebenso wie Aeneas' (bzw. Vergils) Exposition von Thrakien als „Land des frevlerischen Gastbruchs", so ist auch das Ende der Polydorusepisode durch Euripides' *Hecuba* vorgeprägt[81]. Was dabei für unsere Fragestellung wichtig ist: Hauptprofiteur von dieser erneuten Anlehnung an Euripides ist der vergilische Polydorus, da er analog zu seinem Pendant in

---

[79] Der Text legt m. E. sogar eine Spur für diese Vermutung: Aeneas leitet seine Erklärung nämlich explizit mit „diesem Polydorus" (V. 49: *hunc Polydorum*) ein. Rein formal könnte man dieses Zeigepronomen als Rückverweis rechtfertigen: „Dieser" wäre dann „eben dieser Polydorus, der soeben gesprochen hat". Wie oben gezeigt, erhält Polydorus durch die Intervention des Erzählers aber eine deutlich andere Ausrichtung und Funktion. Dies nährt den Verdacht, dass hier verschiedene Stoffschichten nebeneinander stehen könnten und eben diese Inkonsistenz erzählerisch kaschiert werden sollte.
[80] Vgl. V. 40: *iam parce sepulto!*, was den bitteren Unterschied zwischen „mit Erde bedeckt" und „bestattet" hervortreten lässt.
[81] Siehe oben Anm. 48 und unten Kapitel 3.1.

der *Hecuba* nun doch endlich (!) ein Begräbnis erhält und seinen liminalen Zustand beenden kann (*Aen.* 3,57-72):

> ... postquam pavor ossa reliquit,
> delectos populi ad proceres primumque parentem
> monstra deum refero, et quae sit sententia posco.
> omnibus idem animus, scelerata excedere terra,
> linqui pollutum hospitium et dare classibus Austros.
> ergo instauramus Polydoro funus, et ingens
> aggeritur tumulo tellus; stant Manibus arae
> caeruleis maestae vittis atraque cupresso,
> et circum Iliades crinem de more solutae;
> inferimus tepido spumantia cymbia lacte
> sanguinis et sacri pateras, animamque sepulcro
> condimus et magna supremum voce ciemus.
> inde ubi prima fides pelago, placataque venti
> dant maria et lenis crepitans vocat Auster in altum,
> deducunt socii navis et litora complent;
> provehimur portu terraeque urbesque recedunt.

> Nachdem dann die Angst aus meinen Gliedern gewichen war, berichte ich einer erwählten Gruppe führender Männer des Volkes und allen voran dem Vater von den Zeichen der Götter und bitte sie um ihre Meinung. Alle denken dasselbe: Verlassen müsse man das vom Frevel gezeichnete Land, den Rücken kehren dem geschändeten Gastrecht und die Flotte den Winden anvertrauen. Also bereiten wir Polydorus ein ordentliches Begräbnis, hoch wird Erde zum Hügel gehäuft; errichtet sind den Manen Altäre mit dem Trauerschmuck dunkler Bänder und schwärzlicher Zypresse und ringsherum Frauen aus Troja mit gelöstem Haar, wie es der Brauch verlangt; wir bringen Trinkgefäße herbei, in denen warme Milch schäumt, und Spendeschalen mit Opferblut, wir bergen die Seele des Toten im Grab und rufen ihr laut den letzten Gruß nach. Dann, sobald man überhaupt dem Meer trauen kann, sobald die Winde für eine ruhige See sorgen und ein sanfter Südwind uns rauschend aufs hohe Meer ruft, lassen die Gefährten die Schiffe zu Wasser und bevölkern den Strand. Wir steuern aus dem Hafen, Länder und Städte verschwinden am Horizont.

Vergil beschränkt sich nicht darauf, seinen engen Anschluss an die griechische Tragödie durch Anspielungen deutlich zu machen[82]. Vielmehr nimmt er auch bemerkenswerte Neujustierungen vor: Bei Euripides fordert der König Agamem-

---

[82] Die vergilische Bergung der Polydorus-*Seele* im Grab (V. 67 f) findet in der Aussage des euripideischen Prologgeistes ihr Pendant (*Hec.* 30-34): Er habe sich von seinem an der Küste treibenden Körper getrennt, um seiner Mutter Hecuba im Traum erscheinen zu können. Die Klage der trojanischen Frauen (V. 65 und 68) reaktiviert die Trauerlieder der Hecuba und des Frauenchors, die das ganze Drama durchziehen; der Einsatz eines günstigen Fahrtwinds markiert bei Euripides wie Vergil Ende und Aufbruch (*Hec.* 1288-1290).

non die kriegsgefangene Hecuba lediglich auf, ihre beiden Kinder noch vor der nahenden Ausfahrt zu bestatten; das Begräbnis selbst erfolgt aber erst in der Zukunft *jenseits* des Stücks. Erst bei Vergil wird also das einstweilen nur angekündigte Ritual erzählerisch eingelöst und damit auch für den Leser „wahr"[83]. Die persönliche Trauer einer Mutter um ihre geliebten Kinder wird dabei nun zu einem Akt des *kollektiven* Gedenkens an das Ende des trojanischen Königshauses überhöht[84].

Von zentraler Bedeutung ist schließlich, von wem und wie die Handlung vorangetrieben wird: Bei Euripides lässt der Totengeist Polydorus schon im Prolog keinen Zweifel, dass er selbst mit allen verfügbaren Mitteln auf eine schnellstmögliche Beendigung seines liminalen Zustands hinarbeitet und seinen bald am Strand, bald auf hoher See treibenden Körper deshalb *aktiv* einer Sklavin anzeigt[85]. Bei Vergil setzt dagegen nicht Polydorus, sondern Aeneas, und zwar *ungewollt*, eine Ereigniskette in Gang. Zwar mündet diese ebenfalls in einer Selbstoffenbarung des unbestatteten Toten; jedoch verweist Polydorus dann die Aeneaden mit aller Schärfe des Landes, fordert dabei aber seine eigene Bestattung nicht ausdrücklich ein.

Vergils Schlussszene zielt daher zunächst und vor allem auf eine Entsühnung der Unheilszeichen[86]: Aus der eingehenden Beschreibung der anschließenden Rituale ergibt sich – wenn auch nur implizit –, dass der befragte Ältestenrat die berichteten Zeichen als *prodigia* akzeptiert und ein aufwändiges

---

[83] Ähnliche Überlegungen stellen auch Heyworth/Morwood 2017, 90 an: „Though the shortest of the poem's funeral scenes ..., it is substantial enough to serve as a pious correction of the perfunctory reference at Eur. *Hec.* 894-7." Wohlgemerkt handelt es sich bei der beobachteten Zeitdifferenz zwischen Vergil und Euripides nur um eine unterschiedliche *Literarisierung* der grundsätzlich *selben* Stoffvariante. Denn aus beiden Texten ließe sich die mythische Handlungseinheit „Polydoros wird begraben" ableiten – wenn auch mit abweichenden Akteuren.

[84] Siehe Assmann 1992, 63: „Totengedenken ist in paradigmatischer Weise ein Gedächtnis, ‚das Gemeinschaft stiftet' (K. Schmidt 1985). In der erinnernden Rückbindung an die Toten vergewissert sich eine Gemeinschaft ihrer Identität."

[85] *Hec.* 47 f: φανήσομαι γάρ, ὡς τάφου τλήμων τύχω, / δούλης ποδῶν πάροιθεν ἐν κλυδωνίῳ.

[86] Wenn Aeneas die Zeichen vor einen Rat führender Männer bringt und um ihre Entscheidung bittet, dann ist hier unverkennbar das in Rom übliche institutionelle Verfahren zur Prodigienentsühnung in die mythische Frühzeit zurückprojiziert: Demnach müssen möglicherweise gottgesandte Vorzeichen zunächst dem Senat gemeldet werden; sofern dieser die Zeichen als *prodigia* akzeptiert, beauftragt er die zuständigen religiösen Experten – in aller Regel die Priesterschaften der Auguren und/oder der *quindecimviri sacris faciundis*, möglicherweise aber auch *haruspices* – angemessene Sühnestrategien zu entwickeln. Die Vorschläge der befragten Experten werden wiederum in den Senat eingebracht, der dann entsprechende Maßnahmen(-bündel) formell beschließt und druchführen lässt. Zum Verfahren eingehend Rüpke 1990, 125-128.

Begräbnis als geeignetes Sühneritual empfiehlt. Dieses soll nicht nur den ursächlichen Frevel (V. 61: *pollutum hospitium*), sondern auch alle sich daraus ergebenden Probleme beheben: Die Verletzung des Gastrechts zieht als Kausalkette unweigerlich die Mordtat, die unterlassene Bestattung und nicht zuletzt Aeneas' eigene Verletzung der Pflanzen am Tumulus und des stammesverwandten Toten nach sich[87].

Im Zuge der korrektiven Bestattungshandlung[88] werden alle Merkmale, die den Todesort des Polydorus als traumatisch und liminal gekennzeichnet hatten, durch sinnstiftende Zeichen, Medien und Kultpraktiken ersetzt: Das Opferblut sühnt das *omen* der schwarzen Blutstropfen, die den Erdboden besudelt hatten. Der fern von der Heimat ermordete Polydorus wird nun als Familienmitglied von den trojanischen Frauen betrauert und unter die Manen aufgenommen; sein Name wird im rituellen Abschiedsgruß ein letztes Mal ausgerufen, sein geschundener Körper in einem schützenden Grabmal geborgen. Der Tumulus, der nun künstlich aufgeschüttet wird, tritt an die Stelle des unmarkierten und von Gestrüpp überwucherten Hügels. Die ins Monumentale übersteigerten Ausmaße des errichteten Grabs künden bereits von Ferne von dem neu gestifteten Gedenkort: Im Gegensatz zum traumatischen Ort hat ein Gedenkort das Potential, neben großen Taten auch beispielhaftes Leid unvergesslich zu machen, sofern eine Gruppe die schlimme Vergangenheitserfahrung in eine sinnstiftende Erinnerung zu übersetzen vermag. Dies kann etwa in Form eines Heroenkultes geschehen, wie er hier m. E. lanciert wird[89].

Zugleich sind Gedenkorte aber auch durch eine evidente Diskontinuität geprägt: Ihre Ruinen und Relikte machen die Vergänglichkeit früherer Kulturen sichtbar. Laut Aleida Assmann ist ein Gedenkort daher „das, was übrigbleibt von dem, was nicht mehr besteht"[90]. Auf unseren Fall angewandt, ist demnach der monumentale Grabtumulus des Polydorus ein denkwürdiges Sinnbild für

---

87 Das Verb *polluere* (= verunreinigen, besudeln, vgl. ThLLs.v. I.A.1.a) stellt eine direkte semantische Verknüpfung zur Befleckung des Bodens mit den Blutstropfen der von Aeneas entwurzelten Myrtenzweige her (V. 29: *terram **tabo maculant***).
88 Das Verb *instaurare* bezeichnet in der religiösen Fachsprache die korrigierende Wiederholung eines nicht formkorrekt vollzogenen Rituals (siehe ThLLs.v. I.A.1.a). Im Fall des Polydorus lässt sich demnach die natürliche Überdeckung seines Grabs mit dem Kornel- und Myrtengebüsch als ungültige Bestattung deuten.
89 Wie bereits Quint 1989, 21 anmerkt, wird hier zugleich die ursprünglich beabsichtigte Stadtgründung von Aeneadae (*Aen.* 3,16-18) durch die Errichtung eines Grabs ersetzt, wobei die Formulierung *animam sepulcro condimus* (*Aen.* 3,67-68) programmatisch auf die Iunktur des *condere urbem* verweist.
90 Assmann 1999, 309.

die Katastrophe der einstigen Großmacht Troja. Die Bestattung des ruhelosen Totengeistes verschafft zwar Polydorus die formelle Legitimation, nun endlich den prekären Bereich des Schwellenraums zu verlassen und die bislang unüberwindliche Grenze zu überschreiten. Ein symbolisches Indiz für den vollzogenen Eintritt ins Jenseits sind der „milde Wind" (V. 70: *lenis Auster*) und das „befriedete Meer" (V. 69 f: *placata ... maria*), die den Trojanern beste Ausfahrtsbedingungen bieten (V. 70: *vocat in altum*).

Die Trauerfeier beendet umgekehrt aber *nicht* den Schwellenzustand der Aeneaden, sondern *forciert* ihn sogar noch. Denn an einem Ort, an dem der letzte Priamide ein derart schlimmes Ende gefunden hat, lässt sich unmöglich eine neue Stadt mit glorreicher Zukunft errichten. Aus Sicht der Aeneaden hat ihr Aufenthalt in Thrakien zunächst einmal mit voller Wucht alle Hoffnungen zerschlagen, dass Trojas Katastrophe und ihr Heimatverlust alsbald überwunden sein werden. So sehen sich die Trojaner auch im weiteren Verlauf ihrer Irrfahrten von immer neuen Todesfällen verfolgt[91]. Den lauten Klagen an Polydorus' Grab werden also – dies kann der Leser schon hier vermuten – noch *viele* Gründe zum Trauern folgen[92]; der letzte Abschied der Trojaner von Priamos' Sohn markiert nur den Anfang eines ungewissen Umhertreibens auf dem weiten Meer, das noch volle sieben Jahre (und vier *Aeneis*-Bücher) andauern wird.

Abschließend sei auf einen letzten, aber für unsere Fragestellung absolut zentralen Punkt verwiesen: Polydorus' Erlösung aus seinem liminalen Schwellenzustand hat ihren Preis, der sich im nächsten Kapitel voll ermessen lassen wird. Zusammen mit dem verwundeten Körper des Polydorus wird nämlich auch sein „zweiter Name" und damit ein unverwechselbares Markenzeichen seiner mythischen Identität symbolisch begraben. Wie bisher allein Paschalis beobachtet hat, stellt die Junktur „wir bereiten Polydorus ein ordentliches Begräbnis" (V. 62: *instauramus Polydoro funus*) nicht nur den religiösen Normalzustand, sondern auch die „normale" Semantik wieder her, allerdings mit einer neuen Nuance: Die Ehrengaben am Grab ersetzen nun den todbringenden

---

91 Quint 1989, 21: „to live in the past is to inhabit a state of death, and death haunts the Trojan's first attempted settlements." Konkret werden auf der Reise durchs Mittelmeer Tod und Trauerrituale virulent auf Kreta (Massensterben infolge einer Seuche, *Aen.* 3,135-146), in Buthrotum (Aeneas trifft die trauernde Hecuba an Hektors Kenotaph vor der Stadt, *Aen.* 3,300-305), im sizilischen Drepanum (Anchises' Tod, *Aen.* 3,707-715 und Leichenfeier, *Aen.* 5,45-103 samt Spielen und Gründung eines Heroenkultes, *Aen.* 5,5,760 f) sowie in gleich drei Todesfällen an der Küste Italiens (Palinurus, *Aen.* 5,827-6,1; Misenus, *Aen.* 6,156-182; Caieta, *Aen.* 7,1-4).
92 Zur liminalen Qualität des Trauerns am Beispiel der Andromeda eingehend Jäger 2018, Kapitel 3.1.5.

Goldschatz[93]. Die rituelle Versöhnung des derart Beschenkten löscht damit freilich auch die ganz besondere Art des Speertods, an den Polydorus selbst vehement erinnert hatte, symbolisch aus: In der *Aeneis* bleibt letztlich allein Πολύδωρος monumental verankert, *Πολύδορος wird dagegen von einem gewaltigen Grabhügel überdeckt und damit den Blicken entzogen[94].

3 Viele Geschenke oder viele Speere? Geschichtete Polydorusmythen

3.1 Von der Intertextualität zur Stoffüberlagerung

Wie gut Vergils gezielte Ausblendung einer bestimmten, im neuen Deutungszusammenhang unerwünschten Seite des Polydorus funktioniert hat, lässt sich aus der einschlägigen Forschungsliteratur ablesen. Denn diese hat sich ganz auf den aus Habgier ermordeten Πολύδωρος konzentriert und eben diese Stoffvariante zur kanonischen und damit hauptsächlich relevanten erklärt. Folgerichtig wird Vergils Polydorus-Figur stets auf die euripideische Mythenversion zurückgeführt. Zwar hat man gelegentlich auf mögliche, für uns aber kaum mehr fassbare Erzählvarianten verwiesen, die sich etwa bei Ennius, Pacuvius oder Accius tradiert haben[95]. Dessen ungeachtet ist man sich aber darin einig, dass die Episode der *Aeneis* auf der Ebene der *story* wie auch des *plots*[96] aus Euripides' *Hecuba* – respektive aus der beiden Texten gemeinsamen Stofftradition – abzuleiten sei[97]. In der Tat kann diese Tragödie zwar nicht als die älteste, aber zweifellos als die berühmteste und wirkmächtigste Stofffassung gelten (sie wäre also das, was Zgoll in seinem Beitrag als „glamour version" bezeichnet[98]).

---

93 Paschalis 1997, 114.
94 Zum engen Konnex von Totengedenken und Gedächtnis vgl. nochmals Assmann 1992, 61: „Hier (*scil.* beim Totengedenken) handelt es sich sicher um Ursprung und Mitte dessen, was Erinnerungskultur heißen soll."
95 Ennius: Fenik 1960, 17 f und König 1970, 247; Pacuvius: Fenik 1960, 6-8 und 15 f; Fernandelli 1996, Anm. 1; Accius: Fenik 1960, 16 f.
96 Zur Scheidung beider Begriffe siehe Zgoll 2020, Kapitel 3.2.
97 Fenik 1960, 11: „it seems certain, then, that insofar the Euripidean and Vergilian versions of the Polydorus story coincide, the Roman poet was strongly influenced by his Greek predecessor both as regards the main outlines of the tradition and individual details of expression." Ähnlich König 1970, 239: „Vergils und Euripides' Polydorus und Andromache sind natürlich auf Grund der beiden Dichtern gemeinsamen mythologischen Tradition letzten Endes identisch."
98 Zgoll 2020, Kapitel 2.3.

Auch wir haben in unserem sukzessiven Textdurchgang immer wieder eine offenkundig gezielt gesuchte Nähe zu Euripides festgestellt. Doch hat sich auch gezeigt, dass sich die *engen* Motiv- und Strukturparallelen auf den Anfangs- und Endteil beschränken, konkret: auf Thrakiens Ortsexposition, Aeneas' erzählerische Rückblende und Polydorus' Bestattung. Der gesamte Mittelteil – Aeneas' Verletzung der Pflanzen, das grausige *omen* und Polydorus' Stimme aus dem Erdboden – setzt sich von diesem tragischen Bezugsrahmen sichtlich ab[99]. Je mehr die Handlung auf die direkte Begegnung zwischen Aeneas und Polydorus zusteuert, desto unklarer und widersprüchlicher werden die Signale, die Polydorus aus dem „Dazwischen" sendet. Einerseits lässt sich durchaus argumentieren, dass nach wie vor Euripides-Echos präsent sind, wenn auch in starker Verzerrung, ja Perversion: So kann man, wie König zu Recht anmerkt, Polydorus' Stimme aus dem Boden als strukturelle Umkehrung des auftretenden Prologgeistes lesen[100]. In dem von vielen Speeren durchbohrten Polydorus wird zudem die Behauptung des tragischen Prologgeists, er sei noch zu jung gewesen, um Waffen und Speere zu tragen[101], ironisch auf den Kopf gestellt. Andererseits finden aber sowohl die blutenden Pflanzen als auch die austreibende Saat der Speere keinerlei Halt in der euripideischen Mythenversion.

Zugleich bildet die liminale Existenz des Polydorus, die im Mittelteil derart virulent wird, *das* Hauptmoment, das Vergil und Euripides miteinander teilen. Jedoch greifen beide Autoren auch hier zur Beschreibung der Schwellensituation auf kontrastive Bilder zurück[102]: Der Leichnam des euripideischen Polydorus wurde vom Mörder Polymestor in den Fluten des Meers „versenkt"[103]. Ohne rituelle Bestattung ist das Meer aber ein ungültiges Grab, das den ihm übergebenen Körper nicht dauerhaft birgt. Das Problem von Polydorus' Existenz „im Dazwischen" wird also in ein typisch liminales[104] und *dynamisches* Raumbild übertragen: Sein Körper ist dem Spiel der Wellen ausgesetzt; bald treibt er

---

[99] Fenik 1960, 11 f: „where Polydorus does speak he relates a distinctly non-Euripidean version of the legend."
[100] König 1970, 51: „Die ‚neue' Aufgabe der Vergilischen Stimme des toten Polydorus ist es, Aeneas zur Flucht aus dem ungastlichen Land zu mahnen, während Aeneas den ‚alten' Auftrag übernommen hat, über Ereignisse, die zu Polydorus' Ermordung führten, zu informieren."
[101] *Hec.* 12-14: νεώτατος δ' ἦ Πριαμιδῶν, ὃ καί μεγής / ὑπεξέπεμψεν· οὔτε γὰρ φέρειν ὅπλα / οὔτ' ἔγχος οἷός τ' ἦν ἐῳ βραχίονι.
[102] So bereits Heyworth/Morwood 2017, 89.
[103] *Hec.* 25-27: κτείνει μεχρυ σοῦ τὸν ταλαίπωρον χάριν / ξένος πατρῷος καὶ κτανὼν ἐς οἶδμ' ἁλὸς / μεθῆχ'.
[104] Nicht umsonst hat Aguirre 2004 den Zustand des Schwellenraums mit einer Küstenlinie verglichen, siehe oben Kapitel 1.3. mit Anm. 23.

in den Fluten, bald wird er an den Strand geworfen. Das geschieht in endloser Wiederkehr, solange nicht jemand den Toten findet und aus Mitleid bestattet[105].

Bei Vergil hat der ermordete Polydorus umgekehrt mit einer fatalen *Bodenverhaftung* zu kämpfen: Ist er doch auf Thrakiens feindlichem Erdgrund *fixiert* (V. 45: *confixum*), seitdem die tödlichen Speere ebendort sogar Wurzeln geschlagen haben (V. 27: *ruptis radicibus*)[106]. Er erfüllt damit das typische Merkmal einer liminalen Figur, die aufgrund ihres Zwischenzustands in jeder Bewegung „blockiert" ist[107]. Der traumatische Unort entwickelt aus diesem Fixpunkt nun aber wiederum seine eigene, grausige Dynamik, die sich in dem wachsenden Wurzelwerk, der aussprießenden Saat und dem blutigen Myrtensaft, der von den ausgerissenen Zweigen herabtropft (V. 43: *cruor hic de stipite manat*), ausdrückt.

Diese evident gegensätzliche Darstellung der liminalen Situation wurde in der Forschung registriert. Da sich freilich auch bei allem Bemühen keine klaren Vorbilder für Vergils blutende Myrtenzweige und eiserne Speersaat erschließen ließen, schien es am plausibelsten, hier von einer Neuerfindung auszugehen[108]. Immerhin wurden motivverwandte Texte identifiziert, die die frappierende Neuheit im Rückgriff auf vertraute literarische Formen gewissermaßen „abdämpfen"[109] konnten: So wurden v. a. hellenistische Mythenerzählungen, Metamorphosen und Prodigienkataloge als mögliche Ideengeber und Quereinflüsse

---

105 *Hec.* 28-30: κεῖμαι δ' ἐπ' ἀκταῖς, ἄλλοτ' ἐν πόντου σάλῳ, / πολλοῖς διαύλοις κυμάτων φορούμενος, / ἄκλαυτος ἄταφος. Das Bild zitiert und konterkariert eine gängige Topik, die u.a. in zahlreichen Epigrammen auftritt (siehe Barchiesi 1979, 6 f; Brenk 1984, 796-800; Bruss 2005, 329-331; Tueller 2010, 347-348 und 351-354): Die besondere Problematik eines Tods auf dem Meer (zumeist infolge eines Seesturms) liegt ja normalerweise darin, dass sie den Hinterbliebenen keine korrekte Bestattung des Leichnams erlaubt, weil das Meer den Toten nicht hergibt oder in der unbekannten Fremde anspült. Im Fall des euripideischen Polydorus scheint dagegen eine Bestattung *endlich* möglich – wenn die richtige Person seinen Körper findet, solange die kriegsgefangene Mutter Hecuba sich noch vor Ort befindet. Eben darauf wirkt der Totengeist dann ja auch konsequent hin.
106 *Aen.* 3,42-46, siehe oben Kapitel 2.2.
107 Vgl. oben Anm. 27.
108 Siehe exemplarisch Caviglia 1996, 163: „l'episodio della selva sanguinosa ci si presenta come un *unicum* e va considerato allo stato delle nostre conoscenze, un' invenzione virgiliana"; ähnlich König 1970, 46: „das hängt mit dem *prodigium* zusammen, das Vergil erfand – von dem grauenerregenden Vorfall hört man sonst nirgends im Polydorusmythos –, um den Aufbruch der Aeneaden aus der thrakischen Stadtgründung zu motivieren."
109 So insbesondere Fernandelli 1996, 259. Auch schon Heinze 1928, 105 geht von einer Motivübernahme aus: „ich glaube ..., dass Virgil, was er von irgendeinem anderen erzählt fand, auf Polydorus übertragen hat."

angeführt[110]. Sogar eine spätantike Mythenvariante hat man in Erwägung gezogen[111]: Womöglich lasse sich der vergilische Tod durch viele Speere als kreative Adaption einer kollektiven Steinigung erklären. Diese sei zwar erst bei Dictys[112] bezeugt; der könne sie aber ja seinerseits einer vorvergilischen Quelle entnommen haben. Schließlich wurde auch die Vermutung einer Inspiration durch einen lokalen Heroenkult für Polydorus geäußert[113].

So vielfältig also die bisherigen Vorschläge zur Genese des von vielen Speeren durchbohrten und sie zugleich nährenden Polydorus sind, ist sich die Forschung in *einem* Punkt sicher: Mit dem *homerischen* Polydorus habe der vergilische jedenfalls nichts zu tun. Denn Ersterer stamme ja von einer anderen Mutter ab; vor allem aber sei er schon auf dem Schlachtfeld vor Troja gefallen und dem zufolge nie nach Thrakien gekommen. Folgerichtig seien bei Homer und Euripides zwei mythische Alternativen überliefert, die sich gegenseitig ausschlössen[114].

Es kann somit als *communis opinio* der Forschung gelten, dass Euripides' *Hecuba* dank ihres großen Bühnenerfolgs allen älteren Stoffversionen einschließlich der homerischen den Rang abgelaufen und sie aus dem literarischen Gedächtnis verdrängt hat. Eine solche Annahme leuchtet aus *intertextueller und literaturgeschichtlicher* Perspektive unmittelbar ein, zumal wenn man die qua-

---

110 Thomas 1988, 268; Horsfall 2006, 52; Heyworth/Morwood 2017, 92.
111 So Fernandelli 1996, 261-263.
112 Dict. 2,18-27.
113 Fenik 1960, 15: „It should be noticed that Vergil has created, as far as can be seen, an original version of the Polydorus legend. ... This adds credence to the hypothesis that Vergil was using some local cult on which to base his account of the grave of Polydorus."
114 So bereits Fenik 1960, 1: „Euripides' *Hecuba* presents an entirely different tradition (*scil.* gegenüber Homer); Della Corte 1962, 5: „Polidoro è già presente nell' epos omerico, ma con una caratteristica del tutto diversa da quella con cui fu poi tramandato da Euripide"; Fernandelli 1996, 247, Anm. 1: „Il mito di Polidoro ci è narrato in due versioni principali: 1. Quella omerica, secondo cui il giovane di filio di Priamo è ucciso in battaglia da Achille; 2. Quella testimoniataci per la prima volta dall' Ecuba di Euripide, cui si riconducono in buona misura il racconto virgialiano"; ebenda 248: „Virgilio ... segue la versione testimoniata nell'*Ecuba* di Euripide (di per sé abnorme e, in particolare, antiomerica), ma sviluppa sul primo piano del racconto due motivi non euripidei e irriconducibili alle varianti note del mito di Polidoro, come quello del sepolcro parlante e quello della *ferrea seges* (che è anzi in contrasto con la versione tragica)"; ähnlich Cristóbal 1999, 32: „El proprio Euripides difiere del testimonio homérico, puesto que en la *Ilíada* (XX 407 sgg.) Polidoro – que aquí no es hijo de Hécuba sino de Laótone – es muerto por Aquiles cuando éste regresaba de la batalla, después de la morte de Patroclo"; schließlich summarisch Horsfall 2006, 52: „a careful study of the episode's sources indeed shows that much ... proves in the end to be, if not inherited, then at least invented in scholarly, respectful adherence to inherited models: first, natrually, Eur. *Hec.* (for there is very little Homer)."

litative und quantitative Bedeutung in Rechnung stellt, die beide Werke Polydorus zu erkennen: Während der homerische Erzähler des Kriegers Polydorus inmitten der tobenden Kämpfe nur in zwei kurzen Vignetten gedenkt, macht Euripides dieselbe Figur nicht nur zum zentralen Gegenstand, sondern auch zum quasi-göttlichen Initiator seiner tragischen Handlung.

Wenn man freilich konsequent zwischen den literarischen Konkretionen und den darin enthaltenen Mythenstoffen scheidet, kommt man zu einem deutlich anderen Befund. Legt man nämlich Zgolls Methode der mythischen Stoffanalyse zugrunde, dann sind nicht mehr die ästhetische Ausformung oder die autorenspezifische Gestaltung der Erzählung, sondern allein die im jeweiligen Text identifizierbaren Handlungseinheiten (*Hyleme*[115]) und die daraus rekonstruierbaren Handlungssequenzen ausschlaggebend. Sobald man also die Kriterien des Textumfangs und der literarischen Textgestaltung (samt aller Sprachbilder, Prolepsen und Analepsen) aus der Bewertung herausnimmt, erscheint das verbleibende mythische Rohmaterial in einem neuen Licht. Denn nun treten unversehens bemerkenswerte Gemeinsamkeiten zwischen den einzelnen Stoffvarianten zutage, die eine Revision und Neubewertung des Forschungsstands erforderlich machen.

Wie sich im Abgleich der aus Homer, Euripides und Vergil isolierbaren Handlungseinheiten zeigen wird, sind die Figur des Polydorus und die ihr angelagerten Geschichten in allen drei Versionen durch zwei Komponenten bestimmt, die *beide* bereits im Namen angelegt sind: die letztlich nutzlosen (ja fatalen) Geschenke und den tödlichen Speer. Zwar ändern sich jeweils die Stellung und damit auch die Funktion dieser konstitutiven Bausteine in der Handlungssequenz; jedoch scheint es sich mir dabei eben *nicht* um radikal verschiedene, sich wechselseitig ausschließende Stofftraditionen, sondern vielmehr um eine je nach Bedarf variable Anordnung *derselben* Grundelemente zu handeln. Wenn sich diese Vermutung bestätigt, dann steht die mythische Stoffvariante, die in der *Aeneis* als Einlage in die Irrfahrtenerzählung eingebettet ist, dem in der *Ilias* ausgeformten Pendant letztlich ähnlich nahe wie dem der euripideischen *Hecuba*. Insbesondere die in der Forschung betonte Neuheit der bei Vergil fassbaren Mythenversion ließe sich dann als komplexe und daher nicht unbedingt kongruente Überlagerung verschiedener Stoffschichten deuten. Deren Widersprüche und Brüche treten ihrerseits insbesondere im liminalen Übergangsbereich, d. h. im Mittelteil der mythischen Handlungssequenz, zutage.

---

[115] Zgoll 2020, Kapitel 3.1 definiert ein Hylem als „the minimal action-bearing unit of an *Erzählstoff*, which is not exclusively associated with a particular manifestation in a specific medium or in an individual language".

3.2 Speertod und nutzloses Gold für den liebsten Sohn: Wirkmächtige Hyleme in der Ilias

In den Kapiteln 2 und 3.1 haben wir uns bereits von der inhaltlichen Nähe der vergilischen und euripideischen Textfassungen überzeugt. Was für einen Stoffvergleich noch fehlt, ist die homerische Stoffgestaltung. Im Folgenden sollen daher zunächst die beiden zentralen Erzählpartien im 20. und 22. Buch der *Ilias* präsentiert und auf ihre Handlungseinheiten hin analysiert werden. Im Blick auf das hier verfolgte Ziel soll es dabei nicht um eine „Totalaufnahme" aller Hyleme gehen; vielmehr werde ich mich auf die für uns zentralen Aspekte beschränken. Es gilt dabei insbesondere zu prüfen, in welcher Weise die beiden konkurrierenden Namensformen Πολύδωρος/*Πολύδορος nicht nur die Hauptfigur charakterisieren, sondern auch eine handlungstragende Funktion übernehmen. Eng damit verknüpft ist die Frage nach der Position und kausallogischen Verknüpfung eben dieser beiden mythischen Bausteine[116] innerhalb der rekonstruierbaren Handlungssequenz.

Erstmals eingeführt wird die Figur des Polydorus bei Homer in einer Serie von Vorkämpfen, die allesamt die entscheidende Begegnung zwischen Achill und Hektor vorbereiten. Bevor diese beiden Protagonisten aufeinandertreffen, beweist Achill seine Kampfkraft im Rahmen einer großen Aristie, die vielen trojanischen Kriegern das Leben kostet, darunter auch Polydorus. Obwohl nun der jüngste Priamossohn – anders als sein großer Bruder – gegen den übermächtigen Achill von Anfang an keinerlei Chancen hat, ist er doch weit mehr als nur ein Opfer von vielen, die in der Schlacht niedergemäht werden. Denn erst sein Tod veranlasst Hektor, sich seinem griechischen Gegner zum Kampf zu stellen. Bereits die epische Erzählfassung der *Ilias* konstruiert also einen engen Kontrastbezug zwischen dem berühmtesten und dem jüngsten Priamossohn (*Il.* 20,407-423[117]):

> Aber der (= Achilles) ging mit dem Speer gegen den gottgleichen Polydoros,
> den Priamos-Sohn. Den hatte der Vater nicht kämpfen lassen,
> weil er ihm unter den Söhnen der jüngste war von Geburt

---

[116] Es handelt sich hierbei, wie unten gezeigt wird, gerade *nicht* um zwei eindeutig definierbare Hyleme, sondern vielmehr um ein ganzes assoziatives Stoffbündel von gundsätzlich *denkbaren* Hylemen, die je nach Bedarf ausgewählt und erzählerisch funktionalisiert werden können.

[117] Da in diesem Kapitel die Analyse der mythischen Stoffe und nicht deren literarische Konkretionen im Zentrum stehen, werden die homerischen Textpartien nicht im Original, sondern nur im deutschen Wortlaut angeführt (nach der Übersetzung von W. Schadewaldt 1992).

und ihm der liebste war, doch mit den Füßen besiegte er alle.
Ja, damals in seinem kindischen Sinn, um der Füße Tüchtigkeit zu zeigen,
wütete er durch die Vorkämpfer, bis er sein Leben verlor.
Den traf mit dem Speer der fußstarke göttliche Achilleus
mitten in den Rücken, als er vorbeistürmte, da, wo die Halter des Gürtels,
die goldenen, ihn zusammenhielten und der gedoppelte Panzer ihm begegnete.
Und gerade hindurch, am Nabel vorbei, fuhr der Lanze Spitze.
Und aufs Knie stürzte er klagend, und eine Wolke umhüllte ihn,
eine schwarze, und er zog an sich, zusammengesunken, die Eingeweide mit den Händen.
Wie Hektor aber bemerkte, dass sein Bruder Polydoros
die Eingeweide in den Händen hielt, zu Boden sinkend,
da war ihm über die Augen Dunkel ergossen, und er ertrug es nicht mehr,
lange fernab herumzuschweifen, sondern entgegen ging er dem Achilleus,
den scharfen Speer schwingend, der Flamme gleich ...

Welche Hyleme lassen sich aus diesem Textpassus erschließen? Und welche Erkenntnisse gewinnen wir aus diesen Handlungsbausteinen für Polydorus und das mit ihm verknüpfte Geschehen? Da die natürliche und die literarische Handlungsfolge weitgehend kongruieren, lässt sich folgende Hylemsequenz mit nur kleinen Umstellungen herstellen:

– Polydorus ist der jüngste Sohn des Königs Priamos
– Polydorus ist ein besonders schneller Läufer
– Priamos liebt Polydorus unter allen Söhnen am meisten
– Priamos verwehrt Polydorus die Teilnahme am Kampf
– Polydorus will sich mit seiner herausragenden Schnelligkeit im Kampf auszeichnen
– Polydorus zieht gegen den Willen seines Vaters in den Kampf
– Polydorus tötet mehrere Vorkämpfer der Griechen
– Achill tötet Polydorus mit seinem Speer (V. 407: σὺν δουρὶ, V. 413: ἄκοντι)
– Achills Speer durchbohrt Polydorus' Oberkörper (V. 416: ἀντικρὺ δὲ διέσχε)
– Hektor beobachtet den Tod seines Bruders
– Hektor greift Achill mit seinem Speer an

Eine erste Bilanz ergibt: In der mythischen Stoffvariante, die der *Ilias* zugrunde liegt, wird die Namensdeformation des Πολύδωρος zu *Πολύδορος nicht nur lanciert, sondern zum initialen wie handlungsentscheidenden Moment erhoben: Laut dieser Mythenversion wendet sich der doppeldeutige Name gegen seinen Träger. Denn dessen besonderes Talent (δῶρον) als Schnellläufer löst eine Handlungskette aus, die den Königssohn letztlich zum Ziel des feindlichen Speers (δόρυ) werden lässt. Damit wird Polydorus genau von dem Schicksal eingeholt, vor dem ihn sein Vater durch das Kampfverbot bewahren wollte. Die unvorhergesehene Wende, die das Leben des jungen Helden abrupt beendet, hat zweifellos tragisches Potential – eine Qualität, die auch in den literarischen Konkretionen des Euripides und Vergil nutzbar gemacht wird.

Hinsichtlich der Stoffordnung ist zudem bemerkenswert, dass die beiden Komponenten des Namens bereits hier in derselben Kausallogik miteinander verknüpft sind wie in den Jahrhunderte später greifbaren Mythenvarianten: Aus der mit dem Namen verliehenen Gabe entspringt der todbringende Speer (und nicht umgekehrt). Allerdings ist dabei auch eine deutliche Akzentverschiebung zu beobachten: In der vorliegenden Mythenvariante handelt es sich nicht um ein materielles Geschenk, sondern um eine natürliche Veranlagung (= die herausragende Schnelligkeit), die dem jungen Polydorus in seinem Überschwang zum Verhängnis wird.

Allerdings haben wir damit noch nicht das Ende der in der *Ilias* ausgearbeiteten Geschichte erreicht. Denn Polydorus' Schicksal wird zwei Bücher später nochmals thematisiert und um neue Hyleme angereichert. Deren Handlungsträger sind freilich nicht mehr Polydorus und sein Gegner, sondern die Eltern des Helden, namentlich der greise Vater Priamos, der um seine in der Schlacht stehenden Söhne bangt (*Il.* 22,46-58):

> Denn auch jetzt kann ich zwei Söhne: Lykaon und Polydoros,
> nicht sehen unter den Troern, die in der Stadt zusammengedrängt sind.
> Sie hat Laothoe mir geboren, die Gebietende unter den Frauen.
> Doch wenn sie lebend im Lager sind, nun, dann kaufen
> wir sie wieder los gegen Erz und Gold; es ist ja im Haus vorhanden,
> denn viel hat der Tochter mitgegeben der greise namenberühmte Altes.
> Sind sie aber schon tot und in des Hades Häusern –
> Schmerz meinem Mut und der Mutter, die wir sie zeugten!
> Für die anderen Männer des Volkes aber wird der Schmerz geringer
> sein, wenn nur du nicht noch stirbst, von Achilleus bezwungen.
> Darum komm herein in die Mauer, mein Kind! Damit du rettest
> die Troer und Troerfrauen und nicht großen Ruhm verleihst
> dem Peliden und selber dein eigenes Leben verlierst!

Wenn wir erneut aus dem literarischen Text die für uns wichtigen Handlungseinheiten herausschälen und in ihre natürliche Ordnung überführen, ergibt sich folgendes Bild:

– Laothoe hat Priamos zwei Söhne, Polydorus und Lykaon, geboren
– beide Söhne sind gegen die Griechen in die Schlacht gezogen
– Priamos befürchtet, dass Lykaon und Polydorus entweder gefangen oder tot sind
– Priamos will Hektor vom Kampf mit Achill abhalten
– Priamos will Lykaon und Polydorus (im Fall ihrer Gefangenschaft) mit Erz und Gold vom Feind auslösen

- Priamos und Laothoe werden Lykaon und Polydorus (im Todesfall) heftig betrauern
- Hektor muss die Troianer schützen
- Hektor darf nicht sterben
- Hektors (nach wie vor erhaltene) Kampfkraft wird die trauernden Troianer trösten[118]

Wie in der bereits besprochenen Handlungsfolge so werden auch diesmal Polydorus und Hektor kausallogisch eng miteinander verknüpft: Gerade *weil* Priamos den Verlust zweier Söhne befürchtet, versucht er um so mehr, zumindest Hektor zum Rückzug in die sichere Stadt zu bewegen. Denn auf ihm ruhen alle Hoffnungen der Trojaner. Daher wird Lykaons und Polydorus' Tod zwar den Eltern aufgrund ihres persönlichen Verlusts großen Schmerz bereiten. Doch für Trojas Fortbestand ist vor allem *Hektors* Überleben entscheidend.

Bemerkenswert ist weiterhin, dass in dieser Stoffvariante der Übergang in die Unterwelt für Polydorus (und Lykaon) nie in Frage steht. Die Problematik der fehlenden Bestattung ist offenkundig ein Moment, das erst in später greifbaren Mythenversionen eine, wenn nicht *die* zentrale Rolle spielt und eng mit der heimtückischen Ermordung in der Fremde verknüpft ist. Demgegenüber setzt die homerische Textfassung für die in einer offenen Schlacht gefallenen Toten anscheinend die Möglichkeit zu einem korrekten Begräbnis stillschweigend voraus, oder vielmehr: sie deutet mögliche Schwierigkeiten beim Übertritt in die Unterwelt nicht einmal ansatzweise an.

Für unsere Fragestellung noch spannender ist die Beobachtung, dass in dieser Mythenversion erneut, aber unter anderen Vorzeichen, Polydorus' Namen eine handlungstragende Funktion zugeschrieben wird: Wenn Priamos betont, dass er als König genug Schätze besitze, um seine beiden vermissten Söhne aus einer möglichen Kriegsgefangenschaft auszulösen, dann fassen wir hier eine alternative Namensdeutung. Denn das „Geschenk" wird nun nicht mehr als physische *Begabung des Namensträgers* verstanden, sondern unter dem Zwang der aktuellen Notlage zu *materiellen Gaben des Vaters für seinen Sohn* umfunktioniert. Nicht erst die potenzielle Verlesung des Πολύδωρος zu

---

118 Wie jeder Mythenkenner weiß, werden sich (mit Ausnahme der elterlichen Trauer um Lykaon und Polydorus) alle weiteren aus Priamos' Rede erschlossenen Hyleme *nicht* bewahrheiten. Bezieht man also weitere Trojastoffe ein, müssten diese Bausteine – wenn man die von Zgoll 2020, Kapitel 3.1 aufgestellten Regeln zugrunde legt, daher als *verneinte* Aussage formuliert werden. Darauf habe ich jedoch verzichtet, weil sich diese Schlussfolgerung allein aus den Polydorus-Stoffen noch nicht ergibt.

*Πολύδορος, sondern schon allein der eine, korrekte Name Πολύδωρος eröffnet somit alternative Angebote zur Gestaltung der Handlung.

Angesichts dieses Stoffbefunds stellt sich nun die Frage: Liegen uns in den beiden rekonstruierten Hylemsequenzen zwei konkurrierende Stoffausdeutungen vor – oder lassen sich beide zu einer einzigen, in sich stimmigen Handlung zusammenführen? Und welche Folgerungen ergäben sich daraus?

Gehen wir zunächst von zwei getrennten Mythenversionen aus: In einem solchen Fall läge in der Ambiguität des δῶρον, das sich einer eindimensionalen Sinnzuschreibung entzieht, eine Inkonsistenz vor, die durch eine nachträgliche Verbindung unterschiedlicher Stoffvarianten entstanden sein könnte. In der einen Variante war dem fußschnellen Polydorus sein ungewollt missverständlicher Name zum Verhängnis geworden. Eben dieses fatale Eigenleben des Namens, der unversehens vom Geschenk zum Speer mutiert, wäre dann ein Kennzeichen, das Polydorus aus der Vielzahl der trojanischen Kämpfer, die dem machtvollen Krieger Achill unterliegen, heraushebt. Das Bemühen um eine derart individuelle Prägung der Heldenfigur und ihrer einzigartigen Geschichte findet in dieser Stoffvariante auch darin Ausdruck, dass Polydorus nicht nur als jüngster Sohn, sondern auch als besonderer Liebling seines Vaters gekennzeichnet wird. Gerade weil Polydorus nicht wie sein großer Bruder Hektor dem stereotypen Idealbild eines ruhmvollen Helden entspricht, sondern in jugendlichem Leichtsinn sein Leben aufs Spiel setzt und verliert, gewinnt er seine eigene Persönlichkeit. Zugleich erhält Polydorus' Tod erst durch diese individuellen Komponenten eine Tragik, die einem typisierten Heldentod fehlt.

In der anderen Variante wäre Polydorus dagegen weit blasser gezeichnet und lediglich als ein Priamossohn unter vielen charakterisiert. Diese Figur ist dem Vater weder besonders lieb noch verfügt sie über individuelle Charakterzüge oder Fähigkeiten. Der Fokus liegt vielmehr ganz auf der tragischen Ohnmacht eines greisen Vaters und Herrschers, dessen Stadt vor dem unaufhaltsamen Untergang steht. Priamos gäbe für Lykaon *wie* für Polydorus zwar seine Schätze, um sie aus den Händen der Feinde zu befreien. Zugleich scheint ihn aber das Wohl seines kampfstärksten Sohns, Hektor, weit mehr zu beschäftigen, da von diesem allein der Fortbestand Trojas wie der Priamiden abhängt[119]. Das Gewicht der Erzählung verschiebt sich damit von Polydorus auf Hektor, der allein die Größe hat, dem übermächtigen Achill die Stirn zu bieten. Das traurige

---

119 Hektors exklusive Sonderstellung wird nicht zuletzt dadurch bestätigt, dass Priamos für eben diesen Sohn dann doch die für Lykaon und Polydorus nur angedachte Auslösung mit Geld in die Tat umsetzt: Alle Schätze der Welt können zwar keinen der Priamossöhne vor dem Tod retten. Sie sind aber immerhin dazu angetan, Hektors *Leichnam* von Achill freizukaufen.

Schicksal aller anderen Priamossöhne dient letztlich nur als Folie und bereitet den tragischen Tod des größten trojanischen Kämpfers vor, mit dem der Niedergang der Priamiden endgültig besiegelt ist. Wie die Figur des Polydorus, so ist hier auch das Namensspiel nur blass konturiert: Die Komponente der Gabe ist keine Eigenschaft des Namensträgers mehr, sondern evoziert nur noch eine theoretische Möglichkeit für seine Rettung. Entsprechend kommt in der zweiten Textstelle δῶρον nicht vor, so dass das „Namens-Bedeutungs-Spiel" nur sehr indirekt aufgerufen wird. Die fatale Wandelbarkeit der Gabe zum Speer spielt dabei keine Rolle.

Wenn dagegen beide Hylemsequenzen ein und derselben Stoffvariante zuzurechnen sind (was ich für wahrscheinlich halte), dann wäre der ambigue Name des Polydorus nicht nur *das* Markenzeichen seiner Person, sondern auch Dreh- und Angelpunkt für die ihm zugehörige Handlung. Der Name wird dabei in immer neuen, miteinander konkurrierenden Deutungen durchgespielt. Auch Priamos' Angst um seine Söhne erhält, sobald sie mit der Schlachtszene verknüpft wird, eine zusätzliche tragische Tiefe dadurch, dass Polydorus zum Zeitpunkt der Priamos-Rede bereits tot ist. Priamos' Wunsch, das Geschick (und den Namen!) des besonders innig geliebten Polydorus mit seinem Königsschatz doch noch ins Positive zu wenden, ist in dieser Version von Anfang an zum Scheitern verurteilt: Hat doch Achill im Kampf bereits Fakten geschaffen. Der durchschlagenden Stoßkraft seines Speers hat letztlich weder der zwar vielbegabte, aber allzu junge Priamossohn noch der überreiche Vater etwas entgegenzusetzen.

Meiner Meinung nach spricht vieles dafür, dass die Deutungsoffenheit des Namens nicht erst vom *Ilias*-Dichter entdeckt und zum handlungstragenden Kern einer eigenen (und durchaus komplexen!) Kleinerzählung erhoben wurde, sondern vielmehr bereits im mythischen Rohmaterial vorgegeben war. Polydorus wäre dann ein gutes Beispiel dafür, dass ein mythischer Name nicht nur ein, sondern sogar mehrere Hyleme enthalten kann[120]. Wenn man den „Mann mit vielen Gaben" in eine Handlung umsetzt, dann lässt sich diese gestalten als
– Held besitzt viele Gaben = Held ist vielbegabt
– Held ist viele Gaben = viel Gold wert
– Held besitzt viele Gaben = viele Goldschätze = ist reich
– Held wird für viele Goldschätze ausgelöst
– Held bekommt viele Gaben = Goldschätze

---

120 Laut Zgoll 2020, Kapitel 3.3 können sich Hyleme in Beinamen und Attributen verstecken.

Nimmt man die akustisch kaum zu unterscheiden Namensdeformation *Πολύδορος hinzu, lässt sich die Liste erweitern um die Möglichkeiten
- Held besitzt viele Speere = ist ein guter Speerkämpfer
- Held wird zum Opfer vieler Speere = wird durch Speere getötet

A priori ist keines der genannten Hyleme ausgeschlossen; der Name stellt vielmehr eine gesamtes Bündel prinzipiell möglicher Mythenstoffe bereit[121]. Wie sich anhand der homerischen und der vergilischen Textfassung feststellen ließ, können in ein und derselben Stoffvariante durchaus auch mehrere Optionen kombiniert, immer wieder neu abgewandelt oder auch gegeneinander ausgespielt werden. Je nachdem, welche Hyleme ausgewählt, wie sie angeordnet, gedeutet und kausallogisch verknüpft werden, ergibt sich eine andere Erzählvariante. So wurde in der *Ilias* der vielbegabte Held zum Opfer des feindlichen Speers, das auch die vielen Schätze des Vaters nicht mehr retten können.

Priamos' nachträglicher (und fruchtloser!) Versuch einer „Namensrettung" des Πολύδορος mit dem Königsschatz hat ihrerseits die kreative Produktion neuer Stoffvarianten angestoßen. Diese bei Euripides wie Vergil fassbaren Erzählungen greifen den in der Priamos-Rede lancierten Namenssinn auf und konterkarieren ihn zugleich. Denn nun bildet just der väterliche Schatz, der doch zur Rettung des Sohns dienen sollte, für potenzielle Feinde einen unwiderstehlichen Anreiz, sich des Golds gewaltsam zu bemächtigen und Polydorus deshalb zu ermorden. Da der Königsschatz in diesen Mythenversionen nicht mehr als Gegenwert *für Polydorus* ausgezahlt, sondern statt dessen der jüngste Sohn *mit diesem Schatz* in die Fremde entsandt wird, um dort dem Tod auf dem Schlachtfeld zu entgehen und zu überleben, erhält der Name Πολύδωρος einen neuen Stellenwert und eine erstrangige Funktion in der Handlung. Denn nun ruhen plötzlich nicht mehr auf Hektor, sondern vielmehr auf dem jüngsten Sohn alle Hoffnungen des Priamos zum Erhalt der Familie. Trotz dieser gravierenden Umgestaltung von Namen und Handlung bleibt das tragische *foreshadowing* im sprechenden Namen erhalten: Schlägt doch erneut der gut gemeinte Plan zur Rettung des Sohns gegen eben diesen aus.

Man könnte nun denken, dass im Zuge dieser starken Akzentuierung des „Vielbeschenkten" der Konnex mit dem Speer vollständig aus dem Gedächtnis verschwindet. Dies ist jedoch keineswegs der Fall. Allerdings wird nun der

---

[121] Laut Zgoll 2020, Kapitel 3.2 ist ein mythischer Stoff, erst recht einer, der wie hier mit einem potenziell vieldeutigen Namen verknüpft ist, prinzipiell eine „non-finite quantity of variants of a polymorphic sequence of events (action, or ‚Handlung'), which can be circumscribed only approximately with regard to specific protagonists, places, objects, and events."

Speer zu einem relativ frei beweglichen Versatzstück, das je nach Bedarf verbaut werden kann und bald eine größere, bald eine kleinere Rolle für die Handlung spielt: So finden sich in der Tragödie des Euripides nur noch punktuell Echos, die das Hylem des Speertods in Erinnerung rufen. So charakterisiert sich Polydorus selbst im Prolog als einen jungen Mann, der noch nicht in der Lage war, *den Speer* zu führen[122]. Sein Vater habe ihn außer Landes geschickt, da er die Gefahr aufziehen sah, dass Troja *durch den griechischen Speer* (*scil.* in erster Linie des sieghaften Vorkämpfers Achill) zu Fall kommen könne[123]. Gleich danach beschreibt dann Polydorus seinen Gastgeber Polymestor als Herrscher über die pferdeliebenden Thraker, die ihre Wehrkraft auf *Speere* stützen[124]. Auch Hecuba scheint diese Assoziation aufzugreifen. Denn sobald ihre Sklavin sie über den Fund von Polydorus' Leichnam informiert, stellt sie prompt die Frage, *wie* ihr Sohn gestorben sei – ob er *mit dem Speer getötet* oder ins Meer geworfen worden sei[125]. Die kriegerische Neigung der speertragenden Thraker hat die Forschung zwar registriert[126], aber stets auf den Aspekt der Barbarentopik reduziert. Diese Einstufung trifft sicherlich zu; darüber hinaus scheint mir aber die Folgerung auf der Hand zu liegen, dass hier insgeheim auch der Speertod des Polydorus durchscheint. Die Thraker haben demnach die Rolle des übermächtigen Gegners Achill übernommen.

Weit stärker als Euripides setzt dann Vergil in seiner Textfassung der Polydorusstoffe die spannungsvolle Konkurrenz der beiden Namensformen in eine komplexe Handlung um. Wie im Kapitel 2.3 dargelegt werden in der dortigen Erzählepisode die verschiedenen Stoffvarianten zwei alternierenden Sprechern in die Hände gespielt. Dabei tritt das vom Erzähler Aeneas favorisierte Namensverständnis von Πολύδωρος als „Mann mit vielen Schätzen" in einen offenen Wettstreit mit Polydorus' ambiguer Selbstdeutung, die zwischen verschiedenen Namens- und Deutungsversionen hin- und herdriftet. Denn einerseits bestätigt Polydorus ja durchaus – wenn auch in schlagwortartiger Kürze – den väterlichen Schatz als Ursache seiner Ermordung und macht insoweit seinen *eigentlichen* Namen als „richtige" Deutung geltend. Doch zugleich insistiert er auf dem

---

122 *Hec.* 12-14: νεώτατος δ' ἦ Πριαμιδῶν, ὁκαίμεγῆς / ὑπεξέπεμψεν: **οὔτε γὰρ φέρειν ὅπλα / οὔτ' ἔγχος** οἷός τ' ἦν ἐῳ βραχίονι.
123 *Hec.* 3-7: Πολύδωρος, Ἑκάβης παῖς γεγὼς τῆς Κισσέως / Πριάμουτε πατρός, ὅς μ', **ἐπεὶ Φρυγῶν πόλιν / κίνδυνος ἔσχε δορὶ πεσεῖν Ἑλληνικῷ,** / δείσας ὑπεξέπεμψε Τρωικῆς χθονός / Πολυμήστορο σπρὸς δῶμα Θρηκίου ξένου.
124 *Hec.* 8 f: ὃς τήνδ' ἀρίστην Χερσονησίαν πλάκα / σπείρει, φίλιππον λαὸν **εὐθύνων δορί**. Ähnlich *Hec.* 1089 f.
125 *Hec.* 699 f: ἔκβλητον, ἦ **πέσημα φοινίου δορός**, / ἐν ψαμάθῳ λευρᾷ.
126 Fenik 1960, 9; Fernandelli 1996, 253 f.

Stellenwert des *Πολύδορος, der sich in seinem grausamen Tod schicksalhaft bewahrheitet hat. In Polydorus' (Pseudo-)Orakel aus dem unbestimmten „Nirgendwo" des Erdbodens kollidieren demnach nicht nur zwei Namensversionen, sondern auch verschiedene, ja kontrastive Stoffvarianten, ohne dass dieser Konflikt in der einen oder anderen Richtung aufgelöst würde.

Doch damit noch nicht genug: Vergil lässt Polydorus die in der *Ilias* berichtete Geschichte seines tragischen Tods in einer noch *unbekannten* Handlungsmodifikation fortschreiben. Durch eine scheinbar kleine, aber bedeutsame Neuerung weiß der epische Dichter die Kongruenz zwischen der deformierten Namensform und der Handlung zu optimieren. Demnach wurde Polydorus nicht nur – wie in der *Ilias* tradiert – von *einem* Speer durchbohrt, sondern durch *viele* Speere am Erdboden fixiert. Erst mit dieser Multiplikation der Täter hat *Πολύδορος seine Wortbedeutung in vollem Sinn erfüllt.

Es lässt sich heute nicht mehr klären, ob es sich bei dieser Nachjustierung um eine Innovation Vergils handelt (die durch die euripideische Erwähnung der speertragenden Thraker angeregt sein könnte) oder ob hier eine bereits existente Stoffvariante nur für uns erstmals greifbar wird. Unstrittig ist jedenfalls, dass sich die sowieso bereits komplexe Vielschichtigkeit der Polydorus-Stoffe durch diese Neuerung nochmals erhöht. Denn die Namens- und Handlungskorrektur unterstützt verblüffender Weise eine erneute Annäherung an die *alte* Erzähltradition vom Tod auf dem Schlachtfeld: Auch wenn Polydorus in Vergils Textfassung – analog zur Stoffversion des Euripides – in Thrakien stirbt, gleicht sein Tod doch schon allein durch die zahlenmäßige Übermacht seiner Gegner in frappierender Weise dem eines trojanischen Helden. Dass es sich bei Polydorus' Tod um eine *insgeheim verübte Mordtat* handelt, wie später der Erzähler Aeneas ausführt, scheint hier zumindest vorübergehend ausgeblendet.

Die assoziative Nähe zum heroischen Tod auf dem Schlachtfeld wird noch weiter verstärkt durch Polydorus' kryptisch-metaphorische Selbstbeschreibung als „eiserne Speersaat". Wie nämlich Oliver Lyne zeigen konnte, stellen auch und gerade epische Dichter seit Homer in ihren Gleichnissen häufig aus der Bukolik und Landwirtschaft entnommene Szenen der Realität des Kriegs gegenüber, um zu demonstrieren, wie sehr letzterer diese friedlich-idyllische Welt zerstört und pervertiert[127]. Für uns ist dabei v. a. relevant, dass dabei immer wieder das Wüten der Krieger unter ihren Gegnern mit dem Niedermähen eines *Saatfelds* verglichen wird[128]. Desgleichen dienen die *Aussaat* und das anschlie-

---

[127] Lyne 1989, 138-143.
[128] So etwa Hom. *Il.* 11,67-71.

ßende *Sprießen von Ähren* dazu, die Entfachung von Kriegshandlungen zu illustrieren[129].

Das rätselhafte Austreiben der in Polydorus haftenden Speere, auf das der Tote so vehement hinweist, könnte sich nun auf *literarischer* Ebene nicht nur als unvollendete Metamorphose[130] oder als Referenz auf die Gattungstradition des Epos, sondern darüber hinaus als narratologischer Kunstgriff – konkret: als eine Form der Metalepse – erklären. Das ursprüngliche Bild wäre dann gewissermaßen in der Ebene „verrutscht". Statt eine bestimmte Situation auf einer zweiten Deutungsebene zu veranschaulichen, ist es unvermutet im buchstäblichen Wortsinn zur Wirklichkeit geworden. Die Schockwirkung auf den Erzähler Aeneas ließe sich damit auch als implizites Signal verstehen, dass hier eigentlich klar geschiedene Erzählebenen unversehens instabil werden und die Grenzen zwischen Gleichnis und Realität verschwimmen – eine Erfahrung, die sich wiederum eng mit den typischen Fluktuationen im Schwellenraum verbinden lässt.

So gut sich nun mit einem solch irritierenden Verstoß gegen die Erzähllogik Vergils raffinierte Beschreibungstechnik von Polydorus' liminaler Existenz beschreiben lässt, bleibt dabei doch die Frage nach dem *stofflichen* Ursprung der eisernen Speersaat immer noch unbeantwortet. Auch der Verweis auf die Saattopik in epischen Kriegsgleichnissen benennt ja bislang nur ein *literarisches Motiv*, das in verschiedener Weise durchgespielt wird[131]. Wie lässt sich nun aber das Hylem „Polydorus' Körper bringt Eisenspeere zum Sprießen" erklären? Warum begnügt sich Vergil in seiner Ausgestaltung der Polydorusstoffe nicht mit einer perfektionierten Namenserklärung des „Vielspeermanns" mittels einer Wiederbelebung und Multiplikation des kriegerischen Speertods, wie er im Kern bereits in der *Ilias* vorgeformt ist? Warum durchbohren die tödlichen Speere nicht nur – analog zu Homer – den jungen Helden, sondern fixieren ihn dauerhaft am Boden und lassen sein Blut hervortropfen? Und wie lässt sich die drastische Gewalt des Aeneas erklären, der (wenn auch unwissentlich) die offenbar noch frischen Wunden eines eigenen Landsmanns aufreißt? Mögliche Antworten auf diese drängenden Fragen sollen in einem letzten Teilschritt diskutiert werden.

---

129 So fordert in Verg. *Aen.* 7,339 Iuno die Furie Allecto auf, „Verbechen des Kriegs zu säen" (*sere crimina belli*); als Ergebnis von Allectos Aussaat sprießen weit und breit gezogene Schwerter aus dem Boden (*Aen.* 7,525 f: *atraque late / horrescit strictis seges ensibus*).
130 Siehe oben Kapitel 2.2 mit Anm. 59.
131 Zur methodischen Abgrenzung von literarischen Motiven und Hylemen siehe Zgoll 2020, Kapitel 3.6.

3.3 Die aufgehende Saat der Speere: Thrakien und der römische Bürgerkrieg

Bereits im Rahmen unserer Besprechung der Ortsexposition von Thrakien haben wir dessen enge Verknüpfung mit Mars hervorgehoben (Kapitel 2.1). In der Tat sind dort die beiden Assoziationen von Landwirtschaft *und* Krieg in zwei programmatischen Versen aufgerufen[132]. Diese Charakteristik Thrakiens als wehrhaftes Acker- und Kriegsland ist, wie im letzten Kapitel gezeigt, keine Erfindung Vergils, sondern lässt sich bereits in Euripides' *Hecuba* nachweisen[133]; sie scheint, wie Paschalis anhand weiterer Textstellen belegen kann[134], *traditionell* eben dieser Region anzuhaften. Es ist daher durchaus plausibel, dass an einem solchen Ort dem Erdboden anstelle von Gaben (δῶρα) der Landwirtschaft eine „Saat von Speeren" (respektive Kriegern, δόρατα) entspringt – so wie es Apollonios und Vergil für das mythische Heimatland der Medea beschreiben: Dort sind bekanntlich aus den von Iason ausgesäten Drachenzähnen bewaffnete Krieger entstanden[135]. Eine derart wehrhafte Saat wird, wie im letzten Kapitel erläutert, regelmäßig als Perversion der natürlichen Fruchtbarkeit eines Landes und der friedlichen Landwirtschaft inszeniert.

Was für uns nun aber von besonderer Bedeutung ist: Die offenkundig lang etablierte Verbindung Thrakiens mit dem Schreckensbild des Kriegs hat in den letzten Jahren des Bürgerkriegs mit der Doppelschlacht von Philippi (42 v. Chr.) eine für die Römer hochtraumatische Aktualisierung erfahren: Wie Paschalis richtig anmerkt, hat Vergil selbst in seinen *Georgica* diesem denkwürdigen Ereignis eine eigene Vignette gewidmet und dabei eine topographisch-etymologische Verbindung zwischen Thrakien und dem dort vergossenen Blut hergestellt. Im Rahmen seines düsteren Finales zum ersten Buch komprimiert Vergil die furchtbaren Auswirkungen des Bürgerkriegs in den beiden großen Schlachten von Pharsalos (48 v. Chr. in Thessalien) und Philippi. Zur Verortung beider Schlachten zieht er dabei jeweils sprechende Namen heran, nämlich Emathia (zu ἠμαθόεις = sandig) für Thessalien und den Berg Haemus (zu αἷμα,

---

[132] Verg. *Aen.* 3,13 f: *terra procul vastis colitur Mavortia campis / (Thraces arant) acri quondam regnata Lycurgo.*
[133] Siehe oben Anm. 125.
[134] Die kurzen, aber höchst aufschlussreichen Bemerkungen von Paschalis 1997, 114-116 sind grundlegend für die folgenden Abschnitte – haben sie doch bereits etliche Kernpunkte meiner Überlegungen vorweggenommen.
[135] Apollon. *Arg.* 3,409; 3,411; 3,1270; 3,1357. Vgl. Verg. *georg.* 2,140-142: *haec loca* (= Italiens) *non tauri spirantes naribus ignem / invertere satis immanis dentibus hydri / nec galeis* **densisque virum seges** *horruit* **hastis**.

Blut) für Thrakien. Aufgrund der zahllosen Kriegstoten sind Thrakiens Felder buchstäblich *von Blut gesättigt und fett geworden*. Die verheerende Doppelschlacht entfaltet demzufolge eine jahrhundertelange Wirkmacht: Selbst in der fernen Zukunft wird noch ein pflügender Bauer auf die *verrosteten Waffen* der damaligen Schlachtgegner stoßen und, nachdem seine Pflugschar die *Gräber ausgegraben* hat, die „großen" (= der heroischen Zeit angehörigen) *Knochen der Toten* bestaunen[136].

Vor dem Hintergrund dieser drastischen Visualisierung des Bürgerkriegs halte ich es für höchst wahrscheinlich, dass Vergil auch in seine literarische Ausformung der Polydorus-Stoffe die kollektiv-römische Erinnerung an die erst wenige Jahre zurückliegende Bürgerkriegsschlacht eingebracht hat. Ich möchte zudem die These aufstellen, dass speziell im Mittelteil der Polydoruserzählung mit Aeneas' gewaltsamer Verletzung der Pflanzen, dem dadurch produzierten düsteren Vorzeichen und der schockierenden Selbstoffenbarung des Toten und seiner blutigen Todesumstände ein ganz konkreter intertextueller Bezug lanciert ist zu dem komplexen Vexierbild der *Georgica*, das die heroisch-mythische Vergangenheit, die noch unverarbeitete Zeitgeschichte des Bürgerkriegs und die ferne Zukunft ineinanderblendet[137].

Die *Georgica*-Echos in der *Aeneis* sind m. E. zu evident, um sie als produktionsästhetischen Zufall erklären oder – aus rezeptionsästhetischer Sicht – überlesen werden zu können: In Polydorus' warnendem Aufschrei „flieh aus dem grausamen Land!" (V. 44: *fuge crudelis terras*) lebt semantisch die Wortfamilie „blutend" *(crudus)* und „Blut" *(cruor)* fort, die nur einen Vers davor mit dem herabtropfenden Blut (V. 43: *cruor hic de stipite manat*) aufgerufen war (vgl. *georg*. 490: *sanguine*). Desweiteren erhält die Emphase, mit der Polydorus darauf verweist, dass Aeneas *keinen Fremden* (= sondern vielmehr einen unglücklichen Heimatverwandten) zerreißt[138], eine neue Brisanz, wenn man sie als einen impliziten Verweis auf den aktuellen Bürgerkrieg liest (*georg*. 490 *sanguine nostro)*. Denn wie die frühaugusteischen Autoren nicht müde werden zu betonen, haben sich in dieser Zeit Brüder gegen ihre eigenen Brüder gewandt

---

136 Vgl. die Partie in *georg*. 1,489-497: *ergo* **inter se paribus concurrere telis / Romanas acies iterum videre Philippi**, */ nec fuit indignum superum* **bis sanguine nostro / Emathiam et latos Haemi pinguescere campos**. */ scilicet et tempus veniet, cum finibus illis / agricola incurvo terram molitus aratro /* **exesa** *inveniet scabra robigine* **pila** */ aut gravibus rastris galeas pulsabit inanis, / grandiaque* **effossis** *mirabitur ossa* **sepulcris**.
137 Zur komplexen Chronologie und Stratigraphie der Philippi-Vignette in den *Georgica* und ihrer Wiederverarbeitung in Ovids *Penelopebrief* eingehend Egelhaaf-Gaiser 2011, 323-330.
138 Aen. 3,41: *quid* **miserum**, *Aenea,* **laceras**? und 3,42f. **non me tibi Troia externum tulit**.

und sich gegenseitig zerfleischt[139]. Auch Polydorus' Deutung von Aeneas' Übergriff als *Frevel*[140] findet in den poetischen Kommentaren zum Bürgerkrieg eine genaue Entsprechung[141]. In diesen intertextuellen Kontext lässt sich nun auch das *prodigium* der blutigen Pflanzen einordnen; denn auch in den *Georgica* steht die Erinnerung an die Doppelschlacht von Philippi am Ende eines langen Katalogs widernatürlicher Unheilszeichen, die von Caesars Ermordung ihren Ausgangspunkt nehmen und die dadurch ausgelösten Bürgerkriege zur kosmischen Katastrophe erheben[142]. Zu guter Letzt thematisiert die Vignette der *Georgica* die *im Erdboden verborgenen* Gräber (V. 497), die von einem *ahnungslosen* Bauern *rein zufällig* aufgehackt werden – so wie Aeneas unwissentlich den Körper des Toten verletzt.

Ein deutlicher Unterschied liegt freilich im Zeitabstand, der jeweils zwischen dem blutigen Geschichtsereignis und der Öffnung der Gräber liegt: Während in den *Georgica* der Bauer erst in einer fernen Zukunft die Gräber findet und daher nur noch verrostete Waffen und ausgeblichene Knochen bestaunen kann (V. 495-497), sind Polydorus' Wunden so frisch, dass sie sogar noch stetig bluten und dadurch die dicht sprießenden Myrtenschäfte düngen. In den *Georgica* hat demnach Vergil ein denkwürdiges Bild geschaffen, das dokumentiert, *wie viele Jahrhunderte verstreichen* müssen, damit die Schuld des Bürgerkriegs

---

139 Siehe namentlich Horazens programmatische *epod.* 7 und 16 oder Anchises' pathetische Warnung an Caesar und Pompejus im Zuge seiner prophetischen Eröffnung der römischen Zukunft (*Aen.* 6,831-835): *ne, pueri, ne tanta animis adsuescite bella / **neu patriae validas in viscera vertite viris**! / tuque prior, tu parce, genus qui ducis Olympo / proice tela manu, sanguis meus!*
140 *Aen.* 3,42: *parce pias scelerare manus!*
141 So deutet Horaz in seiner *epod.* 7 den Bürgerkrieg als eine Form der „Erbschuld", die er auf den Brudermord des Romulus zurückführt. Im direkten Anschluss an die soeben erörterte Partie der *Georgica* konstruiert Vergil seinerseits ein analoges Geschichtsbild von mythischer „Erbschuld" und „Sühne". Dabei greift er chronologisch noch weiter in die Vergangenheit zurück als Horaz: Vergil deutet das Blutvergießen der Bürgerkriege als Buße für den Meineid des trojanischen Königs Laomedon, der die Götter schnöde um den versprochen Lohn für ihre Hilfe beim Mauerbau für Troja betrogen habe (*georg.* 1,501 f: *satis iam pridem sanguine nostro / Laomedonteae **luimus periuria** Troiae*).
142 Siehe den Prodigienkatalog in *georg.* 1,461-488, der im kriegerischen Zusammenprall von Römern mit Römern in Philippi mündet; die Deutung der römischen Bürgerkriege als ein Weltereignis, dem sich weder Germanien noch der Euphrat entziehen kann, wird im direkten Anschluss an die Bildvignette von Philippi entfaltet. Das Schritt für Schritt aufgebaute Katastrophenszenario kulminiert in einem grandiosen Gleichnis, das den „rings auf der Welt" (*toto orbe*) dahinrasenden Kriegswagen des „gottlosen" Mars mit einer außer Kontrolle geratenen Quadriga im Circus vergleicht (*georg.* 1,511-514).

endlich verjähren und mit dem pflügenden Bauer wieder die friedliche Idylle der Landwirtschaft in dieses „Blutland" einziehen kann.

In der *Aeneis* schreibt dagegen Vergil den *erst vor kurzem beendeten* Bürgerkrieg dem thrakischen Erdboden mit blutroten Farben als unheilbare Wunde ein. Dabei führt er das tausendfache Sterben vor Troja[143] mit Polydorus' Tod im „martialischen" Thrakien und der frischen Erinnerung an das innerrömische Blutbad der (mehr oder minder) ortsnahen Bürgerkriegsschlachten von Pharsalos und Philippi in einem neuen Vexierbild zusammen: Die Gefallenen vor Troja *und* die frevlerische Ermordung des jüngsten Priamossohns durch einen nahestehenden Gastfreund scheinen sich in der Doppelschlacht von Philippi in fataler Weise zu wiederholen und die alten Wunden wieder aufzureißen. Es handelt sich demnach bei einem derart notorischen „Marsland" (V. 13: *terra Mavortia*) in mehrfachem und wahrstem Sinne um einen traumatischen Ort, der keinerlei Aussicht auf eine positive Zukunft bietet. Dieses extrem dunkle Geschichtsbild, das Vergil hier von Thrakien als einem vom Krieg gezeichneten „Unort" entwirft, erklärt, warum Polydorus den Aeneaden so kategorisch jeden Siedlungsversuch verweigert. Ihnen bleibt nur übrig, den bluts- und heimatverwandten Toten zu bestatten und sich dann auf die ungewisse Suche nach einer besseren Heimat zu machen.

4 Fazit

Ziel unserer Untersuchung war es, die Vielschichtigkeit und Vielgestaltigkeit der Polydorusmythen aufzuzeigen. Als ein zentraler Erkenntnisgewinn aus unserer Hylemanalyse ist festzuhalten, dass der sprechende Name dieser Figur eine Fülle von prinzipiell denkbaren Handlungsbausteinen und -verläufen bereitstellt. Die in Vergils Erzählepisode mehrfach beobachtete Konkurrenz zwischen dem eigentlichen Namen und seiner deformierten Version ist kein ingeniöses Produkt der Literarisierung, sondern offenkundig bereits im mythischen Rohmaterial angelegt. Die Ambiguität des Namens, die in der einen oder anderen Weise, aber stets fatal auf den Namensträger zurückschlägt, scheint geradezu das persönliche Markenzeichen des Polydorus zu sein.

Wenn weiterhin die im letzten Teilkapitel vorgeschlagene Interpretation zutrifft, dann wäre die in der Forschung so vieldiskutierte Handlungssequenz im Mittelteil, für welche die mythischen Polydorus-Stoffe (soweit sie uns jedenfalls

---

[143] Vgl. Aen. 2,368 f: *crudelis ubique / luctus, ubique pavor et **plurima mortis imago**.*

bekannt und aus den überlieferten Texten erschließbar sind) keinen sicher zu bestimmenden Anhaltspunkt bieten, womöglich tatsächlich eine schöpferische Leistung des Dichters Vergil.

Diese Eigenleistung artikuliert sich nun freilich in *doppelter* Weile: Zum einen *reaktiviert* Vergil offenkundig gezielt einzelne Hyleme aus der alten, bereits bei Homer tradierten Stoffvariante und versetzt sie in eine klar distinkte Mythenversion, und zwar *ohne* die dadurch entstehenden Brüche und Verwerfungen konsequent zu tilgen. Zum anderen reichert Vergil die bereits existenten Stoffvarianten um neue Handlungseinheiten an und unterzieht auf diese Weise die tradierten Polydorus-Mythen einer zeitpolitischen Aktualisierung.

Vergil hat demnach in seiner epischen Ausformung dem (un)toten Polydorus eine bewusst vielstimmige – und damit zwangsläufig inkonsistente! – Botschaft in den Mund gelegt. Aus der Perspektive einer mythischen Stoffanalyse lassen sich die Widersprüche und der beobachtete *clash* konkurrierender Deutungen durch die komplexe Stoffschichtung erklären, die in der Rede des Polydorus auf die Spitze getrieben wird. Erzählerisch oder auch kommunikationstheoretisch rechtfertigen lässt sich dagegen eine derart massive Störung, die der Lesererwartung einer konzisen, kausallogisch verständlichen Handlung und Textgestalt geradezu provokant zuwiderläuft, durch den prekären und instabilen Schwellenzustand des Polydorus im „Dazwischen", wo er den Wirkmächten *beider* angrenzenden Welten ausgesetzt ist. In direkter Folge von Polydorus' liminaler Existenz treten also – um nochmals mit Lotman zu sprechen – bei der Übermittlung der Botschaft aus dem Erdboden so viele Nebengeräusche und irritierende Quereinflüsse auf, dass die Nachricht verdunkelt, ja bis zur Unverständlichkeit entstellt und verunklärt wird.

Eine eindeutige Erfassung des „eigentlichen Nachrichtenkerns" wird in diesem unübersichtlichen Stimmengewirr dadurch noch weiter erschwert, dass Vergil die grundsätzliche Vielgestaltigkeit und Unabgeschlossenheit mythischer Stoffe[144] offenkundig auch dazu nutzt, die bereits existenten Stoffvarianten um neue Komponenten zu ergänzen. Die älteren Botschaften, die die Polydorus-Mythen vermittelt haben, sind damit nicht außer Kraft gesetzt: Nach wie vor steht die fatale Wirkung des doppeldeutigen Namens im Zentrum, der die intendierte positive Bedeutung des „Vielbegabten" respektive „Vielbeschenkten" mit der fatalen Verlesung zum „Opfer vieler Speere" untergräbt. Trotz aller Bemühungen des Vaters, seinen Sohn vor dem Krieg und Tod zu retten, wird der junge Held unausweichlich von seinem Schicksal ereilt. Die transzendierende Auseinandersetzung mit der Wirklichkeit, die Zgoll als Charakteristikum aller

---

[144] Zgoll 2020, Kapitel 2.4. und 3.2.

Mythenstoffe hervorhebt[145], liegt in unserem Fall in einem nicht näher bestimmten göttlichen Walten, das sich seitens der Menschen auch mit allen verfügbaren Mitteln nicht abwenden lässt – weder mit einem vorsorglichen Kampfverbot noch mit der Aufwendung königlicher Schätze oder einer Entsendung in fremde Lande.

Allerdings kommt zu diesen mythischen Deutungsangeboten nun noch eine sekundäre Botschaft hinzu. Denn Vergil nimmt die tradierten Stoffe in den Dienst, um zeitpolitische Ereignisse zu kommentieren: Anhand des Kriegsopfers Polydorus, der den übermächtigen Speeren seiner Feinde *weder* vor Troja *noch* in Thrakien entrinnen kann, zeigt Vergil die katastrophale Dimension und verheerende Wirkung der römischen Bürgerkriege anschaulich auf. In beiden Fällen entstehen tödliche Wunden, die immer wieder aufs Neue aufgerissen werden und daher nicht aufhören können zu bluten.

Ein Austritt aus diesem Teufelskreis setzt den endgültigen Abschluss und die erfolgreiche Bewältigung dieser kollektiven Kriegserinnerung voraus. Dass sich die liminale Erfahrung der schmerzlichen Trauer um die bluts- wie heimatverwandten Kriegsopfer (seien es trojanische Königssöhne oder römische Brüder, Väter und Söhne) letztlich wird bewältigen lassen, ist immerhin in der versöhnlichen Schlussszene der vergilischen Polydorus-Erzählung angedeutet: So wie Polydorus zu guter Letzt dank seiner Bestattung doch noch zum erfolgreichen Grenzgänger wird, so werden eines Tages auch die Aeneaden (und die Römer der aktuellen Bürgerkriegszeit!) die fatale Zerstörung ihrer Heimat und ihre Kriegserinnerung überwinden und einen Neuanfang in einem besseren Jenseits finden.

Bibliographie

Aguirre, M., 2004, Austin's Cat, and Other Oberservations Towards a Theory of Thresholds, in: Bredenick, N. (Hg.), Mapping the Threshold. Essays in Liminal Analysis, Studies in Liminality and Literature 4, Madrid, 9-32.
Assmann, A., 1999, Erinnerungsräume. Formen und Wandlungen des kulturellen Gedächtnisses, München.
Assmann, J., 1992, Das kulturelle Gedächtnis. Schrift, Erinnerung und politische Identität in frühen Hochkulturen, München.
Barchiesi, A., 1979, Palinuro e Caieta. Due ‚Epigrammi' Virgiliani (*Aen.* V 870sg.; VII 1-4), in: Maia 31, 3-11.
Beard, M. / North, J. / Price, S., 1998, Religions of Rome, Bd. 1: A History, Cambridge.

---

[145] Zgoll 2020, Kapitel 4.3.2.

Binder, E. und G., 2008, Vergil *Aeneis*. Lateinisch/deutsch, Stuttgart.
Brenk, F. E., 1984, *Unum pro multis caput*. Myth, History and Symbolic Imagery in Vergil's Palinurus Incident, in: Latomus 43, 776-801.
Bruss, J., 2005, Famous Last Words. *Aeneid* 5,870-871 and the Hellenistic Cenotaphic Epigramme, in: Latomus 64, 328-335.
Caviglia, F., 1996, Polidoro, in: Virgilio. Enciclopedia Virgiliana, Bd. IV, Rom, 162-164.
Coo, L., 2007, Polydorus and the Georgics. *Aeneid* 3.13-68, in: Materiali e discussioniper l'analisi dei testi classici 59, 193-99.
Cristóbal, V., 1999, El episodio de Polidoro en la *Eneida* (III 19-68). Variantes mitográficas, paralelos folclóricos y muestras de su pervivencia literaria, in: Cuadernos de filología classica 16, 27-44.
Della Corte, F., 1962, Il Polidoro euripideo, in: Dioniso 36, 3-12.
Dinter, M., 2005, Epic and Epigram – Minor Heroes in Virgil's *Aeneid*, in: Classical Quaterly 55, 153-169.
Egelhaaf-Gaiser, U., 2011, Troja im Weintropfen. Kriegserinnerung und alternative Erzählung in Ovids elegischen Kartenskizzen, in: Egelhaaf-Gaiser, U. / Pausch, D. / Rühl, M. (Hg.), Kultur der Antike. Transdisziplinäres Arbeiten in den Altertumswissenschaften, Berlin, 309-335.
Erskine, A., 2003, Troy between Greece and Rome. Local Tradition and Imperial Power, Oxford.
Fenik, C., 1960, The Influence of Euripides on Vergil's Aeneid, Princeton.
Fernandelli, M., 1996, Invenzione Mitologica e tecnica del racconto nell' episodio Virgiliano di Polidoro (*Aen.* 3,1-68), in: Prometheus 22, 247-273.
Fletcher, K. F. B., 2014, Finding Italy. Travel, Notion and Colonization in Vergil's ‚Aeneid', Ann Arbor.
Fludernik, M., 1999, Grenze und Grenzgänger. Topologische Etuden, in: Fludernik, M. / Gehrke, H.-J. (Hg.), Grenzgänger zwischen Kulturen, Würzburg, 99-108.
Fratantuono, L., 2012, *Princeps ante omnis*. Palinurus and the Eerie End of Virgil's Protesilaus, in: Latomus 71, 713-733.
Frank, M. C., 2009, Die Literaturwissenschaften und der *Spatial turn*. Ansätze bei Jurij Lotman und Michail Bachtin, in: Hallet, W. / Neumann, B. (Hg.), Raum und Bewegung in der Literatur. Die Literaturwissenschaften und der Spatial Turn, Bielefeld, 53-80.
Gennep, A. van, 2005, Übergangsriten, 3., erweiterte Auflage Frankfurt (= Les rites de passage, Paris 1909).
Gowers, E., 2011, Trees and Family Trees in the *Aeneid*, in: Classical Antiquity 30, 87-118.
Grassmann-Fischer, B., 1966, Die Prodigien in Vergils Aeneis, München.
Heinze, R., 1928, Virgils epische Technik, 3. Auflage, Leipzig et al.
Heyworth, S. J. / Morwood, J. H. W., 2017, A Commentary on Vergil, *Aeneid 3*, Oxford.
Hohnsträter, D., 1999, Im Zwischenraum. Ein Lob des Grenzgängers, in: Benthien, C. / Krüger-Fürhoff, I. M. (Hg.), Über Grenzen. Limitation und Transgression in Literatur und Ästhetik, Stuttgart et al., 231-244.
Horsfall, N., 1989, Aeneas the Colonist, in: Vergilius 35, 8-27.
Horsfall, N., 2006, Virgil, *Aeneid 3*. A Commentary, Leiden et al.
Hübner, W., 1995, Poesie der Antipoesie. Überlegungen zum dritten Buch der *Aeneis*, in: Grazer Beiträge 21, 95-120.
Jäger, N., 2018, Opfern am Fluss, tote Helden und vielversprechende Nachkommen – Vergils Buthrotum-Episode, unpubl. Manuskript, Göttingen.

Jäger, N., 2019, Amphiaraos auf der Schwelle. Ritual und Raum in Statius' Thebais, Berlin et al. (in Druckvorbereitung).

Jens, W., 1948, Der Eingang des dritten Buches der *Aeneis*, in: Philologus 97, 194-197.

König, A., 1970, Die *Aeneis* und die Griechische Tragödie. Studien zur Imitatio-Technik Vergils, Berlin.

Köves-Zulauf, T., 1998-99, Die Steuermänner im Gesamtrahmen der *Aeneis*. Leucaspis, Menoetes, Palinurus, in: Acta classica universitatis scientiarum debreceniensis 34-35, 305-325.

Lacroix, L., 1993, Le périple d'Énée de la Troade à la Sicile. Thèmes légendaires et réalités géographiques, in: L'Antiquite classique 62, 131-155.

Linderski, J., 1986, The Augural Law, in: Aufstieg und Niedergang der Römischen Welt II.16,3, Berlin et al., 2146-2312.

Lloyd, R. B., 1957, *Aeneid* III. A new approach, in: American Journal of Philology 78, 133-151.

Lotman, J. M., 1993, Die Struktur literarischer Texte, München (= Nachdr. der Auflage München 1972).

Lotman, J. M., 2010, Die Innenwelt des Denkens, Berlin (= Universe of the Mind. A Semiotic Theory of Culture, Bloomington).

Lyne, R. O. A. M., 1989, Words and the Poet. Characteristic Techniques of Style in Vergil's *Aeneid*, Oxford.

Malkin, I., 1985, What's in a Name? The Eponymous Founders of Greek Colonies, in: Athenaeum 63, 114-30.

McKay, A. G., 1984, Vergilian Heroes and Toponymy. Palinurus and Misenus, in: Mnemai. Classical studies in memory of Karl K. Hulley, Chico, 121-137.

Nicoll, W., 1988, The sacrifice of Palinurus, in: Classical Quaterly 38, 466-470.

Paschalis, M., 1997, Virgil's *Aeneid*. Semantic Relations and Proper Names, Oxford.

Quint, D., 1989, Repetition and ideology in the *Aeneid*, in: Materiali e discussioni per l'analisi dei testi classici 23, 9-54.

Rüpke, J., 1990, *Domi militiae*. Die religiöse Konstruktion des Krieges in Rom, Stuttgart.

Schadewaldt, W., 1992, Homer Ilias. Neue Übertragung, Frankfurt.

Suerbaum, W., 1999, Vergils *Aeneis*. Epos zwischen Geschichte und Gegenwart, Stuttgart.

Thomas, R. F., 1988, Tree Violation and Ambivalence in Virgil, in: Transactions and Proceedings of the American Philological Association 18, 261-273.

Tueller, M. A., 2010, Palinurus and Polydorus. Two Epigrammatic Passages in Vergil's *Aeneid*, in: Latomus 69, 344-358.

Turner, V., 2005, Das Ritual. Struktur und Antistruktur (= The Ritual Process, Structure and Anti-Structure, New York 1969).

Williams, G., 1983, Technique and Ideas in the *Aeneid*, New Haven.

Wissowa, G., 1912, Religion und Kultus der Römer, Handbuch der Altertumswissenschaft, Bd. 5.4, München.

Worstbrock, E. J., 1963, Elemente einer Poetik der *Aeneis*, Münster.

Zgoll, C., 2020, Myths as Polymorphous and Polystratic *Erzählstoffe*: A Theoretical and Methodological Foundation (Beitrag in diesem Band).

Daniel A. Werning
Der mythische Stoff des Sonnenaufgangs in ägyptischen Texten und Bildern des 15.-10. Jahrhunderts v. Chr.

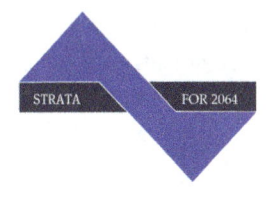

Abstract: The paper examines the mythical narrative material (German *Stoff*, pl. *Stoffe*) of the sunrise, i.e., the change of the sun god from a chthonic to a heavenly sphere in the eastern horizon as it is attested in selected text and text/image compositions from ancient Egypt of the 15th-10th centuries BCE. First, the elementary action-bearing units attested in these texts are collected and classified and an attempt is made to bring them into a natural chronological order. Subsequently, some of these units found in sunrise texts are pursued that obviously come from other mythical *Stoffe* (*the myth of Chnum with the pottery wheel, the myth of the creation of the world, the myth of Osiris*). It is proposed to understand these units, in the context of the course of the sun, as (originally) metaphorical ways of speaking, as a metaphorical instrumentalization. In a following section, another element of sunrise-texts, the door of heaven, is investigated, which is documented in texts that are not specifically about the sunrise at their core, but that are dealing with another type of changing spheres or border crossing (spells from the Pyramid Texts and Book of the Dead, temple ritual). A functional network of lending and borrowing of elements of mythical *Stoffe* emerges around the mythical *Stoff* of the sunrise.

1 Einführung

1.1 Vorbemerkungen

Aus dem alten Ägypten sind, verglichen mit anderen Kulturen des Mittelmeerraumes, auffällig wenige Mythen in mehr oder minder kohärenter und insbesondere narrativer Form bezeugt. Vielmehr finden wir zumeist nur „Mythen-

---

Hinweis: Der vorliegende Beitrag ist im Rahmen einer Anstellung am Exzellenzcluster 264 „Topoi" im Kontext von der DFG geförderten Forschergruppe 2064 „STRATA – Stratifikationsanalysen mythischer Stoffe und Texte in der Antike" (Assoziiertes Projekt „Altes Ägypten") entstanden.

∂ Open Access. © 2020 D. A. Werning, publiziert von De Gruyter. [(cc) BY] Dieses Werk ist lizenziert unter der Creative Commons Attribution-NonCommercial-NoDerivatives 4.0 Lizenz.
https://doi.org/10.1515/9783110652543-007

Schnipsel" und „Andeutungen" – dies allerdings in beachtlicher Zahl. Zwei Denkansätze scheinen geeignet, diesen für uns zunächst merkwürden Befund zu erklären[1].

Der – wie ich ihn nennen möchte – „medienkritische" Ansatz schlägt vor, dass es sich um eine Textgenre-Lücke handelt. Narrativ kohärent entfaltete Mythen wären zuallererst nur mündlich kommuniziert worden[2]. In den verschriftlichten Textgattungen, z. B. im Ritual, und in Bildern ist es üblich, Abschnitte von Mythen und deren sinntragende und sinnstiftende Funktionen anhand von Erwähnungen von nur einzelnen oder wenigen, oft stichwortartigen Andeutungen zu aktivieren. Aber für eine narrativ-kohärente Verschriftlichung hätte sich erst später ein Anwendungskontext, eine Motivation herausgebildet (z. B. „schöne Literatur" im traditionellen Sinne wie im Falle des „*Streits zwischen Horus und Seth*"[3]).

Ein intellektuell stimulierender, „geistesgeschichtlicher" Ansatz wurde zuvorderst von Jan Assmann entwickelt und als „offene Frage" in den Raum gestellt[4]. Er fragt, ob hinter den scheinbaren Teilen von Mythen nicht vielleicht zunächst gar keine *kohärent-narrativen* Mythen gestanden haben – dies sei eine nicht notwendige, modern-kulturbedingte Vorannahme –, sondern ob die in entsprechenden Texten angesprochenen „Götterkonstellationen" nicht weitgehend autark ihre Bedeutung trugen und entsprechend aktualisiert werden konnten. Dass ab dem 2. Jahrtausend v. Chr. vereinzelt narrativ-kohärente Mythen belegt sind, wäre demzufolge ein *geistesgeschichtlich* sekundäres Phänomen.

Die Frage danach, wie denn die Götterkonstellationen bzw. mythischen „Handlungsschnipsel" außerhalb narrativ-kohärenter Zusammenhänge zu ihren Bedeutungen kommen, scheint mir und anderen Forschenden aber ein Schwachpunkt der geistesgeschichtlichen Hypothese zu sein[5]. Ich operiere daher auf Grundlage des medienkritischen Ansatzes, gehe also davon aus, dass es mündlich kommunizierte, narrativ-kohärente, mythische Texte und damit auch deren inhaltlichen Kern, d. h. „Mythen", gegeben hat. Dabei hat es offensicht-

---

[1] Sternberg-el Hotabi 1995, 878-880; Assmann 1977, 7-10; Assmann 1982, 13 f; Assmann 2004, Kapitel 2, insbesondere 31-33; Baines 1991, 81-93. Vgl. auch Stewart 2012; Goebs 2013. Eine informative, wissenschaftsgeschichtlich orientierte Zusammenfassung bietet Koch 1989, 28-33.
[2] Vgl. Baines 1991, 104 f; Stewart 2014, Kapitel 5.2; Willems 2013, 417.435.
[3] Junge 1995, insbesondere 932 f; eine zusammenfassende Einführung findet sich bei Burkard/Thissen 2008, 35-47.
[4] Assmann 1977; vgl. auch Assmann 2004, Kapitel 2, insbesondere 32-36.54-57. Detaillierte Kritik in: Baines 1991, 85-92.
[5] Vgl. Zeidler 1993, 104-108.

lich im Detail abweichende Mythen-Varianten gegeben, die aber durch Familienähnlichkeit, etwa durch einen gemeinsamen mythischen Haupt-Plot und teilweise gemeinsame Götter-/Göttinnenkonstellationen, dem gleichen Mythos zugeordnet werden können[6].

1.2 Methodik

Dieser Beitrag erprobt die von Christian Zgoll (2019; 2020 in diesem Band) ausgearbeitete, der Forschungsgruppe zugrunde gelegte Methode der Dekomposition von Texten in – hinsichtlich Genus Verbi, Modus, Tempus und Aspekt – normalisierte, elementare, handlungsrelevante Prädikationen, für die er die Bezeichnung „Hyleme" vorgeschlagen hat. Darauf aufbauend, wird der Versuch unternommen aus diesen Einheiten einen im *ordo naturalis* angeordneten – in diesem Fall „mythischen" – „Stoff" zu (re)konstruieren[7]. Neben mythischen Texten im engeren Sinne werden auch einzelne Szenen mythischer Comics/ *graphic narratives*, d. h. narrativer Bild/Text-Kompositionen, analysiert[8].

Der Begriff „Hylem" wird von Christian Zgoll als „nicht auf eine bestimmte mediale Gestaltung oder Einzelsprache festgelegte kleinste handlungstragende Einheit eines Erzählstoffes" definiert. In den Analysen in meinem Beitrag – vgl. die Tabellen im Anhang – ist Zgolls Methodik größtenteils umgesetzt. Im Detail gibt es vereinzelt Abweichungen. Beispielsweise behalte ich das passive Genus Verbi teilweise bei. Zudem gehe ich in der Analyse nicht immer auf die theoretisch *kleinste* Einheit zurück, sondern erlaube mir fallweise pragmatisch kleine Zuschnitte, die sich ggf. noch zerlegen ließen. Für die Methodik der Analyse von „Stoffen" machen diese Detailabweichungen im vorliegenden Fall, soweit ich sehe, keinen entscheidenden Unterschied. Insofern, als dass ich in diesem Beitrag handlungstragende Einheiten *mythischer* Stoffe von solchen beliebiger Stoffe abheben will, möchte ich für diese Einheiten – ohne dadurch die damit verbundene Konzeption von Claude Lévi-Strauss zu implizieren – die suggestive

---

6 Vgl. Stewart 2014, Kapitel 3.
7 Zur Theorie und Methode, insbesondere zu den Begriffen „Hylem" und „Stoff", siehe den Beitrag im vorliegenden Band von C. Zgoll (2020, Abschnitt 2 Myths as *Stoffe*).
8 Zu einer Analyse der ägyptischen Unterweltsbücher auf dem Hintergrund der Comic-Forschung siehe Werning 2018. Zum Ziel der Analyse von „Hylemen" in verschiedenen Medien siehe im Ansatz C. Zgoll, 2020, Abschnitt 3.4 Relevance of Hyleme Analysis for Intermedial Research.

Bezeichnung „Mythem" nutzen, die auch fachintern, d. h. ägyptologisch, schon einen Diskurs entfaltet hat[9].

1.3 Thema

Ausgangspunkt für die vorliegende Untersuchung ist der mythische Stoff des Sonnenlaufes, genauer der Abschnitt des Sonnenaufganges, wie er uns in ausgesuchten Text- und Bild/Text-Kompositionen überliefert ist. Der Sonnenaufgang entspricht nach ägyptischer Vorstellung einem Wechsel des Sonnengottes mit bzw. in Form der Sonne von einer unterweltlichen in eine himmlische Sphäre. Dieser Wechsel findet in einem peripheren Ort, dem östlichen *Achet* (*ꜣḫ.t*, Klassifikator ▭ RAUM), statt, den deutschsprachige ÄgyptologInnen aufgrund seiner konzeptionell wichtigen Dreidimensionalität gern nicht nur mit „Horizont", sondern mit „Horizontland" übersetzen. In diesem Zusammenhang wollen wir uns insbesondere auch exemplarisch ein Netzwerk von Mythem-„Leihen" bzw. „-Spenden" anschauen, das mit dem und um den Stoff des Sonnenaufgangs gewebt wurde. Denn zum einen kommen in mythischen Texten und Bildern zum Sonnenaufgang immer wieder auch „Fremd-Mytheme", d. h. Mytheme anderer mythischer Stoffe vor. Zum anderen tauchen in Sonnenaufgangstexten bezeugte Mytheme in Texten auf, in denen es nicht unmittelbar um den Sonnenaufgang geht (vgl. Abb. 1 unten). Es liegt hier in vielen Fällen nahe – so wird unten argumentiert –, diese Verwendung als metaphorische Instrumentalisierung zu deuten[10]. Dabei wird eine grundsätzliche, methodisch-analytische Schwierigkeit offensichtlich, nämlich die Frage, inwieweit sowohl solche Fremd-Mytheme als auch einige der originalen Prädikationen eines mythischen Stoffes metaphorisch zu verstehen sind, sich die dahinterstehenden Mytheme also nicht aus dem Wortsinn ergeben. Aufgrund des weitgehenden Fehlens kanonischer, narrativer Mythen in Ägypten ist die Frage besonders relevant. Denn die Analyse der Mytheme, d. h. der Stoff-Elemente, hat hier oft direkte Konsequenzen für die Rekonstruktion mythischer Stoffe selbst.

---

9 Zu einer Einschätzung des „Mythem"-Begriffs von Lévi-Strauss siehe C. Zgoll, 2020, Abschnitt 3.1 Stoffe as Hyleme Sequences; C. Zgoll, 2019, Kapitel „Die Problematik strukturalistischer Ansätze bei der Analyse von Stoffen". Prominente ägyptologische Arbeiten, die ebenfalls die Bezeichnung „Mythem" benutzen, kommen von Heike Sternberg 1985 und Katja Goebs 2002.
10 Zur zugrundeliegenden *konzeptuellen* Metaphern- und Metonymie-Theorie vgl. Anm. 25 in Abschnitt 3.1.

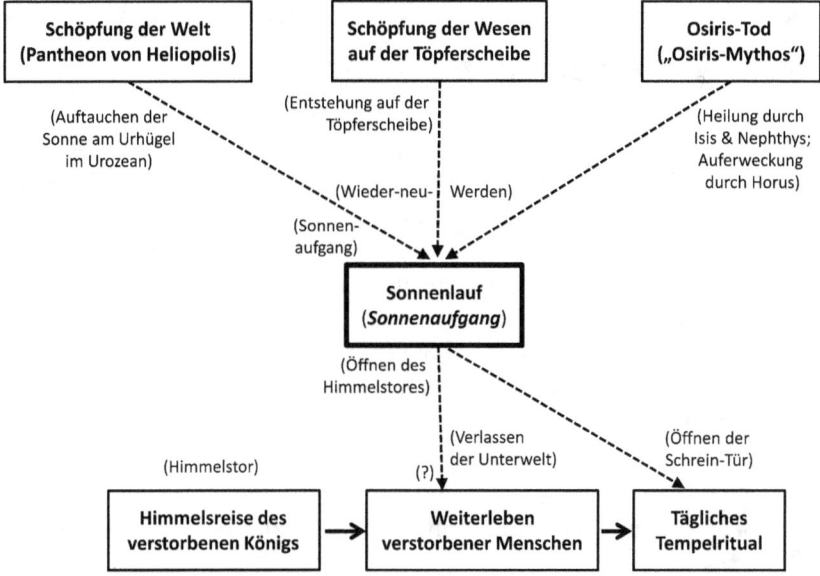

Abb. 1: Mythemleihen bzw. -spenden zwischen mythischen Stoffen um den Sonnenaufgang (© Daniel A. Werning, CC BY-SA 3.0 DE).

Zunächst wollen wir uns Analysen einiger mythischer Texte und Bilder zum Sonnenaufgang anschauen und deren Mytheme sammeln und vergleichen (§2).

Dabei stoßen wir auch auf die Verwendung von Fremd-Mythemen (§3).

Anschließend schauen wir uns das im mythischen Stoff des Sonnenaufgangs vorkommende Element des Himmelstores in ausgesuchten anderen Sphärenwechsel-Texten an (§4).

Abschließend betrachten wir die Konsequenzen einer metaphorischen bzw. metonymischen Interpretation von Prädikationen in Sonnenaufgangstexten für die Rekonstruktion des mythischen Stoffes des Sonnenaufgangs (§5).

Ein Schlussabschnitt (§6) ordnet den Beitrag in die Forschungen der Forschungsgruppe STRATA ein.

2 Mytheme in Text- und Bild/Text-Kompositionen zum Sonnenaufgang

Grundlage für diese Mythem-Untersuchung sind zwei Sonnenhymnen, ein Traktat über „den König als Sonnenpriester" und die Begleittexte bzw. Texte und Bilder zum Sonnenaufgang in drei „Unterweltsbüchern" (Pfortenbuch, Nachtbuch, Höhlenbuch). Diese Texte sind alle im 15.-10. Jahrhundert v. Chr., d. h. zwischen der 18. und 21. Dynastie erstmals belegt. Im Einzelnen sind dies, chronologisch geordnet:

- „Der König als Sonnenpriester", t.p.q.n. 18. Dynastie (*Sonnenpriester*),
- Sonnenaufgangsbild mit Beischriften des Pfortenbuches, 18. Dynastie (*Pfortenbuch-SB*),
- Begleittexte zur Sonnenaufgangsszene im Nachtbuch, 19. Dynastie (*Nachtbuch*),
- Sonnenaufgangsbild mit Beischriften des Höhlenbuches, 19. Dynastie (*Höhlenbuch-SB*),
- Sonnenhymnus im Grab des Amun-nacht, TT 218, Theben, 19./20. Dynastie (*TT218*),
- Sonnenhymnus in der Grabkammer des Anchef-en-mut, Tanis, 21. Dynastie (*Tanis*)[11].

Zur Mythem-Analyse vergleiche die Tab. 6-11 im Anhang (mit eigener Abschnittsnummerierung).

Um in einem ersten Schritt einen möglichen Kernbestand von Mythemen des Sonnenaufgangs herauszuarbeiten, wollen wir uns die Mytheme grob nach Häufigkeiten sortiert anschauen. Aus der Zusammenschau dieser ausgewählten Texte und Bild/Text-Kompositionen (siehe Tab. 12 im Anhang) ergibt sich, dass folgende Mytheme besonders häufig erscheinen[12]:

---

[11] Literatur: siehe die Anmerkungen zu den Übersetzungen in den Tabellen im Anhang. Die Zählungen hinter den Siglen in dieser Untersuchung entsprechen den Einteilungen in den Tabellen im Anhang.
[12] Vgl. auch: Assmann 1983, 63-70, Assmann 1996, 235 f, Müller-Roth 2008, 465-471.

Nr.	Mythem	Phase
M1	Der Sonnengott **nimmt seine „Wandelgestalt" an** (Chepri/Skarabäus).	1
M2	Der Sonnengott **bewegt sich durch/über den Urozean**.	1[13]
M6	Der Sonnengott **wird verjüngt/als junges Kind (wieder)geboren**.	2
M11	Der Sonnengott **kommt aus der Unterwelt hervor**.	2
M12	Der Sonnengott **wechselt vom Abend-/Nachtfahrtschiff ins Morgen-/Tagesfahrtschiff**.	2
M13	Der Sonnengott **geht (als Sonne) im östlichen Horizontland auf**.	2
M14	Ein **Götterkollegium bejubelt** den Sonnengott beim Sonnenaufgang (insbesondere auch brusttrommelnd).	2
M16	Der Sonnengott **erleuchtet (als Sonne)** nach Sonnenaufgang die Oberwelt.	3

Etwas unregelmäßiger, aber dennoch häufig werden folgende Mytheme angesprochen bzw. dargestellt:

Nr.	Mythem	Phase
M0	**Göttliche Wesen treideln das Schiff** des Sonnengottes.	1-2(/3)
M3	Der Sonnengott **entsteht auf einer Töpferscheibe**.	1
M4	Bei Sonnenaufgang **versammeln sich die heliopolitanischen Weltschöpfungsgötter und -göttinnen**[14].	1/2
M5	(Der Erdgott) **Tatenen erhebt** den Sonnengott.	2
M7	(Die Osiris-Schwestern) **Isis und Nephthys erheben** den Sonnengott.	2
M10	Der Sonnengott **durchfährt im östlichen Horizontland ein Tor**.	2[15]
M15	Der Sonnengott **fährt zum/in den Himmel**.	3
M15bis	Der Sonnengott **tritt in den Mund (der Himmelsgöttin) ein**.	(?)[16]

---

13 Vgl. aber *Nachtbuch* 8 „Aufgehen im Tor des Horizontlands zur Stunde ‚Die die Vollkommenheit Res erscheinen lässt' (d. h. zur 1. Tagesstunde)".
14 Zum mythischen Stoff der Weltschöpfung, der mit der Sonnengotttempelstadt Heliopolis verbunden ist, siehe z. B. Assmann 2000, 159-170, auch: Junge 2006, 18-20. Zu den Göttern gehören Atum/Re/Chepri, Schu & Tefnut, Geb & Nut, Osiris & Isis & Seth & Nephthys.
15 Vgl. *Nachtbuch* 2 „Den Urozean befahren zur Stunde des Re ‚Die die Vollkommenheit ihres Herrn schaut' (d. h. zur 12. Nachtstunde)".
16 Dieses Mythem wird üblicherweise nicht dem Sonnenaufgang, sondern dem Sonnenuntergang zugeordnet (Assmann 1970, 26 f, Müller-Roth 2008, 489-491). Im Höhlenbuch ist aber einmal vom „Eintreten in den Leib der *Nut*" im Kontext des Sonnenaufgangs die Rede (*Höhlenbuch* 104.17/21). Ob daher das Verschlucken hier metaphorisch doch den Eingang in den Himmel, d. h. Phase 3, anspricht?

Nur bei einzelnen der hier betrachteten Textzeugen begegnen uns folgende Vorstellungen:

Nr.	Mythem	Phase
M2bis	**Huh und Hauhet nehmen** den Sonnengott **in Empfang**.	(?)[17]
M5bis	**Osiris hebt** den Sonnengott **empor**.	2
M6bis	**Der Gebieter der Unterweltlichen** (*d. h.* **Osiris**) **gebiert** den Sonnengott.	2
M8	„**Die Beiden Herrinnen**" **umhegen** den jungen Sonnengott.	2
M9	Der **Ba** des Osiris **begleitet** den Sonnengott.	2-3
M14bis	**Alle Lebewesen huldigen** dem Sonnengott beim Sonnenaufgang.	3
M16bis	Der Sonnengott **ermöglicht mit seinem Licht das Sehen**.	3
M17	Der Sonnengott **erschafft** (mit seinem Licht) **die Lebensgrundlage** für alle Lebewesen.	3
M18	*Maat*/die „Rechte Weltordnung" **begleitet** den Sonnengott.	passim

Die Mytheme gemäß der Methodik in eine klare, natürliche Reihenfolge zu bringen, ist nur teilweise möglich. Ansatzweise lassen sich eine Wandlungsphase vor dem Sonnenaufgang (1), die Phase des Sonnenaufgangs im Horizontland selbst (2) und der Antritt an den und Aufstieg am Himmel (3) unterscheiden. Verschiedene Versuche zu einer weitergehenden zeitlichen Sequenzierung, insbesondere innerhalb der Phasen, überzeugen immer nur in Bezug auf einige der Textzeugen, nicht aber in Bezug auf deren Gesamtheit und stehen somit gleichberechtigt nebeneinander. So beispielsweise im Fall der widersprüchlichen Hinweise auf die relative zeitliche Verortung des Wechsels von der Abend-/Nachtbarke in die Morgen-/Tagesbarke (M12). Im betrachteten Sonnenhymnus aus Tanis ist zunächst vom Aufstieg am Horizont die Rede und danach vom Sonnengott immer noch in der Abend-/Nachtbarke (*Tanis* 10/12, Tab. 7). Umgekehrt wird im *Nachtbuch* zuerst vom Wechsel in die Morgen-/Tagesbarke gesprochen und erst dann vom Aufstieg zum Horizont (*Nachtbuch* 2/5, Tab. 9). Methodisch erschwert wird die Analyse auch dadurch, dass in einigen Fällen vergleichsweise klar nacheinander anzusetzende Mytheme in der „falschen" Reihenfolge präsentiert werden. So wird beispielsweise in unserem Textausschnitt des *Nachtbuches* zunächst vom Austritt aus

---

17 Vgl. die Diskussion bei Assmann 1970, 41-45, der die Zuordnungen zum unendlichen Urozean (Phase 1) vs. zum Luftraum (Phase 2) diskutiert und sich für letztere Interpretation ausspricht (ebenso in der Übersetzung in Assmann 1996, 239).

der Unterwelt gesprochen, anschließend aber vom Befahren des Urozeans in der letzten Nachtstunde, d. h. *vor* Sonnenaufgang (*Nachtbuch* 1/3, Tab. 9). Und im Sonnenhymnus aus Tanis wird von der Geburt des Sonnengottes gesprochen, später jedoch davon, dass die Abend-/Nachtbarke mit dem Sonnengott „schwanger" wäre (*Tanis* 10/12, Tab. 7). Folglich ist auch in anderen Fällen die (Re)konstruktion einer Reihenfolge anhand der Textsequenz in diesen Texten methodisch problematisch.

Möglicherweise existierte gar keine allgemein verbindliche Vorstellung über eine zeitliche Reihenfolge vieler Sonnenaufgangsmytheme. In der Tat beschreiben sie mindestens zum Teil einen sehr kleinen Zeitraum, wenn nicht gar ein und denselben Moment. Wenn dies zutrifft, war die Anordnung der Mytheme in einem mythischen Text weitgehend den Autoren überlassen. Und so war es auch kein Problem, Mytheme in einem Bild, d. h. einem zweidimensionalen Medium, anzuordnen, ohne einer klaren zeitlichen Sequenz folgen zu müssen (siehe z. B. Abb. 11 unten)[18]. Im Sonnenaufgangsbild des *Höhlenbuches* wurden die Mytheme aber offensichtlich, entsprechend der Leserichtung, teilweise zeitlich-ikonisch von links nach rechts angeordnet (vgl. Tab. 1 und Abb. 2, dazu auch Tab. 11):

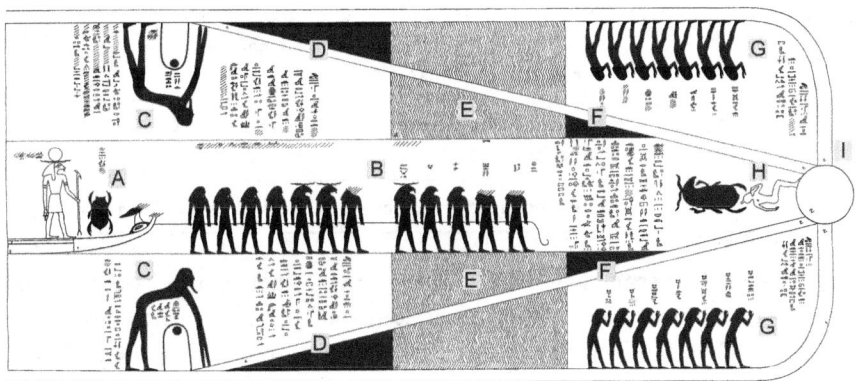

Abb. 2: Sonnenaufgangsbild des *Höhlenbuches* im Osireion (Abydos, 19. Dynastie; Umzeichnung)[19].

---

18 Zu Zeitlichkeit im (griechischen) mythischen Bild vgl. Giuliani 2003.
19 Frankfort 1933, Tafel 49; mit einer Korrektur D. W. (so in Werning 2011, Band I, Tafel. 2; hier mit Beschriftung).

Tab. 1: Verortung und Phasenzuordnung von Mythemen im Sonnenaufgangsbild des *Höhlenbuches* (*Höhlenb.-SB*)

Verortung im Bild	Element	Mythem	Phase
Links	A	Der Sonnengott nimmt seine „Wandelgestalt" an (Chepri/Skarabäus). (M1)	1
	C	Passieren von Sinnbildern[20] der Unterwelt.	(vor) 1
	D	Der Sonnengott erleuchtet vor Sonnenaufgang die Unterwelt – in der Oberwelt ist es dunkel. (vgl. Element F)	1(-2)
Mittig	E	Der Sonnengott bewegt sich durch/über den Urozean. (M2)	1
	B	Göttliche Wesen treideln das Schiff des Sonnengottes. (M0)	1-2(/3)
Rechts	F	Der Sonnengott erleuchtet nach Sonnenaufgang die Oberwelt (M16) – in der Unterwelt ist es dunkel. (vgl. Element D)	(2-)3
	G	Ein Götterkollegium bejubelt den Sonnengott beim Sonnenaufgang. (M14)	2(/3)
	H	Der Sonnengott wird verjüngt/als junges Kind (wieder)geboren. (M6)	2
	I	Der Sonnengott kommt aus der Unterwelt hervor. (M11)	2

Bei einigen der gesammelten Mytheme im mythischen Stoff des Sonnenaufgangs handelt es sich um solche, deren Kernkonfigurationen zuallererst *anderen* mythischen Stoffen zuzuordnen sind. Einigen dieser entlehnten „Fremdmytheme" gehen wir im folgenden Abschnitt nach.

---

[20] Dazu Werning, Interpretation des Höhlenbuches, in Vorbereitung.

3 Fremdmytheme im mythischen Stoff des Sonnenaufgangs

3.1 Chnum erschafft die Lebewesen auf einer Töpferscheibe

Mehrfach wird im Kontext des Sonnenaufgangs ein Mythem angesprochen, dessen Schema und Kernelement, die Töpferscheibe, aus einem anderen mythischen Stoff entspringt: Chnum erschafft die (menschlichen) Lebewesens auf einer Töpferscheibe (bildlich umgesetzt in Abb. 4)[21]. Zu zwei textlichen Belegen in unserer Textauswahl (Texte 1 und 2) kommt eine Abbildung aus dem *Nachtbuch* (Abb. 3). In Text und Bild wird im Kontext des Sonnenaufgangs jeweils ausgedrückt, dass der Sonnengott (Re) bei Sonnenaufgang – in dieser Phase nimmt er seine mit dem Skarabäus dargestellte Wandelgestalt („Chepri") an – auf einer Töpferscheibe erscheinen würde.

> **Text 1** (Tanis 9, 21. Dynastie, Tab. 7)
> Du (d. h. Amun-Re-Harachte/Chepri) erscheinst auf der Töpferscheibe ….

> **Text 2** (Sonnenpriester 3, 18. Dynastie, Tab. 8)
> … er betet Re an, …, wenn er seine Töpferscheibe (*v.l.* seinen Tonklumpen?)[22] „öffnet", ….

Ich meine, dass hier nicht einfach zwei Stränge historisch verschmolzen sind, sondern dass es sich um eine bewusste *metaphorische* Sprechweise des jeweiligen Autors handelt. Dabei analysiere ich die unterstellte Metapher auf dem methodischen Hintergrund der Konzeptuellen Metapherntheorie als Phänomen eines kognitiven *Mapping* und *Blending*[23]. Ob kontemporäre und spätere Rezipi-

---

[21] Zu diesem mythischen Stoff: Otto 1975, 952 und Helck 1986, 623 f.
[22] Assmann 1970, 6 rekonstruiert den Text mit Textzeuge F mit *nḥp* (mit Klassifikator ▭ ZIEGEL/LEHM) – das ist dieselbe Schreibung wie in Text 1 (*Tanis 9*), eine normale Schreibung für „Töpferscheibe". Textzeuge G (Assmann 1970, 17) schreibt ebenfalls *nḥp* (aber mit Klassifikator ○ RUND). Zeuge E aber hat abweichend *nḥp.t* (mit Klassifikator ▭ RAUM), für das, auf Grundlage dieser Textstelle, die Bedeutung „Mistkugel(?)" geraten wurde (*Aeg.Wb.* II, 294.13, zur Abkürzung siehe Bibliographie). Assmann 1970, 23-25 diskutiert die wegen des Verbums *wbꜣ* „öffnen" schwer zu beurteilende Bedeutung der Phrase im *Sonnenpriester* und ventiliert neben „Töpferscheibe" eine Übersetzung als „Tonklumpen".
[23] Zur zugrundeliegenden konzeptuellen Metaphern- und Metonymie-Theorie vgl. Kövecses 2010, insbesondere Kapitel 17 („Metaphors and Blends"). Eine einführende Zusammenfassung der Theorie findet sich auch in Werning 2014, §1. Eine prägnante Orientierung zum Metaphern-Begriff in verschiedenen Fachdisziplinen bietet Barth/Kogge/Werning 2017.

entInnen diese auch als Metapher aufgefasst haben, die Metaphern also „wach" oder „schlafend" waren[24], ist gesondert zu diskutieren. Für den Moment sei die Rezeptionsfrage hintenan gestellt.

Abb. 3: Chepri auf der Töpferscheibe und Begrüßung durch *Huh* und *Hauhet* bei Sonnenaufgang im Nachtbuch, 19. Dynastie (Beischriften: „Töpferscheibe", „*Huh*", „*Hauhet*")[25].

Abb. 4: Chnum schafft einen Menschen und seinen *Ka* auf der Töpferscheibe[26].

Im vorliegenden Fall wird das Aktionsschema des Spendermythems „Chnum erschafft die (menschlichen) Lebewesens auf einer Töpferscheibe" auf den Sonnenaufgang übertragen (Tab. 2). Das die Verbindung etablierende Stichwort ist

---

24 Zur Analyse von Metaphern aus RezipientInnensicht entlang der Pole „sleeping" and „waking" siehe Müller 2008 mit Erweiterung der Skala jenseits von „sleeping" um „dead" in Werning 2014, 111-114.

25 Aus Roulin 1996, Band II, Tafel 20; Beischriften: Roulin 1996, 165. Weitere Elemente, die in diesem Bild wiedergegeben sind, sind der Aufflug des Sonnengottes zum Himmel (Skarabäus mit Semogramm „Himmel") und die Verjüngung des Sonnengottes (Semogramm „Kind; jung"), sowie ein Hinweis wohl auf „Atum" in Form des schlittenförmigen Phonogramms *tm* unter der Töpferscheibe.

26 Assmann 2000, 158, Abbildung 1. Das göttliche, froschgestaltige Wesen rechts hält den geschaffenen Wesen das Wortzeichen (Logogramm) für „Leben" an die Nase, was als Übergabe des „Lebensheils" zu interpretieren ist (zu dem Motiv siehe Werning 2014, 122-125).

nḥp „Töpferscheibe", ein Instrument, das hinreichend prägnant den mythischen Stoff des Chnum-Mythos evoziert. Aus der Schaffung durch Chnum wird im Kontext des Sonnenaufgangs das Wieder-neu-Werden des Sonnengottes (aufgrund der fehlenden Agens-Angabe möglicherweise nicht ein neu *Machen* durch Chnum, sondern ein *von selbst* neu *Werden*). Aus der Herausmodellierung des Wesens, dem „Erscheinen (ägyptisch *ḫʿ*) auf der Töpferscheibe", wird das Erscheinen/Aufgehen (*ḫʿ*) am Horizont. (Im Jüngeren Ägyptisch wird das, was wir je nach Kontext mit „erscheinen" oder „aufgehen" übersetzen, mit demselben Lexem *ḫʿ* bezeichnet[27]. Dessen Wortwurzel-Schriftzeichen (Radikogramm[28]) ⌒ stellt im Übrigen einen Sonnenaufgang über einem Hügel dar[29].)

Folgt man meiner Analyse, so hat der Autor mit seiner Sprechweise vom Sonnengott „der auf der Töpferscheibe erscheint" also eigentlich nur sagen wollen, dass der Sonnengott am morgen „wie *neu* geschaffen" erscheint, ohne damit ursprünglich auch die Vorstellung der konkreten Anwesenheit einer Töpferscheibe im östlichen Horizontland implizieren zu wollen. (Freilich ist damit noch nichts dazu gesagt, ob spätere RezipientInnen die Aussagen nicht vielleicht wörtlich aufgefasst haben.)

Tab. 2: Metaphorische Übertragung des Chnum-Mythos auf den Sonnenaufgang (Verbindungselemente **fett** gedruckt)

	Kernmythem des Chnum-Mythos	**Sonnenlauf-Mythem**	**Metaphorischer Blend**
Agens	Chnum	(Re/Chepri)	Re/Chepri
Patiens	Menschen/Lebewesen	Re/Chepri	–
Instrument/Ort	**Töpferscheibe**	**Töpferscheibe**	–
Aktion(en)	Erschaffung	(Wieder-neu-Machen)	ist (wieder) neu
	(Herausmodellierung)	**erscheint auf** (*ḫʿ*)	**erscheint/geht auf** (*ḫʿ*)
Zeit	einmalig	(jeden Morgen)	(jeden Morgen)

---

27 *Aeg.Wb.*, III, 239-241.
28 Zu dieser Zeichenfunktion siehe Polis/Rosmorduc 2015, 166 f.
29 Fischer 1999, 36.

3.2 Der erste Sonnenaufgang über dem Urhügel bei der Weltschöpfung

Ein zweites Fremdmythem wird in unserer Sammlung ein Mal sicher durch die Konstellation des Sonnengottes „auf den Händen des (Erdgottes) Tatenen" evoziert.

> **Text 3** (Tanis 9, 21. Dynastie, Tab. 7)
> Du (d. h. Amun-Re-Harachte/Chepri) erscheinst ... auf den Händen des Tatenen.

Ich begreife diese Aussage in ihrer Entstehung analog zum oben besprochenen Fall als bewusst metaphorisch. Im Kontext der Sonnentheologie ist hier meines Erachtens deutlich das Schöpfungsmythem des ersten Sonnenaufgangs im Urozean über dem Urhügel[30] angesprochen. Denn der Erdgott Tatenen kann spätestens seit dem späteren 2. Jahrtausend v. Chr. als Personifikation spezifisch des Urhügels gelten[31]. Das allmorgendliche Durchqueren eines Stücks des Urozeans und das Wiederauftauchen aus ihm (Mythem M2) wird hier mit dem ersten Sonnenaufgang über dem Urhügel im Urozean geglichen (Tab. 3). Dabei wird aus dem „über" (ägyptisch ḥr)[32] dem Urhügel im Kontext der Personifikation des Urhügels als Tatenen ein „auf den Händen" (ḥr ꜥ.wi)[33]. Ein Vers aus einer der Großen Litaneien im *Höhlenbuch* formuliert ein vergleichbares Bild:

> **Text 4** (Höhlenbuch, Fünfte Große Litanei, Kern von Vers 12; Höhlenbuch 57.78, 19. Dynastie)
> Tatenen erhebt (ägyptisch ṯn(j))[34] den, der aus ihm hervorkommt (d. h. den Sonnengott)[35].

Folgt man dieser Analyse, so hat der Autor mit seiner Sprechweise vom Sonnengott „der von Tatenen hochgehoben wird" also eigentlich nur sagen wollen, dass der Sonnengott am Morgen „neu wie am ersten Tag aufgeht", ohne damit die Vorstellung einer konkreten Partizipation des Gottes Tatenens zu implizieren.

---

30 Bickel 1994, 69, Text 38 (Coffin Text IV 63b-c); vgl. auch Assmann 1984, 145 f, 113.376.
31 Schlögl 1986, 239; Schlögl 1980, 70-73.120.
32 Bickel 1994, 67-70.305.
33 Zugrunde liegt eine konzeptuelle Metonymie VERURSACHTE BEWEGUNG (*hoch heben*) STEHT FÜR EINE EIGENBEWEGUNG (*sich hoch bewegen*) (zur Theorie vgl. Kövecses 2010, Kapitel 12).
34 Vgl. die Hinweise zur Übersetzung bei Werning 2011, Band II, 219, Anm. c.
35 „Der aus ihm hervorkommt (*var. transl.* hervorgekommen ist)" bezieht sich meines Erachtens auf das Mythem des Austritts des Sonnengottes aus der Erde/Unterwelt, die *Tatenen* allgemeiner personifiziert (M11).

Tab. 3: Metaphorische Gleichung des allmorgendlichen Sonnenaufgangs mit dem ersten Sonnenaufgang bei der Schöpfung (Verbindungselemente **fett** gedruckt)

	Weltentstehungsmythem	Sonnenlauf-Mythem	Metaphorischer Blend
Agens	Sonne/Re/Chepri	Re/Chepri	Re/Chepri
Aktion(en)	entsteht	–	ist (wieder) neu
	geht auf	erscheint (ḫꜥ) = **geht auf** (ḫꜥ)	geht auf
Ort	über dem **Urhügel**	auf den Händen des	–
	im Urozean	**Tatenen/des Urhügels**	
Zeit	beim „Ersten Mal"	(jeden Morgen)	(jeden Morgen)

Interessanterweise verschränkt unser Belegtext im Übrigen dieses Fremdmythem weiter mit dem Fremdmythem der Schöpfung auf der Töpferscheibe (siehe Abschnitt 3.2 oben), wodurch die beiden vergleichbaren kognitiven Metaphern noch verschränkt werden (vgl. die Tab. 2 und 3):

> **Text 5** (Tanis 9, 21. Dynastie, Tab. 7)
> Du (d. h. Amun-Re-Harachte/Chepri) erscheinst auf der Töpferscheibe auf den Händen des Tatenen.

Dieser Fall ist meines Erachtens auch insofern besonders, als dass er die RezipientInnen vergleichsweise deutlich auf den metaphorischen Charakter der Aussage hinweist, da eine wörtliche Interpretation schwierig ist. Ich jedenfalls kann mir nur schwer vorstellen, wie der Sonnengott gleichzeitig – beide Vorstellungen erscheinen in einem Satz – auf der Töpferscheibe (vgl. Abb. 3) und auf den Armen erscheint (vgl. Abb. 11a unten). (Inwieweit diese Vorstellungskombination auch für die antiken RezipientInnen auffällig inkongruent war, lässt sich leider nicht sicher ermitteln.)

3.3 Isis, Nephthys und Horus kümmern sich um Osiris

Ein drittes Fremdmythem im mythischen Stoff des Sonnenaufgangs sei hier noch besprochen. In Bildern aus dem *Pfortenbuch* und dem *Nachtbuch* werden „Isis" (hieroglyphisch 𓊨) und „Nephthys" (𓊾) dargestellt, wie sie den Sonnengott erheben (Abb. 5 und 6). Die Konstellation der Schwestern Isis und Nephthys, die sich „manuell" um ein Wesen kümmern, evoziert Mytheme aus dem mythischen Stoff des Osiris-Mythos, insbesondere das Mythem des Wiederganz-Machens des Osiris durch die Schwestern, das ein zentrales Mythem der Heilung des vorher von Seth zerstückelten Osiris darstellt[36]. Der Akt des Hochhebens bietet in diesem Kontext einen gedanklichen Anknüpfungspunkt an ein weiteres Mythem des Osiris-Mythos, nämlich das Mythem der Aufforderung des Horus an Osiris, „sich zu erheben" (ägyptisch *ṯz(j) sw*), das mit dessen Wiederbelebung assoziiert wird[37]. Eben diese Mythem-Verschränkung des wiederbelebenden Erhebens des Osiris durch Isis und Nephthys ist im *Höhlenbuch* belegt. Eine entsprechende Abbildung (Abb. 7) – bei der Sonne in der Abbildung handelt es sich in diesem Fall nur um den die Szenerie besuchenden Sonnengott, nicht um einen Teil der gemeinten Szene[38] – wird von einer Beischrift wie folgt erläutert.

> **Text 6** (Begleittext zur Szene 41 im Höhlenbuch; Höhlenbuch 47.4-9, 19. Dynastie)
> Re sagt bei dieser Höhle:
> „Osiris! – Werde quicklebendig, Osiris!
> Luft habest du! Atem habe dein Ba!
> Du umringst die Unterwelt mit deinen Armen,
> und die beiden Göttinnen erheb<en> (ägyptisch *wṯz*) deinen Leichnam – Osiris, Gebieter seines ‚Geheimnisses'!"

Durch die Adaption des verschränkten Fremdmythems im Kontext des Sonnenaufgangs wird die Heilung und Wiederauferstehung des Osiris sowie die Aufwärtsbewegung des (Sich-)Erhebens konzeptionell-metaphorisch auf den Sonnenaufgang übertragen (Tab. 4). Folgt man meiner Interpretation, so hat der Autor mit seiner bildlichen Sprechweise vom Sonnengott, der „von Isis und Nephthys erhoben wird" lediglich sagen wollen, dass der Sonnengott „ganz und lebendig ist" *wie* Osiris, als er von Isis und Nephthys geheilt wurde, und dass er sich „auferweckt erhebt" *wie* Osiris, als er von Horus erhoben wurde. Die konkrete Anwesenheit von Isis und Nephthys beim Sonnenaufgang wäre damit ursprünglich nicht impliziert.

---

[36] Zum Mythem vgl. Steward 2014, Kapitel 2.4.4; zur Deutung auch Assmann 2001, Kapitel 1.
[37] Vgl. Steward 2014, Kapitel 2.3.3, sowie den Kommentar zu Horus in der Rolle von Isis und Nephthys, aber nicht umgekehrt, in den Pyramidentexten in Steward 2014, 147 (Kapitel 3.6) und die Zusammenfassung von Stoffvarianten des Osiris-Mythos in Steward 2014, 102 (Kapitel 2.6).158 (Kapitel 3.6).
[38] Dazu Werning 2018, §§3.2.1, 3.2.5.

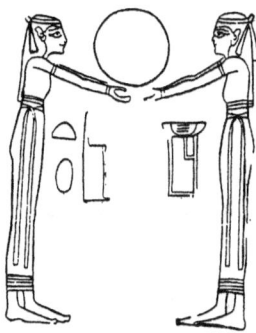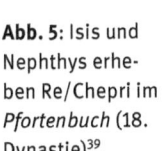

Abb. 5: Isis und Nephthys erheben Re/Chepri im *Pfortenbuch* (18. Dynastie)³⁹.

Abb. 6: Isis und Nephthys erheben die Sonne/Re im *Nachtbuch* (19. Dynastie)⁴⁰.

Abb. 7: Isis und Nephthys erheben Osiris (in Anwesenheit Res) im *Höhlenbuch* (Szene 41, 19. Dynastie)⁴¹.

Tab. 4: Metaphorische Überblendung im Mythem von der Erhebung des Sonnengottes durch Isis und Nephthys (Verbindungselemente **fett** gedruckt)

	Mytheme des Osiris-Mythos		**Höhlenbuch-Mythem**	**Sonnenlauf-Mythem**	**Metaphorischer Blend**
Agens	**Isis & Nephthys**	Horus	**Isis & Nephthys**	**Isis & Nephthys**	Re/Chepri
Patiens	**Osiris**	Osiris	**Osiris**	Re/Chepri	
Aktion	machen wieder ganz	**lässt sich erheben**	**erheben**	**erheben**	bewegt sich nach oben
Effekt	Patiens ist wieder ganz	–	ist ganz	–	ist ganz
	–	Patiens ist wieder auferstanden/lebendig	ist lebendig	ist lebendig	ist lebendig

---

39 Ausschnitt aus Abb. 11.
40 Aus: Roulin 1996, Tafel 20 (hier: um 90° gedreht).
41 Aus: Werning 2011, Band II, 184.

In diesem Abschnitt haben wir Mytheme betrachtet, die in den mythischen Stoff des Sonnenlaufs entlehnt wurden. Im folgenden Abschnitt verfolgen wir das in Sonnenaufgangstexten bezeugte Element des „Himmelstores" in einer Sequenz, die in anderen, teils etwa zeitgleich, teils früher belegten Texten vorkommt.

4 Sonnenaufgangsmytheme in anderen Texten

4.1 Öffnung der Türen des Gottesschreines im täglichen Tempelritual

Im täglichen Tempelritual wird die Öffnung des mit einer zweiflügligen Tür verschließbaren Götterschreins durch den Priester (vgl. Abb. 8) mit folgendem Spruch begleitet:

> **Text 7** (Tempelritual-Spruch zum Öffnen der Türen des Götterschreins, 18./19. Dynastie)[42]
> Spruch für das Öffnen der beiden Türflügel (des Schreins).
> –
> Geöffnet sind die beiden Türflügel des Himmels,
> geöffnet sind die beiden Türflügel der Erde,
> aufgetan sind die beiden Türflügel des ‚Kühlen Gewässers' (sc. des Himmelsgewässers).
> Begrüßen des (Erdgottes) Geb, …,
> …,
> Geöffnet sind die beiden Türflügel <des Himmels>,
> und die Götterschaft erstrahlt. …

Die Stichwörter „Türflügel des Himmels/der Erde/des Himmelsgewässers" lassen – zumindest im betrachteten Zeitraum des 15.-10. Jahrhunderts v. Chr. – an das Tor am Osthorizont denken, durch das der Sonnengott im Kontext des Sonnenaufgangs zieht (Mythem M10, vgl. Abb. 9). Da dieses Tor zwischen Himmel und Erde steht, kann es, je nach Perspektive, genauso als „Tor der Erde" wie als „Tor des Himmels" bezeichnet werden. Die „Begrüßung des Geb", d. h. der personifizierten Erde, entspricht dabei dem Öffnen dieses Tores von der Himmelsseite aus, wobei die Erde sichtbar wird. Zusätzlich wird durch das Lexem „erstrahlen" (ägyptisch *psḏ*) die Vorstellung eines Sonnenaufgangs evoziert. Das Sichtbar-Werden des Gottesbildes im Schrein und dessen anschließende

---

[42] Übersetzung D. W., inspiriert von Roeder 1960, 92 f, David 1973, 64 (vgl. auch die Übersetzung einer Variante in Kausen 1988, 397 f); Textzeugen (vgl. Eaton 2013, Appendix): Calverley/Broome/Gardiner 1933, Tafel 18, Nelson 1981, Tafel 227, Moret, 1902, 49.113.

Herausnahme aus diesem wird in dieser Weise in dieser Zeit metaphorisch als Sonnenaufgang inszeniert.

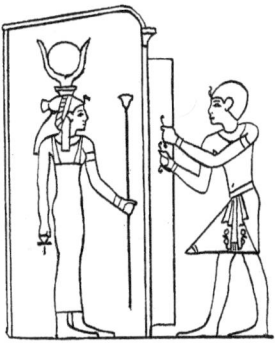
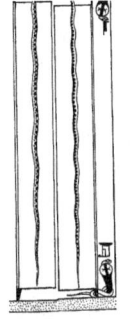

Abb. 8: Öffnen des Schreines der Isis im Tempelritual[43].

Abb. 9: Zwölftes Unterweltstor im *Pfortenbuch*[44].

Abb. 10: Der *Ba* verlässt das Grab durch das geöffnete Oberbautor (Totenbuchspruch-Vignette)[45].

4.2 Reise von Verstorbenen ins Jenseits

Dasselbe Mythem begegnet auch im zeitgleichen Korpus der Totenbuch-Sprüche (ab Mitte 2. Jahrtausend v. Chr.) im Kontext des Sphärenwechsels von Verstorbenen.

> **Text 8** (Totenbuch-Spruch 68; t.p.q.n. 18. Dynastie, 15. Jahrhundert v. Chr.)[46]
> Spruch, herauszugehen am Tage.
> „Geöffnet wurden mir die Türflügel des Himmels,
> geöffnet wurden mir die Türflügel der Erde.
> Geöffnet wurden mir die Riegel des Geb,
> aufgetan wurde mir der Erste Tempel des Schauenden.
> …"

---

43 Roeder 1960, 93, Abbildung 14.
44 Budge 1908, 125 (Ausschnitt, hieroglyphischer Text entfernt).
45 Naville 1886, Band I, Tafel 104 (Vignette zum Totenbuch-Spruch 92, Textzeuge A.p. = Papyrus London BM EA 9949; *Totenbuch-Projekt Bonn*, TM 134354, http://totenbuch.awk.nrw.de/objekt/tm134354).
46 Textsynopse: Naville 1886, Band II, 144.147. Übersetzung von Spruch 68 inspiriert von Hornung 1990, 143-145, siehe auch 456 f; Backes, in: *Totenbuch-Projekt Bonn*, Spruch 68, http://totenbuch.awk.nrw.de/spruch/68 (Zugriff: 29.6.2017).

(Nachschrift:)
Wer dieses Buch kennt, der geht heraus am Tage, der wird auf Erden wandeln unter den Lebenden. Er kann nicht zugrunde gehen bis in Ewigkeit.

Hier ist es der Verstorbene, der in Form einer frei beweglichen Manifestation (*Ba*) täglich aus der Unterwelt auf die Oberwelt gelangen können will. Es geht also um ein Tor zwischen Unter- und Oberwelt, zwischen Jenseits und Diesseits. Ob auch hier kontemporär von RezipientInnen ein metaphorischer Vergleich mit dem Sonnenaufgang hineininterpretiert wurde, ist weniger klar als im Fall des Tempelrituals (§ 4.1). Möglicherweise wurde teilweise eher an eine reale Tür gedacht, wie sie sich am Eingang zeitgleicher Graboberbauten befinden (vgl. Abb. 10).

Dasselbe Mythem ist allerdings schon seit dem 3. Jahrtausend (Altes Reich) belegt, ebenfalls im Kontext des Sphärenwechsels von Verstorbenen, hier jedoch vom Diesseits in ein Jenseits.

> **Text 9** (Ausschnitt aus den Pyramidentext-Sprüchen 325, 479 und 510; t.p.q.n. 6. Dynastie, 24. Jahrhundert v. Chr.)[47]
> „Die Flügeltür des Himmels wurde geöffnet,
> die Türflügel des Wassergebiets (des Himmels) wurden aufgetan für ..."

In den Pyramidentexten ist es der verstorbene König, Personifikation des „Horus", der nach dem Tod von der Erde in ein himmlisches Jenseits aufsteigt. Hier gibt es, anders als in den oben besprochenen, später zu datierenden Fällen (Texte 7 und 9), noch keinen Bezug zur Erde bzw. zum Erdgott Geb. Wahrscheinlich ist noch nicht unbedingt an ein Himmelstor im Kontext des Sonnenaufgangs gedacht worden, sondern eher an ein Tor im Himmel.

Tab. 5 bietet einen Vergleich der angesprochenen Mytheme vom Öffnen der Himmels- bzw. Unterweltstore.

---

[47] Textsynopse: Sethe 1908/10, Pyramidentexte 526a.981a.1132a, Allen 2013, III-IV, Pyramidentexte 325.479.510; Übersetzung inspiriert von Doris Topmann, in: *Thesaurus Linguae Aegyptiae* (Zugriff: 27.6.2017) und Allen 2005, 68.280.152.

Tab. 5: Das Mythem der Öffnung des Himmelstores in verschiedenen Texten (Verbindungselemente **fett** gedruckt)

	Pyramidentext-Sprüche	Totenbuch-Spruch	Sonnenaufgang	Tempelritual
Agens	(Götter)	(Götter)	Götter im Horizontland	König bzw. Priester (in der Rolle eines Gottes)
Aktion	**öffnen**	**öffnen**	**öffnen**	**öffnen**
Patiens	**Zugang zum Himmel**	**Zugang von der Unterwelt** zur Oberwelt	**Tor** zwischen Erde und Himmel am Ost-Horizont	**Türen** des Gottesschreines
Nutznießer/ „Erscheinender"	verstorbener König (Horus)	verstorbener Mensch	Sonnengott	Gott im Schrein

5 Konzeptuelle Metonymien und Metaphern in der Analyse von Mythemen

Oben in Abschnitt 2 wurde zunächst so verfahren, dass der Wortlaut der vorgefundenen mythischen Prädikationen „wörtlich" interpretiert als Mythem angesetzt wurde, z. B. als „Der Sonnengott entsteht auf einer Töpferscheibe" (M3). In Abschnitt 3 habe ich dann zu zeigen versucht, dass sich bestimmte dieser Mytheme als Metaphern für eigentlich vom Autor gemeinte, anders zu formulierende Mytheme interpretieren lassen, z. B. „Der Sonnengott erscheint (am Morgen) wie neu geschaffen" (vgl. Tab. 2). Folgt man dieser Analyse, interpretiert also die betreffenden Aussagen als „uneigentliche Reden" und setzt statt des wörtlichen Wortlauts den rekonstruierten gemeinten Sinn als Mythem an, kommt man schlussendlich zu einer leicht veränderten Mythem-Liste und damit auch zu einer leicht veränderten (Re)konstruktion des betreffenden mythischen Stoffs.

So sind – wie wir oben in Abschnitt 3 teilweise nachvollzogen haben – die folgenden (scheinbaren) Mytheme meines Erachtens letztendlich metaphorische Aussagen[48], die auf ein Mythem mit allgemeinerem Sinn abzielen:

Mythem
Der Sonnengott **erscheint am Morgen wieder neu/heil/jung.**
/ Der Sonnengott **wird verjüngt/als junges Kind (wieder)geboren.** (M6)

Metaphorische Sprechweisen, die auf dieses Mythem abzielen
- Der Sonnengott entsteht auf einer Töpferscheibe.
- Tatenen erhebt den Sonnengott.
- Isis und Nephthys erheben den Sonnengott.
- „Die beiden Herrinnen" umhegen den jungen Sonnengott.
- Bei Sonnenaufgang versammeln sich die heliopolitanischen Weltschöpfungsgötter und -göttinnen.

Entsprechend kann man das (scheinbare) Mythem „Osiris hebt den Sonnengott empor" (M5bis; *Sonnenpr*-8, Tab. 8) leicht als metonymisch-metaphorische Ansprache des Mythems „Der Sonnengott kommt aus der Unterwelt hervor" (M11) interpretieren. Denn Osiris kann als Unterweltsherrscher als Personifikation der Unterwelt verstanden werden[49]. Im Zuge der Personifikation wurde die Eigenbewegung des Sich-hoch-Bewegens durch eine verursachte Bewegung des Erhebens ersetzt[50] (vergleichbar dem Fall des Erhebens durch Tatenen; siehe oben, Abschnitt 3, Tab. 3). Analog lässt sich die Aussage „Der Gebieter der Unterweltlichen (d. h. Osiris) gebiert den Sonnengott" (M6bis) als Ansprache desselben Mythems M11 begreifen. Der Herrscher steht wieder für sein Reich. Diesmal wird die Eigenbewegung der Herausbewegung im Zuge der Personifikation aber als Gebären metonymisiert – sicherlich inspiriert vom oben angesprochenen Mythem „Der Sonnengott wird verjüngt/als junges Kind (wieder)geboren" (M6). Es ergibt sich also folgende Zuordnung, wobei dann die zwei metonymisch-metaphorisch personifizierenden Ansprachen aus der ursprünglichen Mythem-Auflistung zu streichen wären:

---

[48] Zugrunde liegt eine allgemeinere konzeptuelle Metapher VERJÜNGUNG / ERNEUERUNG / HEILUNG IST EINE SCHÖPFUNG (zur Hierarchisierung von konzeptuellen Metaphern siehe Kövecses 2010, 44 f).
[49] Eine konzeptuelle Metonymie DER HERRSCHER STEHT FÜR SEIN REICH.
[50] Eine konzeptuelle Metonymie VERURSACHTE BEWEGUNG STEHT FÜR EINE EIGENBEWEGUNG.

Mythem
Der Sonnengott **kommt aus der Unterwelt hervor.** (M11)

Metonymisch-metaphorisch personifizierende Sprechweisen, die auf dieses Mythem abzielen
– Osiris (= Unterwelt) hebt den Sonnengott empor (= lässt sich hoch bewegen).
– „Der Gebieter der Unterweltlichen (d. h. Osiris)" (= Unterwelt) gebiert (= lässt hervorkommen) den Sonnengott.

Analog schlage ich vor, neben einigen weiteren (scheinbaren) Mythemen die Aussage „Der Sonnengott tritt in den Mund (der Himmelsgöttin) ein" (M15bis) als Metonymisierung des Mythems „Der Sonnengott fährt zum/in den Himmel" (M15) zu verstehen:

Mythem
Der Sonnengott **fährt zum/in den Himmel.** (M15)

Metonymisch-metaphorische Sprechweisen, die auf dieses Mythem abzielen
– Die Himmelsgöttin empfängt den Sonnengott.
– Der Sonnengott tritt in den Leib der Himmelsgöttin ein.
– Der Sonnengott tritt in den Mund (der Himmelsgöttin) ein.

Auf Grundlage dieser Analysen möchte ich ein Detail des Sonnenaufgangsbildes des *Pfortenbuches* noch einmal diskutieren. Dort erhebt ein ikonographisch unspezifischer Gott den Sonnengott aus einem Gewässer (Abb. 11a/b).

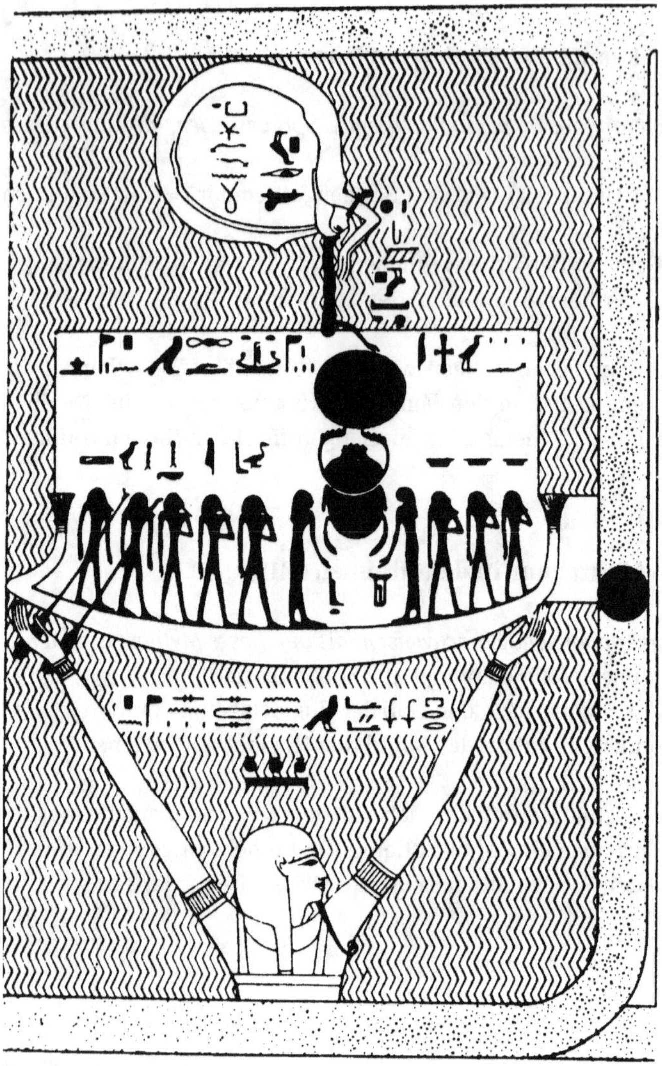

Abb. 11a: Sonnenaufgangsbild im *Pfortenbuch*, 18. Dynastie (Umzeichnung nach dem Sarkophag Sethos' I., 19. Dynastie)[51].

---

[51] Hornung 1981, Abbildung 1, Reproduktion von Schäfer 1935, Abbildung 2; vgl. Budge 1908, 127.

Abb. 11b: Sonnenaufgangsbild im *Pfortenbuch*, 18. Dynastie (Umzeichnung nach dem Sarkophag Sethos' I. mit Übersetzungs-Overlay, Übersetzung D. W.).

Die Beischrift „Nun/Urozean" auf dem Gewässer zwischen den Armen wurde zuletzt meist auf diesen, ikonographisch unspezifischen Gott bezogen[52], dieser also als die Personifikation des Urozeans interpretiert, aus dem er scheinbar auftaucht (Mythem M2). Alternativ lässt sich die Beischrift „Nun/Urozean" aber vielleicht auch allein auf das Gewässer beziehen[53]. Der dann anonyme Gott könnte in diesem Fall wahlweise als der Erdgott Geb oder auch als eine zweite Abbildung des Unterweltsgebieters Osiris interpretiert werden. Beide Interpretationen, „Geb hebt den Sonnengott empor" und „Osiris hebt den Sonnengott empor" (M5bis), laufen entsprechend der Argumentation oben auf das Mythem „Der Sonnengott kommt aus der Unterwelt hervor" (M11) hinaus. Als vierte Möglichkeit kommt meines Erachtens, trotz fehlender Bekrönung, auch eine Identifikation mit dem Erd-/Urhügelgott Tatenen in Frage („Tatenen hebt den Sonnengott empor", M5)[54]. Letztere Interpretation würde meines Erachtens gut zur Interpretation des Tatenen als Urhügel im Urozean, aus dem der Gott hervorkommt, passen (vgl. § 3 oben).

Betrachtet man zusammenfassend die Fälle metaphorischer und metonymischer Reden nicht wörtlich, sondern als Varianten von Mythemen des gemeinten Sinns, so bleiben von unserer ursprünglichen Auflistung nur noch folgende Mytheme im mythischen Stoff des Sonnenlaufes übrig:

Mythem	Phase	Nr.
Göttliche Wesen treideln das Schiff des Sonnengottes.	1-2(/3)	M0
Der Sonnengott nimmt seine **„Wandelgestalt" an (Chepri/Skarabäus).**	1	M1
Der Sonnengott bewegt sich durch/über den **Urozean.**	1	M2
Der Sonnengott erscheint am Morgen **wieder neu/heil/jung.** / Der Sonnengott wird **verjüngt/als junges Kind (wieder)geboren.**	2	M6, auch: M3, M4, M5, M5bis, M6bis, M7, M8
Der **Ba des Osiris begleitet** den Sonnengott.	2 ff	M9

---

52 Assmann 1969, 61; Hornung 1979/80, Band II, 290; Zeidler 1999, Band II, 379 mit Anm. 4; Junge 2006, 29.
53 So auch Schäfer 1935, 20.
54 Zur Theologie des Tatenen vgl. Assmann 1969, 60-63.316 f; Schlögl 1980, speziell zum Mythem des Emporhebens durch Tatenen: 34 f; Zeidler 1999, Band II, 379, Anm. 4. Zu Nun und Tatenen bei der Schöpfung vgl. auch Bickel 1994, 30, Anm. 34. Zu zwei Fällen einer Darstellung von Tatenen ohne Federkrone, jeweils parallel zu Nun, aus der 20. Dynastie (Ramses VI.) siehe Roberson 2012, Szene 5, Abbildung 5.5, 145-147, und Szene 24, Abbildung 5.24, 197 f; Text R6.B.3.24, 370).

Mythem	Phase	Nr.
Der Sonnengott **durchfährt im östlichen Horizontland ein Tor.**	2	M10
Der Sonnengott kommt **aus der Unterwelt hervor.**	2	M11, auch: M5bis, M6bis
Der Sonnengott wechselt vom Abend-/Nachtfahrtsschiff ins **Morgen-/Tagesfahrtsschiff.**	2	M12
Der Sonnengott **geht** (als Sonne) **im östlichen Horizontland auf.**	2	M13
Ein **Götterkollegium bejubelt** den Sonnengott beim Sonnenaufgang (insbesondere auch brusttrommelnd).	2	M14
Der Sonnengott fährt **zum/in den Himmel.**	3	M15, auch: M15bis
Der Sonnengott **erleuchtet** (als Sonne) nach Sonnenaufgang die Oberwelt.	3	M16
Maat/die „**Rechte Weltordnung**" **begleitet** den Sonnengott.	passim	M18

Diese Mythem-Menge lässt sich immerhin teilweise in eine klare natürliche Ordnung bringen. Die Übergänge zwischen den Phasen kurz vor (1), während (2) und nach (3) Sonnenaufgang sind aber natürlicherweise fließend. Der so rekonstruierte mythische Stoff des Sonnenaufgangs gibt eine bemerkenswert konsistente Vorstellung wieder, die frei von logischen Widersprüchen ist. Dieses spricht nicht zwingend für meine Interpretation, meines Erachtens aber auch nicht gegen sie[55]. Auch antike Autoren schöner Literatur und der Philosophie bedienen sich metaphorischer Ausdrucksweisen[56], und dasselbe sehe ich, wie klar geworden ist, auch in ägyptischer Theologie und Religion[57].

---

[55] Meine Interpretation ist offensichtlich von der Denktradition der „jüngeren" Ägyptologen meiner Göttinger *Alma Mater* beeinflusst (vgl. Koch 1989, 83-90).
[56] Im Exzellenzcluster 264 „Topoi. The Formation and Transformation of Space and Knowledge in Ancient Civilizations", für das ich von 2013-2017 im Theorie- und Methoden-„Lab" tätig war, forscht die Gruppe C-2 „Space and metaphor in cognition, language, and texts" zu Metaphern im Altertum.
[57] Vgl. auch Junge 2006, 27, der in Bezug auf den Sonnenaufgang von der „Phasen*meta*phe[r]" „Geburt–Aufzucht" (meine Hervorhebung) spricht, sowie die Darstellung des Phänomens der „Götternamen-Prädikation" bei Junge 1978, 90-92.95.

6 Schlussbemerkung im Kontext der Forschungsgruppe „STRATA"

Der vorliegende Beitrag demonstriert, dass die der Forschungsgruppe zugrunde liegende Herangehensweise an mythische Stoffe über die Analyse elementarer, die Handlung tragender, moderat abstrahierter Prädikationen („Hyleme"[58]) geeignet ist, teilweise schwer überschaubares Text- und Bild-Material der altägyptischen Kultur ein großes Stück weit in den Griff zu bekommen. Dass im vorliegenden Fall teils Schwierigkeiten auftauchten, einen klaren *ordo naturalis* anzugeben, ist sicherlich zuallererst dem Umstand geschuldet, dass hier mit dem „Sphärenwechsel" des Sonnengottes von der Unterwelt in die Oberwelt im Osthorizontland, d. h. mit dem Sonnenaufgang, ein zugleich *reicher* und *zeitlich sehr kleiner* Ausschnitt aus dem mythischen Stoff des täglichen Sonnenlaufes gewählt wurde. Bemerkenswert ist, wie gut sich in Texten belegte mythische Hyleme auch in Bildern wiederfinden ließen. Im „diachronen" Schlussbild des *Höhlenbuches* lässt sich sogar eine zeitliche Ordnung erkennen.

Im zweiten Teil des Beitrags (Abschnitte 3-5) wurde einigen mythischen Hylemen nachgegangen, die ihrem Ursprung nach nicht demjenigen Stoff zuzuordnen sind, in dem sie vorgefunden wurden, sondern einem anderen, mythischen Stoff. Im Sinne der Forschungsgruppe handelt es sich in den betreffenden Texten um eigene „Strata"[59]. Die hier vorgeschlagene Interpretation dieser Hyleme als ursprünglich bewusst metaphorische Sprechweise weist diese Strata aber einem besonderen Typ zu, nämlich einer bewusst metaphorischen „(sekundären) Funktionalisierung"[60] anderer mythischer Stoffe. Beispielsweise wollte, so mein Verständnis, der Autor, der ursprünglich das fremde Hylem-Element des Erscheinens „auf der Töpferscheibe" in einem Sonnenaufgangstext integrierte, nicht sagen, dass der Sonnengott *wirklich* auf einer am Osthorizont stehenden Töpferscheibe neu geschaffen wird, sondern, dass der Sonnengott bei Sonnenaufgang *wie neu geboren/geschaffen* agil ist – so jugendlich neu, *wie* die von Chnum auf der Töpferscheibe geschaffenen Wesen. Ob einzelne RezipientInnen hier jeweils noch Metaphern erkannten oder von einem wörtlichen Sinn der Prädikationen ausgingen, ist eine andere Frage, die sich kaum pau-

---

[58] In diesem Beitrag wurde für mythische Hyleme und Hylem-ähnliche Einheiten die Bezeichnung „Mytheme" bevorzugt, siehe die Diskussion in Abschnitt 1.2.
[59] C. Zgoll, 2020, Abschnitte 4.1 Polystratic Mythical Stoff Variants: a Stoff Variant with Multiple Layers (Strata) und 4.2 Formal Evidence for Stratification: Inconsistencies.
[60] Vgl. C. Zgoll, 2019, Kapitel 14.4.2 („Funktionen").

schal beantworten lassen dürfte. Die vorgelegte Interpretation bietet in jedem Fall Material für die Diskussion, inwieweit in antiken religiösen, theologischen und philosophischen Texten mit bewussten Metaphern zu rechnen ist und welche Konsequenzen dies für eine Interpretation der antiken Vorstellungen hat.

Abbildungsverzeichnis

Abb. 1: Mythemleihen bzw. -spenden zwischen mythischen Stoffen um den Sonnenaufgang (© Daniel A. Werning, CC BY-SA 3.0 DE).
Abb. 2: Sonnenaufgangsbild des *Höhlenbuches* im Osireion (Abydos, 19. Dynastie); nach Frankfort 1933, Tafel 49; Umzeichnung: D. A. Werning mit einer Korrektur.
Abb. 3: Chepri auf der Töpferscheibe und Begrüßung durch *Huh* und *Hauhet* bei Sonnenaufgang im Nachtbuch, 19. Dynastie (Beischriften: „Töpferscheibe", „Huh", „Hauhet"); aus: Roulin 1996, Band II, Tafel 20; Beischriften: Roulin 1996, 165.
Abb. 4: Chnum schafft einen Menschen und seinen *Ka* auf der Töpferscheibe; aus: Assmann 2000, 158, Abbildung 1.
Abb. 5: Isis und Nephthys erheben Re/Chepri im *Pfortenbuch* (18. Dynastie); Ausschnitt aus Abb. 11.
Abb. 6: Isis und Nephthys erheben die Sonne/Re im *Nachtbuch* (19. Dynastie); aus: Roulin 1996, Tafel 20 (hier um 90° gedreht).
Abb. 7: Isis und Nephthys erheben Osiris (in Anwesenheit Res) im *Höhlenbuch* (Szene 41, 19. Dynastie); aus: Werning 2011, Band II, 184.
Abb. 8: Öffnen des Schreines der Isis im Tempelritual; aus: Roeder 1960, 93, Abbildung 14.
Abb. 9: Zwölftes Unterweltstor im *Pfortenbuch*; aus: Budge 1908, 125 (Ausschnitt, hieroglyphischer Text entfernt).
Abb. 10: Der *Ba* verlässt das Grab durch das geöffnete Oberbautor (Totenbuchspruch-Vignette); aus: Naville 1886, Band I, Tafel 104 (Vignette zum Totenbuch-Spruch 92, Textzeuge A.p. = Papyrus London BM EA 9949; Totenbuch-Projekt Bonn, TM 134354, http://totenbuch.awk.nrw.de/objekt/tm134354).
Abb. 11a-b: Sonnenaufgangsbild im *Pfortenbuch*, 18. Dynastie (Umzeichnung nach dem Sarkophag Sethos' I., 19. Dynastie); aus: Hornung 1981, Abbildung 1 (Reproduktion von Schäfer 1935, Abbildung 2; vgl. Budge 1908, 127). Version 11b: mit Übersetzungs-Overlay, Übersetzung: D. A. Werning.

Bibliographie

Allen, J. P., 2005, The Ancient Egyptian Pyramid Texts, Writings from the Ancient World 23, Leiden.
Allen, J. P., 2013, A New Concordance of the Pyramid Texts, Providence (RI). Online: https://www.dropbox.com/sh/0xo88uy04urnz0v/o16_ojF8f_ (Zugriff: 30.12.2017).

Assmann, J., 1969, Liturgische Lieder an den Sonnengott. Untersuchungen zur altägyptischen Hymnik, I, Zugl. Diss., Univ., Heidelberg, 1965, Münchner ägyptologische Studien 19, Berlin.
Assmann, J., 1970, Der König als Sonnenpriester. Ein kosmographischer Begleittext zur kultischen Sonnenhymnik in thebanischen Tempeln und Gräbern, Abhandlungen des Deutschen Archäologischen Instituts Kairo: Ägyptologische Reihe 7, Glückstadt.
Assmann, J., 1977, Die Verborgenheit des Mythos in Ägypten, in: Göttinger Miszellen. Beiträge zur ägyptologischen Diskussion 25, 7-43.
Online: DOI 10.11588/propylaeumdok.00001722.
Assmann, J., 1982, Die Zeugung des Sohnes. Bild, Spiel, Erzählung und das Problem des ägyptischen Mythos, in: J. Assmann / W. Burkert / F. Stolz (Hg.), Funktionen und Leistungen des Mythos. Drei altorientalische Beispiele, Orbis biblicus et orientalis 48, Freiburg (Schweiz), Göttingen, 13-61. Online: DOI 10.11588/propylaeumdok.00001784.
Assmann, J., 1983, Re und Amun. Die Krise des polytheistischen Weltbilds im Ägypten der 18.-20. Dynastie, Orbis biblicus et orientalis 51, Freiburg (Schweiz) / Göttingen.
Assmann, J., 1984, Ägypten. Theologie und Frömmigkeit einer frühen Hochkultur, Urban-Taschenbücher 366: Theologie, Stuttgart.
Assmann, J., 1991, Der König als Sonnenpriester: ein kulttheologischer Traktat, in: J. Assmann / D. Conrad / W. C. Delsman (Hg.), Religiöse Texte. Lieder und Gebete 2, Texte aus der Umwelt des Alten Testaments II,6, Gütersloh, 836-838.
Assmann, J., 1996, Ägypten. Eine Sinngeschichte, München.
Assmann, J., 1999, Ägyptische Hymnen und Gebete, Orbis biblicus et orientalis [Sonderband], 2., verb. und erw. Aufl., Freiburg (Schweiz) / Göttingen.
Assmann, J., 2000, Schöpfungsmythen und Kreativitätskonzepte im Alten Ägypten, in: R. M. Holm-Hadulla (Hg.), Kreativität, Heidelberger Jahrbücher XLIV, Heidelberg, 157-188.
Online: DOI 10.11588/propylaeumdok.00003036.
Assmann, J., 2001, Tod und Jenseits im Alten Ägypten, München.
Assmann, J., 2004, Ägyptische Geheimnisse, München.
Online: urn:nbn:de:bvb:12-bsb00041333-6.
Assmann, J. / Schoske, S., 1983, Sonnenhymnen in thebanischen Gräbern, Theben 1, Mainz am Rhein.
Baines, J., 1991, Egyptian Myth and Discourse. Myth, Gods, and the Early Written and Iconographic Record, Journal of Near Eastern Studies 50, 81-105.
Online: http://www.jstor.org/stable/545669.
Barth, C. / Kogge, W. / Werning, D. A., 2017, Metapher, ORGANONinterdisziplinär.
Online: DOI: 10.17169/FUDOCS_document_000000027419.
Bickel, S., 1994, La cosmogonie égyptienne avant le Nouvel empire, Zugl. Dissertationsschrift, Universität Genève, 1993, Orbis biblicus et orientalis 134, Fribourg / Göttingen.
Budge, E. A. W., 1908, An Account of the Sarcophagus of Seti I., King of Egypt, B. C. 1370, London.
Burkard, G. / Thissen, H.-J., 2008, Einführung in die altägyptische Literaturgeschichte II. Neues Reich, Einführungen und Quellentexte zur Ägyptologie 6, Berlin.
Calverley, A. M. / Broome, M. F. / Gardiner, A. H., 1933, The Temple of King Sethos I at Abydos. Volume I: The Chapels of Osiris, Isis and Horus, London / Chicago. Online: https://oi.uchicago.edu/sites/oi.uchicago.edu/files/uploads/shared/docs/sethos1.pdf.

David, A. R., 1973, Religious Ritual at Abydos (c. 1300 B. C.), Modern Egyptology Series, Warminster.

Eaton, K., 2013, Ancient Egyptian Temple Ritual. Performance Pattern and Practice, Routledge Studies in Egyptology 1, New York.

Erman, A. / Grapow, H., 1926-1931, Das Wörterbuch der aegyptischen Sprache, Leipzig. (=*Aeg.Wb.*)

Fischer, H. G., 1999, Ancient Egyptian Calligraphy. A Beginner's Guide to Writing Hieroglyphs, 4. Aufl., New York.

Frankfort, H., 1933, The Cenotaph of Seti I at Abydos, Memoir of the Egypt Exploration Fund 39, London.

Giuliani, L., 2003, Bild und Mythos. Geschichte der Bilderzählung in der griechischen Kunst, München.

Goebs, K., 2002, A Functional Approach to Egyptian Myth and Mythemes, in: Journal of Ancient Near Eastern Religions 2, 27-59. Online: doi: 10.1163/156921202762733879.

Goebs, K., 2013, Egyptian mythos as logos. An Attempt at a Redefinition of ‚Mythical Thinking', in: Frood, E. / McDonald, A. (Hg.), Decorum and Experience. Essays in Ancient Culture for John Baines, Oxford, 127-134.

Helck, W., 1986, Töpferscheibe, Lexikon der Ägyptologie Band VI, 623-624.

Hornung, E., 1979/80, Das Buch von den Pforten des Jenseits. Nach den Versionen des Neuen Reiches, Unter Mitarbeit von Andreas Brodbeck und Elisabeth Staehelin, Aegyptiaca Helvetica 7/8, Genève.

Hornung, E., 1981, Zu den Schlussszenen der Unterweltsbücher, in: Mitteilungen des Deutschen Archäologischen Instituts Abteilung Kairo 37, 217-226, 1 Tf.

Hornung, E., 1990, Das Totenbuch der Ägypter, Unveränderter fotomechanischer Nachdruck des 1979 in der „Bibliothek der Alten Welt" erschienenen Bds., Zürich / München.

Hornung, E., 1992, Die Unterweltsbücher der Ägypter, Eingeleitet, übersetzt und erläutert, Unveränderter fotomechanischer Nachdruck des 1989 in 3. Aufl. in der „Bibliothek der Alten Welt" erschienenen Bds., Zürich / München.

Junge, F., 1978, Wirklichkeit und Abbild. Zum innerägyptischen Synkretismus und zur Weltsicht der Hymnen des Neuen Reiches, in: Wießner, G. (Hg.), Synkretismusforschung. Theorie und Praxis, Göttinger Orientforschungen, Reihe: Grundlagen und Ergebnisse 1, Wiesbaden, 87-108.

Junge, F., 1995, Die Erzählung vom Streit der Götter Horus und Seth um die Herrschaft, in: E. Blumenthal et al. (Hg.), Weisheitstexte, Mythen und Epen. Mythen und Epen III, Texte aus der Umwelt des Alten Testaments III,5, Gütersloh, 930-950.

Junge, F., 2006, „Unser Land ist der Tempel der gesamten Welt". Über die Religion der Ägypter und ihre Struktur, in: Kratz, R. G. / Spieckermann, H. (Hg.), Götterbilder - Gottesbilder - Weltbilder. Polytheismus und Monotheismus in der Welt der Antike, Forschungen zum Alten Testament. 2. Reihe 17-18, Tübingen, 3-44.

Kausen, E., 1988, Das tägliche Tempelritual, in: Butterweck, C. / Delsman, W. C. / Dietrich, M. (Hg.), Religiöse Texte. Rituale und Beschwörungen 2, Texte aus der Umwelt des Alten Testaments 2,3, Gütersloh, 391-405.

Kövecses, Z., 2010, Metaphor. A Practical Introduction, 2. [überarb.] Aufl., Oxford.

Koch, K., 1989, Das Wesen altägyptischer Religion im Spiegel ägyptologischer Forschung, vorgelegt in der Sitzung vom 1. Juli 1988, Berichte aus den Sitzungen der Joachim-Jungius-Gesellschaft der Wissenschaften e. V. 7,1, Göttingen.

Montet, P. (Hg.), 1951, Les constructions et le tombeau de Psousennès à Tanis, Texte de Pierre Montet avec un chapitre et des notes d'Alexandre Lézine, Pierre Amiet, Édouard Dhorme. Plans d'Alexandre Lézine. Dessins de Pernette Montet-Lézine. Photographies de Camille Montet-Beaucour. Aquarelles de Lucienne Épron et Georges Goyon, La nécropole royale de Tanis 2, Paris.

Moret, A., 1902, Le rituel du culte divin journalier en Egypte. D'après les papyrus de Berlin et les textes du temple de Séti Ier à Abydos, Annales du Musée Guimet; Bibliothèque d'études 14, Paris. Online: https://archive.org/details/lerituelduculted00more.

Müller, C., 2008, Metaphors Dead and Alive, Sleeping and Waking: A Dynamic View, Chicago.

Müller-Roth, M., 2008, Das Buch vom Tage, Zugl. Diss., Univ. Heidelberg, 2006, Orbis biblicus et orientalis 236, Freiburg / Göttingen.

Naville, É. H., 1886, Das ägyptische Todtenbuch der XVIII. bis XX. Dynastie aus verschiedenen Urkunden zusammengestellt und herausgegeben. I: Text und Vignetten, II: Varianten, Berlin.

Nelson, H. H. / Murnane, W. J., 1981, The Great Hypostyle Hall at Karnak. Volume 1, Part 1: The Wall Reliefs, Oriental Institute Publications 106, Chicago. Online: https://oi.uchicago.edu/sites/oi.uchicago.edu/files/uploads/shared/docs/oip106.pdf.

Otto, E., 1975, Chnum, Lexikon der Ägyptologie Band I, 950-954.

Polis, S. / Rosmorduc, S., 2015, The Hieroglyphic Sign Functions. Suggestions for a Revised Taxonomy, in: H. Amstutz et al. (Hg.), Fuzzy Boundaries, Festschrift für Antonio Loprieno, Hamburg, 149-174.

Roberson, J. A., 2012, The Ancient Egyptian Books of the Earth, Wilbour Studies in Egypt and Ancient Western Asia 1, Atlanta.

Roeder, G., 1960, Kulte, Orakel und Naturverehrung im alten Ägypten, Die ägyptische Religion in Texten und Bildern, Band III, Bibliothek der alten Welt, Zürich/Stuttgart.

Roulin, G., 1996, Le Livre de la Nuit. Une composition égyptienne de l'au-delà, I: Traduction et commentaire, II: Copie synoptique, Orbis biblicus et orientalis 147, Freiburg (Schweiz) / Göttingen.

Schäfer, H., 1935, Altägyptische Bilder der auf- und untergehenden Sonne, in: Zeitschrift für Ägyptische Sprache und Altertumskunde 71, 15-38.

Schlögl, H. A., 1980, Der Gott Tatenen. Nach Texten und Bildern des Neuen Reiches, Zugl. Dissertation Universität Basel, 1979, Orbis biblicus et orientalis 29, Freiburg (Schweiz) / Göttingen.

Schlögl, H. A, 1986, Tatenen, Lexikon der Ägyptologie Band VI, 238-240.

Sethe, K., 1908/10, Die altaegyptischen Pyramidentexte nach den Papierabdrücken und Photographien des Berliner Museums, Leipzig.

Sternberg, H., 1985, Mythische Motive und Mythenbildung in den ägyptischen Tempeln und Papyri der griechisch-römischen Zeit, Göttinger Orientforschungen, Reihe IV, Ägypten 14, Wiesbaden.

Sternberg-el Hotabi, H., 1995, Ägyptische Mythen, in: Blumenthal, E. et al. (Hg.), Weisheitstexte, Mythen und Epen. Mythen und Epen III, Texte aus der Umwelt des Alten Testaments III,5, Gütersloh, 878-883.

Stewart, D., 2012, On Defining Myth. Comparisons of Myth Theory from an Egyptological Viewpoint, in: Abd El Gawad, H. et al. (Hg.), Current Research in Egyptology 2011. Proceedings of the Twelfth Annual Symposium Which Took Place at Durham University, United Kingdom, March 2011, Oxford, 189-199.

Stewart, D., 2014, The Myth of Osiris in the Ancient Egyptian Pyramid Texts. A Study in Narrative Myth, Dissertation, School of Philosophical, Historical and International Studies, Monash University, Melbourne. Online: doi: 10.4225/03/58b7765ca50a1.

Thesaurus Linguae Aegyptiae = Berlin-Brandenburgische Akademie der Wissenschaften (Hg.), Thesaurus Linguae Aegyptiae, 15. Aktualisierung, 31. Oktober 2014, Berlin. Online: http://aaew2.bbaw.de/tla/ (Zugriff: 27.6.2017).

Totenbuch-Projekt Bonn = Institut für Archäologie und Kulturanthropologie, Abteilung für Ägyptologie (Hg.), Das altägyptische Totenbuch. Ein digitales Textzeugenarchiv, Bonn. Online: http://totenbuch.awk.nrw.de (Zugriff: 27.6.2017).

Werning, D. A., 2011, Das Höhlenbuch. Textkritische Edition und Textgrammatik. Band I: Überlieferungsgeschichte und Textgrammatik. Band II: Textkritische Edition und Übersetzung (=*Hölenbuch*), Göttinger Orientforschungen, Reihe IV, Ägypten 48, Wiesbaden.

Werning, D. A., 2014, Der ‚Kopf des Beines', der ‚Mund der Arme' und die ‚Zähne' des Schöpfers. Zu metonymischen und metaphorischen Verwendungen von Körperteil-Lexemen im Hieroglyphisch-Ägyptischen, in: Müller, K. / Wagner, A. (Hg.), Synthetische Körperauffassung im Hebräischen und den Sprachen der Nachbarkulturen, Alter Orient und Altes Testament 416, Münster, 107-161. Online: pid: http://hdl.handle.net/21.11101/0000-0000-9DE1-1.

Werning, D. A., 2018, The Representation of Space, Time, and Event Sequence in an Ancient Egyptian Netherworld Comic, in: Chantrain, G. / Winand, J. (Hg.), Time and Space at Issue in Ancient Egypt, Lingua Aegyptia. Studia Monographica 19, Hamburg, 209-242.

Willems, H., 2013, War Gott ein ‚Spätling in der Religionsgeschichte'? Wissenschaftshistorische und kognitiv-archäologische Überlegungen zum Ursprung und zur Brauchbarkeit einiger theoretischer Betrachtungsweisen in der ägyptologischen Religionsforschung, in: Bickel, S. et al. (Hg.), Ägyptologen und Ägyptologien zwischen Kaiserreich und Gründung der beiden deutschen Staaten. Reflexionen zur Geschichte und Episteme eines altertumswissenschaftlichen Fachs im 150. Jahr der Zeitschrift für Ägyptische Sprache und Altertumskunde, Zeitschrift für Ägyptische Sprache und Altertumskunde. Beiheft 1, Berlin, 407-436.

Zeidler, J., 1993, Zur Frage der Spätentstehung des Mythos in Ägypten, in: Göttinger Miszellen. Beiträge zur ägyptologischen Diskussion 132, 85-109.

Zeidler, J., 1999, Pfortenbuchstudien, Zugl. Dissertation, Tübingen, 1992, Göttinger Orientforschungen, Reihe IV, Ägypten 36, Wiesbaden.

Zgoll, C., 2019, Tractatus mythologicus. Theorie und Methodik zur Erforschung von Mythen als Grundlegung einer allgemeinen, transmedialen und komparatistischen Stoffwissenschaft, Mythological Studies 1, Berlin/Boston.

Zgoll, C., 2020, Myths as Polymorphous and Polystratic Erzählstoffe: A Theoretical and Methodological Foundation (Beitrag in diesem Band).

Anhang

Tab. 6: Analyse eines Sonnenhymnus im Grab des Amun-nacht, TT 218, Theben, 19./20. Dynastie (*TT218*)

Seq.	Übersetzung[61]	Handlungstragende Einheit	Mythem-Analyse	Phase
1	*Re anbeten, während er aufgeht im östlichen Horizontland des Himmels:*	[Ein Beter] betet *Re* bei Sonnenaufgang an.	–	(1-3)
		Re geht im östlichen Horizontland auf.	Der Sonnengott geht (als Sonne) im östlichen Horizontland auf.	2
2	*Gegrüßt seist du,*	[Der Beter] begrüßt *Re*.	–	(2)
3	*der aufgeht aus dem Urozean,*	*Re* geht [als Sonne] auf aus dem Urozean.	Der Sonnengott geht (als Sonne) auf aus dem Urozean.	1
4	*der die Beiden Länder erhellt,*	*Re* erhellt Ägypten nach [Sonnen]aufgang.	Der Sonnengott erleuchtet (als Sonne) nach Sonnenaufgang Ägypten.	3
	wenn er herausgekommen ist!	*Re* kommt [als Sonne] heraus.		2
5	*Das versammelte Götterkollegium preist dich,*	Ein Götterkollegium preist *Re*.	Ein Götterkollegium preist den Sonnengott.	2
6	*die Beiden Herrinnen haben dich umhegt.*	Die Beiden Herrinnen umhegen Re.	Die Beiden Herrinnen umhegen den jungen Sonnengott (*sc.* wie Horus).	2
7	*Schöner, liebeerweckender Jüngling,*	*Re* ist ein lieblicher Jüngling.	Der Sonnengott ist (wieder) jung.	2

---

61 Adaptiert auf Grundlage von Assmann 1999, Nr. 69, Assmann/Schoske 1983, 288, Assmann 1969, 315-328; Transliteration und Transkription: Assmann/Schoske 1938, 288.

Seq.	Übersetzung[61]	Handlungstragende Einheit	Mythem-Analyse	Phase
8	dem die Götter lobpreisend zujubeln.	Ein Götter[kollegium] lobpreist Re.	Ein Götterkollegium lobpreist den Sonnengott.	2
9	{Du} Der Urozean hat sich mit {seinen}<deinen> Strahlen vermischt,	Das Licht Res durchdringt den Urozean (Nun).	Der Sonnengott beleuchtet (als Sonne) den Urozean.	(nach) 1
10	Nut ist lapislazulifarben an deiner Seite.	Nut (d.h. der Himmel) ist tiefblau neben Re.	Der Sonnengott leuchtet (als Sonne) am blauen Himmel.	3
11ff.	(Es folgen Fürbitten.)			

Tab. 7: Analyse eines Sonnenhymnus in der Grabkammer des Anchef-en-mut, Tanis, 21. Dynastie (*Tanis*)

Seq.	Übersetzung[62]	Handlungstragende Einheit	Mythem-Analyse	Phase
1	Hymnus an Amun-Re-Harachte	[Das folgende ist] ein Hymnus an Amun-Re-Harachte.	—	—
2	Gegrüßt seist du, Amun-Re-Harachte	[Ein Priester] grüßt Amun-Re-Harachte.	—	(2)
3	Chepri, der im Urgewässer entsteht/entstanden ist,	Chepri, d. h. Die „Wandelgestalt" Amun-Re-Harachtes) entsteht im Urozean.	Der Welt-/Sonnengott geht (als Sonne) auf aus dem Urozean.	0/(1)
			Der Welt-/Sonnengott nimmt „Wandelgestalt" an (Chepri).	0/(1)
4	der Eine Göttliche,	Amun-Re-Harachte/Chepri ist als Gott allein.	Der Welt-/Sonnengott ist der einzige Gott/als Gott allein.	0

---

62 Adaptiert auf Grundlage von Assmann 1999, Nr. 49; hieroglyphischer Text: Montet 1951, Tafel 38.

Seq.	Übersetzung[62]	Handlungstragende Einheit	Mythem-Analyse	Phase
5	der die Götter geschaffen hat,	Amun-Re-Harachte/Chepri erschafft die Götter.	Der Welt-/Sonnengott erschafft die Götter	0
6	der du [die Beiden L]änder erleuchtest <bei> deinem Aufgang,	Amun-Re-Harachte/Chepri erleuchtet Ägypten bei seinem [Sonnen]aufgang.	Der Welt-/Sonnengott erleuchtet (als Sonne) Ägypten nach Sonnenaufgang.	3
7	Herr der Strahlen in den Gesichtern der [Unt]ertanen,	Amun-Re-Harachte/Chepri erstrahlt im Angesicht (METONYMIE) der Menschen.	Der Welt-/Sonnengott bestrahlt (als Sonne) die Menschen nach Sonnenaufgang.	3
8	der dem {ihrem} Volk <seine> Augen gibt.	Amun-Re-Harachte/Chepri gibt den Menschen die Sehkraft (METONYMIE).	Der Welt-/Sonnengott ermöglicht mit seinem Licht das Sehen.	
9	Du erscheinst auf der Töpferscheibe	Amun-Re-Harachte/Chepri entsteht auf der Töpferscheibe.	Der Welt-/Sonnengott entsteht auf der Töpferscheibe.	1
	auf den Händen des Tatenen.	Tatenen erhebt (METONYMIE) Amun-Re-Harachte/Chepri	Tatenen erhebt den Welt-/Sonnengott.	2
10	Der Gebieter der Unterweltlichen (v.l. {Die}<Der> Gebieter der Unterwelt)[63] gebiert dich.	Der Gebieter der Unterweltlichen (d. h. *Osiris*) gebiert Amun-Re-Harachte/Chepri.	Der Gebieter der Unterweltlichen (d. h. *Osiris*) gebiert den Welt-/Sonnengott.	2

---

63 Der hieroglyphische Text schreibt 𓍳𓏭𓈋𓇳𓏥 mit PLURAL / MENGE-Klassifikator an letzter Position, was sich je nach Zuordnung des Klassifikators (mit abnehmender Wahrscheinlichkeit) lesen lässt als: i) *ẖntï.w-dwꜣ.t* „die Gebieter der Unterwelt (gebären dich)", ii) *ẖntï-dwꜣ.t.(ï)w* „der Gebieter der Unterweltlichen (gebiert dich)", iii) *ẖntï-dwꜣ.(w)t* „der Gebieter der Unterwelten (gebiert dich)" oder iv) *ẖntï-dwꜣ.t* „der Gebieter der Unterwelt (gebiert dich)" (mit Klassifikator zur aus *mehreren* Höhlen bestehenden „Unterwelt"). Ich halte mit Assmann 1999, 142 („der Erste der Unterwelt") eine Lesung mit Annahme eines orthographischen Lapsus und eine entsprechende Emendation 𓍳𓏭𓈋𓇳𓏥 *ẖntï{.w}-dwꜣ.t* ‚{die}<der> Gebieter der Unter-

Seq.	Übersetzung[62]	Handlungstragende Einheit	Mythem-Analyse	Phase
11	*Die Sonne steigt in die Höhe im Horizontland.*	Die Sonne [= *Amun-Re-Harachte/Chepri*] geht im Horizontland auf.	Der Welt-/Sonnengott geht im Horizontland auf	2
12	*Die Nachtbarke ist schwanger mit deiner Vollkommenheit.*	*Amun-Re-Harachte/Chepri* (METONYMIE) ist ein Embryo.	Der Welt-/Sonnengott ist ein Embryo.	1-2
		Amun-Re-Harachte/Chepri (METONYMIE) ist geborgen (METONYMIE) im Abend-/Nachtfahrtsschiff.	Der Welt-/Sonnengott ist geborgen im Abend-/Nachtfahrtsschiff.	1-2
13	*Maat ist bei dir.*	Die *Maat* ist bei *Amun-Re-Harachte/Chepri*.	Maat/die „Rechte Weltordnung" begleitet den Sonnengott.	passim
14	*Die Neunheit gesellt sich begrüßend zu dir bei deinem Anblick.*	Ein Götterkollegium begrüßt *Amun-Re-Harachte/Chepri*, wenn sie ihn sehen.	Das Götterkollegium (der Schöpfung?) begrüßt den Welt-/Sonnengott beim Erscheinen.	2
15	*Alle haben sich deinen Augen zugewendet,*	Alles wendet sich den Augen *Amun-Re-Harachtes/Chepris*, d. h. Sonne und Mond, zu.	Alles in der Welt schaut die Lichtscheiben des Welt-/Sonnengott.	3
16	*sie werfen sich zu Boden vor deinem Angesicht;*	Alles legt sich *Amun-Re-Harachte/Chepri* zu Füßen.	Alles in der Welt huldigt dem Welt-/Sonnengott.	3
17	*alles Vieh am Wüstenrand jubelt dir zu,*	Die Wildtiere jubeln *Amun-Re-Harachte/Chepri* zu.	Die Wildtiere huldigen dem Welt-/Sonnengott.	3
18	*die Pflanzen im [///...///] wen<d>en sich um <nach dir>,*	Pflanzen wenden sich *Amun-Re-Harachte/Chepri* zu.	Die Pflanzenwelt wendet sich dem Welt-/Sonnengott zu.	3

welt' für plausibel. Lesung ii) führt aber ohne Emendation letztendlich zur selben Mythem-Analyse. Letztere ist daher zu bevorzugen.

Seq.	Übersetzung[62]	Handlungstragende Einheit	Mythem-Analyse	Phase
19ff.	*(Rest fast ganz zerstört)*			

Tab. 8: Analyse des Textes „Der König als Sonnenpriester", *t.p.q.n.* 18. Dynastie (*Sonnenpr.*)

Seq.	Übersetzung[64]	Handlungstragende Einheit	Mythem-Analyse	Phase
1	König N. N., er betet Re an	Der König betet Re am Morgen an.		(1-3)
2	in der Morgenfrühe bei seinem Herauskommen,	Re kommt am Morgen [aus der Unterwelt] heraus.	Der Sonnengott kommt am Morgen hervor.	2
3	wenn er seine Töpferscheibe/seinen Tonklumpen(?)[65] „öffnet",	Re entsteht auf der Töpferscheibe.	Der Sonnengott entsteht auf der Töpferscheibe.	1
4	wenn er auffliegt zum Himmel als Chepri.	Re verwandelt sich in seine Wandelgestalt (*Chepri*).	Der Sonnengott nimmt seine „Wandel"-Gestalt (Skarabäus) an.	1
		Re fliegt in seiner Wandelgestalt (*Chepri*) zum Himmel auf.	Der Sonnengott fliegt zum Himmel auf.	2
5	– Er tritt ein in den Mund,	Re wird geschluckt.	Der Sonnengott tritt in den Mund (der Himmelsgöttin) ein.	(?)
6	er kommt heraus aus den Schenkeln	Re wird geboren.	Der Sonnengott wird (von der Himmelsgöttin) geboren.	2

---

64 Adaptiert auf Grundlage von Assmann 1999, Nr. 20 (vgl. auch Nr. 108, Ende), Assmann 1991, 837, Assmann 1970, 20-22, vgl. auch Assmann 1996, 239; hieroglyphischer Text und Transkription: Assmann 1970, 6.17-22.

65 Vgl. Anm. 22.

Seq.	Übersetzung[64]	Handlungstragende Einheit	Mythem-Analyse	Phase
7	*bei seiner Geburt vom Osten des Himmels.*	*Re* wird am/im östlichen Horizont geboren.	Der Sonnengott wird am/im östlichen Horizont geboren.	2
8	*Sein Vater Osiris hebt ihn empor,*	*Re* ist [wie *Horus*] das Kind von *Osiris*.	(Der Sonnengott ist (wie *Horus*, vgl. *Harachte*) Sohn des *Osiris*.)	passim
		Osiris hebt *Re* empor.	*Osiris* hebt den Sonnengott empor.	2
9	*die Arme von Huh und Hauhet empfangen ihn.*	*Huh* und *Hauhet* nehmen *Re* in Empfang.	*Huh* und *Hauhet* nehmen den Sonnengott in Empfang.	(?)
10	*Er lässt sich nieder in der Morgenbarke.*	*Re* besteigt die Morgenbarke.	Der Sonnengott besteigt das Morgen-/Tagesfahrtschiff.	2
11	*König N. N. kennt*	Der König weiß um [alles Sonnenkultbezogene].		–
12	*diese geheime Rede da, die die östlichen Seelen sprechen,*	Die östlichen „Seelen" sprechen.		(2)
13	*indem sie Jubelmusik machen für Re,*	Die östlichen „Seelen" jubilieren bei Sonnenaufgang.	Die Götter am östlichen Horizont jubeln dem Sonnengott bei Sonnenaufgang zu.	2
14	*wenn er aufgeht,*	*Re* geht auf.	Der Sonnengott geht (am Himmel) auf.	2
15	*wenn er erscheint im Horizontland;*	*Re* erscheint am/im östlichen Horizont.	Der Sonnengott erscheint am/im Horizont.	2
16	*indem sie ihm die Türflügel öffnen an den Toren des östlichen Horizontlands,*	Die östlichen „Seelen" öffnen *Re* das Tor am/im östlichen Horizont.	Die Götter am östlichen Horizont öffnen das Tor am östlichen Horizont.	2

Seq.	Übersetzung[64]	Handlungstragende Einheit	Mythem-Analyse	Phase
17	wenn er dahinfährt auf den Wegen des Himmels.	Re fährt auf dem Himmelsweg.	Der Sonnengott fährt zum Himmel.	2/3
18, 20, …	Er kennt ihr (geheimes) Aussehen und ihre Verkörperungen,	Der König weiß [um alles Sonnenkultbezogene].		–
18		Die östlichen „Seelen" haben geheime Gestalten.		–
19	ihre Heimat («Städte») im Gottesland.	Die östlichen „Seelen" wohnen im Horizontland(?).		(2)
20	Er kennt den Ort, an dem sie stehen,	Die östlichen „Seelen" warten am/im östlichen Horizont.	Götter warten am östlichen Horizont.	2
21	wenn Re den Weganfang beschreitet.	Re beschreitet den Weganfang.		
22	Er kennt jene Rede, die die beiden Mannschaften sprechen,	Das Schiffsmannschaftspaar redet.	Die Schiffsmannschaft spricht.	2?
23	wenn sie die Barke des Horizontischen ziehen.	Ein Paar von Mannschaften treidelt die Barke des Re.	Ein Paar von Mannschaften treidelt das Schiff des Sonnengottes.	passim
24	Er kennt das Geborenwerden des Re	Re wird geboren.	Der Sonnengott wird geboren.	2
25	und seine Verwandlung in der Flut.	Re nimmt seine Wandelgestalt an in der Flut.	Der Sonnengott nimmt seine Wandelgestalt an.	1
25		Re ist in der Flut (d. h. im Urozean).	Der Sonnengott durchquert ein Stück Urozean.	1
26	Er kennt jenes geheime Tor, durch das der Große Gott herauskommt,	Re kommt aus einem geheimnisvollen Tor heraus.	Der Sonnengott kommt aus einem Tor heraus.	2

Seq.	Übersetzung[64]	Handlungstragende Einheit	Mythem-Analyse	Phase
27	er kennt den, der in der Morgenbarke ist,	Re ist in der Morgenbarke.	Der Sonnengott fährt im Morgen-/Tagesfahrtschiff.	2-3
28	und das große Bild, das in der Nachtbarke ist;	Re ist in der Abendbarke.	Der Sonnengott fährt im Abend-/Nachtfahrtschiff.	1-2
29	er kennt deine Landeplätze im Horizontland	Re macht am/in Horizont Station.	Der Sonnengott macht am/in Horizont Station.	2
30	und deine Steuergeräte in Nut.	Re steuert in der Himmelsgöttin (Nut).	Der Sonnengott fährt im/am Himmel.	3
31	Re hat den König N. N. eingesetzt auf der Erde der Lebenden für unendliche Zeit und unwandelbare Dauer	Re setzt den König auf der Erde für immer ein.		
32	beim Rechtsprechen den Menschen,	Der König spricht Recht unter den Menschen.		
33	beim Zufriedenstellen der Götter,	Der König befriedigt die Götter.		
34	beim Verwirklichen der Maat (Rechten Ordnung/Wahrheit),	Der König erhält die Rechte Ordnung.		
35	beim Vernichten der Isfet (Unordnung/„Sünde");	Der König vernichtet die „Unordnung".		
36	er gibt den Göttern Opferspeisen,	Der König opfert den Göttern.		
37	und den Verklärten Totenopfer.	Der König opfert den verklärten Verstorbenen.		
38	Der Name des Königs N. N. ist im Himmel wie Re;	Der König/Re ist bekannt im Himmel.		

Seq.	Übersetzung[64]	Handlungstragende Einheit	Mythem-Analyse	Phase
39	*er lebt in Freude wie Re-Harachte.*	Der König/*Re-Harachte* ist in (triumphierender) Freude.		
40	*Die Untertanen jubeln, wenn sie ihn sehen,*	Die Untertanen bejubeln den König (als *Re*), wenn sie ihn sehen.	Die Menschen bejubeln den König (als Sonnengott).	
41	*das Volk bereitet ihm trommelnden Jubel*	Das Volk bereitet dem König (als *Re*) trommelnden Jubel, (wenn sie ihn sehen).	Die Menschen bereiten dem König (als Sonnengott) trommelnden Jubel.	
42	*in seiner (kultischen) Rolle des „Kindes".*	Der König (als *Re*) erscheint als Kind.	Der König (als Sonnengott) ist verjüngt.	(2)
43	*Herauskommen des Re als Chepri.*	*Re* verwandelt sich in seine Wandelgestalt (*Chepri*, Skarabäus).	Der Sonnengott nimmt seine „Wandel"-Gestalt (Skarabäus) an.	1
43		*Re* kommt hervor.	Der Sonnengott kommt hervor.	2

Tab. 9: Analyse des Begleittextes zur Sonnenaufgangsszene im Nachtbuch, 19. Dynastie (*Nachtbuch*).

Seq.	Übersetzung[66]	Handlungstragende Einheit	Mythem-Analyse	Phase
1	*Herauskommen aus der Unterwelt,*	[*Re*] kommt aus der Unterwelt heraus.	Der Sonnengott kommt aus der Unterwelt heraus.	2
2	*sich niederlassen in der Morgenbarke.*	[*Re*] besteigt die Morgenbarke.	Der Sonnengott besteigt das Morgen-/Tagesfahrtschiff.	2

---

[66] Übersetzung adaptiert nach: Assmann 1990, Nr. 14 und Hornung 1992, 493; hieroglyphischer Text: Roulin 1996, Band II, 158-164.

Der mythische Stoff des Sonnenaufgangs — 351

Seq.	Übersetzung[66]	Handlungstragende Einheit	Mythem-Analyse	Phase
3	Den Urozean befahren zur Stunde des Re „Die die Vollkommenheit ihres Herrn schaut" (12. Nachtstunde).	[Re] fährt über den Urozean.	Der Sonnengott durchfährt den Urozean.	1
4	Sich verwandeln in Chepri,	[Re] nimmt seine „Wandelgestalt" an (Chepri, Skarabäus).	Der Sonnengott nimmt seine „Wandelgestalt" an (Chepri, Skarabäus).	1
5	emporsteigen zum Horizontland.	[Re] steigt zum Horizontland auf.	Der Sonnengott steigt zum Horizontland auf.	(1-)2
6	Eintreten in den Mund,	[Re/Chepri] wird geschluckt.	Der Sonnengott tritt in den Mund (der Himmelsgöttin) ein.	(?)
7	herauskomm<en> aus der Scheide.	[Re/Chepri] wird geboren.	Der Sonnengott wird (von der Himmelsgöttin) geboren.	2
8	Aufgehen im Tor des Horizontlands zur Stunde „Die die Vollkommenheit Res erscheinen lässt" (1. Tagesstunde),	[Re/Chepri] geht im Tor des Horizontlandes auf.	Der Sonnengott geht im Tor des Horizontlandes auf.	2
9	um den Leben(sunterhalt) zu erschaffen der Menschen und Götter, des Viehs und jeglichen Gewürms, das er erschaffen hat.	[Re/Chepri] erschafft die Lebensgrundlage für alle von ihm geschaffenen Lebewesen.	Der Sonnengott erschafft (mit seinem Licht) die Lebensgrundlage für alle Lebewesen.	3

Tab. 10: Analyse des Sonnenaufgangsbildes des Pfortenbuches, Sarkophag Sethos' I., 19. Dynastie (*Pfortenbuch-SB*)

Bildelement[67]	Prädikative Interpretation	Mythem-Analyse	Phase

---

67 Aus Abb. 11 (siehe oben); Tor aus: Budge 1908, 125.

	Bildelement[67]	Prädikative Interpretation	Mythem-Analyse	Phase
A		Re nimmt seine Wandelgestalt (Chepri, Skarabäus) an.	Der Sonnengott nimmt seine „Wandelgestalt" (Chepri, Skarabäus) an.	1
B		Re/Chepri ist in der Morgenbarke (Beischrift: „Der Gott nimmt in der Morgenbarke Platz <inmitten(?)> der Götter um ihn."[68])	Der Sonnengott wechselt ins Morgen-/Tagesfahrtsschiff.	2
C		„Isis" und „Nephthys" erheben Re/Chepri. (Beischriften: „Isis" bzw. „Nephthys")	Isis und Nephthys erheben den Sonnengott (sc. wie Osiris).	2
D			Der Sonnengott wird hoch gehoben.	2
E		„Türen"-Götter sind in der Barke. (Beischrift: „Türen(zuständige?)".[69])	Götter im Sonnenschiff öffnen das Tor am östlichen Horizont.	2
F		Die Mannschaft jubelt brusttrommelnd. (Armhaltung entspricht teils dem hieroglyphischen Klassifikator 𓀠 von ḥkn.w „trommelnder Jubel").	Götter bejubeln den Sonnengott brusttrommelnd (bei Sonnenaufgang).	2

---

68 Vgl. die abweichende Übersetzung von Zeidler 1990, Band II, 379 mit Anm. 3 (Emendation „die in {ihm}<ihr> sind"). Zur hier gewählten Interpretation von jm.(i)w=f „um ihn" siehe Werning 2011, Band II, 478.
69 Vgl. Hornung 1979/80, Band II, 290 („vielleicht [...] ‚Tür(hüter)'").

Bildelement[67]	Prädikative Interpretation	Mythem-Analyse	Phase
G	Re/die Sonne durchbricht die Erde.	Der Sonnengott durchbricht die Erde.	2
H	Die Himmelsgöttin „Nut empfängt Re". (Beischrift: „Das ist Nut, wie sie Re empfängt.")	Die Himmelsgöttin empfängt den Sonnengott.	3
I	„Nut" steht auf „Osiris"/„der Unterwelt" (Beischrift: „Das ist Osiris, wie er die Unterwelt umgibt.")	(Der Sonnengott geht später wieder in die Unterwelt ein.)[70]	(Untergang)
K	Ein Gott[71] „hebt" Re/Chepri aus dem „Gewässer", d. h. aus dem Urozean „Nun", heraus. (Beischriften: im Wasser zwischen den Armen: „Nun", zwischen den Armen: „Diese Arme kommen aus dem Gewässer hervor, damit sie Den Gott (d.h. Re) erheben.")	Ein Gott hebt den Sonnengott aus dem Urozean heraus.	2
L		Ein Gott hebt den Sonnengott hoch.	2

---

70 Vgl. die kontroverse Diskussion um die Bedeutung der Darstellungen von Nut und Osiris bei Hornung 1979/80, Band II, 291 f.
71 Vgl. die Diskussion um die Identifikation des Gottes oben, § 3.

Bildelement[67]	Prädikative Interpretation	Mythem-Analyse	Phase
M	Das Schöpfungspantheon ist (nahezu) vollständig präsent: in der Morgenbarke: die Schöpfungsmächte „*Sia*"/Erkenntnis und „*Hu*"/wirksamer Ausspruch am Steuer, „*Heka*"/Magie, „*Re/Chepri*", „*Schu*"/lichtdurchflutete Lust, „*Geb*"/Erde, „*Isis*" und „*Nephthys*", über der Barke: „*Nut*"/Himmel und „*Osiris*"/Wiederaufleben; „*Nun*"/Urozean, möglicherweise, anonym: *Tatenen*/Urhügel; nicht eindeutig präsent: *Tefnut*/feurige Hitze[72]; fehlt (naheliegender Weise): *Seth*/Zerstörung.	Bei Sonnenaufgang versammeln sich die Weltschöpfungsgötter/-göttinnen.	2
N	„*Sia*"/Erkenntnis und „*Hu*"/wirksamer Ausspruch steuern die „Morgenbarke".	Die Schöpfungsmächte *Sia*/Erkenntnis und *Hu*/wirksamer Ausspruch steuern das Morgen-/Tagesfahrtsschiff.	passim
O	[Der Sonnengott] durchfährt das „Tor des Westens (d. h. der Unterwelt)". (Beischrift zu den Uräusschlangen, Zeidler 1999, Band II, 376: „Isis" bzw. „Nephthys", dazwischen: „Sie sind es, die dieses geheimnisvolle Tor des Westens hüten. ...")	Der Sonnengott durchfährt ein Tor im Westen.	2

---

72 Zur Identifikation von Tefnut mit „Feuer" siehe Assmann 2000, 162.

Tab. 11: Analyse des Sonnenaufgangsbildes des Höhlenbuches, Osireion, 19. Dynastie (*Höhlenbuch-SB*)

Bildelement (aus Abb. 2)	Prädikative Interpretation	Mythem-Analyse	Phase
A	Der nächtliche *Re* nimmt seine Wandelgestalt (*Chepri*, Skarabäus) an.	Der Sonnengott nimmt seine „Wandelgestalt" (Chepri, Skarabäus) an.	1
	Re/Chepri fährt in einer Barke. (Beischrift, *Höhlenbuch* 102.3: „*Chepri*".)	Der Sonnengott fährt in einem Schiff.	passim
	Der *Ba* des „*Osiris*" begleitet *Re/Chepri*. (Beischrift, *Höhlenbuch* 102.4: „(*Ba* des) *Osiris*"; *Höhlenbuch* 102.17-20: „*Osiris* sagt zu *Re*: ‚Oh sieh' mich!! – *Re*, du Herr des Lebens! Rufe doch bitte meinem *Ba* zu, ‹auf dass er› mit dir zusammen dahinziehe, *Re*!")	Der *Ba* des *Osiris* begleitet den Sonnengott.	2 ff.
B	Eine Gruppe *Osiris*-, *Re*- und *Horus*-gestaltiger Götter treidelt die Barke des *Re*. (Beischriften, *Höhlenbuch* 102.17-18: „In dargestellter Weise sind diese Götter, wie sie *Re* ziehen, den Herrn des Horizonts."; *Höhlenbuch* 105.1 f: „Wir wollen *Re* ziehen. Wir wollen den Alleinherrn begleiten, …".)	Göttliche Wesen treideln das Schiff des Sonnengottes.	1-2(/3)
C	*Re/Chepri* passiert ein Sinnbild(-Paar) der Unterwelt. (Beischrift, *Höhlenbuch* 103.4-16: „In dargestellter Weise ist dieser Gott (sc. *Geb*), wie er sich überschirmend über den geheimnisvollen Hügel legt, der das Große Mysterium (d. h. den Gottesleib) beherbergt.")	Der Sonnengott durchzieht die Unterwelt.	vor 1

Bildelement (aus Abb. 2)	Prädikative Interpretation	Mythem-Analyse	Phase
D	Vor der Wasserscheide ist der Innenraum hell, der Außenraum dunkel.	Der Sonnengott erleuchtet (als Sonne) vor Sonnenaufgang die Unterwelt.	1(-2)
E	Re/Chepri passiert ein Gewässer.	Der Sonnengott durchfährt den Urozean.	1
F	Nach der Wasserscheide ist der Innenraum dunkel, der Außenraum hell.	Der Sonnengott erleuchtet (als Sonne) nach Sonnenaufgang die Oberwelt.	(2-)3
G	Horus- und Osiris-gestaltige Göttergruppen beten Re/Chepri bei Sonnenaufgang an. (Beischrift, Höhlenbuch 104.15-21: „In dargestellter Weise sind diese Götter, wie sie trommelnden Jubel von sich geben für Re-Harachte, ….").	Göttergruppen am östlichen Horizont jubeln dem Sonnengott bei Sonnenaufgang zu.	2
H	Der nächtliche Re nimmt seine Wandelgestalt (Chepri, Skarabäus) an.	Der Sonnengott nimmt seine „Wandelgestalt" (Chepri, Skarabäus) an.	1
	Re/Chepri erscheint als Kind.	Der Sonnengott ist (wieder) jung.	2
I	Re/die Sonne durchbricht die Erde.	Der Sonnengott durchbricht die Erde.	2

Tab. 12: Mythem-Übersicht zum Sonnenaufgang

Nr.	Mythem	TT218	Tanis	Sonnen-priester	Pforten-buch-SB	Höhlen-buch-SB	Nacht-buch
		Tab. 6	Tab. 7	Tab. 8	Tab. 10	Tab. 11	Tab. 9
M0	Göttliche Wesen treideln das Schiff des Sonnengottes.					Hb.SB B	(Nachtb.)
	Ein Mannschaftspaar treidelt das Schiff des Sonnengottes.			So.pr. 23			
M1	Der Sonnengott nimmt seine „Wandelgestalt" an (Chepri, Skarabäus).		(Tanis 3)	So.pr. 4, 25, 43	Pfb. SB A	Hb.SB A, H	Nachtb. 4
M2	Der Sonnengott bewegt sich durch/über den Urozean.						
	Der Sonnengott geht (als Sonne) auf aus dem Urozean.	TT218 3	(Tanis 3)		Pfb. SB K		
	Der Sonnengott beleuchtet (als Sonne) den Urozean.	TT218 9					
	Der Sonnengott durchfährt den Urozean.			So.pr. 25		Hb.SB E	Nachtb. 3
M2 bis	*Huh* und *Hauhet* nehmen den Sonnengott in Empfang.			So.pr. 9			(*Nachtb.*; Abb. 3)
M3	Der Sonnengott entsteht auf einer Töpferscheibe.		Tanis 9	So.pr. 3			(*Nachtb.*; Abb. 3)
M4	Bei Sonnenaufgang versammeln sich die heliopolitanischen Weltschöpfungsgötter/-göttinnen.				Pfb. SB M		

Nr.	Mythem	TT218	Tanis	Sonnen-priester	Pforten-buch-SB	Höhlen-buch-SB	Nacht-buch
		Tab. 6	Tab. 7	Tab. 8	Tab. 10	Tab. 11	Tab. 9
	Die Schöpfungsmächte *Sia*/Erkenntnis und *Hu*/wirksamer Ausspruch steuern die Morgenbarke.				Pfb. SB N		
	Das Götterkollegium (der Schöpfung?) begrüßt den Welt-/Sonnengott beim Erscheinen.		Tanis 14				
	(*weiter abstrahiert*: Ein Gott hebt den Sonnengott empor.)						
	Der Sonnengott wird von einem Gott aus dem Urozean gehoben.				Pfb. SB L		
M5	**Tatenen erhebt** den Sonnengott.		Tanis 9				
M5 bis	**Osiris hebt** den Sonnengott **empor.**			So.pr. 8			
M6	Der Sonnengott wird verjüngt/als junges Kind (wieder)geboren.						
	Der Sonnengott ist (wieder) jung.	TT218 7				Hb.SB H	(Nachtb.)
	Der Welt-/Sonnengott ist ein Embryo.		Tanis 12				
	Der Sonnengott wird geboren.			So.pr. 24		(*Höhlenb.* 103.24)	
	Der Sonnengott wird (von der Himmelsgöttin) geboren.			So.pr. 6			Nachtb. 7

Nr.	Mythem	TT218	Tanis	Sonnen-priester	Pforten-buch-SB	Höhlen-buch-SB	Nacht-buch
		Tab. 6	Tab. 7	Tab. 8	Tab. 10	Tab. 11	Tab. 9
	Der Sonnengott wird am/im östlichen Horizont geboren.			So.pr. 7			
M6 bis	Der Gebieter der Unterweltlichen (d. h. *Osiris*) gebiert den Sonnengott.		Tanis 10				
	(*weiter abstrahiert*: Ein Göttinnen-Paar kümmert sich um einen jungen Gott.)						
M7	*Isis* und *Nephthys* erheben den Sonnengott (*sc.* wie *Osiris*).				Pfb. SB C		(Nachtb.)
M8	„Die Beiden Herrinnen"[73] umhegen den jungen Sonnengott (*sc.* wie *Horus*).	TT218 6					
M9	Der *Ba* des *Osiris* begleitet den Sonnengott.					Hb.SB A	
M10	Der Sonnengott durchfährt im östlichen Horizontland ein Tor.			So.pr. 26	Pfb. SB O		
	Der Sonnengott geht im Tor des Horizontlandes auf.						Nachtb. 8
	Götter im Sonnenschiff öffnen das Tor am östlichen Horizont.				Pfb. SB E		
	Götter am östlichen Horizont öffnen das Tor am östlichen Horizont.			So.pr. 16			

---

[73] Zur möglichen Identifizierung der „Beiden Herrinnen" siehe Assmann 1969, 319 f.

Nr.	Mythem	TT218	Tanis	Sonnen-priester	Pforten-buch-SB	Höhlen-buch-SB	Nacht-buch
		Tab. 6	Tab. 7	Tab. 8	Tab. 10	Tab. 11	Tab. 9
M11	Der Sonnengott kommt aus der Unterwelt hervor.						Nachtb. 1
	Der Sonnengott durchbricht die Erde.				Pfb. SB G	Hb.SB I	
	Der Sonnengott durchzieht die Unterwelt.					Hb.SB C	
(M5 bis)	(METAPHER:) *Osiris* hebt den Sonnengott empor.			(So.pr. 8)			
(M6 bis)	(METAPHER:) Der Gebieter der Unterweltlichen (d. h. *Osiris*) gebiert den Sonnengott.		(*Tanis* 10)				
M12	Der Sonnengott wechselt vom Abend-/Nachtfahrtsschiff ins Morgen-/Tagesfahrtsschiff.						(Nachtb.)
	Der Welt-/Sonnengott ist im Abend-/Nachtfahrtsschiff.		Tanis 12	So.pr. 28			
	(Der Sonnengott fährt in einem Schiff.)					Hb.SB A	
	Der Sonnengott besteigt das Morgen-/Tagesfahrtsschiff.			So.pr. 10	Pfb. SB B		Nachtb. 2
	Der Sonnengott ist im Morgen-/Tagesfahrtsschiff.			So.pr. 27			
M13	Der Sonnengott geht (als Sonne) im östlichen Horizontland auf.	TT218 1	Tanis 11				
	Der Sonnengott steigt zum Horizontland auf.						Nachtb. 5

Nr.	Mythem	TT218	Tanis	Sonnen-priester	Pforten-buch-SB	Höhlen-buch-SB	Nacht-buch
		Tab. 6	Tab. 7	Tab. 8	Tab. 10	Tab. 11	Tab. 9
	Der Sonnengott erscheint im Horizontland.			So.pr. 15			
	Der Sonnengott geht im Tor des Horizontlandes auf.						Nachtb. 8
	(METAPHER:) Der Sonnengott wird hoch gehoben.				Pfb. SB D		
	Der Sonnengott kommt hervor.			So.pr. 2, 43			
	Der Sonnengott geht (am Himmel) auf.			So.pr. 14			
M14	Ein **Götterkollegium bejubelt** den Sonnengott beim Sonnenaufgang (insbesondere auch brusttrommelnd).			So.pr. 13			
	Ein Götterkollegium preist den Sonnengott.	TT218 5					(Nachtb.)
	Ein Götterkollegium lobpreist den Sonnengott.	TT218 8					
	Das Götterkollegium (der Schöpfung?) begrüßt den Welt-/Sonnengott beim Erscheinen.		Tanis 14				
	Götter bejubeln den Sonnengott brusttrommelnd (bei Sonnenaufgang).				Pfb. SB F		
	Göttergruppen am östlichen Horizont jubeln dem Sonnengott bei Sonnenaufgang zu.					Hb.SB G	

Nr.	Mythem	TT218	Tanis	Sonnen-priester	Pforten-buch-SB	Höhlen-buch-SB	Nacht-buch
		Tab. 6	Tab. 7	Tab. 8	Tab. 10	Tab. 11	Tab. 9
	((Ein Beter betet den Sonnengott bei Sonnenaufgang an.))	(TT218 1)					
	((Ein Beter begrüßt den Sonnengott.))	(TT218 2)					
	Götter warten am östlichen Horizont.			So.pr. 19-21			
	Der Sonnengott macht in Horizontland Station.			So.pr. 29			
M14 bis	**Alle Lebewesen huldigen dem Sonnengott beim Sonnenaufgang.**						
	Alles in der Welt huldigt dem Welt-/Sonnengott.		Tanis 16				
	Die Wildtiere huldigen dem Welt-/Sonnengott.		Tanis 17				
	((Die Menschen bejubeln den König als Sonnengott.))			(So.pr. 40)			
	((Die Menschen bereiten dem König als Sonnengott trommelnden Jubel.))			(So.pr. 41)			
M15	Der Sonnengott fährt zum/in den Himmel.						
	Die Himmelsgöttin empfängt den Sonnengott.				Pfb.SB H	(Höhlenb. 103.25)	
	Der Sonnengott tritt in den Leib der Himmelsgöttin ein.					(Höhlenb. 104.17/21)	

Nr.	Mythem	TT218	Tanis	Sonnen-priester	Pforten-buch-SB	Höhlen-buch-SB	Nacht-buch
		Tab. 6	Tab. 7	Tab. 8	Tab. 10	Tab. 11	Tab. 9
	Der Sonnengott fährt zum Himmel.			So.pr. 17			
	Der Sonnengott fliegt zum Himmel auf.			So.pr. 4			
	Der Sonnengott fährt im/am Himmel.			So.pr. 30			
M15 bis	Der Sonnengott tritt in den Mund (der Himmels-göttin) ein.			So.pr. 5			Nachtb. 6
M16	Der Sonnengott **erleuchtet (als Sonne)** nach Sonnenaufgang die Oberwelt.						
	Der Sonnengott erleuchtet (als Sonne) Ägypten nach Sonnenaufgang.	TT218 4	Tanis 6				
	Der Sonnengott bestrahlt (als Sonne) die Menschen nach Sonnenaufgang.		Tanis 7			(Höhlenb. 103.23f)	
	Der Sonnengott leuchtet (als Sonne) am blauen Himmel.	TT218 10					
	Der Sonnengott erleuchtet (als Sonne) nach Sonnenaufgang die Oberwelt.					Hb.SB F	(Nachtb. 9)
	Der Sonnengott erleuchtet (als Sonne) vor Sonnenaufgang die Unterwelt.					Hb.SB D	
M16 bis	Der Sonnengott ermöglicht mit seinem Licht das Sehen.		Tanis 8				

Nr.	Mythem	TT218	Tanis	Sonnen-priester	Pforten-buch-SB	Höhlen-buch-SB	Nacht-buch
		Tab. 6	Tab. 7	Tab. 8	Tab. 10	Tab. 11	Tab. 9
	Alles in der Welt schaut die Lichtscheiben des Welt-/Sonnengott.		Tanis 15				
	Die Pflanzenwelt wendet sich dem Welt-/Sonnengott zu.		Tanis 18				
M17	Der Sonnengott erschafft (mit seinem Licht) die Lebengrundlage für alle Lebewesen.						Nachtb. 9
M18	*Maat*/die „Rechte Weltordnung" begleitet den Sonnengott. (Der Welt-/Sonnengott agiert in der/generiert die Rechte Weltordnung.)		Tanis 13				

Tanja S. Scheer
Helden am Himmel – Helden im Himmel

Sphärenwechsel zu den Sternen im griechischen Mythos

Abstract: The *Catasterisms* of Pseudo-Eratosthenes and the *Astronomia*, written by an author named Hyginus are the most important extant sources concerning ancient Greek star-myths. Analysing these texts this paper discusses questions about the reasons and circumstances that lead mythical heroes and heroines to changing the earthly sphere for the heavens in Greek myth. Which consequences did these changes inflict on the protagonists concerned? What did it mean to be put among the stars? The texts allowed their audience a wide range of possibilities "to think with", including divine compassion, gratitude and eternal memory of great deeds as well as presenting warning examples for mankind on earth. Since when these examples were told, is difficult to assess. The case of the Arkadian heroine Callisto shows how strata of mythical subjects (*mythische Stoffe*) changed over the centuries. The Homeric Odysseus was told of the 'Bear' as an important heavenly constellation, but it seems that it took some centuries before the heroine Callisto reached the sky and this bear finally got a personal name. Authors like Pseudo-Eratosthenes and Hyginus do not express the belief that such a changing of spheres included a happy afterlife or immortal feasting in the presence of the Olympic gods. Nevertheless their readers were at liberty to hope for it.

1 Einführung: Himmelsbilder

Nachdem Galileo Galilei im Jahr 1610 die Jupitermonde entdeckt hatte, stellten sich die neuzeitlichen Gelehrten in eine lange Tradition – als Fortschreiber des griechischen Mythos. Die Monde wurden nach mythischen Geliebten des Zeus benannt, die in Ewigkeit um ihn kreisen. Griechischer Mythos diente einmal

---

Hinweis: Der vorliegende Beitrag ist im Kontext der von der DFG geförderten Forschergruppe 2064 STRATA – Stratifikationsanalysen mythischer Stoffe und Texte in der Antike (Teilprojekt Alte Geschichte: Hermes und Herakles. Formen, Kontexte und Funktionen mythischer Sphärenwechsel in der griechischen Kultur) entstanden.

∂ Open Access. © 2020 T. S. Scheer, publiziert von De Gruyter. [CC BY] Dieses Werk ist lizenziert unter der Creative Commons Attribution-NonCommercial-NoDerivatives 4.0 Lizenz.
https://doi.org/10.1515/9783110652543-008

mehr dazu, den Menschen den Kosmos zu erklären. Einer der Jupitermonde erhielt den Namen Kallisto. Dabei übersah man oder nahm zumindest keine Rücksicht darauf, dass Kallisto den Weg zu den Sternen eigentlich bereits Jahrtausende früher gefunden hatte. Bildliche und schriftliche Quellen der griechischen und der römischen Kultur legen Zeugnis ab von der verbreiteten Vorstellung des Himmels als eines Bereichs, in dem Gestalten des griechischen Mythos für den Menschen sichtbare Wirklichkeit werden.

Abb. 1: Atlas Farnese, 2. Jh. n. Chr. Archäologisches Nationalmuseum Neapel. Photo: Adam Eastland / Alamy Stock Foto.

Diese Visualisierung des Himmels als Hintergrund für die Taten bekannter Gestalten aus der mythischen Tradition wird besonders plastisch in einem erhaltenen archäologischen Zeugnis, dem sog. Atlas Farnese (Abb. 1). Die Statue, heute im Archäologischen Nationalmuseum von Neapel, stellt den Riesen Atlas dar, der bereits bei dem frühen griechischen Dichter Hesiod als Träger des Himmels genannt wird[1]. Der Atlas Farnese geht unter dem Gewicht der Himmelskugel, die auf seinen Schultern lastet, förmlich in die Knie. Atlas' Himmel ist in diesem Fall als einzigartiges mythisch-astronomisches Bilderbuch gestaltet, das in der Fülle seines Flachrelief-Schmucks mythologisches und astronomisches Bildungswissen der antiken Welt vermittelt. Die 42 Sternbilder auf der Neapolitaner Himmelskugel sind nicht als Sternkonstellationen, sondern in Form mythologischer Gestalten dargestellt. Der Himmel ist voll mit anthropomorphen Personen, Tieren oder Gegenständen, die eigentlich in die irdische und nicht in die himmlische Sphäre gehören. Sie haben offenbar die Sphäre gewechselt. Die Fragen, die sich für den antiken Betrachter hieraus ergaben, sind naheliegend: Wann, warum und wie waren diese Protagonisten und die mit ihrer Gestalt implizierten mythologischen Traditionen an den Himmel gekommen? Wen konnte man sehen und warum?

Welche Bedeutung hat der mythische Stoff des Sphärenwechsels in den Himmel? Waren die Sternbilder Beweise oder zumindest hoffnungspendende Exempla für die Vorstellung, dass der Himmel offen sein könnte, dass für sterblich Geborene die Möglichkeit besteht, durch Wechsel der Sphäre „zu den Sternen" oder gar zu den Göttern zu gelangen und Unsterblichkeit zu erhalten? Beim Versuch, Antworten auf diese Fragen zu erhalten, ist die wissenschaftliche Diskussion um den Atlas Farnese ein Beispiel für die grundsätzliche Quellenproblematik zum Thema griechischer Gestirnmythen. Beispielhaft ist etwa die unklare Datierung des Zeugnisses: Die erhaltene Statue in Neapel stammt aus der Kaiserzeit, dem 2. Jahrhundert n. Chr., gilt aber als Kopie eines hellenistischen Originals, dessen Künstler unbekannt ist. Die genaue Datierung der originalen Statue ist entsprechend unklar[2]. Grundsätzlich wird davon ausgegangen, dass der bildende Künstler sich auf sternkundlich informierte Vorlagen stützte. Welche dies gewesen sind und ob sie bildlich oder schriftlich gestaltet waren, ist nach wie vor höchst umstritten[3].

---

1 Hes. Theog. 517.
2 Vgl. etwa Condos 1997, 25.
3 Schon 1898 hat Georg Thiele die These vertreten, dem Himmelsglobus des Atlas Farnese liege der Sternkatalog des hellenistischen Astronomen Hipparch von Nikäa (190-120 v. Chr.) zugrunde (Thiele 1898, 27-35); siehe auch Condos 1997, 25. Der Versuch Schaefers (Schaefer 2005), die dargestellte Sternkonstellation auf dem Himmelsglobus als dem Jahr 125 v. Chr. entsprechend zu identifizieren und erneut Hipparchos als Vorlage für die bildliche Quelle zu benennen, ist nicht überzeugend (vgl. Duke 2006).

Ähnliche Probleme der Überlieferung und Datierung ergeben sich auch für die wichtigsten Autoren und Texte, welche Traditionen über den Weg mythischer Protagonisten zu den Sternen enthalten: Für die archaische und klassische Zeit erweist sich der Quellenfundus als vergleichsweise sehr gering oder fragmentiert[4]. Die einschlägigen hellenistischen Werke zum Thema sind mit Ausnahme der *Phainomena* des Arat von Soloi nur trümmerhaft in Fragmenten (Kallimachos) oder kaiserzeitlichen Epitomai (Eratosthenes), in lateinischen Übertragungen (Kallimachos und Catull), verstümmelten kaiserzeitlichen Fassungen (Hygin) sowie in der Kommentar- und Scholienliteratur überliefert[5]. Entsprechend schwierig gestaltet sich die Nachzeichnung der Entwicklung einzelner mythischer Stoffe, der mythologische Weg zu den Sternen bestimmter mythischer Protagonisten.

---

4 Vgl. die sog. Hesiodeische Astronomie (Most 2007, Fr. 223-229) oder das ebenfalls nur in Fragmenten erhaltene Werk des Pherekydes von Athen (Fowler Bd. 1 2000, 273-364; FGrHist 3).
5 Von den aus hellenistischer Zeit bekannten, einschlägigen Werken sind lediglich die *Phainomena* des Arat (310-245) erhalten geblieben, die bis in die Kaiserzeit mehrfache Übersetzungen ins Lateinische sowie Kommentierungen erfahren haben: Erren 2009, 109-10; Pàmias/Geus 2007, 33; Fakas 2001, 1; Lewis 1992, 97-101. Das Prosawerk des hellenistischen Universalgelehrten Eratosthenes von Kyrene über ‚Katasterismen' liegt hingegen nur in Form einer kaiserzeitlichen Epitome vor, die ihrerseits zur Kommentierung der Arateischen *Phainomena* angefertigt worden zu sein scheint und als Pseudo-Eratosthenes' *Katasterismen* bekannt ist: zur schwierigen Textüberlieferung siehe Pàmias/Geus 2007, 31-34. Smith/Trzaskoma 2007, XXIV schlagen für die Epitome ein Datum zwischen dem 1. Jahrhundert v. und dem 1. Jahrhundert n. Chr. vor, vgl. die spätere Datierung bei Condos 1997, 11: 1./2. Jahrhundert n. Chr. Ähnliche Probleme stellen sich für die unter dem Namen „Hygin" laufenden mythologischen Textsammlungen *De Astronomia* (oder *Poeticon Astronomicon*) und *Fabulae* (oder *Genealogiai*). Die letzteren sind nach Cameron 2004, 11 nur als „miserably abridged, interpolated and generally debased version of a work published no later than the second century" erhalten. Vermutlich war der augusteische Gelehrte Gaius Julius Hyginus nicht der Verfasser (aber vorsichtig positiv Condos 1997, 11: Datierung ins 1. Jahrhundert v. Chr. und Robinson 2013, 448). Zur ungeklärten Frage von Autor und Datierung siehe Smith/Trzaskoma 2007, XLIII-XLIV; Viré 1992, III-IV. XXXI. Der Verfasser der Schrift *De Astronomia* als „generally regarded to be the same Hyginus who authored the fabulae": Smith/Trzaskoma 2007, XLIV; Condos 1997, 20; Le Bœuffle 1983, XXXIV. Vgl. den Verweis in der *Astronomia* auf die *Genealogiai*: Hyg. Astr. 2,12: de quibus in primo libro Genealogiarum scripsimus. Schließlich stammt auch das bekannteste erhaltene mythologische Handbuch griechischer Mythologie, die mitunter dem hellenistischen Gelehrten Apollodor von Athen (2. Jahrhundert v. Chr.) zugeschriebene *Bibliotheke*, erst aus dem 1. oder 2. Jahrhundert n. Chr. und wird in seinem Quellenwert sehr unterschiedlich eingeschätzt. Nach Cameron 2004, VII-VIII behaupteten kaiserzeitliche mythographische Texte wie die *Bibliotheke* zwar häufig, aus viel älteren Autoren zu zitieren, diese hätten ihnen aber wohl nicht mehr vorgelegen oder seien nur genannt worden, um dem kaiserzeitlichen Text größere Autorität zu verleihen; zustimmend hierzu auch: Smith/Trzaskoma 2007, XXXVI-XXXVII.

2 Zu den Sternen: Mythographische Diskurse der Kaiserzeit

Die erhaltenen Zeugnisse machen jedoch deutlich, dass in der Kaiserzeit großes Interesse an mythischen Stoffen bestand, die einen Zusammenhang zwischen bekannten mythischen Gestalten und dem Sternenhimmel herstellten. Entsprechend erscheint es lohnend, nach den wichtigsten und prägenden Elementen dieses kaiserzeitlichen Diskurses zu fragen, bevor dann exemplarisch Kallistos Weg zu den Sternen mittels Hylemanalyse nachgezeichnet wird[6]. Die Basis der folgenden Ausführungen bilden die bereits erwähnten *Phainomena* des Arat sowie vor allem Pseudo-Eratosthenes' *Katasterismen* (Epitome und Fragmenta Vaticana) und Hygins *Fabulae* und *Astronomia*[7]. Diese Texte werden im Hinblick auf folgende Leitfragen analysiert:
- Was wollte man in der Kaiserzeit am Himmel erkennen können?
- Wer sollte für die Versetzung an den Himmel verantwortlich gewesen sein?
- Wem schrieb man die Macht zu, den mythischen Himmel zu gestalten?
- Welche Gründe konnte es für eine Versetzung an den Himmel (oder in den Himmel) geben?
- Welche Folgen hatte die Verstirnung für die betroffenen mythischen Protagonisten: Hatten sie höchstpersönlich einen Platz am Himmel oder gar im Himmel gefunden?

2.1 Das hellenistische Vorbild: Die Phainomena des Arat

Arat von Soloi beschrieb im 3. Jahrhundert v. Chr. im ersten Teil seines Gedichts *Phainomena* die sichtbaren Phänomene des Sternenhimmels. Im zweiten Teil erläuterte er Wetterzeichen, für die der Auf- und Untergang der Gestirne eben-

---

[6] S. zu dieser Methodik und Terminologie den Beitrag von C. Zgoll in diesem Band, v. a. Kapitel 3.1 und 3.3.

[7] Die zusätzlich erhaltenen Varianten der genannten Texte, der sog. Aratus Latinus und die Scholia Basileensia, bringen inhaltlich kaum weitere Information und sind deshalb nicht eigens berücksichtigt worden. Zum Textverhältnis informativ Robinson 2013, 472-473. Rein astronomische Werke, wie der *Almagest* des Claudius Ptolemaios, welcher sich nach seiner Entstehungszeit im 2. Jahrhundert n. Chr. ebenfalls anbieten würde, sind aus inhaltlichen Gründen ebenfalls nicht berücksichtigt. Einer eigenen Abhandlung bedürfte die Analyse von Ovids Umgang mit den Gestirnmythen: vgl. hierzu auch Fox 2004.

falls eine Rolle spielen sollte[8]. Die astronomische Quelle, die Arat für sein Werk benutzte, ist nicht erhalten. Es könnte sich um die schriftliche Fassung des astronomischen Prosawerks des Eudoxos von Knidos, welches im 4. Jahrhundert v. Chr. entstand, gehandelt haben, aber auch eine bildliche Fassung dieses Werks – ein Himmelsglobus – ist vermutet worden[9].

Für die hier verfolgte Fragestellung spielt die astronomische Qualität des Textes keine Rolle. Im Zentrum steht vielmehr die Frage, welche mythischen Stoffe vom Sphärenwechsel bei Arat berichtet werden und wie sich der erhaltene griechische Text Arats mythographisch im Vergleich zu den erhaltenen kaiserzeitlichen Texten präsentiert. Bedenkt man die vielfältige Wirkungsgeschichte dieses Textes, der in der Antike wiederholt kommentiert und mehrfach ins Lateinische übersetzt worden ist[10], so ist die unmittelbare Lektüre eher überraschend: Arat benennt eine Vielzahl von Sterngruppen und Sternen mit bildhaften Namen: 26 verschiedene Personen kann man am Himmel erkennen, 12 Männer und 14 Frauen, 25 Tiere bevölkern das nächtliche Firmament, 9 verschiedene Gegenstände sind zu beobachten, und schließlich fließt sogar ein Fluss am Himmel[11].

Den aitiologischen Erkenntnisdrang seiner Leserschaft, der für Arats hellenistische Zeitgenossen vorausgesetzt werden darf[12], stillt sein Text allerdings

---

8 Die enge Verbindung Arats zum Werk Hesiods wurde bereits in der Antike wahrgenommen: siehe Kallimachos in Anth. Pal. 9,507. Zu den Unterschieden und Gemeinsamkeiten zu Hesiods *Werken und Tagen* vgl. ausführlich Fakas 2001; Erren 2009, 107.
9 Erren 2009, 108-109; bildliche Umsetzung: Erren 2009, 112.
10 Vgl. Cic. Nat. D. 2,105-114; vgl. Hyg. Astr. 4,3 sowie Ov. Am. 1,15,16: „Und mit Sonne und Mond dauert für immer Arat". Siehe Robinson 2013, 459 mit Anm. 64; Condos 1997, 19.
11 Am Himmel sichtbare Männer bei Arat (die Stellenverweise jeweils im Folgenden): Der Kniende, Schlangenträger, Arktophylax, Zwillinge, Fuhrmann, Kepheus, Perseus, Wassergießer, Schütze (vom Kentauren unterschieden), Orion, Kentaur. Frauen: Jungfrau, Hyaden im Stier, Kassiopeia, Andromeda, Pleiaden. Tiere: Bärin Helike (= Wagen), Bärin Kynosura, Schlange, Schlange des Schlangenträgers, Skorpion, Krebs, Esel, Löwe, Ziege, Stier, Pferd, Widder, Fische, Schwan, Steinbock/Aigipan, Adler, Delphin, Großer Hund, Kleiner Hund, Hase, Seeungeheuer, Therion des Kentauren, Wasserschlange (im Trio Rabe, Krater, Wasserschlange), Rabe (im Trio Rabe, Krater, Wasserschlange). Gegenstände: Wagen (= Bär), Kranz, Dreieck, Lyra, Pfeil, Argo, Altar, Krater (im Trio: Rabe, Krater, Wasserschlange), Waage (beim Skorpion). Fluss: Eridanos. Inwieweit die einzelnen Sternbilder bereits den Babyloniern und Ägyptern bekannt waren und inwiefern hier Verbindungen zum Himmel der Griechen und Römer bestanden, ist ein seit Forschergenerationen diskutiertes Feld: siehe etwa Huttner 1998, 855: Eudoxos von Knidos habe die babylonisch-assyrischen Zuordnungen von Gottheiten und Gestirnen in die griechische Welt vermittelt. Siehe außerdem etwa Condos 1997, 24 sowie den Kommentar bei Pàmias/Geus 2007 und Bechtold 2011, 57.
12 Siehe auch Henrichs 1987, 245; Irving 1990, 20; Condos 1997, 17; Bechtold 2011, 61.

nur sehr bedingt. Das vordringliche Interesse des Autors gilt nicht der Frage, wie all dies dort hinaufgekommen ist oder wer es identifiziert bzw. benannt hat. Beschrieben wird vor allem, wie Sterngruppen zueinander positioniert sind und wie sie auf- und untergehen. Anzeichen dafür, dass Personen, Tiere oder Gegenstände erst kürzlich in historischer Zeit den Weg an den Himmel gefunden haben, lassen sich nicht ausmachen. Die im Jahr 246 v. Chr. angeblich neu erschienene „Locke der Berenike" erwähnt Arat noch nicht[13]. Wenn er Erläuterungen zu den am Himmel sichtbaren Bildern gibt, die über astronomische Informationen hinausgehen, so werden die identifizierten Personen und Tiere in der Zeit des Götter- und Heroenmythos verortet – also nicht später als drei Generationen nach dem Trojanischen Krieg. Mythologische Erklärungen gehören für Arat aber nicht zum Standard: Bei 25 erwähnten Tieren fehlt für 16 jegliche Kontextualisierung, auch von den himmlischen Gegenständen (9) werden ganze 3 erläutert. Am Himmel sichtbare Personen werden immerhin in 14 Fällen (von 25) kommentiert[14]. Diese Zahl ist allerdings insofern irreführend, als hierbei die Pleiaden als Gruppe von sieben Schwestern und die Gestalten des Perseus-Mythos (Kepheus, Kassiopeia, Andromeda, Perseus plus das Seeungeheuer, welches Andromeda bedroht) zu jeweils nur einer mythologischen Erzählung gehören[15].

Ist Arat also eine zentrale Quelle für Informationen darüber, *was* man im Hellenismus am Himmel sehen zu können glaubte, so lässt er den Leser für die Frage, *wer* die einzelnen Personen und Objekte an den Himmel gesetzt haben soll und aus welchen Gründen dies geschehen ist, weitgehend im Stich. Eine mögliche Erklärung hierfür wäre die These, dass Arat ein „wissenschaftlich-naturphilosophisches" Weltbild präsentieren möchte und grundsätzlich davon ausgeht, die Benennung der Gestirne sei willkürlich erfolgt. Eine Stelle seines Werks scheint darauf hinzudeuten[16]: „Einer der Menschen, die nicht mehr sind" habe die Bahnen der Sterne bei sich bedacht und sie mit Namen nennen wollen,

---

13 Siehe auch Erren 2009, 121; zur Locke der Berenike siehe Bechtold 2011, 81-90.
14 Tiere ohne mythische Erläuterung bei Arat: Schlange, Krebs, Esel, Löwe, Stier, Widder, Fische, Schwan, Steinbock, Adler, Delphin, Hase, Tier (= Therion), Wasserschlange (im Trio), Rabe (im Trio). Personen ohne mythische Erläuterung: Schlangenträger, Arktophylax, Zwillinge, Fuhrmann, Wassergießer, Schütze, Kentaur, Hyaden. Gegenstände ohne mythische Erläuterung: Dreieck, Pfeil, Altar, Mischkrug, Waage.
15 Vergleichsweise wenig mythologisches Material bei Arat: siehe auch Robinson 2013, 460.
16 Arat. 373-375: τά τις ἀνδρῶν οὐκέτ' ἐόντων / ἐφράσατ' ἠδ' ἐνόησεν ἅπαντ' ὀνομαστὶ καλέσσαι / ἤλιθα μορφώσας: „Die einer der Menschen, die nicht mehr sind, bei sich bedachte; und er gedachte, sie alle mit Namen zu nennen, nachdem er sie geformt hatte, wie sie gerade kamen" (Übersetzung nach Erren 2009).

nachdem er sie geformt habe, wie sie gerade kamen[17]. Allerdings befinden sich die anderen einschlägigen Passagen im Text, in denen Arat seine Leser über Wege zu den Sternen informiert, hierzu im Widerspruch. So habe etwa der Gott Dionysos den Kranz der Ariadne am Himmel hinterlegt als „erlauchtes Zeichen" für die weggegangene Ariadne[18]. Hermes sei für das Sternbild Lyra verantwortlich: Er habe dieses Instrument nicht nur erfunden und benannt, sondern es an den Himmel gebracht und an seine Stelle gesetzt[19]. Die zwei Bärinnen seien, „wenn es denn wahr ist ... nach dem Willen des großen Zeus in den Himmel hinaufgestiegen"[20]. Für das Bild der Jungfrau am Himmel bezieht sich Arat auf das Tableau, das bereits Hesiod in den *Werken und Tagen* Jahrhunderte früher skizziert hatte: die Jungfrau Dike als Tochter des Zeus, die jederzeit die Sphäre wechseln kann und sich zwischen der Welt der Menschen und ihrem Platz bei Zeus bewegt[21]. Bei Arat wendet sich Dike wegen der Ungerechtigkeit der Menschen von diesen ab, aus Hass gegen diese sei sie zum Himmel geflogen[22]. Dies ist der einzige Fall, in dem Arat zugesteht, eine Person sei aus eigenem Antrieb in den Himmel aufgestiegen. Die Jungfrau Dike bestimmt darüber hinaus selbst den Ort am Himmel, an dem sie jetzt noch sichtbar ist, den Ort an dem sie

---

[17] Für den antiken Leser des Textes konnte dies menschlich willkürliche Benennung bedeuten. Dies war aber nur eine Möglichkeit: schließlich hatten die Dichter der alten Zeit – wie Homer und Hesiod – für sich in Anspruch genommen, von den Musen inspiriert zu sein. Dass Homer und Hesiod den Göttern ihre Namen gegeben haben sollten, wie etwa Herodot (Hdt. 2,53,2) formulierte, bedeutete nicht, dass sie diese Namen oder gar das Bezeichnete erfunden hatten. Die Dichter waren vielmehr fähig gewesen, mehr zu erkennen als andere. Vgl. auch Arat. 437 zum Kentauren, der mit einem Tier in der Hand zum Altar tritt: „so nämlich haben es die Altvorderen (*proteroi*) benannt."
[18] Arat. 71-72: αὐτοῦ κἀκεῖνος στέφανος, τὸν ἀγανὸς ἔθηκεν / σῆμ' ἔμεναι Διόνυσος ἀποιχομένης Ἀριάδνης.
[19] Arat. 268-271: καὶ χέλυς, ἥτ' ὀλίγη· τὴν δ' ἄρ' ἔτι καὶ παρὰ λίκνῳ / Ἑρμείης ἐτόρησε, λύρην δέ μιν εἶπε λέγεσθαι. / κὰδ δ' ἔθετο προπάροιθεν ἀπευθέος Εἰδώλοιο / οὐρανὸν εἰσαγαγών.
[20] Helike und Kynosura: Arat. 30-34: εἰ ἐτεὸν δή, / Κρήτηθεν κεῖναί γε Διὸς μεγάλου ἰότητι / οὐρανὸν εἰσανέβησαν, ὅ μιν τότε κουρίζοντα / Δίκτῳ ἐν εὐώδει, ὄρεος σχεδὸν Ἰδαίοιο, / ἄντρῳ ἐγκατέθεντο καὶ ἔτρεφον εἰς ἐνιαυτόν· „Wenn es denn wahr ist, sind diese von Kreta aus nach dem Willen des großen Zeus in den Himmel hinaufgestiegen, weil sie ihn damals, als er noch ein Kind war, auf der würzig duftenden Dikte nahe dem Idaberg in einer Höhle betteten und ihn nährten bis übers Jahr ..." (Übersetzung M. Erren).
[21] Hes. Op. 220-226; ebd. 256-261; Pàmias/Geus 2007, 221 Anm. 40.
[22] Jungfrau: Arat. 94-136; bes. Arat. 133-136: καὶ τότε μισήσασα Δίκη κείνων γένος ἀνδρῶν / ἔπταθ' ὑπουρανίη· ταύτην δ' ἄρα νάσσατο χώρην, / ἧχί περ ἐννυχίη ἔτι φαίνεται ἀνθρώποισιν / παρθένος· „Da flog Dike, voll Haß über das Geschlecht der Menschen, zum Himmel und nahm Wohnung an dem Ort, wo sie nächtlich noch den Menschen erscheint, die Jungfrau." Zum Arateischen Dike-Exkurs als Hesiod-Exegese siehe Fakas 2001, 163 f.

„Wohnung nimmt und nächtlich noch den Menschen erscheint". Nur in den genannten vier Fällen wird ausdrücklich gesagt, wer Sternbilder an den Himmel gesetzt hat. Arat schreibt diese Macht Göttern zu; oder aber im Fall der Göttin Dike hat diese selbst die Macht zu entscheiden, ob sie am Himmel oder auf der Erde bei den Menschen verweilen will.

Warum kommt man bei Arat zu den Sternen? Dikes Aufstieg zu den Sternen wird negativ begründet: Eine zornige oder enttäuschte Gottheit zieht sich von den Menschen zurück in den Bereich der Götter[23]. Für Dionysos steht ehrenvolles Gedenken an seine verlorene Geliebte Ariadne im Vordergrund; warum Hermes die Lyra an den Himmel gesetzt hat, wird nicht erklärt. Für die zwei „Bärinnen", die bei ihm Helike und Kynosura heißen, berichtet Arat, sie hätten das Zeuskind auf dem Berg Dikte versorgt und genährt[24]. Für die mit der Perseus-Geschichte verbundenen Charaktere heißt es, der „Name" des „leidgequälten Geschlechts des Iasiden Kepheus" sei an den Himmel gekommen, „da sie Zeus nahe waren"[25]. Im letzteren Fall wird nicht ausdrücklich gesagt, wer die Genannten an den Himmel gesetzt hat: Der antike Leser konnte jedoch implizieren, dass Zeus jeweils daran beteiligt gewesen war[26]. Hilfeleistung für eine olympische Gottheit oder aber dieser genealogisch besonders nahe zu stehen, wie Zeus' Sohn Perseus oder Ios Urenkel Kepheus, ergäben sich daraus ebenfalls als mögliche Ursachen für eine Versetzung an den Himmel.

Gibt der Text des Arat schließlich Hinweise darauf, welche Vorstellung von der „Seinsform" der am Himmel Befindlichen mit ihrer Identifizierung und Benennung einherging? Hier legt sich der Autor nicht fest – bzw. er ist in seiner Begrifflichkeit nicht einheitlich. Im Fall der „Jungfrau" Dike scheint klar zu sein: Die aufgestiegene Göttin hat selbst ihren Platz am Himmel gewählt, wo man sie tatsächlich sehen kann. Auch die Erläuterungen zur Lyra des Hermes sowie zum Kranz der Ariadne implizieren, dass es die Objekte selbst sind, die

---

23 Vgl. Aristoph. *Pax* 198, 207-210: die Götter, die sich in die höchsten Bereiche des Himmels zurückziehen bis sie den Lärm der Menschen nicht mehr hören können.
24 Vgl. oben Anm. 20.
25 Arat. 179-181: ἀλλ'ἄρα καὶ τῶν / οὐρανὸν εἰς ὄνομ' ἦλθεν, ἐπεὶ Διὸς ἐγγύθεν ἦσαν. Eine Verwandtschaft des Kepheus mit Zeus über seine Urgroßmutter Io betont Erren 2009, 86 Anm. 13.
26 Eine Besonderheit bei Arat ist sein Verständnis des Zeus: Mehrfach wird Zeus tatsächlich mit dem Himmel gleichgesetzt. Der göttliche Pegasos ist „in Zeus" (Arat. 205-224) und eine der Pleiaden ist nicht „aus Zeus" verloren gegangen (Arat. 254-267). Herren 2009, 115, hat hier ein ausgeprägt stoisches Weltbild des Arat erkennen wollen; siehe ebenso Fakas 2001, 7; Robinson 2013, 460. Zeus mit dem Bereich gleichzusetzen, für den er verantwortlich ist, hat allerdings eine lange Tradition: vgl. Burkert 2011, 199: „Zeus regnet".

Hermes in den Himmel hineingeführt (οὐρανὸν εἰσαγαγών) oder Dionysos gesetzt hat (ἔθηκεν / σῆμ'), als „Zeichen" für Ariadne, die sich anderswo befindet. Orion stünde „selbst" am Himmel[27]. Im Fall des Perseus und der Eltern der Andromeda hingegen sind am Himmel zwar ebenfalls deren ganze Gestalten zu sehen, Arat betont jedoch, ihr „Name" sei an den Himmel gekommen, damit sie nicht ungenannt blieben, also Ruhm hätten[28].

Wenn Arat allgemein von den Sternbildern spricht, verwendet er den Begriff *eidola*[29]. Die aus Fixsternen bestehenden Sternbilder werden außerdem im Unterschied zu den Planeten, deren Himmelslauf schwer beschreibbar ist, an einer Stelle auch als *agalmata* bezeichnet[30]. Obwohl dieses Wort im kultischen Kontext vor allem „Götterbild" im Sinne einer verehrten Statue bedeutet, ist dies bei Arat wohl nicht gemeint: Die Fixsternbilder sind *agalmata* im Sinne von ‚Schmuckstücken' der umlaufenden Nacht und „in den Himmel fest eingefügt". Damit werden sie allerdings nicht zu zufälligen Dekorationselementen degradiert. Sie unterscheiden sich vielmehr von den Planeten durch ihren festen und regelmäßig wiederkehrenden Platz am Himmel. Bereits Arats Vorbild Hesiod hatte die Sterne als Schmuck des Himmels bezeichnet und ihnen gleichzeitig göttliche Abkunft bescheinigt[31].

2.2 Helden am Himmel im Diskurs der Kaiserzeit: Ps.Eratosthenes' Katasterismen

Der Diskurs über die mythische Dimension des Himmels setzte sich seit der hellenistischen Epoche vertieft fort. Neben Arats *Phainomena* erwies sich das im Original verlorengegangene Werk seines jüngeren Zeitgenossen Eratosthenes von Kyrene über die Bilder am Himmel als einflussreich bis in die Kaiserzeit. Eratosthenes befasste sich im 3. Jahrhundert v. Chr. in Alexandria einerseits als Mathematiker und Astronom mit dem Lauf der Gestirne, nahm aber – bedingt durch sein gleichzeitiges philologisches Interesse – auch die Perspektive des

---

27 Orion: Arat. 322.
28 Siehe oben Anm. 25.
29 Arat. 616: ὑπουρανίων εἰδώλων „unter den Himmelsbildern"; vgl. auch grundsätzlich den Fall des Knienden, den er nicht identifiziert, sondern (63) nur beschreibt: „ein Bild (εἴδωλον), das einem mühebeladenen Mann gleicht".
30 Arat. 452-453: τὰ γὰρ καὶ πάντα μάλ'αὔτως / οὐρανῷ εὖ ἐνάρηρεν ἀγάλματα νυκτὸς ἰούσης.
31 Sterne als Schmuck des Himmels: Hes. Theog. 382: ἄστρα τε λαμπετόωντα, τά τ' οὐρανὸς ἐστεφάνωται. Göttliche Abkunft der Sterne: Hes. Theog. 379. Erren 2009, 107.

Mythographen ein[32]. Was den Gebildeten in der frühen Kaiserzeit in den *Katasterismen* des Eratosthenes besonders wissenswert erschien, fasste ein zeitgenössischer Kompilator zusammen (= Ps.Eratosthenes), mit dessen Werk kaiserzeitliche Leser die mythologischen Fehlstellen bei Arat ergänzen konnten[33]. Dieser Text soll im Folgenden auf die oben formulierten Leitfragen hin untersucht werden.

Die im Text erwähnten Sternbilder – also die Konstellationen, nach denen man am Himmel Ausschau halten kann – sind entsprechend fast vollständig mit den bei Arat genannten deckungsgleich, ihre „Basis-Namen" kaum verändert. Auch Ps.Eratosthenes spricht z. B. vom „Knienden", vom „Schlangenträger" oder vom „Pferd". Sein hauptsächliches Interesse gilt allerdings nicht dem Auf- und Untergang dieser Sterngruppen. Die astronomische Information ist vielmehr auf ein Minimum beschränkt. Der Autor gibt lediglich die Anzahl der zu einer Figur gehörigen Sterne sowie deren Platzierung an (z. B. „der Widder hat zwei Sterne auf dem Nacken")[34].

Fragen, die sich dem Leser von Arats Gedicht aufdrängten – wie es etwa zu den mythischen Bildern am Himmel gekommen war, auf welche Weise und aus welchen Gründen Menschen, Tiere und Gegenstände den Weg zu den Sternen finden konnten –, hatte vermutlich bereits der hellenistische Gelehrte Eratosthenes aus mythographischer Perspektive zu beantworten versucht. Definitiv war dies aber ein Ziel seines kaiserzeitlichen Kompilators[35].

---

[32] Geus 2002, 211-223; ein mit figürlichen Darstellungen versehener Globus wurde von Eratosthenes benutzt siehe Pàmias/Geus 2007, 236 Anm. 115; zur alexandrinischen Gelehrsamkeit siehe Condos 1997, 15.
[33] Textausgabe und deutsche Übersetzung des Pseudo-Eratosthenes (Epitome, ergänzt durch die Fragmenta Vaticana): Geus/Pàmias 2007, zum Text siehe ebd. 35-36. Zur Datierung der Epitome siehe oben Anm. 5. Die im Text des Kompilators angeführten Quellenbelege erweisen sich im Einzelfall nicht als Belege für den mythischen Stoff ‚Verstirnung' bei den zitierten frühen Autoren: Geus 2002, 219. Eine weite Verbreitung des Textes als womöglich eines der Bücher, die nicht nur Ovid, sondern buchstäblich jedermann kannte, postuliert Robinson 2013, 445-450.
[34] Ps.Eratosth. cat. 19.
[35] Robinson 2013, 460 setzt den geordneten Himmel Arats in Gegensatz zur mythologischen Fülle bei Eratosthenes: „There is no place for Eratosthenic chaos in the ordered cosmos of Aratus".

2.2.1 Macht über die Sterne: Urheber von Sphärenwechseln

Wie also konnte man an den oder gar in den Himmel kommen? Wer versetzte an den Himmel? Macht über den Raum des Himmels, hieran lässt Ps.Eratosthenes keinen Zweifel, haben die Götter. In besonderem Maße ist der Göttervater Zeus verantwortlich – in 18 der im Text beschriebenen Fälle wird er ausdrücklich als Urheber himmlischer Sichtbarkeit von Personen, Tieren oder Gegenständen genannt[36]. Für die anderen olympischen Götter ist es offenbar ebenfalls möglich und erlaubt, entsprechend aktiv zu werden, sie tun dies aber in deutlich geringerem Ausmaß. Von den älteren Göttern wird Zeus' Bruder Poseidon in einem einzigen Fall genannt: Er hat den Delphin unter die Sterne versetzt. Zeus' Gattin Hera ist für zwei andere Tiere verantwortlich, Schlange und Krebs[37]. Die olympischen Kinder des Zeus tragen ebenfalls zur Bevölkerung des mythischen Himmels bei: Athena (3 Beispiele), Apollon (3) und Artemis (2), sowie Dionysos (2) und Hermes (2) werden als diesbezüglich aktive Götter genannt. Bezeichnenderweise fehlen in diesem Kreis die Unterweltsgötter Hades und Persephone, deren Sphäre vom Himmel größtmöglich abgegrenzt ist und die den bevölkerten Himmel möglicherweise sogar als konkurrierenden Bereich ansehen würden[38]. Hestia, die bei Ps.Eratosthenes ebenfalls nicht genannt wird, war zum einen in mythischen Traditionen nur selten Protagonistin und andererseits durch ihre eher statische Verbindung mit Herd und Haus ebenfalls nicht zur Gestalterin des Himmelsraumes prädestiniert. Für das Fehlen von Demeter, Hephaistos und v. a. von Aphrodite lässt sich aus dem Text des Kompilators keine Begründung finden[39]. Sie werden zumindest in den Fällen indirekt als beteiligt gedacht, in denen „die Götter" beschließen, ein Objekt an den Himmel zu setzen (dies geschieht im Fall des Sternbilds Opferaltar, an dem die Götter gemeinsam die

---

[36] Zeus als Urheber: Große Bärin (Ps.Eratosth. cat. 1); Kniender (Ps.Eratosth. cat. 4); Schlangenträger (Ps.Eratosth. cat. 6); Skorpion (Ps.Eratosth. cat. 7); Arktophylax (Ps.Eratosth. cat. 8); Zwillinge (Ps.Eratosth. cat. 10); Löwe (Ps.Eratosth. cat. 12); Fuhrmann (Ps.Eratosth. cat. 13); Ziege im Fuhrmann (Ps.Eratosth. cat. 13); Stier (Ps.Eratosth. cat. 14); Lyra (Ps.Eratosth. cat. 24); Vogel/Schwan (Ps.Eratosth. cat. 25); Steinbock (Ps.Eratosth. cat. 27); Schütze (Ps.Eratosth. cat. 28); Adler (Ps.Eratosth. cat. 30); Orion (Ps.Eratosth. cat. 32); Hund (Ps.Eratosth. cat. 33); Kentaur (Ps.Eratosth. cat. 40).
[37] Delphin: Ps.Eratosth. cat. 31; Schlange und Krebs: Ps.Eratosth. cat. 3; 11.
[38] Auf die mitunter durch andere Autoren bezeugte Präsenz von verstirnten Heroen in der Unterwelt geht der Text bezeichnenderweise nicht ein. Vgl. unten Anm. 244.
[39] Vgl. aber hierzu unten Anm. 132-134 und die bei Hygin überlieferten Beispiele.

Kampfgemeinschaft gegen die Titanen beschworen haben) oder als Gruppe einer Verstirnung ausdrücklich zustimmen[40].

Die Zuschreibung von einzelnen Verstirnungen beschränkt sich grundsätzlich auf Götter aus dem Kreis der zwölf großen Olympier. Geringere Gottheiten wie etwa die Musen bringen ihre einschlägigen Bitten bei ihrem Vater Zeus vor (so im Fall der Lyra und des Schützen Crotus)[41]. Zeus' Bedeutung wird zusätzlich hervorgehoben, wenn die bedeutenden Göttinnen Athena und Artemis (die letztere gemeinsam mit ihrer Mutter Leto) sich an ihn wenden, um eine Verstirnung zu erreichen (oder gutsagen zu lassen)[42].

Ein Aufsteigen in den Himmel aus eigener Kraft ist auch bei Ps.Eratosthenes die große Ausnahme. Den besonderen Fall der Dike (Jungfrau) hatte bereits Arat unter Rückgriff auf Hesiod erläutert: Eine Göttin, die freiwillig zeitweise unter den Menschen wohnte, konnte den Bereich der Menschen auch wieder verlassen, um in den Himmel aufzusteigen[43]. Selbsttätig den Weg zu den Sternen gewählt zu haben, gestand Ps.Eratosthenes ausdrücklich sonst nur dem Widder zu. Dieser sei von vornherein unsterblich geboren gewesen. Nachdem er seine irdischen Abenteuer vollbracht und im Fluge den Phrixos gerettet hatte, schwang er sich unter Zurücklassung seines goldenen Fells – des goldenen Vlieses – zu den Sternen auf[44].

Eine besondere Rolle kommt in den *Katasterismen* des Ps.Eratosthenes aber unerwarteter Weise dem Hermes zu. Dieser soll zum einen den Hasen und das Dreieck an den Himmel gesetzt haben, zwei eher weniger wichtige Objekte[45]. Zum anderen aber betont der Kompilator die Bedeutung des Hermes für den mythisch bevölkerten Himmel: Hermes habe die „Anordnung der Sternbilder geschaffen", heißt es im Kontext der Erhebung des Dreiecks zu den Sternen[46]. Außerdem besitzt Hermes nicht nur einen eigenen Planeten (Stilbon „der Glänzende"), sondern er habe als erster „die Ordnung des Himmels und die Positionen der Sternbilder" festgelegt, die Jahreszeiten bemessen und die günstigen

---

40 Opferaltar: Ps.Eratosth. cat. 39; Orion und Skorpion: Ps.Eratosth. cat. 32.
41 Lyra: Ps.Eratosth. cat. 24; Schütze: Ps.Eratosth. cat. 28.
42 Dies tut Athena im Fall des Kepheus: Ps.Eratosth. cat. 15; Artemis und Leto beim Skorpion siehe Ps.Eratosth. cat. 32.
43 Vgl. Arat. 133-136 (siehe oben Anm. 22); Ps.Eratosth. cat. 9.
44 Widder: Ps.Eratosth. cat. 19. Wer die Versetzung des zweiten wunderbar fliegenden Tieres, des Pferdes Pegasos (Ps.Eratosth. cat. 18), veranlasst hat, ob es aus eigener Kraft aufstieg oder eines Gottes bedurfte, wird in der erhaltenen Textfassung nicht gesagt.
45 Hase: Ps.Eratosth. cat. 34; Dreieck: Ps.Eratosth. cat. 20.
46 Dreieck: Ps.Eratosth. cat. 20: ὅς τὸν διάκοσμον τῶν ἄστρων ἐποιήσατο.

Wetterzeichen angezeigt⁴⁷. Hermes wird durch diese Aussagen nicht zum Urheber sämtlicher Verstirnungen gemacht, er entscheidet nicht, wer an den Himmel gesetzt wird. Er fungiert aber als göttlicher „Platzanweiser", der die verstirnten Personen, Tiere und Gegenstände am Himmel arrangiert, ihnen eine feste Ordnung zuweist, auf die sich die Menschen verlassen können. Im Werk des Arat hatte nichts auf eine derartige Sonderrolle des Hermes bei der Koordination des Himmels hingedeutet und auch die Quellen der archaischen und klassischen Zeit sind diesbezüglich vollständig stumm. Der hellenistische Wissenschaftler und Gelehrte Eratosthenes von Kyrene verfasste allerdings außer seinem Prosawerk über Verstirnungen ein berühmtes Gedicht namens *Hermes*, von dem nur wenige Fragmente erhalten geblieben sind⁴⁸. Klaus Geus hat auf den Inhalt eines dieser Fragmente hingewiesen: Hermes erkennt nach der Erfindung der siebensaitigen Lyra, dass sich die Harmonie der Leiersaiten und die Harmonie der Himmelssphären entsprechen⁴⁹. Die These erscheint einleuchtend, die Tradition von Hermes als dem Ordner der himmlischen Sphären auf Eratosthenes zurückzuführen. Dieser hätte sie dann in seinem Werk über die Sterne erneut aufgegriffen, was sich in der uns vorliegenden Kompilation des Werkes spiegeln würde.

Der mythologische Himmel erweist sich bei Ps.Eratosthenes also vor allem als Aktionsraum der olympischen Götter. Er ist in besonderer Weise die Sphäre des Zeus, der sowohl als stärkster Gott im Kreis der Olympier, als auch als Gott des Himmels gilt, allerdings z. B. in der Kosmologie des hesiodeischen Epos nicht als Schöpfer und spezieller Beherrscher der Sterne in Erscheinung tritt. In Hesiods *Theogonie* sind Sonne, Mond und Morgenröte lange vor der Geburt des Zeus als Kinder von Hyperion und Theia entstanden, die Sterne gelten ihm als Sprößlinge des Astraios und der Eos⁵⁰. Dass ihre Zahl durch Verstirnung sekundär vermehrt werden könnte, zieht Hesiod zumindest in der *Theogonie* sowie in den *Werken und Tagen* nicht in Betracht⁵¹. Die Basis für Zeus' überragende Rolle im Kontext mythischer Verstirnungen dürfte die altbekannte Zuweisung des Himmels bilden, die durch das homerische Epos konsolidiert worden war: Zeus hatte – in Konkurrenz mit seinen Brüdern Hades und Poseidon – diesen Bereich

---

47 Planeten: Ps.Eratosth. cat. 43: τῷ δὲ Ἑρμῇ ἐδόθη διὰ τὸ πρῶτον αὐτὸν τὸν διάκοσμον ὁρίσαι τοῦ οὐρανοῦ καὶ τῶν ἄστρων τὰς τάξεις.
48 Geus 2002, 110-128.
49 Geus 2002, 116-17: Fr. 13 Powell = Theo Smyrn. P.142,7-20 Hiller; Pàmias/Geus 2007, 29.
50 Helios, Selene, Eos: Hes. Theog. 371; vgl. Arat. 97 mit Hyg. Astr. 2,25 (zur Virgo): Aratus sagt, man glaube, sie sei die Tochter von Astraios und Aurora.
51 Sterne: Hes. Theog. 375.

für sich erlost⁵². Die Gestirngottheiten Helios und Selene treten angesichts des Anspruchs des Zeus völlig in den Hintergrund. Sie befinden und bewegen sich zwar am Himmel, in der Überlieferung zum Sphärenwechsel hin zu den Sternen erscheinen sie jedoch nicht als Handelnde⁵³.

Gleichzeitig zeigt sich bereits bei der Frage nach den Urhebern mythischer Verstirnung die Variabilität der mythischen Tradition. Die vier schon bei Arat verwertbaren Fälle sind mit Ps.Eratosthenes zumindest in einem Fall nicht deckungsgleich. Bei beiden Autoren steigt zwar Dike aus eigener Kraft zum Himmel auf, und bei beiden stellt Dionysos den Kranz der Ariadne unter die Sterne⁵⁴. Im Fall der Lyra aber, die bei Arat von ihrem Erfinder Hermes am Himmel platziert wird, ist es bei Ps.Eratosthenes abweichend Zeus, welcher das Instrument, das von Hermes über Apollon an Orpheus gekommen war, auf Bitten der Musen unter die Sterne setzt⁵⁵.

2.2.2 Funktionen von Sphärenwechseln zu den Sternen

Welche Veranlassung wurde nun den olympischen Göttern zugeschrieben, Sterbliche, Tiere und Gegenstände an den Himmel zu versetzen? Welche Funktion hatten Verstirnungen? Arats Text hatte auch diesbezüglich mit konkreter Information gespart: Zorn einer Gottheit (Dike/Jungfrau) und ehrenvolles Gedenken an die abwesende Geliebte (Krone) waren die einzigen unmittelbaren Begründungen in den *Phainomena*. Der Text des Ps.Eratosthenes erweist sich auch in diesem Fall als sehr viel informativer: In der deutlichen Mehrzahl der Fälle wird nicht nur der Urheber der Verstirnung angegeben, sondern auch eine Begründung dafür genannt. In mehreren Fällen bietet der Kompilator alternative Erklärungen für eine Verstirnung an, meist ohne ein ausdrückliches Urteil darüber abzugeben, welche Version er für wahrscheinlicher hält.

---

52 Hom. Il. 15,187-193.
53 Vgl. Ps.Eratosth. cat. 43: Planeten: Ein Planet gehört der Sonne und heißt Phaethon (vermutlich nach dem mit dem Sonnenwagen abgestürzten Sohn des Helios); dass es sich hier um den verstirnten Phaethon handelt, wird aber nicht gesagt. Zur vergleichsweise geringen Bedeutung von Helios und Selene im traditionellen griechischen Kult siehe etwa Nilsson 1960, 31-32; zu Sonne und Mond in der Selbstrepräsentation des römischen Kaisers siehe Bechtold 2011, 146-147.
54 Im Fall der Bärinnen ist Zeus sowohl bei Arat als auch bei Ps.Eratosthenes Urheber der Verstirnung, inhaltlich unterscheiden sich die Traditionen ansonsten jedoch völlig.
55 Arat. 268-274; Ps.Eratosth. cat. 24.

Lösung eines unlösbaren Problems

Die Versetzung unter die Sterne kann bei Ps.Eratosthenes zu einem narrativ notwendigen Bestandteil einer mythischen Erzählung werden, welcher an die Plots attischer Tragödien erinnert. Mit einem anscheinend unlösbaren Problem konfrontiert greift die Gottheit als *deus ex machina* ein, die Verstirnung trägt maßgeblich zur Auflösung des Problems bei. Wenn etwa Arkas und Kallisto wegen eines Gesetzesverstoßes getötet werden sollen (oder alternativ der Sohn sich anschickt, seine Mutter zu heiraten)[56], greift Zeus ein und entzieht die Gefährdeten menschlichem Zugriff, indem er sie die Sphäre wechseln lässt.

Die Erhebung zu den Sternen kann auch ein Mittel sein, die Glaubwürdigkeit der Götter (und die Logik mythischer Erzählungen) zu stärken, wenn sich aus göttlichem Handeln ein unerwartetes, scheinbar unlösbares Dilemma ergibt: Treffen etwa zwei Tiere aufeinander, denen von den Göttern jeweils Unsterblichkeit oder Unbesiegbarkeit als Geschenk zugestanden worden ist, kann das göttliche Geschenk nicht zurückgenommen werden. Wenn also der unsterbliche Hund des Kephalos, von dem der gebildete Leser weiß, dass er durch seine Unermüdlichkeit stets seine Beute erreichte[57], auf der Jagd auf einen Fuchs trifft, der nicht einholbar ist, so bietet die Entrückung der Protagonisten eine Lösung der blockierten Situation: Zeus versteinert den Fuchs auf Erden und erhebt den Hund zu den Sternen[58].

Verstirnung kann aber sogar dazu beitragen, Konflikte unter den Göttern selbst zu entschärfen: Apollon zürnte seinem Vater Zeus wegen der Tötung seines Sohnes Asklepios. Zeus hatte den Heilgott mit dem Blitz erschlagen, nachdem dieser es gewagt hatte, Tote wieder zum Leben zu erwecken. Identifizierte man in der Gestirnkonstellation des Schlangenträgers den Heilgott Asklepios, so ermöglichte die Tat des Zeus, der den Getöteten schließlich an den Himmel gesetzt hatte, die Versöhnung zwischen Zeus und seinem Sohn Apollon[59].

Kompensation von ungerechtem Leid

Angesichts der Tatsache, dass die mythische Tradition über die Taten der Götter häufig den Erwartungen an moralisches oder verantwortliches Handeln widersprach – was bereits seit der Frühzeit Kritik hervorgerufen hatte –, erwies sich

---

[56] Bedrohung von Arkas und Kallisto: Ps.Eratosth. cat. 1; Heirat Mutter und Sohn: Ps.Eratosth. cat. 8.
[57] Apollod. 2,4,7.
[58] Ps.Eratosth. cat. 33.
[59] Ps.Eratosth. cat. 6.

das Erzählelement der Verstirnung als eine Möglichkeit, offensichtliches göttliches Unrecht oder aber auch Irrtümer von Seiten der nicht als allwissend gedachten Gottheiten zu korrigieren oder zu kompensieren. Im Kontext der ps.eratosthenischen *Katasterismen* wurde auf diese Weise etwa das Schicksal einiger Geliebter des Zeus neu erzählt bzw. abgemildert. Wegen seiner Vaterschaft sollte Zeus seinen Sohn Arkas (als Arktophylax) und dessen Mutter Kallisto (als Große Bärin) an den Himmel gestellt haben[60]. Auch der Io, die in Kuhgestalt von Hera umhergetrieben worden war, war so nachträglich Kompensation für ihre Leiden zuteil geworden: Zeus habe ein Rind (βοῦς) als Bild der Io am Himmel geehrt[61]. Die Kleine Bärin sollte ein weiteres Bild der Kallisto sein – diesmal von Artemis „zum Ausgleich" an den Himmel gestellt, da die Göttin ihre Begleiterin zuvor zur Strafe für deren Schwangerschaft in ein Tier verwandelt hatte, weil sie den „wahren Sachverhalt", die Überlistung und Vergewaltigung der Kallisto durch Zeus, nicht kannte[62].

Die jungfräuliche Göttin Artemis hatte noch in einem weiteren Fall Erbarmen mit einer Begleiterin, die geschwängert worden war und sich nun vor der Entdeckung ihres Zustands durch ihren Vater Chiron schämte: Sie versetzte Chirons fromme Tochter Hippe als Sternbild Pferd an den Himmel und wies ihr einen Platz zu, an dem ihr Vater (den man sich im Sternbild Kentaur verkörpert dachte), sie niemals erblicken konnte[63]. Hippes Vater Chiron stellte schließlich selbst ein Beispiel dar, bei dem die Verstirnung Zeus Gelegenheit gab, ungerechtes Leid zu mildern: Die Wunde, die dem frommen Kentauren ohne Absicht beigebracht worden war, als ihm einer der vergifteten Pfeile des Herakles auf den Fuß fiel, konnten auch die Götter nicht heilen. Der Sphärenwechsel des Kentauren erwies sich als Heilmittel, welches ihm Zeus wegen seiner Frömmigkeit und seines Missgeschicks zuteilwerden ließ[64].

Das Mitleid der Götter konnte sich aber auch in unerwarteten Situationen zeigen und besondere Frömmigkeit war nicht unbedingt seine Voraussetzung: Für diejenigen, die in der Konstellation Fuhrmann den Myrtilos erblickten, war klar, dass er von seinem Vater Hermes an den Himmel gesetzt worden war, um ihn für den mörderischen Verrat zu entschädigen, den Pelops an ihm begangen

---

60 Ps.Eratosth. cat. 1.
61 Ps.Eratosth. cat. 14. Bezeichnenderweise tritt beim Kompilator die Interpretation des Sternbilds Stier als Rind Io in Konkurrenz mit der Identifizierung als Stier der Europa, die der Kompilator zuvor als erste Version erzählt hat: „Die übrigen ..." halten das Rind für Io.
62 Ps.Eratosth. cat. 2.
63 Chiron als ‚Kentaur': Ps.Eratosth. cat. 40; Hippe als ‚Pferd': cat. 18. Diese Tradition soll nach Ps.Eratosthenes auf Euripides' Drama *Melanippe* zurückgehen.
64 Ps.Eratosth. cat. 40.

hatte. Dass Myrtilos zuvor seinerseits durch eine List den Tod des Königs Oinomaos im Wagenrennen herbeigeführt hatte, fiel dann nicht ins Gewicht[65]. Im Gegensatz zum frommen Weisen Chiron beschreiben die Quellen seit Homer auch den Jäger Orion als sehr ambivalente Figur, als wilden Jäger, der mit seinen Jagdkünsten prahlt, die Tochter seines Gastfreunds vergewaltigt und sich schließlich selbst an Artemis zu vergreifen versucht[66]. Statt den Frevler exemplarisch zu bestrafen – wie dies anderen Heroen unweigerlich geschieht, die ihre Fähigkeiten mit den Göttern vergleichen oder Göttinnen (insbesondere der Artemis) zu nahe kommen – bemüht sich der Text der *Katasterismen*, beiden Vergehen eine positive Wendung zu geben[67]: Zeus habe Orion „wegen seiner Tüchtigkeit" bei der Jagd (διὰ τὴν αὐτοῦ ἀνδρίαν) unter die Sterne versetzt (so eine Version bei Ps.Eratosthenes) oder aber (so die zweite Variante) die Götter hätten Mitleid mit ihm gehabt – wegen seiner Liebe zu Artemis, die ihm den tödlichen Skorpion geschickt hatte.

Verstirnung als Vergeltung für Hilfeleistung

Außerdem konnte offenbar auf Verstirnung hoffen, wer die Götter in problematischen Situationen unterstützt hatte. Der Text des Ps.Eratosthenes macht göttliche Dankbarkeit zur Ursache der Verstirnung einer ganzen Reihe von Tieren: Der Kleinen Bärin, die bereits bei Arat als Amme des bedrohten Zeuskindes genannt wurde (ursprünglich eine kretische Nymphe gewesen sein soll und in dieser Alternativversion also mit Kallisto nichts zu tun hatte), dankte Zeus für ihre Unterstützung, indem er ihr „die Ehre am Himmel" erwies. Die „Schlange" hatte Heras Hochzeitsgeschenk, die Äpfel der Hesperiden bewacht, der „Krebs" Heras Gegner Herakles angegriffen und dafür mit dem Leben bezahlt. Der „Steinbock" hatte die Götter im Kampf gegen die Titanen unterstützt, seine Mutter, die „Ziege", den Zeus gesäugt und ihm die Aigis gespendet. Der „Adler" sei von jeher Zeus' heiliges Tier gewesen – außerdem habe er ihm Ganymed zugeführt und Zeus so mit einem Mundschenk versorgt. Der „Delphin" hatte Poseidons ängstliche Braut Amphitrite für den Gott aufgefunden, der „Fisch" die Göttin Derketo vor Verfolgern gerettet. Die „Esel" schließlich sollten durch ihr Geschrei im Kampf gegen die Titanen die Feinde in die Flucht geschlagen und sich so den Weg zu den Sternen verdient haben. Die Musen hätten auf die

---

[65] Ps.Eratosth. cat. 13; zum Mythos von Myrtilos, Pelops und Oinomaos siehe Pherekydes Fr. 37 Fowler; Apollod. epit. 2,8.
[66] Hom. Il. 18,488; Hom. Od. 11,572.
[67] Ps.Eratosth. cat. 23.

Verstirnung des „Schützen" hingewirkt, weil er, ihr Milchbruder Krotos, das Klatschen erfunden und ihnen damit Ruhm verschafft habe[68].

Verstirnung als Verewigung anderer erinnerungswürdiger Taten
Allerdings ließ sich nicht jedes Tier am mythischen Himmel als direkter göttlicher Helfer interpretieren. Im Fall des „Schwans" und des „Stiers" hatte Zeus nach den lange geläufigen Varianten der Sage lediglich die Gestalt dieser Tiere angenommen, um Nemesis bzw. Europa zu verführen[69]. Wenn er also den Schwan oder den Stier als „Stier der Europa" an den Himmel setzte, so diente dies letztlich der Verewigung seiner eigenen Taten. Wenn Hermes ein Dreieck oder großes „Delta" als Anfangsbuchstaben von Zeus' Namen (im Genitiv *Dios*) zu den Sternen brachte, dann stand auch hier die Demonstration von Zeus' Präsenz und Macht am Himmel und im Himmel im Vordergrund[70]. Zeus' Sohn Apollon erinnerte demonstrativ an seine eigene Macht als Bogenschütze und an den Kampf, in dem er sich gegen seinen Vater Zeus gestellt hatte: Der „Pfeil" war ein Erinnerungsstück (ὑπόμνημα), derselbe, mit dem Apollon seinerzeit die Blitzschmiede seines Vaters, die Kyklopen erschossen hatte. Athena hingegen wollte in den beim Kompilator überlieferten Beispielen ihren Ruhm nicht in der Erinnerung an eigene kriegerische Verdienste manifestiert sehen: Sie setzte die Argo an den Himmel, das von ihr selbst erfundene erste Schiff, „dessen Ruhm unter den Göttern" unvergänglich (ἀγήρατος) bleiben solle. Die Musen – selbst offenbar nicht mächtig genug, den Himmel mitzugestalten und deshalb bei Zeus in dieser Angelegenheit vorstellig – hätten mit der Verstirnung der Lyra sowohl an ihren Schützling Orpheus erinnern, als auch ihr eigenes Andenken pflegen wollen[71]. Alle olympischen Götter gemeinsam wollten sich schließlich ihres größten gemeinsamen Siegs gegen Kronos und die Titanen rühmen: Dem galt die Aufstellung des „Altars" als Siegesdenkmal im Himmel[72].

Taten verrichtet zu haben, die sogar die Bewunderung der Götter hervorriefen, war ein weiteres wichtiges Kriterium für den Einzug in den mythologischen Himmel: Dies betraf Heroen, die sich in besonders eindrucksvollen Kämpfen bewährt hatten. Den Kampf des Herakles mit dem Drachen der Hesperiden habe Zeus für so erinnerungswürdig gehalten, dass er ein Bild (*eidolon*) des Heros an

---

68 Kleine Bärin: Ps.Eratosth. cat. 2; Schlange cat. 3; Krebs cat. 11; Steinbock cat. 27; Ziege cat. 13; Adler cat. 30; Delphin cat. 31; Fisch cat. 38; Esel cat. 11; Schütze cat. 28.
69 Europa: Apollod. 3,1,1; Nemesis: Kypr. Fr. 8; Paus. 1,33,4.
70 Schwan (Vogel): Ps.Eratosth. cat. 25; Stier cat. 14; Dreieck/Delta cat. 19.
71 Pfeil: Ps.Eratosth. cat. 29; Argo cat. 35; Lyra cat. 24.
72 Altar: Ps.Eratosth. cat. 39.

den Himmel gesetzt habe: Herakles, der mit dem Fuß auf die Schlange tritt. Eine ähnliche Erklärung – Erinnerung an die erste Aufgabe des Herakles, der den Nemeischen Löwen bezwang – wird (unter anderem) für die Präsenz der Konstellation Löwe gegeben[73]. Adressaten der Erinnerung sind hierbei die Menschen unten auf der Erde: Der Skorpion steht am Himmel, damit die späteren Menschen dessen „Stärke und Macht" sehen können, und seinem Gegner Orion bringt „seine Tapferkeit" (ἀνδρεία) den Platz unter den Sternen ein. Dies erstreckt sich sogar auf seinen Hund, dessen Treue in allen gefährlichen Kämpfen besonders hervorgehoben wird[74]. Der Göttin Athena erschienen die Kämpfe des Perseus besonderer Erinnerung wert, sein Ruhm (διὰ τὴν δόξαν) brachte fast allen Beteiligten die Verstirnung ein – vom besiegten Seeungeheuer bis zur geretteten Andromeda und ihrer Familie[75].

Aber nicht nur außerordentliche Tüchtigkeit im Kampf konnte der Erinnerung wert erscheinen: Selbstloses Handeln oder wichtige Erfindungen werden ebenfalls ausdrücklich als erinnerungswürdig angeführt: Die Dioskuren waren als Exempel für ihre beispielhafte (brüderliche) Verbundenheit als „Zwillinge" von Zeus an den Himmel gesetzt worden[76]. Die Erfindung den Göttern besonders wohlgefälliger Einrichtungen spielt ebenfalls eine Rolle bei den Begründungen für einen Platz unter den Sternen: Wer im „Fuhrmann" nicht den verräterischen Myrtilos sah, sondern den athenischen Heros Erichthonios, begründete dies mit dessen Erfindung, Pferde vor einen Wagen zu spannen und dies in die Prozession und Opferfeier für Athena zu integrieren[77].

Verstirnung als Bestrafung?
Der eher zweifelhafte Charakter zahlreicher Heroen des griechischen Mythos, verbunden mit den zahlreichen Ungeheuern, die den mythischen Himmel bevölkerten, legt die Frage nahe, ob Entrückung zu den Sternen auch als Strafe interpretiert werden konnte. Arat gibt hier keinen Anhaltspunkt, aber auch der sehr viel detailliertere Text des Ps.Eratosthenes wird nicht explizit. Frevler, die sich gegen die Götter vergangen hatten, konnten sich gelegentlich unter den Sternen wiederfinden, dies wird vom Kompilator jedoch nicht als Strafe bezeichnet – im Gegenteil. Andromedas Mutter Kassiopeia, deren Hybris, die eigene Schönheit mit den Nereiden zu vergleichen, die Entsendung des Seeunge-

---

[73] Herakles und die Schlange: Ps.Eratosth. cat. 4; Herakles und der Löwe: cat. 12.
[74] Skorpion: Ps.Eratosth. cat. 7; Orion cat. 32; Hund des Orion: cat. 33; 42.
[75] Perseus: Ps.Eratosth. cat. 17; 22. Seeungeheuer cat. 36.
[76] Dioskuren: Ps.Eratosth. cat. 10.
[77] Fuhrmann: Ps.Eratosth. cat. 13.

heuers gegen ihre Stadt provoziert und die Opferung ihrer Tochter Andromeda verursacht hatte, war am Himmel zu sehen: In ihrem Fall gibt der Kompilator keine Begründung für die Verstirnung[78]. Die Leser konnten allerdings die Information über Kassiopeias Ehemann Kepheus heranziehen: Dieser sei nach dem Willen der Athena (nur) wegen seiner Tochter Andromeda an den Himmel versetzt worden[79]. Athena aber – diese Begründung wird im Abschnitt über die Verstirnung von Andromedas Retter Perseus gegeben – habe besonders den Ruhm des Perseus hervorgehoben sehen wollen[80]. Kassiopeias Entrückung an den Himmel war also nicht Folge ihres Vergehens, sondern eher Begleiterscheinung der Heldentaten ihres ebenfalls verstirnten Schwiegersohns Perseus, an dessen Ruhm sie (unverdient) teilhatte.

Für eine ganze Reihe mythischer Personen, vor allem für diejenigen, die in der vielfältigen mythologischen Überlieferung als potentielle Himmelsstürmer aufgetreten sind, wäre die Entrückung zu den Sternen als passende Strafe potentiell vorstellbar. Ps.Eratosthenes legte aber offenbar keinen Wert auf diese Lösung. Die Protagonisten berühmter missglückter mythischer Himmelsflüge wie Bellerophon, der mit dem Pegasos in den Himmel fliegen will und abstürzt, Ikaros, der überheblich in Richtung Sonne strebt oder Phaethon, der als Lenker des Sonnenwagens scheitert, wären potentiell denkbare Kandidaten. Aber auch den Olympiern feindliche Frevler wie Ixion, der Hera nachstellt und sich mit einer Wolke vermählt, oder Otos und Ephialtes, die die Berge Olymp, Ossa und Pelion aufeinandertürmen, um den himmlischen Olymp zu erobern, hätten – gewissermaßen in ihrer Tat erstarrt – am Himmel erkannt werden können. Doch keiner von ihnen wird bei Ps.Eratosthenes am Himmel identifiziert[81]. Die Taten des mehrfachen Frevlers Orion werden vielmehr – eher mühsam – ins Positive gewendet, um seine Anwesenheit am Himmel zu rechtfertigen[82].

Nur in einem Fall geht es im Text des Ps.Eratosthenes um eine göttliche Strafe: beim ungewöhnlichen, dreiteiligen Sternbild von Rabe, Krater und Wasserschlange[83]. Der Kompilator setzt den narrativen Hintergrund offenbar als dem Leser bekannt voraus: „Ein berühmtes Ereignis" liege der Entstehung des Sternbilds zugrunde[84]. Nachdem der Rabe, Apollons heiliger Vogel, den Gott zu

---

78 Kassiopeia: Ps.Eratosth. cat. 16.
79 Kepheus: Ps.Eratosth. cat. 15.
80 Perseus: Ps.Eratosth. cat. 22.
81 Vgl. etwa Otos und Ephialtes im Hades: Hom. Od. 11,315-317.
82 Vgl. zu Orion unten: Anm. 158 (Hyg. Astr. 2,26).
83 Rabe, Krater und Wasserschlange: Ps.Eratosth. cat. 41.
84 Ps.Eratosth. cat. 41 führt als Belegstelle für die Erzählung Aristoteles' *Historia Animalium* an. Weitere Quellenbelege bei Pàmias/Geus 2007, 247 Anm. 176.

betrügen versucht hatte und durchschaut worden war, wurde ihm von Apollon zur Strafe eine Phase des Dürstens auferlegt (die der Rabe allerdings unter Menschen, also auf der Erde ableisten musste). Zur Erinnerung an das Vergehen des Raben habe Apollon dann dessen Bestrafung am Himmel verbildlicht: Auch am Himmel könne sich der Rabe dem Wassergefäß weder nähern, noch daraus trinken. In diesem Fall ähnelt die Szene am Himmel den mythischen Stoffen, die von der Bestrafung irdischer Frevler in der Unterwelt handeln: Wie Tantalos, der dort auf immer hungern und dürsten muss, hat auch der Rabe am Himmel ewig Durst. Die Ähnlichkeit ist allerdings nur oberflächlich – die tatsächliche Bestrafung des Raben hat auf Erden stattgefunden, sie war zeitlich begrenzt und am Himmel steht nur ein Bild, das an das Vergehen des Raben erinnern soll. Die Götter setzen bei Ps.Eratosthenes also nicht Frevler, vor denen sie die Welt und die Menschen retten wollen, an den Himmel. Aus der irdischen Sphäre in den Himmel entrückt zu werden und dort isoliert vom bisherigen Leben in Ewigkeit bleiben zu müssen, hat bei Ps.Eratosthenes offenbar nicht die Funktion der Bestrafung.

2.2.3 Sphärenwechsel als persönliche Entrückung *an* den Himmel?

Verstirnung – so stellte es sich zumindest aus der Perspektive der Menschen auf Erden dar – bedeutete, dass man die dieser Ehre teilhaftig Gewordenen am Himmel erkennen konnte. Welche Vorstellungskonzepte gingen aber bei Ps.Eratosthenes mit dieser Art der göttlichen Belohnung einher bzw. konnten sich für die Leserschaft ergeben? Wurde den Rezipientinnen und Rezipienten des Textes der Eindruck vermittelt, die Person oder das Objekt selbst sei am Himmel zu sehen oder handelte es sich „nur" um ein Bild der Geehrten? Bedeutete ein Platz unter den Sternen die Ehre des Himmels in dem Sinne, dass die verstirnte Person nun in Gegenwart der olympischen Götter eine ebenfalls unsterbliche Existenz, möglicherweise gar selbst göttlichen Status erlangt hatte?

Der Kompilator gibt hierauf keine eindeutigen Antworten, und ob sich Eratosthenes selbst im Original seines Werks über die Gestirnmythen ausführlicher geäußert hat, ist unbekannt. In einer Reihe von Fällen könnte man aus dem Text des Ps.Eratosthenes ableiten, dass die Götter nur „Darstellungen" mythischer Gestalten oder ihrer Taten „an den Himmel versetzt" haben[85]. Besonders einschlägig erscheint auf den ersten Blick hierfür der mehrfach verwendete Begriff *eidolon* (τὸ εἴδωλον): Bild, Abbild, Nachahmung.

---

[85] Physische Entrückung nicht notwendigerweise gegeben: Bechtold 2011, 73.

Dieses Wort wird allerdings seit dem Hellenismus als übergreifender *terminus technicus* für „Sternbild, Konstellation" verwendet: Eratosthenes' älterer hellenistischer Zeitgenosse Apollonios Rhodios spricht etwa in den *Argonautika* von der Krone der Ariadne, die man unter den nächtlichen Himmelsbildern (*eidola ourania*) erblicken könne[86]. Diese Verwendung des Begriffs in der allgemeinen Bedeutung „Sternbild/Konstellation" schlägt beim kaiserzeitlichen Kompilator des Eratosthenes durch, wenn er *eidolon* im Zusammenhang der für ihn selbst nicht recht überzeugenden Identifizierung Ganymeds mit dem himmlischen Wassermann/Weinausgießer verwendet: Die Vertreter dieser Identifikation führen „als hinreichenden Beweis an, dass das *eidolon* den Eindruck erwecke, als ob ein Mundschenk einen Guss ausbrächte"[87]. In diesem Fall ist mit *eidolon* offenbar die besondere Form der erkennbaren und beschreibbaren Konstellation gemeint. Auch im Fall des unter die Sterne gestellten *eidolon* der Argo geht es um die äußere, sichtbare Form des Sternbilds: Dem Leser wird vermittelt, dass das Schiff nicht zur Gänze am Himmel sichtbar ist[88].

Die allgemeine Bedeutung des Begriffs als Sternbild, welches in diesem Fall gleichzeitig eine Abbildung ist, ergibt sich in einem weiteren Fall: Die Kleine Bärin (die wie die Große Bärin) als Kallisto interpretiert werden kann, ist von Artemis der Kallisto zum Ruhm als „ein weiteres Sternbild" (ἕτερον εἴδωλον) unter die Sterne gestellt worden[89]. Kallisto ist nach dieser Interpretation also zweimal am Himmel zu identifizieren: Dem irdischen Beobachter ist es möglich, in der Großen Bärin die von Zeus entrückte Kallisto *in persona* zu sehen *und* in der Kleinen Bärin ein weiteres Sternbild, welches ein Ehrenbild der Kallisto ist. Darüber hinaus gebraucht der Kompilator den Begriff *eidolon* im Fall eines Sternbilds, das eine ungewöhnliche szenische Darstellung aufweist. Er referiert zum Sternbild des Herakles, welches sich neben dem der (Hesperiden-)Schlange befindet, Zeus habe – um dieser gefährlichen Arbeit des Herakles zu gedenken

---

86 Apoll. Rhod. 3,1004: εἴδωλα οὐράνια. Ein ähnlicher Spezialbegriff aus der astronomischen Literatur ist das vom Kompilator (selten) verwendete *zodion* (ζῴδιον). Auch dessen Grundbedeutung weist in den Bereich künstlich hergestellter Darstellungen als Statuette oder gemalte oder geschnitzte Figur. In astronomischen Kontexten ist *zodion* aber die konventionelle Benennung von Sternbildern, die den Tierkreiszeichen angehören. So wird bei Ps.Eratosthenes etwa der Krebs zu den 12 Tierkreiszeichen gerechnet (cat. 11) und der Löwe (cat. 12) soll mit „diesem Tierkreiszeichen geehrt worden sein": τιμηθῆναι τοῦτο τὸ ζῴδιον.
87 Ps.Eratosth. cat. 26: „das Abbild erweckt den Eindruck" σημεῖον εἶναι τὸ ἐσχηματίσθαι τὸ εἴδωλον.
88 Argo: Ps.Eratosth. cat. 35.
89 Kleine Bärin: Ps.Eratosth. cat. 2.

–, ein *eidolon* unter die Sterne gesetzt⁹⁰. Das *eidolon* könnte erneut als Begriff für die sichtbare Erscheinungsform eines Sternbilds verstanden werden, das die szenische, bildliche Darstellung einer Heraklestat, bestehend aus zwei Figuren, zum Inhalt hat. Oder aber mit dem *eidolon* wäre eine „Abbildung" des Heros Herakles gemeint, von dem dann – im Unterschied zu anderen, am Himmel sichtbaren Personen – nur ein Abbild am Himmel zu sehen wäre. Diese Erklärung wäre einem antiken Leser insofern einleuchtend erschienen, als die ältere Heraklestradition den Heros als tatsächlich in den Kreis der Götter aufgestiegen charakterisiert: Der echte Herakles wäre also anderswo, auf dem Olymp oder wo auch immer die olympischen Götter ihre Paläste haben⁹¹.

Bei einigen weiteren Konstellationen wird ebenfalls ihre „Abbildhaftigkeit" durch die Verwendung einer spezifischen Begrifflichkeit betont: so etwa im Fall der zweiten szenischen Konstellation am Himmel. Im Sternbild von „Rabe, Krater und Wasserschlange" „verbildlichte" (εἰκονίσας) Apollon das Vergehen (und die Strafe) des lügnerischen Raben⁹².

Wenn von Zeus' Geliebter Io die Rede ist, die manche im Sternbild Stier erkennen möchten, so bezeichnet der Kompilator das Rind am Himmel ausdrücklich als ein *mimema* (μίμημα), eine Nachahmung oder künstlerische Darstellung der Io⁹³. In den Bereich bildhauerischen künstlerischen Schaffens führt auch der Begriff, der für das Sternbild des Schwans verwendet wird⁹⁴: Einen *typos*, also das Relief des Tieres, hat Zeus unter die Sterne gesetzt. Vom Delphin schließlich ist ein *synthema*, ein Symbol oder Erinnerungszeichen, am Himmel zu sehen: Hervorgehoben wird, dass der Delphin auch anderswo, nämlich bei Poseidon im Meer, höchste Ehren genießt⁹⁵. Möglicherweise ist die Verwendung von technischen Begriffen aus der Bildhauerei auch einfach darauf zurückzuführen,

---

90 Kampf des Herakles: Ps.Eratosth. cat. 4: ἐν τοῖς ἄστροις ἔθηκε τὸ εἴδωλον.
91 Das homerische Epos kennt Herakles sowohl als Schatten im Hades wie auch gleichzeitig auf dem Olymp: Hom. Od. 11,601-4. Vgl. ähnlich auch Pàmias/Geus 2007, 218 Anm. 20. Für Asklepios hätte sich ein antikes Publikum dieselbe Frage stellen können. Von ihm war allerdings im Unterschied zu Herakles kein Mythos alter Tradition bekannt, der ihn zu einem Olympier ersten Ranges gemacht hätte. Vgl. auch unten Anm. 114.
92 Rabe, Krater und Wasserschlange: Ps.Eratosth. cat. 41.
93 Ps.Eratosth. cat. 14.
94 Ps.Eratosth. cat. 25: καὶ τὸν τύπον τοῦ κύκνου ἔθηκεν ἐν τοῖς ἄστροις.
95 Ps.Eratosth. cat. 31: καὶ εἰς ἄστρα αὐτοῦ σύνθημα ἔθηκεν. „Poseidon versetzte ein Symbol von ihm unter die Sterne".

dass Eratosthenes bei der Abfassung seines Werks einen Himmelsglobus mit Abbildungen benutzt hat[96].

In zahlreichen Fällen lassen die Formulierungen des Kompilators aber für die Leserschaft durchaus die Annahme zu, die Verstirnten seien *in persona* am Himmel anwesend: Das am häufigsten verwendete Hylemschema[97] für den mythischen Stoff „Verstirnung" lautet „NN versetzt XX *unter* die Sterne"[98]. Zeus hat Kallisto entrückt und „unter die Sterne gesetzt", ebenso wie dies dem Perseus, dem Schützen, dem Kentauren Chiron, dem Skorpion des Orion, dem Stier, dem Steinbock und der Ziege, dem Hasen, dem Großen Fisch sowie der Lyra geschieht[99]. Hera setzt den Krebs unter die Sterne, Kepheus „selbst" wird unter die Sterne gesetzt und ist „in der Ordnung (der Sterne) an vierter Stelle hingestellt", Andromeda und die Fische sind „unter den Sternen hingestellt" wie das Dreieck des Hermes[100]. Das Mädchen Hippe, Andromedas Seeungeheuer, Ariadnes Kranz und Apollons Pfeil werden „hinauf *zu* den Sternen gesetzt"[101]. Zeus veranlasst, dass die Dioskuren „beide am gleichen Platz unter den Sternen stehen"[102], und Athena macht dem Perseus wörtlich „eine Stellung bei den Sternen": τῷ δὲ Περσεῖ τὴν εἰς τὰ ἄστρα θέσιν ἐποίησεν[103]. Der Schlange der Hesperiden wird

---

96 So Pàmias/Geus 2007, 25 Anm. 34 und ebd. 216 Anm. 7 zur Verwendung des Begriffs *eidolon*. Bildliche Vorlagen eventuell bereits für Arat: vgl. oben Anm. 9. Bechtold 2011, 75 stellt drei kombinierbare Elemente von Verstirnungssagen richtig fest: „die Erschaffung eines Abbilds, die leibliche Versetzung unter die Sterne und die Metamorphose in ein Sternbild". In zahlreichen Fällen blieb den antiken Lesern auch bei Ps.Eratosthenes Ermessensspielraum, wie sie den Einzelfall verstehen wollten.
97 S. zur Erklärung dieses Terminus den Beitrag von C. Zgoll in diesem Band, Kapitel 3.6.
98 Zur Begrifflichkeit auch Bechtold 2011, 74.
99 Kallisto: Ps.Eratosth. cat. 1: ἐξείλετο καὶ ἐν τοῖς ἄστροις αὐτὴν ἔθηκεν; Perseus: cat. 22 ἐν τοῖς ἄστροις ἐτέθη; Schütze: cat. 28 οὗτος ἐν τοῖς ἄστροις ἐτέθη; Kentaur: cat. 40 ἐν τοῖς ἄστροις ἔθηκεν αὐτόν; Skorpion: cat. 7 ἐν τοῖς ἄστροις ἔθηκεν; Stier: cat. 14 ἐν τοῖς ἄστροις τεθῆναι. Steinbock: cat. 27 ἐν τοῖς ἄστροις ἔθηκε; Hase: cat. 34 θεῖναι αὐτὸν ἐν τοῖς ἄστροις; Großer Fisch: cat. 38 καὶ ἐν τοῖς ἄστροις ἔθηκαν; Lyra: cat. 24 τεθῆ ἐν τοῖς ἄστροις.
100 Krebs: Ps.Eratosth. cat. 11: τεθῆναι ἐν τοῖς ἄστροις; Kepheus: cat. 15: „in der Reihenfolge der Sternbilder ... selbst ... unter die Sterne versetzt" (ἐν τάξει τέτακται τέταρτος ... αὐτὸς ἐν τοῖς ἄστροις ἐτέθη); Andromeda: cat. 17 κεῖται ἐν τοῖς ἄστροις διὰ τὴν Ἀθηνᾶν (oder „liegt"); Fische: cat. 21 κεῖται; Dreieck: cat. 20: „von Hermes ... dorthin gesetzt" (γράμμα κεῖσθαι ... Ἑρμοῦ θέντος bzw. Ἑρμοῦ τεθέν).
101 Ps.Eratosth. cat. 18: Hippe von Artemis „an einen Ort unter die Sterne versetzt" wo der Vater sie nicht sieht (εἰς τὰ ἄστρα τεθῆναι). Seeungeheuer: cat. 36: εἰς τὰ ἄστρα ἐτέθη; Kranz der Ariadne: cat. 5: αὐτὸν εἰς τὰ ἄστρα ἔθηκεν; Pfeil: cat. 29: εἰς τὰ ἄστρα τέθεικε.
102 Dioskuren/Zwillinge: Ps.Eratosth. cat. 10: τὸ αὐτὸ ἀμφοτέρους ἔστησεν ἐν τοῖς ἄστροις.
103 Perseus: Ps.Eratosth. cat. 22.

ebenfalls „ein Platz unter den Sternen gegeben"[104]. Der Adler „ist" unter den Sternen[105]. Orion wird unter die Sterne versetzt oder aber die Götter „verwandeln ihn in ein Sternbild am Himmel": αὐτὸν ἐν οὐρανῷ καταστερίσαι. Orions treuen Hund Prokyon „stellt" Zeus „in der Nähe" seines Herrn auf: παρατεθῆναι τοῦτον αὐτῷ[106]. Die Formulierungen lassen jeweils die Vorstellung zu, dass die betreffende Person, das Tier oder das Objekt einen tatsächlichen Sphärenwechsel vollzogen haben: Ihre Körper befinden sich nicht mehr auf der Erde, auf der sie bisher existiert haben, sondern sie haben am Himmel einen neuen Platz gefunden, an dem sie ihre Existenz weiterführen.

2.2.4 Verstirnung als Weg zum „ewigen Leben" *im* Himmel?

Bedeutete „unter die Sterne versetzt" zu sein aber nun gleichzeitig glückliche Unsterblichkeit für die betroffenen Personen und Tiere? War der mythologische Himmel ein Gegenstück zum Elysium oder zu den Teilen der Unterwelt, wo bevorzugte Heroen bzw. in Mysterien Eingeweihte nach dem Tod ein ewig glückliches Leben führten[107]?

Ps.Eratosthenes' Text gibt bei genauem Hinsehen nur wenig Material für eine derartige These. Die an den Himmel Gestellten ziehen dort unter den Sternen ihre festen Bahnen, sie sind offensichtlich an den Platz gebunden, den die Götter ihnen zugewiesen haben. Die einzelnen Verstirnungen gehen zwar auf den Willen der Götter zurück, welche auch einmal eingegriffen haben können, um bestimmte Personen aus einer Zwangslage zu befreien (Kallisto und Arkas). Wer sich Kallisto als persönlich an den Himmel entrückt dachte, der konnte feststellen, dass sich das Schicksal der Heroine durch die Verstirnung verbessert hatte – sie wurde nicht von ihren Verfolgern getötet oder hingerichtet[108]. Dies bedeutete jedoch nicht – zumindest weist weder Ps.Eratosthenes noch irgendeine weitere antike Quelle je darauf hin –, dass für die gerettete Heldin nun ein neues Kapitel eines glücklichen Lebens im Himmel begann, mit ewigen Festen und Schmäusen, geschweige denn, dass ihr Liebhaber Zeus sich ihr erneut zugewandt hätte oder sie in den Kreis der olympischen Götter aufgenommen worden wäre. Mit der Verstirnung durch eine Gottheit ist der mythische „Lebenslauf",

---

104 Schlange: Ps.Eratosth. cat. 3: ᾧ καὶ ἐν τοῖς ἄστροις τάξις ἐδόθη δι' Ἥραν.
105 Adler: Ps.Eratosth. cat. 30: ἔστι δὲ ἐν τοῖς ἄστροις.
106 Orion: Ps.Eratosth. cat. 32; Prokyon: cat. 42.
107 Zum Elysium vgl. den Beitrag von Heinz Günther Nesselrath im vorliegenden Band.
108 Vgl. unten Anm. 260.

sind die Abenteuer der betroffenen Protagonisten im Normalfall zu Ende. In gewissem Sinne erlangen die unter die Sterne Gesetzten zwar die Unsterblichkeit. Diese Unsterblichkeit ist jedoch eine andere, als die der wirklichen *athanatoi*, der Olympier, die sich frei durch die Sphären bewegen, als leichthin lebende Götter ihr Dasein genießen und ihre Interessen verfolgen können[109]. Wer hingegen durch Verstirnung der Ehre des Himmels teilhaftig wird, der erreicht vor allem unsterblichen, nicht alternden Ruhm. Dass vor allem das Andenken an die Taten oder das Schicksal der Verstirnten erinnert werden soll, zieht sich als Begründung wie ein roter Faden durch den Text des Ps.Eratosthenes[110]. Für eine Leserschaft, die potentiell hofft, dass auch noch in der eigenen (hellenistischen oder kaiserzeitlichen) Gegenwart die Erhebung zu den Sternen möglich sein könnte, präsentiert der Text des Ps.Eratosthenes die Option unmittelbarer Entrückung in eine unsterbliche Form. Diese Unsterblichkeit hat ihren Platz aber nicht am Tisch der Götter, sondern sie birgt vor allem die Aussicht, unter Göttern und Menschen so lange erinnert zu werden, wie die Gestirne am Himmel ihre festgesetzten Bahnen ziehen.

Während die Mehrheit der am Himmel sichtbaren Gestalten dorthin „gesetzt war" (und nun buchstäblich festsaß), enthält der Sternbildkatalog des Ps.Eratosthenes aber auch einige Beispiele, bei denen nicht nur der Begriff der Erinnerung oder der Ehre am Himmel fällt, sondern tatsächlich „göttliche" Unsterblichkeit ins Spiel kommt. In diesen Fällen wird der Vorgang der Verstirnung bezeichnenderweise nicht mit dem üblichen „wurde unter die Sterne gesetzt" beschrieben. So etwa beim Sternbild der Jungfrau: Die Göttin Dike ist „zum Himmel hinaufgegangen"[111] (bei Arat hatte sie sich dort ihren Platz selbst ausgesucht und war dort verblieben, den Sterblichen sichtbar[112]). Interessanterweise sind auch die alternativen Identifikationen des Sternbilds, die Ps.Eratosthenes anbietet, unsterbliche Göttinnen: Demeter mit der Ähre, Isis, Atargatis oder Tyche.

Auch für Asklepios, wenn man den Schlangenträger mit ihm identifiziert (hier liefert der Kompilator keine alternativen Vorschläge), wird ein besonderer Begriff verwendet: Zeus hat ihn „zu den Sternen hinaufgeführt" (εἰς τὰ ἄστρα ἀνήγαγεν), nachdem er ihn zuvor zur Strafe mit dem Blitz erschlagen hatte[113]. In

---

109 Die These Errens 2009, 115, „in der Zeit der Katasterismen" habe Zeus „Götter und Heroen samt ihren Haus- und Jagdtieren, Waffen und Trophäen zu sich in seinen olympischen Palast" aufgenommen, lässt sich anhand der hier behandelten mythographischen Texte nicht belegen.
110 Vgl. Ps.Eratosth. cat. 2; 4; 5; 7; 17; 27; 32; 35; 36.
111 Ps.Eratosth. cat. 9: εἰς τὸν οὐρανὸν ἀνελθεῖν.
112 Vgl. oben Anm. 22.
113 Vgl. Ps.Eratosth. cat. 6.

diesem Fall handelt es sich ebenfalls um eine Gottheit, die – im Gegensatz zu Dike – auch in der kultischen Realität seit dem 5. Jahrhundert v. Chr. eine wichtige Rolle spielte, von den Menschen allerdings als Heros (d. h. als grundsätzlich einst verstorben) oder als Gottheit verehrt werden konnte[114].

Aktive Begriffe wie „hinaufgehen", „hinauf zu den Sternen kommen (ἀπελθεῖν)" oder „hinauffliegen" werden ansonsten nur selten verwendet: Der goldene Widder geht selbst hinauf zu den Sternen (zu seinem Mythos gehört es, dass er fliegen kann), und der Pegasos „fliegt hinauf"[115]. In beiden Fällen sind dies Tiere göttlicher Abkunft, der Widder unsterblich geboren, der Pegasos schon bei Hesiod ein Kind des Poseidon und der Medusa[116]. Dass unsterbliche Wesen die Sphäre wechseln und „hinauf in den Himmel" gehen, muss nicht überraschen: Das Besondere in diesen Fällen ist eher, dass man sie offenbar als Sterne in ihrer neuen Sphäre am Himmel sehen kann.

In zwei Fällen nennt der Kompilator die Verstirnung in einem Atemzug mit dem Erwerb von unmittelbarer Unsterblichkeit: Die Ziege, die das Zeuskind gesäugt hat, und der Zeus dann das Fell abgezogen hat, um daraus seine schreckliche Waffe Aigis zu machen, wird sekundär wiederbelebt: Zeus umhüllt die Knochen der Ziege (Amaltheia) mit einem anderen Fell, haucht ihr neuen

---

114 Heroengrab des Asklepios: z. B. bei Cic. Nat. D. 3,22,57. Vgl. Burkert 2011, 327: „Man denkt sich Asklepios kaum je unter den anderen Göttern im Olymp, aber erst recht nicht im Totenreich". Das auffällige Wort ἀνήγαγεν wird interessanterweise noch einmal verwendet: im Fall des Arktophylax (Ps.Eratosth. cat. 8): „wegen seiner Verwandtschaft hat Zeus den Arkas zu den Sternen hinaufgeführt" (διὰ τὴν συγγένειαν εἰς τὰ ἄστρα ἀνήγαγεν). Dass er hinfort Unsterblichkeit im Kreis der Götter genießen würde, wird allerdings in keiner Quelle behauptet. Für Kallistos Sohn Arkas scheint der Weg zu den Sternen am Himmel und nicht im Himmel zu enden. Der Stern Arktouros (der dem Arktophylax/Bootes zugerechnet wird) zählt zu den in der griechischen Literatur am frühesten bezeugten Konstellationen (Hes. Theog. 382). Seine Verbindung mit dem arkadischen Heros Eponymos dürfte allerdings erst deutlich später erfolgt sein: Sale 1962, 131. Vgl. ebenfalls unten Anm. 269. „Hinaufgeführt" zu den Sternen werden überraschenderweise nach einer Überlieferungstradition der *Katasterismen* (Epitome) von Dionysos auch die Esel (Ps.Eratosth. cat. 11): Διόνυσος ἀνήγαγεν εἰς τὰ ἄστρα. Hygin (Astr. 2,23) schreibt deren konkrete Interpretation als Reittiere von Dionysos, Hephaistos und den Satyrn ausdrücklich dem Eratosthenes zu, die Fragmenta Vaticana (cat. 11) begnügen sich allerdings mit dem konventionelleren Ausdruck für die Esel: „Sie wurden geehrt und unter die Sterne gesetzt" (ἐτιμήθησαν καὶ ἐν τοῖς ἄστροις ἐτέθησαν). Hinaufgeführt wird auch der unsterbliche Hund der Prokris: Ps.Eratosth. cat. 33: εἰς τὰ ἄστρα ἀνήγαγεν.

115 Widder: Ps.Eratosth. cat. 19: οὗτος εἰς τὰ ἄστρα ἀπῆλθεν; Pferd (Pegasos): cat. 18: εἰς τὰ ἄστρα ἀναπτάντα.

116 Hes. Theog. 280-285: Bei Hesiod verlässt der Pegasos die Welt, erreicht die Götter und wohnt im Haus des Zeus.

Atem ein und macht sie unsterblich[117]: „Man sagt dass sie ein himmlischer Stern [sei] ...". Auch von Ganymed, den man nach Meinung mancher im Sternbild des Wassermanns/Weinausgießers sehen kann, wird angenommen, er sei unsterblich geworden: Dieser habe durch seine Entführung „die Unsterblichkeit erlangt, die den Menschen sonst verwehrt sei"[118]. Aus keinem dieser zwei Beispiele lässt sich jedoch die Vorstellung ableiten, dass es für die Betroffenen der Verstirnung bedarf, um Unsterblichkeit zu erlangen. Die Ziege wird erst *nach* ihrer Wiederbelebung zu einem himmlischen Stern und Ganymed kennen die Dichter seit langem als unsterblich. Er ist schon bei Homer als Mundschenk tatsächlich im Kreis der Götter an ihrer Tafel zugelassen[119]. Verstirnung ist weder Voraussetzung für Ganymeds Erwerb der Unsterblichkeit noch eine besondere Methode der Verwandlung, durch die er unsterblich werden würde. Bei Dike, Asklepios, Amaltheia und Ganymed handelt es sich um berühmte Mythen, die in ihren frühen Fassungen gut ohne buchstäbliche Verstirnungen ausgekommen sind. Wenn der Himmel aber zum Schauplatz oder zumindest zum Erinnerungsort für mythologische Traditionen wird, dann wäre es offenbar merkwürdig, die berühmtesten Protagonisten eines Sphärenwechsels dort nicht anzutreffen – entsprechend erscheinen sie bei Ps.Eratosthenes in diesen Himmel mitintegriert.

2.2.5 Zwischenrésumé: Der Himmel des Ps.Eratosthenes

Bei Ps.Eratosthenes ergeben sich also unterschiedliche Funktionen von Verstirnungen: Sie können ein Mittel sein, ein scheinbar unlösbares Problem durch Entrückung eines Betroffenen zu lösen. Verstirnungen tragen außerdem dazu bei, das manchen anstößig erscheinende Bild der Götter in den Mythen als ungerecht, illoyal, gleichgültig oder hilflos gegenüber Zufall und Schicksal zumindest zu revidieren: Auf diese Weise drücken die Götter ihr Mitleid aus für unverdientes, schweres Schicksal der Unschuldigen oder Frommen und kompensieren widerfahrenes Unrecht.

Verstirnung ist in diesem Text entsprechend durchgehend positiv konnotiert: Die Götter selbst erinnern auf diese Weise an ihre eigenen Großtaten. Die

---

117 Ps.Eratosth. cat. 13: καὶ ἔμψυχον αὐτὴν καὶ ἀθάνατον κατασκευάσαντος, αὐτὴν μέν φασιν ἄστρον οὐράνιον [κατασκεύασαι]. Siehe auch Bechtold 2011, 74-75.
118 Ps.Eratosth. cat. 26. Eratosthenes als erster Autor, der den Wassermann mit Ganymed identifiziert habe: Pàmias/Geus 2007, 234 Anm. 107.
119 Ganymed, der als Mundschenk bei den Göttern wohnt: Hom. Il. 5,265; 20,232-235.

Belohnung der Verstirnung können auch diejenigen empfangen, die einzelne (oder alle olympischen) Götter besonders unterstützt haben. Darüber hinaus wird sie gelegentlich auch denen zuteil, deren besondere Leistungen die Bewunderung der Götter erregt haben, so dass sie diese als erinnerungswürdig betrachten.

Für den Kompilator der *Katasterismen* ist Verstirnung in keinem Fall ausdrücklich Bestrafung. Frevlerische Himmelsstürmer haben keinen Platz unter den Sternen. Bei ambivalenten Gestalten wird ihr Handeln ins Positive gewendet oder aber es handelt sich z. B. um mächtige tierische Gegner von Göttern und Menschen, deren Darstellung die Erinnerung an ihre Bezwinger umso heller strahlen lässt. Grundsätzlich ist der Himmel des Ps.Eratosthenes aber kein Ort, an dem die Gesamtheit der tradierten mythischen Stoffe in den Blick genommen und durch das Mittel der Verstirnung systematisch revidiert wird: Nicht alle sterblichen Frauen, denen infolge der Liebe der Götter ein schweres Schicksal zuteilgeworden ist, werden durch Verstirnung rekompensiert. Allein durch die begrenzte Anzahl der identifizierten Sternbilder bleibt der mythologische Himmel ein Ort für Exempla.

Die an den Himmel Gesetzten *können* überwiegend als persönlich *an* den Himmel entrückt vorgestellt werden. Sie haben eine Unsterblichkeit erreicht, die der Ewigkeit der Sterne gleicht. Dass sie ihre himmlische Existenz unmittelbar in Gegenwart der olympischen Götter führen oder gar in Götter verwandelt würden, wird aber nicht gesagt. Ausnahmen wie Ganymed und Herakles, die seit den frühesten Quellen am Tisch des Zeus vorgestellt werden können, bestätigen diese Regel.

2.3 Die Vielfalt des mythischen Himmels bei Hygin

Das Interesse der Kaiserzeit an mythologischer Erklärung der Sternbilder bezeugt neben Ps.Eratosthenes' *Katasterismen* (Epitome und Fragmenta Vaticana) vor allem ein weiteres erhaltenes Werk: die lateinische Schrift des Hygin *De Astronomia*. Das Verhältnis der zwei Texte zueinander ist in der älteren Forschung intensiv diskutiert worden: Im 19. Jahrhundert kursierte gar die These, die *Katasterismen* des Ps.Eratosthenes seien eine griechische Übersetzung des 2. und 3. Buchs der Hyginschen *Astronomia*[120]. Dies wird nicht mehr vertreten. Man geht aber davon aus, dass dem Verfasser neben den ebenfalls unter dem Namen „Hygin" laufenden *Genealogiai* oder *Fabulae* auch die *Astronomia* zuzuschrei-

---

[120] Westermann 1843; vgl. zur Zurückweisung dieser These Pàmias/Geus 2007, 31.

ben ist[121]. Die *Fabulae* scheinen im 2. Jahrhundert n. Chr. bekannt und verbreitet gewesen zu sein. Unabhängig vom textgeschichtlichen Verhältnis, dem an dieser Stelle nicht das Interesse gilt, verspricht ein inhaltlicher Vergleich der zwei erhaltenen Sammlungen von Verstirnungsmythen (Ps.Eratosthenes und Hygin) zusätzlichen Aufschluss über die mythographischen Diskurse der Kaiserzeit im Hinblick auf Sphärenwechsel hin zu den Sternen.

Dem Verfasser der erhaltenen Schrift *De Astronomia* lag als Quelle ebenfalls das hellenistische Werk des Eratosthenes über die Sternmythen vor[122]. Er hat seine Informationen aber auf andere Weise gegliedert als der griechischsprachige Epitomator[123]. Im Vorwort legt Hygin seine Absicht dar, die 42 Sternbilder zu beschreiben und zu berichten, aus welchen Gründen diese an den Himmel gekommen sind[124]. In der Schrift wird dann sehr deutlich zwischen astronomischer und mythologischer Information getrennt. Im ersten Teil wird kurz die Beschreibung des Kosmos im Allgemeinen gegeben. Buch 2 enthält die mythologische Information zu den Sternbildern, in Buch 3 werden die Sternbilder erneut in gleicher Reihenfolge aufgegriffen, jetzt aber ausschließlich Informationen zur Anzahl und Verteilung der Sterne im jeweiligen Sternbild gegeben. Buch 4 beschreibt schließlich die Verteilung der Sternbilder in den einzelnen Kreisen des Himmels. Antike Leser konnten sich entsprechend ganz nach Interessenlage auf die mythologische oder aber auf die astronomische Information konzentrieren.

Inhaltlich beschreibt Hygin die gleichen Sternbilder, die auch Ps.Eratosthenes aufführt. Auch er nennt eine große Anzahl von Quellen, denen er seine Informationen verdanken will. In der überwiegenden Anzahl der Fälle sind diese zitierten Texte nicht erhalten und entsprechend das Alter und auch

---

121 Cameron 2004, 32. Die gelegentlich auch in den *Fabulae* enthaltene Information zu Sternmythen ist bei der Auswertung mit integriert worden. Zu Autor und Datierung siehe auch oben Anm. 5.
122 Smith/Traszkoma 2007, XXIV sind sogar der Meinung, diese lateinische Übersetzung habe mehr vom hellenistischen Original bewahrt als die griechische Epitome. Zweifellos ist Hygins *Astronomie* variantenreicher als die Epitome. Ob jedoch daraus geschlossen werden darf, dass alle hier präsentierten Informationen schon bei Eratosthenes standen, erscheint zumindest unsicher.
123 Zu den Unterschieden in der Reihenfolge der Gestirnmythen im Original des Eratosthenes und der Epitome siehe Pàmias/Geus 2007, 247-248 Anm. 180 sowie ebd. 251 den sog. Anonymus II 2,1 im Appendix. Zur Gliederung von Hygins *Astronomia* siehe Le Bœuffle 1983, VIII: Die Aufteilung des Werks in vier Bücher ist modern, entspricht aber den offensichtlichen Intentionen des antiken Autors. Auch für Hygin ist die mythologische Erläuterung Arats ein zentrales Thema (siehe auch Le Bœuffle 1983, XIII).
124 Hyg. Astr. Proem. 1: Et rursus redeuntes ad sphaeram, duo et XL signa nominatim pernumeravimus, exinde uniuscuiusque signi historias causamque ad sidera perlationis ostendimus.

der grundsätzliche Wert der Information nur schwer nachprüfbar[125]. Dies betrifft vor allem die Frage, ob das Element der Verstirnung jeweils schon eine Rolle spielte. Eine der zitierten Hauptquellen ist Eratosthenes: Hygin will also ausdrücklich (unter anderem) die Vorlage des Werks benutzt haben, welches bei Ps.Eratosthenes kompiliert vorliegt[126]. Im Vergleich zu Letzterem präsentiert Hygin jedoch eine deutlich größere Menge an Material. Die Anzahl der behandelten Sternbilder bleibt zwar gleich, aber im Einzelfall referiert der Autor bis zu einem halben Dutzend verschiedene Erklärungen für die Entstehung – so etwa bei seinen Ausführungen zum Knienden und zum Schlangenträger[127].

2.3.1 Urheber von Sphärenwechseln bei Hygin

Auch bei Hygin sind die Urheber von Verstirnungen fast ausnahmslos die olympischen Götter; bei einer Reihe von Varianten macht er allerdings (ebenso wie Ps.Eratosthenes) keine Angabe. Aus eigener Kraft gelangt man auch bei Hygin nicht zu den Sternen: Dike, Widder und möglicherweise eine der sieben Pleiaden sind erneut die Ausnahmen, die die Regel bestätigen[128]. „Die Götter" agieren des Öfteren gemeinschaftlich[129], aber wieder erweist sich Zeus mit weitem Abstand als der wichtigste Urheber von Verstirnungen: In 30 Fällen ist er

---

[125] Vgl. Cameron 2004, 11; siehe auch Le Bœuffle 1983, XIV zur Frage, inwieweit Hygin tatsächlich hellenistische Autoren außer Eratosthenes direkt eingesehen hat.
[126] Vgl. die ausdrückliche Berufung auf Eratosthenes im Fall der Schlange (Hyg. Astr. 2,3), des mit Ikar(i)os identifizierten Arktophylax, ohne hier allerdings das Motiv der Verstirnung dem Eratosthenes zuzuschreiben (Hyg. Astr. 2,4), des Knienden (Hyg. Astr. 2,6), der Lyra (Hyg. Astr. 2,7 sowie 3,6), des Fuhrmanns (Hyg. Astr. 2,13); des Schlangenträgers (Hyg. Astr. 2,14), des Pfeils (Hyg. Astr. 2,15), des Delphins (Hyg. Astr. 2,17), des Widders (Hyg. Astr. 2,20), des Esels (Hyg. Astr. 2,23), der Locke der Berenike (Hyg. Astr. 2,24), des Steinbocks (Hyg. Astr. 2,28), der Fische (Hyg. Astr. 2,30), des Kraters als Krater des Ikarios (Hyg. Astr. 2,40: als Quelle wird hier ausdrücklich Eratosthenes genannt, Ps.Eratosthenes hat diese Variante für den Krater allerdings nicht), der Milchstraße (Hyg. Astr. 2,42), des Phaethon (Hyg. Astr. 2,42) sowie des Sterns des Mars (Hyg. Astr. 2,42).
[127] Kniender: Hyg. Astr. 2,41; Schlangenträger: Hyg. Astr. 2,14.
[128] Dike: Hyg. Astr. 2,25; Widder: Hyg. Astr. 2,20 mit mehreren Alternativen (Nubes, Dionysos); Pleiade Elektra: Hyg. Astr. 2,21.
[129] „Die Götter" als Urheber von Verstirnungen: Jungfrau (Hyg. fab. 130), Kepheus (Hyg. Astr. 2,9), Pferd (Hyg. Astr. 2,18), Steinbock (Hyg. fab. 196), Hund (Hyg. fab. 130).

selbst aktiv, in 6 Fällen wird er von jüngeren Göttern bzw. den Musen um eine Verstirnung – oder aber um seine Zustimmung zu einer solchen – gebeten[130].

Ansonsten erscheinen weitgehend die gleichen Protagonisten als Urheber. Die Zahl ihrer Beteiligungen an Sternverwandlungen ist durch die insgesamt deutlich höhere Anzahl an Varianten in allen Fällen leicht erhöht. Ausnahme ist Poseidon, der auch jetzt allein für die Verstirnung des Delphins verantwortlich ist und den Himmel offenbar auch bei Hygin nicht als seinen hauptsächlichen Aktionsraum begreift. Im Vergleich zu Ps.Eratosthenes ist nur Dionysos bei Hygin an deutlich mehr Verstirnungen beteiligt: In insgesamt sieben Varianten, die vier Sternbilder betreffen, ist Dionysos der Urheber, die Epitome hatte ihn nur in zwei Fällen genannt[131].

Während Demeter bei Ps.Eratosthenes überhaupt nicht als Verantwortliche für Sphärenwechsel erscheint, hat sie bei Hygin ihren Auftritt: Sie ist in drei Varianten als Urheberin beteiligt, in einem anderen Fall werden zwei von ihr geliebte Sterbliche von Zeus verstirnt[132]. Zwei weitere Besonderheiten lassen sich feststellen: Während Ps.Eratosthenes die Planeten lediglich benennt und sie einzelnen Göttern (gewissermaßen als Eigentümer) zuordnet[133], finden sich im Text Hygins auch unter den Planeten Fälle von Sphärenwechseln. In diesem Kontext erscheint sogar der Sonnengott Helios einmal als Verantwortlicher für die Verstirnung des Phaethon zum Planeten. Aphrodite soll immerhin den Planeten Mars in Erinnerung an die brennende Leidenschaft des Ares benannt haben[134]. Hermes ist auch für Hygin der Gott, der bei der Koordination des Himmels eine besondere Rolle spielt: Er habe die Monate festgesetzt und den Lauf

---

130 Verstirnung von Zeus erbeten: Apollon für Schlangenträger (Hyg. Astr. 2,14), Erde für Skorpion (Hyg. Astr. 2,26), Artemis für Orion (Hyg. Astr. 2,26), Dionysos für Widder (Hyg. fab. 133), Musen für den Schützen (Hyg. Astr. 2,27). Zustimmung des Zeus eingeholt: Musen für die Lyra (Hyg. Astr. 2,6).
131 Dionysos als Urheber: Kranz (Hyg. Astr. 2,5; dort zwei ‚dionysische' Varianten), Bootes (Hyg. Astr. 2,4), Esel (Hyg. Astr. 2,23; dort ebs. zwei Varianten), Widder (Hyg. Astr. 2,20; fab. 133), Delphin (Hyg. Astr. 2,17).
132 Demeter: Schlangenträger (Hyg. Astr. 2,14 mit zwei Varianten), Bootes (Hyg. Astr. 2,4), Demeters Geliebte als Zwillinge von Zeus verstirnt (Hyg. Astr. 2,22). Ein weiterer Neuzugang ist Isis, der bei Hyg. Astr. 2,30 eine Variante der Verstirnung der Fische zugeschrieben wird.
133 Ps.Eratosth. cat. 43; vgl. Pàmias/Geus 2007, 248 Anm. 182.
134 Helios: Phaethon (Hyg. Astr. 2,42); Aphrodite: Pyroeis (Hyg. Astr. 2,42). Neben Helios tritt mit Nubes (Nephele) eine weitere ‚Himmelsgottheit' als Verantwortliche für die Verstirnung des Widders vom Goldenen Vlies auf Hyg. Astr. 2,20. Vgl. die völlig andere Erzählung zur Verstirnung des Widders bei Hyg. fab. 133.

der Gestirne erkannt (perviderit)[135]. Nach Euhemerus, so Hygin, soll Hermes allerdings sein Wissen über die Sternbilder von Aphrodite erhalten haben – diese sei es gewesen, die die Sternbilder festgesetzt habe[136].

2.3.2 Funktionen von Sphärenwechseln zu den Sternen

Auch bezüglich der Begründungen von Sphärenwechseln ergeben sich aus dem Vergleich von Hygin und Ps.Eratosthenes deutliche Ähnlichkeiten. Zahlreiche der von Ps.Eratosthenes angeführten mythologischen Erklärungen finden sich auch bei Hygin, der sich mehrfach ausdrücklich auf „Eratosthenes" als Vorlage beruft[137].

So führt auch Hygin die identischen drei Fälle an, in denen die Entrückung zu den Sternen zur Lösung eines sonst unlösbaren Problems beiträgt: die Rettung der Kallisto und des Arkas und die Versteinerung/Verstirnung des Hundes der Prokris[138].

Insgesamt zeigt er aber auch bei den Begründungen für den Sphärenwechsel zu den Sternen eine deutlich größere Variationsbreite als Ps.Eratosthenes. Das Mitleid der Götter, das sie veranlasst, mythische Protagonisten, denen offensichtlich Unrecht geschehen ist, als Kompensation zu verstirnen, spielt bei Hygin eine noch deutlich wichtigere Rolle: In 18 Fällen leisten die Götter Wiedergutmachung durch Verstirnung[139]. Zeus, Hera, Apollon, Artemis, Hermes,

---

[135] Hyg. Astr. 2,42: Haec autem Mercurio data existimatur, quod primus menses instituerit et perviderit siderum cursus.
[136] Hyg. Astr. 2,42: Euhemerus autem Venerem primam ait sidera constituisse et Mercurio demonstrasse.
[137] Siehe oben Anm. 126.
[138] Kallisto: Hyg. Astr. 2,4; Arkas = Arktophylax: Hyg. Astr. 2,4; Hund der Prokris: Hyg. Astr. 2,35: utrosque in lapidem convertit (hier hat Hygin im Gegensatz zu Ps.Eratosthenes keine ausdrückliche Sternverwandlung der Tiere).
[139] Die Anzahl der Fälle bei Ps.Eratosthenes: 5 (vgl. oben Anm. 60-64); Verstirnung als Kompensation betrifft bei Hygin menschliche Protagonisten, die in manchen Fällen zuvor in ein Tier verwandelt worden sind: Große Bärin (Hyg. Astr. 2,1), Schlangenträger/Asklepios (Hyg. Astr. 2,24), Arktophylax/Bootes/Ikar(i)os (Hyg. Astr. 2,4), Virgo/Erigone (Hyg. Astr. 2,4), Virgo/Parthenos (Hyg. Astr. 2,25), Orion (Hyg. Astr. 2,34 und 2,26: Orion von Artemis als Kompensation für seine in diesem Fall von ihr erwiderte, unglückliche Liebe versetzt), Zwillinge/Iasion und Triptolemos (Hyg. Astr. 2,22), Fuhrmann/Myrtilos (Hyg. Astr. 2-13), Stier/Io (Hyg. Astr. 2,21), Pferd/Melanippe (Hyg. Astr. 2,18), Pleiaden und ihre Mutter Pleione (Hyg. Astr. 2,21), Adler/Meropes (Hyg. Astr. 2,16), Kentaur/Chiron (Hyg. Astr. 2,38), (Planet) Phaethon (Hyg. Astr. 2,42). Aber auch Tiere profitieren vom Mitgefühl der Götter, so die Schlange der Hesperi-

Dionysos und Helios erweisen sich in spezifischen Einzelfällen als des Mitleids fähig bzw. wollen auf diese Weise Wiedergutmachung für ein unverdientes, schweres Schicksal leisten. Verstirnung als Belohnung für Hilfe, die Menschen oder Tiere den Göttern in gefährlichen Situationen geleistet haben, ist bei Hygin ebenfalls eine feste Größe: Unterstützung von verwaisten und verfolgten Götterkindern führt am häufigsten zur Erhebung zu den Sternen[140], aber auch Beistand im Kampf[141] oder Hilfe bei göttlichen Liebschaften kann so belohnt werden[142].

Schließlich referiert auch Hygin eine lange Reihe von Beispielen, in denen Verstirnung der Erinnerung herausragender Taten oder Geschehnisse dient. Die Götter erinnern selbst an ihre Taten[143] oder aber sie halten auch einzelne Taten menschlicher Protagonisten – Kampferfolg oder frommen Erfindungsgeist – für

---

den (Hyg. Astr. 2,3), der Hund, gemeint ist hier Erigones Canicula (Hyg. Astr. 2,4), und der Esel (Hyg. Astr. 2,23).
140 Ammendienste bei Zeus (Große und Kleine Bärin: Hyg. Astr. 2,2; Ziege: Hyg. Astr. 2,13; 2,23) und Dionysos (Hyaden: Hyg. Astr. 2,21); Unterstützung des von Hera verfolgten Dionysoskindes (Esel: Hyg. Astr. 2,23; ebenso Hyaden: Hyg. Astr. 2,21). Rettung der Isis in den Wehen (Südlicher Fisch: Hyg. Astr. 2,41); Hilfe bei der Geburt der syrischen Aphrodite aus einem wunderbaren Ei (Hyg. fab. 197), wobei dieser Fall in der *Astrologie* nicht berichtet wird.
141 Titanenkampf: Esel (Hyg. Astr. 2,23); Gigantenkampf: Ziege (Hyg. Astr. 2,13); Opfertod des Krebses im Interesse Heras (Hyg. Astr. 2,23); Rettung des dürstenden Heers des Dionysos: Widder (Hyg. Astr. 2,20).
142 Hilfe bei Liebschaften: Stier (Hyg. Astr. 2,21), in diesem Fall ist der Stier der Europa keine Verkörperung des Zeus; Delphin, der Poseidon zu Amphitrite verhilft (Hyg. Astr. 2,17).
143 Erinnerung der Götter an ihre eigenen (Groß-)Taten bei Hygin: Mit dem Pfeil erinnert Apollon an seinen Kampf gegen die Kyklopen (Hyg. Astr. 2,15); Athena erinnert an den Bau der Argo (Hyg. Astr. 2,37; fab. 14); der Altar wird als Ort des Götterschwurs im Titanenkampf erinnert (Hyg. Astr. 2,39). *Neu* hinzugekommen im Vergleich zu Ps.Eratosthenes: der Kranz, mit dem Dionysos an die Rückführung seiner Mutter aus der Unterwelt erinnert (Hyg. Astr. 2,5); der Planet Phaenon als Zeugnis einer Konkurrenz von Zeus und Prometheus um einen besonders schönen Jüngling (Hyg. Astr. 2,42); der Planet Pyroeis als Zeugnis für die glühend entbrannte Liebe des Ares zu Aphrodite (Hyg. Astr. 2,42); der Planet Hesperus als besonders schönes Kind der Eos und des Kephalos (Hyg. Astr. 2,42); die Ziege soll an Zeus' Liebschaft mit Aix („Ziege'), Frau des Pan, von der Zeus einen Sohn Aigipan hat, erinnern (Hyg. Astr. 2,13); eine andere Variante bei Ps.Eratosthenes cat. 27 und Hyg. Astr. 2,28: Hier ist Aigipan der Milchbruder, nicht der Sohn des Zeus und kommt als Steinbock an den Himmel; der Adler als Erinnerung an dessen Erscheinung vor dem Titanenkampf von Zeus an den Himmel gesetzt (Hyg. Astr. 2,16); der Steinbock zum Gedenken an die erinnerungswürdige Schlauheit des Pan, der sich in bedrohlicher Situation (Typhonkampf) in einen Halbfisch verwandelt (Hyg. Astr. 2,28; vgl. fab. 196); die Schlange als von Giganten auf Athena geworfen und von ihr in den Himmel geschleudert (Hyg. Astr. 2,3).

erinnerungswürdig[144]. Diese Begründungen spielen auch im Text des Ps.Eratosthenes eine zentrale Rolle[145].

Ein wichtiger Unterschied zwischen den beiden Texten lässt sich allerdings feststellen: Bei Hygin gelangt auch eine Reihe von Frevlern zu den Sternen, deren Verstirnung kaum als Belohnung vorgestellt sein kann bzw. bei denen unmittelbar von Strafe die Rede ist: Für das Sternbild des sog. Knienden führt Hygin neben der verbreiteten Deutung als Herakles fünf weitere Kandidaten auf. Vier von diesen sind bekannte Frevler gegen die Götter: Der Kniende soll

---

144 Erinnerung an die Großtaten von Heroen im *Kampf* bei Hygin: der Kniende, weil Zeus Herakles' Kampf mit der Schlange der Hesperiden bewundert (Hyg. Astr. 2,6); Orion und Skorpion, deren Mut gedenkwürdig scheint (Hyg. Astr. 2,4). Im Kontext der Taten des Perseus verstirnt: Kepheus (Hyg. Astr. 2,13), Andromeda (Hyg. Astr. 2,11), Perseus (Hyg. Astr. 2,12), das Seeungeheuer (Hyg. Astr. 2,31). *Neu* im Vergleich zu Ps.Eratosthenes: der Kniende als Theseus, der den Stein hebt (angebl. nach Hegesianax: Hyg. Astr. 2,6); der Schlangenträger als Erinnerung an Schlangen, die Herakles bei Omphale in Lydien erschlagen haben soll (Hyg. Astr. 2,14) oder aber der Schlangenträger als der Heros Phorbas, welcher Rhodos von einer Schlangenplage befreit (Hyg. Astr. 2,14); der Pfeil, als der Pfeil, mit dem Herakles den Adler erschossen hat, der Prometheus verstümmelte (Hyg. Astr. 2,15); der Krater als das Gefäß, in dem Otos und Ephialtes Ares gefangen gehalten haben (Hyg. Astr. 2,40). Die Erinnerung an *Erfindungen* der Heroen wird thematisiert beim Fuhrmann als Erichthonios, der den Wagen erfindet (Hyg. Astr. 2,13) oder beim Fuhrmann, der, ebenfalls als Erichthonios, die Panathenäen mit Viergespann-Wagenrennen eingerichtet hat (Hyg. Astr. 2,13). *Kunstfertigkeit* wird thematisiert im Fall der Lyra, die an Orpheus erinnert (Hyg. Astr. 2,6), und des Schützen als Krotos, eines vielfältig begabten Unterstützers der Musen (angebl. nach dem alexandrinischen Tragödiendichter Sositheus: Hyg. Astr. 2,27). Die Kategorie frommer Erfinder bei Hygin *erweitert* um den Fuhrmann als Orsilochos aus Argos, der das Viergespann erfunden hat (Hyg. Astr. 2,13), um Arktophylax als Demeters Sohn Bootes-Philomelos, der den Wagen erfunden hat und als Pflüger unter den Sternen steht (Hyg. Astr. 2,4), um Deukalion als Wassermann (angebl. nach Hegesianax: Hyg. Astr. 2,29), alternativ um Kekrops als Wassermann, der in Urzeiten Wasser statt Wein opfert (angeblich nach dem Komödiendichter Eubulos aus dem 4. Jahrhundert v. Chr.: Hyg. Astr. 2,29); schließlich neu der Krater als das Gefäß des Ikaros (sic! gemeint ist Ikarios), in dem dieser den Menschen erstmals Wein gezeigt hat. Aus dem Rahmen fallen zwei Beispiele für die Begründung von Verstirnungen, die weder zeitlich noch strukturell zu den übrigen Protagonisten passen wollen: Im Fall des Delphins führt Hygin auch die Rettung des Arion durch den Delphin an (Hyg. Astr. 2,17). Arion als vermutlich historische Figur ist allerdings zeitlich ins 7. Jahrhundert v. Chr. zu datieren, hätte also lang nach dem Ende der ‚mythischen Epoche' gelebt (nach Hyg. fab. 194 wäre der Delphin sogar gemeinsam mit Arion verstirnt worden). Das zweite Beispiel betrifft das Sternbild des Hasen, mit dem die Bewohner der Insel Leros an eine lokale Hasenplage (vermutlich ebenfalls historischer Zeit) hätten erinnern wollen (Hyg. Astr. 2,33).
145 Vgl. oben Anm. 69–77.

der von den Musen geblendete Sänger Thamyris sein[146] oder aber Ixion, der versucht hat, Hera zu vergewaltigen[147]. Außerdem werden noch der an den Kaukasus gefesselte Prometheus und der getötete Orpheus als durch den Knienden verkörperte Heroen genannt. Orpheus konnte in diesem Kontext als Frevler verstanden werden, da er nach Hygin versucht hatte, in Thrakien verbotenerweise die Riten des Dionysos zu beobachten[148].

Die von Hygin überlieferte Reihe verschiedener Identifikationen für den Knienden bestätigt zum einen, was bereits Arat in den *Phainomena* bemerkt hatte, dass nämlich niemand klar sagen könne, wer denn der mühebeladene Mann und was die Mühsal sei, in der man ihn sehen könne[149]. Zum anderen wird deutlich, dass die Form des einmal „definierten" Bildes die Interpretation bestimmte: Wer als Grieche oder Römer hier einen Knienden erkannte, für den lag nahe, dass es sich um eine Person handeln musste, die sich in äußerster Bedrängnis befand und diese Körperhaltung nicht freiwillig eingenommen haben konnte. Zu knieen erschien nur für Schutzflehende angemessen, die vor Altären, Götterstatuen oder potentiellen menschlichen und göttlichen Rettern knieten. Entsprechend sollte der frevlerische Seher Thamyris als Schutzflehender dargestellt sein[150]. Oder aber man verstand die Pose des mühebeladenen Mannes in den Sternen als Haltung eines Toten (Orpheus) oder Gefesselten wie Prometheus oder auch Ixion, dem nach seinem Übergriff die Hände gebunden worden waren[151].

---

146 Hyg. Astr. 2,6; vgl. bereits Hom. Il. 2,594-600: Thamyris glaubt, die Musen übertreffen zu können.
147 Hyg. Astr. 2,6. Vgl. zum Frevler Ixion im Hades Pind. Pyth. 2,21-45, Apoll. Rhod. 3,55 und auch Hyg. fab. 62, wo sich Ixion, von Hermes an ein Rad geflochten, ausdrücklich im Land der Toten befindet.
148 Hyg. Astr. 2,6.
149 Arat. 63-65. Direkt dazu siehe Hyg. Astr. 2,6: „Obwohl Arat sagt, niemand könne beweisen, wer er ist, werden wir versuchen aufzuzeigen, dass wir doch etwas Vernünftiges sagen können (etsi quis sit hic negat Aratus posse quemquam demonstrare, tamen conabimur demonstrare, ut aliquid verisimile dicamus)."
150 Noch eine weitere, von Hygin gegebene Identifikation erkennt einen Schutzflehenden: Hyg. Astr. 2,6: Ein gewisser Keteus, der bei Ariaithos von Tegea als Vater der Megisto-Kallisto erscheint, sei hier zu sehen wie er die Götter anfleht, ihm seine verlorene Tochter (die Große Bärin) zurückzugeben; vgl. hierzu auch unten Anm. 272-274.
151 Hygin nennt in Astr. 2,6 ausdrücklich die gebundenen Hände des Ixion: das Rad, auf das er im Hades geflochten wurde, war am Himmel offenbar nicht sichtbar; die ebenfalls verbreitete Variante vom Schutzflehen des Ixion wegen eines anderen Vergehens (Aesch. Eum. 436; 716) noch vor seinem Übergriff auf Hera spielt hier offenbar keine Rolle.

Das zweite Sternbild, welches bei Hygin im Unterschied zu Ps.Eratosthenes unter anderem mit frevlerischen Sterblichen identifiziert wurde, ist das des Schlangenträgers. Auch Hygin referiert die bei Ps.Eratosthenes belegte Gleichsetzung mit Asklepios[152]. Unter den bei ihm belegten vier weiteren Varianten befindet sich aber auch ein gewisser Carnabon, Angehöriger der Geten, der in Thrakien gelebt und Demeters Schützling Triptolemos bedroht und behindert hat, indem er ihm die Schlangen von seinem Wagen wegnahm[153]. Oder aber man konnte im Schlangenträger den thessalischen König Triopas sehen, der einen Demetertempel niedergerissen hatte und in der Folge von einer Schlange gepeinigt wurde, die die Göttin ihm zur Strafe gesandt hatte[154]. Auch für den Delphin war eine alternative Negativerklärung möglich: Er konnte als einer der frevlerischen Seeleute identifiziert werden, die versucht hatten, Dionysos zu entführen, und als Folge in Delphine verwandelt worden waren[155].

Darüber hinaus hebt Hygin den Aspekt frevelhafter Handlungen auch bei den Standardidentifikationen bekannter Sternbilder deutlich stärker hervor als Ps.Eratosthenes[156]. Für Kassiopeia sei die Verstirnung aus einem negativen Grund erfolgt: wegen ihrer Prahlerei, schöner als die Nereiden zu sein. Dafür sei sie (in höchst unbequemer Haltung) unter die Sternbilder gesetzt worden und „wegen ihrer Unfrömmigkeit" sehe es so aus, als ob sie auf ihrem Stuhl auf dem Rücken liegend am Himmel entlanggeschleift werde[157]. Im Fall des Orion, dessen frevelhafte Handlungen Ps.Eratosthenes nicht zur Begründung seiner Verstirnung herangezogen hat, gibt Hygin eine Reihe von unterschiedlichen Ursachen an: Darunter findet sich die Negativ-Begründung, Orion sei verstirnt worden wegen seiner Prahlerei bezüglich der Jagd, oder aber nach einem Angriff auf Artemis von deren Pfeilen gebannt (ab ea sagittis esse confixum) und

---

152 Hyg. Astr. 2,14.
153 Hyg. Astr. 2,14 (die Variante angeblich nach Hegesianax, 3./2. Jahrhundert v. Chr.). Triptolemos fuhr mit seinem Schlangenwagen in alle Länder, um Demeters Geschenk des Getreideanbaus zu verbreiten.
154 Hyg. Astr. 2,14.
155 Hyg. Astr. 2,17.
156 Im Fall der Kallisto, der Großen Bärin, die nie im Meer versinkt, betont Hygin z. B., dass ihr Platz am Himmel auch durch den Zorn der Hera mitbedingt ist: Diese habe die Meergöttin Tethys dazu bewogen, der Ehebrecherin Kallisto das Bad im Meer zu verweigern: Hyg. Astr. 2,1; fab. 177.
157 Hyg. Astr. 2,10: Pro quo facto inter sidera sedens in siliquastro constituta est. Quae propter impietatem, vertente se mundo, resupinato capite ferri videtur. Bereits bei Arat war es nicht unmöglich, diesen Aspekt aus der Beschreibung des Sternbilds herauszulesen. Arat 654-58: Das Sternbild der Kassiopeia sei „an den Knien abgeteilt", da sie sich nicht ohne Folgen Doris und Panope (also den Nereiden) gleichstellen solle.

als Jäger an den Himmel gesetzt worden[158]. Das Sternbild von Rabe, Krater und Wasserschlange ist für Hygin ebenfalls ein Beispiel göttlicher Bestrafung: Entweder habe Apollon den Durst des betrügerischen Raben darstellen wollen oder aber der Rabe sei Koronis, die untreue Geliebte Apollons, womit die Verstirnung ebenfalls als Bestrafung (oder zumindest als Dokumentation einer solchen) zu verstehen wäre[159]. Schließlich führt Hygin im Kontext von „Rabe, Krater und Wasserschlange" eine dritte Variante auf, bei der ein Frevel die zentrale Rolle spielt: Nachdem der König Demophon von Elaious ein unrechtmäßiges Mädchenopfer begangen hat, schlachtet Mastusios, der Vater des getöteten Mädchens, Demophons Töchter und gibt ihr Blut dem Demophon in einem Mischkrug (Krater) zu trinken. Dieses Gefäß wird dann an den Himmel versetzt[160].

Für Hygin ist der mythische Himmel – und dies ist ein hauptsächlicher Unterschied zu Ps.Eratosthenes – also auch ein Ort der Erinnerung an Frevler und ihre Taten. Während Ps.Eratosthenes Verstirnung potentiell positiv – als Ehre des Himmels – interpretiert, haben die mythischen Traditionen bei Hygin auch eine erzieherische Funktion, die durch die Darstellung von frevelhaften Taten oder deren Bestrafung unterstützt wird. Die Botschaften richten sich an die Menschen auf Erden, welche die Sternbilder sehen können. Dies wird in einigen Fällen allein durch kurze Namensnennung des Dargestellten impliziert – jeder Gebildete weiß, was dem Prometheus, Thamyris oder Ixion widerfahren ist oder wie Koronis gegen Apollon gefrevelt hat. In mehreren Fällen erläutert Hygin jedoch ausdrücklich die mahnende moralische Botschaft: Demeter wolle „die Menschen" daran erinnern, was dem frevlerischen Carnabon – im Augenblick seiner Missetat gegen Triptolemos dargestellt – widerfahren ist[161]. Im Fall des Schlangenträgers Triopas wird die von Demeter verhängte göttliche Strafe für die Tempelzerstörung durch Verstirnung verewigt, ebenso wie Kassiopeia auf

---

158 Die merkwürdige Mischung von positiven und negativen Begründungen für die Verstirnung Orions ist auch bei Hygin deutlich: Hyg. Astr. 2,34 hat eine durchweg positive Variante, nach der Artemis den Orion liebt, durch eine List Apollons dazu gebracht wird, ihn zu töten, und ihn danach trauernd an den Himmel setzt. Eventuell scheint diese Variante auch bei Ps.Eratosthenes cat. 32 durch, wenn dort von der Liebe der Artemis zu Orion die Rede ist.
159 Hyg. Astr. 2,40; die Variante mit Koronis ebd. Hyg. Astr. 2,40 (angeblich nach dem Kallimachos-Schüler Istros; eine Verstirnung der Koronis wird von Hygin allerdings nicht explizit berichtet); Krater: ebenfalls Hyg. Astr. 2,40. Sternbilder als Warnung für Vergehen: siehe auch Bechtold 2011, 72.
160 Hyg. Astr. 2,40; die Tradition zurückgeführt auf Phylarchos (2. Jahrhundert v. Chr.).
161 Hyg. Astr. 2,14: Hegesianax enim dicit Cererem memoriae hominum causa ita Carnabonta sideribus figurasse, manibus tenentem draconem ut interficere existimetur; qui ita vixerat acerbe ut iucundissimam sibi consciscerret mortem.

ewig am Himmel entlanggeschleift wird und der Rabe immerwährend Durst hat[162]. Auch der in einen Delphin verwandelte Pirat soll ausdrücklich von den Menschen erinnert werden[163]. Orions tödlicher Gegner, der Skorpion, ist an den Himmel gesetzt worden als Lektion für die Menschen, nicht zu überheblich zu sein[164], und mit der Verstirnung des Kraters hätten die alten Astronomen in Erinnerung an die Tötung der Töchter des Demophon den Menschen einschärfen wollen, dass niemand straflos von einer Schandtat profitiert und Feindschaft nicht vergessen zu werden pflegt[165]. Erfolgreiche erzieherische Absicht wird bei Hygin schließlich auch den Göttern unterstellt, die den Altar an den Himmel gestellt haben, an dem sie sich selbst zum Kampf gegen die Titanen verschworen hätten[166]: Hieraus leite sich der Brauch der Menschen ab, vor dem Beginn eines Unternehmens Opfer darzubringen.

Die Darstellung von Frevlern unter den Sternen als warnendes Beispiel für die, die es an Respekt gegen die Götter fehlen lassen oder ihnen die falschen Opfer bringen, wird schließlich ergänzt durch einige (wenige) Beispiele, die eine allgemeine menschliche Erfahrung nahebringen sollen. Hierzu zählt das Beispiel der Bewohner von Leros, die das Sternbild des Hasen für eine eigene Interpretation beanspruchen: Nachdem sie zuerst Hasen auf ihrer Insel eingeführt hatten, diese in der Folge jedoch überhand genommen hätten und die Plage nur mit Mühe wieder eingedämmt werden konnte, hätten sie hinterher das Bild eines Hasen unter die Sterne gesetzt, auf dass die Menschen sich erinnerten, dass nichts im Leben so erstrebenswert sei, als dass man später nicht mehr Leid denn Vergnügen daraus ziehe[167]. Zu den warnenden und abschreckenden Beispielen kommt immerhin ein tröstliches: das nur halb am Himmel sichtbare Schiff Argo. Während Ps.Eratosthenes die Argo als ein Sternbild anführt, das die Seeleute, wenn sie zu ihr hinaufschauen, bei ihrer Tätigkeit ermu-

---

162 Triopas (Hyg. Astr. 2,14): Itaque adhuc videtur eum draco circumplexus aeterna merentem adficere poena. Kassiopeia: Hyg. Astr. 2,10; Rabe: Hyg. Astr. 2,40.
163 Hyg. Astr. 2,17: „Weil Dionysos das Gedenken an diese in der Erinnerung der Menschen überliefern wollte, setzte er das Bild von einem von ihnen unter die Sterne (quorum cogitationem cum liber memoriae hominum tradere voluisset, unius effigiem inter sidera collocavit)."
164 Hyg. Astr. 2,26: Iovem ... Scorpionem inter astra conlocasse, ut species eius hominibus documento esset, ne quis eorum aliqua re sibi confideret.
165 Hyg. Astr. 2,40: Quem antiqui astrologi stellis deformarunt, ut homines meminissent maleficium neminem temere lucrari posse, neque oblivionem inimicitiarum fieri solere.
166 Hyg. Astr. 2,39: Ab ea consuetudine homines dicuntur instituisse sibi, ut cum aliquam rem efficere cogitarent, prius sacrificarent, quam agere incepissent.
167 Hyg. Astr. 2,33: Itaque postea leporis figuram in astris constituisse, ut homines meminissent nil esse tam exoptandum in vita, quin ex eo plus doloris quam laetitiae capere posterius cogerentur.

tigen soll, fällt die Interpretation Hygins einmal mehr deutlich dramatischer aus: Die nur mit ihrem Vorderteil unter den Sternen sichtbare Argo bedeutet für Hygin, dass schiffbrüchige Menschen nicht verzweifeln sollten[168].

2.3.3 Verstirnung als Weg zum „ewigen Leben" *im* Himmel bei Hygin?

Auch an das bei Hygin überlieferte Material soll die Frage gestellt werden, was das Lesepublikum aus dem Vorgang des Sphärenwechsels schließen konnte. Waren die von Verstirnung Betroffenen höchstpersönlich an oder in den Himmel gelangt? Oder waren es nur „Abbildungen", himmlische Erinnerungsbilder an gute oder (bei Hygin) auch schlechte Personen und Taten, die die Götter am Himmel sichtbar machten, um die Beobachter unten in der irdischen Sphäre zu belehren und zu mahnen?

Persönliche Entrückung an den Himmel?
Die Sichtbarkeit der Sphärenwechsler am Himmel lud den Betrachter – und dies wird auch im Text Hygins deutlich – stets dazu ein, die „Bildhaftigkeit" des mythischen Himmels wahrzunehmen. Zieht man in Betracht, dass wahrscheinlich seit hellenistischer Zeit – sicher aber zur Zeit der Entstehung der Texte von Ps.Eratosthenes und Hygin – auch Bildgloben des mythischen Himmels wie die Statue des Atlas Farnese vorhanden waren, so ist dies nicht überraschend[169]. Entsprechend verwendet auch Hygin in zahlreichen Fällen eine Begrifflichkeit, die die Konstellationen am Himmel wie Bilder charakterisiert: Dies kann dazu führen, dass bei Erklärungen ein und desselben Sternbilds eine widersprüchliche Wortwahl möglich ist: Z. B. wird im Fall der Großen Bärin, die zunächst körperlich entrückt wird, in einer anderen Variante zum gleichen Sternbild von Zeus das „Bild" (effigies) einer Bärin „aus Sternen gebildet" (figuratam) hingestellt[170]. Die Möglichkeit erscheint allerdings naheliegend, dass der Begriff „fi-

---

168 Hyg. Astr. 2,37: Sed huius non tota effigies inter astra videtur; divisa enim est a puppiusque ad malum, significans, ne homines navibus fractis pertimescerent. Vgl. Ps.Eratosth. cat. 36: ὅπως ὁρῶντες οἱ τῇ ναυτιλίᾳ χρώμενοι θαρρῶσιν ἐπὶ τῇ ἐργασίᾳ (damit die Seeleute, wenn sie zu ihr hinaufschauen, bei ihrer Tätigkeit ermutigt werden).
169 Vgl. oben Anm. 3; 9; 96.
170 Hyg. Astr. 2,1: [E]ffigiem ursae stellis figuratam constituisse; *effigies* verwendet auch in folgenden Fällen: Steinbock (Hyg. Astr. 2,28): Huius effigies similis est Aigipani ... Zeus in sideribus esse voluit ...; ebd. inter sidera effigiem eius fixisse; Delphin (Hyg. Astr. 2,17): inter astra collocatus und ebd. ergänzend: Poseidon inter sidera Delphini effigiem collocavit; siehe

gurare" (bilden) sich vor allem auf die technische Seite einer Verstirnung im Sinne der Zuweisung einer bestimmten Gestalt an die Betroffenen bezieht. Festzusetzen *wie* (d. h. in welcher Haltung und Form) die Verstirnten dargestellt sind, ist den Göttern vorbehalten, genauso wie das *wo* (also welchen Platz sie unter den Sternbildern einnehmen sollen)[171]. So wird der Kentaur den Sternbildern zugerechnet, weil Zeus ihn unter die Sterne gesetzt hat „cum hostia figuratum", mit einem Opfertier in der Hand[172]. Die Vorstellung scheint durch, dass die Götter darauf Einfluss nehmen, in welcher Form der Sphärenwechsler zu sehen ist, und dessen natürliche Gestalt ändern oder spezifisch akzentuieren können. Erneut als Sonderfall erscheint Herakles, wenn er im Sternbild des Knienden als Kämpfer gegen die Schlange der Hesperiden dargestellt wird: Zeus setzt „similitudinem pugnantis inter sidera"[173].

---

auch ebd. zum Delphin über die Seeleute des Dionysos „unius effigiem inter sidera collocavit". Widder (Hyg. Astr. 2,20): [A]rietis ipsius effigiem ab Nube inter sidera constitutam (auch hier wieder ein Widerspruch zwischen den Varianten: Bei Ps.Eratosthenes kommt der Widder aus eigener Kraft nach oben. Diese Variante wird von Hygin unter Berufung auf (den hellenistischen) Eratosthenes ebenfalls angeführt).

171 Vgl. etwa den Fall des Schlangenträgers: Hyg. Astr. 2,6 zum Frevler Carnabon: Demeter sideribus figurasse (dass sie ihn durch Sterne gebildet hat); siehe auch die Doppeldeutigkeit bei der Ziege im Fuhrmann bei Hyg. Astr. 2,13: Einerseits wird sie ausdrücklich wiederhergestellt und wiederbelebt (anima donavit): Dann aber wird sie verewigt (der Erinnerung anvertraut) indem ihre Knochen mit Sternen „gebildet" dargestellt werden (et stellis figuratam memoriae commendavit).

172 Kentaur (Hyg. Astr. 2,38): [U]t inter astra numeraretur ... Zeus ... inter sidera eum constituit cum hostia ... figuratum. Die Lyra ist unter die Gestirne gestellt und aus Sternen gebildet (Hyg. Astr. 2,7): inter sidera constituta/inter astra constituta ... Lyram... figuratam stellis inter sidera constituisse; die Argo war gebildet durch Sterne (Hyg. Astr. 2,37): stellis esse figuratam ... non tota effigies inter astra videtur. Ikarios und Virgo (Hyg. Astr. 2,4) werden von Dionysos „gebildet unter den Sternen" (figuratos inter sidera). Den Widder hat Dionysos ebenfalls dort gebildet, damit er den Frühling markiert (Hyg. Astr. 2,20): arietem inter sidera figuravit. Um der Erinnerung willen setzte Zeus die ‚figura' einer Ziege unter die Sterne (Hyg. Astr. 2,13 zum Aigipan) inter astra caprae figura ... collocavit. Der Begriff ‚figurare' wird auch verwendet beim Delphin (Hyg. Astr. 2,17): inter sidera ab antiquis astrologis est figuratum sowie beim Hasen (Hyg. Astr. 2,33): leporis figuram in astris constituisse.

173 Hyg. Astr. 2,6: Der Begriff „similitudo" wird von Hygin sonst nicht für Sternbilder verwendet. Siehe zu Herakles auch Ps.Eratosthenes oben Anm. 90; 91. Eine weitere Besonderheit ist das zweimalige Vorkommen des Begriffs „simulacrum" als Bezeichnung von Sternbildern, ein Begriff, der normalerweise ein sakral bedeutsames Götterbild meint und im Kontext besonders unpassend scheint, da zwei Sternbilder des Tierkreises damit bezeichnet werden: Löwe und Fisch. Über dem simulacrum des Löwen („cuius supra simulacrum") befinden sich die Sterne der Locke der Berenike (Hyg. Astr. 2,24). Das Bild des Südlichen Fischs (Hyg. Astr. 2,41: simu-

In einer großen Anzahl von Fällen lässt die Wortwahl Hygins – ähnlich wie bei Ps.Eratosthenes – für den Leser aber zumindest die Vorstellung zu, Personen, Tiere und Objekte irdischer Herkunft seien höchstselbst am Himmel sichtbar[174]: Sie seien unter die Sterne gestellt worden („inter sidera collocata") wie etwa Andromeda[175], ins Weltall („in mundo") gestellt wie die Ammen des Zeus[176], oder unter die Sterne (fest-)gesetzt wie Andromedas Mutter Kassiopeia („inter sidera ... constituta est")[177] und der Krebs, der sich grundsätzlich unter den Sternen aufgestellt findet („inter astra collocatus"), den Hera aber unter die Sterne gestellt haben soll („inter sidera constituisse"), damit er einen bestimmten Platz am Himmel – im Tierkreis – einnähme[178]. Auch bei szenischen Konstellationen wird das Verb „constituere" verwendet: Wenn Zeus den Kampf zwischen Herakles und Schlange oder Demeter ihren Sohn Philomelus als

---

lacrum piscis et eius filiorum) hat – angeblich nach Ktesias – die vom Fisch gerettete Isis an den Himmel gesetzt.
174 Siehe die im Vergleich zu Hygin noch deutlich differenziertere Begrifflichkeit zu Apotheose und Verstirnung bei den lateinischen Dichtern: Zgoll 2004, 254-257 (Apotheose); 274-275 (Verstirnung).
175 Andromeda (Hyg. Astr. 2,11): inter sidera collocata; Fuhrmann Erichthonios (Hyg. Astr. 2,13): inter sidera collocatus; Herakles als Schlangenträger (Hyg. astr 2,14): inter sidera collocatum; Asklepios als Schlangenträger (Hyg. Astr. 2,14): [Zeus] ... inter astra collocavit; Apollons Tochter Chrysothemis als Jungfrau (Hyg. Astr. 2,25): inter sidera collocatam. Tiere: Schlange, nachdem sie getötet worden ist (Hyg. Astr. 2,3): inter sidera collocata; Zicklein im Fuhrmann (Hyg. Astr. 2,13): inter sidera collocasse; vom Adler als Omen heißt es (Hyg. Astr. 2,16): inter astra collocasse; Adler als Helfer des Hermes (Hyg. Astr. 2,1): in mundo locavit; Esel im Krebs (Hyg. Astr. 2,23): inter sidera eos collocasse; Skorpion (Hyg. Astr. 2,26): totum signum ... statutum ... inter astra conlocasse; Seeungeheuer (Hyg. Astr. 2,31): inter siderum conlocatum; Hund (Hyg. Astr. 2,35): inter astra conlocatum. Objekte: Krone (Hyg. Astr. 2,5): inter sidera collocata/bzw. inter astra collocasse.
176 Die zwei Bärinnen als Ammen des Zeus im Weltall aufgestellt (Hyg. Astr. 2,3): in mundo collocatas.
177 Kassiopeia (Hyg. Astr. 2,10): inter sidera ... constituta est ... vertente se mundo.
178 Krebs (Hyg. Astr. 2,23): inter astra collocatus/inter sidera constituisse, ut esset cum duodecim signis. Vgl. auch den Schlangenträger als Frevler Triopas (Hyg. Astr. 2,14): inter astra ... constitutus; Hyaden im Stier (Hyg. Astr. 2,21): inter sidera sunt constitutae; Zwillinge als Dioskuren (Hyg. Astr. 2,22): sideros eos constituisse; Kentaur (Hyg. Astr. 2,38): ut inter astra numeraretur ... Zeus ... inter sidera eum constituit cum hostia; Stier (Hyg. Astr. 2,21): inter astra esse constitutus sowie Stier identifiziert als Io (Hyg. Astr. 2,21): inter sidera constituisse; Löwe (Hyg. Astr. 2,24): inter astra constitutus; Wasserschlange und Krater (Hyg. Astr. 2,40): inter sidera constituit cratera et supposuit hydram. Objekte: Lyra (Hyg. Astr. 2,7): inter sidera constituta; Dreieck (Hyg. Astr. 2,19): [Hermes] ... supra caput Arietis statuisse existimatur.

Pflügenden unter die Sterne setzt[179]. Mythische Figuren können bei Hygin „selbst" zu den Sternen gezählt werden[180], sie können bei den Sternen „befestigt" sein[181] oder dort einen „Platz besitzen"[182]. Ganymed „ist" unter den Sternen[183], den Pfeil „zeigen sie" ebendort[184].

Welches Stoffschema[185] bzw. welche Vorstellung vom „Mechanismus" eines Sphärenwechsels hinter Begriffen wie „collocare" oder „constituisse" stehen kann, macht das berühmte historische Beispiel vom Haar der hellenistischen Königin Berenike deutlich: Hygin berichtet zuerst, dass die Haarlocke von der Königin als Weihgeschenk versprochen und auf einem Altar deponiert wird, dann aber plötzlich von diesem Altar verschwunden ist. Darauf habe der Astronom Conon behauptet, man habe gesehen, dass das Haar „unter die Sterne gestellt (collocatum)" worden sei, und er habe die entsprechenden Sterne gezeigt[186]. Ein Objekt, das auf Erden verschwunden ist – so das erkennbare Konzept – hat in diesem Fall tatsächlich die Sphäre gewechselt und ist am Himmel sichtbar.

Neben den durch collocare oder constituere charakterisierten Fällen stehen einige weitere, in denen ein tatsächlicher Sphärenwechsel noch deutlicher gemacht wird: Dies sind die auch bei Ps.Eratosthenes erwähnten Fälle, in denen unsterblich geborene Wesen aus eigener Kraft zum Himmel fliegen: die Göttin Dike, das Götterross Pegasos und der fliegende Widder des Phrixos[187].

Neben diesen Beispielen führt Hygin einige weitere an, die zum Verständnis der Vorstellungen vom Vorgang des Sphärenwechsels hinauf zu den Sternen

---

179 Kampf zw. Herakles und Schlange (Hyg. Astr. 2,6): pugnam inter sidera constituisse; Arktophylax/Bootes als Philomelus (Hyg. Astr. 2,4): eum inter sidera constituisse et Booten appellasse.
180 Kepheus „selbst" unter die Gestirne gezählt (Hyg. Astr. 2,13): ipsum quoque inter sidera superiores numerasse; vgl. auch den (getöteten) Esel im Krebs (Hyg. Astr. 2,23): in sideribus adnumerasse.
181 Esel im Krebs (Hyg. Astr. 2,23): adfixus astris.
182 Fuhrmann als Orsilochus (Hyg. Astr. 2,13): siderum locum possedisse.
183 Wassermann als Ganymed (Hyg. Astr. 2,29): Ganymedem esse.
184 Pfeil (Hyg. Astr. 2,15): inter sidera demonstrant.
185 Zu diesem Begriff s. den Beitrag von C. Zgoll in diesem Band, Kapitel 3.6.
186 Haar der Berenike (Hyg. Astr. 2,24): Conon ... dixit crinem inter sidera videri collocatum ... ostendit, quas esse fingeret crinem. Vgl. zu diesem Beispiel auch Bechtold 2011, 92.
187 Jungfrau als Dike (Hyg. Astr. 2,25): ad sidera evolasse; das Pferd als Pegasos (Hyg. Astr. 2,18) fliegt hinauf, erhält aber von Zeus seinen Platz zugewiesen: subvolasse et inter sidera ab Iove constitutus; der Widder erreicht bei Hygin nur in einer von mehreren Varianten (diese ausdrücklich nach Eratosthenes) aus eigener Kraft den Himmel (Hyg. Astr. 2,20): ipsum ad sidera pervenisse.

beitragen: Als die sieben Schwestern der Pleiaden vor dem Jäger Orion fliehen, macht ihnen Zeus selbst „eine Straße zu den Sternen"[188]. Kallisto und ihr Sohn Arkas werden auch bei Hygin buchstäblich „entrückt" und als Große Bärin und Arktophylax unter die Sterne gestellt[189]. Andere Gestalten des mythischen Himmels sind „zu den Sternen getragen worden"[190] oder sie sind (weniger passiv) „zu den Sternen gekommen"[191].

Einen ganz besonderen Weg zu den Sternen nimmt in einer Variante die Schlange, die zuerst von den Giganten zum Angriff auf Athena benutzt wird. Athena ihrerseits „wirft die Schlange zu den Sternen" und befestigt sie an der Achse des Himmels, so dass sie seitdem um diese Achse schwingen muss und offenbar so lebendig wirkt, als habe sich das Geschehen eben erst ereignet[192].

Die potentielle Belebtheit des mythischen Himmels macht aber besonders eine Erzählung deutlich, die Hygin zum Sternbild des Adlers präsentiert. Der König Meropes will nach dem Verlust seiner Frau Selbstmord begehen. Hera hat Mitleid und verwandelt ihn zuerst in einen Adler, dann setzt sie diesen unter die Sterne. Als Grund für die erste Verwandlung in ein Tier wird angegeben, dass Meropes, wäre er in Menschengestalt an den Himmel versetzt worden, seine menschliche Erinnerung weiterhin besäße und so weiterhin trauern müsste[193].

Wer in Menschengestalt an den Himmel versetzt wird – das ist der Rückschluss, den diese mythische Erzählung erlaubt – von dem kann also durchaus

---

188 Pleiaden (Hyg. Astr. 2,21): iter ad astra constituisse.
189 Kallisto und ihr Sohn (Hyg. Astr. 2,1): ereptam inter sidera collocavit; vgl. Arktophylax (Hyg. Astr. 2,4): ereptos inter sidera collocavit.
190 Getragen: Phorbas als Schlangenträger (Hyg. Astr. 2,14): locatus inter sidera ... ad sidera ... pertulit; Zwillinge als Triptolemos und Iasion (Hyg. Astr. 2,22): ad sidera perlatos.
191 Perseus (Hyg. Astr. 2,12): ad sidera pervenisse; Orion (Hyg. Astr. 2,34): et ita ad sidera pervenisse. In einer weiteren Variante wird er von den Pfeilen der Artemis ‚gebannt' und in Jägergestalt für die Sterne geformt und unter sie gestellt: ab ea sagittis esse confixum et ad sidera ... deformatum ... inter sidera statuisse.
192 Schlange (Hyg. Astr. 2,3): ad sidera iecisse ... ad ipsum axem caeli fixisse ... ut nuper ad siderum perlatum.
193 Adler (Hyg. Astr. 2,16): Iunonem autem misertam eius in aquilam corpus eius convertisse et inter sidera constituisse, ne, si hominis effigie eum constitueret, hominis memoriam tenens, coniugis desiderio moveretur. Ein weiterer Fall, in dem zuerst eine Tierverwandlung erfolgt und dann von gegenseitiger Wahrnehmung derer am Himmel ausgegangen wird, ist das Beispiel der Melanippe (Hyg. Astr. 2,18): Sie wird zuerst in ein Pferd verwandelt (in equam conversa), dann so an den Himmel versetzt (inter astra constituta), dass ihr Vater Chiron (seinerseits als Kentaur unter den Sternen) seine Tochter nicht sehen kann. Impliziert wird: Wenn sie einen anderen Platz am Himmel hätte, würde der Vater sie erkennen. Vgl. Zgoll 2004, 218-19, sowie 93 Anm. 162: Wer in ein Tier verwandelt wird, besitzt nur noch im Ausnahmefall menschliches Fühlen.

angenommen werden, dass er weiterhin ein Bewusstsein seiner selbst besitzt und Gefühle empfinden kann. Auch im Hinblick auf die dort befindlichen Frevler – von der am Himmel entlanggeschleiften Kassiopeia bis hin zum von Schlangen gequälten Triopas – wirft dies ein neues Licht auf den Himmel Hygins.

Neue Unsterbliche? Sphärenwechsel zu den Göttern *im* Himmel bei Hygin

Auch bei Hygin wird der Begriff der Unsterblichkeit nur sehr selten ausdrücklich im Kontext von Verstirnung verwendet, geschweige denn, dass den Verstirnten ein Weiterleben in Gegenwart der Götter zugesprochen wird. Allerdings erwähnt Hygin in einer Reihe von Fällen, dass ein Gott die (toten?) Körper (corpora) von Heroen in Sterne verwandelt hat. Dies hat etwa Dionysos mit den Körpern von Ikaros (sic, gemeint ist Ikarios) und seiner Tochter Erigone getan („in astris corpora eorum deformavit"[194]), und auch im Fall von Hermes' auf Erden getötetem Sohn Myrtilos ist von seinem Körper die Rede, den der Vater in das „Weltall" gesetzt hat[195]. In einer Reihe von Fällen wird bei Hygin aus inhaltlichen Gründen klar, dass die Versetzung unter die Sterne erfolgt, nachdem die Person oder das Tier auf Erden den Tod gefunden hat: Dies betrifft etwa Apollons jung verstorbene Tochter Chrysothemis, den mit dem Sonnenwagen abgestürzten Phaethon sowie die Schlange der Hesperiden, mit der Herakles gekämpft haben soll[196]. Während Hygin im Fall des Ganymed keine weiteren Angaben macht, findet sich bei ihm ein anderes Beispiel eines schönen Jünglings, den Zeus begehrt und dem er Unsterblichkeit verspricht: Zu einem gewissen Phainon, den Prometheus geschaffen und wegen seiner Schönheit zurückbehalten hat, wird Hermes gesandt, welcher ihn überredet, zu Zeus zu kommen und unsterblich zu werden. „Deshalb" so Hygin weiter, sei er unter die Sterne gestellt. Ob die versprochene Unsterblichkeit in einem Dasein als Geliebter des Zeus unter Göttern oder in der Verstirnung selbst besteht, wird entsprechend nicht ganz klar. Die Ähnlichkeit zum Ganymed-Stoff („Zeus eignet sich schönen Jüngling als Geliebten an") dürfte beim antiken Leser vermutlich eher die Vor-

---

[194] Bootes als Ikarus, Jungfrau als Erigone (Hyg. Astr. 2,4): in astris corpora eorum deformavit.
[195] Myrtilus (Hyg. Astr. 2,13): Nach seinem Tod setzt sein Vater den Körper ins Weltall: corpus in mundo constituisse. Vgl. auch den Fall des Schützen (Hyg. Astr. 2,27): ut in aliquo astrorum numero eum deformaret: dass er ihn in eine Anzahl von Sternen verwandle.
[196] Chrysothemis als ‚Jungfrau' (Hyg. Astr. 2,25); Phaethon als Planet (Hyg. Astr. 2,42): a sole inter sidera sit perlatus; nachdem die Schlange getötet worden ist, wird sie von Hera unter die Gestirne versetzt (Hyg. Astr. 2,3).

stellung personaler Unsterblichkeit unter Göttern hervorgerufen haben[197]. Phainon ist das einzige Beispiel, bei dem Hygin das Wort „inmortalis" in Bezug auf einen Verstirnten benutzt. Obwohl sich also bei ihm im Vergleich etwa zu Ps.Eratosthenes eine noch wesentlich umfangreichere Reihe von Beispielen findet, entsteht auch hier aus der Gruppe der Verstirnten für das Lesepublikum kein Bild von einem glücklichen Jenseits im Himmel, in dem Sterbliche am Dasein der Götter unmittelbar teilhaben dürfen.

2.3.4 Zwischenrésumé: Der Himmel Hygins

Auch der Text Hygins gibt dem Leser die Möglichkeit, von unmittelbarer und personaler Entrückung „an den Himmel" auszugehen – Paradebeispiel hierfür ist die „Locke der Berenike"[198]. Am Himmel zu sein, kann ein böses oder ungerechtes Schicksal bis zu einem gewissen Grad kompensieren oder verbessern: Man entgeht seinen Verfolgern (Kallisto, Pleiaden) oder nach unverdientem frühem Tod modern die Gebeine nicht in der Erde, sondern der Körper ist in Sternform immerwährend sichtbar (Chrysothemis, Myrtilos, Hesperidenschlange). Am Himmel zu sein, hält die ruhmvolle Erinnerung an große Taten der Betroffenen am Leben, bei Hygin – im Gegensatz zu Ps.Eratosthenes – allerdings auch die Erinnerung an frevelhaftes Handeln (Orion, Thamyris, Carnabon, Triopas, Kassiopeia etc.).

Wenn dann darüber hinaus zumindest in einem Beispiel, dem des Meropes (Adler), die Vorstellung deutlich wird, wer in menschlicher Gestalt an den Himmel versetzt werde, dem bliebe sein menschliches Bewusstsein und Gefühl erhalten, ist es dem Leser Hygins unbenommen, dieses Beispiel zu verallgemeinern. Für die, die als Frevler in unbequemer Stellung oder im Augenblick ihrer Bestrafung an den Himmel gesetzt sind, kann der Himmel demnach zu einem Ort werden, der mit positiver Unsterblichkeit nichts zu tun hat, sondern ihre Strafe verewigt. Auch im Rahmen der ruhmvoll erinnerungswürdigen Beispiele zeigt sich allerdings, dass *am* Himmel zu sein, für Hygin nicht gleichbedeutend ist damit, *im* Himmel zu sein – also in die Reihe der olympischen Gottheiten aufgenommen zu werden und auf Erden entsprechende Verehrung zu erfahren.

---

[197] Planet Phainon (Hyg. Astr. 2,42): [U]t ad Iovem veniret et inmortalis fieret. Itaque eum inter astra collocatum.
[198] Unterschiedliche Interpretationsmöglichkeiten, d. h. nicht immer eine scharfe Trennlinie zwischen Verstirntem und Gestirn auch bei den augusteischen Dichtern, siehe Zgoll 2004, 277.

3 Kallistos langer Weg zu den Sternen

3.1 Der mythische Stoff „Kallisto"

Kaiserzeitliche Autoren wie Ps.Eratosthenes und Hygin boten ihrem Lesepublikum eine große Fülle an Verstirnungsmythen. Sie suggerierten nicht zuletzt durch Verweise auf ältere Autoren, das Schicksal der Protagonisten sei seit jeher als Weg zu den Sternen berichtet worden. Bei Überprüfung des Einzelfalls erweisen sich derartige Annahmen allerdings als sehr fraglich. Dies soll an einem wichtigen Beispiel – der Verstirnung der Kallisto als Große Bärin – veranschaulicht werden[199]. Mit dem mythischen Stoff vom Sphärenwechsel der Großen Bärin sind – je nach Identifikation – drei weitere Sternbilder verbunden: die Kleine Bärin, der sog. Arktophylax sowie der Kniende.

Wenn im Folgenden der Weg der Kallisto zu den Sternen nachgezeichnet (und nach der Stratigraphie dieses mythischen Stoffes gefragt) wird, soll weder von einer maximal breit ausgeführten Version (die man etwa Ovid oder Hygin entnehmen könnte[200]) noch von einem hypothetischen minimalen, gleichbleibenden Handlungskern des Stoffes ausgegangen werden. Vielmehr erscheint es sinnvoll, von immer wiederkehrenden mythischen Hylemen auszugehen[201], welche den Stoff für einen antiken Leser trotz aller Variabilität mythischer Tradition erkennbar machten (und welcher der Einfachheit halber als „Basis-Stoff" bezeichnet werden soll).

---

199 Ps.Eratosth. cat. 1; cat. 2; cat. 8; Hyg. Astr. 2,1; 2,4; 2,6. Diese besondere Aufmerksamkeit zeigt sich auch darin, dass Autoren, die sonst keinen spezifischen Schwerpunkt auf Sternverwandlungen legen wie Apollodor (Apollod. 3,8,2) oder auch lateinische Autoren wie Ovid (Ov. Met. 2,401-530; Ov. Fast. 2,153-192) sowie die mittelalterlichen Mythographi Vaticani 1,17 und 2,76 diesen mythischen Stoff behandeln. In der modernen Forschung ist wiederholt versucht worden, die Entwicklung des Kallisto-Mythos zu rekonstruieren bzw. dessen Originalversion oder zumindest die ‚main story' zu gewinnen, vgl. etwa Franz 1890; Sale 1962; Henrichs 1988, 264; zum bedingten Erfolg dieser Versuche und zu den sich als zeitgebunden erweisenden Interpretationen des Kallisto-Mythos siehe Jost 2005, 358-367. Zusammenstellungen der Quellen auch bei Irving 1990, 202-205 und Gantz 1993, 725-779.
200 Die ausführlichste Version bei Ovid: Met. 2,401-530 sowie Fast. 2,153-192.
201 Zur Bezeichnung von Hylemen als „mythische Hyleme" s. den Beitrag von C. Zgoll in diesem Band, Kapitel 3.1 (mit Anm. 39).

3.1.1 Die Basis-Sequenz

H 1 Jungfräuliche Heroine aus Arkadien ist Begleiterin der Artemis
H 2 Zeus schwängert Heroine aus Arkadien
H 3 Göttliches Wesen verwandelt Heroine aus Arkadien in eine Bärin
H 4 Heroine aus Arkadien gebiert den Zeussohn Arkas

Eine derartige Hylemsequenz hätte die Mehrheit der antiken Rezipientenschaft dazu geführt, die „Heroine aus Arkadien" als Kallisto zu benennen. Zahlreiche wichtige Hyleme, die in der „Maximalversion" des mythischen Stoffes genannt sind, werden durch diese Basis-Sequenz allerdings nicht oder nicht ausdrücklich abgedeckt. Von diesen seien einige in eine „erweiterte Basis-Sequenz" eingefügt.

3.1.2 Die erweiterte Basis-Sequenz

    H 01 Die Heroine heißt Kallisto
    H 02 Die Heroine ist die Tochter des Lykaon
H 1 Jungfräuliche Heroine aus Arkadien ist Begleiterin der Artemis
H 2 Zeus schwängert Heroine aus Arkadien
H 3 Göttliches Wesen verwandelt Heroine aus Arkadien in eine Bärin
H 4 Heroine aus Arkadien gebiert den Zeussohn Arkas
    H 03 Zeus entrückt die Bärin
    H 04 Zeus setzt die Bärin an den Himmel
    H 05 Die Bärin ist am Himmel
    H 06 Zeus setzt Arkas als Sternbild Arktophylax an den Himmel

Eine Arbeitshypothese lässt sich hieraus ableiten: Um den mythischen Stoff „Schicksal der Kallisto" für das Publikum erkennbar und sinnvoll zu gestalten, bedarf es der Verstirnung der Protagonistin nicht unbedingt. Welchen Platz in der mythischen Partitur des Kallisto-Stoffes nimmt also die Verstirnung der Heroine ein? Wann und wie kommt Kallisto zu den Sternen?

3.2 Kallisto am Himmel der Archaischen Zeit?

3.2.1 Kallisto am Himmel Homers?

Die homerischen Epen *Ilias* und *Odyssee* sind die frühesten Zeugnisse aus der griechischen Welt, für die nach einem Bezug zum hier untersuchten mythischen Stoff gefragt werden kann. In beiden Großepen wird mit fast gleichem Wortlaut das Sternbild der Bärin erwähnt[202]. Folgende Hylemsequenz lässt sich erstellen:

> H Hom 1 Die Bärin ist am Himmel
> H Hom 2 Die Bärin heißt auch Wagen
> H Hom 3 Die Bärin dreht sich um sich selbst
> H Hom 4 Die Bärin badet nicht im Okeanos
> H Hom 5 Die Bärin beobachtet Orion

Aus dem Text der *Odyssee* lässt sich der mythische Stoff um folgende zusätzliche Hyleme ergänzen[203]:

> H Hom 6 Bootes ist am Himmel
> H Hom 7 Bootes geht spät unter

Vergleicht man die aus den homerischen Texten gewonnenen Hylemsequenzen mit dem Basis-Stoff „Kallisto" bzw. mit der erweiterten Basis-Sequenz, die „Kallistos Weg zu den Sternen" mit einschließt, so ergibt sich keine Übereinstimmung mit dem Basis-Stoff. Eine Schnittmenge mit der erweiterten Basis-Sequenz ist jedoch gegeben; sie besteht in Hylem H 05 = H Hom 1.

---

202 Hom. Il. 18.485-489: ἐν δὲ τὰ τείρεα πάντα, τά τ' οὐρανὸς ἐστεφάνωται, / Πληϊάδας θ' Ὑάδας τε τό τε σθένος Ὠρίωνος / Ἄρκτόν θ', ἣν καὶ Ἅμαξαν ἐπίκλησιν καλέουσιν, / ἥ τ' αὐτοῦ στρέφεται καί τ' Ὠρίωνα δοκεύει, / οἴη δ' ἄμμορός ἐστι λοετρῶν Ὠκεανοῖο. „Dann auch alle Sterne dazu, die den Himmel umkränzen / Oben, das Siebengestirn, die Hyaden, die Kraft des Orion, / Und die Bärin, die auch mit Namen den Wagen sie nennen, / Die auf der Stelle sich dreht und stets den Orion belauert / Und der einzig verwehrt das Bad in Okeanos Fluten" (Übersetzung H. Rupé).
203 Hom. Od. 5,272-275: Πληϊάδας τ' ἐσορῶντι καὶ ὀψὲ δύοντα Βοώτην / Ἄρκτον θ', ἣν καὶ ἄμαξαν ἐπίκλησιν καλέουσιν, / ἥ τ' αὐτοῦ στρέφεται καί τ' Ὠρίωνα δοκεύει, / οἴη δ' ἄμμορός ἐστι λοετρῶν Ὠκεανοῖο. „Die Pleiaden behielt er / Immer im Auge und stets den Bootes, der spät erst hinabsinkt, / Stets auch die Bärin, die manche auch Wagen benennen. Sie dreht sich / Immer am nämlichen Ort und schielt auf Orion; denn sie nur / Kennt kein Bad in der Flut des Okeanos" (Übersetzung A. Weiher).

H 05 = H Hom 1: Die Bärin ist am Himmel

War also den Verfassern von *Ilias* und *Odyssee* der Kallisto-Stoff inklusive seiner Erweiterung „Verstirnung der Bärin Kallisto" bereits bekannt – ähnlich der Erwähnung der „allbekannten Argo" in der *Odyssee*[204]? Dies scheint fraglich: Die geringe belegbare Schnittmenge der homerischen Hylemsequenz mit dem mythischen Stoff „Kallisto und ihr Weg zu den Sternen" wird erneut verringert durch die homerischen Zusatzinformationen über die am Himmel sichtbaren Sternbilder. Im Epos ist nämlich ein zweiter Name für das Sternbild Bärin bekannt:

H Hom 2: Die Bärin heißt auch Wagen

Für diese Benennung müsste sich die gleiche Frage stellen wie für den Kallisto-Stoff: Bedeutet die Benennung der Bärin auch als „Wagen", dass die bei Hygin überlieferte und von der modernen Forschung gern Eratosthenes' Gedicht *Erigone* zugeschriebene Identifizierung vom „Wagen" als dem Wagen des Ikarios bereits im homerischen Epos im Hintergrund mitläuft[205]? Diese Frage gewinnt umso mehr Gewicht bei Betrachtung des in der *Odyssee* überlieferten Hylems:

H Hom 6: Bootes ist am Himmel

Die spätere Überlieferung lässt keinen Zweifel daran, dass der homerische Bootes („der Rindertreiber") mit der anderwärts als Arktophylax bezeichneten Konstellation identisch ist[206]. Der homerische Dichter gibt aber keine Alternativbezeichnung für seinen Bootes an. Am Himmel Homers konnte also eine Verbindung zwischen den zueinander passenden Benennungen „Wagen" und „Ochsentreiber" hergestellt werden, die „Bärin" aber blieb ohne Hüter.

Für sie ergibt sich in *Ilias* und *Odyssee* eine völlig andere Szenerie am Himmel. Mit dem Hylem

---

204 Hom. Od. 12,70: Die Argo, „von der sie noch alle singen und sagen" (Übersetzung A. Weiher). Ein derartiger Verweis auf andere Dichtungen wird im Fall der Bärin aber nicht gegeben.
205 Hyg. Astr. 2,4 zu Ikarios; vgl. Condos 1997, 60, die in diese Richtung zu argumentieren scheint: „[T]he Name Bootes is earlier than Arctophylax" (im Hinblick auf die literarische Bezeugung ist dies richtig), und „the stories of Icarius and Philomelus, as constellation myths, may antedate the constellation myth of Arcas". Zur umstrittenen These babylonischer Ursprünge des ‚Wächters' und des ‚Wagens': siehe Pàmias/Geus 2007, 215 Anm. 5; Condos 1997, 60.
206 Arat. 91-92; Hyg. Astr. 2,4.

H Hom 5: Die Bärin beobachtet Orion

richtet der Dichter die Bärin visuell auf das Orion benannte Sternbild aus. Die mythischen Stoffe vom Jäger Orion und der Bärin Kallisto haben in der Überlieferung ansonsten nichts miteinander zu tun. Orion jagt nicht vordringlich Bären. Abgesehen von der typologischen Parallele, dass beide mit Artemis in Konflikt geraten, begegnen sich Orion und Kallisto in ihrer irdischen Existenz nicht als Protagonisten einer Erzählung[207]. Wäre im Hintergrundwissen des homerischen Dichters die Maximalversion des mythischen Stoffes von Kallistos und Arkas' Verstirnung präsent, so wäre hier eine Ausrichtung der himmlischen Szenerie auf Bärin und Bärenhüter zu erwarten – und nicht auf Orion[208].

Ein frühes Stratum für den mythischen Stoff „Kallistos Weg zu den Sternen" lässt sich aus dem homerischen Epos also nicht gewinnen. Es ist allerdings anzunehmen, dass das Sternbild der Bärin für spätere Autoren allein durch seine Erwähnung bei Homer größere Bedeutung gewann als andere astrale Konstellationen[209]. Entsprechend bestand dann ein besonderes Interesse, seine Benennung zu erklären bzw. es in passend scheinende, mythische Stoffe zu integrieren.

---

[207] Zu einem der sog. „astral or astronomical myths" (Condos 1997, 23; Bechtold 2011, 69), die sich aus der Beobachtung der Stellung bestimmter Sternbilder zueinander ergeben hätten, avanciert der Kallisto-Mythos in den frühen Quellen entsprechend nicht.

[208] Orion, auf den hier nicht detailliert eingegangen werden kann, ist darüber hinaus ein interessantes Fallbeispiel: Es macht deutlich, dass im homerischen Epos die Sichtbarkeit einer mythischen Persönlichkeit am Himmel als durchaus denkbar erscheint (hierfür ist Orion allerdings der einzige Fall). Gleichzeitig zeigt sich auch hier ein Widerspruch im mythischen Stoff Orions: Odysseus kann ihn als gewaltigen Jäger auch in der Unterwelt sehen: Hom. Od. 11,572. Ob sich hieraus schließen lässt, wie Küentzle 1897, 1; 4 vorgeschlagen hat, der Dichter habe zwischen Orion als Sternbild und Orion als mythischer Gestalt streng unterschieden, erscheint eher zweifelhaft. Das gleichzeitige Auftauchen von Orion sowohl am Himmel als auch in der Unterwelt bereits im homerischen Epos mag allerdings späteren Autoren die Möglichkeit eröffnet haben, auch andere Protagonisten sowohl unter den Sternen als auch in der Unterwelt vorstellbar sein zu lassen. Vgl. unten zu Kallisto Anm. 244.

[209] Vgl. etwa Hyg. Astr. 2,1: Die Meergöttin Thetis als Verwandte der betrogenen Hera verweigert der Bärin das Bad in ihrem Wasser. Dies erscheint als sekundäre Kommentierung von Homers Hylem H Hom 4. Die Bärin badet nicht im Okeanos: „Diejenigen, die einen Grund dafür finden wollen, sagen ..."; siehe auch Paus. 8,3,6, wo die Erzählung von Kallisto mit Verweis auf die homerische Dichtung berichtet wird.

3.2.2 Kallisto am Himmel Hesiods

Welche Schnittmenge zum Basis-Stoff Kallisto ergibt sich im Vergleich zum homerischen Epos nun aus den unter dem Namen Hesiods überlieferten Epen? Im Fall der *Theogonie* erweist sich der unmittelbare Ertrag erneut gering: Die Sterne werden hier in die genealogisch organisierte Entstehung des Kosmos integriert. Sie sind Kinder der Morgenröte Eos und des Astraios[210], bekränzen den Himmel und bleiben – ausgenommen den Morgenstern Heosphoros – eine anonyme Gruppe[211]. Dass sich die Zahl der Sterne sekundär durch Verstirnung vergrößern könnte, wird nicht angedeutet. Auch aus den hesiodeischen *Werken und Tagen* lässt sich dies nicht unmittelbar schließen. Sterne und Sternkonstellationen sind zwar ebenfalls Teil der mythischen Genealogie; die Pleiaden werden etwa als am Himmel sichtbar lokalisiert und als Kinder des Atlas bezeichnet. Atlas, der den Himmel hält, zählt Sterne zu seinen Kindern. Dies erscheint auch ohne aitiologischen Verstirnungsmythos einleuchtend, ein solcher wird jedenfalls nicht berichtet[212]. Stattdessen beschränkt sich auch Hesiod – ähnlich wie die homerischen Dichter – auf die Beschreibung der Stellung von Sternbildern zueinander: Nicht warum die Pleiaden am Himmel sind (und dass sie zuvor auf Erden gelebt hätten), wird berichtet, sondern dass sie am Himmel vor dem starken Orion fliehen[213]. Nur eine kurze Hylemsequenz lässt sich aus den *Werken und Tagen* im Hinblick auf die Verstirnung von Kallisto und Arkas prüfen:

> H Hes 1 Eos betrachtet den Stern Arktouros[214]
> H Hes 2 Der Stern Arktouros geht im Frühling am Morgen auf[215]

Während das Gestirn der Bärin weder in der *Theogonie* noch in den *Werken und Tagen* erwähnt wird und auch „Wagen" und „Bootes" nicht genannt werden, benennt Hesiod mit dem „Arktouros" einen der hellsten Sterne am Himmel überhaupt, der sich bei späteren Autoren im „Arktophylax" genannten Stern-

---

210 Hes. Theog. 382.
211 Hes. Theog. 379-82.
212 Pleiaden als Kinder des Atlas: Hes. Op. 383-384; Atlas als Träger des Himmels: Hes. Theog. 517.
213 Pleiaden fliehen vor Orion: Hes. Op. 609-622.
214 Hes. Op. 565.
215 Hes. Op. 610.

bild befindet[216]. Inhaltlich ist die einschlägige Hylemsequenz aber ebenfalls mit den konkreten Konstellationen am Himmel befasst: diesmal in Verbindung mit dem Auf- und Untergang eines Sterns zu einer bestimmten Tages- oder Jahreszeit. Eine Schnittmenge zum mythischen Stoff „Kallistos Weg zu den Sternen", die über die bloße namentliche Erwähnung eines Einzelsterns hinausginge, ergibt sich nicht.

Ungleich schwieriger stellt sich die Analyse von zwei weiteren Epen dar, die in der Antike Hesiod zugeschrieben wurden. Sowohl von den *Frauenkatalogen* als auch von der *Astronomie* sind nur Fragmente überliefert, deren Zuweisung und Umfang im Einzelfall umstritten sind[217]. Die Datierung beider Texte ist ebenfalls unklar, vermutlich stammen sie frühestens aus dem 6. Jahrhundert v. Chr.[218].

Apollodor, Ps.Eratosthenes und Hygin sind hierbei die Quellen, aus denen „Hesiod-Fragmente" zum Kallisto-Stoff extrahiert worden sind[219]. Bei keinem dieser Autoren wird allerdings angegeben, aus welchem Werk Hesiods das jeweils zitierte Fragment stammen soll. Unklar bleibt in den kaiserzeitlichen Kontexten weiterhin, für welche einzelnen Hyleme des mythischen Stoffs Hesiod als Quelle in Anspruch genommen wird[220].

Basis-Stoff	Erweiterter Basis-Stoff	Hesiod nach Ps.Eratosthenes cat. 1	Hesiod nach Hygin, Astr. 2.1	Hesiod nach Apollodor bib. 3.8.2
	H 01 Die Heroine heißt Kallisto		Die Heroine heißt Kallisto	Die Heroine heißt Kallisto
	H 02 Die Heroine ist die Tochter des Lykaon	Die Heroine ist die Tochter des Lykaon	Die Heroine ist die Tochter des Lykaon	Die Heroine ist eine Nymphe

---

216 Ps.Eratosth. cat. 8; Hyg. Astr. 2,4. Der Name Arktouros wird gemeinhin auf den Stern (nicht das spätere Sternbild Arktophylax) bezogen: siehe Pàmias/Geus 2007, 221 Anm. 38.
217 Zu den Fragmenten der *Frauenkataloge* siehe Most Fr.1-182; Fragmente der *Astronomie* siehe Most 223-229.
218 Datierung *Frauenkataloge* 6. Jahrhundert: West 1985, 127, 130-131; Henrichs 1987, 248; Astronomie ebenfalls 6. Jahrhundert: Pfeiffer 1914, 7 Anm. 6.
219 Vgl. Sale 1962, 123; Gantz 1993, 725.
220 Hierzu ausführlich Sale 1962.

Basis-Stoff	Erweiterter Basis-Stoff	Hesiod nach Ps.Eratosthenes cat. 1	Hesiod nach Hygin, Astr. 2.1	Hesiod nach Apollodor bib. 3.8.2
H 1 Jungfräuliche Heroine ist Begleiterin der Artemis		Jungfräuliche Heroine ist Begleiterin der Artemis	Jungfräuliche Heroine ist Begleiterin der Artemis	
H 2 Zeus schwängert Heroine aus Arkadien		H 2 Zeus schwängert Heroine aus Arkadien	H 2 Zeus schwängert Heroine aus Arkadien	
H 3 Göttliches Wesen verwandelt Heroine aus Arkadien in Bärin		Artemis verwandelt Kallisto in Bärin	Artemis verwandelt Kallisto in Bärin	
H 4 Heroine aus Arkadien gebiert den Zeussohn Arkas		Kallisto gebiert in Bärengestalt den Zeussohn Arkas	Kallisto gebiert in Bärengestalt den Zeussohn Arkas	

Deutliche Widersprüche ergeben sich bereits bei so einfachen Aussagen wie der über die Abstammung der Kallisto. Beide Herkunftsangaben für Kallisto (Tochter Lykaons oder Nymphe) werden ausdrücklich auf Hesiod zurückgeführt, wobei Apollodor besonders herausstellt, Hesiod behaupte im Gegensatz zu mehreren anderen Autoren, dass Kallisto eine Nymphe sei[221]. Man hat versucht diesen Widerspruch durch die Zuweisung der einen Version an die *Frauenkataloge*, der anderen an ein weiteres Werk des hesiodeischen Corpus aufzulösen[222]. Grundsätzlich ist die Forschung geneigt, den bei Ps.Eratosthenes und Hygin auf die Abstammungsnachricht folgenden und fast gleichlautenden Abschnitt inhaltlich noch soweit Hesiod zuzuschreiben, bis bei beiden Autoren weitere Varianten – für deren erste der Komödiendichter Amphis genannt wird – folgen[223].

---

221 Apollod. 3,8,2.
222 Santoni 2017, 132; Fowler 2013, 105; Sale 1962, 123: Die Geschichte von Kallisto wird an zwei Orten des hesiodeischen Corpus erzählt, einer davon seien die *Frauenkataloge*, der andere unsicher, ebd. 136 und 140. Henrichs 1987, 262 mit Literatur.
223 Sale 1962; Pàmias/Geus 2009, 215 Anm. 1. Gegen die Verstirnungserzählung bei Hesiod bereits Franz 1890, 265.

Für die ps.hesiodeischen Epen jenseits von *Theogonie* und *Werken und Tagen* ergäbe sich entsprechend eine deutlich größere Schnittmenge mit dem mythischen (erweiterten) Basis-Stoff (H01; H02; H1; H2; H3; H4). Mit den mythischen Hylemen von Kallisto als Geliebter des Zeus, ihrer Verwandlung in eine Bärin sowie ihrer Mutterschaft wäre die Basisinformation, welche für die Wiedererkennbarkeit des mythischen Stoffs nötig war, bereits für eine relativ frühe Zeit bezeugt[224]. Die gesamte erweiterte Basisinformation zum Kallistomythos (welche Entrückung und Verstirnung miteinschließt) lässt sich aus den erhaltenen Texten für Hesiod aber nicht unmittelbar ableiten. Wurde der Stoff in der *Astronomie* verwendet (was Hypothese bleibt), so wären mythische Hyleme von einer Entrückung zu den Sternen grundsätzlich denkbar. Die Testimonien und Fragmente zur ps.hesiodeischen *Astronomie* deuten allerdings nicht darauf hin. Plinius überliefert etwa aus der *Astronomie* die Information, die Pleiaden gingen zur Zeit der herbstlichen Tag- und Nachtgleiche am Morgen unter[225]. Athenaios greift aus diesem Text ebenfalls das Beispiel der Pleiaden auf. Auch hier ist lediglich von deren Auf- und Untergang die Rede[226]. Die sogenannte *Astronomie* Hesiods dürfte sich am Vorbild der *Werke und Tage* orientiert und vor allem astronomische Informationen enthalten haben, wie den Auf- und Untergang der Gestirne im Jahreslauf oder vielleicht auch Wetterzeichen wie das viel spätere Lehrgedicht Arats[227]. Im erhaltenen Material finden sich jedenfalls keine Anzeichen, dass Verstirnung und Sphärenwechsel mythischer Heroen zu den Sternen Thema des Werks gewesen wären[228].

Theogonie und *Werke und Tage* liefern aber einige andere Beispiele für Sphärenwechsel: Dike bewegt sich zwischen dem Bereich der Götter und der Menschen hin und her, die sterbliche Mutter und die Gemahlin des Dionysos gewinnen Unsterblichkeit ebenso wie Herakles. Verstirnungen spielen hierbei aber keine Rolle: „Jetzt aber sind beide sie Götter", umschreibt der Dichter der

---

224 Die von Apollodor Hesiod zugeschriebene und ausdrücklich von anderen Traditionen abweichende Information über die ‚Nymphe' Kallisto lässt aus dem Kontext überdies den Schluss zu, dass die Version von der Heroine als Tochter Lykaons bereits anderen frühen epischen Dichtern bekannt war, vgl. unten Anm. 234.
225 Plin. HN 18,213 (Hes. Fr. 226 Most/290 MW): [O]ccasum matutinum Vergiliarum Hesiodus nam huius quoque nomine exstat Astrologia tradidit fieri, cum aequinoctium autumni conficeretur.
226 Ath. 11,80 p. 491d (Hes. Fr. 223 Most/288 MW); siehe auch Hes. Fr. 227b (Most).
227 Siehe Pfeiffer 1914, Anm. 6: „astrometeorologischer Inhalt" des Gedichts.
228 Condos 1997, 23: keine Spuren von Verstirnungsmythen im erhaltenen Werk Hesiods entdeckt; Kallisto in den *Frauenkatalogen* und nicht in der *Astronomie*: Pàmias/Geus 2007, 240 Anm. 138; keine Verstirnungen in der *Astronomie*: Sale 1962, 137-139.

Theogonie den Sphärenwechsel der Semele[229]; „der Kronossohn" macht dem Dionysos die Ariadne „unsterblich und frei von Alter"[230]; Herakles, „der Glückliche", schließlich lebt „alle Tage ungefährdet und frei von Alter" auf dem Olymp[231]. Erfolgreiche Sphärenwechsler, so scheint es, wohnen im Epos Hesiods unmittelbar als Unsterbliche unter den Göttern. Kallisto und Arkas sind nicht unter ihnen.

3.2.3 Archaische Dichtung und vorsokratische Philosophie: Auf der Suche nach Kallisto

Verschiedenen Dichtern der archaischen Zeit war ein mythischer Stoff Kallisto bekannt: Eumelos von Korinth, Asios und Epimenides werden von späteren Autoren als Zeugen angeführt[232]. Einzelheiten einer mythischen Stratigraphie lassen sich jedoch kaum rekonstruieren. Zum einen ist die Datierung der frühen Autoren jeweils sehr unsicher: Die zeitlichen Vorschläge können um mehrere Jahrhunderte differieren[233]. Zum anderen sind die erhaltenen Fragmente trümmerhaft. Sie behandeln inhaltlich vor allem genealogische Themen, die Abstammung der Kallisto sowie ihre Nachkommenschaft[234]. Vom Ende der Heroine bzw. einer Versetzung unter die Sterne ist im erhaltenen Material nicht die Rede.

---

229 Semele und Dionysos: Hes. Theog. 940.
230 Ariadne: Hes. Theog. 947. Anders Hom. Od. 11,321-325.
231 Hes. Theog. 950.
232 Vgl. Apollod. 3,8,2.
233 Eumelos von Korinth: siehe West 2002, 109-133 (spätes 7. oder 6. Jahrhundert); Asios: West 2003, 31 (6. Jahrhundert); Epimenides' zeitliche Einordnung schwankt ebenfalls um mehrere Jahrhunderte: zwischen dem 7. und dem 5. Jahrhundert v. Chr., siehe Jacobys Kommentar zu FGrHist 457, 312 zu späteren Fälschungen auf Epimenides' Namen.
234 Siehe Eumelos Fr. 31 West (= Apollod. 3,8,2): Kallisto stammt von Lykaon ab; Eumelos Fr. 32 West zeigt ebenfalls lediglich Eumelos' genealogisches Interesse auf. West setzt beide Fragmente unter „unplaced fragments" (249, Anm. 26): „Eumelus must have told the story of how Zeus made love to Callisto and changed her into a bear. Artemis killed her, but Zeus saved her child, who was Arcas (Fr. 32), the eponym of the Arcadians"; vgl. auch Santoni 2017, 128. Eine andere Abstammung der Kallisto bei Asios Fr. 9 West (= Apollod. 3,8,2); ihre Nachkommen auch bei Epimenides FGrHist 457 Fr. 9. Ps.Eratosthenes zitiert zwar Epimenides mehrfach in den *Katasterismen*, ob die aus den zitierten Kretika übernommenen mythologischen Informationen Katasterismen enthielten, ist zu bezweifeln: so auch Jacoby im Kommentar (Jacoby Komm. IIIb, 338, 9-10), siehe Geus 2002, 219.

Auch die Fragmente vorsokratischer Philosophen sind im Hinblick auf eine Verstirnung der Kallisto oder des Arkas nicht ergiebig. Zwar war das Interesse der Naturphilosophen an den Sternen sehr ausgeprägt, dieses Interesse schlug sich jedoch eher nicht in mythologischen Interpretationen des Sternenhimmels nieder[235]. Thales soll angeblich eine *Nautike astrologia*, also eine Sternkunde für Seeleute hinterlassen haben, man schrieb ihm die Entdeckung des „Wagens" sowie der Kleinen Bärin zu[236]. Heraklit stellte fest, der Bär sei an den Grenzen von Morgen und Abend sichtbar[237], Anaxagoras schließlich war der Meinung, kein Gestirn habe in sich Vernunft und die Gestirne seien nur glühende Klumpen aus Materie am Himmel, eine These, die ihm im Athen des 5. Jahrhunderts v. Chr. einen Prozess wegen Gottlosigkeit eingebracht haben soll[238]. Kallistos Name fiel jedoch in keinem von diesen oder vergleichbaren Kontexten.

3.3 Wegbereiter für Kallisto am Himmel der klassischen Zeit?

3.3.1 Pherekydes von Athen und die Ammen des Dionysos

Der Logograph Pherekydes von Athen gilt als erster griechischer Autor, in dessen Werk sich Verstirnungen nachweisen lassen sollen[239]. Eine Reihe antiker Autoren schreibt Pherekydes ausdrücklich zu, er habe von der Verstirnung der (bei Homer kurz erwähnten) Hyaden berichtet: Zeus habe sie auf diese Weise der Verfolgung durch den dionysosfeindlichen König Lykurgus entgehen lassen[240]. Sie seien die Ammen des Dionysos und zuvor Nymphen aus Dodona

---

235 Vgl. etwa den Überblick über die einzelnen astronomischen Konzepte bei von der Waerden 1988, 8-75 und Pfeiffer 1914, 20-23.
236 Diog. Laert. 1,1,21; Simpl. (in physicorum) 1,23,29-33d. Thales als Entdecker der Kleinen Bärin: Callim. Fr. 151,52-55 Asper; Diog. Laert. 1,23; Hyg. Astr. 2,2 (Thales als Phönizier); siehe von der Waerden 1988, 14; Pàmias/Geus 2007, 216 Anm. 6; Condos 1997, 22.
237 Heraklit Fr. 120 DK = Str. 1,6 p. 3.
238 Anaxagoras Fr. 20 DK; Plut. Perikles 32,1; Diog. Laert. 2,3,8; Hippolytus, ref. 1,8,6; Pfeiffer 1914, 26-27; Zur philosophischen Interpretation der Gestirne als Götter im 4. Jahrhundert v. Chr. z. B. bei Platon siehe Nilsson 1960, 33-37. Vgl. auch unten Anm. 310.
239 Fowler 2013, 293 Anm. 110; vgl. außerdem Pàmias/Geus 2007, 226 Anm. 66; vorsichtig Condos 1997, 23; Küentzle 1897, 24.
240 Hom. Il. 18,486; Hom. Od. 5,272. Apollod. 3,51 = Pherekydes BNJ 3 Fr. 90 Fowler.

gewesen²⁴¹. Diese Erzählung erscheint schließlich auch bei Ps.Eratosthenes und Hygin²⁴².

Geht man davon aus, dass die Anwesenheit der bei Homer erwähnten Hyaden am Himmel tatsächlich bei Pherekydes mythologisch erklärt worden ist, so könnte dies zumindest auf ein Interesse dieses Autors deuten, homerische Gestirne mit mythologischen Stoffen in Verbindung zu bringen. Die mythische Genealogie der Arkader spielte bei Pherekydes nachweislich eine Rolle. Apollodor schreibt ihm ausdrücklich zu, Kallisto zur Tochter des Keteus zu machen – im Gegensatz zu konkurrierenden Genealogien des Eumelos, Hesiod und Asios²⁴³. Die erhaltenen Fragmente beschränken sich aber auf die genealogische Herleitung und lassen keine Aussage zu, ob Kallisto bereits für Pherekydes „die Große Bärin" am Himmel gewesen ist. Seine Interpretation des Hyaden-Sternbilds kann ihn allerdings zum Wegbereiter für ähnliche Erklärungen gemacht haben, die dann andere Elemente des homerischen Himmels in den Blick nahmen.

3.3.2 Polygnot von Thasos: Kallisto im Hades

Ein berühmtes bildliches Zeugnis, das aus der 1. Hälfte des 5. Jahrhunderts v. Chr. stammt, kann ebenfalls als Zeugnis für die Bekanntheit des mythischen Basis-Stoffes „Kallisto" herangezogen werden. Das Gemälde des Polygnot in der sog. Lesche der Knidier in Delphi hatte zum Thema „Odysseus, der in den sog. Hades hinabgestiegen ist, um die Seele des Teiresias zu befragen"²⁴⁴. Unter den zahlreichen prominenten Gestalten im Hades befand sich auch Kallisto. Sie war neben einer lokalen arkadischen Nymphe namens Nomia dargestellt – also vom

---

241 Ammen des Dionysos: Phot. s.v. Ὕης = Pherekydes BNJ 3 Fr. 90b Fowler; von Zeus verstirnte Nymphen aus Dodona: Schol. Hom. Il. 18,486.
242 Ps.Eratosth cat. 14 = Pherekydes BNJ 3 Fr. 90d Fowler u. Hyg. Astr. 2,21 = Pherekydes BNJ 3 Fr. 90d2. Bezeichnenderweise sind die antiken Zeugen uneins, welchem Gott Pherekydes die Verstirnung der Hyaden zugeschrieben haben soll. Apollodor und die Homer-Scholien machen Zeus verantwortlich, Eratosthenes und Hygin nennen hingegen Dionysos. Vgl. Cameron 2004, 115-16 zur mehrfachen Brechung der Fragment-Überlieferung auch für Pherekydes.
243 Pherekydes BNJ 3 Fr. 157 Fowler = Ps.Apollod. Epit. 3,8,3. Erweitert zitiert ist dieser Stammbaum bei Schol. Eur. Or. 1646: hier erhält Kallisto eine Mutter namens Stilbe, und im Folgenden wird, wie auch bei Ps.Apollod., die Verbindung der Kallisto mit Zeus nebst der Geburt des Arkas berichtet, ohne jedoch auf Pherekydes Bezug zu nehmen. Keteus im Kontext auch bei Ariaithos FGrHist 316 Fr. 2; Fowler 2013, 104-7.
244 Paus. 10,28,1; 10,31,10.

Maler als Arkaderin gedacht. Außerdem aber lag sie in menschlicher Gestalt auf einem Bärenfell. Wichtige Teile des Basis-Stoffs inklusive des zentralen mythischen Hylems H 3 (Göttliches Wesen verwandelt Heroine aus Arkadien in eine Bärin) waren Polygnot also geläufig[245]. Dass Kallisto aber darüber hinaus – in Bärengestalt – noch mit dem Himmel verbunden sein könnte, machte Polygnot in seiner Darstellung zumindest nicht deutlich.

3.3.3 Die arkadische Bärin in Athen: Der mythische Stoff von Kallisto in Tragödie und Komödie

Bezeugt das Gemälde Polygnots den mythischen Stoff Kallisto im Heiligtum von Delphi für die erste Hälfte des 5. Jahrhunderts v. Chr., so wird die Bekanntheit dieses Stoffes auch deutlich durch seine Verwendung im attischen Drama. Die Tragiker griffen mehrfach auf die arkadischen Heroen zurück: Von Aischylos ist eine Tragödie *Kallisto* bezeugt, von der aber lediglich der Titel erhalten ist[246]. In Euripides' *Helena* aus dem Jahr 412 v. Chr. wird Kallistos Schicksal berichtet und der mythische Basis-Stoff in wenigen Versen zusammengefasst: Die Heroine heißt Kallisto, sie ist eine Jungfrau aus Arkadien, die dann „vierfüßig" das Bett des Zeus besteigt. In dieser Variante wird Kallisto also bereits vor der Zeugung des Arkas in ein wildes Tier verwandelt[247]. Die Verwandlung führt dazu, dass sie die Last ihres Kummers (gemeint ist hier vermutlich die Vergewaltigung durch den Gott) nicht mehr in der Weise fühlt, wie dies bei den in Menschengestalt verbliebenen weiblichen Opfern des Zeus der Fall ist: Deshalb kann sich Kallisto im Vergleich zu Helenas Mutter Leda glücklich preisen[248].

---

245 Bären sind in der mythischen Überlieferung der Griechen ansonsten nicht häufig. Die Heroen Atalante und Paris sollen als ausgesetzte Kinder von Bären gesäugt worden sein, diese Tiere gewinnen aber darüber hinaus kein Profil: siehe etwa Apollod. 3,9,2 und 3,12,5.
246 Aesch. TrGF 3, test. 78 Radt 1985, 216.
247 Eur. Hel. 375-380: ὦ μάκαρ Ἀρκαδίᾳ ποτὲ παρθένε Καλλιστοῖ, Διὸς / ἃ λεχέων ἐπέβας τετραβάμοσι γυίοις, / ὡς πολὺ ματρὸς ἐμᾶς ἔλαχες πλέον, / ἃ μορφᾷ θηρῶν λαχνογυίων – / ὄμματι λάβρῳ σχῆμα λεαίνης – / ἐξαλλάξασ' ἄχθεα λύπης („O glückselige Tochter Arkadiens, / die des Kroniden Lager vordem vierfüßig bestiegen, / Kallisto, Wie weit glücklicher warst du denn Leda, / Dass in den zottigen Gliedern des Waldtiers / (Zärtliche Augen mildern dein Aussehn) / Du deines Kummers Lasten vergaßest!" Übersetzung J. J. Donner / R. Kannicht). Die Passage als korrupt charakterisiert bei Sale 1962, 136 Anm. 24.
248 Vgl. oben zur Verwandlung des Meropes, der in einen Adler verwandelt wird, um seine Trauer nicht mehr fühlen zu müssen: Hyg. Astr. 2,16, Anm. 193.

Dass Kallisto in den – ebenfalls nur vom Titel her bekannten – Tragödien eine Rolle spielte, die *Lykaon* hießen, also eine mythische Figur behandelten, die von mehreren Autoren als Kallistos Vater angeführt wird, ist eher unwahrscheinlich[249]. Welche Aspekte aus dem großen mythischen Stoff der arkadischen Frühgeschichte hier behandelt wurden, bleibt unklar.

An Verwandlungen grundsätzlich interessiert waren offenbar Komödiendichter: Alkaios, ein später Dichter der Alten Komödie verfasste ein Stück namens *Kallisto*, von dem ebenfalls nur der Titel bekannt ist. Er wird auch als Verfasser einer *Pasiphae* genannt, in der vermutlich Pasiphaes Liebe zum kretischen Stier komisch geschildert war. Entsprechend erscheint es möglich, dass auch bei seiner Behandlung des Kallisto-Stoffes die Umstände einer Liebschaft zwischen Protagonisten menschlicher und tierischer Gestalt eine Rolle gespielt haben könnten[250]. Schließlich ist aus der Zeit der sog. „mittleren Komödie" ein weiteres Stück bezeugt, das den mythischen Stoff „Kallisto" zum Thema hatte; dessen Verfasser Amphis wird in das 4. Jahrhundert v. Chr. gesetzt[251]. Das erhaltene Testimonium ist – fast gleichlautend – in den Texten des Ps.Eratosthenes und des Hygin erhalten geblieben[252]. In dieser Komödie wird der mythische Stoff lediglich im Hinblick auf die Liebschaft von Zeus und Kallisto variiert: Zeus nähert sich Kallisto in Gestalt der Artemis. Daraus ergeben sich offenbar „komische" Situationen, als Artemis die Schwangerschaft Kallistos entdeckt und sie am Ende zornig in eine Bärin verwandelt. Die Versetzung zu den Sternen ist auch hier nicht für die Handlung notwendig und nicht ausdrücklich bezeugt.

Der mythische Stoff „Kallisto und Arkas" hatte in klassischer Zeit offensichtlich einen Bekanntheitsgrad erreicht, der dazu führte, dass das Schicksal der arkadischen Zeusgeliebten in unterschiedlichen Medien und Genres sowie an unterschiedlichen Orten dargestellt wurde. Im Zentrum des Interesses stand aber vor allem die erste Verwandlung Kallistos von der menschlichen Jungfrau

---

[249] Zur Tragödie *Lykaon* des Xenokles siehe Ael. VH 2,8; zum gleichnamigen Stück des Astydamas d. Ä. aus dem Jahr 341 siehe die Inschrift mit Siegerliste bei Mette 1977, III A 2 Col 2 18-31; II 2 2319-2323; Z. 5-7: „Im Archontat des Nikomachos siegte Astydamas mit dem Parthenopaios und dem Lykaon". Die bekannte Erzählung von Menschenopfer, Kannibalismus und Wolfsverwandlung des Lykaon findet sich erst seit Eratosthenes mit der Kallisto/Arkas-Erzählung verknüpft: Pàmias/Geus 2007, 220 Anm. 35; als späte Verbindung auch bei Jost 2005, 361; Henrichs 1987, 261 f.
[250] Kassel/Austin 1991, 9 Καλλιστώ.
[251] Amphis: um 350 v. Chr.: Nesselrath 1996, 617; Sale 1962, 126.
[252] Amphis Fr. 46 Kassel-Austin; Ps.Eratosth. cat. 1; Hyg. Astr. 2,1. Zu Amphis' eigenwilligem Umgang mit dem Stoff siehe Nesselrath 1990, 234.

in eine Bärin (H 01; H 1; H 2; H 3; H 4)²⁵³. Ob Pherekydes möglicherweise das Sternbild der Bärin mit der arkadischen Jungfrau Kallisto identifiziert hatte, lässt sich nicht sagen. Die über die einschlägigen Tragödien und Komödien bekannten Informationen zeigen jedenfalls nicht, dass die Dichter eine derartige Version des Pherekydes aufgegriffen hätten²⁵⁴. Als der Arkaderbund um 369 v. Chr. ein repräsentatives Denkmal in Delphi errichten ließ und bei dieser Gelegenheit besonders Kallisto und Arkas unter den einheimischen Heroen Arkadiens darstellte, spielte der mythische Stoff von deren Verstirnung bezeichnenderweise keinerlei Rolle²⁵⁵. Für den mythischen Stoff „Kallisto" lässt sich entsprechend bis in das 4. Jahrhundert v. Chr. kein Stratum der Überlieferung nachweisen, in welchem die arkadische Zeusgeliebte am Himmel erkannt wird.

3.4 Kallisto am Himmel: Sphärenwechsel im Hellenismus

3.4.1 Kallistos Weg zu den Sternen: Kallimachos

Erst bei Kallimachos wird die große Bärin erstmals ausdrücklich als Verkörperung der Kallisto genannt. Der hellenistische Dichter bezieht sich mehrfach und in unterschiedlichen Kontexten auf den mythischen Stoff. In seinem *Hymnos auf Zeus* ist von den Nachkommen der Lykaonischen Bärin die Rede²⁵⁶. In einem Fragment der *Aitia*, das sich eigentlich auf einen anderen mythischen Stoff, nämlich die Argonauten bezieht, erscheint die Bärin als Orientierungspunkt für den Steuermann des Schiffes: „Die Geleiterin war ja untergegangen, die Nonakristochter/Kallisto, sonst unbenetzt von den Fluten des Okeanos"²⁵⁷. In Kallimachos' Gedicht über die Verstirnung der Locke der Berenike, welches später dem römischen Dichter Catull als Vorlage diente, fand Berenikes Haar seinen Platz als neuer Stern unter die alten gestellt vermutlich in der Nähe der Jungfrau, des Löwen und der Kallisto²⁵⁸. Ein kurzes, in der Suda überliefertes Fragment aus Kallimachos' Gedicht *Hekale* spricht ebenfalls die „Nonakrine" an: also die Arkaderin oder die Gegend um die arkadische Stadt Nonakris²⁵⁹.

---

253 Vgl. oben die Tabelle in Kapitel 3.2.2.
254 Zu den Tragikerzitaten bei Ps.Eratosthenes und Hygin, die sich vermutlich nur auf den Basis-Stoff beziehen lassen: siehe etwa Condos 1997, 23.
255 Vgl. hierzu Scheer 2010, 169.
256 Callim. H. 1,141.
257 Callim. Aitia 1 Fr. 18 (17 Pf) 9-10 (Übersetzung M. Asper).
258 Callim. Aitia 4 Fr. 126,55 (110,43-78 Pf.) Asper; vgl. Catull. 66,66. Siehe Bechtold 2011, 83.
259 Callim. Hekale Fr. 317 Asper (352 Pf.): Νωνακρίνη.

Kallimachos' Zugang zum mythischen Stoff Kallisto macht am deutlichsten der Scholiast zur *Ilias*[260]: „Zeus verliebte sich in Kallisto, die Tochter Lykaons, und vereinigte sich mit ihr, was er vor Hera verheimlichte. Als aber die Göttin es merkte, verwandelte sie sie in eine Bärin und befahl Artemis, sie wie ein wildes Tier zu erschießen. Doch Zeus holte sie in den Himmel hinauf und verstirnte sie als Erste. Die Geschichte bei Kallimachos."

Vergleicht man das bei Kallimachos überlieferte Material mit der oben konstruierten Basis-Version des mythischen Stoffes, so zeigt sich, dass sich hier erstmals eine breite Schnittmenge an mythischen Hylemen ergibt:

Basis-Stoff	**Erweiterter Basis-Stoff**	**Kallimachos**
	H 01 Die Heroine heißt Kallisto	H 1 Kallimachos Die Heroine heißt Kallisto
	H 02 Die Heroine ist die Tochter des Lykaon	H 2 Kallimachos Die Heroine ist die Tochter des Lykaon
H 1 Jungfräuliche Heroine ist Begleiterin der Artemis		
H 2 Zeus schwängert Heroine aus Arkadien		H 3 Kallimachos Zeus schwängert Kallisto aus Arkadien
H 3 Göttliches Wesen verwandelt Heroine aus Arkadien in Bärin		H 4 Kallimachos Die eifersüchtige *Hera* verwandelt Kallisto aus Arkadien in Bärin
H 4 Heroine aus Arkadien gebiert den Zeussohn Arkas		
		H 5 Kallimachos Die eifersüchtige Hera will den Tod der Bärin
		H 6 Kallimachos Die eifersüchtige Hera befiehlt Artemis, die Bärin mit ihren Pfeilen zu töten

---

260 Callim. Fr. 420 (632 Pf.) = Schol. A Ilias 18,487 (4, p. 532 Erbse): Ζεὺς Καλλιστοῦς τῆς Λυκάονος ἐρασθεὶς ἐμίσγετο αὐτῇ λανθάνων Ἥραν. ἐπιγνοῦσα δὲ ἡ θεὸς μετέβαλεν αὐτὴν εἰς ἄρκτον, καὶ ὡς θηρίον Ἀρτέμιδι προσέταξε τοξεῦσαι. Ζεὺς δὲ εἰς οὐρανὸν αὐτὴν ἀναγαγὼν πρώτην κατηστέρισεν. ἡ ἱστορία παρὰ Καλλιμάχῳ (Übersetzung M. Asper).

Basis-Stoff	Erweiterter Basis-Stoff	Kallimachos
	H 03 Zeus entrückt die Bärin	H 7 Kallimachos Zeus entrückt die Bärin
	H 04 Zeus setzt die Bärin an den Himmel	H 8 Kallimachos Zeus setzt die Bärin als erste an den Himmel
	H 05 Die Bärin ist am Himmel	H 9 Kallimachos Die Bärin ist als erste am Himmel
	H 06 Zeus setzt Arkas als Sternbild Arktophylax an den Himmel	

Ob Kallimachos selbst der Erfinder dieser Verbindung gewesen ist, lässt sich nicht letztgültig beweisen[261]. Angesichts von Kallimachos' Interesse an arkadischen Mythen und seiner Tendenz, gelehrte Erklärungen für Mythen und Kulte zu präsentieren (in seinen *Aitia*), überrascht es nicht, in seinem Werk die arkadische Bärin Kallisto nun als Geleiterin am Himmel zu finden. Hinzu kommt, dass Kallisto bei Kallimachos nicht der einzige Fall einer mythischen Verstirnung ist: Offenbar war bei ihm auch von Ariadne oder ihrer Krone am Himmel die Rede[262]. Seine Behandlung der Locke der Berenike erlangte Berühmtheit bis hin zu lateinischen Autoren. Um eine Antwort auf die aitiologische Frage geben zu können, wie die Bärin an den Himmel komme, musste allerdings nach der Metamorphose der Kallisto in eine Bärin noch eine weitere Hylemsequenz eingefügt werden: die Bedrohung dieser Bärin durch göttliche oder menschliche Mächte. Die entsprechende Hylemsequenz lautete bei Kallimachos[263]:

H 4   Kallimachos Die eifersüchtige Hera verwandelt Kallisto in eine Bärin
H 5   Kallimachos Die eifersüchtige Hera will den Tod der Bärin
H 6   Kallimachos Die eifersüchtige Hera befiehlt Artemis, die Bärin mit ihren Pfeilen zu töten

---

261 Für Kallimachos als Erfinder: z. B. Pàmias/Geus 2007, 215 Anm. 1: „wahrscheinlich"; siehe auch schon Franz 1897, 266-268; 359 mit Kritik bei Sale 1962, 133 Anm. 18. Contra: Henrichs 1987, 263; Küentzle 1897, 26 ohne Begründung: die Verbindung der Kallisto-Sage mit der Bärin habe in voralexandrinischer Zeit stattgefunden.
262 Bechtold 2011, 88 f.
263 Zum Text siehe oben Anm. 260.

Die Erzählsequenz der Bedrohung schuf die narrative Grundlage für das Eingreifen des Zeus und für die Entrückung der Bärin an den Himmel. Ob Kallimachos auch das Schicksal von Kallistos Sohn Arkas behandelte und ihn ebenfalls unter die Sterne versetzt sah, geht aus dem erhaltenen Material nicht hervor. Besonders interessant ist die Bemerkung des Scholiasten zur *Ilias*, nach Kallimachos' Erzählung habe Zeus Kallisto „als Erste" an den Himmel gesetzt. Sie ist demnach der mythische „Prototyp", von dem alle anderen göttlichen Verstirnungstaten inspiriert sind. Mythenchronologisch wären alle anderen mythischen Protagonisten am Himmel demnach erst nach ihr verstirnt worden.

Kallimachos' Version von der Bärin Kallisto am Himmel erwies sich in der Folgezeit als einflussreich für die Interpretation des mythischen Himmels, ein Deutungsmonopol erlangte sie aber nicht. Andere Dichter griffen jedoch Kallimachos' Methode auf, um die von astronomischen Autoren wie Eudoxos von Knidos im 4. Jahrhundert v. Chr. erstellten Stern- und Sternbildlisten, welche vor allem aus namentlichen Benennungen der Gestirne bestanden haben dürften, (auch) aitiologisch zu interpretieren[264]. Dies zeigt sich besonders deutlich im Werk von Kallimachos' jüngerem Zeitgenossen Arat, in dessen *Phainomena* astronomische und mythologische Konzepte aufeinandertrafen.

3.4.2 Konkurrenz für Kallisto? Kretische Bärinnen und der Arktophylax

Die formale Umwandlung des astronomischen Werkes des Eudoxos in ein hexametrisches Lehrgedicht nach dem Vorbild Hesiods führte in Arats Werk dazu, astronomisch „nüchterne" Information über die Bewegungen im Kosmos mit mythologischem Hintergrund zu versehen: Arat band im 3. Jahrhundert v. Chr. die Götter Homers und Hesiods mit in das kosmische und meteorologische Geschehen am Himmel ein, ohne allerdings *jedes* benannte Sternbild aitiologisch mit dem Wirken der Götter zu verknüpfen[265]. Hierbei erklärte er auch, wie das seit Homer berühmte Sternbild der Großen Bärin an den Himmel gekommen war[266]. Er tat dies aber interessanterweise in diametraler Abweichung von Kallimachos. Die Hylemsequenz bei Arat lässt sich folgendermaßen bilden:

---

264 Vgl. Nilsson 1954, 116; zum Sternkatalog des Eudoxos: van der Waerden 1988, 86-87; zur grundsätzlichen Vorliebe hellenistischer Autoren für Verwandlungen siehe Irving 1990, 20.
265 Vgl. oben Anm. 11.
266 Arat. 26-44: δύς δέ μιν ἀμφὶς ἔχουσαι / Ἄρκτοι ἅμα τροχόωσι, τὸ δὴ καλέονται ἅμαξαι. / αἱ δ᾽ ἤτοι κεφαλὰς μὲν ἐπ᾽ ἰξύας αἰὲν ἔχουσιν / ἀλλήλων, αἰεὶ δὲ κατωμάδιαι φορέονται, / (30) ἔμπαλιν εἰς ὤμους τετραμμέναι. εἰ ἐτε ὂν δή, / Κρήτηθεν κεῖναί γε Διὸς μεγάλου ἰότητι / οὐρανὸν εἰσανέβησαν, ὅ μιν τότε κουρίζοντα / Δίκτῳ ἐν εὐώδει, ὄρεος σχεδὸν Ἰδαίοιο, / ἄντρῳ

H 1   Aratos Zwei Bärinnen betten und nähren das Zeuskind ein Jahr lang auf dem Dikte in einer Höhle
H 2   Aratos Zwei Bärinnen nähren Zeus, während die Kureten Kronos täuschen
H 3   Aratos Die eine Bärin heißt Kynosura (Hundeschwanz)
H 4   Aratos Die andere Bärin heißt Helike (Kringel)
H 5   Aratos Zeus lässt die Bärinnen wegen der Wohltat von Kreta zum Himmel hinaufsteigen
H 6   Aratos Zwei Bärinnen sind am Himmel
H 7   Aratos Die Bärinnen heißen auch Wagen
H 8   Aratos Der Bärenhüter fährt wie ein Treiber hinter Helike (Arat. 91)
H 9   Aratos Menschen nennen den Bärenhüter Bootes (Stiertreiber) (Arat. 91)
H 10 Aratos Der Bootes scheint den Bären anzufassen (Arat. 91)
H 11 Aratos Der Stern Arktouros kreist unter dem Gürtel des Bootes/Arktophylax (Arat. 91)

In Übereinstimmung mit dem homerischen Epos werden auch bei Arat die Alternativbenennungen „Wagen" und „Bootes" für die Große Bärin und für das ihr benachbarte Sternbild erwähnt, – ohne dass eine Erklärung für die Doppelbenennung geliefert würde. Im Gegensatz zu *Ilias* und *Odyssee* geht Arat aber von zwei Bärinnen am Himmel aus, die beide für die Seefahrt wichtig sind. Diese Zweiheit wird auf kulturell unterschiedliche Herkunft der Benennungen zurückgeführt: Die Große Bärin dient den Griechen in der Nachfolge des Odysseus zur Orientierung auf See, die Kleine Bärin hingegen den Phönikern[267]. Blieb die

---

ἐγκατέθεντο καὶ ἔτρεφον εἰσενιαυτόν, / (35) Δικταῖοι Κούρητες ὅτε Κρόνον ἐψεύδοντο. / καὶ τὴν μὲν Κυνόσουραν ἐπίκλησιν καλέουσιν, / τὴν δ᾽ ἑτέρην Ἑλίκην. Ἑλίκῃ γε μὲν ἄνδρες Ἀχαιοὶ / εἰν ἁλὶ τεκμαίρονται ἵνα χρὴ νῆας ἀγινεῖν, / τῇ δ᾽ ἄρα Φοίνικες πίσυνοι περόωσι θάλασσαν. / (40) ἀλλ᾽ ἡ μὲν καθαρὴ καὶ ἐπιφράσσασθαι ἑτοίμη / πολλὴ φαινομένη Ἑλίκη πρώτης ἀπὸ νυκτός: / ἡ δ᾽ ἑτέρη ὀλίγη μέν, ἀτὰρ ναύτῃσιν ἀρείων: / μειοτέρῃ γὰρ πᾶσα περιστρέφεται στροφάλιγγι / τῇ καὶ Σιδόνιοι ἰθύντατα ναυτίλλονται: „Zwei Bärinnen aber, ihn einfassend, rollen gemeinsam; darum werden sie denn auch Wagen genannt. Die haben ihren Kopf wahrhaftig immer eine über der Hüfte der andern, immer fahren sie rücklings, sich gegenseitig die Schulter zukehrend. Wenn es denn wahr ist, sind diese von Kreta aus nach dem Willen des großen Zeus in den Himmel hinaufgestiegen, weil sie ihn damals, als er noch ein Kind war, auf der würzig duftenden Dikte nahe dem Idaberge in einer Höhle betteten und ihn nährten bis übers Jahr, als die diktäischen Kureten Kronos täuschten. Und die eine nennt man Kynosura (Hundeschwanz) mit Beinamen, die andere Helike (Kringel). An Helike ersehen die Achaier auf See, wohin sie ihre Schiffe lenken müssen, im Vertrauen auf die andere segeln die Phoiniker übers Meer" (Übersetzung M. Erren).
267 Vgl. oben Anm. 236: Thales als Phönikier und Entdecker der Kleinen Bärin.

Bärin bei Homer unbenannt, so tragen die zwei Bärinnen Arats sprechende Namen, die im mythischen griechischen Kontext ansonsten unbekannt sind: Helike und Kynosura (Kringel und Hundeschwanz)[268]. Auch die Eingliederung der Bärinnen in die Geburtsgeschichte des Zeus auf Kreta ist höchst merkwürdig: Dass Bären bei der Geburt des Zeus eine Rolle gespielt hätten, wird in der mythologischen Tradition der Griechen ansonsten nicht berichtet. Zusätzlich erhält Arats Himmelsbeschreibung aber nun eine ergänzende Benennung des Bootes. Hatten frühere Autoren (einschließlich Hesiods) nur den hellsten Stern im Sternbild des Bootes benannt (immerhin mit dem sprechenden Namen Arktouros), so ist Bootes insgesamt bei Arat ausdrücklich der Arktophylax, unter dessen Gürtel der Arktouros kreist: der Bärenwächter, welcher die Große Bärin zu berühren scheint, – ohne dass eine mythologische Begründung hierfür gegeben wird.

Die Hylemsequenz bei Arat ergibt also zunächst kaum eine Schnittmenge mit dem rekonstruierten mythischen Stoff „Kallisto". Arats ausführliche Beschreibung des Sternhimmels, welche auch homerisch/hesiodeische Informationen aufgreift und das Sternbild des Arktophylax nun ausdrücklich an die Große Bärin heranrückt, bereitet aber die Möglichkeit vor, den mythischen Stoff „logisch weiterzudenken"[269]. Für diejenigen, die in der Großen Bärin die Zeusgeliebte Kallisto erkennen wollten und im Lehrgedicht Arats die Information vorfanden, Bootes sei der Arktophylax (Bärenwächter) und scheine die Bärin zu berühren, ergab sich die mythologische Identifikation des Arktophylax mit Kallistos Sohn Arkas, der volksetymologisch den Bären ebenfalls im Namen trug[270], als logische Schlussfolgerung. Für Autoren in der Nachfolge von Arats populärem Gedicht lag eine derartige aitiologische Erklärung auf der Hand.

Spätere hellenistische Autoren erscheinen mit der Verstirnung Kallistos vertraut: Ein Beispiel findet sich etwa in den Gedichten Theokrits, wenn dessen Hirten den arkadischen Gott Pan bitten, Arkadien hinter sich zu lassen und

---

268 Beide Namen sind aus der Geographie Griechenlands bekannt: Helike als Benennung einer Stadt in Achaia (Paus. 7,7,2), Kynosura als mehrfach bezeugte Ortsbezeichnung siehe Meyer 1969, 401 f. Möglicherweise griffen kretische Städte in der Kaiserzeit die Erzählung Arats in ihrer Münzprägung auf: Bechtold 2011, 302;459.
269 Dieses Weiterdenken eines mythischen Stoffes auf der Basis einer Namensetymologie lässt sich etwa im Bereich der griechischen Lokalgeschichten erkennen: Ein gewisser Aglaosthenes (den Ps.Eratosthenes 2 als Verfasser einer Lokalgeschichte der Insel Naxos heranzieht), verband die Bezeichnung der Bärin als Kynosura mit dem Namen des Hafenbeckens der Stadt Histoi: FGrHist 499 Agl(a)osthenes, Fr. 1, Pàmias/Geus 2007, 216 Anm. 8. Auch Irving 1990, 220-221 vermutet eine Lokalsage als Ursprung der Erzählung.
270 Vgl. Pàmias/Geus 2007, 215 Anm. 2.

nach Sizilien zu kommen[271]. Arkadien wird hier durch vier Ortsangaben bestimmt: durch den Berg Lykaion mit seinem Zeusheiligtum, durch den Berg Mainalos, sowie durch die „Felskuppe der Helike" und das Grabmal des Lykaonenkels (d. h. das Grab des Arkas). Aus dem Kontext geht eindeutig hervor, dass der Name Helike – der ansonsten nichts mit Arkadien zu tun hat – hier als Synonym für Kallisto fungiert. Diese Gleichsetzung wäre allerdings völlig unverständlich, würde nicht vorausgesetzt, dass die Rezipienten des Gedichtes imstande sind, den gedanklichen Schritt Helike = Sternbild der Großen Bärin = Kallisto selbständig nachzuvollziehen. Dass die Verstirnung des Arkas als Arktophylax hier bereits mit impliziert ist, ist möglich, aber nicht zwingend.

Eine arkadische Tradition – von Hygin dem Geschichtsschreiber Ariaithos von Tegea zugeschrieben – scheint ebenfalls implizit auf der Basis Arats und Kallimachos' Stoffelemente der Verstirnung einer arkadischen Heroine integriert zu haben[272]. Obwohl Ariaithos in mehrfacher Hinsicht von der Basis-Sequenz abwich, blieb diese bei ihm doch erkennbar, so dass seine Variante von Hygin in die Traditionen zu Kallisto aufgenommen wurde. Die Heroine heißt bei Ariaithos nicht Kallisto, sondern „Megisto"[273]. Aus der „Schönsten" wird die „Größte", welche zudem noch einen abgewandelten Stammbaum hat. Sie soll nämlich Tochter des Keteus und damit nur Enkelin des Lykaon sein[274]. Ariaithos lokalisierte das Geschehen immerhin ausdrücklich „auf dem arkadischen Berg Nonakris". Megistos Vater, so referiert Hygin den Ariaithos, sei „der Kniende", also ebenfalls ein Sternbild am Himmel[275]. Keteus beklage als Kniender die Verwandlung seiner Tochter in die Bärengestalt und bitte die Götter mit ausgestreckten Händen um Rückgabe des Mädchens. Ansonsten, so Hygin, entspräche Ariaithos' Version dem, was er selbst bereits zuvor erzählt habe[276]. Die Bezugnahme auf die Örtlichkeit Nonakris – eine eher unbedeutende Stadt

---

271 Theokrit 1,123-126: ὦ Πὰν Πάν, εἴτ' ἐσσὶ κατ' ὤρεα μακρὰ Λυκαίω, / εἴτε τύ γ' ἀμφιπολεῖς μέγα Μαίναλον, ἔνθ' ἐπὶ νᾶσον / τὰν Σικελάν, Ἑλίκας δὲ λίπ' ἠρίον αἰπύ τε σᾶμα / τῆνο Λυκαονίδαο, τὸ καὶ μακάρεσσιν ἀγητόν ... „Pan, du, Pan, ob du weilst auf den Höhen des Berges Lykaion, / ob du durchstreifst die Täler des Mainalos: Komm nach Sizilien, / lasse Helikes Felskuppe und das ragende Grabmal / des Lykaonenkels, das auch die Glückseligen ehren!" (Übersetzung D. Ebener).
272 FGrHist 316 Fr. 2; Hyg. Astr. 2,1; 2,6.
273 Zu Namensabweichungen in Lokalversionen einzelner Mythen siehe Henrichs 1987, 248.
274 Jacobys Kommentar zu Fr. 2 (S. 68) hebt die Farblosigkeit des Namens Megisto hervor. Auch Ariaithos' Variante war nicht prägend für ganz Arkadien: Jacoby weist richtig auf die Unterschiede zu Pausanias' Bericht im Arkadienbuch hin (Paus. 8,3,6); s. auch Fowler 2013, 107.
275 Vgl. Hyg. Astr. 2,1; 2,6.
276 Hyg. 2,1: Reliqua autem superioribus convenient.

im Norden Arkadiens, die ansonsten im Mythos von Kallisto keine tragende Rolle spielt – erinnert an Kallimachos' Bezeichnung „Nonakrine" für Kallisto. Die Datierung des Ariaithos ist unsicher. Er ist von Schwartz „vielleicht noch in das 4. Jahrhundert" (v. Chr.) gesetzt worden[277]. Schwer vorstellbar ist allerdings, dass Ariaithos ohne Kenntnis von Kallimachos' und Arats Werk darauf verfallen wäre, Kallisto-Megistos Vater Keteus im Sternbild des Knienden erkennen zu wollen[278]. Die Vorstellung einer Verstirnung der sonst völlig unbedeutenden Gestalt des Keteus bei Ariaithos ohne Annahme einer ebenfalls erfolgten Verstirnung seiner Tochter erscheint grundsätzlich nicht plausibel (und deutet auf die Kenntnis von Kallimachos' Stoffvariante hin). Keteus dann im „Knienden" zu erkennen, wirkt wie eine Bezugnahme auf Arats Feststellung: Man wisse nicht, wie der mühebeladene Mann am Himmel (der Kniende) zu benennen sei[279]. Hier konnte eine von Arat umrissene mythologische Leerstelle am Himmel gefüllt werden und Ariaithos mag versucht haben, eine Antwort zu geben: Nicht nur Andromedas Vater Kepheus, sondern auch Kallisto-Megistos Vater Keteus waren verstirnt worden. Nimmt man also Hygins Angaben über Ariaithos' Variante des Kallisto-Stoffes inklusive Verstirnung der Beteiligten ernst, so ergäbe sich daraus eine spätere Datierung des Ariaithos von Tegea in das 3. Jahrhundert v. Chr.[280].

Ps.Eratosthenes hat die arkadische Variante des Ariaithos jedenfalls nicht in die Zusammenfassung seiner hellenistischen Vorlage aufgenommen. Er griff offenbar zwei hauptsächliche Traditionen auf, die die Bärin am Himmel – und das Geschehen um sie herum – mythologisch einordneten. Die Identifikation von Kallisto als verstirnte Große Bärin erscheint hierbei als die wichtigste Tradition, auf die mehrfach zurückgegriffen wird. Sie wird nicht etwa auf Kallimachos zurückgeführt, sondern der Kompilator (und vielleicht auch bereits seine hellenistische Vorlage) versucht sie mit der alten Autorität Hesiods zu verse-

---

277 Schwartz 1895, 374.
278 Das Zeugnis des Ariaithos repräsentierte jedenfalls nicht die typisch arkadische Variante des mythischen Stoffes: Am oben bereits erwähnten (siehe Anm. 255) sog. Arkaderdenkmal in Delphi bezeugen die Inschriften die (menschengestaltige) Statue der Kallisto, Tochter des Lykaon; weder von Keteus noch von Megisto ist die Rede.
279 Arat. 63-65.
280 Vgl. zur Datierung des Ariaithos auch Jacobys Kommentar FGrHist 316, 66, der die Datierung „noch ins 4. Jh." für sehr unsicher hält: „es gibt keine zwingenden beweise für den frühansatz"; vgl. auch Jacoby a. a. O., 71, der andere Beispiele von Abhängigkeiten des Ariaithos von Kallimachos feststellt (FGrHist 316 Fr. 8): „und das entscheidet doch wohl die zeitfrage [sic]."

hen[281]. Für die Große Bärin lässt Ps.Eratosthenes entsprechend nur eine mythische Gestalt gelten: Kallisto. Kallisto ist für ihn darüber hinaus – ein absoluter Einzelfall – gleich zweimal am Himmel zu sehen, denn ihre Gestalt wird auch bei der Erklärung der Kleinen Bärin prominent an den Beginn des entsprechenden Abschnitts gestellt[282]. Eingeräumt wird, „von den meisten" werde die Kleine Bärin „Phoinike" genannt, aber es handle sich doch um ein zweites Bild der Kallisto. Die abweichende Version Arats und Aglaosthenes', in der Bärin eine Amme des Zeus zu sehen, wird im Anschluss zwar ebenfalls referiert, sie wird aber entsprechend angepasst[283]. Hatte Arat die Erzählung von den Zeus-Ammen auf beide Bärinnen bezogen, so findet sie bei Ps.Eratosthenes nur im Fall der Kleinen Bärin (und dann als nachgestellte Variante nach den Versionen von Kallisto und Phoinike) Erwähnung. Entsprechend macht sie der bevorzugten Hauptversion „Kallisto = Große Bärin" keine echte Konkurrenz. Schließlich rangiert bei Ps.Eratosthenes auch im Fall des Bärenhüters der mythische Stoff von Arkas und Kallisto an erster Stelle[284]. Dass manche (und unter ihnen die homerischen Dichter) dieses Sternbild Bootes nennen, wird bei Ps.Eratosthenes nicht erwähnt[285]. Stattdessen verbindet sein Text den Bärenhüter unter erneuter Berufung auf die Autorität Hesiods mit dem kannibalischen Frevel des Lykaon. Als dessen Opfer wird nun der neugeborene Arkas präsentiert, welcher später dann auch noch – wie Ödipus – versehentlich seine Mutter geheiratet haben soll. Dies führt dann zur erzähltechnisch notwendigen Bedrohung beider und zu ihrer Versetzung unter die Sterne[286].

---

281 Ps.Eratosth. cat. 1.
282 Ps.Eratosth. cat. 2.
283 Ps.Eratosth. cat. 2.
284 Ps.Erathosth. cat. 8.
285 Ob der hellenistische Gelehrtendichter Eratosthenes in seinem Gedicht *Erigone* die Verstirnung des Ikarios und seines Wagens als Bootes und „Wagen" erzählt hatte, ist unklar. Ps.Eratosthenes hat diese Variante nicht. Aus dem Text Hygins (Astr. 2,4), der im Kontext des Arktophylax einen von ihm dem Eratosthenes' zugeschriebenen Vers einschiebt, geht ebenfalls nicht sicher hervor, dass Eratosthenes hier oder anderswo den Stoff von Ikarios und Erigone als Verstirnungsmythos berichtet hätte. Zur *Erigone* des Eratosthenes siehe Pamias/Geus 2007, 16; Condos 1997, 18. Siehe Le Bœuffle 1983, XIV mit der Annahme, hier sei möglicherweise erstmals von der Verstirnung Erigones die Rede gewesen. Zur komplizierten Überlieferungslage des Ikariosmythos siehe Rosokoki 1995, 50-51 (vgl. auch ebd. 48, 61-63), die aber die Frage der Verstirnung nicht weiter problematisiert, sondern diesen Teil des mythischen Stoffes als von vornherein bei Eratosthenes vorliegend annimmt. Vgl. auch unten Anm. 295 zur Wiedergabe des Mythos bei Apollodor.
286 Arkas ist vor Eratosthenes nicht als Opfer des kannibalischen Mahles bezeugt, eventuell als Dublette zum Schicksal des Pelops: Irving 1990, 216.

Dass die hellenistische Vorlage des Ps.Eratosthenes, also das mythologisch geprägte Werk des hellenistischen Gelehrten Eratosthenes von Kyrene über die Sternbilder, welches auch von Hygin benutzt wurde, im Vergleich zu allen vorherigen Quellen den Aspekt der Verstirnung in bisher ungekanntem Ausmaß mit mehr oder weniger bekannten mythologischen Traditionen verband – darüber ist sich die Forschung einig[287]. Ob das Vorgehen des Eratosthenes mit der Bezeichnung „pure invention" passend umschrieben ist[288], wäre allerdings erst zu diskutieren. Eratosthenes sah sich selbst wohl kaum als „Erfinder" neuer Mythen, sondern eher als Entdecker bisher übersehener Beziehungen zwischen mythischen Stoffen, die in sich logische Neuakzentuierungen möglich machten. Die Tendenz seiner einschlägigen Werke im Hinblick auf die Bedeutung einer Verstirnung für die Betroffenen (konkrete Entrückung, Form der Unsterblichkeit etc.) lässt sich auf der Basis der Fragmente nicht mehr nachzeichnen – dies ist nur für die erhaltenen Texte seiner kaiserzeitlichen „Benutzer" möglich.

3.5 Zwischenrésumé: Kallistos langer Weg zu den Sternen

In den antiken Quellen lässt sich die Fährte der Bärin Kallisto nur mit großen Schwierigkeiten ausfindig machen. Ihre nachweisbaren Spuren führen – zumindest in der erhaltenen literarischen Tradition – jahrhundertelang nicht *an* den Himmel, geschweige denn *in* den Himmel. Die erst seit Kallimachos bezeugte Verbindung des Sternbildes Bärin mit der arkadischen Zeusgeliebten Kallisto erweist sich dann aber bis in die Kaiserzeit als einflussreicher mythischer Stoff. Dessen Beliebtheit zeigt sich in den zahlreichen Varianten, die sich in den kaiserzeitlichen griechischen Quellen, aber auch in der lateinischen Dichtung finden[289]. Wie lässt sich diese Durchschlagskraft des mythischen Stoffes von der Verstirnung der Kallisto erklären?

---

[287] Eratosthenes als besonders wichtiger Autor für die systematische Verbindung von Sternbildern und bekannten Mythen: Geus 2002, 220; Condos 1997, 23; Bechtold 2011, 62. Condos' Vorstellung, Eratosthenes könne hierbei auf ein Konzept zurückgegriffen haben, das sich „slowly in popular imagination during the centuries between Homer and Hesiod and the Hellenistic age" entwickelt habe (Condos 1997, 23), ist nicht unmöglich, in den erhaltenen Quellen lässt sich eine derartige Entwicklung aber nicht nachzeichnen.
[288] Siehe Irving 1990, 20, der die *Katasterismen*-Traditionen in vielen Fällen als „pure invention" einordnen möchte.
[289] Ov. Met. 2,401-530; Ov. Fast. 2,153-192; Ov. Am. 3,12,31. Bezeichnenderweise nahm Ovid den mythischen Stoff von Kallistos Verwandlung und Verstirnung in seine *Metamorphosen* auf, während die Tradition vom Fuhrmann Ikarios bei ihm keine Rolle spielt; Robinson 2013, 468.

Geht man zunächst vom Sternbild und seiner Bezeichnung aus, so dürften konkrete Gründe eine Rolle gespielt haben: Die Bärin gehörte als Himmelszeichen, an dem sich die Seefahrer orientierten, schon in der archaischen Zeit zu den wichtigsten Sternbildern der griechischen Kultur[290]. Hinzu kam die Popularität und Autorität der homerischen Epen – die vergleichsweise wenigen Sternbilder, die in *Ilias* und *Odyssee* genannt worden waren, zogen entsprechend überdurchschnittliches Interesse auf sich. Dies zeigt sich nicht zuletzt im Werk des frühen Mythographen Pherekydes: Vermutlich ist es kein Zufall, dass der erste mythologisch erklärte Sphärenwechsel zu den Sternen die ebenfalls bei Homer bezeugten Hyaden betrifft.

Daneben war der Stoff von der arkadischen Zeusgeliebten Kallisto, der Stammmutter der Arkader, ebenfalls eine Überlieferung mit langer Tradition, seit den ps.hesiodeischen *Frauenkatalogen* bekannt und durch dramatische Bearbeitung gewürdigt. Was diesen mythischen Stoff unter den zahlreichen weiteren Erzählungen von den Liebschaften des Zeus unverwechselbar machte, war sein wichtigstes Hylem, die Verwandlung der Heroine in eine Bärin, ihr Sphärenwechsel in den tierischen Bereich.

Das Fortschreiten astronomischer Erkenntnis – verbunden mit dem verstärkten Interesse, die Gestirne zu benennen, welches etwa durch das Werk des Eudoxos von Knidos bezeugt ist – war vermutlich eine wichtige Voraussetzung für den zweiten Sphärenwechsel der Bärin Kallisto zu den Sternen. Ebenso bedeutsam erwies sich aber auch die philologische Gelehrsamkeit der alexandrinischen Dichter und Wissenschaftler wie Kallimachos und Eratosthenes. Ihnen bot die Bibliothek von Alexandria neue Möglichkeiten, über mythische Stoffe zu verfügen, sie zusammenzustellen, zu synchronisieren oder weiterzudenken. Dies geschah nicht völlig willkürlich, sondern unter Einbeziehung bekannter Traditionen, die zuvor nicht ausgesprochene Identifizierungen am Himmel potentiell einleuchtend erscheinen ließen. Suchte man nach Aitiologien, nach Erklärungen für die Namen am Himmel, so spricht einiges dafür, dass ein Gelehrter wie Kallimachos für Kallisto gewissermaßen „einen Weg zu den Sternen baute"[291], indem er die homerische Bärin am Himmel ausdrücklich mit der wichtigsten Bärin des griechischen Mythos identifizierte.

---

290 Robinson 2013, 468 weitet diese grundsätzliche Bedeutung des niemals versinkenden Sternbilds auf den gesamten Mittelmeerraum aus: „[I]t is a text that can be read every night". Siehe auch Santoni 2017, 143.
291 Vgl. die Formulierung bei Hyg. Astr. 2,21: „iter ad astra constituisse". Alexandria als wichtiger Ort für den mythischen Stoff: Bechtold 2011, 65.

4 Zu den Sternen: Sphärenwechsel als zentraler Stoff im griechischen Mythos?

Die Einzelanalyse – wie der Fall der Kallisto – macht grundsätzliche Probleme deutlich, die sich für die stratigraphische Erschließung mythischer Stoffe vom Sphärenwechsel ergeben. Die Quellenlage lässt die Rekonstruktion der einzelnen Strata nur teilweise zu. Auch bedeutende mythische Sphärenwechsler wie Kallisto sind erst im Hellenismus nachweislich am Himmel sichtbar. Die trümmerhafte Überlieferung gestattet keine detaillierten Aussagen darüber, ob und auf welche Weise etwa die jetzt engeren Kontakte hellenistischer Reiche mit den astronomisch versierten Nachbarkulturen im Zweistromland und in Ägypten zu einem verstärkten Bedürfnis der Griechen geführt haben, sich den Sternenhimmel nicht nur astronomisch, sondern auch mythologisch anzueignen.

In der Kaiserzeit ist der Fixsternhimmel mythologisch erklärt und eine feste Anzahl bedeutender Sternbilder mit mythologischem Pedigree versehen. Dies heißt allerdings nicht, dass Verstirnungssequenzen nun unabdingbar Teil der Basisinformation geworden wären, die die einschlägigen mythologischen Stoffe jeweils erst erkennbar macht. Dies lässt sich exemplarisch an der sog. *Bibliotheke* Apollodors zeigen, dem einzigen aus der Antike erhaltenen mythologischen Handbuch, welches zwischen der 2. Hälfte des 1. Jahrhunderts v. Chr. und der Kaiserzeit (1./2. Jahrhundert) entstanden ist[292]. Die *Bibliotheke* (ergänzt durch eine zugehörige Kurzfassung *Epitome*) umfasst die Geschehnisse der mythischen Frühzeit von der Theogonie bis zum Ende des Trojanischen Krieges und präsentiert entsprechend zahlreiche mythische Stoffe, die sich auch bei Ps.Eratosthenes und Hygin finden und bei diesen unmittelbar mit Verstirnungssequenzen verbunden sind. Im Gegensatz dazu nimmt Apollodor diesen Schwerpunkt nicht auf. Zwar berichtet auch er von Sphärenwechslern, deren Anabasis erfolgreich ist: von Dionysos, der seine Mutter Semele aus der Unterwelt holt und mit ihr „in den Himmel kommt", von Polydeukes, der von Zeus „in den Himmel hinaufgeführt" wird, die Unsterblichkeit für sich allein aber nicht annimmt und nun mit seinem Bruder Kastor „bei den Göttern" ist, sowie von Ganymed, der „als Mundschenk im Himmel eingesetzt" ist[293]. Herakles

---

292 Zum Terminus postquem, der Erwähnung des Kastor von Rhodos in Apollod. 2,5: Smith/Trzaskoma 2007, XXIX.
293 Dionysos und Semele: Apollod. 3,5,3: ὁ δὲ ἀναγαγὼν ἐξ Ἅιδου τὴν μητέρα, καὶ προσαγορεύσας Θυώνην, μετ' αὐτῆς εἰς οὐρανὸν ἀνῆλθεν. Dioskuren 3,11,2: καὶ Ζεὺς ... Πολυδεύκην δὲ εἰς οὐρανὸν ἀνάγει. μὴ δεχομένου δὲ Πολυδεύκους τὴν ἀθανασίαν ὄντος νεκροῦ Κάστορος,

schließlich wird von einer Wolke aufgenommen und unter Donner „in den Himmel" getragen. „Von da wurde ihm die Unsterblichkeit zuteil", in der er die Göttin Hebe heiraten darf[294]. Dieses Geschehen zeigt sich jedoch nicht am Sternenhimmel. Die Betroffenen sind nicht „zu den Sternen gesetzt", sondern sie sind tatsächlich „im Himmel", dem Ort, in dem Apollodor auch sonst das Handeln der Götter verortet[295].

Ixions Bestrafung findet nach der apollodorischen *Epitome* „im Aither" bei den Wolken statt, wo ihn Zeus auf ein Rad bindet, Sterne spielen hierbei ebenfalls keine Rolle[296]. Letztlich enthält die gesamte *Bibliotheke*, die die Namen von hunderten, griechischen Göttern und Heroen aufführt, nur zwei Beispiele für den Weg zu den Sternen[297]. Zeus hat, wie Apollodor im Anschluss an seinen Bericht über die Kindheit des Dionysos lapidar anfügt, die Nymphen von Nysa verstirnt, die das Dionysoskind versorgten: „Später setzte Zeus sie unter die Sterne und nannte sie Hyaden"[298]. Das zweite Beispiel Apollodors ist der mythische Stoff von Kallisto, deren Schicksal in vergleichsweise großer Ausführlichkeit und unter Hinweis auf vielfache Varianten bezüglich ihrer Abstammung und ihres Schicksals als Bärin berichtet wird[299]: „Die Kallisto aber versetzte er unter die Sterne und nannte sie Bärin". Für das Schicksal der Hyaden und Kallistos (und nur für diese zwei Fälle) wird jeweils ausdrücklich der Begriff *katasterisein* verwendet. In der *Bibliotheke* wird deutlich getrennt zwischen dem Schicksal derer, die tatsächlich die Gesellschaft der Götter erlangen, und derer, die zu den Sternen kommen. „Zu den Sternen zu kommen" ist außerdem im Text Apollodors ein sehr seltenes Schicksal. Die zwei Beispiele von Verstirnung betreffen wohl nicht zufällig bereits bei Homer erwähnte Sternbilder (Hyaden und Bärin). Aber selbst die Präsenz am homerischen Himmel ist keine Garantie für die Hervorhebung einer Verstirnung bei Apollodor. Dieser berichtet ausführ-

---

Ζεὺς ἀμφοτέροις παρ' ἡμέραν καὶ ἐν θεοῖς εἶναι καὶ ἐν θνητοῖς ἔδωκε. μεταστάντων δὲ εἰς θεοὺς τῶν Διοσκούρων. Ganymed 3,12,2: τοῦτον ... ἀναρπάσας Ζεὺς δι' ἀετοῦ θεῶν οἰνοχόον ἐν οὐρανῷ κατέστησεν.

294 Herakles: Apollod. 2,7,7: καιομένης δὲ τῆς πυρᾶς λέγεται νέφος ὑποστὰν μετὰ βροντῆς αὐτὸν εἰς οὐρανὸν ἀναπέμψαι. ἐκεῖθεν δὲ τυχὼν ἀθανασίας καὶ διαλλαγεὶς Ἥρᾳ τὴν ἐκείνης θυγατέρα Ἥβην ἔγημεν.
295 Apollod. 1,3,6; ebd. 1,5,1.
296 Ixion: Apollod. epit. 1,20: Auch die Geburt „des Kentauren", die aus Ixions Vereinigung mit einer Wolke folgt, wird beim Epitomator nicht mit den Sternen verbunden.
297 Das Desinteresse des Autors der *Bibliotheke* am mythischen Stoff der Verstirnung konstatiert auch Santoni 2017, 126.
298 Apollod. 3,4,3: ἃς ὕστερον Ζεὺς καταστερίσας ὠνόμασεν Ὑάδας. Santoni 2017, 141 f. Vgl. auch oben zur Verstirnung der Hyaden bei Pherekydes: Anm. 240-242.
299 Apollod. 3,8,2: τὴν δὲ Καλλιστὼ καταστερίσας ἐκάλεσεν ἄρκτον.

lich über die Schicksale Orions und der Pleiaden als Töchter des Atlas. Dass diese Personen (wie schon das Epos berichtet hat) am Himmel sichtbar sind, ist nicht erwähnenswert. Kallisto erscheint als Sonderfall, der umso bedeutender wird, als andere Beispiele nicht der Erwähnung wert befunden werden: Von der Verstirnung ihres Sohnes Arkas etwa ist nicht die Rede, obwohl seine Rolle als Stammvater der Arkader ausführlich beschrieben wird[300]. Auch die schon bei Homer bezeugte alternative Benennung der Bärin als „Wagen", die vielleicht schon bei Eratosthenes, spätestens aber bei Hygin zu elaborierten Erklärungen zum Sphärenwechsel des Weinerfinders Ikarios (Bootes), seiner Tochter Erigone (Virgo) und deren Hund Maira geführt hat, findet bei Apollodor kein Echo in den Sternen. Er berichtet das unglückliche Schicksal aller drei ausführlich bis zu ihrem Tod – und lässt es dabei bewenden[301].

Die Versetzung zu den Sternen avanciert also für sich genommen nicht zum mythischen Stoff, der seit dem Hellenismus den mythologischen Wissensbestand der griechischen Kultur *grundsätzlich* überprägen würde. Bestimmte Autoren zeigen zwar ein besonderes Interesse am Thema Verstirnung und geben der antiken Leserschaft durch die Abfassung von Spezialliteratur die Möglichkeit, den Sphärenwechsel hin zu den Sternen als einen besonderen Aspekt mythischer Gelehrsamkeit zu begreifen, ihn in bekannte Traditionen zu integrieren und sich entsprechende Bildung anzueignen[302]. D. h. seit dem Hellenismus haben Varianten mythischer Stoffe, welche Sphärenwechsel integrieren, eine gewisse Konjunktur. Das Schicksal der meisten mythischen Protagonisten ist aber nach wie vor auch ohne Verstirnung nachvollziehbar. So mancher mythische Sphärenwechsel führt auch in der Kaiserzeit lediglich in die Sphäre der Pflanzen oder Tiere, aber nicht *an* den oder gar *in* den Himmel[303].

Unterschiedlich eingeschätzt wird die Bedeutung der Mythen vom Sphärenwechsel zu den Sternen im religiösen Bereich: Pàmias/Geus sprechen den „Sternsagen" jeglichen religiösen Hintergrund ab, Zgoll und Bechtold betonen

---

300 Arkas: Apollod. 3,9,1.
301 Ikarios und Erigone: Apollod. 3,14,7. Vgl. oben Anm. 285. Auch Ovid berichtet diese Episode nicht. Siehe Robinson 2013, 465. Vgl. auch oben Anm. 289.
302 Dass die Verfasser derartiger Spezialliteratur dann auch in anderen Kontexten mythische Stoffe öfter mit dem Thema Verstirnung verbinden, braucht nicht zu verwundern. Hygin wäre ein derartiger Fall – wenn man davon ausgeht, dass die *Astronomie* und die *Genealogiai* (*Fabulae*) tatsächlich vom gleichen Autor stammen: siehe oben Anm. 5 u. Anm. 122. Zur alexandrinischen Spezialliteratur: Condos 1997, 17.
303 Vgl. etwa die Überblickstabellen bei Zgoll 2004, für Verwandlungen in Pflanzen 58-59; in Fabelwesen ebd. 70-71 oder Tiere 77-81; Irving 1990, 19-37; zur Rezeption der griechischen Gestirnmythen in Ovids *Fasti* siehe Robinson 2013.

dagegen die z. B. in philosophischen Quellen verbreitete Vorstellung vom Bereich der Sterne als Bereich des Göttlichen[304]. Mangels eines verbindlichen religiösen Weltbilds in der griechischen Kultur war der Himmel allerdings nicht autoritativ als religiöser Raum definiert – derartige Vorstellungen blieben Privatsache. Im Rahmen der offiziellen kultischen Verehrung, also des religiösen Rituals, wirkte sich die seit dem Hellenismus literarisch bezeugte Verstirnung Einzelner jedenfalls nicht sichtbar aus.

Dies zeigt sich deutlich im Werk des Pausanias, der im 2. Jahrhundert v. Chr. die mythischen Überlieferungen der Griechen präsentiert und hierbei besonders auf ihre örtlichen Ausprägungen und ihren Niederschlag im lokalen Kult eingeht. Auch Pausanias gehört zu den mythologisch hochgebildeten, kaiserzeitlichen Autoren, die – wie Apollodor – nur ganz gelegentlich einmal auf die Verstirnung mythischer Protagonisten Bezug nehmen. Stattdessen wird deutlich, dass die Helden am Himmel vor allem Verehrung auf Erden erfahren: Den irdischen Heiligtümern des Heilheros/Heilgottes Asklepios gilt Pausanias' ganz besonderes Interesse. Dessen Verstirnung wird hingegen nicht erwähnt. Perseus' Grab in der irdischen Sphäre zeigen die Argiver dem Pausanias an einer Ausfallstraße[305]. Kallistos Sohn Arkas hat schließlich nicht nur ein Grab, welches die Arkader auf Hinweis der Pythia im Mainalosgebirge aufgefunden haben wollen, seine Heroengebeine – so berichtet Pausanias – sind auf die Agora von Mantineia überführt worden, wo man Arkas auf Erden kultische Verehrung als Heros zuteil werden lässt[306]. Kallisto ist auch bei Pausanias einer der wenigen mythologischen Fälle, in denen eine Verstirnung berichtet wird. Das mythische Hylem „Kallisto ist als Großer Bär am Himmel" hat zwar inzwischen griechenlandweit Berühmtheit erlangt, es überprägt oder ersetzt aber nicht zwangsläufig andere Varianten. Wenn Pausanias von der Verstirnung der Kallisto spricht, dann gibt er ausdrücklich „die bei den Griechen geläufige Geschichte" wieder[307]. Diese steht aber offenbar im Gegensatz zu den in Arkadien berichteten Versionen des mythischen Stoffs, denn, so Pausanias, „die Arkader zeigen ihr Grab"[308]. Dieses Heroen-Grab der Kallisto in der Nähe von Trikolonoi beschreibt Pausanias als einen mit Bäumen bewachsenen Hügel in der Nähe eines Artemis-Heiligtumes. Bezeichnenderweise bringt es ihn zum Nachdenken

---

[304] Pàmias/Geus 2007, 25 vs. Zgoll 2004, 276-277; Bechtold 2011, 75.
[305] Perseusgrab: Paus. 2,18,1.
[306] Paus. 8,9,3-5. Siehe auch Scheer 2010, 167-171.
[307] Paus. 8,3,6. Siehe Jost 2005, 359; Jost 1985, 406.
[308] Paus 8,35,8. Gegen die Vorstellung von Kallisto als ‚Hypostase' der Artemis in Arkadien: Jost 2005, 362.

über die Frage, ob sich Verstirnung und Heroengrab womöglich ausschließen: Wenn die Arkader ihr Grab zeigen, „dann könnte es doch sein, dass das Sternbild nur zu Ehren der Kallisto benannt worden ist"[309]. Die kaiserzeitlichen Arkader vor Ort verwiesen den gebildeten Besucher von auswärts offensichtlich nicht auf den Sternenhimmel, sondern auf das greifbare Grab ihrer Stammmutter, der Zeusgeliebten Kallisto. Falls diese vor Ort einen Kult besaß – was wahrscheinlich ist – dann war das Zentrum dieses Kultes ganz traditionell das Heroengrab, welches den lokalen Bezug und den kultischen Zugang zur verehrten Person sicherstellte. Die lang bekannten Helden und Heldinnen des Mythos wurden also nicht zu Objekten tatsächlicher astraler Verehrung.

Und auch in literarischen und elitären „Nachbardiskursen" über die Unsterblichkeit der Seele (die mit den religiösen Ritualen der Städte nicht unmittelbar etwas zu tun hatten) avancierten sie nicht zum hauptsächlichen Exemplum. Verschiedene philosophische Richtungen seit dem 5. Jahrhundert wollten den Aufenthaltsort der menschlichen Seelen in sehr unterschiedlicher Form im Himmel lokalisieren[310]. Diejenigen, die glaubten die Seele verwandle sich in einen Stern, wurden schon von Aristophanes verspottet – ein Beleg für die Verbreitung derartiger Ansichten über den kleinen Zirkel der philosophisch Gebildeten hinaus. Von den Seelen der am Himmel verstirnten, mythischen Wesen ist allerdings hierbei nicht die Rede[311]. Der gebildete literarische Diskurs über die Unsterblichkeit der Seele läuft getrennt von der Frage, ob die Zeusgeliebte Kallisto sich nun *am* oder *im* Himmel befindet. Dies lässt sich auch in den Texten des Ps.Eratosthenes und des Hygin feststellen. Von der Seele der Helden am Himmel ist kein einziges Mal die Rede. Es blieb aber dem Individuum unbenommen, mythologische Beispiele und philosophische Spekulation für sich persönlich zu verbinden. Entsprechend gelangten die „Sternsagen" zu einer gewissen religiösen Bedeutung in nicht offiziellen und nicht organisierten Kontexten. Die literarisch vergleichsweise anspruchslosen Texte der Mythographen lieferten auch einem Publikum jenseits literarischer und philosophischer Kennerschaft einschlägiges Beispielwissen, das bei Bedarf den persönlichen Wunsch nach positiven Jenseitsvorstellungen bedienen konnte. Hygins *Fabulae*

---

[309] Paus. 8,3,6: ἔχοιεν δ' ἂν καὶ ἄλλως τὸ ὄνομα οἱ ἀστέρες ἐπὶ τιμῇ τῇ Καλλιστοῦς, ἐπεὶ τάφον γε αὐτῆς ἀποφαίνουσιν οἱ Ἀρκάδες.
[310] Zu den Sternen als Himmelsgeschlecht und göttlichen Wesen im platonischen *Timaios* siehe Zgoll 2004, 276; Nilsson 1960, 33-36; Nilsson 1954, 110; zum in späten Quellen überlieferten Himmel der Pythagoreer und Neuplatoniker, Nilsson 1954, 108-109; Pfeiffer 1914, 28-29; die Seelen zu Sternen verwandelt in der Stoa: Nilsson 1954, 114. Zur Frage der Verbreitung derartigen philosophischen Wissens: Bechtold 2011, 369-370.
[311] Allgemeine Aussagen zur Sternverwandlung von Seelen vgl. etwa Aristoph., Pax 832-834.

enthielten nicht nur einfache Listen zu den Freiern der Helena oder zu prominenten Stadtgründern. Die *Fabulae* präsentierten auch eine Liste der „Sterblichen, die unsterblich gemacht wurden". In dieser Liste fanden sich zu Göttern erhobene Personen (wie Herakles, Asklepios und die Dioskuren) bunt gemischt mit anderen, die im Angesicht der Götter ihren Dienst verrichteten (Ganymed) oder lediglich unter die Sterne gesetzt worden waren (wie Perseus, Arkas und Kallisto)[312]. Alle miteinander waren „unsterblich". Aus ihrem Schicksal ließen sich Hoffnungen ableiten, die in den literarischen Quellen nicht unmittelbar ausformuliert werden. In der privaten Praxis kaiserzeitlicher Grabepigramme schlagen sie sich jedoch wiederholt nieder[313]. Was Autoren wie Ps.Eratosthenes und Hygin über das Schicksal der unter die Sterne versetzten Heroen längst vergangener Zeiten berichtet hatten, postulierten die Hinterbliebenen im Medium der Grabinschriften auch für Normalsterbliche der Gegenwart: Als Stern sollte der teure Verstorbene an einem bestimmten Ort des Nachthimmels sichtbar sein. Oder aber ihm wurde zuteil, was weder Kallisto noch Arkas erreicht hatten: als „Neuer Ganymed" in den himmlischen Häusern den lächelnden Göttern an ambrosischen Tischen persönlich gegenüber zu sitzen[314].

---

[312] Hyg. fab. 224: „Qui facti sunt ex mortalibus immortales: Hercules Iovis et Alcumenae filius; Liber Iovis et Semelae filius; Castor et Pollux Helenae fratres, Iovis et Ledae filii. Perseus Iovis et Danaes filius in stellas receptus; Arcas Iovis et Callisto filius in stellas relatus; Ariadnen Liber pater Liberam appellavit, Minois et Pasiphaes filiam; Callisto Lycaonis filia in Septentrionem relata; Cynosura Iovis nutrix in alterum Septentrionem; Asclepius Apollinis et Coronidis filius; Pan Mercurii et Penelopes filius; Crotos Panis et Euphemes filius conlactius Musarum in stellam Sagittarium; Icarus et Erigone Icari filia in stellas, Icarus in Arcturi, Erigone in Virginis signum; Ganymedes Assaraci filius in Aquario duodecim signorum; Ino Cadmi filia in Leucotheam, quam nos matrem Matutam dicimus; Melicertes Athamantis filius in deum Palaemonem. Myrtilus Mercurii et Theobules filius in Heniocho."
[313] Hierzu ausführlich und mit repräsentativer Materialsammlung Bechtold 2011, 373-407.
[314] So etwa auf einer Inschrift aus Milet, auf der ein Achtjähriger nun unter den Sternen neben dem Sternbild der Ziege leuchtet: siehe Merkelbach 1998, 150-151, Nr. 01/20/29 (ca. 1. Jahrhundert n. Chr.) mit Bechtold 2011, 389 sowie Merkelbach 1998, 547, Nr. 05/01/64, Z.11-16: „.... dass ich bei den Seligen am gestirnten Himmel wohnen sollte, bei ihnen in Freundschaft auf goldenen Thronen sitzend. Und nun blicken die Götter mich als Freund an, der ich bei den Dreifußtischen und den ambrosischen Tischen froh sitze; sie lächeln mich mit ihren Wangen aus ihrem unsterblichen Haupt an, wenn ich den Seligen bei dem Einleitungs-Trankopfer einschenke" (Übersetzung R. Merkelbach). Ebd. Datierung der Inschrift „scheint ins 3. Jh. n. Chr. zu gehören"; vgl. auch Bechtold 2011, 402.

Abbildungsnachweis

Atlas Farnese, 2. Jahrhundert n. Chr. Archäologisches Nationalmuseum Neapel. Photo: Adam Eastland / Alamy Stock Foto.

Bibliographie

Bechtold, Ch., 2011, Gott und Gestirn als Präsenzformen des toten Kaisers. Apotheose und Katasterismos in der politischen Kommunikation der römischen Kaiserzeit und ihre Anknüpfungspunkte im Hellenismus, Schriften zur politischen Kommunikation 9, Göttingen.
Boll, T. / Gundel, H., 1924-1937, Sternbilder, Sternglaube und Sternsymbolik bei Griechen und Römern, Ausführliches Lexikon der griechischen und römischen Mythologie 6, 867-1071.
Burkert, W., 2011, Griechische Religion der archaischen und klassischen Epoche, Die Religionen der Menschheit 15, 2., überarbeitete und erweiterte Aufl., Stuttgart (1. Aufl. 1977).
Cameron, A., 2004, Greek Mythography in the Roman World, American Classical Studies 48, Oxford.
Condos, Th., 1997, Starmyths of the Greeks and Romans. A Sourcebook, Grand Rapids/MI.
Duke, D. W., 2006, Analysis of the Farnese Globe, in: Journal of the History of Astronomy 37, 87-100.
Erren, M., 2009, Aratos, Phainomena. Sternbilder und Wetterzeichen, griechisch-deutsch, herausgegeben und übersetzt von Manfred Erren, Düsseldorf.
Fakas, Ch., 2001, Der hellenistische Hesiod. Arats Phainomena und die Tradition der antiken Lehrepik, Serta Graeca 11, Wiesbaden.
Fowler, R. L., 2001, Early Greek Mythography Bd. 1: Text and Introduction, Oxford.
Fowler, R. L. 2013, Early Greek Mythography Bd. 2: Commentary, Oxford.
Fox, M., 2004, Stars in the Fasti: Ideler (1825) and Ovid's Astronomy Revisited, in: American Journal of Philology 125, 91-133.
Franz, R. H., 1890, De Callistus fabula. Accedit de astronomico quod Hesiodo ascribitur carmine epimetrum, Leipziger Studien zur classischen Philologie 12,5, Leipzig.
Gantz, T., 1993, Early Greek Myth. A Guide to Literary and Artistic Sources, Baltimore u. a.
Geus, K., 2002, Eratosthenes von Kyrene. Studien zur hellenistischen Kultur- und Wissenschaftsgeschichte, Münchner Beiträge zur Papyrusforschung und antiken Rechtsgeschichte 92, München.
Henrichs, A., 1987, Three Approaches to Greek Mythography, in: Bremmer, J. N. (Hg.), Interpretations of Greek Mythology, London u. a., 242-277.
Huttner, M., 1998, Astralreligion, Religion in Geschichte und Gegenwart. Handwörterbuch für Theologie und Religionswissenschaft Bd. 1, 4. Aufl., 854 f.
Irving, P. M. C. F., 1990, Metamorphosis in Greek Myths, Oxford.
Jacoby, F., 1957-1958, Die Fragmente der griechischen Historiker, I-III, Leiden.
Jost, M., 2005, Deux mythes de métamorphose en animal et leurs interprétations: Lykaon et Kallisto, in: Kernos 18, 347-370.
Jost, M., 1985, Sanctuaries et cultes d'Arcadie, Études Péloponnésiennes 9, Paris.
Kassel, R. / Austin, C., 1991, Poetae Comici Graeci Bd. 2, Berlin.

Küentzle, H., 1897, Über die Sternsagen der Griechen, Karlsruhe.
Lasserre, F. (Hg.), 1966, Die Fragmente des Eudoxos von Knidos, Texte und Kommentare 4, Berlin.
Le Bœuffle, A. (Hg.), 1983, Hygin: L'astronomie, Paris.
Lewis, A.-M., 1992, The Popularity of the Phaenomena of Aratus: a Revaluation, in: Deroux, C. (Hg.), Studies in Latin Literature and Roman History 6 (= Collection Latomus 217), Brüssel, 94-118.
Merkelbach, R., / Stauber J., 1998 (Hg.), Steinepigramme aus dem griechischen Osten, Bd. 1, Stuttgart u. a.
Mette, H. J., 1977, Urkunden dramatischer Aufführungen in Griechenland, Berlin u. a.
Meyer, E., 1969, Kynosura, Der Kleine Pauly 3, 401 f.
Most, G. W. (Hg.), 2007, Hesiod the Shield, Catalogue of Women, Other Fragments, Cambridge/MA u. a.
Nesselrath, H.-G., 1990, Die attische Mittlere Komödie, Berlin u. a.
Nesselrath, H.-G., 1996, Amphis, DNP 1, 617.
Nilsson, M. P., 1954, Die astrale Unsterblichkeit und die kosmische Mystik, in: Numen 1, 106-119.
Nilsson, M. P., 1960, The Origin of Belief Among the Greeks in the Divinity of Heavenly Bodies, in: Opuscula Selecta 3, Lund, 31-39.
Pàmias J. / Geus K. (Hg.) 2007, Eratosthenes. Sternsagen, Oberhaid.
Pfeiffer, E., 1914, Gestirne und Wetter im griechischen Volksglauben und bei den Vorsokratikern, Leipzig.
Robinson, M., 2013, Ovid and the Catasterismi of Eratosthenes, in: American Journal of Philology 134, 445-481.
Rosokoki, A., 1995, Die Erigone des Eratosthenes. Eine kommentierte Ausgabe der Fragmente, Heidelberg.
Radt, S., 1985, Tragicorum Graecorum Fragmenta Bd. 3: Aeschylus, Göttingen.
Sale, W., 1962, The Story of Callisto in Hesiod, in: Rheinisches Museum 105, 122-141.
Santoni, A., 2017, Myths of Star and Constellation Origins in the Bibliotheca, in: Pàmias, J. (Hg.), Apollodoriana. Ancient Myths, New Crossroads, Berlin u. a., 126-145.
Schaefer, B. E., 2005, The Epoch of the Constellations on the Farnese Atlas and their Origin in Hipparchus' Lost Catalogue, in: Journal for the History of Astronomy 36, 167-196.
Scheer, T. S., 2010, Helden ohne Heldentaten. Konstruktion und Inszenierung arkadischer Identität in Delphi, in: Meyer, M. / von den Hoff, R. (Hg.), Helden wie sie. Übermensch – Vorbild – Kultfigur in der griechischen Antike, Freiburg, 153-180.
Smith, R. S. / Trzaskoma S. M., 2007, Apollodorus' Library and Hyginus' Fabulae. Two Handbooks of Greek Mythology, Indianapolis/IN.
Schwartz E., 1895, Ariaithos, Realencyklopädie der classischen Altertumswissenschaften 2.1, 374.
Thiele, G., 1898, Antike Himmelsbilder mit Forschungen zu Hipparchos, Aratos und seinen Fortsetzern und Beiträgen zur Kunstgeschichte des Sternhimmels, Berlin.
Viré, Gh. (Hg.), 1992, Hygini de astronomia, Stuttgart.
von der Waerden, B. L., 1988, Die Astronomie der Griechen. Eine Einführung, Darmstadt.
West, M. L., 1985, The Hesiodeic Catalogue of Women. Its Nature, Structure and Origins, Oxford.
West, M. L., 2003, Greek Epic Fragments from the Seventh to the Fifth Centuries, Cambridge/Mass. u. a.

West, M. L., 2002, Eumelos: A Corinthian Epic Cycle?, in: The Journal of Hellenic Studies 122, 109-133.
Westermann, A. (Hg.), 1843, Μυθόγραφοι: Scriptores Historiae Graeci, Braunschweig.
Zgoll, C., 2004, Phänomenologie der Metamorphose. Verwandlungen und Verwandtes in der augusteischen Dichtung, Tübingen.

Abkürzungsverzeichnis

Ael. VH	Aelian Variae historiae
Aesch. Eum.	Aeschylus Eumenides
Aesch. TrGF	Tragicorum Graecorum Fragmenta. Vol. III: Aeschylus; ed. Stefan Radt Göttingen 1985
Apoll. Rhod.	Apollonios von Rhodos, Argonautica
Apollod.	Pseudo Apollodor, Bibliotheke, Epitome
Ath.	Athenaios, Deipnosophistae
Callim. H.	Callimachos *Hymnoi*
Cic. Nat.D.	Cicero *De Natura Deorum*.
Diog. Laert.	Diogenes Laertios
Eur. Hel.	Euripides Helena
FGrHist	*Felix Jacoby* Die Fragmente der griechischen Historiker
Hdt.	Herodot *Historiae*
Hes. Fr.	Hesiod *Fragmenta Hesiodea*
Hes. Op.	Hesiod *Opera et Dies*
Hes. Theog.	Hesiod *Theogonie*
Hom. Il.	Homer Ilias
Hom. Od.	Homer *Odyssee*
Hyg. Astr.	Hygin *Astronomica*
Hyg. fab.	Hygin *Fabulae*
Ov. Am.	Ovid *Amores*
Ov. fast.	Ovid *Fasti*
Ov. Met.	Ovid *Metamorphoses*
Paus.	Pausanias
Pind. Pyth.	Pindar *Pythien*
Plin. HN	Plinius der Ältere *Naturalis Historia*
Ps.Eratosth. cat.	Pseudo Eratosthenes *Catasterismoi*
Schol. Eur. Or.	Scholien zu Euripides, Orestes
Simpl.	Simplikios in Physicorum

Hermann Spieckermann
Jhwh, die David-Dynastie und ihre Erben

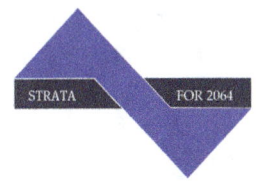

Die Entdeckung des Sphärenwechsels im Psalter

Abstract: The change of spheres in the Psalms is a discovery which results from intense theological reflection, a process that began with the loss of the Davidic dynasty. During the pre-exilic period, Zion is the site of palace and temple, a space where the spheres of God and king, heaven and earth permanently interchange. Those spheres were neither regarded as identical nor were they clearly distinguished from each other. In fact, it is impossible to bring them closer together. The loss of the Temple and of the Davidic dynasty due to the destruction of Jerusalem in 587/6 B.C.E. marks the end of the pre-exilic symbiosis. During the exile, the spheres of God and the world drift apart because the Davidic kingship as the mediating agency does not exist any longer. During the post-exilic period, the Second Temple and the personalisation of Zion gave rise to new ways how to conceptualise God's presence in the world. God himself is determined to change spheres. As divine king he is stooping down into the sphere of the destitute, who regard themselves as heirs of the lost Davidic dynasty. God raises them royally into his own sphere, granting them a permanent home in Zion-Jerusalem. The city is personified as a woman who has a unique relationship with God and, at the same time an unshakable relationship with her children, the heirs of the promises given to the Davidic dynasty.

1 Die Fragestellung

Das Verhältnis von Jhwhs Königtum zu den Repräsentanten der David-Dynastie, die die vorexilische Periode von Juda-Jerusalem bis zum Untergang im Jahre 587/6 v. Chr. ein halbes Jahrtausend geprägt hat, gehört in den Psalmen mit einem vorexilischen Grundbestand zu den bestimmenden Themen der Theolo-

---

Hinweis: Der vorliegende Beitrag ist im Kontext der von der DFG geförderten Forschergruppe 2064 „STRATA – Stratifikationsanalysen mythischer Stoffe und Texte in der Antike" (Teilprojekt „Antikes Ugarit und antikes Israel: Sphärenwechsel der Macht im ugaritischen Baal-Yamm-Mot-Zyklus und in hebräischen Yhwh-König und Königs-Psalmen ") entstanden.

Open Access. © 2020 H. Spieckermann, publiziert von De Gruyter. Dieses Werk ist lizenziert unter der Creative Commons Attribution-NonCommercial-NoDerivatives 4.0 Lizenz.
https://doi.org/10.1515/9783110652543-009

gie des Ersten Tempels¹. Unter den relevanten Texten ist die inhaltliche Nähe von Ps 2 und Ps 110 vielfach beobachtet und untersucht worden. Sie ist bedingt durch den gemeinsamen Stoff der Interaktion von Jhwh und seinem König gegen den Aufruhr von Herrschern und Feinden, von denen die Welt voll ist. Der universale Aufruhr gegen die Herrschaft des von einer Gottheit eingesetzten Königs ist im Alten Orient des 2. und 1. Jahrtausends v. Chr. belegt, schriftlich und ikonographisch besonders gut dokumentiert im Ägypten des Neuen Reiches, bekannt aber auch in den Stadtstaaten der Spätbronzezeit und später in den Königreichen der Eisenzeit auf der syrisch-palästinischen Landbrücke². In Juda-Jerusalem kommt dabei Zion als Stätte zugleich göttlicher und königlicher Präsenz, von der die Konteraktion Jhwhs und seines Königs ihren Ausgang nimmt, eine Schlüsselfunktion zu. Die präzise Bestimmung dieser Funktion bedarf der Untersuchung. Wird Zion hier als ein klar identifizierbarer Ort ins Auge gefasst, oder ist Zion ein theologischer Topos im Sinne eines Handlungs- und Herrschaftsraums, der zwar auch auf einer Landkarte zu finden ist, vor allem aber auf der *mental map* der Protagonisten der Königs- und Zionstheologie gesucht werden will? Die genannten Deutungsoptionen von Geographie und mythisch-theologischer Kosmographie bilden selbstverständlich keinen kontradiktorischen Gegensatz. Aber dass sie erheblich divergierende Optionen der

---

1 Wichtige Beobachtungen aus unterschiedlichen Perspektiven bei Mettinger 1976; Spieckermann 1989, Saur 2004; Hamilton 2005; Salo 2017; Krusche (erscheint 2019).
2 Zum rezipierten ägyptischen Hintergrund vgl. Assmann 1984, 141-149; Zenger 1986, 495-511; Koch 1993, 262-298. Im ugaritischen Baal-Yamm-Mot-Zyklus (CAT/KTU; Textedition: Dietrich/Loretz/Sanmartín 1995, 1-30; Übersetzung: Niehr 2015, 177-236) ist das mythische Motiv des Kampfes um die Königsherrschaft zunächst zwischen Baal und Yamm, sodann zwischen Baal und Mot Träger der Handlung; auch Anat, Baals Geliebte und Protagonistin, ist in den Kampf um die Königsherrschaft involviert (CAT/KTU 1.3 II). Ihre Kampfbereitschaft gilt offenkundig als Ausweis ihrer Macht. Anat wird Baal am Ende des Zyklus aus dem Machtbereich des Totengottes Mot holen – allerdings mit Hilfe der Sonnengöttin Šapšu, welcher auch bei dem Kampf Baals gegen Mot um die Königsherrschaft die entscheidende Rolle zukommt (CAT/KTU 1.6 I,6-31; III,10-VI,53). Dieser Stoff ist nach Palästina wahrscheinlich vor allem über die großen Hafenstädte an der Ostküste des Mittelmeeres gelangt, über die auch der Austausch zwischen ägyptischen und altsyrischen, später phönizischen Traditionen seit dem 2. Jahrtausend v. Chr. erfolgt ist (vgl. Helck 1979, 106-255; Stadelmann 1967). Zudem haben die Städte in der Jesreel-Ebene eine besondere Bedeutung gehabt. Auch diese Region ist am Kulturtransfer über Jahrhunderte hin lebhaft beteiligt gewesen und hat alttestamentliche Theologiebildung nachhaltig beeinflusst. Dies gilt nicht zuletzt für die Erhellung theologischer Vorstellungen im Bereich der (Gott-) König-Theologie (grundlegend: Schmidt ²1966).
In diesem komplexen Kulturtransfer haben gewiss auch mesopotamische Einflüsse eine Rolle gespielt. Sie werden nicht weiter verfolgt, weil sie hier gegenüber den oben genannten von geringerer Relevanz gewesen zu sein scheinen.

Deutung und Bedeutung benennen, leidet keinen Zweifel. Die sich stellenden Probleme können auf folgende Fragen zugespitzt werden: Wie verhält sich der göttliche Himmelsthroner zu dem auf dem Zion inthronisierten König? In welche Relation werden Himmel und Zion, Herrschaft begrenzten Umfangs (Zion/Jerusalem) und Weltherrschaft gebracht? Ist der auf Zion eingesetzte König Sohn eines königlichen Gottes, den dieser aus seiner himmlischen Sphäre entlässt, um ihn im Sinne einer Katabasis auf dem Zion als einem weltlich lokalisierbaren Ort zu inthronisieren? Oder ist die Inthronisation auf dem Zion eher im Sinne einer Anabasis zu verstehen, durch die der Himmelsherrscher seinen irdischen Mandatar auf Zion als Stätte exzeptioneller Gottesnähe erhöht und Zion zugleich die mythisch-kosmische Aura des Zentrums der Welt verleiht?

Das Kernproblem liegt in der Frage nach dem Zion und seiner Bedeutung für die spezifische Relation von Jhwh und seinem König. Klärung ist von der möglichst präzisen Erfassung des in Ps 2 und 110 angedeuteten Geschehens sowie der Rolle der jeweiligen Handlungsträger zu erwarten. Dass die Konfrontation zwischen Jhwh und seinem König einerseits und den Aufständischen andererseits stattfindet, ist evident. Welche Aufgabe jedoch Jhwh selbst und welche sein König an welchem Ort übernimmt, muss untersucht werden. Die Klärung wird nicht zuletzt davon abhängen, ob den beiden Schlüsseltexten eine rekonstruierbare identische Handlungsabfolge zugrunde liegt oder ob sie sich eine solche wechselseitige Verständnishilfe nicht gewähren. Wie immer das rekonstruierte Geschehen zu charakterisieren ist, bleibt zu klären, ob es sich eher um ein singuläres oder ein auf Wiederholung angelegtes Geschehen, nämlich um ein bestimmtes Ritual oder die Erinnerung daran handelt.

So wenig es gelingen will, Ps 2 und 110 im Psalter und anderen alttestamentlich-jüdischen Schriften einen weiteren Text ähnlichen Inhalts an die Seite zu stellen, so sehr legt sich die Vermutung nahe, dass besonders ein in beiden Texten präsentes Motiv in einigen jüngeren Psalmen aufgegriffen und theologisch neu bestimmt worden ist. Es handelt sich um die Interaktion zwischen Jhwh und seinem König. Dass gerade dieses Motiv zu einer Aktualisierung eingeladen hat, kann angesichts des Verlustes der davidischen Dynastie durch die von den Neubabyloniern im Jahre 587/6 geschaffenen Verhältnisse nicht verwundern. Für den verlorenen König stehen Erben bereit, die in das dem König gewährte Verhältnis eintreten wollen. Hier gewinnt der Sphärenwechsel im Unterschied zu den Spendertexten Ps 2 und 110 deutlich Gestalt. Unter diesem Aspekt sollen abschließend Jes 63,7-64,11; Ps 80 und Ps 113 in den Blick genommen werden, Texte, die ihrerseits eine wirkmächtige Rezeption erfahren haben.

2 Der Himmelsthroner und sein Sohn auf dem Zion in Psalm 2

Ps 1 eröffnet zusammen mit Ps 2 den Psalter[3]. Dass beide Psalmen gleichwohl ihre je eigene Herkunft haben, ist unübersehbar. Ps 1 sucht evident die Anbindung des Psalters an Mose als Geber der Tora und an die Propheten als Sachwalter der Tora. Ps 1 will deutlich machen, dass im Psalter Beter willkommen sind, die bereits die Tora zum Zentrum ihres Lebens gemacht haben (Ps 1,1 f). Demgegenüber präsentiert Ps 2 den universalen Aufruhr der Könige der Erde gegen Jhwhs universale Herrschaft, welchem dieser durch eine Konteraktion souverän und wirkungsvoll begegnet: durch die Einsetzung seines Königs als Sohn auf dem Zion. Diese Handlung macht jedes weitere Wort über den Aufruhr überflüssig, nicht aber die Mahnung an die Herrscher der Erde in Ps 2,10-12, jeden weiteren Versuch in Zukunft zu unterlassen. Glückselig sind allein die zu preisen, die als Tora-Liebhaber Gottes Nähe auch im Gebrauch der Psalmen suchen (Ps 1). Wer aber wie die Könige der Erde zum Kreis der Tora-Fernen gehört, lasse sich warnen, den universalen Herrschaftsanspruch des Himmelsthroners und seines Messias-Sohnes zu missachten. Unter den irdischen Herrschern sind nur die glückselig zu preisen, die bei ihm – sei es bei Jhwh, sei es beim königlichen Messias-Sohn – Zuflucht suchen (Ps 2,12d). Durch die Glückseligpreisungen am Anfang von Ps 1 und am Ende von Ps 2 werden die beiden Texte, die selber der Form nach keine Gebete sind, als Paar verbunden und zum Introitus des Ersten Davidpsalters (Ps 3-41) gemacht, eine Position, die ihnen bis zum Abschluss des ganzen Psalters erhalten geblieben ist. Bis in die Endgestalt von Ps 1 und 2 ist jedoch mit Händen zu greifen, dass die Ehe dieser beiden Texte nicht im Himmel, sondern in der Geschichte des wachsenden Psalters angesichts der Notwendigkeit geschlossen worden ist, im Introitus deutlich zu sagen, dass die toranahen Gerechten wie die gottfernen Frevler und Herrscher dieser Erde Gott und seinem Willen begegnen können, wenn sie von der Sammlung der Psalmen Gebrauch machen. Ist die Verschiedenheit der Adressaten und der jeweils an sie gerichteten Botschaft in Ps 1 und 2 auch unübersehbar, wird durch das einleitende Textpaar nachdrücklich betont, dass die dem Gott Jhwh Nahen und Fernen von den Psalmen mit Gewinn Gebrauch machen können, weil die Gebete das Gottesverhältnis des Einzelnen und der Völkerwelt begleiten und bedenken. Individual- und Universalperspektive des Betens wer-

---

[3] Zum Textpaar Ps 1 und 2 und seiner reichen Rezeptionsgeschichte vgl. Cole 2013; Gillingham 2013; vgl. auch Hartenstein/Janowski 2012, 1-54.

den durch Ps 1 und 2 dem Psalter als Doppelbestimmung programmatisch vorangestellt. Die sich darin widerspiegelnde theologische Komplexität des Psalters lässt sich durch keine einengende Charakterisierung des Psalters, wie sie immer wieder unternommen wird, angemessen einfangen. Will man der Komplexität gerecht werden, darf man sich nicht an punktuellen Beobachtungen wie vermuteten Trägerkreisen und Redaktionsprozessen orientieren, die für die Eigenart des Psalters allesamt ephemer sind, vielmehr muss man die theologische Pointierung wagen. In dieser Hinsicht ist die im Judentum unweit der Zeitenwende ersonnene Titulierung des Psalters als *tĕhillîm* „Preisungen" (Jhwhs) schwer zu überbieten[4].

Während es bei Ps 1 wahrscheinlich ist, dass der Text gezielt als Introitus des Psalters komponiert worden ist, ist dies bei Ps 2 auszuschließen. Zwar verbindet Ps 2 mit Ps 1 der negative Befund, dass beiden elementare Sprechakte des Betens wie Anrufung, Klage und Bitte, Dank und Lob(versprechen) fehlen. Dem ist kein positiver Befund an die Seite zu stellen, der die Nähe beider Texte augenfällig machte. Vielmehr vermittelt Ps 2 nachhaltig den Eindruck, dass seine formale und inhaltliche Geschlossenheit anderer Art als diejenige von Ps 1 ist. Handelt es sich bei Ps 1 um einen klar aufgebauten Introitus mit unverkennbar appellativem Charakter, die Gemeinschaft der Gerechten in der Liebe zur Tora und im Gebrauch der Gebete zu suchen, präsentiert Ps 2 eine groß dimensionierte, agonale Handlung in vier Strophen mit je drei wohlproportionierten Bikola. Die leicht erkennbaren Wachstumsspuren sind in der folgenden Übersetzung in eckige Klammern gesetzt worden[5].

> (1a) Warum planen die Völker Aufruhr
> (1b) und sinnen die Nationen Nichtiges?
> (2a) Es erheben sich die Könige der Erde,
> (2b) und Fürsten tun sich zusammen
> (2c) [gegen Jhwh und seinen Gesalbten]:[6]
> (3a) „Lasst uns ihre Bande zerreißen
> (3b) und ihre Stricke von uns werfen!"
>
> (4a) Der im Himmel thront, lacht,
> (4b) es spottet ihrer der Herr.

---

[4] Die ältesten Belege sind in Qumran bezeugt: 4Q196 Frag. 17 II,7; 11Q5 XXVII,4-5 (García Martínez / Tigchelaar 1997, 386-387.1178-1179).
[5] Zu Ps 2 vgl. Zenger 1986, 495-511; Hossfeld/Zenger 1993, 49-54; Saur 2004, 25-46; Feldmeier/Spieckermann 2018, 90-94.
[6] MT: *'al-Jhwh wĕ'al-mĕšîḥô*, LXX: κατὰ τοῦ κυρίου καὶ κατὰ τοῦ χριστοῦ αὐτοῦ, Vulgata iuxta Hebraicum: *adversum Dominum et adversum christum eius*.

(5a) Dann fährt er sie an in seinem Zorn
(5b) und verstört sie in seinem Grimm:
(6a) „Ich selber setze meinen König ein
(6b) auf Zion, meinem heiligen Berg."

(7a) [Ich will künden von Jhwhs Satzung.]
(7b) Er spricht zu mir: „Mein Sohn bist du.
(7c) Ich selber habe dich heute geboren.
(8a) Bitte mich, so will ich Völker zu deinem Erbe geben
(8b) und zu deinem Besitz die Enden der Erde.
(9a) Du wirst sie zerschlagen mit eisernem Zepter[7],
(9b) wie Töpfergeschirr sie zerschmettern."

(10a) „Und nun, ihr Könige, nehmt Vernunft an,
(10b) lasst euch warnen, ihr Herrscher der Erde.
(11a) Dient Jhwh in Furcht,
(11b) frohlockt mit Zittern,
(12a) [küsst den Sohn,]
(12b) damit er nicht zürne und ihr umkommt [auf dem Weg],
(12c) denn leicht entbrennt sein Zorn."
(12d) [Glückselig alle, die bei ihm Zuflucht suchen.]

Die in der Übersetzung kenntlich gemachte vierstrophige Gliederung entspricht den vier Szenen, die der Psalm in den Blick nimmt[8]. Betrachtet man die ermittelte Grundfassung, steht eine sich leicht erschließende Szenenfolge vor Augen.

---

7 LXX: ποιμανεῖς αὐτοὺς ἐν ῥάβδῳ σιδηρᾷ „Du wirst sie mit eisernem Stab hüten", Vulgata iuxta LXX: *reges eos in virga ferrea*, Vulgata iuxta Hebraicum: *pasces eos in virga ferrea*.

8 In der ersten Strophe ist V. 2c „gegen Jhwh und seinen Gesalbten" hinzugefügt worden, denn die Identifizierung derjenigen, gegen die sich die Erhebung der Völker und Herrscher der Welt richtet, kommt nun im Text zu früh. Gegen die Einschätzung als Fortschreibung kann nicht als Gegenargument angeführt werden, dass V. 2c notwendig sei, um zu wissen, von wessen Banden und Stricken sich die Gefesselten befreien wollen. Es gehört vielmehr zur Dramaturgie dieses Textes, dass in der ersten Strophe die Adressaten des Aufruhrs ungenannt bleiben und sie erst in der Konteraktion ihren Auftritt haben. Natürlich sind keine anderen als Jhwh und sein König aus der zweiten Strophe gemeint. Der Grundtext bietet gerade durch die Leerstellen eine überlegte literarische Inszenierung, die Spannung erzeugt.

In der dritten Strophe ist V. 7a eine später eingefügte Erläuterung der zwischen Jhwh und dem König bereits in Gang befindlichen Handlung. Die Ergänzung will festhalten, dass Jhwhs Einsetzung des Königs nicht eine einmalige Handlung, sondern die dauerhafte Bestimmung seines Verhältnisses zu jedem König auf seinem heiligen Berg Zion ist.

Schließlich ist die vierte Strophe V. 10-12 um einige Hinzufügungen bereichert worden. Das im Alten Testament singuläre Küssen des Sohnes in V. 12a ist möglicherweise als Ergebenheitsbekundung gemeint und gewiss auf den von Jhwh eingesetzten König bezogen. Doch der Sohn, der in V. 7b mit dem hebräischen Wort *bēn* bezeichnet wird, firmiert hier unter dem

In der ersten Strophe (V. 1-3) fragt eine nicht genannte Person nach dem Grund für den Aufruhr, den Völker und Könige angezettelt haben. In Vers 3 kommen die Aufständischen selbst mit ihrer Absicht zu Wort, sich der Fesseln ihrer nicht genannten Herrscher zu entledigen. In der zweiten Strophe (V. 4-6) reagiert der bisher nicht genannte Himmelsthroner. Sein spöttisches Lachen und sein entflammter Zorn gipfeln in der Ankündigung der Konteraktion, der Einsetzung seines Königs auf Zion. Dies reicht bereits aus, die Rebellen zu paralysieren. In der dritten Strophe (V. 7-9) teilt der eingesetzte König die an ihn ergangene Gottesrede mit. Seine Inthronisierung auf Zion gipfelt in der göttlichen Gewährung des Vater-Sohn-Verhältnisses[9], eine Bestätigung der außerordentlichen Gottesnähe, die schon vorher bei der Einsetzung des Königs auf dem heiligen Berg durch den Himmelsthroner kundgetan worden ist und nun durch die Metapher der in diesem Akt stattfindenden Geburt durch Gott nachhaltig unterstrichen wird. Seinem Sohn liest Gott jeden Wunsch von den Lippen ab. Weil Gott dies immer getan hat, stehen die Wünsche des Königs längst im Ritual, so dass Gott die Wunschliste des Königs gar nicht abwarten muss, sondern gleich selbst die Wünsche nennen und ihre Erfüllung zusagen kann. Diese Gottesrede ist in Vers 7b-9 freilich so inszeniert, dass es der König ist, der diese an ihn ergangene Gottesrede in dem hier gesetzten Rahmen mitteilt. Die Inszenierung gibt sich spätestens in dieser Strophe als königliches Inthronisationsritual zu erkennen, dessen Elemente nicht in Jerusalem erfunden, sondern aus längst

---

aramäischen Äquivalent *bar*. Die gern akzeptierte Emendation „und mit Zittern küsst seine Füße" anstelle von „frohlockt mit Zittern, küsst den Sohn", die von Bertholet 1908, 58-59 stammt, ist gewiss falsch, weil die Vorstellung, Jhwh die Füße zu küssen, alttestamentlich-jüdisch undenkbar ist. Bezeichnenderweise hat die Septuaginta in ihrer hebräischen Vorlage von V. 12a einen Überlieferungsfehler angenommen und δράξασθε παιδείας „nehmt Erziehung an" übersetzt, wahrscheinlich in der Annahme, dass die im Masoretischen Text gut bezeugte Kombination von *lqḥ* mit *mûsār* „Erziehung annehmen" verschrieben worden ist (vgl. Jer 2,30; 5,3; 7,28; 17,23; 32,33; 35,13; Zeph 3,2.7; Prov 1,3; 8,10; 24,32).

Sodann sind in der vierten Strophe noch als Verbindungselement zu Ps 1 der Weg (vgl. Ps 2,12b mit Ps 1,6) und die Glückseligpreisung (vgl. Ps 2,12d mit Ps 1,1) hinzugefügt worden.

9 Dieses Verhältnis hat seine nächste Parallele in 2Sam 7,14a; vgl. Feldmeier/Spieckermann ²2017, 56-66.

Die Septuaginta hat die Sprecherrollen in Ps 2,4-9 zugunsten des Königs modifiziert. Wahrscheinlich wird vom Übersetzer angenommen, dass die ganze zweite Strophe V. 4-6 vom König gesprochen wird, denn in V. 6 wird Jhwh die Rolle des Sprechers, die er im Masoretischen Text innehat, entzogen. Die griechische Version lässt in V. 6 den König sprechen und verbindet damit sogleich V. 7a: „Ich selber bin eingesetzt worden als König durch ihn auf Zion, seinem heiligen Berg, indem ich die Satzung des Herrn verkündige." Daran schließt in V. 7b die Gottesrede an, was in ihrer Einleitung durch Nennung des Kyrios eindeutig gemacht wird: „Der Herr sprach zu mir."

bestehenden Königsritualen übernommen worden sind, aller Wahrscheinlichkeit nach vor allem aus dem Ägypten des Neuen Reiches, freilich in einer Synthese mit altsyrisch-phönizischem Einfluss[10]. Ist dem König bereits hier gefestigte Herrschaft und erfolgreiche Abwehr jeder Bedrohung zugesagt worden, verwundert es nicht, in der vierten Strophe (V. 10-12) seine abschließende Mahnung an die Könige und Herrscher der Erde zu finden, dem schnell zu erzürnenden Gott Jhwh mit Furcht und Zittern und zugleich mit Frohlocken zu dienen.

Zu Recht kann man darüber verwundert sein, dass in dieser letzten Strophe die Ergebenheit Jhwh und nicht dem auf dem Zion eingesetzten König gilt, welcher in Vers 12a unbeholfen nachgetragen worden ist. Es ist deshalb erwogen worden, die letzte Strophe insgesamt als nachexilischen Anhang an einen vorexilischen Königspsalm zu betrachten[11]. Doch die vorangehenden drei Strophen wären ohne die vierte kein vollständiger Psalm. Deshalb ist es wahrscheinlich, dass Ps 2 immer eine vierstrophige Grundfassung gehabt hat. Die Königs- und Inthronisationstheologie mit der Inauguration des Vater-Sohn-Verhältnisses durch Geburt, das Jhwh dem jeweiligen Repräsentanten der Daviddynastie gewährt, samt der Erhaltung der Herrschaft gegen die Bedrohung durch andere Mächte ist dem Inhalt nach vorexilisch, ohne dass die vorexilische Fassung dem Wortlaut nach zu rekonstruieren möglich wäre. Die Konzentration der vierten Strophe allein auf die Jhwh-Furcht, die den Herrschern der Welt angeraten wird, spiegelt in der Tat eher die Verhältnisse der Zeit nach dem Verlust der Daviddynastie wider. Die nicht mehr erhaltene, vorexilische Fassung der vierten Strophe hat vermutlich von dem gesprochen, der von Jhwh als König und Sohn auf dem Zion eingesetzt worden ist. Durch die allein bezeugte Änderung der vierten Strophe und weitere Reformulierungen ist der Psalm der Theologie des Zweiten Tempels angepasst und dadurch wie auch viele andere Psalmen weiter verwendbar geblieben. Die Warnung vor dem nicht mehr existenten Repräsentanten der davidischen Dynastie wäre ein Anachronismus gewesen,

---

10 Vgl. Brunner ²1986; Koch 2002.
Der Einfluss aus dem altsyrisch-phönizischen Raum ist in der Bedeutung des heiligen Berges und in dem Epitheton Himmelsthroner für Jhwh erkennbar. Nach dem Untergang Ugarits um 1185 v. Chr. hat Baal nördlich und südlich von Ugarit und im aufstrebenden Phönizien zunehmend El aus der Rolle des *summus deus* verdrängt. Ist Baal in der Amarnakorrespondenz schon als „Baal im Himmel" bezeugt, begegnet er als „Baal des Himmels" bereits in einer phönizischen Inschrift aus Byblos um 950 v. Chr., ein Vorläufer seines phönizischen Namens Baalšamem (vgl. Niehr 2003; ders. 2015, 188). Wahrscheinlich hat Jhwh die himmlische Existenz auch schon von Baal in vorexilischer und nicht erst in persischer Zeit von Ahuramazda gelernt.
11 Vgl. Hossfeld/Zenger 1993, 50-54.

der weder Freund noch Feind beeindruckt hätte. Auch die Hinzufügung von Vers 2c „gegen Jhwh und seinen Gesalbten" dient der Aktualisierung des Psalms in nachexilischer Zeit, denn die kollektive Applikation des Messias auf das in der Diasporaexistenz sich neu formierende Gottesvolk begegnet in den folgenden Psalmen immer wieder (Ps 18,51 = 2Sam 22,51; Ps 20,7; 28,8; 84,10; 89,52; 105,15; 132,17; vgl. Hab 3,13)[12]. Ps 2,2c will in Kenntnis dieser Texte vorab Nähe und Unzertrennlichkeit von Jhwh und seinem Gesalbten betonen[13]. Nimmt man alle Bestimmungen des Verhältnisses Jhwhs zu seinem auf dem Zion eingesetzten Mandatar in Ps 2 zusammen, verwundert das theologische Gewicht nicht, das diesem Text im Judentum der Zeitenwende (4 Q 174 III,18-IV,3; PsSal 17,23-24) und bei der Deutung der Person Jesu (Mk 1,11; Mt 3,17; 4,3; Lk 3,22; Joh 1,34.49; Apg 13,33; Hebr 1,5; 5,5) beigemessen worden ist.

Nachdem die Literargeschichte von Ps 2 soweit wie möglich erhellt worden ist, kann man mit hoher Wahrscheinlichkeit davon ausgehen, dass dieser Text am Ersten wie am Zweiten Jerusalemer Tempel eine hohe Wertschätzung genossen hat. Die unterschiedlichen Sprecherrollen weisen auf ein Ritual der Königstheologie der davidischen Dynastie der vorexilischen Zeit, welches für den Zweiten Tempel der nachexilischen Zeit vor allem durch die vierte Strophe theozentrisch profiliert und durch die Identifikation des Königs mit dem korporativ verstandenen Messias in Gestalt des Gottesvolkes in Jerusalem und überall in der Welt theologisch aktualisiert worden ist. Für die vollständig vorliegende, nachexilische Version von Ps 2 gilt zwar immer noch, dass die rebellierenden Herrscher der Erde (V. 3) und Jhwh (V. 6) zu Wort kommen, aber der Vortrag des ganzen Psalms ist am besten allein durch einen hochrangigen Priester am Zweiten Tempel vorstellbar. Schon in den ersten beiden Strophen nimmt ja trotz des Mediums der wörtlichen Rede ein Außenstehender das Geschehen in eindeutig

---

12 Im eschatologischen Midrasch 4 Q 174 III,18-19 wird Ps 2,1-2 als Rebellion der Völker [˓l] bḥyry Yśr'l b'ḥryt hymym „gegen die Erwählten Israels am Ende der Tage" gedeutet; vgl. García Martínez / Tigchelaar 1997, 354-355; Steudel 1994, 5-56 (Text 25.32).
13 Diese Nähe wird in der Septuaginta durch einen weiteren Aspekt unterstützt. Die in den Psalmen und verwandten Texten nicht seltene Charakterisierung Gottes als gut (ṭôb) wird in der Septuaginta durchgängig mit χρηστός „gut, gütig" wiedergegeben. Angesichts des im Hellenismus üblichen Itazismus ist die Aussprache von χρηστός „gut, gütig" und χριστός „Gesalbter" als Wiedergabe von māšîaḥ nicht zu unterscheiden. Dadurch ist der χριστός „Gesalbte" dem Jhwh/Kyrios, der χρηστός ist, zum Verwechseln nahe gerückt; vgl. Ps 25 (24 LXX), 8; 34 (33 LXX), 9; 51 (52 LXX), 11; 69 (68 LXX), 17 (κύριε, ὅτι χρηστὸν τὸ ἔλεός σου); 86 (85 LXX), 5; 100 (99 LXX), 5; 106 (105 LXX), 1; 107 (106 LXX), 1; 109 (108 LXX), 21; 119 (118 LXX), 68; 136 (135 LXX), 1; 145 (144 LXX), 9; SapSal 15,1: PsSal 2,36; 5,2.12; 8,32; 10,2.7; Nah 1,7; Jes 40,11; Dan 3,89; 2 Makk 1,24.

wertender Perspektive wahr, und in den beiden letzten Strophen ist ein priesterlicher Sprecher geradezu geboten. Denn die Einleitung der dritten Strophe in Vers 7a „Ich will künden von Jhwhs Satzung" setzt für das Folgende einen einzigen Sprecher voraus. In Vers 7b-9 sind dann die Redeanteile sowohl des bittenden Königs als auch des gewährenden Gottes Jhwh in der Form der Gottesrede vereinigt. Hier gibt der Psalm also nicht den Ritualtext wieder, sondern fasst diesen in seinem wesentlichen Inhalt zusammen. Kein anderer als ein Priester kann diese Passage sprechen. Und die vierte Strophe in Vers 10-12 nennt die Herrscher der Erde und Jhwh gleichermaßen, so dass auch hier nur der Vortrag desselben Priesters in Frage kommt.

Es dürfte für die vorliegende nachexilische Fassung von besonderem theologischem Gewicht sein, dass der Himmelsthroner und sein heiliger Berg Zion in der zweiten Strophe (V. 4-6) so eng aneinander gerückt werden, dass eine räumliche Unterscheidung von Himmel und heiligem Berg durch nichts befördert wird. Kein Verb der Bewegung und keine Lexeme, die räumliche Nähe oder Distanz vermitteln, werden gebraucht. Zion als heiliger Berg bietet dem messianischen Gottesvolk Raum, das sich in den Mantel des Repräsentanten der einstigen Daviddynastie gekleidet hat. Der damit identische Zion – im Hebräischen feminin im Unterschied zum maskulinen Genus von *har* „Berg" – gewährt dem Gottesvolk Schutz inmitten einer feindseligen Welt. Was die Herrscher dieser Erde samt ihren Völkern noch lernen müssen, ist dem Gottesvolk in der weltweiten Diaspora längst Gewissheit geworden: Auf dem heiligen Berg des Himmelsthroners sind alle die glückselig zu preisen, die Zuflucht bei Jhwh gesucht und gefunden haben – wo immer sie in der Welt leben. Der Zion ist in Jerusalem lokalisiert und zugleich theologischer Topos, der überall in der Welt die bergende Kraft Jhwhs gewährt. Die kombinierten Vorstellungen Zion und heiliger Berg haben eine Raum und Zeit sprengende Potenz. Diese ist – wie gleich zu zeigen sein wird – auch schon in vorexilischer Zeit nicht unbekannt. Doch in der nachexilischen Zeit eröffnet sie dem in der Welt zerstreuten Judentum noch einmal eine neue Dimension des Selbstverständnisses. Der heilige Berg Zion ist das Zentrum der ganzen Welt[14], in der die Juden leben – in der Regel weit davon entfernt und ohne Aussicht, ihn je sehen zu können – und zugleich Zentrum der erfahrbaren Nähe Jhwhs, weil Zion überall dort gegenwärtig wird, wo Gottesfürchtige Ps 2 bei ihren Zusammenkünften beten.

Demgegenüber wird die vorexilische Fassung von Ps 2 Teil eines Rituals gewesen sein, das (die jährliche Erinnerung an) die Inthronisation des jeweili-

---

[14] Dieses Motiv kann mit Zion auch als Stadt verbunden werden. Dies ist prominent der Fall in Jes 60-62; vgl. Spans 2015.

gen Königs auf dem Davidsthron zum Inhalt hat. Die vorexilische Fassung ist nicht mehr zu rekonstruieren, aber die Eigentümlichkeiten der vorliegenden Endfassung geben zu erkennen, wo die ältere Fassung in Wortlaut und Arrangement wahrscheinlich Unterschiede aufgewiesen hat. Dies betrifft vor allem die Rolle des Königs im Ritual. Es ist gut möglich, dass die beiden ersten Strophen (V. 1-3 und V. 4-6) von zwei Priestern gesprochen worden sind. Die Stimme, die nach dem Grund des weltweiten Aufruhrs fragt, bekommt von der Stimme, die – in Gegenwart des Königs – die Einsetzung des Königs auf Zion im Namen des Himmelsthroners mitteilt, eine Antwort. In der dritten Strophe (V. 7-9) legt es sich nahe, dass es an dieser Stelle in der vorexilischen Fassung einen kurzen, ritualisierten Dialog zwischen dem Priester, der in Gottes Namen spricht, und dem König gegeben hat. Nach der als Gottesrede vorgetragenen Gewährung der Sohnschaft hat wahrscheinlich der König die im Formular festgelegten Wünsche gesprochen, die der Priester in Gottes Namen formelhaft gewährt. Die abschließende vierte Strophe (V. 10-12) wird in der nicht erhaltenen, alten Fassung wieder einer der beiden beteiligten Priester, vielleicht der für die erste Strophe verantwortliche, gesprochen haben. Seine abschließende Adresse an die rebellischen Könige wird nicht eine Aufforderung zur Jhwh-Furcht, sondern eine Warnung gewesen sein, die Macht des als Sohn Gottes auf dem Zion eingesetzten Königs nicht auf die Probe zu stellen. Zur Zeit der bestehenden Daviddynastie wäre die vorhergehende (vergegenwärtigende Erinnerung an die) Inthronisation ohne jeden Effekt auf die eingangs geschilderte Revolte gewesen, hätte nicht eben jener König die Rolle wahrgenommen, die Wohlordnung der Welt gegen die jederzeit aufbegehrenden Herrscher der Erde zu gewährleisten. Dass er es – wenn man den erhaltenen Wortlaut der vierten Strophe partiell auch für die ältere Version voraussetzen darf – in leicht entbrennendem Zorn tun wird (V. 12bc) wie vorher der Himmelsthroner selbst (V. 5), spricht noch einmal für die enge Verbindung zwischen Jhwh und seinem König. Der auf dem Zion eingesetzte Sohn Gottes teilt den heiligen Berg mit Gott selbst; und dieser muss als Himmelsthroner nicht den Ort wechseln, um auf dem Zionsberg gegenwärtig zu sein[15]. Die Vorstellung eines Sphärenwechsels –

---

15 Vgl. Janowski 2001, 229-260. Nicht von ungefähr ist es der Berg Zion, der mit der Vorstellung der Heiligkeit in Verbindung gebracht wird. Heiligkeit ist umfassend in der aus Ugarit bekannten altsyrischen Tradition bezeugt: für Gottheiten, Tempel, Berge (Zaphon) und Kultpersonal. Überall findet die Wurzel qdš in unterschiedlich vokalisierten Lexemen Verwendung (vgl. del Olmo Lete / Sanmartín ²2004, 695-697 sub voce qdš I-IV; 788 sub voce ṣpn). Vom Zion her ist in nachexilischer Zeit Jerusalem in die Sphäre der Heiligkeit einbezogen worden. Jerusalem wird zur heiligen Stadt und zunehmend mit Zion identisch (Jes 48,2; 52,1; Dan 9,24; vgl.

sei es einer Katabasis des Himmelsthroners auf den Zion, sei es einer Anabasis des Königs als Sohn Gottes an diesen Ort – hat an der belegten nachexilischen wie an der rekonstruierbaren vorexilischen Fassung von Ps 2 keinen Anhalt. Auch implizit ist ein Sphärenwechsel weder vorausgesetzt noch intendiert. Vielmehr soll man verstehen, dass Jhwh als Himmelsthroner gerade dadurch König auf Zion ist, dass er den jeweiligen König der Daviddynastie als seinen Sohn auf Zion im Akt der (Erinnerung an die) Inthronisation gebiert. Enger lässt sich das Verhältnis von König Jhwh und seinem davidischen König nicht zu Wort bringen, ohne dass das Missverständnis einer für alttestamentliche Verhältnisse problematischen Identifizierung der beiden Könige drohte.

Für die räumliche und zeitliche Zusammenschau der Orte der Gottespräsenz hat unter den bekannten Texten am ehesten Ps 48 die entscheidende Vorarbeit geleistet[16]. Hier wird in Vers 2-4 Jhwhs heiliger Zionsberg mit dem altsyrischen, in der Nähe von Ugarit gelegenen Gottesberg Zaphon und der „Stadt des großen (Gott-)Königs" identifiziert, der „Freude der ganzen Erde" und gleichwohl gefährdet durch den Aufruhr der Könige der Erde (V. 5-8). Ist sogar der Zaphon zum Zion gekommen, werden dort gewiss auch die Paläste des göttlichen Großkönigs Raum finden, um den Herrschern der Welt zu verdeutlichen, von welchem Zentrum die wahre Macht ausgeht. Der göttliche Großkönig bedarf hier des davidischen Königs nicht, weil Gott auf Zion-Zaphon sowohl Tempel, Paläste und Stadt füllt. Doch dies legt nicht den Schluss nahe, die Grundfassung von Ps 48 gehöre nicht mehr in die vorexilische Zeit. Näher liegt die Vermutung, dass sich die Jhwh-König-Theologie und die Königstheologie der Daviddynastie in vorexilischer Zeit so harmonisch ergänzen, dass denkbare theologische Spannungen ein Anachronismus sind, für die spätere deuteronomistische Theologie verantwortlich ist. Dass in nachexilischer Zeit abgesehen von einer reichen Davidrezeption nur die Jhwh-König-Theologie überlebt hat, liegt nahe, da gerade sie unter Gebrauch der tradierten Vorstellungen ein großes Adaptionspotential unter Beweis gestellt hat.

In diesen Kontext gehört auch das Meerlied in Ex 15,1-18[17]. Hier bahnt Jhwh durch seinen Kampf gegen die mythischen Mächte des Chaoswassers und der Unterwelt dem in Ägypten unterdrückten Gottesvolk einen Weg durchs Schilfmeer und durch die feindliche Völkerwelt, so dass die Geretteten schließlich

---

64,9-10; Sach 8,3; Ps 48,2-4; Dan 9,16.26; Neh 11,1.18). Nie werden Sinai und Horeb heilig genannt; nicht einmal Ps 68,18 kann als Gegenbeispiel dienen.

16 Vgl. Spieckermann 1989, 186-196; unter gleichzeitiger Berücksichtigung von Ps 46 und 87 vgl. Spieckermann 1992, 1-31; Körting 2006, 165-186.

17 Vgl. Spieckermann 1989, 96-115; Berner 2010, 389-400.

Jhwhs Heiligtum auf dem Berg erreichen, wo dieser ewig als König thront und nun seinem geretteten Volk ewige Bleibe gewährt. Der Berg ist dem Zaphon, Baals Palast-Berg, verwandt, aber hier ist natürlich Zion als Weltenberg von Jhwhs Gott-Königtum gemeint, welcher freilich nicht Zion genannt werden darf, weil dies in der Exoduserzählung ein Anachronismus wäre. Dies verhält sich anders in der Verheißung des weisen Herrschers aus Isais Stumpf in Jes 11,1-9, dessen neue Herrschaft den Schwachen und Elenden des Landes zugute kommt (V. 4) und einen Frieden zwischen den Geschöpfen visionär erhofft, der die gute Schöpfung von Gen 1 überbieten und die postlapsarische Welt prägen wird, „denn sie werden nichts Böses tun und nicht verderbend handeln auf meinem ganzen heiligen Berg, denn die Erde wird voll der Erkenntnis Jhwhs sein" (Jes 11,9; vgl. 65,25). Diese neue Dimension der Erkenntnis Jhwhs auf seinem heiligen Berg lässt die von Gott verbotene, aber vom Vergottungswahn des Menschen begehrte Erkenntnis der Bestimmung und Unterscheidung von Gut und Böse aus dem Garten Eden in Gen 2-3 entschlossen hinter sich[18]. Jhwhs heiliger Berg ist nicht nur kosmischer Topos im Sinne einer Welt bildenden Theologie, sondern er ist immer entschiedener Topos von Hoffnungen geworden, die das Gottesvolk und die Welt umfassen und die die Geburt des Gottesvolkes genauso radikal neu denken wie sie die Protologie der Welt entschieden in eine unerhörte und ungeahnte Eschatologie transformieren.

3 Sessio ad dexteram auf dem Zion in Psalm 110

Ps 110 ist im werdenden Psalter wahrscheinlich als Pendant zu Ps 2 aufgenommen und wie andere Vorgänger und Nachfolger mit der Absicht platziert worden, der Psalmensammlung einen markanten Abschluss zu geben, der, verglichen mit Ps 2, die Nähe zwischen Gott und König noch einmal zu überbieten sucht. Durch die Fortschreibung von Ps 110,4 wird zudem die Verbindung mit dem Priestertum Melchisedeks hergestellt, welcher nach der schon formierten Erzählsequenz der autoritativen Schriften die erste priesterliche Gestalt ist, die in Gottes Geschichte mit seiner Schöpfung auftritt, verbunden mit keinem Geringeren als Abraham (Gen 14,18-20)[19].

Ps 110 hat eine deutlich kompliziertere Entstehungsgeschichte als Ps 2 gehabt. Zur größeren Unsicherheit der Eruierung eines sehr wahrscheinlich noch

---

18 Zu Jes 11,1-9 vgl. Feldmeier/Spieckermann 2018, 115-119.
19 Zum Verhältnis von Ps 2 und 110 vgl. Körting 2006, 196-219.

vorhandenen, wenn vielleicht auch nur fragmentarisch erhaltenen Grundtextes aus vorexilischer Zeit kommen philologische und semantische Hürden hinzu, so dass schon die Übersetzung an manchen Stellen unsicher ist[20].

(1a) [Ein Davidslied. Ein Psalm.]

(1b) Spruch Jhwhs zu meinem Herrn:
(1c) „Setze dich (auf den Thron) zu meiner Rechten,
(1d) bis ich deine Feinde mache
(1e) zum Schemel deiner Füße."

(2a) Das Zepter deiner Macht wird Jhwh ausstrecken vom Zion:
(2b) „Herrsche inmitten deiner Feinde!"
(3a) [Dein Volk ist willig am Tag deiner Heeresmacht (MT) /
Bei dir ist Hoheit am Tag deiner Macht (LXX).]
(3b) „In heiliger Pracht aus dem Mutterschoß,
(3c) aus dem Morgenrot ist dir Tau: Ich habe dich geboren."

(4a) [Jhwh hat geschworen, und es gereut ihn nicht:
(4b) „Du bist Priester in Ewigkeit nach der Weise Melchisedeks."]

(5a) Mein Herr (der König) ist zu deiner (Jhwhs) Rechten,
(5b) er hat am Tag seines Zorns Könige zerschlagen.
(6a) [Er hält Gericht unter den Völkern, Leichen die Fülle,
(6b) er zerschlägt Häupter weit über die Erde hin.]
(7a) Aus dem Bachtal am Weg trinkt er (der König),
(7b) deshalb erhebt er das Haupt (MT) /
deshalb wird er (Jhwh) das Haupt (des Königs) erhöhen (LXX).

Mit einer gewissen Wahrscheinlichkeit wird man in Vers 1a.3a.4.6 literarische Aktualisierungen einer Grundfassung annehmen dürfen. Diese ist als dreistrophiger Psalm mit je zwei Bikola in Vers 1b-2.3b-c.5.7 erhalten. Die motivische Nähe der Grundfassung zum rekonstruierten vorexilischen Bestand von Ps 2 ist mit Händen zu greifen. Die *sessio ad dexteram* in Ps 110,1b-e ist der Einsetzung des Königs durch den Himmelsthroner in Ps 2,6 nahe; identisch sind der Aufruhr der Feinde, die Vorstellung von der Einsetzung des Herrschers als göttliche Geburt und der Zion als Ort des Geschehens. Als deutlichster Unterschied zwischen den – soweit erkennbar – vorexilischen Grundfassungen von Ps 2 und 110 fällt auf, dass der in Ps 110 zur Rechten Jhwhs inthronisierte Herrscher nie *melek*

---

20 Zu Ps 110 vgl. die unterschiedlichen Analysen von Saur 2004, 205-224; Hossfeld/Zenger 2008, 195-216; von Nordheim 2008, 5-141; Granerød 2010, 174-246; Feldmeier/Spieckermann 2018, 94-99.

„König", sondern *'ădōnî* „mein Herr" genannt wird. Ps 110,1b und Vers 5a bilden ein enges Paar – wie in Ps 2 der Himmelsthroner, der auch „Herr" genannt wird (V. 4), und „mein König" als der auf dem Zion eingesetzte Sohn Gottes. Diese Nähe wird in Ps 110 durch die Eingangszeile Vers 1bc noch einmal verdichtet. Jhwh gewährt „meinem Herrn" – wie der das Ritual leitende Priester in stellvertretender Mittlerfunktion für alle im Tempel Anwesenden sagt – ein Orakel: „Throne zu meiner Rechten". „Meine Rechte" ist der Topos größter, von Gott gewährter Nähe. Zusammen mit dem gemeinsamen Gebrauch des Titels *'dny* – schon in nachexilischer Zeit gern neben und anstelle des göttlichen Eigennamens Jhwh gestellt und später von den Masoreten mit dem *Qere perpetuum 'ădōnāy* „Herr" versehen, um es von *'ădōnî* „mein Herr" als Titel für Könige und andere Personen von Stand zu unterscheiden – ist die Gottesnähe zwischen Jhwh und „meinem Herrn" nicht zu überbieten. Demgegenüber sind die Feinde selbstverständlich Könige, die es zu beherrschen gilt. Ist Ps 110 auch zweifellos ein Ritualtext mit Wurzeln in der vorexilischen Gott-König-Theologie, macht er aller Wahrscheinlichkeit nach von dem Titel *melek* „König" für Jhwh und den Herrscher zu seiner Rechten bewusst keinen Gebrauch, um den Titel allein für die zu reservieren, die der Herrschaft der beiden widerstehen.

In der vorexilischen Fassung ist in Ps 110 folgender ritualisierter Sprechakt zu erkennen: Ein hochgestellter Priester spricht in Vers 1b-e dem im Tempel anwesenden König, angeredet als *'ădōnî* „mein Herr", ein Jhwh-Orakel zu. Die Aufforderung, der König möge zu Jhwhs Rechten seinen Thronsitz einnehmen (*yšb*), ist im Alten Testament singulär. Hat Ps 110 im Judentum schon seit der hellenistischen Zeit eine beachtliche Wirkungsgeschichte gehabt, ist speziell die Rezeption der *sessio ad dexteram* im Neuen Testament beispiellos[21]. Zu ihrer alttestamentlichen Kontextualisierung bietet sich am ehesten die Einsetzung des Königs auf dem heiligen Berg Zion durch den Himmelsthroner und Herrn (*'ădōnāy*) in Ps 2,4-6 an. Legte sich in Ps 2 auf Grund der Topoi Himmel und Zion *prima facie* der Gedanke eines Sphärenwechsels Gottes im Sinne einer Katabasis nahe, könnte man parallel erwägen, die Aufforderung zur *sessio ad dexteram* an „meinen Herrn" in Ps 110 als eine Anabasis des Königs in die himmlische Gottesnähe zu deuten. Aber ein Sphärenwechsel wird in Ps 110 so wenig inszeniert wie in Ps 2. Jhwh will in Ps 110,1de dem zu seiner Rechten Thronenden die Feinde gewiss nicht im Himmel zu Füßen legen. Der Himmel wird in Ps 110 überhaupt nicht genannt. Ist der himmlische Raum auch hier nicht kategorisch auszuschließen, erübrigt sich seine Erwähnung aus dem Grund, dass als Ort des

---

[21] Zur jüdischen Rezeption vgl. von Nordheim 2008, 171-298; zur neutestamentlichen Rezeption vgl. den Beitrag von Feldmeier in diesem Band.

rituellen Geschehens der Zion im Zentrum steht (V. 2a). Hier findet das Ritual statt und hier ist Jhwh anwesend, um selbst das Zepter der Macht des Königs auszustrecken, damit er über die Feinde herrschen kann (V. 2b). Wieder sind die beiden Akteure so unzertrennlich beieinander wie bei der *sessio ad dexteram*. Die beiden agieren ununterscheidbar einmütig und spiegeln damit die Nähe wider, die Tempel und Palast auf dem Zion in vorexilischer Zeit gehabt haben. Wahrscheinlich hat der König im Ersten Tempel seinen festen, offiziellen Platz gehabt (vgl. 2Kön 23,3a)[22]. Der einzige Topos, der in Ps 110 genannt wird, ist Zion, also der Ort, der in vorexilischer Zeit für das Bei- und Ineinander von Tempel und Palast, von Gottkönigtum und davidischer Dynastie steht. Jhwh und der sprechende Priester sagen dem „Herrn" *unisono* die Herrschaft „inmitten der Feinde" zu (V. 2b), weil sie „der Schemel deiner Füße" sind (V. 1e), hier ein Requisit der Macht des Königs, welches normalerweise der Königsmacht Gottes vorbehalten ist (Jes 66,1; Ps 99,5; 132,7; 1Chr 28,2)[23]. Entsprechende Szenen sind in der ägyptischen Ikonographie gut belegt[24].

Die Nähe von Ps 2 und 110 ist auch in Ps 110,3bc zu beobachten. Geht der Kampfgemeinschaft von Jhwh und König in Ps 2,7bc die mit der Metapher der Geburt gesagte Gewährung des Vater-Sohn-Verhältnisses voraus, folgt dieselbe Metapher in Ps 110,3bc, angereichert durch weitere Anspielungen auf einen umfassenderen mythischen Kontext, die aber in der im Psalm präsentierten Sequenz gleichwohl nur begrenzt verständlich sind[25]. Auf dem Hintergrund von Ps 2,7c und mit der Septuaginta ist die Geburtsmetapher auch in Ps 110,3c anzunehmen (ἐξεγέννησά σε), also *yĕlidtîkā* „ich habe dich geboren" zu vokalisieren, und nicht *yaldûtêkā* „deine Jugend", wie es der Masoretische Text bietet.

---

[22] Demgemäß agiert beim Bundesschluss in der vorexilischen Fassung von 2Kön 23,3 allein der König vor Jhwh an einem bestimmten Ort im Tempel, nicht das Volk (vgl. Spieckermann 2013, 332–335).

[23] In dem (nach)exilischen Text Lam 2,1 ist Zion Jhwhs Schemel der Füße, den er vom Himmel zur Erde geschleudert hat. Dies ist Zions Katabasis im Gericht. Sie erweist noch einmal *ex negativo*, dass Zion und Himmel jenseits dieser Katastrophe nicht zu scheiden sind.

[24] Dies gilt für die *sessio ad dexteram*, für das Gott-Sohn-Verhältnis und für die Feinde als Schemel der Füße; vgl. die Beispiele bei Keel ³1980, 230–233.240 f.

[25] Ps 110,3a fügt sich kaum in den *Parallelismus membrorum* ein und ist auch vom Inhalt her gegenüber dem Kontext schwierig. Wahrscheinlich ist V. 3a später eingefügt worden, weil der Einsatz des Volkes beim Kampf gegen die Feinde vermisst worden ist. So wenig das Volk in vorexilischen Psalmen bei Jhwhs und des Königs Kämpfen eine Rolle spielt, so wenig ist sein Fehlen in nachexilischer Zeit vermittelbar. Freilich ist in V. 3a unsicher, ob überhaupt ʿammĕkā „dein Volk" zu lesen ist. Die Septuaginta liest: μετὰ σοῦ ἡ ἀρχὴ ἐν ἡμέρᾳ τῆς δυνάμεώς σου „Bei dir (ʿimkā) ist Herrschaft/Hoheit (nĕdibōt) am Tag deiner Macht." Es ist schwer zu entscheiden, welche der beiden Lesarten die *lectio difficilior* ist.

Die heilige Pracht in Ps 110,3b ist in fast identischer Form in Ps 29,2 zu finden und signalisiert ein Geschehen in den oberen Rängen unter Beteiligung des göttlichen Hofstaates[26]. In diese Richtung weisen auch die drei folgenden Nomina in Ps 110,3bc: *reḥem* „Mutterleib, Mutterschoß", *šaḥar* „Morgenröte"[27], *ṭal* „Tau". Die oben vorgeschlagene Übersetzung in Treue zum Masoretischen Konsonantentext versteht die Anspielungen auf den Mutterleib, die Morgenröte und den Tau als Vorbereitung und Hinführung auf Gottes entscheidende Tat, die Geburt des königlichen Gottessohnes, der hier im Unterschied zu Ps 2 weder König noch Sohn genannt wird. Die Septuaginta bietet für dieses Verständnis eine Stütze, obwohl sie hier nicht in jeder Hinsicht den ursprünglichen Text repräsentiert. Sie verbindet die ersten beiden Worte *bĕhadrê qōdeš* mit Vers 3a: μετὰ σοῦ ἡ ἀρχὴ ἐν ἡμέρᾳ τῆς δυνάμεώς σου ἐν ταῖς λαμπρότησιν τῶν ἁγίων „Mit dir ist die Herrschaft am Tage deiner Macht im Glanz der Heiligen." Dann folgt: ἐκ γαστρὸς πρὸ ἑωσφόρου ἐξεγέννησά σε „Aus dem Mutterschoß vor dem Morgenstern habe ich dich hervorgebracht."[28] Zwar bietet die Septuaginta eine andere mythische Anspielung als der hebräische Konsonantentext von Ps 110,3bc, doch beide Varianten betreiben die Mythisierung des Geschehens entschlossener als der von den Masoreten punktierte Text[29]. Dies legt sich durch die Beobachtung nahe, dass die drei hebräischen Nomina *reḥem* „Mutterleib, Mutterschoß", *šaḥar* „Morgenröte" und *ṭal* „Tau" in der aus Ugarit bekannten altsyrischen Mythologie allesamt Namen von Gottheiten sind: *rḥmy* Raḥmay „Mut-

---

26 Zugleich verwundert es nicht, dass Hieronymus in der Vulgata iuxta Hebraicum anstelle von *bĕhadrê qōdeš* der Lesung *bĕharĕrê qōdeš* „auf den heiligen Bergen" den Vorzug gegeben hat. Gegenüber Ps 29 wird hier also Ps 2 als Referenztext präferiert, wo es ebenfalls um die Geburt des königlichen Gottessohnes geht.
27 Der Masoretische Text bietet *mišḥār*, welches ein *Hapaxlegomenon* mit identischer Bedeutung anstelle des gut belegten *šaḥar* „Morgenröte" wäre. Wahrscheinlich muss man den Konsonantentext gegen die Masoreten umvokalisieren: *miššaḥar* „aus der Morgenröte", parallel zu „aus dem (Mutter-)Schoß".
28 Hieronymus übersetzt Ps 110(109),3 iuxta Septuaginta: *tecum principium in die virtutis tuae in splendoribus sanctorum ex utero ante luciferum genui te*, während er iuxta Hebraicum sowohl der hebräischen Vorlage als auch der Verständlichkeit bei den christlichen Lesern Rechnung zu tragen sucht: *populi tui spontanei erunt in die fortitudinis tuae / in montibus sanctis quasi de vulva orietur tibi ros adulescentiae tuae*. Das „Zepter deiner Macht" in V. 2 gibt Hieronymus beide Male mit *virga (virtutis tuae / fortitudinis tuae)* wieder. Ob die Nähe von *virga* „Zweig, (dünner) Stab" und *ros* „Tau" wegen der Assonanz an Jes 11,1 *virga de radice Iesse et flos de radice eius* beabsichtigt ist? Hieronymus hat hier wahrscheinlich die Vernetzung von Ps 110(109) mit prophetischen Verheißungen im Blick gehabt.
29 Zu Ps 110,3 vgl. Grohmann 2007, 93-117.

terschoß", eine der Athirat, Gattin des Hochgottes El, assoziierte Göttin[30], *šḥr* Šaḥar „Morgenrot", fast immer zusammen mit *šlm* Šalim „Abendrot", Söhne des El[31], und *ṭly* Ṭallayu „Tau", regelmäßig zusammen mit Pidrayu und Arṣayu, Frauen und „Töchter" des Baal, alle drei Erscheinungsformen des Niederschlags, nicht personifiziert auch dem Licht, dem Himmel und den Sternen verbunden[32]. Hier muss zudem auf Jes 26,16-19 hingewiesen werden. Es handelt sich um einen zur spätnachexilischen Jesaja-Apokalypse Jes 24-27 gehörigen Text, der in einem an Jhwh gerichteten Wort das Eingeständnis einer Wir-Gruppe enthält, dass ihre Wehen und ihre Geburt nur wertlosen Wind erzeugen und deshalb keine Rettung bewirken können. Demgegenüber ist Jhwh in der Lage, den Toten wieder neues Leben zu schenken. Mit der Auferstehung und Auferweckung wird für das von Gott neu geschenkte Leben die Metapher *ṭal 'ôrôt* „der Tau der Lichter" verbunden. Parallel dazu steht in Jes 26,19 die Metapher von der die Toten gebärenden Unterwelt, die freilich diesen Hilfsdienst nur vollbringen kann, weil Jhwh seine Toten schon vorher zu neuem Leben erweckt hat. Auf Grund von Jes 26,19 wird man erwägen dürfen, ob nicht der Tau als Metapher des Lebens auch schon in Ps 110,3bc bekannt gewesen sein könnte. Die Gabe des Lebens gewährt Jhwh mit Hilfe mythischer Wesen, um dann selbst den Herrscher seiner besonderen Nähe zu gebären.

Trotz aller Unsicherheit der Deutung im Detail ist offenkundig, dass in Ps 110,3bc die dem königlichen Herrscher von Gott zugesprochene *sessio ad dexteram* durch mythisch aufgeladene Geburtsmetaphorik nachhaltig unterstützt wird. Gegenüber der knappen, geschliffenen Formulierung in Ps 2,7bc scheint in Ps 110,3bc ein älteres Stadium bezeugt zu sein, das spätere Tradenten

---

30 Vgl. KTU/CAT 1.23,16, wahrscheinlich auch (ohne ‚y' am Schluss) 1.23.13; vgl. Smith 2006, 50-61.

31 Vgl. KTU/CAT 1.23,49-54; vgl. Smith 2006, 95-103; Šaḥar und Šalim sind in Personennamen auch je für sich als theophores Element belegt, vgl. del Olmo Lete / Sanmartín ²2004, 64-65 sub voce ilšḥr und ilšlm.

Es mag von Ps 110 auch eine mythische Querverbindung zu dem Sturz von *Hêlēl ben-šaḥar* (LXX: ὁ ἑωσφόρος ὁ πρωὶ ἀνατέλλων, Vulgata: *lucifer qui mane oriebaris*), dem Neumondgott Helel, Sohn des Morgenrots, in Jes 14,12 bestehen. Im ugaritischen Epos über den König Aqhatu hat der Neumondgott Hilalu Töchter, die *kṯrt* kaṯarātu sind, Geburtshelferinnen (KTU/CAT 1.17 II,26-27; vgl. Niehr 2015, 277; del Olmo Lete / Sanmartín ²2004, 472 sub voce kṯrt). So hat unter den mythischen Vorläufern von Ps 110 auch das Morgenrot eine Verbindung zum Geburtsgeschehen.

32 Vgl. KTU 1.3 I,22-27; III,5-8 (und schon vorher II,38-41); IV,47-53; V,38-43; 1.4 I,9-18; IV,50-57; VI,7-11; 1.5 V,10-11; vgl. del Olmo Lete / Sanmartín ²2004, 108 sub voce arṣy; 663 sub voce pdr (II) und pdry; 889 sub voce ṭl und ṭly; zu den Göttinnen vgl. ferner Watson 1993, 47-59; Smith/Pitard 2009, 115-121.

in theologische Bedenken gestürzt hat. Die intendierte Nähe zwischen Jhwh und König ist in der rekonstruierten Grundfassung von Ps 110 so groß gewesen, dass die doppelte Möglichkeit, welcher 'ādôn „Herr"– ob Jhwh oder der König – agiert, bewusst gewagt worden ist. So ist es bereits in der unauflöslich engen Herrschaftsausübung der beiden in Vers 2, und so verhält es sich noch einmal in Vers 5, der in der Grundfassung unmittelbar auf Vers 3bc gefolgt ist. Eigentlich ist es Jhwhs Aufgabe, am Tag seines Zorns Könige oder andere Feinde zu zerschmettern. Ganz in diesem Sinne ergeht die Drohung gegen die Herrscher in der vorfindlichen nachexilischen Fassung von Ps 2,10-12. Genau in diesem Sinne haben die Masoreten dann auch Ps 110,5 vokalisiert: 'ădōnāy „HERR" für Jhwh statt 'ădōnî „mein Herr" für den Davididen. Dieses Verständnis ist jedoch zu ihrer Zeit schon gut tausend Jahre alt, denn es ist bereits in der Septuaginta bezeugt: κύριος ἐκ δεξιῶν σου συνέθλασεν ἐν ἡμέρᾳ ὀργῆς αὐτοῦ βασιλεῖς „Der Herr von deiner Rechten aus hat Könige am Tage seines Zorns zerschmettert" (Ps 109,5 LXX)[33]. Folglich ist es auch in 109,6 LXX Gott, der Gericht unter den Völkern hält und deren Haupt zerschmettert, um dann abschließend in 109,7 LXX seinem König, an dessen Rechte er weilt und der aus einem Bachtal (naḥal, χείμαρρος) trinkt, zu verheißen, dass er sein Haupt erheben wird. In der dritten Strophe von Ps 109 LXX tut alles Entscheidende Gott selbst – genau wie in der Abschlussstrophe von Ps 2 (V. 10-12).

Die sich in Ps 110 (109 LXX) einstellende Irritation, dass der König zwar in Vers 1 zur Rechten Jhwhs thront, Jhwh aber in Vers 5 an der Rechten des Königs ist und die aufständischen Könige zerschmettert, haben Septuaginta und Masoreten in Kauf genommen, weil für sie Jhwhs Handeln gegenüber dem des inthronisierten Königs im ganzen Psalm die Priorität haben soll. Diese Intention ist aus der Rezeptionsperspektive der königlosen Zeit seit 587/6 v. Chr. gut verständlich. Wie bereits bei der Auslegung von Vers 1-3* deutlich geworden ist, verfolgt die vorexilische Fassung von Ps 110 ein anderes Ziel: die Akzentuierung der unauflöslichen Nähe von Jhwh und dem zu seiner Rechten inthronisierten König. Der unpunktierte hebräische Text stimmt mit dieser Intention auch in Vers 5 völlig überein. Im unmittelbaren Anschluss an die vorexilische Fassung von Vers 1-3* gelesen, verlangt Vers 5 die Deutung, dass der als Herr angeredete König, der nun „zu deiner (= Jhwhs) Rechten" thront, am Tag seines (= des Königs) Zorns feindliche Könige zerschmettert hat. Jhwh und der König zu seiner Rechten sind weiterhin in ihrem Handeln unzertrennlich. Sind Vers 1-3* wahrscheinlich von einem Priester im Tempel zum anwesenden König als Jhwh-Orakel gesprochen worden, redet derselbe Priester in Vers 5 zwar Jhwh an, sagt

---

33 Auch die *Vulgata* folgt in beiden Versionen diesem Verständnis.

aber in Vers 5 und 7 keinem anderen als dem König die Antizipation des Sieges über die Feinde zu[34]. Dieser Akt unterstreicht noch einmal die durch die *sessio ad dexteram* dem König gewährte Gottesnähe. In diesem Licht ist auch der abschließende Vers 7 zu verstehen. Der König trinkt nach der Schlacht nicht aus einem Fluss (*nāhār*), sondern aus einem Wadi oder Bachtal (*naḥal*), also aus einem perennierenden oder intermittierenden Wasserlauf. Hier ist allerdings impliziert, dass dieser *naḥal* Wasser in Fülle führt. Sonst könnte der König nicht „am Weg" daraus trinken. Das gefüllte Wadi ist hier nicht Bild der Gefahr, sondern des Überflusses, welcher Fruchtbarkeit und Wohlstand verspricht. Es passt zusammen mit *ṭal* „Tau" in Vers 3c, welcher in der altsyrischen Mythologie als *ṭly* Ṭallayu „Tau" zusammen mit Pidrayu und Arṣayu zu Baals Entourage als Göttinnen des Niederschlags und Gedeihens zählt. Wenn der König anschließend sein Haupt erhebt, ist dies Erweis seiner Macht, nachdem er Könige zerschmettert hat[35]. Seine Haupterhebung durch Gott ist hier die später eingetragene Lesart. Ursprünglich erhebt der König sein eigenes Haupt. Alles ist bei diesem König präsent, was zur gelingenden Herrschaft gehört: die Inthronisation in unüberbietbarer Gottesnähe, die Herrschaft über die feindlichen Könige und Wasser in Fülle als Voraussetzung für Fruchtbarkeit und Wohlstand im Lande.

Es verwundert nicht, dass die exzeptionelle Nähe von Jhwh und König im Anschluss an die Geburtsvorstellung in Ps 110,3bc noch für eine weitere entscheidende Akzentverlagerung in nachexilischer Zeit genutzt worden ist: die Wandlung des zur Rechten Jhwhs installierten Königs in einen auf ewig bestellten Priester *'al-dibrātî Malkî-ṣedeq*/κατὰ τὴν τάξιν Μελχισεδεκ/*secundum ordinem Melchisedech* „nach der Weise Melchisedeks". In vorexilischen Texten des Alten Testaments wäre dies ein undenkbarer Ämtertausch. Melchisedek ist als Priester-König von Salem bekannt, der dem Segensmittler Abraham nach seinem Sieg über mächtige Könige und die damit verbundene Befreiung Lots in Gen 14,18-20, einem Text aus fortgeschrittener nachexilischer Zeit, Segen aus der Stadt zuteil werden lässt, die später einmal Jerusalem heißen und Zentrum des Judentums sowie Fluchtpunkt großer Erwartung sein wird. Melchisedeks Verbindung mit Abraham, seine Doppelfunktion als Priester und König und

---

[34] Das Gericht über die Völker, welches in V. 6 unter sprachlichen Anleihen im Kontext formuliert wird, ist mit hoher Wahrscheinlichkeit ein Nachtrag, für den nur Jhwh als handelndes Subjekt in Frage kommt – dann natürlich nicht nur in V. 6, sondern wie in der späteren Rezeption in V. 5-7 insgesamt (vgl. 1 Sam 2,10; Jes 3,13; Ps 7,9; 9,9; 96,10.13; 98,9 et al.).
[35] Der Duktus des Textes legt nicht nahe, dass der König aus dem Wadi das Blut der besiegten Könige trinkt; zu dieser Deutung vgl. Becker 1986, 17-31.

schließlich die Bedeutung des Namens *Malkî-ṣedeq* „Mein König ist (die Gottheit) *Ṣedeq*/Gerechtigkeit" macht diese Gestalt für den Ergänzer in Ps 110,4 so attraktiv. Denn dass es sich bei diesem Vers um einen Nachtrag handelt, der bereits in Kenntnis von Gen 14 vorgenommen worden ist, leidet keinen Zweifel. Man kann nur auf einen neuen Priester „nach der Weise Melchisedeks" hoffen[36], wenn man dafür einen Anhaltspunkt hat, nämlich Gen 14,18-20.

Ps 110,4 will den vorexilischen Königspsalm in königloser Zeit zum Hoffnungstext auf ein neues Priestertum machen, das eine Symbiose priesterlicher und königlicher Tradition nicht nach bekannten Vorbildern aus staatlicher Zeit, sondern in Anknüpfung an die nachexilische entworfene Gründerzeit wagt, wo Abraham und Salem durch den Priester-König Melchisedek das erste Mal in Kontakt gekommen sind. Wem Jhwh die Nähe der *sessio ad dexteram* nach der Weise Melchisedeks neu gewähren wird, konkretisiert dieser Ergänzer von Ps 110 nicht. Der in der Überschrift Vers 1a genannte David mag die Erwartung beeinflussen, aber er prägt sie nicht, denn der erwartete Priester-König lenkt die Hoffnung in eine Richtung, die geschichtlich nicht realisiert worden ist. Die Hochschätzung des aaronitischen Hohepriestertums bei Jesus Sirach basiert auf der Priesterschrift, nicht zuletzt aber auch auf Ps 110. Denn Jhwh erhöht (*wyrm*, ὕψωσεν) Aaron als Heiligen (*qdwš*, ἅγιος) in Sir 45,6 (vgl. 45,2 LXX), eine Vorstellung, die sehr wahrscheinlich auf der nachexilischen Lesart von Ps 110,7, der Haupterhebung des Königs durch Jhwh, beruht.

In Qumran hat der geschichtlich nicht belastete Priester-König Melchisedek Hoffnungen beflügelt, die in ihm nach Ausweis des Midrasch zu Melchisedek (11Q13) den endzeitlichen Richter und Befreier erwarten, der die rettet, die zu seinem Erbe und Los gehören (II,5.8)[37]. In allegorischer Auslegung von Jes 52,7 – „Wie lieblich sind die Schritte des Freudenboten auf den Bergen, der Frieden verkündet, der gute Botschaft bringt, der Rettung verkündet, der zu Zion spricht: Dein Gott ist König geworden!" – werden die Berge zu Propheten (*hnby'y[m]*), der Freudenbote (*hmbśr*) zum Gesalbten des Geistes (*mšyḥ hrw[ḥ]*, vgl. Lk 4,18; Apg 10,38), der Bringer guter Botschaft zum Unterweiser in allen Weltzeiten (*l[h]śkylmh bkwl qṣy h'[wlm]*), Zion wahrscheinlich zur Versammlung aller Söhne der Gerechtigkeit, die den Bund aufrichten (*mqym[y] hbryt*) und „dein Gott" zu Melchisedek, der die Söhne retten wird aus der Macht des Belial

---

36 Die Komposit-Präposition *'al-dibrat(î)* mit der Bedeutung „nach der Weise, nach der Ordnung, in Ansehung von" (vgl. Gesenius/Donner [18]2013, 241a sub voce *dibrâ**) ist nur noch in Koh 3,18; 7,14 und 8,2 belegt. Wahrscheinlich handelt es sich um eine jüngere Variante von *'al-dĕbar* (vgl. Gesenius/Donner [18]2013, 240b sub voce *dābār* II 6).
37 García Martínez / Tigchelaar 1997, 1206-1209; Steudel 2001, 175-185.

([yṣy]l[mh my]d bly'l, II,15-25), der mythischen Personifikation des Bösen. Von Melchisedek ist vorher schon mit den Worten von Ps 82,1 gesagt worden: „Elohim steht in der Versammlung Gottes, mitten unter den Göttern richtet er" (II,10)[38]. Größeres kann man von ihm kaum sagen. Ohne die *sessio ad dexteram* in Ps 110 wäre diese kühne Identifikation kaum denkbar gewesen[39].

4 Erflehter und gewährter Sphärenwechsel in nachexilischen Psalmen

Die zuletzt behandelten Texte aus dem Sirachbuch und Qumran greifen bereits weit in die nachexilische Zeit aus. Ihnen gehen Texte aus den königlosen Jahrhunderten seit dem Fall Jerusalems im Jahre 587/6 v. Chr. voran, die die Verwüstung des Jerusalemer Tempels und der Stadt sowie den desolaten Zustand des Volkes bitter beklagen. Durch den Verlust von Tempel und Königtum als zentralen Mittlerinstanzen, wie sie in Ps 2 und 110 Gestalt gewonnen haben, hat diese göttliches und menschliches Handeln umfassende und verbindende Sphäre ihr Zentrum verloren: Zion, die Stätte des sichtbaren Miteinanders von Tempel und Palast und zugleich des theologisch konzentrierten Ineinanders göttlicher und königlicher Präsenz. Durch den Verlust dieses Zentrums klaffen die Sphären göttlicher Präsenz und menschlichen Ergehens, vor allem Erleidens, auseinander. In Klagetexten, die diese Situation zu Wort bringen, wird der Himmel zum Refugium Gottes, welches ihn vom Geschehen auf Erden distanziert und für die Leidenden schwer zugänglich macht. Das große Klagegebet Jes 63,7-64,11 spitzt das Problem in manchen, an Schärfe kaum zu überbietenden Formulierungen zu[40].

---

38 Sehr suggestiv ist auch der in II,9-41 kombinierte Bezug auf Ps 82,2 und 7,8-9, weil Jhwhs Zurückkehren zur Höhe und das damit verbundene Völkergericht – in Ps 7,8-9 kompliziert formuliert und damit eine erhebliche exegetische Herausforderung – auf Melchisedek gedeutet wird. Zunächst werden die *qdwšy 'l* „Heiligen Gottes" zu Richtern erhöht (Ps 82,2). Und über diese *'dt 'l* „Gottesversammlung" soll dann Melchisedek *lmrwm* „zur Höhe" zurückkehren. Unter seiner Herrschaft wird aus dem Völkergericht eine Rettungstat für die, die in der Gewalt Belials sind. Wer zu den Geretteten gehört, wird nicht genau gesagt. Die Anabasis Melchisedeks setzt zwingend die nicht erwähnte Katabasis voraus. Nimmt man hier vielleicht an der Genese einer eschatologischen Rettergestalt teil, zu deren Wirken Katabasis und Anabasis gehören?
39 Vgl. Steudel 1994, 182-185.
40 Zum ganzen Gebet vgl. die Analyse von Wilke 2014, 108-139 und die konzentrierte theologische Auslegung von Braulik 2018, 1-18.

(63,15a) Blick vom Himmel herab und sieh
(15b) aus deiner heiligen und herrlichen Wohnung!
(15c) Wo sind dein Eifer und deine Macht,
(15d) deine innere Teilnahme (*hămôn mēʿêkā*)?
(15e) Dein Erbarmen halte sich nicht zurück (*'al-yit'appĕqû*),
(16a) denn du bist unser Vater.
(16b) Denn Abraham kennt uns nicht,
(16c) und Israel (sc. Jakob) weiß nicht um uns.
(16d) Du, Jhwh, bist unser Vater,
(16e) unser Erlöser ist von Ewigkeit her dein Name.
...
(19a) Wir sind (solche) geworden, über die du von Ewigkeit her nicht geherrscht hast,
(19b) über die dein Name nicht genannt worden ist.
(19c) Ach, dass du den Himmel zerrissest, herabstiegst,
(19d) Berge vor dir erbebten!
...
(64,7a) Nun aber, Jhwh,
(7b) du bist unser Vater.
(7c) Wir sind der Ton, und du bist unser Schöpfer,
(7d) Werk deiner Hände sind wir alle.
(8a) Zürne nicht, Jhwh, über die Maßen
(8b) und gedenke nicht auf ewig der Schuld!
(8c) Sieh, schau doch, dein Volk sind wir alle.
(9a) Deine heiligen Städte sind zur Wüste geworden.
(9b) Zion ist Wüste,
(9c) Jerusalem Einöde geworden.
(10a) Unser heiliger und herrlicher Tempel,
(10b) wo unsere Väter dich gepriesen haben,
(10c) ist zum Fraß des Feuers geworden,
(10d) und alles, was uns kostbar war, liegt in Trümmern.
(11a) Willst du trotz allem dich zurückhalten, Jhwh,
(11b) schweigen und uns ganz und gar erniedrigen?

Im Alten Testament wird Gott nur in diesem Text dreimal „unser Vater" genannt (Jes 63,16; 64,7). Die Bitten, die hier an ihn ergehen, sind besonderer Art. Sie sind nicht vom Vertrauen der Bittenden geprägt, dass sie erhört werden. Vielmehr hat die Anrede „unser Vater" einen flehenden, anklagenden Ton, weil Gott die vom Vater erwartete Nähe und sein gerade mit dem Vaternamen verbundenes Erbarmen (vgl. Ps 103,13) vermissen lässt (Jes 63,15e.16a). Der Himmel als Ort göttlicher Gegenwart ist nicht länger auf Zion für die Seinen erfahrbar, vielmehr ist Zion-Jerusalem zur Wüste und der Himmel als Gottes herrschaftlicher Palast (Jes 63,15ab) zum unerreichbaren Ort des Rückzugs geworden, eine von Gott selbst getroffene Wahl, die nur er durch sein Hinabschauen vom Himmel zu revidieren vermag.

Diese Entscheidung wird im Gebet dringlich gemacht, denn die Mittlerinstanzen der vorexilischen Zeit sind im Strudel der Vernichtung – Folge von Gottes Zorn – untergegangen. Es verdient Beachtung, dass der Untergang des davidischen Königtums und des priesterlichen Tempeldienstes in dieser Klage mit keinem Wort erwähnt werden. Möglicherweise ist die theologische Auseinandersetzung um den Verlust der vorexilischen Mittlerinstanzen schon eine Weile im Gange[41]. Jes 63,7-64,11 verschärft die Forderung nach Gottes eigenem Handeln dadurch, dass selbst die entscheidenden Vätergestalten der mythischen Gründungsgeschichte Israels – Abraham und der bewusst mit dem Namen Israel benannte Jakob (63,16bc) – nicht als Ersatz für das verlorene Königtum ins Feld geführt werden können[42]. Gott selbst muss die gewählte Isolation in den oberen Sphären beenden, indem er den unzugänglichen Himmel zerreißt. Göttliche Herrschaft kann allein dadurch wieder evident werden, dass sich Jhwh als Erlöser erweist, wie Jes 63,16e im Bezug auf deuterojesajanische Theologie formuliert (vgl. Jes 41,14; 43,1.14; 44,6.22-24; *gōʾălēnû* „unser Erlöser" in 47,4).

Wenn es um die Ablehnung von Orten und Personen als Mittlerinstanzen geht, ist die Klage in Jes 63,7-64,11 von nachgerade provokativer Deutlichkeit. Berge dürfen erbeben (63,19d) als Erweis von Gottes erneutem Handeln, aber sie kommen als Ort von Gottes Präsenz nicht in Frage. Zion und Jerusalem sind zwar Gottes „heilige Städte", nun aber zur Wüste geworden (64,9) und „unser heiliger und herrlicher Tempel" eine Trümmerstätte (64,10). Bewusst bildet dieses Ensemble den Kontrast zu Gottes „heiligem und herrlichem Palast" im fernen Himmel (63,15ab). Nichts kann Gottes eigene erlösende Gegenwart mehr ersetzen. Oder will er wirklich das Werk der Erniedrigung seines Volkes weiter fortsetzen? Mit dieser Frage in Jes 64,11 schließt das Gebet an „unseren Vater". Es fordert Gottes Sphärenwechsel im Sinne seiner Wandlung vom fernen zum nahen, vom zürnenden zum erlösenden Gott mit letztem Nachdruck ein.

Ps 80 in der Endfassung scheint Jes 63,7-64,11 zu kennen. Jedenfalls kann man dies auf Grund der identischen Bitte an Gott, vom Himmel herabzublicken (Jes 63,15a = Ps 80,15b), mit Grund erwägen. Diese Vermutung wird ferner durch die Beobachtung unterstützt, dass die Aufforderung an Jhwh, seine Hand möge über dem Mann seiner Rechten sein (Ps 80,18a), wohl eine Anspielung auf die *sessio ad dexteram* in Ps 110,1 ist.

---

[41] Zu diesem Problem vgl. Feldmeier/Spieckermann 2018, 75-83.
[42] Auch auf diesem Hintergrund wird noch einmal deutlich, wie jung der Nachtrag in Ps 110,4 sein muss, der den König zu Jhwhs Rechten mit dem König und Priester Melchisedek identifiziert, der einst Abraham in Gen 14,18-20 gesegnet hat.

(2a) Du, Hirte Israels, höre,
(2b) der du Joseph leitest wie eine Herde,
(2c) der du über den Keruben thronst, erstrahle
(3a) vor Ephraim, Benjamin und Manasse!
(3b) Erwecke deine Macht
(3c) und komm – uns zur Rettung!
(4a) ‚Jhwh', stelle uns wieder her,
(4b) lass dein Angesicht leuchten, dann sind wir gerettet!

(5a) Jhwh [Gott] Zebaoth,
(5b) wie lange noch raucht (dein Zorn) beim Gebet deines Volkes?
(6a) Du hast sie mit Tränenbrot gespeist
(6b) und mit Tränen getränkt über die Maßen.
(7a) Du machst uns zum Gezänk unserer Nachbarn,
(7b) und unsere Feinde treiben ihren Spott.
(8a) ‚Jhwh' Zebaoth, stelle uns wieder her,
(8b) lass dein Angesicht leuchten, dann sind wir gerettet!

(9a) Einen Weinstock aus Ägypten hast du ausgehoben,
(9b) hast Völker vertrieben und ihn eingepflanzt.
(10a) Raum hast du ihm geschaffen,
(10b) er konnte seine Wurzeln schlagen und das Land füllen.
(11a) Berge wurden bedeckt von seinem Schatten,
(11b) von seinen Ranken die Zedern Gottes.
(12a) Seine Triebe hat er ausgestreckt bis ans Meer
(12b) und bis zum Strom seine Schösslinge.
(13a) Warum hast du seine Mauern eingerissen,
(13b) so dass alle, die des Weges kommen, von ihm pflücken?
(14a) Der Eber aus dem Wald wühlt ihn um,
(14b) und wilde Tiere weiden ihn ab.
(15a) ‚Jhwh' Zebaoth, kehre doch um,
(15b) blick vom Himmel herab und sieh!

(15c) Nimm dich dieses Weinstocks an,
(16a) und stärke ihn[43], den deine Rechte gepflanzt
(16b) [, des Sohnes, den du dir großgezogen hast].
(17a) Abgeschnitten ist er, im Feuer verbrannt,
(17b) vor deinem drohenden Antlitz kommen sie um.
(18a) Deine Hand sei über dem Mann deiner Rechten,
(18b) über dem Menschensohn, den du dir großgezogen hast.
(19a) Von dir werden wir nicht weichen;
(19b) schenke uns Leben, so wollen wir deinen Namen anrufen.

---

43 Lesung *wekônĕnāh* nach LXX: καὶ κατάρτισαι αὐτήν.

(20a) Jhwh [Gott] Zebaoth, stelle uns wieder her,
(20b) lass dein Angesicht leuchten, dann sind wir gerettet[44]!

Sofort fällt in Ps 80 die strophische Gliederung ins Auge, wobei die Strophen mit einem Refrain schließen (V. 2-4.5-8.9-15b.15c-20). Der Refrain ist in Vers 4.8.20 weitgehend identisch, während er am Ende der dritten Strophe in Vers 15 variiert wird. Nimmt man diese auffällige Variante mit der Beobachtung zusammen, dass die dritte Strophe deutlich länger ist (V. 9-15: sieben Bikola) als die beiden ersten Strophen (V. 2-4. 5-8: je vier Bikola) und die letzte (V. 15-20: fünf Bikola), mag der Verdacht aufkommen, dass Ps 80 in der Grundfassung nur aus den drei gleichförmigen Strophen bestanden haben könnte und die dritte Strophe in Vers 9-15 nachträglich hinzugefügt worden sei. Doch dieser Gedanke ist abwegig, denn die vierte Strophe, die auch die Metapher des Weinstocks für das Gottesvolk gebraucht[45], nimmt auf die vorangehende dritte Strophe Bezug. Die formale Ungleichheit der Strophen ist Ps 80 offensichtlich von Anfang an eigen. Die besonders auffällige dritte Strophe mit ihrem pointiert veränderten Refrain nutzt die Überlänge, um auch formal zu signalisieren, dass das im Psalm adressierte Verhältnis Gottes zu seinem Volk sich jeder Wohlordnung widersetzt. Dies wird auch durch den deutlich verschärften Ton der Anklage gegen Gott unterstrichen, in die auch der veränderte Refrain einbezogen wird. Zur Bitte, dass Gott das Volk wiederherstellen möge (šwb Hiphil, V. 4.8.20), gesellt sich in Vers 15 die anklagende Aufforderung, Gott möge umkehren (šwb Qal), nämlich sich abwenden von seinem Zorn, den nicht einmal das Gebet des Volkes zu besänftigen vermag (V. 5).

Die theologische Spitze von Ps 80 wird bereits durch Jhwhs Anrede als Hirte Israels vorbereitet. Sie ist für den Schutz, den Gottheiten und Könige gewähren, im Alten Orient weit verbreitet, wird aber im Alten Testament erst seit der Katastrophe von 587/6 v. Chr. stärker gebraucht, weil dadurch die Verantwortung Gottes für sein Volk mit Nachdruck eingeklagt werden kann[46]. Nicht vergleichbar konfrontativ wie in Jes 63,7-64,11, aber deutlich genug wird in Ps 80,2 der „Kerubenthroner" (*yōšēb hakkĕrûbîm*) aufgefordert, sich als Hirte von Joseph zu erweisen. Wegen der Nennung von Joseph muss man in Ps 80 keine alte Nord-

---

44 Ps 80 steht im Bereich von Ps 42-83, der eine inkonsequent durchgeführte elohistische Überarbeitung erfahren hat. Wo dadurch das Appellativum Elohim/Gott nunmehr im Text steht, ist es in der Übersetzung durch ‚Jhwh' ersetzt oder als Zusatz eingeklammert worden. Zur Auslegung von Ps 80 vgl. Veijola 1982, 55-60.124-125; Hossfeld/Zenger 2000, 452-467.
45 Zur Metapher des Weinstocks für Israel vgl. Ez 17,6-10; Hos 10,1; zur Metapher des Weinbergs vgl. Jes 5,1-7; 27,2-5.
46 Vgl. Spieckermann 1989, 266-268.

reichtradition vermuten. Vielmehr ist der Joseph der Novelle von Gen 37-50 im Blick, ergänzt durch die, die besonders eng zu ihm gehören: der andere Rahel-Sohn Benjamin und die beiden Söhne Josephs, Ephraim und Manasse. Der Kerubenthroner, der Hirte seines Volkes sein soll, möge an diese Geschichte aus Liebe und Leiden, aus Verrat und Versöhnung, aus Erniedrigung und Erhöhung denken. Was für Joseph galt, gilt nun für das Gottesvolk. Es hat alles verloren, was einst seine weltliche und theologische Existenz ausgemacht hat. Dieser Verlust ist dem Volk gleichsam zu Josephs Grube und Gefängnis geworden. Nur Jhwh kann Änderung bewirken. „Jhwh Zebaoth, stelle uns wieder her, lass dein Angesicht leuchten, dann sind wir gerettet!" In Anspielung auf den aaronitischen Segen in Num 6,25, der schon in spätvorexilischer Zeit auf den Silberamuletten aus Ketef Hinnom bezeugt ist[47], artikuliert der Refrain dreimal das theologische Ziel des Klage- und Bittgebets: die Wiederherstellung des Gottesvolkes (šwb Hiphil). Sie setzt voraus, dass Jhwh seinen Segen als Rettung erfahrbar macht. Die dritte Strophe des Psalms (V. 9-15) spitzt theologisch noch schärfer zu. Jhwh selbst muss allererst umkehren (šwb Qal, V. 15a), damit eine Wiederherstellung des Gottesvolkes (šwb Hiphil) geschehen kann. In Übernahme von Jes 63,15a in Ps 80,15b heißt dies für Jhwh: Abkehr von seiner *splendid isolation* im Himmel[48].

Die Metapher des Weinstocks für das Gottesvolk – ein Bildwechsel gegenüber der Hirten- und Herdenmetaphorik – will auf dasselbe Ziel hinaus. Bewusst wird gesagt, dass Jhwhs Rechte den Weinstock gepflanzt habe. Daran knüpft die Selbstbezeichnung des Volkes als „Mann deiner Rechten" in Vers 18a an, parallel zum Titel „Menschensohn" in Vers 18b, den Gott großgezogen hat. Beide Selbstbezeichnungen sind anspruchsvoll. Hat der Titel „Menschensohn"

---

47 Vgl. Renz 1995, 447-456.
48 Von dieser *splendid isolation* ist Gott in Ps 75 weit entfernt, obwohl dieser Text zeitlich kaum weit entfernt von Ps 80 entstanden sein wird und nicht von ungefähr auch in die Asaph-Sammlung Ps 73-83 aufgenommen worden ist. Ps 75 scheint eine Reaktion auf den Vorwurf zu sein, dass Gott untätig ist. Hier bestimmt Gott selbst den Zeitpunkt seines gerechten Gerichts (V. 2), an dem er erniedrigen und erhöhen wird (V. 8). Diese Vorstellung impliziert hier nicht einen Sphärenwechsel Gottes, vielmehr widerfährt den Gerichteten nach Gottes Urteil Erniedrigung oder Erhöhung. Die Gewissheit des Beters, zu den Erhöhten zu zählen, ist so fest, dass er im abschließenden Gotteslob bereits seine Bereitschaft bekundet, die Hörner der Frevler zu zerbrechen (V. 11a; vgl. V. 5-6), denn „erhoben werden die Hörner des Gerechten" (V. 11b). Ob im *passivum divinum* hier schon die Vorstellung präsent ist, dass Gott dem Gerechten eine Erhöhung zuteilwerden lässt, die einem Sphärenwechsel gleichkommt? Ps 76 verstärkt die Erwartung des rettenden Gerichts Gottes. Hier sind Salem und Zion Ort(e) seiner Gegenwart (V. 3.), nicht zu trennen vom Himmel, von dem aus Gott sein Gericht vernehmbar macht, um alle Elenden der Erde zu retten (V. 9-10).

als Gottes Anrede an den Propheten Ezechiel in der nachexilischen Profilierung des ihm zugeschriebenen Buches Reputation gewonnen, ist die Anspielung beim Titel „Mann deiner Rechten" auf die Einladung Gottes an den König zur *sessio ad dexteram* in Ps 110,1 unüberhörbar. Dies wird auch dadurch untermauert, dass die Ergänzung in Ps 80,16b an die Stelle des Menschensohnes den Sohn setzt, eine kollektive Aneignung dieses Königstitels (vgl. Ps 2,7) durch das leidende Volk. Besonders aber unter dem Titel „Mann deiner Rechten" bietet sich das den Hirten entbehrende, zerstreute Judentum Jhwh als Erben der Verheißung an David an. Gleiches unternimmt das Volk in beschwörender Anklage unter dem Titel „Messias" in Ps 89,50-52[49] und unter demselben Titel in vertrauensvoller Antizipation der Rettung in Ps 20,7. Nicht von ungefähr handelt Jhwh hier von seinem heiligen Himmel her „mit rettenden Machttaten seiner Rechten"[50].

Wie Jes 63,7-64,11, wenn auch weniger provokativ, erfleht Ps 80 den Sphärenwechsel Jhwhs. Er wird nicht in diesem Psalm, sondern in Ps 113 gewährt, einem Hymnus, der die Psalmenkomposition Ps 113-118 einleitet, welche schon im Judentum vor der Zeitenwende als das Pesach-Hallel große Bedeutung gehabt hat (vgl. 2Chr 30,21; 35,15; Jub 49,6; Sap 18,9; Mk 14,26).

(1a) Hallelujah!
(1b) Lobt, ihr Knechte Jhwhs,
(1c) lobt Jhwhs Namen.
(2a) Der Name Jhwhs sei gepriesen
(2b) von nun an bis in Ewigkeit.
(3a) Vom Aufgang der Sonne bis zu ihrem Niedergang
(3b) sei Jhwhs Name gelobt.
(4a) Jhwh ist erhaben (*rwm* Qal) über alle Völker
(4b) über den Himmel seine Herrlichkeit.
(5a) Wer ist wie Jhwh, unser Gott,
(5b) der erhöht (*gbh* Hiphil), um zu thronen (*yšb* Qal),
(6a) der in die Tiefe geht (*špl* Hiphil), um zu schauen
(6b) im Himmel und auf Erden,

---

[49] Es handelt sich um eine nachexilische, kollektive Aneignung des vorexilischen Jhwh/Vater-König/Sohn-Verhältnisses aus 2Sam 7,14a.16 in Ps 89,21-38; vgl. Feldmeier/Spieckermann ²2017, 56-66.

In diesen Zusammenhang gehört auch der noch jüngere Ps 132, der dezidiert Zion zu dem Ort macht, an dem in fortgeschrittener nachexilischer Zeit königliche und priesterliche Traditionen ebenso wieder ihre Heimat finden wie das Gottesvolk, das sich nicht ohne Stolz als „Arme" (*'ebyônîm*) und „Treue" (*ḥăsîdîm*) charakterisiert (V. 15-16); vgl. Feldmeier/Spieckermann 2018, 99-105.

[50] Zu Ps 20 vgl. Salo 2017, 54-96; Feldmeier/Spieckermann 2018, 43-45.

(7a) der aus dem Staub den Geringen (*dal*) aufrichtet (*qwm* Hiphil),
(7b) aus dem Schmutz den Armen (*'ebyôn*) erhebt (*rwm* Hiphil),
(8a) um (sie) thronen zu lassen (*yšb* Hiphil) bei Edlen (*nědîbîm*),
(8b) bei den Edlen seines Volkes,
(9a) der die Unfruchtbare (*'aqeret*) des Hauses thronen lässt (*yšb* Hiphil),
(9b) eine frohe Mutter von Söhnen/Kindern.
(9c) Hallelujah!

Auf die Lobaufforderung in Vers 1 folgt in Vers 2-4 die Entfaltung von Jhwhs universaler Erhabenheit und Herrlichkeit, die selbst über den Himmel hinaus reicht, welcher in den bisher behandelten Texten als eine Art *cordon sanitaire* für ihn fungiert hat. Die in Vers 5a folgende Unvergleichlichkeitsprädikation Jhwhs, dem jetzt zudem das Attribut „unser Gott" zuteil wird, ist vom Aufbau des Textes her das Zentrum. Das zugehörige Kolon (V. 5b) gehört durch die Eröffnung der folgenden Reihe hymnischer Partizipien schon ganz zum zweiten Teil (V. 6-9). Es stellt sich der Eindruck ein, dass der Text gar nicht schnell genug zur Explikation fortschreiten kann, worin Jhwhs Unvergleichlichkeit besteht[51].

Vers 5b teilt etwas auf den ersten Blick Unverständliches mit. Die Übersetzungen wählen in der Regel den Weg, dass sie Jhwh noch einmal hoch oben thronen lassen. Dies tut er jedoch nach Auskunft von Vers 2-4 ohnehin, so dass in Vers 5 etwas anderes im Blick sein wird. Bewusst wird die Unvergleichlichkeitsaussage von Vers 5a mit der Apposition „unser Gott" verbunden, so dass bereits für Vers 5b gelten wird, was auch auf die folgende Reihe der hymnischen Partizipien (unter Einschluss eines Infinitivs) zutrifft. Sie alle lassen wissen, was diesen Gott als „unseren Gott" lobenswert macht. Es ist die Erhöhung der Armen, Schwachen und Unfruchtbaren (V. 7-9). Sie sind diejenigen, von denen Jhwh als seinen Knechten (V. 1) das Lob empfangen möchte. Dass gerade sie beim Lob willkommen sind, macht Gott durch seine besondere Zuwendung deutlich, von der Vers 5b spricht. Danach erhöht Jhwh nicht genannte Personen *lāšābæt* „um Platz zu nehmen"; im königlichen Milieu ist damit das Platznehmen auf dem Thron gemeint. Zwar ist Ps 113 *prima facie* überhaupt nicht im königlichen Milieu zu verorten, doch Jhwhs Einladung zur Einnahme des Thrones an den König steht nicht weit entfernt. Sie ist in Ps 110,1 zu finden, wo Jhwh den König zum Thronen, nämlich zur *sessio ad dexteram* auffordert. Darauf wird in Ps 113 Bezug genommen.

---

51 Zur Auslegung von Ps 113 vgl. Hossfeld/Zenger 2008, 248-255; zu den Unvergleichlichkeitsprädikationen vgl. Labuschagne 1966.

Es ist evident, welches Ziel die auffällige Formulierung des Thrones in Ps 113,5 unter Bezugnahme auf Ps 110,1 verfolgt. Der unvergleichlich erhabene Jhwh ist darin „unser Gott", dass er zum Thronen in seiner Nähe die bestimmt, zu deren Erhöhung er sich in die Tiefe begeben muss: die Schwachen, die Armen, die Unfruchtbaren[52]. Sie sind die wahren Knechte Jhwhs – die Septuaginta übersetzt mit Bedacht und Wertschätzung παῖδες[53]. Sie sind die Edlen, denen die königgleiche Erhöhung zuteil wird, wie die zweifache Aufnahme der Wurzel *yšb* Hiphil „wohnen/thronen lassen" (V. 8-9) für die Genannten deutlich macht. Es fällt schwer, bei der Unfruchtbaren, die in Vers 9 nicht nur *bānîm*/τέκνα „Söhne/Kinder" bekommt, sondern auch ein *bayit* „Haus" hat – im königlichen Milieu das Lexem für Dynastie (2Sam 7,11-12) –, nicht an die in Jes 54 nicht mit Namen genannte Frau Zion zu denken[54]. Ps 113 als Introitus des Pesach-Hallels setzt klare Akzente, dass Gott das Überraschende an denen tut, die als bedürftige und notvolle Geschöpfe seine Nähe suchen und durch sein rettendes Handeln Erhöhung erfahren, die nur in königlicher Terminologie angemessen gesagt werden kann. Dasselbe gilt für den Abschluss des Pesach-Hallels durch Ps 118, wo in Vers 14-18 Jhwhs Rechte – kaum ohne Kenntnis von Ps 110 – die Gerechten in einer Weise rettet und erhöht, dass sie Gottes Tat als Wende vom Tod zum Leben erfahren[55]. So vollzieht Jhwh den Sphärenwechsel. Der Weg ist gefunden, wie Königstheologie in königloser Zeit soteriologisch aktualisiert werden kann. Ohne Ps 113 und 118 wären der Lobgesang der Hannah in 1 Sam 2,1-10 und das Magnificat der Maria in Lk 1,46-55 undenkbar[56].

---

52 Es besteht eine Nähe zu Ps 102,13-23, obwohl beide Psalmen eine je eigene Sprache und Vorstellungswelt haben.
53 Die Wiedergabe in Ps 112,1 LXX vermeidet das Syntagma. Sie übersetzt: Αἰνεῖτε, παῖδες, κύριον „Lobt, ihr Knechte, den Herrn!" Vielleicht will der Übersetzer einerseits zum Titel παῖς κυρίου für den Gottesknecht in Jes 41,6; 42,2 et al. Distanz halten, andererseits aber auf die mit dem Titel παῖς „Knecht" verbundene Hochschätzung nicht verzichten.
54 Vgl. Feldmeier/Spieckermann 2018, 161-164.
55 Zu Ps 118 vgl. Schröten 1995; Schmidt 2014, 105-123; Feldmeier/Spieckermann ²2017, 540-546; zu Ps 113 und 118 als Rahmen des Pesach-Hallels vgl. Feldmeier/Spieckermann 2018, 166-172.
56 Vgl. Lohfink 1990; zum traditionsgeschichtlichen Vorlauf des Erniedrigens in der Schriftprophetie als Voraussetzung zur später hinzutretenden Vorstellung der Erhöhung vgl. Schöpflin 2012, 5-22.

5 Fazit

Die vorexilische Jerusalemer Königstheologie bringt die enge Bindung zwischen Jhwh und dem jeweiligen Herrscher auf dem Davidsthron durch das Vater-Sohn-Verhältnis zum Ausdruck, welches Jhwh dem König bei der Inthronisation gewährt, woran im Kult wahrscheinlich jährlich erinnert wird. Zion – Ort sowohl des Tempels als auch des Palastes – hat dabei eine besondere Stellung, denn diese im Hebräischen feminine Stätte vereint göttliche und königliche Präsenz so intensiv, dass das Handeln Gottes und dasjenige des Königs vom Zion aus gegen die aufbegehrende Feindwelt bewusst nicht klar unterschieden werden. Zion ist gleichermaßen der Ort des Himmelsthroners Jhwh wie des inthronisierten Königs. Hier findet die *sessio ad dexteram* statt und dadurch zugleich die Abwehr der Feinde. Zion absorbiert Zaphon, den prominentesten, sogar divinisierten Gottesberg der altsyrischen Tradition. Zion ist Gottesberg und zugleich Thronsitz der Davididen. In Übereinstimmung damit bezeichnet *bayit* „Haus" zugleich den Tempel, den Palast und die Dynastie. In der vorexilischen Tempel-Palast-Theologie durchdringen göttliche und königliche Sphäre einander, so dass sich Vorstellungen eines Sphärenwechsels – sei es Gottes, sei es des Königs – nicht nahe legen.

Diese Theologie verliert 587/6 v. Chr. durch den Verlust des Tempels und der Daviddynastie ihr Fundament. In den folgenden tempel- und königlosen Jahrzehnten werden in theologischen Kontroversen neue Einsichten erlitten und erstritten. Die große Verliererin ist zunächst Zion, wo Tempel und Palast beieinander gewesen sind. Im deuterojesajanischen Schrifttum und in den Threni wird Zion zur Frau, die Gott verstoßen hat und die ihrer Kinder beraubt ist. Zur Klage um den erlittenen Verlust gesellt sich die bedrängende Frage, wo Gott nunmehr präsent sei. Der Himmel, der als Ort seiner Gegenwart in Einheit mit Zion verloren hat, gerät in Verdacht, Gottes Refugium zu sein, wo er sich die Katastrophe seines Volkes auf Distanz hält. Doch das Volk beharrt auf dem Erbanspruch der göttlichen Verheißung an David, dass seine Dynastie ewig währen soll. Wird auch das Königtum zunehmend Gott überlassen, pochen die leidenden Erben auf ihren Anteil: das Erbe Davids als bisher ausgebliebene Erfahrung rettender Gottesnähe.

Gott gewährt diese Nähe in nachexilischer Zeit, indem er sich aus den Höhen tief niederbeugt und die um Rettung Flehenden königlich erhöht. Erst in nachexilischer Zeit gewinnt die Vorstellung von Sphärenwechseln Relevanz als Gottes Tat in soteriologischer Absicht. Mit hoher Wahrscheinlichkeit ist sie erst möglich geworden, nachdem 515 v. Chr. der Zweite Tempel eingeweiht worden ist. Angesichts des Zweiten Tempels hat nachexilische Prophetie Zion und zunehmend Jerusalem – beide als „heilige Stadt" – zum Topos rettender, eschatologischer Gottespräsenz gemacht. Auf ganz andere Weise macht das priesterliche Schrifttum die Kondeszendenz der Herrlichkeit Gottes im Allerheiligsten des Tempels, welche nie mit Zion in Verbindung gebracht wird, zur entscheidenden Voraussetzung für Gottes Sühnehandeln im Opferkult[57]. Dies ist theologisch eine ganz andere Welt als Gottes Sphärenwechsel in den Psalmen, durch den er seinen Rettungswillen für die Rettung Erflehenden verwirklicht. Im Gefolge dieser zunächst theozentrisch konzipierten Vorstellung werden in der Folgezeit wieder Mittler in der Apokalyptik Bedeutung gewinnen, die durch Katabasis und Anabasis über Gottes-, Himmel- und Höllenkunde verfügen. Schließlich wird von Einem gesagt werden, dass in ihm der rettende Gott Mensch geworden sei.

Bibliographie

Assmann, J., 1984, Ägypten – Theologie und Frömmigkeit einer frühen Hochkultur, Uni-Taschenbücher 366, Stuttgart.

Becker, J., 1986, Zur Deutung von Ps 110,7, in: Haag, E. / Hossfeld, F.-L. (Hg.), Freude an der Weisung des Herrn (FS H. Groß), Stuttgarter biblische Beiträge 13, Stuttgart, 17-31.

Berner, C., 2010, Die Exoduserzählung. Das literarische Werden einer Ursprungslegende Israels, Forschungen zum Alten Testament 73, Tübingen.

Bertholet, A., 1908, Eine crux interpretum. Ps 2,11 f, Zeitschrift für die alttestamentliche Wissenschaft 28, 58-59.

Braulik, G., 2018, „Du bist doch unser Vater! ‚Unser Erlöser von jeher' ist dein Name". Wie Israel als Volk um die Vergebung seiner Schuld bittet, Internationale Katholische Zeitschrift 47, 1-18.

Brunner, H., 1986, Die Geburt des Gottkönigs. Studien zur Überlieferung eines altägyptischen Mythos, Ägyptologische Abhandlungen 10, Wiesbaden (zweite ergänzte Auflage).

Cole, R. L., 2013, Psalms 1-2. Gateway to the Psalter, Hebrew Bible Monographs 37, Sheffield.

del Olmo Lete, G. / Sanmartín, J., 2004, A Dictionary of the Ugaritic Language in the Alphabetic Tradition, Handbook of Oriental Studies I 67, Leiden/Boston, MA (zweite überarbeitet Auflage).

Dietrich, M. / Loretz, O. / Sanmartín, J., 1995, The Cuneiform Alphabetic Texts from Ugarit, Ras Ibn Hani and Other Places (CAT; KTU: second, enlarged edition), Abhandlungen zur Literatur Alt-Syrien-Palästinas und Mesopotamiens 8, Münster.

Donner, H., siehe Gesenius, W.

Feldmeier, R. / Spieckermann, H., 2018, Menschwerdung, Topoi Biblischer Theologie 2, Tübingen.

Feldmeier, R. / Spieckermann, H., 2017, Der Gott der Lebendigen. Eine biblische Gotteslehre, Topoi Biblischer Theologie 1, Tübingen (zweite Auflage).

---

57 Vgl. Janowski ²2000, 295-346.

García Martínez, F. / Tigchelaar, E. J. C., 1997, The Dead Sea Scrolls. Study Edition, 2 Bände, Leiden.
Gesenius, W. / Donner, H., 2013, Hebräisches und Aramäisches Handwörterbuch über das Alte Testament, Heidelberg (18. Auflage).
Gillingham, S., 2013, A Journey of Two Psalms: The Reception of Psalms 1 and 2 in Jewish and Christian Tradition, Oxford.
Granerød, G., 2010, Abraham and Melchizedek. Scribal Activity of Second Temple Times in Genesis 14 and Psalm 110, Beihefte zur Zeitschrift für die alttestamentliche Wissenschaft 406, Berlin / New York, NY.
Grohmann, M., 2007, Fruchtbarkeit und Geburt in den Psalmen, Forschungen zum Alten Testament 53, Tübingen.
Hamilton, M. W., 2005, The Royal Body. The Social Poetics of Kingship in Ancient Israel, Atlanta, GA.
Hartenstein, F. / Janowski, B., 2012, Psalmen, Biblischer Kommentar XV/1, Neukirchen-Vluyn.
Helck, W., 1979, Die Beziehungen Ägyptens und Vorderasiens zur Ägäis bis ins 7. Jahrhundert v. Chr., Erträge der Forschung 120, Darmstadt.
Hossfeld, F.-L. / Zenger, E., 1993, Psalm 1-50, Neue Echter Bibel, Würzburg.
Hossfeld, F.-L. / Zenger, E., 2000, Psalmen 51-100, Herders Theologischer Kommentar zum Alten Testament, Freiburg.
Hossfeld, F.-L. / Zenger, E., 2008, Psalmen 101-150, Herders Theologischer Kommentar zum Alten Testament, Freiburg.
Janowski, B., 2001, Der Himmel auf Erden. Zur kosmologischen Bedeutung des Tempels in der Umwelt Israels, in: Janowski, B. / Ego, B., Das biblische Weltbild und seine altorientalischen Kontexte, Forschungen zum Alten Testament I/32, Tübingen, 229-260.
Janowski, B., 2000, Sühne als Heilsgeschehen. Traditions- und religionsgeschichtliche Studien zur Sühnetheologie der Priesterschrift, Wissenschaftliche Monographien zum Alten und Neuen Testament 55, Neukirchen-Vluyn (1982)(zweite ergänzte und erweiterte Auflage).
Janowski, B., siehe Hartenstein, F.
Keel, O., 1980, Die Welt der altorientalischen Bildsymbolik und das Alte Testament. Am Beispiel der Psalmen. Zürich/Neukirchen-Vluyn (dritte Auflage).
Koch, K., 1993, Geschichte der ägyptischen Religion. Von den Pyramiden bis zu den Mysterien der Isis, Stuttgart.
Koch, K., 2002, Der König als Sohn Gottes in Ägypten und Israel, in: Otto, E. / Zenger, E. (Hg.), „Mein Sohn bist du" (Ps 2,7). Studien zu den Königspsalmen, Stuttgarter Bibel-Studien 192, Stuttgart, 1-32.
Körting, C., 2006, Zion in den Psalmen, Forschungen zum Alten Testament 48, Tübingen.
Krusche, M., 2019, Göttliches und irdisches Königtum in den Psalmen, theol. Diss. Göttingen 2018 (erscheint Tübingen 2019).
Labuschagne, C. J., 1966, The Incomparability of Yahweh in the Old Testament, Pretoria Oriental Series 5, Leiden.
Lohfink, N., 1990, Lobgesänge der Armen. Studien zum Magnifikat, den Hodajot von Qumran und einigen späten Psalmen, Stuttgarter Bibel-Studien 143, Stuttgart.
Loretz, O., siehe Dietrich, M.
Mettinger, T. N. D., 1976, King and Messiah. The Civil and Sacral Legitimation of the Israelite Kings, Coniectanea Biblica, Old Testament Series 8, Lund.

Niehr, H., 2003, Ba'alšamem. Studien zur Herkunft, Geschichte und Rezeptionsgeschichte eines phönizischen Gottes, Orientalia Lovaniensia analecta 123, Leuven.

Niehr, H., 2015, Texte aus Syrien: in: Janowski, B. / Schwemer, D. (Hg.), Texte aus der Umwelt des Alten Tesaments. Neue Folge Bd. 8: Weisheitstexte, Mythen und Epen, Gütersloh, 177-301.

Nordheim, M. von, 2008, Geboren von der Morgenröte? Psalm 110 in Tradition, Redaktion und Rezeption, Wissenschaftliche Monographien zum Alten und Neuen Testament 117, Neukirchen-Vluyn.

Pitard, W. T., siehe Smith, M. S.

Renz, J., 1995, Die althebräischen Inschriften Bd. I/1, Darmstadt.

Salo, R. S., 2017, Die judäische Königsideologie im Kontext der Nachbarkulturen, Orientalische Religionen in der Antike 25, Tübingen.

Sanmartín, J., siehe del Olmo Lete, G. und Dietrich, M.

Saur, M., 2004, Die Königspsalmen. Studien zur Entstehung und Theologie, Beihefte zur Zeitschrift für die alttestamentliche Wissenschaft 340, Berlin / New York, NY.

Schmidt, W. H., 2014, „Der tötet und lebendig macht." Elemente biblischer Theologie aus alttestamentlicher Sicht (2009), in: ders., Gottes Wirken und Handeln des Menschen. Zum Verständnis des Alten Testaments und seiner Bedeutung für den christlichen Glauben, Biblisch-Theologische Studien 147, Neukirchen-Vluyn, 105-123.

Schmidt, W. H., 1966, Königtum Gottes in Israel und Ugarit. Zur Herkunft der Königsprädikation Jahwes, Beihefte zur Zeitschrift für die alttestamentliche Wissenschaft 80, Berlin (zweite neubearbeitete Auflage).

Schöpflin, K., 2012, „... denn er hat die Niedrigkeit seiner Magd angesehen" (Lk 1,48). Gedanken zum Hintergrund des Begriffsfeldes ταπείνωσις in ausgewählten prophetischen Texten der Septuaginta, Biblische Notizen 155, 5-22.

Schröten, J., 1995, Entstehung, Komposition und Wirkungsgeschichte des 118. Psalms, Bonner Biblische Beiträge 95, Weinheim.

Smith, M. S., 2006, The Rituals and Myths of the Feast of the Goodly Gods of KTU/CAT 1.23. Royal Constructions of Opposition, Intersection, Integration, and Domination, Atlanta, GA.

Smith, M. S. / Pitard, W. T., 2009, The Ugaritic Baal Cycle Bd. II, Supplements to Vetus Testamentum 114, Leiden / Boston MA.

Spans, A., 2015, Die Stadtfrau Zion im Zentrum der Welt. Exegese und Theologie von Jes 60-62, Bonner Biblische Beiträge 175, Göttingen.

Spieckermann, H., 1989, Heilsgegenwart. Eine Theologie der Psalmen, Forschungen zur Religion und Literatur des Alten und Neuen Testaments 148, Göttingen.

Spieckermann, H., 1992, Stadtgott und Gottesstadt. Beobachtungen im Alten Orient und im Alten Testament, Biblica 73, 1-31.

Spieckermann, H., 2013, Historiography, „Rod of My Anger", and Covenant. The Impact of Asshur on the Old Testament, in: Obara, M. E. / Succu, G. P. D. (Hg.), Uomini e profeti. Festschrift für H. Simian Yofre SJ, Analecta Biblica 202, Roma, 319-342.

Spieckermann, H., siehe Feldmeier, R.

Stadelmann, R., 1967, Syrisch-palästinische Gottheiten in Ägypten, Probleme der Ägyptologie 5, Leiden.

Steudel, A., 1994, Der Midrasch zur Eschatologie aus der Qumrangemeinde (4QMidrEschata.b), Studies on the Texts of the Desert of Judah 13, Leiden.

Steudel, A., 2001, Die Texte aus Qumran. Hebräisch/Aramäisch und Deutsch, Bd. 2, Darmstadt.

Tigchelaar, E. J. C., siehe García Martínez, F.

Veijola, T., 1982, Verheißung in der Krise. Studien zur Literatur und Theologie der Exilszeit anhand des 89. Psalms, Annales Academiae Scientiarum Fennicae B 220, Helsinki.
Watson, W. G. E., 1993, The Goddesses of Ugarit: A Survey, Studi epigrafici e linguistici sul Vicino Oriente antico 10, 47-59.
Wilke, A. F., 2014, Die Gebete der Propheten. Anrufungen Gottes im ‚corpus propheticum' der Hebräischen Bibel, Beihefte zur Zeitschrift für die alttestamentliche Wissenschaft 451, Berlin / Boston, MA.
Zenger, E., 1986, „Wozu tosen die Völker...?" Beobachtungen zur Entstehung und Theologie des 2. Psalms, in: Haag, E. / Hossfeld, F.-L. (Hg.), Freude an der Weisung des Herrn (FS H. Groß), Stuttgarter biblische Beiträge 13, Stuttgart, 495-511.
Zenger, E., siehe Hossfeld, F.-L.

Reinhard Feldmeier
Carmen Christo quasi Deo

Die Sphärenwechsel Christi und der
Christen in der paulinischen Tradition

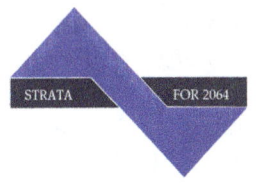

Abstract: This article demonstrates how early Christianity 'stratified' its memories of Jesus of Nazareth through various sequences of mythical hylemes, in order to bring the Christ event to expression adequately as the action of God vis-à-vis and through Christ. The focal point is the Corpus Paulinum and the writings produced in the sphere of influence of Pauline theology: the Letter to the Colossians, the Letter to the Ephesians, the First Letter of Peter, and Luke-Acts.[1]

1 Der erinnerte Jesus und der geglaubte Christus. Zur mythischen Überprägung der Überlieferung

Das christliche Credo geht in seinem zweiten Artikel nur in wenigen Punkten auf das Leben des irdischen Jesus ein:[2] „geboren von der Jungfrau Maria, gelitten unter Pontius Pilatus, gekreuzigt, gestorben und begraben".[3] Der größte Teil der in den Evangelien wiedergegebenen Jesusüberlieferung wird nicht einmal erwähnt: Wir hören weder etwas von Jesu vollmächtiger Lehre mit ihren berühmten Gleichnissen, seiner eigenständigen Schriftauslegung und seinen radikalen Weisungen, wie sie etwa in der Bergpredigt gesammelt sind, noch von

---

Hinweis: Der vorliegende Beitrag ist im Kontext der von der DFG geförderten Forschergruppe 2064 „STRATA – Stratifikationsanalysen mythischer Stoffe und Texte in der Antike" (Teilprojekt „Neues Testament") entstanden.

1 Ad *Carmen Christo qausi Deo*: Plinius berichtet in seinem Bericht an Kaiser Trajan über die Treffen der Christen, dass diese „sich an einem bestimmten Tag vor Sonnenaufgang zu versammeln pflegten, Christus als ihrem Gott einen Wechselgesang zu singen" (Plin. Ep. X,96). Es ist durchaus nicht unwahrscheinlich, dass sich das auch auf eines oder mehrere der im Folgenden analysierten Christuslieder bezog.
2 Zur im vorliegenden Kapitel behandelten mythischen Überprägung der Überlieferung zu Jesus vgl. generell Feldmeier/Spieckermann 2018, 193-218.
3 Zu den mythischen Elementen in den verschiedenen Fassungen des Credo vgl. den Beitrag von P. Gemeinhardt in diesem Band, v.a. Kapitel 1.3 und 2.

∂ Open Access. © 2020 R. Feldmeier, publiziert von De Gruyter. [CC BY] Dieses Werk ist lizenziert unter der Creative Commons Attribution-NonCommercial-NoDerivatives 4.0 Lizenz.
https://doi.org/10.1515/9783110652543-010

den Schulgesprächen mit den Jüngern oder von den Streitgesprächen mit seinen Gegnern. Kein Wort von seinen Heilungen und Exorzismen, von Brotvermehrung und Totenauferweckung, Seewandel und Sturmstillung, nichts von Taufe und Verklärung. Die gesamte Erinnerung an den Irdischen ist auf die dürren Notizen der Geburt, des Leidens und des Sterbens reduziert. Stattdessen wird das Bekenntnis zu Jesus Christus als dem „einziggeborenen Sohn, unserem Herrn" gerahmt durch eine Sequenz von mythischen Hylemen[4]: Im Apostolicum steht am Beginn die vom Geist gewirkte Jungfrauengeburt, die im Nicaeno-Constantinopolitanum noch durch eine ausführliche Entfaltung der Präexistenz und der Inkarnation ergänzt wird. Ebenso endet das Apostolicum mit dem Abstieg in die Totenwelt und der darauffolgenden Auferstehung am dritten Tag, der Himmelfahrt und der Inthronisation zur Rechten Gottes, gefolgt vom Ausblick auf die Parusie und das Jüngste Gericht. Vergleichbares findet sich im Nicaeno-Constantinopolitanum.

Man sieht darin gerne das Ergebnis einer späteren Entwicklung, bei der im Zuge der Akkulturation des Christentums an die griechisch-römische Welt, seiner ‚Hellenisierung', aus dem jüdischen Wanderprediger der griechische Gottessohn geworden sei. Da wir über die ersten beiden Jahrzehnte des Frühchristentums, in denen sich diese Entwicklung vollzog, keine schriftlichen Zeugnisse haben, lässt sich eine solche Deutung nicht schlüssig widerlegen. Sie lässt sich allerdings auch nicht schlüssig begründen und das ist deshalb von Bedeutung, weil die *prima facie* so einleuchtende Rekonstruktion der Überschreibung der Historie durch einen sekundären Mythos bei genauem Zusehen keineswegs so naheliegend ist, wie gerne behauptet wird. Dazu ein paar Anmerkungen.

Die Besonderheit der neutestamentlichen Reformulierung des Christusereignisses[5] besteht darin, dass hier eine durchaus spannungsreiche Synthese von Einmalig-Geschichtlichem und Zeitlos-Ewigem, also von Historie und Mythos vorgenommen wurde. Die Frage nach den Bedingungen der Möglichkeit einer solchen Verbindung ist schon deshalb nicht so einfach zu beantworten, weil der religionsgeschichtliche Kontext dafür keineswegs eine eindeutige Erklärung bietet. Die Behauptung der religionsgeschichtlichen Schule etwa, dass in den frühchristlichen Bekenntnissen die Erinnerung an den irdischen Jesus durch den aus ganz anderen Zusammenhängen importierten Mythos vom ab- und

---

[4] Zur den hier und im Folgenden verwendeten Begriffen wie „Hylem" bzw. „mythisches Hylem", „Hylemsequenz" o. ä. s. den Beitrag von C. Zgoll in diesem Band, v.a. Kapitel 3.1.
[5] Der Begriff „Christusereignis" wird hier verwendet, weil er sowohl die Geschichte des Irdischen wie deren Rückbindung an Gott durch Inkarnation und Erhöhung umfasst.

aufsteigenden Erlösergott ersetzt wurde[6], krankt schon daran, dass die dafür beigebrachten religionsgeschichtlichen Parallelen sich zu einem Gutteil einer tendenziösen Synthese verschiedenster, oft nachneutestamentlicher Versatzstücke durch den Exegeten verdankten[7]. Vergleichbares gilt auch für die Behauptung, dass der Gottessohn nach dem Konzept eines „göttlichen Menschen" modelliert worden sei – auch wenn es da und dort (etwa beim Weinwunder) Einflüsse aus der paganen Sphäre gegeben haben dürfte, so lässt sich doch ein solches Konzept in den Quellen nicht nachweisen und folglich auch die frühchristliche Christologie nicht einfach mit dessen Übernahme begründen[8].

Im Blick auf den neutestamentlichen Befund ist darüber hinaus auf die oft zu wenig beachtete Tatsache hinzuweisen, dass die Wiedergabe des Christusereignisses durch eine Sequenz von mythischen und geschichtlichen Hylemen nicht erst auf einer späten Stufe erfolgt ist, sondern schon ausgesprochen früh: „Zwischen dem Tode Jesu und der voll entfalteten Christologie, wie sie uns in den frühesten christlichen Dokumenten, den paulinischen Briefen, begegnet, besteht ein zeitlicher Zwischenraum, der im Blick auf die darin geschehene Entwicklung als erstaunlich kurz bezeichnet werden muss."[9] Das zeigt sich deutlich bei einem der überlieferungsgeschichtlich ältesten Texte des Neuen Testaments, dem sogenannten Philipperhymnus (Phil 2,6-11), der das gesamte Christusereignis in mythischer Sprache nachdichtet. Dieses Christuslied wurde spätestens zur Abfassungszeit des Briefes, also mehr als ein Jahrzehnt vor dem

---

6 Klassisch ist die Position der religionsgeschichtlichen Schule, etwa die Thesen von Bousset 1999, 71: „13. Im Christusglauben verbindet sich das Evangelium und die Person Jesu von Nazareth mit der in jener Zeit weitverbreiteten Heilsmittleridee und dem Heilsmittlerkultus. 14. Eine besondere Parallele zu der (paulinischen) Verkündigung vom Gestorbenen und Auferstandenen bietet dabei die weitverbreitete Idee vom Sterben und Lebendigwerden des göttlichen Heilsmittlers." Grundsätzlich ausgeführt hat Bousset das in seinem Hauptwerk (Bousset 1967, IX): „[M]an wird trotz aller Einflüsse, die für dieses Christentum (sc. die ‚paulinisch-johanneische Frömmigkeit') von Seiten des Judentums und des Alten Testaments anzuerkennen sind, dennoch m. E. sich dazu entschließen müssen, dessen gesamtes Werden innerhalb der Kulturwelt des griechisch-römischen Reiches in die hier sich bietenden großen religionsgeschichtlichen Zusammenhänge einzustellen." Bei allen Unterschieden zu Bousset hat auch Bultmann den Unterschied zwischen dem Verkündiger und dem Verkündigten unterstrichen und daraus gefolgert, dass ersterer nicht ins Kerygma gehört (was sich in Bultmanns Theologie dann auch in einer stiefmütterlichen Behandlung der synoptischen Evangelien niederschlägt).
7 Zur Kritik siehe vor allem Hengel 1977, 90-105.
8 Vgl. Zeller 1993, 56-83; zur Problematik der Kategorie des göttlichen Menschen vgl. DuToit 1997.
9 Vgl. Hengel 2006, 29 (im Original durch Kursivierung hervorgehoben).

ältesten Evangelium, verfasst[10]. Spätestens, denn es spricht einiges dafür, dass Paulus hier eine frühchristliche Tradition zitiert, das Lied also sogar noch deutlich älter ist[11].

Vergleicht man diesen in jedem Fall sehr frühen Text mit dem Credo, so fällt auf, dass hier der Bezug auf das Leben des Irdischen sogar noch knapper ausfällt: Der Philipperhymnus beschränkt sich auf die (zudem nur implizit mit der Menschwerdung vorausgesetzte) Geburt am Anfang und den Tod am Kreuz am Ende. Dagegen wird dieser punktuelle Rekurs auf das Leben des Irdischen – ebenfalls wie im Credo – durch einen doppelten Sphärenwechsel gerahmt: Das Geschehen beginnt mit der Präexistenz des Gottgleichen und seiner Entäußerung und es mündet in der Erhöhung dessen, der sich selbst erniedrigt hat, zum „Allerhöchsten", dem der ganze Kosmos huldigt. Ersteres, theologisch meist als Inkarnation bezeichnet, spielt auch in einigen anderen neutestamentlichen Texten eine wichtige Rolle, am markantesten am Beginn des Johannesevangeliums (Joh 1,1-18, bes. 1,14). Letzteres, die Erhöhung, ist für nahezu alle größeren Schriften des Neuen Testaments bestimmend geworden.

Sowohl das Alter als auch die weite Verbreitung dieses Phänomens, dass das Christusereignis mit Hilfe mythischer Hyleme reformuliert wird, raten zur Zurückhaltung gegenüber der Interpretation dieses Vorganges als einer die historische Erinnerung einfach ersetzenden Überschreibung, zumal diese Ent-

---

10 Falls der Philipperbrief der letzte Brief des Paulus aus seiner römischen Gefangenschaft ist, dürfte er um 60 n. Chr. verfasst worden sein (so etwa Schnelle 2013, 159-163). Das ist auch der *terminus ad quem* für den Hymnus. Diese Datierung als letzter Brief ist jedoch umstritten. Unabhängig davon wäre auch noch zu überlegen, dass dieses Lied, wenn es denn von Paulus stammen sollte, nicht von ihm im Gefängnis anlässlich des Briefes gedichtet wurde, sondern bereits früher einmal und hier nur zitiert wird.

11 Vgl. Lohmeyer 1928, 4-10. Die meisten Ausleger sind Lohmeyer in seiner Auslegung des Textes als eines vorpaulinischen Hymnus gefolgt; vgl. zu neueren Kommentaren Müller 2002, 92-95; Walter 1998, 56-58. Möglich wäre auch, dass Paulus selbst diesen Text schon früher komponiert hat. Das würde auf der einen Seite gewisse Übereinstimmungen zwischen jenem gebundenen Text und dem übrigen Brief erklären, zugleich aber auch die Tatsache, dass die Pointe des Hymnus eine christologische ist, während er in seinem jetzigen Kontext die vorangehende Paränese (vgl. Phil 2,1-4) begründet und die soteriologischen Konsequenzen vom Apostel erst in Phil 3,20 f ausformuliert werden. Für unseren Zusammenhang ist es zweitrangig, welchen Umfang das Lied ursprünglich vielleicht hatte und welche Zusätze von Paulus stammen könnten (vor allem Vers 8c wird zumeist als ein paulinischer Zusatz angesehen; dagegen Hofius 1976, 4-12). Allerdings nehmen andere Ausleger eine paulinische Verfasserschaft an und verweisen darauf, dass das Lied trotz aller Besonderheiten auch eng mit dem Kontext verzahnt wurde. Fee 2005, 192 f stellt bei einer Reihe von Exegeten im Blick auf die Frage nach dem Ursprung dieses Textes „a discernible [...] swing back to Pauline authorship" fest.

wicklung sich zu Lebzeiten der meisten Augenzeugen vollzog und es dagegen, soweit wir das noch feststellen können, im Unterschied zu manch anderer theologischen Entscheidung (etwa im Blick auf die Frage der fortdauernden Gültigkeit der Tora) keinen Widerstand gab[12]. Die gleichwohl nicht selten in der Exegese geradezu axiomatisch vorausgesetzte Diskontinuität zwischen dem Verkündiger Jesus von Nazareth und dem verkündigten Jesus Christus kann daher nicht unbedingt als Ergebnis unvoreingenommener Kritik gelten und wird hier in Frage gestellt.

Allerdings soll vor jedem Versuch einer Rekonstruktion dieser Entwicklung erst einmal das Phänomen der Reformulierung des Christusereignisses in der Sprache des Mythos anhand der einschlägigen Texte analysiert und ausgelegt werden, um am Ende ein paar Überlegungen anzustellen, inwieweit und mit welchem Recht diese Nachdichtungen beanspruchen können, der Erinnerung an den Irdischen nicht zu widersprechen, sondern ihr vielmehr – wenn auch als Deutung in österlicher Perspektive – zu entsprechen. Der vorgegebenen Beschränkung auf einen Beitrag zu diesem Sammelband ist es geschuldet, dass diese Untersuchung nicht das gesamte Neue Testament in den Blick nimmt, sondern sich auf die Auseinandersetzung mit dem theologischen Denker beschränkt, der unter den neutestamentlichen Autoren am nachhaltigsten die spätere christliche Theologie geprägt hat, auf Paulus sowie auf diejenigen unter seinen unmittelbaren oder mittelbaren Schülern, die seine Theologie rezipiert und eigenständig weiterentwickelt haben.

Ausgegangen wird von dem oben bereits erwähnten Christuslied Phil 2,6-11 sowie von dessen Kontext, dem Philipperbrief, in dem der Apostel ein Kapitel später noch einmal auf das Lied Bezug nimmt, wenn er in Phil 3,20 f durch einen erneuten doppelten Sphärenwechsel die soteriologische Konsequenz der zuvor besungenen Erhöhung des Gekreuzigten aufzeigt. Im Anschluss daran werden weitere Passagen aus den Paulusbriefen herausgegriffen. In diesen liegt zwar keine dem Philipperhymnus vergleichbare Gesamtdeutung des Christusereignisses durch eine geschlossene Sequenz von Hylemen vor, wohl aber werden einzelne mythische Elemente rezipiert und auf je eigene Weise mit soteriologi-

---

[12] Soweit wir es den Quellen entnehmen können, hatten weder die Jünger Jesu noch die zur Gemeinde gestoßenen Familienmitglieder mit dieser Entwicklung, die sich in ihren wesentlichen Punkten bereits zu ihren Lebzeiten vollzog, irgendwelche Schwierigkeiten. Das bestätigt auch die frühchristliche Literatur, die nicht dem paulinischen Einflussbereich zuzurechnen ist, etwa das Corpus Johanneum, das Markus- und Matthäusevangelium und besonders der Hebräerbrief. Selbst ein Jakobusbrief mochte zwar mit der Rechtfertigungsbotschaft des Paulus seine Schwierigkeiten haben, aber dass Jesus der Christus und Kyrios (Jak 1,1), ja der „Herr der Herrlichkeit" ist (2,1), wurde auch in seinen Kreisen nicht bestritten.

schen Erläuterungen kombiniert, um das Gründungsnarrativ des christlichen Glaubens, dass „Gott in Christus war und die Welt mit sich versöhnte" (2 Kor 5,19), in verschiedenen Kontexten jeweils zu aktualisieren.

Nach dem Durchgang durch die Paulusschule wird zunächst ein Blick auf zwei Briefe geworfen, die im Namen des Paulus geschrieben sind und in denen mutmaßliche Schüler sein Erbe unter veränderten Bedingungen neu zur Sprache bringen. Danach soll noch ein weiterer Brief ausgelegt werden, der trotz unbestreitbarer Eigenständigkeit dem erweiterten paulinischen Einflussbereich zuzurechnen ist, der Erste Petrusbrief[13]. In allen drei Briefen lässt sich eine deutliche Neuakzentuierung gegenüber den Protopaulinen feststellen, indem nun verstärkt die Frage nach der Kirche und ihrem Verhältnis zur Gesellschaft und zum gesamten Kosmos in den Blick genommen wird. Zuletzt wird dann noch derjenige unter den Evangelisten näher betrachtet, der sich, wie die Wir-Passagen der Apostelgeschichte zeigen, zumindest als ein Schüler des Paulus verstand und der es vielleicht auch war, der Verfasser des lukanischen Doppelwerkes[14]. Bei ihm, der nicht nur das Leben Jesu wiedergibt, sondern auch noch in Ausschnitten die Geschichte des Frühchristentums, liegt noch einmal eine ganz eigene Verbindung von Mythos und Geschichte vor.

Besondere Aufmerksamkeit wird, wie die Überschrift schon anzeigt, bei diesem Durchgang durch die neutestamentlichen Schriften dem Phänomen des Sphärenwechsels gewidmet, das im Neuen Testament auf eine überraschend vielfältige Weise vorkommt[15]. Durch diese eher ungewöhnliche Perspektive werden altbekannte Texte neu beleuchtet. Vorab sei schon einmal ein Überblick über die verschiedenen Ausprägungen dieses Motivs gegeben, bei dem zu unterscheiden ist zwischen einem Sphärenwechsel, der Jesus Christus betrifft, und den sich daraus ergebenden Konsequenzen für die Christgläubigen. Zunächst zu Ersterem:

– Ausgangspunkt der neutestamentlichen Christologien ist die Gewissheit, dass Jesus durch die Auferstehung von Gott erhöht wurde. Dieses Theologumenon wurde schon bald, vor allem unter Bezug auf den für das neutestamentliche Christuszeugnis zentralen Vers Ps 110,1[16], zur *sessio ad*

---

13 Vgl. dazu Feldmeier 2005, 23-26.
14 Zu Lukas als Paulusschüler siehe unten Anmerkung 108.
15 Zum Weiterwirken und der Weiterentwicklung dieser Vorstellungen in der Patristik vgl. den Beitrag von P. Gemeinhardt in diesem Band, v.a. Kapitel 3.
16 Ps 110,1 ist nach Lev 19,18 im Neuen Testament die am häufigsten zitierte alttestamentliche Schriftstelle; nimmt man die Anspielungen hinzu, so handelt es sich sogar um den am meisten rezipierten alttestamentlichen Text. S. dazu den Beitrag von H. Spieckermann in diesem Band.

dexteram ausgestaltet, die sich in fast allen maßgeblichen neutestamentlichen Schriften in der einen oder anderen Weise findet.
- Schon in den Menschensohnworten der synoptischen Überlieferung kann das mit einem zweiten Sphärenwechsel verbunden werden, mit der Parusie als der Wiederkehr des Erhöhten[17], die dann von Paulus im 1. Thessalonicherbrief, im 1. Korintherbrief und im Philipperbrief in verschiedener Weise entfaltet wird und deren Schilderung in der Johannesoffenbarung geradezu ein ganzes Buch füllt.
- Das solchermaßen eschatologisch mit Gott verbundene Christusereignis kann dann auch protologisch an einen göttlichen Ursprung zurückgebunden werden, etwa in den Sendungsaussagen in Gal 4,4 und Röm 8,3 sowie im Johannesevangelium, und in letzterem vor allem in dem, was man in Anlehnung an Joh 1,14 mit dem Theologumenon der Inkarnation bezeichnet.
- Die Menschwerdung und ihre Folge, der Tod Jesu, können im 1. Petrusbrief noch einmal radikalisiert werden als ein Abstieg in die Unterwelt beziehungsweise in das Totenreich[18].

Die Erhöhung Christi hat Konsequenzen für die Existenz der Christgläubigen, und zwar sowohl für deren Gegenwart wie für die Zukunft.
- Bereits in der Gegenwart findet ein umfassender Statuswechsel der zu Christus Gehörenden statt, wie Paulus in Gal 4,4-7 und Röm 8,14-17 mit der juristischen Vorstellung einer Adoption der bisher Versklavten zu Gottes Kindern und Erben beschreibt.
- Diese Vorstellung einer bereits präsentischen Zugehörigkeit zu Gottes künftiger Welt kann auch in mehr räumlichen Kategorien erfasst werden, wenn Paulus etwa in Phil 3,20 sagt, dass das Gemeinwesen der Christen im Himmel ist.
- Im Kolosserbrief wird dies dahingehend zugespitzt, dass für die Christgläubigen bereits in dieser Welt ein Wechsel in eine neue Sphäre stattgefunden hat, indem sie aus der Gewalt der Finsternis in den Machtbereich des Sohnes versetzt wurden (Kol 1,13), also in einen bereits gegenwärtigen Heilsbereich, in dem sie – so die Spitzenformulierung in Kol 2,12 und 3,1 – bereits mit Christus auferstanden sind. Damit ist der futurische Charakter der Eschatologie nicht ganz aufgegeben, denn auch die Mitglieder der Kirche warten noch auf die endgültige Offenbarung Christi, aber ihr ganzer Sinn ist doch schon jetzt auf „das Oben" gerichtet, wo Christus bereits zur Rechten

---

17 Vgl. Mk 8,38 par; 14,62; weiter 13,26 par.
18 Vgl. dazu auch den Beitrag von P. Gemeinhardt in diesem Band (Kapitel 1.3).

Gottes sitzt. Mit diesem erhöhten Christus ist schon jetzt „ihr Leben in Gott verborgen", um dann bei Christi Erscheinen in Herrlichkeit offenbart zu werden (Kol 3,2-4). Noch weiter geht der Epheserbrief, wenn er sagt, dass Gott die früher in ihren Übertretungen Toten nicht nur lebendig gemacht, sondern sie sogar schon „mit auferweckt und in den Himmel mit eingesetzt hat in Christus Jesus" (Eph 2,5 f).

– Ein bereits gegenwärtiger Sphärenwechsel anderer Art findet sich im lukanischen Doppelwerk, wenn der Erhöhte zu Pfingsten seinen Geist sendet, um seine Boten mit „Kraft aus der Höhe" (Lk 24,49) zu ihrem Dienst auszurüsten und sie und die Gemeinden (zunehmend wie eine eigene Person) zu führen und zu leiten.

– Was es mit dem ‚Erbe' auf sich hat, das die Gotteskindschaft nach dem Galater- und Römerbrief mit sich bringt, schildern die Texte, welche die Folgen des Kommens des Erhöhten vom Himmel als endgültige Verwandlung der zu ihm Gehörenden in eine himmlische Seinsweise beschreiben (Phil 3,21; 1 Kor 15,35-57). Diese Verwandlung kann etwa in 1 Thess 4,17 mit dem anschaulichen Bild eines räumlichen Sphärenwechsels beschrieben werden, wenn es dort heißt, dass die Glaubenden „in Wolken weggerissen werden zur Begegnung mit dem Herrn in der Luft".

– Die Vorstellung einer himmlischen Heimat kann sich dann in der Paulusschule auch zu räumlichen Vorstellungen verdichten, etwa zu der eines Paradieses, in welches bei Lukas Jesus seinen Mitgekreuzigten mitnimmt (Lk 23,43) oder in das Paulus sogar bereits zu Lebzeiten kurzzeitig entrückt werden kann (2 Kor 12,2.4). Damit vergleichbar ist die Rede vom geöffneten Himmel, in welchem Stephanus bei seinem Martyrium Christus zur Rechten Gottes sieht[19].

Genauer werden dabei die Bausteine dieser Theologumena, die historischen und mythischen Hyleme und deren Sequenzierungen analysiert, um durchsichtig zu machen, wie sie jeweils miteinander kombiniert werden können, um dadurch bestimmte Aspekte des Sphärenwechsels vom Himmel auf die Erde (und zum Teil sogar in die Totenwelt) und von der Erde in den Himmel hervorzuheben und so das Christusereignis in jeweils spezifischer Weise zu deuten[20]. Da-

---

19 In vergleichbarer Weise spricht der johanneische Christus von den Wohnungen im Haus des Vaters, die er mit seinem Hingang den Seinen bereitet (Joh 14,2). Der Seher der Offenbarung wird sogar für die Zeit seiner Schau in den Himmel versetzt.
20 Da der Vorgang der Überprägung der Jesusgeschichte mit mythischen Elementen in relativ kurzer Zeit stattgefunden hat, ist eine Rekonstruktion verschiedener Schichten hier nur bedingt

durch kann auch ein Vergleich mit Paralleltexten präziser erfolgen, und zwar nicht nur im Blick auf Aussagen innerhalb der Briefe des Paulus und der Schriften seiner Schüler, sondern auch im Blick auf erwiesene oder zu vermutende jüdische oder pagane Prätexte sowie im Blick auf die Rezeption der neutestamentlichen Zeugnisse in den altkirchlichen Bekenntnissen.

2 Paulus

2.1 Der vierfache Sphärenwechsel im Philipperbrief

Der sogenannte Philipperhymnus Phil 2,6-11, das vielleicht älteste *carmen Christo quasi deo*, ist Bestandteil einer paränetischen Passage Phil 1,27-2,18, in welcher der Apostel dem „Eigennutz" und der „Ruhmsucht" (Phil 2,3), also dem die Gemeinschaft zerstörenden Drang zur Selbstbehauptung des Einzelnen auf Kosten der anderen, seine Forderung entgegenstellt, die Einheit der Gemeinde durch die gegenseitige Liebe zu bewahren. Diese Liebe wird im Zusammenleben darin konkret, dass jeder nicht primär[21] auf das Seine schaut, sondern den anderen höher schätzt als sich selbst. Auf den Begriff gebracht wird das in der hier erstmals formulierten Forderung der ‚Niedriggesinnung' (ταπεινοφροσύνη)[22], üblicherweise übersetzt mit „Demut", als einer grundlegenden Beschreibung ekklesialer Gesinnung[23]. Nun steht eine solche Forderung im Widerstreit mit dem ‚natürlichen' Hang des adamitischen Menschen nach Selbstgeltung und muss deshalb eigens begründet werden. Der Apostel tut dies auf verhältnismäßig aufwendige Weise, indem er ein ganzes Christuslied zitiert. Damit macht er deutlich, dass eine solche Gesinnung nur in Verbindung mit der Christusbindung den Glaubenden zugemutet werden kann.

Zentral für die Verbindung der Glaubenden mit der Christusgeschichte ist der den Hymnus einleitende Satz: „Darauf seid untereinander bedacht, wie [es dem Sein] in Christus [entspricht]" (Phil 2,5). Die Wendung „in Christus" ist typisch paulinisch und umschreibt einen personal bestimmten Machtbereich,

---

möglich und mit vielen Unsicherheiten behaftet, wie ein Blick auf die Versuche, Vorlagen zu rekonstruieren, zeigt. Auf eine diachrone Rekonstruktion wird daher hier verzichtet.

21 Das καί in Phil 2,4 („auch auf das den anderen") fehlt bei einer Reihe von Textzeugen. Das dürfte jedoch sekundär sein und sich dem Anliegen verdanken, die Forderung im Sinne völliger Selbstlosigkeit zu deuten.
22 Vgl. Feldmeier 2012, 81-128.
23 Vgl. Becker 2015, 147.

einen Beziehungsraum, in welchen die zu Christus Gehörenden einbezogen sind. Indem sie durch ihren Glauben in die von ihrem Kyrios eröffnete neue Gottesbeziehung eintreten, kommen sie in dem zum Eigenen gewordenen Gegenüber, also „in Christus" in neuer Weise zu sich selbst. Die mit dieser Identifikation einhergehende Transformation, ja Neukonstitution gläubiger Identität kann Paulus an anderer Stelle mit der radikalen Rede von einer „neuen Schöpfung"[24] umschreiben.

In unserem Text wird diese Vorstellung einer Selbstfindung im anderen, gleichsam die Allotopie im *extra nos* einer fremden Geschichte so präzisiert, dass sie deren Wiedergabe im Blick auf ihre Funktion im Kontext der Paränese zuspitzt: Die Menschwerdung wird in semantischer Anspielung auf die Demut, die ταπεινοφροσύνη, als Akt der Selbsterniedrigung Christi (ἐταπείνωσεν ἑαυτὸν) gedeutet, so dass nun die Forderung der Demut als Entsprechung zu Christus verständlich wird. Zugleich aber wird der *imitatio Christi* zumindest implizit die Perspektive der Erhöhung beigesellt, insofern jenes „in Christus" die Teilhabe an der vom Erhöhten bestimmten neuen Wirklichkeit impliziert[25]. Anders gesagt: Wer sich so mit Christus identifiziert, dass er dessen Statusverzicht im eigenen Verhalten spiegelt, der wird vom Zwang der Selbstdarstellung frei, weil er durch die Teilhabe an der Niedrigkeit seines Herrn auch an dessen Hoheit teilhaben wird, wie das Paulus im nächsten Kapitel ausführt (Phil 3,20 f). Damit ist Christus bei aller Beispielhaftigkeit mehr als nur ein nachzuahmendes Vorbild, wie es die alte Lutherübersetzung von Phil 2,5 noch suggerierte[26] und wie es auch heute noch immer behauptet wird[27]; als Unterpfand für die Erhöhung dessen, der sich gehorsam erniedrigt, wird Christus geradezu zum prägenden Urbild des neuen Menschen „in Christus".

Das Lied selbst besteht aus zwei Strophen, die sich in eine Sequenz von Hylemen zerlegen lassen, die teilweise für sich stehen, teilweise aber auch im Zusammenspiel mit anderen Elementen bestimmte Theologumena in einer spezifischen Weise wiedergeben, wobei der volle Name „Christus Jesus" nur in der

---

24 So die Konsequenz des Seins „in Christus" nach 2 Kor 5,17; vgl. weiter Gal 6,15.
25 Luther hat diesen Vorgang am Ende seiner Schrift „Von der Freiheit eines Christenmenschen" sehr präzise beschrieben: „Aus dem allenn folget der Beschluß, das eyn Christen mensch lebt nit ynn yhm selb, sondern ynn Christo und seynen nehsten, ynn Christo durch den glauben, ym nehsten durch die liebe: durch den glauben seret er uber sich ynn gott, auß gotts eret er widder unter sich durch die liebe, und bleybt doch ymmer ynn gott und gottlicher liebe" (Luther 1520, 38).
26 Luther 1937, Phil 2,5: „Ein jeglicher sei gesinnt, wie Jesus Christus auch war".
27 Jüngstes Beispiel Becker 2015.

Einleitung Phil 2,5 und am Ende Phil 2,11 fällt; ein weiteres Mal (Phil 2,10) wird noch der Name „Jesus" genannt:

A. Der Abstieg des Gottgleichen (Phil 2,6-8)
   1. Präexistenz: [Christus Jesus] existiert in der Seinsweise Gottes (6a)
   2. Die Inkarnation: ihre Deutung und ihre Folgen (6b-8)
      2.1 [Christus Jesus] hält seine Gottgleichheit nicht für einen Raub (6b)
      2.2 [Christus Jesus] entäußert sich (7a)
      2.3 [Christus Jesus] nimmt die Seinsweise eines Sklaven an (7b)
      2.4 [Christus Jesus] wird den Menschen gleich (7c)
      2.5 [Christus Jesus] wird dem Aussehen nach als Mensch wahrgenommen (7d)
      2.6 [Christus Jesus] hat sich selbst erniedrigt (8a)
      2.7 [Christus Jesus] war gehorsam bis zum Tod (8b)
      2.8 bis zum Tod am Kreuz (8c)
B. Der Aufstieg des Gekreuzigten (Phil 2,9-11)
   1. Die Erhöhung Jesu (9)
      1.1 Gott hat [Christus Jesus] über alles erhöht (9a)
      1.2 [Gott] hat [Christus Jesus] den „Namen über jedem Namen" verliehen (9b-c)
   2. Die Akklamation des Erhöhten (10-11b)
      2.1 Im Namen Jesu beugen sich alle Knie der Bewohner des Himmels, der Erde und der Unterwelt (10)
      2.2 Jede Zunge bekennt: Jesus Christus ist Kyrios (11ab)
   3. Das theologische Ziel: die Ehre Gottes als Vater (11c)

In der ersten Strophe wird der Sphärenwechsel vom Himmel auf die Erde damit eingeleitet, dass Christus in einer göttlichen ‚Seinsweise'[28] war, aber seine Gottgleichheit nicht als ‚Raubebeute' (ἁρπαγμός) für sich reklamierte, sondern auf sie verzichtete. Die mit diesem Statusverzicht einhergehende Metamorphose von der μορφὴ θεοῦ (Gestalt Gottes) in eine μορφὴ δούλου (Sklavengestalt) ist radikal; aus der göttlichen Sphäre kommend hat Christus nicht nur besuchsweise eine menschliche Gestalt angenommen, wie es Ovid in seinen Metamorphosen von diversen Göttern besingt, sondern er hat „sich selbst [seiner Göttlichkeit] entledigt" (ἑαυτὸν ἐκένωσεν) und das mit allen Konsequenzen: Der Weg in die Niedrigkeit mündet in den über alle Maßen schmerzhaften und degradie-

---

28 Zu diesem Verständnis von μορφή vgl. Käsemann 1960, 65-68.

renden Tod am Kreuz, einem Tod, wie er im Allgemeinen nur für Sklaven und Schwerverbrecher bestimmt war.

Dass dieser Abstieg ins Unterste, gleichsam ins Untermenschliche nicht das Ende vom Lied ist, liegt darin begründet, dass nun, nachdem es mit dem Protagonisten der ersten Strophe definitiv ein Ende hat, ein zweiter Aktant tätig wird, auf den in der ersten Strophe nur indirekt verwiesen wurde: Gott selbst. Denn die radikale κένοσις, das Ablegen der Göttlichkeit, war ja nach der ersten Liedstrophe Folge seines Gehorsams, also seiner Bindung an Gott, und Gott antwortet darauf nun auf eine mindestens ebenso radikale Weise: „Deshalb" – so die markante Einleitung der zweiten Strophe, die das im Folgenden Geschilderte explizit als Konsequenz des Bisherigen ausweist – „hat Gott ihn zum Allerhöchsten eingesetzt" (Phil 2,9). Diesen Vorgang, den der Apostel mit einem in der Profan-Gräzität offenbar nicht bezeugten Wort ὑπερυψόω (zur höchsten Höhe erheben) wiedergibt[29], präzisiert er im Folgenden noch dadurch, dass Gott dem Gekreuzigten den „Namen über jedem Namen" übertragen hat (Phil 2,9), den Namen Kyrios (Phil 2,11), der in der Septuaginta seinen Eigennamen YHWH wiedergibt[30]. Die Folge dieser Namensübertragung ist wiederum, dass ihm nun der gesamte Kosmos im Himmel, auf der Erde und unter der Erde als Kyrios huldigt (Phil 2,10 f) und ihn so als seinen „Herrn" anerkennt. Das Christusereignis wird also durch einen doppelten Sphärenwechsel wiedergegeben, wie er grundstürzender kaum denkbar ist: aus göttlicher Gestalt zum Sklavenstand und Verbrechertod und daraufhin zum ‚allerhöchsten' Herrn des Kosmos. Ausgedrückt – oder genauer gesagt: besungen – wird diese paradoxe Karriere[31] durch eine doppelte, gegenläufige Sequenz von mythischen Aussagen, die in der ersten Strophe in den Bereich der Historie übergeht und diesen in der zweiten Strophe wieder transzendiert.

Man kann das Christuslied als Gegenerzählung zum ‚Sündenfall' lesen: Während Adam dadurch, dass er sein wollte wie Gott, seiner Gottesnähe verlu-

---

29 Liddell/Scott 1996, 1869 nennt unter dem Begriff ὑπερυψόω neben Phil 2,9 nur zwei Stellen in der Septuaginta, von denen eine sich auf Gott bezieht (Ps 96 [97], 9), eine auf einen kurzzeitig erhobenen Gottlosen (Ps 36 [37], 35). Selbst wenn der Begriff nicht erst durch die Septuaginta geprägt worden sein sollte, so dürfte er doch außerordentlich selten gewesen sein.
30 Wie Hofius überzeugend nachgewiesen hat, bildet die sowohl in prophetischer Tradition wie in den Psalmen bezeugte eschatologische Huldigung vor Yhwh den Hintergrund von Phil 2,9-11 (vgl. Hofius 1976, 41-55). Der für die dämonologische Deutung konstitutive Gedanke einer Unterwerfung der Mächte findet sich nirgends; umgekehrt ist καταχθόνιος („unterirdisch") „im allgemeinen Sprachgebrauch der römischen Zeit eine ganz geläufige Bezeichnung der Verstorbenen in der Unterwelt: es ist Wiedergabe des lateinischen *Manes*" (Hunzinger 1970, 152).
31 Vgl. Walter 1998, 59

stig ging und so als Zentralgestalt der gefallenen Schöpfung das Todesgeschick der Menschheit verursachte, wurde Christus durch seinen unbedingten Gehorsam und den Verzicht darauf, sein zu wollen wie Gott, von Gott über alle Maßen erhöht und damit zur antitypischen Zentralgestalt einer neuen Menschheit[32]. Paulus selbst kann an anderer Stelle in diesem Sinne Christus als „letzten Adam" dem „ersten Adam" gegenüberstellen (1 Kor 15,21 f. 45), eine Vorstellung, die auch anderen neutestamentlichen Autoren geläufig ist.[33]. Man kann in der Erhöhung des Demütigen aber auch einen provokativen Kontrast zu dem sich selbst erhöhenden römischen Herrscher sehen[34], zumal in Philippi wenige Jahre zuvor eine Münze geprägt wurde, welche die Vergöttlichung des Augustus durch eine andere Gestalt, vermutlich die Göttin Roma, darstellte[35]. Damit würde hier die Andersartigkeit dieses Kyrios und damit auch der mit ihm verbundenen göttlichen Macht unterstrichen. Beides ist möglich und muss sich im Übrigen nicht gegenseitig ausschließen. Doch wie dem auch sei: In jedem Fall wird durch die Überschreibung der Christusgeschichte mit Hilfe von mythischen Hylemen die dahinter stehende Dimension eines göttlichen Handelns sichtbar gemacht – eine Dimension, welche den *bruta facta* des Lebens Jesu zumindest nicht ungebrochen zu entnehmen ist, denn der Eindruck eines Gottesmannes, den der ‚vollmächtige' Jesus in Wort, Tat und Auftreten bei seinen Zeitgenossen hinterließ, wurde durch die Passion zumindest in Frage gestellt, wenn nicht widerlegt, wie die dreifache Verspottung des Gekreuzigten unterstreicht (Mk 15,29-32 par). Statt von Überschreibung zu sprechen, wird allerdings im Folgenden die der Geologie entstammende Metapher der Überprägung bevorzugt, weil hier die Vorlage nicht durch einen anderen Text verdeckt und so zum Verschwinden gebracht, sondern lediglich überformt wird[36].

Meist zu wenig beachtet wird, dass die Hylemsequenz nicht mit Jesus Christus und der kontrafaktischen Deutung seines am Kreuz beendeten irdischen Lebens durch die Erhöhung endet, sondern in den resümierenden Schlusssatz mündet, dass das alles „zur Ehre Gottes des Vaters" (Phil 2,11) geschah. Der Schlusssatz zeigt an, dass das Christuslied nicht nur eine christologische und paränetische, sondern auch eine theologische Pointe im engeren Sinn hat und

---

32 1 Kor 15,20-22.44-49; vgl. Röm 5,12-21; vgl. ferner Becker 1992, 428.
33 So muss die Notiz am Beginn des Markusevangeliums (Mk 1,13), dass Jesus nach dem Bestehen der Versuchung „mit den (wilden) Tieren" war und von den Engeln bedient wurde, wohl im Sinne einer *restitutio in integrum* der Schöpfung durch den Gottessohn (Mk 1,11) gedeutet werden; vgl. Pesch 1980, 95.
34 Vgl. Vollenweider 2002, 263-284.
35 Vgl. Smit 2011, 110.
36 Dass dies angemessener ist, wird am Ende noch einmal begründet.

in diesem Sinn noch einmal gelesen werden will: Mit der Erhöhung des Niedrigsten zum Allerhöchsten hat auch Gott nicht auf das Seine gesehen, sondern, wie das der Apostel in Phil 2,1-4 von den Adressaten fordert, den anderen höher als sich selbst geachtet. Mit diesem – provokant formuliert – Statusverzicht Gottes ging dieser aber keineswegs seiner Hoheit verlustig, im Gegenteil: Der zum Herrn des Kosmos erhöhte Gekreuzigte ist „der zur Verherrlichung Gottes Herrschende"[37], wie dies Paulus dann in 1 Kor 15,21-28 noch einmal breiter ausführt (siehe unten). Im Blick auf Gottes δόξα (Glanz, Ehre, Ruhm, Ansehen, Herrlichkeit) besagt das, dass diese nicht in seiner Übermacht besteht, sondern in der Teilhabe an seiner Macht. Eben das meint die Rede von ihm als dem Vater im letzten Wort des Hymnus[38]. Die mythische Reformulierung der Geschichte Jesu lässt also den dahinterstehenden Gott als Vater sichtbar werden.

Da das Lied die Paränese im Zusammenhang von Phil 1 f begründet, spielt hier die Soteriologie explizit keine Rolle. Diese wird vom Apostel im folgenden Kapitel nachgetragen. Dort grenzt der Apostel am Ende seiner in Phil 3,2 beginnenden Auseinandersetzung mit Irrlehrern seine Adressaten schroff ab von denen, die nicht „Kinder Gottes" (vgl. Phil 2,15), sondern „Feinde Gottes" sind, weil „ihr Gott ihr Bauch ist und ihre Ehre in ihrer Schande besteht" (Phil 3,18 f). Gegenüber solchen, „die auf das Irdische bedacht sind" (Phil 3,19) betont Paulus in Phil 3,20 f die Zugehörigkeit der Christgläubigen zu einem himmlischen Gemeinwesen. Hatte Phil 2 gezeigt, dass mit der Christusbindung ein neues Ethos begründet ist, so entfaltet Phil 3, dass damit auch eine über diese Erde hinausgehende soteriologische Perspektive verbunden ist. Zu deren Beschreibung bedient sich der Apostel in Phil 3,20 f wieder einer Sequenz von Hylemen:

1. Das Gemeinwesen der Christen ist im Himmel (20a)
2. Von dorther erwarten sie das Kommen des Retters (20b)
3. Die Rettung (21)
    3.1 Christus wird den Leib der Niedrigkeit verwandeln (21a)
    3.2 Er verwandelt ihn in den Leib seiner Herrlichkeit (21b)
    3.2 Möglich ist das durch die Kraft, mit der er sich das All unterwirft (21c)

Im Blick auf die einzelnen Elemente scheint es lediglich die Herrschaft über das All zu sein, bei der sich eine Übereinstimmung mit dem Christuslied von Phil 2 zeigt. Aber genaueres Hinsehen lässt doch auffällig viele semantische Bezüge

---

37 Thüsing 1965, 54.
38 Vgl. Feldmeier/Spieckermann 2017, 66-92.

zwischen beiden Texten erkennen, angefangen von der Prädikation „Kyrios Jesus Christos" (2,11/3,20), über die Wortfamilien ταπεινός κτλ. (Erniedrigung, Demütigung, Niedrigkeit) (2,8[39]/3,21), σχῆμα (Haltung, Erscheinung, Aussehen, Gestalt) (2,7/3,21), μορφή (Gestalt) (2,6.7/3,21), πᾶς (jeder, ganz) (2,9.10.11/3,21), οὐρανός (Himmel) (2,10/3,20) und δόξα (Glanz, Ehre, Ruhm, Ansehen, Herrlichkeit) (2,11/3,21) bis hin zum neutestamentlichen Hapaxlegomenon πολίτευμα (Gemeinwesen, Staat) in Phil 3,20, das auf das fast ebenso seltene[40] πολιτεύεσθε (πολιτεύομαι: sein Leben führen, sich verhalten, wandeln) der einleitenden Ermahnung in Phil 1,27 Bezug nimmt[41]. Diese Rückbezüge lassen wenig Zweifel daran, dass Paulus seine Zusammenfassung der christlichen Erlösungshoffnung in Phil 3,20 f im Dialog mit dem Christuslied Phil 2,6-11 formuliert hat.

Auch in diesem Text wird ein doppelter Sphärenwechsel beschrieben, der die in Phil 2 beschriebene Erhöhung des Gekreuzigten zum Kyrios und Herrn des Alls voraussetzt und nun daraus die Konsequenzen zieht, indem er die Hoheit Christi zu der auf der Erde noch andauernden Niedrigkeit der Seinen in Bezug setzt. Denn insofern diese ihre Identität nicht mehr aus sich selbst haben, sondern „in Christus" sind, sich also in seiner Geschichte selbst neu verstehen, gehören sie schon jetzt nicht mehr zu dieser Erde, sondern haben ihr πολίτευμα, ihr Gemeinwesen, jetzt schon dort, wo auch ihr Kyrios ist, nämlich „im Himmel" (Phil 3,20). Die endgültige Erlösung steht allerdings noch aus; sie geschieht durch Christus, der als der „Retter" kommen wird, um „den Leib unserer Niedrigkeit zu verwandeln, gleichgestaltet dem Leib seiner Herrlichkeit" (Phil 3,21)[42]. Damit vollzieht Christus als der vom Himmel Herabkommende, der hier erstmals[43] im Neuen Testament und das einzige Mal bei Paulus mit dem hellenistischen Herrscher- und biblischen Gottesprädikat σωτήρ „Retter/Heiland"[44] bezeichnet wird, an denen, die jetzt schon zu ihm gehören, eine Verwandlung von Niedrigkeit in Hoheit, die derjenigen entspricht, die nach Phil 2,6-11 Gott an ihm selbst gewirkt hat. Die im Hymnus geschilderte doppelte Metamorphose dessen, der aus göttlicher Seinsweise zum Sklaven wurde, um dann von Gott zum Kyrios

---

39 Vgl. auch Phil 2,3.
40 Nur noch einmal in Apg 23,1.
41 Auch dies ist ein Wort, das sich nur noch einmal im ganzen Neuen Testament findet.
42 In vergleichbarer Weise kann Paulus in 1 Kor 15,42-57 sagen, dass Christus als „lebendig machender Geist" die Seinen in göttliche Herrlichkeit verwandelt und in Röm 8,29 f, dass sie von Gott dem Bild seines Sohnes als dem „Erstgeborenen unter vielen Brüdern" gleichgestaltet werden.
43 Die anderen Erwähnungen im lukanischen Doppelwerk, den Deuteropaulinen und den katholischen Briefen sind überlieferungsgeschichtlich jünger.
44 Vgl. dazu Jung 2002.

und Allerhöchsten eingesetzt zu werden, hat ihn also mit jener Machtfülle ausgestattet, die es ihm ermöglicht, „nach der Kraft, mit der er sich alle Dinge untertan machen kann" (Phil 3,21), nun seinerseits die Seinen zu verwandeln und ihnen so an Gottes Unvergänglichkeit, Herrlichkeit und Macht Anteil zu gewähren, wie es der Apostel dann in 1 Kor 15,35-58 breiter ausführt (siehe unten).

2.2 Die Sendung des Sohnes: Gal 4,3-7

Die in Phil 3,20 f angedeutete und dann in 1 Kor 15 ausgeführte Verwandlung der Glaubenden in eine neue Seinsweise ist ein Geschehen, das für die Zukunft erwartet wird. Diese Perspektive bestimmt aber bereits die Gegenwart der Christgläubigen. Darauf legt der Galaterbrief den Akzent. Wiederum ist bezeichnend, dass die Sprache des Mythos bruchlos übergeht in den Bezug auf den historischen Jesus, um dann die soteriologischen Folgen für das gegenwärtige Selbstverständnis in Anlehnung an den juristischen Vorgang der Adoption zu formulieren:

1. Die Ausgangslage: Auch die Glaubenden waren unter die Elemente des Kosmos versklavt (3)
2. Gottes Reaktion: Die Sendung des Sohnes (4)
    2.1 Die Erfüllung der Zeit war gekommen (4a)
    2.2 Gott hat seinen Sohn gesandt (4b)
    2.3 Dieser hat Teil an der *conditio humana*
        2.3.1 Er ist geboren durch eine Frau (4c)
        2.3.2 Er ist unterworfen unter das Gesetz (4d)
3. Gottes Ziel: Die Adoption der versklavten Menschen (5-7)
    3.1 Gott will die Seinen unter dem Gesetz loskaufen (5a)
    3.2 Gott will die Seinen zu seinen Söhnen adoptieren (5b)
    3.3 Die Glaubenden sind Gottes Söhne (6a)
    3.3 Gott sendet den Geist in ihre Herzen (6b)
    3.4 Der Geist ruft ihn [Gott] als Vater an (6c)
    3.5 Aus einem Sklaven wurde so ein Sohn [Gottes] (7a)
    3.6 Wer aber Sohn ist, der ist auch Erbe – „durch Gott" (7b)

Bereits auf den ersten Blick ist zu sehen, dass die Inkarnation hier mit ganz anderen Hylemen zum Ausdruck gebracht und ausgedeutet wird als im Philipperhymnus:
1. Die Unterschiede beginnen schon beim Protagonisten: War die Menschwerdung in Phil 2 ganz von der gehorsamen Selbstentäußerung des Sohnes her

formuliert, auf die Gott selbst erst nach Kreuzigung und Tod mit der gegenläufigen Bewegung der Erhöhung reagiert hat, so nimmt Gal 4 seinen Ausgangspunkt beim Handeln Gottes, durch welches die „Zeit erfüllt wird", also die Geschichte zu ihrem Ziel kommt.

2. War es dann in Phil 3 der vom Himmel kommende Erlöser, welcher die Glaubenden dem Leib seiner Herrlichkeit gleichgestaltet hat, so ist es in Gal 4 Gott, der mit der Sendung des Sohnes auf die Unfreiheit der gefallenen Schöpfung antwortet. Damit wird in Gal 4 das Heilsgeschehen ganz von der Inkarnation her entworfen.

3. In Phil 3 ist es eine himmlische Seinsweise, in welche der erhöhte Christus die Seinen sich anverwandelt, in Gal 4 ist es der Gebetsruf des irdischen Jesus „Abba, Vater" (Mk 14,36) und damit dessen Gottesbeziehung, in welche Gott die Glaubenden durch die Sendung des „Geistes seines Sohnes" einbezieht.

4. Entsprechend spricht Gal 4 auch nicht von einer zukünftigen Verwandlung der Glaubenden, sondern von ihrer bereits jetzt erfolgten Adoption[45] und entfaltet deren Folgen für das gegenwärtige Selbstverständnis als Befreiung (nicht mehr Sklave, sondern Sohn) wie für die Zukunftsperspektive als Verheißung (wenn Sohn, dann auch Erbe).

Schon dieser erste Vergleich zeigt, dass sich bei Paulus die Überzeugung durchhält, dass Gott in der Geschichte Jesu Christi selbst gehandelt, dass er als Vater zum Heil der Glaubenden, ja der ganzen Welt wirksam geworden ist und so die Existenz der Glaubenden neu konstituiert hat. Diese Überzeugung bringt er beide Male mit Hilfe einer Sequenz von mythischen Elementen zur Sprache. Der Vergleich zeigt aber zugleich, dass der Apostel dies kontextbedingt auf recht unterschiedliche Weise tut: Im Philipperbrief, dem persönlichsten Schreiben des Apostels, das er in der Gefangenschaft verfasst hat und in dem er sich nach dem Tod und der Vereinigung mit Christus als Befreiung vom Leiden sehnt (vgl. Phil 1,21-23), steht ganz die Zukunftserwartung und mit ihr der Kyrios als der wiederkommende Erlöser im Vordergrund. Entsprechend orientiert sich auch die eschatologische Gestalt der Hoffnung an Christi Geschick: Durch Niedrigkeit, Leiden und Tod hindurch zum Herrn des Kosmos erhöht hat er nun die

---

[45] Er verwendet den juristischen Terminus υἱοθεσία. Im Philipperbrief findet sich das nur in 2,15 angedeutet, wenn Paulus seine Adressaten auffordert, als Kinder Gottes untadelig zu leben.

Macht, auch das Leben seiner Gläubigen von der Niedrigkeit in Herrlichkeit zu verwandeln[46].

Dagegen geht es im Galaterbrief um die Frage der Beschneidung und damit um das Gesetz als Ganzes und die Frage seiner Bedeutung für das gegenwärtige Leben der Glaubenden. Der Brief ist daher bestimmt von der Kontrastierung der menschlichen Unfreiheit mit der durch Christus gebrachten „Freiheit"[47]. Entsprechend wird das Heilsereignis als Adoption vom Sklaven zum Kind und Erben, also als ein bereits jetzt die Freiheit der Christgläubigen begründender Statuswechsel gedeutet, bei dem durchgängig das Handeln des „Vaters" hervorgehoben wird, der durch die Sendung seines Sohnes in die von ihm entfremdete und unter die Elemente des Kosmos versklavte Schöpfung in die Herzen der Glaubenden den Geist gesandt hat. Durch ihn eröffnet er ihnen die Möglichkeit eines neuen Zuganges zu sich und macht sie zugleich zu „Erben", das heißt er gewährt ihnen Zukunft. Am Ende des Briefes wird der Apostel für die durch Christus bewirkte Verwandlung die Metapher der „neuen Schöpfung" verwenden (Gal 6,15). Die Sequenz von unterschiedlichen Hylemen lässt dabei gut erkennen, wie Gott durch Christus so handelt, dass aus dessen Abstieg gegenläufig der Aufstieg der Glaubenden folgt, ein durch Christus ermöglichter Austausch zwischen Gott und Mensch. Der Apostel konnte dies an anderen Stellen[48] zu der Argumentationsfigur eines *beatum commercium* verdichten:

– Der Gottessohn ist „unter dem Gesetz" (4d) → so hat er die „unter dem Gesetz" freigekauft (5a)
– Der Gottessohn ist von einer Frau geboren (4c) → durch ihn werden die Glaubenden zu Gottes Söhnen (5b)
– Der Sohn wurde „gesandt" (4b: ἐξαπέστειλεν) → der „Geist des Sohnes" wird in die Herzen der Glaubenden „gesandt" (6: ἐξαπέστειλεν)

---

46 In vergleichbarer Weise wird dann auch der 1. Petrusbrief, der sich wie keine andere neutestamentliche Schrift mit dem gegenwärtigen Leiden der Christen auseinandersetzt, die durch Christus ihnen zuteilwerdende Herrlichkeit betonen.

47 Viermal findet sich im Galaterbrief ἐλευθερία (Freiheit) und sechsmal ἐλεύθερος (frei), das sind 10 von insgesamt 34 Vorkommen der beiden Wörter im Neuen Testament.

48 „Erkennt nämlich die Gnade unseres Herrn Jesus Christus, dass er – obgleich er reich war – um euretwillen arm geworden ist, damit ihr durch dessen Armut reich würdet" (2 Kor 8,9). „Christus hat uns vom Fluch des Gesetzes losgekauft, indem er um unsertwillen zum Fluch wurde" (Gal 3,13). „[Jesus Christus] ist für uns gestorben, damit wir – ob wir nun wachen oder schlafen – zugleich mit ihm leben" (1 Thess 5,10). Paulus kann dies auch von Gottes Handeln her formulieren: „[Gott] hat den, der Sünde nicht kannte, für uns zur Sünde gemacht, damit wir in ihm Gerechtigkeit Gottes würden" (2 Kor 5,21). Der Erste, der dies als γλυκεῖα ἀνταλλαγή („süßer Wechsel") auf den Begriff gebracht hat, ist der Diognetbrief (Diog. 9,5).

- Die Schöpfung ist versklavt (3) → durch die Adoption werden die Sklaven zu Söhnen und Erben (7)

2.3 Der erhöhte Christus als Fürsprecher der Glaubenden: Röm 8,34 f

Paulus kann dieselbe Zusage der Adoption der Christgläubigen zu Kindern Gottes in Röm 8,14-17 wiederholen. In diesem Abschnitt ist kein Sphärenwechsel zu erkennen. Wenn man ihn jedoch in den Gesamtzusammenhang des achten Kapitels stellt, wird erkennbar, dass das in Röm 8,14-17 geschilderte Heilsgeschehen sogar wie in Phil 2 in einem doppelten Sphärenwechsel eingebunden ist. Am Anfang steht die Sendung des Sohnes (Röm 8,3), am Ende dessen Sein zur Rechten Gottes (Röm 8,34), das die Erhöhung voraussetzt. Die Einbindung der Adoption zu Gotteskindern in den doppelten Sphärenwechsel Christi erfolgt also im Kontext einer ausführlicheren Argumentation, die im Blick auf die Inkarnation und besonders im Blick auf die *sessio ad dexteram* eigene Akzente setzt.

Zunächst zu Ersterem, der Sendung des Sohnes: Das achte Kapitel des Römerbriefes gibt die Antwort auf die in Röm 7 eindrücklich geschilderte Ausweglosigkeit des in sich selbst gefangenen und zum Gehorsam gegenüber Gottes Gesetz unfähigen Menschen. Im ersten Teil des Kapitels, Röm 8,1-17, das sich zunächst ganz auf die Christgläubigen konzentriert, fällt die durchgehende Bezugnahme auf den Geist ins Auge. Der Geist wurde, wie gesehen, auch im Kontext der Adoptionsaussage von Gal 4,6 einmal als der „Geist des Sohnes" erwähnt, der in die Herzen der Gläubigen gesandt ist und dort Gott als „Abba, Vater" anruft. In Röm 8 kommt ihm nun als Gegenmacht zum Fleisch entscheidende Bedeutung bei der Überwindung der Sünde und damit der Gottferne und des Todes zu. Durch das „Gesetz des Geistes des Lebens in Christus", so beginnt die Argumentation in Röm 8,2, wurden die Christgläubigen vom „Gesetz der Sünde und des Todes befreit", so dass sie nun nicht mehr „nach dem Fleisch wandeln, sondern nach dem Geist" (Röm 8,4; vgl. 8,5). Dieser Geist bleibt den Gläubigen nicht äußerlich, sondern er wohnt in ihnen (Röm 8,9.11), so wie diese zugleich „im Geist" sind (Röm 8,9). Die Verbindung von Glaubenden und Geist kann inniger nicht ausgedrückt werden als durch die reziproke Immanenz, ein gegenseitiges Ineinander, durch welches der Geist die Glaubenden mit Christus und durch ihn Gott mit den Glaubenden verbindet. War der Galaterbrief vom Gegensatz von Sklaverei und Freiheit bestimmt, so geht es hier im Römerbrief um den noch elementareren Gegensatz von Tod und Leben: Der in den Gläubigen wohnende Geist Gottes beziehungsweise Geist Christi – beide stellt Paulus in Röm 8,9 ohne erkennbare Differenzierung nebeneinander – gewährt denen, in die er „einwohnt", Anteil an der göttlichen Lebensmacht und eröffnet so inmitten der todgeweihten Schöpfung die Möglichkeit ewigen Lebens: „Wenn aber Christus in euch [wohnt], ist zwar der Leib tot um der Sünde willen, aber der Geist Leben um der Gerechtigkeit willen. Wenn aber der Geist dessen, der Jesus von den Toten auferweckt hat, in euch einwohnt, dann wird der, der Christus von den Toten erweckt hat, auch eure sterblichen Leiber lebendig machen durch seinen in euch wohnenden Geist" (Röm 8,10 f).

Dies verpflichtet die ‚Geistlichen' zu einem entsprechenden Lebenswandel, wie bereits Röm 8,4-8 betont hat und wie Röm 8,12 f noch einmal mit Bezug auf die soteriologischen Konsequenzen der jeweiligen Lebensweise einschärft. Als vom Geist geführt oder getrieben, so fährt Paulus in Röm 8,14 f fort, sind die Christgläubigen „Söhne Gottes", die keinen „Geist der Sklaverei zur Furcht" empfangen haben, sondern einen „Geist der Adoption", „in dem" sie – also nun sie selbst[49]– Gott als „Abba, Vater" anrufen. Dadurch bezeugt „der Geist selbst" dem Geist der Gläubigen, dass sie „Kinder Gottes" sind (Röm 8,16) und daraus folgt dann, wie in Gal 4,7, dass sie auch Erben sind, und zwar Christi Miterben, die so, wie sie jetzt mit Christus mitleiden, auch mit ihm verherrlicht werden (Röm 8,17). Hatten die bisherigen Texte entweder das Handeln Gottes oder das Handeln Christi in den Vordergrund gerückt, so verschränkt sich beides im Römerbrief. Zwar ist es auch hier zunächst Gott, der seinen Sohn sandte (Röm 8,3) und ihn „für uns alle dahingab" (Röm 8,32). Aber es ist gleichermaßen der Geist Gottes wie der Geist Christi, welcher die Glaubenden zu Gotteskindern macht. Im Unterschied zu Gal 4 betont Paulus hier, dass die Glaubenden als Miterben Christi so, wie sie jetzt an seinem Leiden teilhaben, in seine Herrlichkeit verwandelt werden[50]. Zugleich wird in dem abschließenden Lobpreis der göttlichen Liebe, auf der allein die Gewissheit der Glaubenden beruht, nicht nur parallel von der „Liebe Christi" (Röm 8,35) und von der „Liebe Gottes in Christus Jesus, unserem Herrn" gesprochen (Röm 8,39), sondern der Apostel geht in diesem Abschnitt auch – und damit kommt nun der zweite Sphärenwechsel in diesem achten Kapitel des Römerbriefes ins Spiel – explizit davon aus, dass der Sohn zur Rechten Gottes inthronisiert ist (Röm 8,34).

Mit dieser für Paulus singulären Aussage wird nun aber eine ebenso singuläre Aufgabe des Erhöhten verbunden. Dazu eine Vorbemerkung: Die *sessio ad dexteram* ist bereits in den Menschensohnworten der synoptischen Tradition

---

[49] In Gal 4,6 war es der Geist, der ruft.
[50] In Phil 3,21 ist es, wie gesehen, der vom Himmel kommende Erlöser, der diese Verwandlung vollzieht.

das Bild für Jesu Gewissheit seiner künftigen Erhöhung (vgl. Mk 12,35-37 par; 14,61 f par) und sie wird in den Bekenntnisformulierungen der späteren Briefliteratur als Ausdruck für die kosmische Herrschaft Christi gedeutet[51]. Diese Hoheit Christi setzt auch der Apostel voraus; ihre kürzeste Zusammenfassung ist der für den Apostel wichtigste christologische Hoheitstitel Kyrios, der nach Phil 2 das unmittelbare Ergebnis der Erhöhung durch Gott ist. Entsprechend übernimmt bei ihm Christus auch Funktionen, die in der Tradition ausschließlich Gott vorbehalten sind: von der Schöpfung[52] über das Jüngste Gericht[53] bis zur Überwindung des Todes[54]. Aber dass Christus zur Rechten Gottes ist, findet sich explizit in den authentischen Paulusbriefen nur an dieser Stelle[55], und hier begründet sie Christi Eintreten vor Gott für die Seinen (*intercessio*). Eine vergleichbare stellvertretende Fürsprache hatte Paulus wenige Verse vorher (Röm 8,26) schon dem Geist zugeschrieben, aber dort bezog sie sich auf die Gegenwart der Glaubenden: Da diese nicht wissen, was sie beten sollen, muss der Geist ihrer Schwachheit aufhelfen und sie mit „unaussprechlichem Seufzen" vertreten. Christi Fürsprache dagegen bezieht sich, wie die damit verbundene Rede von der Anklage und Verurteilung (Röm 8,33f) zeigt, auf das Endgericht. Dort verhindert er bei Gott die endzeitliche Verdammung[56]. Die rhetorische Frage, wer noch bleibt, um die Glaubenden zu verklagen, wird durch eine Sequenz von vier Elementen beantwortet, welche die Interzession Christi als die Konsequenz seines gesamten Weges darstellt:

1. Christus Jesus ist gestorben (34b)
2. [Christus Jesus] wurde auferweckt (34c)
3. [Christus Jesus] ist zur Rechten Gottes (34d)
4. [Christus Jesus] tritt für die Seinen ein (34e)

---

51 Eph 1,20 f; 1 Petr 3,22; Hebr 1,3 f; 8,1; 10,12; 12,2; vgl. auch Apg 2,23-36.
52 Vgl. 1 Kor 8,6; vgl. ferner Kol 1,16 f.
53 Vgl. Röm 2,16; 2 Kor 5,10.
54 Vgl. Röm 5,15-21; 1 Kor 15,20-26; vgl. ferner seine Bezeichnung als „letzter Adam", der in 1 Kor 15,45 in Anlehnung an den göttlichen Lebenshauch von Gen 2,7 als „lebendig machender Geist" bestimmt wird.
55 Zum Zitat von Ps 110,1 in 1 Kor 15,25 siehe unten.
56 Vgl. Wilckens 1980, 174 f. Im Neuen Testament findet sich dieses Theologumenon einer himmlischen Interzession Christi nur noch im Hebräerbrief, der jenes *munus sacerdotale* zum Bestandteil seiner Konzeption von Christus als dem wahre Sühne bewirkenden, himmlischen Hohepriester gemacht hat (Hebr 7,25; 9,24). Bei Paulus dagegen bildet die Fürbitte Christi die Begründung für das Vertrauen der Christgläubigen darauf, dass sie niemand verurteilen kann.

Wieder gehen hier Historisches und Mythisches ineinander über, ja eines folgt aus dem anderen: Das mit Tod, Auferweckung und Erhöhung knapp umrissene Christusereignis mündet in die stellvertretende Fürbitte. Die *sessio ad dexteram* hat hier nicht primär die Funktion, die Machtstellung Christi zu begründen; diese wird vielmehr fraglos vorausgesetzt[57]. Bei der Erhöhung zur Rechten Gottes geht es vielmehr darum, dass Christus dadurch aufs Engste mit dem Vater verbunden ist und aufgrund dieser Nähe für die Seinen eintreten kann. Deshalb kann Paulus im direkten Anschluss an die Interzession Christi betonen, dass Christi Liebe stärker ist als alles Leiden, welches diese Welt für die Christgläubigen bereithält (Röm 8,35 f), so dass diese „in alledem einen überwältigenden Sieg davontragen durch den, der uns geliebt hat [nämlich Christus]" (Röm 8,37). Und weil die Liebe Christi zugleich die „Liebe Gottes in Christus Jesus, unserem Herrn" ist, ist sie auch mächtiger als alle die Welt bestimmenden Größen (Röm 8,38 f).

2.4 Das Kommen Christi und die Vollendung der Schöpfung: 1 Kor 15

Der Philipperbrief war von einem vierfachen Sphärenwechsel bestimmt: beginnend mit der Menschwerdung über die Erhöhung Christi bis zu dessen Wiederkehr vom Himmel und der Erhöhung der zu ihm Gehörenden. Im Galater- und Römerbrief griff Paulus je nach Bedarf auf die ersten beiden Elemente Inkarnation und Inthronisation zurück. Die letzten beiden, die Wiederkunft und die damit einhergehende Verwandlung der Glaubenden, spielen dagegen in den eschatologischen Passagen des 1. Thessalonicherbriefes und des 1. Korintherbriefes eine zentrale Rolle. Beide Male sieht sich der Apostel durch Anfechtungen in den Gemeinden herausgefordert, die christliche Auferstehungshoffnung zu erläutern. Als Antwort darauf entwirft er mit Hilfe von mythischen Hylemen, die zum großen Teil aus der jüdischen Apokalyptik stammen, eine Sequenz der Endereignisse. Im 1. Thessalonicherbrief ist das Problem noch vergleichsweise einfach: Hier geht es darum, inwiefern die Toten an der Wiederkunft Christi Anteil haben werden. Paulus antwortet darauf, indem er in 1 Thess 4,13-17 die

---

[57] Die zentrale Bedeutung der Erhöhung haben schon die beiden Stellen aus dem Philipperbrief gezeigt. In 1 Kor 15,25 kann Paulus dafür sogar denselben Vers Ps 110,1 zitieren, wenn es um die Ermächtigung des Sohnes durch den Vater geht, damit dieser bei seiner Wiederkunft die Gottesherrschaft aufrichten kann. Aber an dieser Stelle zitiert der Apostel von diesem Vers bezeichnenderweise nur die Zusage, dass Gott die Feinde unter seine Füße legen wird.

Endereignisse mit sehr konkreten Bildern beschreibt: Christus wird mit der Stimme des Erzengels und der Posaune Gottes vom Himmel herabkommen, die Toten werden auferstehen, die Lebenden zu ihm in die Luft entrückt und immer bei ihm sein.

Dagegen ist das 15. Kapitel des 1. Korintherbriefes veranlasst durch die Bestreitung der Auferstehung[58] durch Mitglieder der korinthischen Gemeinde. Hier sieht sich der Apostel genötigt, den christlichen Glauben in dieser Hinsicht noch einmal ausführlich zu begründen. Zunächst rekurriert er auf die älteste Überlieferung der verschiedenen Zeugen, die er ebenfalls als Tradition übernommen und weitergegeben hat, und ergänzt sie durch seine eigene Erfahrung (1 Kor 15,1-11). Sodann zeigt er die selbstzerstörerischen Konsequenzen einer Bestreitung der Auferstehung auf (1 Kor 15,12-19). Im Anschluss daran kommt er in 1 Kor 15,20-28 darauf zu sprechen, was die Auferweckung Christi für das weitere Schicksal der Glaubenden bedeutet, wobei er diese Erörterung anders als im 1 Thess 4 nicht nur auf das Geschick der lebenden und toten Christgläubigen begrenzt, sondern das Erlösungsgeschehen mit dem Bezug auf die Gottesherrschaft in einen universalen Horizont einbettet. Dieser wird durch einen Rekurs auf die Urgeschichte eröffnet, durch den Christus als die heilsgeschichtliche Alternative zu Adam profiliert wird: Wie durch Adam, den ersten Menschen, der Tod in die Welt kam, so kam durch Christus die Auferstehung von den Toten (1 Kor 15,20-22).

Das wird nun in den folgenden Versen präzisiert durch eine ausführliche Schilderung dessen, was in Phil 3,21 nur formelhaft angedeutet ist: die Unterwerfung der Mächte. Diese spitzt Paulus der Thematik der Auferstehung entsprechend zu auf die Überwindung des Todes als der letzten feindlichen Macht, die der vollkommenen Herrschaft Gottes und damit der Überwindung des von Adam bewirkten Verhängnisses noch entgegensteht. In 1 Kor 15,23-28 geschieht es durch eine dramatische Sequenz von mythischen Hylemen, unterbrochen von begründenden Deutungen aus der Heiligen Schrift. Da ein Geschehen der Endzeit beschrieben wird, gibt es keinen direkten Bezug auf den irdischen Jesus. Allerdings dürfte die Rede von der Herrschaft Gottes, die Christus aufrichtet[59], kaum unabhängig sein von der Verkündigung der Gottesherrschaft, die im Zentrum der Botschaft des Irdischen stand. Deren endgültige Aufrichtung er-

---

[58] Wie dies in einer christlichen Gemeinde möglich war, dafür gibt es eine Reihe von Erklärungsversuchen; eine Übersicht gibt Zeller 2010, 456-459.
[59] Paulus spricht gelegentlich von der Herrschaft Gottes als dem Raum des Heils, in den die Christen eingehen, und dem entsprechend sie wandeln sollen. Von deren Aufrichtung durch Christus spricht er nur an dieser Stelle.

folgt bei Paulus durch die Parusie. Sie wird als (Rück-)Eroberung des Kosmos durch den Sohn dargestellt, bei welcher die zerstörerischen Mächte und vor allem der Tod als der „letzte Feind" (1 Kor 15,24-26) mit dem Ziel der vollkommenen Gottesgegenwart (1 Kor 15,28) und damit der Vollendung der Schöpfung vernichtet werden. Insofern führt dieser Text auch vor Augen, wie gerade die Einsetzung des Sohnes in die göttliche Macht, die die Verse 25 und 27 beschreiben, auf die Durchsetzung der Herrschaft Gottes zielt (1 Kor 15,24a.28a) und so letztlich „zur Ehre Gottes, des Vaters" geschieht, wie der Philipperhymnus in seinem Schlussakkord betont.

1. Christus als Zentralgestalt einer neuen Menschheit (20 f)
    1.1 Christus wurde von den Toten auferweckt (20a)
    1.2 Sein Geschick hat Folgen für alle „Entschlafenen" (20b):
    1.3 Wie durch einen Menschen der Tod kam, so durch einen Menschen die Auferstehung (21)
    1.4 Wie in Adam alle sterben, so werden in Christus alle lebendig gemacht (22)
2. Das Kommen Christi (23)
    2.1 Das Geschehen folgt einer festen Reihenfolge (23a):
    2.2 Christus ist der Erste (23b)
    2.3 Ihm folgen die zu Christus Gehörenden (23c)
3. Die Aufrichtung der Gottesherrschaft (24-28)
    3.1 Prolepse: Das Ziel ist die endgültige Übergabe der Herrschaft an den „Gott und Vater" (24a)
    3.2 [Christus] vernichtet die Mächte (24b)
    Die Weissagung von Ps 110,1 als begründende Deutung (25)
    3.3 [Christus] vernichtet den Tod als den „letzten Feind" (26)
    Die Weissagung von Ps 8,7 als begründende Deutung (27a)
    3.4 Auslegung von Ps 8,7: [Gott] ist von der Unterwerfung ausgenommen (27b)
    3.5 Zuletzt ist [Christus] alles unterworfen (28a)
    3.6 Der Sohn wird alles [Gott] unterordnen, der ihm das All untergeordnet hat (28b)
    3.7 Am Ende ist Gott alles in allem (28b)

Vergleicht man den Text mit dem älteren in 1 Thess 4, so fällt neben den bereits erwähnten inhaltlichen Unterschieden formal auf, dass Paulus hier nicht einfach ein apokalyptisches Geschehen schildert, sondern dass er hier zu dessen Erläuterung und Begründung immer wieder auf die Schrift rekurriert. Eine Anspielung auf diese findet sich schon in der typologischen, das heißt auf ihr Gegenstück im Neuen Testament bezogenen Auslegung der Urgeschichte am Anfang und dieser Rekurs auf das Zeugnis der Schriften wird explizit ausformuliert in den Versen 25 und 27, in denen Psalmen als Weissagungen auf Christus zitiert werden. Darin deutet sich das Bemühen an, die Hylemsequenzen mit begründenden Schriftzitaten zu verbinden und sie so auf die biblische Überlieferung zurückzuführen. Dies verstärkt sich im Folgenden, wo der Apostel ab Vers 34 auf die Frage eingeht, „wie" denn die Auferstehung vorzustellen sei. In der Antwort entfaltet er, was das endzeitliche Geschehen für das Schicksal der Glaubenden bedeutet.

Im Blick auf dieses „Wie" setzt Paulus bei den Vorgängen in der Natur ein, in der immer wieder aus Absterbendem neues Leben hervorgeht. Im Sinne einer *creatio continua* wird es vom Apostel so gedeutet, dass alles Dasein nicht aus eigenem Vermögen existiert, sondern durch die sich unablässig verwirklichende und so Wirklichkeit schaffende schöpferische Potenz erhalten wird. Deshalb sieht der Apostel bereits in den natürlichen Vorgängen das den Tod überwindende Handeln der Schöpfers (ζῳοποιεῖν) am Werk[60]. Die ganze Wirklichkeit kann als Hinweis auf den lebensschaffenden Gott gelesen werden. Entsprechend plausibilisiert Paulus in den Versen 42 f die Auferstehung in Analogie zu dieser schöpferischen Wirksamkeit Gottes in der Natur. In diesem Zusammenhang wird die in den Versen 21 f eingeführte Entgegensetzung von erstem und letztem Adam wieder aufgenommen, wobei jetzt nicht mehr der ‚Sündenfall' und dessen Folgen, sondern die Erschaffung des Menschen typologisch auf das Christusgeschehen ausgedeutet wird: Dem „ersten Menschen Adam", der nur eine „lebendige Seele" war (und als solche von einem anderen belebt werden musste), wird Christus als der „letzte Adam" (1 Kor 15,45) beziehungsweise als „zweiter Mensch" (1 Kor 15,47) entgegengesetzt, der als „lebendig machender Geist" (πνεῦμα ζῳοποιοῦν) mit dem Geist des Schöpfers identifiziert wird[61] und so selbst Leben schafft. Als solcher vermag er die im Folgenden ausführlich dargelegte Verewigung der Glaubenden zu bewirken (1 Kor 15,42-55), indem er die auch aus Phil 3,21 vertraute Vorstellung ihrer Verwandlung in seine eigene Seinsweise ausführt: „Und wie wir das Bild des Irdischen getragen haben, so werden wir auch das Bild des Himmlischen tragen" (1 Kor 15,49).

---

[60] Das zeigt gleich der Auftakt 1 Kor 15,36-38, wo der Apostel die Skeptiker zunächst an die Natur verweist, in der ein Korn erst sterben muss, damit es *lebendig gemacht* werden kann (*passivum divinum*).

[61] Gen 2,7 LXX: πνοὴν ζωῆς. So kann hier die schöpferische Lebendigkeit als ‚*offensive Lebenskraft*' charakterisiert werden, weil sie sich nicht vom Bereich des Todes fernhält, um sich selbst zu erhalten, sondern sich aus Liebe zum Verlorenen in diesen hinein begibt, ihn angreift, unterwirft, verwandelt.

Die eschatologische Hoffnung, die in Phil 3,20 f durchgehend mit mythischen Elementen apokalyptischer Herkunft beschrieben und die auch in 1 Kor 15,20-28 zunächst mit einer entsprechenden Sequenz von mythischen Aussagen eingeleitet wird, plausibilisiert Paulus nun als Verwandlung der Glaubenden durch einen Rekurs auf die Wirklichkeitserfahrung. Zwar bildet auch hier die Kreuzestheologie den hermeneutischen Schlüssel der Deutung des Wechsels von Vergehen und Werden, wenn Paulus sagt, dass das Gesäte nicht lebendig gemacht wird, wenn es nicht zuvor stirbt (1 Kor 15,36). Aber dabei wird doch der in der Natur zu beobachtende Übergang von Tod in neues Leben durch den sich auflösenden Samen in einer Art und Weise gedeutet, wie dies ähnlich auch die Gebildeten seiner Zeit tun können, wenn etwa Plutarch konstatiert, dass die neue Pflanze aus einem verfaulenden Samenkorn hervorgeht[62]. So kann Paulus von dem gegenwärtig wahrnehmbaren „Lebendigmachen" (ζῳοποιεῖν) des Schöpfers auf dessen eschatologisches ζῳοποιεῖν als eine den Tod überwindende Neuschöpfung schließen und durch diesen Analogieschluss die Auferstehung als schöpferische Verwandlung von Vergänglichem in Unvergängliches verständlich machen.

Damit wird der Mythos nicht ersetzt; je und je können auch hier noch weitere Schichten mythischer Hyleme in die Argumentation eingewoben werden, wenn etwa auf Adam und die Schöpfungsgeschichte rekurriert wird, wenn von der „letzten Posaune" die Rede ist, bei deren Erklingen die Toten auferstehen und die Verwandlung „in einem Augenblick" einsetzt (1 Kor 15,52), oder wenn der Tod personifiziert und verhöhnt wird, weil er keinen Stachel mehr hat und entmachtet ist (1 Kor 15,55). Wohl aber wird dieser mythische Rahmen durch den wiederholten Rückbezug auf die biblischen Überlieferungen und deren Deutung sowie durch den Analogieschluss von der Schöpfung auf die Neuschöpfung ergänzt. Neben den erzählenden Mythos tritt also in 1 Kor 15 der argumentierende Logos, um ersteren zu plausibilisieren.

---

62 Vgl. Plut. In Hes. 84, Fragm XI.

3 Die Paulusschule

3.1 Der Wechsel in den Heilsbereich der Kirche: Der Kolosser- und Epheserbrief

Der vermutlich nicht von Paulus selbst stammende Kolosserbrief kommt als „creative reinterpretation of the Pauline tradition"[63] den echten Paulusbriefen am nächsten und dürfte schon relativ bald nach dem Tod des Apostels gegen 70 n. Chr. verfasst worden sein[64]. Wie der Galater- und der Römerbrief zerfällt er in zwei Teile, einen mehr theologisch-begründenden (Kol 1,1-2,5) und einen mehr paränetischen (Kol 2,6-4,18), wobei die genannten Aspekte weniger deutlich getrennt sind als in den beiden Paulusbriefen. Die markanteste Besonderheit des ersten Hauptteiles ist der Christushymnus in Kol 1,15-20, der von den meisten Auslegern als ein vom Verfasser des Kolosserbriefes der Tradition entnommener Bekenntnistext angesehen wird[65]. Die Frage der Herkunft ist hier aber zweitrangig gegenüber der Tatsache, dass dem Christuslied im Brief eine zentrale Bedeutung zukommt, die sich in den Rückgriffen auf ihn im weiteren Schreiben zeigt. Ob es sich um einen Hymnus im eigentlichen Sinn handelt, kann man diskutieren, aber da hier wie in Phil 2 ein deutlich abgegrenzter und im Gegensatz zum Kontext in gehobener Sprache formulierter Text vorliegt, der zudem eine Fülle eigener Begriffe verwendet[66], wird hier die Klassifikation Hymnus beibehalten[67]. Vermutlich handelt es sich um einen jener „Psalmen, Hymnen, geistlichen Lieder", mit denen nach Kol 3,16 die Christgläubigen sich gegenseitig „belehren und ermahnen" sollen.

In diesem (Prosa-)Hymnus wird nicht ein zweifacher, dramatischer Sphärenwechsel Christi besungen wie in Phil 2,6-11. Stattdessen preist das Lied durchgehend die unvergleichliche Hoheit Christi und dessen Macht über den ganzen Kosmos, deren Totalität nicht zuletzt durch den abundierenden Gebrauch des Adjektivs πᾶς („alles") zum Ausdruck gebracht wird – allein acht

---

[63] Boring 2012, 335.
[64] Vgl. dazu Schnelle 2013, 367.
[65] Gemeinhin wird angenommen, dass der Verfasser des Kolosserbriefes hier einen Hymnus zitiert, den er als liturgisches Gut übernommen und ergänzt hat; vgl. Pokorný 1990, 48-52; Bormann 2012, 77-88, bes. 84 f. Zu den Schwierigkeiten einer Rekonstruktion von dessen ursprünglicher Gestalt vgl. Bormann 2012, 81-85.
[66] Vgl. Schweizer 1976, 50 f; Pokorný 1990, 48 f.
[67] Vgl. dazu auch Bormann 2012, 84 f.

Mal im Hymnus[68]. Seine Pointe ist die Soteriologie: In kritischer Auseinandersetzung mit Strömungen innerhalb der Gemeinde von Kolossae, welche noch andere Mächte verehrt[69], singt Kol 1,15-20 hier ein ‚neues Lied' über das Versöhnungswerk, das Gott in Christus vollbracht hat. In gewisser Weise kann man sagen, dass jener Hymnus auf ganz eigenständige Weise das Narrativ des christlichen Glaubens reformuliert, dass Gott in Christus war, um so die Welt mit sich zu versöhnen (2 Kor 5,19). In seiner jetzigen Gestalt lässt sich folgende Sequenz von Hylemen feststellen:

A. Christus als Schöpfer des Alls (Kol 1,15-18a)
    1. [Christus] ist das Bild des unsichtbaren Gottes (15a)
    2. [Christus] ist Erstgeborener der Schöpfung (15b)
    3. [Christus] ist der Schöpfer (16)
        3.1 In ihm wurde das All geschaffen (16a).
        3.2 Dieses All besteht
           - in den Himmeln und auf der Erde (16b)
           - aus Sichtbarem und Unsichtbarem (16c)
           - in Thronen und Herrschaftsmächten (16d)
           - in Herrschaften und Gewalten (16e)
        3.3 Alles wurde durch ihn und auf ihn hin geschaffen (16f)
    4. [Christus] ist der Erhalter des Alls (17)
        4.1 Er ist vor allem (17a)
        4.2 Alles hat in ihm Bestand (17b)
    5. [Christus] ist das Haupt der Kirche (18a)

B. Christus als Versöhner des Alls (Kol 1,18b-20)
    1. Christus als Ursprung des Heils (18b-19)
        1.1 [Christus] ist der Anfang (18b)
        1.2 [Christus] ist Erstgeborener von den Toten (18c)
        1.3 Er ist in allem der Erste (18d)
        1.4 In ihm wohnt alle Fülle ein (19)
    2. Christus als Versöhner (20)

---

[68] 39 Male im ganzen Brief.
[69] Innerhalb des Briefes hat diese Betonung der Einzigartigkeit Christi die Funktion, das Geheimnis von Schöpfung und Erlösung allein in der Gestalt Jesu zu verorten und sich so von anderen christlichen Lehrern abzugrenzen, deren Botschaft der Briefschreiber „Philosophie und leere Täuschung gemäß der Überlieferung der Menschen" nennt, und die offenbar eine Form der Religiosität verkörpert, die auch eine Verehrung der Engel und anderer Mächte einschließt (Kol 2,8-23).

2.1 Er versöhnt das All (20a)
2.2 Er schafft Friede durch das Blut seines Kreuzes (20b)
2.3 Durch ihn [kommt Friede] sowohl im Himmel wie auf Erden (20c)

Der Preis des Versöhnungswerkes erfolgt in zwei Strophen, die in Vers 15a und 18b jeweils mit einem ὅς ἐστιν („er ist") eingeleitet und durch eine Aussage über Christus als Erstgeborenen (πρωτότοκος) expliziert werden[70] und so komplementär aufeinander bezogen sind:

- Eingeführt als das „Bild des unsichtbaren Gottes"[71] wird Christus zunächst als der „Erstgeborene (πρωτότοκος) aller Schöpfung" prädiziert, da „in ihm alles geschaffen wurde in den Himmeln und auf der Erde". Wenn dieses Schöpfungshandeln sich vor allem auf „Throne und Herrschaften, Mächte und Gewalten" bezieht (Kol 1,15 f), so wird damit der Kosmos als ein Machtgefüge begriffen, dem Christus als Schöpfer vor- und damit übergeordnet ist.
- In bewusster Anknüpfung an die Thematik der Schöpfung – die Bestimmung Christi als ἀρχή (Anfang, Beginn) am Beginn der zweiten Strophe spielt wohl auf Gen 1,1 an – wird in der zweiten Strophe nach dem Ursprung des Alls nun dessen Ziel beschrieben. Erneut wird Christus als der Erstgeborene, der πρωτότοκος, bezeichnet, nun aber als der „Erstgeborene von den Toten" (Kol 1,18c). Wird also im ersten Vers die Überlegenheit Christi mit seiner Schöpfertätigkeit protologisch begründet, so im zweiten eschatologisch, genauer gesagt: Als der „Erstgeborene von den Toten" ist Christus die Prolepse der Neuschöpfung. Die solches ermöglichende Gegenwart Gottes wird in ungewöhnlicher Weise indirekt umschrieben: „Denn es gefiel der ganzen Fülle (πλήρωμα), sich in ihm niederzulassen". Dass diese „ganze Fülle" Synonym für Gott selbst ist, zeigt Kol 2,9 unzweifelhaft. Ziel dieser göttlichen Einwohnung ist die Versöhnung, und zwar universal: Wie Paulus in 2 Kor 5,19 von der Versöhnung des Kosmos mit Gott spricht, so Kol 1,20 von der Versöhnung des Alls.

Das zentrale Heilsereignis ist ein mit der Inkarnation verbundener Sphärenwechsel, aber nicht wie im Galaterbrief als Sendung des Sohnes in die versklavte Welt, sondern als das Eingehen der göttlichen Fülle in den, der am Beginn

---

70 Gewisse Ungereimtheiten im Aufbau (etwa der nachklappende Bezug zur Kirche in Vers 18a) könnten damit zusammenhängen, dass ein ursprünglich selbstständiges Lied ergänzt worden ist, sicher ist das jedoch nicht; vgl. dazu Bormann 2012, 98.
71 Die Gottesebenbildlichkeit von Gen 1,27 wird also ganz auf Christus konzentriert.

des Liedes als das „Bild des unsichtbaren Gottes" vorgestellt wird. Von dem elementaren Bruch, den die Menschwerdung bei Paulus bedeutet, weil der Gottgleiche bei seinem Eingang in eine versklavte Welt sich seiner Göttlichkeit entäußert hat und dem Gesetz und dem Tod unterworfen wurde, ist hier nichts mehr zu erkennen. Zwar geschah die Erlösung „durch das Blut seines Kreuzes" (Kol 1,20), aber das Kreuz ist hier das Mittel, durch welches Gott auf Erden und im Himmel Frieden geschaffen hat[72]. Das heißt: Trotz der Erwähnung des Kreuzes denkt dieser Schüler des Paulus nicht mehr wie sein Lehrer vom Gekreuzigten her (vgl. 1 Kor 1,18-2,5), sondern von der Inkarnation als dem Ereignis, durch das die Fülle des Göttlichen in Christus Jesus, dem Bild Gottes, gegenwärtig wurde; die Akzente haben sich deutlich in Richtung einer *theologia gloriae* verschoben.

Auch die Theozentrik der paulinischen Aussagen ist nicht unerheblich neu akzentuiert, insofern die Inkarnation, wenn man sie hier überhaupt so nennen will, in der Einwohnung des Göttlichen in Christus besteht. Das πλήρωμα, die göttliche Fülle, ist Subjekt der Aussagen und damit der eigentliche Protagonist, der sich des (im Lied nicht genannten) Menschen Jesus bedient, wie schon das (vermutlich[73]) dreimalige διά (durch) in Vers 20 zeigt, das aus dem ἐν (in) der Einwohnung in Vers 19 folgt. Scheinbar paradox ist gerade in der radikal hoheitlichen Christologie des Kolosserbriefes Christus weit mehr zu einer Art „Mittlerfigur"[74] geworden, als es in der paulinischen Christologie der Fall ist[75].

Diese spezifische Form der Theozentrik, welche die „Konkurrenzlosigkeit"[76] Christi von der göttlichen Kondeszendenz her bestimmt (und nicht mehr wie bei Paulus durch eine personal bestimmte Interaktion zwischen dem gehorsamen Sohn und dem ihn erhöhenden Vater), wird noch dadurch unterstrichen, dass der Verfasser den Hymnus einleitet mit Aussagen über das Handeln Gottes: In Wiederaufnahme der Danksagung nach dem Eingangsteil, in dem Gott als Vater Jesu Christi (vgl. Kol 1,3) und Urheber des Wortes der Wahrheit (Kol 1,4 f) vorgestellt wurde, betont der Verfasser in Kol 1,12-14, dass der „Vater" die Glaubenden für das „Erbteil der Heiligen" bereit gemacht hat. Für die Christgläubigen wird die vom Sohn bewirkte Rettung Wirklichkeit, wenn sie sich in den eröffne-

---

72 Möglich wäre auch die Übersetzung von τὰ πάντα mit „alles". Aber die Rede von „aller Schöpfung" in Vers 15 und die vierfache Wiederholung von τὰ πάντα mit dem bestimmten Artikel in den Versen 16 f.20 legt es näher, hier von „dem All" zu sprechen.
73 Das letzte δι' αὐτοῦ in Vers 19c ist textkritisch unsicher.
74 Bormann 2012, 86-88.
75 Zur Kritik an der Kategorie des Mittlers zur Bestimmung der paulinischen Christologie vgl. Feldmeier/Spieckermann 2018.
76 Theobald 2013, 443.

ten Raum des Heils begeben, genauer gesagt: wenn sie vom Vater aus der Machtsphäre (ἐξουσία) der Finsternis in den Herrschaftsbereich des Sohnes (βασιλεία) versetzt werden. In diesem Sinn wird das Christuslied vom Verfasser des Kolosserbriefes eingeleitet mit dem Verweis auf einen zweiten Sphärenwechsel, in welchem ebenfalls Gott allein als Protagonist genannt wird: „Mit Freuden sagt Dank dem Vater, der euch tauglich gemacht hat zum Anteil am Los der Heiligen im Licht, der euch herausgerissen hat aus der Machtsphäre der Finsternis und euch versetzt hat in den Herrschaftsbereich des Sohnes seiner Liebe, in welchem wir Erlösung haben, die Vergebung der Sünden" (Kol 1,11 fin-14). Das Eingehen der göttlichen Fülle in den Sohn schafft so bereits mitten in dieser Welt einen Raum, in welchen die Glaubenden einbezogen werden, nämlich die Kirche, in der das endzeitliche Heil bereits proleptisch verwirklicht ist[77]. Dieser zweite Sphärenwechsel wird am Ende des Hymnus nochmals betont, wenn es heißt, dass diejenigen, die bislang „entfremdet waren und Feinde aufgrund ihrer Gesinnung in bösen Werken", nun durch Christi Tod versöhnt als „heilig und untadelig und unbescholten" vor Gottes Angesicht gestellt sind – und dort auch bleiben sollen, wie der Verfasser des Kolosserbriefes nach dem Hymnus in Kol 1,21-23 resümiert.

Dass es bei dem Rekurs auf die Schöpfung um die einzigartige Machtstellung Christi geht, wird auch in Kol 2,9 f nochmals deutlich. In Abgrenzung von der als „Philosophie und leere Täuschung" abqualifizierten Verehrung der kosmischen Elemente, die offenbar in Kolossae im Schwange war, kommt der Verfasser in unverkennbarer Anspielung auf Kol 1,19 nochmals auf die Herabkunft der göttlichen Fülle zu sprechen. „In ihm", nämlich in Christus, hat nach Kol 2,9 die „Fülle der Gottheit" Wohnung genommen, und zwar „leiblich". So können die Glaubenden in ihm als dem „Haupt jeder Macht und Gewalt" ihrerseits mit der göttlichen Fülle begabt werden (Kol 2,10). Die unpersönlich formulierte *conjugatio periphrastica* ἐστέ ... πεπληρωμένοι („ihr seid ... zur Vollendung gebracht") lässt offen, wer hier der eigentlich Handelnde ist, aber vom Text wie vom Kontext her liegt auch hier wieder die „Fülle der Gottheit" nahe. Dafür spricht auch, dass in den folgenden passiven Formulierungen wohl schon in Vers 12b, eindeutig aber in Vers 13 Gott derjenige ist, der durch Christus an den Gläubigen handelt. Diese Verstärkung der Theozentrik auf Kosten der Eigenständigkeit Christi setzt sich im Epheserbrief fort.

Wie konsequent der Epheserbrief vom Handeln Gottes ausgeht, zeigt sich daran, dass in den ersten eineinhalb Kapiteln allein Gott im Nominativ steht,

---

[77] Besonders deutlich zeigt sich das in Kol 2,12, wo die in Röm 6 noch für die Zukunft erwartete Auferstehung mit Christus im Aorist als bereits geschehen ausgesagt wird.

also als Protagonist agiert. Christus dagegen wird zwar in nahezu jedem Vers genannt, aber er wird Gott und seinem Handeln in ihm und durch ihn zugeordnet: entweder durch einen Genitiv (Eph 1,1.3.17; 2,13), einen Dativ (Eph 2,5) oder Akkusativ (Eph 1,20.22) oder durch die Präpositionen ἀπό (von) (Eph 1,2), διά (durch) (Eph 1,5; vgl. 1,7), χωρίς (getrennt, ohne) (Eph 2,12) und vor allem durch das allein in diesem Abschnitt 16 Male gebrauchte ἐν (in)[78]. Erst in Eph 2,14 wird zum ersten Mal – mit dem Personalpronomen αὐτός – Christus zum Subjekt eines Satzes, wobei der Brief freilich alsbald wieder zurückkehrt zum göttlichen Willen und Gottes „geheimen Ratschluss" (Eph 3,9), zur „mannigfaltigen Weisheit Gottes" (Eph 3,10) und zum „ewigen Vorsatz, den er ausgeführt hat in Christus Jesus, unserem Herrn" (Eph 3,11)[79]. Insofern ist der Epheserbrief im Blick auf die Christologie noch stärker theozentrisch ausgerichtet als der Kolosserbrief: „Sowohl im Blick auf die Schöpfung als auch auf die Verwirklichung des Heilsplans ist allein Gott Subjekt."[80]

In seiner ausführlichen Eulogie kommt der Epheserbrief auch auf die Herrschermacht Christi zu sprechen und bezieht sich dabei deutlich auf den Kolosserbrief als Prätext zurück, nicht zuletzt durch die Rede vom πλήρωμα, der „Fülle". Die entsprechende Aussage Eph 1,20-23 steht im Kontext einer Fürbitte, bei der es darum geht, dass Gott den Glaubenden den „Geist der Weisheit und Offenbarung" gebe, um ihn zu erkennen, und dass er „die Augen des Herzens erleuchte", damit sie wissen, was die „Hoffnung ihrer Berufung, der Reichtum der Herrlichkeit seines Erbes unter den Heiligen und was die überragende Größe seiner Macht ist, die sich an den Glaubenden zeigt gemäß der Wirkmacht der Kraft seiner Stärke" (Eph 1,17-19). Diese letzte und ausführlichste Bitte thematisiert die göttliche Macht mit einer bemerkenswerten Häufung der einschlägigen Begriffe δύναμις (Macht, Kraft), κράτος (Kraft, Macht, Gewalt), ἐνέργεια (Wirksamkeit) und ἰσχύς (Stärke, Kraft) in Vers 19, die alle ihre Pointe darin haben, das göttliche Heilshandeln an den Glaubenden zu beschreiben. Diese Macht hat Gott, so fährt der Verfasser fort, in Christus wirksam werden lassen (ἐνήργησεν), was er im Folgenden in Eph 1,20 f anhand einer Sequenz einschlägiger Hyleme präzisiert:

---

[78] Eph 1,3.4.6.7.9.10 (bis).11.12.13 (bis).15.20; 2,6.10.13. Dieser nachgerade abundierende Gebrauch von ἐν charakterisiert den gesamten Brief; vgl. Schnelle 2014, 524: „In keinem proto- oder deuteropaulinischen Brief finden sich so häufig die Wendungen ἐν αὐτῷ (6mal), ἐν ᾧ (7mal), ἐν κυρίῳ (7mal) und ἐν Χριστῷ (14mal)".
[79] Vgl. Schnelle 2014, 522: „Gottes vor- und durchgängige Aktivität in Christus für die Glaubenden ist die Basis der Argumentation des gesamten Epheserbriefes".
[80] Hahn 2011, 357.

1. Gott ist in Christus wirksam geworden (20a)
2. [Gott] hat [Christus] von den Toten auferweckt (20b)
3. [Gott] hat [Christus] zu seiner Rechten eingesetzt (20c-21)
   3.1 im Himmel (20d)
   3.2 über alle Machtbereiche (21ab)
   3.3 im gegenwärtigen und zukünftigen Zeitalter (21c)
   Die Weissagung von Ps 8,7 als begründende Deutung (22a)
4. [Gott] hat Christus der Kirche als Haupt über alles gegeben (22b)
   4.1 Die Kirche ist sein [sc. Christi] Leib (23a)
   4.2 Durch sie erfüllt er [sc. Christus] das All (23b)

Hier setzt die Christusgeschichte ein mit Auferstehung und Erhöhung, die in der geradezu überbordend beschriebenen Übertragung der göttlichen Macht auf Christus mündet, wobei diese hier nicht wie im Kolosserbrief mit der Schöpfung begründet wird, sondern wie bei Paulus mit dem Handeln Gottes an ihm in der Auferstehung und Erhöhung. Allerdings spielen im Gegensatz zu Paulus eine vorausgehende Erniedrigung und der daraus folgende Tod keine Rolle; alles ist auf die Hoheit Christi konzentriert[81]. Wie im Kolosserbrief wird Christus auch hier als Haupt zur Kirche in Beziehung gesetzt, allerdings in markant anderer Weise: Im Kolosserbrief ist Christus das Haupt der Kirche, die sein Leib ist (Kol 1,18a), im Epheserbrief dagegen ist er als „Haupt über alles der Kirche gegeben", das heißt der Weltherrscher wird der Kirche von Gott zugeordnet (Eph 1,22b), so dass sie nun ihrerseits die Fülle des das All erfüllenden Christi ist (Eph 1,23). Mit anderen Worten: Sie ist der Ort der Gegenwart dessen, der alle Teile des Alls herrscherlich durchdringt.

Was sich im Kolosserbrief schon angedeutet hat, wird hier nun weiter entfaltet: Das in Form einer Sequenz von Hylemen wiedergegebene Christusgeschehen zielt auf die Kirche. Sie ist der Raum beziehungsweise die Machtsphäre, in der die Glaubenden jetzt schon zum Himmel gehören (Eph 2,6) und von der aus die Herrschaft Christi auf den Kosmos ausgreift[82]. Markiert der Tod Jesu im Philipperhymnus den Tiefpunkt der Entäußerung des ehemals Gottgleichen, so war dieser Bruch schon im Kolosserbrief deutlich abgemildert, wenn dort das Blut am Kreuz nur noch als Mittel der Versöhnung genannt wird. Hier wird er nur noch als ein durch die Auferstehung überwundenes Geschehen angedeutet (Eph 1,20b). In diesem Sinn kommt der Verfasser des Epheserbriefes im nächsten Kapitel noch auf das Blut Jesu (Eph 2,13) und das Kreuz (Eph 2,16) zu spre-

---

[81] Der Weissagungsbeweis aus Vers 22a stimmt dabei weitgehend mit 1 Kor 15,27a überein.
[82] Vgl. Schnackenburg 1982, 81-83.

chen, aber auch dort geschieht das nur unter dem Aspekt der Versöhnung und der Überwindung der Feindschaft, durch die Christus die eine Kirche aus Juden und Heiden schafft.

Der in Eph 1,20 f angedeutete Sphärenwechsel der Erhöhung zur Rechten Gottes sowie der Bezug der Christologie auf die Kirche wird in Eph 4,7-10 noch einmal aufgegriffen und mit der Inkarnation (und damit implizit auch mit der Präexistenz[83]) verbunden:

1. Der heilbringende Aufstieg Christi (7 f)
    1.1 Christus schenkt jedem Gnade (7)
    1.2 [Christus] ist in die Höhe aufgefahren und hat die Mächte gefangen genommen (8a)
    1.3 [Christus] hat den Menschen Geschenke gebracht (8b)
2. Die Identität des Sphärenwechslers
    2.1 Der Hinaufgestiegene ist derselbe wie der in die unteren Teile der Erde Hinabgestiegene (9)
    2.2 Der Hinabgestiegene ist derselbe wie der über alle Himmel Hinaufgestiegene (10a)
    2.3 So erfüllt [Christus] durch Abstieg und Aufstieg das All (10b)

Das Ineinandergreifen von Abstieg und Aufstieg erinnert an den Philipperhymnus. Allerdings steht der zweifache Sphärenwechsel auch hier ganz im Zeichen der durchgängigen Hoheit Christi: Wie der Abstieg keine Entäußerung war, so wurde Christus auch bei seinem Aufstieg nicht von Gott erhöht, sondern ist selbst in die Höhe aufgefahren. Er hat dies getan, um den Menschen die Gnade zu bringen, wie es Eph 4,7 sagt und Eph 4,8 mit Worten von Ps 68,19 unterstreicht. Dabei passt der Brief den biblischen Prätext an einem entscheidenden Punkt seiner Intention an: Während es in der Septuaginta heißt, dass der Auffahrende Gaben *nahm*, heißt es jetzt (vielleicht in Kombination mit Ps 69,12[84]), dass er diese *gab*, dass also seine Auffahrt „in die Höhe" den Glaubenden Heil brachte. Als Vorgeschichte des Aufstiegs wird dann im folgenden Vers die Inkarnation genannt[85], wobei diese als „Abstieg in die unteren Teile der Erde" nur als Voraussetzung für den Aufstieg Christi nachgetragen wird. Christus wird im

---

83 Vgl. Pokorný 1992, 170.

84 Vgl. Pokorný 1992, 169 f; Gese 2013, 101 f, die auch auf eine entsprechende jüdische Auslegung des Psalms hinweisen.

85 Man könnte den Vers 9 isoliert auch auf eine Höllenfahrt deuten, aber für den Epheserbrief sind die bösen Mächte und ihr Herrscher oben (Eph 2,2; vgl. weiter Eph 6,12), wo sie Christus nach Vers 8 ja auch gefangen nimmt.

Epheserbrief geradezu dadurch charakterisiert, dass er souverän die Sphären zu wechseln vermag und dabei der das Geschehen souverän bestimmende Herr seiner selbst bleibt (vgl. Eph 4,9 f).

Der Sinn dieses Aufstiegs wird, wie schon in Eph 1,23, dahingehend bestimmt, „dass er das All erfülle". Damit gibt es nun nichts mehr, über das Christus nicht der Herr wäre; die gesamte Schöpfung ist seiner Herrschermacht unterworfen. Noch einmal wird daraufhin auf das „er gab" (ἔδωκεν) von Vers 8 – die Gabe des zur Höhe aufgestiegenen Christus – Bezug genommen. Diese Gabe besteht darin, dass er Apostel, Propheten, Evangelisten, Hirten und Lehrer gab „zur Zurüstung der Heiligen zum Werk des Dienstes, zur Auferbauung des Leibes Christi" (Eph 4,11 f). Der Aufstieg Christi und seine kosmische Inthronisation zielen also auch in diesem Schreiben auf den Aufbau der Kirche mit ihren Amtsträgern: In ihr wird Gott gegenwärtig, hier werden die Glaubenden erleuchtet (Eph 4,13 f) und mit Gottes Macht ausgerüstet (Eph 6,10-17).

3.2 Der 1. Petrusbrief

Der 1. Petrusbrief dürfte ebenfalls ein pseudepigraphisches Schreiben sein, dessen Verfasser dem erweiterten Einflussbereich der paulinischen Theologie zuzurechnen ist[86]. Während der Kolosser- und Epheserbrief der zunehmenden Kriminalisierung des Christentums eine Hoheitschristologie und eine entsprechende Ekklesiologie entgegensetzen, wählt der Verfasser des 1. Petrusbriefes den umgekehrten Weg und konzentriert sich auf das Leiden und dessen Überwindung. In diesem Sinn spricht er seine Adressaten gleich zu Beginn als „Fremde in der Zerstreuung (διασπορά)" an und bringt so damit ihre gesellschaftliche Situation auf den Begriff, auf die er im Brief immer wieder zu sprechen kommt: Sie sind Außenseiter, Gezeichnete, Fremdkörper – eine Situation, die bis zum Martyrium gehen kann[87]. Doch beschreibt diese Anrede nicht nur eine Situation, sondern sie deutet diese auch. Denn mit jener Begrifflichkeit greift der 1. Petrusbrief auf eine schmale alttestamentlich-jüdische Tradition zurück[88]. Schon die wandernde, Sesshaftigkeit ersehnende Existenz der Erzväter wird im Alten Testament als ein durch die Aussonderung durch Gott bedingtes Fremdsein gedeutet[89]. Insofern das Fremdsein damit von Anfang an einen be-

---

[86] Zur Diskussion um die Verfasserfrage vgl. Feldmeier 2005, 23-26.
[87] Vgl. dazu Feldmeier 1992, 105-132; weiter Feldmeier 2005, 1-12.
[88] Ausführlich dargestellt ist dies bei Feldmeier 1992, besonders 39-74.
[89] Vgl. Gen 17,8; 23,4; 28,4; 35,27; 36,7; 37,1.

sonderen Gottesbezug impliziert, wird die sozial ausgrenzende und einen Status mindernen Rechts implizierende Bezeichnung als „Fremde" religiös umgepolt und als gesellschaftliche Kehrseite der Erwählung gedeutet[90]. Daran knüpft der 1. Petrusbrief an, wobei seine Besonderheit darin besteht, dass er die in der alttestamentlich-jüdischen Tradition eher marginale Kategorie der Fremde zum Schlüsselbegriff für die gläubige Existenz in der Gesellschaft macht. Der gesellschaftliche Makel wird nun zum entscheidenden Moment gläubiger Identität.

In diesen Kontext der Ausgrenzung und des Leidens wird auch die Christologie eingezeichnet. So wird in der Sklavenparänese in 1 Petr 2,18-25 Christus als der zu Unrecht Leidende dem Geschick der Sklaven parallelisiert. Zugleich aber wird betont, dass Christus durch sein Leiden hindurch verherrlicht (vgl. 1 Petr 1,11.21; 4,13) und zur Rechten Gottes erhoben wurde (vgl. 1 Petr 3,22)[91]. Der Bezug der so profilierten Christologie zur bedrängten Situation der Adressaten ist offenkundig. Alles, was diesen an Anklagen und Anfeindungen widerfährt, kann zum Geschick Christi in Beziehung gesetzt werden. Daraus zieht der 1. Petrusbrief soteriologische wie paränetische Folgerungen. Erstere stehen im Vordergrund, denn der Brief will seine bedrängten Adressaten vor allem damit trösten, dass ihre Teilhabe an den Leiden Christi auch die Verheißung ihrer Teilhabe an seiner Herrlichkeit einschließt. Als der nach seinem Leiden Verherrlichte wird Christus zum Unterpfand ihrer „lebendigen Hoffnung". Durch diese hat sie Gott aufgrund der Auferstehung Jesu Christi von Neuem gezeugt[92]. Zugleich aber wird der leidende Christus zum Vorbild für christliches Verhalten in der Bedrängnis, wie besonders die Sklavenparänese (1 Petr 2,21-25) in Gestalt einer entsprechenden Applikation des vierten Gottesknechtsliedes auf die Passion Christi deutlich macht. Allerdings zeigt die Analyse der Aktanten, dass der 1. Petrusbrief im Blick auf die Rolle Christi Differenzierungen vornimmt. Als Identifikationsfigur im Leiden und als Vorbild für das Ertragen ist Christus der Protagonist. Wo dagegen die Heilsbedeutung seines Leidens betont wird, ist der ihn verherrlichende Gott derjenige, der an Christus handelt und durch beziehungsweise in ihm zum Heil der Glaubenden wirksam wird.

Mehrfach finden sich in diesen Texten Bekenntnisse eingestreut, die teilweise in gehobener Sprache und mit Hilfe von Hylemsequenzen die Bedeutung

---

90 Dies gilt sowohl für das ganze Volk (vgl. Lev 25,23; 1 Chr 29,10-19) wie für den einzelnen Frommen (vgl. Ps 39,13; 119,19.54).
91 Dieser auf die Existenz der Christgläubigen übertragene Konnex der Schwachheit des Gekreuzigten mit der Machtstellung des Erhöhten erinnert an Paulus (vgl. 2 Kor 13,4), aber auch an den antiken Grundsatz *per aspera ad astra*.
92 1 Petr 1,3 f; vgl. 1 Petr 1,13.21; 3,5.15.

des Christusereignisses für den jeweiligen Argumentationszusammenhang erschließen. Die für die Topik des Sphärenwechsels interessanteste Sequenz findet sich in 1 Petr 3,18-22. Unmittelbar zuvor hat sich der Brief in den Versen 13-17 erneut mit der Situation ungerechten Leidens auseinandergesetzt und seinen Adressaten Orientierung für ihr Verhalten in dieser Situation zu geben gesucht. Zunächst hat er sie seliggepriesen, weil sie um der Gerechtigkeit willen leiden (1 Petr 3,14), und sie zugleich zur Bereitschaft ermahnt, jedermann über die in ihnen wohnende Hoffnung Rechenschaft (ἀπολογία) zu geben (1 Petr 3,15). Die Mahnungen gipfeln in einem ethischen Grundsatz, wie ihn ähnlich schon der platonische Sokrates formuliert hat: dass es besser ist, Unrecht zu erleiden, denn Unrecht zu tun (1 Petr 3,17; vgl. Plat. Gorg. 508 b).

Als Begründung für diese auch bei Platon keineswegs selbstverständliche Forderung folgt nun – mit ὅτι eingeleitet – wie schon bei der Sklavenparänese in 1 Petr 2,21-25 der Verweis auf Christus in Gestalt eines bekenntnisartigen Textes, der in gehobener Sprache sowohl das Leiden und Sterben Christi als auch seine Erhöhung wiedergibt. Einzigartig an diesem Bekenntnis ist allerdings, dass die beiden Aspekte der Niedrigkeit und Hoheit aufgeteilt werden und im Zwischenstück sich nun ein *descensus ad inferos* findet, verbunden mit einer typologischen Deutung der Sintflut auf die Taufe, dass also das in mythischer Sprache reformulierte Christusbekenntnis mit der Anspielung auf ganz eigene Mythen – auf den Abstieg in die Unterwelt und auf die Sintflut – zu einer Einheit verbunden wird.

1. Das heilbringende und den Tod überwindende Leiden Christi (1 Petr 3,18)
    1.1 Christus hat einmal für die Sünden gelitten (18a)
    1.2 [Er hat] als Gerechter für die Ungerechten [gelitten] (18b)
    1.3 So hat er den Zugang zu Gott eröffnet (18c)
    1.4 Er wurde getötet im Fleisch (18d)
    1.5 Er wurde lebendig gemacht durch den Geist (18e)
    1.6 So hat er vor den Geistern im Gefängnis gepredigt (19)
    1.7 Diese waren einst ungehorsam gewesen (20a)
2. Die Aneignung der Rettung durch die Taufe (1 Petr 3,20b-21b)
    2.1 Zur Zeit des Ungehorsams konnte Noah durch Gottes Geduld die Arche bauen (20b)
    2.2 So wurden acht „Seelen" gerettet (20c)
    2.3 In gleicher Weise rettet die Taufe als Antitypos (21a)
    2.4 Ihr Sinn ist die Bitte um ein gutes Gewissen (21b)
3. Die siegreiche Erhöhung (1 Petr 3,21c-22)
    3.1 Gott hat Jesus Christus auferweckt(21c)

3.2 [Christus] ist in den Himmel zur Rechten Gottes aufgestiegen (22a)
3.3 [Christus] sind alle Mächte unterworfen (22b)

Die Passion wird als ein stellvertretendes Leiden gedeutet, durch welches Christus den Zugang zu Gott eröffnet hat, den Aufstieg in den Himmel und das Sein zur Rechten Gottes als Inthronisation über die Mächte – so weit, so traditionell. Die hier besonders interessierende Passage über den Abstieg Christi ist dagegen schwieriger zu deuten[93], weil der Verfasser bei seinen Adressaten offenbar eine Kenntnis von Traditionen voraussetzt, die uns heute nicht mehr zugänglich sind: Weder ist eindeutig, wer jene Geister sind, denen Jesus predigt, noch was er ihnen gepredigt hat, noch was mit dem „Gefängnis" gemeint ist. Rätselhaft ist der Bezug auf den Ungehorsam der Geister „in den Tagen Noahs" (1 Petr 3,20). Seit der grundlegenden Arbeit von Spitta[94] wird der Bezug dieser Aussagen zu einer Tradition, wie sie noch im so genannten Wächterengelbuch (1 Hen 1-36) erhalten ist, diskutiert, einer Schrift, die in der frühjüdischen[95] und frühchristlichen[96] Literatur eine nicht unbedeutende Rolle spielt[97]. Dort verkündigt Henoch den gefallenen Wächtern des Himmels, dass es für sie keine Vergebung gibt (1 Hen 12).

Diese Deutung ist allerdings nicht zwingend. Bereits die altkirchliche Exegese[98] nahm an, dass mit diesen Geistern die Seelen der Sintflutgeneration gemeint sind. Ein solches Verständnis der πνεύματα als Seelen der Toten ist im Neuen Testament zwar nicht geläufig, aber möglich[99]. Sie passt auch ungezwungener zur Sintflutgeschichte, denn die Engel waren ja nicht erst in den Tagen Noahs ungehorsam gegenüber der wartenden Langmut Gottes, sondern bereits zuvor, als sie sich mit den Menschentöchtern vermischten (vgl. 1 Hen 7-9). Dagegen trifft dies auf die Menschen zu; die 120 Jahre von Gen 6,3 konnten als Gnadenfrist aufgefasst werden[100]. Das Jubiläenbuch beschreibt, dass nicht nur die gefallenen Engel (Jub 5,6), sondern auch die Sprösslinge der En-

---

93 Vgl. zum Folgenden Feldmeier 2005, 132-140.
94 Spitta 1890.
95 Vgl. Damaskusschrift II,18-21 (in: Lohse 1986); 1 Genesis-Apokryphon II,1.16 (in: Beyer 1984); 2 Bar 56,12-15.
96 Im Neuen Testament Jud 6,13; 2 Petr 2,4.
97 Zur Deutung von 1 Petr 3,19 auf die Wächterengel vgl. Reicke 1946, 90 f; Selwyn 1949, 326; Kelly 1969, 156 f; Brox 1993, 171 f.
98 Vgl. Clem. Al. Str. VI,6,44-46; Orig. De princ. II,5,3; Orig. C. Cels 2,43; Orig. CommMt 132.
99 Vgl. Goppelt 1978, 249 unter Verweis auf Hebr 12,23; weiter Dan 3,86a LXX und 1 Hen 22,3-13; Lk 24,37.39.
100 TPsJon zu Gen 6,3 (in: McNamara 1992); vgl. Lk 17,26 f.

gelehen[101] „gefesselt [wurden] in den Abgründen der Erde bis zum Tag des großen Gerichts" (Jub 5,10 in: Berger 1981). Dieser jenseitige Ort der Bestrafung der „Geister der Seelen der Toten" (1 Hen [gr.] 22,3: πνεύματα τῶν ψυχῶν τῶν νεκρῶν; vgl. 22,9) wird in 1 Hen 22 im direkten Anschluss an das Gefängnis (δεσμωτήριον) der Engel (1 Hen [gr.] 21,10) und in Entsprechung zu diesem beschrieben, wobei besonders die häufige Verwendung des Begriffes πνεύματα (Geister) für die Seelen der Toten auffällt (1 Hen [gr.] 22,6 f.9.11.12.13). In der frühchristlichen Literatur wird dieser Strafort der Seelen dann auch explizit als Gefängnis bezeichnet[102].

Nimmt man hinzu, dass mit dem Verb „verkündigen" (κηρύσσειν) im Neuen Testament sonst immer die Verkündigung der christlichen Heilsbotschaft bezeichnet wird[103], während seine Verwendung für eine Unheilspredigt singulär wäre, dann wäre die rätselhafte Passage 1 Petr 3,19 f im Zusammenhang mit der ebenso unvermittelt erwähnten, aber durch das einführende γὰρ καὶ bei den Adressaten als bekannt vorausgesetzten Verkündigung des Evangeliums unter den Toten in 1 Petr 4,6 zu deuten, wo ein dem κηρύσσειν entsprechendes „Verkündigen der frohen Botschaft" (εὐαγγελίζεσθαι) den Toten aufgrund von Gottes Geist Leben ermöglicht. Trifft diese Deutung zu, so könnte diese Passage als bewusste Korrektur zu der Annahme von der definitiven Verlorenheit der Sintflutgeneration in der jüdischen Tradition verstanden werden, wie sie etwa im Jerusalemer Talmud bezeugt ist[104]; es würde damit betont, dass selbst dieses Urbild an Verderbtheit von dem durch die Auferweckung sich ereignenden Heil ergriffen wird[105].

Auch diese Deutung ist mit Unsicherheiten belastet; für sie spricht jedoch der Zusammenhang, in den der 1 Petr dieses Motiv eingefügt hat, das als einziges keine Parallele in den übrigen frühchristlichen Bekenntnisaussagen hat[106].

---

101 Diese bildeten zwar nicht unmittelbar die Sintflutgeneration, wohl aber bewirkten sie die Verderbnis der Erde, die direkt zur Sintflut führte (Jub 5,1-4).
102 Vgl. 2 Clem 6,8 (αἰχμαλωσία), Herm 1,8 v I,1 (αἰχμαλωτισμός); Herm 105,7 s IX,28 (δεσμωτήριον).
103 Friedrich 1938, 703: „Durch das Verkündigen vollzieht sich die Machtergreifung Gottes."
104 Vgl. jSanh fol. 29b: „Das Sintflutgeschlecht hat keinen Anteil an der Auferstehung". Diese definitive Verwerfung wird dort im Folgenden ausführlich begründet (siehe Wewers 1981, 287 f).
105 Vgl. Goppelt 1978, 250: „Die Heilswirkung seines Todesleidens reicht auch hin zu den Menschen, die in diesem Leben nicht zu einer bewußten Begegnung mit Christus kommen, selbst zu den verlorensten unter ihnen."
106 Allenfalls könnte man in der Akklamation derer unter der Erde in Phil 2,10 so etwas wie eine Andeutung des Motivs sehen, aber von einem Abstieg Christi in die Unterwelt ist auch hier nicht die Rede.

Dass von Christus im unmittelbaren Anschluss an den Preis der Heilstat seines Sterbens für die Ungerechten und seiner Auferweckung durch seinen Bezug zu dem lebendig machenden Gottesgeist gesagt wird, dass er nun in eben diesem Geist als Bote des Unheils zu den gefallenen Engeln geht und deren definitive Verdammnis bestätigt, ist schwer vorstellbar. Zu beachten ist weiter, dass der Abstieg Christi als bewusstes Pendant zur Himmelfahrt gestaltet ist[107]. Wie auch sonst bisweilen in den urchristlichen Bekenntnissen würde damit betont, dass die ‚Machtergreifung' Christi nicht nur Himmel und Erde umgreift, sondern selbst die Unterwelt als Welt des Todes und der Gottferne (vgl. Phil 2,10). Ein ähnlicher Gedanke findet sich auch in Röm 14,9, wo ebenso wie in 1 Petr 3,19 die Herrschaft über Tote und Lebendige sogar die direkte Folge von Christi Tod und Auferstehung ist. Eine solche Deutung fügt sich auch bestens zu der soteriologischen Gesamtausrichtung dieses Textes.

3.3 Die Himmelfahrt des Kyrios und das Kommen des Geistes: Das lukanische Doppelwerk

Während in den Bekenntnistexten der Briefe der Bezug auf die Geschichte auf ganz wenige Punkte reduziert ist und der ein- oder mehrfache Sphärenwechsel im Vordergrund steht, steht bei den Evangelien die vielfältige Erinnerung an die Gestalt des Jesu von Nazareth im Vordergrund. Gleichwohl sind auch hier die Mythologumena eines mehrfachen Sphärenwechsels von entscheidender Bedeutung, auch wenn dies etwa bei Markus, dem ältesten Evangelium, erst auf den zweiten Blick sichtbar wird. Dieses Evangelium ist zweigeteilt: Im ersten Teil bis Mk 8,26 finden sich die vollmächtigen Taten und Worte Jesu, der zweite Teil ist bestimmt vom Weg in das Leiden und den Tod. Bezeichnenderweise bilden nun gerade in diesem zweiten Teil, in dem die Vollmacht des Gottesmannes durch die Ohnmacht des von Gott Preisgegebenen abgelöst zu werden scheint, die Weissagungen Jesu mit der Gewissheit seiner künftigen *sessio ad dexteram* (Mk 8,38; 13,26; 12,36; 14,62) den leisen und doch unüberhörbaren Kontrapunkt zum *cantus firmus* der Passion. Im Zusammenklang der beiden Stimmen, in der Verschränkung des Weges in die äußerste Niedrigkeit mit der Perspektive der Erhöhung zur Rechten Gottes besteht das sogenannte Messiasgeheimnis des ältesten Evangeliums. So wird durch Leiden und Tod hindurch der Anspruch Jesu bestätigt, dass mit ihm Gottes Herrschaft anbricht, denn die

---

107 So entspricht ja auch im Text dem πορευθείς des Abstiegs in 1 Petr 3,19 das πορευθείς des Aufstiegs in den Himmel 1 Petr 3,22.

am Ende des Evangeliums nur angedeutete Auferstehung ist die Voraussetzung für das am Ende der Zeit erwartete (Wieder-)Kommen des erhöhten Menschensohnes (Mk 8,38; 14,62; vgl. 13,26 f). Das Handeln Gottes *durch* den Menschensohn im ersten Teil des Evangeliums wird also bei genauer Betrachtung im zweiten Teil nicht widerrufen, sondern sogar noch gesteigert durch Gottes Handeln *an* dem Menschensohn, durch das der Vater den von den Menschen ermordeten Sohn auferweckt und im Himmel als künftigen Richter und Retter einsetzt.

Wird schon die Erhöhung am Ende des Lebens Jesu nur verhüllt angedeutet, so ist das älteste Evangelium noch zurückhaltender im Blick auf den Anfang. Lediglich in den Worten, in denen Jesus von seinem Gekommen-Sein spricht (Mk 2,17; 10,45 vgl. 1,24), könnte man so etwas wie eine Präexistenz angedeutet sehen. Das ändert sich deutlich in den anderen Evangelien. Bei Matthäus wird die Durchdringung der Geschichte des Irdischen mit mythischen Motiven in zweifacher Weise verstärkt: Zum einen nach vorn, insofern mit der Jungfrauengeburt eine Art Äquivalent zum ‚Abstieg' des Göttlichen in die menschliche Sphäre der Jesusgeschichte vorgeordnet wird, zum andern nach hinten, indem die Erhöhung am Ende geradezu inszeniert und soteriologisch ausgedeutet wird, wenn Jesus sich auf dem Berg mit den Worten von seinen Jüngern verabschiedet, dass ihm nun alle Macht im Himmel und auf Erden gegeben sei, verbunden mit der Zusage seiner bleibenden Gegenwart (Mt 28,20). Am weitesten geht das vierte Evangelium, das seine Wiedergabe des Lebens Jesu mit einem Hymnus beginnen lässt, der in deutlicher Anspielung auf Gen 1,1 den Ursprung Jesu auf das göttliche Schöpfungswort zurückführt, das sich in der Welt inkarniert (Joh 1,1-18; vgl. besonders Joh 1,14). Entsprechend stellt sich Jesus im Evangelium immer wieder als der vor, den der Vater gesandt hat und dessen Weg auf Erden in seiner Heimkehr zum Vater mündet, um dann bei seinem erneuten Kommen auch die Seinen in die himmlischen Wohnungen zu sich zu nehmen (Joh 14,1-3). In ganz eigener Begrifflichkeit wird also auch hier die Erlösung als vierfacher Sphärenwechsel beschrieben, als Inkarnation, Erhöhung und Wiederkehr Christi sowie als Aufnahme der Seinen in die Wohnungen des Vaterhauses.

Im Zusammenhang mit der hier leitenden Fragestellung ist besonders Lukas interessant, nicht nur weil er zumindest dem weiteren Einflussbereich des Paulus zuzurechnen ist,[108] was in seinem Evangelium durchaus seinen Niederschlag

---

108 Die lange Zeit in der historisch-kritischen Forschung nahezu fraglos geltende Annahme, dass die Wir-Passagen Fiktion seien und Lukas somit keine direkte Bekanntschaft mit Paulus gehabt habe, wurde im Blick auf die Wir-Passagen in jüngerer Zeit durch die sorgfältige histori-

findet[109], sondern auch, weil er expliziter als die anderen drei Evangelien Historie und Mythos miteinander verbindet. Der *auctor ad Theophilum* formuliert bereits in seinem formal und stilistisch an die Eröffnung antiker Geschichtswerke angelehnten Prolog Lk 1,1-4 den Anspruch, das Leben Jesu und dessen Folgen in der richtigen Reihenfolge und als eine διήγησις (Erzählung, Darlegung), also in Form eines möglichst exakten Berichtes, wiederzugeben. Diesen Anspruch auf historische Genauigkeit setzt er schon dadurch in die Tat um, dass er als einziger Evangelist nicht nur den Beginn der in seinem Evangelium berichteten Ereignisse datiert (Lk 1,5), sondern auch die beiden Eckpunkte des Lebens Jesu – den Beginn seines Lebens und den Beginn seines öffentlichen Auftretens – mit Daten der allgemeinen Geschichte korreliert (Lk 2,1 f; 3,1 f). Nur er weiß etwas von der Kindschaft Jesu zu erzählen, und vor allem hat er als einziger Evangelist seinem „ersten Bericht" (Apg 1,1) über das Leben des Irdischen mit der Apostelgeschichte einen zweiten über die Geschichtswirksamkeit des Erhöhten hinzugefügt.

Angesichts dieser bewussten Historisierung der Jesusüberlieferung ist es umso bemerkenswerter, dass Lukas seine διήγησις markant mit mythischen Elementen rahmt: Die Vorgeschichte beginnt mit zwei Engelserscheinungen vor Zachäus und Maria, in denen zwei wunderbare Geburten angekündigt werden, zunächst die des Vorläufers Johannes durch die aufgrund ihres Alters eigentlich unfruchtbare Elisabeth, dann die noch wunderbarere, vom Geist gewirkte Geburt des „Erlösers" durch die Jungfrau Maria. Wenn dessen Kommen dann im Benedictus des Zacharias angekündigt wird als der Besuch des „Sonnenaufganges aus der Höhe" (Lk 1,78), hat dies schon eine inkarnatorische Färbung, die auch die Weihnachtsgeschichte bestimmt, wenn dort vom Engel den Hirten die

---

sche Untersuchung von Thornton 1991 in Frage gestellt. Da zudem der lange behauptete, unüberbrückbare theologische Gegensatz zwischen Paulus und Lukas durch neuere Untersuchungen zu Recht stark relativiert wird (vgl. Porter 1999), gewinnt die Annahme, dass Lukas in der Tat ein Paulusbegleiter war, wieder zunehmend Anhänger. So schreibt Wolter in seinem 2008 erschienenen Kommentar zum Lukasevangelium nach sorgfältiger Abwägung aller bisherigen Lösungsvorschläge: „Die nächstliegende Erklärung ist darum auch hier die beste: Das ‚Wir' stammt vom Verfasser des Lukasevangeliums und der Apostelgeschichte, der in Lk 1,3 und in Apg 1,1 mit seinem eigenen ‚Ich' vor die Leser hingetreten ist und mit Hilfe der sog. ‚Wir'-Stücke ‚seinen eigenen Anteil an den Reisen des Paulus' gekennzeichnet hat" (Wolter 2008, 8).

109 Die lange, vor allem in der deutschen Forschung vorherrschende Meinung, dass Lukas theologisch nichts mit Paulus zu tun habe, beruht auf einer zu engen Deutung dessen, was paulinisch ist. Bovon 1989, 25 kann zu Recht seinen großen Lukaskommentar mit der Bemerkung einleiten: „Lukas bezeugt eine besondere Form des Paulinismus in der zweiten bzw. dritten Generation". Vgl. dazu auch die vorangehende Anm.

Geburt des „Retters"[110] verkündigt wird und daraufhin im Lob der himmlischen Heerscharen die Grenze zwischen Himmel und Erde durchlässig wird (Lk 2,8-14). So wird auch im Lobgesang des Zacharias das Kommen des Heils als „Aufgang aus der Höhe" beschrieben (Lk 1,78). Man kann zu diesen mythisch-historisierenden Motiven eines vom göttlichen Geist bestimmten Präludiums zum Evangelium dann auch noch die ‚wartenden Gestalten' eines Simeon und einer Hannah hinzufügen (Lk 2,25-38) und vor allem die Erzählung vom zwölfjährigen Jesus im Tempel. Das Motiv des weisen Kindes hat seine Parallelen in den antiken Viten über außergewöhnliche Männer – verwiesen sei auf Kyros bei Xenophon, Solon bei Plutarch, Augustus bei Nikolaos von Damaskus; im Judentum findet es sich im Bezug auf Mose bei Philon und Josephus[111]. Besonders Philosophenbiographien betonen die ungewöhnliche Weisheit des heranwachsenden Protagonisten, die nicht selten auch religiös konnotiert ist, wie etwa Vita Apolonii 9 oder Vita Pythagorica 5.8.12 zeigen[112]. „Was Lukas von den drei anderen Evangelisten trennt, das verbindet ihn aber mit den Verfassern biographischer Literatur der griechischen Antike [...]. Die Jugendepisode ist in der antiken biographischen Literatur zwar nicht obligatorisch, aber dennoch sehr häufig anzutreffen"[113].

So ausgiebig die Vorgeschichte mit mythischen Elementen durchsetzt ist, um den Beginn der Geschichte Jesu an den Gott Israels zurückzubinden, so ist für Lukas die Erhöhung Jesu am Ende des Evangeliums wohl noch zentraler. Das zeigt sich schon daran, dass sie von ihm bereits in das Leben Jesu verlagert wird, wie die lukanische Bearbeitung der Verhörszene erkennen lässt. Statt des markinischen „und ihr werdet sehen den Menschensohn [...] kommen" (Mk 14,62) lässt Lukas seinen Jesus in der von ihm umgestalteten Fassung[114] sagen: „[A]b jetzt wird der Menschensohn zur Rechten der Macht Gottes sitzen" (Lk 22,69). Durch jenes „ab jetzt wird der Menschensohn zur Rechten der Macht Gottes sitzen" löst er das Wort „von seinem markinischen Bezug auf die Parusie ab und macht es zu einem Wort über Jesu Erhöhung und Inthronisation zum himmlischen Messiaskönig"[115]. Entsprechend bezeugt dann nicht nur Petrus in

---

110 In Lk 1,47 ist σωτήρ noch Gottesprädikat.
111 Vgl. De Jonge 1977-78.
112 Vgl. Krückemeier 2004, 311.
113 Krückemeier 2004, 307 f.
114 Vgl. Jeremias 1980, 299. Wie sorgfältig Lukas dieses Zitat gestaltet hat zeigt sich auch daran, dass er den markinischen Prätext wieder an die LXX-Vorlage anpasst.
115 Wolter 2008, 736; vgl. Carroll 2012, 452: „Unlike Mark 14:62, Luke does not have Jesus speak of a future exaltation his council listeners 'will see' but of an installation in a position of power 'from now on'".

Apg 5,31 vor dem Synhedrium, dass Gott den Auferweckten zu seiner Rechten als Fürst und Retter erhöht hat, sondern Stephanus schildert in Apg 7,55 f seinen Anklägern, dass er im geöffneten Himmel bereits den zur Rechten Gottes stehenden Menschensohn sieht.

Doch der *auctor ad Theophilum* begnügt sich nicht mit bloßen redaktionellen Änderungen, sondern er lässt sein Evangelium mit der Inszenierung dieser Erhöhung enden und die Apostelgeschichte damit beginnen. Bereits der für die lukanische Wiedergabe der Jesusgeschichte charakteristische große Reisebericht Lk 9,51-19,28 wird vom ersten Vers an unter das Stichwort der ‚Aufnahme' (Lk 9,51: ἀνάλημψις) gestellt. Damit wird die Himmelfahrt[116] zum Fluchtpunkt des ganzen Weges Jesu gemacht. Der Bericht davon bildet dann auch die Schlussszene des Evangeliums. Unmittelbarer Prätext für eine solche Entrückung in die himmlische Welt ist für Lukas ohne Zweifel die biblische Überlieferung: Der Gebrauch von ἀνάλημψις (Himmelfahrt) in Lk 9,51 und ἀναλαμβάνω (aufnehmen, in die Höhe nehmen) in Apg 1,2.11.22 verweist auf die Himmelfahrt des Elia, die in 2 Kön 2,9.10.11 LXX und dann noch einmal in Sir 48,9 und in 1 Makk 2,58 mit diesem Verb beschrieben wird[117].

Aber das Mythologumenon einer Himmelfahrt war auch in der griechisch-römischen Welt bekannt und es war dort wohl zur Zeit des Lukas prominenter als im jüdischen Bereich. An erster Stelle ist der Mythos von Herakles zu nennen, zu dessen Grundbestand schon früh die Himmelfahrt auf dem Berg Oeta gehört. Eine Münchener Pelike aus dem Ende des 5. Jahrhunderts v. Chr. zeigt bereits den Heroen im Viergespann, das frei durch die Lüfte rast, gezogen von feurigen Rossen, während unten der Scheiterhaufen mit dem Brustpanzer des Helden sichtbar ist[118]. Apollodor berichtet – wenn auch mit einem relativierenden λέγεται (es wird erzählt) – dass der Halbgott, nachdem er der List des Nessos zum Opfer gefallen war und sich seinen Schmerzen durch den Feuertod entzog, von einer Wolke unter Donner in den Himmel getragen und so unsterblich wurde[119]. Bei Ovid hat sich Herakles durch seine Taten gar als „Erretter der

---

116 Vgl. die entsprechende Verwendung des Verbs ἀναλαμβάνω (aufnehmen, in die Höhe nehmen) in Apg 1,2.11.22.
117 Ein in der jüdischen Tradition besonders bewanderter Hörer könnte dazu noch eine Anspielung auf Henoch heraushören, für dessen Entrückung Sir 48,12 ebenfalls ἀναλαμβάνω benutzt; auch der Verweis auf die Receptio des Mose im Zusammenhang mit seinem Tod in AssMos 10,12 könnte die lateinische Wiedergabe von ἀνάλημψις sein.
118 Metzger 1951, Tafel XXVIII.
119 Vgl. Wagner 1965, 160.

Erde" erwiesen, also als eine Art pagane Erlösergestalt[120]. Dieser wird dann von seinem göttlichen Vater Zeus an den Himmel[121] und damit unter die Götter versetzt[122]. Abgeschwächt findet sich das Himmelfahrtsmotiv auch in der Romulussage[123]. In summa: Das Theologumenon der Erhöhung Christi wird von Lukas durch das Mythologumenon einer Himmelfahrt geradezu inszeniert. Dieses hat er der prophetischen Tradition des Alten Testaments und des Antiken Judentums entnommen, aber der Grund für die Rezeption dieses mythischen Motivs dürfte sein, dass es der griechisch-römischen Welt geläufig war[124].

Untersucht man das Doppelwerk im Blick auf das Motiv des Sphärenwechsels, so lässt sich auch hier der schon mehrfach beobachtete vierfache Wechsel beobachten, allerdings mit spezifischen Modifikationen und Ergänzungen:

- Jesus ist das von den Himmelsboten angekündigte und durch die Kondeszendenz des Geistes in der Jungfrau Maria „gewordene Heilige, das Sohn Gottes genannt wird", um den Erzengel zu zitieren (Lk 1,35).
- Es folgt das Leben Jesu, das Lukas als Bericht in die allgemeine Menschheitsgeschichte einordnet, um es freilich sehr bald schon auf den nächsten Sphärenwechsel zulaufen zu lassen, die Aufnahme des Gottessohnes in den Himmel und seine Platzierung zur Rechten Gottes. Diese Erhöhung wird schon am Beginn seiner Reise nach Jerusalem angekündigt, sie beginnt bereits am Tiefpunkt des Lebens Jesu, bei seiner Verurteilung, und sie wird am Ende als Himmelfahrt in Szene gesetzt.

---

120 Vgl. Ov. Met. IX, 241: vindex terrae. Dion kann Herakles entsprechend als σωτήρ („Retter") bezeichnen, vgl. Dion Or. 1,59-84.
121 Zur Versetzung an den Himmel siehe auch den Beitrag von T. Scheer in diesem Band.
122 Ov. Met. IX, 271 f. Vgl. Bömer 1977, 358: „Das ist die Aufnahme unter die Götter".
123 Vgl. Liv 1,16. Dort wird auch die politische Dimension dieses mythischen Motivs sichtbar, die gerade für die Popularität der Himmelfahrtsvorstellung zur Zeit des Lukas von Bedeutung war: Die Apotheose des Stadtgründers dient der religiösen Autorisierung der römischen Herrschaft. Entsprechend griff der Kaiserkult, dessen Herrscher sich aus Legitimationsgründen immer wieder sowohl zu Romulus wie zu Herakles in Beziehung setzten, bewusst auf das Motiv einer Himmelfahrt zurück: So bezeugte nach Sueton ein Mann im Range eines Prätors unter Eid, er habe bei der Einäscherung des Augustus die Gestalt des Kaisers in den Himmel fahren sehen (Suet. Aug. 100,4). In der Folge wurde die Entrückung „zum stehenden Requisit der Herrscherapotheose [...]. Erst dann konnte ein verstorbener Kaiser als unter die Götter versetzt erklärt werden, wenn der römische Senat Zeugen fand, die die leibliche Entrückung in den Himmel bestätigen konnten" (Roloff 2010, 25).
124 Es wäre eine eigene Untersuchung wert, inwiefern dieser gesamte Motivkomplex, der einem sowohl im Alten Testament als auch in der griechisch-römischen Welt begegnet, auf altorientalische Vorläufer zurückgeht.

Der doppelte Sphärenwechsel, der die Geschichte Jesu an den an und durch ihn handelnden Gott zurückbindet, ermöglicht es diesem dann ebenso wie im Philipperbrief, an den Christgläubigen entsprechend zu handeln:
– Der zur Rechten Gottes Erhöhte ist auch derjenige, der wiederkommen wird. Das wird nicht nur im Evangelium festgehalten, wo dies von den Quellen übernommen ist, sondern darüber hinaus in den Reden der Apostelgeschichte von Petrus (Apg 10,42) und Paulus (Apg 17,31) verkündigt.
– Als Zielpunkt gläubiger Existenz behält auch Lukas die eschatologische Perspektive einer Verwandlung bei, wenn er etwa Jesus im Sadduzäergespräch sagen lässt, dass die „Kinder der Auferstehung" als „Kinder Gottes" auch „engelgleich" sein werden (Lk 20,36). Er kann dies explizit mit einem Sphärenwechsel verbinden, wenn sein Jesus noch am Kreuz dem umkehrenden Verbrecher zusagt: „Amen, ich sage dir: Heute wirst du mit mir im Paradies sein"[125].

Dieser seit dem Philipperbrief zu den Eckpunkten der christlichen Heilsbotschaft gehörende vierfache Sphärenwechsel wird von Lukas ergänzt durch einen fünften, nämlich das Herabkommen des Geistes:
– Als die Jünger den Auferstandenen beim Abschied nach dem Zeitpunkt der Parusie, also des (Wieder-)Kommens Christi fragen, verweist dieser statt einer Festlegung auf die Sendung des Geistes (Apg 1,6-8). Entsprechend verweist die Pfingstpredigt des Petrus im Zusammenhang mit der Erhöhung Jesu nicht auf seine Wiederkunft, sondern auf den Geist, den Jesus vom Vater empfangen und nun seinerseits über seine Jüngerinnen und Jünger ausgegossen hat (Apg 2,32-36), die durch ihn „mit Kraft aus der Höhe überkleidet werden" (Lk 24,49; vgl. Apg 1,8).

Wie im Evangelium der Geist Gottes Jesus zum Ort der Gottesgegenwart macht, so geschieht Analoges in der Apostelgeschichte durch den von Jesus gesandten Geist, der die Botinnen und Boten Christi zu ihrem Dienst ermächtigt. Zu beachten ist die Akzentverschiebung: Während bei Markus und bei Paulus die Parusie Christi im Zentrum steht, tritt diese bei Lukas eher etwas in den Hintergrund,

---

[125] Lk 23,43; vgl. zur Vorstellung eines Sphärenwechsels nach dem Tod bei Lukas auch die Parabel Lk 16,19-31. Der Verbrecher hatte Jesus gebeten, seiner zu gedenken, wenn er in seine Königsherrschaft (βασιλεία) eingeht. Hier zeigt sich also eine Verräumlichung der βασιλεία-Vorstellung, die sich schon vor Lukas in der Wendung vom Eingehen in das Reich Gottes andeutet (vgl. Mk 9,47; 10,23-25; Paulus spricht konsequent noch vom ‚Erben' der Herrschaft Gottes).

wie schon beim Verhör vor dem Synhedrium zu sehen war. Die sich dehnende Zeit bis zur Parusie wird überbrückt durch die Herabkunft des Geistes, der ‚zwischen den Zeiten' den zur Rechten Gottes Sitzenden vertritt – bis dahin, dass dieser Geist immer mehr als eigenständiger Aktant auftritt, der selbst wie eine Person spricht, entscheidet und handelt (vgl. Apg 8,29.39; 10,19; 11,12; 13,2.4; 15,28). Die Verbindung der Geschichte mit mythischen Elementen hat so bei Lukas ihre Pointe darin, dass innerhalb der allgemeinen Geschichte eine durch den Geist von Gottes Willen geleitete Kirchengeschichte ausgesondert und damit die Heilsgeschichte Israels fortgesetzt wird.

4 „Psalmen, Lieder, geistliche Gesänge": Mythos und Historie

Zuletzt noch einmal zurück zur Ausgangsfrage von Mythos und Historie. Der Weg, wie aus dem galiläischen Zimmermann der zur Rechten Gottes Erhöhte wurde, lässt sich, wie eingangs festgestellt, nicht mehr eindeutig erhellen. Was man allerdings versuchen kann, ist eine möglichst plausible Rekonstruktion dieser Entwicklung, die sowohl den Hylemsequenzen der späteren Bekenntnisse wie den Erinnerungen an Jesus von Nazareth so weit als möglich gerecht zu werden versucht. Dabei wurde eingangs schon gegen eine oft geradezu apriorische Entgegensetzung von Verkündiger und Verkündigtem darauf hingewiesen, dass diese Entwicklung nicht Ergebnis einer allmählichen Akkulturation war, sondern dass sie im Wesentlichen schon außerordentlich früh – spätestens zwei Jahrzehnte nach Jesu Tod[126] – abgeschlossen war, und das anscheinend, ohne dass uns Widerstand dagegen (etwa seitens der noch lebenden Augenzeugen) bekannt geworden wäre. Das ist umso bemerkenswerter, als uns in der Mitwelt keineswegs das fertige Konzept eines Kultheros oder eines göttlichen Menschen vorgelegen hätte, in das man Jesus nur hätte einpassen müssen. Deshalb soll zum Abschluss der Versuch einer Erklärung stehen, wie Geschichte und Mythos bei der Deutung des Christusereignisses zusammenhängen könnten.

---

[126] Bereits das älteste neutestamentliche Schreiben, der um 49/50 n. Chr. verfasste 1. Thessalonicherbrief, spricht von Christus als dem vom Himmel herabkommenden Kyrios (1 Thess 4,16), setzt also die beiden wichtigsten Elemente des neutestamentlichen Sphärenwechsels, die Erhöhung Christi und dessen Wiederkunft, voraus. Wenn der Philipperhymnus vorpaulinisch ist (siehe oben), dann dürfte diese Entwicklung noch früher abgeschlossen gewesen sein.

Theißen macht in seinem Buch „Die Religion der ersten Christen" darauf aufmerksam, dass ein besonderes Verhältnis von Mythos und Geschichte die Jesusbewegung von Anfang an bestimmt hat: „Im Zentrum des religiösen Zeichensystems im Urchristentum steht eine eigentümliche Verbindung von Mythos und Geschichte. Sie wird verkannt, wenn man sie in einseitiger Weise auflöst, sei es in Richtung auf die ‚Geschichte' oder in Richtung auf den ‚Mythos'"[127]. Er betont die unlösbare, wechselseitige Verschränkung beider Aspekte: „Alles spricht dafür, dass im Zentrum des Urchristentums weder ein sekundär historisierter Mythos noch eine sekundär mythisierte Geschichte stand. Am Anfang stand eine spannungsvolle Einheit von Geschichte und Mythos."[128] Diese spannungsvolle Einheit beginnt bereits beim historischen Jesus, der mit seiner Verkündigung vom anbrechenden Reich Gottes einen Endzeitmythos auf die gegenwärtige Erfahrung in der Geschichte bezog. Durch die Vorstellung der anbrechenden Herrschaft Gottes als „mythische Dramatisierung des ersten Gebots"[129] hat Jesus sein Auftreten im Kontext einer durch diesen Mythos ‚revitalisierten' jüdischen Religion interpretiert: „Entscheidend für Jesu Selbstverständnis ist nicht dieser oder jener Titel, sondern die ‚Historisierung' des Endzeitmythos in seinem ganzen Wirken."[130] Das hat sein gesamtes Auftreten geprägt. Zwar sind die Berichte der Evangelien Glaubenszeugnisse, in die ohne Zweifel auch sekundär ‚Mythisches' eingeflossen ist, aber das, was von Jesus erinnert wurde, erlaubt es doch, Grundzüge und Charakteristika dieser Erinnerung mit der historischen Gestalt in Verbindung zu bringen, da dessen „essential shape was given by the original and immediate impact made by Jesus as that was first put into words by and among those involved or eyewitnesses of what Jesus said and did."[131]

Dieser in den Evangelien erinnerte Jesus[132] tritt in erster Linie als Lehrer auf und zwar als ein Lehrer, dessen Reden „in Vollmacht" das Bewusstsein einer besonderen „Gottesunmittelbarkeit"[133] widerspiegelt. Sein Auftreten hat prophetische Züge und als Prophet wird er auch meistens von Außenstehenden beurteilt (vgl. Mk 8,28 f). Dabei versteht er sich zugleich als Gesandter der Weisheit

---

127 Theißen 2008, 47.
128 Theißen 2008, 48.
129 Theißen 2008, 50; vgl. 55.
130 Theißen 2008, 67.
131 Dunn 2003, 335.
132 Das Folgende ist eine Zusammenfassung dessen, was in Feldmeier/Spieckermann 2018 ausführlicher dargestellt wurde.
133 Scholtissek 1996, 75.

Gottes[134] und begründet seine Forderungen damit, dass er in dieser Tradition mit erstaunlicher Unbefangenheit auf die in der Welt erfahrbare Güte des Schöpfers verweist[135]. Ohne Absicherung durch irgendeine Lehrtradition greift er dabei auf die Schrift als einzige Autorität zurück und deutet sie souverän von Gottes Liebeswillen her. Von daher kann Jesus die ethischen Weisungen der Tora radikalisieren, aber zugleich Teile der Tora, wie das Sabbatgebot und die Reinheitsvorschriften, in bestimmten Situationen übertreten, sofern er dadurch dem Willen Gottes, wie er ihn versteht, Geltung verschafft (vgl. Mk 2,19-22.25-28; 3,4). Charakteristisch ist eine Form der Rede, die Dunn „the emphatic *egō*" nennt und die sowohl in ihrer affirmativen wie in ihrer adversativen Form für die Jesusüberlieferung so bezeichnend ist, dass man sie dem historischen Jesus schwerlich absprechen kann[136]. Im Zusammenhang damit steht die formelhafte Wendung „Amen ich sage dir/euch", die in den Synoptikern 50 Mal erscheint und die in der Verdoppelung „Amen, Amen ich sage dir/euch" noch weitere 25 Mal im vierten Evangelium begegnet. Ein solches nicht-responsorisches Amen ist bislang außerhalb der Jesusüberlieferung nicht belegt[137]. Es dürfte, wie bereits Jeremias vermutet hat, eine Sprachschöpfung Jesu sein[138], der das Amen hier anstelle der prophetischen Botenformel verwendet hat[139] und damit zum Ausdruck bringt, dass Jesus seine Worte als Widerhall von Gottes eigenem Reden verstanden hat, dass also Gott selbst durch ihn zu Wort kommt. Dieses Bewusstsein einer Gottunmittelbarkeit erklärt auch die wohl auffälligste Besonderheit der Lehre Jesu, seine Bildreden, in denen ihm die gesamte Wirklichkeit zum Gottesgleichnis wird.

Jesu Botschaft des anbrechenden Heils besteht aber nicht nur in Worten, sondern sie lässt die Gottesgegenwart bis in die Körperlichkeit hinein erfahren. Zu Jesu Auftreten gehören deshalb auch seine δυνάμεις, seine „Machttaten". Man sollte historisch nicht bezweifeln, dass Jesus über ungewöhnliche Heilungskräfte verfügt hat. Von keiner Gestalt der Antike sind uns so viele außergewöhnliche Taten überliefert wie von Jesus und sie sind gerade in ihrer formalen und thematischen Vielfalt „das stärkste Indiz dafür, dass das Heilen von

---

134 Diese Verbindung von Weisheit und Prophetie kennzeichnet besonders die Überlieferungen des Redestoffes in der sogenannten „Logienquelle"; diese Worte dürften aller Wahrscheinlichkeit nach auf den historischen Jesus zurückgehen.
135 Vgl. Mt 5,45 par Lk 6,35; Mt 6,26-32 par Lk 12,24-30.
136 Dunn 2003, 701.
137 Vgl. Theißen/Merz 2001, 456.
138 Vgl. Jeremias 1978, 386-391.
139 Vgl. Theißen/Merz 2001, 456: „Hier spricht ein Prophet – ja vielleicht mehr als ein Prophet!"

Kranken zu den herausragenden Formen des Wirkens Jesu gehört hat."[140] Als eschatologische Verheißungszeichen (vgl. Lk 11,20 par Mt 12,28) bestätigen sie seine Verkündigung der anbrechenden Gottesherrschaft und unterstreichen seine Vollmacht, zu Recht im Namen Gottes Sünden zu vergeben (vgl. Mk 2,10). Jesus erweist sich in ihnen als der Stärkere, der dem Starken die Beute abnimmt (vgl. Mk 3,22-27 par Mt 12,24-30; Lk 11,15-22). Selbst Jesu Gegner bestreiten sie nicht, führen sie jedoch freilich nicht auf Gott zurück, sondern auf die widergöttliche Macht (vgl. Mk 3,22 par Mt 12,24; Lk 11,15).

Doch nicht nur in seinen Worten und Taten, sondern auch in seinem Verhalten zeigt sich der Anspruch einzigartiger Autorität, wenn Jesus etwa – „analogous to God's calling the Israelite prophets"[141]– die Initiative ergreift und Menschen aus ihren bisherigen Lebenszusammenhängen herausruft in eine Nachfolge, die alle anderen Bindungen außer Kraft setzt[142]. Das geht bis dahin, dass er aus dieser Schar seiner Anhänger dann auch noch zwölf als Avantgarde des eschatologisch erneuerten Gottesvolkes aussondert[143] und sich selbst dieser symbolischen Größe als derjenige gegenüberstellt, der – wiederum in Entsprechung zum göttlichen Handeln – eine durch sein Wort und seinen Willen konstituierte Gemeinschaft als sein Gegenüber schafft: „Und er machte die Zwölf", wie Mk 3,16a die Einsetzung des Zwölferkreises beschreibt. Im Blick auf Außenstehende nicht weniger auffällig ist ein Verhalten, das man am ehesten als „radical inclusiveness"[144] bezeichnen könnte. Es zeigt sich ebenso in seinem Verhältnis zu Frauen und Kindern wie zu Kranken und Besessenen oder zu Volksfremden wie den Samaritanern, aber auch zu der unter ethischen Gesichtspunkten durchaus fragwürdigen Berufsgruppe der Zöllner und selbst zu Prostituierten, kurz: zu den „Sündern".

Dass in diesem Jesus seinen Adressaten nicht nur ein Weiser und Prophet, sondern „mehr als Salomo" und „mehr als Jona" (Lk 11,31 f par Mt 12,41 f) begegnet ist, zeigt sich nicht zuletzt in einem Zug, der in den Evangelien relativ häufig vorkommt und dennoch in deren Auslegung auffällig wenig beachtet wird: Mit erstaunlicher Konstanz ruft Jesus immer wieder Furcht, ja Entsetzen

---

140 Niebuhr 2011, 424.
141 Boring 2012, 126.
142 Vgl. Mk 1,16-20 par Mt 4,18-22; Lk 5,1 f.10b.11; Mt 8,22 par Lk 9,60; Lk 9,62.
143 Zur Historizität der Zwölf vgl. Hengel/Schwemer 2007, 365-371; vgl. weiter Theißen/Merz 2001, 200 f; Allison 2010, 67-76.
144 Boring 2012, 129.

hervor und zwar sowohl unter Außenstehenden[145] wie unter seinen Anhängern[146]. Eine solche Reaktion ist das Charakteristikum einer Theophanie. Wenn man nicht zu der eher unwahrscheinlichen Annahme greifen will, dass diese zahlreichen Verweise auf den ‚Gottesschrecken', die im Übrigen in der späteren Tradition eher zurückgedrängt werden, sekundäre Gemeindebildungen sind, dann wird man sie wohl so deuten müssen, dass in Jesus von seinen Zeitgenossen die Präsenz einer übermenschlichen Macht erfahren wurde. Das Phänomen als solches wird auch von Jesu Gegnern bestätigt, wenn sie Jesus als einen vom Beelzebul Besessenen anklagen (Mk 3,22). Man wird daher die „tantalising possibility" in Rechnung stellen müssen, dass schon der historische Jesus, ohne seinen jüdischen Hintergrund im Mindesten zu verlassen, in seinem Auftreten eine Autorität für sich in Anspruch genommen hat, welche die Hörer und Schüler nach Worten ringen ließ, wie das, was sie sahen, hörten und erinnerten, überhaupt angemessen auszudrücken sei[147]. Nicht zuletzt aufgrund der wohl schon auf den historischen Jesus zurückgehenden Verschmelzung von Mythos und Geschichte lag es dann auch für seine Anhänger nicht fern, den von ihnen bereits in der Begegnung mit dem Irdischen sowohl befreiend wie befremdend erlebten Einbruch des Göttlichen, der sich in den Begegnungen mit dem Auferstandenen bestätigt und in den späteren Erfahrungen der Glaubenden mit ihrem erhöhten Herrn fortgesetzt hat, mit Hilfe von mythischen Hylemen wiederzugeben.

Der in Liedern und Gesängen erstmals mit Jesus Christus verbundene Mythos sprengt die Grenzen der Alltagssprache, um das Geheimnis der Gegenwart Gottes in diesem Menschen in der Sprache der Dichtung zu preisen und so die Erinnerung an den galiläischen Gottesmann auf die durch ihn sich offenbarende Dimension Gottes hin transparent zu machen. Um es in Anlehnung an das

---

145 Vgl. Mk 1,22.27; 2,12; 5,15.42; ferner Mk 5,33 (mit den entsprechenden Parallelen bei den synoptischen Seitenreferenten). In diesen Zusammenhang gehören wohl auch Notizen wie die, dass die Leute Jesus bitten, sie zu verlassen (vgl. Mk 5,17).
146 Vgl. Mk 4,41; 6,50 f; 9,6; vgl. ferner Mk 10,32 samt Parallelen, weiter aus dem lukanischen Sondergut Lk 5,8-10.
147 Dunn 2003, 704: „[A]s we move on to the remaining categories which Jesus rather than others may have used in speaking of his mission, we are left with two powerful impressions. One is that Jesus' mission seems to have broken through all the most obvious categories by which his mission could be evaluated; he evidently did not fit with any degree of comfort into any of the pigeon-holes by which observers might have wished to label him. The other is the tantalising possibility that Jesus deliberately claimed a degree of distinctiveness for his mission, for all its thoroughly Jewish character, which left both hearers and disciples struggling for words to express the significance of what they were seeing and hearing – and remembering."

berühmte Diktum von Wittgenstein zu sagen: Wovon man nicht reden kann, davon muss man singen. In solchen *carmina Christo quasi Deo* wird man folglich den Versuch sehen müssen, im Lichte der Ostererfahrungen die bereits in der Begegnung mit dem Menschen Jesus gemachten Transzendenzerfahrungen gleichsam in einer transhistorischen Sprache auszudrücken. Dass dies nicht erst im griechischen Sprach- und Kulturraum begann, sondern bereits in der Jerusalemer Urgemeinde seinen Anfang nahm, ist aus dem urchristlichen Ruf *Maranatha,* „Unser Herr, komm" (1 Kor 16,22; vgl. Offb 22,20), zu ersehen, der Jesus bereits in aramäischer Sprache als Kyrios akklamiert.

Bibliographie

Allison, D. C., 2010, Constructing Jesus: Memory, Imagination and History, Grand Rapids.
Becker, E.-M., 2015, Der Begriff der Demut bei Paulus, Tübingen.
Becker, J., 1992, Paulus. Der Apostel der Völker, 2., durchgesehene Auflage, Tübingen (1. Auflage 1989).
Berger, K. (Hg.), 1981, Jüdische Schriften aus hellenistisch-römischer Zeit, Bd. 2: Unterweisung in erzählender Form, Lfg. 3, Das Buch der Jubiläen, Gütersloh. (Jub.)
Beyer, K. (Hg.), 1984, Die aramäischen Texte vom Toten Meer, Bd. 1: samt den Inschriften aus Palästina, dem Testament Levis aus der Kairoer Genisa, der Fastenrolle und den alten talmudischen Zitaten; aramaistische Einleitung, Text, Übersetzung, Deutung, Grammatik/Wörterbuch, Deutsch-aramäische Wortliste, Register, Göttingen.
Bömer, F., 1977, P. Ovidius Naso – Metamorphosen, Kommentar, 7 Bde., 1969-1986, Kommentar zu Buch VIII-IX, Heidelberg.
Boring, M. E., 2012, Introduction to the New Testament. History, Literature, Theology, Westminster.
Bormann, L., 2012, Der Brief an die Kolosser. Theologischer Handkommentar zum Neuen Testament 10/1, Leipzig.
Bousset, W., 1967, Kyrios Christos. Geschichte des Christusglaubens von den Anfängen des Christentums bis Irenäus, 6. Auflage, unveränderter 4. Abdruck der 2., umgearbeiteten Auflage, Göttingen (1. Auflage 1913).
Bousset, W., 1999, Das Thesenpapier zum Vortrag von W. Bousset, 1910. Entstehung des Christusglaubens, in: Janssen, N., Theologie fürs Volk. Der Einfluss der Religionsgeschichtlichen Schule auf die Popularisierung der theologischen Forschung vor dem Ersten Weltkrieg, Studien und Texte zur Religionsgeschichtlichen Schule 4, Frankfurt am Main, 70-72.
Bovon, F., 1989, Das Evangelium nach Lukas, Teilbd. 1: Lk 1,1-9,50, Evangelisch-Katholischer Kommentar zum Neuen Testament 3, Neukirchen-Vluyn et al.
Brox, N., 1993, Der erste Petrusbrief, Evangelisch-Katholischer Kommentar zum Neuen Testament 21, 4. Auflage, Zürich et al. (1. Auflage 1979).
Budé, G. de (Hg.), 1916-1919, Dionis Chrysostomi orationes. Post L. Dindorfium, Bde. 1-2, Leipzig. (Dion Or.)
Carroll, J. T., 2012, Luke. A Commentary, Louisville.

Dräger, P. (Hg.), 2005, Bibliotheke. Götter- und Heldensagen: Apollodor, Sammlung Tusculum, Düsseldorf et al. (Apol.)
Dunn, J. D. G., 2003, Jesus remembered, Grand Rapids.
DuToit, D. S., 1997, Theios Anthropos. Zur Verwendung von *theios anthropos* und sinnverwandten Ausdrücken in der Literatur der Kaiserzeit, Wissenschaftliche Untersuchungen zum Neuen Testament, 2. Reihe 91, Tübingen.
Eigler, G. (Hg.), 2005, Platon. Werke in acht Bänden, Griechisch und Deutsch, Bd. 2, bearbeitet von H. Hofmann, übersetzt von F. Schleiermacher, 5. Auflage, Darmstadt. (Pl. Gorg.)
Elliger, W. (Hg.), 1967, Dion Chrysostomos. Sämtliche Reden. Eingeleitet, übersetzt und erläutert von W. Elliger, Zürich et al.
Fee, G. D., 2005, Paul's Letter to the Philippians, Nachdruck, Grand Rapids (1. Auflage 1995).
Feldmeier, R., 1992, Die Christen als Fremde. Die Metapher der Fremde in der antiken Welt, im Urchristentum und im 1. Petrusbrief, Wissenschaftliche Untersuchungen zum Neuen Testament 64, Tübingen.
Feldmeier, R., 2005, Der erste Brief des Petrus, Theologischer Handkommentar zum Neuen Testament 15/1, Leipzig.
Feldmeier, R., 2012, Macht – Dienst – Demut. Ein neutestamentlicher Beitrag zur Ethik, Tübingen.
Feldmeier, R. / Spieckermann, H., 2017, Der Gott der Lebendigen. Eine biblische Gotteslehre, Topoi Biblischer Theologie 1, 2., durchgesehene und bibliographisch ergänzte Auflage, Tübingen (1. Auflage 2011).
Feldmeier, R. / Spieckermann, H., 2018, Menschwerdung, Topoi Biblischer Theologie 2, Tübingen.
Friedrich, G., 1938, Art. κῆρυξ, Theologisches Wörterbuch zum Neuen Testament III, Stuttgart, 682-717.
Früchtel, L. / Stählin, O. (Hg.), 1960, Clemens Alexandrinus. Stromata, Buch I-VI, Die griechischen christlichen Schriftsteller der ersten Jahrhunderte 52, 3. Auflage, Berlin. (Clem. Al. Str.)
Gese, M., 2013, Der Epheserbrief, Die Botschaft des Neuen Testaments, Neukirchen-Vluyn.
Goppelt, L., 1978, Der erste Petrusbrief, Kritisch-exegetischer Kommentar über das neue Testament 12/1, 8. Auflage, 1. Auflage dieser Neubearbeitung, Göttingen.
Görgemanns, H. / Karpp, H. (Hg.), 1976, Origenes. Vier Bücher von den Prinzipien, Texte zur Forschung 24, Darmstadt. (Orig. De princ.)
Hahn, F., 2011, Theologie des Neuen Testaments, Bd. 1: Die Vielfalt des Neuen Testaments, Theologiegeschichte des Urchristentums, 3., nochmals durchgesehene Auflage, Tübingen (1. Auflage 2002).
Hengel, M., 1977, Der Sohn Gottes. Die Entstehung der Christologie und die jüdisch-hellenistische Religionsgeschichte, 2., durchgesehene und ergänzte Auflage, Tübingen (1. Auflage 1975).
Hengel, M., 2006, Studien zur Christologie. Kleine Schriften IV, Wissenschaftliche Untersuchungen zum Neuen Testament 201, Tübingen.
Hengel, M. / Schwemer, A. M., 2007, Geschichte des frühen Christentums, Bd. 1: Jesus und das Judentum, Tübingen.
Hillen, H. J. (Hg.), 2007, Titus Livius. Römische Geschichte, lateinisch und deutsch, Buch 1-3, 4. Auflage, München. (Liv.)

Hofius, O., 1976, Der Christushymnus Philipper 2,6-11. Untersuchungen zu Gestalt und Aussage eines urchristlichen Psalms, Wissenschaftliche Untersuchungen zum Neuen Testament 17, Tübingen.

Holzberg, N. (Hg.), 1996, Metamorphosen, lateinisch-deutsch, in dt. Hexameter übertragen von E. Rösch, 14. Auflage, Zürich. (Ov. Met.)

Hunzinger, C.-H., 1970, Zur Struktur der Christus-Hymnen in Phil 2 und 1. Petr 3, in: Lohse, E. / Burchard, C. / Schaller, B. (Hg.), Der Ruf Jesu und die Antwort der Gemeinde. Exegetische Untersuchungen, Joachim Jeremias zum 70. Geburtstag gewidmet von seinen Schülern, Göttingen, 142-156.

Jeremias, J., 1978, Amen I. Biblisch-theologisch, in: Theologische Realenzyklopädie 2, Berlin et al., 386-391.

Jeremias, J., 1980, Die Sprache des Lukasevangeliums. Redaktion und Tradition im Nicht-Markusstoff des dritten Evangeliums, Kritisch-exegetischer Kommentar über das Neue Testament, Sonderband, Göttingen.

Jonge, H. J. de, 1977-78, Sonship, Wisdom, Infancy. Luke II 41-51a, in: New Testament Studies 24, 317-354.

Jung, F., 2002, ΣΩTHP. Studien zur Rezeption eines hellenistischen Ehrentitels im Neuen Testament, Neutestamentliche Abhandlungen, Neue Folge 39, Münster.

Käsemann, E., 1960, Kritische Analyse von Phil 2,5-11, in: ders. (Hg.), Exegetische Versuche und Besinnungen 1, Göttingen, 51-95.

Kasten, H. (Hg.), 1968, C. Plini Caecilii Secundi Epistularum libri decem, lateinisch-deutsch, München. (Plin.Ep.)

Kelly, J. N. D., 1969, A Commentary on the Epistles of Peter and of Jude, Black's New Testament Commentaries 17, London.

Koetschau, P. (Hg.), 1899, Origenes: Buch 5-8 gegen Celsus. Die Schrift vom Gebet, Origenes Werke 2 = Die griechischen christlichen Schriftsteller der ersten drei Jahrhunderte 3, Leipzig. (Orig. C. Cels.)

Krückemeier, N., 2004, Der zwölfjährige Jesus im Tempel (Lk 2,40-52) und die biographische Literatur der hellenistischen Antike, in: New Testament Studies 50, 307-319.

Liddell, H. G. / Scott, R., 1996, A Greek-English Lexicon. With a Revised Supplement, Oxford.

Lohmeyer, E., 1928, Kyrios Jesus. Eine Untersuchung zu Phil 2,5-11, Sitzungsberichte der Heidelberger Akademie der Wissenschaften, Philosophisch-Historische Klasse 4, Heidelberg.

Lohse, E. (Hg.), 1986, Die Texte aus Qumran, 4. Auflage, Darmstadt.

Luther, M., 1520, Von der Freiheit eines Christenmenschen, in: Weimarer Ausgabe 7, Wittenberg, 12-38.

Luther, M., 1937, Die Bibel oder die ganze Heilige Schrift des Alten und Neuen Testaments, nach der deutschen Übersetzung Martin Luthers, nach dem 1912 vom Deutschen Evangelischen Kirchenausschuss genehmigten Text, Stuttgart.

Martinet, H. (Hg.), 2006, C. Suetonius Tranquillus. Die Kaiserviten – De Vita Caesarum. Berühmte Männer – De Viris Illustribus, lateinisch-deutsch, Düsseldorf/Zürich. (Suet. Aug.)

Metzger, H., 1951, Les représentations dans la céramique attique du IVe siècle. Planches, Bibliothèque des Écoles françaises d'Athènes et de Rome 172, Paris.

McNamara, M. (Hg.), 1992, The Aramaic Bible. The Targums, Volume I,B, Targum Pseudo-Jonathan, Genesis, Translated, with Introduction and Notes by Michael Maher, Edinburgh.

Müller, U. B., 2002, Der Brief des Paulus an die Philipper, Theologischer Handkommentar zum Neuen Testament 11/1, 2., verbesserte Auflage, Leipzig (1. Auflage 1993).

Niebuhr, K.-W., 2011, Jesus, in: ders. (Hg.), Grundinformation Neues Testament. Eine bibelkundlich-theologische Einführung, 4., durchgesehene Auflage, Göttingen (1. Auflage 2000), 408-436.
Pesch, R., 1980, Das Markusevangelium. Teil 1: Einleitung und Kommentar zu Kap.1,1-8,26, Herders Theologischer Kommentar zum Neuen Testament 2, 3., erneut durchgesehene Auflage, Freiburg im Breisgau (1. Auflage 1976).
Pokorný, P., 1990, Der Brief des Paulus an die Kolosser, Theologischer Handkommentar zum Neuen Testament 10/1, 2. Auflage, Berlin (1. Auflage 1987).
Pokorný, P., 1992, Der Brief des Paulus an die Epheser, Theologischer Handkommentar zum Neuen Testament 10/2, Berlin.
Porter, S. E., 1999, The Paul of Acts. Essays in Literary Criticism, Rhetoric, and Theology, Wissenschaftliche Untersuchungen zum Neuen Testament 115, Tübingen.
Rahlfs, A. / Hanhart, R., 2006, Septuaginta. Id est Vetus Testamentum graece iuxta LXX interpretes, editio altera, Stuttgart.
Reicke, B., 1946, The Disobedient Spirits and Christian Baptism. A Study of 1 Petr III,19 and Its Context, Acta Seminarii Neo testamentici Upsaliensis 13, Kopenhagen.
Rochefort, G. (Hg.), 1983, Saloustios. Des dieux et du monde, 2. Auflage, Paris. (Sal.)
Roloff, J., 2010, Die Apostelgeschichte, Neues Testament Deutsch 5, 19. Auflage, 3. Auflage dieser neuen Fassung, Göttingen (1. Auflage 1981).
Sandbach, F. H. et al. (Hg.), 2006, Plutarch's Moralia. Band 15, Cambridge et al. (Plut. In Hes.)
Schnackenburg, R., 1982, Der Brief an die Epheser, Evangelisch-Katholischer Kommentar zum Neuen Testament 10, Zürich et al.
Schnelle, U., 2013, Einleitung in das Neue Testament, 8., durchgesehene und erweiterte Auflage, Göttingen (1. Auflage 1994).
Schnelle, U., 2014, Theologie des Neuen Testaments, 2. Auflage, Göttingen (1. Auflage 2007).
Scholtissek, K., 1996, „Er ist nicht ein Gott der Toten, sondern der Lebenden" (Mk 12,27). Grundzüge der markinischen Theologie, in: Söding, T. (Hg.), Der lebendige Gott. Studien zur Theologie des Neuen Testaments, Festschrift für Wilhelm Thüsing zum 75. Geburtstag, Münster, 71-100.
Schweizer, E., 1976, Der Brief an die Kolosser, Evangelisch-Katholischer Kommentar zum Neuen Testament 12, Zürich et al.
Selwyn, E. G., 1949, The First Epistle of St. Peter. The Greek Text with Introduction, Notes, and Essays, London.
Smit, P. B., 2011, A Numismatic Note on Phil 2:9-11, in: Biblische Notizen, Neue Folge 149, 101-112.
Spitta, F., 1890, Christi Predigt an die Geister (1 Petr. 3,19 ff.). Ein Beitrag zur Neutestamentlichen Theologie, Göttingen.
Theißen, G., 2008, Die Religion der ersten Christen. Eine Theorie des Urchristentums, 4. Auflage, Gütersloh (1. Auflage 2000).
Theißen, G. / Merz, A., 2001, Der historische Jesus. Ein Lehrbuch, 3., durchgesehene und um Literaturnachträge ergänzte Auflage, Göttingen (1. Auflage 1996).
Theobald, M., 2013, Der Kolosserbrief, in: Ebner, M. / Schreiber, S. (Hg.), Einleitung in das Neue Testament, Kohlhammer Studienbücher Theologie 6, 2., durchgesehene und aktualisierte Auflage, Stuttgart, 431-445 (1. Auflage 2008).
Thornton, C.-J., 1991, Der Zeuge des Zeugen. Lukas als Historiker der Paulusreisen, Wissenschaftliche Untersuchungen zum Neuen Testament 56, Tübingen.

Thüsing, W., 1965, Per Christum in Deum. Studien zum Verständnis von Christologie und Theozentrik in den paulinischen Hauptbriefen, Neutestamentliche Abhandlungen, Neue Folge 1, Münster.

Vollenweider, S., 2002, Der „Raub" der Gottgleichheit. Ein religionsgeschichtlicher Vorschlag zu Phil 2,6(-11), in: ders. (Hg.), Horizonte neutestamentlicher Theologie. Studien zu Paulus und zur frühchristlichen Theologie, Wissenschaftliche Untersuchungen zum Neuen Testament 144, Tübingen, 263-284.

Wagner, R. (Hg.), 1965, Mythographi Graeci I. Apollodori Bibliotheca, Pediasmi libellus de duodecim Herculis laboribus, Bibliotheca scriptorum Graecorum et Romanorum Teubneriana, 2. Auflage, Stuttgart (1. Auflage 1926).

Walter, N., 1998, Die Briefe an die Philipper, Thessalonicher und an Philemon, Das Neue Testament Deutsch 8/2, 18. Auflage, Erstauflage dieser neuen Bearbeitung, Göttingen.

Wengst, K. (Hg.), 2006, Didache (Apostellehre), Barnabasbrief, 2. Klemensbrief, Schrift an Diognet, Schriften des Urchristentums 2, Darmstadt. (Diog.)

Wewers, G. A., 1981, Sanhedrin = Gerichtshof, Übersetzung des Talmud Yerushalmi 4, Tübingen.

Wilckens, U., 1980, Der Brief an die Römer. 2. Teilbd.: Röm 6-11, Evangelisch-Katholischer Kommentar zum Neuen Testament 6/2, Zürich et al.

Wolter, M., 2008, Das Lukasevangelium, Handbuch zum Neuen Testament 5, Tübingen.

Zeller, D., 1993, Christus unter den Göttern. Zum antiken Umfeld des Christusglaubens, Sachbücher zur Bibel, Stuttgart.

Zeller, D., 2010, Der erste Brief an die Korinther, Kritisch-exegetischer Kommentar über das Neue Testament 5, Göttingen.

Peter Gemeinhardt
Sphärenwechsel im Christusmythos

Höllen- und Himmelfahrt Christi als mythische Strukturmomente in spätantiken christlichen Glaubensbekenntnissen und ihren Kontexten

Abstract: The present contribution examines early Christian theological texts with regard to mythical narratological structures. It focuses especially on two transitions between spheres which are employed in Creeds in order to depict Christ's salvific work: the descent to hell or the netherworld respectively and his ascension to heaven. The basic assumption is that Christians, while being overtly critical of traditional myths, nonetheless relied on the latters' narrative potential in order to plausibilize the distinctively Christian story of salvation.

1 Antike Mythologie im spätantiken Christentum: Kritik – Rezeption – Transformation

1.1 Mythen haben nur die anderen! Annäherungen an spätantike Mythosdiskurse

Das spätantike Christentum war – so scheint es auf den ersten Blick – konsequent mythenkritisch. Mythen, so lässt sich ein verbreitetes Selbstverständnis zuspitzen, haben nur die anderen – man selbst hat den Logos, das Mensch gewordene Wort Gottes, aber auch dessen rechtes Verständnis, das sich der vom Logos durchwirkten Heiligen Schrift, nicht mythologischen Erzählungen verdankt. In seltener Einhelligkeit äußerten sich christliche Theologen und Bischöfe gegenüber antiker Mythologie – wenn überhaupt – kritisch.

Hinweis: Der vorliegende Beitrag ist im Kontext der von der DFG geförderten Forschergruppe 2064 „STRATA – Stratifikationsanalysen mythischer Stoffe und Texte in der Antike" (Teilprojekt „Antikes Christentum") entstanden. Für unterstützende Recherchen danke ich herzlich Herrn Tom Betten.

Open Access. © 2020 P. Gemeinhardt, publiziert von De Gruyter. Dieses Werk ist lizenziert unter der Creative Commons Attribution-NonCommercial-NoDerivatives 4.0 Lizenz.
https://doi.org/10.1515/9783110652543-011

Der sozial- und kulturgeschichtliche Hintergrund dieser kritischen Haltung liegt in dem Sachverhalt, dass Christen wie allen anderen Bewohnern von Städten im spätantiken Mittelmeerraum solche Stoffe praktisch überall im Alltag begegneten, und zwar in medialen Konkretionen ganz verschiedener Art: in Texten, Bildern und Skulpturen ebenso wie durch Inschriften und Tempelbauten. Ein besonderer, in seiner Reichweite begrenzter, aber in seiner Brisanz nicht zu unterschätzender Anstoß lag in der antiken Schulbildung: Diese war zwar nur einem Teil der Bevölkerung zugänglich, doch aus dieser Minderheit rekrutierten sich die Wortführer in Debatten über Kritik und Verteidigung von Mythen. Bildung wurde seit jeher, teils schon in den Schreibübungen der Elementarlehrer, auf jeden Fall aber ab dem Level der Grammatikschule[1] anhand der Texte Homers oder Vergils vermittelt, d. h. unter Heranziehung von Werken, die von Götter- und Heroengeschichten geprägt und dadurch – aus christlicher Sicht – mit *falscher* Religiosität kontaminiert waren[2]. Mythen konnte man schlecht aus dem Weg gehen, und gerade das machte sie zum Objekt literarischer Kritik, aber in aller Regel nicht zum Ziel von Bilderstürmen. Warum auch? Für die meisten Menschen der Spätantike, an welchen Kulten sie auch teilnehmen oder zu welcher Religion sie sich zugehörig fühlen mochten, waren Mythen kein Problem, und bischöfliche Ermahnungen, sich von mythisch durchsetzten Theateraufführungen fernzuhalten, waren notorisch erfolglos.

Neben solchen faktischen pastoralen Misserfolgen sollte man die Kritik an der mythisch garnierten Schulbildung für die Selbstverständigung des Christentums über seine Position in der spätantiken Welt aber auch grundsätzlich nicht überschätzen: Winrich Löhr hat zu Recht darauf hingewiesen, „dass das Thema der klassischen Mythologie für bestimmte gebildete Heiden und Christen eher zur *comfort zone* gehörte" und „in den Augen einiger christlicher Bischöfe (erst) dann problematisch wurde, wenn sie (sc. die Mythologie) den Schulraum verließ"[3]. Auch ist längst erkannt worden, dass mythische Figuren und Motive zahlreiche Anknüpfungspunkte für die Vermittlung der christlichen Botschaft abgaben, so etwa dadurch, dass Jesus als neuer Orpheus oder Odysseus dargestellt wurde[4]. Christen konnten dabei auf eine lange Tradition der Mythenkritik zurückgreifen; eine „konsequente ‚Säkularisierung' der heidnischen Mythen als Bildungsstoff" war keineswegs erst ihre Idee, und gerade durch den Anschluss an die alexandrinische Homerexegese konnten „einige gebildete Christen... die

---

1 Einen Überblick mit Verweis auf weitere Literatur bietet Gemeinhardt 2007, 35-51.
2 Beispiele für christliche Kritik: Gemeinhardt 2013a, 251-256.
3 Löhr 2015, 129.
4 Vgl. Gemeinhardt 2013a, 256-262 sowie unten bei Anm. 16 und 17 sowie 42 und 43.

antike *paideia* von innen heraus transformieren (oder vielleicht besser: dekonstruieren)", so nochmals Löhr[5]. Die Bezugnahme auf Mythen hatte im spätantiken Christentum demnach vorrangig subsidiäre (protreptische oder apologetische) Funktion: Sie verhalf dazu, gegenüber paganen Zeitgenossen zu demonstrieren, dass man bestimmte kulturelle Codes, die über literarische Texte und damit über die allgemein verbreitete Schulbildung vermittelt wurden, beherrschte – auch wenn man sich mit diesen Codes kritisch auseinandersetzte.

Gelegentlich wurde den Mythen auch eine konstruktive, nämlich pädagogisch begründete Bedeutung beigemessen: So konterte Origenes († ca. 253) den Vorwurf des Philosophen Celsus gegen die Juden, sie bildeten sich fälschlich etwas auf ihre biblische Weisheit ein, seien sie doch „durch die Zauberkunst des Moses verführt und getäuscht worden und bei ihr zu keinem guten Ziel in die Schule gegangen"[6], mit dem Argument, bei den Juden erfolge die Belehrung der Kinder „eher in mythischer Form" (μυθικώτερον); zu gegebener Zeit würden dann die „vorläufigen Mythen (οἱ τέως μῦθοι)... in die Wahrheit umgewandelt, die in ihnen verborgen enthalten war"[7]. Die Inanspruchnahme mythischen Erzählens wird auf diese Weise einerseits gerechtfertigt, andererseits eingeschränkt, denn natürlich soll der Lernende nach Möglichkeit zur Wahrheit selbst durchstoßen.

Die Sache scheint also klar. Und doch lässt sich über das spätantike Christentum und den Mythos bzw. das mythische Erzählen auch eine andere Geschichte schreiben. Versteht man nämlich „Mythos" nicht als literarische *Gattung* und „Mythen" nicht als mehr oder weniger fixierte *Texte*, sondern fragt nach *Erzählstrukturen*, in denen sich vielfältig bezeugte *Stoffe* niederschlagen, ergibt sich ein anderes Bild[8]. Und dieses Bild soll im vorliegenden Beitrag – sowohl durch eine Erläuterung des methodischen Ansatzes als auch (und vor allem) anhand konkreter Beispiele – gezeichnet werden. Damit ist nichts Geringeres impliziert als ein Paradigmenwechsel in der Erforschung von Mythos, Mythen und Mythischem im spätantiken Christentum. Es bedeutet freilich nicht,

---

5 Löhr 2015, 137.
6 Zitiert in Origenes, *Contra Celsum* V 41 (FC 50/4, 954,18-21 Barthold/Fiedrowicz): Οὗτος μὲν οὖν ὁ χορὸς ἀπίτω δίκην ἀλαζονείας ὑποσχών, οὐκ εἰδὼς τὸν μέγαν θεὸν ἀλλ' ὑπὸ τῆς Μωϋσέως γοητείας ὑπαχθείς τε καὶ ψευσθεὶς κἀκείνης οὐκ ἐπ' ἀγαθῷ τέλει γεγονὼς μαθητής. Übersetzung a. a. O. 955.
7 Origenes, *Contra Celsum* V 42 (FC 50/4, 956,22-25 Barthold/Fiedrowicz): Ἅπερ ἔτι μυθικώτερον μὲν παισὶ καὶ τὰ παίδων φρονοῦσιν αὐτοῖς ἐκηρύσσετο, ἤδη δὲ ζητοῦσι τὸν λόγον καὶ βουλομένοις ἐν αὐτῷ προκόπτειν οἱ τέως μῦθοι, ἵν' οὕτως ὀνομάσω, μετεμορφοῦντο εἰς τὴν ἐναποκεκρυμμένην αὐτοῖς ἀλήθειαν. Übersetzung a. a. O. 957.
8 Dies wird ausführlich begründet im einleitenden Beitrag von Christian Zgoll.

die bisherige Forschung einfach beiseite zu schieben, sondern Erkenntnisse über Abgrenzungen zum und Annäherungen an den Mythos in ein erweitertes und differenziertes Bild zu integrieren, also die bereits geleistete „Arbeit am Mythos" aufzunehmen und methodengeleitet fortzuschreiben. Ein Blick auf diese Grundlagen ist angebracht, bevor der Neuansatz dargelegt wird.

1.2 Forschungsgeschichtliche Streiflichter

Das Thema Mythos hat in der Forschungsdiskussion, wie bereits angedeutet, bisher vor allem insofern eine Rolle gespielt, als die Mythen*kritik* und die damit explizit oder implizit verbundene Mythen*rezeption* der patristischen Theologen untersucht wurde, wobei die Polemik gegen die Berufung auf die klassische Mythologie durch nichtchristliche (vulgo „heidnische"), aber auch durch christliche (z. B. „gnostische", also „häretische") Zeitgenossen breiten Raum einnahm. Wo die Mythenrezeption in den Vordergrund gestellt wurde (am prominentesten in Hugo Rahners Buch „Griechische Mythen in christlicher Deutung"), wurde die Verwobenheit der christlichen Weltdeutung in die Vorstellungswelten ihrer paganen Umwelt eindrucksvoll belegt, doch immer unter der Prämisse, dass es sich um die Rezeption, Aneignung und Kritik vorliegender griechisch-hellenistischer Mythologie durch das Christentum handelte: Rahner wollte ausdrücklich „zeigen, wie griechisches Frommsein von der Kirche heilig gemacht wurde". Der *Mythos* wurde im Christentum – so seine These – in das *Mysterium* transformiert. Mit dieser Verbindung von Antike und Christentum im Modus des Mythos wollte Rahner, wie er schrieb, einem „christlichen Humanismus" den Weg bereiten[9]. Dabei setzte Rahner voraus, dass es einen mehr oder weniger sachlich und textlich fixierten Bestand vorchristlicher Mythen gebe, die christlicherseits – als Texte oder Stoffe – rezipiert oder kritisiert werden könnten, während christliche Texte in seiner Perspektive von vorneherein *keine* Mythen waren. Ein 2015 erschienener, in vieler Hinsicht höchst instruktiver Sammelband über „Antike Mythologie in christlichen Kontexten der Spätantike"[10] hat einmal mehr deutlich hervortreten lassen, wie wirkungsreich die von altkirchlichen Theologen geübte Unterscheidung von (heidnisch-vorchristlichem) Mythos und (christlichem) Logos war – bis hin zur Ausblendung des Themas „Mythos" für die Erforschung des spätantiken Christentums in der Gegenwart.

---

9 Alle Zitate: Rahner 1966, 10.
10 Leppin 2015.

Während nämlich die neutestamentliche Forschung im 20. Jahrhundert eine breite, durchaus kontroverse Diskussion über die Leistung des Mythos für die frühchristliche Theologie und Literatur geführt hat[11], die auch in der Systematischen Theologie Resonanz gefunden hat[12], ist für das Fach Kirchengeschichte weitgehend eine Fehlanzeige zu konstatieren[13]. Nur vereinzelt ist die neuzeitliche Diskussion über den Mythos auf patristische Texte bezogen worden, und dann vor allem auf die Auslegung biblischer Schriften[14]. Repräsentativ für eine Vielzahl von Publikationen ist der 2005 erschienene Sammelband „Griechische Mythologie und frühes Christentum": Hier wird ein (relativ geschlossenes) Corpus klassischer griechischer Mythen adressiert, wobei die Inkriminierung des Oberbegriffs μῦθος aus christlicher Sicht mit Verweis auf *loci classici* einer kritischen Bezugnahme im Neuen Testament (1 Tim 1,3; 4,7; 2 Tim 4,3 f; Tit 1,14) bereits in der Einleitung des Herausgebers vorausgesetzt wird[15]. Entsprechend handeln die Beiträge dieses Bandes durchweg von kritischer Rezeption und untergründigem Nachwirken nichtchristlicher Mythen im Christentum, z. B. von der oben kurz erwähnten Interpretation des Christusgeschehens durch Bezugnahmen auf Odysseus[16] oder Orpheus[17]. Obwohl erkannt wird, dass das „Evangelium vom Gottes-Sohn ... ein Mythologem" sei, so Walter Burkert, wird doch im selben Atemzug das Augenmerk auf die „explizite Auseinandersetzung der

---

11 Vgl. z. B. Theißen 2001, 47-70.
12 So etwa bei Dalferth 1994, 1-37; vgl. Dalferth 1993, 62-101 zu spätantiken Debatten zwischen hellenistischen und neuplatonischen Philosophen und christlichen Theologen über Theologie, Mythos und Mythologie.
13 Die viel diskutierte Forderung Rudolf Bultmanns nach einer Entmythologisierung des mythologischen biblischen Weltbildes (dazu im Zusammenhang des hier vertretenen Ansatzes Gemeinhardt 2019a [im Druck]) hat sich auf die Möglichkeit einer Rezeption des Mythosbegriffs für die patristische Forschung – wo sie überhaupt thematisiert wurde – negativ ausgewirkt, so in der einflussreichen Darstellung von Grillmeier 1990, 169: „... dann wäre das ganze Christusereignis im altkirchlich-biblischen Sinn ‚Mythos', der nur insofern für uns Gültigkeit hätte, als er umgedeutet werden kann in ein existentiales Selbstverständnis vor Gott in Christus." Ob Bultmann, wie ebd. behauptet wird, einen „gnostisch-mythischen Begriff von Inkarnation" hat, ist hier nicht näher zu diskutieren. Grillmeiers Äußerung – die einen Abschnitt über „Mythos, Legende und Glaube: Zur vulgären Theologie der Mysterien des Lebens Jesu" (ebd. 168-184) einleitet – steht jedenfalls paradigmatisch für die Ablehnung der Kategorie „Mythos" als analytisches Instrument für die patristische Christologie.
14 Meiser 2006.
15 Von Haehling 2005, XII.
16 Vgl. hierzu Markschies 2005, 230-239 und Zilling 2011 sowie das reichhaltige Material bei Rahner 1966, 281-328.
17 Markschies 2005, 239-248; Geerlings 2005.

Christen mit dem ‚Mythos'" gelegt[18]. Besonderes Augenmerk hat in solchen und vergleichbaren Untersuchungen die pagane Restaurationspolitik Kaiser Julians († 363) mitsamt ihrer christlichen Kritik erfahren[19], ebenso die vergleichsweise große Offenheit eines Clemens von Alexandrien († nach 200) gegenüber den antiken Mythen[20] und die mythische Vorstellungswelt gnostischer Texte[21], einschließlich der diesbezüglichen Kritik anderer christlicher Theologen.

Dieser Zugang beruht auf einem spezifisch fokussierten, dadurch aber auch eingeschränkten Verständnis von Mythos und Mythen als einem feststehenden literarischen Corpus, das aus der Sicht der christlichen Protagonisten auch noch von den „falschen" Göttern handelt[22]. Die Frage nach der *Leistung* des Mythos unabhängig von literarischen Texten bleibt nicht nur bei den antiken Autoren, sondern auch in der modernen Erforschung des antiken Christentums ungestellt[23]. Meist wird bezüglich des Mythos weitgehend die Optik der Quellen übernommen, die Begriff und Sache des Mythos durchweg kritisch rezipieren. Einzelne konstruktive Bezugnahmen[24] bestätigen nur die Regel: Christliche *Theologie* ist in dieser Sicht *keine Mythologie*, vielmehr dieser diametral entgegengesetzt[25].

1.3 Der Christusmythos in patristischer Sicht – ein Neuansatz

Dieser Art und Weise, nach dem Mythos und den Mythen im spätantiken Christentum zu fragen, schließt sich der vorliegende Beitrag ausdrücklich nicht an. Vielmehr geht es hier um mythische *Erzählstrukturen* und *Argumentationsfigu-*

---

18 Burkert 2005, 182.
19 Thome 2004; zu Julian selbst vgl. etwa Nesselrath 2008.
20 Jourdan 2010.
21 Markschies 2009; vgl. dazu schon Bousset 1921, 203-206.351 f.
22 Vgl. (affirmativ) Fiedrowicz 2005, 233-236.
23 Eine Ausnahme bildet der Klassische Philologe Reinhart Herzog, mit Bezug auf die Bibelepik als Ort der Entstehung eines „biblischen Mythos" und mit der Anfrage an die Opposition von Mythos und Logos in den innertheologischen Debatten der Nachkriegszeit, „ob eine so allgemein gefaßte Kategorie des Begriffs Mythos für die nicht theologische Interpretation der patristischen Literatur nutzbar gemacht werden kann" (Herzog 2002, 122).
24 Vgl. Nesselrath 2002 zu einer unpolemischen Begriffsverwendung durch den Kirchenhistoriker Sokrates. Die These von Herzog 2002, 131-136, Clemens von Alexandrien konstruiere in *Protrepticus* 11,111,1-3 (GCS Clemens Alexandrinus I, 78,25-79,6 Stählin/Treu) einen heilsgeschichtlichen „christlichen Mythos", wäre gesondert zu diskutieren.
25 Zu beachten ist, dass sich der Begriff θεολογία quellensprachlich erst ab dem 4. Jahrhundert als Selbstbezeichnung für die christliche Glaubensreflexion durchsetzt, während er zuvor (nicht nur im Christentum) ausgerechnet für die Darstellung der antiken Mythen verwendet wird; vgl. Markschies 2007, 15-23.

ren gerade dort, wo *nicht* ausdrücklich von Mythen oder von Mythischem die Rede ist. Im Fokus steht, wie schon erwähnt, auch nicht die Aneignung von *Texten*, sondern von *Stoffen*. Fragt man in dieser Weise, ist durchaus eine Menge Mythisches in den ersten fünf Jahrhunderten nach Christus zu finden. Das betrifft z. B. die Märtyrerliteratur des frühen („vorkonstantinischen") Christentums, in der vom Kampf der „Blutzeugen" gegen Teufel, Dämonen und römische Behörden in Aneignung mythischer Erzählformen berichtet wird – mit dem Ergebnis, dass Märtyrer und Märtyrerinnen zeigen, was „Christusnachfolge" in letzter Konsequenz bedeutet[26]. Dem liegt naturgemäß das Christusgeschehen selbst voraus, und darum geht es im vorliegenden Beitrag. Entsprechend möchte ich im Folgenden die These substantiieren, dass die zentrale Erzählung dieser neuen Religion als „Christusmythos" beschrieben werden kann: Das Heilsereignis in Christus, dem menschgewordenen Sohn Gottes, wird als mythische Erzählung von Christi Präexistenz, Inkarnation, Tod, Höllenfahrt, Auferstehung und Himmelsaufstieg neu verständlich.

Die Erzählung vom Kommen, Leben, Leiden, Sterben, Auferstehen und Aufsteigen des Gott-Logos und des Menschen Jesus von Nazareth als „Christusmythos" zu bezeichnen könnte als ebenso gewagt wie missverständlich erscheinen. Doch wird im vorliegenden Band an anderer Stelle erläutert, dass sich diese Redeweise bereits für die im Neuen Testament gesammelten Christuszeugnisse als durchaus fruchtbar erweist[27]; und hieran knüpfen meine Überlegungen an.

Offensichtlich war es für das entstehende Christentum von Anfang an attraktiv, von Christus in mythischen Formen zu erzählen: Der nordafrikanische Theologe Tertullian († ca. 220) lässt in seinem *Apologeticum* (abgefasst 197) eine höchst interessante Verwendung des Begriffs „Mythos" – lateinisch *fabula* – erkennen. Tertullian vergleicht das Verhältnis des göttlichen Vaters und Sohnes mit Sonne und Sonnenstrahl, die voneinander unterschieden sind, aber das gleiche Wesen teilen[28], also nicht nur kontingent zueinander gehören, und fol-

---

26 Diese Traditionslinie wurde im Teilprojekt „Antikes Christentum" der Forschergruppe 2064 „STRATA" im Rahmen eines Promotionsvorhabens von Jennifer Hartmann, M. Ed., untersucht. Vgl. dazu bereits Gemeinhardt 2013a, 262-269 sowie verwandte Überlegungen bei Habermehl 2004, 259-266 und Zilling 2015, 156-160.
27 Vgl. hierzu den Beitrag von Reinhard Feldmeier im vorliegenden Band.
28 Tertullian, *Apologeticum* 21,12 (FC 62, 162,14-18 Georges).

gert, dass das, „was von Gott entsprungen ist, Gott und Gottes Sohn [ist] – und beide sind eins"[29]. Was folgt, ist eine komprimierte christologische *regula fidei*[30]:

Iste igitur dei radius, ut retro semper praedicabatur, delapsus in uirginem quandam et in utero eius caro figuratus nascitur homo deo mixtus. Caro spiritu structa nutritur, adolescit, affatur, docet, operatur, et Christus est. Recipite interim hanc „fabulam" (similis est uestris), dum ostendimus, quomodo Christus probetur et qui penes uos eiusmodi fabulas ad destructionem ueritatis istius aemulas praeministrauerint.	Dieser Strahl Gottes also ist, wie es früher immer angekündigt wurde, in eine Jungfrau herabgekommen; und nachdem er in ihrem Leib Fleisch geworden ist, wird er geboren als ein Mensch, der mit Gott vermischt ist. Das vom Geist geformte Fleisch nährt sich, wächst heran, spricht, lehrt, wirkt und ist Christus. – Nehmt vorläufig diesen Mythos (er ist den euren ähnlich) hin, bis wir zeigen, wie Christus als wahr erwiesen wird, und wer auf eurer Seite im Voraus derartige konkurrierende Mythen geliefert hat, um diese Wahrheit zu zerstören.

Hier wird also das mythische Reden als „vorläufig" (*interim*) gekennzeichnet. Bis auf Weiteres ist aber diese (*ad hoc* formulierte) Glaubensregel ein (und der einzig wahre) Mythos – in struktureller Analogie, aber in inhaltlichem Widerspruch zu den in den folgenden Kapiteln thematisierten Einflüsterungen der Dämonen, die, wenn man sie nur richtig befragt, Zeugnis über „Christus samt seinem Mythos" (*Christus cum sua fabula*) ablegen müssen[31]! Der ironische Unterton darf nicht darüber hinwegtäuschen, dass Tertullian ausdrücklich von einem „Christusmythos" spricht – dessen inhaltliche Ausgestaltung präzise dem entspricht, was wir in den *regulae fidei* der vorkonstantinischen Zeit und ab dem 4. Jahrhundert in deklaratorischen Glaubensbekenntnissen finden[32].

---

29 Tertullian, *Apologeticum* 21,13 (FC 62, 162,19 f Georges): *Ita et quod de deo profectum est, deus est et dei filius et unus ambo.* Übersetzung a. a. O. 163.
30 Tertullian, *Apologeticum* 21,12f (FC 62, 162,23–164,4 Georges). Übersetzung a. a. O. 163-165.
31 Tertullian, *Apologeticum* 23,12 (FC 62, 182,26 Georges); vgl. ebd. Anm. 335 zur tertullianischen Ironie, die in dieser Wendung liegt, und zum biblischen Hintergrund, wonach die Dämonen Christus bekennen müssen, wenn sie ihn treffen (Mk 1,24; 3,11; 5,7 par.; Lk 4,41).
32 Mit Bezug auf Phil 2,5-11 konstatiert Frenschkowski 2018, 274 f: „Es gehört zur Systemlogik des evozierten Bildes, dass Jesu Weg von ganz oben nach ganz unten führt, und von da wieder zu Gott selbst. Damit ist auch die Grundbewegung des Credos vorgezeichnet, das ja eine Narration, eine Gesamtgeschichte der Welt *sub specie aeternitatis* aufspannt" (ähnlich auch a. a. O.

Diese (in der patristischen Mythosforschung bisher kaum beachtete) Stelle wird verständlich, wenn der Mythos, wie oben erwähnt, weder eine inhaltlich fixierte „story", die vielleicht in unterschiedlichen „plots" daherkommt, aber doch immer dieselbe ist, noch ein rein formales narratologisches Instrument ist, sondern als mythischer *Stoff* verstanden wird: Ein solcher Stoff taucht in der antiken Welt möglicherweise in unterschiedlichen textlichen Fassungen und damit in ganz verschiedenen Kontexten auf. Diese Fassungen sind freilich als *Varianten* desselben Stoffes erkennbar. Die Leitfrage meiner Ausführungen besteht entsprechend darin, ob und inwiefern ein mythischer *Stoff* (die Erzählung von Christi Leiden, Sterben und Auferstehen) in mehr oder weniger elaborierten Formulierungen des Glaubens (d. h. in *Texten*) als ein Geschehen von überindividueller Bedeutsamkeit zusammengefasst wurde, in dem sich eine transformierende Auseinandersetzung mit angenommenen Wirklichkeiten verdichtet – in der Begegnung mit dem Auferstandenen, dies aber (und hier wird eine mythische Lesart christlicher Glaubensregeln relevant) auf dem Hintergrund bereits vorhandener Stoffe[33].

Wo (jüdisch-)hellenistische mythische Motive und Stoffe im Christentum rezipiert werden, geht es freilich nicht einfach um eine (offene oder subkutane) Hellenisierung der christlichen Botschaft: Vielmehr ist die christliche Auseinandersetzung mit der klassischen Mythologie gewissermaßen die *Außenseite* eines Diskurses, in dem mögliche Rezeptionsweisen etabliert und zugleich mit theologisch begründeten Grenzen versehen wurden; die Frage nach der Leistung des Mythos zielt hingegen auf die *Innenseite*, also auf die Bedeutung mythischer Denkfiguren und Wirklichkeitskonstruktionen für die christliche

---

283). Doch verbleibt sein Aufsatz der Vorstellung verhaftet, dass in dieser Narration Mythologie rezipiert werde, vom Credo selbst aber nicht als Mythos zu sprechen sei; es handele sich (konkret auf den Vergleich platonischer und christlicher Narrationen bezogen) „um eine Affinität kultureller Leitimaginationen in zwei antiken Gedankensystemen": „Der Weg Christi ist… die soteriologische Fokussierung des Weges der Seele im platonischen Modell… Es darf immerhin vermutet werden, dass diese Analogie zur Plausibilität des ‚Weges Christi' für ein antikes Publikum beigetragen hat, wie ihn das Credo vor Augen malt" (a. a. O. 284). Dem ist grundsätzlich zuzustimmen. Diesen Plausibilitätsgewinn versucht der vorliegende Beitrag durch ausdrücklichen Rekurs auf mythische Narrationsstrategien zu begründen und geht darin andere Wege als Frenschkowski. Der methodische Ansatz meiner Analyse wurde bereits ausgearbeitet und im April und Juli 2017 sowie im Januar 2018 auf Klausurtagungen der Forschergruppe STRATA diskutiert, bevor im Februar 2018 der Aufsatz von Frenschkowski im Druck erschien – darauf sei der guten Ordnung halber hingewiesen.

33 Zu dieser Definition vgl. den Beitrag von Christian Zgoll, bes. Kap. 2.4, 3.2., 4.3.1 und 4.3.2 sowie zusammenfassend Kap. 5. Ebd. Kap. 3.1 erfolgt auch eine Diskussion einschlägiger literaturwissenschaftlicher Modelle in Bezug auf (Erzähl-)Stoffe.

Selbstverständigung. Genau dieser Aspekt lässt sich durch die hier angewendete Methodik präziser nachvollziehen als es durch den Blick auf offensichtliche Zitate mythologischer Texte oder auf mehr oder weniger ausdrückliche Anspielungen möglich ist. Denn die Außenseite ist, wie oben ausgeführt wurde, nur die eine Seite der Medaille, wenn auch die bekanntere; der vorliegende Beitrag widmet sich hingegen der in der Erforschung des spätantiken Christentums bislang zu wenig beachteten anderen Seite dieser Medaille, der Innenseite des mythischen Diskurses. Entsprechende vergleichende Untersuchungen hat der US-amerikanische Religionswissenschaftler Jonathan Z. Smith gegenüber rein selbstreferentiellen Analysen – mit Recht, aber allzu pauschal – postuliert:

> The acceptance of the category ‚myth', however defined, as applicable to the Christ stories, thereby establishing parity with non-Christian materials, is a prerequisite for comparative research. Any attempt to escape this requirement, and its consequences, will render the enterprise necessarily vain[34].

Von neutestamentlicher Seite wurde in jüngerer Zeit betont, dass der Mythos – so Gerhard Sellin – eine „identitätsstiftende, kulturelle Einheit fundierende und Werte (Ethos) begründende Aufgabe" wahrnehme[35]. Demnach widerspricht die Ablehnung des Mythosbegriffs in biblischen Texten nicht der Aufnahme mythischer Denk- und Argumentationsstrukturen, so dass die Kontradiktion von Mythos und Geschichte im Blick auf das Neue Testament in ein produktives Spannungsfeld überführt werden kann. Dann aber legt sich die Frage nahe, ob und inwiefern dies auch für das spätantike Christentum gilt, in dem ja das im Neuen Testament grundgelegte Wirklichkeitsverständnis rezipiert, weitergeführt und dabei auch transformiert wird. Die spannungsreiche Verwobenheit des emergenten Christentums mit der Kultur und dem Denken seiner Umwelt bleibt dabei grundsätzlich dieselbe, die bereits von Anfang an maßgeblich war. Die Frage nach Mythischem in spätantiken christlichen Texten trägt also dazu bei, die unangemessen verkürzte Frage nach einer (fatalen oder kongenialen) Hellenisierung des Christentums[36] produktiv zu unterlaufen. Vielmehr gilt es, anhand aussagekräftiger Beispiele zu rekonstruieren, dass und wie sich das Christentum nur *in* seiner Welt *von* dieser unterscheiden konnte – und dass es sich dabei erzählerischer Mittel bediente, die sowohl für Rezeption als auch für Kritik des griechisch-römischen Mythos maßgeblich waren.

---

34 Smith 1990, 87.
35 Sellin 2002, 1699.
36 Zu Geschichte und Ertrag der Hellenisierungsdebatte vgl. Markschies 2012.

Entsprechend wird im vorliegenden Beitrag gefragt, ob das Christentum in, mit und unter seiner Kritik an *Mythen* nicht doch die Leistung des *Mythos* für sich entdeckt und sein Gottes- und Weltverständnis (auch) *in mythischen Erzählformen* reflektiert hat – unabhängig von der (expliziten oder impliziten) Inanspruchnahme mythischer *Texte*. Hierfür sind „Sphärenwechsel" ein besonders geeigneter Untersuchungsgegenstand, ebenso aus fachspezifischer wie aus komparatistischer Sicht[37]. Für das Christentum war offensichtlich von Anfang an die Unterscheidung der vorfindlichen irdischen Welt von einer „oberen" himmlischen Sphäre und einer „unten" zu suchenden „Unterwelt"[38] maßgeblich. Damit ist die Frage aber erst gestellt, wie die Teile dieses Weltbildes zusammenhängen und wie das Gesamtbild aussieht, in dem sich das Heilsgeschehen in Christus und seine Aneignung durch die Gläubigen vollziehen sollte. In dieser Hinsicht ist signifikant, welche Entwicklungen das skizzierte Weltbild durchlief und welche biblischen und außerchristlichen Motivfelder und Deutungsmuster dafür eine Rolle spielten. So ist z. B. der „Hinabstieg in die Unterwelt" (*descensus ad inferos*) biblisch nur schwach bezeugt[39], avancierte aber in vergleichsweise kurzer Zeit zu einem zentralen Aspekt der christlichen Weltauffassung und darüber hinaus zu einem wichtigen Bestandteil der seit dem 4. Jahrhundert fixierten Bekenntnistradition (und last but not least zu einem unverzichtbaren ikonographischen Element in der östlichen und westlichen Bildtradition). Die Auferstehung Christi war zwar für antike Wirklichkeitsverständnisse anstößig, konnte aber zu Schilderungen von Wiedererweckungen in Beziehung gesetzt werden; und sein „Sitzen zur Rechten" (*sessio ad dexteram*), nämlich an der Seite des Vaters, das in Ps 110,1 vorgebildet war[40], entsprach in

---

37 Zur im vorliegenden Band erprobten Methode der Analyse von Hylemsequenzen vgl. den Beitrag von Christian Zgoll, bes. Kap. 3.1-3.
38 Hierzu Gounelle 2000, 229 Anm. 1. Es ist in diesem Zusammenhang eine interessante Beobachtung, dass – so Frenschkowski 2018, 279 – „ein Jenseits, das ‚unten' liegt, im 1. Jh. weithin als altmodisch empfunden worden" sei, da sich „die tatsächliche Hoffnung auf einen Aufstieg zu den Göttern in die himmlische Welt" gerichtet habe. Doch ergänzt Frenschkowski, dass neben dieser Auffassung der Gebildeten weiterhin das traditionelle Weltbild bestand hatte, „das nicht den längst stärker differenzierten und vor allem skeptisch flankierten Gedanken über ein Jenseits entspricht" (a. a. O. 280). Daher sei festzustellen: „Es ist ein sehr altertümliches Totenreich, in das Jesus ‚hinabsteigen' muss, ein Ort, der zumindest für diese (sc. biblischen und frühchristlichen) Traditionen noch Züge des Hades bzw. der Scheol trägt" (ebd.).
39 Dazu siehe unten Abschnitt 3.1.1 sowie den Beitrag von Reinhard Feldmeier im vorliegenden Band.
40 Bibelstellen werden hier und im Folgenden nach der Zählung des hebräischen (masoretischen) Textes zitiert, die auch in den weiteren exegetischen Beiträgen im vorliegenden Band verwendet wird, obwohl die griechische Übersetzung des Alten Testaments, die Septuaginta,

gewisser Weise der Vorstellung der Konsekration oder Divinisierung eines Menschen. Um nur ein weiteres (hier nicht behandeltes) Beispiel zu nennen: Die Vorstellung vom „Entschlafen Mariens" (*dormitio Mariae*) oder von ihrem „Hinübergang" (*transitus Mariae*) ins himmlische Reich einschließlich der späteren Ikonographie der Marienkrönung, der jedes biblische Fundament fehlt, setzt die beschriebene christologische Grundbewegung voraus und gewinnt seit dem 5. Jahrhundert rasch an Popularität. Für diese Plausibilität und Adaptibilität muss es Gründe geben, die durch einen vergleichenden Blick aufgehellt werden können.

Das gilt für die einzelnen Elemente, aber insbesondere auch für den Gesamtzusammenhang des Christusgeschehens, der durch eine stete Folge von Abwärts- und Aufwärtsbewegungen – Menschwerdung, Kreuzestod, Höllenfahrt, Auferstehung, Himmelfahrt – strukturiert ist. Bereits vor Längerem hat Charles Talbert (ohne differenzierten Mythosbegriff) die Herleitung solcher Vorstellungen von Herab- und Aufstieg aus der Tradition des hellenistischen Judentums unternommen[41]. Es bedarf keines ausführlichen Aufweises, dass Kontakte mit der Unterwelt in der in Kaiserzeit und Spätantike dominierenden Literatur – zumal wenn sie als Schultexte dienten – omnipräsent waren: Genannt seien nur die Begegnung des Odysseus mit den Unterweltsbewohnern, die Homer in Buch XI der *Odyssee* berichtet, und der Abstieg des Aeneas in die Unterwelt, die Vergil in Buch VI der *Aeneis* beschreibt[42], oder Orpheus auf seiner Rettungsmission für Eurydike in Buch X von Ovids *Metamorphosen*[43]. In satiri-

---

die für das frühe Christentum maßgeblich war, im Psalter eine andere Nummerierung aufweist (hier wird die entsprechende Stelle als Ps 109,1 gezählt, ebenso in den lateinischen Bibelübersetzungen, der Vetus Latina und der Vulgata). Stellen, bei denen die Übersetzung ins Griechische eine Sinnveränderung ergibt, werden mit dem Zusatz „LXX" zitiert und an Ort und Stelle diskutiert.

41 Talbert 2011.
42 Zu diesen beiden epischen Narrationen vgl. knapp Giebel 2006, 38-50 sowie die Beiträge von Heinz-Günther Nesselrath und Ulrike Egelhaaf-Gaiser im vorliegenden Band. Die Frage, wo sich Zugänge zur Unterwelt finden und ob man in diese vertikal hinabsteigt (Aeneas) oder horizontal ans Ende der Erde fahren muss (Odysseus), hat im frühen Christentum offensichtlich keine Rolle gespielt. Zur Vielfalt der antiken Zugänge zur Unterwelt vgl. Ogden 2010, zu den genannten Protagonisten bes. 103 f sowie 117 f nochmals zu Odysseus; vgl. auch a. a. O. 115 zu Pausanias' Versuch einer Rationalisierung dieser quasi durchlöcherten Welt (VI 3,8): ἐμοὶ μὲν οὖν λέγειν μὲν τὰ ὑπὸ Ἑλλήνων λεγόμενα ἀνάγκη, πείθεσθαι δὲ πᾶσιν οὐκέτι ἀνάγκη.
43 Hierzu jetzt in komparatistischer Perspektive Dockwiller 2017, 159 f sowie – kursorisch – Frenschkowski 2018, 276 f. Typisch für die ältere Forschung ist die Ansicht von Grillmeier 1990, 179, der für die christliche Vorstellung eines *descensus* auf alttestamentliche und jüdische Vorbilder verweist und anschließend kategorisch feststellt: „Das religionsgeschichtliche Motiv

schen Texten wurden Unterweltsvorstellungen bisweilen benutzt, um die Erfahrungswelt ironisch-kritisch zu beleuchten⁴⁴. Ein „Aufstieg in den Himmel" (*ascensio in caelum*) war wiederum aus Heroenmythen ebenso wie aus der politischen Theologie der römischen Republik und Kaiserzeit vertraut; hingewiesen sei nur auf Scipios (bei Cicero dargestellten) Traum, in dem ihm offenbart wurde, dass die „Lenker und Bewahrer" der den Göttern gefälligen Staaten ursprünglich aus dem Himmel aufgebrochen seien und auch dorthin zurückkehrten⁴⁵ – eine Vorstellung, die bereits mit der Verehrung Caesars als *divus Iulius* handfeste, ja staatstragende Konkretheit erlangte und in der vom Senat beschlossenen Divinisierung weiterer Kaiser institutionalisiert wurde. Verbreitet war die Auffassung, dass Romulus, der Gründer Roms, eine Himmelfahrt erlebt hatte und seitdem zu den verehrungswürdigen Göttern gehörte⁴⁶. Gemeinsam mit dem mythischen Sterben und Aufstieg des Herakles vom Scheiterhaufen bildete sich die Vorstellung von der Himmelfahrt bedeutender Persönlichkeiten heraus, die im hochpluralisierten römischen Reich eine wichtige Integrationsleistung erbrachte⁴⁷. Für das frühe Christentum war das naturgemäß eine Herausforderung, weil damit die von der alttestamentlichen Tradition her begründete Grenze zwischen göttlicher und menschlicher Sphäre allzu oft und vor allem von der falschen Seite her durchbrochen wurde. Knut Backhaus hat argumentiert, dass als wesentliche Funktion der Divinisierung eines Herrschers „keineswegs der Abschied, sondern die Kontinuität, die Etablierung einer Gedächtnisgemeinschaft, die Setzung von geschichtlich verwurzeltem Ordnungs-

---

vom Abstieg eines ‚Gottes' konnte dagegen nicht wirksam werden, weil Jahwe – obwohl Herrscher der Unterwelt – dieser absolut transzendent bleibt."
44 Vgl. Backhaus 2014, 252 (mit Bezug auf Lukians *Cataplus* und *Nekyomantia*): „Die Unterwelt ist der günstigste Standort, um die radikal wahrhaftige Außensicht zu gewinnen." Zu den Unterweltsvorstellungen beider Texte und ihren Kontexten im Werk Lukians vgl. jetzt Nesselrath 2017, 48-53.
45 Cicero, De re publica VI 13: *harum rectores et conservatores hinc profecti huc revertuntur.* Vgl. dazu knapp Giebel 2006, 50 f.
46 Vgl. Livius I 16; Ovid, *Metamorphoses* 14,805-828; Plutarch, *Romulus* 27,3-28,3. Alternativ zur Himmelfahrt wurde die Theorie vertreten, Romulus sei durch eine Verschwörung mehrerer Senatoren aus dem Weg geräumt worden (vgl. Backhaus 2014, 277 f.).
47 Nach Backhaus 2014, 282 ist der Kaiserkult mit der neueren Forschung vor allem „wissenssoziologisch" zu verstehen: Er „verankert die soziale in der kosmischen Ordnung; er bildet für das politische wie für das (davon nicht zu trennende) religiöse Bewusstsein den Herrscher als Hauptwohltäter des Reiches und Garanten seines Heiles ab; er transformiert so die Vielfalt geltender Kulturen in ein hierarchisch geordnetes Symbolsystem." Zur analogen Bedeutung der Himmelfahrtsvorstellung im Christentum vgl. a. a. O. 295-297.

wissen und die Aussicht auf bleibendes Heil" zu gelten hat[48]. Dann liegt die Folgerung auf der Hand, dass diese politische und religiöse Praxis eine nicht zu unterschätzende Konkurrenz zu christlichen Gemeinschafts- und Heilsvorstellungen darstellte; das dürfte nicht zuletzt die kurzzeitige Blüte christlicher Apokalyptik im 2. und 3. Jahrhundert erklären. Entscheidend ist aber, dass eine solche mythisch grundierte Konzeption in der christentumsinternen Darstellung des Heilsgeschehens in ganz analoger Weise wirksam war. Das wiederum hatte auf die Entstehung der apologetischen, aber auch der katechetischen Literatur erhebliche Auswirkungen. Denn anscheinend war schon nach lukanischer Vorstellung „die ‚Zeit der Kirche' nicht durch die Abwesenheit des Kyrios, sondern durch seine geschichtsmächtige Begleitung bestimmt"[49], und die Auffassung, dass dies durch das Wirken des Heiligen Geistes erfolge, prägt die Apostelgeschichte als zweiten Teil des lukanischen Doppelwerkes sowie das Johannesevangelium, mithin wesentliche Teile des sich herausbildenden frühchristlichen Corpus normativer Texte. Indem dieser Vorstellungskomplex seit dem 2. Jahrhundert dann auch explizit trinitätstheologisch reflektiert wurde, blieb durch die Erwartung der Wiederkunft Christi die Grundspannung zwischen erfolgter und erhoffter Wirksamkeit des Erhöhten präsent. Damit ergibt der religionsgeschichtliche Vergleich eine analoge Verhältnisbestimmung von Mythos und Geschichte im römischen Staatskult und im Christentum.

Dass es sich bei Abstieg und Aufstieg göttlicher oder auch menschlicher Figuren um ein Phänomen handelt, das im Judentum, im Christentum und schon zuvor in griechisch-römischen Religionen zu finden ist, hat in der religionsspezifischen und -vergleichenden Forschung natürlich immer schon Beachtung gefunden[50]. Dabei hat jedoch traditionell die Perspektive von Rezeption und Kritik auf literarischer Ebene im Vordergrund gestanden; die ältere Forschung hat die Aufnahme mythischer Elemente ins christliche Denken sogar als Phä-

---

[48] Backhaus 2014, 285.
[49] Backhaus 2014, 295. Zum Vergleich der lukanischen Himmelfahrtsvorstellung mit der Kaiserapotheose vgl. Klumbies 2010, 192-196.
[50] Besondere Prominenz nimmt hier die apokalyptische Literatur ein; vgl. Bremmer 2014 zur christlichen Apokalyptik sowie Bremmer 2011 zur Höllenfahrt in antiken Religionen und Himmelfarb 1983 zum Vergleich jüdischer und christlicher „tours of hell". Zur christlichen Vorstellung vom *Descensus* vgl. Grillmeier 1975, Gounelle 2000 und jüngst Ayroulet 2017; zum *Ascensus* Kinzig 2009 sowie Markschies 2000 und – wiederum bezogen auf apokalyptische Literatur – Himmelfarb 1993. Zu beachten ist, dass bei näherem Hinsehen natürlich noch feiner differenziert werden muss (Backhaus 2014, 242): „Himmel und Hölle finden sich in den Christentümern, Judentümern und Heidentümern der Antike nur im Plural."

nomen geistlicher Dekadenz gedeutet[51]. Es fehlen hingegen Studien zur *longue durée* solcher Vorstellungskomplexe, die sich auf Stoffe anstatt auf Texte richten; und es mangelt bislang an der Anwendung inhaltlicher und methodischer Erkenntnisse auf zentrale christliche Texte, die von einem herkömmlichen Verständnis von „Mythos" denkbar weit entfernt sind[52].

Daher stellt der vorliegende Beitrag erstmals christliche *Glaubensbekenntnisse* in den Fokus einer Untersuchung mythischer Stoffe und Narrationen[53]. Dabei geht es einerseits um den Befund, dass und wie der oben skizzierte Gesamtzusammenhang in deklaratorischer Weise zur Sprache gebracht wurde, und andererseits darum, wie er in Kommentaren zu Glaubensbekenntnissen und pastoralen Unterweisungen erläutert wurde. Gefragt werden soll also näherhin, wie Mythisches in dogmatische und katechetische Texte und Kontexte integriert wurde, also dazu verhalf, die *Innenseite* christlicher Selbstverständigung zu konturieren – und auf diese Weise auch die *Außenseite*, den Diskurs mit Personen und Narrationen der spätantiken Kulturen, zu beeinflussen. Es könnte sogar sein, dass gerade der Rekurs auf Mythisches (d. h. auf vermeintlich Widerchristliches) das Christliche *ad intra* und *ad extra* zu plausibilisieren half: Die Hylemanalyse ermöglicht Einsichten in *strukturelle Analogien*, vermittels deren – kurz gesagt – nicht von der gleichen Unterwelt, aber in gleicher Weise von der Unterwelt erzählt wird (und ebenso von der jenseitigen, „oberen" Welt)[54]. Dieser Vermutung wird im Folgenden anhand ausgewählter Beispiele nachgegangen[55].

---

51 So etwa Bieder 1949, 204: „Mit der Abnahme des Glaubens und der Zunahme der Sorge sind die Christen in ihrem Denken nicht mehr gefeit gegen die religionsgeschichtliche Beeinflussung... Der Mythus vom Descensuskampf wird so unversehens zum Gefährt des Kleinglaubens" (im Original teils hervorgehoben).
52 Als einer von wenigen stellt Gounelle 2000, 229 den Befund zusammen, ohne jedoch ein interpretatives Raster anzulegen: „Plusieurs homélies et hymnes latins, tout en se situant fondamentalement dans la même perspective, représentent le chemin qui mène le Fils de Dieu de la terre jusque dans les contrées souterraines comme la suite de celui qui l'a mené des cieux sur la terre, et comme la prélude à sa remontée au ciel. Ils considèrent ainsi explicitement la descente du Christ en enfer comme le prolongement direct de l'incarnation, et comme une anticipation de l'ascension."
53 Zugunsten dieser Fokussierung auf im Rahmen eines Mythendiskurses bisher nicht berücksichtigte Texte wird auf eine Diskussion „gnostischer" Vorstellungskomplexe verzichtet. Auch hier sind – teilweise in exponierterer Weise als in „orthodoxen" Texten – Sphärenwechsel ein beliebtes Thema, das auch längst gebührende Aufmerksamkeit erfahren hat (vgl. Poirier 2010 und Luttikhuizen 2012 zu gnostischen Unterweltsvorstellungen).
54 Daher erschöpft sich die Fragestellung in Bezug auf den *descensus ad inferos* auch nicht in der Beobachtung, dass „in den alten Credo-Formeln... nur in sehr allgemeinen Formulierungen

2 Das Credo als Textzeuge für den Stoff des Christusmythos: Annäherungen

Der Ansatzpunkt ist, wie erwähnt, das christliche Glaubensbekenntnis, das freilich, seit überhaupt solche katechetischen und deklaratorischen Bekenntnisse formuliert wurden, d. h. seit dem 4. Jahrhundert, in einer Vielzahl von Formen und Formeln vorlag[56]. Entsprechend wäre, um dem Befund vollumfänglich gerecht zu werden, im Plural von Stoffvarianten in den Glaubensbekenntnissen zu sprechen, geht es doch um verschiedene Bekenntnistexte, die sich wiederum in ihrem Textbestand nicht vollständig decken, was wiederum für die hier verfolgte Fragestellung von größtem Interesse (und bisher weitestgehend unbeachtet geblieben) ist. Es gilt aber zugleich, der von christlichen Autoren dokumentierten Auffassung Rechnung zu tragen, dass die unterschiedlichen Darstellungen des Christusgeschehens als Varianten *eines* Stoffes zu verstehen sind; und es ist weiterhin zu berücksichtigen, dass in der Spätantike das Bekenntnis nicht nur als Text, sondern auch als Bekenntnis-Akt und dessen Inhalt angesehen wurde (die „πίστις von Nicaea" war zunächst einmal eine inhaltliche Bestimmung, die dann textliche Form und im Zuge der Zeit entsprechende Stabilität gewann). Wenn im Folgenden von „dem" Glaubensbekenntnis die Rede ist, in dem sich „der Christusmythos als Stoff" niederschlägt, ist diese doppelte Binnenpluralisierung im Blick zu behalten.

Die in der christlichen Tradition bekanntesten Typen sind beide noch heute in der evangelischen und katholischen Liturgie gebräuchlich, das Apostolikum und das Nicaeno-Constantinopolitanum (NC). Jenes ist in seiner heutigen Form – die herkömmlich als „Textus receptus" bezeichnet wird – das Ergebnis eines jahrhundertelangen Prozesses der Formulierung, Fortschreibung und Überar-

---

von der Unterwelt bzw. dem Bereich der Toten die Rede" sei (Frenschkowski 2018, 262). Zwar wird ebd. zutreffend festgestellt: „Es wird keine konkrete Mythologie evoziert, und es liegt der Ton erkennbar auf den Toten selbst, bei denen Jesus gewesen ist, nicht auf einer spezifischen Jenseitstopographie." Dennoch dürfte, wie im Folgenden untersucht werden soll, ein signifikanter Wiedererkennungseffekt gegeben gewesen sein.

55 Die Betonung liegt auf „ausgewählt", da weder in Bezug auf die Quellen noch auf die Forschungsliteratur Vollständigkeit erreicht werden kann. Einleitungsfragen zu spätantiken Texten werden nur insoweit diskutiert, als sie für das Verständnis der hier vorgetragenen Argumentation unabdingbar sind.

56 Der Verweis auf die Paragraphen in der Quellensammlung von Kinzig, „Faith in Formulae" ersetzt im Folgenden detaillierte Angaben zu den jeweiligen Editionen und der teils überaus zerfaserten Textüberlieferung in Bezug auf die behandelten Texte.

beitung von katechetisch genutzten Formeln, die zuerst im 4. Jahrhundert bezeugt sind; dagegen kann das NC mit einiger Sicherheit dem Konzil von Konstantinopel (381) zugewiesen werden, auch wenn der Text erst siebzig Jahre später auf dem Konzil von Chalkedon (451) ausdrücklich zitiert wurde, übrigens in zwei leicht voneinander abweichenden Fassungen[57]. Ungeachtet dieser textgeschichtlichen Probleme eignen sich beide Bekenntnisse zumal aufgrund ihrer innerchristlichen Wirkungsgeschichte als Paradigmen für die Überführung des dem Christusmythos zugrundeliegenden Stoffes in textliche Formen. Hierbei ist jeweils der heilsgeschichtliche Teil des christologischen Artikels von vorrangigem Interesse:

Nicaeno-Constantinopolitanum (381)[58]

[Πιστεύομεν]
καὶ εἰς ἕνα κύριον
Ἰησοῦν Χριστὸν,
τὸν υἱὸν τοῦ Θεοῦ τὸν μονογενῆ [...]

τὸν δι' ἡμᾶς τοὺς ἀνθρώπους
καὶ διὰ τὴν ἡμετέραν σωτηρίαν
κατελθόντα ἐκ τῶν οὐρανῶν
καὶ σαρκωθέντα ἐκ πνεύματος ἁγίου
καὶ Μαρίας τῆς παρθένου,
καὶ ἐνανθρωπήσαντα,
σταυρωθέντα τε ὑπὲρ ἡμῶν
ἐπὶ Ποντίου Πιλάτου καὶ παθόντα

καὶ ταφέντα

καὶ ἀναστάντα τῇ τρίτῃ ἡμέρᾳ
κατὰ τὰς γραφάς,
καὶ ἀνελθόντα εἰς τοὺς οὐρανούς,
καὶ καθεζόμενον ἐν δεξιᾷ τοῦ πατρός,

καὶ πάλιν ἐρχόμενον μετὰ δόξης,
κρῖναι ζῶντας καὶ νεκρούς·
οὗ τῆς βασιλείας οὐκ ἔσται τέλος.

Apostolikum („Textus receptus', 8. Jh.)[59]

[*Credo*]

et in Iesum Christum,
filium eius unicum,
dominum nostrum,

qui conceptus est de Spiritu sancto,
natus ex Maria virgine,

passus sub Pontio Pilato,
crucifixus,
mortuus
et sepultus;
descendit ad inferna;
tertia die resurrexit a mortuis;

ascendit ad caelos;
sedit ad dexteram dei,
patris omnipotentis;
inde venturus est
iudicare vivos et mortuos.

---

57 Concilium Chalcedonense a. 451, sessio III; V (ACO II 1,2, 80,3–16; 128,2–14 Schwartz = Kinzig I, § 184 (e1 und e2)); synoptischer Abdruck in Gemeinhardt 2002, 559; zu den genannten Abweichungen vgl. a. a. O. 42–44.
58 Editionen und Textvarianten: Kinzig I, § 184 (e1).
59 Editionen und Textvarianten: Kinzig II, § 344.

Nicaeno-Constantinopolitanum (381)	**Apostolikum ('Textus receptus', 8. Jh.)**
(Wir glauben)	(Ich glaube)
an einen Herrn	
Jesus Christus,	an Jesus Christus,
den einziggeborenen Sohn Gottes [...]	den einziggeborenen Sohn Gottes
	unseren Herrn,
der um uns Menschen willen	
und um unseres Heiles willen	
aus dem Himmel herabgestiegen ist	
und Fleisch geworden ist aus dem Heiligen Geist und der Jungfrau Maria	der empfangen wurde aus dem Heiligen Geist, geboren wurde aus der Jungfrau Maria,
und Mensch geworden ist,	
der um unseretwillen gekreuzigt wurde unter Pontius Pilatus und gelitten hat	der unter Pontius Pilatus und gelitten hat, gekreuzigt wurde, starb
und begraben wurde	und begraben wurde;
	der in die Unterwelt hinabgestiegen,
und auferstanden ist am dritten Tag gemäß der Schrift	am dritten Tag von den Toten auferstanden
und aufgestiegen ist in den Himmel	und in den Himmel aufgestiegen ist;
und zur Rechten des Vaters sitzt	er sitzt zur Rechten Gottes, des allmächtigen Vaters;
und wiederkommen wird in Herrlichkeit, um Lebende und Tote zu richten;	von dort wird er kommen, um Lebende und Tote zu richten.
seiner Herrschaft wird kein Ende sein.	

Beide Texte zeichnen den Weg Jesu als Folge von Sphärenwechseln nach: Jesus, der vor Zeiten bei Gott war – das wird im NC im ersten Teil des christologischen Artikels entfaltet[60] –, kommt aus der himmlischen Welt „herunter" (κατελθόντα), nimmt Fleisch an (σαρκωθέντα), wird also nicht nur ein bisschen, sondern ganz Mensch (ἐνανθρωπήσαντα). Das Apostolikum setzt insofern einen anderen Akzent, als hier der Verweis auf ein „Vorspiel im Himmel" fehlt und statt einer Abwärtsbewegung gleich mit dem Empfangenwerden aus dem Heiligen Geist und der (menschlichen) Geburt aus der Jungfrau Maria eingesetzt wird. Beiden Texten ist dann aber der soteriologische Abriss gemeinsam:

---

[60] Hierbei wird das Prädikat „der einziggeborene Sohn Gottes" (τὸν υἱὸν τοῦ Θεοῦ τὸν μονογενῆ) sowohl durch die ewige Zeugung („der aus dem Vater geboren wurde vor aller Zeit", τὸν ἐκ τοῦ πατρὸς γεννηθέντα πρὸ πάντων τῶν αἰώνων) als auch durch die Wesensgleichheit mit dem Vater („Licht von Licht, wahrer Gott von wahrem Gott, gezeugt, nicht geschaffen, eines Wesens mit dem Vater", φῶς ἐκ φωτός, Θεὸν ἀληθινὸν ἐκ Θεοῦ ἀληθινοῦ, γεννηθέντα οὐ ποιηθέντα, ὁμοούσιον τῷ πατρί) erläutert.

- Christus stellt seine Menschlichkeit in ultimativer Form durch sein Leiden unter Beweis (παθόντα – *passus*),
- stirbt (dies wird aber nur im Apostolikum – *mortuus* – ausdrücklich gesagt, nicht im NC),
- wird ebenfalls wie jeder andere Mensch ins Grab gelegt (ταφέντα – *sepultus*)
- und gelangt dem Apostolikum zufolge sogar noch tiefer hinab in die Unterwelt (*ad inferna* – dies wird wiederum im NC nicht erwähnt),
- bevor es mit der Auferstehung (ἀναστάντα – *resurrexit*) wieder nach oben geht,
- zunächst in die irdische Welt (die freilich nicht ausdrücklich genannt wird) und dann durch den Himmelsaufstieg (ἀνελθόντα – *ascendit*) bis zur Rechten Gottes des Vaters,
- wo Christus (wieder) Platz nimmt und in Ewigkeit mit Vater und Geist regiert,
- wobei das NC (anders als das Apostolikum) Lk 1,33 („Sein Reich wird kein Ende haben") zitiert und damit eine besondere eschatologische Pointe setzt.

Die einzelnen Elemente dieser Serie von Sphärenwechseln, d. h. Abwärts- und Aufwärtsbewegungen zwischen Himmel, Erde und Unterwelt, sind je für sich traditions- und religionsgeschichtlich sowie theologisch zu interpretieren, und dies wird in Abschnitt 3 zu ausgewählten Sphärenwechseln auch erfolgen. Was hier zunächst in den Blick genommen werden muss, ist jedoch ihr *Zusammenhang*. Man kann aus beiden Texten eine Sequenz kleinster handlungstragender Einheiten (Hyleme) rekonstruieren[61], wobei ich mich, wie gesagt, auf Übergänge zwischen Sphären beschränke und kleinere Abweichungen zwischen den einzelnen Fassungen unserer Leittexte sowie zu anderen spätantiken Glaubensbekenntnissen vorerst außen vor lasse:

---

61 S. dazu den Beitrag von Christian Zgoll in diesem Band, Kap. 3.1.

	Nicaeno-Constantinopolitanum	Apostolikum
1	Christus ist von Ewigkeit her beim Vater	
2	Christus ist der eingeborene Sohn Gottes	Christus ist der eingeborene Sohn Gottes
3	Christus steigt um des Heiles der Menschen willen herab in die Welt	
4	Christus nimmt Fleisch durch den Geist und durch die Jungfrau Maria an	Christus wird durch den Geist empfangen
5		Christus wird von einer Jungfrau geboren
6	Christus wird Mensch	
7	Christus wird um unseretwillen unter Pontius Pilatus gekreuzigt	Christus wird gekreuzigt
8	Christus leidet	Christus leidet unter Pontius Pilatus
9		Christus stirbt
10	Christus wird begraben	Christus wird begraben
11		Christus steigt herab in die Unterwelt
12	Christus ersteht von den Toten auf	Christus ersteht von den Toten auf
13	Christus fährt in den Himmel auf	Christus fährt in den Himmel auf
14	Christus sitzt zur Rechten Gottes	Christus sitzt zur Rechten Gottes
15	Christus kommt zum Gericht wieder	Christus kommt zum Gericht wieder
16	Christi Herrschaft hat kein Ende	

Diese Hylemsequenz[62] sieht unterschiedlich aus, je nachdem, ob man den Text des Apostolikums oder des Nicaeno-Constantinopolitanums zugrunde legt. Wir haben es mit zwei Stoffvarianten zu tun, die jeweils die zentralen Elemente eines Stoffes (des Christusereignisses) bieten, und zwar indem sie diesen in eine lehrbare, memorierbare und später auch liturgisch singbare Form überführen und damit für Ketzerbekämpfung, Katechese und Liturgie erschließen. Es ist bemerkenswert, dass die Anfänge christlicher Lehrbildung in höchst variablen Formeln, auf die unten näher einzugehen sein wird, im 4. Jahrhundert an verschiedenen Orten mehr oder weniger zeitgleich und, soweit zu erkennen ist, unabhängig voneinander zu weitgehend vergleichbaren Textfassungen der neuen Gattung „Bekenntnis" führten[63].

---

62 Im Folgenden wird mit MH (= Mythisches Hylem) 1, 2, 3 ... auf die Zeilen der Tab. verwiesen.
63 Die Details dieses Prozesses, in dem sich im Einzelfall natürlich auch Interdependenzen und Genealogien von Texten feststellen lassen, können hier nicht näher entfaltet werden.

Ebenso unübersehbar sind dann aber auch die Abweichungen in der Beschreibung einzelner Aspekte des Kommens und Leidens Christi: Für Christi Inkarnation werden zwar einhellig der Heilige Geist und die Jungfrau Maria verantwortlich gemacht, jedoch sind die entsprechenden Passagen (MH 3-5) durchaus unterschiedlich angeordnet. Das NC akzentuiert das Kommen Christi in die Welt an zwei Stellen (MH 3, 7) und stellt zudem in noch unausgeglichener Wortwahl Fleisch- und Menschwerdung Christi (σαρκωθέντα – ἐνανθρωπήσαντα) nebeneinander; es lässt damit eine Frage offen, die in den Jahrzehnten und Jahrhunderten nach 381 insbesondere im griechischsprachigen Christentum ebenso ausführlich wie erbittert diskutiert werden sollte, nämlich wie sich der inkarnierte göttliche Logos zum Menschen Jesus von Nazareth verhält. Das Apostolikum legt hingegen den Akzent auf die beiden unterschiedlichen Vorgänge, die bei der Inkarnation zusammenwirken, nämlich geistgewirkte Empfängnis und jungfräuliche Geburt. Pontius Pilatus wird im NC mit der Kreuzigung, im Apostolikum mit dem Leiden Christi in Verbindung gebracht[64]. Hinzu kommt, dass das NC den Tod Christi (MH 9) und den Unterweltsaufenthalt (MH 11) nicht erwähnt – hierauf wird unten noch ausführlicher einzugehen sein. Hingegen wird die Auferstehung ausdrücklich als „gemäß der Schrift" geschehen bezeichnet (MH 12) und die nicht endende Herrschaft Christi betont (MH 16)[65], während das Apostolikum hieran und an der Präexistenz Christi (MH 1), also an der proto- und eschatologischen Rahmung des Christusgeschehens, nicht interessiert scheint.

Man muss solche Unterschiede im Detail bewerten, denn der Blick auf andere Bekenntnistexte der Spätantike (siehe unten) zeigt, dass insgesamt eine große Varianzbreite in Bezug auf einzelne Formulierungen besteht. Auch wurden beide Bekenntnisse nicht formuliert, um *alle* damals diskutierten Fragen aufzugreifen und eine abschließende Lösung für sämtliche Aspekte der Christologie zu bieten. Wie eingangs gesagt, dienen das NC und das Apostolikum deshalb vor allem als Modelle für den Einstieg in die Untersuchung, weil sie sich *mit der Zeit* als normativ durchsetzen und dies bis heute sind.

Sie waren nicht die letzten, aber auch nicht die ersten Texte, die den Stoff des Christusmythos zusammenfassten; das war vielmehr bereits zuvor durch

---

64 Leiden und Kreuzigung (MH 7-8) bilden in beiden Bekenntnissen einen zweiteiligen Zusammenhang, der durch die Nennung des verantwortlichen Beamten historisch verortet wird, eine Gliederung in drei oder noch mehr Hyleme würde nicht zu größerer Klarheit führen.

65 Dieser Zusatz richtet sich gegen Markell von Ankyra, der mit Hinweis auf 1 Kor 15,28 gelehrt hatte, dass sich beim Abschluss der Heilsgeschichte die hierin wirksame göttliche „Trias" wieder zu einer „Monas" vereinige, so dass die uranfängliche Einheit wieder hergestellt sei. Hierzu vgl. Staats 1996, 253.

sogenannte „Glaubensregeln" (regulae fidei) erfolgt, die ad hoc formuliert wurden und keine textliche Stabilität gewannen. Wie in diesen der Christusmythos ausgedrückt wurde, sei an einem Blick auf die von Irenaeus von Lyon (um 180 n. Chr.) und Tertullian (um 203 n. Chr.) niedergeschriebenen Glaubensregeln illustriert. Irenaeus stellt in seinem Werk *Adversus Haereses* fest[66]:

Ἡ μὲν γὰρ ἐκκλησία, καίπερ καθ' ὅλης τῆς οἰκουμένης ἕως περάτων τῆς γῆς διεσπαρμένη, παρὰ δὲ τῶν ἀποστόλων, καὶ τῶν ἐκείνων μαθητῶν παραλαβοῦσα τὴν εἰς ἕνα θεὸν πατέρα παντοκράτορα τὸν πεποιηκότα τὸν οὐρανὸν καὶ τὴν γῆν καὶ τὰς θαλάσσαν καὶ πάντα τὰ ἐν αὐτοῖς πίστιν,	Obwohl die Kirche über die ganze bewohnte Welt bis an die Enden der Erde verbreitet ist – sie hat von den Aposteln und ihren Schülern den Glauben angenommen an den einen Gott, den allmächtigen Vater, „der Himmel, Erde, Meer und alles darin gemacht hat" (Ex 20,11; Ps 146,6; Apg 4,24; 14,15);
καὶ εἰς ἕνα Χριστὸν Ἰησοῦν, τὸν υἱὸν τοῦ θεοῦ, τὸν σαρκωθέντα ὑπὲρ τῆς ἡμετέρας σωτηρίας·	und an den einen Christus Jesus, den Sohn Gottes, Fleisch geworden zu unserem Heil;
καὶ εἰς πνεῦμα ἅγιον, τὸ διὰ τῶν προφητῶν κεκηρυχὸς τὰς οἰκονομίας καὶ τὴν ἔλευσιν	und an den Heiligen Geist, der durch die Propheten die Heilsvorgänge verkündet hat und das Kommen des geliebten Christus Jesus, unseres Herrn;
καὶ τὴν ἐκ τῆς παρθένου γέννησιν καὶ τὸ πάθος καὶ τὴν ἔγερσιν ἐκ νεκρῶν καὶ τὴν ἔνσαρκον εἰς τοὺς οὐρανοὺς ἀνάληψιν	und seine Geburt aus der Jungfrau, das Leiden und die Auferstehung von den Toten und seine leibhafte Aufnahme in den Himmel;
τοῦ ἠγαπημένου Χριστοῦ Ἰησοῦ τοῦ κυρίου ἡμῶν καὶ τὴν ἐκ τῶν οὐρανῶν ἐν τῇ δόξῃ τοῦ πατρὸς παρουσίαν αὐτοῦ ἐπὶ τὸ ἀνακεφαλαιώσασθαι τὰ πάντα καὶ ἀναστῆσαι πᾶσαν σάρκα πάσης ἀνθρωπότητος, ἵνα Χριστῷ Ἰησοῦ τῷ κυρίῳ ἡμῶν καὶ θεῷ καὶ	und seine Ankunft vom Himmel in der Herrlichkeit des Vaters (Mk 8,38), um ‚alles zusammenzufassen' (Eph 1,10) und um alles Fleisch der ganzen Menschheit zu erwecken, damit vor Christus Jesus, unserem Herrn, Gott, Retter und König nach dem Wohlge-

---

[66] Irenaeus von Lyon, *Adversus Haereses* I 10,1 (FC 8/1, 198,1-20 Brox); Übersetzung a. a. O. 199.

σωτῆρι, καὶ βασιλεῖ, κατὰ τὴν εὐδοκίαν τοῦ πατρὸς τοῦ ἀοράτου πᾶν γόνυ κάμψῃ ἐπουρανίων καὶ ἐπιγείων καὶ καταχθονίων, καὶ πᾶσα γλῶσσα ἐξομολογήσηται αὐτῷ καὶ κρίσιν δικαίαν ἐν τοῖς πᾶσι ποιήσηται.	fallen (Eph 1,9) des unsichtbaren (Kol 1,15) Vaters, alle im Himmel, auf der Erde und unter der Erde ihre Knie beugen... und jeder Mund' ihn ‚bekenne' (Phil 2,10f; Jes 45,23); und um ein gerechtes Gericht über alle zu halten.

Offenkundig ist diese Glaubensregel ganz auf das Wirken Christi fokussiert – Gott als Vater kommt nur einleitend vor, wenn auch mit einer klaren Aussage zu seiner Schöpfertätigkeit, die jedem dualistischen Gottesbild widerspricht; der Heilige Geist wird nur in seiner Hinweisfunktion auf das in Christus vollzogene Heilshandeln erwähnt. Damit werden Altes und Neues Testament offenbarungstheologisch miteinander verklammert und zugleich in den weiten Horizont der Welt- und Heilsgeschichte eingespannt, die mit Christi „Wiederzusammenfassung" (ἀνακεφαλαίωσις) von allem und mit seinem Gericht über die Menschen, aber auch über die Mächte enden wird, die im Folgenden noch genauer bestimmt werden. Nicht unbedingt im Wortlaut, wohl aber in der Sache sind hier schon charakteristische Akzente des NC präsent, so etwa die Alleinherrschaft Christi am Ende der Welt, aber auch die Betonung, dass all die Elemente des Christusmythos soteriologisch zentriert, d. h. konsequent auf die Erlösung bezogen sind.

Dass Irenaeus im letzten Viertel des 2. Jahrhunderts n. Chr. einen sich stabilisierenden Konsens über die Grundlinien des christlichen Glaubens formuliert, zeigt ein Blick auf den zweieinhalb Jahrzehnte später in Karthago schreibenden Tertullian, in dessen Werk „Vom prinzipiellen Einspruch gegen die Häretiker" die folgende Glaubensregel zu finden ist[67]:

Regula est autem fidei, ut iam hinc quid defendamus profiteamur, illa scilicet,	Die Glaubensregel aber ist natürlich jene, auf deren Grundlage man glaubt, um schon hier von unserer Seite offen auszusprechen, was wir verteidigen:

---

67 Tertullian, *De praescriptione omnium haereticorum* 13,1-5 (FC 42, 256,1-16 Schleyer = Kinzig I, § 111 (b1)); Übersetzung a. a. O. 257. Im Werk Tertullians sind mehrere Glaubensregeln überliefert, die jeweils Abweichungen von der eben zitierten – und teils eine noch größere Nähe zum Romanum, der Vorform des Apostolikums – aufweisen, hier aber nicht eigens diskutiert werden können. Vgl. Tertullian, *De virginibus velandis* 1,3 (CChr.SL 2, 1209,17-23 Dekkers = Kinzig I, § 111 (c)); *Adversus Praxean* 2,1 (FC 34, 102,9-104,6 Sieben = Kinzig I, § 111 (e1)); dazu Kinzig 2017, 279-281.

qua creditur unum omnino deum esse nec alium praeter mundi conditorem, qui universa de nihilo produxerit per verbum suum primo omnium emissum;	Daß es überhaupt nur einen Gott gibt und keinen anderen außer dem Schöpfer der Welt, der das All aus Nichts hervorgebracht hat durch sein am Uranfang ausgesandtes Wort.
id verbum filium eius appellatum in nomine die varie visum a patriarchis, in prophetis semper auditum, postremo delatum ex spiritu patris dei et virtute in virginem Mariam, carnem factum in utero eius et ex ea natum egisse Iesum Christum;	Daß dieses Wort, das sein Sohn genannt wird, im Namen Gottes auf mannigfaltige Weise von den Patriarchen geschaut, in den Propheten immer gehört wurde und zuletzt aus dem Geist und der Kraft Gottes des Vaters auf die Jungfrau Maria übertragen, Fleisch geworden in ihrem Schoß und aus ihr geboren, Jesus Christus war.
exinde praedicasse novam legem et novam promissionem regni caelorum, virtutes fecisse, cruci fixum, tertia die resurrexisse, in caelos ereptum sedisse ad dexteram patris,	Daß er dann ein neues Gesetz und eine neue Verheißung des Himmelreiches verkündete, Wunder tat, gekreuzigt wurde, am dritten Tage wieder auferstand und in den Himmel entrückt, sich zur Rechten des Vaters gesetzt hat.
misisse vicariam vim spiritus sancti, qui credentes agat,	Daß er als seinen Stellvertreter die Kraft des Heiligen Geistes sandte, der die Gläubigen führen soll.
venturum cum claritate ad sumendos sanctos in vitae aeternae et promissorum caelestium fructum et ad profanos adiudicandos igni perpetuo facta utriusque partis resuscitatione cum carnis restitutione.	Daß er kommen wird in Herrlichkeit, um die Heiligen aufzunehmen zum Lohn des ewigen Lebens und der himmlischen Verheißungen und um die Unheiligen zu richten mit dem ewigen Feuer nach der mit der Wiederherstellung des Fleisches verbundenen Auferstehung der beiden Parteien.

Die Grundlinien ähneln frappierend denen bei Irenaeus, und es ist höchst wahrscheinlich, dass Tertullian das Werk *Adversus Haereses* kannte. Freilich unternahm er nicht wie Irenaeus eine umfangreiche *materiale* Widerlegung der „Häretiker" (vor allem solcher Theologen, die mit der Bezeichnung „Gnostiker" zusammengefasst werden können), sondern eine *methodische* Bestreitung, dass seine Gegner sich auf die Heilige Schrift berufen könnten. Diente Irenaeus die Glaubensregel als kurze Zusammenfassung der rechten Lehre, von denen – wie er im Folgenden detailliert zeigte – die Häretiker eklatant abwichen, so zog Tertullian sie heran, um zu argumentieren, dass von vorneherein die rechte Auslegung der Schrift nur dort zu finden sei, wo die *successio apostolica* wirke – also in der von ihm vertretenen Kirche, nicht in den (aus seiner Sicht illegitimen) Konventikeln der Häretiker. Beide Texte wurden, indem sie die ihnen als wahr erscheinende Lehre prägnant zusammenfassten, maßgeblich für die theologische Fassung des Christusmythos in der Auseinandersetzung mit anderen Lehrmeinungen und später auch in der Katechese. Freilich zeigen sich auch signifikante Unterschiede, wenn man die jeweiligen Hylemsequenzen des Christusgeschehens einander gegenüberstellt:

	Irenaeus von Lyon	Tertullian
1	Der Heilige Geist verkündet das Kommen Christi und die übrigen „Heilsvorgänge"	Das Wort wird von den Patriarchen geschaut und von den Propheten gehört
2	Christus wird um des Heiles der Menschen willen Fleisch und aus Maria geboren	Christus wird aus dem Geist und der Kraft Gottes Fleisch und aus Maria geboren
3		Christus verkündet ein neues Gesetz und eine neue Verheißung
4		Christus tut Wunder
5	Christus leidet	
6		Christus wird gekreuzigt
7	Christus ersteht von den Toten auf	Christus ersteht von den Toten auf
8	Christus fährt leibhaft in den Himmel auf	Christus wird in den Himmel entrückt
9		Christus sitzt zur Rechten des Vaters
10		Christus sendet die Kraft des Heiligen Geistes als Stellvertreter
11	Christus kommt zur „Zusammenfassung"	Christus kommt in Herrlichkeit
12	Christus hält ein gerechtes Gericht	Christus hält Gericht über die Unheiligen

Während die Grundbewegung identisch ist – in beiden Texten fehlt ein *descensus* –, sind bei Tertullian sowohl das irdische Tun Christi als auch seine Stellung im Himmel und seine Stellvertretung durch den Geist im Blick. Dass der Geist bereits vor der Menschwerdung Christi wirksam ist, sollte später auch das NC betonen, um die Göttlichkeit und Ewigkeit des Geistes zu akzentuieren, die mit der Rede von der „Kraft" bei Tertullian in der Schwebe bleibt[68]. Es ist deutlich, dass hier zwei unterschiedlich akzentuierte Varianten desselben Stoffes vorliegen – und dass beide in individueller Weise das mittlerweile faktisch kodifizierte Residuum des Stoffes, die kanonischen biblischen Texte, unterschiedlich rezipierten.

Solche Glaubensregeln hatten ihren Ort in den Auseinandersetzungen über Orthodoxie und Häresie im 2. und 3. Jahrhundert und trugen dazu bei, den Kernbestand des christlichen Glaubens trennscharf und dennoch flexibel zu fassen, da diese Texte *ad hoc* formuliert wurden und nicht auf textliche Stabilität angelegt waren. Es gibt daher aus der frühen Zeit des Christentums keine zwei identischen Zeugnisse für Varianten des Christusmythos. Das änderte sich im 4. Jahrhundert, als deklaratorische Bekenntnisse entstanden, deren Textbestand fixiert war – die beiden wirkungsgeschichtlich prominentesten Vertreter wurden oben vorgestellt. Offensichtlich war jede dieser beiden Stoffvarianten, NC und Apostolikum, für sich überzeugend genug, um sich gegen andere Varianten durchzusetzen, so dass sie seit anderthalb Jahrtausenden als repräsentative Formulierung des Stoffes des Christusmythos gelten können[69].

Festzuhalten ist für unsere Fragestellung vor allem, dass vom Christusereignis in einer Form erzählt wird, die konstitutiv durch Sphärenwechsel geprägt ist. Das ist in gewisser Weise trivial: Im Neuen Testament ist davon ständig die Rede, folgerichtig auch in Glaubensformeln, die (noch in flexibler Form) seit dem späten 2. Jahrhundert neben neutestamentliche Bekenntnisformeln und Hymnen treten. Beide Texte haben aber jeweils ihr Proprium, was die Sphärenwechsel angeht – die Unterweltsfahrt Christi im lateinischen Apostolikum, die Präexistenz des Logos im griechischen Nicaeno-Constantinopolitanum. Freilich ist es, wie wir noch sehen werden, nicht so einfach, als gäbe es im Westen die Unterwelt und im Osten die ewige Trinität. Und es ist keineswegs „der" neutestamentliche Befund, der im 4. Jahrhundert knapp zusammengefasst wird[70]: Die Präexistenzchristologie ist vor allem (und weitgehend ausschließlich) im johanneischen Schrifttum prominent, die Hadesfahrt ist nicht mehr als ein kleiner

---

[68] Trinitätstheologische Klärungen nimmt Tertullian wenig später in seiner Auseinandersetzung mit dem Monarchianer Praxeas vor (vgl. z. B. *Adversus Praxean* 11,10; 12,6 f; FC 34, 148,13-17; 152,14-21 Sieben).

[69] Die konkreten Umstände dieser Durchsetzung sind für die Argumentation dieses Beitrags nicht entscheidend; sie müssten gesondert nach Kirchen in Ost und West – und hier differenziert nach einzelnen kirchlichen Regionen (Rom, Westgoten-, Karolingerreich etc.) – dargestellt werden.

[70] S. dazu ausführlich den Beitrag von Reinhard Feldmeier in diesem Band.

Nebenkrater im ersten Petrusbrief. Dass es zwischen Himmel, Erde und Hölle hin und her geht – das ist freilich nicht spezifisch neutestamentlich, sondern hat in der jüdischen und hellenistischen Tradition Parallelen, und weit darüber hinaus. Dass es schon bei den bekanntesten Glaubenstexten des Christentums signifikante Unterschiede in der Darbietung ihres Stoffes gibt – von anderen Bekenntnissen, auf die exemplarisch einzugehen sein wird, zu schweigen –, führt zurück zur Leitfrage, warum von Christus auf diese Weise(n) und nicht anders erzählt wird und was dies narrativ und argumentativ leistet.

Im Folgenden werden daher einige eingehendere Blicke auf Sphärenwechsel in Glaubensbekenntnissen geworfen. Ich konzentriere mich dabei einerseits auf den Abstieg in die Unterwelt des Gestorbenen und andererseits auf die himmlische Inthronisierung des Auferstandenen und zu Gott dem Vater Emporgestiegenen, um von den beiden Extremen her die gesamte Folge von Sphärenwechseln in den Blick zu bekommen. Beide Momente haben im frühen Christentum eine lange Traditionsgeschichte, auf die kursorisch eingegangen werden muss, um ihre in späterer Zeit unbestrittene Plausibilität deutlich zu machen. Diese zentrale Bedeutung von Sphärenwechseln als Essenz des Christusgeschehens wurde in der Phase des christlichen Denkens und Argumentierens konstituiert, die meist als „Apologetik" bezeichnet wird. Für das Folgende ist freilich zu beachten, dass sich diese „Verteidigung" nicht nur nach außen, sondern implizit auch nach innen richtete, um das Christentum seinen bereits gewonnenen Anhängern verständlich und zugleich (mit Schleiermacher gesprochen) für die Gebildeten unter seinen Verächtern attraktiv zu machen. Mythische Narrative dienten so gesehen nicht nur der Verteidigung (Apologetik), sondern auch der Werbung (Protreptik) – und waren für beides offensichtlich in ganz außerordentlichem Maße geeignet.

3 *Descensus ad inferos* und *sessio ad dexteram* in spätantiken Glaubensbekenntnissen

3.1 Traditionslinien im frühen Christentum

3.1.1 Der Unterweltsaufenthalt Christi

Ich beginne mit dem *descensus ad inferos* (oder *ad inferna*)[71], der sich dazu eignet, zu zeigen, wie das spätantike Christentum einen solchen Sphärenwechsel beschrieb und begründete, und darüber hinaus, wenn es um genealogische oder typologische Beziehungen zu anderen, nichtchristlichen Zeugnissen für solche Motive geht, einen stoffgeschichtlichen Vergleich ermöglicht.

Erzählungen von Unterweltsreisen waren in der antiken Welt – wie der vorliegende Band anhand von Beispielen aus vier Jahrtausenden mit einer geographischen Erstreckung von Mesopotamien bis Rom zeigt – nichts Ungewöhnliches, und es erstaunt nicht, dass schon im frühen Christentum „auch die Unterwelt ‚getauft' wurde"[72]. Im Neuen Testament ist davon freilich nur am Rande die Rede[73], vor allem im ersten Petrusbrief, der allerdings sogleich den Abstieg in die Unterwelt – verstanden als „Gefängnis" für die bösen Geister oder Dämonen – mit dem Himmelsaufstieg Christi verbindet (1 Petr 3,19-22)[74]:

---

71 Die Ausdrücke *ad inferos* („in die Unterwelt") und *ad inferna* („in die Hölle") werden in der Spätantike *promiscue* gebraucht. Ich verwende für beides den Begriff „Unterwelt", da sich die Vorstellung von der „Hölle" als Ort der Verdammten samt dem „Fegefeuer" als Reinigungsort vor der Auferstehung erst sukzessive entwickelte.
72 Backhaus 2014, 258.
73 Bisweilen wird versucht, die Quellenbasis zu verbreitern, indem z. B. Christi Kampf mit dem Teufel in Hebr 2,10-18 als Vorläufer des *descensus*-Motivs gedeutet wird (so Attridge 1993, 106-115). Dabei ist freilich schon vorausgesetzt, was eigentlich im Text selbst gefunden werden müsste – oder eben eine spätere Deutung ist. Zu deren frühester Entwicklungsgeschichte vgl. die immer noch lesenswerten Passagen bei Bauer 1909, 246-251.
74 Übersetzungen aus dem Neuen Testament werden hier und im Folgenden nach der Lutherbibel 2017 geboten, ohne kleinere Änderungen zu vermerken. Zur Auslegungsgeschichte dieser Bibelstelle in der Patristik vgl. die Hinweise bei Feldmeier 2005, 132-140 und Ashwin-Siejkowski 2009, 56-60 sowie Frenschkowski 2018, 269-273, der für diese Bibelstelle von einer „Mythologie *in statu nascendi*" sprechen möchte, die „ein Problem zumindest mythologisch andenkt, nämlich: Was geschieht mit den vor Christus und der Heilspredigt Verstorbenen?" (a. a. O. 272).

ἐν ᾧ καὶ τοῖς ἐν φυλακῇ πνεύμασιν πορευθεὶς ἐκήρυξεν, ἀπειθήσασίν ποτε ὅτε ἀπεξεδέχετο ἡ τοῦ θεοῦ μακροθυμία ἐν ἡμέραις Νῶε κατασκευαζομένης κιβωτοῦ, εἰς ἣν ὀλίγοι, τοῦτ' ἔστιν ὀκτὼ ψυχαί, διεσώθησαν δι' ὕδατος. ὃ καὶ ὑμᾶς ἀντίτυπον νῦν σῴζει βάπτισμα, οὐ σαρκὸς ἀπόθεσις ῥύπου ἀλλὰ συνειδήσεως ἀγαθῆς ἐπερώτημα εἰς θεόν, δι' ἀναστάσεως Ἰησοῦ Χριστοῦ, ὅς ἐστιν ἐν δεξιᾷ τοῦ θεοῦ, πορευθεὶς εἰς οὐρανόν, ὑποταγέντων αὐτῷ ἀγγέλων καὶ ἐξουσιῶν καὶ δυνάμεων.	In ihm (sc. dem Geist) ist er (sc. Christus) auch hingegangen und hat gepredigt den Geistern im Gefängnis, die einst ungehorsam waren (vgl. Gen 6,4), als Gott in Geduld ausharrte zur Zeit Noahs, als man die Arche baute, in der wenige, nämlich acht Seelen, gerettet wurden durchs Wasser hindurch. Das ist ein Vorbild der Taufe, die jetzt auch euch rettet. Denn in ihr wird nicht der Schmutz vom Leib abgewaschen, sondern wir bitten Gott um ein gutes Gewissen, durch die Auferstehung Jesu Christi, welcher ist zur Rechten Gottes, aufgefahren gen Himmel, und es sind ihm untertan die Engel und die Gewalten und die Mächte.

Das Allerweltsverb πορεύομαι in Vers 19 und 22 hier wird durch die Vorstellung eines im Inneren der Erde befindlichen Gefängnisses einerseits[75], durch den Himmelssitz des Auferstandenen andererseits spezifiziert, der die Herrschaft über irdische und überirdische Mächte einschließt. Dass es sich um ein *Hinunter*-Gehen handelt, ist allenfalls impliziert; auch ob der Abstieg mit dem Kreuzestod identisch ist oder diesen voraussetzt und zu einem anderen Zeitpunkt erfolgt, ist im biblischen Text unklar, was zu variantenreichen Interpretationen dieser Stelle in patristischer Zeit und darüber hinaus führte[76]. Der Akzent liegt in jedem Fall auf der Verkündigung des Evangeliums, die den Bereich des für Menschen Zugänglichen überschreitet, der Gott und dem in einzigartiger Weise zu ihm gehörenden Jesus Christus aber als Handlungsbereich offen steht.

Christus unterscheidet sich darin von anderen antiken Unterweltsfahrern, dass er nicht etwas oder jemanden in der Unterwelt sucht und womöglich heraufholen will, sondern etwas dorthin bringt, freilich nichts Materielles, sondern

---

75 Dies wird nicht explizit benannt, kann aber vorausgesetzt werden; vgl. Feldmeier 2005, 137.
76 Vgl. Grillmeier 1990, 180; ausführlich zur Rezeptionsgeschichte Grillmeier 1975, 101-105.

im Wortsinne eine gute Botschaft[77]. Das wird wenige Verse später dann auch ausdrücklich gesagt (1 Petr 4,6):

| εἰς τοῦτο γὰρ καὶ νεκροῖς εὐηγγελίσθη, ἵνα κριθῶσιν μὲν κατὰ ἀνθρώπους σαρκὶ, ζῶσιν δὲ κατὰ θεὸν πνεύματι. | Dazu wurde auch den Toten das Evangelium verkündigt, dass sie zwar nach Menschenweise gerichtet werden im Fleisch, aber nach Gottes Weise leben im Geist. |

Auch andernorts findet man im NT explizit den Zusammenhang von Ab- und Aufstieg (Eph 4,8-10), und zwar in prägnant komprimierter Form:

| „Ἀναβὰς εἰς ὕψος ᾐχμαλώτευσεν αἰχμαλωσίαν, ἔδωκεν δόματα τοῖς ἀνθρώποις." τὸ δὲ ἀνέβη τί ἐστιν, εἰ μὴ ὅτι καὶ κατέβη εἰς τὰ κατώτερα [μέρη] τῆς γῆς; ὁ καταβὰς αὐτός ἐστιν καὶ ὁ ἀναβὰς ὑπεράνω πάντων τῶν οὐρανῶν, ἵνα πληρώσῃ τὰ πάντα. | „Er ist aufgefahren zur Höhe, hat Gefangene in die Gefangenschaft geführt und den Menschen Gaben gegeben" (Ps 68,19). Dass er aber aufgefahren ist, was heißt das anderes, als dass er auch hinabgefahren ist in die Tiefen der Erde[78]? Der hinabgefahren ist, das ist derselbe, der aufgefahren ist über alle Himmel, damit er alles erfülle. |

Während der erste Petrusbrief mit der Predigt Christi für die vor seinem Kommen gestorbenen und daher unerlösten Menschen den *Zweck* des ultimativen Sphärenwechsels angibt, legt der Epheserbrief größeren Wert auf den *Zusammenhang* von „katabatischer" und „anabatischer" Bewegung. Wenn diese Stellen auch in unterschiedliche literarische und argumentative Kontexte gehören, wurden sie doch bald kombiniert[79]: Irenaeus von Lyon (um 180 n. Chr.) verstand

---

77 Vgl. Dockwiller 2017, 166: „Le Christ n'est pas descendu mais il est allé prêcher aux prisonniers, ceux d'autrefois... Au contraire des héros païens, il apporte quelque chose, il ne va rien chercher."
78 Vulgata: *descendit primum in inferiores partes terrae*.
79 Der *descensus* (und *ascensus*) Christi hat eine lange und verwickelte Traditionsgeschichte, die hier nicht im Detail rekonstruiert werden kann. Zum religionsgeschichtlichen Hintergrund der Vorstellung vgl. Talbert 2011 sowie (weit ausgreifend) Kroll 1932 (beide unter dem Titelstichwort „Mythos" im Sinne mythischer Texte, nicht im Blick auf Stoffe); entwicklungsgeschichtliche Linien werden nachgezeichnet bei Bieder 1949; Kelly 1972, 371-377; Bauckham 1998, 9-48; Toepel 2012. Die umfassendste Untersuchung hat Gounelle 2000 vorgelegt. Zur Traditions- und Interpretationsgeschichte des *descensus* vgl. ausführlich Grillmeier 1975, 76-

die Unterweltsfahrt Christi als Beweis seiner leiblichen Auferstehung und damit der Auferstehungshoffnung für seine Jünger, die allerdings wie alle anderen zuerst sterben mussten – „der Herr hielt sich an das Gesetz der Toten"[80]. Mehr noch, Christus sei „in die Unterwelt hinabgestiegen, um auch denen dort seine Ankunft zu verkünden, und daß es Sündenvergebung für die gibt, die an ihn glauben"[81]. Ebenso stellt Tertullian in *De anima* fest, Christus – als wahrer Gott – habe mit dem Abstieg in die Unterwelt, d. h. in der Mitte der Erde, seine uneingeschränkte Annahme der Menschheit unter Beweis gestellt, und verbindet dies mit dem *ascensus*[82]:

nec ante ascendit in sublimiora caelorum quam descendit in inferiora terrarum, ut illic patriarchas et prophetas compotes sui faceret.	Er stieg nicht eher zu den Höhen des Himmels empor, bevor er in die Tiefen der Erde hinabgestiegen war, um dort den Erzvätern und Propheten Kunde von seiner Sendung zu geben.

Der bei Euseb von Caesarea in seiner um 324 n. Chr. vollendeten *Historia ecclesiastica* überlieferten Abgarlegende zufolge kündigte der Apostel Thaddäus dem legendären König Abgar von Edessa an, darüber zu predigen[83],

καὶ πῶς ἐταπείνωσεν ἑαυτὸν καὶ ἀπέθετο καὶ ἐσμίκρυνεν αὐτοῦ τὴν θεό-	wie er (sc. Christus) sich demütigte und seine Gottheit ablegte (vgl. Phil

---

174 sowie jetzt auch (knapp) Frenschkowski 2018, 263 f. Das Motiv hat auch in gnostischen Texten Anklang gefunden; vgl. dazu die Hinweise bei Ashwin-Siejkowski 2009, 61-63.
80 Irenaeus von Lyon, *Adversus haereses* V 31,1 f (FC 8/5, 232,1-236,4 Brox; Zitat a. a. O. 234,8): *Dominus legem mortuorum servavit.* Vgl. hierzu und zum Folgenden Merkt 2013, 606.
81 Irenaeus von Lyon, Adversus haereses IV 27,2 (FC 8/4, 218,17-19 Brox): *Et propter hoc dominum in ea quae sunt sub terra descendisse evangelizantem et illis adventum suum, remissionem peccatorum exsistentem his qui credunt in eum.* Übersetzung a. a. O. 219. Unklar ist, ob eine analoge Vorstellung auch im Petrusevangelium vorausgesetzt ist, wo aus dem Himmel die Frage an Jesus ergeht: „Hast du den Entschlafenen verkündet?" und „vom Kreuz" (!) die Antwort „Ja" gegeben wird (Übersetzung M. Vinzent / T. Nicklas, AcA I/1, 683-695, hier 694). Dass Christus als Gekreuzigter bereits in der Unterwelt gepredigt hätte, erscheint unwahrscheinlich (gegen Bieder 1949, 129-135).
82 Tertullian, *De anima* 55,2 (CChr.SL 2, 862,9-12 Waszink); Übersetzung J. H. Waszink, Tertullian. Über die Seele (De anima), Zürich/München 1980, 172. Zum Folgenden von Tertullian vgl. Villani 2017, bes. 392 f.
83 Euseb von Caesarea, *Historia ecclesiastica* I 13,20 (GCS Eusebius II/1, 94,18-96,4 Schwartz = FC 110,31-112,3 Illert = Kinzig I, § 129); Übersetzung Illert, a. a. O. 113. Einige Handschriften ergänzen: καὶ πῶς κάθηται ἐν δεξιᾷ τοῦ θεοῦ (GCS Eusebius II/1, App. z. St.).

τητα, καὶ ἐσταυρώθη, καὶ κατέβη εἰς τὸν Ἅιδην, καὶ διέσχισε φραγμὸν τὸν ἐξ αἰῶνος μὴ σχισθέντα, καὶ ἀνήγειρεν νεκροὺς καὶ κατέβη μόνος, ἀνέβη δὲ μετὰ πολλοῦ ὄχλου πρὸς τὸν πατέρα αὐτοῦ.

2,8) und verkleinerte, gekreuzigt wurde, in den Hades hinabstieg (κατέβη) und die Barriere durchbrach, die von Ewigkeit nicht gespalten worden war (vgl. Eph 2,14), und Tote auferweckte und allein hinabstieg, aber mit einem großen Volk zu seinem Vater hinaufstieg (vgl. Eph 4,9).

Die wohl im 4. Jahrhundert entstandene Langversion der Briefe des Ignatius von Antiochien († ca. 115) brachte es auf den Punkt: „Alleine stieg er in den Hades hinab, aber mit einer Menge kam er wieder herauf"[84]. Ob sich dies auch auf die vor Christi erstem Kommen Verstorbenen beziehe, wurde oft diskutiert; man war im Blick auf die biblischen Erzväter grundsätzlich optimistisch, überwiegend wurden aber auch die Erlösungschancen für pagane Philosophen und „Heiden" überhaupt günstig eingeschätzt[85]. Die Frage blieb über Jahrhunderte virulent. So schrieb Anastasius Sinaites († 701) noch im 7. Jahrhundert[86]:

Καὶ νῦν φέρεται εἰς ἀρχαίας παραδόσεις, ὅτι τις σχολαστικὸς πολλὰ κατηράσατο τὸν Πλάτωνα τὸν φιλόσοφον. Φαίνεται οὖν αὐτῷ καθ' ὕπνους ὁ Πλάτων λέγων· Ἄνθρωπε, παῦσαι τοῦ καταρᾶσθαί με, σεαυτὸν γὰρ βλάπτεις, ὅτι μὲν ἄνθρωπος ἁμαρτωλὸς γέγονα· οὐκ ἀρνοῦμαι. Πλὴν κατελθόντος τοῦ Χριστοῦ ἐν τῷ ᾅδῃ, ὄντως οὐδεὶς ἐπίστευσε πρὸ ἐμοῦ εἰς αὐτόν.

Eine alte Überlieferung berichtet, dass ein sehr gelehrter Mann immer wieder Platon, den Philosophen, verfluchte. Schließlich erschien ihm Platon selbst im Traum und sprach: „Mensch, lass ab, mich zu verfluchen! Du schadest dir ja nur selbst. Ich streite gar nicht ab, dass ich ein sündiger Mensch war. Als aber Christus in den Hades hinabstieg, glaubte an ihn niemand eher als ich."

Wohlgemerkt: Die Idee, dass Christus sich in die Unterwelt begab und dort einige – oder sogar viele – Menschen erlöste, galt als plausibel; strittig war nur, ob

---

84 Ignatius von Antiochien, *Epistula ad Trallianos* 9,4 (Langversion; 104,14 Funk/Diekamp = Kinzig I, § 98 (c2)): κατῆλθεν εἰς ᾅδην μόνος, ἀνῆλθεν δὲ μετὰπλήθους.
85 Nach Gounelle 2000, 67-76 wurde eine solche „représentation universalisante de la descente du Christ aux enfers" in häresiologischen Traktaten als Außenseitermeinung diffamiert, tatsächlich aber von zahlreichen Theologen der Spätantike vertreten; es handele sich daher um „une ‚hérésie' bien ‚orthodoxe'" (a. a. O. 71).
86 Anastasius Sinaites, *Quaestiones et responsiones* 61,2 (CChr.SG 111,9-112,14 Munitiz).

sich dies auf vorchristliche „Heiden" beziehen könne. Immerhin ist schon für das frühe 3. Jahrhundert bei dem in Rom wirkenden Theologen Hippolyt († ca. 235) die Auffassung bezeugt, dass Johannes der Täufer nicht nur auf Erden, sondern auch in der Unterwelt als Vorläufer des Herrn wirkte[87], und schon in der Mitte des 2. Jahrhunderts ist in einer ebenfalls aus Rom stammenden Offenbarungsschrift, dem „Hirten des Hermas", davon die Rede, dass die von Christus als Missionare ausgesandten Apostel und Lehrer diese Aufgabe auch gegenüber den „früher Entschlafenen" in der „Tiefe" ausgeführt hätten – damit können nach Lage der Dinge nur Nichtchristen gemeint sein[88].

Aber auch für die verstorbenen Christen bedurfte es nach dieser Interpretation eines konkreten Handelns des Erlösers, vergleichbar mit der herkömmlichen griechischen Auffassung, dass ein Verlassen der Unterwelt zwar grundsätzlich möglich war, aber nicht von deren Bewohnern selbst bewerkstelligt werden konnte; hierzu war ein göttlicher oder menschlicher (dann aber besonders autorisierter oder befähigter) Seelenführer erforderlich. Der Gottessohn Christus war dazu selbstredend in der Lage. Also wurde Christi Verbleib zwischen seinem Tod und seiner Auferstehung nicht nur als Verweilen in der Unterwelt verstanden, sondern auch noch mit der Belehrung und nötigenfalls Bekehrung der dort Anwesenden in Verbindung gebracht (gewissermaßen komplementär zu seinem nach der Auferstehung den Jüngern erteilten „Tauf- und Missionsbefehl", Mt 28,19 f). Ob die unverschuldet Unwissenden postmortal bekehrt werden konnten, blieb freilich umstritten. Der einflussreichste Theologe der lateinischen Spätantike, Augustin († 430), setzte dieser Linie der Interpretation zumindest im Abendland bis zur Renaissance ein Ende[89].

Dauerhafter etablierte sich ein anderer Deutungsstrang, der zuerst in der *Traditio apostolica* begegnet. Dieser Text – wohl fälschlich dem oben erwähnten Hippolyt zugeschrieben – entstand im 3. Jahrhundert in Rom in griechischer Sprache; er erlebte eine verwickelte Überlieferungsgeschichte, aus der in der zweiten Hälfte des 4. Jahrhunderts die im Folgenden zitierte lateinische Übersetzung hervorging.

---

87 Hippolyt, *Demonstratio de Christo et Antichristo* 45 (GCS 1/2, 29,5-8 Achelis): οὗτος προέφθασε καὶ τοῖς ἐν ᾅδῃ προευαγγελίσασθαι, ἀναιρεθεὶς ὑπὸ Ἡρώδου· πρόδρομος γενόμενος ἐκεῖ, σημαίνων μέλλειν κἀκεῖσε κατελεύσεσθαι τὸν σωτῆρα, λυτρούμενον τὰς τῶν ἁγίων ψυχὰς ἐκ χειρὸς τοῦ θανάτου. Diese Vorstellungen findet sich auch im Nikodemusevangelium aus dem 4. (?) Jahrhundert (Kap. 18,2; Übersetzung M. Schärtl, AcA I/1, 257-261, hier 257 f).
88 Hermas, *Similitudines* IX 16,5 (512,8-11 Lindemann/Paulsen). Vgl. Bieder 1949, 153-156.
89 Augustin, *Epistula* 164,2,4 f ad Evodium (CSEL 44, 524,8-526,5 Goldbacher); vgl. Merkt 2013, 606 f.

Die *Traditio apostolica* beinhaltet liturgische, katechetische und theologische Partien, darunter auch den folgenden Passus aus dem Präfationsgebet bei der Eucharistie[90]:

Qui cumque traderetur uoluntariae passioni, ut mortem soluat et uincula diabuli dirumpat, et infernum calcet et iustos inluminet, et terminum figat et resurrectionem manifestet.	Christus lieferte sich freiwillig dem Leiden aus, um den Tod aufzuheben, die Fesseln des Teufels zu zerreißen, die Unterwelt niederzutreten, die Gerechten zu erleuchten, eine Grenze zu ziehen und die Auferstehung kundzutun.

Dabei liegt der Akzent weniger auf der Verkündigung in der Unterwelt als auf dem heilsbringenden Tod Christi, der als Sieg über den Teufel interpretiert wird – analog dazu entwickelte sich zeitgleich das Ideal des Martyriums, d. h. des gewaltsamen Todes als Folge des unbeirrbaren Bekenntnisses zu Christus, als vollendete Form der Christusnachfolge. Dieser martyrologische Zusammenhang enthüllt eine zentrale Strategie der Aneignung von Christusfrömmigkeit durch Menschen, die ebenso als kreative Anverwandlung mythischen Denkens aufgefasst werden kann[91]. Dieser zweite Traditionsstrang, der sich vereinzelt auch in Bekenntnistexten aus späterer Zeit findet[92], wird uns im Symbolkommentar des Rufin (siehe unter 3.3.1) erneut begegnen; er ist in der Mitte des 4. Jahrhunderts und damit im Kontext der Bekenntnisse, die in Abschnitt 3.2.1 zu behandeln sind, prominent z. B. in dem formal apologetischen, tatsächlich beißend polemischen Werk „Über den Irrtum der paganen Religionen" des Firmicus Maternus zu finden[93]: Hier dient das *descensus*-Motiv nicht nur der Stiftung von Hoffnung *ad intra*, sondern auch der scharfen Abgrenzung *ad extra*, d. h. gegen die „falschen" Mysterienkulte und -vorstellungen der „Heiden".

Die Vorstellung eines gewaltsamen Eindringens Christi in die Unterwelt, der Befreiung der dort Gefangenen und der Entmachtung von Satan und Hades

---

90 *Traditio apostolica* 4 (FC 1, 224,13-19 Geerlings); zitiert nach dem sog. *Fragmentum Veronense* (Verona, Biblioteca Capitolare, cod. LV). Übersetzung a. a. O. 225.
91 Siehe oben Anm. 26.
92 So etwa in den wohl um 500 n. Chr. entstandenen Tauffragen der koptischen Übersetzung der *Traditio apostolica* (TU 58, 21 Till/Leipoldt = Kinzig I, § 89 (d)), wonach Christus „die Gefesselten befreit" habe – allerdings ohne dass zuvor von einer Höllenfahrt die Rede gewesen wäre. Dass das Hylem der Gefangenenbefreiung isoliert steht, ist auffällig und harrt einer Erklärung.
93 Firmicus Maternus, *De errore profanarum religionum* 24,2 (Firmicus Maternus, L'erreur des religions païennes, éd. par R. Turcan, Paris 1982, 132 f).

sollte eine lange Wirkungsgeschichte in der abendländischen Theologie, Frömmigkeit und Ikonographie haben, nicht zuletzt durch apokryphe Texte wie das sogenannte Nikodemusevangelium[94]. Wir kommen auf die Entwicklung dieses Vorstellungskomplexes in reichskirchlicher Zeit unten wieder zu sprechen. Der *descensus* stand freilich zu keiner Zeit isoliert, sondern stets in einem soteriologischen Rahmen, wie Alois Grillmeier betont:

> Das düstere Hadesbild gehört im Denken der kirchlichen Frühzeit in das helle Gemälde der Erhöhungschristologie hinein, die Auferstehung, Himmelfahrt und Sitzen zur Rechten des Vaters umfaßt. Einordnung in ein konkretes (etwa dreistufiges) Weltbild und geringere oder stärkere mythologische Einkleidung können vom eigentlich soteriologischen Grundgedanken durchaus abgetrennt werden. In dieser Zuordnung herrschte gewisse Freiheit[95].

Entsprechend dem hier verfolgten analytischen Ansatz müsste noch einmal anders nuanciert werden: Die Freiheit bestand vor allem darin, jenseits der Entfaltung konkreter Weltbilder mythische Hyleme zur Interpretation des Christusgeschehens heranzuziehen und damit, wie Grillmeier zutreffend feststellt, einen weiten soteriologischen Bogen zu spannen. Im Weiteren ist daher zu fragen, weshalb und in welcher Weise die Vorstellung von einem *descensus* schon früh mit der Vorstellung von einem Himmelsaufstieg verbunden wurde.

3.1.2 Christi Aufstieg und Verweilen zur Rechten des Vaters

Obwohl der Unterweltsaufenthalt Christi, wie gesehen, im Neuen Testament vergleichsweise randständig ist, gehört diese Vorstellung doch schon bald „in die Mitte des frühchristlichen Selbstverständnisses"[96]. Das gilt in ähnlicher Weise für die Himmelfahrt, die zu Beginn ebenfalls keine herausragende Stelle einnimmt: So fehlt in neutestamentlichen Darstellungen des Heilswirkens Christi bisweilen ein Bindeglied zwischen Auferstehung und Sitzen zur Rechten Gottes (Apg 2,32f; Röm 8,34; Eph 1,20). Von der Aufnahme Jesu in den Himmel ist nur im lukanischen Doppelwerk die Rede, hier allerdings „in leserlenkender Schnittfeldposition"[97] (Lk 24,44-53; Apg 1,5-12), gewissermaßen als Scharnier

---

94 Von der „Höllenfahrt Christi" ist im Nikodemusevangelium ausführlich in Kap. 21,1-3 die Rede (Übersetzung: Schärtl, AcA I/1, 259); vgl. Backhaus 2014, 260 f sowie zur Bedeutung dieses Textes für die mittelalterliche „religiöse Imagination" Frenschkowski 2018, 265-267.
95 Grillmeier 1990, 182.
96 Backhaus 2014, 272.
97 Backhaus 2014, 290.

zwischen der Geschichte Christi auf Erden und der Geschichte der Kirche, in der der Heilige Geist wirksam ist. Die Himmelfahrtsvorstellung schließt an alttestamentliche Erwähnungen einer Aufnahme Henochs (Gen 5,24) und Elias (2 Kön 2,11; Sir 48,9) in den Himmel an, die im hellenistischen Judentum zur Jenseitsreise beziehungsweise zur Himmelfahrt ausgebaut wurden[98]. Sie ist in der Sache sicher auch da vorauszusetzen, wo Erhöhungsaussagen über Christus begegnen, doch wird dieses Element des Christus-Stoffes in konkreten frühen Varianten eben überwiegend *nicht* erwähnt. Das fällt umso mehr auf, als die Verortung des nicht mehr auf der Erde präsenten Christus zur Rechten Gottes sehr deutlich markiert wird, auch in Fortschreibung neutestamentlicher Zeugnisse: So mahnt um die Mitte des 2. Jahrhunderts Bischof Polykarp von Smyrna († ca. 155) in einem Brief an die Gemeinde in Philippi, mit 1 Petr 2,1 zu glauben „an den, der unseren Herrn Jesus Christus von den Toten auferweckt und ihm Herrlichkeit *und einen Thron zu seiner Rechten* gegeben hat"[99] – der Anschluss an den ersten Petrusbrief wird bewusst vorgenommen, der Sitz zu Seiten Gottes wird jedoch ebenso gezielt von Polykarp ergänzt.

Zwar gewann die Himmelfahrt Christi erst seit dem 4. Jahrhundert gegenüber Auferstehung und Erhöhung Christi selbstständige Bedeutung durch eine eigene liturgische Feier[100], aber exegetisch und theologisch war die Auslegung von Apg 1,3-11 schon seit der Mitte des 2. Jahrhunderts n. Chr. ein *cantus firmus* der christlichen Theologie, und die Himmelfahrt firmierte regelmäßig in Summarien der Inkarnation, frühen Glaubensregeln und verwandten Formulierungen[101] (und auch in bildlichen Darstellungen)[102].

---

98 Zu diesen traditionsgeschichtlichen Zusammenhängen vgl. Colpe u. a. 1996, 441-443.445.448; insbesondere zum lukanischen Doppelwerk vgl. den Beitrag von Reinhard Feldmeier in diesem Band. Die patristische Entfaltung des Motivs skizziert Ashwin-Siejkowski 2009, 69-73.
99 Polykarp, *Epistula ad Philippenses* 2,1 (246,1-3 Lindemann/Paulsen = Kinzig I, § 102): πιστεύσαντες εἰς τὸν ἐγείραντα τὸν κύριον ἡμῶν Ἰησοῦν Χριστὸν ἐκ νεκρῶν καὶ δόντα αὐτῷ δόξαν καὶ θρόνον ἐκ δεξιῶν αὐτοῦ. Übersetzung a. a. O. 247.
100 Kinzig 2009, 913 f. Die Entwicklung der Festtradition von Ostern über Himmelfahrt bis Pfingsten ist nicht in jedem Detail aufzuhellen; vgl. jetzt aber den regional differenzierenden Überblick von Buchinger 2016 und dessen methodologische Schlussfolgerungen (a. a. O. 77-84) sowie im selben Band die einzelnen Autoren gewidmeten Beiträge von N. Rambault, A. Dupont und R. W. Bishop zum Himmelfahrtsfest.
101 Dabei ist zu beachten, dass bei Ignatius von Antiochien († ca. 115) die Belege für die Himmelfahrt sämtlich aus der Langrezension seiner Briefe stammen, die nicht vor dem 4. Jahrhundert entstanden ist: *Epistula ad Trallianos* 9,4; *Epistula ad Magnesios* 11,3 (104,14; 128,15 f Funk/Diekamp = Kinzig I, § 98 (c2) und (b2b)). Zu den Pseudo-Ignatianen und ihren theologiegeschichtlichen Hintergründen vgl. Grillmeier 1990, 457-459.

Bei dem in Rom wirkenden Apologeten Justin († 165) gewinnt der christologische Heilszusammenhang klare Kontur[103]:

ἐν δὴ ταῖς τῶν προφητῶν βίβλοις εὕρομεν προκηρυσσόμενον παραγινόμενον, γεννώμενον διὰ παρθένον καὶ ἀνδρούμενον καὶ θεραπεύοντα πᾶσαν νόσον καὶ πᾶσαν μαλακίαν καὶ νεκροὺς ἀνεγείροντα καὶ φθονούμενον καὶ ἀγνοούμενον καὶ σταυρούμενον Ἰησοῦν τὸν ἡμέτερον Χριστὸν καὶ ἀποθνῄσκοντα καὶ ἀνεγειρόμενον καὶ εἰς οὐρανοὺς ἀνερχόμενον καὶ υἱὸν θεοῦ ὄντα καὶ κεκλημένον.	In den Büchern der Propheten finden wir nun vorherverkündigt, dass Jesus, unser Christus, in die Welt kommen, von einer Jungfrau geboren, zum Mann herangewachsen, jede Krankheit und jede Schwachheit heilen und Tote auferwecken werde, daß er gehasst, verkannt und gekreuzigt werden, sterben, auferstehen und in den Himmel auffahren werde, dass er Sohn Gottes sei und heiße.

Die Heilsbedeutung des Christusgeschehens wird aber nicht nur auf die biblischen Schriften zurückgeführt – wie es Justin noch konsequenter in seinem „Dialog mit dem Juden Tryphon" praktiziert[104] –, sondern auch gegenüber dem Stoff paganer Aufstiegsmythen profiliert[105]:

Τῷ δὲ καὶ τὸν λόγον ὅ ἐστι πρῶτον γέννημα τοῦ θεοῦ ἄνευ ἐπιμιξίας φάσκειν ἡμᾶς γεγεννῆσθαι Ἰησοῦν Χριστὸν τὸν διδάσκαλον ἡμῶν καὶ τοῦτον σταυρωθέντα καὶ ἀποθανόντα καὶ ἀναστάντα ἀνεληλυθέναι εἰς τὸν οὐρανόν, οὐ παρὰ τοὺς παρ' ὑμῖν λεγομένους υἱοὺς τῷ Διῒ καινόν τι φέρομεν.	Wenn wir aber weiterhin behaupten, der Logos, welcher Gottes erste Hervorbringung ist, sei ohne Beiwohnung gezeugt worden, nämlich Jesus Christus, unser Lehrer, und er sei gekreuzigt worden, gestorben, wieder auferstanden und in den Himmel aufgestiegen, so bringen wir im Vergleich mit euren Zeussöhnen nichts Befremdliches vor.
[...]	[Es folgt eine Aufzählung von him-

---

102 Dies kann hier nicht eigens thematisiert werden; vgl. dazu Engemann 2011.
103 Justin, *1 Apologia* 31,7 (Denis Minns / Paul Parvis [Hg.], Justin, Philosopher and Martyr. Apologies, Oxford 2009, 166,10-15 = Kinzig I, § 104 (a3)); Übersetzung G. Rauschen, Justin. Erste Apologie, BKV 12, Kempten/München 1913, 65-138, 97. Vgl. auch *1 Apologia* 42,4; 46,5 (a. a. O. 190,4-7; 200,11-15 = Kinzig I, § 104 (a5)).
104 Justin, *Dialogus cum Tryphone* 38,1; 63,1; 85,1 f; 126,1; 132,1 (276.352.416.522.540 Bobichon = Kinzig I, § 104 (b1-5)).
105 Justin, *1 Apologia* 21,1.4 (130,16-19; 134,2-5 Minns/Parvis); Übersetzung Rauschen, 87 f.

	melsreisendem mythologischem Personal: Hermes, Asklepios, Herakles, die Dioskuren, Bellerophon und andere.]
καὶ ὁποῖαι ἑκάστου τῶν λεγομένων υἱῶν τοῦ Διὸς ἱστοροῦνται αἱ πράξεις, πρὸς εἰδότας λέγειν οὐκ ἀνάγκη, πλὴν ὅτι εἰς τὴν εἰς διαφθορὰν προτροπὴν τῶν ἐκπαιδευομένων ταῦτα γέγραπται. μιμητὰς γὰρ θεῶν καλὸν εἶναι πάντες ἡγοῦνται.	Und was das für Taten sind, die von einem jeden der sogenannten Zeussöhne erzählt werden, braucht vor Wissenden nicht dargelegt zu werden. Nur das sei erwähnt, dass derartige Dinge zu Nutz und Frommen der heranwachsenden Jugend aufgeschrieben sind; denn alle halten es für schön, die Götter nachzuahmen.

Eine umfassende Kette von Ereignissen einschließlich der Inkarnation und Jungfrauengeburt präsentiert möglicherweise noch früher – zur Zeit Kaiser Hadrians (117-138) – die Apologie des Aristides, deren Datierung und originale Textgestalt freilich nicht unumstritten sind[106]. Es verwundert nicht, dass im Bereich „gnostischer" Spekulation über das Verhältnis von materiell-irdischer und ewig-geistlicher Welt der Himmelsaufstieg Christi besondere Beachtung erfuhr[107], ebenso im Grenzbereich zwischen jüdischer und christlicher Apokalyptik, in der Himmelsreisen eine zentrale Rolle spielten: Als Auffahrt in den siebten Himmel, „woher er auch gekommen ist"[108], wird die Himmelfahrt Christi in der *Ascensio Isaiae* (zweite Hälfte des 2. Jahrhunderts n. Chr.) ausgestaltet, die vollständig nur in äthiopischer Sprache erhalten ist.

Der *ascensus* kulminiert in einer Vision von Christi sukzessivem Durchschreiten aller sieben Himmel bis zur endgültigen *sessio ad dexteram*:

---

106 Das entsprechende Textstück (*Apologia* 15,1 f; SC 470, 286,1-10 Pouderon = Kinzig I, § 99 (a)) ist in griechischer Sprache nur in Kap. 27 des im 10. Jahrhundert kompilierten Romans *Barlaam und Ioasaph* enthalten: R. Volk (Hg.), *Historia animae utilis de Barlaam et Ioasaph* (spuria), Bd. 2: Text, Die Schriften des Johannes von Damaskos 6/2, Berlin / New York 2006, 281,249-256.
107 Vgl. *Pistis Sophia* 2-6 (Übersetzung H.-Ch.Puech / G. Wurst, AcA I/2, 1293-1295); *Epistula Jacobi* (NHC I,2, pp. 14-16; Übersetzung J. Hartenstein / U.-K. Plisch, NHC deutsch, 16f.); Näheres dazu auch bei Ashwin-Siejkowski 2009, 73-75.
108 *Ascensio Isaiae* 3,18; vgl. ebd. 9,17 f. (Übersetzung C.D.G. Müller, NTApo II[6] 549-562, hier 552.558).

Und ich sah ihn, wie er in den siebenten Himmel aufstieg und alle Gerechten und alle Engel ihn priesen. Und alsbald sah ich, wie er zur Rechten jener großen Herrlichkeit sich niedersetzte, deren Herrlichkeit ich, wie ich euch sagte, nicht zu schauen vermochte[109].

Der Zusammenhang von *resurrectio, ascensio* und *sessio ad dexteram* erscheint auch in frühchristlichen Tauffragen wie denen in der oben erwähnten *Traditio apostolica*, der zufolge Christus „am dritten Tage lebend von den Toten auferstanden und zum Himmel aufgestiegen ist (und) zur Rechten des Vaters sitzt..."[110]. Fast schon in Form einer Glaubensregel verbindet Melito von Sardes in seiner zwischen 160 und 170 n. Chr. gehaltenen Homilie *De passa* die Präexistenzvorstellung mit einer universalen heilsgeschichtlichen Bewegung aus dem Himmel auf die Erde und wieder retour[111]:

Οὗτός ἐστιν ὁ ποιήσας τὸν οὐρανὸν καὶ τὴν γῆν, καὶ πλάσας ἐν ἀρχῇ τὸν ἄνθρωπον, ὁ διὰ νόμου καὶ προφητῶν κηρυσσόμενος, ὁ ἐν παρθένῳ σαρκωθείς, ὁ ἐπὶ ξύλῳ κρεμασθείς, ὁ εἰς γῆν ταφείς, ὁ ἐκ νεκρῶν ἀνασταθείς, καὶ ἀνελθὼν εἰς τὰ ὑψηλὰ τῶν οὐρανῶν, ὁ καθήμενος ἐν δεξιᾷ τοῦ πατρός, ὁ ἔχων ἐξουσίαν πάντα κρῖναι καὶ σῴζειν, δι'	Dieser (sc. Jesus Christus) ist es, der den Himmel und die Erde schuf und am Anfang den Menschen bildete, der durch Gesetz und Propheten verkündet wurde, der aus der Jungfrau Fleisch annahm, der an ein Holz gehängt wurde, der in der Erde bestattet wurde, der von den Toten auferstand und auffuhr in die Höhen des Him-

---

109 *Ascensio Isaiae* 11,32 (Übersetzung Müller, 561).
110 Traditio apostolica 21,15 (FC 1, 262,5-8 Geerlings = Kinzig I, § 89 (b)): *et resurrexit die tertia uiuus a mortuis et ascendit in caelis et sedet ad dexteram patris*. Übersetzung a. a. O. 263. Poetischer formuliert die Syrische Didascalia 26,8 (CSCO 407, 265 Vööbus = Kinzig I, § 121), dass Christus „über den Cherubim" thront.
111 Melito von Sardes, *De passa* 104 (SC 123, 124,801-811 Perler = Kinzig I, § 107). Zu Melitos Homilie vgl. Grillmeier 1975, 81-90, der hier auch schon den *descensus ad inferos* findet (*De passa* 102; SC 123, 122,780-786 Perler): ἐγὼ ὁ καταλύσας τὸν θάνατον καὶ θριαμβεύσας τὸν ἐχθρὸν καὶ καταπατήσας τὸν ᾅδην καὶ δήσας τὸν ἰσχυρὸν καὶ ἀφαρπάσας τὸν ἄνθρωπον εἰς τὰ ὑψηλὰ τῶν οὐρανῶν, ἐγώ, φησίν, ὁ Χριστός. Freilich ist vom Abstieg hier nicht ausdrücklich die Rede, sondern lediglich vom Triumph Christi über diverse Mächte (Tod, Hades und Teufel, der mit dem „Starken" gemeint sein dürfte). Inwieweit der Hades in personifizierter Weise gedacht wird, ist ebenfalls nicht klar. Grillmeier (a. a. O. 90) stellt selbst fest, dass der *descensus* in dem oben zitierten Summarium am Ende der Homilie nicht auftaucht, und führt das darauf zurück, dass damals „das *descendit ad inferos* noch nicht Artikel eines Symbolums war". Die Anaphora in der *Traditio apostolica* wird von der gegenwärtigen Forschung (vgl. etwa Kinzig 2017, 252) nicht mehr im frühen 3. Jahrhundert verortet und kann insofern nicht als „das älteste sichere Zeugnis eines Einbaus der Abstiegslehre in die Liturgie" gelten (Grillmeier 1975, 91).

| οὗ ἐποίησεν ὁ πατὴρ τὰ ἀπ' ἀρχῆς μέχρι αἰώνων. | mels, der zur Rechten des Vaters sitzt, der Macht hat, alles zu erlösen, durch den der Vater alles geschaffen hat von Anfang an bis zum Ende der Zeiten. |

Mit diesem Text deuten sich bereits Form und Inhalt späterer Glaubensbekenntnisse an: In den ausdrücklich als *regulae fidei* konzipierten Formulierungen, von denen oben (Abschnitt 2) schon die Rede war, spricht Irenaeus von Lyon von der „leibhaften Aufnahme (Christi) in den Himmel"[112] und konstruiert Tertullian denselben Vorgang aktivisch (*resurrexisse – sedisse ad dexteram patris*) und passivisch (*resuscitatum a Patre et in caelum resumptum*)[113]. Auch Origenes zitiert in der Einleitung zu seinem programmatischen Werk *De principiis* eine Art Glaubensregel[114], und sein Zeitgenosse Heraclides, mit dessen Ansichten Origenes sich auseinandersetzte und darüber einen Dialog verfasste, bekannte sich (bei allem Dissens in anderen Fragen) in analoger Weise zu dem Glauben[115],

| ὅτι εἴληφε σάρκα ὁ Χριστός, ὅτι ἐγεννήθη, ὅτι ἀνῆλθεν εἰς τοὺς οὐρανοὺς ἐν τῇ σαρκί, ᾗ ἀνέστη, ὅτι κάθηται ἐν δεξιᾷ τοῦ πατρός. | dass Christus Fleisch annahm, geboren wurde, aufstieg in den Himmel in dem Fleisch, in dem er auferstanden war, und dort zur rechten Hand des Vaters sitzt. |

Die Frage nach einer leibhaften oder nur geistigen Himmelfahrt war einer der ungelösten Streitpunkte im vornicaenischen Christentum und damit einer der vielen Aspekte des Christusmythos, über den im 4. und 5. Jahrhundert ein ebenso erbitterter wie literarisch und theologisch produktiver Streit entbrennen

---

112 Irenaeus von Lyon, *Adversus haereses* I 10,1 (FC 8/1, 198,10 f Brox = Kinzig I, § 109 (b3)): τὴν ἔνσαρκον εἰς τοὺς οὐρανοὺς ἀνάληψιν.
113 Tertullian, *De praescriptione haereticorum* 13,4 (FC 42, 256,9-12 Schleyer = Kinzig I, § 111 (b1)); *Adversus Praxean* 2,1 (FC 34, 104,1-3 Sieben = Kinzig I, § 111 (e1)); ähnlich auch *De virginibus velandis* 1,3 (CChr.SL 2, 1209,20-22 Dekkers = Kinzig I, § 111 (c)).
114 Origenes, *De principiis* I praef. 4 (herausgegeben von Herwig Görgemanns / Heinrich Karpp, Texte zur Forschung 24, 3. Auflage Darmstadt 1992, 88-91 = Kinzig I, § 116 (a)).
115 Origenes, *Dialogus cum Heraclide* 1 (SC 67, 52,11-54,13 Scherer = Kinzig I, § 120 (a)).

sollte[116]. In dessen Zuge kam es nun zu den normativen Formulierungen des christlichen Glaubens, von denen oben (Abschnitt 2.) die Rede war und die nun einer näheren Untersuchung zu unterziehen sein werden. Erst jetzt kann von einer Standardisierung des Hylemschemas des Christusmythos gesprochen werden[117]; alles, was bisher behandelt wurde, sollte in diese normative Verdichtung des Christusbekenntnisses eingehen. Es wird insbesondere darauf zu achten sein, welche Elemente, die bisher sporadisch auftauchten, nun zur Normalgestalt textlich fixierter Stoffvarianten avancierten – und wie die Lücken im Nicaeno-Constantinopolitanum und im Apostolikum zu erklären sein könnten, die oben bereits beobachtet wurden.

3.2 Sphärenwechsel als Grundmotiv in Bekenntnistexten aus dem 4. und 5. Jahrhundert

Für das Folgende seien zwei Erläuterungen vorausgeschickt, die a) die behandelten Texte und Gattungen und b) die grundlegenden theologischen Leitdifferenzen betreffen.

a) In der neueren Forschung herrscht Konsens darüber, dass erst ab dem 4. Jahrhundert von einer Gattung „Glaubensbekenntnis" gesprochen werden kann, deren erste Exemplare in den 320er Jahren bezeugt sind. Dass es Vorstufen gibt, die in ältere Zeit zurückreichen, ist nicht auszuschließen, mangels einschlägiger Textzeugen aber auch nicht zu belegen[118]. Es ist wahrscheinlich, dass erst nach dem Ende der Christenverfolgungen eine doppelte Herausforderung zur Entstehung von Bekenntnissen führte: Zum einen wurde die Förderung des Christentums durch römische Kaiser seit Konstantin (306-337) mit der Forderung verbunden, zu klären, wer die rechtmäßigen öffentlichen Repräsentanten dieser Religion waren – dies traf mit einer Situation zusammen, in der diese Klarheit gerade nicht gegeben war, da in Alexandrien ein Streit über die Christologie zwischen Bischof Alexander († 328) und dem Presbyter Arius († 336) entbrannt war, der schnell auch kirchenpolitische Kreise zog und Konstantin schließlich zum

---

116 Zur Frage der Identität des Auferstandenen und in den Himmel Auffahrenden, insbesondere in Bezug auf seine nur geistliche oder auch fleischlich-körperhafte Gestalt, vgl. Meiser 2016, 89-95.
117 Zum Begriff „Hylemschema" s. den Beitrag von Christian Zgoll in diesem Band, Kap. 3.6.
118 Hierzu und zum Folgenden vgl. die Übersicht in Gemeinhardt 2019b [im Druck] über den Gang der Forschung und die neueren Kontroversen um das erste Auftreten des Romanum bei Markell von Ankyra (341).

Eingreifen nötigte, indem er 325 in Nicaea die erste „ökumenische", d. h. (der Intention nach) für alle christlichen Gemeinden im Imperium Romanum verbindliche Synode einberief. Hier wurde mit dem Nicaenum erstmals ein *deklaratorisches Glaubensbekenntnis* verabschiedet, das den Inhalt des Christusbekenntnisses nun auch *textlich* fixierte. Zum anderen ging aus der schon länger bestehenden Praxis, Taufbewerber unmittelbar vor dem Vollzug der Taufe mit einer triadischen Frage nach ihrer Zustimmung zum Glauben an Gott Vater, Sohn und Heiligem Geist zu konfrontieren, eine andere Form von Texten hervor, nämlich *katechetische Glaubensbekenntnisse*, die in der vorösterlichen Taufvorbereitungszeit den Kandidaten und Kandidatinnen „übergeben", d. h. vorgetragen und erläutert wurden (*traditio symboli*), woraufhin diese sie auswendig lernen und vor dem Taufakt dem Bischof „zurückgaben" (*redditio symboli*). Diese Praxis ist ab der Mitte des 4. Jahrhunderts an unterschiedlichen Orten in vergleichbarer Gestalt zu beobachten, wobei offenbar jeweils ein ortstypischer Text des Glaubensbekenntnisses verwendet wurde. Beide Entwicklungen zusammen führten zur Herausbildung einer Vielzahl von Texten, von denen im Folgenden einige repräsentative, für die hier verfolgte Fragestellung besonders erhellende ausgewählt und analysiert werden[119].

b) Die Geschichte der trinitätstheologischen Debatten im 4. Jahrhundert ist – vorsichtig gesagt – unübersichtlich und war dies auch schon für die Zeitgenossen. Das gilt zumal für die Zuordnung der im Folgenden zitierten Bekenntnistexte zu theologischen Positionen, die im Zuge des mehrere Jahrzehnte währenden Streites immer neu konstelliert wurden. Hier mag der Hinweis reichen, dass das 325 verabschiedete Nicaenum im folgenden Vierteljahrhundert eher als Teil des Problems denn als dessen Lösung galt und

---

119 Die klassische Darstellung zur Entstehung der Glaubensbekenntnisse von Kelly 1972 ist jetzt durch Kinzig 2017 in vielem überholt, aber auch gegenüber der radikalen Kritik am klassischen Modell Kellys bei Vinzent 2006 wieder bestätigt. Für die zahlreichen sich um das werdende Apostolikum rankenden Texte ist Westra 2002 grundlegend. Nicht behandelt wird im vorliegenden Beitrag das sogenannte Athanasianum (oder ‚Symbolum Quicumque'; Kinzig III, § 434), das in der späteren mittelalterlichen Tradition und noch für die Reformation grundlegende theologische Bedeutung gewinnen sollte, aber kaum vor dem 6. Jahrhundert entstanden ist und daher nicht mehr in den hier im Blick befindlichen Zeitraum fällt. Der „Christusmythos" wird hier in einer Gestalt erzählt, die sich kaum vom Apostolikum unterscheidet (einschließlich des *descensus ad inferos*), allerdings im christologischen Teil mit einer ausführlichen Einleitung, die die spätantiken Debatten über Gottheit und Menschheit in Christus spiegelt; damit ist der hier maßgebliche Rahmen der Entstehung deklaratorischer Glaubensbekenntnisse im trinitarischen Streit nicht nur zeitlich, sondern auch sachlich übersprungen. Zum Stand der Forschung vgl. Drecoll 2007.

dass sich ab 350 zwei Grundrichtungen formierten, die man grob als „Nicaener" und „Homöer" bezeichnen kann, d. h. einerseits als Vertreter einer Position, die ausgehend vom Nicaenum das Christusereignis be- und das Bekenntnis gegebenenfalls fortschreiben wollten (was nach 360 auch geschah und im 381 akzeptierten Nicaeno-Constantinopolitanum resultierte), und andererseits als Vertreter einer nicaenumskritischen Haltung, die von dem Gebrauch philosophischer Begriffe wie „Wesen" (οὐσία) und „Person" (ὑπόστασις) und von der Bezeichnung Christi als „wesensgleich mit dem Vater" (ὁμοούσιος τῷ πατρί) absehen und Christus allenfalls als „ähnlich" (ὅμοιος) mit dem Vater bezeichnen wollten – daher „Homöer". Insbesondere gegen Ende der 350er Jahre produzierten homöische Theologen eine Vielzahl von Bekenntnissen, die eine Alternative zum Nicaenum repräsentieren und damit eine schon in Credotexten der 340er Jahre anhebende Entwicklung fortsetzen. Die hier verfolgte Fragestellung wirft auf diese oftmals behandelten Debatten[120] ein neues Licht, insofern sich die Grunddifferenz zwischen beiden Denkströmungen vor allem auf Fragen der Präexistenz, des Wesens und der vollen Göttlichkeit Christi bezieht; wie die Beschreibung des irdischen Heilsgeschehens hier hineinspielt und wie die verschiedenen Sphärenwechsel in einen Zusammenhang zu bringen sind, ist vergleichsweise selten gefragt worden, obwohl die Quellen selbst dies durchaus nahelegen.

3.2.1 Homöische und nicaenische Unterwelten

Die oben (3.1.1) in der *Traditio apostolica* für den Unterweltsaufenthalt Christi identifizierte Deutungslinie findet sich seit der Mitte des 4. Jahrhunderts auch in Glaubensbekenntnissen[121]. Das erste deklaratorische Bekenntnis, das Nicaenum (325), erwähnt Grablegung und Unterweltsfahrt Jesu sowie die *sessio ad dexteram* gar nicht[122]; das Nicaeno-Constantinopolitanum beschränkt sich, wie erwähnt, auf die Aussage, Jesus sei „begraben" worden (ταφέντα). Aber auch im Romanum, der ersten erkennbaren Form des späteren Apostolikums[123], fehlt

---

120 Zu Verlauf und Erträgen des trinitarischen Streits vgl. den Überblick bei Ritter 1999, 144-221.
121 Eigens untersucht wurde die Frage des *descensus* in Bekenntnistexten nur bei Gounelle 2000, 253-367.
122 COGD I, 19,12-19 = Kinzig I, § 135 (c).
123 Dieser Text ist erstmals (in griechischer Sprache) in einem Schreiben Markells von Ankyra an eine römische Synode im Jahr 341 greifbar. Die Diskussion, ob Markell das Bekenntnis selbst

die Aussage, Christus sei gestorben[124], die später zum *textus receptus* gehört. Das ist freilich nicht alternativlos: Im selben Jahr 341, in dem das Romanum erstmals textlich bezeugt ist, hält die sogenannte 4. antiochenische Formel fest[125]:

τὸν ἐπ' ἐσχάτων τῶν ἡμερῶν δι' ἡμᾶς ἐνανθρωπήσαντα καὶ γεννηθέντα ἐκ τῆς ἁγίας παρθένου, τὸν σταυρωθέντα καὶ ἀποθανόντα καὶ ταφέντα καὶ ἀναστάντα ἐκ νεκρῶν τῇ τρίτῃ ἡμέρᾳ καὶ ἀναληφθέντα εἰς οὐρανὸν καὶ καθεσθέντα ἐν δεξιᾷ τοῦ πατρὸς ...	(Christus) wurde am Ende der Zeit um unseretwillen Mensch und wurde aus der heiligen Jungfrau geboren, wurde gekreuzigt, ist gestorben, wurde begraben, am dritten Tage von den Toten auferweckt und in den Himmel aufgenommen; dort sitzt er zur Rechten des Vaters...

Der Tod Christi findet sich auch im Glaubensbekenntnis der Synode von Antiochien (324/25)[126], fehlt allerdings in dem Bekenntnis, das Euseb von Caesarea († 339/40) auf der Synode von Nicaea vorlegte[127]. Die drei zuletzt genannten Texte entstammen dem theologischen Milieu, aus dem in den 350er Jahren die Homöer hervorgingen. Man kann aber nicht im Gegenzug schließen, die Nicaener hätten den Tod Christi gerade nicht eigens betonen wollen, um die gleichrangige Göttlichkeit mit dem Vater nicht durch etwas eigentlich für einen Gott Unmögliches ins Zwielicht zu rücken. Das wäre eine zu weitgehende Vermutung. Immerhin ist in der kirchlichen Historiographie mehrfach der (apokryphe) Bericht von der Konversion eines Philosophen überliefert, dem in Nicaea ein christlicher „Konfessor" ein Glaubensbekenntnis vorgetragen habe; in diesem Text wird in allen drei Überlieferungssträngen der heilswirksame Tod Christi

---

formuliert hat (Vinzent 2006, 316 f) oder ob er einen bereits vorliegenden Text *zitiert* (Heil 2010, 97), kann hier auf sich beruhen.

124 Markell von Ankyra, *Epistula ad Julium* (SVigChr 37, 128,4-0 Vinzent = Kinzig II, § 253).
125 Theologische Erklärung einer Synode von Antiochien, zitiert in Athanasius, *De synodis* 25,3 (AW II, 251,6-8 Opitz = AW III/3, Dok. 42; 177,8-14 Brennecke u. a. = Kinzig II, § 141 (d)).
126 AW III/1-2, Urk. 18,11; 39,12 Opitz / Dok. 20,11 Brennecke u. a. = Kinzig I, § 133. Allerdings ist der Text nur in syrischer Sprache überliefert; Eduard Schwartz' Rückübertragung ins Griechische, die in der zitierten Edition geboten wird, muss hypothetisch bleiben und erlaubt daher keine sicheren Schlüsse auf den Wortlaut.
127 Euseb von Caesarea, *Epistula ad ecclesiam Caesariensem*, zitiert in Athanasius, *De decretis Nicaenae synodi* 33,4 (AW II, 29,14-17 Opitz = AW III/1-2, Urk. 22; 43,12-15 Opitz / Dok. 24.4 Brennecke u. a. = Kinzig I, § 134 (a)).

akzentuiert[128]. Und Apollinaris von Laodicea († ca. 390) – ein Wortführer der nizänischen Theologie, der später aufgrund seiner Christologie ins dogmatische Zwielicht geriet, weil sein Insistieren auf der Einheit von göttlicher und menschlicher Natur im inkarnierten Christus auf Kosten der vollen Menschheit des Erlösers zu erfolgen schien – steht repräsentativ dafür, dass um 360 n. Chr. vor allem das Thema der Überwindung des Todes durch Christus Aufmerksamkeit beanspruchte[129] – *wo* dies vollbracht wurde (am Kreuz oder in der Unterwelt), schien zunächst nicht in erster Linie zu interessieren.

Es bleibt der bemerkenswerte Umstand, dass der *descensus* nicht zuerst im Westen begegnet, wo er später als Bestandteil von lateinischen Bekenntnissen Karriere machen sollte, sondern in einem griechischen homöischen Text aus dem Osten, dem sogenannten „datierten Bekenntnis" bzw. der „4. Sirmischen Formel" (359)[130]:

---

128 Vgl. Rufin, *Historia ecclesiastica* X 3 (GCS Eusebius II/2, 962,18-26 Mommsen); Sozomenos, *Historia ecclesiastica* I 18,3 (FC 73/1, 176,13-18 Hansen); Anonymus von Cyzicus, *Historia ecclesiastica* II 13,10 (FC 49/1, 190,1-9 Hansen = Kinzig I, § 136 (a-c)).
129 Apollinaris von Laodicea, *Epistula ad Jovianum* 2 (hg. von Hans Lietzmann, Apollinaris von Laodicea und seine Schule. Texte und Untersuchungen, Tübingen 1904, 252,3-11 = Kinzig II, § 164 (b)): Ἀποθανὼν μὲν τὸν ἡμέτερον θάνατον κατὰ σάρκα ὑπὲρ τῶν ἁμαρτιῶν ἡμῶν, ἵνα τὸν θάνατον ἀνέλῃ διὰ τοῦ ὑπὲρ ἡμῶν θανάτου, κατὰ τὸν λέγοντα ἀπόστολον· *Κατεπόθη ὁ θάνατος εἰς νῖκος. Ποῦ σου, θάνατε, τὸ νῖκος; Ποῦ σου, ᾅδη, τὸ κέντρον;* Καὶ πάλιν· *Χριστὸς ἀπέθανεν ὑπὲρ τῶν ἁμαρτιῶν ἡμῶν κατὰ τὰς γραφάς.* Ἀθάνατος δὲ καὶ ἀκράτητος τῷ θανάτῳ διαμείνας διὰ τὴν θεότητα ὡς ἀπαθὴς τοῦ πατρὸς δύναμις κατὰ τὸν λέγοντα Πέτρον· *Οὐ γὰρ ἦν,* φησι, *δυνατὸν κρατεῖσθαι αὐτὸν ὑπὸ τοῦ θανάτου.*
130 Zitiert in Athanasius, *De synodis* 8,5 (AW II, 235,33-236,2 Opitz = AW III/4, Dok. 57.2,4; 422,25-28 Brennecke u. a. = Kinzig I, § 157). Vgl. Gounelle 2000, 278-283. Im Anschluss an das oben (Anm. 40) erläuterte Verhältnis von hebräischem (masoretischem) und griechischem (Septuaginta-) Text des Alten Testaments liegt an dieser Stelle eine sinntragende Differenz vor: Lautet der hebräische Text von Hiob 38,17 in deutscher Übersetzung „Haben sich dir des Todes Tore je aufgetan, oder hast du gesehen die Tore der Finsternis?" (Lutherbibel 2017), wird der Vers in der „Septuaginta deutsch" aus dem Griechischen wie folgt übersetzt: „Und öffnen sich dir in Furcht die Tore des Todes, und ducken sich ängstlich die Torhüter der Unterwelt, wenn sie dich erblicken?" (πυλωροὶ δὲ ᾅδου ἰδόντες σε ἔπτηξαν;). Für die spätantike christliche Theologie war dieser Septuaginta-Text maßgeblich. Interessanterweise folgt Hieronymus in der Vulgata hier dem hebräischen Text (*numquid apertae tibi sunt portae mortis et ostia tenebrosa vidisti*), was aber die Verbreitung und Plausibilität des *descensus*-Hylems nicht (mehr) beeinträchtigen konnte.

σταυρωθέντα καὶ ἀποθανόντα καὶ εἰς τὰ καταχθόνια κατελθόντα καὶ τὰ ἐκεῖσε οἰκονομήσαντα, ὃν *πυλωροὶ ᾅδου ἰδόντες ἔφριξαν* (LXX: ἔπτηξαν).

(Christus) wurde gekreuzigt, starb und stieg hinab in das, was unten ist, und ordnete dort alles; als sie ihn sahen, „schauderten die Torhüter des Hades" (Hiob 38,17 LXX).

Fast identische Formulierungen, teilweise mit demselben Hiob-Zitat, finden sich zeitnah in den homöischen Bekenntnissen von Nike (359) und Konstantinopel (360)[131], das für zwanzig Jahre als Reichsdogma an die Stelle des Nicaenums trat – und dann erst einmal nicht mehr. Nur in diesen Bekenntnissen findet sich eine „ausgeführte Höllenfahrtsmythologie"[132], während spätere Glaubensbekenntnisse wie das Apostolikum und seine Verwandten und Vorläufer den *descensus* meist nur konstatieren, nicht aber (als Bestandteil des Bekenntnistextes) ausmalen. Dieser Befund ließe sich wie folgt erklären: Die sogenannte „homöische" Theologie, die (knapp gesagt) darauf abstellte, die Einheit Gottes durch eine Subordination Christi (als eines zwar in abgeleiteter Form göttlichen, aber nicht gleichwesentlichen Akteurs) zu betonen und damit die Alleinursprünglichkeit Gottes (modern ausgedrückt: den Monotheismus) zu bewahren[133], verstand offenbar die Unterweltsfahrt als Ausdruck dieser Gottheit „zweiter Ordnung", d. h. als nicht gleichrangig mit Gott „an sich" (der nicht in die Unterwelt hinabsteigen kann), aber durchaus abgehoben von den Geschöpfen (denen es nicht möglich war, selbst wieder aus der Unterwelt zu entkommen). Die kurze Konjunktur ausführlicherer Bezugnahmen auf den *descensus* und deren Fehlen in den nicaenischen Bekenntnissen bis zum Nicaeno-

---

131 Theologische Erklärung der Synode von Nike, zitiert in Theodoret von Kyros, *Historia ecclesiastica* II 21,4 (GCS N.F. 5, 145,15 f Parmentier/Hansen = AW III/4, Dok. 59.9; 472,24-26 Brennecke u. a. = Kinzig II, § 159): ἀποθανόντα καὶ ταφέντα καὶ εἰς τὰ καταχθόνια κατελθόντα, ὃν αὐτὸς ὁ ᾅδης ἐτρόμασε. Ebenso die Theologische Erklärung der Synode von Konstantinopel, zitiert in Athanasius, *De synodis* 30,5 (AW II, 259,5 f Opitz = AW III/4, Dok. 62.5; 551,14-17 Brennecke u. a. = Kinzig II, § 160): ἀποθανόντα καὶ ταφέντα καὶ εἰς τὰ καταχθόνια κατεληλυθέναι, ὅντινα καὶ αὐτὸς ὁ ᾅδης ἔπτηξεν.

132 Frenschkowski 2018, 259.

133 Maßgeblich hierfür war die Aussage, der Sohn sei „dem Vater, der ihn gezeugt hat, gleich gemäß der Schrift" (ὅμοιον τῷ γεννήσαντι αὐτὸν πατρὶ κατὰ τὰς γραφάς), so die 4. Sirmische Formel (AW III/4, 422,13-15 Brennecke u. a.) und ähnlich in anderen Bekenntnissen, die sich gegen die Formulierung des Nicaenums, der Sohn sei dem Vater „wesensgleich" (ὁμοούσιος) richtete, was aus homöischer Sicht die Einheit zu stark betonte und damit der Vorstellung Vorschub leistete, nicht nur der menschgewordene Logos, sondern Gott selbst habe am Kreuz gelitten. Vgl. hierzu Bienert 1997, 173.

Constantinopolitanum resultierte demnach daraus, dass genau dieser Eindruck, der Logos sei nur in abgeleiteter, ja abgestufter Weise Gott, vermieden werden sollte.

Dem könnte allerdings widersprechen, dass die Unterweltsthematik in der Mitte des 4. Jahrhunderts keineswegs ein exklusiv homöisches Thema war. Sie findet sich zeitgleich zwar nicht in einem Bekenntnis, aber in einer christologischen Abhandlung auch bei einem Vertreter der traditionellen nicaenischen Theologie, Markell von Ankyra († 374). In seinem Brief an Bischof Liberius von Rom (352-366) brachte er den Skopus der Unterweltsfahrt Christi im Anschluss an die oben zitierte Passage aus dem Epheserbrief zum Ausdruck[134]:

Ὁ τὰ ἄλυτα τοῦ ᾅδου λύσας καὶ τὸ κράτος τοῦ διαβόλου καταργήσας ἀνέβη ὅθεν καὶ κατέβη· ἐγείρας ἐκεῖνο τὸ ταφὲν προσήνεγκε τῷ πατρί, ἐλευθερώσας, οὗ ἐκράτει, τοῦ θανάτου.	Er (sc. Christus) löste, was im Hades gebunden war (vgl. Apg 2,24) und vernichtete die Macht des Teufels (vgl. Hebr 2,14); er stieg hinauf, von wo er herabgestiegen war (vgl. Eph 4,8-10); er erweckte auf, was begraben lag, und brachte es zum Vater, indem er es vom Tod befreite, der es beherrschte.

Die biblischen Intertexte machen wahrscheinlich, dass die Überwindung des Todes dort erfolgt, wo dessen Machtbereich zu suchen ist, also in der Unterwelt – ausdrücklich gesagt wird das allerdings auch hier nicht[135]. Markell selbst stand zu diesem Zeitpunkt freilich längst im Abseits der trinitätstheologischen Debatten. Wie es scheint, grenzte sich die (neu-)nicaenische Gruppierung, die zunehmend den Ton angab, sowohl von Apollinaris und Markell als auch (und vor allem) von den Homöern dadurch ab, dass sie die Unterweltsfahrt Christi für bedenklich im Blick auf seine Gottheit betrachtete, um die es im trinitarischen Streit vorrangig ging: Denn wenn Christus wahrer Gott, ja als Logos Gottes wesensgleich (ὁμοούσιος) mit dem Vater war (so das Nicaenum), also nicht „ir-

---

134 Ps.-Athanasius = Markell von Ankyra, *Epistula ad Liberium* 6 (Tetz 1972, 152,20-23 = AW III/4, Dok. 49; 356,28-32 Brennecke u. a. = Kinzig II, § 150).
135 Vgl. den fast schon als Hylemsequenz *ante litteram* zu lesenden Kommentar bei Tetz 1972, 173: „Der Prozeß der Einholung der Menschheit durch den Logos, der als der Unsterbliche vom Tod zur Unsterblichkeit führt, bestimmt das ganze Bekenntnis der Epistula ad Liberium. In der Sicht des Verfassers findet folgende Bewegung statt: ὁ καταβάς (§ 3) ist der Logos Gottes, der das Volk im Alten Bund gerettet bzw. erhalten hat (Ex 3,7 f); κατέβη (§ 6) meint denselben Logos im Neuen Bunde als Inkarnierten, der Hölle, Tod und Teufel besiegt hat und der zugleich als der Auferstandene (ἀνέβη § 6) anzusprechen ist."

gendwie ähnlich" (so die Homöer), aber auch nicht mit ihm identisch (so die Markell zugeschriebene Ansicht), und wenn sich der Logos mit Jesus von Nazareth als einem vollständigen Menschen mit Geist bzw. Logos, Leib und Seele verband (so in Abgrenzung zu Apollinaris) – konnte der Gott-Logos dann in die Unterwelt hinabgestiegen sein? Oder klang die zitierte Klausel in den homöischen Bekenntnissen samt dem Hiob-Zitat über das Erschrecken der Torwächter der *inferna* allzu sehr nach Unterweltsfahrten in mythischen Texten, von denen man sich vorsichtshalber absetzen wollte? Dass der *descensus Christi* in den griechischen Bekenntnissen aus derjenigen Tradition, die sich im späten 4. Jahrhundert als „orthodox" durchsetzte, fehlt, könnte sich also aus der Logik der laufenden Diskussion über das rechte Gottesverständnis erklären; und damit stimmt überein, dass die Leerstelle in Bezug auf das *triduum* in der westlichen Bekenntnistradition, wo die Frontstellungen anders verliefen, schon bald ganz unbefangen gefüllt werden konnte[136].

In der Tat scheint der *descensus* gerade für homöische Theologen dazu gedient zu haben, die Subordination des Logos-Sohnes unter den Gott-Vater zu begründen[137]. Wie eine anonyme homöische Osterpredigt in lateinischer Sprache illustriert, ergibt sich dabei tatsächlich eine kontinuierliche Bewegung von Inkarnation, Höllenfahrt und Auferstehung[138]:

Adueniens itaque idem d(omi)n(u)s et de illa sublimitate caelesti ut ait s(an)c(tu)s cyprianus ad terrena descendens non est dedignatus filius d(e)i carnem hominis induere et cum peccator ipse non esset aliena peccata portare. Multis mirabilibus gestis a superuo et ingrato populo contumeliis adficitur conspuitur flagellatur adhuc etiam cruci adfigitur... Sepellitur corpus eius et ponitur in monumento in modica petra in angusto foramine cui-	„Darum kam eben dieser Herr und ‚stieg von seiner himmlischen Erhabenheit herab", wie der heilige Cyprian sagt, und der Sohn Gottes verweigerte es nicht als unwürdig, das Fleisch des Menschen anzuziehen und, obwohl er selbst kein Sünder war, fremde Sünden zu tragen. Nachdem er viele Wunder vollbracht hatte, wurde er von dem übermütigen und undankbaren Volk mit Schmähungen bedacht und angespuckt, geschlagen und schließlich an

---

136 Dieser Zusammenhang wird in der großangelegten Untersuchung von Grillmeier 1975, 99 nur knapp gestreift.
137 Vgl. Gounelle 2000, 142, der freilich undifferenziert von „Arianern" spricht.
138 Anonymus, *De sollemnitatibus III: In sancto Pascha* 4 (CChr.SL 87, 58 f Gryson). Vgl. Gounelle 2000, 230 f. Zitiert wird (teils verändert) Cyprian, *De bono patientiae* 6 (CChr.SL 3A, 121,107-110 Moreschini).

us potentia et uisibilia et inuisibilia continet uniuersa. It deinde et per infernas sedes et usque ad ipsius herebi profunda pertendit. Terribili uisu et aspectu d(omi)ni conruerunt contrariae potestates et tenebrosi illi inferni ianitores intra sua uiscera timuerunt. Aeternae lucis fulgore perculsa dira facies mortis expauit et duplicato in sese pallore co(n)tremuit. D(omi)n(u)s uero propositum suae maiestatis opus perficiens predam de infernis sedibus rapuit adam quoq(ue) illum nimio iam et antiquo labore sordentem et usquequaque deformem in nouo gloriae suae splendore restituit omnibus que credentibus plenissimam gratiam propriae maiestatis indulsit.

das Kreuz genagelt... Sein Körper wurde bestattet und in ein Grab gelegt (vgl. Mt 27,57-60), in ein kleines Felsstück, in ein enges Loch – er, dessen Macht alles umfasst, Sichtbares und Unsichtbares. So ging er schließlich auch durch die unten liegenden Orte bis zum Grund des Totenreiches selbst. Bei dem erschreckenden Erblicken und Ansehen des Herrn stürzten die (ihm) entgegen stehenden Mächte, und die Türhüter jener lichtlosen Unterwelt erschauerten (Hiob 38,17 LXX) in ihren Eingeweiden. Erschüttert durch den Glanz des ewigen Lichts entsetzte sich das harte Antlitz des Todes und erzitterte in sich in verdoppelter Blässe. Der Herr aber vollendete das Ziel seiner Herrschaft und raubte die Beute aus den unten liegenden Orten und stellte auch Adam, der aufgrund seiner so uralten Pein besonders befleckt und missgestaltet war, wieder im neuen Glanz seiner Herrlichkeit her und schenkte allen Glaubenden die vollste Gnade seiner eigenen Herrschaft.

Die Skepsis nicaenischer Theologie der Spätantike gegenüber einer unvorsichtigen Rede vom *descensus* in Glaubensbekenntnissen speiste sich offensichtlich aus der Kritik an solchen subordinierenden Positionen. Das schloss freilich nicht aus, dass der *descensus* auch von nicaenischer Seite gepredigt und gelehrt sowie mit dem Himmelsaufstieg in Verbindung gebracht wurde. Das gilt schon für den freilich nicht ganz eindeutig in das kirchenpolitische und dogmengeschichtliche Tableau der Jahrhundertmitte einzuordnenden Kyrill von Jerusalem († 387), auf dessen Katechesen unten (3.3.2) noch gesondert einzugehen ist, ebenso wie für den etwas später wirkenden Epiphanius von Salamis († 403), der in einer Predigt über Christi Niederfahrt die Gemeinde metaphorisch mit auf eine Unterweltsreise nimmt, um die dort erfolgte Predigt quasi „live" anzuhören[139]. Aber auch der nicaenische Wortführer im lateinischsprachigen Abendland, Ambrosius von Mailand († 397), schrieb in einer Auslegung von Ps 119,151 („Nahe bist du, Herr, und alle deine Wege sind Wahrheit")[140], dass Jesus Christus

qui per incarnationem descendit in terras, per resurrectionem ascendit in caelum, per corporis mortem penetrauit infernum, ut solueret alligatos.	durch die Menschwerdung auf die Erde herniederkam, durch die Auferstehung zum Himmel hinaufstieg, durch den leiblichen Tod in die Unterwelt eindrang, um die zu befreien, die in Fesseln lagen.

Die theologischen Auseinandersetzungen der Spätantike haben demnach einen guten Teil zur „Institutionalisierung der Glaubensauffassung"[141] von einem Unterweltsaufenthalt Christi beigetragen.

Wie der *descensus* als trinitätstheologisches Argument *für* eine nicaenische Position Verwendung finden konnte, zeigt eine Passage aus Ambrosius' Schrift *De fide ad Gratianum*, in der Ps 88,5 („Ich bin denen gleichgeachtet, die in die Grube fahren. Und ich bin geworden wie ein Mensch ohne Hilfe, zwischen den Toten frei") diskutiert wird. Diese Niedrigkeitsaussagen interpretiert Ambrosius wie folgt[142]:

---

139 Epiphanius, *Homilia in diuini corporis sepulturam* (CPG 3768; PG 43, 440-464; vgl. bes. 452C): Ἀλλὰ συγκατέλθωμεν, ἀλλὰ συγχορεύσωμεν, ἀλλὰ σπεύσωμεν, ἀλλὰ συσκιρτήσωμεν, ἀλλὰ προπέμψωμεν, ἀλλὰ ἀνυμνήσωμεν, ἀλλὰ ταχύνωμεν, Θεοῦ καταλλαγὰς πρὸς ἀνθρώπους βλέποντες, καταδίκων ἀπόλυσιν ἐξ ἀγαθοῦ Δεσπότου γινομένην ... Vgl. zu diesem Text jetzt Dockwiller 2017, 168-170.
140 Ambrosius, *Explanatio Psalmi CXVIII sermo* 19,37,2 (CSEL 62, 441,9-11 Petschenig) zu Ps 138,7-10.
141 So der Untertitel von Gounelle 2000: „institutionnalisation d'une croyance".
142 Ambrosius, *De fide ad Gratianum* III 4,28 (FC 47/2, 374,14-20 Markschies); Übersetzung a. a. O. 375. Vgl. auch *De fide ad Gratianum* IV 1,3 (a. a. O. 462,12-17): *Quis enim potuit opinione magis quam fide sequi dominum Iesum, nunc de caeli altissimis „inferna penetrantem", nunc ab inferis ad caelestia resurgentem, subito „exinanitum", ut „habitaret in nobis", nec umquam inminutum, cum semper filius in patre et in filio pater esset?*

Ergo et hic distingue naturas. Adiutorium caro habet, diuinitas non habet. Liber est igitur, quia mortis uincla nesciuit, non captus ab inferis, sed qui operatus sit in infernis. Sine adiutorio est, quia „non per nuntium neque legatum, sed ipse per se dominus saluum fecit populum suum". Quomodo enim potuit adiutorium sui corporis quaerere suscitandi, qui alios suscitauit?	Unterscheide also auch hier die Naturen! Das Fleisch besitzt ‚eine Hilfe', die Gottheit nicht. ‚Frei' ist er also, weil er die Fesseln des Todes nicht gekannt hat, nicht gefangen war von den unterirdischen Mächten, sondern der ist, der im Totenreich gehandelt hat. ‚Ohne Hilfe' ist er, weil er „nicht durch einen Boten oder Gesandten, sondern selbst durch sich als Herr seinem Volk das Heil verschafft hat" (Jes 63,9). Wie nämlich konnte der eine Hilfe suchen, um seinen Leib aufzuerwecken, der selbst andere auferweckt hat?

In antihomöischer Ausrichtung trennt Ambrosius nicht zwischen dem absolut göttlichen Vater und dem weniger göttlichen, weil niedrigeren, ja sogar dem Tod unterworfenen Sohn, sondern zwischen den beiden Naturen in dem einen Individuum Jesus Christus: Gerade der *descensus* macht die Göttlichkeit des Inkarnierten erkennbar, der anders als jeder andere Mensch im Totenreich nicht „hilflos" im Sinne einer Verurteilung zur Passivität, sondern „nicht hilfsbedürftig" aufgrund seiner bleibenden Aktionsmöglichkeiten war[143].

Diese Vorstellung wurde im Westen auch in Credotexte aufgenommen. Hier finden wir verbreitet Wendungen wie *descendit ad inferna* als Bestandteil von Glaubensbekenntnissen, zuerst in einem Credo aus Aquileia, das Rufin († 411/12) in seinem um 400 n. Chr. entstandenen Kommentar zu diesem Bekenntnis bezeugt, dann in zahlreichen katechetischen Predigten, denen sich die dahinter stehenden Formeln entnehmen lassen, allerdings erst allmählich im *textus receptus* des Apostolikums, der seit dem 8. Jahrhundert einheitlich bezeugt ist[144].

---

143 Vgl. Gounelle 2000, 238: „La descente du Christ aux enfers permet ainsi de percevoir sa divinité dans le corps qu'il a assumé."
144 Vgl. Kelly 1972, 372. Die Singularität der Erwähnung des *descensus* bei Rufin hat in der früheren Forschung zu der Vermutung geführt, sein Kommentar sei entweder erheblich späteren Datums oder interpoliert; vgl. Vinzent 2006, 130. Siehe dazu auch unten Anm. 155.

Diese Diskrepanz zwischen beiden Grundformen des Glaubensbekenntnisses war Rufin durchaus bewusst[145]:

Sciendum sane est quod in ecclesiae romanae symbolo non habet additum: „descendit in inferna"; sed neque in orientis ecclesiis habetur hic sermo: uis tamen uerbi eadem uidetur esse et in eo quod sepultus dicitur.	Zu bemerken ist, daß der Zusatz ‚hinabgestiegen in die Unterwelt' sich nicht im Symbol der römischen Kirche findet; aber auch in den Kirchen im Osten fehlt dieser Ausdruck; der Sinn des Wortes scheint jedoch derselbe zu sein wie derjenige der Aussage, dass er begraben worden sei.

Das ist eine Untertreibung: Christi Aufenthalt in der Unterwelt galt stets als aktives Heils- und Rettungshandeln, so noch (als ein Beispiel von vielen) bei Caesarius von Arles († 542)[146]:

credite eum ad inferna descendisse, diabolum obligasse et animas sanctorum, quae sub custodia detinebantur, liberasse secumque ad caelestem patriam perduxisse.	Glaubt, dass er in die Unterwelt hinabgestiegen ist, den Teufel gebunden und die Seelen der Heiligen, die unter dessen Aufsicht festgehalten wurden, befreit und mit sich zum himmlischen Vaterland geführt hat.

Der *descensus* wurde demnach zum Inbegriff des soteriologischen Handelns Christi, das in narrativer Form dargeboten wurde[147]. Insofern es aber der präexistente, vor aller Schöpfung aus dem Vater gezeugte Sohn ist, der nicht nur auf die Erde, sondern sogar in die Unterwelt hinabsteigt, schlägt das zuletzt genannte Zitat die Brücke zum *ascensus* und damit zu der übergreifenden Bewe-

---

145 Rufin, *Expositio symboli* 16 (CChr.SL 20, 152,4-153,7 Simonetti); Übersetzung nach H. Brüll, Des Tyrannius Rufinus von Aquileja Commentar zum Apostolischen Glaubensbekenntnis, BKV¹ 13, Kempten 1876, 48.
146 Ps.-Augustin, *Sermo* 244 (CPL 368; PL 39, 2194 f) = Caesarius von Arles, *Sermo* 10 (CPL 1008; CChr.SL 103, 51 f Morin = Kinzig II, § 269). Weitere Beispiele aus späteren Jahrhunderten bieten die Texte bei Kinzig II, § 273, 274, 278, 280, 320 (= CPL 1763, 365, 1761, 1758, 846), jeweils rekonstruiert und ediert bei Westra 2002.
147 Vgl. dazu die an anderen (abseits des dogmatischen Mainstreams angesiedelten) Texten gewonnene Einsicht von Gounelle 2017, 67: „If faut dire que si la descente aux enfers a été commémorée liturgiquement, c'est moins en raison des problèmes christologique qu'elle posait qu'en vertu de des conséquences sotériologiques."

gung, die vom Christusmythos in Form von Sphärenwechseln nachgezeichnet wird. Der Rückwärtsbewegung zum Himmel wenden wir uns nun zu.

3.2.2 Zwei Götter im Himmel? Interpretative Herausforderungen

Sichtet man Bekenntnistexte des 4. Jahrhunderts, so erscheinen die Auferstehung „am dritten Tage" (ἀναστάντα τῇ τρίτῃ ἡμέρᾳ) sowie der Aufstieg in den Himmel (ἀνελθόντα εἰς τοὺς οὐρανούς) als Konstante – die zitierten Wendungen begegnen wortidentisch im Nicaenum und Nicaeno-Constantinopolitanum. Dass nur in letzterem die *sessio ad dexteram* (καθεζόμενον ἐν δεξιᾷ τοῦ πατρός) erscheint, nicht aber in dem Bekenntnis von 325, ist auffällig, gerade weil die überwiegende Zahl der Bekenntnisformeln im 4. Jahrhundert das himmlische Sitzen des Sohnes reproduziert[148] – das Motiv war am Ende des trinitätstheologischen Streits offensichtlich fest etabliert. Das Fehlen der *sessio ad dexteram* im Nicaenum könnte so erklärt werden, dass diese Formel seinerzeit „für ein öffentliches antiarianisches Bekenntnis wegen ihres scheinbar subordinatianischen Charakters nicht recht brauchbar war"[149]. Das legt sich zumindest deshalb nahe, weil die unmittelbare Nachbarschaft Christi zu Gott-Vater eine Zweiheit implizierte, die eine Erklärung erforderte. Plausibel erscheinen konnte sie freilich schon in vornicaenischer Zeit, weil die in der antiken Welt verbreitete Vorstellung von einem „Doppelthron" (*bisellium*) zweier Götter oder Herrscher ein willkommenes Interpretament für die Göttlichkeit Christi bot[150]. Dieser höchst suggestive mythologische Deutungsrahmen für Ps 110,1 warf freilich das Folgeproblem auf, wie der differenzierte christliche Monotheismus[151] ohne unangemessenen Anthropomorphismus, also ohne eine simple gleichberechtigte Dualität von Thronenden bewahrt werden konnte. Das erfolgte wahlweise
a) durch Subordination, also durch die typische homöische („arianische") Lösung,

---

148 Im Folgenden greife ich auf die Sammlung einschlägiger Belege bei Markschies 2000, 66-69 zurück.
149 Markschies 2000, 47.
150 Diese These und ihre religionsgeschichtlichen Hintergründe entfaltet Markschies 2000, 11 Anm. 41 unter Verweis auf eine von Pausanias beschriebene, singuläre Konstellation von Despoina und Demeter in Megalopolis sowie auf die verbreiteten Darstellungen von Hades und Persephone oder Hera und Zeus als Analogate einer solchen Zweierherrschaft.
151 Hierzu vgl. Fürst 2013.

b) durch Minimierung jeglichen Abstandes zwischen Vater und Sohn, so etwa bei Athanasius von Alexandrien († 373)[152], was die Frage nach dem Nebeneinander der beiden aber nicht wirklich löste, oder
c) durch reflektierte Verhältnisbestimmung von Vater und Sohn als zwei eigenständigen, an der Gottheit partizipierenden und insofern einander wesensgleichen Hypostasen[153].

Die Vorstellung zweier miteinander thronenden Gestalten musste also einerseits ihrer körperlich-weltlichen Konnotationen entkleidet und andererseits in ein Konzept differenzierter, gleichberechtigter göttlicher Handlungsinstanzen überführt werden, um den Wortführern der nicaenischen Theologie als angemessen und ungefährlich für das biblische Christuszeugnis zu erscheinen. Umgekehrt diente die Zuordnung der drei Hypostasen von Vater, Sohn und Geist zu dem einen göttlichen Wesen seit der Mitte des 4. Jahrhunderts sukzessive als Deutungsrahmen für den Christusmythos, so dass im Nicaeno-Constantinopolitanum (anders als noch in Nicaenum) die *sessio ad dexteram* als zentrales Element der Sphärenwechsel begegnete.

3.3 „Nicht wie Mythen und Dichtungen": Zwei Erklärungsversuche

3.3.1 Rufin von Aquileia, *Expositio Symboli*

Die behandelten Glaubensbekenntnisse präsentieren den Stoff des Christusmythos, bedürfen aber der Interpretation. Das ist schon aufgrund der Fülle an theologischen Traktaten aus dem trinitätstheologischen Streit des 4. Jahrhunderts offensichtlich. Die dogmatische Dimension ist freilich nur ein Teil der Geschichte – und auf keinen Fall der breitenwirksamste. Vielmehr ist zu fragen, auf welche Weise die beschriebene Grundbewegung des Christusereignisses (zerlegt in eine von Sphärenwechseln strukturierte Ereigniskette) auch über den Kreis der Bischöfe und theologischen Experten hinaus an den Mann und an die Frau gebracht wurde, die – so der Anspruch des Christentums von Anfang an –

---

152 Athanasius, *Contra Arianos* I 61,1-4 (AW I/1,2, 171,3-172,13 Metzler/Savvidis); vgl. Markschies 2000, 48.
153 Vgl. Epiphanius von Salamis, *Ancoratus* 81,8 f (GCS Epiphanius I, 102,12 f.20 f Holl); Gregor von Nazianz, *Oratio* 6,22 (SC 405, 176,17-22 Calvet-Sebasti); Basilius von Caesarea, *De Spiritu sancto* (FC 12, 110,27-112,1 Sieben); diese und weitere Belege bei Markschies 2000, 55-59.

nicht nur glauben, sondern auch (gemäß dem Maß des Möglichen) verstehen sollten. Dazu wurde regelmäßig gepredigt und im Vorfeld der Taufe (jedenfalls solange diese überwiegend Erwachsenen gespendet wurde) eine intensive Belehrung vorgenommen[154]. Wie wurde also der Christusmythos in der Glaubensunterweisung und Taufvorbereitung ausgelegt und gelehrt, welche Interpretamente wurden herangezogen? Dem soll im Folgenden anhand von zwei katechetischen Textcorpora nachgegangen werden. Ich wähle dazu einerseits den Bekenntniskommentar des Rufin von Aquileia, der die Sphärenwechsel als Grundbewegung des Christusmythos in knapper und prägnanter Form veranschaulicht, und gehe andererseits (exemplarisch) auf die Sammlung katechetischer Predigten Kyrills von Jerusalem ein, die die umfassendste Deutung des hier relevanten Themas für eine „nichtfachliche" (genauer gesagt: noch nicht einmal getaufte!) Hörerschaft darstellt.

Das erste Beispiel ist der schon erwähnte, um 400 n. Chr. verfasste Kommentar des Tyrannius Rufinus zu dem in seiner Heimatstadt Aquileia gebräuchlichen Glaubensbekenntnis, das dem Apostolikum in wesentlichen Zügen ähnelt[155]. Dieser Text ist nicht zuletzt dafür bekannt, dass er in folgenreicher Weise das katechetisch genutzte Credo auf die Apostel selbst zurückführt, die, bevor sie sich trennten, um Jesu Missionsbefehl in allen Ecken der Welt auszuführen, „jenes kurze Erkennungszeichen ihrer zukünftigen Predigt festsetzten und darin eine feste Regel fanden, welche sie den Gläubigen zu geben beschlossen"[156].

---

154 Dieses Themenfeld, auf dessen Details ich hier nicht weiter eingehe, wurde in dem von Bernd Schröder und mir geleiteten Teilprojekt C 05 „Der christliche Katechumenat von der Spätantike zum Frühmittelalter und seine religionspädagogische Rezeption" des von der DFG geförderten Sonderforschungsbereichs 1136 „Bildung und Religion" an der Universität Göttingen (2015-2020) untersucht.
155 Zur Textgestalt dieses Bekenntnisses, die aus dem Kommentar rekonstruiert werden muss, vgl. Westra 2002, 196-199. Obwohl die theologische und historische Bedeutung dieser im Mittelalter viel gelesenen und in zahlreichen Manuskripten erhaltenen Symbolerklärung unbestritten ist, hat sie in der Forschung nur vergleichsweise moderates Interesse geweckt (außer als Quelle für einen frühen Text des Apostolikums). Vgl. aber jetzt Westra 2016, wo auch die relevante Literatur verzeichnet ist. Ausführlich beschäftigt sich Vinzent 2006, 330-359 mit Rufins Schrift, allerdings unter der Bezweiflung seiner Autorschaft (vgl. a. a. O. 329 mit Anm. 48; dagegen Westra 2016, 185 mit Anm. 2) und unter einer anderen Leitperspektive, nämlich der Frage nach dem frühesten Zeugnis für ein römisches Glaubensbekenntnis.
156 Rufin, *Expositio symboli* 2 (CChr.SL 20, 134,10-14 Simonetti): *Omnes igitur in uno positi et spiritu sancto repleti, breue istud futurae sibi, ut diximus, praedicationis indicium, conferendo in unum quod sentiebat unusquisque, conponunt, atque hanc credentibus dandam esse regulam statuunt.* Die Übersetzungen in diesem Abschnitt folgen derjenigen von H. Brüll (siehe oben Anm. 142), ohne kleinere Modifikationen eigens zu vermerken.

Rufin bietet mit dieser Szene, so Westra, „a standard aetiological myth"[157]. Die Funktion dieses (eher inadäquat so bezeichneten) „Mythos" dürfte darin bestanden haben, die vom Autor benannte und seinen Adressaten möglicherweise vertraute Diskrepanz der Bekenntnisse zwischen Ost und West, aber auch zwischen den in Rom und anderen Gemeinden des Westens verwendeten Formeln durch die gemeinsame apostolische Abkunft zu entschärfen. Dass Rufin bereits auf die trinitätstheologischen Debatten des 4. Jahrhunderts zurückblickt und deren Erträge ohne weitere Diskussion voraussetzt[158], zeigt sich daran, dass der erste Sphärenwechsel des Christusmythos, die Inkarnation, von der im Apostolikum gar nicht thematisierten Präexistenz des Logos aufgrund seiner ewigen Zeugung aus dem Vater präludiert wird. So erklärt Rufin die Wendung *unico Filio eius Domino nostro*[159]:

Vnus enim de uno nascitur, quia et splendor unus est lucis, et unum est uerbum cordis: nec in numerum pluralem defluit incorporea generatio, nec in diuisionem cadit, ubi qui nascitur nequaquam a generante separatur.	Als Einer wird er von dem Einen gezeugt, wie auch das Licht einen Glanz ausstrahlt und der Geist den einheitlichen Gedanken erzeugt: Die unkörperliche Zeugung zerfließt nicht in eine Vielheit der gezeugten Objekte, noch kann da von einer Teilung die Rede sein, wo derjenige, welcher geboren wird, sich in keiner Weise von dem Erzeugenden trennt.

Die Menschwerdung des göttlichen Wortes, von der Rufin ausführlich handelt, läuft in das Kreuzesgeschehen aus, welches Rufin zunächst einmal mit Phil 2,5-8 als ethische Anweisung zum Glaubensgehorsam deutet: Wie Christus sich in radikaler Weise erniedrigt habe, mögen auch die Menschen wie Christus gesinnt sein und ihm nachfolgen. Christus selbst ist freilich nicht nur *magister*, er hat die Menschen nicht nur belehrt, sondern auch wirksam erlöst[160]:

Quia ergo ille magnus magister est, qui fecerit et docuerit, ideo oboedientiam,	Weil jener nun der große Lehrer ist, der gehandelt und gelehrt hat, des-

---

[157] Westra 2016, 201.
[158] Vgl. Rufin, *Expositio symboli* 8 (CChr.SL 20, 146,39-41 Simonetti): *Haec est trinitas ubique latens ubique apparens, uocabulis personis que discreta, inseparabilis substantia deitatis.*
[159] Rufin, *Expositio symboli* 6 (CChr.SL 20, 142,29-32 Simonetti).
[160] Rufin, *Expositio symboli* 13 (CChr.SL 20, 151,43-45 Simonetti).

quae piis etiam suscepta morte seruanda est, docuit ipse, pro hac prius moriendo, seruari.	halb hat er den Gehorsam, den die Frommen auch unter Hingabe ihres Lebens bewahren müssen, dadurch halten gelehrt, dass er selbst zuerst für denselben starb.

Dass es mit der Geschichte Jesu theologisch erst so richtig knifflig wird, wo es ans Sterben und Niederfahren geht, macht Rufin deutlich, wenn er die folgenden Passagen einleitet[161]:

Sed fortasse terreatur aliquis in huiuscemodi doctrina, quod quem paulo ante cum deo patre diximus sempiternum ac de eius substantia esse progenitum, quemque regno aeternitate maiestate unum cum patre esse docuimus, nunc de eius morte tractemus. Sed nolo terrearis, o fidelis auditor: paulo post istum quem audis mortuum, rursum immortalem uidebis. Mors enim ab eo mortem spoliatura suscipitur.	Vielleicht könnte nun jemand ob einer solchen Lehre erschrecken, weil wir nunmehr vom Tode dessen handeln, von dem wir kurz vorher gesagt haben, dass er gleichewig sei mit dem Vater und aus seiner Substanz gezeugt, und von dem wir lehrten, dass er an Herrschaft, Majestät und Ewigkeit mit Gott dem Vater eins sei. Aber erschrick nicht, gläubiger Leser: denn bald wirst du denjenigen, von dem du hörst, dass er gestorben sei, als erneut Unsterblichen erkennen. Denn der Tod wurde angenommen, damit durch ihn der Tod beraubt würde.

Hatte Rufin, wie gesehen, die Diskrepanz zu griechischen Bekenntnissen so erklärt, dass der *descensus* im Grunde nichts anderes als das Begräbnis meine, wird er hier deutlicher: Sein Weg führt Christus eben nicht nur ins Grab, das er nach drei Tagen wieder verlässt, sondern bis dorthin, wohin kein Mensch gekommen ist, der es nicht musste, weil er als Folge der Sünde gestorben und verloren war, und von wo sich niemand aus eigener Kraft retten konnte[162]:

Resurrectionis gloria in christo omne quod infirmum et fragile uidebatur, absoluit. Si tibi paulo ante non putabatur	Die Herrlichkeit der Auferstehung erlöste in Christus alles, was schwach und zerbrechlich erschien. Wenn du

---

161 Rufin, *Expositio symboli* 14 (CChr.SL 20, 151,1-7 Simonetti).
162 Rufin, *Expositio symboli* 27 (CChr.SL 20, 161,1-8 Simonetti).

esse possibile usque ad mortem uenisse immortalem, aspice nunc, quia qui deuicta morte resurrexisse dicitur, non potest esse mortalis. Sed bonitatem in hoc intellege creatoris, quia eousque ille miserando descendit, usquequo tu peccando deiectus es.	vorhin meintest, es sei unmöglich, dass der Unsterbliche bis zum Tode gelangt sei, so siehe nun, wie der, von dem man sagt, er sei – nachdem der Tod besiegt worden war – auferstanden, nicht länger sterblich sein kann. Doch darin magst du die Güte des Schöpfers erkennen, dass jener bis dahin, dir folgend, herniederstieg, wohin du durch die Sünde geworfen warst.

Zwischen der Ankündigung der erschreckenden Botschaft von der Unterweltsfahrt Christi und deren Peripetie durch Auferstehung und Himmelfahrt liegt eine lange Diskussion zahlreicher Bibelstellen, mit der Rufin – eher durch die Zahl als durch die inhaltliche Durchschlagskraft – dem antizipierten Einwand begegnet, „es müssten diese Dinge durch deutlichere Aussprüche der heiligen Schrift bewiesen werden. Denn je erhabener dasjenige ist, was wir glauben müssen, desto mehr sind geeignete und unzweifelhafte Zeugen erforderlich"[163]. Markus Vinzent postuliert, dieser „kühne systematisch theologische Satz"[164] solle übertünchen, dass die Niederfahrt Christi zur Unterwelt nicht in Rufins Vorlage, dem römischen Bekenntnis, gestanden habe und insofern keine Verankerung in der apostolischen Tradition beanspruchen könne. Letzteres trifft zu, doch hatte die Vorstellung des *descensus* (wie gesehen) bereits vor der ersten Bezeugung eines „Romanums" weite Verbreitung erfahren, und zwar auch über Rom hinaus, nämlich bis zu den Katechesen Kyrills (siehe unten), die Rufin, der lange Jahre in Jerusalem verbracht hatte, durchaus bekannt gewesen sein können. Interessanter als die Psalmstellen, die der Autor um das oben erwähnte Zitat aus dem ersten Petrusbrief als einzigem schlagenden Beleg aus

---

[163] Rufin, *Expositio symboli* 16 (CChr.SL 20, 153,7-11 Simonetti): *Sed quoniam erga scripturas tibi diuinas amor et studium subiacet, sine dubio dices mihi oportere haec magis euidentibus scripturae diuinae testimoniis adprobari. Quanto enim magna sunt quae credenda sunt, tanto idoneis et indubitatis testibus indigent.* Zwischenzeitlich bemerkt Rufin selber, er erwecke fatalerweise wohl den Eindruck, den ursprünglichen Plan einer bündigen Darstellung aufgegeben zu haben (Kap. 20; a. a. O. 158,32-34): *Sed transcurrendum nobis est: iam enim propositae breuitatis excedimus modum et breuiatum sermonem longa dissertione distendimus...*
[164] Vinzent 2006, 352.

dem Neuen Testament gruppiert[165], ist dabei, dass Rufin die denkerische Herausforderung ausdrücklich im Phänomen der Sphärenwechsel erblickt[166]:

Nec creatorem omnium deum inpossibilitatis accuses, ut ibi putes opus eius caduco lapsu potuisse concludi, quo ille id reparaturus peruenire non posset. Inferna et superna nobis dicuntur, qui certa corporis circumscriptione conclusi, intra praescriptae nobis legis terminos continemur. Deo autem, qui ubique est et nusquam deest, quid infernum est aut quid supernum? uerumtamen in adsumptione corporis etiam ista conplentur.	Und klage nicht Gott, den Schöpfer aller Dinge, einer Unmöglichkeit an, weil du meinst, wo sein Werk durch den todbringenden Fall eingeschlossen werden konnte, dahin könne jener nicht gelangen, um es in Ordnung zu bringen. Wir sprechen von ‚unten' und ‚oben', die wir, von der sicheren Begrenzung unseres Körpers umschlossen, in den Grenzen des uns vorgegebenen Gesetzes bleiben. Was aber ist ‚unten' und ‚oben' für Gott, der überall ist und nirgends nicht ist? Und doch ist dies für die Annahme eines Körpers (sc. durch Christus) von Bedeutung.

Es drängt sich der Eindruck auf, dass Rufin hier mit Vorstellungen arbeitet, die dem Adressaten der Schrift – einem gewissen „Vater Laurentius" – und den Katechumenen, an die sich solche Erläuterungen richteten, nicht fraglos eingängig gewesen sein dürften. Zwar muss man ein gewisses Maß an Rhetorik in Rechnung stellen, mit dem der Autor seine Darlegungen interessant machen will. Es wird an diesen Textausschnitten aber deutlich, wie die eingangs referierte Beobachtung, dass der christliche Glaube sich in Bezug auf das Christusereignis einer Folge von Sphärenwechseln bedient, zum denkerischen Nachvollziehen herausfordert. Entsprechend wird die Heilige Schrift am Leitfaden des Glaubensbekenntnisses interpretiert und dabei ein im Neuen Testament

---

165 Vgl. Rufin, *Expositio symboli* 26 (CChr.SL 20, 160,1-161,15 Simonetti). Um zu zeigen, dass der *descensus* in der Heiligen Schrift „offenkundig vorhergesagt" (*euidenter praenuntiatur*) wurde, führt Rufin Ps 15,10, 21,16, 29,4.10 und 68,3 LXX an, die immerhin von der Unterwelt sprechen, während Johannes des Täufers Frage in Mt 11,3 „Bist du es, der da kommen soll, oder erwarten wir einen Andern?" mit dem Zusatz „in die Unterwelt ohne Zweifel" (a. a. O. 161,5 f: *in infernum sine dubio*) allzu gewaltsam interpretiert wird, vermutlich aufgrund des Stichworts „Gefängnis", in dem Johannes dem neutestamentlichen Setting gemäß saß und das – wie oben gesehen – als Synonym für die *inferna* verstanden werden konnte.
166 Rufin, *Expositio symboli* 27 (CChr.SL 20, 161,8-162,15 Simonetti).

(wie gesehen) eher randständiger Aspekt fokussiert. Rufin lässt keinen Zweifel daran, dass alles, was er sagt, sich in der Bibel findet oder aus dieser mit hinreichender Klarheit abzuleiten ist. Wie der oben erwähnte Irenaeus entlehnt Rufin aus der gesamten Bibel Stichworte, um die implizit eingestandene Novität seiner Deutung des Heilsgeschehens zu fundamentieren.

Das sei hier noch an der letzten Station dieser Sphärenwechsel, der Himmelfahrt, illustriert[167]:

Consummatis etenim his quae in terra gerebantur, et animarum de infernis captiuitate reuocata, ascendere memoratur ad caelos, sicut propheta praedixerat: „ascendens in altum, captiuam duxit captiuitatem, dedit dona hominibus." Illa scilicet dona, quae petrus in actibus apostolorum de sancto spiritu dicebat: „exaltatus igitur dextera dei, effudit hoc donum quod uos uidetis et auditis." Donum ergo spiritus sancti hominibus dedit, quia captiuitatem, quam prius diabolus per peccatum deduxerat in infernum, christus per mortis suae resurrectionem reuocauit ad caelos. Ascendit igitur ad caelos, non ubi uerbum deus ante non fuerat (quippe qui erat semper in caelis, et manebat in patre), sed ubi uerbum caro factumante non sederat. Denique quia nouus iste ingressus portarum caeli aedituis et principibus uidebatur, uidentes naturam carnis caelorum secreta penetrantem, dicunt ad inuicem, sicut dauid, plenus spiritu, enuntiat: „tollite portas, principes, uestri, et eleuamini, portae aeternales, et introibit rex gloriae. Quis est iste rex gloriae? dominus fortis et	Nach Vollendung seines irdischen Werks und nach dem Rückruf der Seelen aus der Gefangenschaft in der Unterwelt gedenkt man des Aufstiegs zum Himmel, die der Prophet vorhergesagt: „Aufsteigend zur Höhe hat er die Gefangenschaft gefangen genommen und den Menschen Gaben gegeben" (Ps 68,19) – nämlich jene Geschenke, die Petrus in der Apostelgeschichte auf den heiligen Geist bezieht, indem er sagt: „Nachdem er erhöht worden zur Rechten des Vaters, hat er diese Gabe ausgegossen, welches ihr seht und hört" (Apg 2,33). Die Gabe des heiligen Geistes hat Christus den Menschen gegeben, da er die Gefangenenschar, die zuvor der Teufel durch die Sünde in die Unterwelt hinabgeführt hatte, durch die Auferstehung von seinem Tod in den Himmel zurückrief: Er stieg also auf in den Himmel, nicht an einen Ort, wo das Wort und Gott vorher nicht gewesen wäre (er war nämlich immer im Himmel und blieb im Vater), sondern wo zuvor das Fleisch gewordene Wort seinen Sitz nicht gehabt hatte. Weil nun dieser Einzug von den Wächtern

---

167 Rufin, *Expositio symboli* 29 (CChr.SL 20, 164,8-165,28 Simonetti).

*potens, dominus potens in proelio."
Quae uox utique non propter diuinitatis potentiam, sed propter nouitatem carnis ascendentis ad dei dexteram ferebatur.*

der himmlischen Tore und den Fürsten des Himmels als neuer betrachtet wurde – als sie sahen, wie die fleischliche Natur in die verborgenen Räume des Himmels einzog –, sprachen sie zueinander, wie David, vom heiligen Geist erfüllt, es ausspricht: „Macht hoch eure Tore, ihr Fürsten, erhebt euch, ewige Pforten, damit der König der Herrlichkeit einziehe. Wer ist der König der Herrlichkeit? Der Herr, stark und mächtig, der Herr, mächtig im Streit" (Ps 24,7 f). Dieser Ruf erfolgte doch nicht in Bezug auf die Macht der Gottheit, sondern wegen der Neuerung, dass das Fleisch aufsteigt zur Rechten Gottes.

Die Haltbarkeit dieser exegetischen Operationen unter den Denkvoraussetzungen einer modernen historisch-kritischen Exegese muss uns hier nicht beschäftigen. Wichtiger ist, dass Rufin eine umfassendere Folge von Christusbewegungen zeichnet, als sie der Text des apostolischen Glaubensbekenntnisses bzw. seiner in Aquileia gebräuchlichen Variante eigentlich hergibt. Er ergänzt nicht nur den Gang in die Unterwelt, der sich auch im Westen erst allmählich als Bestandteil der Glaubensformeln durchsetzen sollte, sondern auch die Präexistenz des Logos, die im Apostolikum und seinen Vorstufen keine Rolle spielt, die Rufin freilich als exzellentem Origenes-Kenner und -Übersetzer vertraut gewesen sein muss. Die Heilstaten Christi werden damit gewissermaßen nach oben und unten dramatischer beschrieben, als sie vor dem 4. Jahrhundert vertraut und akzeptiert waren. Das schließt eine unzweideutige Antwort auf die Frage ein, in welchem Aggregatzustand das Wort nach seinem Heilsgeschäft wieder im Himmel ankommt[168]:

---

[168] Rufin, *Expositio symboli* 30 (CChr.SL 20, 165,1-4 Simonetti).

Sedere quoque ad dexteram patris, carnis adsumptae mysterium est. Neque enim incorporeae illi naturae conuenienter ista absque adsumptione carnis aptantur: neque sedis caelestis profectum diuina natura sed humana conquirit.	Auch das Sitzen zur Rechten des Vaters ist ein Geheimnis, das sich auf die angenommene menschliche Natur bezieht. Denn weder kommt jener unkörperlichen Natur, getrennt gedacht von dem angenommenen Fleische, dies zu, noch ist die Vollendung des himmlischen Sitzes für die göttliche, sondern für die menschliche Natur erforderlich.

Am Ende herrscht nicht einfach derselbe Zustand wie am Anfang – das Wort hat (und macht) Geschichte. Für Rufin ergibt sich damit die folgende modifizierte Sequenzierung:

1	Christus ist (als Wort Gottes) von Ewigkeit her beim Vater
2	Christus wird (als Mensch) vom Heiligen Geist und Maria geboren
3	Christus wird gekreuzigt und begraben
4	Christus steigt herab in die Unterwelt und besiegt den Tod
5	Christus steht am dritten Tage auf
6	Christus rettet die gefangenen Menschenseelen
7	Christus fährt (als Fleisch gewordenes Wort) in den Himmel auf
8	Christus sitzt (als Wort Gottes und Mensch) zur Rechten Gottes
9	Christus kommt zum Gericht wieder

Deutlich ist, dass die vertraute Folge von Heilsereignissen, die auch schon vor dem 4. Jahrhundert in Tauffragen bezeugt ist, damit um einen wesentlichen Ertrag der Debatten des 4. Jahrhunderts ergänzt wird – die Präexistenz des Logos. Zudem wird, so John N. D. Kelly, „dem Bekenntnis eine Dimension mit[geteilt], die diesem bislang gefehlt hatte und deren Fehlen man wohl schmerzlich, wenn auch undeutlich fühlte: eine Erwähnung der von Christus vollendeten Erlösungstat"[169]. Es geht also nicht nur um eine Erzählung von Christus, sondern auch um deren Bedeutung *pro nobis*[170]. Die Heils*geschichte*

---

[169] Kelly 1972, 376.
[170] Kelly 1972, 375 notiert, dass Rufin eine konzeptionelle Transformation der Unterwelt zur Hölle bezogen, wodurch „die Höllenfahrt mehr und mehr als die Gelegenheit der Erlösung begriffen [wurde], der Erlösung nicht nur der alten Patriarchen, sondern der Menschheit allgemein." Daneben habe freilich auch „die ältere Tradition, dass sie [sc. die Höllenfahrt] ganz einfach die natürliche Folge des Todes des Herrn bilde", weiter bestanden. Es ist freilich ein

musste erzählt werden, und zwar denen, die dem christlichen Glauben in der Taufe zustimmen wollten, aber so, dass er ihnen einleuchtete – und das konnte dadurch erreicht werden, dass vertraute, weit in die Religionsgeschichte zurückreichende Erzählmuster von der Unterwelt in christlichen Dienst gestellt und mit den Bewegungen aus dem und in den Himmel in Verbindung gebracht wurden. Die an sich unspektakuläre Beobachtung, dass der christliche Glaube grundlegend durch Sphärenwechsel geprägt ist, wird hier zum systematischen Angelpunkt der knappen, katechetisch verwendbaren Grundformel dieses Glaubens.

3.3.2 Kyrill von Jerusalem, *Catecheses baptismales*

Das gilt *mutatis mutandis* ebenso für die katechetische Unterweisung im Osten, die uns in den Katechesen des Kyrill von Jerusalem überliefert ist. Kyrill hielt in der Fastenzeit des Jahres 351 die umfangreichste Reihe von Taufkatechesen überhaupt, die aus der Spätantike erhalten ist[171], und es ist anzunehmen, dass in den kommenden dreieinhalb Jahrzehnten seines Episkopats (bis 387) die Taufvorbereitung in Jerusalem ebenfalls auf dieser Grundlage erfolgt sein dürfte. Die Grundlage hierfür ist ein Glaubensbekenntnis, das – wie bei Rufin – nicht im Zusammenhang zitiert wird, dessen einzelne Teile aber mit einiger Sicherheit aus den Katechesen 6-18 rekonstruiert werden können, in denen der Bischof den bereits für die Taufe Eingeschriebenen (φωτιζόμενοι) den Gehalt des christlichen Glaubens Stück für Stück darlegt[172]. Weniger die aktuell drängenden Fragen der trinitätstheologischen Orthodoxie stehen im Vordergrund: Das nicaenische ὁμοούσιος wird weder diskutiert noch überhaupt genannt, stattdessen wird Christus seinem Erzeuger als „in allem gleich" (ὅμοιος κατὰ

---

argumentum e silentio, wenn Kelly (ebd. Anm. 24) postuliert: „Die Tatsache, daß die Höllenfahrt so gedeutet wurde, erklärt wahrscheinlich auch, daß sie so oft in Auslegungen des Bekenntnisses mit Stillschweigen übergangen wird."

171 Zu diesen Katechesen vgl. zuletzt Lorgeoux 2018. Im Rahmen des Göttinger SFB 1136 „Bildung und Religion" arbeitet die Verfasserin an einer Dissertation über das katechetische Corpus Kyrills unter dem Aspekt der didaktischen und inhaltlichen Vermittlung religiöser Bildung. Instruktiv ist auch Op de Coul 2016. Die zitierten Texte sind folgender Ausgabe entnommen: Sancti Patris Nostri Cyrilli Hierosolymarum archiepiscopi opera quae supersunt omnia, ed. Wilhelm Karl Reischl / Joseph Rupp, 2 Bde., München 1848/1860 (ND Hildesheim 1967). Die Übersetzungen folgen Philipp Haeuser, Cyrillus von Jerusalem. Katechesen, BKV 41, Kempten/München 1922. Kleinere Änderungen werden nicht eigens vermerkt.

172 Textrekonstruktion nach Kelly 1972, 182 f = Kinzig I, § 147.

πάντα) bezeichnet. Das aber bedeutet nach Kyrill: „Da der Vater wahrer Gott ist, war der Sohn, den er erzeugte, ihm ähnlich: wahrer Gott"[173]. Jenseits der Frage einer präzisen Begriffssprache war Kyrill an der verlässlichen Belehrung der Taufaspiranten über den Glauben gelegen, den sie lernen und lebenspraktisch umsetzen sollen. Entsprechend bieten die einleitenden Katechesen ein Kompendium christlicher Alltagsethik, wodurch die ein für alle Mal getroffene Entscheidung (προαίρεσις) für die Taufe sichtbare Gestalt gewinnen soll.

Im Folgenden wird lediglich auf die Beschreibung der christologischen Sphärenwechsel eingegangen, die – wie bei Rufin – ein zentrales Strukturmoment der Taufunterweisung darstellen. „Mythisch" durfte man solche Wirklichkeitsverständnisse freilich auf gar keinen Fall nennen. Das wird vor allem in der 14. Katechese thematisiert. Bevor Kyrill sich hier der Auferstehung Jesu widmet, betont er ihre Historizität durch präzise Abgrenzung zu anderen Formen des Erzählens von Göttlichem[174]:

ἵνα τῶν εὐαγγελίων ἀναγινωσκομένων μὴ μῦθοι μηδὲ ῥαψῳδίαι νομίζωνται τῶν ἁγίων εὐαγγελίων αἱ διηγήσεις.	Man soll nämlich bei Verlesung der Evangelien nicht meinen, das, was die heiligen Evangelien erzählen, seien Mythen und Erdichtungen.

„Mythen" (μῦθοι) und „Erdichtungen" (ῥαψῳδίαι) stehen also bei Kyrill dem Zeugnis der Bibel gegenüber, das in seinen Katechesen ausgiebig, ja redundant, vor allem aber eklektisch zur Sprache gebracht wird. Kyrill betont, dass die himmlische Präsenz des Logos nicht erst nach der *ascensio*, sondern von Anfang an der Fall war[175]. Das Jerusalemer Bekenntnis ging (anders als das Apostolikum und seine Vorformen) ausdrücklich auf diese Präexistenz des Logos ein:

---

[173] Kyrill von Jerusalem, *Catecheses* 11,9 (I, 300 Reischl/Rupp): Θεὸς γὰρ ἀληθινὸς ὢν ὁ Πατήρ, ὅμοιον ἑαυτῷ ἐγέννα τὸν Υἱόν, Θεὸν ἀληθινόν. Kyrill nahm in den damaligen Diskussionen nur zurückhaltend Stellung. Gleichwohl näherten sich Theologen, die in dieser Weise von der Gleichheit von Vater und Sohn und von dessen wahrem Gott-Sein sprachen, im Laufe der 350er Jahre den strikten Verfechtern des Nicaenums wie Athanasius an; vgl. die Verwendung der im Text zitierten Formulierung im Traktat der „Homöusianer" Georg von Laodicea und Basilius von Ankyra (358; AW III/4, Dok. 58; 429,8 f Brennecke u. a.). Entsprechend galt Kyrill späteren Generationen als Stütze der (nicaenischen) Orthodoxie.
[174] Kyrill von Jerusalem, *Catecheses* 14,2 (II, 108 Reischl/Rupp).
[175] Kyrill von Jerusalem, *Catecheses* 14,27 (II, 144-146 Reischl/Rupp): μήτε δὲ ἀνεχώμεθα τῶν λεγόντων κακῶς, ὅτι μετὰ τὸν σταυρὸν καὶ τὴν ἀνάστασιν καὶ τὴν εἰς οὐρανοὺς ἄνοδον τότε ἤρξατο τοῦ ἐκ δεξιῶν τοῦ πατρὸς καθέζεσθαι ὁ υἱός. οὐ γὰρ ἐκ προκοπῆς ἔσχε τὸν θρόνον, ἀλλὰ ἀφ' οὗπερ ἐστίν, ἔστι δὲ ἀεὶ γεννηθείς, καὶ συγκαθέζεται τῷ πατρί.

Christus, der „Herr" (κύριος) und „Einziggeborene" (μονογενής), ist „als wahrer Gott aus dem Vater geboren vor aller Zeit; durch ihn ist alles geschaffen" (τὸν ἐκ τοῦ πατρὸς γεννηθέντα πρὸ πάντων τῶν αἰώνων, δι' οὗ τὰ πάντα ἐγένετο; vgl. Joh 1,3; 1 Kor 8,6). In einem einleitenden Summarium der zehn wichtigsten Glaubensartikel fasst Kyrill dies wie folgt zusammen[176]:

Τὸν οὐκ ἐν χρόνοις τὸ εἶναι κτησάμενον, ἀλλὰ πρὸ πάντων τῶν αἰώνων ἀϊδίως καὶ ἀκαταλήπτως ἐκ τοῦ πατρὸς γεγεννημένον. Τὴν σοφίαν Θεοῦ καὶ τὴν δύναμιν, καὶ τὴν δικαιοσύνην τὴν ἐνυπόστατον. Τὸν ἐν δεξιᾷ τοῦ πατρὸς πρὸ πάντων τῶν αἰώνων καθεζόμενον. Οὐ γὰρ, ὥς τινες ἐνόμισαν, μετὰ τὸ πάθος στεφανωθεὶς, ὥσπερ ὑπὸ τοῦ Θεοῦ διὰ τὴν ὑπομονὴν ἔλαβε τὸν ἐν δεξιᾷ θρόνον· ἀλλ' ἀφ' οὗπέρ ἐστιν, ἔστι δὲ γεννηθεὶς ἐκ πατρὸς ἀεὶ ἔχει τὸ βασιλικὸν ἀξίωμα· συγκαθεζόμενος τῷ πατρὶ, Θεὸς ὢν καὶ σοφία καὶ δύναμις, καθὼς εἴρηται. Τῷ πατρὶ συμβασιλεύων καὶ πάντων διὰ τὸν πατέρα δημιουργός.	Nicht in der Zeit hat er das Sein erhalten, sondern vor aller Ewigkeit ist er ewig vom Vater in unfassbarer Weise geboren worden. Er ist die Weisheit Gottes und die persönliche, wesenhafte Kraft und Gerechtigkeit. Er sitzt zur Rechten des Vaters vor aller Ewigkeit. Denn nicht ist er, wie einige geglaubt haben, nach seinem Leiden gewissermaßen von Gott gekrönt worden, nicht hat er wegen seiner Geduld den Thron zur Rechten erhalten, sondern seitdem er ist – er ist aber ewig erzeugt –, hat er die königliche Würde und thront mit dem Vater, da er, wie gesagt, Gott, Weisheit und Kraft ist. Er regiert zugleich mit dem Vater und hat alles um des Vaters willen erschaffen.

Das Hylemschema der Divinisierung eines verdienten Menschen, Heroen oder Göttersohnes wird also ausdrücklich abgelehnt: Was der Logos ist, ist er von Ewigkeit her, so dass es derselbe ist, der schon immer bei Gottes Thron weilte und auch jetzt (wieder) zu dessen Rechten sitzt[177]. Diese ewige Mitherrschaft geht über die in Ps 110,1 überlieferte Inthronisationsvorstellung hinaus; sie lässt an das oben erwähnte Phänomen eines „Doppelthrones" denken, das mit einem monotheistischen Gottesbild nicht ohne Weiteres zu vereinbaren war – ein Problem, dem Kyrill ausweicht, indem er feststellt, dass die Natur dieses Thrones für den Menschen ohnehin nicht einsichtig zu machen sei[178]. Entscheidend ist,

---

176 Kyrill von Jerusalem, *Catecheses* 4,7 (I, 96-98 Reischl/Rupp).
177 Zur Himmelfahrt vgl. summarisch Kyrill von Jerusalem, *Catecheses* 4,14 (I, 104 Reischl/Rupp).
178 Vgl. Kyrill von Jerusalem, *Catecheses* 14,27 (II, 144 Reischl/Rupp).

dass sich das göttliche von einem menschlichen Wort darin unterscheidet, dass es präexistent und eigenständig aktiv ist[179]:

Ἡμεῖς δὲ οἴδαμεν τὸν Χριστὸν γεννηθέντα λόγον οὐ προφορικὸν, ἀλλὰ Λόγον ἐνυπόστατον, ζῶντα, οὐ χείλεσι λαληθέντα καὶ διαχυθέντα, ἀλλ' ἐκ Πατρὸς ἀϊδίως καὶ ἀνεκφράστως, καὶ ἐν ὑποστάσει γεννηθέντα. Ἐν ἀρχῇ γὰρ ἦν ὁ Λόγος, [καὶ ὁ Λόγος ἦν πρὸς τὸν Θεὸν, καὶ Θεὸς ἦν ὁ Λόγος] ἐν δεξιᾷ καθεζόμενος, Λόγος νοῶν τοῦ Πατρὸς τὸ βούλημα καὶ δημιουργῶν τὰ πάντα τῷ ἐκείνου νεύματι. Λόγος ὁ καταβὰς καὶ ἀναβάς· ὁ γὰρ προφορικός, λαλούμενος οὐ καταβαίνει οὐδὲ ἀναβαίνει.	Christus aber wurde, wie wir wissen, nicht als ein flüchtiges Wort geboren, sondern als persönliches, lebendiges Wort. Nicht wurde dieses Wort mit Lippen gesprochen, und nicht ist es zerronnen, sondern es wurde ewig aus dem Vater in unaussprechlicher Weise als Hypostase geboren. Denn „im Anfang war das Wort[, und das Wort war bei Gott, und Gott war das Wort]" (Joh 1,1). Zur Rechten sitzt das Wort, erkennt den Willen des Vaters und schafft alles nach dem Willen des Vaters. Das Wort stieg herab und stieg hinauf (vgl. Eph 4,10), während das flüchtig gesprochene Wort weder herab- noch hinaufsteigt.

Ebenso nimmt Kyrill gewissermaßen die Argumentation Rufins vorweg, dass Christus „allein in den Hades hinabstieg und ihn (sc. bei seiner Auferstehung) mit reichem Gefolge verließ"[180]. Doch hier kommt auch ein neuer Akzent hinzu:

Ἐξεπλάγη ὁ θάνατος θεωρήσας καινόν τινα κατελθόντα εἰς ᾅδην δεσμοῖς τοῖς αὐτόθι μὴ κατεχόμενον. Τίνος ἕνεκεν, ὦ πυλωροὶ ᾅδου, τοῦτον ἰδόντες ἐπτήξασθε; τίς ὁ κατέχων ὑμᾶς ἀσυνήθης φόβος; ἔφυγεν ὁ θάνατος καὶ φυγῇ τὴν δειλίαν ἠλέγχετο. Προσέτρεχον οἱ ἅγιοι προφῆται καὶ Μωυσῆς ὁ νομοθέτης καὶ Ἀβραὰμ καὶ Ἰσαὰκ καὶ Ἰακώβ, Δαβίδ τε καὶ Σαμουὴλ καὶ Ἡσαΐας καὶ ὁ	Der Tod erschrak, als er sah, wie ein Fremder in den Hades kam, ohne von den Ketten des Todes gefesselt zu sein. Warum, ihr Torhüter des Hades, seid ihr bei seinem Anblick erschrocken (vgl. Hiob 38,17 LXX)? Vor wem habt ihr wider eure Gewohnheit euch gefürchtet? Der Tod floh und hat durch seine Flucht seine Furchtsamkeit verraten. Da eilten sie herbei, die

---

179 Kyrill von Jerusalem, *Catecheses* 11,10 (I, 302 Reischl/Rupp).
180 Kyrill von Jerusalem, *Catecheses* 14,18 (II, 132 Reischl/Rupp): τοῦ μόνου μὲν καταβάντος εἰς ᾅδην, πολλοστοῦ δὲ ἀναβάντος.

βαπτιστὴς Ἰωάννης ὁ λέγων καὶ μαρτυρῶν· „σὺ εἶ ὁ ἐρχόμενος ἢ ἕτερον προσδοκῶμεν;" ἐλυτροῦντο πάντες οἱ δίκαιοι, οὓς κατέπιεν ὁ θάνατος. ἔδει γὰρ τὸν κηρυχθέντα βασιλέα τῶν καλῶν κηρύκων γενέσθαι λυτρωτήν.

himmlischen Propheten, der Gesetzgeber Moses, Abraham, Isaak und Jakob, David und Samuel, Isaias und Johannes, der Täufer, welcher es bezeugt hatte: ‚Du bist es, der kommen soll. Oder haben wir einen anderen zu erwarten?' (Mt 11,3) Erlöst wurden alle Gerechte, welche der Tod verschlungen hatte. So gehörte es sich nämlich, daß die trefflichen Herolde von dem König, den sie verkündet hatten, erlöst werden[181].

Ein solcher Schock des subterranen Wachpersonals steht auch in der oben zitierten 4. Sirmischen Formel, nur wenige Jahre nach den Katechesen – und danach nicht wieder. Das soeben Geschilderte hat freilich eine höchst interessante Parallele bei dem persischen Weisen und Lehrer Aphrahat, dessen „Unterweisungen" (verfasst um 340 n. Chr.) als erstes Zeugnis einer eigenständigen, vom Griechischen nicht beeinflussten christlichen syrischen Literatur gelten. In der 22. Unterweisung, die dem Tod und dem Weltende gewidmet ist, schreibt Aphrahat:

> Als Jesus, der Töter des Todes, kam, zog er den Leib an aus dem Samen Adams, wurde in seinem Leibe gekreuzigt und kostete den Tod. Als dieser spürte, daß er zu ihm herabsteigen wollte, erbebte er an seinem Ort und war verwirrt, als er Jesus sah. Er schloß seine Pforten (vgl. Mt 16,18) und wollte ihn nicht aufnehmen. Darauf zerbrach er (sc. Jesus) seine Pforten, trat bei ihm ein und begann seinen ganzen Besitz zu plündern... Der Tod kostete das Gift, das ihn tötete, und seine Hände erschlafften; er erkannte, daß die Toten auflebten und seiner Knechtschaft entkamen... (Er) jammerte und schrie laut und bitterlich: „Verschwinde von meiner Stätte und komm nicht wieder! Wer ist denn dieser, daß er meine Stätte lebendig betritt?[182]"

---

181 Kyrill von Jerusalem, *Catecheses* 14,19 (II, 132 Reischl/Rupp). Vgl. bereits das Summarium der Unterweltsfahrt Christi samt Personeninventar von Jesaja bis zu Johannes dem Täufer in *Catecheses* 4,11 (I, 100-102 Reischl/Rupp).
182 Übersetzung: Aphrahat, *Demonstrationes* 22,4 (FC 5/2, 501 Bruns); vgl. auch *Demonstrationes* 14,31 (a. a. O. 362 f). Zum Motiv des Erschreckens der Unterweltmächte vgl. Kroll 1932, 29-58. Ein schönes Beispiel ist Ps.-Athanasius, *De virginitate* 16 (TU N.F. 29/2a, 51,12-21 von der Goltz); vgl. hierzu Frenschkowski 2018, 261 mit Verweis auf Kroll 1932, 56 f.

Aphrahat bestätigt also, dass gegen Mitte des 4. Jahrhunderts der Auftritt Jesu in der Unterwelt an ganz verschiedenen Orten dramatisch gestaltet wurde, in Persien wie in Palästina. In beiden Fällen wird eine zu katechetischen Zwecken verstärkte Narrativierung erkennbar, die bei aller biblischen Untermalung doch verdächtig an „Mythen und Erdichtungen" erinnert – auch wenn Kyrill das, wie gesehen, vorsichtshalber bestritt. Ebenso wird im Wechselspiel mit der erzählerischen Ausmalung und biblischen Unterfütterung der Glaubensartikel eine Kontraktion des mythischen Stoffes sichtbar, wenn Kyrill am Ende der 14. Katechese eine gebetsartige Anrufung an Gott richtet[183]:

Αὐτὸς δὲ ὁ τῶν ὅλων θεὸς ὁ τοῦ Χριστοῦ πατὴρ καὶ ὁ κύριος ἡμῶν Ἰησοῦς Χριστὸς ὁ καταβὰς καὶ ἀναβὰς καὶ τῷ πατρὶ συγκαθεζόμενος φυλάξειε τὰς ὑμετέρας ψυχάς, ἄσειστον ὑμῶν καὶ ἄτρεπτον τὴν ἐλπίδα τὴν εἰς τὸν ἀναστάντα διατηρήσειεν ... παράσχοι δὲ τοῖς πᾶσιν ὑμῖν πιστεύειν μὲν εἰς τὸν ἀναστάντα, ἐκδέχεσθαι δὲ τὸν ἀνελθόντα καὶ πάλιν ἐρχόμενον.	Er aber, der Gott aller, der Vater Christi, und unser Herr Jesus Christus, der herab- und wieder hinaufgestiegen ist und zugleich mit dem Vater thront, schütze eure Seelen! Unerschütterlich und unveränderlich erhalte er eure Hoffnung auf den Auferstandenen! ... Er verleihe euch allen, an den Auferstandenen zu glauben, den zu erwarten, der aufgefahren ist und wiederkommt!

Die extrem verdichtete Ereignissequenz im ersten Satz (ὁ καταβὰς καὶ ἀναβὰς καὶ τῷ πατρὶ συγκαθεζόμενος) macht noch einmal deutlich, worin die Pointe der Katechese zu suchen ist: Es ist ein und derselbe, der in rascher Folge unterschiedliche Sphärenwechsel absolviert. Wie das trinitätstheologisch und christologisch (im Blick auf die Realität der Menschwerdung des Gottessohnes) in begrifflicher Präzision zu durchdenken wäre, war weder Kyrills Interesse, noch lag es (soweit wir sehen) im Bereich seiner Möglichkeiten. Didaktisch setzte er hingegen Maßstäbe für seine Zeit.

Eine Hylemsequenz der gesamten Katechesen sähe so aus (man beachte, dass auch der Tod als Subjekt erscheint!):

---

183 Kyrill von Jerusalem, *Catecheses* 14,30 (II, 148–150 Reischl/Rupp). Zu diesem verbreiteten soteriologischen Skopus vgl. aus der Folgezeit z. B. Theodor von Mopsuestia, *Homiliae catecheticae* 7,6-10 (FC 17/1, 174–177 Bruns).

1	Christus ist (von Ewigkeit her) beim Vater
2	Christus steigt herab in die Welt und wird Mensch
3	Christus steigt herab in die Unterwelt
4	Der Tod erschrickt und flieht bei Christi Kommen
5	Christus erlöst die Gerechten vom Tod
6	Christus fährt in den Himmel auf
7	Christus sitzt (wie von Anfang an) zur Rechten Gottes
8	Christus kommt zum Gericht wieder

4 Die Himmelfahrt der menschlichen Seele als Nutzanwendung

Den Zusammenhang von *descensus Christi* und Erlösung der Menschen möchte ich abschließend noch in eine andere Richtung verfolgen, die über den engeren Bereich von Glaubensformeln und deren katechetischer Vermittlung hinausreicht. Dass die Menschwerdung, Kreuzigung und Auferstehung Christi dem Tod die Macht über die sündhaften Menschen genommen hat, ist der Grundgedanke der spätantiken Soteriologie – pointiert formuliert bei Athanasius von Alexandrien: „Gott wurde Mensch, damit wir Menschen vergöttlicht würden"[184].

Athanasius kennt aber noch eine andere Variante von Sphärenwechseln, wobei der Fokus nicht auf der Erlösung der in der Unterwelt gefangenen Toten, sondern auf dem direkten Aufstieg von Verstorbenen zu Gott liegt – keine Himmelfahrt wie bei Henoch und Elia, eher eine Analogie zur Auffahrt eines verstorbenen und zu konsekrierenden Kaisers[185]. Bei Athanasius geht es ganz handfest darum, „nach oben" zu gelangen, d. h. konkret: durch die Luft – und diese ist das Revier seiner Dämonen, eine Vorstellung, die sich bei Platon und – oft ergänzt durch den Teufel als Herrn der Dämonen – auch in frühchristlichen

---

[184] Athanasius, *De incarnatione verbi* 54,3 (SC 199, 458,13 f Kannengiesser): Αὐτὸς γὰρ ἐνηνθρώπησεν, ἵνα ἡμεῖς θεοποιηθῶμεν.
[185] Eine Analogie stellt z. B. die zeitgenössische Konsekration Kaiser Konstantins dar, dokumentiert unter anderem auf einer Münze, die unmittelbar nach seinem Tod geprägt wurde (RIC VIII 39; vgl. Backhaus 2014, 286-290). Die Tradition von *ascensus*-Vorstellungen im spätantiken und mittelalterlichen Christentum skizziert Baun 2009.

Texten findet[186]. Mit gehöriger Dramatik wird dies in der *Vita Antonii*, dem ersten christlichen Heiligenleben überhaupt, geschildert[187]:

Μέλλων γὰρ ἐσθίειν ποτέ, καὶ ἀναστὰς εὔξασθαι περὶ τὴν ἐνάτην ὥραν, ᾔσθετο ἑαυτὸν ἁρπαγέντα τῇ διανοίᾳ. Καί, τὸ παράδοξον, ἑστὼς ἔβλεπεν ἑαυτὸν ὥσπερ ἔξωθεν ἑαυτοῦ γινόμενον καὶ ὡς εἰς τὸν ἀέρα ὁδηγούμενον ὑπό τινων· εἶτα πικροὺς καὶ δεινούς τινας ἑστῶτας ἐν τῷ ἀέρι καὶ θέλοντας αὐτὸν κωλῦσαι ὥστε μὴ διαβῆναι. Τῶν δὲ ὁδηγούντων ἀντιμαχομένων, ἀπῄτουν ἐκεῖνοι λόγον, εἰ μὴ ὑπεύθυνος αὐτοῖς εἴη. Θελόντων τοίνυν συνᾶραι λόγον ἀπὸ τῆς γενέσεως, ἐκώλυον οἱ τὸν Ἀντώνιον ὁδηγοῦντες, λέγοντες ἐκείνοις· „Τὰ μὲν τῆς γενέσεως ὁ Κύριος ἀπήλειψεν· ἐξ οὗ δὲ γέγονε μοναχὸς καὶ ἐπηγγείλατο τῷ θεῷ, ἐξέστω λόγον ποιῆσαι." Τότε κατηγορούντων καὶ μὴ ἐλεγχόντων, ἐλευθέρα γέγονεν αὐτῷ καὶ ἀκώλυτος ἡ ὁδός. Καὶ εὐθὺς εἶδεν ἑαυτὸν ὥσπερ ἐρχόμενον καὶ πρὸς ἑαυτὸν ἑστῶτα, καὶ πάλιν ἦν ὅλος Ἀντώνιος. Τότε τοῦ μὲν φαγεῖν αὐτὸς ἐπιλαθόμενος, ἔμεινε τὸ λοιπὸν τῆς ἡμέρας καὶ δι' ὅλης τῆς νυκτὸς στενάζων καὶ εὐχόμενος. Ἐθαύμαζε γὰρ βλέπων πρὸς πόσους ἡμῖν ἐστιν ἡ πάλη καὶ διὰ πόσων πόνων ἔχει τις διαβῆναι τὸν ἀέρα.	Als Antonius einmal essen wollte und sich um die neunte Stunde erhob, um zu beten, da fühlte er sich selbst im Geiste ergriffen. Und – wie befremdlich! – er stand da und sah sich selbst, als ob er außerhalb seiner wäre und von gewissen (Wesen) in die Luft entführt würde; dann standen da andere widerwärtige und schreckliche (Wesen) in der Luft, die ihn am Hindurchgehen hindern wollten. Die, die ihn geleiteten, leisteten Widerstand, jene forderten Rechenschaft, warum er nicht ihnen gegenüber schuldig sei. Als sie nun die Rechnung erstellen wollten seit der Geburt, verhinderten das die, welche Antonius geleiteten, und sagten zu jenen: „Das seit der Geburt hat der Herr getilgt. Von da ab, als er Mönch wurde und dies Gott verkündete, sei es euch erlaubt, eine Rechnung aufzumachen!" Da klagten sie (ihn) an, ohne (ihn) zu überführen, und so war der Weg für ihn frei und ungehindert. Und sogleich sah er sich selbst gleichsam zurückgehen und bei sich stehen und war wieder ganz Antonius. Da vergaß er zu essen und blieb den restlichen Tag und die Nacht über

---

186 Vgl. Platon, *Epinomis* 984e (ἀέριον δὲ γένος); aus der frühchristlichen Literatur (dazu Gemeinhardt 2013b, 562) vgl. z. B. Eph 2,2; 6,12; Tatian, *Oratio ad Graecos* 15,6-8 (SAPERE 28, 66 Nesselrath); Athenagoras, *Legatio pro Christianis* 25,1 (PTS 31, 8,1-5 Marcovich); aus der späteren monastischen Literatur Johannes Cassian, *Collationes* VIII 12,1 (CSEL 13, 227,26-228,12 Petschenig).
187 Athanasius, *Vita Antonii* 65,2-6 (FC 69, 250,7-24 Gemeinhardt); Übersetzung a. a. O. 251.

> seufzend und betend. Er wunderte sich nämlich, gegen wie viele Feinde wir den Kampf zu bestehen haben und unter welchen Mühen man die Luft durchwandern muss.

Die gute Nachricht ist: Konsequente Askese bewahrt die Sündlosigkeit, die durch die Taufe bewirkt wird, und ermöglicht das gefahrlose Durchwandern der Luft. Die Szene wiederholt sich im folgenden Kapitel in ganz ähnlicher Weise, und schon zuvor wird berichtet, dass Antonius in einer Vision die von Engelschören begleitete Himmelfahrt des verstorbenen Asketen Amun geschaut hatte[188]. Offenbar war es für Athanasius und die Leserschaft, auf die er mit der *Vita Antonii* zielte, eine wichtige Frage, „welcher Ort der Seele nach diesem Leben zukomme"[189]. Das war nicht nur im Blick auf langjährige Asketen wie Antonius von Interesse, deren postmortalem Geschick man optimistisch entgegensehen durfte, sondern auch und gerade für die „normalen" Christen, deren unmittelbare Errettung keineswegs gesichert erscheinen konnte. Hier fand der Bischof von Alexandrien eine pastorale Nutzanwendung für den in Glaubensbekenntnissen und Katechesen überlieferten und vermittelten Christusmythos. Im Jahr 350, praktisch zeitgleich mit Kyrills Katechesen, schrieb Athanasius in seinem Osterfestbrief an die Gemeinden in Ägypten[190]:

| Ἵν' ὁ Κύριος ἡμῶν Ἰησοῦς ὁ Χριστός, ὁ τὸν ὑπὲρ πάντων ἀναδεξάμενος θάνατον οὐκ ἐν γῇ τινι κάτω, ἀλλ' ἐν αὐτῷ τῷ ἀέρι τὰς χεῖρας ἥπλωσεν, ἵνα πάντων τῶν ἀπανταχοῦ τὸ διὰ τοῦ σταυροῦ σωτήριον εἶναι δειχθῇ, τὸν μὲν ἐν τῷ ἀέρι ἐνεργοῦντα διάβολον | Damit unser Herr Jesus Christus, der den Tod für uns alle auf sich nahm und nicht in irgendeiner Erde unten, sondern in der Luft selbst seine Arme entfaltet hat, damit (durch ihn) gezeigt werde, daß das Heil aller überall im Kreuz bestünde. Deshalb über- |

---

188 Athanasius, *Vita Antonii* 60,1 f (FC 69, 242,13-18 Gemeinhardt). Zu Amun, seinem Verhältnis zu Antonius und den sich um ihn rankenden Geschichten sowie zu anderen zeitgenössischen Visionen vom Tod verstorbener Asketen vgl. in der zitierten Ausgabe S. 242 f Anm. 348.350.
189 Athanasius, *Vita Antonii* 66,2 (FC 69, 252,17 f Gemeinhardt): ποῖος μετὰ ταῦτα τόπος αὐτῇ ἔσται.
190 Athanasius, *Epistula festalis* 22, zitiert in: Cosmas Indicopleustes, *Topographia christiana* 10,4 (SC 197, 243,1-6 Wolska-Conus). Übersetzung: H. Schneider, Kosmas Indikopleustes, Christliche Topographie. Textkritische Analysen, Übersetzung, Kommentar, Indicopleustoi 7, Turnhout 2010, 212.

καθελών, τὴν δὲ εἰς οὐρανὸν ἡμῖν ἄνοδον ἐγκαινίσῃ καὶ ἐλευθέραν κατασκευάσῃ.

wand er den Teufel, der in der Luft wirkte, und bahnte uns einen neuen Weg und verschaffte uns so die Freiheit.

Athanasius fasste damit zusammen, was er schon einige Jahre zuvor in seiner apologetischen Schrift *De incarnatione verbi* über den Luftkampf zwischen Christus und Teufel gesagt hatte[191]:

Καὶ πάλιν εἰ ὁ ἐχθρὸς τοῦ γένους ἡμῶν διάβολος, ἐκπεσὼν ἀπὸ τοῦ οὐρανοῦ, περὶ τὸν ἀέρα τὸν ὧδε κάτω πλανᾶται, κἀκεῖ τῶν σὺν αὐτῷ δαιμόνων ὡς ὁμοίων ἐν τῇ ἀπειθείᾳ ἐξουσιάζων, φαντασίας μὲν δι' αὐτῶν ἐνεργεῖ τοῖς ἀπατωμένοις, ἐπιχειρεῖ δὲ τοῖς ἀνερχομένοις ἐμποδίζειν· καὶ περὶ τούτου φησὶν ὁ Ἀπόστολος· „Κατὰ τὸν ἄρχοντα τῆς ἐξουσίας τοῦ ἀέρος, τοῦ νῦν ἐνεργοῦντος ἐν τοῖς υἱοῖς τῆς ἀπειθείας", ἦλθε δὲ ὁ Κύριος ἵνα τὸν μὲν διάβολον καταβάλῃ, τὸν δὲ ἀέρα καθαρίσῃ, καὶ ὁδοποιήσῃ ἡμῖν τὴν εἰς οὐρανοὺς ἄνοδον..., τοῦτο δὲ ἔδει γενέσθαι διὰ τοῦ θανάτου· ποίῳ δ' ἂν ἄλλῳ θανάτῳ ἐγεγόνει ταῦτα, ἢ τῷ ἐν ἀέρι γενομένῳ, φημὶ δὴ τῷ σταυρῷ; Μόνος γὰρ ἐν τῷ ἀέρι τις ἀποθνῄσκει, ὁ σταυρῷ τελειούμενος. Διὸ καὶ εἰκότως τοῦτον ὑπέμεινεν ὁ Κύριος.

Wenn der Feind unseres Geschlechts, der Teufel, aus dem Himmel verstoßen wird, in der unteren Luft umherirrt und über seine Dämonen, die ihn begleiten und ihm im Ungehorsam gleich sind, gebietet, mit Blendwerken auf die Phantasie einwirkt und die Aufwärtsstrebenden zurückzuhalten sucht – hierüber bemerkt der Apostel: „Unter dem Einfluss des Fürsten, der Macht hat in dieser Luft, des Geistes, der jetzt wirkt in den Söhnen des Ungehorsams" (Eph 2,2) –, wenn aber der Herr gekommen ist, den Teufel zu stürzen, die Luft zu reinigen und uns den Weg zum Himmel zu bahnen..., und dies durch den Tod geschehen musste, durch welchen anderen Tod wäre das geschehen als durch den in der Luft, durch den am Kreuz? Denn nur dann stirbt einer in der Luft, wenn er sein Leben am Kreuz beschließt. Darum hat auch mit Recht der Herr diesen Tod erduldet.

---

191 Athanasius, *De incarnatione verbi* 25,5 (SC 199, 356,20-358,35 Kannengiesser); Übersetzung: U. Heil, Athanasius von Alexandrien, Gegen die Heiden. Über die Menschwerdung des Wortes Gottes, Frankfurt/Leipzig 2008, 106 f.

Abweichend von der Tradition der Glaubensbekenntnisse wird hier also nicht die Unterwelt, sondern gewissermaßen eine Zwischenwelt zum Schauplatz der Erlösung[192]:

Οὕτω γὰρ ὑψωθείς, τὸν μὲν ἀέρα ἐκαθάριζεν ἀπό τε τῆς διαβολικῆς καὶ πάσης τῶν δαιμόνων ἐπιβουλῆς λέγων· „Ἐθεώρουν τὸν Σατανᾶν ὡς ἀστραπὴν πεσόντα", τὴν εἰς οὐρανοὺς ἄνοδον ὁδοποιῶν ἐνεκαίνιζε λέγων πάλιν· „Ἄρατε πύλας οἱ ἄρχοντες ὑμῶν καὶ ἐπάρθητε πύλαι αἰώνιοι." Οὐ γὰρ αὐτὸς ὁ Λόγος ἦν ὁ χρῄζων ἀνοίξεως τῶν πυλῶν, πάντων Κύριος ὤν, οὐδὲ κεκλεισμένον ἦν τι τῶν ποιημάτων τῷ ποιητῇ, ἀλλ' ἡμεῖς ἦμεν οἱ χρῄζοντες, οὓς ἀνέφερεν αὐτὸς διὰ τοῦ ἰδίου σώματος αὐτοῦ. Ὡς γὰρ ὑπὲρ πάντων αὐτὸ προσήνεγκε τῷ θανάτῳ, οὕτως δι' αὐτοῦ πάλιν ὡδοποίησε τὴν εἰς οὐρανοὺς ἄνοδον.	So erhöht, reinigte er die Luft von der Nachstellung des Teufels und jedem Anschlag der bösen Geister, wie er selber sagt: „Ich sah Satan wie einen Blitz niederfallen" (Lk 10,18). Und er eröffnete uns wieder den Weg zum Himmel, wie er wieder sagt: „Erhebt eure Tore, ihr Fürsten, erhebt euch, ihr ewigen Tore!" (Ps 24,7). Das Wort selber hatte nicht nötig, dass ihm die Tore geöffnet wurden, da es der Herr aller Dinge ist; auch gibt es kein geschaffenes Ding, das dem Schöpfer verschlossen wäre. Wohl aber bedurften wir solcher Öffnung, die er mit seinem eigenen Leib emportrug. Wie er nämlich diesen für alle dem Tod überantwortete, so bahnte er wieder durch ihn für uns den Weg zum Himmel.

Wie schon bei Rufin wird der uns aus dem Advent vertraute Ps 24 (23) zum Ruf beim Einzug in den Himmel[193]; aber die entscheidende Schlacht wird nicht unterirdisch, im Zuge des *descensus*, geschlagen, sondern oberirdisch, indem Christus vor aller Augen ans Kreuz erhöht wird und dort, gewissermaßen knapp oberhalb des Niveaus des Alltagslebens, auf die gefährlichsten Feinde der Menschen trifft. Es ist nicht erstaunlich, dass das christliche Wirklichkeitsverständnis mit Dämonen rechnet; aber es ist signifikant, wie hier das, was den Menschen vom Himmel fernhält, konkret wird. Die Zahl der relevanten Sphären ist dabei reduziert, die Bedeutung des Christusgeschehens für das ewige Leben der

---

192 Athanasius, *De incarnatione verbi* 25,6 (SC 199, 358,35-45 Kannengiesser): Übersetzung Heil, 108. Zu dieser und vergleichbaren Beschreibungen des spirituellen Ertrags der Himmelfahrt Christi vgl. Meiser 2016, 102.
193 Diese Psalmverse begegnen gleich mehrmals im Nikodemusevangelium (siehe oben Anm. 94), aber auch schon bei Justin, *1 Apologia* 51,6 f (208,24-27 Minns/Parvis).

Christen (und damit auch für die Gestaltung des Lebens vor dem Tod) bleibt jedoch bestehen; dabei ist deutlich, wie unterschiedlich derselbe Stoff – die Erlösung durch Christus – konfiguriert werden konnte. Nimmt man hier eine Sequenzierung vor, sieht das Ergebnis (unter Einbezug dessen, was sich aus Athanasius' Werk insgesamt ergibt) so aus:

1	Christus ist (von Ewigkeit her) beim Vater
2	Christus steigt herab in die Welt und wird Mensch
3	Christus wird ans Kreuz geschlagen
4	Christus besiegt am Kreuz („in der Luft") den Teufel
5	Christus eröffnet den Menschen den Weg in den Himmel
6	Christus fährt in den Himmel auf
7	Christus sitzt (wie von Anfang an) zur Rechten Gottes

Damit lässt sich die oben angestellte Vermutung um eine Facette erweitern: Möglicherweise gewann der *descensus Christi* in der griechischen Theologie nicht lediglich deshalb nur beschränkte Prominenz, weil sich die „falschen" Theologen zum falschen Zeitpunkt darum bemühten, sondern auch, weil es Alternativen gab, und zwar (hier nur im Blick auf Athanasius' Oeuvre) in apologetischen (*De incarnatione verbi*), pastoralen (*Epistula festalis* 22) und frömmigkeitstheologischen (*Vita Antonii*) Kontexten. Dafür gab es wiederum, wie angedeutet, sowohl philosophische als auch biblische Referenztexte. Diese ermöglichten es, von Christus in ganz unterschiedlicher Weise zu erzählen – aber nicht in jeder Hinsicht; die vorgeführten Sequenzierungen machen vielmehr deutlich, dass vor allem die Peripetie des Heilshandelns (Kreuz, Niederfahrt, Auferstehung, Himmelsaufstieg) stabil blieb. Für die zu Athanasius' Lebzeiten unabgeschlossene Diskussion über die Präexistenz des Logos und seine Wesensgleichheit mit dem Vater waren andere Aspekte anscheinend nicht der kreativen Ausgestaltung anheim gestellt, sondern bildeten eine Grundstruktur aus einem recht einheitlichen mythischen *Stoff*. Auf dieser Basis konnten sich Nicaener, Homöer und andere Beteiligte treffen und die ungeklärten Fragen teils subtil, teils engagiert bis zur offenen Aggression diskutieren. Zugleich war diese Basis aber für Kyrill, Athanasius und andere von mythischen *Texten* und ihrer notorisch beklagten Unglaubwürdigkeit, ja Gefährlichkeit als Zeugnisse der falschen Götter strikt abzugrenzen. Der Blick auf die Innenseite ist freilich insofern erhellend, als die Struktur von Sphärenwechseln an Motive erinnerte, die aus der Lebenswelt und der in ihr präsenten religiös geprägten Kunst und Kultur nicht fortzudenken war – und genau deshalb die Kritik auf der Außenseite auf sich zog. Das Wechselspiel von Innen- und Außenseite wäre in anderen pastoralen und frömmigkeitstheologischen Texten zu rekonstruieren, um diese hier angedeutete Interpretation weiter zu substantiieren.

5 Fazit: Der Christusmythos zwischen Dogmatik, Katechetik und Poimenik

Die Grundstruktur des christlichen Glaubens, wie sie in neutestamentlichen Homologien, frühchristlichen Glaubensregeln und spätantiken deklaratorischen Bekenntnissen expliziert wird, ist von vertikalen Bewegungen, von Abstieg und Aufstieg geprägt. Sie ist – wenn man es schematisch ausdrücken will – eher „paulinisch" und „johanneisch", weniger „synoptisch" inspiriert: Die Zeit zwischen Geburt und Tod Jesu spielt für diese konzisen Christusbekenntnisse keine Rolle. Dass das irdische Wirken Jesu hierbei in den Hintergrund tritt, bedeutet aber nicht, dass die geschichtliche Dimension unwichtig wäre, ganz im Gegenteil: Mythos und Geschichte gelten ja nicht nur in moderner, sondern bisweilen auch schon in antiker Sicht als prinzipiell unverträglich – die in den Mythen überlieferten Dinge „geschahen niemals, sind aber immer", so der spätantike Neuplatoniker Salustios[194]. Demgegenüber betonten christliche Apologeten, Katecheten und Dogmatiker von Anfang an die Einzigartigkeit des in Zeit und Raum präzise zu verortenden Heilswirkens Gottes in Christus. Es ist für das christliche Wirklichkeitsverständnis – nicht nur in der Spätantike – konstitutiv, dass Gott in Christus ein für allemal zeigt, dass er Herr über Leben und Tod ist, und zwar konkret an der Herabkunft seines Sohnes aus der göttlichen Sphäre auf die Welt, an seinem Leiden und Sterben unter dem ansonsten mäßig bedeutsamen Beamten Pontius Pilatus, an seinem Abstieg bis ins Totenreich, an seiner Auferstehung von den Toten und an seiner Auffahrt in den Himmel. Die Selbstentäußerung Christi, die letztlich wieder in seine Erhöhung mündet (Phil 2,5-11), der Abstieg in die Hölle (1 Petr 3,19 f), die in den kanonischen Evangelien übereinstimmend berichtete Auferstehung von den Toten, die Himmelfahrt und das „Sitzen zur Rechten Gottes" (Ps 110,1) werden je für sich und als Ensemble zu narrativen Interpretamenten des Weges Christi, und d. h eben: zum Christusmythos. Die These der alten Religionshistoriker von dem ab- und auf-

---

[194] Salustios, *De diis et mundo* 4,9: Ταῦτα δὲ ἐγένετο μὲν οὐδέποτε, ἔστι δὲ ἀεί. Infrage steht, ob Salustios damit eine *grundsätzliche Aussage* über Mythisches treffen oder nur *einen bestimmten Mythos* charakterisieren will (so Christian Zgoll in seinem Beitrag zu diesem Band, Kap. 1).

steigenden Gott ist also nicht falsch – nur ist dies tatsächlich ein *innerbiblischer Mythos*, in dem sich nicht literarische oder kultische *Texte*, sondern religiöse *Denkformen* niederschlagen[195].

Das hat Konsequenzen für die Frage, *warum* im spätantiken Christentum genau so und nicht anders von Christus erzählt wurde, jedenfalls in bestimmten katechetischen, polemischen und pastoralen Kontexten. Wenn Mythen, so Gerhard Sellin, den „Referenzrahmen für die gegenwärtige Wirklichkeit"[196] konstituieren, dann tun sie das, indem sie nicht nur Vergangenes in Erinnerung rufen, sondern es als gegenwärtig wirksam inszenieren[197]. Sie können also als performative Sprechakte Verwendung finden. Das heißt auf der Ebene der Textpragmatik, dass beim Sprechen des Glaubensbekenntnisses – sei es im Gottesdienst, wie es im späten 5. Jahrhundert üblich wurde, oder im Vorgang der Taufe, bei der schon seit der Mitte des 2. Jahrhunderts Tauffragen bezeugt sind, die seit dem 4. Jahrhundert katechetisch durch die Auslegung deklaratorischer Bekenntnisse vorbereitet wurden – jedesmal das Christusgeschehen aktualisiert wird: Der Täufling stirbt mit Christus, steht mit ihm von den Toten auf und findet sich dadurch in einen neuen Raum geistlicher Wirklichkeit versetzt vor. Zugleich wird er in die Gemeinschaft der Heiligen inkorporiert, deren Bestand und Identität jedes Mal bekräftigt wird, wenn der Mythos, der diese Identität stiftet und stabilisiert, dargeboten wird[198]. Stiftung und Stabilisierung geschehen in besonderer Weise bei der Initiation in die christliche Existenz, also bei

---

195 Insofern muss eine theologische Analyse des im Apostolikum niedergelegten Christusgeschehens auch über die lutherischen Bekenntnisschriften hinausgehen: Die *Formula concordiae* (Epitome IX; BSELK 1280,3-5) hält fest, dass „dieser Artickel (sc. der *descensus ad inferos*)... nicht mit den sinnen noch mit der Vernunfft begriffen werden kan, sondern mus allein mit dem Glauben gefasset werden", und fährt fort: „Dann es ist gnug, das wir wissen, das Christus in die Helle gefahren, die Helle allen Gleubigen zerstöret und sie aus dem gewalt des Todes, Teufels, ewiger verdamnis des hellischen rachens erlöset habe; wie aber solches zugangen, sollen wir sparen bis in die ander Welt, da uns nicht allein dis stück, sondern auch noch anders mehr geoffenbaret, das wir hie einfeltig gegaubt und mit unser blinden vernunfft nicht begreiffen können" (a. a. O. 1280,10-15). – Dass sich nicht erst „hellenisierte" christliche Theologen, sondern schon die Zeitgenossen Jesu der mythischen Redeweisen bedienten, die sich hinter den oben zitierten Bibelstellen verbergen, ist von großer Bedeutung für die hier zu begründende These, dass das Christentum von Anfang an die „Leistung des Mythos" für sich in Anspruch nahm, selbst wenn man sich rhetorisch davon abgrenzte; zur neutestamentlichen Inanspruchnahme von Mythischem vgl. den Beitrag von Reinhard Feldmeier in diesem Band, bes. Kap. 2.1 und 3.2.
196 Sellin 2011, 279.
197 Etwas anders nuanciert Frenschkowski 2018, 283: „Mythen schaffen Heimat, sie beheimaten ihre Trägerinnen und Träger im Universum."
198 Zur spätantiken Vorstellung von der *communio sanctorum* vgl. Gemeinhardt 2014, 71-98.

der Taufe, für die das individuelle und kollektive Bekenntnis zu Christus (bis heute) grundlegend ist – und die schon bei Paulus als Bewegung nach unten und oben, als Tod und Auferstehen, beschrieben wird (Röm 6,3-5). Um diese christoforme Grundbewegung sollten die Taufanwärter wissen – und ebenso die schon Getauften; galt doch für die Taufe Christi Anweisung, „alle Menschen" in den Stand zu versetzen, Jünger zu sein (μαθητεύειν), sie zu taufen (βαπτίζειν) und sie dann fortlaufend über den christlichen Lebensstil zu belehren (διδάσκειν, Mt 28,19 f). Für diesen pädagogischen Zusammenhang war der Christusmythos grundlegend, und ihn nach Menschenmöglichkeit nachzuvollziehen war das Ziel spätantiker christlicher Katechese. Trotz der expliziten Abgrenzung Kyrills von Jerusalem und seiner Zeitgenossen gegen Mythisches (als Fabelhaftes und Unverlässliches verstanden) ist es keineswegs nur der Dichter und auch nicht nur der Philosoph, der die Menschen „durch Mythen und Geschichten" erzieht, wie es Dion von Prusa formulierte[199], es ist auch der christliche Theologe und Katechet[200].

Den Ertrag dieser Überlegungen möchte ich in sechs Thesen zusammenfassen, die zugleich die Notwendigkeit und Möglichkeit weiterer Forschungen in diesem Feld verdeutlichen:

1. John N. D. Kelly konstatierte vor einem halben Jahrhundert in seinem einflussreichen Buch über die ersten christlichen Glaubensbekenntnisse: „In ihrer ursprünglichen Form hatte die Lehre (vom *descensus Christi*) nichts mit heidnischer Mythologie zu tun, obschon zahlreiche oberflächlich passende Parallelen angeführt werden können"[201]. Wie es scheint, dürfte diese Aussage nicht zu halten sein. Einerseits lassen sich biblische Traditionen als mythische Stoffe verstehen; andererseits können auch nichtchristliche Stoffe im Hintergrund der Glaubensbekenntnisse stehen. Indem die bisher erarbeiteten Sequenzen auf dem Weg weiterer Abstraktion in die Form des Hylemsequenzschemas überführt werden[202], lässt sich hier ein differenzierteres Bild gewinnen.

2. Sphärenwechsel sind nicht das einzige, aber ein zentrales Muster, um von der Bedeutung des Christusgeschehens zu erzählen. Sie prägen insbesondere die narrative Darbietung des christlichen Glaubens oder eben: des Chri-

---

199 Dion Chrysostomus, *Oratio* 55,11: διά τε μύθων καὶ ἱστορίας. Vgl. Meiser 2006, 148.
200 Und natürlich ist es auch der Künstler, der das Christusgeschehen wortwörtlich ins Bild setzt – man denke nur *pars pro toto* an die Darstellung der Himmelfahrt Christi auf einem Elfenbeinrelief, der sogenannten Reiderschen Tafel (um 400 n. Chr.; Bayerisches Nationalmuseum, München).
201 Kelly 1972, 373.
202 Siehe zu diesem Begriff den Beitrag von Christian Zgoll in diesem Band, Kap. 3.6.

stusmythos in Bekenntnisform, für die Abwehr von Häretikern und Ungläubigen ebenso wie für die Taufunterweisung.
3. Von einem „Christusmythos" wird gesprochen, um anzuzeigen, dass und wie sich traditions- und stoffgeschichtliche mit theologie- und frömmigkeitsgeschichtlichen Aspekten bei der Analyse verbinden lassen. Wir haben es mit Varianten desselben Stoffes zu tun: Die Glaubensbekenntnisse des 4. Jahrhunderts sind nicht einfach die ausführliche Formulierung dessen, was bereits im Neuen Testament an vielen Stellen angedeutet ist, sie spiegeln vielmehr auch die seitdem vollzogene Entwicklung des theologischen Reflektierens.
4. Während die Textfassungen der behandelten Glaubensbekenntnisse im Blick auf einen Wechsel Christi in die Sphäre der Unterwelt voneinander abweichen, zeigen die darauf bezogenen Erklärungen – soweit bisher erkennbar – ein einheitlicheres Bild. Der *descensus ad inferna* ist in der Spätantike ein verbreitetes Deutungselement des Christusereignisses, greift aber die breite Tradition der Jenseitsreisen und Höllenbesuche auf und macht in diesem Kontext den Besuch Christi in der Unterwelt für Glaubende und Zweifelnde plausibel.
5. Signifikant ist, dass sich im Einzelnen unterschiedliche Hylemsequenzen ableiten lassen. Das kann einerseits am argumentativen Kontext, andererseits an den verarbeiteten Stoffvarianten liegen. Vor allem aber sind die (in den erläuternden Texten) zahlreichen, aber meist selektiv angeführten Bibelzitate auf alt- und neutestamentliche Muster zu befragen, die in den Glaubensbekenntnissen und -erklärungen zur Geltung gebracht werden. In dieser Hinsicht lassen sich Stratifizierungen vermuten, die nach biblischen und außerbiblischen Traditionen zu kategorisieren sind.
6. Die entscheidende Pointe liegt darin, dass die Adressaten spätantiker christlicher Texte diese Unterscheidung in aller Regel *nicht* (oder nur bedingt) getroffen haben. Vielmehr scheint die Plausibilität von Sphärenwechseln als strukturierenden Elementen des Christusnarrativs gerade darin zu liegen, dass sie mehrfach codiert waren und sowohl an Hyleme, die aus der klassischen (Bildungs-) Literatur bekannt waren, als auch an biblische Hylemschemata, die in katechetischem und liturgischem Kontext begegneten, anschlussfähig waren. Den Logos in Form des Mythos zu verkündigen war daher das Mittel der Wahl[203].

---

[203] Vgl. dagegen das im Denkrahmen herkömmlicher Mythostheorien sich bewegende Fazit von Frenschkowski 2018, 286: „Gerade als mythische Rede beantwortet der Descensus eine

Abkürzungen der Quelleneditionen und -sammlungen

AcA	Ch. Markschies / J. Schröter (Hg.), Antike christliche Apokryphen in deutscher Übersetzung, Bd. I/1-2, Tübingen ⁷2012
ACO	Acta Conciliorum Oecumenicorum
AW	Athanasius Werke
BKV	Bibliothek der Kirchenväter
CChr.SG	Corpus Christianorum. Series Graeca
CChr.SL	Corpus Christianorum. Series Latina
COGD	G. Alberigo (†) / A. Melloni (Hg.), Conciliorum Oecumenicorum Generaliumque Decreta, Bd. I: The Ecumenical Councils. From Nicaea I to Nicaea II (325-787), Turnhout 2006
CPL	Clavis Patrum Latinorum
CSCO	Corpus Scriptorum Christianorum Orientalium
CSEL	Corpus Scriptorum Ecclesiasticorum Latinorum
FC	Fontes Christiani
Funk/Diekamp	F.X. Funk / F. Diekamp (Hg.), Patres apostolici, Bd. II, Tübingen ³1913
GCS	Die Griechischen Christlichen Schriftsteller
Kinzig I-IV	W. Kinzig (Hg./Übersetzer), Faith in Formulae. A Collection of Early Christian Creeds and Creed-related Texts, 4 Bände, Oxford 2017
Lindemann/Paulsen	A. Lindemann / H. Paulsen (Hg.), Die Apostolischen Väter. Griechisch-deutsche Parallelausgabe, Tübingen 1992
NHC	Nag Hammadi Codex
NHC deutsch	H.-M. Schenke u.a. (Hg.), Nag Hammadi deutsch. Studienausgabe, Berlin / New York 2007
NTApo II	W. Schneemelcher (Hg.), Neutestamentliche Apokryphen in deutscher Übersetzung, Bd. II, Tübingen ⁶1997
PTS	Patristische Texte und Studien
SAPERE	Scripta Antiquitatis Posterioris ad Ethicam REligionemque pertinentia
SC	Sources chrétiennes
SVigChr	Supplements to Vigiliae Christianae

Frage, die wir nicht vollständig diskursiv-begrifflich stellen können, und die darum eine Antwort in den Bildern des Mythos erfordert."

Bibliographie

Ashwin-Siejkowski, P., 2009, The Apostles' Creed and Its Early Christian Context, London / New York.
Attridge, H. W., 1990, Liberating Death's Captives. Reconsideration of an Early Christian Myth, in: J.E. Goehring u.a. (Hgg.), Gnosticism and the Early Christian World in Honor of James M. Robinson, Forum Fascicles 2, Sonoma CA, 103-115.
Ayroulet, E. (Hg.), 2017, Entre Passion et résurrection: la descente du Christ aux enfers chez les Pères, Paris.
Backhaus, K., 2014, Religion als Reise. Intertextuelle Lektüren in Antike und Christentum (Tria corda 8), Tübingen.
Bauckham, R., 1998, The Fate of the Dead. Studies on the Jewish and Christian Apocalypses (Novum Testamentum. Supplements 93), Leiden.
Bauer, W., 1909, Das Leben Jesu im Zeitalter der neutestamentlichen Apokryphen, Tübingen (Nachdruck Darmstadt 1967).
Baun, J., 2009, Ascension (General). Christianity, Encyclopedia of the Bible and Its Reception 2, 892-895.
Bieder, W., 1949, Die Vorstellung von der Höllenfahrt Jesu Christi. Beitrag zur Entstehungsgeschichte der Vorstellung vom sog. Descensus ad inferos, Abhandlungen zur Theologie des Alten und Neuen Testaments 19, Zürich.
Bienert, W. A., 1997, Dogmengeschichte, Grundkurs Theologie 5/1, Stuttgart u.a.
Bousset, W., 1921, Kyrios Christos. Geschichte des Christenglaubens von den Anfängen des Christentums bis Irenaeus, Forschungen zu Religion und Literatur des Alten und Neuen Testaments 21 = Neue Folge 4, 2. Auflage, Göttingen.
Bremmer, J. N., 2011, Tours of Hell: Greek, Roman, Jewish and Early Christian, in: W. Ameling (Hg.), Topographie des Jenseits. Studien zur Geschichte des Todes in Kaiserzeit und Spätantike, Altertumswissenschaftliches Kolloquium 21, Stuttgart, 13-34.
Bremmer, J. N., 2014, Descents to Hell and Ascents to Heaven in Apocalyptic Literature, in: J. J. Collins (Hg.), The Oxford Handbook of Apocalyptic Literature, Oxford, 340-357.
Buchinger, H., 2016, Pentekoste, Pfingsten und Himmelfahrt. Grunddaten und Fragen zur Frühgeschichte, in: R.W. Bishop / J. Leemans / H. Tamas (Hgg.), Preaching after Easter. Mid-Pentecost, Ascension, and Pentecost in Late Antiquity, Supplements to Vigiliae Christianae 136, Leiden / Boston, 15-84.
Burkert, W., 2005, Kritiken, Rettungen und unterschwellige Lebendigkeit griechischer Mythen zur Zeit des frühen Christentums, in: Von Haehling 2005, 173-193.
Colpe, C. u.a., 1996, Jenseitsfahrt I (Himmelfahrt), Reallexikon für Antike und Christentum 17, 408-466.
Colpe, C. / Habermehl, P., 1996, Jenseitsreise (Reise durch das Jenseits), Reallexikon für Antike und Christentum 17, 490-543.
Dalferth, I. U., 1993, Jenseits von Mythos und Logos. Die christologische Transformation der Theologie, Quaestiones disputatae 142, Freiburg u. a.
Dalferth, I. U., 1994, Der auferweckte Gekreuzigte. Zur Grammatik der Christologie, Tübingen.
Dockwiller, P., 2017, La culture préchrétienne tirée des enfers. Passion du Christ – Descente aux enfers, in: Ayroulet 2017, 155-176.
Drecoll, V. H., 2007, Das Symbolum Quicumque als Kompilation augustinischer Tradition, in: Zeitschrift für antikes Christentum 11, 30-56.

Engemann, J., 2011, Die Himmelfahrt Christi. Eine neue Interpretation früher Bilder, in: Jahrbuch für Antike und Christentum 54, 98-104.

Feldmeier, R., 2005, Der erste Brief des Petrus, Theologischer Handkommentar zum Neuen Testament 15/1, Leipzig.

Fiedrowicz, M., 2005, Apologie im frühen Christentum. Die Kontroverse um den christlichen Wahrheitsanspruch in den ersten Jahrhunderten, 3. Auflage, Paderborn.

Frenschkowski, M., 2018, Hinabgestiegen in das Reich der Toten. Jenseitsmythen, Christologie und der Weg der Seele, in: Herzer, J. / Käfer, A. / Frey, J. (Hgg.), Die Rede von Jesus Christus als Glaubensaussage. Der zweite Artikel des Apostolischen Glaubensbekenntnisses im Gespräch zwischen Bibelwissenschaft und Dogmatik, Tübingen, 255-286.

Fürst, A., 2013, Die Rhetorik des Monotheismus im Römischen Reich. Ein neuer Zugang zu einem zentralen historischen Konzept, in: Fürst, A. u. a. (Hgg.), Monotheistische Denkfiguren in der Spätantike, Studien und Texte zu Antike und Christentum 81, Tübingen, 7-32.

Geerlings, W., 2005, Das Bild des Sängers Orpheus bei den griechischen Kirchenvätern, in: Von Haehling 2005, 254-267.

Gemeinhardt, P., 2002, Die Filioque-Kontroverse zwischen Ost- und Westkirche im Frühmittelalter, Arbeiten zur Kirchengeschichte 82, Berlin / New York.

Gemeinhardt, P., 2007, Das lateinische Christentum und die antike pagane Bildung, Studien und Texte zu Antike und Christentum 41, Tübingen.

Gemeinhardt, P., 2013a, „Nicht Mutige, sondern Flüchtlinge bedürfen des Mythos". Distanzierungen und Annäherungen an den Mythos im spätantiken Christentum, in: Zgoll, A. / Kratz, R. G. (Hgg.), Arbeit am Mythos. Leistung und Grenze des Mythos in Antike und Gegenwart, Tübingen, 249-271.

Gemeinhardt, P., 2013b, Demons, Demonology. Greek and Latin Patristics and Orthodox Churches, Encyclopedia of the Bible and Its Reception 6, 557-564.

Gemeinhardt, P., 2014, Die Kirche und ihre Heiligen. Studien zu Ekklesiologie und Hagiographie in der Spätantike, Studien und Texte zu Antike und Christentum 90, Tübingen.

Gemeinhardt, P., 2019a, Christologie oder Christusmythos? Neue Zugänge zu einer alten Frage, in: M. Frenschkowski (Hg.), Theologie und Religionswissenschaft – eine Standortbestimmung hundert Jahre nach Georg Heinrici, Wissenschaftliche Untersuchungen zum Neuen Testament, Tübingen [im Druck].

Gemeinhardt, P., 2019b, Vom Werden des Apostolikums, in: Frey, J. / Herzer, J. / Käfer, A. (Hgg.), Die Reden von Gott Vater und Gott Heiligem Geist als Glaubensaussagen. Ein Gespräch zwischen Bibelwissenschaften und Systematischer Theologie, Tübingen [im Druck].

Giebel, M., 2006, Mythenliteratur in Europa: Homer – Vergil – Cicero. Das Motiv der „Katabasis" in der vorchristlichen Antike, in: Herzog, M. (Hg.), Höllen-Fahrten. Geschichte und Aktualität eines Mythos, Irseer Dialoge 12, Stuttgart, 37-52.

Gounelle, R., 2000, La descente du Christ aux enfers: Institutionnalisation d'une croyance, Collection des études augustiniennes, Série Antiquités 162, Paris.

Gounelle, R., 2017, Les questions christologiques posées par la descente du Christ aux enfers, vues au prisme des autres récits des six premiers siècles, in: Ayroulet 2017, 53-67.

Grillmeier, A., 1975, Der Gottessohn im Totenreich. Soteriologische und christologische Motivierung der Descensuslehre in der älteren christlichen Überlieferung, in: ders., Mit ihm und in ihm. Christologische Forschungen und Perspektiven, Freiburg u.a., 76-174.

Grillmeier, A., 1990, Jesus der Christus im Glauben der Kirche, Bd. I: Von der Apostolischen Zeit bis zum Konzil von Chalcedon (451), 3. Auflage, Freiburg (Nachdruck 2004).

Habermehl, P., 2004, Perpetua und der Ägypter oder Bilder des Bösen im frühen afrikanischen Christentum. Ein Versuch zur Passio sanctarum Perpetuae et Felicitatis, Texte und Untersuchungen zur Geschichte der altchristlichen Literatur 140, Berlin / New York.

Herzog, R., 2002, Metapher – Exegese – Mythos. Interpretationen zur Entstehung eines biblischen Mythos in der Literatur der Spätantike, in: ders., Spätantike. Studien zur römischen und lateinisch-christlichen Literatur, Hypomnemata: Untersuchungen zur Antike und ihrem Nachleben. Supplementa 3, Göttingen, 115-153.

Haehling, R. von (Hg.), 2005, Griechische Mythologie und frühes Christentum, Darmstadt.

Heil, U., 2010, Markell von Ancyra und das Romanum, in: von Stockhausen, A. / Brennecke, H. Ch. (Hgg.), Von Arius zum Athanasianum. Studien zur Edition der „Athanasius Werke", Texte und Untersuchungen zur Geschichte der altchristlichen Literatur 164, Berlin / New York, 85-103.

Himmelfarb, M., 1983, Tours of Hell. An Apocalyptic Form in Jewish and Christian Literature, Philadelphia.

Himmelfarb, M., 1993, Ascent to Heaven in Jewish and Christian Apocalypses, Oxford.

Jourdan, F., 2010, Orphée et les Chrétiens. La réception du mythe d'Orphée dans la littérature chrétienne grecque des cinq premiers siècles, tome 1: Orphée, du repoussoir au préfigurateur du Christ. Réécriture d'un mythe à des fins *protreptiques* chez Clément d'Alexandrie, Paris.

Kelly, J. N. D., 1972, Altchristliche Glaubensbekenntnisse. Geschichte und Theologie, 3. Auflage Göttingen (Nachdruck 1993).

Kinzig, W., 2009, Ascension of Christ. Christianity. Greek and Latin Patristics, Encyclopedia of the Bible and Its Reception 2, 913-917.

Kinzig, W., 2017, Neue Texte und Studien zu den antiken und frühmittelalterlichen Glaubensbekenntnissen (Arbeiten zur Kirchengeschichte 132), Berlin/Boston.

Klumbies, P.-G., 2010, Himmelfahrt und Apotheose Jesu in Lk 24,50-53, in: ders., Von der Hinrichtung zur Himmelfahrt. Der Schluss der Jesuserzählung nach Markus und Lukas, Biblisch-Theologische Studien 114, Neukirchen-Vluyn, 172-196.

Kroll, J., 1932, Gott und die Hölle. Der Mythos vom Descensuskampfe, Leipzig/Berlin (Nachdruck Darmstadt 1963).

Leppin, H. (Hg.), 2015, Antike Mythologie in christlichen Kontexten der Spätantike (Millennium-Studien 54), Berlin/Boston.

Löhr, W., 2015, Christliche Bischöfe und klassische Mythologie in der Spätantike, in: Leppin 2015, 115-137.

Lorgeoux, O., 2018, Cyril of Jerusalem as Catechetical Teacher: Religious Education in Fourth-Century Jerusalem, in: Gemeinhardt, P. / Lorgeoux, O. / Munkholt Christensen, M. (Hgg.), Teachers in Late Antique Christianity, SERAPHIM 3, Tübingen, 76-91.

Luttikhuizen, G., 2012, Die Unterwelt der demiurgischen Schöpfung in mythologisch-gnostischen Schriften, in: Tubach 2012, 163-168.

Markschies, Ch., 2000, „Sessio ad dexteram". Bemerkungen zu einem altchristlichen Bekenntnismotiv in der Diskussion der altkirchlichen Theologen, in: ders., Alta Trinità Beata. Gesammelte Studien zur altkirchlichen Trinitätstheologie, Tübingen, 1-69.

Markschies, Ch., 2005, Odysseus und Orpheus – christlich gelesen, in: Von Haehling 2005, 227-253.

Markschies, Ch., 2007, Kaiserzeitliche christliche Theologie und ihre Institutionen. Prolegomena zu einer Geschichte der antiken christlichen Theologie, Tübingen.

Markschies, Ch., 2009, Welche Funktion hat der Mythos in gnostischen Systemen? Oder: ein gescheiterter Denkversuch zum Thema „Heil und Geschichte", in: Frey, J. u.a. (Hgg.), Heil und Geschichte. Die Geschichtsbezogenheit des Heils und das Problem der Heilsgeschichte in der biblischen Tradition und in der theologischen Deutung, Wissenschaftliche Untersuchungen zum Neuen Testament 248, Tübingen, 513-534.

Markschies, Ch., 2012, Hellenisierung des Christentums. Sinn und Unsinn einer historischen Deutungskategorie, Theologische Literaturzeitung. Forum 25, Leipzig.

Meiser, M., 2006, Neuzeitliche Mythosdiskussion und altkirchliche Schriftauslegung, in: New Testament Studies 52, 145-165.

Meiser, M., 2016, Die patristische Exegese von Apg 1,3-11, in: Verheyden. J. / Merkt, A. / Nicklas, T. (Hg.), „If Christ has not been raised ...". Studies on the Reception of the Resurrection Stories and the Belief in the Resurrection in the Early Church, Novum Testamentum et Orbis Antiquus 115, Göttingen, 73-103.

Merkt, A., 2013, Descent into the Netherworld/Hell. Patristics through Medieval Times, Encyclopedia of the Bible and Its Reception 6, 605-609.

Nesselrath, H.-G., 2002, Zur Verwendung des Begriffes μῦθος bei Sokrates von Konstantinopel und anderen christlichen Autoren der Spätantike, in: Blümer, W. u.a. (Hgg.), Alvarium. FS Ch. Gnilka, Jahrbuch für Antike und Christentum. Ergänzungsband 33, Münster, 293-301.

Nesselrath, H.-G., 2008, Mit ‚Waffen' Platons gegen ein christliches Imperium. Der Mythos in Julians Schrift *Gegen den Kyniker Herakleios*, in: Schäfer, Ch. (Hg.), Kaiser Julian ‚Apostata' und die philosophische Reaktion gegen das Christentum, Berlin / New York, 207-219.

Nesselrath, H.-G., 2017, Skeletons, shades and feasting heroes. The manifold underworlds of Lucian of Samosata, in: Tanaseanu-Döbler u.a. 2017, 45-60.

Ogden, D., 2010, Dimensions of Death in the Greek and Roman Worlds, in: Gemeinhardt, P. / Zgoll, A. (Hgg.), Weltkonstruktionen. Religiöse Weltdeutung zwischen Chaos und Kosmos vom Alten Orient bis zum Islam, Orientalische Religionen in der Antike 5, Tübingen, 103-131.

Op de Coul, M., 2016, The Lenten Lectures of St. Cyril of Jerusalem: from Pedagogics to Mystagogy, in: Van Geest 2016, 485-499.

Poirier, P.-H., 2010, Gnostic Sources and the Prehistory of the „Descensus ad inferos", in: Apocrypha 21, 73-81.

Rahner, H., 1966, Griechische Mythen in christlicher Deutung, 3. Auflage, Zürich.

Ritter, A. M., 1999, Dogma und Lehre in der Alten Kirche, in: Andresen, C. / Ritter, A. M. (Hgg.), Handbuch der Dogmen- und Theologiegeschichte, Bd. I: Die Lehrentwicklung im Rahmen der Katholizität, 2. Auflage, Göttingen, 99-283.

Sellin, G., 2002, Mythos/Mythologie II. Geschichtlich 4. Neues Testament, Religion in Geschichte und Gegenwart (4. Auflage), Bd. 5, 1697-1699.

Sellin, G., 2011, Mythos und Evangelium. Warum Glaube und Theologie auf mythische Vorstellungen angewiesen sind, in: ders., Allegorie – Metapher – Mythos – Schrift. Beiträge zur religiösen Sprache im Neuen Testament und in seiner Umwelt, hg. von D. Sänger, Novum Testamentum et Orbis Antiquus 90, Göttingen, 276-281.

Smith, J. Z., 1990, Drudgery Divine. On the Comparison of Early Christianities and the Religions of Late Antiquity, Jordan Lectures in Comparative Religion 14, Chicago.

Staats, R., 1996, Das Glaubensbekenntnis von Nizäa-Konstantinopel. Historische und theologische Grundlagen, Darmstadt.

Talbert, Ch. H., 2011, The Myth of a Descending-Ascending Redeemer in Mediterranean Antiquity, in: ders., The Development of Christology during the First Hundred Years. And other

Essays on Early Christian Christology, Novum Testamentum Supplements 140, Leiden/ Boston, 83-111.

Tanaseanu-Döbler, I. u.a. (Hgg.), 2017, Reading the Way to the Netherworld. Education and Representations of the Beyond in Later Antiquity, Beiträge zur Europäischen Religionsgeschichte 4, Göttingen.

Tetz, M., 1972, Zur Theologie des Markell von Ankyra III. Die pseudathanasianische Epistula ad Liberium, ein Markellisches Bekenntnis, in: Zeitschrift für Kirchengeschichte 83, 145-194.

Theißen, G., 2001, Die Religion der ersten Christen. Eine Theorie des Urchristentums, 2. Auflage, Gütersloh.

Thome, F., 2004, Historia contra Mythos. Die Schriftauslegung Diodors von Tarsus und Theodors von Mopsuestia im Widerstreit zu Kaiser Julians und Salustius' allegorischem Mythenverständnis, Hereditas 24, Bonn.

Toepel, A., 2012, Die Höllenfahrt Christi. Zur Entstehung eines theologischen Motivs, in: Tubach 2012, 217-227.

Tubach, J. (Hg.), 2012, Sehnsucht nach der Hölle? Höllen- und Unterweltsvorstellungen in Orient und Okzident. Beiträge des Leucorea-Kolloquiums 2010, Studies in Oriental Religions 63, Wiesbaden.

Van Geest, Paul (Hg.), 2016, Seeing Through the Eyes of Faith.New Approaches to the Mystagogy of the Church Fathers, Late Antique History and Religion 11, Leuven.

Villani, A., 2017, Von den *inferi* bis zur *clavis paradisi*. Jenseitsbilder bei Tertullian, in: Tanaseanu-Döbler u.a. 2017, 383-399.

Vinzent, M., 2006, Der Ursprung des Apostolikums im Urteil der kritischen Forschung, Forschungen zur Kirchen- und Dogmengeschichte 89, Göttingen.

Westra, L. H., 2002, The Apostles' Creed. Origin, History, and Some Early Commentaries, Instrumenta Patristica et Mediaevalia 43, Turnhout.

Westra, L. H., 2016, Rufinus and the Creed: New Viewpoints from an Old Witness? A Possible Mystagogical Use of the *Expositio Symboli*, in: Van Geest 2016, 183-202.

Zilling, H. M., 2011, Jesus als Held. Odysseus und Herakles als Vorbilder christlicher Heldentypologie, Paderborn.

Zilling, H. M., Die Mimesis des Heros. Pagane Helden in christlicher Deutung, in: Leppin 2015, 139-166.

Autorenverzeichnis

Prof. Dr. Ulrike Egelhaaf-Gaiser
Georg-August-Universität Göttingen
Seminar für Klassische Philologie
Humboldtallee 19
D-37073 Göttingen
E-Mail: Ulrike.Egelhaaf-Gaiser@phil.uni-goettingen.de

Prof. Dr. Reinhard Feldmeier
Georg-August-Universität Göttingen
Theologische Fakultät
Platz der Göttinger Sieben 2
D-37073 Göttingen
E-Mail: reinhard.feldmeier@theologie.uni-goettingen.de

Prof. Dr. Peter Gemeinhardt
Georg-August-Universität Göttingen
Theologische Fakultät
Platz der Göttinger Sieben 2
D-37073 Göttingen
E-Mail: Peter.Gemeinhardt@theologie.uni-goettingen.de

Prof. Dr. Heinz-Günther Nesselrath
Georg-August-Universität Göttingen
Seminar für Klassische Philologie
Humboldtallee 19
D-37073 Göttingen
E-Mail: HeinzGuenther.Nesselrath@phil.uni-goettingen.de

Prof. Dr. Tanja S. Scheer
Georg-August-Universität Göttingen
Althistorisches Seminar
Humboldtallee 21
D-37073 Göttingen
E-Mail: Tanja.Scheer@uni-goettingen.de

Prof. Dr. Dr. h.c. Hermann Spieckermann (a.D.)
Georg-August-Universität Göttingen
Theologische Fakultät
Platz der Göttinger Sieben 2
D-37073 Göttingen
E-Mail: Hermann.Spieckermann@theologie.uni-goettingen.de

Dr. Daniel A. Werning
Berlin-Brandenburgische Akademie der Wissenschaften
Wortschatz der ägyptischen Sprache
Unter den Linden 8
D-10117 Berlin
E-Mail: daniel.werning@bbaw.de

Prof. Dr. Annette Zgoll
Georg-August-Universität Göttingen
Seminar für Altorientalistik
Heinrich-Düker-Weg 14
D-37073 Göttingen
E-mail: Annette.Zgoll@phil.uni-goettingen.de

PD Dr. Christian Zgoll
Georg-August-Universität Göttingen
Seminar für Klassische Philologie
Humboldtallee 19
D-37073 Göttingen
E-Mail: Christian.Zgoll@phil.uni-goettingen.de

Namens-, Sach- und Stellenregister

Abgarlegende 569
Abstieg 484, 489, 493, 494, 500, 516, 519, 520, 521, 522, 523
   in die Unterwelt 489, 519, 599
Acheron 165, 188, 205, 208
Acherusische Ebene 207
Acherusischer See 190, 205, 207, 208
Achill 163, 177, 178, 179, 182, 183, 185
   Achills Bestattung 178
Aeneas 251–305, 550
Ägypten 200, 437
ägyptische Texte, besprochene 314, 342, 357
   Chnum-mit-der-Töpferscheibe-Mythos 313, 319, 320, 321, 323, 329, 336
   Höhlenbuch 315, 317, 318, 322, 324, 325, 336, 355
   Nachtbuch 315, 316, 319, 320, 323, 325, 350
   Osiris-Mythos 313, 323, 324, 325
   Pfortenbuch 323, 325, 327, 331, 351
   Pyramidentexte 324, 328, 329
   Sonnenpriester 319, 330, 346
   Tanis-Grab 316, 317, 319, 322, 323, 343
   Tempelritual 313, 326, 327, 328, 329
   Totenbuch 187, 200, 327, 329
   TT218 342
   Weltentstehungsmythos 313, 315, 322, 323, 330, 334
Ahnen *Siehe* Vorfahren
Aiaia 181, 183
Aiakos 173, 204, 207, 208
Aias der Lokrer 176
Aischylos 203
   Eumenides 269-275 184
   Septem adversus Thebas 856 165
   Sisyphos Drapetes 192
   Supplices 228-231 184
Aithiopis 177
   Aithiopis Inhaltsangabe 183
Akkadischer Grabtext Sb 19319 213–49
Akkadischer Grabtext Sb 19320 227
Alexandria 374, 436
Alkaios

Fragment 38a Voigt 192
Fragment 38a,2f.8 Voigt 165
Fragment 354 Voigt 178
Alkestis 190
Alkmene 182, 183
Amaltheia 392
Ama-ušumgal-Ana 85, 127
Ambrosius von Mailand 588, 589
Ammit/Ammut 187
Amphipolis 194
Amphitrite 382, 399
Amulette 239–40
ana kurnugî / *Ištars Höllenfahrt*
   Z.136-138 153
   Z.19 152
Anastasius Sinaites 570
Andromeda 370, 371, 374, 384, 385, 389, 400, 407
angalta 40, 83–155
   Bezug in udug ḫul und *Enki geht ins Totenreich und gründet einen Tempel* 88
   Gesamtmythos 137–49
   und *innin me galgala* 114–27
   Z.1-13 100–102
   Z.81 135
   Z.87 136–37
   Z.157-170 143–45
   Z.191-193 104
   Z.205-207 104
   Z.411-412 148
Antenors Söhne 162
Anthropomorphismus 591
Antonius 608, 609
Antonius Liberalis 33,3 = Pherekydes
   Fragment 84 Fowler 182, 183
Anuna 145, 224–25
Anunnakū 224–25
Aphrahat 605, 606
Aphrodite 376, 397, 399
Apokalyptik 552, 576
Apollinaris von Laodicea 583, 585
Apollodor *Bibliotheke* 437–39
   Bibliotheke Epitome 181

Bibliotheke 2,122 188
Bibliotheke 2,126 188
Bibliotheke 3,39 182, 183
Bibliotheke 3,111 182
Apollon 376, 379, 380, 383, 386, 388, 397, 398, 399, 403
Apollon. Rhod. *Argonautika* 4,811-815 179
Apologetik 565
Apostolikum 554, 555, 556, 557, 558, 559, 564, 579, 580, 581, 584, 589, 593, 599, 602, 614
Aqhat-Epos 187
Arat *Phainomena* 369–74, 429–31
Arbeit am Mythos 542
Ares 397, 399, 400
Argiver 440
Argo 370, 383, 387, 399, 404, 406, 415
Ariadne 372, 373, 379, 387, 389, 421, 428
Airaithos 432–33
Aristides 576
Aristophanes 190, 208
Aristophanes *Frösche* 190, 201, 208
   Frösche 145-163 201
   Frösche 154-158 201
   Frösche 162 f 201
   Frösche 180-196 190
   Frösche 316 202
Aristophanes *Ranae* Siehe Aristophanes *Frösche*
Arkadien 413, 419, 424, 427, 431, 432, 440
Arkas 380, 381, 390, 392, 398, 409, 413, 416, 417, 419, 421, 422, 423, 424, 425, 427, 428, 429, 431, 432, 434, 439, 440, 442
Arktouros 392, 417, 418, 431
Artemis 376, 377, 381, 382, 387, 389, 397, 398, 402, 403, 409, 413, 416, 419, 421, 425, 427, 428, 440
ascensio in caelum 551
ascensio Isaiae 576, 577
Askese 609
Asklepios 380, 388, 391, 392, 393, 398, 402, 407, 440, 442
Asphodeloswiese 165, 170, 172, 207
Assmann 11, 20, 310, 319
Astraios 378, 417

Atargatis 391
Athanasius von Alexandrien 582, 583, 584, 585, 592, 602, 605, 607, 608, 609, 610, 611, 612, 617, 620
Athen 368, 422, 424
Athena 32, 187, 376, 377, 383, 384, 385, 389, 399, 409
Atlas 366, 367, 405, 417, 439, 443, 444
attische Tragödie 165
Auferstehung 545, 549, 550, 557, 559, 560, 562, 566, 567, 569, 571, 572, 573, 574, 586, 588, 591, 595, 596, 598, 602, 604, 607, 612, 613, Siehe Innana, Siehe Dumuzi
   für alle Menschen 153–54
   Hoffnung für die Bevölkerung 151
Aufstieg 493, 500, 516, 517, 520
Aufstiegsmythen 575
Augustin 571, 590

babylonischer Magier 207
Barthes 25, 26, 29, 74
Basilius von Caesarea 592
Begräbnis 165, 171
Bellerophon 385
Belohnung nach dem Tod 185, 203, 206
Berenike 371
Bergmutter 197
Bestrafung nach dem Tod 201, 203, 205
Bibel
   1 Kor 15 504–8
   1 Kor 15,35-57 490
   1 Kor 16,22 534
   1 Petr 3,18-22 518–22
   1 Petr 3,19 f 613
   1 Petr 3,19-22 566
   1 Petr 4,6 568
   1 Sam 2,1-10 476
   2 Kön 2,11 574
   2 Kor 12,2.4 490
   Apg 1,1 524
   Apg 1,3-11 574
   Apg 1,5-12 573
   Apg 1,6-8 528
   Apg 2,32 f 573
   Apg 2,32-36 528
   Apg 10,42 528

Apg 17,31	528
Eph 1,20	573
Eph 1,20-23	513–16
Eph 4,7-10	516–17
Ex 15,1-18	458
Gal 4,3-7	498–501
Gal 4,4-7	489
Gen 1-2	58
Gen 14,18-20	459, 466
Jes 11,1-9	459
Jes 26,16-19	464
Jes 63,7-64,11	468–70
Joh 1,1-18	523
Kol 1,15-20	509–13
Kol 3,2-4	490
Lk 1,1-4	524
Lk 1,35	527
Lk 1,46-55	476
Lk 22,69	525
Lk 24,44-53	573
Mt 28,19 f	615
Num 6,24-26	240, 473
Phil 2,5-11	613
Phil 2,6-11	491–98
Ps 2	450–59
Ps 23	240–45
Ps 24	611
Ps 80	470–74
Ps 88,5	588
Ps 110	459–68
Ps 110,1	603, 613
Ps 113	474–76
Ps 119,151	588
Röm 6,3-5	615
Röm 8,14-17	489
Röm 8,34	573
Röm 8,34 f	501–4
Sir 48,9	574
Bilder	*Siehe* Mythos und Bild
Bilder, mythische	311, 317, 319, 323, 324, 331, 332, 333, 336, 351, 355
Bildung	540, 593, 619
Blumenberg	20, 61, 62, 65, 67, 68
Bootes	392, 397, 398, 400, 408, 410, 414, 415, 417, 430, 431, 434, 439
Bultmann	543
Burkert	11, 18, 27, 61, 62, 65
Caesarius von Arles	590
Carmina convivalia 11 Diehl = Poetae Melici Graeci 894	183
Carnabon	402, 403, 406, 411
Cassirer	12
Cervantes	57
Charon	171, 189, 190, 192, 202, 207, 208
Chiron	381, 382, 389, 398, 409
Christusmythos	539, 544, 545, 546, 554, 555, 559, 561, 563, 564, 578, 580, 591, 592, 593, 594, 609, 613, 615, 616, 619
Chryse	32
Chrysothemis	407, 410, 411
Cicero	551
Clemens von Alexandrien	544
Codex Ḫammurapi Rs.24, 33-35	226
Cornutus	10
Crotus	377
Csapo	11, 66
Daimon als Begleiter	206
Dämonen	545, 546, 566, 607, 610, 611
Dämonen der Unterwelt	89
Dardanos	32
Dekonstruktivismus	75
Delphi	423, 424, 426, 433, 444
Demeter	376, 391, 397, 403, 406, 407
Demeter Chthonia	197, 199
Demophon	403, 404
Derketo	382
descensus ad inferos	549, 550, 553, 563, 566, 568, 569, 572, 573, 577, 580, 581, 583, 584, 586, 587, 588, 589, 590, 595, 596, 597, 607, 611, 612, 613, 614, 615, 616
Dike	372, 373, 377, 379, 391, 392, 393, 396, 408, 420
Dikte	372, 373, 430
Diomedes	183
Dion von Prusa	615
Dion. Hal. *Ant.* 1,68,3	32
dionysische Mysterienkulte	193
Dionysos	174, 197, 201, 202, 372, 373, 374, 376, 379, 392, 396, 397, 399, 401, 402, 404, 406, 410, 420, 421, 422, 423, 437, 438
Dionysos Bakchios	194, 199

Dioskuren	384, 389, 407, 437, 442
Kastor	437
Polydeukes	437
Divinisierung	550, 551, 603
Dodona	422, 423
Don Quijote	57
Donaumündung	178
Doppelthron	591, 603
Dumuzi	85, 86, *Siehe* Mythen: *Dumuzi geht durch das Totenreich*
Auferstehung	140
und König	140
Eingeweihte	201, 202
Eleutherna	193
Elia	526, 574, 607
Eliade	61
Elpenor	163, 165, 167, 168, 171, 172
Elysisches Gefilde	173, 176, 182, 183, 390
Empedokles	185
Enlil und Ninlil	91, *Siehe* Mythen: *Ninlil bringt mit Unterweltsmächten Fruchtbarkeits- und Wassergötter hervor*
Enlil und Sud	91
En-me-šara	84, 146, 147
Entella	193
Entmachtung von Satan und Hades	572
Entmythologisierung	543
Entrückung	490, 505
Eos	378, 399, 417
Epiphanius von Salamis	587, 588, 592
Epischer Kyklos	177, 180, 183
Eratosthenes (Ps.) *Katasterismen* 374–94, 433–35	
Erde	
Enden der Erde	168, 169, 172, 173, 175
wahre Erde	205
Erechtheus	24, 27, 30, 31
Ereignis	25, 28, 29
Ereš-ki-gal	92, 145–49, *Siehe* Mythen: *Ereš-ki-gal heiratet den Himmelsstier*
als uranfängliche Gottheit	146
Erhöhung	484, 486, 487, 489, 492, 493, 495, 497, 499, 501, 503, 504, 515, 516, 519, 522, 523, 525, 526, 527, 528, 529
Erichthonios	384, 400, 407
Erigone	398, 410, 415, 434, 439, 442, 444
Erinnye Tisiphone	208
Erlösung	561, 600, 607, 611, 612
Erzählformen	549
Erzählkorrekturen	180
Erzählstoff	*Siehe* Stoff
Erzählstrukturen	541, 544
Etymologie, emische	90, 241
Eubuleus	197, 199
Euhemeros	10
Eukles	197, 199
Euripides	190
Iphigenia Taurica 435-438	178
Euripides *Alkestis*	192
Alkestis 24-76	192
Alkestis 252-256	190
Alkestis 357-362	188
Alkestis 361	190
Alkestis 843-849.1139-1142	192
Euripides *Andromache*	
Andromache 1253-1262	182, 183
Andromache 1259-1262	178
Euripides *Hecuba*	267, 282, 285–90, 297
Euripides *Helena* 1676 f	173
Euripides *Hercules* 431-434	190
Europa	381, 383, 399
Eurydike	188
Euseb von Caesarea	569, 582
Fährmann (der Unterwelt)	189, 190, 207, 208
Familienverband	224, *Siehe* Vorfahren
Fegefeuer	204
Feld des Vergessens	206
Firmicus Maternus	572
Fluss „Sorgenlos"	206
Forster	17, 23, 35
Galileo Galilei	365
Ganymed	174, 382, 393, 394, 408, 410, 437, 438, 442
Gebrauchstexte	222
Gedenkort	283
Gegenversion(en)	178
Generationenort	264
Geschehen	36, 37
Giganten	399, 409

Gilgameš	35
Gilgameš, Enkidu und die Unterwelt	90, Siehe Mythen: *Enki fährt mit dem Boot ins Totenreich*
Gilgameš-Epos	35, 174
Gilgameš-Epos XI 203-206	174
Gilgamešs Tod M [103] // 193	224
Glaubensbekenntnis	539, 546, 553, 554, 557, 564, 565, 566, 578, 579, 580, 581, 582, 584, 587, 589, 590, 592, 593, 597, 599, 601, 609, 611, 614, 615, 616, 619, 620, 621
Glaubensregel	546, 547, 560, 561, 563, 564, 574, 577, 578, 613
Gnostiker	562
Goldblättchen, griechische	192–200, 208, 214, 237–39, 237
akkadische Analogien	200
außergriechische Quellen	200
Goldblättchen von Hipponion	193, 201
Inhalt der Goldblättchen	195
Götter, Alter Orient	Siehe Ereš-ki-gal, Siehe Innana, Siehe Ama-ušumgal-Ana
Alte Götter	85
Gottheit Bergziegenbock	120–21
Gottheit Wildstier	120–21
Große Götter	225
Große Götter (akkadisch)	220
Našše	236
Nin-tin-uga	228
Göttergericht	200
Götterkonstellationen	310, 311, 322, 323
Grabinschrift der Jabâ	228
Graf	11, 12, 27, 48
Grammatik sumerisch	
Affirmativ der Zukunft	104
Effektiv	88, 90
Grenzgänger	258, 305
Griechische Goldblättchen	Siehe Goldblättchen, griechische
griechische Kolonisation der Küsten des Schwarzen Meeres	178
guter Lebenswandel	185, 192
Hades	162, 172, 199, 376, 378, 385, 388, 401, 423
Alternativen zum Hades	175, 177, 180, 181
Gebiet voller Schlamm und Dung im Hades	201
Haus des Hades	162, 163, 164, 165, 166, 167, 172, 187
Häuser des Hades	165, 196, 198
Lokalisierung	166, 172
Moralisierung der Alternativen	185, 209
Tore / Eingang des Hades	164
Unterweltsherrscher Hades	203
Hadesfahrt	564
Ḫarab	84, 85
Ḫarab-Epos	85
Harmodios	183
Harmonia	182, 183
Hebe	438
Hebräische Grabtexte	239–40
Heiliger Geist	552, 556, 559, 561, 574
Heilsgeschehen	549, 552, 581, 598
Hektor	162, 165
Helden der Kriege um Theben, Troia	183
Helena	180
Helenas Ehemann	174
Helike	370, 372, 373, 430, 431, 432
Helios	378, 379, 397, 399
Hellanikos	183
Fragmente der Griechischen Historiker 4 F 19a	183
Hellenisierung des Christentums	484, 547, 548
Henoch	574, 607
Heosphoros	417
Hephaistos	376, 392
Hera	376, 381, 385, 389, 398, 399, 401, 402, 407, 409, 410, 416, 427, 428
Herakles	35, 174, 187, 192, 201, 365, 381, 382, 383, 384, 387, 388, 394, 400, 406, 407, 408, 410, 420, 437, 438, 442, 551
Herakles' zwölfte und letzte Arbeit für Eurystheus	188
Herakles-Epik	188
Himmelfahrt	526
Katabasis	189

Hermes 165, 170, 187, 192, 365, 372, 373,
    376, 377, 379, 381, 383, 389, 397, 398,
    401, 407, 410
  als Psychopompos 169, 171, 172, 207
Hesiod 187, 417–21
Hesiod *Theogonie* 208
  Theogonie 211 f 191
  Theogonie 310-312 187
  Theogonie 311 f 187
  Theogonie 758-766 191
  Theogonie 764-766 191
  Theogonie 767-773 188
Hesiod *Werke und Tage* 174
  Werke und Tage 161-173 175
  Werke und Tage 166 176
  Werke und Tage 166-173 183
Hesperiden 382, 383, 387, 389, 399,
    400, 406, 410
Hestia 376
Himmelfahrt 86, 484, 539, 550, 551, 573,
    574, 576, 578, 596, 598, 603, 607, 609,
    611, 613, 615, 618, 619, 620, *Siehe*
    Auferstehung
  des Königs 151
Himmelsaufstieg 545, 557, 565, 566, 569,
    573, 576, 587, 590, 591, 602, 612
Himmelsstier 136, *Siehe* Mythen: Ereš-kigal heiratet den Himmelsstier
Hippe 381, 389
Hippolyt 571, 577
Hipponion 193
Höllenfahrt 545, 550, 552, 572, 573, 584,
    586, 600, 618, 622
Homer 172, 540, 550, 619
  Homer-Exegese 540
  ψυχή bei Homer 162
  Homer „Zweite Nekyia" 169, 178, 208
Homer *Demeterhymnos*
  Demeterhymnos 366-369 203
  Demeterhymnos 480-482 201
Homer *Ilias* *Siehe Ilias*
Homer *Odyssee* *Siehe Odyssee*
Homöer 581, 582, 585, 612
Horaz *Ars* 359 f 57
Ḫubur 165
Ḫumuṭ-ṭabal 189

Hyaden 370, 371, 399, 407, 414, 422,
    423, 436, 438
Hygin *De astronomia* 394–411
Hylem 2, 23–34, 34, 45, 51, 72, 289,
    290, 292, 296, 311, 336, 484, 485, 486,
    487, 490, 492, 495, 496, 498, 500,
    557, 559, 573, 616
  Definition 28
  Determinationen 31, 45, 47
  dynamische und statische Hyleme 31
  Hylemelement 31
  Hylemprädikat 31
  Hyperhylem 40–42, 47, 103, 105, 112,
    116, 130, 134
  Kreation neuer Hyleme 203
  Leihen/Spenden 312, 313, 319, 322,
    323, 324, 336
  Listen 314, 318, 334, 342
  mythische Hyleme 29, 336, 484, 486,
    495, 504, 505, 508, 525, 533
  natürliche Reihenfolge 316, 317, 335,
    336
  standardisierte Form 45
Hylemanalyse 1, 6, 29, 33, 38–42, 42, 45,
    76, 218–20, 230–34, 312, 329, 335,
    492, 496, 553
  von *angalta / Innanas Gang zur
    Unterwelt* 102–7
  von *angalta / Innanas Gang zur
    Unterwelt* 87 136
hyleme *Siehe* Hylem
hyleme analysis *Siehe* Hylemanalyse
hyleme pattern *Siehe* Hylemschema
Hylemschema 47–52, 139, 242–45, 579,
    603, 616
Hylemsequenz 507, 510, 514, 515, 558,
    563, 585, 606, 615, 616
hylistics 1, 14, 45
Hylistik *Siehe* hylistics
Hyperion 378

Iakchos 202
Ibykos 179
  PMGF 291 183
Ignatius von Antiochien 570, 574
Ikarios 396, 400, 406, 410, 415, 434,
    435, 439

Ikaros	385
Ilias	57, 162, 172, 174, 208
Ilias 1,3 f	162
Ilias 5,646	164
Ilias 5,654	162
Ilias 7,328-337	166
Ilias 8,10-16	166
Ilias 8,364-369	187
Ilias 11,262 f	162
Ilias 14,231	190
Ilias 15,252	165
Ilias 16,453-457.671-673.681-683	190
Ilias 16,855-857 = 22,361-363	163
Ilias 18,117-119	174
Ilias 18,485-489	414
Ilias 20,61-64	166, 167
Ilias 20,407-423	290-92, 294-97
Ilias 22,46-58	292-97
Ilias 22,482 f	165, 166
Ilias 23,62-76	163
Initiation	199, 614
Initiationskulte	202
Inkarnation	484, 486, 489, 493, 498, 499, 501, 504, 511, 512, 516, 523, 543, 545, 559, 574, 576, 586, 594
Innana 35, 40, *Siehe* Ištar, *Siehe* Išme-Dagan und Innana, *Siehe* Mythen	
als „Strahlende", k u₃ (g), d. h. Auferstandene	146
als Ereš-ki-gal	145-49, 146
als Herrin über die Länder (k u r) und über die Unterwelt (k u r)	148
als Herrin über Tod und Leben	150
als Herrscherin über das Totenreich	142-49
als nugeg-Herrscherin	147
als Schutzgottheit	235
als Totengeist	118
als Venusgestirn 98, 111, 118, 132, 136, *Siehe* Mythen: *Innana öffnet dem Sonnengott einen Weg aus der Unterwelt*	
Bedeutung	131
Blick des Todes	138-39
bringt Machtmittel in ihren Tempel	122, 133
Innanas Auferstehung	139, 140, 146
Innanas Tod	118, 139, 143-45
Kult	132-33
Macht über Auferstehung	140
Macht über Leben	140
Macht über Tod	139
Machthunger	96, 98, 105, 106, 129, 141, 142
Scheitern	98, 128, 129
und Machtmittel	149, 152
vollendet Machtmittel	119-20
Innana und Šu-kale-duda *Siehe innin me galgala*	
Innana-Mythen	*Siehe* Mythen
Innanas Gang zur Unterwelt *Siehe angalta*	
Innanas/Ištars Erhöhung	129
innin me galgala / Innana und Šu-kale-duda	107-25, 150
Insel der Kirke	*Siehe* Aiaia
Insel der Seligen	173, 185, 193
neue Kategorie von Einwohnern	185
Inseln der Seligen	175, 176, 181, 182, 183, 185, 203, 204
Intermedialität	*Siehe* Transmedialität
Intertextualität	285, 302
Inthronisation	484, 504, 517, 520, 525
Io	373, 381, 388, 398, 407
Irenaeus von Lyon	560, 561, 562, 563, 568, 569, 578
Isis	391, 397, 399, 407
Išme-Dagan und Innana	151
Ištar *Siehe* Mythen: *Ištar wird Herrscherin über Tod und Leben*, *Siehe* Innana	
als Herrin über die Unterwelt	146
Beiname Ganzir	146
Ištars Tod	153
Machtposition	152
Ištars Höllenfahrt *Siehe ana kurnugî / Ištars Höllenfahrt*	
Ixion	385, 401, 403, 438
Jenseits	
angenehmes Leben	192, 199, 201, 202
Exklusivität im Jenseits	174
Jenseitsreisen	616
Schicksal	172
Schicksal bei Platon	205
Schicksal für Helden	174

Schicksal gut oder schlecht	209	Kühr	22, 64
Weg des Menschen ins Jenseits	193	kur	*Siehe* Unterwelt
Jesus	540, 559, 586	Kureten	430
als Retter (Soter)	497	Kynosura	370, 372, 373, 430, 431, 444
Johannes der Täufer	571	Kyrill von Jerusalem	587, 593, 601, 602, 603, 604, 605, 606, 612, 615
Johannsen	65		
Julian	544		
Jungfrauengeburt	556	Lachesis	206
Jupitermonde	365	Leben, neues irdisches	206
Justin	575, 611	Leda	424
		Leros	400, 404
Kadmos	48, 54, 182, 183, 185	Lethe-Fluss	208
Kallimachos	426–29	Leto	377
Kallisto	366, 380, 381, 382, 387, 389, 390, 398, 401, 402, 409, 411, 412–36, 437, 438, 440, 441, 443	Leuke (Insel)	178, 183
		Lévi-Strauss	16, 21, 25, 26, 29, 74, 311
		liminale Figur	255, 257, 258, 287
Kassiopeia	370, 371, 384, 385, 402, 403, 404, 407, 410, 411	Liminalität	2, 251, 259, 261, 262
		Losungs- oder Passwörter	*Siehe* Symbola
Katechesen	563, 587, 596, 601, 602, 605, 606, 609	Lotman	25, 26, 29, 253, 257, 259, 261
		Luhmann	63
Kaukasus	401	Lukian	192, 207
Kephalos	380, 399	Lukian *Die Niederfahrt*	207
Kepheus	370, 371, 373, 377, 385, 389, 396, 400, 408, 433	Kapitel 1-4	208
		Kapitel 5-17	208
Ker	191	Kapitel 18-21	208
Kerberos	187, 188, 189, 207, 208	Kapitel 22	208
Parallele zum Kerberos	187	Kapitel 23	208
Keteus	401, 423, 432, 433	Kapitel 29	208
Kimmerier	164	Lukian *Necyomantia*	207
Kirk	11, 12, 46, 52, 55	Lukian *Totengespräche*	207
Kirke	167, 180, 183	Lukian *Über die Trauer*	207
Kleine Ilias	177, 179	Lykaion	432
Fragment 32,2 f Bernabé	179	Lykaon	413, 418, 421, 425, 427, 432, 433, 434, 443
Fragment º32 Bernabé	177		
Kleitos	174	Lykophron	179
Klotho	207	Lykophron *Alexandra* 143 + 171-174	180
Konstantin	579	Lykos	182
Koronis	403	Lykurgus	422
Kreislauf irdischer und unterirdischer Existenz-Abschnitte	206		
		Machtmittel (sumerisch m e)	107, 125–27, 129, 133, 132–33, 146, 149, *Siehe* Mythen: *Innana bringt Unterweltsmachtmittel auf die Erde*, *Siehe* Innana: Innana vollendet Machtmittel
Kreta	194, 372, 430, 431		
Kriege			
um Theben	175, 183		
um Troia	175, 183		
Kronos	203, 383, 430		
Turm des Kronos	185	der Unterwelt	152
Krotos	383, 400	die niemand verlangen darf	148

über sexuelle Fruchtbarkeit	150	Myth and Ritual School	11
Mainalos	432	Mythem	26, 29, 312, 336

- über sexuelle Fruchtbarkeit 150
- Mainalos 432
- Maira 439
- Makedonien 194
- Malinowski 12
- Mantineia 440
- Markell von Ankyra 559, 579, 582, 585, 622
- Märtyrer 545
- Märtyrerliteratur 545
- Martyrium 490, 517, 572
- Mastusios 403
- Medea 179
- Medusa 392
- Megisto 401, 432, 433
- Melchisedek 467
- Melito von Sardes 577
- Menelaos 57, 173, 176, 183
- Menschwerdung 486, 489, 492, 498, 504, 512, 535, 550, 563, 588, 594, 606, 607, 610
- Meropes 398, 409, 411, 424
- Metamorphose *Siehe* Verwandlung
- Metapher *Siehe* Stilmittel
- Meter Oreia 199
- Metonymie *Siehe* Stilmittel
- Midrasch 11Q13 467
- Minos 173, 204, 207
- *Minyas* 189, 190, 208
  - Fragment 1 Bernabé 189
- Mnemosyne 195
  - See der Mnemosyne 196, 199, 206
- Mohn 15, 44
- Moira/Moiren 197, 206
  - Klotho 207
  - Lachesis 206
- Monotheismus 584, 591
- Moros 191
- Motiv 25, 28, 49, 50
- Musaios 203
- Musen 372, 377, 379, 382, 383, 397, 400, 401
- Myrtilos 381, 382, 384, 398, 410, 411
- Mysten 202
- Mysterien
  - orphische 193
  - von Eleusis 199

- Myth and Ritual School 11
- Mythem 26, 29, 312, 336
- Mythen
  - älteste verschriftete 84
  - *An, Enlil und Enki übertragen Innana ihre Macht* 129
  - *Dumuzi geht durch das Totenreich* 140, 138–42
  - *Dumuzi kommt in den Himmel* 141
  - *Enki fährt mit dem Boot ins Totenreich* 90
  - *Enki geht ins Totenreich und gründet einen Tempel* 87–90
  - *Enlil geht mit Innana ins Totenreich* 92
  - *Enlil tötet En-me-šara* 147
  - *Enlil und Ninlil erzeugen mit der Unterwelt Fruchtbarkeits- und Wassergötter* 91
  - *Ereš-ki-gal heiratet den Himmelsstier* 136–37
  - Götterkämpfe 136
  - *Innana als Gestirn geht durch die Unterwelt* 134–36
  - *Innana Becomes Ruler over Life and Death* 83
  - *Innana Brings the Netherworld's Instruments of Power to the Earth* 83
  - *Innana bringt das Himmelshaus zur Erde* 105, 130, 129–30, 134, 142
  - *Innana bringt Unterweltsmachtmittel auf die Erde* 18, 138, 148, 150
  - *Innana bringt Enkis Machtmittel nach Uruk* 107
  - *Innana öffnet dem Sonnengott einen Weg aus der Unterwelt* 136
  - *Innana prüft Sumer* 119
  - *Innana raubt das Himmelshaus* Siehe Mythen: *Innana bringt das Himmelshaus zur Erde*
  - *Innana und An* Siehe Mythen: *Innana bringt das Himmelshaus zur Erde*
  - *Innana und Enki* Siehe Mythen: *Innana bringt Enkis Machtmittel nach Uruk*
  - *Innana wird Herrscherin über Tod und Leben* 144
  - *Ištar wird Herrscherin über Tod und Leben* 152–54

Mondgott geht durch das Totenreich 92
Nin-azu und Nin-mada bringen
   Getreide aus der Unterwelt nach
   Sumer 91
Ninlil bringt mit Unterweltsmächten
   Fruchtbarkeits- und Wassergötter
   hervor 91
Ninurta tötet En-u-tila 147
NN tötet den Himmelsstier 137
Sonnengott geht durch das Totenreich 92
Sphärenwechselmythen 84–93
Sukzessionsmythen 84, 97, 147
Mythologem 28, 29
Mythos 484, 487, 488, 498, 508, 524, 526, 529, 533
   als Stoff 14–23, 34–38, 42, 99
   Bedeutsamkeit 65–67, 68
   Bewertung aus emischer Sicht 128–34
   Definition 2, 75
   Deutungsmachtkonflikte 2, 67–70, 71, 73
   Erzählperspektive 142
   Funktionen 11, 69, 312, 336
   Ideologie 11
   Inkonsistenzen 54, 55–60, 259, 262, 294, 304
   Interpretation 11, 73–76
   Interpretation moralisch 139
   Interpretation psychologisch 139
   Kohärenz 56
   Kombination von Mythen 137, 155
   Konsistenz 56
   Logik 335
   Polymorphie 21–23, 53, 67
   Polystratie 52–55, 67
   Realitätsbezogenheit 61–62
   Rezeption von Mythen 542, 543, 548
   transzendierende Weltdeutung 63–65, 67
   und Bild 33
   und Gattung 15–16
   und Geschichte 484, 529, 530, 533, 548, 552, 613
   und Psychologie 11
   und Urversion 20, 48–49
   Vergleich von Mythen 12, 34, 36, 41, 42, 43–47, 51, 114–27, 242–45
   Versionen 122–25, 155, 180
   Wertungen und Hierarchisierungen 70–73, 91, 92, 145
   Zielpunkte von Mythen 138
Mythosforschung 10–14
Mythostheorie 11–13, 73

Narrativität 309, 310, 311, 312
Našše *Siehe* Götter, Alter Orient
Nekyia (Bild) 189
Nemesis 383
Nereiden 384, 402
Nereus: Häuser des Nereus 182, 183
Nergal 85
Nestor 166
New Comparativism 44
Nicaener 581, 582, 612
Nicaeno-Constantinopolitanum 554, 555, 556, 557, 558, 559, 564, 579, 581, 585, 591, 592
Nicaenum 580, 581, 584, 585, 591
Nikodemusevangelium 571, 573, 611
Nomia 423
Nonakris 426, 432
Nysa 438

Ödipus 35, 434
Odyssee 163, 165, 167, 172, 208
   Änderung(en) gegenüber der *Odyssee* 179
   Kontrast-Imitation zur *Odyssee* 176
   Odyssee 3,410 163
   Odyssee 4,561-569 173, 183
   Odyssee 5,11 163
   Odyssee 5,272-275 414
   Odyssee 10,174 f 167
   Odyssee 10,501 f 167
   Odyssee 10,508 164
   Odyssee 10,508-512 167
   Odyssee 10,513 165
   Odyssee 11,11-13 164
   Odyssee 11,11-19 168
   Odyssee 11,57 f 168
   Odyssee 11,156-159 169
   Odyssee 11,601-627 174

Namens-, Sach- und Stellenregister — **635**

Odyssee 11,602-604	174
Odyssee 11,622-626	187
Odyssee 12,22	165
Odyssee 12,382 f	167
Odyssee 15,250	174
Odyssee 24,1-14	169, 170
Odyssee 24,11-13	165
Odyssee 24,106	167
Odyssee 24,186 f	171
Odyssee 24,203 f	165

Odysseus   167, 180, 181, 207, 365, 416, 423, 430, 540, 543, 550, 620, 622

Oinomaos	382

Okeanos   164, 167, 169, 170, 175, 185, 414, 416, 426

Olymp	385, 388, 392, 421
Olympische Spiele	184
Origenes	541, 578, 599

Orion   370, 374, 376, 377, 382, 384, 385, 389, 390, 397, 398, 400, 402, 403, 409, 411, 414, 416, 417

Orpheus   203, 379, 383, 400, 401, 540, 543, 550

Katabasis	188
Orphiker	202
Orphische Goldblättchen	Siehe

Goldblättchen, griechische

Ossa	385
Otto	65
Ovid	526, 550
Fasti 1,153-192	412
Metamorphosen	18
Metamorphosen 2,401-530	412
Metamorphosen 6,146-312	37
Metamorphosen 9,241	527
Palaiphatos	10
Palinurus	256
Pallas	32
Pan	399, 431, 432, 442
Panyassis	189

Fragmente 14 und 15 Bernabé = 17 und 18 M. L. West   189

Paris	176
Parusie	484, 489, 506, 525, 528
Pasiphae	425
Patroklos	162, 163, 165, 171, 172
Pausanias	189, 440–41
Pausanias 10,28,1-10,31,12	190
Pausanias 3,25,6	188
Pegasos	373, 377, 385, 392, 408
Peirithoos	189
Peleus	182, 183, 185
Pelinna	194
Pelion	385
Pelops	381, 382, 434
Penelope	180, 183
Peripherie	312
Horizont	312, 316, 321, 329

Persephone   194, 197, 199, 200, 203, 376

heilige Wiesen und Haine der Persephone	198, 200
Rechtfertigungsrede vor ihr	199

Perseus   370, 371, 373, 374, 384, 385, 389, 400, 409, 440, 442

Personifikation	330
Petelia	193
Petrusevangelium	569
Phäaken als Jenseits-Fährleute	189
Phaethon	379, 385, 397, 398, 410
Pharsalos	193
Pherai	194
Pherekydes	191, 422–23
Fragment 84 Fowler	*Siehe* Antonius Liberalis 33,3
Fragmente der Griechischen Historiker 3, F 119	191
Philippi, Schlacht (42 v. Chr.)	300–03
Philomelus	407, 408, 415
Phönikische Grabtexte	239–40
Phrixos	377, 408
Pindar	179, 184, 203, 209
Pindar *Nemeen* 4,49 f	178
Pindar *Olympien*	192
Olympien 2,56-80	184
Olympien 2,61-67	184, 192
Olympien 2,66	192
Olympien 2,70-80	180
Platon	185, 201, 202, 206, 209
eschatologische Mythen	200, 203, 208
neue Jenseitsvorstellungen	203
postmortales Schicksal bei Platon	205
Schlussmythen	203
Platon *Apologie*	204

Apologie 41a1-5	204	Polydoros	171, 251–305
Platon *Gorgias*		Polygnot	190, 423–24
Gorgias 493a-b	201	Polykarp von Smyrna	574
Gorgias 523a1-3	203	Polyneikes	171
Gorgias 523a1-524a7	203	Poseidon	376, 378, 388, 392, 397, 399, 405
Gorgias 523a5-b4	203		
Gorgias 523b4-6	204	Poseidonia/Paestum	194
Gorgias 523b6-d5	204	Präexistenz	484, 486, 493, 516, 523, 545, 559, 564, 577, 581, 594, 599, 600, 602, 612
Gorgias 525b1-c8	204		
Gorgias 526b4-c5	204		
Schlussmythos	203	Präexistenzchristologie	564
Totengerichtsvorstellung	204	Priamos	165
Platon *Phaidon*		Proklos *Chrestomathie*	178
Phaidon 69c-d	201	p. 69,19-22 Bernabé	178
Phaidon 69c3-7	202	p. 102 f,17-20 Bernabé	181
Phaidon 69c8-d2	203	Prokris	392, 398
Phaidon 107c1-115a8	204	Prokyon	390
Phaidon 107d5-108c5	204	Prometheus	399, 400, 401, 403, 410
Phaidon 107d8	204	Propp	25, 26, 29, 74
Phaidon 108b3-c5	204	Protreptik	565
Phaidon 113a1-5	205	Pseudo-Hesiod *Frauenkatalog* Fragment 204,87-92 M.-W. = Fragment 155,87–92	
Phaidon 113d1-114c9	205		
Phaidon 113d3f	205	Most	180
Phaidon 113d6-e1	205	Psychopompos	171, 172, 192, 208, 571
Phaidon 113e1-6	205	Pylaimenes	57
Phaidon 113e5-114b6	205	Pythia	440
Phaidon 114b2-c2	205		
Phaidon 114c2-6	205	qerû (akkadisch „einladen")	222–25
Schlussmythos	204	Quelle	196, 198
Platon *Politeia*			
Politeia 2,363c-d	201	Rajewsky	42
Politeia 2,363c-e	203	RBC 2000 Siehe Sumerisches Gebet RBC 2000	
Politeia 10,614b2-621b4	205		
Politeia 10,614b7-d3	205	Reinkarnation	184, 193, 204
Politeia 10,614d5-e1	205	Rhadamanthys	173, 177, 182, 185, 204, 207, 208
Politeia 10,615a6-616b1	206		
Politeia 10,616b1-c4	206	Rom	194
Politeia 10,616c5-617d1	206	Romanum	561, 579, 580, 581, 596, 620
Politeia 10,617d1-e5	206	Romulus	527, 551
Politeia 10,617e6-620d5	206	Rufin von Aquileia	572, 583, 589, 590, 592, 593, 594, 595, 596, 597, 598, 599, 600, 601, 602, 611
Politeia 10,620d6-621b4	206		
Schlussmythos	205		
Platon *Symposion* 179e1-180a3	186	Rüpke	63, 64, 70
Pleiaden	370, 371, 373, 396, 398, 409, 411, 414, 417, 420, 439		
		Salustios *De diis et mundo* 4	10
plot	17, 18, 35, 36, 38	Sappho Fragment 95,11-13	165
Pluton	197, 202, 207	Sarpedon	191

Sb 19319   Siehe Akkadischer Grabtext Sb 19319
Sb 19320   Siehe Akkadischer Grabtext Sb 19320
Schapp   62
Schmid   17, 23, 24, 36
Scholion
  zu Apollodor *Bibliotheke* Epitome 7,37
                                     183
  zu Apollonios *Rhodios* 4,811-815 p.
   293,15 Wendel   179
  zu Lykophron *Alexandra* 174 179, 183
  zu Lykophron *Alexandra* 805 181, 183
  zu Pindar *Pythien* 3,153b   182
Schulbildung   540, 541
Schutzgott   200, 217
  als Familiengott   224
  als Hirte   225-27
  in Unterwelt   236
  lädt den Verstorbenen ein   222-25
Schwelle   255, 257
Schwellenraum   256, 299
Schwellenzustand   265, 281, 284, 286, 287
Seelen
  heilbare   204, 205
  mittlere   205
  unheilbare   204, 205
Seelengeleiter   *Siehe* Psychopompos
Selene   378, 379
Semele   174, 421, 437
sessio ad dexteram   477, 489, 501, 502, 504, 522, 549, 566, 573, 576, 591, 592
Sfakaki   193
Simonides   179
  PMG 558   183
Sirenen   206
Sisyphos-Mythos   191
Sophokles *Oedipus Coloneus* 1568-1574
                                     188
Soteriologie   607
Sphärenwechsel   2-3, 214, 252, 257, 261, 483, 486, 487, 488, 489, 490, 491, 493, 494, 497, 501, 502, 504, 509, 511, 513, 516, 522, 523, 527, 528, 539, 549, 553, 556, 557, 564, 565, 566, 579,

581, 591, 592, 593, 594, 597, 598, 601, 602, 606, 607, 612, 615, 616
  3. Jahrtausend v. Chr.   85
  als Umrunden   111
  der eigenen Bevölkerung in den Himmel   151
  der Feinde ins Totenreich   152
  Eintritt in die Unterwelt   234-37
  Gewinn   133-34
  Götterwelt–Menschenwelt   327
  Himmelstor   313, 326, 327, 328, 329
  Hochheben   322, 323, 324, 330, 331, 334
  innerhalb der Unterwelt   214
  Menschenwelt–himmlisches Jenseits
                                    328
  Rückkehr aus Totenreich   85
  Sterben   223
  Unterwelt–Himmel (Sonnenaufgang)
      312, 313, 314, 315, 316, 321, 322, 324, 326, 328, 329, 330, 331, 332, 333, 334, 336, 357
  Unterwelt–Oberwelt   313, 328
  von gewöhnlichen Menschen   216
Spindel der Ananke   206
Stilmittel
  Metalepse   299
  Metapher (konzeptuelle)   312, 315, 319, 320, 321, 322, 323, 324, 327, 328, 329, 330, 334, 335, 336
  Metonymie (konzeptuelle)   319, 322, 330, 331, 334
  Rückblick / Analepse   106, 115
  Vorausblick / Prolepse 115, 146, 149
Stoellger   69, 70
Stoff   19, 22, 23, 34, 37, 49, 50, 51, 218-20, 230-34
  Stoffvergleich   43-47, 242-45
Stoff pattern   *Siehe* Stoffschema
Stoffkonglomerat   35
Stoffrekonstruktion *Siehe* Hylemanalyse
Stoffschema   47-52, 146
  junge Götter überwinden alte Götter
                                 146-47
Stoffvariante   18, 23, 34, 37, 285, 292, 293, 295, 296, 304, 547, 558, 564, 574, 579, 616

Stoffwissenschaft 14, 36, 44
story 17, 18, 35, 36, 38, 49, 50
Strata 155, 336, 616
   geschichtete Gottheit 150–55, 155
   in *angalta* 94, 97, 107, 137, 149
   in *Enlil und Ninlil* 91
   in *Nin-azu und Nin-mada bringen*
     Getreide aus der Unterwelt nach
     Sumer 91
   Scharnierstelle 124, 137–49
   Umdeutung 139
Stratifikationsanalyse 1, 60, 72, 76,
   131–32
Strukturalismus 11, 25, 29, 73, 74
Strukturanalyse 25, 26, 73, 74
successio apostolica 563
Sumerisches Gebet RBC 2000 234–37
Symbola (Losungs- oder Passwörter) 200

Tammūz 85
Tantalos 386
Tartaros 166, 203, 204, 205
   mildernde Umstände 205
Taufe 567, 580, 593, 601, 609, 614
Teiresias 167, 207, 423
Telegonie 180
   Telegonie Inhaltsangabe 183
Telegonos 180
Telemachos 180, 183
Tertullian 545, 546, 560, 561, 562, 563,
   564, 569, 578, 622
Thamyris 401, 403, 411
Thanatos 190, 191, 192
Theia 378
Theognis 702-712 192
Theron von Akragas 184
Theseus 189
Thessalien 193
Thetis 178, 182
Thurioi 194
Titanen 377, 382, 383, 404
Tithonos 174
Tomaševskij 23, 25, 31, 35, 39
Torhüter *Siehe* Wachen, Wächter
Totenauferweckung 181
Totenbestattung 166, 171, 178, 208

Totengericht 184, 186, 203, 204, 205,
   207, 208, 220, 227, 232–33
Totenrichter 173, 204
Totenversorgung 221–29, 222–25, 227,
   244, *Siehe* Wasser (und Gras)
Traditio apostolica 571, 572, 577, 581
transitus Mariae 550
Transmedialität 36, 42–43
traumatischer Ort 274
Trikolonoi 440
Triopas 402, 403, 404, 407, 410, 411
Triptolemos 204, 398, 402, 403, 409
Tyche 391

Übeltäter 176
u d u g ḫ u l /*utukkū lemnūtu* 87–90
Uneingeweihte 201
Unsterblichkeit 182
Unterwelt 7, 162, 200, 245–46, 549, 550,
   551, 553, 554, 556, 557, 558, 564, 566,
   567, 569, 570, 571, 572, 583, 584, 585,
   587, 588, 590, 596, 597, 598, 600, 601,
   606, 607, 611, 616, 620, *Siehe*
   Schutzgott, *Siehe* Hades
   Aufenthalt in der Unterwelt 559, 573,
     581, 588
   Eintritt in die Unterwelt 234–37
   Grenzfluss 164
   Herrscher 162
   Land ohne Wiederkehr 98, 140, 151
   lebensfeindliche Bereiche 225–27, 244
   lebensfreundliche Bereiche 213–49,
     221–29, 237, 244
   Lokalisierung 207
   Staub und Durst 200
   sumerisch k u r 100, 116
   Topographie der Unterwelt 164, 166,
     167, 168, 172
   Verkündigung in der Unterwelt 572
   widersprüchliche
     Unterweltsvorstellungen 169
Unterweltsfahrt 565, 566, 569, 584, 585,
   586, 588
Unterweltstraum eines assyrischen
   Kronprinzen 89, 136, 189
Uta-napišti 174

Vergil	251–305, 540, 550
Aeneis 2,554-558	278
Aeneis 2,624-631	278
Aeneis 3,1-12	264–65
Aeneis 3,13-21	265–68
Aeneis 3,13-68	251–305
Aeneis 3,22-30	268–70
Aeneis 3,31-40	270–72
Aeneis 3,40-48	272–76
Aeneis 3,49-57	277–80
Aeneis 3,57-72	280–85
Aeneis 6,126-131	252–54
Aeneis 6,831-835	302
Georgica 1,489-497	301
Verwandlung	490, 497, 498, 499, 500, 502, 504, 507, 508, 528
Vorfahren	224
Wachen, Wächter	199, 208
Erschrecken der Torwächter	586
Hund	188
Wandel	
Erneuerung	321, 322, 329, 330, 336
Geburt	330, 336
Tod	328
Verjüngung	320, 330, 336
Wandelgestalt Chepri	319
Wiederbelebung	324
Wasser (und Gras)	221–29, 236, 244
als guter Ort	200
für Erinnerung	238
zur Belebung von Toten	228
Weihgabe eines Hundes an Nin-tin-uga	228
Weltalter- oder Metallmythos	174
Wie das Getreide nach Sumer kam Siehe Mythen: *Nin-azu und Nin-mada bringen Getreide aus der Unterwelt nach Sumer*	
Wiederkehr	Siehe Parusie
Wiese 202, 204, 205, *Siehe* Persephone, *Siehe* Asphodeloswiese	
der Frommen	198, 200
heilige Wiese	200
Wolf	23, 27, 43
Zaphon	477
Zeus	24, 27, 30, 31, 365, 372, 373, 376, 377, 378, 379, 380, 381, 382, 383, 384, 387, 388, 389, 390, 391, 392, 394, 396, 397, 398, 399, 400, 405, 406, 407, 408, 409, 410, 413, 419, 420, 421, 422, 423, 424, 425, 426, 427, 428, 429, 430, 431, 434, 436, 437, 438,527
Zeus – Poseidon – Pluton	203
Zeus' Schwiegersohn	174
Zion	477
Zwischenwelt	611
Zypresse	196, 198

www.ingramcontent.com/pod-product-compliance
Lightning Source LLC
Chambersburg PA
CBHW071148230426

43668CB00009B/876